"十一五"国家重点规划图书

"985工程"哲学社会科学创新基地
教育部人文社会科学重点研究基地
中国海洋大学海洋发展研究院
资 助

山东省高校人文社科优秀成果奖一等奖

教育部高校人文社科优秀成果奖二等奖

中国海洋文化史长编

（典藏版）

主编 曲金良

中 卷

中国海洋大学出版社

·青岛·

图书在版编目(CIP)数据

中国海洋文化史长编:典藏版/曲金良主编. —
青岛:中国海洋大学出版社,2017.1
ISBN 978-7-5670-1077-2

Ⅰ.①中⋯ Ⅱ.①曲⋯ Ⅲ.①海洋－文化史－中国
Ⅳ.①K203②P7-05

中国版本图书馆 CIP 数据核字(2016)第 005529 号

出版发行	中国海洋大学出版社
社　　址	青岛市香港东路 23 号　　　　邮政编码　266071
出 版 人	杨立敏
网　　址	http://www.ouc-press.com
电子信箱	cbsebs@ouc.edu.cn
订购电话	0532－82032573(传真)
责任编辑	纪丽真　滕俊平　　　　　　电　话　0532－85902342
印　　制	青岛国彩印刷有限公司
版　　次	2017 年 1 月第 1 版
印　　次	2017 年 1 月第 1 次印刷
成品尺寸	185 mm×260 mm
印　　张	140
字　　数	3100 千
印　　数	1—1000 册
定　　价	698.00 元

总 目 次

中　卷

下　卷

近代分卷

中卷目次

明清分卷

本卷主编　马树华　曲金良

中国海洋文化史长编

中卷

宋元分卷

本卷主编 ◎ 赵成国

本卷概述

从 10 世纪末叶的 980 年开始到 14 世纪中叶的 1368 年,我国在历史上处在宋元时期。这一时期,我国的海疆进一步拓展,沿海地区特别是东南沿海地区的经济发展迅速,大大超过了隋唐时期,尤其是海上交通、造船、海外贸易方面的发展,直接带动了沿海地区港口的扩张和繁荣。

北宋统一了从今天津大沽至广西的辽阔海疆,并进一步强化了对沿海地区的行政管辖,一方面在沿海设置并完善了州、郡建制,另一方面在少数民族聚居区设置州、县并辅之以土官制度。北宋时期,由于国家尚未面临严重的海上入侵威胁,王朝维持一定数量的水军的目的主要是为了防备辽国从海上的袭扰,以及镇压沿海地区的农民起义和防御海盗。

与北宋相比,南宋由于政治中心南移以及为保卫半壁江山而加强了水军力量的建设,给南宋沿海一带带来不小的变化:沿海经济更加繁荣,海外贸易进一步发展。在海防方面,南宋政权主要凭依淮河、长江抵御金兵及蒙古军队,同时严防敌人来自海上的进攻,所以其水军发展最快,对海防的重视和加强也远远超过了北宋。

元朝统一中国后,中国的海疆空前扩大,北起库页岛,南至台湾和澎湖列岛、海南和南海诸岛,都得到了进一步的开发。继宋朝之后,元朝进一步加强了在库页岛、澎湖列岛的建制和卫戍,对这些地区实施了有效的管理。

从宋、元两代的海防特点来看,比较突出的是海上方向成为国防的重要方向。从宋、元开始,国内民族战争不再仅仅以陆地为战场,海上战场的重要性也凸显起来。元朝与日本、爪哇等国的海上战争,尽管没有取得像样的胜利,但却标志着中华民族利用海洋从事军事活动的能力已有大幅度的提高。

与唐朝相比,宋元时期海外贸易有了更进一步的发展。其不可或缺的支撑条件,一是社会经济繁荣;二是航海技术巨大发展;三是当时世界范围内经济普遍增长,为宋代贸易的发展提供了更为良好的市场;四是宋元时期的对外政策和海外贸易政策与制度对海外贸易的发展有很大的促进作用。宋元时期的海外贸易范围及其数量都有了很大的扩张。与元朝有海外贸易关系的国家和地区遍及欧、亚、非三大洲,达到 140 多个。例如,欧洲的威尼斯,非洲的利比亚,亚洲的伊朗、阿曼、也门、印度、占城(今越南)、爪哇和日本、朝鲜等国家和地区,都与元朝建立了海上贸易关系。

宋元时期的海外贸易,概括起来看,有如下几个显著的特点。

第一,宋元时期的贸易港不仅数量增加很多,而且扩张迅速;进出口的规模扩大,贸易范围拓展,海上贸易取代西北陆路贸易成为对外贸易的重心。

第二,国家采取了相对开放、宽松的海外贸易政策。宋元两朝都实行了海外贸易管理的市舶制度,鼓励民间商人出海贸易,对重点海商给予减税、授官等奖励,对管理海外贸易的官员也制定了相应的奖惩措施。这些政策和措施为海外贸易的发展创造了有利条件。

第三,民间海商成为海外贸易的主导力量。由于宋、元两代皆实行鼓励政策,中国从事海外贸易的海商数量急剧增多,在贸易中的作用远远超过外国商人,成为中外贸易的主角。元代更是停止了对舶货的"禁榷"和"博买",只限于对舶商抽取货物税和舶税两项税款,政府不再经营统购和专卖舶货的业务,使市舶司摆脱了商业经营,成为专一掌管海关和航政的机构,所以元代的航海贸易是以民间航商活动占主体优势为特色的。

第四,海外贸易的社会影响显著增强。这突出体现在海外贸易对东南沿海地区社会经济发展的显著影响上。海外贸易对东南沿海地区的交通、市场、农业、手工业、产业结构等方面的发展变化起到了十分显著的促进作用。海外贸易还与宋元时期的政治生活有着比较密切的关系,不仅海外贸易的管理机构被纳入正式的官僚体制之中,而且政治斗争、政治局势的变动都直接影响到贸易的发展。

宋元时期,与海外贸易的发展相辅相成的是沿海地区港口的增加和迅速扩张。宋朝政权建立之后,北方仍然战乱频发,外患甚为严重,故两宋三百年中,对西亚的陆路交通几乎陷于停顿,中西交通和对外贸易只好完全依靠海舶,因而广州港也就成了全国对外交通的主要门户和对外贸易的一大中心。

宋元时期,福建的对外贸易进入一个新的阶段,泉州港超过了广州,一跃成为世界上最大的贸易港之一。泉州港内商船云集,外商众多,对外贸易的国家与地区、进出口商品的数量等远远超过前代,达到了新的海外交通贸易高峰,因而举世闻名。

明州港也是宋元时期重要的海外贸易港口。尤其是在南宋时期,由于全国经济中心的南移,更由于紧靠首都临安,明州港的重要性超过了其他港口。明州港的发展,主要表现在造船技术的发展、船舶数量的增加、航海业的发达、内外贸易的规模日益扩大等方面。

登州港是宋元时期北方的重要港口。北宋历朝继承了唐以来注重港航贸易的传统,继续鼓励发展海上交通。国家的统一,经济的发展,以及对港航贸易的重视,均使登州港在宋代北方港口中占有最为重要的地位。同时,宋代的登州港也面临诸多不利因素。北宋与辽、西夏和女真的对峙甚至战争不断爆发的局势,使登州港也经常处在发展的危机之中。在这样的历史环境中,宋代的登州港难以发挥应有的作用。元朝统一中国后,一方面注重海外贸易,一方面大兴南北海运,使登州港的地理优势得到了充分的体现。尤其是登州港为南北海漕的必经之地,处在中枢地位,"终元之世,海运不废",注定了它因海运而复兴的前景。因此,元代的登州始终呈现一派内外贸易、交通运输以及文化交流的繁荣局面。

宋元时期航海业的发展与航海技术的巨大进步密不可分,最突出的莫过于指南针被应用于航海。这是航海史上划时代的进步,对世界的贡献很大,以至于马克思认为它"打开了世界市场并建立了殖民地"①。其他相关的航海技术和航海知识在这一时期也有了很大进步。例如，宋朝徐兢的《宣和奉使高丽图经》、赵汝适的《诸蕃志》等，记载了很多海下地貌的内容。元初开展的黄、渤海大规模的漕运，带动了我国对海洋地貌认识的丰富和提高。宋元时期的天文航海技术出现了重大进步，其主要的标志是与远洋横渡航行至关密切的天文定位导航技术的问世，逐渐得到广泛应用。

在中国古代造船史上，宋元时期达到了一个新的高度。包括船型、船体构造、船舶属具和造船工艺等造船技术，宋代更臻成熟。宋代造船业的成就表现在诸多方面：指南针在宋代实际应用于航海，宋代出现了以载客为主的客船，出使海外有了专门建造的神舟和客舟。北宋时期航行南北的漕运船（也称纲船）种类繁多、技术先进。到了南宋，因海防的任务变得突出起来，战船的产量逐渐增多。宋代的造船工场遍布内陆各州和沿海各主要港埠地区。

船舶业的发展极大地推动了海上航运的发展。在整个宋代的 300 多年间，由于与西域的陆路交通严重受阻，中国与外部世界的交往主要依赖海上交通，尤其是在南宋偏安时期，海上交通有了长足的发展。

元朝的国祚虽然不长，但却是当时世界上最强大、最富庶的国家，它的声威遍及亚洲并远震欧、非。由于中外交往的频繁，中国人发明的罗盘、火药、印刷术经过阿拉伯传入欧洲，中国所造的巨大海船由于马可·波罗的宣传已闻名于世。经过元代较短的一段时间的承前启后，我国古代造船技术到明代初年即达到了鼎盛阶段。元代在海上交通方面，无论是在航行的规模、所达的地域范围、航海的技术上，还是在沿海和远洋航路上，都超过了宋代。元代后期曾两次附商舶游历东西洋的汪大渊，根据亲身经历写成的《岛夷志略》一书，记载海外诸国 96 条，海外国名、地名达 220 余个。

宋元时期高度发达的中国文化，吸引了世界各国的目光。宋元时期海上交通和海外贸易发达，频繁的贸易和人员往来，极大地促进了宋、元与亚非各国乃至欧洲各国的经济文化交流。指南针、火药、印刷术三大发明是我国劳动人民勤劳智慧的结晶，其中指南针和火药就是通过海外贸易经阿拉伯商人西传到欧洲的。世界众多国家的文化使节、民间人士、旅行家等纷至沓来，到中国学习宗教、语言、绘画、医药、生产技术等，或者以其仰慕的眼光与心态向世界介绍灿烂辉煌的中国文化。从中国文明的对外传播方面看，如果说汉、唐以来丝织品的输出和丝绸文化的外流曾在很长的历史时期占据主要地位，那么宋、元以来，这种情况即被陶瓷品的输出以及陶瓷文化的远播所逐渐取代。为此，学者们常常把海上丝绸之路称为丝瓷之路。

尤其需要指出的是，元朝极其发达的中外交通为东西方之间的文化交流创造了极好的条件。高度发达的航海技术使中外贸易急速增长，许多中国人随元朝远征军移居海外把中国的文化带到了遥远的异域；与此同时，大量海外东亚人、西域人入元为宦、经商、传教、游历，他们中的许多人在中国落地生根定居下来，带来了异域奇物和文明。元帝国区别于中国历朝历代的一个显著特征即它是一个世界性帝国，这一时期的东西方文化交流也带有这个时代的特点。中国印刷术的西传欧洲，对于日后欧洲文艺复兴和资产阶级启蒙等文化活动具有极大的意义。

---

① 《马克思恩格斯全集》第 47 卷，人民出版社 1965 年版，第 427 页。

　　宋元时期的涉海群体中,值得我们特别注意的是民间海商。宋朝以后,中国海商势力有了很大发展,并且在贸易中发挥了主导作用。宋元时期的海商贸易以其民间性质为主要特征。就海商队伍的构成而言,人数最多的是沿海农户和渔户,宗族、官吏、军将在海商中也占一定比例,不时还有僧道人员被诱出净土加入海商队伍。

　　宋、元政府鼓励外商来华贸易,保护他们在华的商业利益和财产权利,给予外商学习、入仕等机会,因而来华的外商人数众多、贸易规模巨大。据《诸蕃志》等书记载,与宋朝有贸易关系的海外国家有五六十个之多。

　　宋元时期海外贸易和海上交通运输的发展,是海神信仰产生并迅速传播的重要原因。妈祖信仰产生于宋朝,由莆仙和福建沿海的地方性民间神升格为全国性的航海保护神,被不断敕封神号,进而过海越洋,传播到海外,成为闪耀着中华传统文化光辉的世界性海洋信仰现象。这反映了宋、元封建朝廷对发展航海贸易的关切和重视,也反映了宋代以来航海事业的发展、中国海商和海外移民在世界上的活动范围,以及中华文化在世界上的传播与扩散状况。尤其是到了元代,由于舟师远征海外和大规模的海漕运粮,以及妈祖作为海神天妃屡被国家加封,妈祖信仰愈发普遍,凡属于航海平安的祝愿,皆祈祷天妃庇佑,后来逐渐把祈风、祭海的仪式都奉祀于天妃一身。

　　宋元时期,海盗活动也有所发展:活动频繁,活动规模和范围扩大,并出现了不同于前代的新动向。不少海盗集团在进行海上抢劫与反抗官府的同时,也大量从事海上及国外经济商贸活动,或兼营海洋产业,从而使海盗社会也成了海洋经济社会的一个方面。

　　宋元时期的海洋文学是中国海洋文学繁荣的一个高峰期,这是与其特定的社会历史背景分不开的。尤其是宋元海洋文学中对海洋贸易繁荣景象的展示,对充满开拓精神和冒险精神的海商形象的塑造,对在大海中航行的情景的描绘,对广泛信仰的妈祖女神的盛赞,如此等等,充分显示了宋元海洋文学最为突出的写实性特征。其中最为直接的原因,是这一时期的海洋文学创作者大都直接接触、融入了与海洋有关的社会生活。

第二十章
宋元时期的中国海疆、海防与对外关系[①]

后周显德七年（960 年），掌管禁军主力的后周殿前都点检赵匡胤发动"陈桥兵变"，建立了宋朝政权，中国持续数十年的军阀割据局面由此发生改变。宋朝次第削平南汉、南唐、吴越、平海等沿海地区的地方割据政权，统一了从今天津大沽至广西的辽阔海疆，与拥有辽东及今俄罗斯滨海地区海疆的辽朝沿保定至泥姑海口一线对峙。其后，女真人崛起于白山黑水之间，建立金朝政权，以数年之力推翻北方强邻辽朝，领有故辽全部海疆。宋徽宗靖康二年（1127 年），金兵南下推翻北宋王朝，随后将与南宋政权海疆的分界线推进到淮河一线；后崛起于蒙古草原的元朝灭亡金朝，最终推翻南宋，统一了中国全部海疆。这期间，库页岛、台湾和澎湖列岛以及海南和南海诸岛得到进一步开发，人们对这些岛屿及其周围水域所拥有的丰富海洋资源、农业资源有了更深刻的认识和初步利用。金、宋、元诸朝在库页岛、澎湖设立军事机构，并将其纳入海疆行政管理体制之中；宋朝水军在西沙群岛海域的巡逻，元代对南海诸岛地理位置的天文测量等，都是我国古代对其实施有效管辖的明证。

宋、金、元朝之间的多年征战，加速了中国早已开始的经济重心南移的历史进程。特别是江南沿海地区，农业生产水平有较大提高，商品性农业和手工业发展迅速，不仅大、中城市成为商品交流的中心并带动了周围地区经济的发展，还涌现出一大批因商品贸易繁荣或具有特色农业、手工业产品而驰名的中小城镇。尽管南、北方的长期军事对峙，一度造成渤海水域航运业的萧条，以及沿海的碣石、登州诸北方港口的衰落，但与此同时，南方的泉州、庆元（今浙江宁波市）、太仓等口岸却迅速崛起，成为国际闻名的东方大港，与东南亚、南亚、西亚、非洲乃至欧洲各国保持着广泛的贸易往来。宋朝对海外诸国始终奉行和平友好政策，以维护海路畅通，增进与各国的政治、经济交往为宗旨。元朝在建立初期曾发生了一系列海外战争，但随着战争硝烟的散去，其与海外各国都恢复了正常关系和经济贸易往来。宋元时期封建王朝所实行的积极的海外贸易政策，对加速这一时期中国航海技术的进步、推动造船和航海业的发展、进一步繁荣海外贸易都起到了积极的作用。

---

① 本章引见张炜、方堃：《中国海疆通史》，中州古籍出版社 2002 年版，第 173—252 页。

第一节　北宋的海疆

一　北宋的统一及北宋对海疆的治理

北宋建立后,长期与西夏、辽国对峙。其中,辽国据有今辽东半岛和远东滨海地区,北宋据有从今河北至广西漫长的海岸线及其所毗连的辽阔海疆。北宋与辽国对峙的战略态势,宋代沿海经济的发达,使中国的海疆出现了与以往不同的较大变迁。

后周显德七年(960年),赵匡胤在陈桥驿(今河南封丘东南陈桥村)发动兵变,夺取帝位,建立宋朝。后周本是个只拥有今山东、河北部分海疆的地方政权,辖境以内陆地区为主,但赵匡胤在中原地区实现了统一之后,即着手向南方沿海地区扩张,次第平定南汉、南唐、吴越、平海等地方割据政权,拥有了海岸线绵长的辽阔海疆。

南汉是刘隐创建的地方割据政权,定都番禺(今广州市),据有岭南60州。后梁贞明三年(917年),刘隐之弟刘岩(后改刘龑)称帝,最初国号为越,不久又改称汉,史称南汉,其疆域包括今广东、广西沿海一带。这里气候温和、物产丰富,早在唐五代时期,当地的蚕丝、木材、矿产、陶瓷、蔗糖、水果等物产就已相当有名,造船、航运、捕鱼、采珠等海洋经济产业也十分兴盛。但南汉统治者十分残暴,任用贪宫酷吏在国内搜刮聚敛,经常派兵入海掠夺商人财物;生活骄奢淫逸,大造离宫别苑,曾"令人海五百尺采珠,所居宫殿,以珠、玳瑁饰之"[1];统治集团内部长期自相残杀,冲突激烈。就在宋军大兵压境的危急之时,当时的南汉主刘铱杀死担当防御重任的招讨使邵廷琄,先后举兵侵占潭州、道州。宋开宝三年(970年),赵匡胤派大将潘美为贺州道行营都部署,尹崇珂为副,率10州兵,避开著名的五岭险道向贺州进兵,在击败南汉都统李承渥部10万余人之后,进占广州的北大门韶州,直逼广州。刘铱见大势已去,一度打算用10余只满载金宝、嫔妃的大船逃亡海上,后因宦官和卫兵将船劫走而未果。次年二月,刘铱举城投降。

南唐是吴将李昇所建立的地方割据政权,建都金陵(今江苏南京市),据有江、淮、闽、楚36州,后来被周世宗柴荣所击败,失去江北土地,国势一蹶不振。后主李煜即位后,酷爱诗文,手下大臣多用文士,军队疲弱而不能战。面对宋军咄咄逼人的攻势,李煜曾主动派使臣到汴梁,提出削去南唐国号,改称江南国主,以表示屈服。但南唐的这个举动并没有止住宋军的进攻步伐。李煜又派人联络吴越王钱俶,企图依托长江天险联合抗宋,但遭到拒绝。宋开宝七年(974年)十月,宋军大将曹彬率部渡江。十一月,宋军大将潘美在采石搭设浮桥过江。随后,宋军隔断驻守湖口一带的唐军主力与都城的联系,在拔除金陵外围的大部分城邑后,调转部分兵力歼灭了来自湖口的南唐援军,最终攻占金陵,迫降南唐。南唐平定后,还遗留有地处沿海的漳、泉二州没有归附。这两个州名义上归属南唐,实际上却由平海节度使陈洪进统治,处于拥兵割据状态。赵匡胤的弟弟赵光义继位后,陈洪进眼见各割据政权相继被推翻,自己势小力孤,也不得

---

① 陈邦瞻:《宋史纪事本末》卷五。

不献出漳、泉二州俯首称臣,史称"陈洪进纳"。

吴越是唐末钱镠所建,定都杭州,据有两浙 13 州。因其偏安东南一隅,国势较弱,多年来一直小心奉事中原王朝,宋军与南唐军作战时还出兵帮助过宋军。但这些举动并未能改变宋朝统治者夺取两浙沿海富庶之地的意图。宋太平兴国三年(978 年),宋太宗赵光义将吴越王钱俶扣留在在京师汴梁,迫使其献出两浙 13 州土地,史称"吴越归地"。

至此,从今河北至广西的沿海地区全部归入宋朝版图。

上述沿海地区在民族、人口、经济发展水平和地理环境上多有不同。大体上说来可分为两类:一是以汉民族为主、人口较稠密、农业和渔盐业较发达的地区;二是以少数民族为主、人口比较少、农业和渔盐业欠发达的地区。北宋王朝奉行"因俗而治"的原则,在沿海地区采取了两套不同的行政管理模式。

对以汉民族为主、农业和渔盐业较发达的沿海地区,北宋沿用了与中原内地相同的行政体制。宋初沿袭唐制,其最大一级行政区划为"道"。宋太宗时"道"改称为"路",但路的数目时有变动,最少时为宋初的 13 路,最多时为元丰年间(1078—1085年)的 23 路。路下设州,与州同级的还有府、军(有的军隶属于府、州)、监等。州下设县。据《宋史·地理志》记载,北宋时期沿海的州郡有:

(1)河北东路:濒临渤海海域,沿海州郡 2。

沧州,治所在清池(今河北沧州东南)。

滨海州,治所在渤海(今山东利津西)。

(2)京东东路:濒临渤海、黄海,沿海州郡 5。

青州,治所在益都(今山东益都),辖千乘(今山东博兴境内)、寿光、博兴等县。

潍州,治所在北海(今山东潍坊),辖北海(今山东昌乐县东南)、昌乐等县。宋建隆三年(962 年)北海县置北海军,宋乾德三年(965 年)升为州。

莱州,治所在掖(今山东莱州),辖掖县、莱阳、即墨等县。

登州,治所在蓬莱(今山东蓬莱),辖蓬莱、文登、黄县、牟平等。

密州,治所在诸城(今山东诸城),辖胶西(今山东胶州)、诸城、莒县等。

(3)淮南东路:濒临东海,沿海州郡 5。

海州,治所在朐山(今江苏连云港),后迁东海县,属县有朐山、东海等。

楚州,治所在山阳(今江苏淮安),属县盐城近海。

涟水军,治所在涟水(今属江苏)。

泰州,治所在海陵(今江苏泰州),后移治泰兴沙上,属县如皋近海。

通州,治所在静海(今江苏南通),属县静海、海门近海。

(4)两浙路:濒临东海,沿海州郡 6。

秀州,治所在嘉兴(今属浙江),属县海盐、华亭近海。

杭州,治所在钱塘(今浙江杭州),属县钱塘、仁和、盐官近海。

越州,治所在会稽(今浙江绍兴),属县萧山、会稽、山阴、上虞、余姚近海。

明州,治所在鄞(今浙江宁波),属县鄞、慈溪、定海、象山、昌国临海。

台州,治所在临海(今属浙江),属县临海、黄岩、宁海近海。

温州,治所在永嘉(今浙江温州),属县乐清、永嘉、瑞安、平阳近海。

（5）福建路：濒临东海，沿海州郡 4。

福州，治所在闽县（今福建福州），属县闽、侯官、长溪、宁德、连江、福清近海。

兴化军，治所在莆田（今属福建），属县莆田近海。

泉州，治所在晋江（今福建泉州），属县惠安、同安、晋江、南安近海。

漳州，治所在龙溪（今福建漳州），属县龙溪、漳浦近海。

（6）广南东路：濒临南海，沿海州郡 4。

潮州，治所在海阳（今广东潮州），属县潮阳、海阳近海。

惠州，治所在归善（今广东惠州），属县海丰近海。

广州，治所在番禺（今广东广州），属县南海、番禺、东莞、新会、信安近海。

南恩州，治所在阳江（今广东仰江）。

（7）广南西路：濒临南海，沿海州郡有 9。

高州，治所在电白（今广东茂名北）。

化州，治所在石龙（今广东化州）。

雷州，治所在海康（今属广东），辖县海康、徐闻近海。

廉州，治所在合浦（今属广西），后移海门镇。

钦州，治所在灵山（今属广西）。

琼州，治所在琼山（今海南海口）。

万安军，隶琼州。

吉阳军，治所在朱崖（今海南崖城）。

南宁军，治所在宜伦（今海南儋县西北）。

对沿海那些经济不太发达的少数民族聚居区，北宋王朝与管理其他边疆民族地区一样，在中央由礼部、兵部和鸿胪寺等机构负责礼待边疆少数民族朝贡方物、对少数民族首领授官加恩等事宜；在地方上，则于福建路、广南西路之下设有羁縻州、县、洞，"树其酋长，使自镇抚"，其职官有宋朝职官和少数民族职官两种，如王、大将军、将军、郎将、司阶、司戈、司侯，或是刺史、"蕃落使"、知军、都鬼使①等，但这些羁縻机构的设置远比唐代严密得多。例如，宋朝分广西少数民族种落，大者为州，其次为县，再次为洞；推其雄长为首领，籍其民为壮丁，其田计口给民，不得典卖。

对少数民族贵族掠来的"生獠"和买卖的"生口"，规定要"给田使耕，教以武技，世世隶属，谓之家奴，亦曰家丁"②，确定了羁縻州地区封建主对农奴的隶辖关系。生活在福建路的畲族，很早就与当地汉民族一起垦山造田，开发闽地。其内部分为"有恒产之民"与"无恒产之民"，要向官府缴纳蜜蜡、虎革、猿皮等土特产。

总之，宋朝对沿海地区的行政管辖以设置州、郡为主，而在少数民族聚居区则在设置州、县的同时辅以土官制度。

二 "强干弱枝、内外相维"的军事方针与沿海防御

赵匡胤靠"兵变"建立宋朝后，为防止唐末五代时期兵骄将奢、藩镇割据情况的出

---

① 《宋史》卷四九三《蛮夷一》。
② 范成大：《桂海虞衡志·志蛮》。

现,确立了一套以加强中央军事集权为宗旨的统兵制度,由枢密院掌军政、军令,由三衙统兵;在兵力部署上则奉行"强干弱枝,内外相维"的方针,除了将禁军中战斗力最强的部队驻在都城汴梁附近外,还派禁军在边疆和内陆广大地区与厢军共同驻防,各部轮番更戍,以便互相牵制。由于当时辽国、西夏等北方少数民族政权与宋朝对峙多年,宋朝将其兵力的90%都集中在北方地区。如北宋仁宗时,在北方驻兵1732指挥,在南方驻兵仅有195指挥;其中,滨海的淮南路58指挥,两浙路18指挥,福建路10指挥,广南路8指挥,总计94指挥,绝大部分为步兵,水军只占很少一部分。

（一）北宋水军的建置和战船兵器

北宋时期水军数量有限,分为禁军水军和厢军水军两种。

禁军系统水军有5支。这些水军最初是由宋太祖为平定江南所建立的,后来宋真宗时又有增建,但规模都不大,如殿前司虎翼水军、侍卫步军司虎翼水军、归圣水军、新立归化水军都只有一指挥。真正用于海疆防御的是驻于登州的平海水军两指挥,它原属于厢军系统,后来才升为禁军。康定元年（1040年）,登州增置澄海弩手水军两指挥,主要负责陆岸防御。

厢军系统水军比禁军水军人数要多一些。宋朝在大中祥符六年（1013年）和庆历年间（1041—1048年）曾两度大力招收习水之士进行训练。这些水军主要部署在河东、陕西、淮南、江南、两浙、荆湖、福建、广南等路,每支水军人数有限,但分布地域较广。例如,江南、淮南的厢军水师分驻江宁府、扬州、海州、泰州、楚州、泗州、涟水军、高邮军、苏州、润州、常州各地,其维护附近沿海及江河水网地带治安的任务还是相当重的。

据史料记载,北宋水军战船除了汉、唐时代已普遍使用的楼船、蒙冲、斗舰、走舸、海鹘之外,还增加了以下几种新型战船。

车船,即在船体两侧装上可以划水的转轮,用人力踏动进退的木船。车船虽然在南齐、唐代就发明出来了,但大规模使用还是在宋代。北宋末年,抗金名将李纲曾主持制造了数十艘大型车船,"上下三层,挟以车轮,鼓滔而进"①。

纫鱼船,一种小型海上战船,由浙江的海上渔船改装而成。头方而小,尾阔,面敞,底尖,适于近海航行。北宋时山东、两浙等地水军海上巡大都使用这种船。

海船,专门适用于东海和南海海域的战船,分大、中、小三种,吃水较深,能行驶于风浪较大的海面。建炎四年（1130年）抗金名将韩世忠率水军8000人在镇江金山、焦山附近江面截击北归的金军宗弼部,所使用的当是这种海船。

北宋水军所使用的兵器,既有传统的刀、枪、弓、弩、长斧等冷兵器,也有因火药应用于战争而创制的火器。史载,咸平三年（1002年）,神卫水军队长唐福献火箭、火球、火蒺藜等,可见当时北宋个别水军已拥有了火器。而根据庆历年间（1041—1048年）官方编修的军事类书籍《武经总要》记载,当时宋人已经能够制造火箭、火炮、火药鞭箭、引火球、蒺藜火球、铁嘴火鸡、竹火鸡、霹雳火球、烟球、毒药烟球等10余种火器,水陆作战通用。

① 李纲（1083—1140）,《宋史》有传,著有《梁溪全集》。

（二）北宋水军的屯驻与巡逻

北宋时期，中国沿海尚未面临严重的海上入侵威胁，宋朝统治者最初建立水军，只是为了平定南方诸地方政权统一中国。后来宋朝维持一定数量的水军，目的仍是为了防备辽国从海上袭扰以及镇压沿海地区的农民起义，防御海盗，所以水军的屯驻、巡逻和军队规模的扩充、削减与当时的沿海形势有十分密切的关系。

北宋时用于防备辽国水军的主要是登州的平海水军。庆历二年（1042年），宋朝在用于陆岸防御的弩手部队的基础上，于登州画河入海处小海增设刀鱼巡检。巡检领水兵300人，驾肋鱼战棹巡护附近海面，教习水战，日暮传烽，以通警急。这年四月，该巡检还遣兵戍卫马迤岛，至八月返还登州军营。

至于南方沿海各地水军，主要是用来维持治安、缉捕海盗。由于宋代地主土地兼并十分严重，官府横征赋税及各种苛捐杂税，百姓不堪重负，纷纷逃亡甚至揭竿而起。浙江爆发了方腊起义，福建爆发了范汝为起义，广东南雄及英、韶、循、梅、惠等州也爆发了农民起义。沿江沿海地区也颇有人啸聚为盗。浙江"郡皆边江湖，莞蒲聚啸，盖常有之"[1]；在长江下游及江口洋面，泰州、通州海面上，则有海盗反抗官兵之事；福建"长溪、罗源、连江、长乐、福清六县皆边海，盗贼乘船没"[2]。为此，沿海各地官府加紧扩充、训练水军，设置海防哨所水寨，加强海上巡逻。嘉祐四年（1059年），知福州守蔡襄曾上书朝廷："奏请沿海地方教习舟船，备海盗。"[3]蔡襄又严督各路修葺刀鱼船，教习沿海巡检士兵划桨使帆。元丰二年（1079年），福建沿海的晋江、南安、惠安、同安等地都增驻禁军巡檄，又调整了起先分布不合理的水军驻防点，在沿海要害之地增加驻军。例如，蔡襄于嘉祐四年（1059年）将福州海口的巡检移于钟门，以掌握海上往来的风樯船舶。嘉祐八年（1063年），提刑司又奏请在福建的长溪、罗源、宁德、连江、长乐、福清各增置巡检一名，长溪造刀鱼船。北宋熙宁年间（1068—1077年），在闽南设石湖、石井、小兜寨，又设置连江县西洋巡检，管连江、罗源海道；置南日巡检，管福清县海道。在南东、西路，宋朝也曾"命王师出戍，置巡海水师营垒"，并"治肋鱼入海战舰"，"屯门山用东风西南行，七日至九乳螺洲"[4]。九乳螺洲即今西沙群岛。

三　与北宋对峙的北方海疆

与北宋在今河北白沟一带画线对峙的辽国，是由崛起于大漠、草原深处的契丹民族建立的政权。契丹人最初生活于今西拉木伦河流域。唐朝末年，耶律阿保机被推为可汗以后，征服东北地区各部族，并屡次出兵河北，力量不断壮大。神册七年（916年），他在汉族士大夫的协助下，以临潢为都城，建立契丹政权。大同元年（947年），耶律德光又改称为辽。

《辽史·地理志·序》记载辽代疆域："东至于海，西至金山，暨于流沙，北至胪朐河，南至白沟，幅员万里。"其行政序列大体为道、府、节度（刺史、军）州、县（州、城）4

---

① 苏颂：《论东南不可弛备》，收入《苏魏公文集》。
② 《淳熙三山志》卷一九《兵防二》。
③ 《重纂福建通志》卷八六《历代守御》。
④ 曾公亮：《武经总要》前集卷二一。

级。地处沿海的有东京道、中京道和南京道下辖的一些府、州、城。

（1）东京道：其辖区西至今康平以西及大凌河下游以东，北从今松花江、嫩江交汇点起到黑龙江下游，东滨海，东南至今鸭绿江下游南岸；其中，滨海的有以下诸府、州、城。

辰州，治所在建安县（今辽宁盖县），即原渤海国盖州，下属建安县。

卢州，治所在熊岳，下属熊岳县。

海州，治所在临溟（今辽宁海城），下属临溟县、耀州（海城西南60里岳州城）、嫔州（辽河东新昌镇）。

显州，治所在奉先县（今辽宁北镇），下属奉先县、山东县、归义县、嘉州、辽西州、康州。

乾州，治所奉陵县（在今辽宁北镇西南），下属奉陵、延昌、灵山、司农等县和海北州（治所在开义，即今辽宁义县）。

铜州，治所在折木县（今辽宁海城东南40里折木城）。

顺化城响义军，在今辽宁复县、金县之间。

宁州，治所在新安（今辽宁复州城北）。

归州，治所在归胜（今辽宁盖县西南90里）。

苏州，治所在来苏（今辽宁金州），下属苏县、怀化县。

来远城，在今鸭绿江口中江岛上。

保州，治所在今朝鲜义州。

镇海府，治所在乎南（今辽宁庄河一带）。

率宾府，在今俄罗斯乌苏里斯克。

定理府，在今俄罗斯伯力南乌苏里江左右地。

铁利府，在今俄罗斯伯力。

安定府（一称安边府），在定理府北。

（2）中京道：其辖区西至今丰宁县以东，西南抵今山海关，东达今大凌河下游，北与上京道相接。

其中，滨海州有：

锦州，治所在永乐（今辽宁锦州）。

严州，治所在兴城（今辽宁兴城菊花岛）。

隰州，治所在海滨（今辽宁绥中东北）。

来州，治所在来宾（今辽宁绥中南）。

迁州，治所在迁民（今山海关）。

润州，治所在海阳（今山海关西海阳镇）。

（3）南京道：其辖区滨海州、府有：

平州，治所在卢龙（今属河北）。

营州，治所在广宁（今河北昌黎）。

滦州，治所在义丰（今河北滦县）。

析津府，治所在燕京，下属武清、香河县。

除了设置府、州、军、城以外，辽朝还设立过大王府等机构，管辖其他少数民族聚居之地。

东海女真,也被辽称为"濒海女真"。其居地在"极边远而近东海者"①。这个东海就是日本海,濒海女真就是分布在今天俄罗斯滨海地区的女真诸部。辽朝在此设置濒海女真大王府以镇辖。

五国部。《契丹国志》等书皆记载,五国部东接大海,出名鹰"海东青"。该鹰主要产于今黑龙江口的奴儿干地方。所以,五国部所接大海,即黑龙江口附近的鄂霍次克海,辽朝为此设置了五国部节度。

阿里眉,即当时居于黑龙江下游的少数民族,后来也被称为吉里雅克人。其地北邻鄂霍次克海,东临鞑靼海峡。

辽国在沿海地区设置了不少军事据点,以资守卫,也与山东半岛发展海上贸易。但作为一个由游牧民族贵族建立的政权,他们与中亚地区的交往更加频繁,海上活动相对较少。

第二节　南宋时期的海疆

12世纪20年代,北宋在金军的大举入侵下灭亡。宋徽宗之子赵构以临安(今浙江杭州市)为都城,建立了一个与金朝南北对峙的政权——南宋。南宋只拥有东起淮水、西至大散关一线以南的中国疆土,与北宋相比,土地、人口、国力都大为削弱。但战争造成的北方人口大规模南迁、政治中心南移以及为保卫半壁江山而加强建设的水军力量,却给南宋海疆带来不小的变化:沿海经济更加繁荣,海外贸易进一步发展,海防建设也出现了崭新的局面。

一　宋、金"划淮而治"战略格局的形成

宋徽宗宣和七年(1125年)十月,金军10余万人分两路长驱直入中原,拔城克邑,先后击败数十万北宋大军。第二年十二月攻陷北宋都城汴梁(今河南开封市),掳宋徽宗、钦宗二帝北归,北宋亡。但此时黄河以南及陕西等广大地区依然处于宋朝的控制之下,金军占领的河东、河北地区也有许多州、县的军民坚守城邑,抗击金军。靖康二年(1127年),金人立曾经担任过北宋宰相的张邦昌为"大楚皇帝",以汴梁为都城,然后退兵北归。但张邦昌这个傀儡一开始就遭到人们的强烈反对,只好退位。五月初一,宋徽宗的第九个儿子、时任河北兵马大元帅的赵构在南京(今河南商丘市)即位称帝,重建赵宋王朝,这就是历史上的南宋。

尽管宋高宗赵构即位时仍控制着山东、河南、陕西等广大北方地区,但他并无坚决抗金的决心,力求与金和议,保住以黄河为界的半壁江山。宋高宗建炎元年(1127年)十月,他更以金兵南逼为借口,从南京逃到扬州(今属江苏),原先由力主抗金的大臣李纲所坚持的"沿河、江、淮措置控御,以扼其冲"的战略防线,至此不得不南移至淮、汉、长江一线。随着南宋战略防御空间的大幅度压缩,东南沿海地区也加紧了战备,"淮、

---

① 徐梦莘:《三朝北盟会编》。

浙沿海诸州增修城壁，招训民兵，以备海道"。

面对南宋朝廷妥协退让的举动，金军以咄咄逼人的进攻态势，三次挥兵南下。第一次是在建炎元年（1127年）十二月，兵分三路，在不到3个月的时间里，便迅速占领了西自秦州、东至青州一线的许多州县。次年七月，金军又分兵两路，一路进攻陕西；另一路又连下山东、河南、江苏各地军事重镇，穷追宋高宗至瓜洲渡（今江苏江都南），迫使宋高宗逃到杭州。建炎三年（1129年）十月，也就是宋高宗和南宋文武官员们放弃淮河防线退守长江南岸以后，金军分兵三路，东路由大将完颜昌率领，攻取山东境内仍为抗金义军守卫的州县；西路由大将完颜娄室率领，在陕西战场继续发动进攻；最重要的一路是由完颜宗弼（又称兀术）率领的中路10万大军，由归德南下渡江，进占江南战略重镇建康（今江苏南京市），目的是追击宋高宗，乘南宋朝廷在江南立足未稳之机予以摧毁。同时，金军也想到从海路进行战略配合，派人在山东梁山泊（今山东梁山东南）督造战船，打算由海道南下攻宋。

十月末至十一月初，中路金军先后在黄州（今属湖北）和马家渡（今江苏南京西南）渡江，直逼建康城下。宋高宗和朝中大臣们无计退敌，只能向金人苦苦乞怜，加上所任命的江防统帅杜充残暴无能，不受统兵将领的拥戴，致使江防全线溃败，建康城失陷，负责防守江州（今江西九江）的宋将刘光世弃城南逃，负责防守镇江（今属江苏）的宋将韩世忠也把军资器械装入海船退走江阴（今属江苏）。金军过江后，统帅完颜宗弼一心打算追获宋高宗，因而攻下建康之后，又马不停蹄进攻南宋朝廷所在地临安（今浙江杭州），迫使宋高宗跑到定海（今浙江镇海）。

此时的宋高宗和手下大多数文臣武将，虽因多年生活在北方对海上航行生活并不熟悉，但面对金军的穷追猛打已乱了方寸，认为只有逃到海上才能躲过追袭。所以宋高宗一到定海，就急忙派人募集海船，并从募集到的20艘海船中挑选一只作为御舟，其余各船装载文臣武将、随驾护卫等，并规定卫士所带家属不得超过两口。当时跟随高宗逃难的卫士们多带有父母妻子，不忍抛下其余家属受金兵蹂躏，因而"人情纷纷，不欲入海"[1]。以张宝为首的百余名卫士拦住宰相吕颐浩，质问他入海到何处去。高宗假意安抚，以伏兵镇压了反叛卫士，才得以上船。建炎四年（1130年）正月，负责"搜山检海"追袭宋高宗的金军4000人攻破明州（今浙江宁波）进至定海（今浙江镇海）后，得知高宗已入海，便利用搜集到的海船进攻昌国县（今浙江定海）。但金军本不擅长航海，船行至琦头又遇上风雨大作的恶劣天气，宋将张公裕以吨位较大的海船击散乘坐较小海船的金军，迫使其退回明州。高宗逃脱了金军船队的追击，一时也不敢上岸，遂在台州（今浙江临海）、温州（今属浙江）附近的海面上漂泊，直到金军北返。

建炎四年（1130年）二月，金军中路统帅完颜宗弼因追捕宋高宗未果，准备从镇江渡江北返。这时韩世忠已率水军8000人、海船100余艘屯兵镇江焦山，截断了金兵的退路。三月十五日，金、宋两军在镇江的金山、焦山附近水面相遇。韩部船身高大，将士娴于操船，"乘风使篷，往来如飞"[2]，双方激战很久，金军始终无法渡江。完颜宗弼见硬攻无法得逞，于是写信给韩世忠，情愿将在江南劫掠的财富归还，换取一条过江通

---

① 王应麟：《玉海》卷一四七。

② 《宋史》卷一八七《兵志一》。

道,但遭到拒绝。此后,金军乘船逆水西上,韩世忠也率船队沿北岸溯行拦截,两军且战且行,最后将金军逼入建康东北70余里的一处死港——黄天荡之中。韩世忠将黄天荡出口牢牢封锁,围困金军40余天。后来金军得到当地人献计,连夜挖通老鹳河故道,倾泰淮河逃至建康。四月二十五日,金军乘风平浪静宋军大型帆篷海船无法航行的机会渡江,并用火箭齐射宋军帆篷,焚烧了韩世忠的大部分战船,这才得以渡江北归。经此一役,原先所向无敌的金军备受打击,也知道自己在南方江河湖海的水面上作战占不了上风。金军的这几次正面进攻没有达到灭亡南宋的目的,便集中力量进攻川陕地区,打算控制长江上游,徐图长江中下游地区。于是,宗弼部主力调至陕西战场,江淮一带的战火暂时停息下来。

二 南宋政权对海防的重视和加强

南宋政权主要凭依淮河、长江抵御金兵及蒙古军队,同时严防敌人来自海上的进攻,所以其水军发展最快,对海防的重视和加强也远远超过北宋政权。

(一)南宋水军的建设

北宋军队以步兵为主体,水军建设一向薄弱。到宋高宗偏安江南之初,淮河、长江成为抵抗金军南下的主要防线,急需发展水军。但宰相李纲关于"沿江、淮、河帅府置水兵二军,要郡别置水兵一军,次要郡别置中军,招善舟楫者充,立军号曰凌波、楼船军"的提议,却没有得到高宗的允准和其他大臣的响应。后来高宗为躲避金军的追捕,逃到明州海边,打算入海避难,却苦于缺少适用船只和水军护卫;直到监察御史林之平从福建募来千艘海船,才护送高宗逃离明州,摆脱金军的陆上穷追。不久,韩世忠利用大型海舶拦阻北归金军,将所向皆捷的金军围困在黄天荡中达40日之久。宋朝统治者这才认识到,在江南水网纵横的沿海地区,水军具有举足轻重的作用,加紧水军建设实为当务之急。

在南宋初年的几支驻屯大军中,抗金名将岳飞部水军最强。绍兴五年(1135年),岳飞所部奉命镇压洞庭湖地区的农民起义军。该起义军出没于洞庭湖区汊湾水巷之间,所制车船大者可载千人,上装巨炮(抛石机),往来如飞,屡次将前来镇压的官军打败。岳飞采取剿抚兼施之策,招降纳叛,不断削弱起义军力量,最终将起义镇压下去。随后,他将缴获的1000余艘战船和大批起义军水兵编入自己的部队,因而"鄂渚水军之盛,遂为沿江之冠"①。大将刘光世拥有李进彦部水军5100余人;张俊所部虽然没有专设水军,却也拥有大小战船380多艘;韩世忠部所操海舟数量也不少,就连南宋朝廷创立的御前忠锐军也有水军建制。

宋高宗绍兴四年(1134年),大概是考虑到江防地段绵长、水军战船数量有限,宋廷下令:"临安、平江、镇江府,秀、常州,江阴军,太平、池、江、洪州,兴国军,鄂、岳、潭州各置水军,以五百人为额,并以横江为名。"②可惜,这个气魄并不大的水军建设计划并没有付诸实施。直到第二年,大将张俊以现有湖南水军及原洞庭湖起义军周伦等部为

① 岳珂:《金佗粹编》卷六。
② 《咸淳毗陵志》卷四。

基础,才拼凑成横江水军 10 个指挥,总人数约 5000 人。此外,张浚也有一支屯驻于镇江的小规模水军,杨沂中的神武中军亦有水军部队驻扎在平江府许浦镇。

鉴于沿海水道已成为宋、金双方都十分关注的战略方向,宋朝廷特意在庆元府定海县设置了沿海制置使司,专门负责海防;受其管辖的士卒多达万人,舟船也有数百,由曾在中原地区五马山寨抗金的沿海制置使司副使马扩负责阅习之事。绍兴十年(1140 年)张浚被贬官到福建去做安抚使时,曾建造海舟上千条,准备配合陆路抗金之战,由海道直指山东。

南宋中后期,在沿江、沿淮、沿海各重要府、州、军,大都设有规模不等的水军。例如,在原岳飞部水军基础上建立的鄂州都统司水军有兵数千人;兴国军御前防江水步军,编额 3000 人;江州水军和防江军,人数最多时有数千人;池州水军和防江军有 8000 人;驻建康府靖安镇和唐湾的御前水军有 5700 多人;建康府龙湾游击水军有 2000 人;江阴水军有 4000 人;平江府许浦御前水军,最多时人数达 14000 人;淮阴水军有 5000 人;两淮水军有 2000 人;嘉兴府金山水军有 1000 人;嘉兴府澉浦水军有 1500 人;驻临安的殿前司浙江水军,人数最多时达 1 万人;沿海制置使司水军南宋初年达 1 万人,南宋末年编制为 6500 人;沿海水军有 1000 人;泉州水军有 2000 人;广南东路经略安抚司水军有 2000 人。这些水军大都归属所在防区将领指挥,相互之间缺少战略上的配合。宋孝宗时一度想以"知建康府史正志兼沿江水军制置使,自盐官至鄂州,沿江南北及沿海十五州水军悉隶之"[①],但在当时的历史条件下,要对从长江中游到杭州湾如此辽阔地段的全部水军进行统一指挥,实际上是不可能的。

(二)南宋水军的战船与兵器

长江以北楚、泗、真、扬和江南的苏、润、江宁等州府,都是重要的造船基地,其中官办船场自然要承建相当数量的战船。南宋建炎三年(1129 年),平江造船场曾建造过长 8 丈、载重 400 料(石)的战船,又造了长 4 丈 5 尺的海鹘船;绍兴年间(1131—1162 年),江东、两浙路的船场建造了 24 艘 9 车车船、8 艘 13 车车船;宋乾道四年(1168 年),建康府船场又造出一种 1 车两桨、载重 400 料的战船。这些战船在抗击金军南下的采石之战和平时江防时发挥了巨大作用。但是,要想在海上航行,还需要泉州、广州等地船场制造的大型海舶;就连南宋初年韩世忠在镇江拦截金军北归、宋高宗逃往海上避难,也多赖于闽、广巨舶的帮助。对当时不断出现的新型战舰和日益发展的造船技术,南宋末年文人王应麟称赞说:"战舰之制,近世大精,昔人智巧殆不能及。胡虏望之,惊若鬼神。限以际天之水,驾似如山之浪,彼虽虎狼莫敢前也。"各地官办船场还建造座船、马船和渡船,供官员或行旅客商旅差、运输马匹和渡口使用。南方各地还有许多私家船场建造江河航船、近海远洋客货船,一来南宋海外贸易离不开大量的巨舰海舶,二来沿海航行和江南地区的江湖河道行船仍很频繁,甚至有船家商户冒着宋廷禁令从闽粤沿岸载货到金朝管辖的山东沿海贸易,以致南宋朝廷不得不多次重申禁令,这些走私活动同样需要数量可观的航海船只。

南宋水军在沿用北宋时就一直在使用的车船、海船、刉鱼船等各类战船的基础上,

又创制了一些较有特点的新型战船。

多桨船,宋乾道四年(1168 年)由水军统制冯湛创制。这种船结合几种战船的长处,具有湖船底、战船盖、海船头尾的特点,长 8 丈 3 尺,阔 2 丈,载重 800 料(石),用桨42 支,上装甲可载 200 人,江河、湖、海水域皆可行驶。

铁壁铧嘴船,由秦世辅在池州设计制造。这种船长 9 丈 2 尺,宽 1 丈 5 尺,载重400 料(石),船两侧各设 3 桨 2 车;船首装有防护铁板,船首水线下装有尖利的铁制"铧嘴",可以在作战时以冲角撞击敌船。

马船,宋淳熙六年(1179 年)由马定远在江西创制。船上安装有女墙、轮桨,可用来作战,也可以用来运送马匹和渡人。

无底战船,宋咸淳八年(1272 年)由张贵创制。这种船船中间无底,以旗帜伪装,两舷有站板;作战时引诱敌人跳邦,落入船中溺死。

南宋水军装备的兵器种类颇多,有传统的各种冷兵器,还有火球、火箭等火器。尤其是在宋、金采石水战中使用过的霹雳炮,宋、元崖山海战中使用过的毒药烟球,代表了当时火器的先进水平。霹雳炮是用纸筒装生石灰和硫黄而成,点着后升入空中;落入水中之后硫黄和石灰发生反应起火,从水中跳出,纸筒裂开,烟雾、石灰弥漫而迷盲敌人。毒药烟球是将硝石、硫黄、狼毒、砒霜等 13 种毒物混合成球,水战时用烧红的铁椎插入球中发火,顺风投向敌船,令敌人中毒而口鼻流血。这些火器虽然已经开始应用于实战之中,但其发展尚处于初始阶段,威力也有限,它们的作用远不如后来的水战火器那样明显。

(三)南宋时期的农民起义与统治阶级的镇压

南宋初年,江南各地百姓饱受兵燹之灾。在北宋溃兵基础上建立起来的南宋军队,大多军纪涣散、鱼肉百姓;许多打着抗金名义的游寇集团,也四处抄掠粮食、蹂躏黎民,使广大民众的生活陷入极其困难的境地,终于引发了大规模农民起义。

南宋农民起义中,规模最大的要数钟相、杨幺领导的洞庭湖地区农民起义。宋高宗建炎四年(1130 年),鼎州武陵(今湖南常德)人钟相利用秘密宗教和乡社形式组织民众举义,提出政治上"等贵贱"、经济上"均贫富"的斗争口号,其队伍迅速扩大至 40万,占领了洞庭湖区附近 19 个县。钟相被杀后,这支起义军在另一领袖杨幺的领导下,扬长避短,尽量避免陆地作战,发挥新型车船战舰的水上优势,先后击败了程昌寓、王躞各部,坚持斗争达 6 年之久,最后被岳飞采用"剿抚兼施"之计所镇压。在这前后,江西吉州、虔州爆发了由乡兵首领陈新、彭友、李满领导的数万人的大起义;福建建州(今建瓯)爆发了私盐贩范汝为领导的起义;湖南、湖北爆发了李金、赖文政、陈峒、李元砺等领导的起义;广西藤州、陆川爆发了王宣、钟玉、李接领导的起义。各地农民起义军所到之处,对当地官府和地主阶级的统治给予沉重的打击。南宋朝廷为镇压四处蔓延的起义活动,耗费了巨大的人力物力,军队也是疲于奔命。

在陆上农民起义掀起高潮的同时,以往少见的海上起义也十分频繁且范围日渐扩大。宋高宗绍兴二年(1132 年),以柳聪为首的起义军,有海船数十只、勇士数百人,出没于福建、广东、广西的沿海岛屿和海域。绍兴三年(1133 年),黎盛领导的一支起义军从海上进攻广东潮州城。绍兴五年(1135 年),陈感领导的起义军,分乘数十只战船猛攻广东雷州,几次击败官军,打死宋军统领余铸。随后,福建、广东沿海又相继爆发了朱职、郑广、林元等领导的 8 次大的海上起义,参加者有沿海农民、渔民、盐户、小商贩及篙工等。他们多次击败前来镇压的南宋官军,切断了沿海运送粮食、进行海外贸易的通道,有时甚至深入内陆州郡,与陆上农民起义相互配合。其斗争虽然旋起旋灭,却从来没有间断过。宋孝宗继位后,进一步巩固其统治,南宋陆上农民起义进入低潮。但是,海上起义队伍却改变了以往的斗争方式,不再依靠船队在海上游动转移,而是在两广、福建、浙江诸海湾和沿海岛屿上建立起小块根据地,取得当地民众的支持,用物资、商品与当地民众"交易",抓住有利时机控制航海要道,进袭中外贸易的"要会之地"。例如,在广州南面海域的大奚山,岛上山多伏莽、林深菁密,岛上居民以渔盐为业,不断发生反抗南宋官府之事,许多人在福建兴化、漳州、泉州等地起义失败后,也聚集到大奚山来,贩运私盐,交易海货。宋宁宗庆元三年(1197 年)夏,南宋官府派人到岛上搜捕私盐,来人被岛上居民扣住。岛民派出了由 40 余艘海船组成的船队,驶至广州城下,杀死土豪、巨商 130 余人。同年八月,宋朝廷派重兵血洗大奚山,将留在岛上的居民全部杀光,大奚山成为一片废墟。对其他以沿海地区为根据地的起义军,宋朝廷千方百计割断他们与当地民众的联系。比如,为了对付淳熙十二年(1185 年)在浙江余姚、上虞一带起事的一支起义军,当地官府以"停藏"起义军为罪名,把 27 户居民的住房"尽行拆毁,仍将妻属出界,不令并海县分居住"①。南宋朝廷为了镇压海上起义军而实行的"迁海"政策,给沿海地区民众的生活带来了深重的灾难。

第三节　金朝海疆及海上活动

建立金朝的女真人是中国东北的古老民族之一。他们自古以来就生活在长白山区及松花江、黑龙江流域,秦以前称"肃慎",两汉时称"挹娄",南北朝时称"勿吉",隋唐时称"靺鞨",到辽代才改叫"女真"。北宋政和四年(1114 年),女真人在部落首领完颜阿骨打的领导下起兵反辽。宣和七年(1125 年),辽朝灭亡,金朝继承了辽朝在我国东北的版图。靖康二年(1127 年),金军在攻破北宋都城汴梁之后,押解宋徽宗、宋钦宗等北返。从金天会五年(1127 年)至金皇统元年(1141 年),金军多次派兵攻掠河北、山东、陕西、两淮乃至江南沿海,最终与南宋朝廷达成和议,以淮河为界划分疆域。这样,金朝就拥有淮河以北至鄂霍次克海、鞑靼海峡的辽阔海疆。

一　金朝海疆概况

据《金史·地理志》记载:"金之壤地封疆,东极吉里迷、兀的改诸野人之境,北自蒲与路之北三千余里,火鲁火疃谋克地为边,右旋入泰州婆卢火所浚界濠而西,经临潢、金山,跨庆、桓、抚、昌、净州之北,出天山外,包东胜,接西夏,逾黄河,复西历葭州及米脂寨,出临洮府、会州、积石之外,与生羌地相错。复自积石诸山之南左折而东,逾洮州,越盐川堡,循渭至大散关北,并山入京兆,络商州,南以唐邓西南皆四十里,取淮之

---

① 《宋会要辑稿·兵》一。

中流为界,而与宋为表里。"金朝地方行政体制仿辽宋制度,设路、府、州、县。其中临海地区有以下各路、州。

(1)上京路。其濒海各路(包括受金朝管辖的部族)有:

蒲与路,治所在今齐齐哈尔东乌裕尔河(今称富裕尔河)流域。金初置万户,后改置节度使。其北界在外兴安岭南面山谷的火鲁火疃谋克,东北临鄂霍次克海。

胡里改路,治所在今牡丹江与松花江合流处的黑龙江省依兰县。金初置万户,后改置节度使和节度副使。该路西南与金上京会宁府(今黑龙江省阿城县)毗邻,东与恤品路相接,东北直达鄂霍次克海,北至布列亚河东哈拉河上游的合里宾忒千户。

吉里迷和兀的改,这是归金朝管辖的边疆部族,其生活地域主要在今黑龙江下游及库页岛一带,东北至乌第河。南、北库页岛上至今还保存着金代吉里迷人生活的古城遗址。

恤品路,即辽代之率宾府,治所在双城子(今俄罗斯乌苏里斯克)。当地古城附近曾出土金代耶懒路(恤品路迁徙前旧称)都勃堇完颜忠的神道碑。金初置都孛堇,后改置节度使。该路西与胡里改路毗邻,西南接合懒路,东抵日本海,北2000里达斡可阿怜千户(约在今黑龙江与松花江合流点、黑龙江与乌苏里江合流点之间)。

合懒路,治所在今朝鲜咸境南道。该路北与恤品路相接,东临日本海。

曷苏馆路,治所在宁州(今辽宁金县境内)。它并不与上京路相连,而是位于今辽东半岛,因辽代迁女真强宗大户数千居于此地,故设曷苏馆路,设节度使,归上京路遥领。其地域包括今金县和新金县。

(2)东京路。其濒海的路、州有:

婆速府路,在今丹东鸭绿江北一带,东临黄海。

澄州,本辽之海州南海军,金改为澄州,治所在今辽宁海城。

复州,本辽之怀远军,州治在今辽宁复县。

盖州,乃金朝罢曷苏馆路以后所建,初名辰州,后改名盖州。治所在今辽宁盖县。

(3)北京路。其濒海的州、府有:

锦州,州治在今辽宁锦州。

瑞州,本辽之来州,金初改宗州,又改称瑞州,治所在今绥中前卫城。

广宁府,本辽之显州奉先军,金初隶东京,后改隶北京,治所在今辽宁北镇。

金太宗灭亡北宋之后,也发觉北方经济残破、人口凋零,不利于金朝统治的巩固,便下诏说:"四境虽远而兵革未息,田野虽广而畎亩未辟,百工略备而禄秩未均,方贡仅修而宾馆未赡,是皆出乎民力,苟不务本业而抑游手,欲上下皆足,其可得乎?其令所在长吏,敦劝农功。"[①]其后,金熙宗把国家占有的公田租给农民或允许贫民耕种,兴修水利,恢复北方手工业生产,恢复和健全中原各种经济制度,对女真人的军事、社会组织猛安谋克屯田军实行计口授田制;恢复和发展了货币经济。金世宗在位期间,更是实行全面的奖励农桑、减轻赋税、发展生产的政策,经济进一步繁荣,被称为金朝统治的"小康"时代。在世宗、章宗时,人口比金初有了迅速的增长,金泰和七年(1207年)总户数达7684438,总人口达45816079,超过了北宋统治时期的北方人口数。金明昌

---

① 《金史》卷三《太宗纪》。

三年(1192年),国家储备的粟达37863000石,可供官兵5年之食,米达8100000石,可备4年之用。① 此外,通过兴修水利、引渠灌溉,开辟了不少北方水田,其稻米亩产量约在三石至五石之间。其他如矿冶、造纸、印刷、雕砖、铸铁等手工业也都恢复并有所发展,瓷器业则从陕西、中原向淮北扩张。

金代经济由恢复到发展的变化过程也同样出现在它的沿海地区。以山东沿海地区为例,金废除齐政权后,在山东采取了一些恢复经济的措施,如规定"凡桑枣,民户以多植为勤,少者必植其地十之三,猛安谋克户少者必课种其地十之一,除枯补新,使之不阙"②。传统产区山东的桑蚕业由此得以恢复和发展,东平所产丝、绵、绫、锦、绢及夏津、临清、冠氏等地所产绉、绢,皆远近闻名。金朝廷还在山东设立盐司,掌管盐的生产与销售,归其管理的涛洛盐场、信阳盐场、西由盐场、衡村盐场、黄县盐场、巨风盐场、福山盐场、文登盐场,都是当时金国的著名盐场,盐产量占全国产量的1/4以上。山东的市镇也随着商业经济的发展而不断增加。据统计,北宋时山东有市镇120余个,到金代已增为150个。这些市镇在山东各地星罗棋布,为转运和销售本地及外地物产提供了有利的条件。其中那些位于沿海港口附近的大小市镇,更兼具对外经济交流、吞吐海上贸易货物的功能。尽管由于宋、金两国长期军事对峙,南宋朝廷多次下令严禁南、北方的海上贸易,但这种贸易始终比较活跃。南宋初年,"明、越濒海村落间,类多山东游民航海而来,以贩籴为事";"海、密等州米麦踊贵,通、泰、苏、秀有海船民户贪其厚利,兴贩前去密州板桥、草桥等处货卖"③。密州作为当时长江以北的第一大港,始终保持着海上商贸中心的地位。

除了山东沿海,金代"经济重心北移"的特点也使东北地区海疆经济呈现出与以往完全不同的景象。金初,大批汉族工匠和文人被迁徙到东北地区,他们带去了先进的农业、手工业技能,对金国的上京及东京等濒海各路的经济发展起到了十分重要的作用。从金天会二年(1124年)金朝因耶懒地蒲斥卤而迁完颜忠所领部落至苏滨水(今黑龙江省绥芬河),最后以双城子(今俄罗斯乌苏里斯克)为路治,以及今库页岛上古城及奴儿干城皆为金代城址这些情况来看,金代东北滨海地区的农业已经有了从无到有的发展。而根据金明昌三年(1192年)金朝尚书省的调查结论"今上京、蒲与、速频、曷懒、胡里改等路,猛安谋克民户计一十七万六千有余,每岁收税粟二十万五千余石,所支者六万六千余石"④,也可见这些地方已由单纯的狩猎经济变为狩猎、农业混合经济,且有相当数量的余粮。

二 金朝海防、水军及其海上活动

女真人早年生活在东北地区,军队以步、骑兵为主,水军出现较晚。但南宋初年完颜宗弼率部深入江南时,已知道利用战船渡江,追宋高宗于海上,并打算在北宋造船基地之一的山东梁山泊造船,从海路策应陆上军事行动。梁山泊造船之事并没有实现,但完颜宗弼大军被宋将韩世忠以水军8000阻绝在长江南岸,吃尽了苦头。而且,在金

① 根据《金史》卷五○《食货志五》所载数字。
② 《金史》卷四七《食货志二》。
③ 《宋会要辑稿·兵》二九之一○至十一。
④ 《金史》卷五○《食货志五》。

军的后方山东地区,宋绍兴五年(1131年)山东统制忠义军马范温"率众船入海,据守福岛,每遇金贼,攘战获功"①;宋绍兴九年(1139年),山东张清竟然率船队直捣辽东,"破蓟州。辽东士民及南宋被掳之人,多相率起兵应清者,辽东大扰"②。所有这些情况,使金人不得不对水军的作用另眼相看。

金熙宗时,"大齐刘豫献海道图及战船木样于金。……(金)调燕、云、两河夫四十万,入蔚州交牙山采木为梢,开河道,运至虎州,将造战船,且浮海入犯。既而盗贼蜂起,事遂中辍,聚船材于虎州"③。金正隆四年(1159年),有人向海陵王建议正式创立水军,正准备大举南侵的海陵王很快同意,派工部尚书苏保衡带着福建倪蛮子等人在通州打造战船700艘。一年以后,金朝浙东道水军初步成军。这支以征讨南宋为目的建立起来的水军,由都水监和步军指挥使司官员率领,并很快派上了用场。金正隆五年(1160年)三月,东海县(今连云港市东南)张旺等领导反金起义,该水军浮海赴东海镇压起义军,俘虏了起义军首领张旺等人。该军的第二次出征就没有那么顺利了。同年九月,金朝派工部尚书苏保衡为水军都统制,以益都府尹完颜郑家为副都统制,从海道配合进攻南宋都城临安,但在胶西唐岛海战中,完颜郑家率领的金朝水军前锋尽没,苏保衡率余部退避保船,以后金朝水军再也没有在战争舞台上发挥什么像样的作用。

对于海岸线和海口的设防,金朝多以陆岸屯兵为主。

第四节　对海南、台湾及南海诸岛的镇辖、开发与治理

宋朝统治者对海疆的重视,表现在发展海疆经济和海上贸易的积极政策上面,也表现在进一步加强对沿海著名岛屿,如海南岛、台湾以及南海诸岛的镇辖、开发与治理方面。

一　对海南岛的镇辖与治理

海南岛位于广南西路的最南端,岛上除了汉族居民外,还有广大黎族百姓。史载当时黎人男子"弓刀未尝去手",妇女则"绩木皮为布"④,处于狩猎和农业混合型经济阶段。在宋代,海南黎族民众不断发起反抗宋朝官府的斗争,如熙宁九年(1076年)朱崖军黎人首领黄婴起事、绍兴三十年(1160年)海南黎人首领王文满起事等。同时,该岛又位于中国至东南亚、南亚乃至大食和欧洲各国海道要冲,是海外入侵者首先觊觎的目标。史载,乾道七年(1171年),"闽人有浮海之吉阳军者,风泊其舟抵占城。其国方与真腊战,皆乘大象,胜负不能决。闽人教其王当习骑射以胜之。王大悦,具舟送之吉阳,市得马数十匹归,战大捷。明年复来,琼州拒之,愤怒大掠而归"⑤。

为了加强对海南的镇辖,宋王朝多次调整行政建置。开宝五年(972年),撤销原

---

① 《宋会要辑稿·兵》一八之三〇。
② 宇文懋昭:《大金国志》卷一〇。
③ 李心传:《建炎以来系年要录》卷九六,中华书局1988年版,第1549页。
④ 《宋史》卷四九五《蛮夷三·黎洞》。
⑤ 《宋史》卷四八九《外国五·占城》。

崖州建置，将崖州所属的舍城、澄迈、文昌县并入琼州，将原振州改称崖州归琼州管辖；大观元年（1107年），在黎母山建立镇州，设置在滨海地区的则有琼州（今海南海口）、万安军、吉阳军（今海南崖城）、南宁军（今海南儋县西北）等军政合一的行政机构。皇祐四年（1052年），世居郁江上游广源州的壮族首领侬智高攻破广西重镇横山寨，连破横、贵、龚、浔等9州，进围华南大都会广州城。当时宋朝派名将狄青统兵平定侬智高这一割据势力。考虑到侬氏可能分兵四出，攻击广南东、西路各郡，枢密院副使王尧臣建议："析广西宜、容、邕州为二路，以融、柳、象隶宜州，白、高、窦、雷、化、郁林、仪、藤、梧、龚、琼隶容州，钦、宾、廉、横、浔、贵隶邕州，遇蛮人寇，三路会支郡兵掩击。"[1]王尧臣的建议得到狄青的赞同，海南也就成为当时宋军华南防御体系的一个有机组成部分。另外，海南官吏还认为宋朝以往将罪犯发配到海南的做法不利于当地的治安，要求改变旧法。例如，绍兴二年（1132年），知琼州黄揆上奏说："今中外奸民以罪抵死而获贷者，必尽投之海外以为兵，是聚千百虎狼而共置一邱也。一旦稔恶积衅溃裂四出，臣恐偏州之民项背不能贴席而卧也。请自今凡凶恶贷死而隶于流籍者，许分之沿江诸屯及它远恶之地，无专指海外以为凶薮，庶几阴消潜制不至流毒偏方。"[2]无论是主张海南与大陆各州郡联防，还是反对将大批贷死罪犯刺配琼州，目的都是为了强化海南治安。这两件事从另一个方面反映出宋王朝对海南的重视。

对岛内黎民的反抗斗争，宋朝统治者一方面进行军事镇压，另一方面也实行政治招抚，特别是在经济上对黎民予以优待。乾道二年（1166年），根据广西经略转运司的提议，为妥善安置黎人，朝廷免除了海南各郡黎人的租赋，"能来归者，复其租五年。民无产者，官给田以耕，亦复其租五年"[3]。淳熙元年（1174年），五指山"生黎峒首王仲期率其旁十峒丁口千八百二十归化。仲期与诸峒首王仲文等八十一人诣琼管司受之，以例诣显应庙，研石歃血约誓，改过不复钞掠，犒赐遣归"[4]。这说明招抚政策对当地农业的发展，对海南地区的稳定还是有积极作用的。

二 对台、澎地区的开发、镇戍和管辖

福建沿海百姓很早就从大陆迁居到台湾、澎湖地区，在那里从事捕鱼和农耕。至宋代，民间自发性的迁居台、澎之事益多。而诸如毗舍邪等海上民族时常往来台、澎及福建沿海一带剽掠。例如，泉州"朱宁寨去法石七十里，初乾道间，毗舍耶国入寇，杀害居民……其地阔临大海，直望东洋，一日一夜可至澎湖"[5]。在漳州漳浦县，"白蒲延大掠流鹅湾，同巡检轻战而溃，君（周鼎臣）代尉驰往，三日中坐缚其酋二，剟贼无遗"[6]。乾道七年（1171年），汪大猷知泉州，该"郡实滨海，中有沙洲数万亩，号平湖，忽为岛夷号毗舍邪者奄至，尽刈所种"[7]。这个平湖就是澎湖，当时澎湖岛上的耕种之田数量可

---

① 阮元：《广东通志·前事略》，广东人民出版社1981年版，第106页。
② 阮元：《广东通志·前事略》，广东人民出版社1981年版，第111页。
③ 《宋史》卷四九五《蛮夷三·黎洞》。
④ 阮元：《广东通志·前事略》，广东人民出版社1981年版，第115页。
⑤ （宋）真德秀：《申枢密院措置沿海事宜状》，《西山先生真文忠公文集》卷八。
⑥ 叶适：《水心文集·周镇伯墓志铭》。
⑦ 楼钥：《汪公行状》，《攻媿集》卷八八。

观,推知从大陆去的耕种者也不在少数。由于海盗劫掠严重影响了沿海居民的正常生活和对沿海岛屿的开发,宋朝在朱宁设立水寨,又在澎湖造屋 200 间,派军队屯驻守卫。为加快开发澎湖的进度,还招纳了当时居住在流求(今中国台湾)的"昆舍邪"人到澎湖屯垦,包括修建军队营房①。宋代,澎湖岛在行政上已隶属福建泉州晋江县。赵汝适《诸蕃志》就明确记载:"泉有海岛曰澎湖,隶晋江县。"②当时居于澎湖的"昆舍邪"人之间的民事诉讼也自然归晋江县管辖。

三　南海诸岛的渔业活动和军事巡逻

南海诸岛的名字很早就出现在中国古代史籍当中。最迟在 1 世纪的东汉时期,随着中国古代航海技术的不断发展及中国人航海活动范围的扩大,南海水域及南海诸岛已为国人所知晓。东汉杨孚的《异物志》就记载:"涨海(古人对南海的称呼)崎头,水浅而多磁石。"③该书同时还记载了那里的玳瑁等海洋特产。随着人们对南海海域认识的不断扩大和深化,有关它的记载更加丰富起来。三国时,东吴政权派康泰等人赴扶南(今柬埔寨)等国巡游,回来后康泰著有《扶南传》一书,其中对南海岛屿和沙洲的成因做了清晰的描述:"涨海中,倒珊瑚洲,洲底有盘石,珊瑚生其上也。"④

到了宋代,人们对南海诸岛的情况更加熟悉。这主要表现在:

第一,宋代史籍中对南海岛屿的称呼已相对统一。宋以前,人们多以"涨海"称南海诸岛。宋代谈到南海诸岛的 7 种典籍中,大都以千里石塘(床)、万里长沙(砂)来泛称南海诸岛,并进一步命名今天的西沙群岛为九乳螺洲,称南沙群岛为石塘。

第二,中国沿海渔民在那里的活动已相当频繁,人们对南海海域的著名水产品和海域情况也更加熟悉。南海海域很早就是中国渔民进行捕捞作业的重要水域。通常渔民们在冬季借助东北风南下,在西沙、南沙群岛停留,从事水产捕捞、椰子种植等活动,第二年夏季西南风到来时再北返。近年来考古工作者对西沙甘泉岛一处唐宋居民遗址进行发掘,发现唐宋时期的青釉陶瓷器 100 余件。该类陶瓷器与唐宋时期广东窑场的产品是完全相同的,说明当年这里的居住者应当是从广东沿海去的渔民。根据从那里捕捞的海产品和渔民对水生物观察的结果,宋代书籍做了分门别类的说明。比如,对于盛产于南海的贝类,南宋《岭外代答》一书记载说:"南海有大贝,圆背而紫斑。平面深缝,缝之两旁,有横细缕,陷生缝中,本草谓之紫贝。亦有小者,大如指面,其背微青。大理国以为甲胄之饰,且古以贝子为通货,又以为宝器,陈之庙朝,今南方视之与蚌蛤等。"⑤另一种生活在热带海洋中的贝类砗磲,北宋人沈括在《梦溪笔谈》中就记载说:"海物有车渠,蛤属也。大者如箕,背有渠垄,如蚶壳,故以为器,致如白玉,生南海。"⑥

第三,对西沙群岛进行了有效管辖,并派海军前去巡逻。据北宋曾公亮所著《武经

① 《宋史》卷四九一《流求传》。
② (宋)赵汝适著、杨博文校释:《诸蕃志校释》,中华书局 1996 年版,第 149 页。
③ 转引自明正德《琼台志》卷九《土产下》,上海古籍出版社影印本,1964 年。
④ 李昉:《太平御览》卷六九《地部三十四》引。
⑤ 周去非:《岭外代答》卷七《宝货门·大贝》。
⑥ (宋)沈括:《梦溪笔谈》卷二二《谬误》。

总要》一书记载,宋朝曾"命王师出戍,置巡海水师营垒","治纫鱼入海战舰","屯门山用东风西南行,七日至九乳螺洲"[1]。从当时的航行里程计算,九乳螺洲应该就是西沙群岛。乳螺是时人对西沙群岛的形象称呼。

第五节　宋朝与沿海周边国家的关系

终宋一代,宋王朝在与沿海周边国家交往的过程中,大都奉行"厚其委积而不计其贡输,假之荣名而不责以烦缛;来则不拒,去则不追;边圉相接,时有侵轶,命将致讨,服则舍之,不黩以武"[2]的方针。这一方针对维系宋王朝与周边沿海各国的和平友好关系起到了重要作用。

这一方针的具体体现,有以下几点。

第一,友好相待沿海周边各国,尽量满足其提出的各种要求。

宋朝虽然是当时亚洲文明程度最高的大国,却并不盛气凌人,而是按照华夏"礼仪之邦"的悠久传统,给予沿海周边国家使节以隆重的礼遇。一般情况下,各国使节乘坐的海舶抵港后,首先由市舶司官员迎入怀远驿(设于广州)或来远驿(设于泉州)中,再由沿途各州、军盛礼迎送,直到京师。各国使节在京城期间,则由相关官员邀请参观朝廷大典、节庆活动及游览寺庙等。临行时,要"回赐"大量物品,其数量和价值远远超过这些使节所进献的贡品。比如,元丰年间,宋朝一次"回赐"三佛齐的礼品就有"赐钱六万四千缗,银一万五百两"[3],这与其带来的所谓"贡品"相比,是相当丰厚的。为维持对各国使节的优待政策和送往迎来的礼节需要,朝廷和地方官府每年都要支出巨额资金,沿海州郡百姓甚至为此颇有怨言。但是,宋朝仍将这些做法坚持下来,至宋朝末期也没有大的改变。

沿海周边各国使节来华时,往往顺便提出该国统治者的一些要求。这里面有的是出于该国人口管理、宗教活动以及统治者个人生活及文化消费的需要,也有的与战争、国防有一定关系。宋朝在大多数情况下,都能够认真满足其要求,哪怕这种要求与宋朝对外贸易的规定有某种抵触。例如,宋时占城经常与其他国家发生战争,其民众多有流落到中国南方沿海各地者,宋朝或是主动将其人遣返,或应该国请求将这些占城民众送归。太平兴国六年(981年),"交州黎恒上言,欲以占城俘九十三人献于京师。太宗令广州止其俘,存抚之,给衣服资粮,遣还占城,招谕其王"。至道元年(995年)十二月,"占城遣使李波珠奉表言:'臣本国有流民三百,散居南海,曾蒙圣旨许令放还,今犹有在广州者。本国旧有进奉夷人罗常占见驻广州,乞诏本州尽数点集,具籍以付常占,令造舶船乘便风部领归国,冀得安其生聚,以实旧疆。'上遣使诣广州询问,愿还者悉付波珠"[4]。三佛齐国,素来信奉佛教;咸平六年(1003年),国内建佛寺,请求宋朝赐寺名及铜钟。宋朝即赐以"承天万寿"寺额,并送铜钟一口。几十年后,该国又提出要

第二十章

宋元时期的中国海疆、海防与对外关系

---

[1]　曾公亮:《武经总要》前集卷二〇。
[2]　《宋史》卷四八五《外国一·夏国上》。
[3]　《宋史》卷四八九《外国五·三佛齐》。
[4]　阮元:《广东通志·前事略》,广东人民出版社1981年版,第99、101页。

买金带、白金器及僧侣所穿紫衣、师号、牒等，宋朝也满足了这些要求。交趾国喜爱中国文化，该国使节曾请求购买中国书籍。按规定，书籍是不准输出到宋朝境外的。但宋徽宗考虑到该国慕义之心，特别下诏："除禁书、卜筮、阴阳、历算、术数、兵书、敕令、时务、边机、地理外，余书许买。"①其他如有的国家请求宋朝赠与甲胄戎具，或购买良马，这些都与国防有密切的关系。宋王朝对阇婆国的正常要求并没有拒绝，但对借此机会行剽掠之举的国家则绝不手软。占城与真腊国交战时，双方都骑乘大象交战，不具备战场上的优势，但自从得到漂流至占城的中国人指点后，乘战马作战，尝到了甜头，随后曾多次派人到中国买马。而当海南地方官府根据宋朝禁令拒绝这一要求时，他们便大掠琼州。对此，宋王朝重申禁令，并一度断绝与占城的贸易往来，对其提出严重警告。

第二，尽力维护与各国之间海上航线的畅通和海外贸易的繁荣。

宋代，东南亚诸国征战纷起。新兴起的交趾国不断扩大自己的势力范围，频频与原先的东南亚强国占城发生战争；其他诸如占城与真腊之间，三佛齐与阇婆国之间也是战火常燃。宋王朝严守中立，并不介入他们的冲突，也不偏袒其中任何一方。以占城和交趾为例，两国间冲突严重，到宋朝朝贡的使者不愿相见并立。宋朝在同时接待他们时，煞费苦心，安排"遇朔日朝文德殿，分东西立；望日则交人入垂拱殿，而占城趋紫宸；大宴则东西坐"②。若遇到这些国家发生内乱，也绝不乘人之危，不卷入该国的内部争斗。但对那种剽掠、截留他国商船，阻断海上航线的行为，宋朝也绝不听之任之。乾道三年（1167 年），南宋朝廷得知占城国呈送的"贡物"取自抢劫大食商人的货物，决定不予接受。后考虑到两国之间的关系，则以优惠价购买，同时敦促他们尽快放还所拘大食商人。宋朝统治者还力劝占城不要截留渤泥赴中国的商船，以保持南海海道的畅通。

宋王朝尽力维护与沿海周边各国的和平关系，维护海上交通线的畅通，根本目的是要维护海外贸易的繁荣。宋代，东南亚各国通使朝贡频繁，如占城通使达 40 余次，三佛齐达 30 余次，交趾、阇婆、渤泥等国也多次派使节前来。在这一政治往来亲密的背景下，各国赴宋朝进行贸易的船舶、客商络绎不绝。中国商人到东南亚各国后也受到热情接待。在阇婆国，"贾人至者，馆之宾舍，饮食丰洁"；在苏吉丹，"厚遇商贾，无宿泊饮食之费"；在渤泥，商船"抵岸三日，其王与眷属率大人到船问劳"③。宋王朝虽然在维系各国友好关系方面付出了很大的精力和可观的经费，但海外贸易的发展和持续繁荣，确实也增加了市舶收入，对沿海经济和国家财政都有好处。

第三，充分利用民间商人在海外的关系，发展与各国的政治、经济往来。

宋代商人在海外活动范围相当广泛，许多海商多年在南亚、东南亚、西亚和非洲等地经商，与当地官员熟悉起来。宋王朝利用他们为中介，与那些国家建立和发展政治、经济关系。泉州人王元懋，精通汉、番文字，曾在占城经商，深得其国王的宠爱，并娶了国王的女儿。他回国后，成为宋朝与占城国贸易的重要联系人。海商毛旭，也是在占

---

① 《宋史》卷四八八《外国四·交趾》。

② 《宋史》卷四八九《外国五·占城》。

③ （宋）赵汝适著、杨博文校释：《诸蕃志校释》，中华书局 1996 年版，第 54、61、136 页。

婆国经商时与国王建立了密切的联系,促成了该国对宋朝的朝贡贸易。其他诸如经常赴高丽贸易的黄慎,经常赴日本贸易的李充、赴占城贸易的陈应祥等人,也都为双方的政治交好、商贸发展做了许多好事。宋朝还继承唐代的做法,在广州、泉州等海外贸易港口设立番坊,供外商居住、经商。这些商人拥有众多海外商业伙伴,如任提举泉州市舶司的大食商人蒲寿庚在海外颇有影响。宋朝借助他们招致海商海舶,元朝同样用这个办法维系广州、泉州国际贸易大港的地位。

第四,不入侵他国,但对侵犯中国海疆者予以坚决反击。

宋代曾多次出现沿海周边各国发生内乱、国势衰微的情况,宋王朝并没有利用这些机会从中渔利。但对各国剽掠中国沿海岛屿、入侵中国海疆的行为也决不姑息。前面介绍过,占城为买马一事,曾劫掠琼州,将当地中国百姓贩卖为奴隶,宋朝为此断绝了与占城的贸易关系。但宋朝历史上规模最大的一次海疆反侵略战争却发生在宋朝与交趾之间。熙宁八年(1075 年),交趾入侵廉、白、邕、钦 4 州,当地生灵涂炭,官吏上千人被掳。宋以郭逵为安南行营经略招讨使,率军很快就收复了邕、廉诸州,进至富良江畔,斩杀交趾国王李乾德之子洪直,迫使该国上表请和。与其世为仇敌的占城国也表示愿意发兵掩袭,夹击交趾。但宋王朝此次出兵只是为了保卫国家领土不受侵犯,所以主动撤出该国回到国内,此后也未进行报复。由此可见,宋朝反击入侵、维护国家主权的斗争原则并未因战争的胜利而发生改变。

第六节　元朝时期的海疆

13 世纪初,生活在蒙古高原地区的蒙古乞颜部贵族铁木真经过多年的东征西讨,终于统一了蒙古诸部,建立大蒙古国,铁木真本人则被推举为成吉思汗。随后,强大的蒙古骑兵挥戈四出,攻灭花剌子模、钦察、斡罗斯、阿速、西夏、金等,占领了亚欧大陆辽阔的土地。但成吉思汗死后,蒙古诸部分裂。其中,由成吉思汗的孙子忽必烈于至元八年(1271 年)建立起来的元朝,不仅统治了中国北方地区,领有原金朝所辖海疆,还在至元十六年(1279 年)最后灭亡南宋统一了中国,领有南宋所辖的中国南部海疆。

一　元朝灭金、灭宋战争及海疆区划

蒙古族在建立蒙古汗国和元王朝之前,为长期生活在内陆高原地区的游牧民族,畜牛羊而食,逐水草而居。其最早据有海疆是在金贞祐三年(1215 年),蒙军将领木华黎占领瑞州(今辽宁绥中前卫)、广宁(今辽宁北镇)等金朝沿海故地。随后,蒙古军队陆续灭亡金和南宋,统治了他们领有的全部疆域,包括海疆地区。

(一)蒙古灭亡金朝及占领河北、山东和东北等沿海地区

金朝末年,统治者腐败无能,境内阶级和民族矛盾相当尖锐,经济凋敝,民生困苦,其统治已陷于崩溃的边缘,从而为蒙古灭金提供了有利的条件。

金大安三年(1211 年)秋,成吉思汗率兵进入金朝境内,先锋哲别部攻取金朝西北边墙的乌沙堡,从此拉开了灭金战争的序幕。随后,成吉思汗领兵进攻金军主力 30 万

人屯守的野狐岭(今河北万全膳房堡北),金军大败,蒙古军乘胜追至浍河堡(今河北怀安东),将金军大部分消灭。金朝失去精锐之兵,困守中都(今北京)不敢出击,任蒙古军队抄掠今内蒙古、河北、山西、辽宁、山东的金朝各州、县。金贞祐二年(1214年),蒙古两路大军再一次兵临中都城下,金宣宗将卫绍王之女岐国公主献给成吉思汗为妻,才使蒙古军队退到居庸关外。当年五月,金朝廷为避兵锋迁都至南京(今河南开封),成吉思汗闻讯后引兵包围了金中都,并于第二年攻下这个黄河以北最重要的战略要地。在经历了几年激烈的征战之后,金朝统治的大部分地区屋庐焚毁、城池残破、土地荒芜、人烟稀少,不复有原先人烟稠密、粮食丰稔的社会景象。蒙古军队退去后,金朝派官员重新管理一度沦陷的各个州、县,但已是残破之区难以恢复,而且有相当一部分地区被当地豪强地主武装所控制。

金贞祐五年(1217年),成吉思汗专顾西征,将攻取中原的全权交给大将木华黎。木华黎改变以往蒙古军队以抄掠、烧杀为主要目的的战争行为,开始注意占领城池、安顿百姓,并且重用割地自雄的汉族武装头领,如河北的武仙、山西的史天倪、史天祥等人,特别是占据山东海疆的红袄军首领李全。李全原为举义山东的红袄军首领之一,后与另一支红袄军首领杨妙真结为夫妇,率军投归南宋,曾攻取山东沿海港口密州,又在嘉山、涡口、化陂湖等地屡次击败金军,拥兵10余万,据有山东2府9州40余县。金正大四年(1227年),李全被木华黎之子勃鲁率军包围于青州近一年之久,终因粮绝无援,降于蒙古,被授为山东、淮南行省丞相。金正大七年(1230年),李全在楚州(今江苏淮安)大造战船,招沿海亡命徒为水手,并于当年十二月突然进攻宋军据守的扬州、泰州。次年一月,扬州守军从城中反击,杀死李全。

李全败死之后,其子李璮袭父职统治山东。他以防御南宋来自海上的攻击为由,拥兵聚粮,不听从蒙古统治者的调遣,还派兵攻占南宋沿海的海州(今江苏连云港)等地,扩大自己的势力。此时,蒙古统治者忙于西征和灭金之役,需要李璮势力牵制南宋,对他割据山东只好听之任之。金开兴元年(1232年),蒙古军队按照成吉思汗临终时留下的战略计划,假道南宋之境进攻金朝南京(今河南开封),三峰山一战,歼灭金军主力。两年后,蒙古军攻破金末帝据守的最后一个城邑蔡州,结束了金朝前后120年的统治。

宋开庆元年(1259年),蒙古大汗蒙哥在围攻宋合州钓鱼城(今四川合川东)时受伤,不久病死,其弟忽必烈与阿里不哥之间爆发了争夺汗位的长期战争。野心勃勃的李璮以为时机已到,于宋景定三年(1262年)向南宋表示归顺,自己带兵5万从海州登船,沿海路抵达山东益都,进而占领济南。忽必烈迅速派兵严守平(今河北卢龙)、滦(今河北滦县)海口,同时调各路兵马会师济南,将李璮所部牢牢围困在城内。济南城军心涣散,"(李)璮不能制,各什佰相结,缒城以出"①,其叛乱很快就被平定,李璮也被捉住处死。随后,久有消除地方割据之心的忽必烈,借平定李璮叛乱之机,实行军、民分治,剥夺史天泽、张柔、严忠济等地方实力派人物的兵权,进一步加强了对山东、河北等沿海地区的控制。

蒙古最初据有的东北沿海地区,是金贞祐三年(1215年)占领的今辽宁的绥中、北

---

① 《元史》卷二○六《李璮传》。

镇一带。次年,降附蒙古的原金朝北边千户耶律留哥和蒙古军队共同击败自立为辽王的蒲鲜万奴,将其赶到海岛之上,攻克了苏(今辽宁金县)、复(今辽宁复县)、海(今辽宁海城)诸州,占领了辽东沿海地区。金兴定二年(1218年),蒲鲜万奴东山再起,领兵攻占原金朝曷懒路故地,在南京(今吉林延吉城子山)建都,改国号为"东夏",控制了北抵松花江北岸、南达今辽宁省、西到松花江大拐弯处、东至日本海的广阔地区。东夏国除了南京外,还设有陪都北京,其地在今天俄罗斯的双城子(今乌苏里斯克)对面的克拉斯诺雅尔城。蒲鲜万奴在东北起兵之际,适逢成吉思汗领兵西征,负责经略东北和中原的木华黎又专心于伐金,蒲鲜万奴才得以在东北获得暂时的发展。金正大六年(1229年),蒙古大汗窝阔台继位后,很快就决定征讨这一位于自己侧后的敌对势力,"诏诸王议伐万奴,遂命皇子贵由及诸王按赤带左翼军讨之"①。同年九月,在南京生擒蒲鲜万奴,接着又攻陷开元路。到了元世祖忽必烈在位时,位于黑龙江下游的吉里米部族内附。至元二十三年(1286年),忽必烈又派塔塔儿领兵攻打骨嵬(今库页岛)。从此,包括今俄罗斯滨海地区及岛屿在内的整个东北地区皆处于元朝统治之下。

(二)元军灭宋与底定海疆

蒙古军队灭亡金朝之时,腐败虚弱的南宋统治者与蒙古结盟,希望从中渔利。不过,其虚弱本质很快就被蒙古贵族所识破。宋端平元年(1234年),蒙古军队以宋军进入中原战略要地洛阳为借口,派东路军攻唐州、枣阳、襄樊,派西路军攻甘肃、陕西、四川,虽然赖抗蒙将领孟珙、余玠英勇抗击而退兵,所过荆襄、两淮、四川的许多地区却惨遭蹂躏。

宋淳祐十一年(1251年),蒙哥继汗位,他命令弟弟忽必烈负责征服南宋。忽必烈长期生活在漠南地区,受汉文化影响颇深,周围也聚集起一批汉族文人。其中汉族谋士姚枢总结了窝阔台以往征宋战争的缺陷,认为"军将惟利剽杀,子女玉帛悉归其家"②,所以江南城邑残破,人民不愿降附。他建议派兵分屯要地,以守为主,且战且耕,等到粮食充足,然后大举攻宋。忽必烈采纳了这一建议,派史天泽等人屯田于唐、邓等州,与襄樊对峙;派汪德臣等人巩固所占四川之地,张柔移镇亳州、颍州(今安徽阜阳),自己则亲统大军10万,从临洮经吐蕃迂回云南的大理国,打算一方面征服大理,利用西南少数民族军队增强侵宋兵力,另一方面从背后包抄南宋的长江中游地区。南宋宝祐元年(1253年)夏,忽必烈率蒙古军取道峁刺(今四川松潘),经过分裂割据的吐蕃东部(今四川甘孜),当年初冬在金沙江降服了大理北部的磨些蛮各部,进而攻占大理都城。第二年春,忽必烈留下兀良合台镇守大理,自己领兵北归。

宋宝祐五年(1257年),蒙哥汗在一些蒙古贵族的怂恿下,改变忽必烈的固有战略,亲自领兵攻宋。他以诸王塔察儿领左翼军,攻荆襄、两淮;自己领右翼军,取四川。二月,驻守利州的蒙古军先期进攻成都,击败宋四川制置使蒲泽之。十月,蒙哥渡嘉陵江,一路攻陷南宋据守的沿江山城,并于次年二月进围四川山城防御体系的枢纽——合川钓鱼城。钓鱼城军民在外援被阻退回,敌军层层围裹的危急情况下仍坚持抗战。

---

① 《元史》卷二〇《太宗本纪》。
② 姚燧:《姚枢神道碑》,《元文类》卷六〇。

他们向城外发炮，抛掷了各重 30 斤的鲜鱼二尾、面饼数百，并写信告诉对方："尔北兵可烹鲜鱼食饼，再守十年，亦不可得也。"①而蒙古军却因顿兵坚城之下，久战无功，加上酷暑难耐、瘟疫盛行，军中士气极为低落。当年夏天，蒙哥患病。他为了对付霍乱，坚持饮酒，病情更加严重，至七月在转攻重庆城的路上病死，蒙古军遂解合川之围北归。塔察儿率领的左翼蒙古军自宋宝祐五年（1257 年）进围樊城，将领们只顾掳掠吃喝，历时一年之久不能攻下一城。蒙哥只好请忽必烈出来统带其军。宋开庆元年（1259 年）秋，忽必烈领兵渡过淮河，突破南宋长江防线，包围鄂州城。四川制置副使吕文德闻讯领兵顺流而下，增援鄂州；南宋宰相贾似道也屯兵于汉阳、黄州，扼守江南要冲。忽必烈围攻鄂州两月不能破，又得知留守元大都和林的阿里不哥企图趁蒙哥新死争夺帝位，乃决定与宋议和，北归争夺帝位。

宋景定元年（1260 年），忽必烈即大汗位，并决定按照中原固有的封建统治模式建立政权。他先后平定了阿里不哥之乱、山东李璮叛乱以及西北诸王之乱，在巩固了自己的地位并做了长期的战争准备之后，将消灭纸醉金迷的南宋朝廷提上了日程。

宋度宗咸淳三年（1267 年），忽必烈举兵南下，发动了灭宋战争。与以往对宋战争不同的是，这次军事行动有两点重大变化。一是忽必烈接受降将刘整的建议，将战略主攻方向调整到荆襄地区。以往蒙古军进攻南宋，大多以主力迂回到长江上游的四川，刘整则提出"攻蜀不若攻襄，无襄则无淮，无淮则江南唾手下也"②。忽必烈接受了他的这个建议，派主力围攻南宋在长江中游的战略要地襄阳和樊城，筑土堡以遏南北之援，绝粮道以困城中之兵，架大炮以毁城垣守具，经过 6 年血战，终于攻克了这两座城池，从中央突破了对方苦心经营的长江防线，打开了南宋王朝的大门。二是认识到宋、元"南船北马"的各自优势所在，大力加强水军建设。刘整曾对阿术说过："我精兵突骑，所当者破，惟水战不如宋耳。夺彼所长，造战舰，习水军，则事济也。"③果然，元军先后在开封、邓州、四川大规模造船，刻苦训练水军，从而使元军的水上战术劣势得以改变。咸淳五年（1269 年）秋，元军在汉江击败自恃有水军优势的宋军夏贵部，获宋军战舰 50 艘。第二年九月，元军击败宋军范文虎部战船 2000 艘。咸淳十年（1274 年），元军由汉水入长江，以战舰千艘进攻阳逻堡未果，遂从上游的青山矶（今湖北武昌东）突袭南宋水军，接着舰队顺流而下，再攻阳逻堡，宋守将夏贵带战船 3000 艘溃逃。宋恭帝德祐元年（1275 年），南宋权相贾似道领兵 13 万、战船 2500 艘屯于丁家洲（今安徽铜陵东北）大江两岸，元军夹岸前进，以巨炮轰击宋军，贾似道和宋水军将领夏贵、步军将领孙虎臣望风披靡，宋军主力土崩瓦解，江南重镇建康（今江苏南京）也随之失守。六月，宋军为保卫都城临安（今浙江杭州），在长江焦山水域集结了战船万艘，每 10 只船用铁链联在一起锚泊江中，元军施放火箭，又接舷跳帮短兵格斗，宋朝水军大败，都城临安陷入危境。第二年正月，宋廷向兵临城下的元军统帅伯颜投降。

宋廷投降后，各地抗元斗争并没有停止下来，宋臣文天祥、张世杰也拥立幼帝，在福建、广东继续斗争。元军为了扫荡南宋残余势力，在派兵进入江西的同时，派水军从

---

① 《钓鱼城记》，万历《合州志》卷一。
② 周密：《癸辛杂识》别集下《襄阳始末》。
③ 《元史》卷一六一《刘整传》。

明州(今浙江宁波)沿海南下,兵锋直指闽广。在元军的强大攻势下,文天祥、张世杰等人拥立的南宋逃亡政权在福州立足不住,打算入据泉州,借助泉州海舶之力流亡海上。当时驻泉州的宋朝闽广招抚使为回族商人蒲寿庚,他"提举泉州舶司,擅蕃舶利者三十余年"①,在当地势力很大。由于元朝频频以高官厚禄招降,加上张世杰为获得浮海巨舶而掠夺蒲寿庚的船只、财物,蒲氏遂杀泉州城内宋朝宗室降元。张世杰等人拥幼帝退往广东。宋景炎三年(1278年)四月,幼帝赵昰病死,宋臣陆秀夫等人复拥立其弟赵昺继位,先后以位于海中的碙州和厓山为根据地,以水军环卫死守。

元军欲消灭南宋逃亡政权,先是于宋德祐二年(1276年)派阿里海牙攻破静江城,占领广西各地,接着又派兵镇守贺、昭、梧、融、邕诸州,进而又占领雷州,既堵住了赵昺向西逃往交趾的通道,又取得了进攻海南岛必不可少的跳板。宋祥兴二年(1279年)正月,元朝江东宣慰使张弘范率战船500艘,元朝江西行省参知政事李恒率战船120艘从南北两个方向夹击厓山宋军。此时,陆秀夫、张世杰拥有战舰千艘(其中多为远洋巨舶)以及官军、民兵20余万,在军事实力上有很大优势。但宋军统帅张世杰没有发挥海舶巨舰应有的机动作战能力,反而"以舟师碇海中,綦结巨舰千余艘,中舻外舳,贯以大索,四周起楼棚如城堞,居(赵)昺其中"②;当敌人准备封锁厓山海口时,也没有抢先占据海口、控制退兵通道做长期斗争打算,而是决计放弃海口死守,这样在宋、元海上交战之初就处于被动地位。张弘范等元军将领却能够针对宋军的部署,抢先占领海口阻截宋船外出,又派兵占领通往水源的道路断绝宋军汲道。宋军之"兵茹干粮十余日,渴甚,下掬海水饮之,海咸,饮即呕泄,兵大困"③。二月六日,宋、元两军开始厓山海上决战。元军从早上到中午攻击不休。到了傍晚,风暴大作,宋军队伍混乱,陆秀夫自知大势已去,负幼帝赵昺赴水而死;张世杰冲出重围,欲往占城,途中遇风暴船翻而亡。至此,元军消灭了最后一支南宋海上力量,完全控制了中国海疆。

(三)元朝的海疆区划

中国地方区划在元代发生的显著变化,就是在原有的路、府、州、县四级行政机构之上,设有"行中书省",简称"行省"或"省"。各省设丞相一员、平章二员、左右丞及参知政事等官,"凡钱粮、兵甲、屯种、漕运,军国重事,无不领之"④。元朝除了把今天河北、山东、山西及内蒙古的一部分地区称为"腹里"归中书省直辖外,还建有辽阳、江浙、湖广、征东等11个行省,其中有相当一部分省、路位于沿海地区。

(1)辽阳行省:元朝管辖东北地区的主要行政机构,省治设于辽阳。其沿海路、州有:

开元路,治所最初设在今黑龙江依兰附近,后移至吉林农安、辽宁开原。《元一统志》称其地"南镇长白之山,北侵鲸川之海",这个鲸川之海就是今天的日本海。

水达达路,辖地在松花江、黑龙江下游,乌苏里江流域直至滨海一带,居民多为当地以渔猎为生的女真人。该地原属开元路管辖,元皇庆元年(1312年)为强化对东北

---

① 《宋史》卷四七《二王纪》。
② 《宋史》卷四七《二王纪》。
③ 《宋史》卷四五一《张世杰传》。
④ 《元史》卷九一《百官志七》。

部领土的管理才从开元路分出,并设有胡里改、斡朵怜、桃温、勃苦江、脱斡岭、兀者、乞列迷、骨嵬(今库页岛)军民万户府,吉里迷、鲸海、阿速古儿、失怜千户所等。元至元二十九年(1292年)还专门在黑龙江下游的奴儿干设立了征东招讨司(又称征东元帅府),镇辖黑龙江直达海口的广大地区和库页岛。

辽阳路,治所在今辽宁省辽阳市,辖地位于辽东半岛,三面环海,有盖、复、金诸州,设海西辽东哈思罕万户府,复州、金州万户府等。

广宁府路,治所在今辽宁北镇,所辖临海之县有间阳。

大宁府路,治所在今内蒙古昭乌达盟宁城,所辖临海州、县有瑞州、锦州。

(2)征东行省:系元朝于至元二十年(1283年)征讨高丽后,在朝鲜半岛的高丽境内所立行省。所辖庆尚州道、全罗道、忠清州道等皆临海。

(3)腹里:在这一归元朝中书省直辖的地区中,沿海路、州有:

永平路,治所在卢龙,辖县昌黎、乐亭等临海。

大都路,辖县永清等临海。

河间路,所辖沧州、清州濒海。

济南路,辖县无棣、阳信、渤海、利津临海。

益都路,辖县东安、北海、昌邑临渤海,即墨、胶西、日照临黄海。

般阳路,即位于今山东的莱州、登州,濒临渤海、黄海海域。

(4)河南行省:其临海州、县大多位于江苏、淮北一带,主要有:

淮安府路,所辖海宁、安东州,盐城、赣榆、朐山县临海。

扬州路,所辖通州、崇明州,海门县、如皋县临海。

(5)江浙行省:其临海路、州有:

平江路,即苏州平江府,其昆山、嘉定诸州临近长江口。

松江府,属县华亭、上海临海。

嘉兴路,属州海盐临海。

杭州路,为江浙行省省治,辖县钱塘、海宁临海。

庆元路,辖县定海、象山、鄞县临海,元代还在今舟山群岛上的昌国县之上设立昌国州。

台州路,辖州黄岩,辖县宁海、临海濒海。

温州路,辖州瑞安、平阳,辖县永嘉、乐清临海。

福州路,所辖福宁州及侯官、闽县、长乐、连江等县临海。

兴化路,辖县莆田等临海。

泉州路,辖县晋江、惠安、同安皆临海。

漳州路,辖县漳浦临海。

(6)江西行省:其临海路、州有:

潮州路,辖县海阳、潮阳临海。

惠州路,辖县海丰、归善临海。

广州路,辖县南海、番禺、东莞、新会、香山临海。

南恩州,辖县阳江临海。

(7)湖广行省:其临海路、州有:

高州路，所辖茂名近海。

化州路，辖县吴川临海。

雷州路，辖县海康、徐闻临海。

海南道，所辖万安军、吉阳军、南宁军等临海。

廉州路，属县合浦临海。

钦州路，辖县安远临海。

元朝海疆辽阔，其海岸线东起鄂霍次克海，西南至北部湾而不间断，濒临鄂霍次克海、日本海、渤海、黄海、东海、南海诸海域，这在前代是不多见的。值得说明的是，其对征东行省（即高丽行省）及所领海疆的管辖方式比较特殊，与其他作为中央直辖行政区划的行省性质也不相同。

二 元代的海疆镇戍与管辖

元朝底定海疆之后，对海疆地区的军队镇戍和行政管辖颇为重视，其主力多屯驻于沿海沿江要地，其中既有作为元朝御林军的卫军，也有地方镇戍部队。

（一）镇戍海疆的元朝军队

辽阳行省：元朝在地接日本海的水达达路设有胡里改、斡朵怜、桃温、勃苦江、脱斡岭、兀者、乞列迷、骨嵬（今库页岛）军民万户府，吉里迷、鲸海、阿速古儿、失怜千户所等。在黑龙江口的奴儿干设立了征东招讨司（又称征东元帅府），镇辖黑龙江直达海口的广大地区和库页岛。至元二十六年（1289年），"塔海发忽都不花等所部军，屯狗站北以御寇"[1]。当时设于黑龙江下游沿岸最北边的狗站（在黑龙江下游直达海口地区，根据当地冬天多雪的特点，以狗拉爬犁运送人员、物资的驿站）叫末末吉站，其地在恒滚河北、鄂霍次克海以南地区。设立驿站是为了加强对边疆地区的防务、通达边情，元军镇守之地当然也包括这片海疆。在辽东半岛，设有总管高丽女直汉军万户府，复州、金州万户府等。

中书省直辖的腹里地区：在直沽（今天津）沿海设镇守海口侍卫亲军屯储都指挥使司（简称海口侍卫）；在武清、新城设有卫率府，右翼屯田万户府；在清州、沧州设立左翼屯田万户府；在临清设有临清御河运粮上万户府。此外，在今山东地区还设有山东河北蒙古军都万户府，下辖左手万户府、右手万户府、拔都万户府、蒙古回人水军万户府、圮都哥万户府等。该万户府最初可能设于益都，后移至濮州（今山东鄄城北）。

河南江北行省：在扬州、澉浦设有沂郯上万户府、炮手万户府、弩手下万户府、保甲下万户府、扬州下万户府，在扬州、真州设有真州中万户府，在江阴、通州设立江阴水军上万户府。

江浙行省：在杭州设有颍州中万户府、杭州中万户府，在杭州和嘉兴还设有邳州中万户府；在台州设有宿州上万户府；在庆元（今浙江宁波）设有蕲县上万户府；在太湖设有十字路中万户府；在湖州、平江（今江苏苏州）设有湖州炮手军下万户府；在温州设有温州万户府；在建康（今江苏南京）设有建康下万户府；在松江设有松江下万户府；在泉

---

① 《元史》卷一五《世祖本纪十二》。

州设有泉州万户府;在福州设有福州上万户府,在福建还有从江浙调去的镇江下万户府。此外,沿海上万户府兵力屯驻于南至福建,北至许浦的各处海口;海道运粮万户府兵丁分驻于上海、绍兴等处,还有一部分被称为盐军的部队分守江浙、两淮地区,另一由少数民族畲人组成的畲军在福建漳州等地屯田。

江西行省:在潮州设有江州万户府;在惠州设有归德万户府,在广州设有益阳淄莱万户府、益都殷阳万户府。

湖广行省:在梧州、雷州设邓州旧军中万户府;在雷州半岛和海南岛设有海北海南道宣慰使司都元帅府、镇守黎蛮海北海南屯田万户府;在左、右江地区设有广西两江道宣慰使司都元帅府,下辖龙州万户府、撞兵屯田万户府等。上述军事机构下辖部队包括广西壮族先民组成的撞兵、海南黎族先民组成的黎兵等少数民族部队。

(二)镇压沿海地区农民起义及剿除海盗、叛匪

元朝将沿海地区作为屯兵重点,主要基于两点考虑,一是东南沿海地区为南宋故地,当地民众对元朝的残暴统治极为不满,经常爆发各种形式的农民起义,不尽快将这些反抗斗争镇压下去,势必引起各地响应,沉重打击元王朝的统治;二是沿海地区海盗出没,异国匪徒也频生事端,为保障海路通畅和海外贸易的兴盛,需要维护沿海地区的治安。

元代沿海地区的起义,主要集中在元朝初年和元朝末年。前者大多与南宋军民的抗元斗争有关。自元军渡江以后,南宋官军在襄樊、阳逻堡、丁家洲和焦山诸役中一败涂地,但江南人民的反抗斗争却一直没有停息。史载"江南盗贼,相挺而起,凡二百余所"①。其中规模比较大的有以下几起起义。

陈吊眼起义:陈吊眼系福建畲族领袖,曾隶南宋抗元将领张世杰麾下。南宋灭亡后,他仍坚持抗元,拥众至十数万,还一度攻入漳州城。至元十九年(1282年),元军把起义军首领陈吊眼骗出处死,将起义镇压下去。

林桂芳、欧南喜起义:广东新会盐户林桂芳于至元二十年(1283年)聚众起兵,失败后部分人马转投南海县人欧南喜部起义军。这支队伍转战东莞、博罗、广州等地,又与海盗黎德所部组成水陆联军,共同抗元。当时黎德"已集船至七千艘,众号二十万"②,横行海上。至元二十二年(1285年)十一月,元军主力击败该部起义军,杀死黎德等人,船队溃散。

钟明亮起义:至元二十四年(1287年)冬,福建畲民钟明亮举兵反元,广东、江西和福建等地相继有人起兵响应。元朝调动数省军队东征西讨,疲于应付,只好采取剿、抚结合手段,招降钟明亮。钟明亮屡次诈降,不久又举旗反元。至元二十七年(1290年),钟明亮病死,余部坚持作战,至元二十八年(1291年)才被元军镇压下去。

杨镇龙起义:至元二十六年(1289年),浙江台州宁海人杨镇龙聚众12万人起兵,婺州(今浙江金华)、处州叶万五、吕重二、杨元六等也相继举事。上述起义军在当地前后活动达两年之久。

① 《元史》卷一五《世祖本纪十二》。
② 姚燧:《皇元故怀远大将军同知广东尉司事王公神道碑》,《牧庵集》卷三。

兀者、水达达女真和骨嵬人的反抗：至正六年（1346年），由于辽阳行省不断派人到黑龙江出海口的奴儿干地区捕捉鹰类猛禽海东青，沿途骚扰兀者和水达达路女真，引起他们的反抗。元朝派朵朗吉儿率兵镇压。至正十三年（1353年），兀者和女真部落首领来降，献当地特产皮货。后元朝在阿纽依河口设万户府，以加强防卫。在库页岛，自元初将该岛纳入辽阳行省版图，对骨嵬部落进行管辖后，因其居民"僻居海岛，不知礼仪，而镇守之者，抚御乖方，因以致寇"①，元朝征东元帅府在大德年间（1297—1307年）和至大元年（1308年）多次镇压骨嵬部落的反抗，直到元武宗时，骨嵬人的反抗才平息下去。

元朝末年，统治者骄奢淫逸、横征暴敛，国内阶级、民族矛盾日益尖锐，加之天灾频仍，民不聊生，各地人民纷纷起来造反，"近自畿辅，远至岭海，倡乱以百数"②。沿海地区除了农民起义外，海盗活动也很活跃。松江海盗牛大眼于延祐元年（1314年）冬，从刘家河来到太仓，劫掠太仓府水军万户寨及张京码头一带，后太仓饥民也啸聚海岛，参加海盗活动。在广东，元朝末年也出现了据香山（今中山市）海面大横琴山、三灶山等海上岛屿的海盗。在广西，则有海盗麦福、黄应宾、潘龙据雷州路抗击元军官兵之事。元末海盗中影响最大的，是黄岩人方国珍。至正八年（1348年），他与渔民、船户以台州海中一个荒屿——杨屿为据点劫掠漕运，"州县无以塞责，妄械齐民为国珍党"③，所以沿海百姓多投奔方国珍，其海上势力日益强大。他纵横海上20年，切断元王朝的财政命脉——海上漕运，在灌门洋、大闾洋、刘家河、黄岩港大败元军。直到至正二十七（1367年）才被朱元璋击败投降。方国珍以海盗起家，对元朝统治予以沉重打击。他投降朱元璋后，所辖军士及船户11万余人都归属明军，成为明初统一中国和巩固海疆的重要力量。

元末方国珍等人为反抗官府欺压，入海为盗，最终变成为一支东南沿海地区的重要抗元力量，其身份比较复杂。而同时在福建泉州发生的色目人叛乱和山东沿海的倭寇入侵，则是实实在在的海盗叛匪行径，给当地民众和沿海经济带来相当大的损失。

至正十七年（1357年）三月，当时中国各地纷纷爆发农民起义，元朝实际上已无力控制地处沿海的泉州。被任命为行省参政和义兵万户的色目人赛甫丁，遂依靠驻防泉州的一批色目人（主要是波斯人）士兵，加上居于泉州的番商水兵在泉州作乱，建立"亦思法杭王国"。继赛甫丁之后，居于兴化（今福建莆田）的色目人三旦八以及兴化汉族豪强也都拥兵叛乱。他们相互攻击，频频征战，兴化城及仙游等地多次惨遭洗劫。至正二十二年（1362年），南宋末年投降元朝的泉州市舶司提举蒲寿庚的孙女婿、色目人那兀纳突然起兵杀死"亦思法杭王国"的首领之一阿迷里丁，成为福建实力最强的割据势力；新任元朝行省平章燕只不花也与其相勾结，兴兵掳掠，蹂躏闽中各地。至正二十六年（1366年），效忠元朝的福建参政陈友定率水、陆军进兵泉州，兴化汉族豪强林珙等人也杀死城中色目官兵，与元军联合对付那兀纳。林珙起兵时，那兀纳正带兵进军

① 黄溍：《札剌尔公神道碑》，《金华黄先生文集》卷二五。
② 顾祖禹：《读史方舆纪要》卷八《历代州城形势》。
③ 《象山县志》卷八《海防》。

仙游,闻讯后即撤回泉州,先以优势水军袭击泊于兴化湾的林珙水军,接着又从陆路攻击兴化城,色目兵一路杀人放火、毁城掘墓,几乎将兴化夷为平地。当年四月,陈友定军在当地百姓的支持下,歼灭兴化城内的色目兵数千人,林珙水军余部也封锁了泉州港及附近海口。五月,陈友定军包围泉州城,城内汉民乘夜开门迎入,叛乱的色目人非死即降,那兀纳被俘,所谓"亦思法杭五国"地方割据至此寿终正寝。但当地汉族和番客的多年积恨也一发不可收拾,许多番客被杀,番客住宅、外国教寺乃至坟墓被捣毁。经过此番劫难,泉州当地百姓与海外番客几百年来和平共居的局面已不复存在,泉州港开始走向衰落。

至正年间(1341—1368年),沿海地区还出现了倭寇骚扰、劫掠之事。"自十八年以来,倭人连寇濒海州县",惟其时倭寇势力还不太强,入侵地区仅限于山东沿海一带,尚未给整个中国海疆造成祸乱,但已严重地影响到当地民众生活。至正二十三年(1363年),"倭人寇蓬州,守将刘暹击败之"[1],倭寇之乱得到暂时平息。

(三)元代的台、澎地区和南海诸岛

自宋代起,因福建土地少、人口多,其沿海居民除了在海上捕鱼、航运以外,还渡过台湾海峡,迁至澎湖、台湾等岛上居住。南宋末年,追随宋朝末帝的沿海抗元民众在零丁洋战败后,也汇聚到这些岛屿上,从事捕鱼、捞贝和耕种。根据元代后期汪大渊的《岛夷志略》记载,澎湖"自泉州顺风二昼夜可至",当地风俗朴野,"煮海为盐,酿秫为酒,采鱼虾螺蛤以佐食,爇牛粪以爨,鱼膏为油。地产胡麻、绿豆。山羊之孳生,数万为群。家以烙毛刻角为记,昼夜不收,各遂其生育。工商兴贩,以乐其利"。台湾地区"土润田沃,宜稼穑",当地居民"煮海水为盐,酿蔗浆为酒,知蓄主酋长之尊,有父子骨肉之义","地产沙金、黄豆、黍子、硫黄、黄蜡、鹿、豹、麂皮。贸易之货,用土珠、玛瑙、金珠、粗碗、处州瓷器之属"[2]。汪氏本人亲自到过台湾地区,对那里的情形是相当熟悉的。

鉴于大陆民众不断迁居澎湖,元朝在不断对海外用兵的同时,也开始经营近在海峡对面的台湾诸岛。至元二十八年(1291年),海船副万户杨祥请求带兵6000人前往台湾招降,如其不服就发兵攻击。忽必烈从其请。这时,有一个名叫吴志斗的福建书生主动上书,说自己"熟知海道利病,以为若欲收附,且就澎湖发船往谕,相水势地利,然后兴兵,未为晚也"[3]。于是,同年十月,元朝以杨祥为宣抚使,吴志斗、阮鉴为员外郎出使台湾。第二年三月,他们从汀路尾澳启程,行至低山。元兵200人在三屿人陈登的导引下乘小舟登陆,因语言不通,与岛上居民发生冲突,元兵3人被杀,只好撤回船上航行到澎湖。第二天,吴志斗失踪,元军无人熟悉海路,只好返航。元贞三年(1297年),元朝为经营琉球,将福建改为福建平海等处行中书省,并迁治所至泉州。同年,省都镇抚张浩、新军万户张进又赴琉球招谕。这两次招谕虽然都没有成功,但元朝对台湾、澎湖的重要性已有了深刻认识。在此期间,元朝在澎湖设立了巡检司,将其

---

[1] 《元史》卷四六《顺帝本纪九》。

[2] 汪大渊著、苏继廎校释:《岛夷志略校释》,中华书局1981年版,第13、17页。

[3] 《元史》卷二一〇《流求传》。

地"隶晋江县","以周岁额办盐课中统钱钞一十锭二十五两,别无差科"①。澎湖巡检司的设立,标志着中国正式在台、澎地区设置行政机构,进行有效管辖。

元代,中国官方和民间在南海诸岛一带海域活动更加频繁,对那里的情况了解得更加清楚。至元十六年(1279 年),元朝派同知太史院事、著名天文学家郭守敬等人进行全国范围的天文测量,足迹"南逾朱崖"。朱崖就是今天的海南岛,南逾朱崖也就是到了海南岛以南的地方。从郭守敬测量出"南海,北极出地五十五度"②这个结果来看,以元制一周圆 365 度 25 分转化成现在的 360 度周圆,按南海在北极出地 15 度计算,即相当于现在的北纬 14 度 47 分,加上元代测量时普遍存在的 1 度左右误差,其地正好在今天的西沙群岛。至元三十年(1293 年),元军将领史弼率庞大舰队出征爪哇,就经过七洲洋和万里石塘。当时的七洲洋指今天的西沙群岛,万里海塘则包括了中沙和南沙群岛的部分海域。在汪大渊的《岛夷志略》一书中,对南海诸岛的记载也远比前代详尽:"石塘(即万里海塘)之骨,由潮州而生,迤逦如长蛇,横亘海中……一脉至爪哇,一脉至渤泥及古里地闷,一脉至西洋遐昆仑。"③

正是有了郭守敬、汪大渊等人的科学测量和亲闻亲见,元代的各种地图中才会对南海诸岛有十分明确的标识。我们今天所知,记载元代海疆的有李泽民绘《声教广被图》、天台僧清浚绘《混一疆理图》、朱思本绘《舆地图》。这三种图今皆不存。但明代李荟和权近所作《混一疆理历代国都之图》是根据《声教广被图》和《混一疆理图》绘制的,该图在南海海域标有两个石塘和一个长沙地名。从位置上看,靠东北的石塘明显是指东沙群岛,靠西南方向的石塘应指南沙群岛,而长沙则是指西沙和中沙群岛。朱思本的《舆地图》长广 7 尺,据说是花了 10 年工夫从至大四年(1311 年)至延祐七年(1320 年)画成的。明人罗洪先删繁就简,绘为《广舆图》。它同样绘有两个石塘和一个长沙。值得指出的是,《广舆图》上的长沙绘在一个圆圈中的一半,中间有线条分开,另一半圆圈中并无文字说明。这表明长沙是个珊瑚礁沙洲,有的露出水面,有的藏于水下,这与今天西沙和中沙群岛的实际情况是完全一致的。

第七节　宋元时期中国海疆的历史特征

宋元时期,南方,特别是南方沿海地区的开拓和发展速度进一步加快,农业、手工业发展水平明显高于北方,与海上运输、海外贸易相关的造船、航海技术居于世界领先地位,国内和海外新航线不断开辟,一些新兴港口发展成世界闻名的东方大港,产品大量销往海外的丝织、陶瓷业蓬勃发展。在宋金战争、宋元战争以及元军与日本、爪哇等的战争中,海洋已成为重要的战场,防御来自海上的入侵成为国防的重要内容之一。这一切使宋元时期成为中国海疆发展进程中引人瞩目的重要历史时期,其主要特征如下。

---

① 汪大渊著、苏继顾校释:《岛夷志略校释》,中华书局 1981 年版,第 17 页。关于澎湖巡检司建立的时间,从元世祖至元年间说。参见荣孟源:《澎湖设巡检司的时间》,《历史研究》1955 年第 1 期;陈孔立《元置澎湖巡检司考》,《中华文史论丛》第 2 辑。

② 《元史》卷四八《天文志一》。

③ 汪大渊著、苏继顾校释:《岛夷志略校释》,中华书局 1981 年版,第 318 页。

第一，受经济发展不平衡的制约，南方沿海经济的发展继续高于北方。

自隋、唐两代开始，中国经济已呈现出各个不同地区，尤其是南、北方发展的不平衡性。南方经济发展水平整体上高于北方，产量较高的水稻，与商品经济密切相关的桑蚕、果品、蔬菜等经济作物的种植面积不断扩大，手工业产品精美丰富，商品交流日益发展，城邑市镇更加繁荣。进入宋、元以后，这一趋势更为明显，而北宋灭亡导致北方人口大量南迁，客观上促进了东南沿海经济的进一步发展。当北方许多地区还停留在粗放耕作乃至刀耕火种的农业生产水平时，江浙、福建沿海等地区已率先进入精耕细作、集约生产阶段，特别是江浙地区，粮食产量高，不仅可以满足当地需要，还源源不断运往其他地区，以致当地民间盛传"苏（州）湖（州）熟，天下足"的谣谚；当北方还处于一家一户、男耕女织的自然经济状态时，江浙等地已出现了专门的种桑养蚕、种植果树的农户，广东、广西、福建等地则是家家种植棉花，纺线织布，以求出售。南宋时，不仅临安（今浙江杭州）等大城市手工业相当发达，就连许多小城镇也遍布各种手工业作坊。其中，既有像官营织锦院那样拥有上千张织机的大型坊，也有大官僚、地主乃至寺院建立的作坊，更多的则是脱离农业专以纺织为生的普通机户。农业生产的商品化和手工业的发展，进一步繁荣了东南沿海各地的大、中城市。同时，为满足城市居民消费需求以及手工业作坊购买原料和运输、销售商品的需要，一大批各类集镇应运而兴。它们或位于沿海、沿江、沿湖的重要交通要冲之地，或围绕在大、中城市的周围，或在原料充足、工匠聚集的地区，与大、中城市一起构成绵密的商品交流网络，发挥着商品交流中心的重要职能。

金朝灭北宋之后，建立了以黄河流域和燕云地区为中心的北方政权，并将大批宋朝工匠、居民迁到女真人兴起的白山黑水之地，以促进当地经济的发展。元朝统一中国后，为维持人口近百万的东方大都市——元大都居民的生活，通过沿海航路和运河水道，源源不断地向北方输送粮食和商品。这些由官府主持的活动直接导致了北方局部地区出现"经济重心北移"的现象，一定程度上促进了今天渤海湾沿岸乃至日本海、鄂霍次克海滨海地区经济发展。但北方经济发展的速度和水平仍远远赶不上南方，中国经济重心南移的大趋势也没有发生改变。

第二，海外贸易和海上航运的需求牵引着相关行业在沿海地区的发展。

宋元时期，东南沿海地区造船、航海、港务及丝绸、陶瓷行业的迅速发展令人瞩目，而它们的发展在很大程度上是海洋经济最重要的部分——海外贸易和航海业牵引的结果。宋、元两朝统治者积极鼓励与促进海外贸易和航海业的发展，对海外客商予以优待，对民间商人从事海外贸易及打造海舟巨舶也不进行限制，这就为沿海地区与海外贸易、海上航运相关联的各个行业的迅速发展提供了空间。首先，在海外贸易和海上航运需求的刺激下，国内造船、航海和港口吞吐能力大幅度提高。宋代造船技术相当发达，既可以制造在内河、沿海地区航行的漕船、渔船，也可以制造用于远洋航行的海舶巨舟。宋朝外交使团随员乘坐的客舟长达10余丈，载粟2000斛，使臣乘坐的神舟船长为客舟的3倍，形体也更大。其他还有车船、海鹘船、马船、座船等各种类型和用途的船只。宋代广泛采用的"水密隔舱"技术，其帆缆操纵和利用天文、海图导航的能力在相当长一段时间里居于世界领先地位。元代建造的海运船只数量也相当可观。中国帆船在当时能够主宰印度洋上的航运，连许多外国商人也要购买或租用中国帆船。直到明朝前期,中国的造船和航海水平依然很高。明初能在较短的时间里建造出当时世界上最大、最先进的木质帆缆主力战舰——宝船,是因为郑和下西洋时主要的造船基地南京、太仓和长乐都是以前著名的造船场所,其得益于前代所积累的高水平造船技术、所培养的造船工匠队伍是不言而喻的。宋、元海运业的发展,也促使刺桐(今福建泉州)、明州(今浙江宁波)、太仓、大沽、浏河等一大批新兴港口取代古港碣石、合浦而异军突起,刺桐港甚至一跃而超过汉唐以来中国最大的海外贸易港口广州,成为世界闻名的东方大港。其次,海外贸易的强烈需求,也促使中国沿海地区进一步增加了丝绸、陶瓷等主要出口商品的产量和品种,提高了质量。北宋时期,尽管中国古代丝绸生产重心已经南移,但北方的丝织技术水平仍然高于南方。到了南宋和元代,位于东南沿海的两浙地区不仅丝绸产量居全国第一,质量也是首屈一指。各种远近闻名的丝绸商品就近从明州(今浙江宁波)港口源源不断地输往海外。中国陶瓷生产中心也是在南宋初年移往东南沿海地区的。为了适应出口外销的需要,南宋时两浙、福建、广东、广西诸省的民窑发展很快,著名的浙江余杭窑、余姚窑、龙泉窑瓷器、福建德化的青白瓷、青瓷和黑瓷,广东佛山的石湾窑瓷等蜚声海外,就连景德镇新研制出来的青花瓷也是首先被大批装船销往海外,国内反而鲜少见到。与海洋经济的其他方面如制盐、一家一户的小规模捕鱼相比,海外贸易和海上航运业有很大的发展潜力,能够创造数量巨大的财富,对沿海城镇、港口的兴盛发展,对手工业的规模化经营和商品流通网的形成,都起到了重要的推动作用。

第三,海上方向成为国防的重要方向。

中国古代历史上虽然很早就出现了海上战争,如鲁哀公十年(前485年)吴、齐舟师在黄海海面交战,其后又有汉代出征朝鲜等国,但总的说来,来自海上的威胁并不严重,历代国防的主要方向在北方,设防的重点是"塞防"。但从宋、元两代开始,国内民族战争不再仅仅以陆地为战场,海上战场的重要性也凸显出来。

国内民族战争中各方势力对海上战场的重视,使海上方向显得日益重要。北宋时期,与其对峙的辽朝占有今河北、辽宁沿海的部分海疆。虽然崛起于大漠草原的契丹民族不善水战,宋朝仍很注重防范山东一带沿海,特意在登州(今山东蓬莱)设置水寨战船,巡护附近海面。南宋王朝建立后,认识到沿海地区已成为令人关注的重要国防方向,为发挥"南船"的优长,在沿(长)江沿海建立了大量的水师部队,其中有相当一部分驻守在沿海地区。南宋抗金名将张浚在当福建安抚使时,也打造了海舟上千条,准备与陆上部队相配合,由海上规取山东。建立金朝的女真族和建立元朝的蒙古族虽然以控弦骑马为长,但在与宋军作战的过程中,也逐渐认识到发展水军、增强海上航行能力的重要性。北宋末年,金军进攻江南,就曾设想派水军从山东半岛浮海南下,与陆上进攻江南相配合。海陵王南侵时,派一支水师直赴杭州湾登陆,与陆上部队会攻南宋都城临安(今浙江杭州),只是由于宋朝水师在陈家岛海战中歼灭其前锋部队,这个海陆夹攻的计划才没有实现。元朝军队在灭亡南宋的战争中,因缺少水师而迟迟不能达到目的,后来加大了建设水师的力度,在与南宋水军决战的丁家洲、焦山水战中,其实力已大大超过对手,崖山海战更是彻底灭亡南宋的关键一战。可以说,没有强大的水师,没有水上及海上战场的开辟,元军想要迅速推翻南宋政权是很难做到的。

在国内民族战争中,宋朝把海洋视为其重要的活动区域。一方面,加强了沿海布防,如北宋在登州驻屯平海水军,南宋在庆元府定海县(今浙江宁波镇海)设立中国历史上第一个专门管理海防的军事机构——沿海置制使司。另一方面,南宋建立之初和灭亡之际,都是依靠"避兵锋于海上"来与金军或元军极力周旋。在某种意义上,海洋成为南宋帝王的避难所。在南宋初年,就靠它才逃避了金兵的"搜山检海",最终在江南站稳脚跟;南宋末年,也是靠它坚持抗元,使南宋王朝没有随着都城临安被攻破立即灭亡。元朝同样很重视海洋活动,其与日本、爪哇等国的海上战争,尽管没有取得像样的胜利,但这些活动标志着中华民族利用海洋从事军事活动的能力已有大幅度提高。

第二十一章
宋元时期的海外贸易

与唐代相比,宋元时期海外贸易有了长足的发展。宋元时期社会经济和航海技术的巨大发展是这一时期海外贸易发展必不可少的基础。当时世界范围内经济的普遍增长为宋代贸易的发展提供了更为良好的市场,而宋元时期对外政策以及贸易政策和制度则有力地促进了海外贸易的发展。宋元时期的海外贸易范围及其数量都有了很大的扩张,其对社会发展的影响作用是巨大的。海外贸易在各方面的显著发展都标志着宋元时期的海外贸易进入了一个空前兴盛的新阶段。

第一节　宋代海外贸易兴盛的原因[①]

一　宋代社会经济的发展与造船航海技术的发达

海外贸易出口品的供给和进口品的消费都必须以国内经济一定的发展水平为基础。唐宋时期中国社会经济在经历了魏晋南北朝长达几百年的发展低谷以后又逐步恢复,并渐次进入了一个新的高潮。宋代鼓励垦荒,实行不抑兼并的土地政策,耕地面积扩大,生产效率提高,特别是江南地区的农业有了巨大增长,出现"苏湖熟,天下足"的局面,整个农业生产有了显著进步。农业的发展带动了手工业和商业的进步。在手工业中,宋代民营手工业得到前所未有的发展;唐代开始兴盛并以民间经营为主的制茶业在宋代继续增长,成为在社会经济中产生重要影响的行业。宋代制瓷业的发展不仅表现在窑址的显著增加,工艺技术的创新,还表现在民窑比例的大幅提高以及江南地区特别是两浙、福建、广南等沿海地区制瓷业的兴起。[②] 纺织业发展的特点也大体一样。民营纺织业有很大增长,不仅作为家庭副业的纺织业普遍发展,而且出现了很多私营的独立纺织业手工作坊,即从事纺织的专业户——机户。宋代时,南方纺织业迅速发展。北宋时,南方上贡绢已经超过北方。至南宋,南方的苏杭、成都等地已取代北方旧的纺织业中心,成为纺织业最发达的地区。[③] 此外,宋代的制盐、酿酒、造船、矿

---

① 本节引见黄纯艳:《宋代海外贸易》,社会科学文献出版社 2003 年版,第 61—96 页。
② 以上参考叶喆民《中国瓷器史纲要》、中国硅酸盐学会《中国瓷器史》、冯先铭《中国瓷器》等。
③ 李仁溥:《中国古代纺织史稿》,岳麓书社 1983 年版。

冶等行业都有了很大发展。农业的商品化也不断扩大,出现了一批糖霜户、荔枝户、蚕桑户等专业户。宋代商品经济繁荣,商业的进步更加显著。随着交换规模的扩大和远距离贸易的增长,历史上第一种纸币——交子、会子应运而生,商业信用不断发展。到宋代,延续两千年的坊市制度彻底瓦解,城乡市场繁荣,区域市场出现,商人地位显著提高,商人入仕置产等的限制被解除,商人不仅可以通过科举进入仕途,而且常常被延请参加国家重要经济政策的制定和改革。传统的重农抑商观念逐步被农商并重的新思想所取代,商业在社会经济中的作用日益提高,从政府财政角度说已是舍工商则无以立国的局面。这些新的现象无不展示了宋代经济发展的新气象。正因为宋代经济在农业、手工业、商业等各方面都有了引人注目的显著增长,以致长期以来在国内外史学界都存在着一个占主流地位的观点,即"宋代经济革命说",认为宋代是一个经济革命的时代,出现了经济飞跃,宋代以后经济发展减缓,最后陷于停滞。在持"宋代经济革命说"的学者们看来,宋代不仅是中国古代经济发展的最高峰,在世界历史的发展中也具有异乎寻常的意义。李伯重教授对这一陈说进行了深入的检讨,认为,所谓"宋代经济革命说"是由于研究方法的偏颇——"选精""集萃"等片面的研究方法所导致的一种虚像。实际上,"在这一千多年中,江南农业技术的变化是渐进性的,而且是朝着同一方向的。在此基础之上的农业发展当然也不会出现戏剧性的突变(即'革命')和尔后长期性的停滞,因此无论是从事实上还是逻辑上来说,'宋代江南经济革命'之说都是难以成立的"。我们十分赞同李伯重教授的观点。宋代的经济虽然有显著发展,但并不能无限夸大。同时,也正如李伯重教授指出的:"宋代在这些领域(指农业、商业、水运、都市化等领域)中出现了重要的变化,这是没有争议的。"①"宋代经济革命说"的出现本身也正说明了宋代经济的增长确实是特别引人注目的,社会经济的繁荣进步为海外贸易的发展提供了坚实的基础。

　　海外贸易的发展必须以一定的社会经济水平为基础,这是毋庸置疑的。但是,社会经济发展与海外贸易增长的关系并不能简单而论。纵观整个中国古代,海外贸易与社会经济发展的关系有两个显著特点。一是海外贸易在整个国民经济中所占比例微乎其微,对社会经济的影响十分有限。相对于国内贸易而言,海外贸易的规模也是极其微小的,来自于其整个行业的财政收入甚至还不及一项大宗商品(如盐、酒等)的收入。即使海外贸易比较繁荣的宋元时期也是如此。二是海外贸易的发展与社会经济的发展没有必然相互体现的关系,即:社会经济的发展并不意味着海外贸易的增长;相反,社会经济的衰退也不一定必然带来海外贸易的萎缩,两者没有同步运动的规律。中国古代海外贸易的发展过程也说明,海外贸易并不能全面反映社会经济的发展状况。魏晋南北朝时期和五代时期海外贸易的上升,明清海外贸易的逆转都说明了这一点。综合以上的两个特点,也可以说,相对而言规模如此有限的海外贸易的显著增长并非一定要以社会经济的巨大发展为前提。就宋代而言,影响海外贸易发展的最重要的因素有两个:经济重心的南移和封建政府的贸易政策。影响海外贸易发展的经济因素主要是经济重心的南移,全国范围内的经济增长尚在其次。所以,在探讨经济发展

---

① 李伯重教授的观点,可参见李伯重:《"选精"、"集萃"与"宋代江南农业革命"——对传统经济史研究方法的检讨》,《中国社会科学》2000年第1期。

对海外贸易的促进时,我们尤其应该注意经济重心南移对海外贸易的影响。由于受当时并不先进的交通条件的局限,出口商品的供给和进口商品的销售若远离港口,巨大的运输费用和漫长的运输时间都会使商品成本大大增加,而贸易利润则相对下降。江南,特别是沿海地区经济发展以后,海外贸易得以沿海地区为商品供给基地,这在贸易成本上首先具有极大的优势。因而沿海地区经济的发展程度直接影响到海外贸易发展的规模。中国经济重心的南移经历了一个漫长的历史过程。郑学檬先生在《中国古代经济重心南移和唐宋江南经济研究》一书中指出,在考察经济重心南移时应分清三个阶段,即经济开发阶段、财赋重心南移阶段和经济重心南移阶段。① 自东晋以来,随着北方人口的不断南迁,江南的开发速度加快。六朝时期北方战乱频繁,而江南相对安宁稳定,社会经济持续增长,南方总体上处于经济开发时期。唐代中后期"每岁赋税倚办止于浙江东西、宣歙、淮南、江西、鄂岳、福建、湖南八道四十九州"②。韩国磐先生称之为"财赋重心"的南移。③ 郑学檬先生将其称为"财赋倚重地区"的南移,都是十分允当的。这是财赋重心南移的时期。不过,对经济重心南移的起讫时间看法不一。郑学檬先生提出,经济重心南移的起始点为"安史之乱"以后,至北宋后期已接近完成,至南宋则全面实现了。④ 宋人就已明确指出:"国家根本,仰给东南。"⑤后人也说:"有宋之兴,东南民物康宁丰泰,遂为九围重地,夺往古西北之美而尽有之。是以邹鲁多儒,古所同也,至宋朝则移在闽浙之间,而洙泗寂然矣;关辅饶谷,古所同也,至于宋朝则移在江浙之间,而雍土荒凉矣。"⑥宋代经济重心的南移主要是移向东南地区。龙登高博士通过对宋代南北经济发展的对比研究指出,南方在主要经济指标如垦田数、户籍数、人口密度、商税、二税额、上供钱物等方面都全面超过了北方,而尤以东南地区为重,因而他认为:"所谓经济重心南移,在宋代只是移向东南。"⑦经济重心的南移对海外贸易的发展产生了多方面的影响:不仅使出口商品的供给地转移到离港口更近的东南沿海地区;与经济重心南移相伴随的政治中心和消费中心的东移和南移使进口品的主要消费市场也更接近贸易港口,从宋代进口品的销售特点看,进口品的主要销售市场就是东南地区、四川地区和京城;南方经济的发展也为进出口贸易创造了潜力巨大的经济腹地和市场空间。所以,经济重心的南移不仅为宋代海外贸易的发展繁荣奠定了基础,而且直接导致了中国古代贸易重心的南移。从此以后,西北陆上丝绸之路把独占了千年之久的龙头地位让给了东南海上贸易。西北丝路的往日辉煌逐渐远逝,以致此后也没有再现。

宋人分析西北交通衰退的原因时说,"国朝西北有二敌,南有交趾,故九夷八蛮,罕所通道"⑧;"北方诸国则臣契丹,其西诸国则臣元昊",故"远蕃荡然与中国通"⑨。很多

① 郑学檬:《中国古代经济重心南移和唐宋江南经济研究》,岳麓书社 1996 年版。
② (宋)司马光:《资治通鉴》卷二三七,元和二年,中华书局点校本。
③ 韩国磐:《隋唐五代史纲》,人民出版社 1977 年版,第 321—327 页。
④ 郑学檬:《中国古代经济重心南移和唐宋江南经济研究》,岳麓书社 1996 年版,第 17 页。
⑤ 《宋史》卷三三七《范祖禹传》。
⑥ 《温州府志》卷一《风俗》。
⑦ 龙登高:《宋东南市场研究》,云南大学出版社 1994 年版,第 11 页。
⑧ (宋)蔡绦:《铁围山丛谈》卷五,中华书局点校本。
⑨ (宋)李焘:《续资治通鉴长编》卷一三八,庆历二年十月戊辰//《宋史要籍汇编》,上海古籍出版社 1986 年版。

学者也由此认为,陆路的梗阻促使中国与西方的贸易由陆上向海上转移,也就是说,陆路阻塞是海上贸易勃兴的直接原因。事实上,陆路的阻塞并不是海路兴盛的主要原因。据朱雷先生的研究,在南北分裂最盛、战乱最频繁的东晋十六国时期,从西域到内地的丝路贸易仍然没有中断;各政权仍需要经济交流,商人、僧人照样往来于西域与江南之间。① 在宋代,南北对立形势也并未使西北陆上贸易断绝,西域的商人仍时常越过辽夏来宋贸易;"西若天竺、于阗、回鹘、大食、高昌、龟兹、拂林等国,虽介辽夏之间,筐筐亦至"②。据《宋会要辑稿》《续资治通鉴长编》不完全统计,龟兹、高昌、回鹘等国来宋贸易次数不下 26 次。不仅西北丝路未断,西南丝路也依然畅通,在黎州时有珠玉、犀角、象牙等物交易,仅绍兴年间见于记载的就有七次③,这些货物被运到成都市场。宋人张世南游历成都药市,见到很多犀角,"询所出,云来自黎雅诸蕃,及西和宕昌,亦诸蕃宝货所聚处"④。这些宝货大都沿西南丝路入境。《岭外代答》卷三《通道外夷》记载这条商路曰:"自大理至王舍城亦不过四十程","自大理五程至蒲甘国;去西天竺不远"。杨慎在《滇载记》中写道:"波斯、昆仑诸国来贡大理者,皆先谒相国(指高氏)焉。"商人为了商业利润不会因困难而裹足,辽、夏、大理等也不会放弃商路能够带来的厚利。回鹘、高昌、龟兹、于阗诸国都三年遣使一次,向辽贡奉珠玉、乳香、琥珀、玛瑙等物,而辽朝每年所用"回赐至少亦不下四十万贯"⑤。西夏不仅与西域诸国保持贸易交换,而且鼓励他们通过本国到宋朝贸易,"大食国每入贡,路由沙州界以抵秦亭。乾兴初,赵德明请道其国中"⑥。西夏对这些过其国境,前往宋朝贸易的商人征收过境税:"夏人率十而指一,必得其最上品者,贾人苦之,后以物美恶杂贮毛连中,然所征亦不赀。"⑦可见,西夏从中获利不匪,而且也能通过这些过往商旅获得所需的宋朝物产。所以,陆上商路并未断绝,但为何其重要性下降到如此程度,以致人们认为它似乎已荡然无存了呢? 原因正在于经济重心的南移后,相对于海上贸易,陆上贸易地位的急剧下降。由于这一时期海上贸易所具有的各种优势而使陆上贸易不仅相形见绌,且显得微不足道了。美国学者斯塔夫里阿诺斯在《全球通史》中描述了宋代高度发展的经济文化技术后,指出这些因素使"海港而不是古老陆地的陆路,首次成为中国同外界联系的主要媒介"⑧。这个结论是符合历史实际的。海上贸易的异军突起使陆路的对外贸易对宋朝统治者来说不再具有重要意义。太宗时就"诏西域若大食诸使是后可由海道来"⑨,仁宗天圣元年又令各国进奉"今取海路由广州至京师"⑩。经济重心向南方的转

① 黄惠贤、李文澜:《古代长江中游的经济开发》,武汉出版社 1988 年版,第 197—208 页。
② 《宋史》卷四八五《夏国上》。
③ 据《宋会要辑稿·食货》三八;《建炎以来系年要录》卷一七三、卷一七八、卷一八四等。
④ (宋)张世南:《游宦纪闻》卷二,中华书局点校本。
⑤ (宋)叶隆礼:《契丹国志》卷二、《诸小国贡进物件》,《四库全书》本。
⑥ (宋)李焘:《续资治通鉴长编》卷一〇一,天圣元年十一月癸卯//《宋史要籍汇编》,上海古籍出版社 1986 年版。
⑦ (宋)洪皓:《松漠纪闻》卷一,《四库全书》本。
⑧ 〔美〕斯塔夫里阿诺思:《全球通史:1500 年以前的世界》,吴象婴等译,上海社会科学院出版社 1999 年版,第 438 页。
⑨ 《铁围山丛谈》卷五。
⑩ (宋)李焘:《续资治通鉴长编》卷一〇一,天圣元年十一月癸卯//《宋史要籍汇编》,上海古籍出版社 1986 年版。

移,特别是东南地区经济的崛起,为海外贸易的发展奠定了直接的物质基础,成为宋代海外贸易繁荣兴旺的最根本动力。

宋代造船业和航海业较前代有了长足发展,具体请参照本卷以下相关各章。

二 对外政策和贸易制度的影响

从贸易政策发展的历史演进看,历代封建政府对海外贸易的控制是逐步加强的。汉唐时期海外贸易规模比较有限,而贸易政策始终是开明和宽松的,优待来华的外商,惩治干扰贸易的官员,始终没有对海外贸易实行限制,更未颁布过贸易禁令。宋元时期政府虽然积极鼓励海外贸易的发展,但是都力图通过系统严密的市舶条法将海外贸易控制在自己手中,最大限度地获取市舶利益。元朝政府为了垄断贸易利润,甚至实行官本船贸易,将民间贸易也纳入官方贸易的渠道。明清更是大力压制海外贸易的发展,实行严厉的禁海政策和限口通商,清初还实行了20多年残酷的迁海政策。但是,宋代从总体上是积极鼓励海外贸易的,其政策相对于明清时期仍然是比较宽松的。简单地说,宋代海外贸易政策的总体特征是既鼓励又控制。宋朝海外贸易政策的特点主要是由其特殊的历史环境决定的。

(一)宋朝外交政策的基本特点

宋朝的海外贸易政策与政治外交政策之间存在着明显的反差。宋朝是南北对峙的时代,在建立伊始就面临着辽朝的威胁,不仅辽的旧患始终没有解除,又先后增加了西夏和金朝的新忧。宋政府积贫积弱,军队战斗力低下,在与北方的征战中屡屡失败。在这样的历史条件下,形成了宋政府对外政策的基本特点,即重北轻南和收缩、被动。宋政府在政治外交上的重北轻南,如苏绅所说:"国家比以西北二边为意,而鲜复留意南方。"[1]因为与辽夏金的对峙事关宋朝朝运兴衰存亡,所以宋朝的战略重心始终在北方。宋朝与上引"天下根本仰给东南"并存的还有一句话,即"天下根本在河北"[2]。前句指东南为经济重心和财赋重心,后句指河北(实际可泛指整个西北三路)为军事重心,或者说国家安全的重心。苏辙《栾城集》卷四六《乞裁损待高丽事件札子》也说:"朝廷交接四夷,莫如辽夏之重。"在这则奏章中苏辙还指出,接待高丽使节中有超过辽夏的规格应该改变。终宋一代,宋王朝都未摆脱危急存亡的忧患。宋朝的统治者因而也养成不了唐帝国开放、进取的博大气度。宋太宗雍熙北伐失败后,不敢再言战事,奉行"欲理外,先理内""守内虚外"的原则。此后,两宋在对外交往中,主要精力都放在处理与辽、夏、金的关系,而忽视与海外诸国的政治交往,不论南北,总体上采取的都是收缩、被动的政策。求得与四邻的相安是其最大的目标。在与北方的交往中,为得安稳,不惜赔地纳币。在海外诸国中,宋政府将政治交往缩小到最低限度。海外诸国中只有高丽和交趾与宋的生存有关。除这两国外,宋政府极少派遣正式的使节。而通过对宋与高丽和交趾关系的分析,我们更可以清楚地看到宋朝对外政策的特点。

在与高丽的关系上,宋朝统治者既希望倚结高丽牵制契丹及金朝,又提防高丽被

---

① 《宋史》卷二九四《苏绅传》。

② 《宋史》卷二八四《宋祁传》。

辽金利用,刺探宋朝情报,因而外交关系随着南北局势而不断变幻。两国政府交往三绝三通。建隆三年,两国首次通使。宋太祖一朝高丽四次遣使,双方关系十分密切。宋太宗即位派使节于延超等出使高丽,雍熙二年、端拱元年、淳化元年、淳化四年等,多次派人出使。其间,太宗于雍熙三年北伐,曾约高丽"迭相掎角,协此邻国,同力荡平",夹击辽朝。高丽答应出兵。宋太宗一朝,高丽亦十三次遣使来华。淳化五年,契丹侵犯高丽,高丽向宋朝求援,宋因雍熙北伐失败不愿再与辽交战,以"上鄙甫宁,不可轻动干戈,为国生事"不愿出兵。高丽"自是受制于契丹,朝贡中绝",双方中断了政治联系。① 大中祥符七年,高丽大破辽国,宋与高丽再度通好。次年,宋朝在登州"置馆于海次,以待使者"②,双方关系又逐步密切。天圣八年,高丽"惮于北境,遂复事之,而贡使又绝"。此后四十三年间,"朝贡不通,而朝廷亦罢遣使"③。熙宁四年,宋神宗有北伐之志,两国又通好,双方使节往来甚欢。但是,宋朝只要在南北相安时,对与高丽的关系就往往持消极态度。元祐五年,高丽请宋朝出师,共抗辽国。宋以"朝廷方与辽和,不受其语"④。南宋高宗朝虽与高丽有使节交往,但十分谨慎,或担心其为金朝刺探情报,或恐其见南宋残破而起"戎心"。隆兴二年,因为宋对金防御犹恐不及,担心得罪金朝而彻底与高丽断交,"其后使命遂绝"⑤。

宋对交趾的政策也几经反复。交趾在五代分裂的特殊环境下建立了独立政权,但是对于号称一统的宋王朝而言,坐视汉唐故土的割离毕竟不是光彩的事情,所以宋统治者最初曾想收复其土。平定江南各政权后,宋太祖虽封其王为"交趾郡王",视为"列藩",但宋朝统治者一直在寻找机会,对交趾的情况异常关心,每次使节出访都详细记录交趾的道里远近、地形地貌、政治军事,乃至交趾王的身体状况等。"太平天国"五年黎桓篡丁氏之位,引起内乱。宋太宗闻讯"大喜",当即欲召知邕州侯仁宝进京,商议讨伐交趾事宜。卢多逊建议不令侯仁宝赴京,以免交趾闻讯而有备。太宗采纳了他的建议,水陆大军突然数路并发,想收到出其不备、一蹴而就的效果。但因为刘澄所率水军误期,贾湿、孙全兴、王俱等逗留不进。仅侯仁宝孤军深入,为交趾所杀,太宗的战略意图完全落空。宋军师老兵疲,惨败而回。宋太宗盛怒,除刘澄病死外,其余罪将皆在邕州就地处斩⑥。宋太宗即位后即积极筹划夺取燕云,不可能抽调大军对交趾打必胜之战,即不可能打持久战,只能寄望于侥幸突袭成功。如果一战取胜,则不仅达到收复汉唐故土为一统帝国添彩的目的,而且可以放心对辽作战。机会得之不易,宋朝廷对这次战争的冀望亦甚高。正因为如此,太宗战前以为等到良机的大喜心情、隐藏战略意图的良苦用心以及失败后的盛怒、重罚,就显得合情合理了。此后,太宗再也不可能顾及收复交趾。只好承认了交趾的独立,封黎桓为交趾郡王。景德三年,黎桓死,李公蕴篡黎氏之位,重演当年黎桓篡位的一幕。宋朝昔日出师之名就是黎桓篡位,现在虽然

---

① 《宋史》卷四八七《高丽传》。
② 《宋史》卷四八七《高丽传》。
③ (宋)徐兢:《宣和奉使高丽图经》卷二《四库全书》本。
④ (宋)李焘:《续资治通鉴长编》卷四五二,元祐五年十二月乙未//《宋史要籍汇编》,上海古籍出版社1986年版。
⑤ 《宋史》卷四八七《高丽传》。
⑥ 事见《宋史》卷四八八《交趾传》;《文献通考》卷三三零《四裔考七》。

对李公蕴效尤黎桓深感可恶,但也只能"用桓故事"把交趾郡王等一大堆封号又授给李公蕴。① 这说明宋朝对交趾的政策发生了重大转变。此后,"当谨守而已,不必劳费兵力,贪无用之土"②成为宋对交趾政策的基本原则,宋统治者完全承认了交趾的独立,交趾屡屡兴兵犯境,宋朝也极力容忍。神宗时交趾犯境,宋予以了还击。但宋有后顾之忧,担心"西北二敌睢盱于顾望,如闻王师远出,边骑多行,忽起风尘,来犯亭障,东西往还万里,莫相赴应"③,所以反击也只能是不彻底的,其后不再有征伐之举。元祐七年,占城想联合宋朝进攻交趾,占城所上的国表中说:"如天朝讨交趾,愿率兵掩袭。"宋也以"交趾数入贡,不绝臣节,难以兴师"④而回绝。宋朝在当时特殊的历史环境下,不得不承认交趾的独立,对交趾采取了放任的政策,使交趾真正走上了独立发展的道路。

宋政府收缩被动的外交政策不能为其树立崇高的国际威望,使得宋统治者不像唐朝那样成为亚洲最大的宗主国,少了许多唐朝统治者那样一统华夷的气度,无缘享受万国宗主的荣耀。但另一方面,这一政策对海外贸易的发展并非完全无利。它同时使宋政府少了许多重义轻利陈规的约束,付出的贡赐贸易的代价也要少得多,也可以在一定程度上使宋政府较其他王朝更多地以功利目的对待海外贸易。宋朝处在"西北有二敌,南有交趾,故九夷八蛮罕所通道"的交困之中,对与本国生存和安全无密切关系的日本及南海诸国则更遵循"来则不拒,去则不追"的原则⑤,几乎不派遣政治使节。例如,对日本只有几次明州地方政府牒文和一次宋神宗的书信,且都是托商船捎带。对外国的朝贡,宋朝也不是来者不拒。中国封建专制主义王朝无不奉行大一统原则,把四夷怀服视为国家的荣耀,在经济交往中本着不与蛮夷争利的出发点,厚往薄来,轻视经济效益,重视万国宗主的虚名。海外诸国乐于获得丰厚的回赐,争相朝贡。宋政府对朝贡也有很多优惠,如免除沿路商税、给予优厚回赐、设馆接待来使等。很多使节都是以朝贡之名行贸易之实,朝贡规模极大。绍兴十六年三佛齐朝贡价值超过一百万贯。⑥ 这显然不是普通的朝贡了。这就使得宋政府每年支出的回赐十分庞大。正如苏轼所说:"《贡赐往来》馆寺赐予之费不可胜数……朝廷无丝毫之益,而远夷获不赀之财。"⑦这使得宋朝在贡赐贸易中损耗了大量的财物。虽然宋神宗也曾说"外藩辐辏中国,亦壮观一事矣"⑧,但是,既无充当最大宗主国的实力和雄心,又十分重视贸易收入。如果海商以各种理由按进贡名目来华,势必导致市舶抽解的减少。因此宋政府严格限制朝贡贸易。为减少回赐数量,大中祥符九年就规定:"海外蕃国贡方物至广州者,自今犀象、珠贝、抹香、异宝听赍赴阙。其余辇载重物,望令悉纳州帑,估直闻奏。

---

① 《文献通考》卷三三零《四裔考七》。

② (宋)李焘:《续资治通鉴长编》卷六三,景德三年六月辛酉//《宋史要籍汇编》,上海古籍出版社 1986 年版。

③ 《乐全集》卷二六《论岭南利害九事》。

④ 《宋史》卷四八九《占城传》。

⑤ 《宋史》卷四八五《夏国上》。

⑥ 《宋会要辑稿·蕃夷》七之四八。

⑦ (宋)李焘:《续资治通鉴长编》卷四三五,元祐四年十一月甲午//《宋史要籍汇编》,上海古籍出版社 1986 年版。

⑧ (宋)李焘:《续资治通鉴长编拾补》卷五,熙宁二年九月壬午//《宋史要籍汇编》,上海古籍出版社 1986 年版。

非贡奉物,悉收其税算。"①另外,还限制了朝贡的规模:"每国使副、判官各一人,其防援官,大食、注辇、三佛齐、阇婆等国,勿过二十人,占城、丹流眉、勃泥、古逻摩逸等国勿过十人。"②在朝贡贸易中也存在着商人冒充政府使节骗取回赐的现象。张守在《毗陵集》卷七《论大食故临国进奉札子》中说到"蕃商冒称蕃长姓名,前来进奉,朝廷止凭人使所持表奏,无从验实,又其所贡多无用之物,赐答之费数倍所得",他建议"今来大食故临进奉伏望圣慈,令广州谕旨却之",而且"自今诸国似此称贡者,并令帅司谕遣",只有持有本国进贡表章的才能入贡,为求免税而冒称上贡者一概不受。宋政府还进一步规定:"广州蕃客有冒代(贡使)者,罪之。"③《宋会要辑稿·职官》载,天圣四年日商周良史来华,称奉太宰府之命来贡而无表章,明州"谕周良史缘无本表章,难以申奏朝廷,所进奉物色如肯留下,即约度价例回答,如不肯留下,即却付晓示令回"。

为了最大限度地减少回赐,元丰年间宋政府还规定使节进奉所带贡物不许运送进京:"诸蕃国进贡物依元丰法更不起发,就本处(指港口)出卖。倘取违戾,市舶官以自盗论。"④如果商人为了免税而把贸易商品作进贡物运进京城的,商税不能免除。天禧元年,大食商人麻思利运到货物"合经明州市舶司抽解外赴阙进卖,今却作进奉名目直来上京"并"乞免缘路商税",宋朝廷下令"缘路商税不令放免"。对"海舶擅载外国人入贡者,徒三年,财物没官"⑤。为减少回赐而对外国朝贡实行诸多限制,说明了宋朝对待朝贡的消极态度。宋朝统治者也不像唐朝那样对外国朝贡几乎来者不拒,甚至主动招徕。南宋时,大理献驯象表示臣服,宋统治者也只是好言遣回,无暇领其盛情。

总的来说,宋政府在对待政治外交和海外贸易问题上,一方面在政治外交中采取重北轻南、收缩被动的政策;另一方面,又希望通过海外贸易增加财政收入,积极鼓励贸易发展。两种政策似乎并不十分协调,但在宋朝特殊的历史环境下却并行不悖。宋朝是积贫积弱的一代。在南北对峙中,宋始终处于被动屈辱的地位。一系列的战争留给昏聩无能的宋政府的是接踵而至的不平等条约。这些条约都是以出让政治经济权利为基础的。宋政府为了确保安全,只有尽力增加财政收入,以豢养庞大的军队,把市舶收入作为一大利源。统治者看到了"市舶之利最厚,若措置合宜,所得动以万计","市舶之利,颇助国用"⑥,若"创法讲求",可以"岁获厚利"⑦,而且这些都是额定收入之外的。为了解决财政危机,宋政府放开国门,大力鼓励海外贸易,而且建立了完备的贸易管理制度,制定了一系列鼓励贸易发展的措施。

① (宋)李焘:《续资治通鉴长编》卷八七,大中祥符九年七月庚戌//《宋史要籍汇编》,上海古籍出版社 1986 年版。
② (宋)李焘:《续资治通鉴长编》卷八七,大中祥符九年七月庚戌//《宋史要籍汇编》,上海古籍出版社 1986 年版。
③ (宋)李焘:《续资治通鉴长编》卷八七,大中祥符九年七月庚戌//《宋史要籍汇编》,上海古籍出版社 1986 年版。
④ 《宋会要辑稿·职官》四四之一二。
⑤ (宋)李心传:《建炎以来系年要录》卷二九,建炎三年十一月丙寅。中华书局 1988 年版。
⑥ (宋)李心传:《建炎以来系年要录》卷一一六,绍兴七年闰十月辛酉。中华书局 1988 年版。
⑦ (宋)李焘:《续资治通鉴长编拾补》卷五,熙宁二年九月壬午//《宋史要籍汇编》,上海古籍出版社 1986 年版。

（二）宋朝设立了较为完备的市舶机构

唐代已设市舶使，但市舶使只是临时派遣到贸易港口，协同地方官管理海舶贸易事宜的中官，尚未有专门机构。概述中我们已经谈到这一点。宋代把市舶司制度发展为有完整的管理机构和系统的制度条文的贸易管理体系。宋政府先后在广南、两浙、福建、京东等路设立市舶司、市舶务及市舶场等机构。市舶机构中设有市舶使、市舶判官及管库、杂事等一应官吏。市舶司的职责是"掌蕃货海舶征榷之事，以来远人，通远物"①。具体言之，石文济先生把它概括为八个方面：①贡使的接待与番商的招徕，②番舶入港的检查，③舶货的抽解与博买，④抽博货物的送纳与出售，⑤舶货贩易的管理，⑥华商汛海贸易的管制，⑦海禁的执行与私贩的缉防，⑧番坊的监督与管理②，比较全面地概括了市舶司的职责。另外，在市舶司的职责中还应加入"主持祈风祭海"一条。

宋政府对海外贸易管理的总趋势是逐步由中央与地方共管向主要由中央统管转变。最初在广州设市舶机构时是以同知广州潘美、尹崇珂并任市舶使，通判广州谢处玭为市舶判官，由地方官员兼领市舶事务。宝元元年，市舶司开始从地方政府机构分离出来，市舶使也成为专职，只有少卿监以上的知州才能兼任："知广州任中师言，州有市舶使印，而知州及通判、使臣结衔，并带勾当市舶司事。庚子，诏知州少卿监以上，自今并兼市舶使。市舶置使，自中师始也。"③"市舶置使"并非始设市舶使，而指市舶使脱离地方机构而独立设置。崇宁初又设置专任提举官："崇宁初，三路各置提举市舶官。"④这更加强了中央对市舶事务的控制。对于市舶司权力的逐步集中，《文献通考·提举市舶》说得很清楚："蕃制虽有舶司，多州郡兼领，元丰中始令转运司兼提举，而州郡不复预矣，后专置提举，而转运亦不复预矣。"《宝庆四明志》卷六《市舶》说得更清楚："（市舶司）初以知州为使，通判为判官。既而知州领使如劝农之制，通判兼监而罢判官之名。元丰三年，令转运兼提举。大观元年，专置提举官。"但《宝庆四明志》也说明了大观以后并非由提举官专一管理，市舶管理权仍不断在转运使和市舶提举之间易手，转运司兼领市舶的现象仍时时出现。但是，不论市舶官如何设置，宋代市舶司都已经是一个专门管理海外贸易，而且具有系统职能的独立机构。这一机构和制度的设立使海外贸易成为一个独立的行业，被纳入有序发展的轨道，这是汉唐时期所不能及的。

（三）鼓励民间商人和海外商人的贸易

宋政府出于对海外贸易收入的重视，大力鼓励民间商人和海外商人的贸易。民间商人只要按政府的规定，在指定的地方领取公凭、回舶时按章接受抽解和博买，不往禁区贸易，不贩禁物就是合法的贸易者。贸易成绩显著者还能得到奖励，直至授予相应的官职。外商尤其享有一系列优惠待遇。宋政府每年设宴犒劳外商。外商看在华居住权和贸易权，外商的财产、习俗等方面的权力也受到保护，并有入学、入仕的机会。遇难的外商可以受到宋政府的抚恤和救济。

① 《宋史》卷一六七《职官志七》。
② 石文济：《宋代市舶司的职权》，《宋史研究集》第七辑，中华丛书编审委员会，中国台北，1974。
③ （宋）李焘：《续资治通鉴长编》卷一二二，宝元元年九月丁酉//《宋史要籍汇编》，上海古籍出版社 1986 年版。
④ 《萍洲可谈》卷二。

宋朝的鼓励政策使民间商人,特别是沿海居民纷纷投向海外贸易,海商人数剧增,以致唐中叶以前中外海上贸易主要控制在波斯、阿拉伯等外商手中的局面彻底改变,同时也使政府使节所附带进行的贸易行为显得微不足道了。民间商人的贸易以赢利为直接目的。经济的驱动力促使他们发展贸易规模、扩大贸易范围、开发贸易产品、拓展贸易市场,为贸易的发展注入巨大的活力。海外商人也与中国民间商人一样有着强大的利润驱动力,他们中绝大部分也是民间身份。而封建政府所进行的贸易的经济动机是十分微弱的,由此也使贸易的深入发展受到了限制。民间海商的参与并成为贸易的主力军使海外贸易的局面焕然一新。正是这些为利益而奔波的广大民间商人掀起了宋代海外贸易的高潮。宋代民间海商的兴盛,一方面是宋政府向民间海商开放了贸易的大门,实行鼓励贸易的政策;另一方面,宋政府在外交上的收缩、对朝贡规模的限制,使以朝贡贸易为主的官方贸易相对减少,客观上也把贸易领域更多地留给了民间海商。宋朝海商便在宋代特有的历史机遇中成长壮大起来。

三　海外市场的扩大

宋代经济、技术的持续发展、贸易政策的相对宽松为海外贸易的繁荣提供了必要的基础。宋政府希望发展海外贸易的需求源于特殊的国际环境,同样它能够顺利地推行其贸易政策的可能性也与国际环境密切相关。与宋代海外贸易比较良好的内部条件相得益彰的是贸易的发展还有一个较为安宁和蓬勃向上的国际局势。印度洋及中国海一带自古以来是一个相对独立的贸易体系,中国是这个贸易体系中最强大的政治力量。但中国以儒家文化为指导的外交思想并不崇尚武力扩张,政治上重名轻实,强调的是宗藩关系、华夷名分,经济上奉行厚往薄来、重义轻利的原则,文化上如孔子所说"远人不来,修文德以来之",把以德服人、以华变夷作为最高目标。中国重名轻实、重义轻利的外交思想,超前发展的经济文化发展水平,以及周边国家对中国先进文明的向往,共同形成了相对稳定的国际关系。中国对外政策从来不是穷兵黩武的,而中国最大的贸易伙伴阿拉伯和印度也始终不是用政权和武力支持商人争夺市场和殖民地的。这个贸易体系自产生以来总体上就是和平安宁的。维护这种和平安宁的一个重要的经济基础就是互补性的贸易结构。如我们在上文中说到的,这样的贸易结构十分稳定。由于自然环境和技术条件的差异,双方都缺乏对方的产品,使得商品的比较成本的差距,以及国际价值与国内价值的差距都很大。贸易双方都有利可图。波斯和阿拉伯商人优秀的商业才能和开拓精神更促进了贸易的良性循环。直到15世纪末、16世纪初,西方殖民者东来才彻底破坏了这里的和平安宁、良性循环的贸易环境。

宋代良好的外部环境不仅是相对安宁的,而且此时从东亚、东南亚、印度、阿拉伯直到欧洲都处在经济文化的上升发展时期。这些地区的经济供给能力和消费能力都在普遍提高。而这对于宋朝而言,也正是贸易市场的扩大。马克思指出:"不断扩大的生产需要一个不断扩大的市场。"[1]而"当市场扩大,即交换范围扩大时,生产的规模也就增大,生产也就分得更细"[2]。贸易(交换)行为是联系生产和市场两极的桥梁。只

---

[1]　《马克思恩格斯全集》第26卷(Ⅱ),人民出版社1965年版,第598页。
[2]　《马克思恩格斯全集》第46卷(上),人民出版社1965年版,第37页。

有生产和市场都得到发展,贸易才有坚实的基础。关于市场,马克思认为"市场即流通领域",或"市场是流通领域的总表现,不同于生产领域"。他还说:"寻找市场,也就是寻找买者。""生产劳动的分工,使它们各自的产品互相变成商品,互相成为等价物,使它们互相成为市场。"①由此可知,产品销售地域的扩大、消费者的增加就是市场扩大的表现,而且互为市场的两地经济的发展、用来交换的产品的丰富也是市场扩大的指征。宋代海外贸易直接和间接地扩及欧洲、中东、东非、印度、东南亚等地。在 10—13 世纪的两宋时代,这些国家和地区经济日益发展、交换能力逐步增强、商品需求不断扩大。这都标志着宋朝海外市场的拓展,它有效地刺激了贸易的繁荣。

欧洲在中世纪初期由于蛮族的入侵和诸侯混战的破坏,生产衰退,经济萧条,几乎完全回到自给自足的自然状态,没有大宗商品能与东方进行大规模的贸易。东西方的贸易在这一时期衰落了。亨利·皮朗把欧洲与东方贸易的萎缩归因于阿拉伯势力兴起后控制了地中海南岸,造成了地中海的封闭。② 这显然只触及了片面的因素。欧洲的凋敝局面持续了 5 个世纪,直到"公元十世纪开始的时候,西欧总的说来还是一片洪荒之野……每个聚居地在相当大的程度上是自足和独立的"③。10 世纪以后欧洲出现了经济的复兴。"从十世纪开始欧洲发生了显著变化,人口膨胀了,地区性和地区间的商业恢复起来,新技术开发了。"诺思认为,那"是一个变革的时代……西欧的政治和经济与十世纪比较起来,发生了一个根本性的变化"④,商业也随之重兴。其中的几个显著标志就是城市的兴起、集市的出现、汉萨同盟的产生和地中海、北海两大贸易区的形成。各方面的发展唤起了东西方贸易的复苏。理查德·罗尔指出:"在停滞的黑暗时代,西欧的对外贸易明显地萎缩,此后 11 世纪到 14 世纪中叶,对比之下却是一个在各方面都有所增长的时期。"⑤威尼斯、热那亚、比萨等城市主要经营东西方的中介贸易。法国南部的马赛、蒙伯利尔、那旁和西班牙的巴塞罗那也在一定程度上参与了东西方贸易。此时出现了进行东西方贸易的香料商、绸缎商,"这一阶级专门从事奢侈品、香料、美丽的纺织品、毛皮、制造业所需要的原料品等物的交易"⑥。来自东方的商品主要有"香料、糖和甜酒;药材与颜料;珍珠与宝石;香水与瓷器;丝织与金银;线锦、薄棉纱布与棉布……"⑦通常所谓的"香料贸易"实际上包括了所有东方的商品在内。这些商品"来自最遥远的亚洲:从印度、锡兰、爪哇……最后来自中国,那里的广州是胡椒、生丝、玉器、瓷器的分配中心"⑧。"由阿拉伯、中国和印度商队带来叙利亚香料可以由意大利的船只继续运往西方。"⑨沿海城市的商人又把它们转贩到欧洲各地。例如,在香槟集市上第 1 期 12 天就是出售或交换从东方和西方来的各种纺织品、绸缎等商品。东方的商品成为当时欧洲富人重要的消费品。欧洲市场对东方商品存在"普遍

第二十一章

宋元时期的海外贸易

---

① 《马克思恩格斯全集》第 24 卷,人民出版社 1965 年版,第 281 页;第 49 卷,第 309 页;第 46 卷,第 310 页。
② 〔比〕亨利·皮朗:《中世纪欧洲经济社会史》,乐文译,商务印书馆 1985 年版,第 2—4 页。
③ 〔美〕道格拉斯·诺斯:《西方世界的兴起》,厉以平、蔡磊译,华夏出版社 1999 年版,第 39 页。
④ 〔美〕道格拉斯·诺斯:《西方世界的兴起》,厉以平、蔡磊译,华夏出版社 1999 年版,第 45、48 页。
⑤ 〔意〕卡洛·M·奇波拉:《欧洲经济史》第一卷,徐璇译,商务印书馆 1988 年版,第 218 页。
⑥ 〔法〕布瓦松纳:《中世纪欧洲的生活和劳动》,潘源来译,商务印书馆 1985 年版,第 165 页。
⑦ 〔法〕布瓦松纳:《中世纪欧洲的生活和劳动》,潘源来译,商务印书馆 1985 年版,第 178 页。
⑧ 〔意〕卡洛·M·奇波拉:《欧洲经济史》第一卷,徐璇译,商务印书馆 1988 年版,第 220 页。
⑨ 〔比〕亨利·皮朗:《中世纪欧洲经济社会史》,乐文译,商务印书馆 1985 年版,第 29 页。

的需求"①,以致"无论香料的到达如何迅速、频繁,绝没有缺乏买主的危险"②。从事东方商品的贸易既有厚利可图,又增加了欧洲人对富足的东方的无限向往。

11世纪出现了对东西方贸易产生重要影响的行动——十字军东征。威尼斯、热那亚等把十字军东征视为与拜占庭和阿拉伯争夺东西方贸易垄断权的良机。他们援助十字军,左右其政策。十字军则帮助他们在巴勒斯坦、小亚细亚以及爱琴海诸岛建立海港和商埠。十字军东征使西方大量接触并享用了东方的商品,"养成了新的嗜好,特别喜爱香水、香料、糖果……"③。十字军东征后,阿拉伯人筑起的贸易屏障也不复存在了。希提认为十字军东征的客观结果是"创造了一个新的欧洲市场来销售东方的农产品和工业品",从而也使欧洲的国际贸易达到了罗马时代以来所未有的盛况④。有的学者从这个意义上总结到:"在中古时期最初的五个世纪内受到重要限制的海上商业从十字军的时候起就开始发达了。"⑤到"十三世纪时期,从地中海到波罗的海,从大西洋到俄罗斯,整个欧洲都敞开着国际贸易的大门"⑥。蓬勃发展的海外贸易反过来也对欧洲社会经济产生了深刻的影响,以致亨利·皮朗认为10世纪后欧洲经济复兴"并不只是人口密度增加的结果,在很大程度上还是由于贸易和城市的兴起"⑦。他所说的贸易主要是国际贸易:"中世纪的商业一开始就不是在地方贸易的影响之下,而是在输出贸易的影响之下……远程贸易是推动的力量。"这种"远程贸易"就是以"香料贸易"为主的东西方贸易,它"创造了威尼斯的财富,也创造了地中海西部所有大商埠的财富"⑧,为欧洲经济的巨大变革注入了活力。海外贸易的发展与欧洲11世纪开始的经济变革是相互促进、相得益彰的,也因此使欧洲不断开放,消费需求和消费能力不断上升,成为东方贸易的巨大市场。

在中东,阿拉伯世界于750年建立了阿拔斯王朝,进入最强盛的时代。阿拔斯王朝与宋朝相偕并存了300年,最后都同样被蒙古人的铁蹄踏碎了。在其强盛时期,西到大西洋、东至印度洋,地跨三洲,经济也得到很大的发展,"全国各地荒芜了的田园,衰落了的农村已逐渐恢复和振兴起来。底格里斯河和幼发拉底河的下游是全国最富饶的地区,是传说中的伊甸园的旧社"⑨。阿拔斯统治者为了便于统治及发展同东方的贸易,于762年迁都巴格达。迁都后的第二任哈里发说:"这个地方是一个优良的营地,此外还有底格里斯河使我们和像中国那样辽远的国家发生联系……幼发拉底河要以把叙利亚、拉盖及其四周的物产运给我们。"⑩巴格达成为东西方贸易的最大中心和转输站,"城里有毛织、棉织、珠宝、香水、玻璃等各种手工业"⑪。9世纪以后该帝国战

① 〔意〕卡洛·M·奇波拉:《欧洲经济史》第一卷,徐璇译,商务印刷馆1988年版,第220页。
② 〔比〕亨利·皮朗:《中世纪欧洲经济社会史》,乐文译,商务印刷馆1985年版,第129页。
③ 〔美〕希提:《阿拉伯简史》,马坚译,商务印书馆1973年版,第275页。
④ 〔美〕希提:《阿拉伯简史》,马坚译,商务印书馆1973年版,第275页。
⑤ 〔法〕布瓦松纳:《中世纪欧洲的生活和劳动》,潘源来译,商务印书馆1985年版,第176页。
⑥ 〔比〕亨利·皮朗:《中世纪欧洲经济社会史》,乐文译,上海人民出版社1964年版,第143页。
⑦ 〔比〕亨利·皮朗:《中世纪欧洲经济社会史》,乐文译,上海人民出版社1964年版,第70页。
⑧ 〔比〕亨利·皮朗:《中世纪欧洲经济社会史》,乐文译,上海人民出版社1964年版,第127页。
⑨ 〔美〕希提:《阿拉伯简史》,马坚译,商务印书馆1973年版,第159页。
⑩ 〔美〕希提:《阿拉伯简史》,马坚译,商务印书馆1973年版,第129页。
⑪ 朱寰:《世界中古史》,吉林人民出版社1981年版,第271页。

事不断,很多地区纷纷独立,但两河平原基本上是安定的,国内市场也并未分崩离析。不断发展的经济和阿拉伯人的贸易传统也并未随帝国一起衰落。在宋朝时期,阿拉伯人仍然航行到远东、欧洲和非洲,贩卖东西方货物。巴格达的市场依旧繁荣:"巴格达的码头长好几英里,经常停泊着几百艘各式各样的船舶,其中也有中国的大船……市场上除各省的货物外,还有中国的瓷器和丝绸、印度和马来群岛的香料。"①

埃及在宋朝时期先后兴起了法蒂玛(909—1171 年)和阿尤布(1171—1250 年)两个独立王朝,并发展为伊斯兰世界的中心。11 世纪时埃及工商业发达,是地中海区域最繁华的国家,同地中海地区国家尤其是意大利各城市有着频繁的贸易。这种贸易与西亚的伊斯兰商人所进行的一样,主要是东西方商品的中转贸易。红海岸的爱扎布港是当时最繁华的贸易港。数量浩大的中国瓷器等商品从这里起港,沿着尼罗河转运到埃及各城市。三上次男在其考察报告《陶瓷之路》中说,在爱扎布和法斯塔特,中国瓷器难以数计,显示着令人惊叹的贸易规模。埃及两王朝都十分重视贸易发展。法蒂玛王朝从工商业和贸易中"获得巨大的收入,物质财富丰足,中央权力强大,社会稳定"②。阿尤布王朝的创立者萨拉丁鼓励发展对外贸易,与威尼斯结盟,发展同威尼斯等意大利各城市的贸易关系。埃及与西方贸易的发展从另一角度来说,也是为东方商品开拓市场。

中国海外市场与前代相比的另一个发展就是东非沿海城市的兴起。东非沿岸每年有 12 月的东北季风和 3 月的西南季风,为印度洋上的商队前往非洲提供了条件。7 世纪末到 975 年大批阿拉伯人迁移到东非,其中有帝国政治内斗的失败者,也有起义后的逃亡者。他们在东非建立很多居民点,逐渐发展为城市,有索法拉、基尔瓦、桑给巴尔、奔巴、摩加迪沙等。从 975 年到 1498 年,阿拉伯人城市获得独立发展。这些城市又以基尔瓦为霸主。这一时期通常称为"僧祇帝国"。阿拉伯人带来的先进文明与当地的班图文明相结合,推动了东非海岸的繁荣发展。僧祇帝国的阿拉伯居民"都以出海经商作为营生"③。东非丰饶的象牙、香料等中国和欧洲所缺乏的物产成为商人最理想的贩运品。阿拉伯人对东非沿海的开发为宋朝的贸易创造了新市场。"越来越多的满载货物的船只从中国来到非洲重又回去,从一个港口走到另一个港口,船上货物从一批买卖人手中传到另一批买卖人手中,直到整个广阔的海洋都被一种错综复杂的运输和交换的体系联系起来。"在中世纪东非众多城市的"街道和仓库中到处都有整个东方世界的那种文明的商业活动"④。"中国的绸缎,印度的棉布,中国的大黄、宝石、胡椒、肉豆蔻、生姜、丁香(按:这些商品大部分应是中国商人从东南亚转贩而来),都由海路运到这里。"⑤但运到东非的中国商品最多的还是瓷器,以致《东非史简编》一书作者说,中世纪"中国人也不断来到了非洲沿海,东非海岸上发现的中国陶瓷丰富极了,一位著名的考古学家就说过:'中世纪的东非史可以说是用中国瓷器写成的。'"而中国与东非瓷器贸易鼎盛时期是 10—15 世纪东非城邦的兴盛时期,包括整个宋代在

① 〔美〕希提:《阿拉伯简史》,马坚译,商务印书馆 1973 年版,第 136 页。
② 朱寰:《世界中古史》,吉林人民出版社 1981 年版,第 412 页。
③ 〔英〕佐伊·马什等:《东非史简编》,伍彤之译,上海人民出版社 1974 年版,第 17 页。
④ 〔英〕巴兹尔·戴维逊:《古老非洲的再发现》,屠恺译,三联书店 1973 年版,第 261、264 页。
⑤ 〔英〕佐伊·马什等:《东非史简编》,伍彤之译,上海人民出版社 1974 年版,第 19 页。

内。东非贸易是以与中国的贸易为主体的。戴维逊说:"通过和中国的联系,人们能更清楚地看到非洲和东方国家间贸易的繁荣和持久性。"他在总结宋朝与非洲的贸易时说:"宋瓷的大量出口可以找到几方面的原因。中国的制瓷业这时已有了巨大的发展。非洲的贸易部分是由于伊斯兰教阿拉伯人的开拓,部分是由于非洲社会本身的发展,部分由于中国航海业的发展而迅速发展起来。"①东非的象牙、香料和中国的丝绸、瓷器正如马克思所说的互为市场,双方贸易的增长起到了互相促进的作用。

在印度南端,9世纪中叶帕拉瓦王国衰落后,朱罗王国代之而起,直到13世纪它仍是印度次大陆南方的大国。朱罗经济文化都得到很大发展。塔帕尔把这一时期称为"蒸蒸日上"时期。朱罗王朝统治者十分重视海外贸易,"远洋贸易是朱罗人的实力所在"②。罗阇罗阇一世(985—1014年)父子曾征讨其罗、锡兰和潘地亚三者的联盟,想要粉碎这些国家的贸易垄断。"十世纪中国与南印度之间的贸易兴旺发展"③。为了使与中国的贸易不受侵扰,朱罗又对三佛齐进行远征,一度占领了马六甲海峡的很多战略要地,以确保"印度的船只和商业往来在通过室利佛逝(即三佛奇)境内的航道上是安全的"④。"在这几个世纪中(900—1030年)与中国的贸易达到了史无前例的数量,这导致了朱罗贸易在中国成为国家专利。"⑤中国的史籍中记载当时印度南部沿海与中国有频繁贸易关系的国家有注辇(即朱罗)、故临、南毗。宋朝在这些地区还设有贸易据点。"12世纪,随着宋朝的扩张(按:应为随着宋朝贸易的扩大),中国人在印度南部的一些贸易点中占有稳定的地位。"⑥

东南亚地区各国在这一时期也处于蓬勃发展阶段,生产和交换水平都大为提高。三佛齐进入了他的强盛时期,控制了马六甲海峡两岸,有蓬丰、单马令等14个属国。三佛齐强令东西往来的商船都到其国住泊,目的是垄断东西方贸易,因而招致注辇(朱罗)的远征,削减了三佛齐的贸易垄断权。但三佛齐在东南亚的地位在经受了远征的打击后又很快恢复了。

阇婆国是东南亚地区又一个强国。《岭外代答》卷三"航海外夷"说:"堵蕃国之富盛多宝货者,莫如大食,其次阇婆、其次三佛齐国、其次乃诸国耳。""公元929年至1222年是爪哇文化发展史上的极为重要时期之一。""这个时期也是整个印度尼西亚商业大发展的时期。"⑦阇婆曾与三佛齐争夺贸易垄断权,但后来两国联姻,成为东南亚地区并重的两大贸易中心。

此时的柬埔寨处于其历史上最辉煌的时代——吴哥王朝时期(802—1431年)。12—13世纪尤为吴哥王朝的极盛期。举世闻名的吴哥窟就修造于此时。吴哥王朝统治者采取兴修水利、发展交通的政策,使本国经济得以繁荣。

与柬埔寨相邻的越南此时正是摆脱了中国封建王朝的控制得到独立,封建制度逐

---

① 〔英〕佐伊·马什等:《东非史简编》,伍彤之译,上海人民出版社1974年版,第9页。
② 〔英〕巴兹尔·戴维逊:《古老非洲的再发现》,屠佶译,三联书店1973年版,第265、275页。
③ 〔印〕R·塔帕尔:《印度古代文明》,林太译,浙江人民出版社1990年版,第202页。
④ 〔印〕R·塔帕尔:《印度古代文明》,林太译,浙江人民出版社1990年版,第201页。
⑤ 〔印〕R·塔帕尔:《印度古代文明》,林太译,浙江人民出版社1990年版,第202页。
⑥ 〔印〕R·塔帕尔:《印度古代文明》,林太译,浙江人民出版社1990年版,第202页。
⑦ 〔英〕巴兹尔·戴维逊:《古老非洲的再发现》,屠佶译,三联书店1973年版,第273页。

步发展,经济大力增长的时期。李朝、陈朝都先后采取一系列鼓励生产的措施,使农业、手工业、矿冶业都迅速发展,贸易也随之兴旺。"中国和东南亚各国的商船经常停泊在云屯及其他港口进行贸易。"①交趾来中国贸易的记载也频见于我国的史籍,处于越南南部的占城也是中国的主要贸易对象之一。

田汝康先生对宋代东南亚的繁荣作过如下的总体描述:"在柬埔寨吴哥城与吴哥寺建造的时期,到阇耶跋摩七世统治时期,吉蔑帝国的兴盛到了顶点。在缅甸是蒲甘王朝的兴起,缅甸第一次获得统一,政治、经济、文化都显现出空前的繁荣。在爪哇是从爱尔朗卡到谏义里和新柯沙里王国的时期,爪哇也另一次重新获得统一。苏门答腊尽管这时期遭受注辇的骚扰,但在中国与甫海及阿拉伯国家贸易深入发展的推动下,经济也重新复苏,并有了进一步的发展。"②东南亚国家贸易传统悠久,与中国距离相近,其繁荣发展为两地贸易的扩大提供了基础。宋代,东南亚本地商人也逐渐兴起,成为对华贸易的一支重要力量。

东亚的高丽和日本自10世纪开始都有了空前发展。高丽于936年重新统一半岛,在新罗的基础上继续发展经济,实行了田柴科制度和中央集权体制,成为朝鲜历史上的盛世。日本在大化革新后也有了长足进步;特别是1185年源氏掌权,大力鼓励中日贸易,使中日贸易出现了兴旺的局面。

宋朝时期欧、亚、非各洲与中国有贸易关系的国家和地区基本上都处在经济上蓬勃发展、政治上相对稳定的时期,贸易能力和贸易需求都远甚前代,为宋朝海外贸易提供了稳固而广阔的市场。虽然影响中国古代海外贸易的最重要的是国内因素,特别是封建政府的贸易政策,但是贸易与市场不可分割,而且建立在自给自足的自然经济基础上的封建王朝的贸易政策也是十分脆弱的,来自海外的任何威胁都可能导致封建王朝贸易政策向封闭的方向逆转。明清禁海及限口通商的贸易政策产生的主要原因之一就是存在着来自海上的本国对抗势力和西方殖民势力的威胁。对于在外交上采取收缩、被动政策的宋政府来说,如果海上面临较大的威胁,势必不会实行积极鼓励海外贸易的政策。幸运的是,来自于这两方面的威胁在宋朝都不存在。实际上,宋初曾经禁止商人到日本、大食、高丽等国贸易,担心这些国家乘贸易之机窥视中国,后来发现日本、大食皆远离中国,对自己并无威胁,才解除禁令。宋政府还出于对辽金的防御需要,多次颁布商人往北方贸易的禁令,并先后关闭登州港、密州港和杭州港。此举已经充分说明了宋政府贸易政策脆弱的一面。所以,对于有发展海外贸易要求和行为的宋朝,良好的国际环境是海外贸易繁荣发展不能忽视和必不可少的条件。

第二节　宋代海外贸易的兴盛①

宋代是中国古代海外贸易得到较大发展的时期,它与元代并处于中国古代海外贸

---

① 〔英〕D・G・E・霍尔:《东南亚史》,赵嘉文译注,云南省社科院历史研究所1979年,第109、115页。

② 田汝康:《中国帆船贸易和对外关系史论集》,浙江人民出版社1987年版,第167页。

① 本节引见黄纯艳:《宋代海外贸易》,社会科学文献出版社2003年版,第18—61页。

易发展历史曲线的最高段。宋代海外贸易较之于前代在很多方面都有显著增长，海外贸易港口有了很大发展，进出口规模扩大，贸易范围拓展。宋代海外贸易的发展在某些方面甚至为明清所不及。

一　宋代贸易港的发展

宋代贸易港的区域分布、数量、繁荣程度和管理制度都超过前代。

唐代主要贸易港有交州、广州、泉州、扬州等四大港。而宋代北自京东路，南至海南岛，港口已十数，数量有明显增长。这些港口不再是零星的点状分布，而是受区域经济和贸易状况的影响，大致可以分为广南、福建、两浙三个相对而言自成体系的区域，各区域中港口大小并存、主次分明、相互补充，形成多层次结构。此外，京东路的登州、密州港的贸易一度也有所发展，但存在的时间较短，规模也远逊于闽浙等路。

两浙路先后兴起的港口有杭州、明州、温州、青龙镇、江阴军、上海镇、澉浦镇等，镇江也有番舶往来。其中，杭州和明州居于主导地位。温州、青龙镇等居于辅助港的地位。澉浦镇则是杭州的附属港。杭州港是两浙路最早的贸易中心，地处海路交通与运河航运的枢纽，贸易条件十分便利，是仅次于广州的宋代较早市舶司的贸易港。对于杭州置司的具体年份，史籍中没有明确记载，言及杭州市舶司的最早时间是端拱二年。该年五月诏："自旅出海外蕃国贩易者须于两浙市舶司陈牒，请官给券以行，没入其宝货。"①这说明至迟在端拱二年两浙路市舶司已经存在了。日本学者藤田丰八认为，宋太宗雍熙二年颁布了禁令，到端拱二年解除禁令后始设两浙市舶司。因此他提出："两浙创设市舶司的年代或者庶几近于事实罢。"②宋太宗对海外贸易是持积极鼓励态度的。雍熙四年，他"遣内侍八人赍敕书金帛，分四纲各往海南诸蕃，勾招进奉，博买香药、犀牙、真珠、龙脑"③。该年还诏令："两浙漳泉等州自来贩舶商旅，藏隐违禁香药犀牙，惧罪未敢将出。与限陈首官场收买。"④"违禁香药"是指太平兴国七年所定若干种政府专卖的进口品。这说明雍熙四年及此前闽浙一带海外贸易并未中辍。因而，雍熙二年的禁海贾令只是禁止前往辽界的贸易。雍熙二年正值宋太宗雍熙北伐前夕，为防止军机泄露，颁布这样的禁令是完全可能的。藤田丰八以雍熙禁海贾而断言此时无市舶司至少其依据是错误的。有的学者认为端拱二年五月令是将全国的贸易集中于杭州管理。⑤ 如果此说能确立，杭州市舶司此前应已经建立并较为完备了。但端拱二年至少也可以视为杭州设司的下限，设立了市舶司的杭州港便取得了发放贸易公凭的权力。《元丰市舶条法》规定："诸非杭、明、广州而辄发过南海船舶者，以违制论。"⑥可见，杭州港位居全国三大港之列，地位十分重要。但北宋后期，特别是南宋时期其贸易中心地位渐让与明州。

---

① （清）徐松：《宋会要辑稿·职官》四四之二，北平图书馆影印，1936 年版。

② 〔日〕藤田丰八：《宋代市舶司与市舶条例》，魏重庆译，商务印书馆 1936 年版，第 37 页。

③ 《宋会要辑稿·职官》四四之一。

④ 《宋会要辑稿·食货》三六之三。

⑤ 章深：《北宋"元丰市舶条"试析》，《广东社会科学》1995 年第 5 期。

⑥ （宋）苏轼：《苏东坡全集》卷五八《乞禁商旅过外国状》，《四库全书》本。

明州设市舶司稍晚于杭州。淳化三年两浙市舶司移至明州定海县,次年又移回杭州①。"咸平二年,杭、明各置务。"②明州设市舶司后,贸易地位上升很快,元丰三年以后成为发放前往高丽、日本贸易公凭的唯一合法港口。元丰三年规定:"诸非广州市舶司辄发过南蕃纲舶,非明州市舶司而发过日本、高丽者,以违制论,不以赦,降去官原减。"③南宋初,明州遭受战乱,贸易一度萎缩,但不久即得恢复,而且贸易地位进一步提高,来两浙路贸易的海外番舶主要集聚于明州,以致驻于华亭的两浙路市舶司官员常年在明州视事。华亭市舶司名存实亡,于乾道二年撤出。庆元元年后,两浙路其他各港的市舶机构都已撤销,只有明州一处尚有市舶司,"凡中国之贾高丽,与日本诸蕃之至中国者惟庆元得受而遣焉"④。明州两浙诸港中稳固占据鳌头地位,誉称"东南之要会"⑤。

青龙镇、温州、江阴军、澉浦等港地位次于明州和杭州。在市舶机构的设置上,也只设市舶司的下属机构市舶务和市舶场,但贸易仍然比较活跃。青龙镇"南通漕渠,下达松江,舟舶去来,实为冲要"⑥,"据沪渎之口,岛夷、闽越、交广之途所自出……海舶辐辏,风樯浪楫,朝夕上下,富商巨贾、豪宗右族之所会,人曰小杭州"⑦,商税远远超过华亭县镇。因为贸易的发展,青龙镇一度改名为通惠镇。政和三年,"于秀州华亭县兴置市舶务"⑧,实际就是管理青龙镇的贸易;建炎四年又"将秀州华亭市舶务移就通惠镇",两浙市舶司也移住华亭。⑨ 这充分体现了青龙镇贸易地位的重要。但随着明州港地位的上升和吴淞江的日益阻塞,青龙镇逐步失去了贸易重镇的地位。青龙镇衰落后,吴淞江下游又兴起了上海镇、江湾镇,长江口南岸则有黄姚镇。在青龙镇贸易繁盛时,"商贾舟船多是稍入吴淞江,取江湾浦入秀州青龙镇。其江湾正系商贾经由冲要之地"。由于屡有商人不到青龙镇,而在江湾镇贩易,宋政府又在江湾置场收税。⑩ 上海地处吴淞江口,《松江府志胜》称其"人烟浩穰,商舶辐辏,遂成大市,宋即其地立提举市舶司及榷货场,曰上海镇"。弘治《上海志》也说:"宋时蕃商辐辏,乃以镇名,市舶提举司及榷货场在焉。"弘治《上海志》卷七记载董楷事迹说:"咸淳中提举松江府市舶,分司上海镇。"至迟在咸淳年间,上海已经设立市舶机构。《宋会要辑稿·食货》称,黄姚镇也是"二广福建温台明越等郡大商海舶辐辏之地……每月南货关税动以万计"。温州山硗地僻,但永嘉江流域盛产瓷器,通过温州出口,而且温州上通杭州,下联泉州,并可直通海外,交通便利。宋人杨蟠称温州"一片繁华海上头,从来唤作小杭州"⑪。绍兴元年,温州设市舶务,江阴也有海舶往来。王安石的诗中写道:"黄田港北水如天,万里

---

① (宋)周淙撰《乾道临安志》卷二《廨舍》,"宋元方志丛刊",中华书局1990年影印本。
② (宋)罗濬等撰《宝庆四明志》卷六《市舶》文中"务"为"司"之误,《宋会要辑稿》云:"咸平中,又命杭州各置司,听蕃客从便。"见《宋元方志丛刊》,中华书局1990年影印本。
③ 《苏东坡全集》卷八《乞禁商旅过外国状》。
④ 《宝庆四明志》卷六《市舶》。
⑤ (明)黄润玉:《宁波府简要志》。
⑥ (宋)杨潜:《云间志》卷下,"宋元方志丛刊",中华书局1990年影印本。
⑦ 《上海志》卷二。
⑧ 《宋会要辑稿·职官》四四之一一。
⑨ 《宋会要辑稿·职官》四四之一三、《宋会要辑稿·职官》四四之一四。
⑩ 《宋会要辑稿·食货》一七之三六。
⑪ 《永嘉县志》卷三《文艺》,清光绪八年温州维新书局古书流通处刻本。

风樯看贾船。海外珠犀常入市,人间鱼蟹不论钱。"①绍兴十五年,"江阴军依温州例置市舶务,以见任官一员兼管"②。钱塘江口的澉浦港兴起于南宋,一直作为杭州的附属港而存在。宋朝统治者顾虑大量商船直接入杭州,对都城的安全不利,同时也因为浙江口"水面阔远,风涛可畏,加以沙涨无定日","江水之险,无如钱塘","渡舟屡有覆溺"③,载重海船进港艰难,于是在澉浦设港,招徕商舶。杭州的市舶务兴衰与澉浦港休戚相关,因而"光宗皇帝嗣服之初(绍熙元年),禁贾舶至澉浦,则杭务废"④。但是,作为消费中心的杭州对舶货的需求是巨大的,澉浦的贸易也难以禁绝。淳祐六年,澉浦又"创市舶官,(淳祐)十年置(市舶)场"⑤。此外,浙东地区的台州也有海外贸易活动,日本的商人曾经在此大量收购铜钱,使"台城一日之间忽绝无一文小钱在市行用"⑥;镇江府也是贸易港口。建炎三年臣僚言:"自来闽广客船并海南藩船转海至镇江府至多","商贾盛集,百货阜通"⑦。

福建路海外贸易诸港口中,居于主导地位的是泉州港。泉州在行政上只是一个州治,但因其港口条件优良,"其地濒海,远连二广,川逼滇渤",交通便达而被称为"闽粤领袖"⑧,唐代五代时期贸易已比较繁荣,入宋以后进一步发展。太平兴国年间实行进口品专卖的诏令中曾提到泉州的贸易:"诸蕃国香药、宝货至广州、交趾、泉州、两浙,非出官库者不得私相市易。"⑨这说明宋初泉州的贸易仍在发展。北宋中叶泉州已是"蕃舶之饶,杂货山积"的繁华海港。⑩为适应日益发展的海外贸易,元祐二年泉州设置了市舶司,总领福建一路海外贸易,泉州很快成为贸易港中的后起之秀,南宋时已能与广州港相埒并逐渐胜而过之,成为全国最大的贸易港。

泉州市舶司在福建的地位非同一般,不仅统一管理福建路海外贸易的征榷、营销,而且对沿海地方官有监督之权。到达福建的海舶,"征榷之后……召保经舶司陈状,疏其名件,给据付之",才"许令就福建路州军兴贩"⑪。福建路"沿海令佐、巡尉批书内,添人本地分内无透漏市舶物货一项",经市舶司"保明,方得批书"⑫。南宋建炎二年,福建发生叶浓之乱,茶事机构废弛,泉州市舶司又一度兼理福建茶事。泉州之下有福州和漳州两港。福州是福建路的政治中心,"乃七闽之冠,衣冠之盛甲于东南。工商之饶,利尽山海"⑬。时人形容其贸易的盛况:"百货随潮船入市,万家沽酒户垂帘","海舶千艘浪,潮田万顷秋。"⑭漳州在北宋初已有海商活动。太平兴国七年诏令中有"今

---

① (宋)王安石:《临川文集》卷二三《予求守江阴未得酬昌叔忆江阴见及之作》,《四库全书》本。
② 《宋会要辑稿·职官》四四之二五。
③ (宋)楼钥:《攻媿集》卷二十《论浙江渡船》,《四部丛刊》本。
④ 《宝庆四明志》卷六《市舶》。
⑤ (宋)常棠:《绍定澉水志》,"宋元方志丛刊",中华书局1990年影印本。
⑥ (宋)包恢:《敝帚稿略》卷一《乞复钱禁疏》,《四库全书》。
⑦ 《宋会要辑稿·食货》五十之一一。
⑧ (宋)祝穆:《方舆胜览》卷一二《泉州》,《四库全书》本。
⑨ 《宋会要辑稿·职官》四四之一。
⑩ 《宋史》卷三三〇《杜纯传》,中华书局点校本。
⑪ 《宋会要辑稿·职官》四四之三〇。
⑫ 《宋会要辑稿·职官》四四之二四。
⑬ (宋)苏辙:《栾城集》卷三〇《林积知福州》,《四部丛刊》本。
⑭ (宋)王象之:《舆地纪胜》卷一二八《福建路·福州》,清咸丰五年南海伍氏粤雅堂刊本。

以下项香药止禁榷广南漳泉等州"①语,说明漳州的贸易已有一定发展。南宋漳州仍有番舶往来,真德秀的奏文中说道:"泉、漳一带,盗贼屏息,蕃舶通行。"②福州、漳州两港都未设市舶机构,但它们使日益增多的贸易海舶得以合理分流,也使福建贸易资源得到更好利用,成为了泉州港的有力补充。比福州、漳州规模更小的还有泉州周围的石井港、后渚港。石井港北宋时已有"客舟至海到者,州遣吏榷税于此"③;南宋进一步发展,绍兴年间修建了长达八百丈的跨海石桥,是当时全国最长的桥梁,极大地方便了中外商人的贸易活动和泉州进出口物资的转运。后渚港是到泉州贸易的中外商人的主要交易之所。此外,钟门、海口也有番舶往来:"常有船舶到钟门、海口,其郡县官员多告人将物金银博易真珠犀象香药等。"④

广南沿海主要有广州、潮州、钦州、琼州等港,其中广州港占主导地位。广州港是全国最早设立市舶司的港口。宋在收复南汉的当年——开宝四年即在广州设市舶司,"命同知广州潘美、伊崇珂并兼市舶使,通判谢处砒兼市舶判官"⑤。在北宋及南宋的很长一段时期内,广州港一直执海外贸易之牛耳,岁入曾居全国市舶总收入的十分之八九,是广南唯一可以办理贸易公凭的港口。泉州设立市舶司以前,海舶贸易也需到广州办理公凭,接受抽解。在宋初的杭州、明州、广州三个市舶司中,广州地位也最高。《宋史·食货志下八》载,任广州知州的程师孟甚至建议"罢杭、明州市舶,诸舶皆隶广州一司"。其议虽未行,但说明了广州市舶司的重要。钦州等港地位低于广州。钦州港与交趾近便,有特殊的地理优势,贸易有较大发展。据《岭外代答》卷五《钦州博易场》记载,每年都有交趾商人来钦州贸易,而且规模很大,"每博易动数千缗"。如洪镇也是对交趾贸易的港口,真宗时曾定为与交趾贸易的法定港口,交趾"止令互市于广州及如洪镇"⑥,贸易的管理权仍然高度集中。元丰三年市舶条法规定,发放往南海诸国贸易引凭之权集中于广州,发放往日本、朝鲜贸易引凭的权力集中于明州。泉州设市舶司以前,商船出海与回舶也必须到广州办理公凭及接受抽解。钦州等港则更是如此。《续资治通鉴长编》卷三三一"元丰五年十二月丁卯"条载,广西的官员曾建议,免除商舶绕行至广州请引的手续,因"(雷、化等州)下广州约五千里,请引不便,欲乞广西沿海一带州县如土人、客人以船载米谷牛酒黄鱼及非市舶司抽解之物,并依旧不下广州请引。诏孙迥相度于市舶法有无妨碍,既而不行"。此建议没有得到批准。潮州是粤东的重要港口。宋代韩江流域是瓷器生产中心。韩江东岸的笔架山当时号为"百窑村"。韩江瓷器主要供给出口。据黄挺、杜经国的研究,韩江下游的风岭港自北宋前期已经成为商贸港。潮州港航道淤塞后风岭港更为重要。⑦ 潮州及附属于它的风岭港使粤东一带的物产,特别是韩江流域的陶瓷可以直接出海。钦州港有如洪寨为附属港,潮州港有风岭港为辅助,成为广州港辐射力较弱的粤东、广西地区海外贸易的良好补充。

① 《宋会要辑稿·职官》四四之二。
② (宋)真德秀:《西山文集》卷八《泉州申枢密院乞推海盗赏状》,《四库全书》。
③ 《晋江县志》卷二《城池》。
④ 《宋会要辑稿·职官》四四之五。
⑤ (元)马端临:《文献通考》卷六二《提举市舶》,清光绪二十八年上海鸿宝书局。
⑥ 《宋会要辑稿·食货》三八之二九。
⑦ 黄挺、杜经国:《潮汕古代贸易港口研究》,《潮学研究》第一辑,汕头大学出版社1994年版,第53—68页。

海南岛控扼南海航道咽喉,往来贸易和驻泊的海船颇多。岛内四周都有停泊港:琼州有神应港,琼州所属琼山、澄迈、临高、文昌、乐会等都有市舶抽税的地方,万安军、吉阳军等地也有海商集散之处①。曾有官员奏请在琼州设市舶机构,宋朝廷没有应允,原因就是海舶会聚广州更有利于管理和抽税,所以元丰市舶条法规定前往海南岛的商船也必须向广州市舶司领取公凭,但海南诸港对广州港仍有不可缺少的辅助作用。楼钥曾说,往来的商船"琉球大食更天表,舶交海上俱朝宗。势须至此少休息,乘风往集蕃禺东。不然舶政不可为,两地虽远休戚同"②。可以说,两广路外贸港以广州为中心,钦州、潮州为两翼,琼州诸港为门户,把广南沿海地区都纳入到贸易体系之中。

广、闽、浙三路港口层次分明,地理分布合理,尤以两浙为典型。三路分别有在本路贸易中居主导地位的港口,它们在贸易中发挥中坚作用。其他诸港既在客观上是辅助港,又独立进行贸易活动。辅助港之下还有规模较小的附属港。与这种结构上的多层次相适应的是市舶机构从市舶司、市舶务到市舶场的多层次设置,如南宋的两浙路,明州有市舶司,温州、杭州、秀州青龙镇(后移至上海)、江阴军等则设市舶务,澉浦设市舶场。也有的港口不设置贸易机构。闽、广除泉州、广州设市舶司外,其他各港都不设市舶机构。这种多层次的结构在两浙表现得最为明显。两浙路经济最发达,贸易港的数量最多,分布最密集,机构设置也最完备,先后在杭州、明州、秀州、温州、江阴五处设立市舶机构。福建、广南港口数量、机构设置又依次稍逊。这种状况既是由各地交通、物产、市场等条件的差异对进口商品的消化和出口商品的供给能力决定的自然格局,也有宋政府政治干预的因素。明州、密州市舶司都受到政府的强烈干预。南宋宁宗更化之后,废掉江阴、秀州、温州的市舶务,对贸易发展都造成了不利的影响。所以,宋代贸易港的兴衰不仅决定于经济、交通等自然条件的限制,而且受到政府政策的调控。宋政府还把对港口的控制作为管理海外贸易的重要内容,干预和调整港口布局,根据形势需要关闭或扶持某些港口,或用行政手段调整贸易港的地位。

二　宋代贸易范围的扩大

据《汉书·地理志》记载,在汉代,印度东南部及斯里兰卡一带已与中国有贸易往来。唐代到波斯湾沿岸已经有了稳定的航线。贾耽著录的《广州通海夷道》记载了这条航线:"广州东南海行……又北四日行至师子国。其北海岸距南天竺大岸百里,又西四日行,经没来国,南天竺之最南境。又西北经十余小国,至婆罗门西境……又西一日行,至乌剌国(巴士拉以东之奥布兰),乃大食国之弗利剌河(即幼发拉底河),南入于海,小舟溯流二日至末罗国(巴士拉),大食重镇也。又西北陆行千里,至茂门王所都缚达城(巴格达)……"③这说明直接贸易的范围进一步扩大了,但主要仍是巴格达经印度、马六甲至广州航线以北地区。

宋代的贸易范围又大大超过了唐代。由于造船技术的进步和航道的改善,中国的船只不必在印度转换小船,而可从印度南端直航波斯湾。这一时期,中国商船还开始

---

① (宋)赵汝适:《诸蕃志》卷下,冯承钧校注。
② 《攻媿集》卷三《送万耕道帅琼管》。
③ (宋)欧阳修:《新唐书》卷四三下《地理志》,中华书局点校本。

了向阿拉伯海西岸及更广范围的贸易航行,与红海沿岸及非洲东海岸也展开了直接贸易。与宋政府有贸易往来的国家大为增加。据宋人的著述,如《岭外代答》《云麓漫钞》《诸蕃志》等书的记录,与中国有贸易往来的国家和地区至少在 60 个以上。《诸蕃志》一书著录最详,书中介绍了 50 多个国家和地区的情况,列举其名而未加介绍的又不下 20 个(参见表 21-1)。赵汝适对很多国家的风情、物产、贸易状况、距中国的道里远近等都作了较为具体的介绍,说明这些国家和地区与宋朝贸易关系的密切。

表 21-1　唐宋海外贸易国家和地区比较表①

区　域	唐	宋	与今地名对照
东亚地区	新　罗 百　济 高句丽	高　丽	朝鲜半岛
	倭　目 毛人夷直	倭	日　本
东南亚地区	林　邑	占　城	越南中部
		交　趾	越南北部
	奔陀浪	宾瞳龙	越南藩朗
	门毒国		越南归仁
	古笪国		越南芽庄
	环王国		越　南
	真　腊	真　腊	柬埔寨
		扶　南	
		三　屿	菲律宾群岛
		麻　逸	民都洛岛
		加麻延	卡拉棉群岛
		巴姥酉	巴拉望岛
		巴吉弄	布桑加岛
		白蒲延	巴布廷群岛
		蒲里喽	马尼拉
		罗　斛	泰国南部
	罗越国		马来亚南部
	佛逝国	三佛齐	苏门答腊
	葛葛僧祇		不罗华尔岛
	筒罗国		马来亚吉打
	哥谷罗国		泰国拉廊府
		单马令	马来半岛中部

823

823

第二十一章

宋元时期的海外贸易

① 本表制作主要参考了孙光圻《中国古代航海史》、孙光耀《中国古代对外贸易史》、《诸蕃志》、《岭外代答》等书,贸易区域的划分主要依据不同时期贸易发展的特点。

区 域	唐	宋	与今地名对照
东南亚地区	郎加戍	浔 番	马来半岛北部
		凌牙斯	马来半岛北大年
		吉兰丹	马来半岛南部
		登牙侬	马来半岛南部
		蓬 丰	马来半岛南部
		佛罗安	巴生湛
		麻罗奴	马来亚南部
		上下竺	马来亚东南
	诃 陵	阇婆	爪哇
		苏吉丹	爪哇中部
		新 拖	爪哇西部
		打 板	爪哇东部
		戎牙路	爪哇泗水
		麻 篱	巴厘岛
		底 勿	帝汶岛
		莆加龙	爪哇中部
		渤 泥	加里曼丹岛南部
		丹戎武罗	加里曼丹岛南部
		兰无里	苏门答腊西北角
		凌牙门	印加岛
		南海波斯	丹老群岛
	婆露国		印尼婆罗斯
南亚地区	伽兰洲	曼陀蛮	尼科巴群岛
	鹏茄罗	孟加拉	
		天 竺	印 度
		注辇国	印度东南岸
		南毗国	马拉巴海岸
		冯牙罗	印度西南部
		麻罗华	印度中部
		甘琶逸	印度西坎培
		胡荣辣	印度西部
	没来国	故 临	印度奎隆
	拔帆国		印度布罗奇
		麻罗拔	印度马拉巴
	师子国	细 兰	斯里兰卡
		南尼华罗	印度松纳特
	提帆国		卡拉奇东部

（续表）

区　域	唐	宋	与今地名对照
南亚地区	提罗卢和		伊朗阿巴丹
		木俱兰	英克兰
	乌剌国	勿　拔	布　兰
	末罗国	弼斯罗	巴士拉
	缚达城	白　达	巴格达
	波　斯	波　斯	伊　朗
		伊　禄	伊拉克
		记　斯	波斯湾奎斯
		白　莲	巴　林
		瓮　蛮	阿　曼
		大　秦	叙利亚一带
		思　莲	叙利亚
		甘　眉	伊朗东南部
		积　吉	伊朗设拉子
红海周围及东非沿海地区		麻　嘉	麦　加
		勿斯里	埃　及
		遏根陀	亚历山大
		陆盘地	埃及达米塔
		麻离拔	阿拉伯半岛南部
		麻罗拔	埃及开罗
		眉路骨淳	泛指北非
		木兰皮	摩洛哥
		吡喏耶	突尼斯
		默加猎	非洲西北部
		伽力吉	埃塞俄比亚海岸
		中　理	索马里南部海岸
		昆仑层期	坦噶尼喀海岸
		弼琶罗	索马里摩加迪沙
		层　拨	桑给巴尔

　　通过上表可以清楚地看到，宋代中国与东南亚海岛地区、印度西海岸、红海和东非海岸等的贸易往来有明显增长。关于宋朝海商在东南亚地区、印度、波斯湾和红海周围等地的贸易活动，有关史籍记载甚详，学术界在这方面也没有大的歧义。而宋朝海商在东非的活动却一直存在不同的看法。《古老非洲的再发现》一书的作者巴兹尔·戴维逊虽然肯定了"十二世纪前后，中国船就技术上来讲，已经能够航行到任何船只所

能到达的地方去了"①,而且也认为非洲的贸易"部分由中国航海业的发展而迅速发展起来了"②,但依然坚持说:"直到十五世纪,著名的海军将领郑和才在东非拢岸","中国人在早年看来并没有越过印度洋的东部海面,尽管他们的船只和装备有可能把他们带到更为遥远的地方去。"③而研究非洲史的学者佐伊·马什和金斯诺思则认为"到了中世纪初,中国人也不断来到非洲沿海"④。罗威在《东非史》、皮尔斯在《桑给巴尔》书中,都认为宋代中国商船已到达东非沿岸。中国学者马文宽、孟凡人在《中国古瓷在非洲的发现》一书中也认为"东非不但与宋朝有密切的经济关系,而且政治关系也有所发展"⑤,并引用了艾德里西著于 1154 年的《地理志》的记述:"中国人每遇到国内骚乱,或者由于印度局势动荡,战乱不止,影响商业往来,便转到桑奈建(桑给巴尔)及其所属岛屿进行贸易。"艾德里西作为生活在 12 世纪的人,其记述当然是最直接的证据。非洲盛产象牙、香料,都是中国市场畅销的大宗商品,对远航的宋商有着强烈的诱惑。非洲发现的大量宋瓷和部分宋钱也说明中国商品在当地是很受欢迎的。宋朝的航海和造船技术为实现两地交换的需求提供了良好的保障。宋代中国商人与东非沿岸地区有了政治经济的直接交往的观点是能够成立的;至少东非已经是宋朝海外贸易的市场范围,这一点是毋庸置疑的。

三　宋代贸易规模的增长

宋代海外贸易规模的扩大,可以从进出口商品数量和种类的增加、贸易额的增长两个方面来看。

(一)进出口商品数量和种类的增加

宋代进出口商品的结构与汉唐时期相比并没有显著的变化,即进口品以资源性商品为主,出口品以手工业品为主,但贸易的规模和商品的种类有了很大增长:大宗商品的种类增加,并发生了某些变化。汉唐的出口商品以丝绸为最大宗,其他商品都比较有限。宋代丝绸仍是大宗出口商品,但其地位已经逊于瓷器,而且铜钱、书籍等商品的出口也大大增加。宋代的出口品主要有以下几类,见表 21-2。

表 21-2　宋代主要出口商品简表

类　　别	品　　名
手工业制品	瓷器、陶器、纺绸、布帛、书籍、漆器等
金属制品	铜器、铜钱、金银、铅、锚等
工艺品	玩具、乐器、伞、梳、扇等
农副产品	糖、酒、果脯、米、盐、药材等

---

① 〔英〕巴兹尔·戴维逊:《古老非洲的再发现》,屠佶译,三联书店 1973 年版,第 271 页。
② 〔英〕巴兹尔·戴维逊:《古老非洲的再发现》,屠佶译,三联书店 1973 年版,第 275 页。
③ 〔英〕巴兹尔·戴维逊:《古老非洲的再发现》,屠佶译,三联书店 1973 年版,第 271—272 页。
④ 〔英〕佐伊·马什等:《东非史简编》,伍彤之译,上海人民出版社 1974 年版,第 9 页。
⑤ 马文宽、孟凡人:《中国古瓷在非洲的发现》,紫禁城出版社 1987 年版,第 108 页。

对于其他商品，我们在探讨海外贸易与东南沿海地区社会经济的关系时再加论述，这里仅对最能反映宋代出口规模增长的两种商品——瓷器、铜钱作一考察。

1. 瓷器的外销

第一，瓷器外销的范围。

自汉代开始我国的出口商品都以丝绸为最大宗。6世纪中期拜占庭学到了养蚕织丝技术。G. F.赫德逊在《欧洲与中国》中将其称为"使整个欧洲都不再依靠中国供应生丝的那个事件"，并称其像普罗米修斯从天上偷到了火一样重要。中国丝绸在欧洲的市场发展速度减缓。至宋代，瓷器取代丝绸成为最大宗的出口品。人们通常所说的"海上丝绸之路"，到宋代也相应地被称为"陶瓷之路"。日本学者三上次男专门研究中国瓷器外销的著作是以《陶瓷之路》作为书名。宋朝海船所到之处，以及与宋朝有贸易往来的国家和地区都有宋瓷的出口。在亚洲，日本、高丽及东南亚各国都大量进口宋瓷。日本《朝野群载》卷二十所收录的宋朝航海"公凭"中载：纲首李充赴日贸易，携运的货物有"象眼肆拾匹，生绢拾匹、白绫贰拾匹、瓷碗贰佰床、瓷碟壹佰床"。日本《新猿乐记》列举的从宋朝进口的商品中有茶碗一项。考古的发现更有力地说明了宋瓷远销日本的事实。日本已在本土、九州、四国沿岸及中心地带40个县以上的地区出土了宋代瓷器。[1] 宋朝同高丽的瓷器贸易也可以从现在的考古发现中得到证实。朝鲜在海州所属的龙媒岛、开城附近及江原道的春川邑等地，出土了不少中国瓷器，其中不少是宋代瓷器。[2] 东南亚也是宋瓷外销的巨大市场。东南亚居民十分喜爱宋瓷。《诸蕃志》载："三屿国人常三五为群，伏于草莽，以暗箭射人，人多受害"，若"投以瓷碗则俯拾忻然跳呼而去"。根据《诸蕃志》的记载，中国用瓷器与其贸易的国家有占城、真腊、三佛齐、兰无里、单马令、凌牙斯加、佛罗安、西龙宫、阇婆、渤泥、麻逸、三屿等国家和地区。在菲律宾、马来西亚、文莱等地的考古发掘都发现了为数可观的宋代瓷器。[3]

宋瓷外销的主要市场还有南亚和西亚地区。《诸蕃志》所载与宋朝有瓷器贸易的有细兰、南庇（分别是今斯里兰卡和印度西南部马巴拉海岸）等。三上次男《陶瓷之路》载，印度的考古发掘不仅在沿海的遗址，而且在处于内陆地区的昌德拉瓦利、阿里卡美都、可里麦都等地也发现了宋代瓷器。[4] 斯里兰卡也有宋瓷的发现，处于内地的雅帕护瓦发现有宋瓷。当时宋瓷在斯里兰卡的销售十分广泛，"从十世纪到十二世纪、十三世纪，中国陶瓷被运进锡兰，并从海港运往内地的高原地带。"[5]巴基斯坦也有宋瓷出土，在先后发掘的四处遗址中有三处出土了宋代瓷器。[6] 小亚细亚出土的宋代瓷器也不少。"在波斯湾的旧港遗址中都发现了中国陶瓷。"[7]在叙利亚、伊拉克、伊朗等地都发现了大量的宋瓷。黎巴嫩的高原古城巴勒贝克，位于内地的伊拉克萨马腊、瓦儿特、忒息丰、阿比鲁塔，伊朗北部的赖伊、西北部的阿尔德比勒发现有宋瓷。宋代的越窑

---

① 中国硅酸盐学会：《中国瓷器史》，文物出版社1982年版，第309页。
② 中国硅酸盐学会：《中国瓷器史》，文物出版社1982年版，第311页。
③ 中国硅酸盐学会：《中国瓷器史》，文物出版社1982年版，第310—311页。
④ 〔日〕三上次男：《陶瓷之路》，李锡经等译，文物出版社1984年版，第123、125、127页。
⑤ 〔日〕三上次男：《陶瓷之路》，李锡经等译，文物出版社1984年版，第138页。
⑥ 中国硅酸盐学会：《中国瓷器史》，文物出版社1982年版，第311页。
⑦ 〔日〕三上次男：《陶瓷之路》，李锡经等译，文物出版社1984年版，第89页。

瓷、华南白瓷、龙泉青瓷等"这类出土的陶瓷在中东无论哪个遗址都有发现"①。另外，在阿富汗的夏里·格尔格拉也发现了12—13世纪的龙泉青瓷片。

在非洲，埃及的福斯塔特遗址是发现中国瓷器最多的地点，其次是苏丹国境内的爱扎布遗址。在红海之滨的库赛尔镇也有宋瓷的发现。东非海岸发现的宋瓷也很多。三上次男这样描述道："沿着面临印度洋的海岸，顺着索马里、肯尼亚、坦桑尼亚南下，你就会发现在这一带海岸和岛屿出土中国陶瓷的遗址实在多得惊人……五十年代中期的二三年间，仅在坦桑尼亚海岸发现的出土中国陶瓷的遗址就有四十六处。"②在阿斯旺、努比亚等内陆地区也有中国陶瓷出土。

迄今为止，在欧洲尚未出土十四五世纪以前的中国瓷器。但这并不能说明宋代瓷器没有销售到欧洲。迪维斯在《欧洲瓷器史》中写道："中世纪期间，中国瓷器很少进入欧洲。但是这并不是说欧洲人完全不知道中国瓷器，因为当时除零星出现的商业瓷制品外，中国瓷器还常常夹在官方使节带回的礼品中……出自这个时期的几件瓷器仍然保存在欧洲。"③地中海沿岸的叙利亚、亚历山大港等地都有宋瓷出土，而这些地区始终保持着与欧洲的贸易。威尼斯、热那亚等既保持着与阿拉伯人的贸易，从他们那里交换东方商品，同时又与他们争夺与东方贸易的主动权。11—13世纪，威尼斯等商人借助十字军的刀剑削弱了阿拉伯人在地中海地区的贸易地位，一度随十字军占领整个东地中海沿岸而主宰了欧洲与东方的贸易。迪维斯说："十字军在他们的战场圣地见到了这种瓷器，而且它肯定是迷人的战利品。"④中国瓷器细腻滑润的外表、清脆悦耳的声音、绚丽多彩的图案，以及胎体与釉体浑然天成般的结合，对当时的欧洲人来说的确是不可思议和令人着迷的，以至于欧洲人一见它就怀着神秘而痴醉的热情试图揭开制造它的秘密。多少王侯、贵族和科学家花费无数的精力和钱财去探索这个令他们倾倒的秘密，直至18世纪中叶才获得成功。凭借欧洲人对中国瓷器的珍爱，阿拉伯和威尼斯等商人贩运瓷器往欧洲是可想而知的。但宋朝瓷器极少进入欧洲市场的确是历史事实。欧洲的考古发掘中也几乎没有发现这一时期的瓷器。这与后来欧洲大量进口中国瓷器形成了对照。"在公元1604年到1656年之间，荷兰进口了三百多万件瓷器。""仅瑞典一国，在1750年和1775年间就进口了一千一百万件瓷器。"⑤宋代欧洲进口瓷器甚少的原因还应进一步地分析和探讨。

第二，瓷器外销的数量。

从今天考古发掘的成果可以看到，宋瓷不仅销售范围广大，而且数量可观。三上次男在介绍宋朝向日本的瓷器输出时说："十世纪至十二世纪，泉州有许多商船运载中国陶瓷器东渡日本，发现最集中的是镰仓，在这里采集到的中国陶瓷器有五万余件。"日本九州福冈修地铁时出土中国陶瓷片有10万片之多⑥。

在马来西亚，仅据沙捞越博物馆十几年来发掘所得中国瓷片即达100多万片，其

---

① 〔日〕三上次男：《陶瓷之路》，李锡经等译，文物出版社1984年版，第118页。
② 〔日〕三上次男：《陶瓷之路》，李锡经等译，文物出版社1984年版，第30页。
③ 〔英〕简·迪维斯：《欧洲瓷器史》，熊寥译，浙江美术学院出版社1991年版，第7页。
④ 〔英〕简·迪维斯：《欧洲瓷器史》，熊寥译，浙江美术学院出版社1991年版，第7页。
⑤ 〔英〕简·迪维斯：《欧洲瓷器史》，熊寥译，浙江美术学院出版社1991年版，第10页。
⑥ 《宋元时期泉州港的陶瓷输出》，《海交史研究》1984年刊。

中很大一部分是宋代产品。① 销往非洲和西亚的中国瓷器数目也同样庞大。在福斯塔特的遗址中有六七十万片陶瓷，其中中国瓷超过 2 万片。② 三上次男在爱扎布亲自考察发现："（爱扎布遗址）到处都是中国的陶瓷片……无论我们走到哪里，脚底下都是中国的陶瓷片。"③这个港口存在于 10—14 世纪，11 世纪中叶至 14 世纪中叶是其繁荣时期。这些俯首可拾的瓷片都是宋元时期的外销产品。阿拉伯国家进口中国瓷器最为普遍。三上次男十分形象地描述道："中国陶瓷自九至十世纪起，就像水的渗透似的扩散到美索不达米亚的各个城市。"④当时，阿拉伯帝国的王公贵族都拥有大批瓷器。贝哈几于 1059 年记述道，霍腊总督一次就向国王奉送了中国官窑精品 20 件及一般瓷器2000件。⑤ 尽管中国瓷器出口量巨大，但销路仍然极畅。在非洲和中东都掀起了消费中国瓷器的热潮，以致影响了当地整个市场价格。亚丁当局曾因此不得不"为控制价格而限制进口（中国瓷器）"⑥。这虽然是伊本·拔图塔所谈的 14 世纪的情况，但 14 世纪的海外贸易不过是宋代盛况的延续而已。从一些迹象我们可以看到，宋朝瓷器外销量虽然很大，仍没有满足市场的需求。在福斯塔特六七十万片陶瓷中绝大部分是埃及的陶片，而这些陶片的 70％—80％都是中国瓷器的仿制品。这恰恰反映了当地对中国瓷器的偏爱和需求。11 世纪的波斯也如此。宋瓷的输入使波斯的陶器面貌为之一新，受到中国瓷器深刻的影响。这些仿制器由于技术所限只能是陶器而不是瓷器，但它们在一定程度上弥补了宋瓷供给的不足。

2. 宋朝铜钱的外流

铜钱外流的现象，宋代以前已经存在，但规模有限，尚未产生大的影响。宋代铜钱的外流十分严重，加剧了钱荒（铜钱短缺）及会价通胀等问题，引起了统治者的高度重视。宋政府颁布了一道又一道的禁令，但由于铜钱深受海外各国喜爱，贸易利润奇丰，仍无法截阻如决堤之水般的铜钱外流势头。

第一，宋代铜钱出口之禁。

宋代始终禁止民间商人在海外贸易中经营铜钱。宋太祖时就有令："铜钱阑出江南、塞外及南蕃诸国，差定其法，至二贯者徒一年，五贯以上弃市，募告者赏之。"⑦太宗淳化五年规定："四贯以上徒一年，稍加至二十贯以上，黥面配本州为役兵。"⑧庆历元年五月禁令更加严厉："以铜钱出外界，一贯以上，为首者处死；其为从，若不及一贯，河东、河北、京西、陕西人决配广南远恶州军本城，广南、两浙、福建人配陕西。"⑨嘉祐、熙宁、元丰等年间都多次重申铜钱外销之禁。哲宗嗣位伊始就"复申钱币阑出之禁，如嘉祐编敕"⑩。所谓《嘉祐编敕》就是对商人铜钱出境的数额及违法的处罚，规定"将铜钱

① 中国硅酸盐学会：《中国瓷器史》，文物出版社 1982 年版，第 311 页。
② 秦大树：《埃及福斯塔特遗址中发现的中国陶瓷》，《海交史研究》1995 年第 1 期。
③ 〔日〕三上次男：《陶瓷之路》，李锡经等译，文物出版社 1984 年版，第 19 页。
④ 〔日〕三上次男：《陶瓷之路》，李锡经等译，文物出版社 1984 年版，第 82 页。
⑤ 〔日〕三上次男：《陶瓷之路》，李锡经等译，文物出版社 1984 年版，第 99 页。
⑥ 〔日〕三上次男：《陶瓷之路》，李锡经等译，文物出版社 1984 年版，第 46 页。
⑦ 《宋史》一八〇《食货志下二》。
⑧ 《宋史》卷一八六《食货志下八》。
⑨ （宋）李焘：《续资治通鉴长编》卷一三二，庆历元年五月乙卯//《宋史要籍汇编》，上海古籍出版社 1986 年版。
⑩ 《宋史》卷一八〇《食货志下二》。

出中国界者，河北陕西河东不满一百文，杖一百"，依次加重处罚，"商客蕃客往南蕃者听逐人各带路费钱五百文"，过此数者罚，并令"市舶司并缘海州军常切点检"①。

宋朝南渡以后铜钱外销的禁令更加森严。绍兴年间至少有三年、十二年、二十六年、二十七年、二十八年等多次禁令。② 绍兴三十年规定，透漏铜钱达五贯者处死罪。③ 宋政府还规定在国内与番商的交易不能用铜钱，违者二贯以上要流配，贩出境者加倍处罚。④ 自度宗以上每个皇帝都颁布过铜钱外流的禁令。南宋对铜钱出口的稽查也更加严格。绍兴十一年规定："遇舶船起发，差本司属官一员，临时点检，仍差不干碍官一员觉察至海口，俟其放洋方得回归。"点检的责任就是防止"诸舶船（贩蕃及外蕃进奉人使、回蕃船同）不得夹带钱出中国界"⑤。淳熙五年又重申了对商舶携带铜钱最高额的规定："蕃商海舶等舶往来兴贩，夹带铜钱五百文随行，离岸五里，便依出界条法。"⑥ 商人携带铜钱出海限制在五百文以内。但是，宋政府连篇累牍的禁文并未能遏制住铜钱的外流。

第二，铜钱外流之盛。

宋政府以无数条禁令筑起了貌似坚固严密的堤坝，但铜钱仍通过各种途径以惊人的数量流向海外各国。铜钱的外销数量庞大，范围辽远。当时的人描述铜钱透漏的严重状况说："蕃舶巨舰，形若山岳，乘风驾浪，深入遐陬。"⑦ 海商"以高大深广之船，一船可载数万贯文而去"⑧。南宋范成大看到铜钱透漏严重，"一舶所迁或以万计，泉司岁课积聚艰窘"，建议关闭明州等港的贸易才是"拔本塞源，不争而胜之道"⑨。《敝帚稿略》记载了日本商人在台州一带大量收购铜钱的事，由于日商的收购，"台城一日之间，忽绝无一文小钱在市行用"⑩。宋钱流入日本甚多。在今天日本出土了大量宋钱。博多港发现的宋代海商居住遗址中就发现了"元丰通宝""绍圣通宝"铜钱。⑪ 据小叶田淳《日本货币流通史》统计，仅在日本 18 个地方的出土文物即有唐至明代的铜钱 55.3 万余枚，其中以宋钱为多。高丽也有宋钱的进入。在崇宁以前，高丽尚未使用铜钱时就已有宋钱的输入。《文献通考》载："高丽地产铜，不知铸钱，中国所予钱，藏之府库，时出传玩而已。"⑫ 崇宁以后高丽开始铸钱和行钱，宋钱的输入也逐渐增加。

东南亚也是进口宋朝铜钱的主要地区。《诸蕃志》记载，往阇婆国的商人经常"潜载铜钱博换"。交趾也大量套购宋朝铜钱，其国内规定："小平钱许入不许出。"⑬ 在新加坡附近、爪哇的考古发掘都有宋钱出土。1827 年新加坡掘出的铜钱多数为宋钱。

---

① （宋）张方平：《乐全集》卷二六《嘉祐编敕》，《四库全书》台北珍本初集本。
② 参见（宋）李心传：《建炎以来系年要录》相应年代的记载，中华书局 1988 年版。
③ 《历代名臣奏议》卷二七二《理财》。
④ （宋）李心传：《建炎以来系年要录》卷一八〇，绍兴二十八年九月辛未。中华书局 1988 年版。
⑤ 《宋会要辑稿·职官》四四之二一。
⑥ 《庆元条法事类》卷二九《铜钱金银出界敕》，燕京大学图书馆藏版 1948 年 10 月印行。
⑦ 《宋史》卷一八〇《食货志下二》。
⑧ 《敝帚稿略》卷一《禁铜钱申省状》。
⑨ 《历代名臣奏议》卷二七二《理财》。
⑩ 《敝帚稿略》卷一《乞复钱蔡疏》。
⑪ 《悠悠友谊的见证》，《光明日报》1978 年 10 月 29 日。
⑫ 《文献通考》卷三二五《四裔考二》。
⑬ （宋）李心传：《建炎以来系年要录》卷六九，绍兴三年十月戊戌。中华书局 1988 年版。

1860年爪哇掘得中国铜钱30枚,过半都是宋钱。[1] 宋代铜钱还流布印度、阿拉伯、非洲等地。印度南部也发掘出宋朝铜钱,不仅沿海一带,甚至靠内陆的昌德拉瓦利、阿里卡美都也有宋钱发现。[2] 在波斯湾的霍尔木兹岛也发现了宋代铜钱。[3] 东非沿海发现的宋代铜钱为数也颇多。1944年在桑给巴尔发现了108枚北宋铜钱。在肯尼亚和坦桑尼亚沿海发现的19世纪以前的506枚外币中属于中国的达249枚以上,而且多半为13世纪以前的零钱。在基尔瓦也发现了北宋"淳化通宝""熙宁通宝""政和通宝"等。[4] 肯尼亚的哥迪遗址中出土有"庆元通宝""绍定通宝"等,摩加迪沙也发现了宋钱。[5] 荷兰学者戴闻达研究宋钱的流布时说:"中国的现钱广为流传于当时自日本至远西的伊斯兰诸国。犹如宋代某些人所称,缗钱原为中国财宝,而今四方蛮夷通用之。"(即张方子《乐全集》卷二六《论钱禁铜法事》"钱本中国宝货,今乃与四夷共之。")桑原骘藏也得出了同样的结论:"宋之铜钱东自日本、西至伊士兰教国,散布至广。"[6]

第三,铜钱外流的途径。

宋代铜钱的外流主要有三条途径:一是回赐,二是博买,三是走私。在朝贡贸易的回赐中铜钱是很受欢迎的商品。铜钱只是回赐物品的一类,其数量并不大。但有时也达到上万缗的数目。如熙宁十年,宋政府回赐给注辇国王钱81800缗[7],元丰二年又赐给三佛齐64000缗[8],元祐二年宋回赐给交趾钱10000贯[9]。贡赐贸易从经济角度来说,宋政府得少失多,回赐的价值都超过贡物价值。例如,元祐二年回赐给交趾钱1万贯,而其"进奉物价九千四百九十四贯"。苏轼曾指出:"馆寺赐予之费不可胜数……朝廷无丝毫之益而远夷获不赀之财。"[10]朝贡贸易不仅耗费大量回赐,而且众多商人冒称贡使,骗取回赐,势必导致市舶抽解的减少。因此,宋政府严格限制朝贡贸易,规定了各国朝贡的人数和规模,禁止商人伪称使节进贡,以减少回赐之数。贡赐贸易处于宋政府的直接控制之下。由于宋政府的严格限制,铜钱由此外流为数不多。

宋朝前期通过博买也造成了一定数量的铜钱外流。市舶司建立之初,宋是"以金银、缗钱、铅锡、杂色帛、瓷器"[11]与番商交易。从后来宋政府的反省"以金银博买,泄之远夷为可惜"[12]来看,金银通过博买流向国外,缗钱即铜钱大概也是这样。但大多数时候宋政府并不是用铜钱直接博买,而是以度牒、师号、银两等折支,而且在嘉定十二年规定了"止以绢帛、锦绮、瓷、漆之属博易"[13],取消了金银、缗钱等的博买。在博买行为

① 〔日〕桑原骘藏:《蒲寿庚考》,陈裕菁译,中华书局1954年版,第32页。
② 〔日〕三上次男:《陶瓷之路》,李锡经等译,文物出版社1984年版,第123、126页。
③ 〔日〕三上次男:《陶瓷之路》,李锡经等译,文物出版社1984年版,第89页。
④ 孙光圻:《中国古代航海史》,海洋出版社1989年版,第412页。
⑤ 〔日〕三上次男:《陶瓷之路》,李锡经等译,文物出版社1984年版,第32页。
⑥ 〔日〕桑原骘藏:《蒲寿庚考》,陈裕菁译,中华书局1954年版,第31页。
⑦ 《文献通考》卷三四二《四裔考九》。
⑧ (宋)李焘:《续资治通鉴长编》卷二九九,元丰二年七月癸巳//《宋史要籍汇编》,上海古籍出版社1986年版。
⑨ (宋)李焘:《续资治通鉴长编》卷四〇一,元祐二年五月己卯//《宋史要籍汇编》,上海古籍出版社1986年版。
⑩ (宋)李焘:《续资治通鉴长编》卷四三五,元祐四年十一月甲午//《宋史要籍汇编》,上海古籍出版社1986年版。
⑪ 《宋史》卷一八六《食货志下八》。
⑫ 《宋会要辑稿·蕃夷》四之九一。
⑬ 《宋史》卷一八五《食货志下七》。

中，宋政府是主体，因而博买中的铜钱外流较能受到政府的控制。而唯一让宋政府束手的就是铜钱的走私，这也是铜钱外流最大、最主要的途径。

铜钱走私遍及全国沿海各地。"自置市舶于浙于闽于广，舶商往来，钱宝所由以泄。"①包恢在《敝帚稿略》卷一《禁铜钱申省状》中详细分析了铜钱走私的状况、原因和方式。他说："漏泄之地非特在庆元抽解之处，如沿海温、台等处境界，其数千里之间漏泄非一。"而且"抽解之司无一处不漏泄，庆元之外，若福建泉州与广东广州之市舶两处无以异于庆元，而又或过之"。"北自庆元，中至福建，南至广州，沿海一带数千里，一岁不知其几舟也。""福建之钱聚而泄于泉之蕃舶，广东之钱聚而泄于广之蕃舶"。番商"深入遐陬"，在市舶司管理不及的地方贩运铜钱，逃避检查。真德秀主管泉州市舶时曾指出："(蕃舶)漏泻于思、广、潮、惠州者多，而回(泉)州者少"，以致泉州市舶收入递年减少，"嘉定间某(按：指真德秀)在任日舶税收钱犹十余万贯，及绍定四年才收四万余贯，五年止收五万余贯"②。正因为这些地方有利于贩运禁物、逃免检查，在广东澄海隆都后埔宋代佛寺遗址出土了两宋铜钱 1800 多斤，年代最晚为景定钱。当时佛寺前是出海港，佛寺则是海商集会之所。这些铜钱是番舶收买而因故未能启运的走私品。杜经国和黄挺两位先生认为可能是日本商船的走私品。③ 至于具体为某国商人所遗留已无法确知，但这批停放在港口边的为数不小的铜钱肯定是准备走私外运的。

走私的方式是多种多样的。方式之一是潜藏于船底。"检空官一过其上，一望而退，岂尝知其内之所藏"，其实"船底莫非铜钱也"。方式之二是事先"积得现钱或寄之海中之人家，或埋之海山险处，或预以小舟搬载前去州岸已五七十里，候检空讫，然后到前洋各处逐旋搬人船内，安然而去"。方式之三是"其归船撑去隔二三十里，所差官检空不及"④。方式之四是在境内将铜钱熔铸成铜器，再运到海外。《续资治通鉴长编》卷一一五景祐元年十月丙戌条载："广南蕃舶多毁钱以铸铜器。"权度支判官李申奏请重赏告发者，以杜防私铸。

走私活动兴盛的一个重要原因就是铜钱的走私贸易中利润丰厚，海商为求厚利逃避关检。《敝帚稿略》载："每是一贯之数可以易蕃货百贯之物，每百贯之数可以易蕃货千贯之物"，"似此之类奸民安得而不乐与之为市"。由于重利的驱使，一些海商甚至可以冒生命之险。绍兴十三年就有"泉州商人夜以小舟载铜钱十余万缗入洋，舟重风急，遂沉于海"⑤。宋朝的水军也不能抵挡厚利的诱惑。"屯驻水军去处，每月多是现钱支给，此钱一出，固不可复入……钱自本州支出，则城下大舟径载入蕃国矣。"⑥高额的利润使宋政府的禁令显得苍白无力。

走私兴盛的另一个重要原因是官商勾结。官商的勾结使铜钱外泄成为不治之症。有的海商是地方豪强，称霸一方，使地方官不得不依附于他。例如，《宋史·苏缄传》记载的樊姓海商，叱咤于广州一带，地方官新到，先须前往拜谒，然后上任。就是这些"有

① 《宋史》卷一八零《食货志下二》。
② 《西山文集》卷一五《申尚书省乞拨降度牒添助宗子请给》。
③ 杜经国、黄挺：《潮汕地区古代海上对外贸易》//《潮学研究(2)》，汕头大学出版社 1994 年版，第 13—33 页。
④ (宋)包恢撰：《敝帚稿略·乞复钱禁疏》卷一。
⑤ (宋)李心传：《建炎以来系年要录》一五○，绍兴十三年十二月丙午，中华书局 1988 年版。
⑥ 《敝帚稿略·乞复钱禁疏》卷一。

势力者,官司不敢谁何,且为防护出境",以致"铜钱日寡"。有的市舶官接受海商贿赂,或付钱给海商贸易,分享利润,如《敝帚稿略》卷一所说"官吏不廉不公,例有所受而不从实检放"。鉴于市舶官与海商勾结之甚,宋政府规定,坐视铜钱下海的官员要"迫官勒停,永不叙理",而于"任内无透漏当与升擢差遣";又规定"见任官以钱附纲首过蕃买物者有罚"。① 淳熙六年,广州官员郑人杰因"任内透漏铜钱银宝过界"而"特降三官"。② 嘉定五年,知雷州郑公明因为"三次般运铜钱下海博易蕃货"而遭到放罢。③ 但杀一儆百的警诫并未能使走私铜钱的商人裹足,也没有使坐地分赃的官吏收手。沿海诸郡对中央法令置若罔闻,以致中央虽"申严淮、海铜钱出界之禁,而闽广诸郡多不举行"④。"广南、福建、两浙、山东恣其所往,所在官司公为隐庇,诸系禁物,私行买卖,莫不载钱而去。"⑤市舶官放任海商走私铜钱还有一个原因,就是想借此鼓励海商经营,扩大贸易规模,以捞取政绩,求得升迁。宋政府规定:"闽、广舶务监官抽买乳香每及一百万两,转一官。"即使所"招商入蕃兴贩,舟还在罢任后,亦依此推赏。"⑥市舶官员为了积满数额、得到擢迁,往往鼓励甚至驱赶商人出海,同时也就对商人和铜钱走私活动视而不见,任其自流,因而出现"舶司拘于岁课,每于冬津遣富商请验以往,其有不愿者,照籍点发,夫既驱之而行,虽有禁物,人不敢告,官不暇问,铜日以耗"⑦。这可以说是宋政府鼓励市舶官员发展海外贸易政策所蘖生的违背政策制定者初衷的恶果之一。

第四,铜钱外流的根本原因:铜钱在海外诸国的行用。

有市场需求,才可能有交换行为。宋朝铜钱的大量外流正因于海外市场对铜钱的巨大需求,而高额的利润也正来源于国内价值与国际价值的巨大差异。但是,我们知道,铜钱是一种贱金属货币,单位重量大而价值小。《宋史》卷一八〇《食货志下二》载,宋制"凡铸钱用铜三斤十两,铅一斤八两,锡八两,得钱千,重五斤"。据郭正忠先生的研究,宋代官秤每两为 40 克左右,每斤则为 640 克左右。⑧ 一贯铜钱重达 3200 克。当时一个海商的贸易规模一次动辄数万乃至数十万贯。例如,绍熙年间"大食蕃客啰辛贩乳香直三十万缗"⑨,如果全部用铜钱支付,30 万贯铜钱重达 960 吨。按《梦粱录》卷一二所载,海商之舰大者 5000 料(约合 300 吨),中者 3000 料(约合 180 吨)至 1000 料,则啰辛此次回航需三只以上大船,或五只中等船才能装运。这显然极不便利。可见,铜钱并不是理想的海外贸易中的支付手段,更何况宋政府的钱禁日甚一日。铜钱大量在海外贸易中的主要需求不是作为国际贸易的支付手段,而是因为宋朝铜钱在海外诸国的普遍行用,海外各国将铜钱作为通货。铜钱在海外诸国的行用,根据各国的货币体制和生产力特征大体可以分为两个地区:一是深受中国经济制度和文化影响的高丽、日本、交趾等以铜钱为主币的地区;二是受阿拉伯、印度等货币制度影响的三佛

---

① 《宋会要辑稿·法》二之一四五。
② 《宋会要辑稿·官》四四之二六。
③ 《宋会要辑稿·官》七四之四四。
④ (宋)李心传:《建炎以来系年要录》一五〇,绍兴十三年十二月丙午,中华书局 1988 年版。
⑤ (宋)李焘:《续资治通鉴长编》卷二六九,熙宁八年十月辛卯//《宋史要籍汇编》,上海古籍出版社 1986 年版。
⑥ 《宋史·食货志下七》。
⑦ 《宋会要辑稿·法》二。
⑧ 郭正忠:《三至十四世纪中国的权衡度量》,中国社会科学出版社 1993 年版,第 221 页。
⑨ 《宋史·食货志下七》。

齐、阇婆等东南亚及其以西各国则以金银为主币的地区。

对于宋朝铜钱在海外各国行用的具体情况,黄纯艳先生在《论宋朝铜钱在海外诸国的行用》①、《论十至十三世纪东南亚的市场、贸易和货币》两文中作了较详细的论述。古代的高丽、日本、交趾历来受到中国各方面的影响,其政治、经济、文化等各种制度都学习和借鉴中国传统,货币经济也是如此。这三个国家中,高丽使用铜钱最晚;直到崇宁以后才"始学鼓铸",但其发行的铜钱形制也仿照中国,称"海东通宝""重宝""三韩通宝"等。11—12世纪高丽经济有较大发展,出现了繁荣局面。随着商品经济的发展,货币的需求和流通量也逐步增长。高丽对宋钱的需要数量不断增加,宋政府针对高丽的钱禁也日甚一日。

日本铜钱的形制也仿照中国,最早仿照唐"开元通宝",720年日本还从中国聘请工匠造钱②,日本所造铜钱也以"乾文大宝",或"XX通宝""XX大宝"等为名。但是,日本自己所铸钱发行方式颇不合理,没有统一标准,大小轻重不一,而且铸造技术粗糙,造成币制紊乱、信用低下。平安中期以后出现货币流通停滞、货币经济萎缩的现象,平安朝末期试图把宋钱的大量输入作为改变日本货币流通不畅的手段。日本政府允许宋钱输入,起初是想用这种与法定价格无关的外来铜钱带动日本法定铜钱以自然价格流通起来。宋钱的确大量涌入了,但它并未带动日钱流通,而是喧宾夺主,扮演了流通中的主角。南宋时期,随着中国海外贸易的进一步发展,铜钱流入日本更多。由于宋钱的充斥和日钱的退缩,日本政府又想把宋钱堵在国门之外。后鸟羽天皇建久四年(1195年)敕令禁止使用宋钱。但经济的发展常常要为自己开路,这条敕令也没有起到实际效力。正如藤家礼之助所说,"我国(指日本)社会还是卷进了汪洋的宋钱经济的旋涡之中","可信赖的宋钱作为有效的通货来使用,最后发展到成为必不可缺的通货加以重用"。正因为宋钱在日本的广泛流通、需求极大,才刺激了宋日海商狂热的走私,以致出现了台州城一日之间无一枚铜钱在市行用的匪夷所思的情况。③

交趾在秦汉至五代长期是中国政权直辖之地,中央在此设郡置县,交趾的政治经济文化也被纳入中原政权的体系之中,货币制度也如此。五代后期,交趾取得了政治上的独立,宋朝承认了既成事实,但交趾的货币制度仍沿袭了过去的传统,主要行用铜钱。范成大《桂海虞衡志》、马端临《文献通考》中都说,交趾"不能鼓铸泉货,用中国小铜钱,皆商旅泄而出者"是不合实际的④,在独立之初的黎朝就有了官府的铸钱工场。⑤宋政府的禁令"自今应赉到黎字砂错等钱并没入官"⑥也说明了这一点。由于铸造技术的粗劣,交趾所铸钱与日本钱一样,质量与宋钱别若天壤。宋朝因为交趾钱的进入扰乱了货币市场,而禁止其入境,但交趾则十分欢迎质优价稳的宋钱。交趾商人及赴交趾贸易的宋商都大量套购宋钱,走私到交趾。其中,最受欢迎的是宋朝信用最好的

---

① 黄纯艳:《论宋朝铜钱在海外诸国的行用》,《中州学刊》1997年第6期。
② 日本学术协会:《图说日本货币史》,1990年版,第6页。
③ 关于宋钱在日行用的论述,参考藤家礼之助《日中交流两千年》,张俊彦、卞立强译,北京大学出版社1982年版;木宫泰彦:《日中文化交流史》,胡锡年译,商务印书馆1980年版;桑原骘藏:《蒲寿庚考》,陈裕菁译,中华书局1954年版;小叶田淳:《日本货币流通史》,刀江书院昭和十八年版等书。
④ 《文献通考》卷三三〇《四裔考〇》。
⑤ 越南社科委:《越南历史》,人民出版社1977年版,第161页。
⑥ 《宋会要辑稿·刑法》二之一三。

一种货币，即小平钱。宋钱在交趾行用之盛亦如日本，充当了通货的主角，以致在广西任过官的范成大和识见广博的马端临也错以为交趾自不铸钱而只用宋钱。

高丽、日本、交趾三国受中国货币制度影响，都以铜钱为主币，而且都制造过铜钱。由于铸造技术的粗劣和铜钱供给的不足，宋钱大量涌入其国内市场，并充当了其国通货的主力。这三个国家成为了宋钱输出的巨大而稳定的市场。

宋朝铜钱也大量流入东南亚，并在那里充当通货。与日本、高丽、交趾国不同的是，东南亚国家都以金银为主币，宋钱主要作为小额交易中使用的辅币。

东南亚地区因得享天地厚赐的自然环境，盛产香药、象牙、犀角等宝货。这些既是中国进口的主要商品，也是阿拉伯商人贩卖的主要商品。中国和阿拉伯是当时国际贸易中最活跃的两极，两地的商人频繁往来于东南亚。在宋代，东南亚本地商人也逐渐成长起来。宋朝的史籍中记载有大量东南亚地区商人来华贸易的事迹。如此丰富、畅销的物产和往来如织的商人，共同把东南亚营造成为一个十分繁荣的国际贸易市场。在繁荣的国际贸易的推动下，东南亚地区形成了多层次的市场体系。与东南亚的政治经济发展状况相适应，出现了三个最大的国际贸易中心市场，即《岭外代答》卷二《外国门上》所载："正南诸国三佛齐其都会也；东南诸国阇婆其都会也；西南诸国浩乎不可穷，近则占城、真腊为窍襄诸国之都会。"三大都会是国际性的中心市场，各自总汇一方货物。其次，各国国内的港口成为市场体系中的第二层次的市场。而由于生产力的落后，东南亚各国的国内市场却是十分落后的，交易细碎，规模甚小。细小的国内市场构成了东南亚地区市场体系中的第三层次。

据《诸蕃志》记载，宋朝和阿拉伯商人到东南亚并不必分巡于星罗棋布的众多岛屿一家一户地交易，而是在港口将货物批发给当地商人，然后从这些商人手中收购香药宝货。印度和阿拉伯商人的交换活动也大体如此。所以，东南亚的国际贸易主要是以批发贸易为主。为适应这种大宗贸易的需要，东南亚，特别是东西方海上贸易航线两侧的地区都以贵金属金银为主币。《诸蕃志》、《宋史》之《占城传》《丹流眉传》《三佛齐传》《阇婆传》、《文献通考·四裔考九》等都记载了东南亚地区以金银为货币的情况。在东南亚，金银不仅作为交换手段，而且也在贡赋、薪俸、聘礼等方面广泛应用，成为社会财富的一般体现物。东南亚的少数国家也有合金铸币，但其价值都以金银折算，金银是终极价值尺度，具有本位货币的地位。

东南亚实行金银本位币制与波斯和阿拉伯货币体制的影响有密切关系。宋代以前，波斯和阿拉伯是东西方贸易的主力军，东南亚的国际贸易为他们所操纵，乃至东南亚的文化、制度都受到其深刻影响。贺圣达先生在《东南亚文化发展史》中将东南亚地区文化分为四种类型，即深受中国文化影响的越南，受印度文化影响的缅、泰、老、柬四国，受阿拉伯伊斯兰文化影响的印尼群岛、马来半岛，受基督教文化影响的菲律宾群岛（指 16 世纪以后）。[①] 伊斯兰文化的影响与阿拉伯商人的活动是密切相关的，甚至可以说文化的影响是建立在经济影响的基础之上的。阿拉伯商人的贸易把东南亚这些地区的币制也纳入到自己的体系之中。

金银货币似乎充斥了东南亚的整个市场，没有给汹涌而来的宋朝铜钱留出些许的

---

① 贺圣达：《东南亚文化发展史》，云南人民出版社 1996 年版。

空隙。其实不然。东南亚诸国所进行的巨大的国际交换完全依赖于天地所赐的自然资源优势和东西方贸易孔道的地理优势,而没有相适应的生产力基础,国内市场的交换依然是细碎而零散的。在宋代,东南亚相对于前代总体上处于蓬勃发展时期。但由于生产力水平的局限,东南亚依旧处于以农业为主、手工业尚不发达的状态中。在当时东南亚号为一时之盛的占城、真腊、三佛齐和阇婆都是如此。《诸蕃志》卷上的记载即反映了这种状况。以农立国和手工业的落后决定了其国内市场的不发达,居民日常生活的交换需求细小而零碎,商品经济至少远远落后于宋朝。即使东南亚各国赖以大宗出口的香药宝货也并未形成规模种植、甚至还没有人工种植,都来自于百姓在生产之隙入山采集。正因为如此,宋商在东南亚购买香药等物时才需要通过若干当地的商贾散往各地居民中收买,再集而售予宋商。当地的商贾与居民之间的交易仍然是十分散碎的。

东南亚生产力发展的以上特征决定了国内市场交换与国际贸易市场明显的反差,作为贵金属的金银很难担当这种利尽锱铢的民间贸易的媒介。贵金属金银难以大材小用,人们便开始寻觅质稳而价廉的贱金属来充当交换媒介。真腊国等国也曾以乌铅做称量货币,但较之成色稳定、形制统一、携带便利而且信誉良好、购买力强的宋朝铜钱,称量乌铅又显得十分笨拙了。单位细小的宋朝铜钱的涌入正适应了东南亚各国国内市场的需要,深受消费者欢迎,铜钱马上在当地市场上流通,以致"入蕃者非铜钱不往,而蕃货亦非铜钱不售"[1]。小小铜钱使百货流通、经济活跃,因而东南亚各国都视之为"镇国之宝"。番商"往往冒禁,潜载铜钱博换"[2],出现了"海外东南诸蕃国无一国不贪好(宋钱)"[3]、"四夷皆仰中国之铜币"[4]的局面,吸纳了大量宋朝的外流铜钱。

宋钱流入印度沿海诸国、阿拉伯、东非沿海等地为数也不少。《中国古代航海史》一书认为:"鉴于十三世纪以前阿拉伯商人在东非贸易时大都以姆潘得贝壳作支付手段,因此,东非海岸发现的众多宋代铜钱无疑是其时中国帆船在那儿直接交易的遗存。"[5]宋钱进入东非市场以后如何使用,有待进一步研究,可能与东南亚地区相似,充当辅币的角色。

正因为海外对宋朝铜钱存在着巨大的需求,使宋钱的外流形成了无法阻止的惯性,以致出现了"边关重车而出,海舶饱载而回"[6]铜钱大量外泄的严重局面,宋政府不得不重申禁令。但走私之甚并未稍减。时人满怀忧虑而又无可奈何地叹息到:"海舶之所运,日积一日,臣恐穷吾工力,不足以给之。"[7]他们看到,铜钱被"巨家停积,犹可以发泄,铜器钑销,犹可以止遏,唯一入海舟,往而不返"[8]。宋钱的大量外流,对宋朝社会经济造成了多方面的影响,特别是加重了"钱荒"和会子折兑、称提的困难。但是,铜钱大量外流的现象也从一个侧面反映了宋代海外贸易的繁荣。

①《宋会要辑稿·刑法》二之一四四。

②(宋)赵汝适:《诸蕃志》卷上,中华书局冯承钧校注本。

③《敝帚稿略》卷一《乞复钱禁疏》。

④(宋)李焘:《续资治通鉴长编》卷二八三,熙宁十年//《宋史要籍汇编》,上海古籍出版社 1986 年版。

⑤ 孙光圻:《中国古代航海史》,海洋出版社 1989 年版,第 412 页。

⑥ 张方平:《乐全集》卷二六《钱禁铜法事》,《四库全书》1104 册。

⑦(宋)刘挚:《忠肃集》卷五《复钱禁疏》,嵌辅丛书本。

⑧《宋史》卷一八零《货志下二》。

3.进口品种类的增加

汉代从海上进口的商品主要有明珠、琉璃、奇石异物等单位体积小而价值大的商品。这是由当时的船舶载重量和航海技术决定的。南北朝时,《宋书·蛮夷传》虽有"通犀、翠羽之珍、蛇珠、火布之异,千名万品……",但此时能明确见诸史籍的进口品并不多。唐代史书记载的进口品名目明显增加。张泽咸先生在《唐代工商业》中根据史书记载,统计了海陆各方向朝贡贸易中进口的商品名称,共计70多种。① 宋代进口商品种类明显增加,数以百计,仅见于《宋会要辑稿·职官》的物货就达400种左右,《宝庆四明志》又列有170种,《岭外代答》《诸蕃志》《云麓漫钞》《香谱》等书中又各有列举。为避免冗繁的罗列,我们可以按其性质和用途进行简单分类,并略举每类别中若干品名,见表21-3。

表 21-3　宋代进口商品名称

品 名
金银、象牙、犀角、珍珠、珊瑚、玳瑁、晕羽、玛瑙、猫儿眼睛、琉璃等
沉香、乳香、降真香、龙涎香、蔷薇水、檀香、笺香、光香、金颜香、笃耨香、安息香、速香、暂香、黄速香、生香、麝香木等
苏木、阿魏、肉豆蔻、白豆蔻、没药、胡椒、丁香、木香、苏合油、血碣、脑子、鹿茸、茯苓、人参、麝香等
吉贝布、番布、高丽绢、绸布、松板、杉板、罗板、乌婪木、席、折扇等

(二)贸易额的扩大

随着造船技术和航海技术的进步,不仅贸易次数增加,运载量也远甚于以前。在此基础上,商人的贩运规模、朝贡往来的数量、政府的抽买数额等都有了显著增加。宋代一个海商一次贩运常达数十万斤,价值数十万贯。例如,前来泉州的"大食蕃客啰辛贩乳香直三十万。纲首蔡景芳招诱舶货,收息钱九十八万缗"②;绍熙元年大食商人蒲亚里运至广州的货物抽买部分的价值就达5万贯③,而抽买只是其货物总额的3/10左右。

朝贡贸易的数量也非常可观。《三国志·魏书·东夷传》载,曹魏时倭王壹与进献之物包括男女生口30人、白珠5000颗、青大句珠2枚、杂锦20匹。这与宋代的朝贡规模无法并论。熙宁十年,宋政府给注辇国朝贡的回赐达钱81800缗,银52000两。④回赐一般要高于进贡商品的实际价值,但数目仍是可观的。绍兴十六年,三佛齐朝贡,携带30余种物品,其中计量单位上万的有:乳香81680斤,胡椒10750斤,檀香19935斤,而价值昂贵的象牙有4065斤,珍珠113两。⑤ 史籍中记载占城、大食的贸易规模

---

① 张泽咸:《唐代工商业》,中国社会科学出版社1995年版,第469—470页。
② 《宋史》卷一八五《食货志下七》。
③ 《宋会要辑稿·蕃夷》四之九三。
④ 《宋史》卷四八九《外国传五》。
⑤ 《宋会要辑稿·蕃夷》七之四八。

也屡屡与此相埒。

从政府博买本钱的数量,也可以窥见贸易的规模。《建炎以来朝野杂记》载,神宗朝,闽、浙、广三路博买"本钱亡虑千万缗"①。这个数字是概说博买本钱之多,而非实数。但每年各市舶司实际博买本钱总数都不下几十万。《宋史·食货志》载:元丰六年,密州一处就将"本州及四县常平库钱不下数十万缗,乞借为官本",用于博买。建炎二年给"闽、浙二司赐度牒直三十万,为博易本"②。当时的广州港仍盛于泉州,以其贸易规模,市舶本钱亦当不下 20 万贯,则三路共备本钱在 50 万贯以上。乾道三年泉州的博买本钱增至 25 万贯,但铜钱只是用来博买的诸种物品之一。宋初规定:"以金银、缗钱、铅锡、杂色帛、瓷器,市香药、犀象、珊瑚等物。"③由于宋代始终有钱荒之忧,用铜钱博买一直受到控制,并最终下令只以实物博买而禁用铜钱。而且,市舶司通常的做法是把博买和抽解所得就地出售,然后返作抽解本钱。绍熙元年,广州偿还蒲亚里 5 万贯的博买价值时就是采用这种办法。由此可见,每年数十万的博易本钱也只是博买所得商品价值中很小的一部分。

宋代的进出口贸易总额已很难进行精确的统计,但我们可以根据有关的记载,对其进行尽可能接近实际的推算。高宗时,曹勋上书建议以鼓励商业发展来解决军国之费,认为海外贸易也是一个重要财源:"窃见广、泉二州市舶司,南商充初,每州一岁不下三五百万计。"④按此计算,则广泉两州的进口贸易额接近千万贯,若计入两浙路的贸易,总额应在千万贯以上。根据南宋初市舶收入及抽解税率来看,这个估计是符合事实的。《宋史·食货志》载:"大抵海舶至,十先征其一。"这说明抽解税率虽波动无常,而十分之一是比较正常的。绍兴十七年的诏令规定:"三路市舶司自今蕃商所贩丁、沉香、龙脑、白豆蔻四色各止抽一分。"⑤这一诏令颁行后的绍兴二十九年,泉、广两舶司"抽分及和买岁得息钱二百万缗"⑥,200 万缗息钱仍未计入两浙的收入。和买得息是指宋政府加价出售博买所得商品的纯利润。宋政府规定"广南舶司鬻所市物,取息毋过二分",即政府从博买品中所得利润一般不超过博买品价值的1/5。高宗时博买的比率一般低于 4 分。建炎元年规定粗、细两色均博买 4 分。⑦ 隆兴二年犀牙博买 4 分,珠博买 6 分,使"船户惧抽买数多,止贩粗色杂货"⑧。这说明粗色的博买比率低于细色,也说明博买四分和六分的比例是不正常,为船户所不能接受的,一般情况下不能超过这个比例。若抽解和博买的比例分别按 1/10 和 4/10 计,则可以得到以下算式:

$$X \times (1/10) + X \times (4/10) \times (2/10) = 200(万贯)$$

$$X = 1111(万贯) \text{ [注:"X"为进口总额]}$$

这个算式只能是作一粗略的估测,其中包括了一些变量,如 200 万贯是史书所见宋代市舶收入最高值,而抽解和博买比例也是时常变化的,粗细色的博买比例也不一

① (宋)李心传:《建炎以来朝野杂记》甲集卷一五《市舶司本息》,国学基本丛书本。

② (宋)李心传:《建炎以来朝野杂记》甲集卷一五《市舶司本息》,国学基本丛书本。

③ 《宋史》卷一八六《食货志下八》。

④ (宋)曹勋:《松隐集》卷二三《上皇帝书十四事》,《四库全书》本。

⑤ (宋)李心传:《建炎以来系年要录》卷一五六,绍兴十七年十一月甲子,中华书局 1988 年版。

⑥ (宋)李心传:《建炎以来朝野杂记》甲集卷一五《市舶司本息》,国学基本丛书本。

⑦ 《宋会要辑稿·职官》四四之二〇。

⑧ 《宋史》卷一八六《食货志下八》。

样;另外,这样的计算是不包括走私贸易的。如果以这一计算结果作一略数,而且出口额与进口额大体平衡,则进出口总额应超过 2000 万贯。桑原骘藏推算绍兴二十九年财政岁入约为 4000 万至 4500 万贯。[1] 郭正忠先生认为桑原骘藏的推算不科学,绍兴二十九年的岁赋总入应在 1 亿贯左右,进出口额与财政总收入之比约为 1∶5。[2] 郭正忠先生的计算更接近事实。宋代已是我国古代海外贸易最为兴盛的时期之一,虽然这一比例仍与 15 世纪以后西方一些进出口额是政府财政收入的几倍的贸易国家无法比拟,但对自然经济为主体的古代中国来说,不能不说已是十分可观的了。

四　对外贸易重心向海上的转移

中国古代的对外贸易有两个不同的方向,即陆上贸易和海上贸易,其起始时间大体相同。在史籍中有明确记载的两个方向的贸易往来都是从汉武帝时代开始的。但是,在汉武帝时期及其以后,两个方向贸易的发展速度却有很大的差异。《汉书·西域传》称,汉武帝开通西域后,"白玉门关、阳关出西域有两道",南道经南疆,越葱岭出大食、波斯,北道经北疆出大宛、康居。两条丝路上商使交属,相望于道,少者数十人,多者百余人。而《汉书·地理志》所载海上的交往常常是政府的使节和勇敢的应募者的行为,且须"蛮夷贾船转送致之",辗转循岸而行,还担心蛮夷"剽杀人","又苦风波溺死,不者数年来还",丝毫也没有西北丝路上两道并进、络绎不绝的盛况。

魏晋南北朝虽然分裂割据,但西北陆上丝路并没有阻断,相对于两汉还有较大的发展。《魏略·西戎传》说:"从敦煌玉门关犬西域,前有二道,今有三道。"大宛、大月氏、粟特国、康居、天竺、波斯等国都自西北丝路与中国当时的北方政权有贸易往来。《洛阳伽蓝记》卷三形容道:"自葱岭以西,至于大秦,百国千城莫不款附。商胡贩客日奔塞下。"因乐中国风土而定居于洛阳的有万余家,"天下难得之货咸悉在焉"。在曹魏、西晋、前秦、北魏等时期西域的交通都如《洛阳伽蓝记》所载之盛。此时,由于南方六朝的重视,海上贸易也有很大发展,但是经济重心、政治中心仍在北方,西域各国与曹魏、西晋及北朝各政权的交往仍主要通过西北陆上通道。隋朝统一以后,西北丝路发展更快。《隋书》卷六七载裴矩《西域图记序》称"自敦煌至于西海,凡为三道,各有襟带",即分别从伊吾(哈密)、高昌、鄯善达于西海(地中海)的三条商道。隋朝设立互市监,管理与西域各国贸易事务。裴矩曾受命守张掖,掌管丝路贸易,说明隋朝对陆上贸易的重视,而海上贸易尚不够给予这样的待遇。615 年,裴矩在洛阳大宴外国商人和使节,与会者数千人,可见西北丝路更盛于前。隋代的海上交往除了常骏出使赤土及与日本的使节往来外,留下的记载并不多,更难以寻到民间海商的踪迹了。隋朝也未有设立管理海上贸易的官员和机构的记载。

唐代海陆两路的对外贸易都有很大发展。从陆路来到长安的西域胡人数以万计,向达先生在《唐代长安与西域文明》一文中已有叙述,胡人之中,下至街头卖胡饼的小贩、上至资产以亿万计的大商,长期定居于长安。由于唐代政治中心和经济中心仍在北方,特别是作为最大的政治中心和消费中心的首都处于关中,更有利于西北陆上贸

---

① 〔日〕桑原骘藏:《蒲寿庚考》,陈裕菁译,中华书局 1954 年版,第 195、200 页。
② 郭正忠:《南宋海外贸易收入及其在财政岁赋中的比率》,《中华文史论丛》1982 年第 1 辑。

易的发展。唐继承隋朝之制,设立互市监,管理与西域各国及少数民族的贸易。唐代中后期随着政治经济形势的变化,如皇室权力的衰微、东部和南部经济的崛起、地方势力的发展等,海上的贸易发展很快。市舶使的派遣就可以说明海上贸易有了与前代完全不同的规模和意义,但它仍属使职差遣性质,而不像西北陆上的互市监那样是管理贸易的专门机构。到宋代,对外贸易的重心已经完全转移到东南海上,西北丝路独占鳌头的局面一去不复返了。这一转变具体体现在以下几个方面。一是管理对外贸易及进口品营销的整套机构都是根据海上贸易的需要制定的。宋朝的市舶司和市舶条例都是专门管理海上贸易的机构和制度。二是海上贸易的收入已经具有一定的财政意义。虽然其财政意义十分有限,但相对于从未纳入过财政体系的陆上贸易仍是巨大的变化。三是海路成为中国与海外各国交往的主要通道。宋代以后,与中国交往最为频繁的国家都是中国的主要海上贸易国——阿拉伯、印度、东南亚各国等,进口商品也主要由海路入境,"东南尽海外珍怪,西碔门,北榷场之货悉处之"①。四是出口品的主要产地转向了东南沿海地区,特别是最大宗的瓷器的生产主要集中在沿海地区。冯先铭主编《中国陶瓷》谈到一种受波斯金属器形制影响的凤头壶,主要是适应出口需要。宋代主要在广东和福建的窑址出土,"而在北方宋代瓷窑中迄今未发现凤头壶标本。这与宋代广州、泉州贸易港的对外繁盛的贸易有关,同时也看出唐代陶瓷输出是沿西北丝绸之路,宋代以后转移到海路"②。不仅瓷器,丝绸、书籍等大宗出口品的生产和供给都是如此。在元代特殊的历史环境下,陆上丝路虽有所复兴,但也不能与海上的贸易规模相提并论。明清以降,海上贸易的重心地位则更无可动摇。

第三节　海外贸易与宋代财政③

宋政府在外交上虽然采取"守内虚外"的收缩政策,但对海外贸易依然十分重视,其主要目的就是为了解决财政问题。宋政府为"三冗"所累,财政支出浩大,真宗朝以后始终存在捉襟见肘的窘迫。宋政府每年能从海外贸易得到几十万到百万的收入,如宋高宗所说"市舶之利最厚,若措置合宜,所得动以百万计"④。香药宝货与实钱一样,"皆所以助国家经常之费","内赡京师,外实边郡,间遇水旱,随以赈济"⑤。虽然其绝对数量还很有限,在财政中所占比例始终极为有限,但进口品作为一项市场上新兴的大宗商品,需求在日益扩大,成为政府调动商人的有效手段,起到其他商品所不及的作用。所以,从北宋时太宗、神宗始,对海外贸易就十分重视。南宋偏安江南,国家财政依靠半壁河山,市舶收入在财政上的地位更为直接和重要。大齐侍御史卢载杨分析南宋得以存在的原因时曾说:南宋"川广交通,宝货杂还,有金银茶马之贡,香矾缯锦之

---

① (元)方回:《桐江集》卷六《乙亥前上书本末》,《四库全书》本。
② 冯先铭:《中国陶瓷》,上海古籍出版社1994年版,第425页。
③ 本节引见黄纯艳:《宋代海外贸易》,社会科学文献出版社2003年版,第169—179页、第254—271页。
④ 《宋会要辑稿·职官》四四之三三。
⑤ 《宋会要辑稿·职官》四四之三三。

利,资其雄富,未易殒越"①。市舶收入对南宋政府的作用不可忽视。正因为如此,宋政府开始用财政眼光看待海外贸易。至道二年,"诏榷货务博买香药,收钱帛,每月收十次送纳"②;景德元年又"诏榷货务所卖紫赤矿、香药令依市实价出卖;不得亏官"③。仁宗为了改革宫中浮奢之风,下令将"在京库藏内珠玉犀牙闲杂物色都交由榷货务变转货卖"④。宋政府努力通过各种途径增加市舶收入。

一　宋政府从海外贸易中获利概况

宋政府的市舶收入主要来源于两个途径:抽解和博买。抽解即征收进口税,这是净利收入。博买所得主要通过政府对进口品的经营生利。对于政府经营的方式及对商人营销的管理,我们在上一章中已经论述。汪廷奎先生认为,宋代除了抽解和博买外还征收贸易出口税。他认为,宋籍中"投税"就是进口税,"回税"就是出口税。⑤ 宋代史籍中未见对"投税""回税"的具体解释。但依据有关史料分析,二者并非进出口税,而更可能是归地方征收的商品流通税。《元典章》卷二二《户部八·市舶》中"至元市舶则法"第一条关于贸易收税说道:"粗货十五中一分,细货十分中一分。所据广东、温州、澉浦、上海、庆元等处市舶司,舶商回帆,已经抽解讫,货物并依泉州见行体例,从市舶司更于抽讫货物内以三十分为率,抽要舶税钱一分,通行结课。船贩客人从便请文遣,买到已经抽税货物,于杭州等处货卖,即于商税务内投税,赁所文遣数目,依例收税。"从这则记载可知,"投税"是国内商人贩易已经抽解后的进口品向商税务缴纳的商税,与"抽解"即进口税是截然不同的,不仅内容上有别,征收机构也不同。抽解为市舶司、投税为商税务。元代"至元市舶则法"基本依据宋代"元丰市舶条法"制定,只是对具体内容加以丰富、添加若干新条、改变了征收税率,一应名目大都依旧。

"回税"则是指对一些机构经营牟利的活动,即"回易"的征税。⑥ 北宋政府对回易征收商税。西北沿边甚至把回易收入作为养兵之费的重要来源。南宋也如此。《宋史·食货志下八》载:"绍兴,然当时都邑未奠,兵革未息,四方之税间有增置,及于江湾、浦口量收海船税,凡官司回易亦并收税。"广南负责海上防卫的催锋军"军中有回易,所以养军"⑦。宋代海外贸易抽解收入须上缴朝廷,地方不能截用;而且,自崇宁以后市舶事务皆由中央直接派官提举,地方吏不能插足,当然也不能由其征收海外贸易税。南宋陈傅良说,北宋初"舶司盖长吏兼之,寻以为有遗利也,而专置使亦稍密矣"⑧。宋政府对市舶收入管理是很严格的。《宝庆四明志》卷六《市舶》所说"有司资回税之利,居民有贸易之饶",亦指对有关机构经营进口品的征税,不然地方官司是不可能得享其利的。《宝庆四明志》卷八《蠲免抽博倭金》载,庆元市舶司奏免的 3 万多贯日商交易黄金的税钱就是从"市舶司回税钱内支拨"。回税钱显然是属市舶司自得的营利,若为市舶

---

① (宋)李心传:《建炎以来系年要录》卷六八,绍兴三年九月乙卯,中华书局 1988 年版。
② 《宋会要辑稿·食货》五五之二二。
③ 《宋会要辑稿·食货》五五之二三。
④ 《宋会要辑稿·食货》四六之二三。
⑤ 汪廷奎:《两宋市舶贸易出口税初探》,《广东社会科学》1993 年第 3 期。
⑥ 汪圣铎:《宋代官府的回易》,《中国史研究》1981 年第 4 期。
⑦ 《宋会要辑稿·食货》六七之二。
⑧ (宋)陈傅良:《止斋集》卷一四《外制》,《四库全书》本。

税则属国家财政,何言由市舶司补足,又《漫塘集》称:"关市之有回税,既税其人,又税其出,其事近始于淳熙,而甚于比岁。"这说明回税是关市之征,而非市舶收入,且自淳熙以后才盛行起来。该书还说建康之民仰于外地贩米,常平之官又不属郡管,因而建议免常平籴米之回税。① 海外贸易收入主要来源于抽解和对抽解博买商品的经营牟利。

北宋时海外贸易收入都以各种商品的单位计量,每年的市舶收入在几十万至100余万计量单位。《宋史·张逊传》载,香药榷易院建立的第1年,即太平兴国二年岁入为30万;以后逐步增加,至岁入50万。这是一般年份的收入。淳化间收入仍为50万斤条株颗等。② 咸平中,焦继勋"监香药榷易院。三司言,岁课增八十余万"③。由于焦继勋突出的成绩,使香药榷易院岁入达到建立榷易院以来的最高点。天禧五年所入"(总获)香药、真珠、犀象七十余万斤条片颗……(总费)香药、真珠、犀象五十二万三千余斤条片颗"④。"皇祐中,总岁入象犀、珠玉、香药之类,其数五十三万有余。至治平中,又增十万"⑤。治平中每年为六十三万单位左右。元祐元年,杭、明、广三市舶司"收五十四万一百七十三缗匹斤两……支二十三万八千缗匹斤两……"⑥元符以前,市舶收入似乎未见上升。此前"十二年间至五百万",平均每年合40余万单位。崇宁后,由于各主要港都已设立市舶司,并置提举官专领其事,加强管理,市舶收入显著增加。"九年之内至一千万。"⑦收入增加至平均每年110余万单位。北宋计算市舶收入都采用商品的计量单位,很难准确计算其应合多少缗钱,但政府得自于海外贸易的收入比转化为财政收入的市舶总收入肯定要稍高。因为政府所得香药除主要在榷易院出售外,还用于宫廷消费、赏赐、出使馈赠、和剂局贩卖、市舶司发售等方面。市舶司直接发售进口品最早也是天圣五年才开始。天圣五年,宋政府还颁布过全数纲运上京的命令。和剂局贩卖给民间的药物,其中有一部分是进口香药等物。和剂局每岁可得息钱40万缗⑧,其中的一部分可算为出售市舶香药所得。宫廷消费、赏赐、馈赠数量难以确知,但应小于榷易院发售之数。如果加上这几个方面的支出,来自于海外贸易的收入显然还要大得多。北宋市舶收入还有一个显著特点,就是崇宁设提举官,由中央直接管理后收入有明显增长,首次突破100万,从每年的几十万增至110多万。

南宋的市舶收入较之北宋又有增长。绍兴元年,两浙路市舶共抽解到香药约12万两。两浙路在当时兵灾过后,市舶事务尚未完全恢复,而贸易收入又历来远不及广、泉二司。北宋时,广州市舶司收入常占全国总收入的9/10左右。桑原骘藏说:"广州所征居全税十之九以上。故唐与北宋之互市,均以广州为第一。"⑨这一说法是符合事实的。熙宁年间,广、明、杭三司一年共收到乳香35万斤,其中广州为34万斤,占9/10

---

① (宋)刘宰:《漫塘集》卷二三《建康平止仓回税记》,《四库全书》本。
② 《宋史》卷一八六《食货志下八》。
③ 《宋史》卷二六一《焦继勋传》。
④ 《续资治通鉴长编》卷九七,天禧五年十二月戊子。
⑤ 《宋史》卷一八六《食货志下八》。
⑥ 《文献通考》卷二六《市舶互市》。
⑦ 《文献通考》卷二六《市舶互市》。
⑧ 《铁围山丛谈》卷六。
⑨ 〔日〕桑原骘藏:《蒲寿庚考》,陈裕菁译,中华书局1954年版,第4页。

多。南宋时,泉州地位逐渐上升、两浙路港口的贸易地位更趋下降。广、泉两司岁入占全国市舶总收入的 9/10 大体近于事实。三舶司总收入仍有 100 万左右。绍兴七年的诏令中说:"(市舶之利)所得动以百万。"[1]绍兴十年又说:"(市舶收入)动得百十万缗。"[2]大概南宋初期市舶收入一般都是在 100 万上下。绍兴二十九年市舶总收入达到 200 万贯,这是史籍所见两宋市舶收入的最高数。不少学者对市舶收入在财政总入中的比例作了推算,其中主要是对南宋初的市舶收入的推算。例如,白寿彝先生的《宋时伊斯兰教徒底香料贸易》(《禹贡》1937 年第七卷第四期)、林天蔚先生的《宋代香药贸易史稿》(中国香港 1960 年版)、关履权先生的《宋代广州的香料贸易》(《文史》1963年第三辑)都认为南宋市舶收入在财政总入中占到 20%。桑原骘藏在《蒲寿庚考》中提出 5% 的观点。陈高华、吴泰在 1981 年版的《宋元时期的海外贸易》中也认为榷货务总入中香药收入占 5%。[3]此外,还有根据史籍所载"(榷货务收入中)大率盐钱居十之八,茶居其一,香矾杂收又居其一"[4]而得出 1/10 说。郭正忠先生对这一问题作了深入的考证,认为持 20% 说的学者们用来折算的 1000 万财政总收入,实际是渡江之初非常状态下的东南地区财赋现钱收入,不能作为研究南宋初全部财政岁入的依据,而 200 万市舶收入是绍兴二十九年之数,两个数据时间相距 30 年左右,因而 20% 说是不当的;1/10 说则忽视了杂收的数量,也不正确。桑原骘藏推算绍兴二十九年南宋财政总入是 4000 万至 4500 万缗,因而得出 5% 之说。郭正忠认为,桑原骘藏对财政总入推算有误,绍兴二十九年财政总入应在 1 亿缗以上。他认为南宋市舶收入一般只在 1%—2%,从来不曾达到 3%。[5]漆侠先生通过对绍兴二十四年和绍兴三十二年行在、建康和镇江三榷货务场收入情况的分析得出,香钱占榷货务总收入的 5% 或稍多。我们同意郭正忠先生的观点。在以前的研究中的确存在将市舶收入夸大的现象。我们仅从一个事实就可以看到海外贸易收入在整个财政中的地位是很有限的,那就是海外贸易收入在宋代始终未纳入财政预算,至南宋高宗时仍如此。高宗在谈到三舶司收入时说:"此皆在常赋之外,未知户部如何收支。"游离在预算以外正说明其比重始终很有限。根据以上分析我们可以粗略地制作出两宋市舶收入表。

表 21-4　两宋市舶收入

年　　代	市舶收入	备　　注
太平兴国二年	30 万缗	仅为香药榷易院收入
太平兴国三年后	50 万缗	仅为榷易院收入
咸平年间	80 万缗	仅为榷易院收入
天槽五年	70 万单位	
皇祐五年	53 万单位	

① 《宋会要辑稿·职官》四四之二〇。
② (宋)李心传:《建炎以来系年要录》卷一三五,绍兴十年四月丁卯,中华书局 1988 年版。
③ 陈高华、吴泰:《宋元时期的海外贸易》,天津人民出版社 1981 年版,第 184 页。
④ (宋)李心传:《建炎以来系年要录》卷一〇四,绍兴六年八月乙丑,中华书局 1988 年版。
⑤ 郭正忠:《南宋海外贸易收入及其在财政岁赋中的比率》,《中华文史论丛》1982 年第 1 辑。

(续表)

年　　代	市舶收入	备　　注
治平年间	63 万单位	
熙宁九年	54 万多单位	
哲宗朝	40 余万单位	
崇宁大观年间	110 万单位	未计入博买得息,榷货务出售香药
绍兴元年	100 余万单位	收入为 30 万缗
绍兴七年	100 万缗	
绍兴十年	100 余万缗	
绍兴二十九年	200 万缗	

　　上表中的数目并不能完全反映出宋政府从海外贸易中获数利的实际情况。榷货务出售的香药只是政府掌有香药的一部分,其收入也与政府从海外贸易,包括对进口品的营销所得总收入有一定差距。例如,政府对商人抽取的专卖税和流通税也是一笔巨大的收入,这些一般都计入了商税收入之中。在第二十章中我们论证过,两宋进口额十分巨大,特别是南宋都在 1000 万贯以上。进口商品大部分都最后经过民间商人的营销转移到消费者手中,而宋政府向商人征收的进口品流通税比普通商品高得多,因此每年向商人的征税也有一定数目。除了有形的收入以外,香药宝货等进口品因其短缺、畅销,在解决财政困境上往往起到其他商品不能起到的特殊作用。

　　二　市舶收入在财政上的作用

　　《宋史·食货志》载:"宋之经费,茶、盐、矾之外,惟香之利博。"宋政府每年从市舶获得上百万的收入,对财政能起到一定的补助作用。不唯如此,香药宝货与盐茶有一个共同点,就是并非随处可以出产,而有地域限制,因而不仅受欢迎、销路好,而且适合于长距离贸易。宋政府常把它作为调动商人的手段,运用于市籴军粮、收兑会子等方面。

　　1. 进口商品在市籴等方面的运用

　　宋政府在应急的支出,或在经费不足时,常常把皇宫内库的香药也拿出来用于市籴军需。景祐二年,仁宗命"出内库珠赐三司,以助经费"。宝元二年又"出内库珠易缗钱三十万籴边储"①。三说法和现钱法罢行后,香药仍被用于市籴。南宋香药仍用于市籴军需。开禧元年为解决养兵之费无所措办的困难,令"每岁于盐、舶二司各拨一万缗入桩积库,以备缓急"。宋南迁之初,全国混乱,立足未定,财政未理,用度奇缺,曾"命福建市舶司悉载所储金帛见钱,自海道赴行在"②,以解燃眉之急。

　　2. 进口商品在收兑会子方面的运用

　　南宋政府为解决严重赤字的财政,不顾准备金的不足,大量超额发行会子,东南地

---

① 《宋史》卷一〇《仁宗纪二》。
② (宋)李心传:《建炎以来系年要录》卷三一,建炎四年正月丙辰,中华书局 1988 年版。

区最为泛滥,而钱荒又最重,致使会子不能如界收兑,政府不得不采取其他手段。香药犀象等就是重要收兑手段。隆兴五年收兑第一界会子时就规定香药作为固定的收兑手段之一:"令行在榷货务,都茶场将请算茶、盐、香、矾钞引,权许收换第一界,自后每界收换如之。"①南宋一百多年中始终为滥发会子和收兑的艰难所困扰。香药也一直在收兑会子中起着重要作用。宋政府因无力收兑,不得不将会子一再展期,但数界积压,收兑更为困难。庆元元年,"诏封桩库拨金一十五万两,度牒七千道,官告绫纸、乳香,凑成二千余,贴临安府官局收易旧会"②。嘉定年间,第十一界会子期满,共有36326236贯800文,超过了财政总收入,于是"以鬻爵及出卖没官田并储色名件拘回旧会",其中仅以乳香一项就收兑了160余万缗。③宝祐三年,又"诏以告身、祠牒、新会、香盐,命临……安府守臣马光祖收换两界旧敝会子"④。景定五年,"出奉宸库珠、香、象犀等货下务场货易,助收币楮"⑤。直至咸淳年间,仍在努力解决这一难题:"出奉宸库珍货收币楮。"⑥会子的弊端源于政府不顾准备金,大肆滥发,收兑上即使尽千方百计也是以石填海。但香药在收兑上的使用也对减少金融的混乱起到了些微的作用,而且大量香药也由此流入市场。

市舶利益虽然由中央政府所垄断,抽买所得除纲运外,在市舶司所在地出售所得息钱也必须上交中央。但是,市舶机构所在的州郡仍可从香药在当地流通的商税征收中得到一定的收入。"州郡商税,经费之所出"⑦,是地方财政的重要来源。沿海州郡的商税也包括舶货流通税。例如,泉州的都税务征税中有舶货税:"都税务,在镇雅街东,熙宁八年建。税之目有七,曰门税、市税、舶货税、采帛税、猪羊税、浮桥税、外务税。"⑧宝庆三年庆元知府胡榘说:"本府僻处海滨,全靠海舶住泊,有司资回税之利,居民有贸易之饶。"⑨庆元府的商税征收要"视海舶之至否,税额不可豫定"⑩。泉州的地方财政更加倚重贸易。真德秀指出:"惟泉为州,所恃以足公私之用,番舶也。""福建提舶司正仰番舶及南海船之来以供国课。"⑪总之,宋代市舶收入虽然有限,但是宋政府从海外贸易中的得利途径是多样的,海外贸易在宋代财政上的影响仍不可忽视。

三 海外贸易与东南沿海地区经济结构的变迁

(一)海外贸易对东南沿海地区经济结构变化的驱动

海外贸易可以说是本国的交换活动向国外的延伸,因而从根本上说,海外贸易与

---

① 《宋史》卷一八一《食货志下三》。
② 《宋史》卷一八一《食货志下三》。
③ (宋)李心传:《建炎以来朝野杂记》乙集卷一六,国学基本丛书本。
④ 《宋史》卷四四《理宗纪四》。
⑤ 《宋史》卷四五《理宗纪五》。
⑥ 《宋季三朝政要》卷三,粤雅堂丛书本。
⑦ 《宋会要辑稿·食货》一八之二五。
⑧ 《泉州府志》卷二四《杂志》。
⑨ 《宝庆四明志》卷六《市舶》。
⑩ 《宝庆四明志》卷五《商税》。
⑪ 《西山文集》卷五《祈风祝文》、卷一五《申尚书省乞措置收捕海盗》。

经济发展的关系就是交换与生产的辩证关系。恩格斯指出:"生产和交换是两种不同的职能。没有交换,生产也能进行。没有生产,交换——正因为它一开始就是产品的交换——便不能发生。"①生产对于交换有决定作用。一个国家社会经济发展的特点及生产力水平决定了该国对外贸易的商品结构和贸易规模。由于宋朝生产技术水平处于世界领先地位,在手工业发展上占据绝对优势,从而决定了瓷器、丝绸、书籍等手工业品成为宋朝主要的出口产品,而沿海一带制瓷、纺织、印刷也成为主要的出口产业。另一方面,海外贸易也能产生强大的经济效应,反过来推动社会生产的发展。正如恩格斯所说,生产和交换"这两种职能在每一瞬间都互相制约,并相互影响"②。贸易的增加、市场的扩大引起需求的增长,由此刺激了社会生产的发展。杜冈-巴拉诺夫斯基说:"扩大生产规模的经济限度决定于市场的规模,有限的需求和地方性需求的商品不能大规模生产。"③可见,海外贸易对社会生产的推动十分显著。马克思也指出:"产品的市场越大,产品就越能在更充分的意义上作为商品来生产。"④海外贸易的发展正是国内产品市场的扩大,对社会生产具有积极的促进作用。这种作用具体而言,表现在两个方面:一是自发地调节经济结构的地区分布和产业构成,二是促进生产率的提高。中国古代以自然经济为基础,但上述的经济规律在中国古代海外贸易中仍然有一定体现。随着海外贸易的发展,与海外贸易出口商品供给有直接联系的地区适应出口需要的产业迅速发展起来。在泉州等港口周围的局部地区商业和手工业的地位甚至超过了农业,改变了以农业为主要产业的传统,同时农业的商品化步伐也大大加快了。

东南沿海地区地近港口,在海外贸易中占据了天然的优势。商品由这里出口,快捷方便,更主要的是省却了庞大的交通费用。当时的陆上交通道路远阻,工具落后,效率低下,从山重水隔的内地运送商品,费用浩繁。因而东南沿海地区适应贸易需要的产业大力发展起来。

东南沿海地区地理优势向贸易优势和产业优势的转化,以及东南沿海地区为了适应海外贸易而进行的产业结构自发的调节,最根本的动因就是追求利润的最大化。配第在《政治算术》中阐述了产业结构演变的一般规律:在经济发展中,制造业比农业、商业比制造业能获得更多的收入,这种收入上的差异促使劳动力流向收入较高的产业部门。克拉克也指出,因为三种产业收入的相对差异性,劳动力依着第一产业、第二产业、第三产业的顺序转移。对产业间利润的差异中国古代很早就有人认识到了。司马迁在《史记》中说:"夫用贫求富,农不如工,工不如商,刺绣文不如倚市门。此言末业,贫者之资也。"这就是对这一问题的朴素论述。宋代的中外贸易是互补性贸易,贸易关系稳定,利润丰厚。东南沿海地区很多人,不论阶层、职业都被厚利诱惑转移到海外贸易及其有关行业中来。数以万计的人成为海商,操舟牟利,其中既有农户渔夫、地方豪富,也有政府官吏、军将守卒,促进了东南沿海地区的商业和市场的进一步繁荣和发展。而没有出海的人也纷纷转向利润丰厚的出口产品的生产,或离开本业改事手工

① 《马克思恩格斯选集》第 3 卷,人民出版社 1965 年版,第 186 页。
② 《马克思恩格斯选集》第 3 卷,人民出版社 1965 年版,第 186 页。
③ 杜冈-巴拉诺夫斯基:《政治经济学原理》,商务印书馆 1989 年版,第 211 页。
④ 《马克思恩格斯全集》第 26 卷,人民出版社 1965 年版,第 296 页。

业,或转变种植结构生产适于出口的农产品。这里我们将主要对海外贸易影响下手工业的兴盛和农业商品化等问题作一较为深入的考察。

(二)手工业中出口品生产的发展

在海外贸易的刺激下,东南沿海地区生产出口产品的手工业迅速发展起来,范围日广,规模日大;其中,制瓷、纺织、印刷等几种主要商品的生产业的发展典型地代表了沿海地区整个出口品生产业的发展盛况。

1. 东南沿海地区外销瓷生产的发展

中国的制瓷业历来以北方为盛,北宋中后期南方的瓷业普遍兴起,南宋时南方更远远超过了北方。南方瓷业发展的一大特征就是东南沿海地区瓷业的兴起和繁荣。东南沿海地区生产的瓷器绝大部分是适应出口需要。这一现象在广东和福建两路最为突出。冯先铭主编的《中国陶瓷》论述到宋代南方瓷业发展的特点时说:"宋代由于适应瓷器对外输出的需要,东南沿海几省涌现了数以百计的瓷窑。分布在福建省沿海的有连江、福清、莆田、仙游、惠安、泉州、南安、同安、厦门、安溪、永春和德化等窑;分布在广东省沿海的有潮安、惠阳、佛山、南海等窑。有些瓷窑产品已在国外发现,以泉州、同安、潮安、广州、佛山等窑数量较多。"[①]

宋代广东路出口的主要商品是瓷器,瓷器的生产也比较发达。古运泉先生根据已调查的窑址中的窑数推算,宋代广东全路每年可产瓷器1.3亿件,这当然是不完全且趋保守的估计。唐代窑址在广东只发掘22处,规模比宋代小许多。据估计,其产量只有宋代的二十几分之一。[②] 由此可见唐宋之际瓷器生产增长幅度之大。迄今在广东发现的宋代窑址有80多处。粤东地区主要有潮州笔架山、竹园内、凤山、田园东、翁片山、竹竿山、象鼻山,惠州的窑头山,梅县瑶上、紫金、澄海等处;粤中地区主要有广州皇帝岗、南海虎石岗、大庙岗、桂园岗、石头岗、新丰岗、岗园、旁岗和佛山石湾大务岗、番禺沙边窑、社会官冲、东莞等;粤西地区在靠近北部湾的廉江、遂溪沿岸分布着二十几处窑址,在封开都苗、郁南江口、阴江石湾、高州良德等亦有窑址数十处;粤北地区主要有南雄的达塘凹、李塘坪、窑堡全、窑山坪、天然公、满湖塘、三窑塘、韶关河东、仁化墟、背岭等处。从地理分布看,全路窑址都在通向广州港的水陆交通线上。粤中诸窑都围绕广州港而建,或设于东江西江两岸,可以直运广州港。粤西窑址沿西江分布,南恩州内窑址的产品则可沿漠阳江出海。粤北窑址主要分布在从南雄到广州的古商道上,从南雄沿始兴江直抵广州。粤东窑址沿韩江分布,直销海外。这说明广东瓷器主要供给海外市场。

广东瓷窑中影响最大的是潮州窑和西村窑。潮州窑群从潮州一直到澄海的出海口"沿江十里,烟火相望"。仅在潮州市方圆几十千米内就发现了数十座唐宋窑址,尤其是韩江东岸的笔架山,传说宋代有99座窑,号为"百窑村"。潮州窑在当时一度是岭南最大的瓷窑基地,北宋前期十分繁盛,直至政和年间才逐渐式微,但此后又延续了约

---

① 冯先铭:《中国陶瓷》,上海古籍出版社1994年版,第401页。
② 以上参考古运泉《广东唐宋陶瓷生产发展原因初探》;杨少祥《广东唐宋陶瓷对外贸易初探》,《广东唐宋窑址出土陶瓷》,中国香港大学冯平山博物馆,1985。

150 多年,至宋末元初遭受兵灾才停烧废弃。从北宋窑址中发现的白釉西洋人头像和一批西洋狗,以及向阿拉伯地区出口的凤头壶、为东南亚各国所喜爱的"军持"青白瓷器等,可以看到它是为外销而生产的。潮州地区三面阻山,产品主要靠海运出口。潮州窑产品在印度尼西亚、菲律宾、巴基斯坦、伊拉克等国都有发现。当时前来潮州的海舶甚多,以致淡水需求量大增,城内增挖了不少水井。潮州瓷产量很高,估计一个中型窑一次可烧 7 万至 7.8 万只中型碗。成百家窑址,一次出窑的瓷器可达几百万以至上千万。①

西村窑也是广东路产量大、质量高的瓷窑。它的产品与潮州窑一样,在国内墓葬和遗址中出土不多,但在其他地区附近海域都有不少发现。在印度尼西亚也发现了大量西村窑产品。菲律宾、马来亚、阿曼等国也都有发现。② 西村窑的产品"以碗、盘、碟、洗等日常生活用具为主,因产品主要销往东南亚,在产品上就必须适应东南亚国家的生活需要,小型杯、瓶、罐等器的出现与大量生产与此不无关系"③。在海外发现的广东窑产品,可以确知窑址的还有惠阳、佛山、遂溪等地的瓷窑。入元以后,由于广州港对外贸易的衰落,这批窑址也随之一蹶不振,说明它们的兴衰与海外贸易密切相关。④ 广西也有一批外销窑址,总数在 20 处以上,年产量估计可达 400 万件,其繁盛时期即在宋代。这些窑址都位于与广州相连的内河航线沿途,说明广西诸窑的瓷器是通过水路运到广州出口的。⑤

海外贸易对福建制瓷业的兴盛影响最大,也最为典型。今天在宋泉州、兴化军范围内发现有唐五代窑址 18 处;发现宋元窑址 137 处,其中,南安 47 处,德化 33 处,安溪 23 处,晋江 12 处,永春 6 处,同安 6 处,莆田 4 处,仙游 3 处,惠安 1 处,泉州 2 处。⑥ 由唐代到宋元的剧增,正是因为宋元时期泉州海外贸易的蓬勃发展。德化、安溪、永春等地虽处于闽北,但都有水陆道路可通泉州。这些地区的瓷器都可汇聚泉州出口。在闽北,当时的建州、南剑州、邵武军境内也发现了宋元窑址 19 处。这些瓷窑的产品也大量外销。⑦ 在连江、福清、闽侯、厦门及闽西的长汀、漳平、龙岩、永定等地也有宋元窑址的发现。福建宋窑在分布上沿海多于内地。许清泉先生比较了晋江、南安、安溪、德化发现的窑址,宋元窑址分别占 50%、80%、10.5%、10.8%,说明海外贸易发展时沿海地区制瓷业大兴,海外贸易衰落时制瓷业又退回瓷土丰富的北方山区。而且,宋元时期沿海制瓷也大量从山区运输瓷土,在沿海烧制后出口。上田恭辅在《支那古瓷器手引》中说:"(宋)建窑青瓷以泉州为主,瓷土采掘于安溪。"⑧山区瓷器在宋代也与沿海一样主要供给出口。"德化、安溪、南安等瓷窑产品在宋墓中就很少发现,但在国外发现就多了。"⑨同样,"同安窑瓷器在福建及邻近地区墓葬及古遗址里极少出土,但

① 关于潮州窑的论述参考了《潮州考古文集》《潮学研究》《潮仙文化论丛》《潮汕文物志上》等有关文献。
② 参见〔日〕三上次男《陶瓷之路》有关内容。
③ 冯先铭:《中国陶瓷》,上海古籍出版社 1994 年版,第 424 页。
④ 马文宽、孟凡人:《中国古瓷在非洲的发现》,紫禁城出版社 1987 年版,第 68 页。
⑤ 马文宽、孟凡人:《中国古瓷在非洲的发现》,紫禁城出版社 1987 年版,第 68 页。
⑥ 许清泉:《宋元泉州陶瓷的生产》,《海交史研究》1986 年第 1 期。
⑦ 林忠干等《闽北宋元瓷器的生产与外销》,《海交史研究》1987 年第 2 期。
⑧ 许清泉:《宋元泉州陶瓷的生产》,《海交史研究》1986 年第 1 期。
⑨ 许清泉:《宋元泉州陶瓷的生产》,《海交史研究》1986 年第 1 期。

在亚洲一些国家却出土不少,证明同安窑是一处专烧外销瓷的瓷窑,它是在我国瓷器大量外销之后应运而生的众多瓷窑之一"①。泉州窑的兴起与泉州海外贸易的发展更直接相关。福建窑址产品因为主要外销,所以产品也着眼于外销实用的生活用品,主要以碗居多,其次有瓶、军持、壶杯等。很多窑甚至专烧瓷碗,以供出口。《晋江县志》记载当时瓷器出口道:"瓷器出磁灶乡,取地土开窑,烧大小钵、缸、瓮之属,甚饶足,并过洋。"宋代福建的瓷器远销海外,深受欢迎。以建窑为主出产的黑釉瓷在镰仓时代传到日本,日本人称之为"天目釉",至今视为国宝。日本人也十分喜爱泉州名窑——同安汀溪的青瓷碗,称之为"珠光碗",因日本茶汤之祖珠光喜用此碗而得名。泉州港主要是对南海诸国的贸易,福建陶瓷向南输出更多。东南亚很多地方都出土了宋代福建窑产品。菲律宾发现了数千件较完整的德化窑瓷器。印度尼西亚全境都发现有包括福建青瓷在内的中国瓷。②叙利亚、印度等地都有福建窑产品出土。当时的外销瓷中大多数都是福建、广东两路的产品。三上次男在介绍研究东洋陶瓷的马尼拉会议时说:"过去认为中国的外销陶瓷中大多数是浙江的龙泉窑青瓷、江西景德镇的青白瓷和青花瓷的想法都有了大的改变,弄清了在东南亚出土的陶瓷大半是福建和广东省的窑口烧制的。"③

浙江外销瓷生产的发展以龙泉窑为代表。龙泉窑兴起于北宋末,在南宋进入极盛时期。窑址分布在龙泉县大窑、金村、玉湖、安福、丽水县黄山、石中,庆元县竹口、枫堂,云和县赤知埠,永嘉县蒋岙以及温州等地,长达五六百里,共有窑址250多处。宋代龙泉窑产品远销亚非各地。据叶文程先生统计,外销的地区有日本、朝鲜、埃及、菲律宾、越南、缅甸、巴基斯坦、印度、阿富汗、伊朗、伊拉克、叙利亚、黎巴嫩、土耳其、南也门、斯里兰卡、巴林、马来西亚、印度尼西亚、文莱、苏丹、坦桑尼亚等。④销售的广泛极大地促进了龙泉窑的生产,并使之成为销售地域最广的产品,堪称当时的世界性商品。龙泉窑群窑址大都分布在瓯江水系河流两岸,宋代主要运至温州出口,或转运明州外销。龙泉窑的产品大量外销,但也有部分供给国内市场,不像福建、广东一些窑主要为外销而生产。

浙江还有越州的越窑、明州慈溪上林湖和上虞窑的产品也供给外销。在马来西亚、波斯湾的施拉夫港、伊拉克都发现了这些窑北宋时的产品。随着龙泉窑的兴盛,这些窑逐步被排挤和取代,外销量也急剧下降,但直到南宋仍能看到越窑产品的外销踪迹。肯尼亚的一个遗址中与南宋铜钱一起出土的就有越州余姚窑的产品⑤,巴基斯坦也有越州窑产品的出土⑥。

两宋时期除了东南沿海地区瓷器大量出口外,其他地区的产品也有定量的出口。景德镇窑、吉州窑、长沙窑以及北方的磁州窑、耀州窑等的产品都通过泉州、广州、明州等港远销海外。在海外各国考古发掘的宋代瓷器中,也有以上瓷窑的产品。但相对于

① 冯先铭:《中国陶瓷》,上海古籍出版社1994年版,第420页。
② 《畅销国际市场的古代德化瓷》,《海交史研究》1980年刊。
③ 〔日〕三上次男:《陶瓷之路:东西文明接触点的探索》,胡德芬译,天津人民出版社1983年版,第142—143页。
④ 叶文程:《宋元时期龙泉青瓷的外销及其有关问题的探讨》,《海交史研究》1987年第2期。
⑤ 〔日〕三上次男:《陶瓷之路:东西文明接触点的探索》,胡德芬译,天津人民出版社1983年版,第32页。
⑥ 叶喆民:《中国陶瓷史纲要》,中国轻工业出版社1989年版,第185页。

东南沿海各窑的外销量,内地各窑的出口是微不足道的,至少在数量上是如此。而且长沙窑、磁州窑、耀州窑等从南宋以后就不复有外销了。可以说,南宋制瓷业兴盛受海外贸易刺激最大、最直接的是东南沿海地区,特别是广东、福建为外销而兴的制瓷业几乎成了当地最大、最繁荣的产业。

2.东南沿海地区纺织业的发展

在宋代,丝绸等纺织品是仅次于瓷器的出口品,每年都有巨大的外销量。外销所需除蜀锦等少数内地产品外,主要由东南沿海地区供给,因而促进了东南沿海纺织业的更大发展。两浙路历来都是全国纺织业中心之一,在海外贸易的纺织品外销中久占鳌头,在宋代依然如此,两浙路占全国纺织业的1/3,丝绵则超过2/3。在这一带,民营纺织业大兴。欧阳修《送祝熙载之东阳主簿》诗写道:"吴江通海浦,画舸候潮归。叠鼓山间响,高帆鸟外飞。孤城秋枕水,千室夜鸣机。试问还家客,辽东今是非。"①这首诗描述了浙东一带的民间纺织盛况。此时还出现了专门从事纺织业的机户和专收购纺织品的揽户:"自来揽户之弊,其受于税户也,则昂其价,及买诸机户也,则损其值。"②民间的生产是直接以赢利为目的的,专业生产尤其如此。海外贸易这个巨大的市场鼓舞了生产者的积极性,为生产的发展注入了活力。

在唐代,福建、广东的纺织业仍然比较落后。福建的产品质量较差,绢与丝均列为全国第八等,产量亦不高。③广东的丝织业在唐末曾经历了黄巢起义军的破坏,"把桑树和别的树一起砍去",而一度使"中国对外的,尤其是对阿拉伯的丝绸出口事业就跟着完了"。④在宋代,这些地区纺织业不但重兴,而且在海外贸易的促进下得到了很大发展。地方统治者为保障税收和满足出口需求,也大力鼓励丝桑生产。"宋时令长吏劝民广植农桑,有伐以为薪者,罪之。"⑤很多农民,特别是山区农民都"以桑麻为业",生产技术有了很大提高,"百工技艺敏而善仿,北土缇缣,西番氍厨莫不能成"⑥。当时,泉州一带的产品质量已跃居全国前列。苏颂《送黄从政宰晋江》诗曰:"泉山南望海之滨,家乐文儒里富仁。弦诵多于邹鲁俗,绮罗不减蜀吴春。"⑦这首诗即称赞福建的纺织品之美。泉州成为与杭州并称一时之盛的纺织业中心,这与其作为全国贸易大港的地位是分不开的。福建的纺织业产品大量销往海外。"凡福之绸、漳之纱绢、泉之蓝……其航大海而去者,尤不可计。"⑧建阳锦也是很受欢迎的外销品。⑨广东的丝织业也得以恢复和进步。《舆地纪胜》卷三六《潮州》载:每年"稻得再熟,蚕亦五收",蚕桑业十分兴旺。广东所产的"粤缎""广纱"等产品"皆为岭外、京华、东、西二洋所贵"⑩,是海外市场上的畅销商品。

---

① 《欧阳修全集》,《居士集》卷一〇。
② (宋)袁甫《蒙斋集》卷二《知徽州奏便民五事状》,《丛书集成初编》本。
③ 郑学檬:《福建经济发展简史》,第169页。
④ 《苏莱曼东游记》第二卷。
⑤ 《泉州府志》卷二一,《田赋》。
⑥ 《泉州府志》卷二〇《风俗》、卷二一《田赋》。
⑦ (宋)苏颂:《苏魏公文集》卷七,中华书局点校本。
⑧ (明)王世懋:《闽部疏》。
⑨ 《诸蕃志》卷上。
⑩ (清)屈大均:《广东新语》卷一五,清康熙刊本。

除丝织品外，东南沿海地区的棉布也有一定外销，使生产得到了进一步发展。棉花在晚唐时期已在中国西北和岭南少量种植，加滕繁和李仁溥先生都持此说。① 宋代吉贝"雷化廉州及南海黎峒富有，以代丝纩。雷化廉州有织匹幅……有绝细而轻软洁白，服之且耐久者"②。广东也有生产棉布的工场。《玉照新志》卷一记载：宋神宗元丰年间，陈绎知广州，因"其子陈考辅役使广州军人织造木棉"而"获罪"。宋人方勺在《泊宅编》卷中也载："闽广多木棉……今所货木棉，特其细紧尔。"《诸蕃志》卷下记载了当时岭南人民纺织棉布的方法："南人取其茸絮，以铁筋碾去其子，即以手握茸就纺，不烦缉绩，以之为布。"南宋末棉花种植不断向北传播，浙江也出现了棉织业。③ 宋朝的棉布受到海外市场的欢迎，所以宋政府每年向福建等地征收以作为朝贡中的回赐之用。但是，棉纺织业在当时还是一个新兴行业，相对于丝绸来说出口量还比较有限。

3. 印刷业的发展

书籍的出口以两浙和福建为主。这两路的印刷业在当时也非常繁荣。两浙书籍质量第一，福建数量最多。福建的印刷业在唐代已肇其端，而两宋尤其是南宋才达于隆盛，成为三大印刷中心之一。福建印刷业，特别是民营印刷业与外销有直接关系。当时有谚语曰："儿郎伟，抛梁东，书籍高丽日本通。"④日本进口的佛经大部分印刷于福建。民间"皆以书籍为业，家有藏版，岁一刷印，贩行远近"⑤。莆田、兴化军、鼓山涌泉寺等地都有刻书之所。⑥ 海商跨洲过洋，使"福建本几遍天下"⑦。民营印刷业的勃兴，使福建印刷业规模成为全国之首。"宋刻之盛，首推闽中，而闽中尤以建安为最"，麻沙镇号称全国"图书之府"。⑧ 两浙的印刷业尤以杭州、婺州为盛，绍兴府、明州、严州、湖州等地也是刻板中心。两浙民营印刷业也很兴盛。徐戬为高丽印造的数量可观的图书就是向民间印刷者订购的。

印刷业的发展同时也带动了造纸业的发展。福建采用竹为造纸原料，成为竹纸的主要产地。《东坡志林》说："昔人以海苔为纸，今不复有。今人以竹为纸，亦古所无有也。"宋代有一种蠲符纸，出于温州，洁白坚滑，为东南第一。泉州也有蠲符纸的生产。⑨

手工业产品中除瓷器、纺织品、书籍等大宗出口外，还有不少出口量相对较小的产品，如草席、凉伞、漆器、玩具等。其中，漆器的出口规模较大，是宋政府规定用来博买香药宝货的商品之一。海外贸易的出口需求对其生产起到了一定的促进作用，但因其出口量不大，加之资料稀少零散，这里不再一一详述。

4. 东南沿海地区造船业的发展

造船业的发展是海外贸易的必要条件，宋代海外贸易的空前繁荣又大力推动了造

---

① 参考〔日〕加藤繁《中国经济史考证》；李仁溥《中国古代纺织史稿》。

② 《岭外代答》卷六《吉贝》。

③ 倪士毅：《浙江古代史》，浙江人民出版社1987年版，第190页。

④ （宋）熊禾：《勿轩集》卷四《书坊同文书院上梁文》，《四库全书》本。

⑤ 杨澜：《临汀汇考》卷四。

⑥ 《建阳县志》卷五。

⑦ 《石林燕语》卷八，中华书局点校本。

⑧ 叶德辉：《书林清话》，上海古籍出版社1957年版。

⑨ 《福建史稿》，第210页。

船业的进步。宋政府在沿海沿江交通要道上建有很多造船场；民间商人也常自费造船,出海贸易。东南沿海地区是全国最大的造船业中心。

东南沿海地区的造船业以产量而论首推两浙路。两浙的明州、温州、处州、秀州等沿海州郡都是造船基地,其中明、处、温三州尤为发达。天禧年末三州所造船只占全国总数的1/3以上。明州、温州两港在海外贸易中日显重要,造船业也随之上升。到元祐五年时,"温州、明州岁造船以六百只为额",而有的一路造船数才两三百只。① 明州、温州分别设有造船场和买木场。明州"有船场官二员,温州有买木官二员",专管买木造船事宜。② 明州造船场规模大、技术好。宋朝出使高丽的使节座船"神舟"都在此打造。明州一带海船甚众。建炎三年,高宗从明州逃往海上,仓促之间便能聚得千舟。南宋以后,由于政治局势的影响,明州、温州的造船业有所下降。虽然高宗时温州仍置船场,且"材木不可胜用",也只是"岁造百艘"。后因"山材大木绝少,客贩不多",且"近地明州华亭亦皆造船,足以供转输之用",温州"每年只造十艘,而一司尚存,凡费如故",得不偿失而罢温州造船场。③ 但由于有以前的雄厚基础,到南宋中晚期,庆元府仍然"共管船七千九百一十六只,一丈以上一千七百二十八只"④。由此也可见以前明州造船业的兴旺。

福建的造船规模稍逊于两浙,然船舶质量居全国第一。"海舟以福建为上,广东西船次之,温明船又次之。"⑤福建的造船量也很大。绍兴十九年,仅在福清县登记造籍的船只就达2434只。按南宋规定应当征募的民间1丈或1丈2尺以上的大船,福州九县中共有373只。⑥ 泉州也"每岁造船通异域"。泉州在南宋是海外贸易最盛的港口,其造船规模至少不小于福州。绍兴初年,朝廷在泉州"以度牒钱买商船二百艘"。泉州、漳州、兴化军等地民间造船很盛,"凡滨海之民所在舟船,乃自备财力"⑦,显示了福建造船业的发达。但总体而言,南宋由于统治者强征民间轮番应募,损伤了船户的积极性,造船业也日益下降。

两广的造船质量仅次于福建,而其规模远小于两浙和福建。广西出产的乌婪木是最好的做柂材料,常常运到番禺出售,供造船之用。广东沿海还制造"藤舟",海商用之出洋贩易。《岭外代答》卷六"藤舟"条载:"深广沿海州郡难得铁钉桐油,舟皆空板穿藤,约束而成,于藤缝中以海上所生蒿草干而窒之,遇水则涨,舟为之不漏矣。其舟甚大,越大海商贩皆用之。"广东造船也有一定的规模。宋末张世杰抵抗元兵时"棋结巨舰千余艘"⑧,很大部分是在当地征集的。

（三）农业商品化的扩大

海外贸易的蓬勃发展使大量劳动力流向商业贸易和生产出口品的手工行业。特

---

① 《宋会要辑稿·食货》四六之二。
② 《宋会要辑稿·食货》五〇之五。
③ 《攻媿集》卷二一《乞罢温州船场》。
④ 《开庆四明续志》卷六《三郡隘船》。
⑤ （宋）吕颐浩：《忠穆集》卷二《论舟楫之利》,《四库全书》本。
⑥ 《淳熙三山志》卷一四《版籍》。
⑦ 《宋会要辑稿·刑法》二之一三七。
⑧ 《元史》卷一六二《高兴传》。

别在福建路沿海的贸易港周围地区商业和手工业在社会经济中的地位甚至超过了农业。仍滞留于农业中的劳动力也并非完全囿于传统的粮食生产,而是纷纷转向生产适应海外贸易需要的产品,以分享丰厚的贸易利益。经济作物的生产在一定程度上排挤了粮食的种植。当时东南沿海农副产品中出口最甚的是蔗糖和荔枝。

因蔗糖大量外销,使种植甘蔗比生产粮食能得到更加丰厚的利润。东南沿海地区,土壤气候适宜种植甘蔗,行销又便利,于是出现了专门种植甘蔗和制糖的"糖霜户"。"糖霜户治良田,种佳蔗,利器用,谨土作一也,而收功每异。自耕田至沥瓮殆一年半,开瓮之日或无铢两之获,或数十斤,或近百斤,有暴富者。"即使制作不佳,"霜全不结,卖糖水与自熬沙糖,犹取善价,于本柄亦未甚损也"①。种蔗制糖收入远高于粮食生产,因而不少人"多费良田以种瓜植蔗",以至"可耕之地皆崎岖崖谷间,岁有所收,不偿所费"②。蔗糖很大一部分都用于出口。泉州一带"甘蔗干小而长,居民磨以煮糖,泛海售焉。其地为稻利薄,蔗利厚,往往有改稻田种蔗者"。仙溪"货殖之利,则捣蔗为糖渍",仙溪的风亭市"土产砂糖,交舟博贩者率于是解缆焉"③。南宋方大琮说"仙游县田耗于蔗糖,岁运入浙淮者不知其几万坛"④,而出口之数也不低于此。蔗糖是福建出口中的名产,出口量很大:"福漳之橘、福兴之荔枝、泉漳之糖、顺昌之纸……航大海而去者尤不可计。"⑤在东南沿海地区及内地"甘蔗所在皆植",但主要在"福唐、四明、番禺、广汉、遂宁有之"。⑥宋人苏颂在《图经本草》(转引自《重修政和经史证类备用本草》)中说,甘蔗"今江浙;闽广、蜀川所生,大者亦高数丈余",有荻蔗、竹蔗两种。榨糖多用竹蔗,大概就是《闽部疏》中所言泉州"干小而长"者。"泉、福、吉、广多作之。"两浙的产品也与闽广一样,销往海外市场,但其产销量都不如闽广。

当时人们也已经研制、掌握了蔗糖的制作和储藏技术。王灼《糖霜谱》系统地记载了蔗糖的制作和储藏方法:"凡治蔗,用十月至十一月。先削去皮,次锉如钱……次入碾,碾阙则舂。碾讫号曰泊。次蒸泊,蒸透,出甑入榨,取尽糖水,投釜煎,仍上蒸生泊,约糖水七分热,权入瓮,则所蒸泊亦堪榨。"日次反复煎蒸数次,"始正入瓮,簸箕覆之,此造糖霜法也"。"凡霜性易销化,畏阴湿。及风遇曝时,风吹无伤也。收藏法:干大小麦铺瓮底,麦上安竹笪,密排笋皮,盛贮绵絮……寄远即瓶底著石灰数小块,隔纸盛贮,厚封瓶口。"这样,产品即可长途运销各地。

东南沿海地区所产荔枝远销于高丽、日本乃至大食等地,从而极大地促进了荔枝的生产和加工。"商人贩益广而乡人种益多,一岁之出不知几千万亿。"⑦福建各地的荔枝种植都有增长。"福州最多,兴化军最为奇特,泉漳时亦知名。""泉郡荔枝虽郁为林麓,然不若福兴两郡之盛。"⑧《荔枝谱》记载:"福州种植最多,延迤原野,洪塘水西,尤其盛处,一家之有至万株,城中越山,当州署之北,郁为林麓。"荔枝遍野成林。兴化

①　(宋)王灼:《糖霜谱》,《四库全书》本。
②　(宋)韩元吉:《南涧甲乙稿》卷一八《建宁劝农文》,《四库全书》本。
③　(宋)黄岩孙:《仙溪志》,《宋元方志丛刊》本,中华书局1990年版。
④　(宋)方大琮:《铁庵集》卷二一,《四库全书》本。
⑤　(明)王世懋:《闽部疏》。
⑥　(宋)王灼:《糖霜谱》,《四库全书》本。
⑦　(宋)蔡襄:《荔枝谱》,《四库全书》本。
⑧　《泉南杂志》卷上。

军"园池胜处唯种荔枝,当其熟时,虽有他果不复见"。荔枝种植也出现了专业户。很多人围园种植,颇具规模。荔枝熟时,"必先闭户,隔墙入钱,度钱与之"。商人购买时也是整林整园包买。因为需求量大,供给不足,商人们往往于成熟前就先期定购。"初著花时,商人计林断之,以立券,若后丰寡,商人知之。"①

　　为生产优质荔枝获得更大的贸易利润,种植者不断创新,培育了不少新品种。《淳熙三山志》载录了福建优良荔枝 28 种。《荔枝谱》也记载了陈紫、方家红、游家紫、宋公荔枝、蓝家红、周家红、何家红等优良品种。优良品种的培育更促进了销售的增长。荔枝保质期短,长途泛海贸易极易腐烂。为解决这一问题,人们又发明了一些荔枝加工方法,制成荔枝脯。"红盐法"是其中较为普遍的方法,即"以盐梅卤浸佛桑花为红浆,投荔枝渍之,曝干色红而甘酸"。这样加工的荔枝"三四年不虫。修贡与商人皆便之"。另有"出汗法",以"烈日干之,以核坚为止,畜之瓮中,密封百日"。加工中还添进辅料制成各种风味,如丁香荔枝等。② 通过各种加工方法,做成荔枝干、荔枝蜜、荔枝煎等保质期较长的产品,更有利于运销海外。荔枝大规模的生产并非在农田之外的余隙之地可以完成,它也与甘蔗的种植一样占据了大量土地,从而缩小了粮食的生产。这些经济作物的生产完全是在海外贸易和国内交换的刺激下发展起来的,主要为市场而生产。它们的扩大,也就是农业由自给自足状态向商品化的转变。

　　(四)占城稻的输入

　　宋代农业发展中的一件大事就是占城稻的输入,它对宋朝农业发展起到了很大的推动作用。占城稻最初输入大概是海商贩运而至。直到宋真宗大中祥符五年宋政府才开始注意此事,而此前占城稻已在福建有了一定规模的种植,取得了成功,并总结出了完整的种植规律。占城稻具有耐旱、适应性强等优点,所以真宗派使臣到福建取种,于两浙、江淮一带推广。《宋会要辑稿》记载:"(大中祥符)五年五月,遣使福建州,取占城稻三万斛,分给江淮、两浙三路转运使,并出种法,令择民田之高仰者,分给种之。"《续资治通鉴长编》卷七七大中祥符五年五月戊辰条载:"遣使就福建,取占城稻三万斛。"《宋史·食货志》沿用此条。《淳熙三山志》说:"遣使福建,取种三万斛,分给令种莳之。"由此可见福建种植占城稻到此时已有成效。《宋会要辑稿》对占城稻的种植方法有详细记录:"其法曰:南方地暖,二月中下旬至三月上旬用好竹笼,周以稻秆,置此稻于秆外,及五升以上,又以秆覆之,入池浸三日,出置手下,伺其微熟如甲柝状,则布于净地,俟其萌与谷等,既用宽竹器贮之,于耕了平细田,停水深二寸许,布之。经三日,净其水,至五日,视苗长二寸许,即复引水浸之一日,乃可种莳。如淮南地稍寒,则酌其节候下种。"宋真宗把种植方法"揭榜示民"。占城稻在广东也早已开始种植。与福建一样,在宋真宗以前已由海商引入,所以不在宋政府推广地区之列。占城稻在广东已培育出多项品种,潮州一带就有白占、黄占、赤占之分。江西路洪州也广泛种植占城稻:"本州管下乡民所种稻田,十分内七分并是占米。只有三二分布种大禾。"③

---

① 　(宋)蔡襄:《荔枝谱》,《四库全书》本。

② 　蔡襄:《荔枝谱》,载《蔡忠惠公集》卷 30《杂著》。有王云五编《荔枝谱及其他六种》,1936 年商务印书馆本。

③ 　《梁溪集》卷一〇六《申省乞施行籴纳晚米状》。

关于占城稻引入后对中国农业的影响,长期以来学者们看法不一。加藤繁指出:"随着占城稻栽培的发展,产生了双季稻这一重大现象。""稻的双季作、三季作盛行,也是广为栽种占城稻的结果。"他进一步说:"占城稻普及以及由此引起的双季稻的发展是中国近世经济史上值得大书特书的现象,对于农民生活,都市食粮问题以及人口、财政等的影响是很大的。"[①]英国学者布瑞认为,南宋粮食供给得以保障的关键是"自越南、占城将旱热稻米品种引入长江下游"[②]。持此观点的学者还有何炳棣、周藤吉之等。李伯重教授对此提出异议,认为占城稻在宋代并未大范围普及,不能说有一个以占城稻为中心的农业革命。他对占城稻的作用作出了客观正确的评价,纠正了以往的错误。[③] 但是,这并不是要否定一个事实,即占城稻因其耐旱、早熟,能够有效地提高土地利用率、扩大稻作面积,因此在福建、两浙等沿海地区很快得以推广。占城稻的引种不仅对宋代农业发展起到了重要的推动作用,成为一个重要的稻作新品种,而且后代也继续沿种,并不断改进,对农业发展产生了久远的影响。

第四节　元代的海外贸易[④]

一　元代贸易地区的扩大

元代幅员广大,中西交通发达,加上统治阶级的重视,广州的海外交通亦获得蓬勃的发展;海上航线已深入到东非一带,而且有些不见于前代史书的地区,如加将门里、巴南西等,都在一些元人著作中发现。

元代广州的海外交通有很大的发展,东起菲律宾,西至西班牙、摩洛哥,南达帝汶岛,囊括了东南亚、南亚、西亚、东北非以及欧洲的一部分,把海上通商的主要国家和地区都包罗进来。为了进一步说明问题,现把《大德南海志》所列的诸番国注释如下。

交趾国管:团山、吉柴。交趾国即今越南北方。团山在今越南东北岸的云屯山。吉柴在越南之拜子龙湾。

占城国管:坭越、乌里、旧州、新州、古望、民瞳胧、宾瞳胧。占城为今越南南方。坭越位于越南日丽河流域。乌里即乌州,位于越南平治天省。旧州今越南的广南、岘港一带。新州今越南安仁、归仁一带。古望为今越南虬蒙山一带。民瞳胧今越南芽庄一带,宾瞳胧今越南藩朗。

真腊国管:真里富、登流眉、蒲甘、茸里、罗斛国。真腊即柬埔寨。真里富为今泰国东南岸之尖竹汶。登流眉为今泰国之洛坤。蒲甘即缅甸。茸里在今马来半岛克拉地峡附近之春蓬。罗斛国在今泰国之华富里一带。

暹国管:上水速孤底。暹国即泰国。上水速孤底指今泰国之泰可素。

① 〔日〕加藤繁:《中国经济史考证》,吴杰译,商务印书馆1963年版,第195页。
② 〔英〕布瑞:《中国农业史》,李学勇译,台北商务印书馆1994年版,第793页。
③ 李伯重:《"选精"、"集粹"与"宋代江南农业革命"——对传统经济史研究方法的检讨》,《中国社会科学》2000年第1期。
④ 本节引见郑端本:《广州外贸史(上)》,广东高等教育出版社1996年版,第173—184页。

单马令国管小西洋：日罗亭、达刺希、崧古罗、凌牙苏家、沙里、佛罗安、吉兰丹、晏头、丁伽芦、迫嘉、朋亨、口兰丹。

单马令在今马来西亚彭亨州滕贝林河谷一带。日罗亭在泰国的拉廊府一带。达刺希在泰国的柴也。崧古罗今泰国之宋卡。凌牙苏家在泰国的北大年。沙里在马来半岛。佛罗安在马来半岛西岸的槟榔屿。吉兰丹为今马来西亚之哥打巴鲁。晏头为今马来西亚的兴楼。丁伽芦为今马来西亚的丁加奴。迫嘉为今马来西亚之帕卡。朋亨为今马来西亚的彭亨。口兰丹为今马来西亚之关丹。

三佛齐国管小西洋：龙牙山、龙牙门、便塾、榄邦、棚加、不理东、监篦、哑鲁、亭停、无思忻、深没陀罗、南无里、不斯麻、细兰、没里琶都、宾撮。

三佛齐为今印度尼西亚的苏门答腊岛。龙牙山为今印度尼西亚的林加群岛。龙牙门指新加坡海峡。便塾在马来半岛南部。不理东即今印度尼西亚之勿里洞岛。监篦在苏门答腊岛的甘巴河流域。哑鲁为今苏门答腊岛东北岸的亚鲁港。亭停不详。无思忻不详，有人认为在今苏门答腊岛之巴赛河流域。深没陀罗在苏门答腊岛的洛克肖马伟一带。南无里在苏门答腊岛的班达亚齐一带。不斯麻为今苏门答腊岛西北岸的布洛萨马。细兰为今斯里兰卡。没里琶都在今苏门答腊岛西北岸。宾撮在苏门答腊的巴鲁斯一带。

东洋佛坭国管小东洋：麻里芦、麻叶、美昆、蒲端、苏录、沙胡重、哑陈、麻拿罗奴、文杜陵。

佛坭国即今加里曼丹岛之文莱。麻里芦为今菲律宾之马尼拉。麻叶即麻逸，在菲律宾之民都洛岛。美昆有可能是菲律宾棉兰老西岸之曼纳干。蒲端在吕宋群岛班乃岛西南端附近。苏录今菲律宾之苏禄群岛。沙胡重指棉兰老岛西岸之锡欧孔，或内格罗斯岛南岸之踢亚顿。哑陈为今菲律宾班乃岛之奥顿。麻拿罗奴在加里曼丹岛北部沙捞越之巴林坚一带。文杜陵指爪哇东北的马都拉岛或指沙捞越之宾土芦。

单重布罗国管大东洋：论杜、三哑思、沙罗沟、塔不辛地、沙棚沟、涂离、遍奴忻、勿里心、王琶华、都芦辛、罗帏、西夷涂、质黎、故梅、讫丁银、呼芦漫头、琶设、故提、频底贤、孟嘉失、乌谭麻、苏华公、文鲁古、盟崖、盘檀。

单重布罗即今加里曼丹岛南部。论杜即沙捞越之隆杜。三哑思在加里曼丹岛西北部，即印度尼西亚之三发。沙罗沟即沙捞越之沙腊托。塔不辛地在沙捞越之特贝杜一带。沙棚沟在今加里曼丹岛西北部。涂离在加里曼丹岛西北部，具体地点不详。遍奴忻或指印度尼西亚的本卡扬。勿里心在加里曼丹西北部，具体地点不详。王琶华为今加里曼丹西北部之曼帕瓦。都芦辛在今坤甸附近。罗帏在加里曼丹岛西部，具体地点不详。西夷涂即加里曼丹岛西部之锡达斯。质黎在加里曼丹岛西南之杰来河流域。故梅在加里曼丹岛南岸之库迈。讫丁银即加里曼丹岛南部之哥打瓦林因。呼芦漫头即加里曼丹岛南部门达韦河下游之门达拿。琶设即加里曼丹岛东南岸之巴塞尔。故提在加里曼丹岛东部的库太河流域。频底贤在苏拉威西岛西南岸之温甸。孟嘉失即苏拉威西岛西南之望加锡。乌谭麻在苏拉威西岛西南部的瓦淡波尼。苏华公即沙华公，应在今苏拉威西岛、马鲁吉群岛一带。文鲁古应为今印度尼西亚马鲁古群岛。盟崖即苏拉威西岛东面的曼涯群岛。盘檀即印度尼西亚的班达群岛。

阇婆国管大东洋：孙绦、陀杂、白花湾、淡墨、熙宁、罗心、重伽芦、不直干、陀达、蒲盘、布提、不者罗干、打工、琶离、故鸾、火山、地漫。

阇婆即爪哇岛。孙缘指巽他海峡一带或爪哇西部之万丹。陀杂在爪哇岛西岸一带。白花湾指爪哇岛西部的北加浪岸、加拉璜一带。淡墨指今爪哇岛之淡目。罗心即爪哇岛北岸之拉森。重伽芦又作重伽罗,在爪哇岛的泗水一带。不直干即爪吐岛东部诗都文罗的南面。陀达在今爪哇岛东部。蒲盘又作浦奔,在今爪哇岛东部及附近,或指布林宾一带。布提应指爪哇岛东部的普格或巴蒂一带。不者罗干指爪哇东部之巴那鲁干。打工在爪哇岛东北岸,一说是帕康,也有说是三宝垄旧名的译音。琶离亦作婆利,今印度尼西亚的巴厘岛。故鸾即故论,似指爪哇岛东部的波朗一带。火山似指印度尼西亚松巴哇岛东北面的桑格安岛。地漫今帝汶岛。

南毗马八儿国:细兰、伽一、勿里法丹、差里野括、拨的侄、古打林。

南毗马八儿国,《元史》作马八儿国,位于印度西南端马拉巴尔海岸一带。细兰即锡兰,今斯里兰卡。伽一在今印度南部东岸的卡异尔镇。勿里法丹在印度半岛东岸,具体地点不详。差里野括今地无考。拨的侄今地无考。古打林今地不详。

大故蓝国:今印度的奎隆。

差里也国:无考,与上文差里野括或属一地。

政期离国:今地不详。

胡荼辣国:在今印度西北部古吉拉特一带。即《大唐西域记》中的瞿折罗国。

禧里弗丹:今印度南东岸讷加帕塔姆。

宾陀兰纳:有谓即《元史·食货志》中的梵答剌亦纳。在今印度半岛西岸卡利卡特北,元代为马拉巴尔海岸之重要贸易港。

迫加鲁:或谓今印度西岸芒格洛尔北面的巴加诺尔。

盟哥鲁:即今印度马拉尔海岸之芒格洛尔。

靼拿:今印度孟买湾内塔纳。

阔里抹思:即忽里谟子。《明史》作忽鲁谟子。今伊朗霍尔木兹海峡。

加刺都:有考证为巴基斯坦之卡拉奇。

拔肥离:即拔拔力,在非洲北岸柏培拉。

涂弗:无考。

毗沙弗丹:在今印度沿岸,具体地点不详。

哑靼:今也门民主人民共和国首都亚丁。

鹏茄罗:即朋加拉,今孟加拉。

记施:即怯失,今波斯湾内凯斯岛。

麻罗华:今印度中部古吉拉特邦之东的纳马达河以北马尔瓦一带。

弼施罗:今伊拉克巴士拉城。

麻加里:即摩洛哥。

白达:即缚达,今叙利亚巴格达。

层拔:今非洲坦桑尼亚、桑给巴尔岛一带。

赡思:不详。

弼琶罗:今索马里北岸的柏培拉。

勿斯离:今埃及。

勿拔：今阿曼境内。

芦眉：即罗马。为阿拉伯人对地中海东岸希腊罗马人居留地的名称，在今土耳其、叙利亚等一带。

瓮蛮：今阿曼酋长国，在阿拉伯半岛东南部。

弗蓝：古称拂菻，即东罗马帝国。

黑加鲁：即麦加。

茶弼沙：指今西班牙一带。

吉慈尼：有谓在阿富汗境内。

以上开列了140多个国家和地区。有些地方虽然无法考证，但如此多的国家和地区与广州交通贸易，情况实在是空前的。正如《大德南海志》中所说的："其来者视昔有加焉。"特别值得注意的是，当时已初步地把贸易地区划分为小西洋、小东洋、大东洋等范围，自南毗马八儿至吉慈尼等40国，虽然没有把它们划入哪一类的国家范围，但已从其所处的地理位置作了划分，按作者意图，这些国家都属当时的西方贸易国。而且，从排列的情况来看，从东往西，由近至远，次序井然，证明当时的人对世界的了解已大大地超过了前代，达到了最新的境界。此书目前只剩下卷六至卷十残本，但其史料价值仍非常宝贵，而且有强大的说服力。此书能诞生于广州，足以证明广州海外贸易的繁荣与昌盛，只有外国商人和来华使节以及中国商人与作者有所接触，才能笔之于书，写出如此知识丰富的作品。

二 元代的主要进口商品

《大德南海志》对进口舶货的种类有如下的记载。

宝物：象牙、犀角、鹤顶、真珠、珊瑚、碧甸子、翠毛、龟筒、玳瑁。

布匹：白番布、花番布、草布、剪绒布、剪毛单。

香货：沉香、速香、黄熟香、打柏香、暗八香、占城粗熟、乌香、奇楠木、降香、檀香、戎香、蔷薇水、乳香、金颜香。

药物：脑子、阿魏、没药、胡椒、丁香、肉豆蔻、白豆蔻、豆蔻花、乌爹泥、茴香、硫黄、血竭、木香、荜拨、木兰皮、番白芷、雄黄、苏合油、荜澄茄。

诸木：苏木、射木、乌木、红柴。

皮货：沙鱼皮、皮席、皮枕头、七鳞皮。

牛蹄角：白占蹄、白牛角。

杂物：黄蜡、风油子、紫梗、磨末、草珠、花白纸、藤席、藤棒、孔雀毛、大青、鹦鹉、螺壳、巴淡子。

汪大渊《岛夷志略》一书，对进口物资亦有记载，现择其一些主要贸易地区输出物产的情况录下。

麻逸：地产黄蜡、玳瑁、槟榔、花布。

交趾：地产沙金、白银、铜、锡、铅、象牙、翠毛、肉桂、槟榔。

占城：地产红柴、茄蓝木、打布。

真腊：地产黄蜡、犀角、孔雀、沉速香、苏木、大枫子、翠羽，冠于各番。

丹马令：产上等白锡、米脑、龟筒、鹤顶、降真香及黄熟香头。

三佛齐：地产梅花片脑、中等降真香、槟榔、木棉布、细花木。

渤泥：地产降真、黄蜡、玳瑁、梅花片脑。

爪哇：地产青盐、胡椒、印布、绵羊、鹦鹉。

加将门里：地产象牙、兜罗绵、花布。

波斯离：地产琥珀、软锦、驼毛、腽肭脐、没药、万年枣。

挞吉那：地产安息香、琉璃瓶、硼砂、栀子花尤胜于他国。

小唄喃：地产胡椒、椰子、槟榔、溜鱼。

朋加剌：地产芯布、高你布、兜罗锦、翠羽。

马八儿屿：地产翠羽、细布。

　　元代关于进口货物没有详细的记录,但据《大德南海志》《岛夷志略》《真腊风土记》和庆元(明州)的方志记载,总数当有250种以上。特别是广州,按《大德南海志》的叙述,其进口物资的品种,亦是盛况空前。文曰:"圣朝奄有四海,尽日月出入之地,无不奉珍效贡;稽颡称臣。故海人山兽之奇,龙珠犀贝之异,莫不充储于内府,畜玩于上林……而珍货之盛,亦倍于前志之所书者。"

　　按照进口货种的分析,当时最受欢迎同时也是输入最多的,大概有三大类:一是香料,主要是从东南亚国家和大食诸国输入;二是高级奢侈品,如象牙、犀角、珍珠、玻璃等,除了从印度、大食诸国输入外,远如东非和欧洲国家亦有输入;三是纺织品,如棉布、驰毛段等,多从印度、大食等国输入。因此,广州的舶货市场,亦呈现出一种繁荣的景象。元末明初的广东诗人孙蕡写了一首《广州歌》,对当时外贸市场的繁荣,便作过这样的描写:"岹峨大舶映云日,贾客千家万家室。春风列屋艳神仙,夜月满江闻管弦。良辰吉日天气好,翡翠明珠照烟岛。"[①]可见,中外商贾云集,珠宝珍奇,堆积如山,市场之繁荣实不亚于唐宋时期。

　　至于出口物资,元人周达观《真腊风土记·欲得唐货》有这样的记述:"其地想不出金银,以唐人金银为第一,五色轻缣帛次之;其次如真州之锡镴、温州之漆盘、泉处之青磁器,及水银、银砒、纸札、硫黄、焰硝、檀香、白芷、麝香、麻布、黄草布、雨伞、铁锅、铜盘、水珠、桐油、篦箕、木梳、针。其粗重则加明州之席。甚欲得者则菽麦也。"

　　另《通制条格》卷十八也有记载曰:"至元二十五年(1288年)八月,中书省御史台呈:海北广东道提刑按察司申,广州官民于乡村籴米伯硕阡硕至万硕者,往往般运前去海外占城诸蕃山粜,营求厚利,拟合禁治。都省准呈。"

　　按照《真腊风土记》和《岛夷志略》等书的分析,出口货物主要有如下五大类。

　　(1)丝织品类:即《真腊风土记》所记之"五色轻缣帛"也。《岛夷志略》也多次提到丝织品。例如,"丁家卢"条:"货用……小红绢。""东冲古剌"条:"贸易之货……青缎。""渤泥"条:"货用……色缎",等等。甚至连"层摇罗"(层拔)这样的东非国家,也有"贸易之货,用……五色缎"的记载。

　　(2)瓷器和陶器类:陶瓷器的出口数量很大。凡是与中国通商的国家,几乎都要进口中国的瓷器,《岛夷志略》"甘埋里"条便有明确的记载:"去货丁香、豆蔻、青缎、麝香、红色烧珠、苏杭色缎、苏木、青白花器、瓷瓶、铁条,以胡椒载而返。"按照该书的叙述,由

_____

① 《广州府志》卷十五。

中国输入瓷器的国家和地区有三岛、无枝拔、占城、丹马令、日丽、麻里噜、遐来勿、彭坑、吉兰丹、丁家卢、戎、罗卫、罗斛、东冲各刺、苏洛鬲、淡邈、尖山、八节那间、啸喷、爪哇、文诞、苏禄、龙牙犀角、旧港、班卒、蒲奔、文老古、龙牙门、灵山、花面、淡洋、勾栏山、班达里、曼陀郎、喃哑哩、加里那、千里马、朋加刺、天堂、天竺、甘埋里、鸣爹等。这些地区分属今天的日本、菲律宾、印度、越南、马来西亚、泰国、孟回拉、伊朗等国家。事实上,远远不止这些国家,根据考古发掘,埃及、索马里、苏丹、摩洛哥、埃塞俄比亚、肯尼亚、坦桑尼亚、奔巴岛、桑给巴尔岛以及东地中海沿岸到美索不达米亚地区,都有元代的瓷器或碎瓷片出土。这些瓷器亦有许多是通过广州出口的,故依宾拔都他在他的《游记》中说:"其间(指广州)最大者,莫过于陶器场,因此,商人转运瓷器至中国各省及印度、夜门。"①

(3)金属和金属制品:如铁条、铁块、铁锅、铁鼎、金银器皿以及锡器等。上引《真腊风土记》已说明该国欢迎从我国进口铁锅和锡器。《岛夷志略》也记载东西洋地区有50余国从中国进口金属和金属制品。

(4)农产品和副食品:元代,广州是全国的一大米市,故有余粮可供出口;除此之外,尚有酒、盐、茶、糖等副食品出口。在广州加工的荔枝干亦行销南洋群岛等地。

(5)日常生活用品:除上引《真腊风土记》所开列的日常生活用品外,记载在元代官方文书中的出口物品还有伞、磨、帘子等物。②

---

① 张星烺:《中西交通史料汇编》第二册,中华书局 1977 年版,第 79 页。
② 《元典章》卷二二《市舶》。

第二十二章
宋元时期的海外贸易管理与制度

宋元时期是中国古代商品经济得到较大发展的时期,其中也包括海外贸易的发展。宋元时期海外交通发达,对外贸易兴盛,海外贸易成为国民经济的重要组成部分。宋元封建统治者为了加强中央集权和出自财政方面的原因,力图把海外贸易置于封建朝廷的控制之下,逐步建立了一套较为完备的海外贸易管理制度。

第一节　宋元的市舶管理①

一　市舶司的建置沿革

北宋灭南汉后,即于开宝四年(971年)首先在广州设立市舶司,其后又在杭州和明州分别设置市舶司,以管理海外贸易。② 但是入宋之后,福建的海外贸易发展很快,不仅泉州一带"每岁造舟通异域"③,从事贩海的人很多,一些海外商使也要求到泉州贸易,于是在泉州设置市舶管理机构便被提到议事日程上。熙宁五年(1072年),宋神宗诏东南六路转运使薛向"比言者请置司泉州,其创法讲求之"④,但事无下文。

熙宁九年(1076年),宋朝廷"罢杭州、明州市舶司,只就广州市舶一处抽解"⑤。这样一来,福建海商从泉州出海,"往复必使东诣广,不者没其货",不仅福建海商深为不便,"民益不堪",而且宋政府的市舶收入也大为减少。因此,当时的泉州地方官陈偁向朝廷建议"置市舶于泉,可以息弊止烦"⑥,但未被采纳。直至哲宗元祐二年(1087年),由于户部尚书李常的请求,才在泉州正式设置福建市舶司。⑦ 福建市舶司设立后,在北宋后期曾两度废罢,然不久就复置。⑧

建炎元年(1127年),宋室南迁,宋高宗为了表示戒奢靡,励精图治,以"市舶司多

---

① 本节引见廖大可:《福建海外交通史》,福建人民出版社2002年版,第128—134页。

② 《宋会要辑稿·职官》四四之一。

③ 谢履:《泉南歌》,载王象之《舆地纪胜》卷一三〇,第3753页。

④ 《宋史》卷一八六,《食货志》,第4560页。

⑤ 《宋会要辑稿·职官》四四之六。

⑥ 陈瓘:《先君行述》,《永乐大典》卷三一四一《陈字门》,第1836页。

⑦ (南宋)李焘《续资治通鉴长编》卷四〇六,元祐二年十月甲辰,中华书局1979年版,第3844页。

⑧ 《宋会要辑稿·职官》四四之九。

以无用之物,枉费国用,取悦权近",将福建市舶司归并转运司,旋因"自并归漕司,亏失数多,市井萧索,士人以并废为不便",于第二年又复置。① 然而绍兴二年(1132年),由于宋金战争,政局不稳,以及福建安抚转运提举司的争利,福建市舶司虽未废罢,但其职事改由提举茶事司兼领。② 一直到绍兴十二年(1142年)底,宋金和议告成的第二年,才"诏福建路提举市舶令见任官专一提举"③,恢复了单独建制,这种制度维持到南宋末年。

至元十四年(1277年),元军攻占泉州,立即沿袭宋代制度,在泉州设立市舶司。但在元代前期,由于朝廷与地方实力派围绕着海外贸易展开明争暗斗,市舶机构兴废不常,名称变化不一。除了名曰"市舶提举司"外,又或曰"市舶总管府",④或置"市舶都转运司",或并入盐运司,曰"盐课市舶都转运司"。直到至治二年(1322年),复置市舶提举司于泉州、广州、庆元三处,市舶机构始步入正规化,不再反复变易。

二　市舶司官制

宋代,市舶司官制经历了三次大的变动,南宋学者章如愚对此曾作过如下概括:"旧制虽有市舶司,多州郡兼领;元丰中始令转运司兼提举,而州郡不预矣……后专置提举,而转运司不复预矣;后尽罢提举官,至大观元年续置。"⑤从中可以看出,北宋初年,市舶司多由知州兼任市舶使,掌管市舶事务,时市舶机构具有临时的性质。至元丰三年(1080年),宋神宗、王安石等人对市舶制度进行改革,提举市舶改由转运使兼任,并形成了常设机构。⑥ 所以元祐二年(1087年)泉州设置市舶司后,即由福建转运使兼任提举市舶。到了崇宁年间(1102—1106年),宋徽宗等人在元丰之制的基础上对市舶官制继续进行改革,改行"专置提举"制,即由朝廷派人担任专职的提举市舶。北宋末年朱彧云:"崇宁初,三路各置提举市舶官。"⑦专置提举之后,市舶司机构更加完善,职能也更为强化,形成中央控制下的专职管理体制,标志着封建政权对市舶贸易管理专门化、正规化的基本完成。

崇宁之后,"专置提举"成为市舶司的基本制度。尽管南宋初年福建市舶司屡有废置,官制亦时有变动,但那是在宋金战争剧烈的特殊环境中发生的,非定制也,一旦宋金和议告成,旋即恢复了"专置提举"制,而且一直实行到南宋末年。只是在南宋末年,政治极其黑暗,中央与地方的财政收支关系恶化,时福建沿海地方多事,山海交讧,社会动荡,为维持封建秩序,地方官府事权扩充,支出亦随之剧增,而地方财政收入却不断萎缩,入不敷出,须仰舶利补助,因此泉州的知州向朝廷大争市舶之权,"或谓非兼舶

① (宋)李心传:《建炎以来系年要录》卷十五,建炎二年五月丁未,中华书局1988年版,第324页。
② 《宋会要辑稿·职官》四四之一五。
③ 《宋会要辑稿·职官》四四之二三。
④ 《元史》卷十二,《世祖本纪》,第251页。
⑤ 章如愚:《群书考索》后集卷十三,《官制门·提举市舶》,文渊阁《四库全书》,武汉大学出版社原文电子版,第19页。
⑥ 廖大可:《试论宋代市舶司官制的演变》,载《历史研究》1998年第3期。
⑦ (宋)朱彧:《萍洲可谈》卷二,《南越五主传及其它七种》,广东人民出版社1982年版,第99页。

不可"①,逼得宋理宗一度"监国初成宪,以守兼舶"②。但这毕竟不合常制,不久即"以专使之遣"③,又恢复了"专置提举"制。

宋代市舶司的人事编制大致可分为"官"和"吏"两个不同的组成部分。官有一定品位,由朝廷任命,并有一定任期,任满即迁,它对市舶司负有领导责任。吏则是"募有产而练于事者为之"④,有一定的技能而无品位。吏除了个别可以爬到官位,大都终身为吏,其政治地位虽然不高,却操办市舶的具体事宜。

市舶司官有四员,职掌如下。

提举市舶司,为市舶司之首长,初由转运使或转运副使兼,后由朝廷遣人专任。

监官,"主管抽买舶货,收支钱物",市舶司"抽解博买,专置监官一员"。⑤

勾当公事,后改称干办公事,简称"舶干",主持市舶司的日常公务。

监门官,主管市舶库,"逐日收支,宝货钱物浩瀚,全籍监门官检察",以防侵盗之弊。监门官多由使臣(低级武官名)充任,"兼充接引干当来远驿"⑥。

除了上述官员之外,市舶司还置有吏十一员,职掌如下。

主管文字,负责点检账状,但有时也由"官"兼任⑦。

孔目,负责对海商的申请审核、验实,然后发予公凭。

手分,管"钱帛案",即负责钱物的收支工作。

贴司、书表,制作、保管账簿和文字档案。

都吏,负责巡视、检查和安全。

专库,主持市舶库内舶货的保管和发纳。

专秤,主管临场抽解、和买的具体操作。

客司,负责贡使和番商的接待工作。

前行、后行,负责警卫。

元初市舶司官制变化较紊乱。至元十四年(1277年)设立泉州市舶司后,多以地方军政大员兼领其事。最初由福建行省首脑闽广大都督行都元帅府事忙古鲑领之⑧,又以蒙古管军万户百家奴为海外诸番宣慰使兼福建道市舶提举⑨,后来才改为委任专职提举。在行政隶属关系上亦变化无常,最初隶于福建行省,至元二十三年(1286年)以市舶司隶泉府司。泉府司是元朝廷管理官营商业的机构,大德十一年(1307年)改称"泉府院"。元朝廷在中央泉府院之下,又在各行省设行泉府司,市舶司又受其管辖,故市舶司受泉府司和行省的双重领导。大德二年(1298年)元朝廷置制用院,市舶司一度归制用院,但至大元年(1308年)又复归行泉府院。翌年"罢行泉府院,以市舶归

---

① 刘克庄:《后村先生大全集》卷六二,《吴洁知泉州》,第9页。
② 刘克庄:《后村先生大全集》卷六四,《卓梦卿直宝章阁广南提舶》,第4页。
③ 周密:《齐东野语》卷十七,《景定彗星》,第15页。文渊阁《四库全书》,武汉大学出版社原文电子版。
④ 陈耆卿:《嘉定赤城志》卷十七,《吏役门》,《宋元方志丛刊》第7册,第7416页。
⑤ 《宋会要辑稿·职官》四四之一一。
⑥ 《宋会要辑稿·职官》四四之一〇。
⑦ 《宋会要辑稿·职官》四四之二八。
⑧ 《元史》卷九四,《食货志二·市舶》,第2401页。
⑨ 《元史》卷一二九,《唆都附伯家奴传》,第3155页。

之行省"①。这种体制大体延续至元末。因此,行省管理市舶是元朝的基本制度。

元代市舶司机构编制大致是,"每司提举二员,从五品;同提举二员,从六品;副提举二员,从七品;知事一员"②。此外,大概还设有招船提控、书记手等官职。官员属下,吏的数目不详。

宋元市舶司的主要职责有办理商舶出海与返航手续;执行对进口货物的禁榷、抽解、和买;对进出港舶进行检规;接待海外贡使,招徕海外商舶,组织番商贩运等。

第二节 宋代海外贸易管理与制度③

一 宋政府对贸易商人的管理

(一)对海商的管理

宋政府虽然大力鼓励民间商人出海贸易,但为了最大限度地把海外贸易控制在政府手中,对出海贸易的商人的管理十分严格,并制定了比较系统的管理制度。

(1)编定船户户籍。出海贸易的海商人数最多的是沿海船户。宋政府为了便于控制和征税,对这些船户另编户籍。元祐六年首先在广南沿海实行。"船户每二十户为甲,选有家业行止,众所推服者二人,充大小甲头,具置籍,录姓名年甲并船橹棹数,其不入籍并橹棹过数,及将堪以害人之物,并载外人在船,同甲人及甲头知而不纠,与同罪。"④绍兴五年,此规定又推行到全国。"诸路沿海州县应有海船人户,以五家为保。不许透漏出界,犯者籍其赀。"⑤通过保甲连坐把海商的贸易活动控制在政府手中。

(2)发放公凭,禁止私贩。宋政府规定,出海贸易的海商必须到政府登记,领取公凭,"商贾许由海道往外蕃兴贩,并具人船物货名数,所诣去处,申所在册,仍诏本土有物力户三人委保"⑥,然后方可出海。未申请公凭者即为私贩,并要受到处罚。"若不请公验物籍者,行者徒一年,邻州编管。"⑦宋政府屡禁私商贩海,但走私海商仍然很多。宋高宗于绍兴二十二年再次申令"沿海守臣常切禁止,毋致生事"⑧。为了不使禁令过严而阻碍贸易,也适当放纵小商的私贩。至道元年有人因海商私贩,建议严加禁止,但王瀚等人说:"私路贩海者不过小商……若设法禁小商,则大商亦不行矣。"⑨大

① 《元史》卷二三,《武宗本纪》,第510页。
② 《元史》卷九一,《百官志》,第2315页。
③ 本节引见黄纯艳:《宋代海外贸易》,社会科学文献出版社2003年版,第27—29页,第103—109页,第138—162页。
④ (南宋)李焘《续资治通鉴长编》卷四六一,元祐六年七月戊辰,中华书局1979年版。
⑤ (宋)李心传:《建炎以来系年要录》卷八九,绍兴五年五月壬辰,中华书局1988年版。
⑥ (南宋)李焘《续资治通鉴长编》卷四五一,元祐五年十一月己丑,中华书局1979年版。
⑦ 〔日〕《朝野群载》卷二〇,转引自陈高华、吴泰《宋元时期的海外贸易》,天津人民出版社1981年版,第77—78页。
⑧ (宋)李心传:《建炎以来系年要录》卷一六三,绍兴二十二年八月戊子,中华书局1988年版。
⑨ 《宋会要辑稿·职官》四四之三。《续资治通鉴长编》卷四五一,元祐五年十一月己丑。

商不行则关税难以保障，因而宋太宗采纳了他的意见。

（3）关于回舶的规定。海商贸易归来，"许于合发舶司住舶，公据纳市舶司"①，即须到原申请公凭的市舶司接受抽买。不经抽解或不赴原出海市舶司处抽解者皆处以重罚。天禧三年，福州商人林振自"南蕃贩香药，为隐税真珠，州市舶司取其一行物货，悉没官"②。为了缩短贸易周期，增加税收，宋政府规定"商贾由海还道兴贩诸蕃及海南州县，近立限回舶"，除中途遇阻外，"自给公凭日为始，若三月内回舶与优饶抽税，如满一年不在饶税之限，满一年以上，许从本司根究责罚施行"③。

（4）对海商往高丽和交趾贸易的限制。宋朝的外交政策是收缩和被动的，它对海商的管理也受到外交政策的影响。最初，宋政府禁止海商到高丽、日本、大食等国贸易。后来，一方面由于实际贸易的存在，另一方面也由于认识到日本、大食"远隔大海，岂能窥伺中国"，于宋无害，于是仅限制对高丽和交趾的贸易，规定"除北界、交趾外，其余诸番国未尝为中国害者，并许前去"④。宋朝为了防止高丽商人把宋的情报带到辽、金，而对海商往高丽的贸易历来有所限制。"自来入高丽商人财本及五千缗以上者令明州籍其姓名，召保识，岁许出引发船二只往交易。"⑤绍圣元年又规定："往高丽财本必及三千贯，船不许过两只，仍限次年回。"⑥到南宋，由于南北关系更加紧张，贸易禁令也更严。"杭、明州并不许发舶往高丽，违者徒二年，没入财货。"⑦宋与交趾的贸易仅限制在廉州如洪寨。宋朝海商往交趾贸易，"犯者决配牢城，随行货尽没入官"。地方官为保证税收，而称这些海商"多为海风所漂，固至外国，本非故往贸易"，请求只给予"博易所得布帛取三分之一"⑧的惩罚。

（二）宋政府对来华外商的政策

（1）对外国使节、海商的迎送与犒设。宋朝政府为了保证关税来源，增加财政收入，对外商来华贸易十分欢迎和鼓励。贡使的朝奉也同样受到款待："诸番国贡奉使副、判官、首领所至州军并用妓乐迎送，许乘轿或马，至知通或监司客位，俟相见罢，赴客位上马……"⑨每年番商离港之时，宋朝地方官都要举行宴会犒劳遣送。每"岁十月，提举司大设蕃商而遣之"⑩。犒设之时朝廷派遣特使往广州等地慰劳。大中祥符二年"广州蕃商凑集，遣内侍赵敦信驰驿抚问犒设之"⑪。犒设时场面盛大，哲宗朝曾任职广州的朱服说道："余在广州，尝因犒设蕃人，大集府中，蕃长引一三佛齐人来，云

① （南宋）李焘《续资治通鉴长编》卷四五一，元祐五年十一月己丑，中华书局 1979 年版。
② 《宋会要辑稿·食货》三八之二九。
③ 《宋会要辑稿·职官》四四之二六。
④ 〔日〕《朝野群载》卷二〇，转引自陈高华、吴泰《宋元时期的海外贸易》，天津人民出版社 1981 年版，第 77—78 页。
⑤ （南宋）李焘《续资治通鉴长编》卷二九六，元丰二年正月丙子，中华书局 1979 年版。
⑥ 《宋会要辑稿·食货》三八之三四。
⑦ 《宋会要辑稿·职官》四四之一三。
⑧ （南宋）李焘《续资治通鉴长编》卷九二，天禧二年十一月癸未。中华书局 1979 年版。
⑨ 《宋会要辑稿·蕃夷》四之七四。
⑩ 《岭外代答》卷三《航海外夷》，中华书局点校本。
⑪ （南宋）李焘《续资治通鉴长编》卷七二，大中祥符二年七月，中华书局 1979 年版。

善诵《孔雀明王经》……"①宴会之上"其蕃汉纲首,作头稍工等人各令与坐,无不得其欢心"。宋政府每年都拨出专款营办此事:"每年发舶月分,支破官钱,管设津遣。"受到款待的番商踊跃来华,政府收入也因之上升。相对于巨大的市舶税收,犒设之费是微不足道的,所以时人说:"旧来或遇发舶众多及进贡之国并至,量增添钱数,亦不满二百余贯,费用不多,所悦者众。"②因此泉州也效法广州。提举福建市舶楼踌说:"今来福建市舶司,每年止量支钱,委市舶监官备办宴设,委实礼意,与广南不同。欲乞依广南市舶司体例,每年于遣发蕃舶之际,宴设诸国蕃商,以示朝廷招徕远人之意。"③朝廷采纳了他的建议,福建也开始犒设番商。建炎二年七月,两浙路曾因为减省冗费而规定:"每遇海商住舶,依旧例支送酒食,罢每年燕犒。"④而广南司官员认为此举得不偿失,于绍兴二年建议:"今准建炎二年七月敕,备坐前提举两浙市舶吴说札子,每年宴犒诸州所费不下三千余贯,委是枉费,缘吴说即不曾取会本路设蕃所费数目例,蒙指挥寝罢,窃虑无以招怀远人,有违祖宗故事,欲乞依旧犒设。"⑤两浙路中止了几年的犒设制度又重新恢复。可见,迎送与犒设同宋政府招徕和鼓励外商来华贸易的基本政策是互为表里的。

(2)对遇难外商的抚恤。对于前来中国贸易而于海中遇难的番商,宋政府都给予抚恤和特殊的照顾。首先规定:"因风水不便、船破樯坏者,即不得抽解。"⑥遇难船只的货物受到法律保护。元祐元年,知广州张颉仲私取被风吹泊广州江岸的商舶上的犀角,"遣赍至京进奉,院官以法不许"⑦。政和四年,在钱塘江亦有一艘海船倾覆,滨江居民盗取船中财物,宋政府"令杭州研究根究","并拟修下条诸州,船因风水损失或靠阁,收救未毕而乘急取财物者,并依水火惊扰之际公取法"⑧。对遇难而流落中国的外商,宋政府给予生活资助并遣还本国。熙宁九年,秀州华亭县有高丽商贾20人"因乘船遇风,飘泊到岸……诏秀州如参验非奸细,即居以官舍,给食,候有本国使人入朝取旨。其后王徽使至,因赐帛遣归"⑨。淳熙三年,"风泊日本舟至明州,众皆不得食,行乞至临安府者,复百余人,诏人日给钱五十文,米二升,俟其国舟至遣归"。淳熙十年、绍熙四年、庆元六年、宝祐六年等,宋政府多次接济遇难的日本商人。⑩广州还建有"安乐庐","以待旅人无归者"。⑪

(3)保护外商在华贸易利益。宋朝法令禁止对番商随意违章征税。番商到港,"除抽解和买,违法抑买者,许蕃商越诉,计赃罪之"⑫。建炎元年规定:"有亏蕃商者,皆重

① 《萍洲可谈》卷二。
② 《宋会要辑稿·职官》四四之一四。
③ 《宋会要辑稿·职官》四四之二四。
④ 《宋会要辑稿·职官》四四之一三。
⑤ 《宋会要辑稿·职官》四四之一五。
⑥ 《宋史》卷一八六《食货志下八》。
⑦ (宋)杨彦龄:《杨公笔录》,学海类编本。
⑧ 《宋会要辑稿·食货》五零之六。
⑨ (南宋)李焘《续资治通鉴长编》卷二七七,熙宁九年九月己卯,中华书局1979年版。
⑩ 见《宋史·日本传》,《开庆四明志》卷八等。
⑪ (清)仇池石:《羊城古钞》卷七。
⑫ 《宋史》卷一八六《食货志下八》。

审其罪。"①绍兴十年,广东权市舶晁公迈因贪利,被大食商人"蒲亚里所讼,诏监察御史祝师龙、大理寺丞王师心往广州劾治"②。宋政府对侵害外商利益的事是十分重视的。为了使番商有一定的利润,从而保持来华贸易的积极性,宋政府不惜适当减少市舶收入。例如,日本到明州贸易的商人通常是雇工或小商,他们财力微小,往往受雇于日本贵族大姓,运载的木材、硫黄等大宗商品都是雇主所有,商人本身常常只带有便于携带的少量黄金。黄金的进口并不受禁止,商人只需依例纳税。但不法牙侩造谣盅惑,声言黄金贸易属宋政府所禁之列,诱迫日商托其代销,趁机盘剥,损害日商利益,挫伤了日商来华的积极性。宋政府为使牙侩无机可乘,放弃了每年上万缗的黄金抽解税,"倭船到岸,免抽博金子,如岁欲不可阙,则当以最高年分所抽博数(三万六百五十六贯文),本司(指明州市舶司)代为偿纳"③。市舶司补贴三万多贯抽解税却激发了日商贸易的积极性,使贸易人数和贸易额不断增加,所得市舶收入也不断增加。当时的人就评说"免将倭商金子抽博,施行所损无毫厘",而所受益何止三万贯可计。④ 据《宋会要辑稿·职官》记载,宋政府规定只要"经提举市舶司陈状,本司勘验,诣实给与公凭,前路照会,经过官司常切觉察",还允许番商在宋朝国内各地经销。宋政府的这些措施保障了外商的贸易利益,提高了他们来华贸易的积极性,从而也保障了宋政府的市舶收入。

(4)保护在华外商的财产权。宋政府规定,在华外商的财产不受侵害。元符元年下令:"盗番国进奉人钱物者准此(按:指依监守自盗罪论处)",情节较轻者则"依海行敕律加法"⑤。番商死后,子女亲属有财产继承权,"物货许其亲属召保,任认还及,立防守盗纵诈冒断罪法"⑥。侨居广州的番商辛押陀哕死后,其养子要求继承数百万的遗产。有人建议以户绝法予以没收。苏辙坚决反对,维护了其养子的继承权。⑦ 乾道间,真里富国大商死于明州,有资巨万,也有人建议没收。宋政府却"为具棺敛,属其徒护丧以归"。此事在海外引起了良好的反响:"明年金人致谢曰:'吾国贵近亡没,尚籍其家,今见中国仁政,不胜感慕,遂除籍没之例矣。'来者且言:'死商之家尽捐所归之货,建三浮屠,绘王像,以祈寿。'岛夷传闻,无不感悦。至今其国人以琛货至,犹问王安否。"⑧根据宋政府的规定,只有在中国居住满五世,且死后无人继承及无遗嘱者,财产才"依户绝法,仍入市舶民事拘管"。这些政策使来华的外商有了很大的安全感。更重要的是由此而在海外产生良好影响,增长了外商来华贸易的热情。

(5)关于外商犯法的处置。外商侨居中国,时有触犯法律的事,在北宋前期都是交付番坊的番长按其本国法律惩治,只有较重的罪才送中国地方政府办理。《萍洲可谈》卷二曰:"蕃人有罪,诣广州鞠实,送蕃坊行遣,缚之木梯上,以藤杖挞之……徒以上罪则广州决断。"《宋史·张显之传》载,张显之任广南东路转运使时看到"夷人有犯,其酋

---

① 《宋会要辑稿·职官》四四之一二。
② (宋)李心传:《建炎以来系年要录》卷一三六,绍兴十年闰六月癸酉,中华书局1988年版。
③ (宋)梅应发等:《开庆四明续志》卷八,宋元方志丛刊本,中华书局1990年版。
④ 《开庆四明续志》卷八。
⑤ (南宋)李焘《续资治通鉴长编》卷五零零,元符元年七月戊辰,中华书局1979年版。
⑥ (南宋)李焘《续资治通鉴长编》卷五一零,元符二年五月甲寅,中华书局1979年版。
⑦ 《龙川略志》卷五。
⑧ 《攻媿集》卷八六《皇伯祖太师崇宪靖王行状》。

长得自治而多惨酷",显之认为不妥,奏请"一以汉法从事"。《宋史·王涣之传》也记载,崇宁初王涣之知广州,"蕃客杀奴,市舶使据旧比,止送其长杖笞",仍未完全统一行施汉法,"涣之不可,论如法"。但直到南宋前期,这种法律上分治的情形仍未改变。汪大猷知泉州时,泉州仍采取旧的条例,番商"与郡人争斗,非至折伤,皆用其国俗以牛赎罪"。汪大猷指出:"安有中国而用夷俗者,苟至吾前,当依法治之。"汪大猷的行为一时改善了泉州的治安。"蕃商始有所惮,无敢斗者。"①虽然不断有官员呼吁统一法治,但史籍中仍未见宋政府因此而修改以前有关规定的记载。这种法律上的分治办法,实际上反映了宋政府对外商的优待和政策的宽松,与其招徕鼓励外商来华贸易的一系列其他措施是一致的。

二　宋政府对进口商品的管榷

进口品的管榷专卖是海外贸易发展到一定规模后出现的政府对进口品进行独占经营的政策。关于中国古代进口品专卖的实行时间,学术界一直众说不一,有唐代说、五代说等不同观点②。

中国古代专卖制的始行,有学者将其推到管仲在齐国实行盐政。专卖制真正的制度化应该从西汉武帝元狩四年官榷盐铁开始的。而对专卖的最早的明确阐释,见于颜师古对《汉书·武帝纪》中"天汉三年初榷酤"条的注释。颜注引应劭语曰:"县官自酤榷卖酒,小民勿得酤也。"韦昭曰:"以木渡水曰榷,谓禁民酤酿,独官开置,如道路设木为榷,独取利也。"师古曰:"榷者……禁闭其事,总利入官,而天下无由以得,有若渡水之榷,因立名焉。"可见,禁榷就是官府独占商品的产销环节获取专卖利益。1988年版《中国大百科全书·经济卷》"专卖"条基本含义也如此。该书解释道:"国家对某种产品的生产、销售限定由国家设置的专门机构独占经营和管理的一种制度。有完全专卖和不完全专卖的多种形式,前者是对产品的生产、收购、运输、销售的整个产销过程都由专卖机构独占经营,后者只对产销过程的某个环节独占经营,其他环节允许别的单位或个人在国家管理下经营,凡属专卖的产品都由国家专卖机构严格管理,除国家专卖机构外,任何单位和个人违法经营的,都要受到惩处,这是专卖不同于一般商品产销业务的重要标志。"从上述的解释可知,专卖有如下特点:①它是一种特殊的经济活动;②政府独占全部或部分产销环节;③政府获取专卖利益;④有严格的管理制度保障政府专卖,打击私贩。一种商品是否实行了专卖就要看对它的产销管理是否符合以上特点,以上特点缺一不可。封建社会从事专卖活动的目的不外乎增加财政收入、抑制商人势力、按统治者意志维护市场秩序,因而任何商品必须有一定的财政意义、较大的消费需求和市场影响,还必须有大量而稳定的供给,才能具备实行专卖的必要条件。唐代以前,由于对外贸易规模的限制,进口品数量有限,尚不具备专卖的条件,未实行专

---

① 《攻媿集》卷八八《汪公(大猷)行状》。
② 张维华主编《中国古代对外关系史》认为唐代已经实行进口品专卖,唐代的"收市"就是专卖,《旧唐书·王锷传》"榷其利,所得与两税埒"也是言进口品的专卖(第126页,高等教育出版社1993年版)。张泽咸先生认为唐代"收市""进奉"即禁榷(《唐代工商业》,第490、493页,中国社会科学出版社1995年版),藤田丰八认为唐之"禁珍异"即禁榷之意,桑原骘藏认为"外货之禁榷实创于五代"(《蒲寿庚考》,第191、194页),漆侠先生认为榷香制度前代所无,为宋代首创(《宋代经济史》下册,第919页,上海人民出版社1988年版)。

卖,这是学术界的共识。唐代和五代海外贸易获得了较大发展,有学者认为唐代或五代已经实行进口品专卖。但是,这一观点也是不当的。要弄清这一问题,不能局限于对某些字句的片面理解,而应深入考察各代进口品的营销制度,分析其是否具备了专卖的特点。

宋初虽然对进口品征收商税,"香药宝货……及商人贩茶皆算"①,但直到开宝四年,"市舶虽置司而不以为利"②。政府所得仍十分有限。这并非说进口品不敷统治者消费所需,而是不具有财政意义。开宝三年,宋太祖就说:"香药、毛翎、箭笴、皮革、筋角等,所在约支二年之用。"③但此时并未设官经营,更未实行专卖,而是允许商人与番客直接交易。政府仅有商税收入,得利自然是有限的。宋朝进口品的专卖制始于太平兴国初年。太平兴国二年三月,太宗颁布了进口品的禁榷令,"自今禁买广南、占城、三佛齐、大食、交州、泉州、两浙及诸番国所出香药犀牙,其余诸州府土产药物即不得随例禁断,与限令取便货卖,如限满破货未尽,并令于本处州府中卖入官,限满不中卖即逐处收捉勘罪",客旅限五十日,铺户限百日。"犯私香药犀牙,据所犯物处时估价纽足陌钱依定罪断遣。应干配役人并刺面,配逐处重役,纵遇恩赦,如年限未满,不在放免之限。应有犯者,令逐处勘鞫,当时内断遣,不得淹延,禁系妇人与免刺面配本处针工充役,依所配年限满日放。二千以下、百文以上决臀杖二十四……二十千以上决脊杖二十,大刺面押来赴阙。"颁布诏令的原因是政府开始设立专卖机构,经营进口品:"先是外国犀象香药充牣京师置官以鬻之,因有司上言,故有是诏。"④"因有司上言","置官以鬻之"指的是该年三月壬申张逊看到进口品堆积府库,而政府又不设官经营,于国家财政无益,于是建议:"置榷易局(亦称香药榷易院或在京出卖香药场),大出官库香药宝货,稍增其价,许商人入金帛买之,岁可得五十万,以济国用,使外国物有所泄。"⑤为了保障官府对批发环节的独占,而有上述令商人限期售尽或中卖所持进口品的事情。史籍还记载:"太平兴国初,京师置榷易院,乃诏诸番国香药宝货至广州、交趾、泉州、两浙,非出官库者,无得私相市易。"⑥更主要的是,政府还垄断了进口品的收购环节。该年五月又下令:"敢与蕃客货易,计其直满一百文以上,量科其罪。过十五千以上黥面配海岛。过此数者押送赴阙,妇人犯者配针工。"⑦可以看出,太平兴国初实行的专卖是由政府完全垄断全部进口品的收购和批发。但是,全部禁榷有其弊端:一是造成流通不畅,使一些常用的香药在民间出现短缺;二是良莠并收,官府并不能获得最大利益。此后遂改行对其中利润较丰的进口品实行专卖,并逐步减少专卖品的种类。

太平兴国七年十二月,因"在京及诸州府人民或少药物食用",而令"以下项香药止禁榷广南、漳泉等州,舶船上不得侵越州府界,紊乱条法;如违,依条断遣。其在京并诸处即依旧官场出卖及许人兴贩。凡禁榷物 8 种:玳瑁、象牙、犀、镔铁、鼊皮、珊瑚、玛

① 《宋会要辑稿·食货》一七之一三。
② 《文献通考》卷二六《市舶互市》。
③ (南宋)李焘《续资治通鉴长编》卷一一,开宝三年四月己卯,中华书局 1979 年版。
④ 《宋会要辑稿·职官》四四之二。
⑤ 《宋会要辑稿·食货》三六之三。
⑥ (南宋)李焘《续资治通鉴长编》卷一八,太平兴国三月壬申,中华书局 1979 年版。
⑦ 《宋会要辑稿·职官》四四之二。

瑙、乳香。放通行药物 37 种：木香、槟榔……后紫矿亦禁榷。"①《宋史·食货志下八》所载，8 种榷货外还有珠贝。"他药官市之余，听市于民。"上列 7 种加紫矿、珠贝，太平兴国七年的禁榷品共 10 种。从《宋史·食货志下八》记载看，37 种通行货物外的进口品官买以外也允许通商，大大限制了禁榷品的数量；而且可以看出，太平兴国七年的禁榷品都不是普通的日常消费药物，而属于奢侈品或军用品。这也反映出当时的进口品虽然数百种之多，但市场需求较大的主要商品还是奢侈品，但禁榷品种的规定并未得到很好实行。淳化二年以前，"广州市舶，每岁商人舶船到岸，官尽增价买之"，仍是实际上的完全专卖，"良苦相杂，官府少利"的弊端也同样存在。因而同年宋政府明确规定了榷货以外商品的博买比例："除榷货外，他货择良者止市其半。如时价给之，粗恶者恣其卖勿禁。"②大中祥符二年愉石亦定为榷货。此后，专卖品不断递减。

哲宗时期，完全禁榷的物货已显然减少了："象牙重及三十斤，并乳香，抽外尽官市，盖榷货也。"③只有 30 斤以上的象牙和乳香为榷货。除了象牙、乳香外，犀角也仍是禁榷品。《续资治通鉴长编》卷四〇九元祐三年三月乙丑载："凡乳香、犀象、珍宝之物岁于法一切禁榷……"同书卷四三九元祐五年三月己巳载，因"私香盛行，课额亏欠"，鼓励缉捕，抓获私贩乳香者给予奖励，"不满一斤，五贯，一斤，十贯、每一斤加十贯"。绍兴三年又规定："三路市舶除依条抽解外，蕃商贩到乳香一色及牛皮筋角堪造军器之物，自当尽行博买。"④牛皮筋角属于军用品，政府购买后便不再进入流通，没有专卖性质，专卖品仅乳香一种，象牙、犀角也不再属榷货之列了。隆兴二年规定："象齿、珠犀比他货至重，乞十分抽一，更不博买。"⑤《庆元条法事类》卷二八《榷货总类》中列举的榷货属进口商品的也只有乳香一项。南宋开禧时，乳香仍属于专卖品。开禧五年令："遇蕃船回舶乳香到岸，尽数博买，不得容私卖。"⑥可见，乳香在两宋始终实行政府专卖。这是因方乳香在宗教、医药、饮食、建筑等方面都有广泛的应用，消费需求大，利入多，如时人所说，"乳香一色，客算尤广"⑦，宋政府因而始终没有放弃对它的垄断。

三　宋政府对进口商品的营销管理

宋政府通过抽解和博买掌握了大量进口品，直接参与进口品的营销。政府所掌握的进口品大部分批发给商人经营，也有部分由政府自行销售。政府自行销售主要有两种途径，即科卖和榷场转口。

（一）政府对进口品的抽解和博买

宋政府获取进口品的主要途径是抽解和博买。抽解和博买制度的演变有两个显著特点：一是抽买的比例不断变化，总体趋势有所下降；二是抽买商品都是进口品中的

---

① 《宋会要辑稿·职官》四四之二。
② 《宋会要辑稿·职官》四四之三。
③ 《萍洲可谈》卷二。
④ 《宋会要辑稿·职官》四四之一六。
⑤ 《宋史》卷一八六《食货志下八》。
⑥ 《宋会要辑稿·职官》四四之三三。
⑦ 《宋会要辑稿·职官》四四之一七。

精良部分。

　　抽解就是以实物形式征收进口关税。宋人说："凡舶至,帅漕与市舶监官莅阅其货而征之,谓之抽解。"①宋朝虽于开宝四年即在广州置市舶司,但抽解制度仍未同时设立。征税的办法可能仍然沿袭唐代的旧制。据记载,宋朝"淳化二年始立抽解二分"②。博买(即官市)就是政府收购进口品。按照宋政府的规定,进口货物抵港后即交存于市舶司,等候抽解博买。如果进行走私贸易,"未经抽解,敢私取物货,虽一毫,皆没其余货"③。

　　"至四贯以上徒一年,稍加至二十贯以上黥面配本州为役兵。"④但按比例抽买,"抽解外官市各有差,然后商人得为己物"⑤。海商也能自由支配一部分自己的商品,在市场上自主交换。"海外诸国蕃客怀宝货度海赴广州市舶务抽解,与民间交易。"⑥海商得到了更加宽松的贸易环境。

　　抽解和博买的比例变化不定。淳化二年是抽解 2 分,博买优良商品的一半,其余不博买。抽解和博买占进口品总数的 7/10。仁宗时"海舶至者视所载,算其一而市其三"⑦。抽买比例占 2/5。哲宗时期是"以十分为率,真珠、龙脑凡细色抽一分;玳瑁、苏木凡粗色抽三分,抽外官市各有差"⑧。博买的比例不详。至迟此时已将进口商品划分为粗细二色。细色是指价值较大、纲运轻便的物品,而粗色是指价值相对较低而重量、体积较大的物品。粗、细色商品的分类有过变动,而基本标准就是如此。随着贸易规模的发展,粗色物品的抽解和博买比例逐步减少,而细色的比例相对上升。

　　南宋抽买比例较高时也达到 7/10,一般情况下都低于这一比例。建炎元年时,还是细色 10 分抽 1 后又博买 4 分,粗色 10 分抽 2 又博买 4 分。绍兴六年规定:"细色直钱之物依法十分抽解一分,其余粗色并以十五分抽解一分。"⑨绍兴十四年实行"抽解四分",十七年又降至"龙脑、沉香、丁香、白豆蔻四色并抽解一分,余数以旧法"⑩。而《宋会要辑稿》同条记载:"抽解外更不博买。"⑪隆兴二年前抽解又有加重:"迩来抽解既多……如犀角、象牙十分抽二,又博买四分;珠十分抽一,又博买六分。舶户惧抽买数多,止贩粗色杂货。"粗色的抽解仍很轻。这一年对细色抽买又予裁减:"象齿、珠犀比他货至重,乞十分抽一,更不博买。"⑫南宋中后期抽解和博买又趋上升。宝庆三年以前实行"细色以五分抽一分,粗色物货七分半抽一分"。因为抽解过重,舶商不来,又改为"不分粗细色,优润抽解。高丽、日本船纲首十九分抽一分,余船客十五分抽一分"。余船客大概指回舶的中国海商。南海诸国海商的抽解"例以一十分抽一分,般贩

---

① 《萍洲可谈》卷二。
② 《文献通考》卷二六《市舶互市》。
③ 《萍洲可谈》卷二。
④ 《宋史》卷一八六《食货志下八》。
⑤ 《萍洲可谈》卷二。
⑥ 《宋会要辑稿·职官》四四之九。
⑦ 《文献通考》卷二六《市舶互市》。
⑧ 《萍洲可谈》卷二。
⑨ 《宋会要辑稿·职官》四四之二十。
⑩ 《文献通考》卷二六《市舶互市》。
⑪ 《宋会要辑稿·职官》四四之二七。
⑫ 《宋史》卷一八六《食货志下八》。

铁船二十五分抽一分"。但是,除中央政府以外,市舶司所在地的地方官员、海舶的纲首也要抽买。有官员说:"窃见旧例,抽解之时各入货物分作一十五分,舶务抽一分起发上供;纲首一分,为船脚糜费;本府又抽三分,低价和买;两停厅各一分,低价和买。共已取其七分,至给还客旅之时止有其八。"①各方面的抽解已于15分中抽2而买5,近于半数。

南宋时抽解的比例最低者有1/15、1/19,特殊商品有25分抽1的,高者也有10分抽4。抽解比例在南宋时变化较大,但基本上在10分抽1的标准上下波动。这个比例是宋代一般情况下的进口税率,因而《宋会要辑稿》《宋史·食货志》等都说:"大抵海舶至,十先征其一。"博买的比例时高时低,最甚者博买3/5,轻者又不予博买。抽解和博买比例不断波动的原因,最根本的就是宋政府与海商争夺贸易利益的斗争,而其中也有贪官污吏的盘剥等因素的影响。宋政府为增加财政收入,总希望提高进口商品税率,但同时又不得不考虑税率太高会挫伤海商的贸易积极性,导致海外贸易的衰落,从而失去了税收的基础。海商则希望税率低下,以保障其贸易利润。为此,他们往往运用各种斗争手段。绍兴十四年,抽解增加为2/5,番商提出抗议,"陈诉抽解太重"。为此,宋政府只好将税率降为1/10。②番商常常只贩运税率低、获利多的商品。当细色商品博买太高时,商人"惧抽买数多,所贩止是粗色杂货"③。有的甚至走私贩运,逃避抽解,"宁冒犯法禁透漏,不肯将出抽解"④。宋政府在这种利益争夺中,为保持长久稳定的税收,一次次提高税率后又不得不一次次抑制贪心降低税率,致使抽买比例经常变化。

政府抽解和博买的商品都是其中精良的部分。从淳化二年宋太宗令"择良者止市其半","粗恶者恣其卖勿禁"开始,历代都遵奉这一原则。仁宗时范仲淹说:"凡蕃货之来,十税其一,必择其精者。"⑤而且,"官市价微,又准他货折阅,故商人病之"⑥。南宋仍是"择其精者,售以低价"⑦。政府不仅择优收买,而且对市场需求大、销路良好的商品大部分由政府收买。绍兴三年令云:"将中国有用之物如乳香、药物及民间常使香货并多数博买。"⑧收买精良商品正是宋统治者提高经营效益、获取最大利益的秘诀。

(二)抽买商品的纲运和管理

宋政府为了加强对抽买货物的直接控制,抽买所得全部或大部都运往京师。例如,天禧末水陆纲运上供"珠宝香药三十七万五千余斤"⑨,并制定了严格的纲运制度。香药宝货纲分粗细两色。细色纲由陆路运送,粗色纲由海路运送:"细色香药物货遵陆

① 《宝庆四明志》卷六《市舶》。
② 《宋会要辑稿·职官》四四之二五。
③ 《宋会要辑稿·职官》四四之二六。
④ 《宝庆四明志》卷六《市舶》。
⑤ (宋)范仲淹:《范文正公全集》卷一四《王竺墓表》,《四库全书》本。
⑥ 《宋会要辑稿·职官》四四之三四。
⑦ 《宋史》卷一八六《食货志下八》
⑧ 《宋会要辑稿·职官》四四之一七。
⑨ 《宋会要辑稿·食货》四六之二。

路前去……其粗色物货系雇船乘载泛海。"①细色商品价值大、重量轻，陆路运送比较安全，没有海路的风涛之险，而粗色商品价值小、重量大，更合适于运量大、成本低的海路运输，因此又称"细色陆路纲""粗色海道纲"②。最初所规定的细色纲只有"龙脑、珠之类，每一纲五千两，其余犀象、紫矿、乳香、檀香之类，为粗色，每纲一万斤……大观以后，张大其数，象犀、紫矿皆作细色起发"③。细色纲的种类增加了，同时也就增加了细色纲的总重量。每纲的规定重量不变，纲数增加为原来的 32 倍，即将"一纲分为三十二纲"，纲运的费用增加 3000 贯。④ 为了减少纲运成本，宋政府加大了每纲的规定重量。建炎四年规定："陆路三千斤，水路以一万斤为一纲。"⑤乾道七年又增加了粗色纲的重量："粗色香药物货每纲以二万斤，正六百斤耗为纲。"⑥细色纲陆路运输，雇脚夫负担，成本高，行程慢，而海运载量大、成本低、速度快，因而淳熙二年把粗细色纲合并，规定"福建、广南路市舶司，粗细物货以五万斤为一全纲"⑦，由海路限程起运。

对香药纲押运的人员和程限有详尽规定。最初是由中央政府委派专任"押香药纲使"，常住于市舶司所在地。天圣五年，苏寿上奏："近年少有舶船到广州，其管押香药纲使臣端坐请给，欲乞抽归三班院，别与差使，自今遇有舶船起发香药纲即具马递申奏，下三班院，逐旋差使臣往彼。"⑧从此，常住押纲使臣改为临时派遣。天圣八年，左班殿直赵世长就曾"应差从广州押香药纲上京"⑨。后来又取消了由中央派遣的做法，改由地方临时差使。所差押运使既有得替官吏，又有军校衙前。熙宁四年五月诏："广州市舶司每年抽买到乳香杂药，依条计纲，申转运司召差广南东西路得替官往广州交管押上京送纳事故。"⑩因为押运的艰辛和风险，很少有官员愿意应差。根据这种情况，元符三年宋廷又采纳了广东转运司的上奏："欲上京送纳字下添入'如逐路无官愿就，即不限路分官员，并许召差，如无官，仍约定纲数，申省乞差军大将装押'字。"⑪可见，经常派遣的已是军校衙前了。大观前后都是"凡起一纲，差衙前一名管押"⑫。南宋时期再次恢复由官员押运的办法。淳熙元年福建市舶司"乞将细色步担纲运差本路司户丞簿合差出官押，粗色海道纲运，选差诸州使臣谙晓海道之人管押"⑬。绍熙元年，广州舶司也规定："本路多有江浙官员在此仕宦，任满赴阙，或无归资，若于其间选择可委之人，使人就押，两得利便。"⑭选择官员押运的原因在于衙前小史往往无所顾忌，盗取香药之利，而官员则可令以资财充质。当时有的官员指出了这种情况："每差

---

① 《宋会要辑稿·食货》四四之一九。
② 《宋会要辑稿·职官》四四之三三。
③ 《宋史》卷一八六《食货志下八》。
④ 《宋史》卷一八六《食货志下八》。
⑤ 《宋史》卷一八五《食货志下七》。
⑥ 《宋会要辑稿·职官》四四之三十。
⑦ 《宋会要辑稿·职官》四四之三十。
⑧ 《宋会要辑稿·食货》四二之一三。
⑨ 《宋会要辑稿·食货》四二之一八。
⑩ 《宋会要辑稿·职官》四四之五。
⑪ 《宋会要辑稿·职官》四四之五。
⑫ 《宋会要辑稿·职官》四四之一二。
⑬ 《宋会要辑稿·职官》四四之三十。
⑭ 《宋会要辑稿·职官》四四之一四。

副尉小使臣,多有侵欺贸易之弊。"①针对于此才规定"闽广舶司,每岁部押纲运,不得用杂流及小武弁,须通差文武见任及待阙有顾藉者"②,目的是保证纲运如数如期到达京师。

对纲运的期限,南宋政府规定:"福建限三月程、广南限六月程到行在。"③为防止押运官员托辞风汛困难而拖延程限,宋政府明确下令,纲运"四五月间支装,赶趁南风,顺便发离……严禁逐色于秋冬时月装发,政纲官以阻风为词,公然抛泊湾澳,逗留作弊"④。香药打套装船时,为了防止隐瞒斤两、以次充优,还专门规定市舶提举会同地方官在交船时监督检验。"每包作封头两个,一个印提举官阶位小书,用本司铜朱印记,一系监装官名御印记。"每包还必须抽样选送行在。纲船到达行在交纳时,派官员及牙人"开拆封样看验"。纲船所经沿途州县官吏也有责任"催赶防护出界"⑤。押纲官员都已"籍定姓名",并"从条合留末后告敕,在本司(指市舶司)质当,候获到朱钞,才与给还"⑥,即完成押运任务后又须自京城回市舶司所在地取回告敕。后来,为减省押纲官往返领还告敕之烦,改将"所留末后告敕随样匣专人先次解赴左藏库收管"⑦,没有如期到达,或侵取香药者都要受到惩罚。成忠郎孙尚就因在押纲时"将胡椒盗拆官封出卖钱银等物而'除名勒停'";反之,如数如期完成押纲任务的押纲人员,则有酬赏,"如无欠损,与比仿押钱帛指挥推赏"⑧。宋朝政府曾多次申明这条推赏办法,以激励押纲官员。

在宋初,抽僻和博买的进口品基本上全数纲运上京。《宋会要辑稿》载,天圣五年诏令:"自今遇有舶船到广州博买香药及得一两纲,旋具奉闻,乞差使臣管押。"随着贸易规模的扩大,抽买物货也不断增加,为减少纲运成本,一些商品便留在当地发售,不再纲运。"将前项抽解粗色并令本州依时价打套出卖。"⑨有时为了补充市舶本钱,把有些细色物货也就地出售,"今后真珠更不许计置上供,只许就本处买卖,循环作本⑩。绍兴元年,大食商人莆亚里贡大象牙209株,大犀35株,为偿还本钱,市舶司只纲运其中象牙100株,犀角25株,其余就地搭息出卖,作为博买本钱。南宋基本上实行将贵细畅销之物纲运上京,其余就地发卖的办法。建炎九年,"承议郎李则言:'旧制,闽广市舶司抽解舶货,以其贵细,计纲上京,余本州打套出卖。大观后始尽,今计纲费多而弊众,望复旧法。'……从之。"⑪"逐路市舶司如抽买到和剂局无用并临安府民间使用稀少物货,更不起发。"不起发纲运的物货或"变转价钱赴行在库务送纳"⑫。《淳熙三山志》卷一七《岁贡》载:福州每年须上交"折博香药银一万三千三百三十三两

① 《宋会要辑稿·职官》四四之三。
② 《宋会要辑稿·食货》四四之一六。
③ 《宋会要辑稿·职官》四四之三〇。
④ 《宋会要辑稿·食货》四四之一九。
⑤ 《宋会要辑稿·食货》四四之一九。
⑥ 《宋会要辑稿·食货》四四之一六。
⑦ 《宋会要辑稿·职官》四四之一四。
⑧ 《宋会要辑稿·刑法》六之三八。
⑨ 《宋会要辑稿·职官》四四之九。
⑩ 《宋会要辑稿·食货》四一之四七。
⑪ (宋)李心传:《建炎以来系年要录》卷一十,建炎元年十月己卯,中华书局1988年版。
⑫ 《宋会要辑稿·职官》四四之二一。

四钱"。按隆兴二年银两每两三千文计,合四万贯,或就地"召人算清,其所售之价,每五万贯易以轻货输行在"①,最终都交归中央。绍兴三年,宋政府详尽地规定了纲运商品的种类,其中应纲运的有100多种,而蔷薇水、微碌香、丁香、天竺黄草等数十种均在市舶司所在地发卖。② 纲运制度的变化正是贸易不断发展、规模日益扩大的反映。

如上所述,抽买所得物货主要纲运上京,也有部分就地发卖。发卖所得收入仍交归中央。纲运到京的香药都由太府寺属下的香药库、内藏库收藏。其中内藏库"掌收岁计之余积,以待邦国非常之用",香药库"掌出纳外国贡献及市舶香药宝石之事"③。内藏库收藏质量精优的物货,其次才归纳香药库。"景德四年三月诏,杭、明、广州市舶司般犀牙珠玉到京,并纳内藏库,拣退者纳香药库。诸州香药亦以细色纳内藏,次者纳香药库。"④但香药库显然是最主要的管理抽买所得商品的部门。香药库分内库、外库。仅内库就有"二十八库。真宗赐御制七言二韵诗一首,为库额曰:'每岁沉檀来远裔,累朝珠玉实皇居,今辰内库初开处,充物尤宜史笔书'"⑤。除了香药库、内藏库,还有奉宸库,"掌供内庭,凡金玉、珠宝、良货贿藏焉"⑥。但奉宸库的香药并不用于销售营利。仁宗曾想出售奉宸库香药,赵抃劝道:"奉宸库并系朝廷宝秘之物,今一旦即行估卖,深损国体。"⑦这些香药宝货除供宫廷权贵享受外,大部分出售与民。出售之前由专门的机构——编估局、打套局邀请经验丰富的牙人估算价格。"打套系专置打套所,及杂物系专置编估局,品搭编打成套。"然后,由"榷货务隔手投下文钞;关报逐处支给"⑧,进入销售环节;既有通过政府分设于京城及各地的榷易院、榷易务等机构直接向消费者出售的,也有批发给商人的。其中,批发给商人是主要销售途径。

(三)宋政府对进口品的直接销售

太平兴国二年,宋政府开始"置官以鬻香药",设置了"在京出卖香药场",以乐冲为监官。⑨ "在京出卖香药场"又称"香药榷易局",或"香药榷易院"。大中祥符二年,"诏香药榷易院自今并入榷货务一处勾当"⑩。榷货务的职责是"掌受商人便钱给券及入中茶盐,出卖香药象货之类"⑪,成为政府营销进口品的主要机构。南宋也是如此,"建炎四年,泉州抽买乳香一十三等,八万六千七百八十斤有奇。诏取赴榷货务打套给卖"⑫。榷货务香药一部分是由官府直接销售的。榷货务把香药发送到各地销售。北宋政府曾"从京支乳香赴京东等路,委转运司均分于部下州军出卖,其钱候及数目,即

① 《宋史》卷一八六《食货志下八》。
② 《宋会要辑稿·职官》四四之一六。
③ 《宋史》卷一六五《职官志五》。
④ 《宋会要辑稿·食货》五二之七。
⑤ (宋)叶梦得:《石林燕语》卷二,中华书局点校本。
⑥ 《宋史》卷一六五《职官志五》。
⑦ 《宋名臣奏议》一七十《财赋门》,《四库全书》本。
⑧ 《宋会要辑稿·食货》五四之一九。
⑨ 《宋会要辑稿·食货》三六之三。
⑩ 《宋会要辑稿·食货》五五之二三。
⑪ 《宋会要辑稿·食货》五五之二二。
⑫ 《宋史》卷一八五《食货志下七》。

部押上京，充榷货务年额"①。其他路州也有出售香药之事。南宋时香药仍由"户部常以分数下诸路鬻之"②。越州榷货务曾发售香药，商人凑聚，而使"商人不复至行在"。宋政府于建炎四年"诏废越州场务，量留监官一员，打套出卖乳香而已"③。绍兴年间，张运曾将"户部所储三佛齐国所贡乳香九万一千五百斤，直可百二十余万缗，请分送江浙、荆湖漕司卖之"④。从在京榷货务押运香药等到各州发售，都规定了程限。乾道元年，郴州宜章吏黄谷等人因为押运乳香到州出卖而误程限，"数以此事受答，不堪命"，而"啸聚峒民作乱，遂陷桂阳军"⑤。送至各州的香药又往往强令百姓科买。淳熙二年，郴州、桂阳军又有人因"科买乳香"而反抗，宋政府只得下令："湖南路见有乳香并输行在榷货务，免科降。"但淳熙十二年仍在"分拨榷货务乳香于诸路给卖，每及一万贯，输送左藏南库"。淳熙十五年，终因"诸路分卖乳香扰民，令止就榷货务招客算请"⑥，取消了分配给各州县发卖香药的制度。

　　宋政府对进口品的营销不仅是在地方发卖和科配，而且高丽、日本等转口。香药、犀牙等物品深受高丽、日本等的欢迎。当时的人指出："虏人每喜南货"⑦，金朝统治者所需者无非"真珠、鞭鞭等物"⑧。靖康之难，金兵攻入汴京，尤好香药珠犀等物，共掳取"诸库珍珠四百二十三斤，玉六百二十三斤，珊瑚六百斤，玛瑙一千二百斤，北珠四十斤，西海夜珠一百三十个，珠砂二万九千斤，水晶一万五千斤，花犀二万一千八百四十斤，象牙一千四百六十座，龙脑一百二十斤……琉璃盏一千二百斤，琉璃托子一千二百六，珊瑚托子四百只……"⑨由此可见，金人对这些进口商品的特殊嗜好。宋政府正利用辽、夏、金等国统治者对香药珠宝的偏爱，"令有司悉与，以广其俗，彼侈心一开，则吾事济矣"⑩，为外交服务。宋朝常以香药珠宝等进口商品作为礼物。乾兴元年六月，契丹使臣回国，宋朝皇太后赠送给契丹国主国母后"龙脑、滴乳茶各三十斤……皇帝遗国主亦如皇太后之数"。同月，宋使臣到契丹，所送礼物中又有金饰玳瑁饮器、象牙、琥珀杯、通犀碾玉带、玛瑙鞍勒等物。⑪北宋每年"因割燕山府涿、昌、澶、顺、景、蓟为一路，而归其代税一百万缗"给金国。代税的很大一部分是以实物抵充，其中就有香药犀象等进口品："木棉亦二万段，香犀、玳瑁、碗碟、七筋皆折阅，倍偿之，至于龙脑海两但折八贯。"⑫靖康元年，金人兵临汴京城下，宋政府派人出使金营，"仍以珠玉遗金人"，以求换得和平。

---

① 《宋会要辑稿·食货》三六之二八。
② （宋）李心传：《建炎以来朝野杂记》甲集卷一五《市舶司本息》，中华书局 2000 年版。
③ （宋）李心传：《建炎以来系年要录》卷三六，建炎四年八月庚寅，中华书局 1988 年版。
④ 《宋史》卷四〇四《张运传》。
⑤ （宋）李心传：《建炎以来朝野杂记》甲集卷一五《市舶司本息》，中华书局 2000 年版。
⑥ 《宋史》卷一八五《食货志下七》。
⑦ （宋）李焘：《续资治通鉴长编拾补》卷四六，宜和五年三月甲午 // 《宋史要籍汇编》，上海古籍出版社 1986 年版。
⑧ （宋）李心传：《建炎以来系年要录》卷一四六，绍兴十二年九月甲寅，中华书局 1988 年版。
⑨ （宋）李心传：《建炎以来系年要录》卷二，建炎元年二月丙子，中华书局 1988 年版。
⑩ （宋）李心传：《建炎以来系年要录》卷一四六，绍兴十二年九月甲寅，中华书局 1988 年版。
⑪ 《宋会要辑稿·蕃夷》二之一一。
⑫ （宋）李焘：《续资治通鉴长编拾补》卷四六，宜和五年三月甲午 // 《宋史要籍汇编》，上海古籍出版社 1986 年版。

除了馈赠之外，香药、犀角、象牙等进口商品输往北方的主要途径是宋与辽、夏、金的榷场贸易。日本人加藤繁在《宋代和金国的贸易》一文中说："从宋输出的主要物资是茶、象牙、犀角、乳香等所谓香药；生姜、陈皮等中国南部的药物；丝织品、木棉、钱、牛、米等。"①香药是宋金贸易中的主要商品之一。而这种贸易在宋与辽、夏之间早已开始了。"契丹在太祖时，虽听缘边市易，而未有官署，太平兴国二年始，镇、易、雄、霸、沧州各置榷务，辇香药、犀象及茶与交易。"淳化二年又令"所辇物增苏木"。与西夏的贸易也一样。"景德四年于保安军置榷场……以香药、瓷漆器、姜桂等物易蜜蜡……"②宋朝与辽夏等国的贸易，所需求的主要商品是马匹。海外进口品在这里被大量用于购买马匹。熙宁元年，以"奉宸库珠子令河北缘边于四榷场辇钱银，准备买马，其数至于二千三百四十三万颗"③。宋与北方诸国的贸易主要是通过设于边州的榷场。宋朝用于榷场贸易的主要是"辇香药、犀象及茶与交易"④。很多榷场都是用香药等进口物品作本钱。熙宁八年，"市易（务）请假奉宸库象、犀、珠，直总二十万缗，于榷场贸易，明年终偿之"⑤。南宋建立盱眙军榷场时，"降至本钱十六万五千八百余贯，系以香药杂物等纽计作本"⑥。乾道元二月，邓州置榷场，也是"令用博易物色匹帛香药之类，从朝廷支降付场博易"。同年四月，寿春府置榷场，"所行事件并乞依盱眙军体例施行"。乾道二年，"光州置榷场，乞从朝廷支降本钱，或用虔布、木棉、象牙、玳瑁等物折计"⑦。安丰军的榷场贸易也由朝廷"差使臣般发檀香前去"⑧。因为宋金之间香药贸易的频繁和大宗化，金朝专为此设立了有关条令，金世宗大定十六年制定了"榷场香、茶罪赏法"⑨。金朝也发行香药钞，贞元二的诏令中说到"初设盐钞香茶交引印造库副使"⑩，说明输入金朝的香药为数已十分可观。

日本和高丽是同中国贸易最频繁的国家之一。宋朝商人销往两国的商品也有大量香药等商品。据《新猿乐记》记载，日本从宋进口的商品有"沉香、麝香、衣比、丁子、甘松、薰陆、青木、龙脑、鸡舌、赤木、紫檀、苏芳……槟榔子……犀牛角……玛瑙带、琉璃壶……"等多种进口商品。木宫泰彦认为，香药等是宋对日贸易中的重要商品之一。他说，北宋商人运到日本的贸易品"主要可能是锦、绫、香药、茶碗、文具等"。"南宋时，日本输入的和前代一样，仍以香药、书籍、织物、文具、茶碗等类为王。"⑪宋朝与高丽的贸易中也有大批进口商品。朴真奭的研究表明："宋朝商人向高丽输出的宋代海外贸易商品中还有香药、沉香、犀角、象牙等西南亚洲的产品。"⑫宋与辽、夏、金国的贸易主要由政府主持，民间商人必须在榷场的管理下进行贸易，而与日本、高丽的贸易主要由

---

① 〔日〕加藤繁：《中国经济史考证》卷一，吴杰译，商务印书馆1963年版。
② 《宋史》卷一八六《食货志下八》。
③ 《容斋三笔》卷一三。
④ 《宋史》卷一八六《食货志下八》。
⑤ 《宋会要辑稿·食货》三八之三九。
⑥ 《宋会要辑稿·食货》三八之三九。
⑦ 《宋会要辑稿·食货》三八之四一。
⑧ 《宋会要辑稿·食货》三八之四三。
⑨ 《金史》卷七《世宗纪中》。
⑩ 《金史》卷五《海陵王纪》。
⑪ 〔日〕木宫泰彦：《日中文化交流史》，胡锡年译，商务印书馆1980年版，第247、300页。
⑫ 朴真奭：《中朝经济文化交流史研究》，辽宁人民出版社1984年版，第53页。

民间商人自发进行,但也必须接受市舶机构的管理。宋政府和商人都能从香药等进口商品的转口贸易得到可观的利益。

四 宋政府对商人营销的管理

进口商品一部分由政府直接销售,但其中的大部分最终都由商人来经营。商人获得香药宝货的主要途径,除了从政府榷货机构购买,就是与海商交易。随着宋政府对舶货禁榷的放松,这种交易越来越大。政府对进口品垄断专卖不断松弛,专卖种类和抽买比例不断减少,与之相应,商人经营的和能够与海商直接交换的进口品日益增多。但是为了保证财税收入,宋政府对商人经营进口品的管理却始终没有松弛,进口品营销的管理措施较普通商品更为严格,对商人经营的各个环节,包括商人的贩卖地点都进行严格控制。

(1)经营进口品的商人必须领取引凭。太宗至道元年十月诏令说:"每客旅将杂物香药执地头引者,不问一年上下,只作有引,税二十钱。"商人纳税后,"毁引随帐送勾"。商人无引经营者处罚:"无引者税七十五钱。"①所征税接近正常税收的四倍。熙宁四年的诏令也说:"诸客人买到抽解下物货并于市舶司请公凭引目,许往外州货卖,如不出引目,许人告,依偷税法。"②即"没其三分之一,仍与其半与捕者"③。引凭是监督商人活动的依据,也叫公据。例如,"算请诸香药象牙者,每二千香药象牙取便将于在京或外处州军贩卖,仍仰榷货务分明出给公据交付"④。商人不能在引凭批凿的商品数目以外多贩商品,"私贩及引外带数,或沿路私卖及买入各杖一百,许人告,所犯真珠没官,仍三分估一分价钱赏告人"⑤。

(2)进口品营销的纳税与一般商品不尽一样。在市舶司所在地买卖进口品不纳商税。北宋、南宋都是如此。北宋时规定,市舶司所在地经营进口品,可"从便买卖,不许再行收税"⑥。"更行收税者,以违制论。"⑦南宋也如此。建炎三年的条令规定"应贩市舶香药给引人户,遇经过收税去处,依此批鉴,免两州(指杭州、明州)商税"⑧,出市舶司所在地则要收税。商税的征收,在京则交于都商税院,在地方则由各地税务机构负责。太宗至道元年令就是颁布给商税院实行的。到天圣时仍规定,将京城及外处州军贩卖香药犀象的,榷货务出具引凭后即"关牒商税院,候客人将出外处破货,即据数收纳税钱,出给公引放行"⑨。商人经过各地税卡须依引内批凿数目纳税。熙宁时一度"免起发处及沿路税,仍俱邑(色)额、等第、数目,先递报所指射处照会,候到日,在京委当职官估价,每贯纳税百钱,在西川委成都知府通判监估,每贯收税二百钱"⑩,后又

---

① 《宋会要辑稿·职官》二七之三五。
② 《宋会要辑稿·职官》四四之五。
③ 《宋会要辑稿·食货》一七之一三。
④ 《宋会要辑稿·食货》三六之一七。
⑤ 《宋会要辑稿·食货》四一之四七。
⑥ 《宋会要辑稿·职官》四四之八。
⑦ 《宋会要辑稿·职官》四四之二六。
⑧ 《宋会要辑稿·职官》四四之二八。
⑨ 《宋会要辑稿·食货》三六之一七至一八。
⑩ 《宋会要辑稿·食货》四一之四六至四七。

废除了这一办法。南宋实行的仍是商人"遇经过收税处,依此(指引凭)批凿",沿路关市收税,征税的数目也不断变化。太宗时是每贯收 20 钱,与普通商税(过税每贯 20,住税每贯 30)相近。熙宁时增至在京每贯收 100 钱,在成都每贯收 1200 钱。

(3)规定贩易时限,实行保任制度。这种政策颁行于熙宁七年,与这一时期各项变法的兴利目的是一致的。该年正月令:"广南真珠已经抽解,欲指射东京、西川贸易者,召有力户三两名委保,赴榷税务封角印押,给引放行,各限半年到指射处……出限不到,约估在京及西川价损起发处,据合纳税钱勒保人代纳,即私贩及引外带数或沿路私卖及买入各杖一百,许人告,所犯真珠没官,仍三分估一分价钱赏告人。"[①]这一条不仅规定了商人的贩卖地点,而且把商人的运输环节也置于政府的监督之下。

(4)允许外国商人在内地销售香药等物。这一政策始行于崇宁三年。该年大食等国商人"乞往诸州及东京买卖",宋政府命令"蕃客愿往他州或东京贩易者,仰经提举市舶司陈状,本司勘验,诣实给与公凭,前路照会,经过官司常切觉察"[②]。与国内商人一样,外商进入内地经营仍须领取引凭。

五 宋代贸易港的管理

宋代以前,如何管理贸易港已不得其详,而宋代制定了较为具体的措施。宋代的贸易港修建有固定的停泊码头,码头边建有市舶亭或来远亭,以利对进出港船舶的检查和抽税。广州港的市舶亭置于海边。番舶的停泊码头即在市舶亭下,番商出海摄取淡水也在此处。《萍洲可谈》卷二记载,前往南海诸国贸易的商人回航:"既至(广州),泊船市舶亭下","广州市舶亭枕水,有海山楼,正对五洲,其下谓之小海"。宋人张端义《贵耳集》卷下记载:"广州有二怪事",其一就是"市舶亭水为番舶必取,经年不臭不坏。他水不数日必坏"。明州市舶务处于甬江之畔,商船先于江口来远驿接受检查,然后入市舶务。市舶务"濒江,有来远亭……贾舶至,检核于此,历三门以入务而闭闼之,南北小门容顿宽敞,防闲慎密"[③]。杭州的海船都凑聚于"浙江清水闸河岸"[④]的市舶务前。

贸易港口设有储存货物的仓库,运到的货物起船后就存放在这些库房里。明州港"东、西、前、后列四库庑,分二十八眼,以'寸地尺天皆入贡,奇祥异瑞争来送,不知何国致白环,复道诸山得银瓮'号之两夹"[⑤],以作库名。杭州港也有此类库房,供商人存积货物。泉州杨客曾运载价值 40 万缗的香药宝货到杭州,"举所赍沉香、龙脑、珠诽珍异纳于土库中,他香、布、苏木不减十余万缗,皆委之库外"[⑥]。

因沿海有不少海盗"专俟番船到来,拦截行劫",势力甚大,"其徒日繁于番船"[⑦],宋政府设有专门的机构来保护港口及入港商船的安全。广州、泉州等港都设有望舶巡检司。望舶之制始于元丰年间:"元丰始委漕臣拘拦,已而又置官望舶。"[⑧]广州港"自

① 《宋会要辑稿·食货》四一之四六至四七。
② 《宋会要辑稿·职官》四四之九。
③ 《宝庆四明志》卷三《库务》。
④ (宋)施谔撰:《淳祐临安志》卷七,浙江人民出版社 1983 年版。
⑤ 《宝庆四明志》卷三《库务》。
⑥ (宋)洪迈:《夷坚丁志》卷六,《丛书集成初编》本。
⑦ 《西山文集》卷一五《申尚书省乞措置收捕海盗》,《四库全书》本。
⑧ 《文献通考》卷二六《市舶互市》。

小海至溮洲七百里,溮州有望舶巡检司,谓之一望,稍北又有第二,第三望,过溮洲则沧溟矣,商舶去时至涯洲少需以诀,然后解去,谓之放洋。还至溮洲,则相庆贺。寨兵有酒肉之馈,并防护赴广州……五洲巡检司差兵检视,谓之编栏。"①广南路还设有摧锋军,职责就是打击海盗、保护进出港商船的安全。② 福建各港也设有望舶巡检司。北宋中期蔡襄上奏:"臣闻福州闽安镇把港及钟门巡检一员,在海上封桩舶船。泉州有同口巡检一员,去城七里,每年下海封桩舶船。漳州旧有黄淡头巡检一员,号为招舶,亦是夏间下海。"③泉州港不仅设巡检司,而且建有军寨;绍兴十四年为保护石井港、后渚港的安全,宋政府在围头湾口南侧下坊村设立巡检司。在泉州北向航线的必经之地的惠安设小兜寨,晋江县设有石湖,这是两个最主要的军寨。此外,还有法石、宝林、永宁等军寨拱卫泉州。嘉定十一年,泉州真德秀奏请加强"舟船可以久泊"的围头湾防卫,另"创立小寨,约以百人为额。上可接永宁,下可接烈屿,前可以照应料罗、吴屿等地,内可以控捍石井一带港口,实为冲要"④,使石井港、后渚港南有围头寨巡检司,北有小兜寨,中有法石等寨,保障海商进出港的安全。望舶巡检司及军寨的设置也具有杜防走私贸易的目的。宋代港口的管理包括了码头建设、货物屯放、港口安全等诸多方面,已经具有了比较完备的管理制度。宋政府还建立了系统的出入港登记、验货、抽买、办理公凭等制度,市舶机构中从市舶使到勾当公事、孔目、专库、专秤等各级官吏无不与港口管理有关,当然他们的职能已经超出了港务管理的范畴。

宋代贸易港的布局和管理反映了宋代海外贸易发展和贸易制度的若干特点。杭州、明州在两宋虽然不是全国最大的贸易港,但由于两浙经济发展水平居于全国之首,两浙路仍然是贸易最为繁盛的地区,贸易港数量最多,机构设置也最为健全。宋政府对港口布局的调整和港务的管理说明了其在海外贸易上既鼓励又控制的基本态度,也反映了宋代贸易制度较之前代有很大完善。

第三节　元代海外贸易管理与制度

一　元代的市舶管理⑤

(一)市舶的管理方法

元代在东南沿海的泉州、庆元、上海、澉浦、杭州、温州、广州七个主要港口设立市舶司,后来又在广东的雷州半岛设立海南海北市舶司。每司设提举两员,从五品;同提举两员,从六品;副提举两员,从七品;知事一员,隶属于泉府司。在设司的初期,市舶司的拦管官多由地方行政长官兼任,如泉州,"令忙古解领之";上海、庆元、澉浦,"令福

① (宋)朱彧:《萍洲可谈》卷二,《丛书集成初编》本。

② 《宋会要辑稿·食货》六七之二。

③ (宋)蔡襄:《蔡忠惠公集》卷二一《乞相度沿海防备盗贼》,清光绪刊本。

④ 《西山文集》卷八《申枢密院措置沿海事宜状》。

⑤ 本部分引见邓瑞本:《广东对外贸易史》,广东高教出版社1996年版,第194—201页。

建安抚使扬发督之"①。地方行政主管兼市舶司,不但提高了市舶司的地位,而且还可以达到进一步加强市舶管理的目的。元朝中期,撤销了泉府司这一机构,市舶更进一步明确归行省管理,但中央政府先后两次制订市舶管理条例。

第一次是世祖至元三十年(1293年),由通晓宋代市舶事务的李晞颜等参照宋代的市舶法,制定了元代《市舶抽分则例》(以下简称《则例》)二十二条,主要内容大致如下。

(1)统一税率:泉州、上海、澉浦、温州、广州、杭州、庆元七市舶司,统一抽分比率,即粗货十五分抽一,细货十分抽一。抽分后还要按泉州的办法,取1/30为税。

(2)调整机构:温州市舶司与庆元市舶司合并,杭州市舶司撤销,并入杭州税务。

(3)禁止行省官员、行泉府司官员以及市舶官员强迫舶商捎带银钱下番贸易,更不许回舶时,将贵重物品贱价折算收购,牟取暴利。违者从重治罪,并没收其钱物。从没收的钱物中拨出1/3奖赏告发者。

(4)凡因公出国的使臣或大小官员、军民人等,允许贩易番货回国,但必须向市舶司抽分纳税,不得隐匿。违者以漏舶论处。

(5)僧、道、也里可温、答失蛮等,携带俗人过番买卖者,一律抽分。

(6)冬汛发船前,各舶商须到市舶司处请领公据、公凭(大船领公据,柴水小船领公凭)。填明往何处经纪,拟买货物,可自行投往其他国家。次年夏汛南风回帆时,只准赴原市舶司抽分,不准投往他处。如因受风水影响,不能按原计划航抵番邦国土,从而飘至别国贸易者,要取得同伴船人员的证明,别无虚诳,才得依例抽分。如有欺诈,许人告发,船货没收。

(7)舶商申请公据公凭时,须有船牙人具保,开列本船财主、纲首、直库、梢工、杂事、部领、人伴姓名人数及船舶载重、樯高、船长阔等情况。大船一只,只许带柴水小船一只。小船亦需要公凭内写明船舶的载重、樯高、船身长阔等情况。凡公据公凭均应随船携带,违者即是私贩,许人告捕,给赏断罪。公据后面应有空白纸八张,由泉府司盖骑缝印于上,由纲首亲自填写货物清单。从国外贩运货物回国,亦在此空白纸内,"就地头即时日逐批写所博到物货名件、色数、觔重",作为抽分凭证。如有作弊或抄填不尽者,即按漏舶法断设。

(8)所有参加贸易的船舶,在回航时如有遭风或被劫者,须经所在官司陈验,移文市舶司转申总府衙门(泉府司)核实后,方许注销原给凭证字号。若妄称遭风、遭劫而转移货物者,船物没官。若在国外因风所阻而不能按期回航者,须取得同船或同伴船只人等证明,方能依例抽分。如有欺诈,许人告发,船货没收。

(9)海商不请验凭,擅自发船者,许人告捕治罪,船物没官。

(10)舶商所用之兵器、铜锣等,须寄存在停泊港的官库处,发舶时领回。

(11)舶商在往市舶司抽分时,有故意漏报或巧为藏匿物货者,按漏舶论处。市舶司所颁发之印鉴、关防通行证等,均应交回市舶司保管。

(12)金、银、铜钱、铁货、男妇人口,不许贩卖出口。如到番国不复返回者,须于原领公据内写明缘故,明白开除。违者追究船主之责任。

---

① 《元史》卷九十四《食货志·市舶》。

(13)商人从事海外贸易,亦属抽收课程(即有利于税收的意思),政府各部门,不得差占(差遣占用),有妨舶商经纪,永为定例以示招徕安集之意。

(14)各处市舶司,每年征收和置办的舶货,除贵重细色部分,合行起解外,其余必须拍卖者,在杭州附近的市舶司,于每年十二月终以前,押解至杭州行泉府司仓库集中,以便估价出卖。

(15)查舶商多在广东沿海一带州县,私自泄漏贵重的细货上岸,有违规定。令海南海北广东道沿海州县镇市地方官员,加紧关防。如遇回舶到岸,着令离开,往原市舶司抽分。如官吏知情受贿或不负责者,依条断罪。

(16)舶商、梢水人等,皆是赶办课程之人,其家中人口,应予优恤,免除所在州县所规定的差役。

(17)所有外商,应严格遵守中国市舶则例之规定。市舶司亦应"差谙练钱谷廉正官发卖应卖物货"。

(18)每年在船舶回航期间,市舶司应预先差人至抽解处,等待船舶的归来,然后封堵检查,以防作弊。

(19)船舶起航之前,市舶司应派人上船检查,如无违禁之物,方许开航。检视官应办理"结罪文状"手续,如将来有人告发或查出串同作弊者,检察官员应依条断罪。

此《则例》经过一段时间施行后,到了仁宗延祐元年(1314年)进行了修改,重新制定了延祐《市舶法则》,也是二十二条,现将其补充的内容叙述如下:

(1)在违禁品的规定中,除至元《则例》所列举的各项之外,补充了丝绵、缎匹、销金、绫罗、米粮、军器等项,并具体规定,违犯者,舶商、船主、纲首、事头、火长各决杖一百零七下。

(2)在抽分则例中,粗货改为十五分中抽二分,细货十分中抽二分,从而提高了舶税的征收率。

(3)至元《则例》只规定僧、道、也里可温、答失蛮等人下番贸易要依例抽解,而延祐《法则》则增加了诸王、驸马等人下番贸易时,亦同样要抽解,并明确规定,犯者决仗一百零七下,官员罢职。

(4)在禁止官员拘占船舶、捎带钱物下番贸易方面,《法则》补充犯者决仗一百零七下,并且罢其官职。对于那些不检举官员罪行的船主或事头等人员,亦要依法追究。

(5)对于明知故犯,纵容商船不往原发舶港抽解的市舶官员,决杖五十七下,并撤销其职务。因受财枉法者,追究法律责任。舶商、船主、纲首、事头、火长触犯此条规定者,各杖一百零七下。

(6)禁止下番使臣,借用朝廷名义,巧立名目,采购宝货。朝廷今后若有需要,"责令顺便番船纲首博易纳官"。

(7)舶商有违反出入港手续者,包括船主、纲首、事头、火长等人,俱要各杖一百零七下。

(8)海商巧为藏匿货物者,决杖一百零七下。

(9)当舶货拍卖估价时,除委派市舶官员按值估价外,还要派与市舶业务无关的官员(即不干碍官员)监督和复核,才准发卖,不得亏官损民。并不许现任官府权豪势要人等诡名请买,违者决杖六十七下。

（10）加强对船舶整体控制。关于船舶伪言遭风被劫或通同作弊方面，《则例》只笼统地规定犯人杖一百零七下，而《法则》则具体规定全体船员均应施行杖刑。舶商、船主、纲首、事头、火长各决一百零七下，同船梢水人员各决七十七下，以示区别。

（11）舶商夹带违禁品出入港口，市舶官员不认真检查，渎职者，决杖八十七下，撤销现任职务，降二等使用。受财容纵者，以枉法罪论。

另依宾拔利他《游记》中，也有一段文字记述市舶之管理方法的，其文如下："船上中国人之关法。中国法例，凡船欲开行至外洋者，水上巡长及书记必登船来查。凡船上之弓手、仆役及水手皆逐一簿记后，方许放行。船归中国，巡长复来盘查，对证前记。若查有与簿记不符，或有失落者，则例须船主负责。船主须证明失者已死或逃走或因他故不在船中之理由；不然，则官吏捕之入狱。手续完后，则官吏命船长开具详单，载明船上载有何货，价值共有若干。完后，搭客方许登岸。至岸，官吏查验所有。若查有未报官私藏之货，则官吏将一切货物及船只，概行没收。余足迹遍天下，信异端之国，以至奉回教之国，仅于中国见有此不公平之事也"。[1]

可以说，中国的市舶管理进入元代之后，已经是有了一套具体的管理制度，而且用条例的形式规定下来，使管理人员有章可循，减少了作弊的机会，使中国的市舶管理越来越趋于成熟。

（二）元代市舶管理的特点

元代的市舶管理在继承宋代管理的基础上，有所发展，主要表现在如下的几个方面。

（1）在征税的方法上，有"双抽"和"单抽"之分。即进口货经上岸抽分后，运往内地贩卖时，须要再抽分一次，谓之"双抽"。而本国的土货，只在出售时征税，谓之"单抽"[2]。这种方法，既保护了国家的关税，也鼓励本国的商品出口。

（2）在外贸商品管理上，取消进口商品的"禁榷"制度，推行比宋代更开放的政策，进而鼓励外商来华贸易。此外，还"罢和买，禁重税"，减轻舶商的经济负担，创造了比宋代更为有利的贸易条件。

（3）为了抵制权势、豪贵对外贸的垄断，创建了企图由国家垄断的"官本船"制度。

（4）创立了对海商和所有从事海外贸易人员的优恤制度。除免除舶商和梢水人员家属的差役外，元朝政府还给海商低息的贷款，规定贷款利率为八厘，与其他的贷款相比，其利率要低 3/4，这在宋代也是没有的。

从以上的比较，可以清楚地看到，重视商业及商人的作用在元朝施政中是比较突出的。与此相关的还有如下方面。

首先是起用商人掌管国家政柄。元世祖忽必烈先后任用阿合马、卢世荣、桑哥等大商人担任中枢重臣，此三人都是理财能手，如"官本船"制度便是卢世荣提出来的。

---

[1] 张星烺：《中西交通史料汇编》第二册，中华书局 1977 年版，第 73—74 页。

[2] 《元典章》卷二十二《户部》载："至元十七年二月二十日，行中书省来呈：上海市舶司招船提控王楠状告：凡有客船自泉福等郡短贩土贩吉布、条铁等货物到番抽分，却非番货，蒙官司照元文凭番货体例双抽，为此客少，参详吉布、条铁等货，即系本处土产物货，若依番货例双抽，似乎太重，客旅生受。今后兴贩泉福物货，依数单抽，乞明降省府呈准合下，仰照验施行。"

在元世祖统治的三十余年中,所有重要的经济政策,几乎都是出自这三人之手。此外,还有一大批位居高官的大商人,如"奥都拉合蛮以货得政柄"①,"庐州开义兵三品衔,而使者悉以富商、大贾为之,有一巨商五兄弟受宣者"②。世祖时期的乌马儿劝,是巨商之一,官至江淮参政。任用商人为官是为了增加财政收入,以达到"盐铁、榷酤、商税、田课,凡可以罔利者,益务搜刮"③。

其次是不断降低商税。据《元史》记载,世祖至元二十年七月,"敕上都商税六十分取一";同年九月又"徙旧城市肆局院税务皆入大都;减税,征四十分之一"。成宗大德元年十月,又"减上都商税为三千锭"。对于海外贸易商品,亦严禁重复抽税,规定"商贾市舶货物,已经泉府抽分者,诸处贸易,止令输税"④。通过这些办法,进一步刺激商业的发展。

再次是为商人经商提供方便,保护商旅的安全。政府规定平民身份的商贾可以"持玺书,佩虎符,乘驿马"⑤。对于流动商贩,政府负有招待之责,"官给饮食,遣兵防卫"⑥。为此,元廷还特地创设了巡防弓手及海站制度,规定"往来客旅、斡脱、商贾及赍擎财物之人,必须于村店设立巡防弓手去处止宿,其间若有失盗,勒令本处巡防弓手立限根捉"⑦。至于海站,这是专为海外贸易而设的。

此外,为了防止官吏对商人的侵害,还颁布了不准拘雇商船、商车的禁令。如果商贾财物被盗窃之后,地方政府破不了案的,则以官物偿之。贫困的商贾,政府还给予救济。总之,元政府对商人利益的保护十分周到,为历代封建王朝所罕见。

正因为元朝实行上述利商的措施,所以海外贸易繁盛,出现"富人往诸番商贩,率获厚利,商者益众"⑧的局面,涌现出许多经营海外贸易的富商、巨贾。如"泉州扬客为海贾十余年,致货二万万"⑨,"嘉定州大场沈氏,因下番买卖,致巨富"。⑩ 至于政府通过市舶获利,亦是巨大的。世祖至元二十六年(1289 年),江淮行省平章"沙不丁上市舶司岁输珠四百斤,金三千四百两"⑪,而每年发卖、抽分和税收所得,竟达数 10 万锭。天历年间(1328—1329 年),全国商税所得也不过是 76 万余锭,市舶的收入是可观的。

二 元代的官本船贸易制度⑫

在中国古代社会经济发展史上,官方对海外贸易的控制一直是非常严格的。这种控制一方面表现为官方使用政治强制手段推行所谓的"海禁";另一方面,封建政府凭借财力优势实行官营海外贸易。而元代官本船制度的实行,可以说是古代中国官方控

---

① 《元史》卷一四六《耶律楚材传》。
② 《青阳先生文集》卷五。
③ 赵翼:《廿二史札记》卷三十。
④ 《元史》卷一一《世祖纪》。
⑤ 《元史》卷二二《武宗纪》。
⑥ 《元史》卷一三《世祖纪》。
⑦ 《元典章》卷五十一。
⑧ 《元史》卷二○五《铁木迭儿传》
⑨ 《夷坚续志》丁卷六。
⑩ 《辍耕录》卷二十七。
⑪ 《元史》卷一五《世祖纪》。
⑫ 引见喻常森:《元代官本船贸易制度》,《海交史研究》1991 年第 2 期,第 92—98 页。

制和经营海外贸易的最佳典型。

元代官本船制度的产生与早期的斡脱经营模式有一定的渊源关系。斡脱的本意为"合伙"①,后特指蒙古贵族同色目商人之间达成的商业合作关系。元人徐元瑞《吏学指南》上说:"斡脱,谓转运官钱,散本求利之名也。"②从成吉思汗时候起,这种由蒙古贵族提供本钱,委托中亚色目人经营的商业(主要是草原上的长途贩运)和发放高利贷的斡脱活动便已盛行。《黑鞑事略》记载:"昔贾贩则自鞑主以至伪诸王、伪太子等,皆付回人以银,或货之民而衍其息,或市百货而贸迁。"③斡脱经营的利润在蒙古贵族和色目商人之间按比例分成,毫无疑问,前者占有利润的大部分。元朝统一中国以后,斡脱活动便由北方扩展到南方,由陆地延伸到海洋。受其影响,元代官方海外贸易政策也带有几分斡脱色彩。

元政府对海外贸易是十分重视的。至元十四年(1277年),当元军攻取浙闽地区后,立即设立了泉州、庆元、上海、澉浦四处市舶司,管理海外贸易事宜;元政府不但鼓励沿海商人积极从事海外贸易,而且向海外各国宣布"往来互市,各从所欲"的开放政策。④ 元政府这样做,一方面当然是为了发展社会经济,增加财政收入;另一方面也是为了满足蒙古贵族对海外奇珍异物的追求。早在至元十年(1273年),在元朝还未统一东南沿海以前,便迫不及待地派出使者携重金前往海外采购名贵药材⑤,以后又不断派遣使者和特命商人到海外各国"图求奇宝"⑥。元政府深知海外贸易的重要及利润的厚沃,必须牢牢加以控制,于是便构思出一套在政府控制和参与下进行的海外贸易模式——官本船制度。

所谓官本船制度,顾名思义,就是由官方出钱出船,委托商人经营的一种官本商办海外贸易模式,其基本思想来源于斡脱,二者有异曲同工之妙。官本船制度虽发端于斡脱,但二者尚有许多不同之处。首先斡脱的本钱来自蒙古贵族、诸王后妃等统治阶级上层人物,其收入自然也归于他们各自的私囊,它代表的是统治阶级的个体利益;而官本船的所谓"官本",均出自元政府的财政拨款,收入也归于国库,它代表的是统治阶级的整体利益和国家利益。其次,斡脱的经营者均为色目商人,他们在元代社会里成了一个特殊阶层——斡脱户⑦,而官本船的经营者除了色目商人外,更多的是东南沿海的商人。再者,官本船制度实行以后,斡脱活动并没有自行消失,而是以一种半官方的形式同官本船贸易并存而渗入到海外贸易领域。⑧

① 翁独健:《斡脱杂考》,《燕京学报》第29期,1942年。
② 徐元瑞:《习吏幼学指南》,《元代史料丛刊》本,浙江古籍出版社1988年版,第118页。
③ (南宋)彭大雅、徐霆:《黑鞑事略》,转引自翁独健:《斡脱杂考》,《燕京学报》1942年,第29期。
④ 《元申》卷十世祖7,至元十五年(1278年)8月"诏行中书省唆都、蒲寿庚等曰'诸番国列居东南岛屿者,皆有慕义之心,可因蕃舶诸人宣布朕意,诚能来朝,朕将宠礼之。其往来互市,各从所欲'"。
⑤ 《元史》卷八《世祖》七,至元十年(1273年)春正月,"诏遣扎术呵押失寒、崔杓持金10万两(按:数字恐有出入),命诸王阿不合市药师子国。"
⑥ 《元史》卷十二《世祖纪》九,至元二十二年(1285年)"遣马速忽阿里赍钞千锭,往马八儿图求奇宝。"
⑦ 《通制条格》卷二,"户令","户例","诸斡脱户,见赍圣旨,诸王令旨随处做买卖之人。"(《元代史料丛刊》本,浙江古籍出版社1986年版。)
⑧ 《元典章》卷二二《户部》八,课程,杂课,市舶,"大德元年(1297年)五月初八日奏过事内一件,也速答儿等江浙行省官人每说将来有阿老瓦丁、马合谋、亦违福等斡脱每做买卖呵,休与税钱。往回民田地者,休与呵。"卷三五《兵部》,军器,禁买卖人军器,"海岛里做买卖的斡脱每,做自己的面皮"(沈刻本)。

官本船制度的实行,经历了初创、完善和衰罢三个阶段。官本船制度的初创阶段尚带有较浓的斡脱色彩。这一阶段从元军占领东南沿海,开放市舶贸易开始,到世祖至元二十二年(1285年)正式颁布一套完整的官本船制度为止。由于海外贸易,特别是远洋贸易是一种大宗的商业活动,所需资本非常浩大,所谓的"造船置货,动辄万计",财力不足的海商往往只有靠合股或借贷的方式筹措资金。早在宋代,广州便出现了专门向海商贷款取息的高利贷商人。① 元政府为了鼓励海外贸易,并从中取得利益,创设了专门资助海外贸易的信用基金。其具体做法是,由原来专门管理斡脱活动的机构——斡脱总管府(后改为泉府司)及其下属机构——行泉府司经营借贷业务,用政府的资本贷给海外贸易商人,从中收取一定的利息。此中详情,据元人姚燧《牧庵集》卷十三《皇元高昌忠惠王神道碑铭颂》一文有所介绍:"王自幼事世祖,初与今太师淇阳王伊彻察喇同掌奏记,后独掌第一宿卫奏记,兼监斡脱总管府。持为国假贷,权岁出入恒数十万定(锭),缗月取子八厘,实轻民间缗月取三分者几四分三,与海舶市诸番者。……(至元)十八年(1281年),升总管府为泉府司……王在泉府,舶交诸番,匪利贷还,来远志存。"② 元政府实行的这种以低息贷款资助海外贸易商的做法,从表面上看不符合封建剥削本质,也远离斡脱宗旨。它之所以这样做,是有其深刻的政治背景和经济原因的。首先,可以把它看做元政府为遏止过分猖獗的高利活动,安抚民心所采用的一种策略。元初,高利贷十分盛行,尽管政府三令五申地强调民间借贷的月息不得高于三分,但商人们仍我行我素,高抬利息达到四分甚至五分以上。③ 特别是那些斡脱钱,据说"一锭之本,展转十年后便是一千零二十四锭",谓之"羊羔儿息"。④ 这种歇斯底里的高利贷,使得许多人因之倾家荡产、家破人亡,遂招致普遍的不满,严重影响了统治秩序的稳定。在这种情况下,元政府也不得不稍微调整一下其统治政策,改变昔日对斡脱全力支持的做法,对过分猖獗的高利贷活动加以限制。元政府也可借此机会,将过去一直由斡脱商人把持的利权收归国有,于是制订出由政府发放低息贷款的新措施。这样做,表面上似乎牺牲了部分利息,但却能因此大量地吸引借户,用数量取胜。如上述斡脱总管府一年的营业额高达数十万锭,其总利息肯定也非常可观。以月息每缗8厘计算,贷出钞10万锭,一年后的利息收入是9600锭;如果贷出为20万锭,那么一年后的利息收入便是19200锭。其次,元政府将这些大宗款项低息贷给海商,还有另外一个政治企图,那就是为了塑造自己在新征服地区及海外诸国的良好形象,并起到扶植东南沿海海商(特别是那些曾为元朝统一立下汗马功劳的大海商,如浙江的朱清、张瑄、杨发和泉州的蒲寿庚等)的作用,使这些海商在经历了战乱以后能迅速重振家业、恢复贸易。所以,可以认为,在官本船制度的初创阶段中,政府以低息贷款资助海外贸易商的做法,其政治因素大于经济利益。这一点,正如上述《牧庵集》引文所称是"匪利贷还,来远志存"。

随着元朝统治的进一步稳固,经济掠夺便变得越来越突出,于是,官本船制度进入

---

① (宋)朱彧:《萍洲可谈》卷二,"广人举债总一倍,约舶过回偿,甚住番虽十年,息也不增。广州官司受理有方,债务也市舶司专救。"
② 姚燧:《牧庵集》,《四库全书》本。
③ 《元典章》卷二七户部十三,钱债,《元文类》卷五七《耶律楚材公神道碑》,《四库全书》本。
④ (南宋)彭大雅、徐霆:《黑鞑事略》,转引自翁独健:《斡脱杂考》,《燕京学报》1942年第29期。

了第二阶段,即正式实施及完善阶段,其特点是由政府间接参与变为直接经营的海外贸易。

　　至元二十一年(1284 年)11 月,元世祖任命练达时务、善于理财的卢世荣为中书右丞,主持政府的经济整改工作。① 卢世荣在任相期间,实行了一系列以加强政府控制,增加财政收入为宗旨的经济改革措施。在对外贸易方面,卢世荣根据传统的市舶原则,加上官本商办的斡脱精神,于至元二十二年②(1285 年)正月提出了"于杭、泉二州设立市舶都转运司,造船给本,令人商贩。官有其利七,商有其利三"③的海外贸易新构想。这一建议,马上得到世祖的赏识,并下诏从速推行。《元史·食货志》将这一制度阐述为"官自具船给本,遣人入番贸易诸货,其所获之息以十分为率,官得其七,所易人得其三"④。这就是官本船制度,它是一种由政府控制和直接参与的官本商办海外贸易模式。在这套制度里,政府是财东,承办者只不过是政府的商业经纪人,利润七三分成,政府占有绝大部分。这一新模式同上述《牧庵集》所记的以低息贷款资助海商的措施相比,显然不但提高了政府控制和参与程度,而且大大地增加了剥削量。在这两段对官本船制度的阐述中,再也找不到诸如"匪利贷还,来远志存"之类的华丽词句,而只有赤裸裸的利益原则。

　　为了保证官本船制度的顺利实施,元政府还同时采取了其他一些措施。首先,政府拨出了大笔款项用于打造海舶、购置货物。史载:"至元二十二年⑤(1285 年)三月,御史台承奉中书省札付,为卢(世荣)右丞建言市舶等事……卢市舶司的勾当,系官钱里一十万定(锭)要了他着海船里交做买卖行。"⑥10 万锭钞是一个大数目,它约占当年元政府纸币发行量的 1/15—1/20,相当于白银 250 万两。据说,用这笔钱可以在大都(今北京)买到上等白米 30 余万石⑦,用这笔款可以一次性打造海舶 1000 艘以上⑧。至元二十四年(1287 年),又"发新钞十一万六百锭、银千五百九十三锭、金百两付江南各省与民互市"⑨。这笔巨额官本虽未明言是用于海外贸易的,但其中必含有官本船经费。由此可见,元政府为了实行官本船贸易制度,是舍得花大本钱的,这便使得任何私人财力都无法与之竞争。同时,元政府为了最大限度地把海外贸易的权利收归国有还宣布"禁私贩者,拘其先所蓄之宝货,官买之,匿者许告,半给告者"⑩。"凡权豪势要之家皆不得以己钱入番为贾,犯者罪之,仍藉其家产之半。"⑪这无疑是一种带有强制性的法令,它几乎杜绝了任何私人海外贸易的可能。另一方面,为了鼓励海商积极承

---

① 《元史》卷二〇五《卢世荣传》:"卢世荣,大名人也……有桑哥者荐世荣有才术,谓能救钞法,增课额,上可裕国,下不损民。世祖召之……为右丞。"

② 《元史》卷九七《食货志》作二十一年(1284 年),显误,今据"本纪"及"卢世荣传"改正。

③ 《元史》卷二〇五《卢世荣传》。

④ 《元史》卷九四《食货志二·市舶》。

⑤ 原作二十三年(1286 年),显误,案卢世荣于至元二十二年(1285 年)被处死,二十三年(1286 年)之奏报。今据陈垣《沈刻元典章校补》改正。

⑥ 《元典章》卷二二户部八,《课程·市舶》。

⑦ 陈高华、吴泰:《宋元时期的海外贸易》,天津人民出版社 1981 年版,第 22、187 页。

⑧ 打造一只普通海舶所需工本费为钞 100 锭,参看《永乐大典》卷 15949,运字号引《经世大典》。

⑨ 《元史》卷十四《世祖》一一。

⑩ 《元史》卷二〇五《卢世荣传》。

⑪ 《元史》卷九四《食货志二·市舶》。

办官本船贸易,元政府又特别制定了某些优惠政策,如为官本船商人提供免费食宿和军队防送。[1] 必须指出的是,官本船贸易活动仍在市舶司的管辖之下,受市舶法规的制约,并照章纳税。正如《元史·食货志》上所说,"诸番客旅就官船买卖者,依例抽解"[2]。

以上便是官本船制度实行初期的一些大致情况。后来,随着形势的变化,其中某些细节经过修改,但其基本精神并没有多大变动。史载成宗元贞二年(1296年),"禁海商以细货于马八儿、俱喃、梵答剌亦纳三番国交易,别出钞五万钞,令沙不丁等议规运之法。"[3]所谓"规运",即"以官本营利者"[4],此处应指官本船贸易。成宗大德二年(1298年),又设立制(致)用院,为皇室采办奇珍异物兼营官本船贸易。史载"大德四年(1300年)十二月二十一日,通政院使只儿哈忽哈只等奏:致用院官沙不丁言,所职采取希奇物货,合从本司公文乘传进上"[5]。此处沙不丁所上之物货,应即官本船贸易所得。及至仁宗延祐元年(1314年),右丞相铁木迭儿奏:"往时富民,往诸番兴贩,率获厚利,商者益众,中国物轻,番货反重。今请以江浙右丞曹立领其事,发舟十纲,给牒以往,归则征税如制,私往者没其货。"[6]"官自发船贸易,回帆之日,细货十分抽二,粗货十五分抽二。"[7]可以看出,这些记载虽然措词略异,但在做法上还是世祖时的老一套,只不过又将剥削量增加了。

官本船制度在实施过程中也遇到不少阻力,这些阻力一方面来自制度本身的不健全;另一方面更主要是来自执行者各级官吏的渎职和贪污。最明显的地方,是在打造官船时,由于主管官吏的侵渔使得造出来的船耗费良多却不能很好地胜任远洋航行。鉴于这一严重事实,英宗至治二年(1322年),有一个名叫王艮的江浙行省掾史,向上级部门建议:"若买旧有之船以付舶商,则费省而工易集,且可绝官吏侵渔之弊。"中书省报如艮言,凡为船六(舟宗[8]),省官五十余万缗。[9] 这种买旧船权为官船的做法,虽然为政府节省了大笔开支,但可以想象,这类经过修缮、改装而成的官船,其性能同样令人怀疑。这势必挫伤经营者的积极性,为官本船制度的罢废发出了信号。除了官吏的营私外,导致官本船制度瓦解的原因似乎还有两点。一是元朝后期通货膨胀十分严重,官本贬值,使得官本船的经营不仅不便,而且难牟利润;二是私人海外贸易的发展,最终要求打破这种由政府控制包揽的垄断局面。[10] 鉴于以上种种情况,英宗至治三年(1323年),元政府终于颁布了"听海商贸易,归征其税"[11]的全面开放私人海外贸易政

---

① 《元史》卷十八世祖纪十,"至元二十二年(1285年)八月和礼霍孙以泉府司贩者,所至官给饮食,遭兵防卫,民实厌苦不便。"
② 《元史》卷九四《食货志二·市舶》。
③ 《元史》卷九四《食货志二·市舶》。
④ 徐元瑞:《习吏幼学指南》,《元代史料丛刊》本,浙江古籍出版社1988年版,第118页。
⑤ 《永乐大典》卷十九,站字号引《经世大典·站赤》,中华书局影印本。
⑥ 《元史》卷二〇五《铁木迭儿传》。
⑦ 《元史》卷九四《食货志二·市舶》。
⑧ "舟宗"同上文的"纲"都是船队的意思,其数量从数十只到百只不等。
⑨ 《元史》卷一九二《王艮传》。
⑩ 许育壬:《至正集》卷五四,《故嘉议大夫广东道转运使哈剌布哈墓志铭》记有"广东私贩之徒万人作乱"的事件,《四库全书》本。
⑪ 《元史》卷九四《食货志二·市舶》。

策。从此以后,官本船制度再也没有大规模全面推行了。作为余波,元政府偶尔也以种种借口向海外派出官方贸易船,如顺帝元统二年(1334年)"十一月戊子,中书省请发两粽船下番为皇后营利"①便是一例。至正二年(1342年)有人试图故技重演,恢复官本船贸易,但立即遭到舆论的有力抨击,未能如愿。黄溍《文献集》卷十《敕赐喀喇氏先莹碑》一文向我们披露这样一个戏剧性的史实:"中政(院)近臣谋发番舶规取息,(平章政事、冀宁文忠王特穆尔达实)言,与商贾争利,恐远夷得以跃中国,事遂已。"②这个事例告诉我们,官本船制度无论在理论上还是实际上均宣告破产。

如上所述,官本船制度实行的时间并不算长,而且又是断断续续的,但无论如何,它却是元代海外贸易的主要制度之一,其中一些做法堪称中国古代官营海外贸易的一大创举。它的实行,既有成功的经验,也有失败的教训。元代官本船制度的实行有两大重要后果。第一大后果是为政府赢得了大笔经济收入。由于政府不惜投入巨资,使得官本船制度能够借助国家财力优势大规模地推行。且不说最初斡脱总管府每年向海商们发放数十万锭贷款的利息收入,仅看官本船制度正式实行时政府的大笔投资,如至元二十二年(1285年)和元贞二年(1296年),政府一次性的专门拨款就分别达到10万锭和5万锭.政府投入营运的官船数量也是非常可观的。据说元初一个时期,泉府司拥有的海舶官船便达到15000艘之多(其中部分是沿海转运番货和粮食的海运船)。③ 见于记载的政府每次派往海外的官本贸易船数量也总在百只左右。大的投入必然带来高的产出,这是经济学的普遍规律。元朝由于实行了这套由"国家出财贤,舶商往海南"贸易的官本船制度,为政府赚得"宝货赢亿万数"的厚利。④ 在官本船制度实施以后的第五个年度(1289年)中,仅江淮行省(后改为江浙行省)的市舶岁入便到了"珍珠四百斤、黄金三千四百两"的高额。⑤ 据考,这个数目相当于元政府当年国库收入中金的1/6甚至更多。珠子的价值比金银更贵重。⑥ 难怪当时的有识之士把海舶视为"军国之所资"了。⑦ 官本船制度实行所产生的第二大后果,是它培植了一批靠借贷官本船贸易而致富显达的大海商。事物的发展是不以人的意志为转移的,官本船制度实行的初衷本欲将海外贸易的权利收归国有,但具体实行过程中又往往为大海商和海商集团所操纵利用。暂不论低息贷款是如何起到对海商的"输血打气"作用,官本船制度正式实行以后,官方出钱出船,商人们仅凭自己经验和辛劳也可获得无本之利,何乐而不为? 一些有势力的商人正是通过各种途径取得官本船的经营权,大规模地开展海外贸易,从而获得了较为丰厚的利润。元朝前期那些有名的大海商朱清、张瑄、蒲寿庚、杨发等辈都是一边为官,一边利用特权进行海外贸易的。史称朱、张二家"巨舻

---

① 《元史》卷三八《顺帝纪一》。
② 萧溍:《文献集》卷十上,《敕赐喀喇氏先莹碑》及《元史》卷一〇四《铁木塔识传》。
③ 《元史》卷十五《世祖纪一二〇》。
④ 吴澄:《吴文正集》卷十四《元荣禄大夫章政事赵国董忠公神道碑》,《四库全书》本。
⑤ 《元史》卷十五世《祖纪》十二,至元二十六年(1289年)江淮行省"沙不丁请上市舶岁输珠四百斤、金三千四百两。诏贮之以待贫乏者。"
⑥ 陈高华,吴泰:《宋元时期的海外贸易》,天津人民出版社1981年版,第22、187页。
⑦ 《元史》卷一六九《贾昔次传》,"延祐四年(1317年),帝赐帖失海舶,秃坚不花曰:此军国之所资,上不宜赐,下不宜受。"

大舶,帆交番夷中"①;泉州蒲氏族人"凡发舶八十艘",富冠一方②;浙东的杨发,元初任福建安抚使兼两浙市舶总监,"其家复筑室招商,世揽利权。富至僮奴千指,尽善音乐。饭僧写经建刹,遍二浙三吴"③。就在杨氏这样一个典型的官商世家里,后来又产生了一个以经营官本船而著称的人物——杨枢。杨枢,字伯机,系杨发之孙,成宗"大德五年(1301年),君年甫十九,致用院俾以官本船浮海,(两度)至西洋,(其登岸处曰忽鲁谟子)十一年(1307年)乃归"④。杨枢因经营官本船有方而官封海运千户,并受到皇帝接见。此外,居于元朝上层社会的色目商人,也往往利用特权经营官本船贸易而致巨富。例如,"回人哈哈的,自至治间(1321—1323年)贷官钞违制别往番邦,得宝货无算,法当没官(违犯了市舶则法中规定的不许到商船公验中填写不符的国度去经纪的条例,即俗称的'拗番',犯者财物没官,人杖一百七下。)而倒剌沙(回民,中书左丞)私其种人,不许"⑤。这些大小各色商人,正是凭借封建特权的保护伞,经营官本船海外贸易,而致富显名的。出现这种结局,恐怕是官本船制度的设计者所没有料到的,而它恰恰又是封建统治的必然结果。

官本船制度实施所产生的最大的副作用,无疑是它阻碍了民间私人海外贸易的正常开展,在很大程度上看,官本船制度是私人海外贸易的对立物。因为,首先,如上文所述,在官本船制度的有关规定中,私人海外贸易是明文禁止的;特别是官本船制度实行较严时期,如从至元二十二年到大德二年(1285—1302年),至大元年到三年(1308—1319年)及至治二年(1322年),私人海外贸易更是难以进行。所以,在官本船制度实行的元朝中前期,我们很难找到有关私人海外贸易活动的资料。只有到了英宗至治三年(1323年)全面开民间海外贸易以后,元代海外贸易才真正大规模、全方位地蓬勃发展。元诗上所乐道的"朱张死去十年过,海寇雕零海贾多"⑥,正是这一史实的生动写照。其次,说官本船制度阻碍海外贸易的全面发展,还因为这一制度实行所培植起来的特权商人,他们把持海外贸易的利权,而一般商人由于没有关系而无法介入,从而丧失了从事海外贸易的权益和机会。尽管如此,在正确估价官本船制度实施所造成的正反两方面影响的同时,必须看到的一个事实是,无论本钱谁出,利益归谁,而真正第一手的经营者只能是广大的中小海商和普通水手。他们有的是作为大海商的雇工,有的是大海商的家仆;尽管他们地位卑微,又受大海商的压迫剥削,但如果没有他们的加入,官本船制度也就无从付诸实现了。最后,我们也不能一概排除中小海商有经营官本船贸易的可能性,只是囿于史料的缺乏,而无法找到典型事例罢了。总之,元朝实行的这套由政府预垫资本雇募商人承办而从中分利的官本船海外贸易制度,毕竟为东南沿海的广大商民投身海外贸易的实践活动提供了方便,从而也为元朝后期私人海外贸易的大发展提供了一定的前提条件。

① 陶宗仪:《辍耕录》卷五《朱张》。
② 周密:《癸辛杂识》续集下《佛莲家赀》:"泉南有巨贾南番回民佛莲者,蒲氏之婿也。其家甚富,凡发舶八十艘。"据《笔记小说大观》本。
③ 《光绪海盐县志》卷十《食货考课程》,卷十五《人物考·杨发》,《中国地方志丛书》本,台北。
④ 黄溍:《黄金华集》卷三一《松江嘉定等处海运千户杨君墓志铭》。
⑤ 《元史》卷三二《文宗纪一》,致和元年(1328年)九月条。
⑥ 《至治集》,《舶上谣送伯庸以番货事奉使闽浙十首》,《元诗选》本。

第二十三章
宋元时期的海港

随着宋元时期海上贸易的巨大发展,我国沿海特别是东南沿海地区的港口呈现繁荣景象。在众多的港口中,比较重要的海港有南方的泉州港、广州港、明州港等港口和北方的登州港、天津港。这些港口成为宋元时期对外贸易、海上交通、文化交流的中心,对推动宋元两代的社会和经济发展发挥了重要的作用。

第一节　泉州港[①]

一　泉州港的崛起与兴盛

宋元时期福建的对外贸易进入一个新的阶段,出现了举世闻名的泉州港,对外贸易的国家与地区、进出口商品的数量均远远超过了前代,市舶司也从草创时期发展到完善阶段。

两宋时期,泉州港的对外贸易更加繁荣。至元代,泉州港超过了广州,一跃成为世界最大的贸易港之一。泉州港内,商船云集,外商众多,海外交通贸易达到了新的高峰。

(一)泉州港崛起的原因

一般认为,长期以来相对和平安定的社会环境是泉州赖以兴起的良好土壤。宋王朝统一全国以后,不久又陷入民族战事的漩涡。先是与我国北方的辽进行长期战争,接着又与北方的金年年交战。而泉州地区则远离战火,继续处于偏安一隅的和平环境,得以在承袭先前经营成果的基础上大踏步地前进。[②] 其次,建炎初,宋皇帝的两大宗支——南外宗正司和西外宗正司,分别迁到泉州和福州,其中仅麇集于泉州的南外宗正司的皇室人员,竟多达2300余人。大批过惯奢靡生活的皇亲贵族纷至沓来,增加了泉州"金银香药犀象百货"等舶货的进口。[③]

---

① 本节引见林仁川:《福建对外贸易与海关史》,鹭江出版社1991年版,第29—47页。
② 童家洲:《试论宋元泉州港繁盛的原因》,《文史哲》1980年第4期。
③ 《泉州港与古代海上交通》,文物出版社1982年版,第71页。

我们认为,和平的社会环境,安定的政治局面,确实是一个易港兴盛的条件之一。但事实上,当时的泉州港并不太安定:太兴国三年(978 年),发生游洋洞民进攻泉州城事件对福建产生一定影响;虽然宋金战争的战火没有直接燃烧到泉州附近,但对福建海商的影响还是严重的。

至于宋王室两大宗支的南迁福建,固然会增加对海外高级消费品的部分需求量,但其对泉州港的破坏更大。他们不仅增加当地的负担,而且胡作非为,"至夺贾胡",严重影响了海外贸易的发展。到宋末元初蒲寿庚尽屠赵宋宗室扫除这批蛀虫以后,泉州才进入最繁荣的时代。

两宋时期,泉州何以崛起呢? 我们认为应该从当时的社会经济去寻找原因。如前所述,自汉末至五代时期,中原人口多次南迁,使福建经济得到很大的开发,但是,福建大部分是山地,可耕地十分有限,再加上雨水的不断淋蚀,土地一般都比较瘠薄,因此,生产的粮食不多,对人口的承受力有限。然而,福建人口与日俱增,增长速度快:唐天宝年间户数为 8.35 万余,人口 53.74 万余①;北宋太平兴国年间,户数增加为 47.77万余;元丰年间,户数突破百万大关,达 104.43 万多户②;到南末绍兴三十二年,户数高达 139 万余③。南宋绍兴比唐天宝时,户数增加 16 倍,人口增加 5 倍多。再看泉州人口的增长情况,唐天宝时户数 2.38 万余,人口 16 万余人④;北宋太平兴国时户数上升到 9.65 万余户⑤;南宋元丰时户数再增加到 20 万;淳祐时,户数 25 万余⑥,比天宝户数增加 10 倍。人口的大量增加,必然造成地狭人稠、生活困苦的情况。沿海的贫穷农民为生活所迫,不得不纷纷出海谋生,从事海上贸易活动。所以,北宋泉州惠安人谢履《泉州歌》认为"州南有海浩无穷,每岁造舟通异域",是由于"泉州入稠山谷瘠,虽欲就耕无地辟"造成的,这是十分有见地的意见。

其次,寺院经济的恶性膨胀加速农民的破产,是促使大量无业流民出海谋生的另一个原因。五代,福建佛教势力大量扩张。王氏治闽时期,"雅重佛法,增闽僧寺凡二百六十七,后属吴越,首尾二十七年,复建寺二百二十一"⑦。到宋初,泉州已有"泉南佛国"之称。当时的统治者都把最好的土地赐给寺院。例如,天盛三年(982 年),王延均"度民二万为僧,由是闽地多僧,王弓量田土第为三等,膏腴上等以给僧道(固有寺田之名),其次以给土著,又其次以给流寓"⑧。何乔远的《闽书》也说:"伪闽之量田土,第为三等,膏腴上等以给僧寺,此寺田所由起来,其后王延彬、陈洪进及诸家多有田入寺者。"⑨因此,寺田增加很快。到南宋时,泉南寺田已占全额的 7/10,漳州寺户高达 6/7。寺田的恶性膨胀,使原来地狭人稠的情况更为严重,许多无地的农民只得以海为田,出洋谋生。

---

① 《通典》卷一八二。
② 《元丰九域志》卷九。
③ 《宋史》卷八九《地理志》。
④ 《旧唐书》卷四十《地理志》。
⑤ 《太平寰宇记》卷一〇二。
⑥ 乾隆《泉州府志》卷十八。原记人口 34.8 万余人,户均不到两口,疑误。
⑦ 《十国春秋》卷九〇。
⑧ 《十国春秋》卷九十一。
⑨ 何乔远:《闽书》卷三十九。

再次，宋元统治者为了扩大财源，支持海外贸易。宋神宗曾说过"东南制国之大，舶商亦居其一焉"，因此，北宋历朝帝王基本上都支持对外开放。例如，雍熙四年（987年），宋太宗就"遣内侍八人赍敕书、金帛、分四纲，各往海南诸番国，勾招进奉，博买香药、犀、牙、真珠、龙脑，每纲赍空名诰书三道，于所至处赐之"①。其他的皇帝也采取措施，如增设市舶司、制订海洋管理条令来发展对外贸易；特别是"王安石变法"时，新党主张富国强兵，凡是有利于国家财政收入的方法无不采用，对于发展外贸更是采取支持的政策。

南宋王朝只剩下半壁江山，财政收入十分困难，为了维持庞大的官僚机构、支付沉重的军费负担，更加支持海外贸易，以增加政府的财政收入。宋高宗认识到"市舶之利最厚，若措置得宜，得动以百万计"。南宋历代皇帝都遵循这一思想，凡是能够招诱舶货的纲首和积极来华贸易的番商，都给予加官晋爵的奖励。绍兴六年（1136年），"知泉州连南夫奏请，诸市舶纲首能招诱舶舟，抽解物货，累价及五万贯，十万贯者，补官有差"，同时规定"闽广舶务监官抽买乳香，每及一百万两者，转一官，又招商入蕃兴贩，舟还在罢任后，亦依此推赏"。② 例如，泉州番船纲首蔡景芳，因招诱贩到物货，自建炎元年至绍兴四年，收净制钱九十八万余贯，而补承信郎。由于宋王朝采取鼓励发展海外贸易的方针，使泉州的对外贸易得到较快的发展。

（二）泉州港的发展过程和地位

北宋初期，泉州港在五代的基础上又前进了一步。太平兴国初，"京师置榷易院，乃诏诸番国香药，宝货至广州、交趾、泉州、两浙，非出于官库者，不得私相市易"③。此时的泉州虽然赶不上广州，但已超过了杭州和明州。到北宋中后期，由于广州市舶司官员对外商的苛索和侬智高的破坏，许多南海番商纷纷转移到泉州港，出现了"户有蕃舶之饶，杂货山积"的繁荣景象。特别是宋哲宗元祐二年（1087年）宋朝政府在泉州正式设立市舶司后，使泉州的地位进一步提高，泉州成为对外贸易的正式港口，与广南东路市舶司和两浙路市舶司并称为三路市舶司。徽宗宣和七年（1125年）朝廷发"空名度牒"给三路市舶司"充折博本钱"时，"广南、福建路各五百道，两浙路三百道"④。可见，泉州不仅超过两浙市舶司，而且已出现同广州并驾齐驱之势。

宋室南迁以后，泉州港的海外贸易发展更快，每年都有许多海外商人到泉州贸易。据开禧二年成书的《云麓漫钞》"福建市舶司常到诸国舶船"条载，有大食、嘉令、麻辣、新条、三佛齐等30多个国家与地区的商船到达泉州，其数字超过北宋；与此同时，泉州的海商也经常航行到海外各国。

由于中外商船往来的增多，泉州港的吞吐量不断上升。例如，从建炎元年至绍兴四年的七年中，纲首蔡景芳一人"招诱贩到物货"，"收净利钱九十八万余贯"，⑤其中建炎四年（1130年），泉州抽买的乳香达8.678万斤，可见进口货物数量是相当惊人的。

---

① 《宋会要辑稿·职官》四四之三。
② 《宋史》卷一八五《食货志》。
③ 《宋会要辑稿·职官》四四之二。
④ 《宋会要辑稿·职官》四四之十一。
⑤ 《宋会要辑稿·职官》四四之二十。

又如,乾道三年(1167年),占城使臣运到泉州的货物,就有各色乳香10万多斤,象牙7000多个。随着进出口货物的增加,市舶司的收入也与日俱增。绍兴二十九年(1159年),提举两浙市舶张阐"还朝为上言,三市舶岁抽及和买,约可得二百缗"①。当时两浙路市舶司收入较少,主要是泉州和广州的市舶收入,而泉州与广州又不相上下,故至少泉州市舶收入占一半以上,也就是1百万缗左右,所以,南宋张纲说"泉之地并海,蛮胡贾人,交其中,故货通而民富"②,真德秀也称赞道"庆元以前,未以难者,是时本州田赋登足,舶货充羡,称为富州"③。南宋中期以后,由于地方官之贪渎不法,使番商裹足不前,泉州对外贸易出现中衰的景象。开禧三年(1207年),据前知雄州聂周臣言:"泉、广各置舶司,以通番商,比年蕃舶抵岸有抽解,合许从便货卖,今所隶官司,择其精者,售以低价,诸官属复相嘱托,名曰和实,获利既薄,怨望愈深,所以比年蕃船颇疏,征税暗损"。为了改变这种状况,南宋政府进行整顿,"申饬泉、广市舶司照条抽解和买入官外,其余货物不得毫发拘留,巧作名色,违法抑买",如有违反规定,"许蕃商越诉,犯者计赃坐罪,仍令比近监司专一觉察"④。但是收效不大,嘉定六年(1213年)又发生赵不熄"多抽蕃舶"的事件,"提举福建市舶赵不熄更降一官,先因臣僚言其多抽蕃舶,抄籍诬告,得旨降两官放罢,既而给事中曾从龙复乞更行镌降,永不得与监司郡守差遣"⑤。

正当泉州港处于停滞状态时,真德秀于嘉定十年(1217年)来到泉州。他认识到"惟泉为州,所恃以足公私之用者,番舶也",因此,针对各番商"畏苛征,苦和买",惧海盗,忧亏本,"至者绝少"的状况,采取果断的措施,同提举市舶司赵崇度一起"同心划洗前弊,罢和买,禁重征"⑥,严厉打击地方官利用职利敲诈勒索的行为,经过整顿"逾年舶至三倍","遂岁增三十六艘"。自此,泉州港又逐渐繁荣起来,到赵汝适任泉州提举福建市舶司时,与泉州发生贸易的国家与地区达50多个,比《云麓漫钞》的记载又多了20多个。

嘉定以后,又出现富商大贾"破荡者多,而发船者少;漏泄于恩、广、潮、惠者多,而回州者少"的现象。当时舶税"才收4万余贯,五年止收5万余贯,是课利所入,又大不如昔矣"⑦。到开庆、景定年间,宋朝政府罢除方澄孙市舶使,起用富商蒲寿庚为提举泉州市舶使。⑧ 蒲寿庚一方面平定海寇,保护中外商船,使海上航行畅通无阻;另一方面利用自己在海外商人中的影响和亲自掌握的浩大的航海商船队,积极扩大海外贸易,使泉州海外贸易迅速恢复并再次繁荣昌盛起来。

入元以来,元朝政府继续重用蒲寿庚。至元十四年(1277年)掌握中书大权的董文炳极力推荐蒲寿庚,他向元世祖上奏说"昔者泉州蒲寿庚以城降,寿庚素主市舶,谓

---

① 《建炎以来系年要录》卷一八三。
② 张纲:《华阳集》卷一。
③ (宋)真德秀:《真文忠公文集》卷十五。
④ 《宋会要辑稿·职官》四四之三四。
⑤ 《宋会要辑稿·职官》七五之十二。
⑥ (宋)真德秀:《真文忠公文集》卷五○。
⑦ 刘克庄:《后村先生大全集》卷十六
⑧ 蒲寿庚上任时间没有明确记载,这里采用桑原骘藏《蒲寿庚考》及罗香林《蒲寿庚研究》的提法。

宜重其事权，使为我扞海寇，诱诸蛮臣服，因解所佩金符佩寿庚矣，惟陛下恕其专擅之罪"①。世祖忽必烈不仅没有责怪董文炳将管军万户才能佩带的虎符私自授给蒲寿庚的"专擅"行为，且于同年又授给已是闽广大都督兵马招讨使的蒲寿庚兼行江西省参知政事参知及中书左丞等职，进一步笼络蒲寿庚。至元十五年（1278年），元世祖"诏行中书省唆都、蒲寿庚等曰：诸蕃国列居东南岛屿者，皆有慕义之心，可因蕃舶诸人宣布朕意。诚能来朝，朕将宠礼之。其往来互市，各从所欲"②。在元政府的支持下，蒲寿庚凭借手中掌握的闽广军政大权，积极发展海外贸易。蒲寿庚的长子蒲师文接任提举福建道市舶后，继承父亲的意愿，奉使宣抚南洋各国，"大德元年，以功袭职，官为福建平海行中书省"③。

　　经过蒲寿庚父子的苦心经营，泉州港的海外贸易进入了全盛时期，与泉州贸易的国家与地区由南宋的50多个增加到100多个，福建海商遍及南洋各地、印度洋各国，并越过波斯湾，"去中国无虑数十万里"，到达非洲东海岸。大量的外国商人从南宋末年开始，也纷纷来到泉州，有的候风驶帆，做完生意即行离去，有的就在泉州长期住下来。这些商人中以阿拉伯人最多，其次还有高丽人、占城人、马八儿人、波斯人等。他们初来时，与当地人民杂居在一起，所以史书上常有"蕃商杂处民间"的记载。例如，《后村先生大全集》卷六十二吴洁知泉州云"今言郡难者有四，民夷杂居也"；《止斋文集》卷十七也说"况温陵大邦，甲于闽部，蕃汉杂居"。后来因为外商人数不断增多，在城内居住不下，慢慢地集居到泉州城南部一带，形成各国商人居住的集中区域。元代泉州宣尉司札剌立丁在《重浚泉州镇南门城壕碑记》说："泉本海隅偏蕃，世祖皇帝混一区宇，梯舰万国，此其都会，始为东南巨镇，或建省，或立宣慰司，所以重其镇也。一城要地，莫盛于南关，四海商舶，诸蕃琛贡，皆于是乎集。"这真实地记载了当时城南濒江一带外商云集、贸易昌荣的情况。

　　同时期的广州，由于长达两年多的拉锯战，损失很大，"广东之户，十耗八九"，船舰损失无数，一时难以恢复。因此，元政府对泉州港更加重视，把它作为对外联系的主要港口。《元史·唆都传》云："帝以江南既定，将有事于海外，升左丞，行省泉州，招谕南夷诸国。"至元十八年（1281年），元世祖又下令"商贾市舶物货已经泉州抽分者，诸处贸易，止令输税"④。许多中外使者或旅行家也从泉州登岸或出海。至元十八年，杨庭璧出使马八儿就是从泉州出航的。他航行到僧加邪山后，转马八儿登岸，继续前往印度等地，招谕十几个国家与元通商。马可·波罗奉忽必烈之命出使伊儿汗国，也是由泉州乘船出海的；后来摩洛哥旅行家伊本·白图泰来中国游行，同样在泉州上岸。此外，出征日本、爪哇、占城也与泉州有关。至元十六年，忽必烈"以征日本，敕扬州、湖南、赣州、泉州四省，造战船六百艘"，至元二十九年二月，忽必烈又"诏福建行省，除史弼、亦黑迷失、高兴平章政事，征爪哇，会福建、江西、湖广三行省兵，凡两万……发舟千艘，给粮一年"，十一月福建、江西、湖广三省"军会泉州"，十二月"自后渚启行"⑤，史弼

① 《元史》卷一五六《董文炳》。
② 《元史》卷十《世祖本纪》。
③ 《蒲寿庚家谱》第8世。
④ 《元史》卷十一《世祖本纪》。
⑤ 《元史》卷二一〇《爪哇传》。

也于同时以五千人合诸军发泉州。由此可见,当时泉州不仅成为元朝对外贸易中心,而且成为元朝对外政治、军事的海上交通中心。

关于泉州港的繁荣情形,在当时人的记载中也有反映。吴澄在《送姜曼卿赴泉州路录事序》中指出:"泉,七闽之都会也,番货远物,异宝珍玩之所渊薮,殊方别域,富商巨贾之所窟宅,号为天下最。"①《马可·波罗游记》真实地记载了泉州的景象,书中说:"到第五天傍晚抵达宏伟秀丽的刺桐城(泉州),在它的沿岸有一个港口,以船舶往来如梭而出名,船舶装载商品后,运到蛮子省各地销售,运到那里的胡椒,数量非常可观,但运往亚历山大供应西方世界各地需要的胡椒,就相形见绌,恐怕不过它的百分之一吧,刺桐是世界上最大的港口之一,大批商人云集这里,货物堆积如山,的确难以想象。"②伊本·白图泰在他的游记中也说:"刺桐港为世界上各大港之一,由余观之,即谓为世界上最大之港亦不虚也,余见港中,有大船百余,小船则不可胜数矣,此乃天然之良港。"③

综上所述,元代泉州的对外贸易,确实达到空前繁荣的阶段,泉州港已成为当时世界上最大的商港之一。

二 泉州港及福建各港通达的主要贸易国家和地区

宋元时代,泉州的海外交通达到了鼎盛时期,当时中国海外交通的 8 条航线,有 3 条是以泉州为起点的。这些航线,使泉州港及福建各港与亚洲的广大地区和东非沿海的许多国家都有贸易关系。

(一)与高丽的贸易关系

宋朝与朝鲜半岛高丽王朝的陆上交通被东北崛起的辽和金阻断后,只能靠海上往来。但北宋初期,为了防止海商往高丽"遂通契丹"泄露情况,在相当长时间内禁止往高丽贸易。庆历年间颁布的勒令规定:"客旅于海路商贩者,不得往高丽及登、莱州界。"然而,一纸禁令并不能切断与高丽的贸易往来,从宋真宗大中祥符五年(1012 年)至南宋祥兴元年(1278 年)的 266 年内,宋商人至高丽贸易活动共有 117 次,人数达5000 余人。

在元祐五年以前至高丽的宋商中,有姓名可考的福建商人有 18 名,其中福州商人2 名,泉州商人 16 名,大大超过了广州(3 名)、台州(3 名)和明州(3 名)。自元祐五年以后,赴高丽的中国海商虽不注明籍贯,统称宋商,但我们从前期的贸易情况可以推断,其中必有很多是福建商人,可见当时福建与高丽的贸易是很频繁的。所以,苏轼在《论高丽进奉状》中说:"自二圣嗣位,高丽数年不至,淮、浙、京东吏民有息肩之喜,惟福建一路多以海商为业,其间凶险之人,犹敢交通引惹,以希厚利,"他还说:"福建狡商专擅交通高丽,高丽引惹牟利,如除戮者甚众。"④

福建海商不仅在对高丽的贸易中占有重要地位,而且在外交关系、文化交流方面

---

① 《吴文正公集》卷十六。
② 《马可·波罗游记》第 82 章《泉州港》。
③ 《伊本·白图泰游记》。
④ 《东坡奏议》卷六。

也起着重要作用。自宋仁宗天圣八年(1030年)至神宗熙宁二年(1070年),没有贡使往来,高丽政府委托福建海商黄谨携带国书给福建地方政府,要求复贡。《宋史·罗拯传》记载:"拯使闽时,泉商黄谨往高丽,馆之礼宾自天圣后职贡绝,欲命使与谨俱来,至是,拯以闻,神宗许之,遂遣金悌入贡,高丽复通中国自此始。"①在文化交流上,泉州海商徐戬起了桥梁作用,他"先受高丽钱物",在杭州雕造夹注华严经板2900余斤,并"公然于海舶载去交纳,却受本国厚赏"②,使宋朝发达的雕版印刷和经籍流入高丽。哲宗元祐四年(1089年),他又"于海舶内载到高丽僧统义天手下侍者僧寿介、继常、颖流、院子金保、裴善等5人,及赍到本国礼宾省牒云,奉本国王旨,令寿介等赍义天祭文来祭奠杭州僧源阇梨"③,促进了两国文化的交流。

(二)与日本的关系

宋朝与日本仍然保持着贸易关系。北宋时期,由于日本政府采取禁止私自出海贸易的锁国政策,往来中日之间的几乎都是宋船;南宋时期,日本政府改变政策,积极鼓励对宋贸易,并在摄泽的福原修建别墅,修筑兵库港,开通音户的濑户,使日本商船驶往宋朝的逐渐增多。

两宋与日本的贸易港主要是明州,但福建与日本的贸易往来并没有中断。咸丰五年(1009年),"建州海贾周世昌遭风飘至日本,凡七年得还,与其国人滕木吉至"④。万寿三年(1026年),福州商客陈文祐从日本回国,第二年再度航海到日本。⑤ 长元六年(1028年),福州商人周文裔到日本,致书右大臣睦原实资,并献方物。到宋徽宗年间,福建海商到日本的贸易活动更加活跃。例如,康和四年(1102年),泉州海商李充到达日本贸易,第二年回国,第三年又在泉州购买大量的丝绸和瓷器等物,然后到明州市舶司办理出海手续,再航行到日本,向大宰府呈递公文,请求贸易。⑥

南宋时期,中日贸易港口虽然仍在明州,然而日本商船有时也一直开到泉州进行贸易。据赵汝适《诸番志·倭国条》记载,日本"多产杉木,罗木,长至十四五丈,径四尺余,土人解为枋板,以巨舰搬运至吾泉贸易"。此外,日本僧人也经常乘坐商船到达福建沿海,日本僧行一、明仁庆政都到过福建,现存福州版的大藏经中有他们的刊记,且据日本学者木宫泰彦考证,庆政一定是山城松尾的胜目房庆政。再据高山寺旧藏的《波斯文书》"前言","此是南蕃文字也,南无释加如来,南无阿弥陀佛也,两三人到来舶上望书之,尔时大宋嘉定十年丁丑于泉州记之。为送遣本朝辨和尚(高辩明惠上人),禅庵令书之,彼和尚殊芳印度之风故也。沙门庆政记之",可以推断宋宁宗嘉定十年(1217年)庆政确在泉州,很可能又到福州东禅寺和开元寺,印制这部《大藏经》带回日本。⑦ 元朝,尽管发生忽必烈东征日本的战事,但日元之间的海上交通仍然继续进行,

① 《元史》卷三三一《罗拯传》。
② 《东坡赛议》卷六。
③ 《东坡赛议》卷六。
④ 《元史》卷四九一《日本传》。
⑤ 〔日〕木宫泰彦:《日中文化交流史》,胡锡年译,商务印书馆1980年版。
⑥ 〔日〕木宫泰彦:《日中文化交流史》,胡锡年译,商务印书馆1980年版。
⑦ 〔日〕木宫泰彦:《日中文化交流史》,胡锡年译,商务印书馆1980年版。

日本海船除到庆元之外，还驶向福建。例如，元德元年（1324 年），为了迎接元僧明极楚俊而入元的文侍者，其所乘的海船就直接开到福州；[1]兴国五年（1344 年）日僧大抽祖能入元时，所乘的船也开到福州长乐县。[2] 虽然以上记载大多是两国僧人的活动情况，但如果没有海商的频繁往来，他们是无法漂洋过海的，所以，从僧人的往来也足以反映福建海商与日本的贸易是十分活跃的。

（三）与菲律宾群岛的贸易关系

麻逸、三屿是宋代菲律宾群岛的两个主要地区。北宋初麻逸跟随南洋各地区来华，主要在广州海岸交易。南宋时泉州商人也经常到该处贸易，到赵汝适提举福建市舶司时，泉州与麻逸已有直接的航行了。据《诸蕃志》记载，"麻逸国在渤泥之北，团聚千余家，夹溪而居，土人披布如被，或腰布蔽体，有铜像散布草野，不知所自，商舶入港，驻于官场前，官场者，其国阛阓之所也，登舟与之杂处，酋长日用白伞，故商人必赍以为赆，交易之例，当地的商贾众至，随笾篮搬取货物而去，初若不可晓，徐辨认搬货之人，亦无遗失，当地的商贾乃以其货，转入他岛屿贸易，率至八九月始归，以其所得，准偿舶商，亦有过期不归者，独贩麻逸舶回最晚"[3]。由此可见，当时泉州商人到麻逸经商已采用赊账办法，土商赊购泉商的货品到其他岛贩卖，等他把货物脱售完再回来支付，故有贩麻逸舶回最晚的现象。三屿是泉州海商经常去的另一个贸易地区。《诸蕃志》说："三屿乃麻逸之属，曰加麻延、巴姥酋、巴吉弄等，各有种落，散居岛屿。舶舟至则出而贸易，总谓之三屿……番商每抵一聚落，未敢登岸，先驻舟中流，鸣鼓以招之。蛮贾争棹小舟，持吉贝、黄蜡、番布、椰心簟等至与贸易。如议之价未决，必贾豪自至说谕，馈以绢伞、瓷器、藤笼，仍留一二辈为质，然后登岸互市，交易毕，则返其质。"[4]这里详细记载了福建海商在当地的贸易情况。

元代与菲律宾群岛的贸易有了进一步的发展，不仅贸易地区有所扩大，新增加了麻里鲁、民多郎、苏禄等国家。例如，苏禄国："地产中等降真条，黄腊，玳瑁，珍珠，较之沙里八丹，第三港等处所产，此苏禄之珠，色青白而圆，其价甚昂，中国人首饰用之，其色不退，号为绝品"。而且，当地的商人也附舶到泉州"三岛"，"男子常附舶至泉州经纪，磬其资囊，以文其身，既归其国，则国人以酋长之礼待之，延之上座，虽文老亦不得与争焉，习俗以其至唐，故贵之也。"[5]

从三岛居民把去过泉州的商人奉为上宾，可以看出他们对与福建的通商贸易关系是十分重视的。

（四）与南洋群岛的贸易关系

南洋群岛与福建的贸易关系到宋代更为密切，当时几个比较强大的国家都与泉州有贸易往来。例如，三佛齐与泉州已有直达航线。《文献通考》云："三佛齐汛海便风二

---

① 〔日〕《凡仙和尚语录》，引自木宫泰彦：《日中文化交流史》，胡锡年译，商务印书馆 1980 年版。
② 〔日〕《大拙祖能年谱》，引自木宫泰彦：《日中文化交流史》，胡锡年译，商务印书馆 1980 年版。
③ （宋）赵汝适：《诸蕃志》卷上《麻逸国》。
④ （宋）赵汝适：《诸蕃志》卷上《三屿国》。
⑤ 汪大渊：《岛夷志略》"三岛"条。

十日至广州,如泉州,舟行顺风,月余亦可到"①。《岭外代答》记载更加具体:"三佛来也,正北行,舟历上下竺,与交(趾)洋,乃至中国之境,其欲至广者,入自屯门,欲至泉州者,入自甲子门。"②当时,福建海商就是沿着这一航道到三佛齐,如泉州纲首朱纺:"舟往三佛齐国,亦请神之香火而虔奉之,舟行迅速,无有艰阻,往返曾不期年,获利百倍,前后之贾于外蕃者,未尝有是,或皆归德于神,自是商人远行,莫不来祥。"③从朱纺"往返曾不期年,获利百倍",可见贸易规模比较大;而"前后之贾于外蕃者",说明去三佛齐的福建海商,人数众多,络绎不绝。三佛齐商人也经常到泉州经商,有的还定居泉州。曾任泉州市舶使的林之奇在《泉州东坡葬蕃商记》中说:"负南海,征蕃舶之州三,泉其一,泉之征舶,通互市于海外者,其国以十数,三佛齐其一也,三佛齐之海贾,以富豪宅生于泉者,其人以十数。"④

阇婆,是南洋群岛中另一个主要国家,福建海商经常到此贸易。其中,最著名的是建溪大商人毛旭,他不仅"数往来本国",多次到阇婆经商,而且与阇婆国王的关系很好。淳化三年(992年),阇婆使者"假其乡导来朝贡"⑤,从此恢复了一度中断的朝贡关系。到南宋时,由于开辟了泉州至阇婆的直接航线,再也不必绕道三佛齐,大大方便了两国商人的往来,所以《诸蕃志》指出"阇婆国,又名莆家龙,于泉州为丙巳方,率以冬月发船,盖藉西北风之便,顺风昼夜月余可到"⑥。由于阇婆国对福建海商十分友好,"馆之宾舍,饮之丰洁",因此,不少的商船满载川芎、白芷、朱砂、硼砂、漆器、铁鼎、青白瓷器到阇婆贸易,换回犀角、龙脑、茴香、丁香等香料。

渤泥与福建也有较多的贸易往来。太平兴国二年(977年),其王向打派遣使者施努、副使蒲亚里准备来中国朝贡,苦于"无路得到"。刚好此时中国商人蒲卢歇到达该国,"国人皆大喜,即造舶船,令蒲卢歇导达入朝贡"⑦。元丰五年(1082年),勃泥王锡理麻喏"复遣使贡方物,其使乞从泉州乘海舶归国,从之"。从此,勃泥与泉州建立了正式的通航关系。福建海商到勃泥受到很热情的接待,"番舶抵岸三日,其王与眷属率大人(王之左右号曰大人)到船问劳,船人用锦藉跳板迎肃,款以酒醴,用金银器皿、禄席、凉伞等分献有差",船舶回航时,"其王亦醵酒椎牛祖席,酢以脑子、番布等称其所施"⑧。可见,两国之间有着友好的贸易关系。

(五)与中南半岛各国的贸易关系

中南半岛各国与福建的关系也很密切,福建商人经常航行到那里,从事贸易。《西山杂志》"李家港"条云:"五代后晋开运元年,南唐王仪伐闽,时侍中李松不可也,松、李吾山之后,航海南,来避难于此,其子李富安字山平,弃学经商航舟,远涉真腊,占城、暹

---

① 《文献通考》卷三三二《三佛齐》。

② 周去非:《岭外代答》卷三。

③ 《莆田祥应庙碑记》。

④ 林之奇:《拙斋文集》卷十五。

⑤ 《宋史》卷四百八十九《阇婆传》。

⑥ (宋)赵汝适:《诸蕃志》卷上《阇婆国》。

⑦ 《宋史》卷四百八十九《勃泥传》。

⑧ (宋)赵汝适:《诸蕃志》卷上《勃泥国》。

罗湾诸国,安南,交趾尤熟居,每次舟行,村里咸偕之去……李家港,乃李山平之舟泊处也。"①

福建海商不仅到中南半岛贸易而且定居各国。熙宁九年(1076年),"福建、广南人因商贾至交趾,或闻有留于彼用事者"②。《桂海虞衡志》也说:"闽人附海舶往者,必厚遇之,因命之官,咨以决事。"③

占城与福建的贸易亦甚发达。庆历三年(1043年),"泉州商人邵保,以私财募人之占城,取鄂陵等七人而归,枭首广州,乞旌赏"④。由此可知,泉州商人经常到占城,泉州市舶司建立后卜更重视发展与占城的关系。政和五年(1115年),福建市舶司"出给公据,付刘著等收执,前去罗斛,占城国说谕诏纳,许令将宝货前来投进"⑤,不久,占城、罗斛二国先后来贡。南宋时,两地贸易更加频繁。乾道三年(1167年),福建市舶司言"本土纲首陈应等,昨至占城番",回国时,载回占城国的使节和大量商品,泉州人王元懋,随商船到占城,侨居十年,成为大海商。⑥

真腊与福建也有贸易往来。宋孝宗乾道七年(1171年),汪大猷做泉州知府。有一天,四艘真腊大商船到达泉州。官兵起初以为是毗舍那人,捕获之,向汪大猷请功。汪仔细辨认,"此其人服饰俱不类"毗舍那人,再"验其物货什器"才知是真腊商人,不仅没有为难真腊商人,而且还"尽入来运驿,所贩黄腊,偿以官钱,命牙侩旬日间遣行"⑦。自此以后,经常有真腊商船来泉州,因此,《云麓漫钞》记载福建市舶司常到的诸国舶船时,就有真腊商船。赵汝适在泉州时,已有航道,"真腊接占城之南,东至海,西至蒲甘,南至加罗希,自泉州舟行顺风月余日可到"⑧。

元代继续保持通商联系。周达观的《真腊风土记》云:"自温州开洋,行丁未针,历闽、广海外诸州港口,过七洲洋,经交趾洋到占城,又自占城顺风可半月到真蒲,乃其境也",可见自福建至真腊的航路仍然畅通无阻。

(六)与西南亚非洲的贸易关系

宋代以前,南亚地区与中国已有频繁的贸易往来。北宋初期,西夏崛起于河西走廊,陆上交通受阻,海上航路成为与南亚联系的唯一通道。当时不仅广州与南亚各国通航,而且经常有海船到达泉州,如"雍熙间有僧啰护哪航海而至,自言天竺国人,蕃商与其胡僧,竟持金缯珍宝以施,僧一不有,买隙地建佛刹于泉之城南"。到南宋,与印度半岛的贸易更加频繁,福建商船所至之处有细兰、印度东海岸的注辇、印度西海岸的南毗。故临及印度西北部的胡荼辣等地,如南毗"在西南之极自三佛齐便风,月余可到……时罗巴,智力干父子,其种类也,今居泉之南城"。故临国,"自南毗舟行,顺风五

---

① 蔡永兼:《西山杂志》"李家港"条。
② 《续资治通鉴长编》卷二七三。
③ 《文献通考》卷三〇〇。
④ 《宋会要辑稿·职官》四十四之十。
⑤ 《涑水纪闻》卷十二。
⑥ 洪迈:《夷坚志》卷二八。
⑦ 楼钥:《攻媿集》卷八八《汪公行状》。
⑧ (宋)赵汝适:《诸蕃志》卷上《真腊国》。

日可到，泉舶四十余日到兰里住冬，至次年再发，一月始达"①。注辇国，"西天南印度也"，与泉州没有直达航线，泉州海船"欲往其国，当自故临易舟而行，或云浦甘国亦可往"②。元代，印度半岛与泉州的通商地区不仅增加了高郎步、沙里八丹、北留、班达里、下里、古里佛、放拜等地方，而且印度西南海岸已成为泉州与阿拉伯海上交通贸易的转运站，如古里佛"当巨海之要冲，去僧加剌，密迩，亦西洋诸番之多头也"，其珊瑚、珍珠、乳香诸等货"皆由甘理、佛郎来也，去货与小具喃国同，蓄好马，自西报来，故以舶载至此国"③。再如，小具喃，泉州商船经常到"此地驻冬，候下年八九月马船复来，移船回古里佛互市"。

泉州港与阿拉伯各国的贸易更为密切。北宋初年，阿拉伯人已在泉州建立圣友寺，该寺碑文云"此地人们的第一座礼拜寺，就是这座公认为最古老、悠久、吉祥的礼拜寺，号称圣友寺，建于伊斯兰教历四百年（1009 年）"。圣友寺的修建，说明北宋初已有相当多的阿拉伯人集中定居于泉州，他们需要建立宗教活动的场所。在泉州还发现同时期阿拉伯人的墓碑，"死者名里提漆，一位异国阿拉伯女子，她是知名人士高尼微的爱女，卒于伊斯兰历四百年"，即宋真宗大中祥符二年（1009 年）。南宋时由于来泉州的阿拉伯人、波斯人日益增多，建筑了更多的礼拜寺。至今保存在圣友寺内的《重立清净寺碑》的清净寺，就是此时创建的礼拜寺之一。此碑文云"宋绍兴元年（1131 年）有纳只卜。穆兹喜鲁丁者，自撒那威从商舶来泉，创兹寺于泉州之南城"，撒那威即是当时波斯湾内繁盛的西拉夫贸易港。到了元代，波斯人继续是泉州的常客，元至正九年，不仅由波斯人不鲁罕丁与里人金阿里重修清净寺，而且泉州的"礼拜寺增至六七"所。从圣友寺及清净寺的沿革可以看出泉州与阿拉伯海上交通的情况。

除了礼拜寺与碑刻等物记外，我们在文献资料中也可找到泉州与阿拉伯海上贸易的记载。南宋高宗绍兴六年（1136 年），大食番客蒲罗辛运载乳香到泉州，价值 30 万贯。南宋周密的《癸辛杂识》也记："泉州有巨贾南蕃回民佛莲者，蒲氏之婿也，其家富甚，凡发海舶八十艘。"《诸蕃志·大食国》说："有番商曰施那帏，大食人也。跻寓泉南，轻财乐施，有西土气习，有丛冢于城外之东南隅，以掩胡贾之遗骸。"1965 在泉州东郊出土一方刻有"蕃客墓"的石碑，番商公墓的建筑说明，宋元时期有众多的阿拉伯商人居留在泉州城南一带。

泉州与非洲的贸易往来，在《诸蕃志》中出现了不少新材料，如层拔国（今桑给巴尔）"在胡荼辣国南海岛中，西接大山……产象牙、生金、龙涎、黄檀香。每岁胡荼辣国及大食边海等处发船贩易，以白布、瓷器、赤铜、红吉贝为货"。对大理国也有比较详细的描述。对于北非之勿里斯（今埃及一部分），《诸蕃志》也补充了新的材料："其国多旱，管下一十六州、州周六十余里，有两则人民耕种，反为之漂坏。"④以上有关非洲诸国的描述，很可能是赵汝适采集去过非洲的泉州商人而写成的。到元代，汪大渊从泉州两次随商船出海，到达非洲东部沿海各地，回国后在《岛屿志略》里记载了阿思里（埃及库赛尔）、麻那里（肯尼亚）、层摇罗（坦桑尼亚）、加将门里（莫桑比克）各国的风土人

---

① （宋）赵汝适：《诸蕃志》卷上《南毗国》《故临国》。
② （宋）赵汝适：《诸蕃志》卷上《注辇国》。
③ 汪大渊：《岛屿志略》，《古里佛》《小具喃》。
④ （宋）赵汝适：《诸蕃志》卷上《勿里斯国》。

情、贸易情况。《岛屿志略》的成书有力地证实了当时的泉州确实已同东非各国有通商贸易关系。

第二节　广州港①

随着工农业生产的不断发展和航海技术的逐步提高,在有利的国际形势下,宋代的海外交通和对外贸易大大地发展起来;再加上宋朝的政权是在五代混乱的局面中建立起来的,建立之后北方仍然战乱频繁、外患甚为严重,北宋时华北为契丹所占,南宋时金兵入主中原,政权偏安江南一隅,故300年中,两宋对西亚的陆路交通几乎陷于停顿,中西交通和对外贸易完全依靠海舶,因而广州也就成为当时对外交通的主要门户和全国海外贸易的中心之一。

一　广州港口的主要对外贸易国家和地区

宋代的广州仍然是全国最大的对外贸易港,前来贸易的国家数量超过了唐代,据宋人赵汝适的《诸蕃志》记载,有50多国。另按马端临的《文献通考》卷三三二云:"摩逸国太平兴国七年(982年)载宝货至广州海岸。"考:摩逸国在菲律宾群岛。可见,北宋年间广州与菲律宾亦开始有航线相通了,贸易范围大大地扩大了,即东部扩大了麻逸航线,西部远达非洲的桑给巴尔岛和欧洲的西班牙等地。

在各国来华的航线方面,《岭外代答》卷三记载说:"三佛齐之来也,正北行,舟历上下竺(即竺屿,今马来半岛东南方的小岛)与交洋(即交趾湾),乃至中国之境。其欲至广者,入自屯门,欲至泉者,入自甲子门(今陆丰甲子)。阇婆之来也,稍西北行,舟过十二子石(加里曼丹岛以西的卡利马塔群岛),而与三佛齐海道合于竺屿之下。大食国之来也,以小舟运而南行,至故临国,易大舟而东行,至三佛齐国,乃复如三佛齐之入中国。"另《岭外代答》卷二《大食诸国条》中,亦记载有由广州至麻离拔国的航线,即"广州自中冬以后发船,乘北风行,约四十日,到地名蓝里,博买苏木、白锡、长白藤,住至次冬,再乘东北风,六十日顺风方到此国"。航线大体和唐代相同,但却有所延伸,即从波斯湾一带延伸到了东非。至于各国往来我国所需的时间,《岭外代答》复指出:"诸蕃之入中国,一岁可以往返,惟大食必二年而后可。……若夫默伽国(即麦加),勿斯里等国,其远也不知其几万里矣。"《宋史》卷四八九《注辇传》载大中祥符八年(1015年),注辇国使臣娑里三文,从其国来广州却经历了1150日,这可能是一种特殊的情况。

总之,在宋这一代中,无论是海外贸易和海外交通都远远地超过了唐代。

另外,在宋朝的对外贸易方式中,如果把朝贡和交聘也算作一种方式的话,那么,广州也是贡使进出最多的一个港口。宋人庞文英在其所著的《文昌杂录》中,曾列举了这些朝贡国的名称,除东方的高丽、日本等4国及西方的夏国、董毡、于阗、回鹘等9国不通过广州外,其余如交趾、渤泥、拂秣、大秦、注辇、真腊、大食、占城、三佛齐、阇婆、丹

① 本节引见郑端本:《广州港史》(古代部分),海洋出版社1986年版,第73—89页,第112—116页,第117—124页。

流眉、陀罗离、大理、层檀、勿巡、俞卢和等都要通过广州。这些地区,有些远在印度西岸、波斯湾或红海沿岸甚至非洲东岸,只要他们从海道前来朝贡,宋朝就规定他们必须在广州登陆。关于这点,《续资治通鉴长编》卷八七有如下的记载:大中祥符九年(1016年)秋七月庚戌条"知广州陈世卿言:海外蕃国贡方物至广州者,自今犀象、珠贝、拣香、异宝听赍赴阙。其余辇载重舳,望令悉纳州帑,估直闻奏。非贡奉物,悉收税算……并来往给券料。广州蕃客有冒代者,罪之。"可见,这些地区按规定是要从广州出入的。

据统计,当时与宋朝关系最为密切的占城、三佛齐、大食三国的朝贡次数,都大大超过了唐代。宋代占城朝贡为 49 次,而唐代才 27 次,几乎增加 1 倍。三佛齐朝贡 30 次,而唐代的室利佛逝只有 2 次;大食朝贡 30 次,而唐代只有 20 次。还有东非的层檀国,也曾在 1071 年和 1083 年两次前来"入贡"。《宋史·层檀传》上记载:"海道使风行百六十日,经勿巡、古林、三佛齐国,乃至广州。"可以说,在宋朝,广州又是"万国衣冠,络绎不绝"的一个港口了。

二 广州的"蕃坊"

广州是当时中国最大的海外贸易中心,因此外国人前来经商者也就比其他地方要多。广州在唐代有"蕃坊"之设,后因黄巢陷广州受到影响,到了宋代又空前地热闹起来。宋代的"蕃坊"仍继承唐制,设"蕃长"。"广州蕃坊……置蕃长一人,管勾蕃坊公事,专切招邀蕃商人。"①有文献可查的番长,有大食国人辛押陀罗,北宋神宗期间,居广州数十年,家财巨万,朝廷封他为"归德将军","巾袍履笏如华人"。

宋代居住在广州番坊的外国商人究竟有多少,因无文献可考证,故无从稽考,但长期居住在番坊不归甚至成了大富翁的,人数恐怕不少。例如上面所举的辛押陀罗,"家资数百万缗"。还有蒲姓商人,"富盛甲一时"。岳飞孙子岳珂所著的《桯史》,曾较为详细地介绍了他们。该书卷十一"海獠"条说他们本占坡之贵人,因航海遇风波,脱险后,惮于波涛之苦,乃请于其主人,愿留中国,处理其国的对外贸易事宜;经营了一段时间之后,商业有很大的发展,因此"屋宇侈靡,富盛甲一时"。岳珂曾随他的父亲往蒲家赴宴,见其家"楼上雕镂金碧,莫可名状。有池亭……曲房便榭不论也",并且见其"挥金如粪土","珠玑香贝,狼藉坐上,以示侈"。

据罗香林对甘蕉《蒲氏家谱》的考证,有海达(又名海哒晚)者,朝廷闻其贤,于南宋初叶任广东常平茶盐司提举,并有政绩。该家谱写道:"时粤中茶盐两政,流弊滋多,公下车悉心整顿,官山府海,赋税骤增。贡舶商帆,鹅湖云集,阛阓之盛,溢郭填城,府库充盈,间闾无怨。……爱珠海之澄清,因就穗城玳瑁巷而家焉。"玳瑁巷就是现在接连怀圣寺的玛瑙巷,可见两宋时的番坊仍在光塔街一带。该家谱还记载海达的兄弟等人"倡筑羊城光塔,俾昼则悬旗,夜则举火,以便市舶之往来也"。从家谱的记载中,也可以窥见宋时广州外商对市舶影响之大。

此外,外商对公益事业和宗教事业的赞助亦有记载。例如,辛押陀罗要求宋朝皇帝准许他集资修建广州城墙,三佛齐大首领出资重修天庆观等。天庆观原址在今海珠北路祝寿巷(现观址已毁)。据出土文物《广州重修天庆观记》碑文所载,宋仁宗皇祐四

---

① (宋)朱彧:《萍洲可谈》卷二。

年(1052年),广源州少数民族首领侬智高来犯,天庆观被焚毁。宋英宗治平年间(1064—1067年),三佛齐大首领地华迦罗派遣至罗罗押舶来广州经商,见被焚毁的天庆观颓垣败瓦、满目荒凉,回国后即将此情况向地华迦罗报告,地华迦罗表示愿出资重建天庆观;到治平四年(1069年),派思离沙文来主持天庆观修复工作,至元丰二年(1079年),全部完工。地华迦罗还捐资为天庆观购置了许多地产,作为庙宇经费。三佛齐大首领重修天庆观,当然不是偶然地心血来潮,而是三佛齐与广州贸易往来频繁的结果,其目的是加强与中国的友好关系,以达到进一步扩大彼此之间的贸易。

据《续资治通鉴长编》卷二三七所载,熙宁五年(1072年),广州城外番汉杂居已有数万家之多,而且有携带妻女来华侨居的。《宋会要辑稿·刑法》云:"广州每年多有蕃客带妻儿过广州居住。"《萍洲可谈》卷二称:"乐府有菩萨蛮,不知何物,在广中见呼蕃妇为菩萨蛮,因识之。"在《鸡肋编》亦云:"广州波斯妇,绕耳皆穿穴带环,有二十余枚者。"又说:"家家以蒌为门,人食槟榔,唾地如血。北人嘲之曰:人人皆吐血,家家尽蒌门。"有些大商还与华人通婚,如大商蒲亚里娶右武大夫曾纳的妹妹为妻,"亚里因留不归"。还有娶宗女(即王室血统的女子)为妻的。《萍洲可谈》卷二载:"元祐年间(1086—1094年),广州蕃坊刘姓人娶宗女,官至左班殿直。"后来为朝廷所知,"因禁止,三代须一代有官,乃得娶宗女。"

"蕃坊"有"蕃市"。《续资治通鉴长编》卷一二八记载,康定元年(1040年),广州知州段少连在上元灯节中宴客,忽报"蕃市"失火,"少连作乐如故,须臾火息,民不丧一簪,众服其持重",可见,在侨民日益增加的情况下,自然而然地便有"蕃市"的形成。

"蕃坊"还有"蕃学"。桑原骘藏的《蒲寿庚考》引蔡绦《铁围山丛谈》卷二云:"大观(1107—1110年)、政和(1111—1117年)之间,天下大治,四夷响风,广州泉州请建蕃学。"南宋龚明之《中吴纪闻》(学海类编本)卷三记有北宋程师孟熙宁间(1068—1077年)任广州知州时的政绩:"程师孟……大修学校,日引诸生讲解,负笈而来者相踵,诸蕃子弟皆愿入学"。由此可见,番坊建有学校。据《萍洲可谈》卷二称:"蕃人有罪,诣广州鞠实,送蕃坊行遣……徒以上罪,则广州决断。"《宋史·王涣之传》载:"(王涣之)知福州,未至,复徙广州。蕃客杀奴,市舶使据旧比,止送其长杖苔,涣之不可,论如法。"《宋史·汪大猷传》也说:"蕃商与人争斗,非伤折罪,皆以牛赎。大猷曰:安有中国用岛夷俗者,当在吾境,当用吾法。"这些记载都说明,中国政府虽尊重番长行使一定的权力,但外国侨民仍要尊重中国的主权,遵守中国的法令,最终裁决之权仍归地方最高行政长官掌握。如处理杀人等重大案件,则规定必须按中国法律处理。此外,市舶使还有参与番人判罪之权,也有受理番商申诉的义务,甚至番长的任命亦出于中国政府方面。

三 广州港的管理机构——市舶司

宋太祖开宝四年二月灭南汉后,即于同年六月在广州设市舶司。"以知州为使,通判为判官,及转运使司掌其事;又遣京朝官三班内侍三人专领之。"①就是说,市舶司设置的初期,市舶使和判官都是由地方行政长官兼任,"京朝官三班内侍三人"是专职负责官员,由中央派遣至市舶司负责实际市舶职务。这就是开始置司时主要官员的情

---

① 《宋会要辑稿·职官》四四。

况。后来市舶判官改名为市舶监官,仍由适判兼任。元丰三年(1080 年),修订官制,市舶司改以路为设立单位,故罢知州兼使之制,改由掌管一路的财赋之责的转运使兼任,市舶使的名称亦改为"提举市舶"。徽宗崇宁元年(1102 年),又罢转运使兼领之制,开始设置专职提举,后屡置屡废。在其罢废期间,则由知州、通判、转运使或提点刑狱、提举常平、提举茶盐等官兼领。

市舶司除市舶使、市舶监官等主要负责人外,尚有勾当公事(干办公事)和吏员若干人,这些都属于具体的办事人员。故吏员中又按分工的不同叫专库、手分、孔目、主管文字、都吏、前行、后行、贴司、书表、客司等名称。其职权大致可以分为主管文字和负责点检账状两大类。其中,手分、贴司及书表负责文书档案,都吏负责巡检,专库负责仓库内舶货的保管,客司负责贡使与外商的接待事务,前、后行负责警卫。

市舶司下辖市舶务、市舶库和来远驿。宋初以州为单位设司时,本是有司无务,后来改以路设司后,每路设一司,而于各州设务或坊,但也仅是两浙路有这样的设置,而广南东路及福建路并未设务。务之主官为监官,具体办事人员称吏员,市舶库即存放舶货的仓库,负责官员称监门官。至于来远驿,则系接待外国使臣之所,即现在所称的宾馆,其主要官员由市舶司派员兼任。

北宋时,除在广州设市舶司外,还先后在杭州、明州(宁波)设司(杭州设司时间为989 年,明州设司时间为 999 年);后来又在泉州(设司时间为 1087 年)、密州(设司时间为 1088)年、秀州(设司时间为 1113 年)设司,并在温州、青龙镇、江阴军、海盐四地设市舶务。

广州是设司最早的一个港口,广州市舶司不但管理广南沿海的市舶业务,而且当时归广西管辖的雷州、化州等地也要受其节制,甚至远在福建的泉州在未设司之前,也属广州市舶司管辖,出港和回航都要到广州办理手续,"否则没其货"。从宋代设司情况来看,亦可窥见广州是一个举足轻重的港口。

市舶司的职权,按《宋史·职官志》记载是:"提举市舶司,掌蕃货海舶征榷贸易之事,以来远人,通远物。"

四 宋代广州的码头分布

(一)外港

据《元丰九域志》记载:宋代在广州附近,曾经形成过许多市镇。在南海县境内的有大通镇,在番禺县境内的有瑞石、平石、猎德、大水、石门、白田、扶胥七镇;其中,有一些镇本身就是广州的外港。

1. 大通港

大通港在今花地附近,与广州隔江相对,是当时从西北江航抵广州的一个必经之地,然后经此入澳口、兰湖登陆。宋时珠江三角洲经济的开发促进了此地的繁荣。陈大震《南海志》载,北宋仁宗皇祐四年,侬志高"寇"广州,曾在大通港停留 53 天,"不得逞而去"。清李调元《南越笔记》亦记叙大通港东可通惠州、虎门,出海可达潮州、福建等地,西可达雷州、廉州、琼州;北可达南雄、庚岭、韶州等地。可见,此港不但是内河船舶靠泊之处,而且也是海舶碇泊之所。清宋湘《泊潮音街口》诗云:"空江五月雾凄凄,一树人家柳尚齐。独引渔灯翻楚些,潮声已过大通西。"大通即大通港,至清代此港犹存。

2.琶洲码头

琶洲在广州城东南 30 余里,位于珠江南岸。琶洲过去是一个小岛,形似琵琶,所以叫琶洲。现在,早已与南岸相连了,即广州南郊琶洲村。琶洲山高 20—40 米,为番舶作导航标志。《宋史》卷四八九《注辇传》称:"贡使行至三佛齐国,又行十八昼夜,度蛮山水口,历天竺,至宾头狼山,望东西王母坟,距舟将百里。又行二十昼夜,度羊山、九星山至广州之琵琶洲。"可见,宋时这里已是广州的外港,为海舶停靠之地。《读史方舆纪要》卷一〇一《广州府》亦记载:闽浙舟楫入广者多泊于此。明万历二十六年(1598年)在这里修建的海鳌塔,至今犹存。

(二)内港

1.西澳

西澳又名南濠,在今南濠街一带,是宋代广州最重要的内港码头,为北宋景德中(1106年)经略高绅所开辟,"纳城中诸渠水以达于海,维舟于是者,无风涛恐,且以备火灾"[①]。淳熙二年经略周自强疏浚了一次,嘉定二年至元代末年止亦屡有疏浚。西澳为当时闹市区之一,有共乐楼,"高五丈余,背依诸峰,面临巨海,气象雄伟,为南州冠"[②]。宋人程师孟有诗云:"千门日照珍珠市,万户烟生碧玉城。山海是为中国藏,梯航尤见外夷情。"《羊城古钞》卷七濠畔朱楼条更云:"此濠畔当盛平时,香珠犀象如山,花鸟如海,番夷辐辏,日费数千金,仕食之盛,歌舞之多,过于秦淮。"同时,这里还有百货之肆,五都之市,天下商贾聚集,外国商人也聚居附近。元末明初人孙蕡作的《广州歌》指出:"岿峨大舶映云日,贾客千家万家室。"可见其泊船之多,码头区之繁盛。明代淤塞,用铁柱封大水关断流。

2.东澳

东澳又名东濠。在今清水濠街一带,古文溪曾从这里出口。《南海志》称"清水濠在行春门外,穴城而达诸海,古东澳也。濠长二百又四丈,阔十丈",是盐船集中的运盐码头。宋代的盐仓在今归仓巷、仓边路一带,文溪未淤塞前,盐船由此溯溪北上往来运盐,故是广州东部的重要码头。

宋代广州的海外交通和贸易,比唐时又有发展,不但贸易地区和范围扩大了,而且海上航线也扩展至东非和菲律宾等。这与我国经济、技术的进步有很大关系。中国当时既有先进的农业,也有先进的工业,所以全国的商业能够大规模发展起来;再加上先进航海技术的运用和造船业的进步使航行速度加快,因而海外交通和贸易取得了空前的发展。

五 元代的广州港

(一)港口的地位变化

宋亡元兴,元世祖忽必烈统一了全中国。元代的广州港已经不再是全国第一大港

---

① 陈大震:《南海志》。
② 仇池石:《羊城古钞》九。

了,代替它而兴起的是福建的泉州港。

泉州港的兴起和广州港的衰落并不是突然的,而是宋室南渡之后中国政治、经济形势变化的结果。早在南宋开禧年间(1205—1207年),泉州便有取代广州之势。当时,前往贸易的国家和地区有30多个。宋理宗宝庆元年(1225年)后,赵汝适任泉州提举市舶编著《诸蕃志》时,前往贸易的国家又增至五十几个,而且在财政收入方面,也逐渐赶上了广州,长期与广州处于相等的地位。南宋朝廷更是加强了对泉州市舶的扶植,除了每年犒设番商与广州规格相等外,还进一步加强泉州市舶司的职权,规定福建沿海的商船都须由泉州市舶司领取"官券"才能出海。宋孝宗乾通三年(1167年),还专门拨出25万缗给泉州市舶司,作为"抽买乳香等本钱",以扩大当时的海外贸易。最后,又起用阿拉伯人后裔蒲寿庚为提举市舶,主持舶政达30年之久,利用蒲寿庚在海外的声望,吸引外商来泉州贸易。所以在南宋中期至末期这一段时间内,泉州海外贸易发展超过并最终取代广州而成为全国第一大港。

分析当时的情况,泉州之所以能超过广州,有如下几种因素作用。

第一,宋室南渡,杭州成了当时南宋的首都。京城是政治和经济的中心,又是全国最大消费中心,尤其是香药、犀、象、珠宝之类的消费品,京师的消费能力最强。随着舶货消费中心的转移,形势对泉州起了有利的变化,因为从地理距离来说,泉州离都城要比广州近。按南宋的规定,泉州市舶司运舶货到杭州期限为3个月,而广州到杭州的期限却要6个月,路程相差1倍以上。^① 当时的舶货运输成本是巨大的,既有"道涂劳费之役",又有"舟行侵盗颠覆之弊"。因此,缩短运输路程,节约运输时间,就是减少货物损耗、降低运输成本的最好办法。既然泉州的运输时间要比广州节约一半,那么,从经济效果来说,广州当然竞争不过泉州。所以,南宋期间泉州港的发展速度要比广州快,进而导致对外贸易重心的逐步转移。

第二,由于宋金战争,大批士大夫和宋廷宗室贵族逃往福建避难,引起了舶货市场的变化。当时连管理宗室贵族的机关西外宗正司和南外宗正司也都分别迁到福州和泉州两地。舶货在这批上层人物中享有广泛的市场。因此,当时的泉州要比广州拥有更多的舶货消费者,促成泉州市场的繁荣和广州市场的衰落。岳珂的《桯史》中提到,当时广州最显赫的蒲姓商人,在南宋的中后期,"富已不如曩日"了。桑原骘藏在《蒲寿庚考》一书中,考证蒲寿庚之身世时,亦谓"寿庚父蒲开宗自广移泉,其与蒲姓之衰有关欤"。可见,有大批阿拉伯商人从广州迁往泉州经商,泉州市场比广州更具有吸引力。

第三,广州是南宋政权灭亡前最后的一个据点。在宋元交替之际,宋军与元军在这一带经过了多次拉锯,反复争夺,崖山之役,浮水之尸10万,损失船舰无数。在这残酷的战乱之中,社会经济遭到很大的破坏,不少汉族人民因不愿受蒙古贵族的统治,纷纷逃亡海外。陈宜中率部流亡占城便是一例。有些地方的人口也明显地减少。减少25%以下者有韶州路、南思路、南雄路、广州路和封州;减少25%—50%者,有肇庆和德庆二路;减少50%以上者有惠州路、廉州路、梅州和循州。因而,海外贸易受到很大的影响。而泉州则未罹锋镝。由于蒲寿庚的投降,元军在占领了南宋都城杭州后即兵不血刃地平定了泉州,所以泉州没有受到什么战火的破坏。而且蒲寿庚投降后,也受

---

① 《宋会要辑稿·职官》四四之三〇。

到重用,并通过他迅速地恢复了泉州的市舶,同时还以泉州为中心组织了海外贸易。所以,泉州的海外贸易不但未因宋元交替而停顿,反而得到了更进一步的发展。

第四,全国经济重心向江南转移。元初,政治中心虽然北移,但食粮、财用还要仰给东南,南北交通仍以海道为主。以海道而论,泉州距北京亦较广州为近。北京与大食南洋诸国的联系通过泉州港进出,其条件也比广州为优。[①] 元朝政府也有意识地对泉州加以扶植,使泉州市舶一直处于特殊重要的位置。例如,元政府最早在泉州设市舶司,在税收制度上以泉州的方法为规范,下令各市舶司"悉依泉州例"。同时,在至元十八年(1281年)又规定海外贸易从泉州进口的优待办法,"商贾市舶物货,已经泉州抽分者,诸处贸易,止令输税"。至元二十六年(1289年),元朝政府还建立自泉州到杭州的海道水站,做到"自泉州发船,上下接递",大大方便从该港进口的人员和物资运送至全国各地。此外,全国的重要军事行动和使节的出航,都以泉州港为始发港。例如,至元二十九年(1292年)二月,元世祖忽必烈征爪哇,以史弼总军事,亦黑迷失总海道事,征集福建、江西、湖广三行省兵凡二万,会结于泉州,十二月自后渚启行。元世祖至元间,曾多次派遣杨庭璧出使马八儿、俱兰等国,也是自泉州入海(可参见冯承钧《中国南洋交通史》)。1292年马可·波罗护送元公主嫁波斯伊儿汗国,也是从泉州乘大海舶出洋的。总之,泉州在当时具有特殊的重要位置,广州是无法与之抗衡的。

(二)元代广州港的海外交通和贸易

广东人陈大震的《南海志》记录了元代与中国有海道交通、贸易的国家和地区一共有140多个。该书"诸番国"条把这些国家划分为"小西洋""小东洋""大东洋"等范围,并说:"广为蕃舶凑集之所,宝货丛聚,实为外府。岛夷诸国名不可殚。"可见,这些国家与广州大都有交通和贸易往来。所以,《南海志》又说:"圣朝奄有四海,尽日月出入之地,无不奉珍效贡,稽颡称臣。故海人山兽之奇。龙珍犀贝之异,莫不充储于内府,畜玩于上林,其来者视昔有加焉。而珍货之盛,亦倍于前志之所书者。"

清徐继畬的《瀛环志略》卷二在谈到当时真腊的对外贸易时,说该国赋税繁重、船商入境稽防甚严,唯对中国商船特别优待,故"闽广商船,每岁往来贸易"。这些商船运去金、银、丝绸、锡、漆器、瓷器、水银、纸,硫黄、雨伞、铁锅等物,几乎大部分都是日常生活用品。

元人汪大渊的《岛夷志略》亦记有通商国家和地区90多处,其中所列举的文老古(今摩鹿加群岛)、文诞(班达群岛)、蒲奔(加里曼丹岛东南部)等地,都是前所未见的。书中还记有层摇罗国即层拨囵,也就是桑给巴尔。汪大渊是附舶历其境的,可见当时中国同非洲的交通又比宋代前进了一步。虽然汪大渊游历这些国家和地区是由泉州出海,但亦不排斥此等国家与地区同广州有交通往来。而且该书在"沙里八丹"条中(沙里八丹在印度南部,即注辇王国之要港),谈到该地产珍珠时说:"舶至,求售于唐人。"这里所指的唐人,即中国之海商,当然也包括有广东商人在内。

元人周致中的《异域志》著录了210个国家和民族与元代有交往,其地域范围东起朝鲜、日本,西抵西亚、非洲,南至东南亚、南亚诸国;同时特别记载了三条与广州有关

[①] 王天良、郑宝恒:《历史上的泉州港》,载《复旦学报》1980年《历史地理专辑》。

的航线:一条是广州至占城(今越南南部)航线,"顺风八日可到",二是广州至三佛齐航线,"自广州发舶,取正南半月可到",三是广州至莆家龙(在爪哇北岸)航线,"顺风一月可到"。周致中如此重视这三条航线的记载,说明这些地方在当时海外贸易的重要性及广州与这些港口交往的频繁。

外国也有不少文献反映元代广州海外贸易的情况。例如,《马可·波罗游记》中便不止一次地提到"蛮子"(中国南部的居民)商船往世界各地贸易的情况。其中,特别指出麻罗拔(印度南部港门)的贸易:"尤以蛮子国来者为最多,土产粗香料运出口至蛮子及西方各地,其商人运至亚丁港者,更转运至亚历山大港,惟向西往之船数,尚不及往东者十之一也。"①而"蛮子大州",亦当包括广东在内。

元代从欧洲来华的旅行家鄂多立克,也是从南海道抵达中国的。他先由陆路至波斯湾的霍木兹,然后乘船至西印度海岸,再乘船达斯里兰卡,从斯里兰卡航行到苏门答腊,并经爪哇、加里曼丹、越南而抵中国的广州。他在其所著的《东游录》中,称广州为辛迦兰大城,是一个比威尼斯大三倍的城市。"……该城有数量极其庞大的船舶,以致有人视为不足信。确实,整个意大利都没有这一个城的船只多。"②鄂多立克于1322—1328年在中国旅行,当时正是元朝中叶。

中世纪西方四大游历家之一,摩洛哥人依宾拔都他于1325年(元泰定帝二年)由摩洛哥出发,于1347年抵泉州,历访广州、杭州、北京等地。在他的《游记》中称广州为"兴阿兴"和"秦克兰"城,并说:"秦克兰城久已慕名,故必须亲历其境,方足饱吾所望。……余由河道乘船而往,船之外观,大似吾囵战舰……秦克兰城者,世界大城中之一也。市场优美,为世界各大城所不能及。其间最大者,莫过于陶器场。由此,商人转运磁器至中国各省及印度,夜门。……城中有地一段,回教徒所居也。共处有回教总寺及分寺,有养育院、有市场。有审判一人,及牧师一人。"依宾拔都他继续说:"有长者代表教徒利益,审判者代表教徒清理诉讼,判断曲直。"

元朝于至元二十三年在广州设市舶司,至元三十年(1293年)在海南岛设海北海南博易提举司。广州的海外贸易还推动了海南岛对外贸易的发展。

根据上述记载,可以把元代广州的主要海外航线列为以下几条。

(1)广州至占城航线。元人周致中《异城志》称:"广州发舶,顺风八日可到。"《元史》卷二一〇《占城传》亦说:"占城近琼州,顺风舟行一日可抵其国。"《粤海关志》卷四引《续文献通考》有"禁广州官民毋得运米至占城诸番出粜"的记载,说明广州与占城交通往来非常密切。

(2)广州至交趾航线。元人陈大震《大德南海志》中曾提到交趾的团山(即云屯山)。《通志》云:"山在新安州云屯县大海中,两山对峙,一水中通,陈、李时(指当时交趾的陈朝和李朝)番国商船多聚于是。"广州与交趾有传统的交往,故两地当经常有船舶往来。

(3)广州至暹罗航线。《大德南海志》所开列的通商国中,有暹国的名字。汪大渊在《岛夷志略》"暹国条"中,记其"地产苏木、花锡、大风子、象牙、翠羽",与广州有经常

---

① 张星烺:《中西交通史料汇编》第六册,中华书局1977年版。
② 〔意〕鄂多立克:《鄂多立克东游录》,何高济译,中华书局1981年版,第64页。

性的贸易关系。

（4）广州至三佛齐航线。《异域志》载："自广州发舶，取正南半月可列。"《大德南海志》说三佛齐管小西洋等国。这小西洋包括今新加坡、苏门答腊岛一带。三佛齐所以管小西洋等国，是因为它在这些小国中，无论是政治还是经济，都居于主导的地位且是交通方面的枢纽。这说明三佛齐至广州是一条重要的航线。

（5）广州至加里曼丹航线。《大德南海志》称它为佛坭，还说它管小东洋。当时的小东洋是指加里曼丹岛与菲律宾一带。在宋时，此地与菲律宾已有航线和广州往来，因此它也是一条主要的航线。

（6）广州至爪哇航线。《异域志》载："顺风一月可到。"《大德南海志》亦有阇婆国的名字，还说它管大东洋诸国，可见它也是一个海上交通运输的枢纽。

（7）广州至印度半岛航线。元代印度半岛与广州有频繁的交通往来。《大德南海志》记有南毗马八儿国、大故蓝国、胡茶辣国等通商国家的名称。摩洛哥旅行家依宾拔都他在其《游记》中亦写道："麻罗拔各港，中国船舶常至者，为俱兰、喀里克脱、黑里三港。其欲候印度之季候风者，则多往梵答刺亦纳。"又说："此类商船，皆造于刺桐（泉州）及兴克兰（广州）二埠。"①这证明印度与广州有数量不少的船只往来。

（8）广州至波斯湾航线。《大德南海志》记载广州与波斯湾贸易的有阔里抹思、记施、弼施罗等国家。意大利传教士鄂多立克 14 世纪东来时，也是由波斯湾之"忽里谟子（即阔里抹思）乘船泛洋，抵印度西岸塔纳港，更至俱兰、锡兰岛及圣多默墓地。由是而再东，至苏门答腊、爪哇、婆罗洲、占婆。终乃于广州登陆"②。所以，广州至波斯湾也是一条重要的航路。

（9）广州至东非西欧航线。《大德南海志》所列举的贸易国中有勿斯离、弼琶罗、层拔等国，这些都是东非国家。勿斯离，即埃及；弼琶罗为木骨都束，今索马里；而层拔，则为今坦桑尼亚一带，故这些国家有航线与广州往来。另《大德南海志》还列举了麻加里（摩洛哥）和茶弼沙（西班牙）以及弗蓝（指拜占庭帝国）的名字，说明有一些欧洲国家也航海前来广州经商。

据《南海志》舶货条载：当时进口的物资分宝物、布匹、香货、药物、木材、皮货、牛蹄角、杂物等几大类。

宝物有象牙、犀角、鹤顶、真珠、珊瑚、翠毛、龟筒、玳瑁等。

布匹有白番布、花香布、草布、剪绒单、剪毛单等。

香货有沉香、速香、黄熟香、打柏香、腊八香、乌香香、降香、檀香、戎香、蔷薇水、乳香、金颜香等。

药物有脑子、阿魏、没药、胡椒、丁香、肉子豆蔻、蔻、豆蔻花、乌爹泥、茴香、硫黄、血竭、木香、荜拨皮，番白芷、雄黄、苏合油、荜澄茄。

木材有苏木、射木、乌木、红柴等。

皮货有沙鱼皮、皮席、皮枕头、七麟皮。

牛蹄角有白牛蹄，白牛角。

① 张星烺：《中西交通史料汇编》第二册，中华书局 1977 年版，第 55 页。
② 张星烺：《中西交通史料汇编》第二册，中华书局 1977 年版，第 235 页。

杂物有黄蜡、风油子、紫梗、磨末、草珠、花白纸、孔雀毛、大青、鹦鹉、螺壳、巴淡子等。

至于出口物资,仍以丝绸、瓷器、铜钱、铁器、铜器为大宗。

元代广州的码头分布,因无明确的资料可查,故情况不清。查陈大震的《南海志》,广州在大德期间(1297—1307 年)有水路和水铺的组织。水站 11 处,船 90 只,水铺 10 铺。水站是国家运送物资和人员的水上交通站,水铺可能是通过水路传递消息和邮件的机构,与海外贸易关系不大。唯市舶亭据记载却在严朝宗门外,至元十九年创建。朝宗门在西城之南,正对海珠岛。而《南海志》亦记载:至元二十八年,广东宣慰使阿里疏浚西澳;元代广州最大的内港估计仍在西澳。孙蕡的《广州歌》便有"巍峨大舶映云日,贾客千家万家室"之句。孙蕡是元末明初人,此诗便是反映元代西澳盛况的。至于外港,仍在扶胥镇。《南海志》在记载它的税收情况时,说它的税收每年达 4460 贯,比清远、东莞、新会等县还多,此项税额亦足以反映当日扶胥镇作为广州外港之盛。

第三节　明州港①

一　北宋时期的明州

(一)造船业及造船技术的进步

北宋时,明州是全国造船业的重要基地之一。真宗时(998—1021 年),全国官办造船厂每年造漕运船数额为 2916 艘,分给 11 个州打造,其中明、婺、温、台 4 州合打 531 艘。其时,明州在三江口设有官营造船场。天禧末(1021 年),明州造船场年造船 177 艘。② 到了哲宗年间(1087—1100 年),温州与明州的造船数急剧增加。哲宗元祐五年(1090 年)正月初四,"诏温州、明州岁造船以六百只为额"③。徽宗时(1101—1125 年)仍"保持原额"④。正因温州与明州造船业的发达,所以徽宗时打算恢复京师物货场,用温州、明州所造的船舶来运输货物⑤,后因政局不稳而作罢。

明州的官办造船场,设置造船监船场官厅事和船场指挥营,任务是建造官用船只。船场监官(或称作造船官)总揽造船事务。船场指挥营分船场和采斫两部分,各 200 人,由两个指挥分管造船和林木采斫等事宜。据《鄞县志》记载:皇祐中(1051—1052 年),温州、明州各设造船场。大观二年(1108 年),温州造船并归明州,明州买木场并归温州,于是明州有船场官 2 员,温州有买木官 2 员,并差武臣。政和元年(1111 年)明州复置造船、买木二场,官员 2 员,乃选差文臣。政和二年,因"明州无木植,并就温州打造,将明州船场兵级、买木监官前去温州勾当"。政和七年,"知州楼异因办三韩岁

---

① 本节引见郑绍昌:《宁波港史》,人民交通出版社 1986 年版,第 34—79 页。
② 《宋会要辑稿·食货》四六。
③ 《宋会要辑稿·食货》五十之四。
④ 《宋会要辑稿·食货》五十之六。
⑤ 《宋史》卷一八六《食货志·商税》。

使船,请依旧移船场于明州,以便工役,寻又归明州"。明州船场指挥营设在甬东厢,即三江口的余姚江南岸江心寺到江东庙一带后来名战船街的地方。船场监官厅事在甬东厢的桃花渡,即现在的江左街南昌巷。

明州是中国造船与航海事业的发祥地之一。到了宋朝,明州的造船技术达到了很高的水平。其所造的船分为两大类:一类是内河船,包括漕运船;一类是海船,就是行驶海上的商船和渔船。就造船技术来说,其中以"海商之船"最具代表性。宋人陈敏在明州造的2000斛尖底海船,"其面阔三丈,底阔三尺,利于破浪"①。

元丰元年(1078年),宋神宗遣安焘、陈睦出使高丽,命明州造两艘万斛船,"一曰凌虚致远安济神舟,一曰灵飞顺济神舟"②,两船皆造于定海铁符山(今招宝山)下。所谓万斛船,具载重量当在500吨以上。宣和七年(1123年),宋徽宗派遣徐兢等出使高丽,又在明州造了两艘更大的"神舟","一曰鼎新利涉怀远康济神舟,二曰循流安逸通济神舟。巍然如山,浮动波上,锦帆鹢首,屈服蛟螭"。它们到达高丽礼成江碧澜亭时,"倾国耸观,而欢呼嘉叹也"③。这次出使除两艘"神舟"外,还有6艘客舟。徐兢曾对客舟的构造和外形作了详细的记载。他说客舟"略如神舟,具体而微"。据他所著的《宣和奉使高丽图经》"客舟条"记述:客舟"长十余丈,深三丈,阔二丈五尺……上平如衡,下侧如刃,贵其可以破浪而行也"。船分三舱,后舱"高及丈余,四壁施窗户,如房屋之制"。"船首两颊柱中,有车轮,上绾藤索,其大如椽,长五百尺,下垂碇石;石两旁夹以两木钩。船未入洋,近山抛泊,则放碇著海底,如维缆之属,舟乃不行。若风涛紧急,则加游碇,其用如大碇,而在其两旁;遇行,则卷其轮而收之。后有正舵,大小二等,随水深浅更易。……又于舟腹两旁缚大竹为橐以拒浪"。"每舟十橹,开山入港,随潮过门,皆鸣橹而行;篙师跳踯号叫,用力至甚,而舟行终不若驾风之快也。""大樯高十丈,头樯高八丈。风正则张布帆五十幅,稍偏则用利篷,左右翼张,以使风势,大樯之巅,更加小帆十幅,谓之野狐帆,风息则用之。然风有八面,唯其头不可行。其立竿以鸟羽候风所向。""每舟篙师水手可六十人。""若夫神舟之长阔高大,什物、器用、人数,皆三倍于客舟也"④,故明州所造的"神舟",无论结构上还是载重上,均堪称当时造船业的杰作。

除了船只本身的许多设备以外,还由于指南针的应用而大大提高了航海技术。徐兢在同一本书中说:"海冥则用指南浮针以揆南北。"⑤这本书所记指南针的应用比外国早1个世纪左右。

(二)北宋海外贸易政策对明州港发展的影响

北宋兴起以后,宋朝廷出于经济的考虑,把海外贸易利益视作国家财政收入的重要来源。为了招徕外商贸易,宋太宗雍熙四年(987年),特"遣内侍八人,赍敕书金帛,分四纲,各往海南诸蕃国,勾招进奉,博买香药、犀牙、真珠、龙脑"⑥。宋神宗也认为,

---

① 《宋会要辑稿·食货》五十之一八。
② 《说郛》卷三七《倦游录》。
③ 《宋史·高丽传》卷四百八十七。
④ (宋)徐兢:《宣和奉使高丽图经》卷三四《客舟》。
⑤ (宋)徐兢:《宣和奉使高丽图经》卷三四《半洋礁》。
⑥ 《宋会要辑稿·职官》四四之二。

"若钱、刘窃居浙广,内足自富,外足抗中国者,亦由笼海商得法也"①。这番话实际上代表了北宋最高决策阶层对外贸的基本态度和政策思想。为此,在北宋开国不久,参照唐代在广州"纳舶脚,禁异珍"的征榷政策,在各贸易港口相继设置专门管理机构——市舶司,并制定了管理条例。这些政策措施对明州港海外贸易的发展产生了积极的影响。

明州是北宋朝廷规定的五个对外贸易港(前期为广州、杭州、明州三港,后期增加了泉州、密州板桥镇两港)之一,并设置市舶司,以管理海外贸易和办理船舶进出口签证事宜。端拱二年(989 年)五月,宋帝下诏"自今商旅出海外蕃国贩易者,须于两浙市舶司陈牒,请官给券以行,违者没入其宝货"②。这是北宋最早关于国内商舶往国外贸易之规定。到了元丰三年(1080 年)重新规定"诸非广州市舶司,辄发过南蕃纲舶船,非明州市舶司而发过日本、高丽者,以违制论"③,把签证放行发舶地点改为广州、明州两港,而且限定明州港为发舶去日本、高丽的特定港口。元丰八年(1085 年)又补充规定:"诸非杭、明、广州而辄发过南海船舶者,以违制论,不以去官赦降原减;诸商贾由海道贩诸蕃,惟不得至大辽国及登莱州;即诸蕃原附船入贡或商贩者,听。"④从此,杭、明、广三港都有"发过南海船舶"的签证权,同时禁止商船去大辽国及登莱港口,以防止铜钱及军需物资输入辽国。从以上的规定看来,明州港是北宋时期对日本和高丽的最重要的贸易港,也是去南海商船的发舶和收泊港之一。在直接对外贸易方面,明州港对外贸易国除日本和高丽外,据史书记载还有阇婆、真里富、占城、波斯等。

北宋时期明州港的沿海与远洋航线,向北开辟了自长江口进入江淮直至荆、襄的航运线。去渤海的航路虽沿其旧,但因宋辽为敌,自元丰以后止于山东密州的板桥镇(在胶州湾),再往北去就是禁区了。明州港去高丽的船只,沿海岸北上至胶州湾后,不走原来的沿渤海岸航路,而改走横渡渤海的直达航路。高丽来船原在登州或密州驻泊,亦为同样原因,于熙宁以后改在明州或者密州驻泊了。向东去日本的航路,基本上还是横渡东海直至日本肥前值嘉岛的路线,有时更深入到日本的越前敦贺。因为明州港被指定为去日本、高丽的签证发舶港口,所以温州、泉州、福州等港去日本、高丽两国的船只,往往来明州港办理手续发舶放洋。自明州港出发南行的船只,多数沿海岸驶向泉州、福州或广州;销往南洋的货物多在广州易船转运,但也有一部分船只经广州直航南洋,走广州去南洋的同一航线。

(三)明州港与各国的贸易往来

1. 明州港与日本的贸易往来

北宋时,日本采取锁国政策,不准日本商船到外国贸易。因此,这个时期,往来于中日之间的全是中国商船,而且分外频繁,几乎年年不绝。中国商船大多是从两浙地方,主要是从明州港签证出发,横渡东海直达日本的肥前值嘉岛,然后转航博多。这与唐五代时的航路相同。但到北宋末期,不少船只更深入到日本的越前敦贺。据史籍记

① 《续资治通鉴长编拾补》卷五。
② 《宋会要辑稿·职官》四四之二。
③ 《东坡全集》五八。
④ 《东坡全集》五八。

载中国船航日期有确切年代的就有 70 余次(实际次数当然还更多)。

明州商人朱仁聪、曾令文、周文德、周良史、王满、卢范、潘怀清、孙忠、张仲、尧忠、李先、孙俊明、郑清节,台州商人周文裔,福州商人陈文佑,泉州商人李充、林养等先后多次往来于明州港与日本之间贸易。日本入宋僧等常搭乘他们的船只来往于两国之间,有的还接受明州地方长官与日本人宰府的委托为他们传递文牒互赠礼物。例如,熙宁六年(1073 年)十月,明州商人孙忠船自明州港赴日,日本入宋僧成寻和弟子赖缘等 5 人及宋僧悟本搭乘此船去日,并带去宋帝赠给日本朝廷的泥金《法华经》、锦 20 匹以及他们在宋求得的新译经等。元丰元年(1078 年)正月二十五日,孙忠船自日本返回时,自僧仲回乘此船来宋,并带来答谢宋帝的复信及礼物。元丰三年(1080 年)闰八月,孙忠船自明州港至日本越前敦贺港,带去明州致日的牒文。元丰五年(1082 年),孙忠船自日本回国,带来日本给明州的复牒。又如,政和六年(1116 年)五月,明州商人孙俊明、郑清节乘船到日本,带去宋朝廷的牒文。他们对促进中日之间的经济文化交流与民间的友好往来,发挥了积极的作用。

这时,往来于中日之间的明州商船,一般是搭乘 70 人左右的小型灵活且结构比较坚固的海船。商船往来的时间,大体是开往日本多在夏天到秋初,以利用西南季风;自日本返航则多在仲秋或晚春,以利用东北季风并避开冬季的汹涌风涛。因此,横渡东海所需的航海天数非常短,在一般情况下不过一周左右。

2. 明州港与高丽的贸易往来

北宋时期,中国与高丽间的海行航路,在熙宁以前多走北路,即中国去高丽一般是在山东登州放洋,高丽使节来船也是在登州或密州登岸,然后陆行至汴京(开封)。这条航路后被辽国所阻,不得已才走南路,由明州出入。《宋史·高丽传》载:"神宗熙宁七年(1074 年),高丽遣使臣金良鉴来言,欲远契丹(即辽国),乞改途于明州诣阙,从之。"元丰二年(1079 年)又规定:凡商人去高丽,资金及 5000 缗者,在明州登记姓名、籍贯及经费项目等,并要叫人作保,才准发"引",如果无"引",即作为私贩违法论处。从此,明州港与高丽之间,不但商舶往来络绎不绝,而且两国间使团的往来也都出入于明州港。其时,明州去高丽的船只,从定海放洋驶过东海和黄海后,再在朝鲜半岛南端沿西岸北上,到达高丽的礼成江。高丽使节走同一航路,到明州后换舟溯余姚江循杭甬运河到杭州,然后进入大运河至汴京。这条路线都是水路,用船可以多装载货物,所谓"便于舟楫,多赍辎重"①,比陆行优越得多。航海时间,一般需要 5—7 天。据徐兢《宣和奉使高丽图经》记载:"由明州定海放洋,绝海而北,舟行皆乘夏至后南风,风使不过五日即抵岸焉。"《宋史·高丽传》记载得更为详细:"自明州定海遇便风,三日入洋,又五日抵墨山(一作黑山),入其境(指高丽国境)。自墨山过岛屿,诘曲礁石间,舟行甚驶,七日至礼成江。江居两山间,束以石峡,湍急而下,所谓急水门,最为险恶。又三日抵岸,有馆曰碧澜亭,使人由此登陆,崎岖山谷四十余里,乃其国都云。"航海时间的长短,主要还得看风向而定;如遇顺风,则"历险如夷";如遇"黑风",则"舟触礁辄败"。所以来回航行,必须掌握好季风的特点。一般从明州至高丽多在七、八、九月,乘西南季风;回航多在十、十一月,乘东北风。

----

① 《渑池燕谈录》卷九《杂录》。

熙宁四年(1071年),高丽遣使修贡,由泉州商人黄慎为向导,计划由明州登岸,将达明州时为风漂至通州。①

元丰元年(1078年),宋遣安焘、陈睦出使高丽,"造两舰于明州,一日凌虚致远安济,次日灵飞顺济,皆名为神舟,自定海绝洋而东。既至,国人欢呼出迎"②。

元丰三年(1080年),高丽遣使柳洪等朝贡且献日本国车一乘,"象山尉张中以诗赠高丽副使朴寅亮。寅亮答诗"③。

元祐二年(1087年),高丽僧义天至明州。④ 义天在中国期间,"遍历丛林,传法授道","吴中诸刹,迎钱如王臣礼"。他除了学习佛教教义外,还收集了佛经章疏3000多卷,回国时带去雕版刊印。以后还根据他带回去的佛经资料,编了一部《新编诸宗教藏总录》,其中收书1000部计4700多卷,按目录镂版刊刻并以《华严经》180卷寄赠钱塘慧因寺(俗称高丽寺,在杭州西湖赤山埠附近,即今净慈寺)。

元祐五年(1090年)八月初十日,高丽使节李资义等269人到明州,转道至汴京(高宇泰《敬止录》)。崇宁(1102—1106年)中,"高丽自明州入贡"⑤。

宣和五年(1123年),宋使徐兢等去高丽报聘;回国后,根据在高丽的经历和调查访问材料,写成《宣和奉使高丽图经》一书。书计40卷,分300多条目,每条都附有详细的插图,记载了这次出使中收集的高丽的建国立政之体,风俗习惯事宜。⑥

宋钦宗靖康元年(1126年),高丽使节至明州,适逢金人逼近汴京,不能接见,遂驻馆于明州,第二年厚赠使者归国。⑦

高丽使团来宋,一般都兼做贸易。他们带来了大批金、银、土产,归国时,买回去彩帛、珍货、书籍、金箔等货物。例如,元祐七年(1092年),高丽遣黄宗悫来献《黄帝针经》:"请市书甚众。……诏许买金箔,然卒市《册府元龟》以归。"⑧宋使团去高丽,在开城还"聚为大市,罗列百货"进行交易。市上铺陈的货除丹漆、绘帛等特产外,还有金银器皿等王府之物。⑨

北宋和高丽在接待对方来使方面都很隆重。北宋对高丽使者厚礼接待。来宋的高丽使团一般在100人以上。宋朝廷派出的使团则更为庞大,并且还有明州派去的士兵50名作为卫兵和仪仗队随行。为接待高丽的使者,明州在定海县(今镇海)东修建了"航济亭",作为高丽使团往返赐宴之场所。政和七年(1117年),明州城内兴建高丽使行馆,置高丽司(又称来远局),又造"百柁画舫"两艘,停泊在甬江口的铁符山(招宝山)下,以应高丽贡使的迎送游览之用。庞大的使团,频繁的往来,使明州的财政发生困难。据《宝庆四明志》卷六记载:"王徽、王运、王熙修职供尤谨,朝廷遣使亦密往来,

① 《文献通考》卷三二五《四裔》。
② 《宋史·高丽传》卷四百八十七。
③ 《渑池燕谈录》卷九《杂录》。
④ 《宝庆四明志》卷六。
⑤ 楼钥:《攻(文鬼)集》卷五七,《天童山佛国记》。
⑥ 《宋史·高丽传》卷四百八十七。
⑦ 《宋史·钦宗纪》卷四百八十七。
⑧ 《宋史·高丽传》卷四百八十七。
⑨ (宋)徐兢:《宣和奉使高丽图经》卷二《贸易》。

率道于明。……明州始困供顿。"御史胡舜陟说："政和以来，使人岁至，淮浙之间苦之。"①人民已经不能承受这方面的经济负担。为了解决迎送的经费，知州楼异废广德湖，垦而为田，把每年的田租收入充作是项费用。但废湖为田，只不过是一种"挖肉补疮"的办法，到北宋末年已经显出它的严重恶果，鄞西七乡之田长期苦于干旱，产量大大下降。《宋史·食货志》说："明越之境，皆有陂湖，大抵湖高于田，田又高于江海，旱则放湖水溉田，涝则决田水入海，故无水旱之灾。……政和以来，创为应奉，始废湖为田。""湖水未废时，七乡民田每亩收谷六七石，今所收不及前日之半，以失湖水灌溉之利故也。"②

明州与高丽之间的民间贸易往来十分频繁，特别是熙宁以后，明州港与高丽礼成江之间，两国商船更往来不绝，真所谓"来船去舶首尾相接"。据郑麟趾《高丽史》记载，在北宋中后期，明州商人航行到高丽经营贸易的有120多次，每次少则几十人、多则百余人；其中，有的虽不是明州商人，但也是由明州市舶司签证发舶的。例如，仁宗天圣元年（1031年），台州商人陈惟志等64人出明州港赴高丽贸易；宝元元年（1038年），明州商人陈亮与台州商人陈维积等147人到高丽；崇宁二年（1103年），明州教练使张宗闵、许从与纲首杨焰等38人至高丽，五月又有明州商人杜道济、祝延祚船到高丽，后来就留在那里。在高丽的国都开城设有清州、忠州、四店、利宾四馆，"皆所以待中国之商旅"③。同样，也有大批高丽商人来明州港进行贸易，即使他们去泉州、广州等地经商，大都也是转道明州港。《诸蕃志》说高丽，"其国与泉州之海门对峙，俗忌阴阳家子午之说，故兴贩必先至四明（即明州）而后再发"。

北宋和高丽的贸易往来，不但促进了两国的经济发展和文化交流，而且结下了同舟共济、患难与共的深厚友谊，尤其是当商船遭到风暴袭击而漂泊到对方国境时，总是相互救援、友好关照。真宗天禧三年（1019年），"明州，登州屡言高丽海船有风漂至境上者。诏令存问，给渡海粮遣还。乃为著例"④。此后，凡海上遇风暴而漂流到明州的高丽与其他外国商船，都设法予以救援和慰问。神宗熙宁年间（1069—1077年），曾巩知明州时，有高丽托罗（耽罗）人崔举，漂流到泉州，被当地渔民救起。他要求到明州乘船回国，泉州即派人护送他到明州，沿途还送口粮。当时，曾巩为了"存恤外国人"曾奏请宋帝说："欲乞今后高丽等国人船，因风势不便，或有飘失到沿海诸州县，并令置酒食犒设，送系官屋舍安泊，逐日给与食物。仍数日一次，别设酒食。阙食服者，官为置造。道路随水陆给借鞍马舟船。具析奏闻。其欲归本国者，取禀朝旨，所贵远人得知朝廷仁恩待遇之意。"⑤他的意见基本上为朝廷所采纳。元祐三年（1088年），明州送回高丽罗州飘人杨福等男女23人；元祐四年（1089年），明州又送回高丽飘人李勤甫等24人。元符二年（1099年），户部更统一作出"蕃舶为风飘着沿海州界，若损败或船主不在，官为拯救；录货物，许其亲属召保认还，及立防盗纵诈冒断罪法"的规定。⑥ 至于中

---

① 《宋史·高丽传》卷四百八十七。
② 《宋会要辑稿·食货》七之四五。
③ （宋）徐兢：《宣和奉使高丽图经》卷二七。
④ 《宋史·高丽传》卷四百八十七。
⑤ 曾巩：《元丰类稿》卷三二。
⑥ 《宋会要辑稿·职官》四四之八。

国商人流落高丽的,高丽国也同样予以优遇,"勤加馆养",然后设法遣送回国。

3. 明州港与东南亚、西亚诸国的贸易往来

北宋时期的明州港,除了日本、高丽以外,还与东南亚、西亚诸国互通贸易与贡使往来。例如,淳化三年(992年)十二月,阇婆(印尼爪哇)国遣使来宋"朝贡",由中国商人毛旭做向导,经过60天航行,到达明州定海。"国王贡象牙、真珠,绣花销金及绣丝绞、杂色丝绞、吉贝织杂色绞布、檀香、玳瑁槟榔盘、犀装剑、金银装剑、藤织花簟、白鹦鹉、七宝饰檀香亭子,贡使别贡玳瑁,龙瑙,丁香、藤织花簟。宋朝赐金币甚厚,并赐良马戎具。"①西亚的波斯商人也不时来明州港进行贸易活动,为此明州特地在市舶司西首波斯商人聚居的地方为他们设置了一个波斯馆。而波斯商人们在狮子桥的北面建造起清真寺,以后这个地方就叫波斯巷。乾隆《鄞县志·街巷志》考证该巷名称的由来时说:"波斯巷,该地驻有波斯团。"可见北宋时,明州已常驻有不少波斯商人。

(四)明州港的主要出口货物

《宋史·食货志》举宋初市舶司所在地的贸易货单时说:"以金、银、缗线、铅锡、杂色帛、瓷器,市香药、犀象、珊瑚、琥珀、珠琲、镔铁、玛瑙、车渠、水晶、蕃布、乌樠、苏木等物。"其中,前者是出口品,后者是进口货。明州港与全国其他主要港口一样,以丝与瓷为最大宗的出口物资。市舶司已把丝和瓷作为博买和禁榷舶货的官本,通过官民交易,由中外舶商运销世界各地。而由明州商人直接外销的数量就更大了。例如,崇宁元年(1102年),由明州港出发的泉州商人李充的公凭(出口许可证)上记载的货物有象眼40匹、生绢20匹、白绫20匹,瓷碗200床(每床20件)、碟子400床。这只船共载货5种,3种是丝织品,2种是瓷器。由此可见丝瓷制品在当时的明州港出口货品中所占的重要地位。另一重要的出(转)口货种是香药。香药多数是从广州和泉州等南方港口转口来的,再由明州转输日本和高丽。据《日中文化交流史》载,唐宋时期,日本宫廷用香之盛已不亚于中国朝廷。显然,这些香药大多是从明州港转口来的。明州港次要的出口商品还有金、银、文具、书籍等,但占的比重极小。

明州港的进口货物,除香药和珍奇由广、泉转口或从南洋直接输入外,大宗的有影响的货物还是来自主要的贸易对象国日本和高丽。从日本输入的主要是沙金、水银、铜、硫黄、锦、绢、布、刀剑、扇子等,从高丽进口的则有金器、银器、铜器、人参、毛皮、纻布、花纹席等。

(五)港口管理机构——明州市舶司

1. 明州市舶司的设置

市舶是对中外互市船舶的通称。市舶司是管理港口海外贸易及有关事宜的一揽子管理机构。明州市舶司的创设,标志着明州港的海外贸易进入了一个新的阶段。

北宋年间,明州港起初由两浙市舶司管理。两浙市舶司成立于端拱二年以前,官衙在杭州。淳化三年(992年),曾一度徙置于明州定海县(今镇海县)。淳化四年又迁回杭州。据《文献通考》记载,直到999年,"咸平二年九月庚子,令杭州、明州各置市舶

---

① 《宋史》卷四八九《外国五》。

（司）"，明州才单独设置了市舶司。明州市舶司不但负责管理明州及其沿海一带的海外贸易事宜，而且舟山、温州诸港也在它的管辖范围内。明州市舶司自999年起到1341年元朝灭亡前一直存在。

明州市舶司(后改称提举市舶司)的职权与全国其他市舶司一样，是"掌蕃货、海舶、征榷、贸易之事，以来远人通远物"①，具体有如下几个方面。

（1）对舶货进行抽解和抽买。抽解就是征税。抽买也叫做买或博买，就是以官价收买。两者均收实物。抽解率和抽买率因时而异。《文献通考》述仁宗时事说"海舶至者，视所载，十算一而市其三"，即征税1/10、收买3/10，但有时抽解1/15，也有抽1/5的。

（2）禁榷（即专买）及其他舶货的收买、出卖、保管与解送。据《宋会要辑稿·职官·市舶》载，太平兴国初，京师置榷易院，定珠贝、玳瑁、牙犀、镔铁、鼊皮、珊瑚、玛瑙、乳香8种为禁榷货目，民间不得任意买卖；后来，又增加紫矿、鍮石两种，共计10种。北宋后期，抽解时将舶货分为细色和粗色。细色是容量较小价值高贵的东西，粗色是容量重大价值低贱的东西。市舶司所收买的多为细色货。粗色不但税率较低而且大多委之舶商自卖。市舶司所收买的细色与抽解禁榷的货物，除上供（即送纳至朝廷）外，有的就在当地市舶司卖给民间商人。有时抽解所得的粗重舶货亦往往由市舶司出卖。因此，市舶司不但抽解收买，而且也负责舶货出卖方面的事情。按照当时的规定，海舶到后，所有货物都须移交给市舶司，等抽解收买之后发还给所有者。市舶司把抽解收买来的货物，保管在市舶库里，经过一定的时间，有的起发上供，有的在当地出售。作收买用的官本（包括钱和实物）以及出售所得的钱和物，都得保藏在市舶库里。

（3）制发海舶出港许可证与查禁违禁物品。"端拱二年五月诏，自今商旅出海外番国贩易者，须于两浙市舶司陈牒，请官给券以行，违者没入其宝货。"②这里所谓"商旅出海外番国贩易者"是指本国经营海外贸易的商人，所给之"券"就是后来的公据或公凭，发证机关是两浙市舶司。元丰以后，改由广州、明州、杭州三个市舶司颁发。公据发付的手续是"诸商贾许由海道往外蕃兴贩，并具人船货物名数、所诸去处，申所在州。仍召本土有物力户三人委保……即不请公据而擅行，或乘船自海道入界河及往新罗，登莱州界者，徒二年，五百里编管"③。以上禁地的规定，显然是为防止铜钱、兵器以及其他军用物资流入当时的辽国。

（4）制发舶货贩卖许可证——公凭、引目。大凡输入的舶货，既经抽解收买之后，其余准许舶商自卖，不再课税。其他客商买到这些货物后，市舶司发给公凭引目，许往外州货卖；如没有公凭、引目，依偷漏论处。

（5）迎送与招待住舶番国海商，晓之来远之意，以通异国之情、招徕海外之货。当外国海舶来去之际，市舶司需支送酒食、举行燕犒。后来为节省开支，只支出酒食而罢燕犒之例。

从当时明州市舶司的实际工作来看，在结好睦邻的外交工作上起了重要作用，这

---

① 《文献通考》卷二十。
② 《宋会要辑稿·职官》四四。
③ 《苏东坡奏议集》卷八。

是出于抗击北边辽国的军事压力的需要。

2.明州市舶设施

(1)码头。随着海外贸易的发展,停靠船舶的增加,北宋的海运码头与唐时相比,范围和规模都有所扩大。当时,在渔浦门外三江口一带有两个石坎码头区。一个在奉化江西岸的江厦(码头)。江厦因古江下寺而得名,其地在"北至新江桥塂,南至老江桥塂,糖行街,双苂,钱行街,半边街"①的临江一侧。另一个在余姚江南岸的叫甬东司道头,具体位置是在新江桥西侧的"江左街北至江边"②。

(2)市舶船厂。明州市舶司有直属的造船、修船场,其规模较位于余姚江南岸的官营造船场要小一些,主要业务是承接过往商舶的修船事宜。为了管理和经营上的便利,船场设在市舶务与江厦码头区之间。③

(3)市舶仓库。宋时称市舶库,主要功能有二:其一,为舶商代贮货物;其二,贮存市舶司抽解、和买及禁榷所得来的货物。库址紧挨明州市舶务所在地,大约是今天的冷藏公司一带。

(4)市舶宾馆。直属市舶司的宾馆有波斯馆和高丽使馆。高丽使馆又叫做高丽行使馆,俗称"东蕃驿馆",用来接待高丽使人。高丽使馆建于政和七年(1117年),地点是在现在的宝奎巷宝奎精舍。④。波斯馆是专门接待阿拉伯商人的驿馆,建造年月已不可考查,可能比"东蕃驿馆"更早些,其址在今车轿街南巷左边。这两座宾馆直至元代还存在。

北宋时期,明州港在区域经济进一步发展的基础上,对外贸易的范围和规模又有了新的扩展。造船、航海技术的进步,农业和以丝织、制瓷为代表的手工业的发展,为远洋航线的开辟和扩大港口吞吐创造了条件,使港口贸易的货种和数量都较之前有明显的增加,特别是日常生活用品所占的比例开始上升。明州市舶司的创设,表明港口贸易的日益发展和港口地位的日益重要,明州港此时已经正式成为当时的国际贸易港了。由于政治军事形势的影响,北宋时明州市舶司对外交工作十分重视,一时成为结好睦邻的重要机构。民间的港口贸易,因为得到了官方的正式认可,比之前有了较大的发展。

二 南宋明州港的兴盛

(一)港口贸易和军事地位的上升

宋室南迁,定都临安(杭州),杭州成了全国的政治文化中心,以杭州为主的浙江沿海贩运商业及海外交通与对外贸易亦随之兴盛起来;内河河道与过船设施得到进一步的整修,与内外贸易有关的盐、茶、渔业和手工业有了明显的进展。这些对于临近京师的明州来说,都是比较优越的发展条件。

北宋时,华北之地已失之于辽。到了南宋,女真族崛起,取代契丹而雄踞北方。宋

---

① 《鄞县通志·舆地志》。
② 〔日〕木宫泰彦:《日中文化交流史》,胡锡年译,商务印书馆1980年版,第584页。
③ 《四明谈助》卷二九。
④ 《鄞县通志·食货志》。

王朝偏安江南,版图不及北宋的 2/3,朝廷的田赋收入也随之减少。南宋朝廷一方面为了对付辽、金而需要浩大的军需支出,另一方面每年还得向辽、金贡纳数量可观的金、银、绢帛、茶叶等财物。而这些惊人的财政支出,只有通过发展海外贸易才能解决。顾炎武说:"南渡后,经费困乏,一切倚办海舶,岁入故不少。"①绍兴七年(1137 年)闰十月三日宋高宗说:"市舶之利最厚,若措置合宜,所得动以百万计,岂不胜取之于民。朕所以留意于此,庶几可以宽民力耳。"②绍兴二十六年(1146 年)高宗又说:"市舶之利,颇助国用,宜循旧法,以招徕远人,阜通货贿。"③据绍兴二十九年的统计,浙、闽、广"三舶司岁抽及和买可得二百万缗"④。此数相当于北宋时最高额 63 万缗的 3 倍多,其在南宋朝廷每年财政总收入中占有重要的地位。为了招徕外国商舶来宋和鼓励国内商贾去贸易,宋王朝采取了以下一些措施。

首先,对于外国来宋贸易的商人给予良好的接待与妥善的照顾。例如,外商首领到港时,市舶司用"妓乐"迎送,准许他们坐轿或乘马,当地的主要官员还亲自接见。⑤中外商船出海时,市舶司"支送酒食"⑥,有时还设宴饯行,大小商人和水手,杂工都可参加。⑦ 为了款待外国商人,设置专门宾馆——来远驿。如果外国商人遇到困难,则设法帮助解决。对因风险漂泊来到的外国商船给予救援。例如,从宝祐六年(1258 年)开始,更明确规定对流离海上不得归的日本商人,由市舶司发给每人每日米 2 升、支钱 150 文,直到次年回国止。明州对高丽商人在逗留期间,每人每天支米 2 升、钱 1 贯,归国时每人给回程钱 600 贯、米 1 石,⑧又下令保护外国商人的正当利益,不得违法抑买。乾道七年(1171 年)规定:"舶至除抽解和买,违法抑买者,许蕃商越诉,计赃罪之。"⑨对外国商人失踪或死亡,责令市舶官员负责清点并保管其货物,待其亲属领取。据记载,"宋孝宗乾道元年(1165 年),赵伯圭知明州。真里富(今柬埔寨)大商死于城下",资产巨万,"吏请没入。伯圭曰:'远人不幸至此,忍因以为利乎'。为具棺敛,嘱其徒护丧以归。明年戎酉致谢曰:'吾国贵近亡没,尚籍其家,今见中国仁政,不胜感慕,遂除籍没之例矣',来者且言:'死丧之家,尽捐所归之资,建三浮屠,绘伯圭像以祈祷'。岛夷传闻,无不感悦"。⑩

其次,鼓励本国商人出洋贸易和招徕外国商舶。乾道三年,政府下令:"广南、两浙所发舟还因风水不便,船破樯坏者,即不得抽解。"⑪对于招徕外商贸易成绩显著的市舶纲首或者来宋贸易其价值特大者,授以官爵。例如,市舶纲首、泉州商人蔡京芳从建炎元年(1127 年)至绍兴八年(1134 年)招来外货价值 98 万余缗,大食商人罗辛贩来乳

① 顾炎武:《天下郡国列病书》卷十二。
② 《宋会要辑稿·职官》四四之二四。
③ 《宋会要辑稿·职官》四四之二四。
④ 《建炎以来系年要录》卷一八三。
⑤ 《宋会要辑稿·职官》四四之一〇。
⑥ 《宋会要辑稿·职官》四四之一二。
⑦ 《宋会要辑稿·职官》四四之二四。
⑧ 《开庆四明续志》卷八《豁免抽博倭金》。
⑨ 《宋史》卷一八六。
⑩ 楼钥:《攻愧集》卷八六。
⑪ 《宋会要辑稿·职官》四四之二四。

香价值 32 万缗,政府分别授予"承信郎"的官爵(从九品)①。绍兴六年正式规定:"诸市舶纲首能招诱舶舟,抽解货物,累价值五万贯至十万贯者,补官有差。"②同时,对市舶官员抽买成绩卓著者,实行"舶务临官抽买乳香,每值一百万两,转一官"的奖励办法。③

由于南宋朝廷大力奖励海外贸易以及海上交通的愈益便利,亚非各国与中国通商的就有 50 多个国家和地区。④

明州港地近临安,而且自然条件极好,于是就成了南宋的重要门户。其时,杭州钱塘江潮猛流急,"海商船舶只怖于上滩,惟泛余姚小江,易舟而浮运河,达于杭、越"⑤;即便高宗本人,为躲避金兵的压迫而南逃时,也是由杭经越,至明州港乘船出海的。因此,闽广番舶亦多来明州港驻泊。

南宋定都临安后,明州港不仅是南宋对外交通贸易的重要港口,而且成了拱卫京师的海防要塞。"(明)州濒于海,(鱼僵)波吐吞,渺无津涯,商舶之往来于日本、高丽,房船之出没于山东、淮北,撑表拓里,此为重镇。"⑥这里说的"房船",是指当时已据有华北的金兵而言。

为了加强要塞的防卫力量,充实守军的海上力量,从嘉熙年间(1237—1240 年)起,由沿海制置使下令,征调明、温、台三郡民船数千只,分为 10 番,每年 300 余只,到定海服役守隘,或者分拨去淮东京口(镇江)戍守。这些船称为"隘船"。这个隘船制度施行了 20 年,以后因为原来登记入籍的船只变化很大,有的"遭风而损失",有的"被盗而陷沿",有的因"无力修葺而低沉",有的"全身老朽而弊坏",各地官吏仍不予销籍,而富家行贿,即使真有大船的也能逃避服役,结果是贫者遭迫,以致典旧卖产、货妻鬻子以应命,甚至被迫逃亡或自经沟壑而死,造成无数起所谓的"海船案",因而从宝祐五年(1257 年)七月起,改为"义船法"。按"义船法",三郡所属各县每都(乡)有船者共同出资力、船 6 艘,以船养船,每年 3 艘服役,3 艘或租或渔在家营生;1 年所得之利,充作次年 6 艘船的修船及添补其他船用工具之费。其时,三郡共有民船:船幅 1 丈以上的 3833 只,1 丈以下者 15454 只,两者合计为 19287 只(小而不堪充军用的不计)。如果以 1 船为 1 户计算,平均每 32 家船户负担办船 1 艘就可以办船 600 艘;每年半数即 300 艘服役,其余 300 艘在家营利。这些船都烙印登记,配备"干办公事三员",专管此事。⑦"义船法"一直实行到南宋灭亡为止。

(二)造船技术的提高

南宋时,明州港的造船技术已达到相当高的水平。1979 年,在宁波市区东门交邮大楼工地发现了一艘宋代海船。该船载重约 30 吨,是一条既能在内河航行又能出海

---

① 《宋会要辑稿·职官》四四之九。
② 《宋史》卷一八五。
③ 《宋史》卷一八五。
④ 据《岭外代答》《诸番志》所载推算。
⑤ 吴自牧:《梦粱录》卷二浙江条。
⑥ 《开庆四明续志》卷六《三郡隘船》。
⑦ 《开庆四明续志》卷六《三郡隘船》。

远航的三桅木帆船。出土宋船的残骸包括自船首至船尾第一号肋位到第七号肋位,第十二号肋位以后因施工而遭到严重破坏。但总的看来船体基本上是完整的。经有关部门和专家的研究论证及复原后,证明该船无论在船型、结构方面还是造船工艺方面的技术成就,都已达到当时世界造船技术的顶峰。从船型上看,宋船的设计是"采用小的长宽比并配合以瘦削的型线"①。小的长宽比可以提高航行时的稳定性和抗侧浪的能力,瘦削的型线则利于破浪前进。由此可见宋船具有较强的适航性。在结构上,发掘的宋船有 9 个舱室,全部采用了先进的"水密仓壁"②。由此可见其船体的抗压强度和抗沉性能都是相当高的。值得注意的是,宋船船体吃水线以下的两侧似乎还设有减轻船体摇摆的"舭龙骨"③,而国际上"开始使用舭龙骨是在 19 世纪的头 15 年"④,宋船的这一创造要比国外早六七百年。这说明当时明州的造船工匠已经注意到减缓船舶摇摆的重要性,并采取了最恰当的措施。这条船制造工艺的先进性表现在:缝隙及易漏水的空间都用桐油灰加麻丝嵌塞以提高水密性;为增加船体强度,船壳板列之间用子母口搭接,并加钉了参钉;同一板列的对接则采用斜氏刃连接法连接,等等。这些先进工艺,在同时代的日本船和波斯船中都还未见采用。

造船技术的提高有助于明州港航运业的发展。尽管明州有官办造船场和市舶造船场,但所造船只远不能满足实际需要。因此,民间造船的比重越来越大,最后连镇守定海(今镇海)、京口(今镇江)、淮东等关隘所需的船只都得向民间征用。民间造船一般无固定的船场和人员,而是船主自备材料,聘请造船匠师,选择适宜的海滩或江岸来进行打造的。理宗宝祐五年(1257 年),为征用民船轮流在定海、淮东、京口把隘服役,曾对明州、温州、台州三处的民船作过一次统计。其时明州六县共有船(小而不能充军需者除外)7916 艘,其中船幅十丈以上者为 1928 艘。因为上述统计是为征用民船来做沿海警备之用,应是海船无疑,内河船未计算在内。这些船多数是渔船,且均为民间所造。

(三)明州港的对外贸易货物

南宋时期的明州港是全国四大港口(广州、泉州、明州、杭州)之一。来明州港的外国商船和贡使络绎不绝,其中除日本和高丽船外,还有来自南洋方面的阇婆(今爪哇)、真里富(今柬埔寨)、暹罗(今泰国)、勃泥(今加里曼丹北部)、麻逸(今菲律宾)、三佛齐(今苏门答腊东南部)以及波斯(今伊朗)等国。南宋对日本与高丽的贸易往来,十之八九是通过明州港来进行的。特别是自 1195 年起,陆续停废了杭、温、秀、江阴四个市舶务之后,"凡中国之贾,高丽与日本诸蕃之至中国者",唯行明州一港进出了。⑤

明州港从海内外进口的货物,据《宝庆四明志》卷六记载的有 160 余种。这些货物分别自日本、高丽、占城西、海南、平泉、广州等国家和地区以及"化外蕃船"运来。

从日本输入的商品,主要是:细色有金、砂金、珠子、药珠、水银、鹿茸、茯苓;粗色有

① 席龙飞、何国卫:《对宁波古船的研究》,《武汉水运学院学报》1981 年第 2 期,第 26 页。
② 席龙飞、何国卫:《对宁波古船的研究》,《武汉水运学院学报》1981 年第 2 期,第 29 页。
③ 席龙飞、何国卫:《对宁波古船的研究》,《武汉水运学院学报》1981 年第 2 期,第 29 页。
④ C.H. 勃拉哥维新斯基:《船舶摇摆》,魏东开等译,高等教育出版社 1959 年版,第 420 页。
⑤ 《宝庆四明志》卷六。

硫黄、螺头、合簟、松板、杉板、罗板等。

从高丽输入的商品,主要是:细色有银子、人参、麝香、红花、茯苓、蜡;粗色有大布、小布、毛丝布(苎麻织成的布)、松子、松花、紬(丝织物)、栗、枣肉、榛子、椎子、杏仁、细辛、山茱萸、白附子、芜夷、甘草、防风、牛膝、白术、远志、薑黄、香油、紫菜、螺头、螺钿、皮角、翎毛、虎皮、漆(出新罗)、青器、铜器、双畹刀、席、合簟等。

由占城西、海南、平泉、广州运来的货物,主要是:细色有麝香、笺香、沉香、丁香、檀香、龙涎香、绛真香、茴香、山西香、没药、胡椒、槟榔、荜澄茄、紫矿、画黄、鱼皮;粗色有暂香、速香、香脂、生香、黄熟香、鸡骨香、斩挫香、青桂头香、藿香、鞋面香、乌里香、断白香、包袋香、水盘香、红豆、荜拨、良薑、益智子、缩砂、蓬莪术、三赖子、海桐皮、桂皮、人腹皮、丁香皮、桂花、薑黄、木鳖子、茱萸、香柿、磕藤子、琼菜、相思子、大风油、京皮、石兰皮、兽皮、苎麻、生苎布、木棉布、吉布、吉贝花、驴鞭、钗藤、白藤、赤藤、藤藤、木、射木、苏木、椰子、花梨木、水牛皮、牛角、螺壳、蚜螺、条铁、生铁等。

由"化外蕃船"运来的是:细色有银子、鬼谷珠、殊砂、珊瑚、琥珀、玳瑁、象牙、沉香、笺香、龙涎香、苏合香、黄热香、檀香、阿香、乌里香、金颜香、上生香、天竺香、安息香、木香、乳香、降真香、麝香、加路香、茴香、脑子、木札脑、白笃耨、黑笃耨、蔷薇水、白豆蔻、芦荟、没药、没石子、槟榔、胡椒、硼砂、阿魏、腽肭脐、藤黄、紫矿、犀角、葫芦瓢、红花、腊;粗色有生香、修割香、香缠札、粗香、暂香、香头斩挫香、香脂、杂香、芦甘石、瘿木、射木、茶木、苏木、射檀香、椰子、赤藤、白藤、皮角、鼍(龟)皮、丝、簟等。

(四)明州港的市舶管理

南宋的市舶管理,总的来说是沿袭北宋旧制,但机构略有变动。北宋时全国有5个市舶司(广州、杭州、明州、泉州、密州板桥镇),但在北宋末年,因山东、淮北之地失于金,故密州市舶司已不复存在。南宋建炎元年(1127年),两浙(杭、明)与福建(泉州)两路市舶司虽一度归并于转运司,但只过了一年即于建炎二年,以上两市舶司又恢复原状。绍兴二年(1132年),两浙市舶司机关移到秀州华亭县(今松江)。两浙市舶司当时统辖临安府、明州、温州、秀州、江阴5个市舶务。乾道二年(1166年),两浙路市舶司机构撤销,一直到南宋灭亡止没有复置。当时市舶司虽然罢废,可是临安、明州、秀州、温州、江阴5个市舶务仍留存,归转运使提督。

关于明州港的市舶管理,在两浙市舶司撤销之前,两浙市舶司往往有接插手明州的市舶事务。例如,《宋会要辑稿》乾符二年六月三日诏罢两浙市舶司事曰:"市舶置司,乃在华亭。近年遇明州舶船到,提举官者带一司吏,留明州数月,名为抽解,其实骚扰;余瘵薄处,终任不到,可谓素餐。"同书又说,两浙市舶司撤销后,"明州市舶务每岁夏汛,高丽、日本外国海舶到来,依例提举市舶官于四月亲去检察,抽解金珠等起发上供"。

绍熙元年(1190年),杭州市舶务停废;江阴、温州、秀州三个市舶务亦于庆元元年(1195年)后不久停废;所存留者,只有明州一处了。所以,《宝庆四明志》说:"光宗皇帝嗣服之初,禁贾舶至澉浦则杭务废。宁宗皇帝更化之后,禁贾舶泊江阴军及温州、秀州,则三郡之务废。凡中国之贾、高丽与日本诸蕃之至中国者,惟庆元(即明州)得受而遣焉。"由此可见明州市舶务的重要。

据《宝庆四明志》的记载,明州市舶务仍在原北宋市舶务的旧址,嘉定十三年(1220年)焚于火,不久由通判王挺重建,旋又告倾圮。宝庆三年(1227年),太守胡榘捐钱13288缗,委通判蔡范拆除重建。重建后的市舶务房廨分2厅,厅之东西建列4库(即市舶库)分28间。市舶务的前门与灵桥门相近,绍定元年(1228年)正月毁于火,二月重建。门之外濒江处有来远亭,建于乾道年间(1165—1173年),凡商舶来港,都得在此检票和抽买。庆元六年(1200年)修葺,宝庆二年(1226年)重建,更名为来安亭。

南宋明州市舶务仍沿用北宋时的市舶条例,国内外商船一入港,市舶务的官吏便前去检查载货,进行抽分、博买,然后听任民间商人交易。只是南宋市舶的抽分率行过几次变动。初期是依北宋旧法,绍兴十四年(1144年)一下子提高到10分抽4分。到了绍兴十七年(1147年),市舶务反映因抽解太重,致使来港外国商船减少,于是降诏调整抽解率:"今后蕃商贩到龙脑、沉香、丁香、白豆蔻四色,并依旧抽解一分,余数依旧法施行。"这里的"依旧"和"旧法"均指北宋时的抽解率,即是细色十抽一,粗色十五抽一。这个通知到下面,似乎没有切实执行。据《宋史·食货志》载:"孝宗隆兴二年(1164年),臣僚言,熙宁初,立市舶以通物货。旧法抽解有定数,而取之不苛,输税宽其期,而使之待价,怀远之意实寓焉。迩来抽解既多,又迫使之输,致货滞而价减。择具良者,如犀角、象齿十分抽二,又博买四分;珠十分抽一,又博买六分。舶户惧抽买数多,止贩粗色杂货,若象齿、珠犀比他货至重,乞十分抽一,更不博买。"《宋会要辑稿》记隆兴二年八月十三日条陈两浙市舶司利害之奏文也说:"抽解旧法,十五取一。其后十取一,又其后择其良者谓如象犀十分抽二,又博买四分;真珠十分抽一,又博买六分之类。"可见,这段时间里抽解率虽有所降低,但博买反而增加了。隆兴以后,抽解稳定在细色10分抽2分,粗色15分抽2分,而且博买比例很高。宝庆三年(1227年),庆元府知府胡榘对此曾说:"契勘舶务旧法,一应舶商贩到货物,内细色五分抽一分,粗色货物七分半抽一分。后因舶商不来,申明户部,乞行优润,续准户部行下,不分粗细,优润抽解。高丽、日本船,纲首杂事十九分抽一分,余船客十五分抽一分,起发上供。"又说:"窃见旧例,抽解之时,各人物货分作一十五分,舶务抽一分,起发上供;纲首抽一分,为船脚靡费;本府又抽分,低价和买,两卒厅各抽一分,低价和买,其已取七分;至给还客旅之时,止有其八,则已于五分取其二。故客旅宁冒犯法禁偷漏,不肯将出抽解。"①胡榘在这里提到的"旧法""旧例",指的都是南宋宝庆三年以前的情况,并非指北宋的抽解法。胡榘的建议得到朝廷的批准:"准庆元府(即明州)革除市舶旧例。其抽解分数,只征年例十五分抽一;纲首杂事十九分抽一,以为招诱舶商之计。其海内船及诸蕃船,自征年例抽解,尚书省特赐割子以凭遵守施行。"②

南宋以来,由于对博买的分率未作明确规定,造成一大弊端,市舶官员与地方吏随意增加博买分率,甚至强买强卖。他们把商舶到港视作发财良机,每逢外国商舶到,欢呼雀跃,"丞治厢廪,家当来矣!"由于抽解和博买太多,许多舶商务往往"犯禁偷漏",以致影响对外贸易,财政收入减少。宝庆三年,胡榘对此作了重要改革。这次改革,是以降低抽分与取消博买为主要内容,目的是招诱舶商,其具体内容是:

①《宝庆四明志》卷三。
②《宝庆四明志》卷三。

（1）货物不分粗细一律优润抽解。高丽、日本船及纲首、杂事 19 分抽 1 分，余船客 15 分抽 1 分；海内及其他外国商船，不分纲首、杂事、艄公、贴客、水手 10 分抽 1 分，贩铁船 25 分抽 1 分。

（2）取消博买，并且在沿海各港张榜公示商民："本府断不和买分文，抽解上供之外，即行还给客旅。"①

（3）约束守卒与市舶人员，公平抽解，不得留滞和强买。由于措置得当，宝庆三年以后，来明州港的外国商舶不断出现"舶货之价顿减，商舶往来流通"的好景况。

南宋时，明州港的海外贸易非常昌盛，有贸易关系的国家很多，其中主要的贸易国仍为日本与高丽。

（五）与日本的贸易

南宋与日本之间始终没有建交，没有国使往还，然而商船往来却颇为频繁。南宋明州港与日本的贸易大致可分为三个阶段。

第一阶段（1158 年以前），日本实行锁国政策，中日之间只有中国商船，没有日本船。这与北宋时期的情况是一样的。这一阶段留有记录的，就有关于明州商人刘文仲于 1150 年到日本贸易的记载。

第二阶段（1158—1195 年），日本一反以往政策，取消不许私人出海贸易的禁令，日本商船开始来明州，并且逐渐增多。因此，这一阶段从事中日间贸易运输的既有中国商船，也有日本商船。在乾道年间的就有：乾道三年（1167 年），日本商船到明州港，日僧重原搭乘此船，登岸后去明州育王寺和天台国庆寺参佛，并从日本运来木材营造育王寺的舍利殿；其回国时带去经卷、佛像和天竺建筑的样式。乾道四年（1168 年）四月，又有日本商船到明州港，日僧荣西同船到达，朝拜育王寺和天台国庆寺；第二年九月回国时，带去《天台新章疏》30 部计 60 卷，同时还把茶籽传到日本。乾道八年（1172 年）九月，明州商船去日本，宋孝宗令明州知府致敕文及礼物给日本。乾道九年（1173 年）三月，明州商人杨三纲船自日本回明州，带来日本大宰府平清盛致明州知府的复牒及描金橱、描金提箱、黄金、剑等答赠礼物。此后，明州港与日本之间的商船往来日趋频繁，几乎年年不断。例如，淳熙三年（1176 年），有日本船因风漂流至明州，船上百余人，依例收养，候其派船接回。淳熙四年（1177 年），日本派遣宗肩氏国的世子许忠太妙典入道，前来明州育王寺布施黄金。妙典同来的船有"公事船"和"商船"。他曾 7 次来宋，从事日中之间的贸易。淳熙十四年（1187 年），有明州自日本回舶，日僧荣西再次来明州，跟随天台山万年寺的虚庵怀敞学禅，后随怀敞移居天童山，并继承他的法统。宋孝宗赐他"千光法师"的封号。绍熙二年（1191 年），杨三纲船自明州抵日本平户岛苇蒲，荣西乘此船回国。同年，宋商杨荣、陈七太船至日本博多。绍熙三年（1192 年），有明州商船自日本回明州港。日僧练中、胜辨搭乘此船由明州转道去育王寺，以书、币赠育王山僧拙庵德光。在这个阶段，南宋对日本的最重要贸易港固然是明州，但并不限于明州。《宋史·日本传》中也有淳熙十年（1183 年）及绍熙四年（1193 年）日本船开到秀州华亭县的记载，有时日本商船也一直开到泉州。

---

① 《宝庆四明志》卷六《叙赋下·市舶》。

第三阶段是 1195 年两浙仅明州保留市舶务以后,可以说中日交通贸易只限于明州一港了。从这一年起到南宋末年的 84 年中,据日本史学家木宫泰彦统计,至少有 100 多个日本知名僧人先后来宋。他们多数是搭乘来明州港的中、日两国商船,有的竟来回两三次。不仅如此,他们还常常委托便船与中国名僧互通问候。日本史学家井上靖说:"十三世纪,每年有四十到五十艘日本船只开往中国中部的浙江方面。"《开庆四明续志》在记载这一时期日本商船来明州港的情况时说:"倭人冒鲸波之险,舳舻相衔,以其物来售。"由此可见这个时期来港的日本商船之多。

来明州港的日本商船所载的,主要是国主、贵臣们贩卖的木材和硫黄,也有商人们私自携带来的黄金,日本所产的杉木、罗木,曾大量输入明州港。天童寺的千佛阁、育王寺的舍利殿、白莲教寺的门廊及殿阁都是用日本运来的木材修建的。黄金交易在民间贸易中有重要地位。理宗绍定五年(1232 年),1 两黄金在中国值钱 4 万文,在日本只值钱 630 文,相差达 63 倍之巨;又自宝祐六年(1258 年)起,南宋对日本商人带来的黄金采取免税政策,所以许多日本商人常以贩运黄金来牟取暴利。"理宗宝祐年间(1253—1258 年),庆元府一年间由日本商人输入的黄金总额约四五千两。""不但是商人,就是公家、武家,也把黄金送到中国。它的年额或许也不止十一万两左右"①,去日本的中国商人比来中国的日本商人人数更多,带回的黄金数量也相当可观。明州港输入的日本黄金对南宋的货币和商业产生了一定的影响。

输往日本的物品,主要是绢帛、锦绮、瓷器、漆以及香药、书籍、文具等,还有大量的铜钱、银锭流入日本。当时,用绢作标准计算,日本的银价相当于中国的 8 倍,因此中国银锭大量经由明州港流向日本。铜钱数目更大。铢钱在日本被当做其本国货币而广为流通。为了制止铜钱外泄,早在北宋开宝三年就下过禁令,后来到熙宁七年解禁后钱币外流更为严重。到了元祐六年,再次发出禁令,禁止钱币外流,但却难以严格执行。日本商船到温州、台州一带偷运铜钱,以致台州城内一度铜钱绝迹,故至南宋时就出现了"钱荒"。为此,绍兴十年(1140 年),在市舶务建立了一定的制度,当船舶解缆时,特派官吏临场检查,使出海船舶不得私装铜钱,并监视船舶远离港口直到进入洋面,借以防止在海上进行铜钱走私。淳熙九年(1182 年),又严令广、泉、明、秀市舶务,强调"漏泄铜钱,坐其守臣"。到嘉定十二年(1219 年)又规定:凡头外货,一律以绢布、锦绮、瓷、漆为交换,不得使用金钱。不过,以上禁令与规定没有能认真贯彻执行,所以《宋史》说:"南渡后,三路舶司发入固不少,然金银铜钱,海舶飞运,所失良多,而铜钱之泄尤甚。法禁虽严,奸巧愈密,商人贪利而贸迁,黠吏受赇而纵释,其弊卒不可禁。"②

(六)与高丽的贸易

明州港继北宋之后,仍是与高丽之间交通的主要门户。由于明州靠近南宋的首都临安,使高丽使臣至宋都城的行程更为便捷了。

南宋初,金国控制了中国北方,并迫使高丽臣服,南宋朝廷深恐金人"自海上来窥",于是宋与高丽两国间的关系再次受到影响。绍兴二年(1132 年)闰四月,高丽使

① 〔日〕加藤繁:《中国经济史考证》卷二,吴杰译,商务印书馆 1963 年版。
② 《宋史》卷一八六。

臣崔惟清、沈起至明州转道去临安向南宋皇帝"贡黄金百两,银千两,绫罗一百匹,人参五百斤"。此后,高丽曾多次准备"入贡",都因南宋朝廷恐怕宋、金对立之际高丽来使暗地来窥虚实而"诏止之"。绍兴三十二年(1162年),高丽听说宋兵与金兵作战大捷,着宋商纲首徐德荣带信到明州,说高丽欲遣使前来相贺。殿中侍御史吴芾进言宋帝,说:"'高丽与金人接壤,昔绍兴丙辰(1146年)使金稚圭入贡至明州,朝廷惧其为间,亟遣还。今两国交兵,德荣之请得无可疑?使其果来,犹恐不测,万一不至,贻笑远方。'遂诏止之。"①隆兴二年(1164年)四月,最后一批高丽使节转道明州去临安"入贡",此后就不通使节了,明州港与高丽转而以民间贸易来往为主了。这种贸易曾达到相当大的规模。《宋史·高丽传》载:绍兴二年,高丽纲首卓荣来明州。又据《高丽传》记载,在绍兴九年(1139年),就有4批中国商船到达高丽。第一批七月丙午,宋都纲丘迪、徐德荣等105人;第二批八月庚戌,宋都纲廖弟等64人;第三批八月丁巳,林大有、黄幸等71人;第四批八月庚申,宋都纲陈诚87人,4批合计327人。从北宋神宗到南宋理宗(1068—1225年)期间,两国商人来往不绝,即使到了13世纪下半叶以后,高丽国内农民起义风起云涌,国外又受到新兴蒙古势力的压迫,国势日趋衰落,民间贸易有所减少,蒙古统治者甚至为高丽接待了宋商而加以干涉,但商船往来仍不曾中断。例如,开庆元年(1259年)四月,有宋人于甫、马儿、智就3人被蒙古军掳去,后逃至高丽,高丽国王则给以食宿,交纲首范彦华将他们送回明州,并给路程食3石。②

南宋朝廷往往还通过明州舶商与高丽传递文牒。据《高丽史》载:绍兴八年(1138年)三月,中国商人吴迪等63人持明州牒文去高丽,通报徽宗及宁德皇后死于金国的消息。绍兴三十二年(1162年)三月,宋都纲侯林等43人去高丽,带去明州牒文"宋朝与金兵相战,至今春大捷,扶金帝完颜亮,图形叙罪,布告中外"等。《宝庆四明志》也说:当时庆元府"与其(指高丽)礼宾省以文牒相酬酢,皆贾舶通之"。

明州输往高丽的货物,主要有瓷器、绢帛、锦绮、腊、书籍、文具等,此外还有铜钱。"庆元间(1195—1200年),商人持铜钱入高丽"③,估计那时有大量铜钱流入高丽。

与北宋不同,南宋时的明州港上升为全国四大港口之一。由于紧靠首都临安,明州港的重要性更超过其他港口。造船技术的发展,船舶数量的增加,航海业的发达,使内外贸易的规模日益扩大;而且,市舶务职司的重点,也完全转到发展港口内外贸易方面来了。政策的转变和税制的改良有利于促进贸易,从而推动了港口的发展。所有这些变化的根本原因是生产,特别是流通发展的结果。南宋版图比北宋缩小了1/3,人口比北宋少了3000多万,但财政支出的负担沉重。南宋政府采取了一系列措施来安抚北方流民和发展农业、手工业生产。特别重要的是鼓励商业,以增加商业税的收入。像明州这样的贸易口岸理所当然地受到当局的高度重视。在这样的条件下,明州港出现了繁荣兴盛的局面。港口的发展带动了港城的发展。南宋末沿海制置司驻节明州,其权力可以节制两浙和福建的沿海地区,它使明州城的行政等级上升到历史上的最高点。

---

① 《宋史》卷四八七。
② 《开庆四明续志》卷八《收养漂泊倭人丽人》。
③ 《宋史》卷四八七。

三　元代庆元港(明州港)的发展

(一)庆元港在元朝海外贸易和国际关系中的地位

南宋绍熙五年(1194年),明州府更名为庆元府。元世祖至元十三年(1276年),元军占领定海(今镇海)与明州城;同年,改庆元府为庆元路。至元十五年,南宋灭亡,全国为元统一。元代执行了比南宋更为开放的对外政策,它不但允许外国人"往来互市,各从所欲"①,而且要各地市舶司"每岁招集舶商(本国商人),于蕃邦博易珠翠、香货等物;及次年回帆依例抽解,然后听其货卖"②。与此同时,元朝统治者对宗教活动特别支持,无论是佛教徒、道教徒,还是伊斯兰教徒等,也不管他们是经商还是传道布教,在税收和进出境上都给予比较优厚的待遇,所以元朝的海外贸易和国际交往比宋代更为繁盛。与元朝有海外贸易关系的国家和地区遍及欧、亚、非三大洲,达到140多个。例如,欧洲的威尼斯,非洲的利比亚,亚洲的伊朗、阿曼、也门、印度、占城、爪哇、吕宋、日本、高丽等国家和地区,均与元朝有海上贸易往来。至于宗教徒之间的友好往来,更是频繁密切。通过海上航线,诸如中国与日本、高丽间佛教徒的交往,中东伊斯兰教徒的东来,欧洲基督教徒的南下等,常常见之于史载而流传至今。

在元朝的对外关系史上,庆元港占有很重要的地位,它包办了元朝对日本、高丽的海外贸易。凡日本商船赴元贸易,几乎无一例外地在庆元港寄泊。③元僧赴日或日僧来元,也多在庆元港启程或登陆。元代到日本的僧侣,在历史上有名的如妙慈弘济大师、大通禅师、慈照慧灯禅师、佛日焰慧禅师、佛悲禅师、妙应光同慧海慈济禅师等13人。至于日本"入元僧名传至今的,实达二百二十余人之多"④。而无名的赴日元僧和入元的日僧肯定远不止上述数目。这些僧人搭乘民间商船,来往于庆元港与日本博多津之间。这一时期,由于泉州、广州等南方港口的进一步崛起,庆元港在与西洋诸国的贸易中所占的比重有所下降,但仍有比较密切的贸易往来。

元朝开放海外贸易,除了征收贸易税以弥补因连年征战而日益空虚的国库外,也想利用对外的文化和物资输出,扬威海外,促使各国臣服。元朝三次大的海上远征活动与庆元港有关的就有两次。"元太祖至元十九年(1282午),都元帅哈剌解从征日本,遇台风,舟回,还戍庆元。"⑤这是元朝第二次跨海东征日本。元军分两路进击,一路由高丽建造战船900余艘,从朝鲜半岛南部山发;一路由江南建造战船3500余艘,从庆元港出发会攻日本。"至元二十九年(1292年)九月,征爪哇;会军庆元,登舟渡海。"⑥在这次远征中,元朝发福建、江西、湖广三省兵2万,战船千艘,在庆元港整装出发。以上史实表明了庆元港在元代海上交通中所占的地位是很重要的,不仅是全国的三大外贸港口之一,也是当时重要的军事港口。

---

① 《元史》卷十。
② 《元史》卷九十四。
③ 〔日〕木宫泰彦:《日中文化交流史》,胡锡年译,商务印书馆1980年版,第401页。
④ 《元史》卷九十四。
⑤ 《元史·哈剌解传》。
⑥ 《元史·哈剌解传》。

元代庆元港的航线与宋代相比有所发展，但变化不大，特别是国际航线，基本上承袭了南宋的航路。

北方国际航线最重要的是日本航线，和宋代一样，一般还是利用最便捷的横渡东中国海的航路，顺风的话，航海日数不会超过10天。由于需要利用季风航行，因此从庆元或从日本博多出发的季节各不相同。自庆元至博多，一般在五六月间乘西南季风；北由博多到庆元，则多在三四月间乘东北季风南下。也有在九月也刮东北风到庆元来的，但由于抵庆元后要等到次年五六月份才能乘西南风返回日本，所以日本船大都不在此时渡海赴元。例外情况也有。泰定三年（1306年），元僧清拙正澄不走便捷的横渡东海的航路，而走日本遣唐使时代的北路航线，经过高丽沿海、阶罗（济州岛），历时两个多月才抵达日本博多。这是因为出发季节不对、风向不合，不得已而走的航路。庆元港至高丽的航线，大部分时间是在中国北部沿海航行，行至山东、江苏沿海再横渡黄海到达高丽的礼成等港口。航行时日一般要10—15天。

元代庆元港的南方国际航线，史籍中无明确记载。但周达观在《真腊风土记》中说：真腊有"温州之漆盘""明州乏席"；另外，从庆元港进口货物的品类来分析，其中有犀角、象牙、珊瑚、玳瑁、丁香、天竺黄、豆蔻等南洋各国特产，可见庆元港与南方国家和地区的商船来往还是相当频繁。虽然泉州港与广州港占了南方贸易的大部分，但庆元港的南方贸易航路并没有因此而萎缩，甚至有所延伸。例如，丁香是非洲特产，表明商业航线已穿越印度洋到达非洲海岸。

来往于庆元港的远洋帆船起初是由南宋遗留下来的，后来虽增添了部分新船，但船型及装备与宋时没有多少区别。走东、西洋航路的帆船较大，最大的有3道桅杆，船长10余丈、深3丈、阔2.5丈；载重量在2000斛左右；舵与桅是用铁梨木制造的；铁锚重达数百斤。这种船比阿拉伯船舶更为坚固可靠，是当时世界上比较先进的船舶。航行日本、高丽的海舶则比较小，一般只能搭乘60—70人，装载量在500斛以下。航行东、西洋的大船，大多是福建打造；航行日本、高丽的轻舟是庆元本地打造，即所谓的"庆元船"。

元代庆元港的官营造船场，仍沿用唐宋时代的旧址。地处姚江口南侧的原宋代战船造船场，在元代仍主要建造战船。位于灵桥门附近的原宋代船厂，则重点建造漕运船只。这两个官营造船场，有时也打造一些较大型的远洋海船。

（二）庆元港与国内航运

随着全国的统一和海运漕粮的创设，庆元港与中国北部沿海港口的贸易运输逐渐得到恢复和发展。

庆元的海运漕粮，起先是由设在庆元城内的庆绍海运千户所兼管的。直至皇庆二年（1313年）改海运千户所为运粮千户所，庆元才有了专职的海漕管理机构，其址在庆元城东北角到柴家桥西（今新江桥北堍西侧）。庆元港有组织、有计划的海漕运输就从这时候开始。整个运输过程大体是这样的：漕船在甬东司道头靠泊，装上粮食后，于当年四五月份乘西南季风出甬江，沿海岸北上，到江苏刘家港与其他地方的漕船汇合后，组成庞大的海漕船队（一般超过百艘），越东海和黄海，穿渤海湾，入海河直驶大都（今北京）。

由于庆元港海漕运输的规模不大,起先海漕码头只有甬东司道头一个,地点是在运粮千户所北面的余姚江边。至正二年(1342年),郡守王元恭在鄞县南城下沿江(奉化江)一带(位置在下番滩以南)创建马道"以为海道运粮舟次"①,所以,到元朝中后期时,海漕码头就有两个了。

庆元港的海漕船,在元初时是由南宋遗留的兵船改装的,载重量不大,一般在300斛左右,后来才有专门的海漕船。这是一种尖底的三桅帆船,两头各置一舵两桨,前后对称,上盖望楼,载重量1000斛上下,其特点是遇到风暴转帆困难时可以首尾互换行驶。元末方国珍占据庆元时,拥有战船1000多艘。元朝在无力消灭他的情况下,转而想利用其庞大的海运能力为元朝运输漕粮,故有招安,封万户之举。方国珍掌管海漕运输时,漕运都是由方氏所部的战船来承担的。这就是所谓的"方国珍治海舟"。方氏的战船也是一种楼船,但型制和一般的漕船不同,不能首尾互换,载重量多在500斛以下。

元代庆元港的海漕运输,就其运量而言,占的比重很小,对全国海漕总量的增减没有多少影响。但其主要意义不在于此,而在于通过海道运粮,使原先已断航多年的北路航线得到恢复,并由此积累了有关北路航线的航道、季风及相应的驾驶技术等方面的经验。到元朝的中后期,渤海湾的直沽,山东半岛的登州、莱州、胶州等港口已常有商船、运粮船往返于庆元港。北方的商船和商人,特别是山东和江苏的商船、商人逐渐在庆元扎下了根,为南北号商业船帮的最终形成奠定了基础。

(三)庆元港的对外贸易

庆元港是元朝三大主要贸易港之一(其他两个港口是广州、泉州),也是对日本、朝鲜贸易往来最重要的口岸,其贸易额不亚于宋代。至正年间,庆元港抽分所得"周岁额办钞五百三锭肆拾玖两二钱六分四厘"②。张翥曾描写过当时庆元的繁荣景象:"是邦拧岛夷,走集聚商舸。珠香杂犀象,税入何其多。"③庆元港的山海口定海(镇海)在元代也是"蛮夷诸蓄所通,为一据会总隘之地"④。和庆元港有贸易关系的除日本、朝鲜外,还有东南亚、西亚,甚至地中海、非洲的许多国家和地区。

当时庆元港的进口货物,细色有珊瑚、玉、玛瑙、水晶、犀角、琥珀、珍珠、倭金、倭银、象牙、玳瑁、翠毛、龟筒、人参、鹿茸、龙涎香、沉香、檀香、硇砂、鹏(硼)砂、丁香、水银、牛黄、樟脑、绿矾、雄黄、交趾香、天竺黄等珍异和香药,共计120个品类;粗色有吉贝花(棉花)、吉贝布、吉贝纱、木棉、新罗漆、高丽青器、高丽铜器、倭枋板衲、花梨木、乌木、苏木、赤藤、螺头、琼芝菜、倭铁、芋麻、硫黄、广漆、椰子、铅锡、条铁、倭条、倭櫓、芦头、黄腊、番布、椰簟、牛角、锅铁、铜钱、丁铁、麂皮、麂角、牛皮、历(沥)青、松香等100个品类。⑤ 从进出口货单上可以看出,元代庆元港的海外贸易有其自己的特点。

一是输出入货品种类繁多,达220余种,大大超过了宋代;二是贸易品从以前高价

---

① 《鄞县志》卷六十三。
② 《至正四明续志》卷六《市舶》。
③ 张翥:《送黄中玉之庆元市舶》。
④ 《至正四明续志》卷三。
⑤ 《至正四明续志》卷五。

奢侈品为主逐渐转向以日常生活用品为主,如东南亚输入的棉花和棉织物而成为人们日常生活的必需品;三是贸易品产地很广,丁香产于非洲,吉贝是马来语棉花的意思,黄蜡、番布、椰簟是三屿(菲律宾)的特产。因而可以推知,当时庆元港直接和间接的贸易地区,包括了东南亚、东亚、南亚、西亚及非洲等众多国家和地区。

庆元港自宋朝以来一直是主要的对日贸易港。日本来元的商船,除极个别的以外,一般还是在庆元港进出。至元十五年(1278 年)十一月丁末,元朝廷立淮东宣慰司于扬州,以阿喽罕为宣慰使,"诏谕沿海官司,通日本国人市舶"①。至元十六年就有日本商船 4 艘至庆元港,进行交易后回国。至元十八年(1281 年)元世祖忽必烈起兵攻打日本。此后,元日间终未建交,但两国的民间贸易往来似未受大的影响。至元二十九年(1292 年)六月,日本商船 4 艘驶元遇风暴,3 艘破毁,仅 1 艘到庆元交易。同年十月,日本商船到庆元请求贸易,因船中备有甲杖,元朝恐其有异图,诏令防备海道。大德二年(1298 午)夏,日本商船到庆元,元成宗令普陀山僧人妙慈弘济大师搭乘此船持国书于次年使日,受到日本朝野重视。自此至元末的 60—70 年,元日贸易盛况空前,日本民间商船到元极为频繁,几乎年年不断。② 庆元和日本之间的贸易运输几乎都是由日本船来担任的。元朝商船由庆元港驶日的,只有至正十年(1350 年)三月送日本入元僧龙山德见、无萝、一清等 18 人回国一次。这是由于当时元、日间政治形势紧张,日本禁止元朝人到日本去的缘故。通过庆元港输往日本的货物主要是钢铁、香药、经卷、书籍、文具、唐画、杂器及金襕、金砂、唐锦、唐绫等丝织品。③ 近年在日本博多、福冈的草泉及镰仓和京都,出土了大量宋元时代的陶瓷。其中,越窑青瓷占相当比例,而且品种显著与过去不同,大量的是民窑烧制的日用杂器。由此可知元代瓷器输日的数量比过去更大。至于铜钱,因元朝担心铜钱外流过多会出现钱荒,曾禁止使用铜钱和外国贸易。从日本输入的,主要有倭金、倭银、倭枋板衿、倭条、倭橹、倭铁、硫黄、乌木、苏木等原材料和矿产品,还有刀剑、扇子、描金、螺钿等手工业工艺品。④

元代庆元港与高丽仍然保持着海上贸易往来。"中国人所喜欢的高丽镶嵌的青瓷、铜器、纸张和蒙古人喜欢吃的新罗参、高丽松子、鹧鸪肉等高丽食物,更大量运来。而中国的茶、瓷器、丝织、书籍也增加对高丽的输出数字。"⑤《至正四明续志》中,列有人参、松子、榛子、松花、杏仁、茯苓、红花、水银、新罗漆、香油、高丽青器、高丽铜器等货物,大概就是从高丽输入的贸易品。高丽青瓷的镶嵌、堆白、雕刻、印花、画等都相当精致。高丽铜器也深受中国人赏识。新罗漆容易干,而且有很漂亮的光泽。当时中国制造的漆器,最后一层都喜欢用新罗黄漆。

1976 年,在韩国西南木浦海出土了一只元代沉船。沉船地点正好是在宋元时代中国去高丽的"南路航线"附近。这是一只满载瓷器、铜钱等货物的元朝商船。到1977 年 6 月止,在那里已打捞出瓷器 6463 件(其中青瓷 3396 件,黑褐釉瓷器 116 件,钧窑系瓷器 94 件,没有发现位于泉州港附近的同安窑和安溪窑瓷器)、铜钱数百千克

① 《元史》卷十。
② 〔日〕木宫泰彦:《日中文化交流史》,胡锡年译,商务印书馆 1980 年版,第 389—392 页。
③ 〔日〕木宫泰彦:《日中文化交流史》,胡锡年译,商务印书馆 1980 年版,第 403—406 页。
④ 〔日〕木宫泰彦:《日中文化交流史》,胡锡年译,商务印书馆 1980 年版,第 403—406 页。
⑤ 张政烺:《五千年来的中朝友好关系》,开明书店 1951 年版,第 52 页。

（年代最近的是至大通宝）等。在出土的金属器物中有 1 个秤锤，上面镌有"庆元路"字样。可见，这只船至少到过庆元港，而且极可能就是从庆元港出发，在开往高丽或日本途中遇难的。① 这艘元代瓷器贸易船的发现，进一步证明了庆元港和高丽、日本间的频繁贸易。

（四）庆元路市舶提举司及其市舶设施

元沿宋制，仍设置市舶司来管理海舶的验货、征税、颁发公凭以及兼理仓库、宾馆等事务。

至元十四年（1277 年），元朝在庆元设置了市舶司。至元三十年（1293 年）四月制定《市舶抽分杂禁》时对市舶司进行整顿，把温州市舶司并入庆元市舶司；大德二年（1298 年）又把澉浦、上海两市舶司并入庆元市舶司，且直隶中书省。大德八年（1304 年）罢庆元市舶司。至大元年（1308 年）恢复庆元路市舶提举司。皇庆元年（1312 年）庆元路市舶提举司又被撤销。延祐元年（1314 年）虽得到恢复，却禁止商船去外国贸易。延祐七年（1320 年）四月又遭罢废。直至元英宗至治二年（1322 年）才最后稳定了庆元市舶司的建置，并维持到元末。庆元路市舶提举司直属行省，签发公验、公凭给本国的舶商，发船到海外贸易；第二年回帆至温州白汰门封舶抽分，并禁止人口、金银、丝绵外运。②

庆元路市舶提举司官衙在庆元城内东北角的姚家巷。市舶司设提举 2 员、同提举 2 员、副提举 1 员。市舶司起初归福建安抚使管辖，后一度直属中书省，最后由江浙行省管辖。

庆元路市舶提举司对来港商船征收商税的办法是抽分（抽解）。抽分率同宋代一样，细色十抽一、粗色十五抽一；后来虽有些升降变化，却一直没有实行像宋朝那样的博买（和买），所以税率是比较低的。到至元三十年（1293 年）后，才推行泉州市舶司的成例，加征船舶税三十抽一，而且还确定了"双抽""单抽"之制，③即番货的抽解率两倍于土货，以保护和扶植土货的出口。至延祐元年（1314 年），元朝廷又重新修订了市舶管理条例，把抽解分率提高了一倍，即粗色十五抽二，细色十抽二。元代的市舶条例即至元三十年（1293 年）四月制定的《市舶抽分杂禁》，共有规定 20 条。

元代的市舶仓库还是利用原宋代的市舶库，除原有的 28 间库房外，另外又增添了屋前轩 6 间，至正元年（1341 年）增修了门楼 3 间。

海运码头，元时称"下番滩"，因"诸番互市于此"而名，其地位于北至新江桥塊、糖行街、双街、钱行街、半边街的靠江一侧。该处统称江厦，也即原宋代的江厦码头。下番滩"临江有石砌道头（码头）一片，中为亭"。此亭即来远亭，原建于南宋乾道年间，宝庆二年（1226 年）重建后改名为来安亭。元初，亭被拆毁，后来重修后又改回原名。该亭是"以备监收舶商搬卸之所"。

元代庆元港最突出的变化是国际航运的发展和因实行海漕而使国内的北路航线

---

① 李德全：《朝鲜新安海底沉船中的中国瓷器》，《考古月报》1979 年第 2 期。

② 《元史・英宗纪》。

③ 《元史・食货志・市舶》。

得到恢复。元朝地跨欧亚,国际航运的需求超过以往任何朝代。元朝廷对于国际航运和贸易的限制也相应放宽。特别是庆元港两度成为元军远海征战的基地,海上运输活动的规模相当庞大。这就刺激了庆元港的码头、仓场、造船、航海等多方面的发展。元代又改河漕为海漕,庆元港与北方港口的交通不仅得到了恢复,而且又有了很大的发展。两宋以来,由于经济发展、商业上南北交流的需要而萌发的宁波南北号商业船帮,又因元代的大规模北航为其以后的发展准备了条件。

第四节　登州港[①]

一　宋辽金时期的北方主要海港:登州港

(一)宋代登州港航活动的背景

北宋历朝继承了唐以来注重港航贸易的传统,鼓励海上"商贾懋迁","以助国用"。[②] 海上交通继续发展,"海中诸国(指高丽和东北少数民族建立的政权)朝贡,皆由登莱"[③]。宋神宗还曾以吴越国为例,说是越国"内足自富,外足抗中国(指中原王朝)者,亦有笼海商得法也"[④],故有云"努力招徕番舶,宋初已然"[⑤]。宋代自开国,即视航海通商贸易为发展国家经济、富国强兵的重要途径。

国家的统一、经济的发展以及对港航贸易的重视,均为登州港的发展提供了良好的环境。但也不能否定,北宋阶级矛盾和民族矛盾仍十分突出,特别是北辽、西夏和女真对北宋的统治造成了严重的威胁,直至最后导致了北宋的灭亡。这种对峙和战争不绝的局势,使登州港处在时断时续的矛盾和危机中——在一定时期使之成为北方的主要海港,而在一定时期则使之渐趋衰微,以致难以发挥作用。

(二)登州港为宋朝海外交通的重要口岸

日本曾掀起学习唐朝的热潮,所得颇多制度文章皆从唐风,"乐有中国、高丽二部"。特别突出的是纺织,其"产丝蚕,多织绢,薄致可爱"[⑥]。由此可见文化交流和丝绸之路的影响。至北宋朝,日本却处于锁国状态,隋唐时期的那种拼命的进取精神和勃勃雄心几乎荡然无存了,它和登州港的联系再也未能恢复。当时,和登州港保持密切联系的主要国家只有高丽。

高丽由于契丹(辽)的威胁,对北宋的依附性增加了,对宋廷极为敬仰。如果说,唐代是日本和中国交往的高峰,那么,北宋时高丽和中国的交往可与唐代并驾齐驱。可

---

① 本节引见《登州古港史》编委会编、寿杨宾主编:《登州古港史》,人民交通出版社 1994 年版,第 114—160 页。

② 《宋会要辑稿·职官》四四。

③ 《文献通考·舆地考》。

④ 《续资治通鉴长编拾补》卷五。

⑤ 〔日〕藤田丰八:《中国南海古代交通丛考》,何健民译,商务印书馆 1936 年版,第 326 页。

⑥ 《宋史》卷四九一《外国七·日本》。

以说,历来中国之于外国,没有比北宋之于高丽更为密切的了。

1. 宋朝与高丽的礼尚往来

高丽十分欢迎北宋使节和商人到那里去。每北宋使至,"十日内卜吉,王乃受诏"①。宋太宗淳化二年(991年),宋使陈靖等至高丽,高丽王"迎使于郊,尽藩臣礼,延留靖等七十余日而还,遗以袭衣、金带、金银器数百两,布三万余端",并附表称谢。② 对宋朝使节的安置极为礼遇,有"顺天馆,极加完葺……盖为中朝人使设也"③。北宋也一样,"待高丽最厚"。真宗大中祥符八年(1015年),曾"诏登州置馆于海次以待使者"。高丽王病,宋必遣医送药;高丽王故,宋必遣使吊祭。神宗元丰六年(1083年),高丽王徽卒,神宗遣杨景略祭奠,钱勰、宋环吊慰。这个使团是从密州板桥镇出海的,杨景略因遇风受阻,取道登州,秋八月由登州港赴高丽④,幸不辱使命。从记载来看,杨景略是从登州刀鱼寨出海的。史载其从高丽回来后,在登州小海建了天桥,"天桥,在水城小海中架板以通往来,船行则撤之,宋杨康功(即景略)使高丽还奏请建"⑤。

该使团从高丽回国返京,途径青州长清县孝堂山,在约建于1世纪的汉代石室前正中石柱上,刻柱题名,大字楷书,共五行:

左谏议大夫河南杨景略康功

礼宾使太原王舜封长名奉使

高丽 恭谒祠下 元丰六年

十二月十七日

宋环李之仪王彦潘利仁⑥

此石刻题名是难得的实物资料,也是北宋和高丽友好交往的珍贵纪录。

北宋和高丽的交往是相当频繁的。从宋太祖建隆三年(962年)算起至神宗熙宁七年(1074年),即112年间,据不完全统计,高丽使节、学生、僧侣等入宋达33次,其中官遣使贡约30次。

相对来说,北宋入使高丽要少一些,但和以前各朝相比,仍然是可观的。据《宋元时期的海外贸易》考,有宋一代,以使节交聘来说,高丽遣宋者57次,宋使往高丽者,有30次。⑦ 这说明宋和高丽间的交往相当频繁。

北宋时高丽使宋的规模,《宋史》记载不详,但从其三次明确的记载中可见,其人数和规模均属可观:①建隆四年(963年),高丽使团因海难,不幸溺死者就有70余人;②真宗天禧五年(1021年),使团计179人;③仁宗天圣八年(1030年),则为293人。

高丽入宋的使命要广泛、实际得多,其内容大致有以下几类。

(1)朝贡。这是主要的,次数最多,贡物有良马、方物、兵器、金银厨锦袍褥、金银饰刀剑弓矢、名马、香药、金线织成龙凤鞋、绣龙凤鞍幪、细马、散马、毼锦衣褥、乌漆甲、金

---

① (宋)徐兢:《宣和奉使高丽图经》卷二五《迎诏》。

② 《宋史》卷四八七《外国三·高丽》。

③ (宋)徐兢:《宣和奉使高丽图经》卷三《国城》。

④ 张桐声:《胶州志》卷三四《大事记》,道光本。

⑤ 《增修登州府志》卷一六《桥梁》。

⑥ 《元丰六年杨景略等奉使高丽题名考》,《文物》,1983年第9期。

⑦ 陈高华、吴泰:《宋元时期的海上贸易》,天津人民出版社1981年版。

饰长刀匕首、罽锦鞍马、药物、金器、银厕刀剑、鞍勒马、香油、人参、细布、铜器、硫黄、青鼠皮等。高丽不仅自己来,还为别国向导。天禧元年(1017 年)十一月,"高丽使徐纳率女真首领人对崇政殿,献方物"①。

(2)求袭位。后唐已有高丽王封,宋继之。"高丽王昭死后,其子伯权领国事,太祖开宝九年(976 年),由遣使以父没当承袭,来朝听旨,宋授伯检校太保、玄菟州都督、大义军使,封高丽国王。"②

(3)谢恩。因宋廷赐封等进京谢恩。

(4)乞师。淳化五年(994 年),"六月,高丽遣使,以契丹来侵乞师"。宋真宗咸平六年(1003 年),又由于契丹"屡来攻伐,求取不已;乞王师屯境上为之牵制"。

(5)求书求经。高丽崇尚中国文化,派使节、僧侣屡求书、求经,宋廷对此每求必赐。其间,由朝廷赐予的有《藏经》《秘藏诠》《逍遥游》《莲华心经》《九经》《圣惠方》《国朝登科记》(手抄本)以及其他经史、御制诗、历日、阴阳地理书等佛学、文学、医学、自然科学经典。高丽来人也有在市场购书的。

(6)留学。太平兴国元年(977 年),高丽王伯遣金行成入宋求学于国子监;雍熙三年(986 年),高丽王治亦遣崔罕、王彬等入宋求学国子监。官派的以外,以别种渠道来的也有。有的进士登第,学成回国,如崔罕、王彬等都很有学问。高丽王因此谢表曰:"玄曲造成,鸿恩莫报。"有的在宋朝做官终生,官品相当高,如康戬,太平兴国五年(980 年)进士及第,至景德三年(1066 年)卒,在宋朝为官 20 多年。官至"知峡、越二州……又为京西转运使,加工部郎中,赐金紫"。

(7)送使。淳化四年(993 年),高丽王遣使送宋使刘式等直至登州港,以示礼遇。

2. 宋朝与高丽的商贾交往

《朝鲜通史》记此:"高丽对宋朝的贸易,国家贸易占的比重不大,主要是由私商进行。两国贸易最盛时,一次有数十名,甚至有数百名。"③所谓国家的贸易,主要是朝贡贸易,亦即贡和赐,通过使节往返完成。另一方面,在国家的鼓励下,两国航商确实非常活跃。

以高丽文宗朝(1046—1083 年)为例,30 余年间,见于记载的赴高丽宋商就有 40 余起;其中,文宗九年(1054 年),高丽政府曾经同时分三处宴请宋商,被邀赴宴者达240 人之多。④ 此前,仁宗景祐元年(1034 年),高丽设"八关会",亦曾邀"宋商及东西蕃献土物者观礼"⑤。北宋末年,在高丽国"王城",就有"华人数百,多闽人因贾至者"⑥。高丽政府对宋商极为欢迎,"贾人之至境,遣官迎劳"。对商人的奉献,"计所直,以方物数倍赏之"⑦。逢到节日,"中国贾人之在馆者,亦遣官为筵伴"。北宋政府亦然,时有"元丰待高丽人最厚,沿路亭传皆名高丽亭"⑧之说。《宋史》多记"明州、登

---

① 《宋史》卷八,《真宗三》。

② (宋)徐兢:《宣和奉使高丽图经》卷二《世次》。

③ 《朝鲜通史》卷上,第 2 分册,第 293 页。

④ 《高丽史》卷七一九,《文宗世家》。

⑤ 《中外历史年表》,第 1034 年条,第 401 页。

⑥ 《宋史》卷四八六,《外国二·高丽》。

⑦ (宋)徐兢:《宣和奉使高丽图经》卷六《长庆殿》。

⑧ (宋)朱彧:《萍洲可谈》卷二十。

州屡言高丽海船有风漂至境上者",对此宋廷总是恩惠有加,连宋帝亦予过问,总是诏"给度海粮遣还"。

关于通过登州港的贸易物品,应包括高丽的贡品和宋廷的赐物。因为所谓朝贡,"不过利于互市赐予"①,"往往皆利射于中国也"②。《朝鲜通史》则记录了高丽对北宋的输出:"人参、金银细工品、硫黄、各种绸缎、螺钿、花纹席子、白磋纸、狼毫笔、烟黑文具以及各种瓷器、书籍"等。北宋输入高丽的货物,"种类与输出品几乎相同",有"各种绸缎、金银细工品、药材、瓷器、文具、书籍和南方香料"等。我国史书亦多有记载,宋赵彦卫记曰:"高丽国则有人参、银、铜、水银、绫布等物。"③徐兢记云:"高丽有人参、沙参、茯苓、硫黄、白附子、黄漆等,皆土贡也。""不善蚕桑,其丝线织纴,皆仰贾人,自山东、闽、浙来。颇善织文罗、花绫、紧丝、锦罽……"④"惟贵中国腊茶……商贾通贩,故弥来颇喜饮茶。"⑤

关于航海交往路线。高丽"所建国正与登、莱滨隶相望"⑥,海上交通方便,有传统的"登州海行入高丽道"。史称"天圣(1023—1032年)前使由登州入"⑦。这一说法虽被广为引用,实际上并不准确,恐怕是由于契丹梗阻的关系,而这种梗阻是经常的。例如,淳化四年(993年),契丹就指责高丽"与我连壤而越海事宋"⑧。天圣九年(1031年),高丽使在宋廷官员护送下,至登州经海道回国后,有约40年不通宋朝,此后又继续往来,仍有经登州港的。熙宁三年(1070年)有至登州港的,熙宁七年(1074年)有至登州港的。《宋史》记云:"往时高丽人往返皆自登州,(熙宁)七年,遣其臣金良鉴来言,欲远契丹,乞改途由明州诣阙,从之。"⑨至于宋使则一直到元丰六年(1083年)八月,还有从登州港放洋往高丽,并回到是港的,即前述杨景略赴高丽吊丧事。

此后,北宋时高丽登州间的航道,因契丹的关系而发生了变化,不再循"登州海行入高丽道",莱州港的利用价值则更低。时航线为"礼成江口的碧澜渡或介于礼成江和临津江的贞州出发,经瓮津半岛抵大同江口的草岛,再转向西南,直达山东半岛的登州"⑩;或反过来,"自东牟(曾为登州治)趣八角海口(福山县八角镇,在登州东)……登舟自芝冈岛(即芝罘岛)顺风泛大海,再宿抵瓮津口登陆,行百六十里抵高丽之境曰海州,又百里至阎州(延安),又四十里至白州(白川),又四十里至其国(即高丽都城开城府)"⑪。

3. 宋与高丽的文化交流

北宋时,高丽经登州到京师留学者甚众。例如,宋淳化三年(992年)三月,"以高

① 《文献通考》卷三三一,《四裔八》,第48页。
② 曾巩:《陈公神道碑铭》,《元丰类稿》卷四七。
③ (宋)赵彦卫:《云麓漫钞》卷五。
④ (宋)徐兢:《宣和奉使高丽图经》卷二三《杂俗·土产》。
⑤ (宋)徐兢:《宣和奉使高丽图经》卷三二《器皿·茶俎》。
⑥ (宋)徐兢:《宣和奉使高丽图经》卷三《封境》。
⑦ 《续资治通鉴长编》卷三三九,元丰六年四月条。
⑧ 《中国历史大事编年》卷三,北京出版社1987年版,第166页。
⑨ 《宋史》卷四八七,《外国三·高丽》。
⑩ 《朝鲜通史》卷上,第2分册,第394页。
⑪ 《宋史》卷四八七,《外国三·高丽》。

丽贡进士四十人并为秘书郎,遣还"①。他们回国后对两国的文化交流是做了重要贡献的。宋朝的文化典籍亦被高丽大量引进,其间高丽引进者除北宋赐予的外,有高丽学生和商人在中国购买的,也有中国航商贩往高丽。据《高丽史》记载,高丽人在中国购书者,有一次竟购进"经籍一万八百"②,以致苏轼认为此于宋廷弊多利少,"今请诸书与买金泊,皆宜勿许",奏请禁之。③

　　文化的交流,意义是深远的,对双方均有深刻的影响。例如,印刷术传播到高丽,结果在那里出现了金属活字的萌芽,有着世界意义;造纸术传播到高丽,结果高丽纸比中国纸还好;纺织术传播到高丽,结果高丽织物可与中国媲美;音乐方面,"其乐有两部,左曰唐乐,中国之音;右曰乡乐,盖夷音也","其中国之音,乐器皆中国之制"④;权量方面,"鲁语曰,谨权曰量,审法度,四方之政行焉……取正中国度量权衡,用为标的"⑤;文学方面,高丽学者的汉诗造诣,已达到相当高的水平,甚至能以汉诗形式翻译高丽的作品,介绍到国外去。⑥

　　4. 与辽东的交通

　　登州港和北方契丹、女真的海上往来,比较频繁。宋真宗景德二年(1005年)后,"宋、辽交聘百余年"。宋仁宗庆历五年(1045年),"契丹遣使献所获夏国马三百匹、羊二万口,又献九龙车一乘"。此前宋太祖开宝八年(975年)、开宝九年(976年)、太平兴国二年(978年)等均有通使、交聘的记载。⑦

　　女真是我国靺鞨的后裔,在东北地区分布很广,靺鞨和登州港有着传统的联系。北宋初,契丹统治集团为了防止女真的反抗,曾将其"强宗大姓数千户,移至辽阳之南,以分其势"⑧。

　　这部分女真人迁辽东后,迅速和北宋建立了海上联系,以其马匹和宋贸易。"建隆中,女直尚自其国之苏州,泛海之登州卖马,故道犹存。"⑨此外,所谓"靺鞨之别种达达"也曾贡于宋⑩。北宋太祖建隆二年(961年),女真即"遣使盟突剌来贡名马"。据不完全统计,其至真宗大中祥符九年(1016年),先后航海朝贡10余次,连女真首领亦亲自来朝。天禧元年(1017年)十一月,"高丽使徐纳率女真首领入对崇政殿,献方物"⑪。

　　北宋对女真亦很友好,曾于大中祥符八年(1015年)专门在登州所辖海口治官署,以接待女真和高丽使者。为了使"远隔凌波"的女真人能"多输骏马",据《宋会要辑稿·蕃夷》记载,宋太祖还免去了"地处海峤"的沙门岛(庙岛)人户的"逐年夏秋租赋曲钱及缘料杂物州县差料",并令"多置舟楫,济渡女贞(即女真)马来往"。《宋史》亦载,

① 《中国历史编年》,第165页。
② 《高丽史》卷三四,《忠肃王世家》。
③ 《宋史》卷四八七,《外国三·高丽》。
④ (宋)徐兢:《宣和奉使高丽图经》卷四十《乐律》。
⑤ (宋)徐兢:《宣和奉使高丽图经》卷四十《权量》。
⑥ 《朝鲜通史》卷上,第2分册,第407页。
⑦ 张习孔:《中国历史大事编年》,北京出版社1997年版。
⑧ 徐梦莘:《三朝北盟会编》卷一。
⑨ 顾炎武:《天下郡国利病书》卷四四,《山东》。
⑩ 《宋史》卷四八七,《外国》。
⑪ 《宋史》卷八,《真宗三》。

建隆二年三年间,以"女真国遣使献名马,蠲登州沙门岛民税,令专治舟船渡马"①。史有女真多次献马的记载,未详献马数,但从免沙门岛民租税"专治舟船渡马"来看,数量定然不少,而且不是一时之役。女真献马的路线,也可以测出。女真一部被契丹强迁后属辽东半岛的金县,其献马路线当自辽东半岛渡乌湖海,经北隍城岛、南隍城岛、钦岛、砣矶岛、大榭岛而至沙门岛,渡庙岛海峡即至登州港。

由于女真往来频繁,太平兴国四年(979年)开始,宋廷对之亦始行关验:"诏自今登州有女真贡马,其随行物,须给牒(凭证),所经地方,予以察验,牒外物并没入之。"②

由此可知,登州和辽东这条传统的航海线在北宋前期的确是很繁忙的。

(三)登州港的国内交通与海运

"东随海舶号倭螺,异方珍宝来更多。"③海外交通如此发展,国内交通则更发达。海内外交通是相互补充、相互提携、相互促进的。由于形势变化,北方边疆政局和形势的关系,登州港不可能有充分的发展。比如,广州港在唐玄宗开元二年(714年)前已设市舶司,山东半岛南部的密州板桥镇亦于宋哲宗元祐三年(1088年)设司,而隋唐至北宋均相当发达的登州港,终无设司之说,最后甚至因为政局恶化达到封港的地步。但无论如何,登州港在历史上有极盛时代;如前所说,在北宋百余年中,有着光辉的一页。

1. 与南方的交通海运

登州港作为中转港口,它是河洛地区的主要出海口,是北方港口南下入中原和南方港口北上至河洛的终止港,也是南北港口的交换站。登州航商则南及闽、广,北至津辽,交通贸易极为活跃。《宋史·地理志》说:"登、莱、密州,负海之北,楚商兼凑。"元丰八年(1085年),苏轼知登州五日,留下了若干流芳百世名篇。他曾著文描绘了登州港海上交通盛况,其《登蓬莱阁记》云:"登州蓬莱阁上望海如镜面,与天相际。忽有黑豆数点者,郡人曰'海舶至矣'。不一炊久,已至阁下。"

与南方的交往,不仅《宋史》有"楚商兼凑"之说,明州《甬东天后宫碑记》亦载:"吾郡旧有天后宫,在东门之外,肇建于宋……分祠在江东者三。一为闽人所建,一为南洋商舶所建……唯此宫为北洋商舶所建。"④同时,碑记指出:"吾郡回图之利,以北洋商舶为最巨。"此碑建于北宋。北宋时期北方诸港以登、莱、密为盛。另外,《西溪丛话》有记:"尝闻习海者云,航海二浙可至平州⑤,闻登州竹山、驼基诸岛之外,天晴无云,可远望平州城壁,今自二浙至登州与密州,皆由北洋。"⑥这大致说明了北洋航行的海域。

与之相应者,登州外港沙门岛(庙岛),亦修有龙女庙(即今天后宫),一称显应宫,俗称娘娘庙,在岛北,为宋宣和四年(1122年)福建商贾和船民筹集兴建。⑦ 宋宣和初,

① 《宋史》卷一,《太祖一》。《登州府志》卷2,《山本》。
② 《中国历史大事编年》,第139页。
③ 《苏轼诗集·腹鱼行》。
④ 林士民、许孟光:《古代南北航路中转港——宁波》,第11页,油印本。中国太平洋历史学会暨中国中西交通史学会1985年学术讨论会论文。
⑤ 平州,渤海湾北港口,今河北省卢龙县境,唐代属河北道,平州为安东都护府治,北宋属南京道,平州为州治。
⑥ (宋)姚宽:《西溪丛话》卷2。
⑦ 新编《长岛县志》,《特殊建设·庙宇》,第160页。

宋、金以登州为使节进出港,频频谈判,议联合伐辽,收回幽燕 16 州。就登、莱、密州界而言,因宋辽对峙,宋政府是禁止南方商人到那里去的。而闽商和船民却在宣和四年于登州外港的沙门岛建庙,这说明登州和南方的联系并未割断。

出土的文物,也为登州港和南方的交通往来提供了佐证。1984 年,清理登州水城港内淤积时,发掘出古船一艘及北宋以来的历代瓷器多件。"北宋时期的出土物中,见有江西浮梁景德镇湖田窑影青瓷,还有陕西铜川黄堡耀州窑的青瓷……同时出土的宋代古瓷,还有福建、河南、河北各地方窑的器皿,均为民窑粗瓷。"① 这充分说明北宋时期登州港和南方港口的联系。登州港的进出口货物中,应包括上述诸地的官瓷和民瓷。

2.赈济转运

登州地少粮乏,北宋时,粮食供给有赖于南方。从南方运往登州的货物,粮食常常占有突出的地位,灾荒年景更是如此。

宋淳化年间,山东发生严重灾荒。"淳化元年(990 年)二月十九日,京东转运使何士宗言:登州饥,文登、牟平两县民四百一十九人饿死。诏遣使发仓粟赈贷死者。"②

淳化四年(993 年)又出现灾荒,朝廷发出诏令:"以登、莱州艰食,令江淮转运司,顾客船转粟赈济之。"③此后灾荒频仍,故而海运赈济活动,持续了相当长时间。例如,景德三年(1006 年)正月二十六日,有"诏京东转运司应齐、淄、青、潍、登、莱等州人户有厥食者……于封桩仓分支遣赈贷"④。大中祥符二年(1009 年),"十一月十五日,诏河东沿边诸州、军,河外麟府,岁调民辇送刍粮者,宜令特免一年"⑤,为了鼓励海运赈济者,免其一年租税。天禧元年(1017 年)"八月十一日,诏江淮发运司漕米三万石,由海路送登、潍、密州"⑥。至此,海运赈济活动已持续了 27 年,这也是历史上鲜见的。

3.海盐的运贩

关于海盐的运贩活动,放到特殊条件下来研究考察才能够说得更清楚。契丹渐强,并和北宋对峙,北宋对之无可奈何。高丽自天圣八年(1030 年)后,有 40 余年未至登州港,反朝贡于契丹,行契丹历。而登州地近契丹和高丽,故有禁南方商船至高丽和登莱州界之举。自北宋庆历朝(1041—1048 年)起,更为严厉,例如,《庆历编敕》载:"客旅于海路商贩者,不得往高丽及登、莱州界。"但这也不是绝对的,据史载:"其在京东曰密州涛洛(盐)场,一岁鬻三万二千余石,以给本州及沂、潍州,唯登、莱州通商……庆历元年(1041 年)冬,以(山东)……八州军仍岁凶苦,乃诏弛禁,听人贸易,官收其算。"⑦历朝盐法甚严,即便不考虑禁海因素,而允登、莱州通商,也是很特殊的,而像密州等只因连岁灾荒,才有"弛禁"。

海禁特别严厉之时,对登莱盐的贩运也不是绝对禁绝。例如,《宋会要辑稿》记载,

---

① 耿宝昌:《蓬莱水城出土瓷器略谈》,《蓬莱古船与登州古港》,大连海运学院出版社 1989 年版,第 96 页。

② 《宋会要辑稿·食货》六八,淳化元年三月条。

③ 《宋会要辑稿·食货》六八,淳化四年四月条。

④ 《宋会要辑稿·食货》六八,景德三年正月条。

⑤ 《宋会要辑稿·食货》四二,大中祥符二年十一月条。

⑥ 《宋会要辑稿·食货》四二,天禧元年八月条。

⑦ 《宋史》卷一八一,《食货三下》。

徽宗崇宁五年(1106 年)"三月二十三日……据莱州申契……昨因钞盐新法,令客人借海道通行,往淮南等州军般(搬)贩盐货"①,只因地方官怕承担责任,"虑夹带奸细及隐藏海贼……依旧权行禁绝百姓船"。这里只"权行禁绝百姓船",则"官船"当仍可通行。这就是所谓"天下盐利皆归县官,官鬻通商,随州郡所宜,然亦变革不常,而尤重私贩之禁"②。

"私贩之禁",对于登、莱州来说,无疑断了一条活路。神宗元丰八年(1085 年)十月,曾知登州的苏轼,在离职后仍关心登州人民,在该年十二月,根据调查,以《乞罢登莱榷盐状》奏上,言三害:徒致"灶户失业渐以逃亡,其害一也";"居民咫尺大海而令顿食贵盐,深山穷谷遂至食淡,其害二也";"商贾不来,盐积不散,有人无出",难免坐弃官本,"官吏被责专副破家,其害三也"。总之,"官无一毫之利而民受三害,决可废罢",力请"先罢登、莱两州榷盐",朝廷允准。③ 于是,终北宋之世,"蓬莱不食官盐"④。登、莱州得以特准近海航行通贩海盐,这也是朝廷对登莱的宽容。苏轼也因此在登州被视为"救星",声望大振,在登州蓬莱阁还有纪念这位五日太守的苏公祠,非唯其诗文,而在其奏章如实向上反映了老百姓的疾苦。这既说明登州对近海通贩的依赖,也可说明当时登州港近海交通的一般情况。

4.短途交通和航运发配罪犯

短途海上交通,在登州所辖 30 余岛间是重要的。岛居民者十之二三,赖以生存的捕捞活动,岛民生活必需品的交换活动,岛际以及诸岛和登州的联系,均非驾船入海不行;甚至岛民走亲找友,也离不开驾船入海。可见,短途的海上交通是岛民生活的一部分,是不可能禁绝的。

至于罪犯发配,起自北宋太祖时代,时将重要罪犯,经登州渡海,囚于沙门岛。建隆三年(962 年),索内外军不律者配沙门岛⑤,后成为定例。罪犯的身份可能比较重要。例如,大中祥符九年(1016 年)三月,即有"著作郎高清以赃贿杖脊,配沙门岛"⑥。咸平元年(998 年)十二月令,对判处死刑而免杀的杂犯,不再发配沙门岛。熙宁六年(1073 年),朝廷曾明令,将沙门岛寨监禁的犯人由原定额 200 人增为 300 人。沙门岛寨主李庆曾将超额人犯抛到海中淹死,据统计,两年间就杀害了 700 余人。这种情况,直到马默知登州才建言除之。

(四)港航活动对地区经济的意义

登州港航活动经过长期的演变、起伏和发展,到北宋已达到一定水平。它既能适应频繁的海上运兵,也能适应大规模的粮食运输;既能适应突击移民的需要,又有接纳海运赈济灾荒的能力。在国内南北交通中,它一度处于中枢港的地位,甚至堪称五代和北宋的首都门户港。在国际交往方面,与朝鲜半岛和日本诸国以及与其他国家和地

① 《宋会要辑稿》,第一六五册,第 5618 页。
② 《宋史》卷一八一,《食货三下》。
③ 《登州府志》卷一九,《艺文志上》,顺治本。
④ 《蓬莱地理志》,第 28 页。
⑤ 《宋史》卷一,《太祖一》。
⑥ 《宋史》卷八,《真宗三》。

区的长期往来,使登州港在相当时期内成为北方最重要的国际港口。

这一切,必然对地区经济产生深刻的影响,使得北宋前期和中期的登州经济有一定程度的发展。

纺织业。唐代,山东为纺织业最发达的地区。山东唐贡,登州有麻、布;莱州有绵、绢、赀布;密州有麻、布;品种繁多,花色各样。北宋,南方纺织业已经兴起,北方尚未见衰落。官府既设场织造,在山东青州就有织场院,主织锦绮、鹿胎、透背,也向民间市买。史载:"宋承前代之制,调绢、布、丝、绵,以供军须,又就所产折科和市……(山东)青、齐、郓、濮、淄、潍、沂、密、登、莱……州市平绝。"①从记载看,常用纺织品中,山东是民间市买最多的。国内供应以外,还供出口,如高丽,"其丝线织纤,皆仰贾人,自山东闽浙来"。登州港是山东甚至北宋王朝对高丽的主要贸易港。

矿业。山东矿藏丰富,矿业也较发达,在北宋有相当地位。赖以支撑国家金融的黄金,就多产于登莱;位于全国"阬冶"之首,登州宋贡首贡即为金。②宋初"阬冶:凡金、银、铜、铁、铅、锡监、冶、场、务二百有一。……至治平中……登、莱金之冶十一;登……银之冶八十四广…登莱……铁之冶七十七……登、莱……铅之冶三十"③。登、莱两州,为金、银、铁、铅的主要产地,可见其金属矿产业在北宋的地位。特别是黄金产地,全国仅记6州,山东有登、莱二州,占1/3。而且,"金产最多的是山东半岛的登、莱二州,元丰元年(1078年),全国的金课共计一万零七百余两,而登州收四千七百两,莱州收四千八百七十余两,两者合计达九千五百七十两,占总数的99%④以上,可说全部的金产都在登、莱二州"⑤。其中,登州约占该年全国金课数的43.92%,莱州约占45.51%。此虽为元丰元年的统计,想此前亦持相当水平。例如,《宋史》记载:"天圣中,登、莱采金,岁数千两";又"天圣二年(1024年)置场官自收买,禁人私贩……"天圣四年(1026年),"登州蓬莱县淘金利害……"⑥

金产对登州人民很重要,他们的生活与之有密切的联系。例如,宋仁宗明道元年(1032年)十月,"禁登州民采金"⑦,但景祐(1034—1038年)中,适遇灾害,"登、莱饥,诏驰金禁,听民采取,俟岁丰复故"⑧。灾年听民采金,丰年禁民采金,金子和登州民生的关系昭然可见。

另外,非金属矿产,其"朱高山,临海产滑石……"⑨石炭(煤)的开采,北宋时期亦相当普遍。"石炭,自本朝河北、山东、陕西方出……遂及京师,陈尧佐漕河东时,始除其税……东坡作诗记其事"⑩,石炭入诗,可见一时之盛,这与煤炭的储量丰富和冶炼需要分不开。

---

① 《宋史》卷一二三,《食货志上》。
② 《宋史》卷八五,《地理》。
③ 《宋史》卷一八五,《食货下》。
④ 99%,算误,应为89.44%。
⑤ 华山:《宋史论集》,齐鲁书社1982年版,第113页。参见《宋会要辑稿·食货》三三。
⑥ 《宋会要辑稿·阬冶》,天圣二年、四年条。
⑦ 《宋史》卷十,《仁宗二》。
⑧ 《宋史》卷一八五,《食货下》。
⑨ 《登州府志》卷二,《山川》,顺治本。
⑩ 《猗觉寮杂记》,卷上。

渔盐业。是登州百姓赖以生存的基础,是登州经济的支柱。灾荒年景,水产的捕捞、盐的生产和运销起过关键作用。且自东坡上奏后,登州民不食官盐,自己晒制,自己消费,并自运自销,渔盐业相对来说较为发达。

农业。登州地区地少而瘠,且多灾荒,用粮往时靠海北,北宋赖江南海运供给,但也有"风雨时若,春蓄秋获,五谷登成,民皆安堵"①的记载。可见年景好时,农业收入也是可观的。

商业。随着港航活动的兴盛,商业也随之兴盛。史载内外商贾交错,市街林立,货如山积。登州是个比较小的州,在经历了时紧时松的港禁之后,至熙宁间商贸已走下坡路。但熙宁十年(1077年)以前,其年商杂税额仍有10223贯②,虽在京东路17个州军中居于末位,但仍挤入1万贯至3万贯的95个州县中,进入全国等级城镇之列,和密州(29196贯)、莱州(16450贯)一样列入6等。虽品位不高,但也难能可贵。

建筑业。市镇建设,亦有发展。例如,率先建有高丽馆、高丽亭,以接纳高丽等外使外商。仁宗庆历二年(1042年),建了"刀鱼寨",为山东最早的人工海港。仁宗嘉祐六年(1061年),"因思海德泽为大,而神之有祠"③,遂重修海神庙,并建蓬莱阁,为驰名中外的一大景观。

此外,登州居户人口亦有较快的增长。尽管历经唐"安史之乱",经53年五代十国的动荡,再经宋辽、宋金对峙以及禁海的影响,宋徽宗崇宁和唐开元时相比,户口还是增加了近2倍。登州港一直以来都处在首都门户港的重要地位。其交通贸易,是以国力为支撑的,而不是仅靠地方经济来支撑的。其腹地辽阔,主要包括青州、曹州、兖州、济州以及河洛地区。出口货源以及进口的消纳,主要不是在登州本地,而是在中原地区,特别是河洛地区。而中原地区经济发达的情况,是史所称道、有目共睹的。所以,在某种意义上说,登州港对中原地区的意义,甚至比对本地区经济的意义还要大。这正是登州港之所以能成为古代重要海港的原因所在。

二　登州港的由盛转衰及其原因

(一)登州港地位的衰落

北宋时期,登州港在唐、五代鼎盛之后,仍有一个兴盛时期。随着宋辽对峙和宋代国力的衰微,登州港的衰落也成为历史的必然。逐步失去了对外贸易港的地位,这是其衰落的主要表现。如前所述,由于日本的锁国,北宋登州港的对外贸易主要是高丽。登州港和高丽的交往,虽然有一个兴盛时期,但由于契丹的关系,传统的"登州海行入高丽道"已难以恢复。也就是说,高丽之到登州,已不从辽东渡乌湖海经乌湖岛过庙岛海峡入登州,而是径渡大海至山东半岛东部西入登州港,甚至不由登州直接觅道去中原。这在航海本义上说,或者是一个进步,因之完全摆脱了逐岛航行,即以海岛为目击参照物航行的模式。但对登州港港域的利用范围小了,这主要是指其外港即庙岛群岛

① 《重修蓬莱县志》卷十三,《艺文志》,道光本
② 《宋会要辑稿·食货》十五之四。
③ 《蓬莱县志》卷十三,《艺文志》,道光本。

诸港而言,无疑是一种失落。

登州港和高丽的直接交往,曾多次遇到麻烦。

(1)宋淳化五年(994年)六月,高丽因契丹的侵略,曾遣使入宋乞师,宋太宗以北边甫定,不可轻动干戈为由,婉拒。高丽"朝贡遂绝",中断和登州的联系6年,一直到咸平三年(1000年)才恢复。

(2)仅隔三年,咸平六年(1003年)八月,高丽王遣其户部侍郎李宣古贡于宋,又请出兵境上,以牵制契丹。由于北宋希望和辽交好以求安宁,对北方形势采取观望的态度,未答应高丽所请。这样,高丽又和宋绝,直到大中祥符七年(1014年)十月,高丽和女真联盟抗御契丹,才恢复和北宋的联系。

(3)天圣年间,由于契丹侵掠,攻占高丽城市,北方形势险恶。天圣八年(1030年)十二月,高丽王遣近300人的使团到登州,予以重贡,再次恳求北宋干预,仍无结果。天圣九年(1031年)二月,宋遣使护送高丽使团至登州。"其后绝不通中国者四十三年。"[1]此记不确,因至熙宁三年(1070年)五月,高丽复遣"百十人"使团由登州入贡,从天圣八年起算,实际上中断40年。但不管怎样,登州港与高丽的交通已经衰落了。

(4)熙宁年间,高丽和北宋虽有联系,但止于熙宁七年(1074年)。是年,高丽王"欲远契丹,乞改途由明州诣阙"。自此,登州港的海外交通几告断绝。"每朝廷遣使,皆由明州定海放洋,绝海而北上。"[2]或者零星还有,如元丰朝杨景略使高丽,但已没有多大意义。

登州地处海隅,其所以曾有所发展,海上交通是重要因素。北宋和高丽通过登州港贸易交换关系时断时续、每况愈下,使登州经济出现极大的起伏。至中后期,登州的经济地位迅速下降。熙宁十年(1077年)前,登州的商杂税额曾达到10223贯,熙宁十年则降为5390贯708文,减少了47.27%。

如以山东半岛最主要的登、莱、密州作比较,更可以看出北部的登、莱港下降趋势之剧。京东路司做比较的16个州,在熙宁十年被挤出6等城镇之外的,按其商杂税额高低排列为兖州、曹州、莱州、淄州、济州、单州、登州,登州位列榜末。

特别是北宋我国沿海经济高度发展,在沿海城镇经济达到或超过内陆城镇的情况下登州衰落,其反差是十分强烈的。

这种情况,熙宁后当更严重。苏轼元丰八年知登州虽仅五日,但他"入境问农",好作调查,故有《登州谢上表》《乞罢登莱榷盐状》《登州召还议水军状》存世,在奏章中直言登州民的苦境:农业,"地瘠民贫",农事不丰,且多灾荒;盐业,"炉户失业,渐以逃亡",民居海边,却食价昂之盐,穷苦之民,无钱买盐,"遂至食淡";商业,苏轼屡记:"商贾不来","商贾不至",所产如盐,一方面百姓穷不得食,一方面因无商贾可通,甚至于露天堆积。百姓苦无生计,有的背井离乡,有的被迫"去为盗贼"。此时,登州地区的经济已一蹶不振。

(二)登州港衰落的主要原因

登州港自秦汉勃兴,隋唐鼎盛,北宋天圣前亦堪称兴旺,曾为国所重、为世瞩目,然

---

① 《宋史》卷四八七,《外国三·高丽》。
② (宋)徐兢:《宣和奉使高丽图经》卷三《封壤》。

一朝衰败,则江河日下、一落千丈。

究登州港衰败,主要表现在商业贸易锐减,其原因如下述。

原因之一,地理优势丧失。这是登州港衰落的主要原因。众所周知,迄隋以来,中国多建都洛阳、长安、开封,主要交通干线,由京都可通达登州,干线所及中原地区,为我国经济重地,登州为京都的门户港;隋唐、五代及宋与新罗、百济、日本等的交往,登州港地位重要,有传统的"登州海行入高丽渤海道";五代时南方诸国入贡,登州港为海上贡道的终点港;同时,登州港是南北海上交通的中枢。

但是,由于"宋辽对峙""宋金对峙",登州港地理位置的优势尽失。

契丹,隋唐时代已为我国北部强族。后晋时更予以燕云十六州,到北宋已统治我国东北及华北大片地区,以大清河和海河为界,同北宋对峙。北宋的登州和辽朝的辽东半岛诸港隔海相望。此所谓"登、莱东北,密弥辽人"①,"海道至辽一日耳"②,"登州地近北房,号为极边,房中山川隐约可见,便风一帆奄至城下"③,"登州竹山(大、小竹山岛)驼基(砣矶岛)诸岛之外,晴天无云,可远望平州城壁"。《登州府志》亦云:"辽阳与登相望,一水可通……程途近切,朝发夕至。"

可见,其时登州成为"极边",成为海防重镇,其商业贸易地位一落千丈,不可与往同日而语了。

原因之二,我国北方和朝鲜半岛政局动荡。这一时期,北方少数民族极为活跃,如西夏、契丹(后为辽)、女真(后为金)均对北宋朝形成威胁。特别是我国东北的契丹、女真以及高丽时相攻伐,使那里的形势极不安定。契丹既与宋对峙,又威慑高丽不得渡海事宋,数度使高丽和登州的交往中断,熙宁后则几乎完全断绝,亦即断绝了登州港和海外的正常联系。

原因之三,宋廷行登莱港禁,禁南商入登莱和高丽界。"宋辽对峙"以及高丽在国际关系上的多变性,使宋廷对北方的交通往来采取谨慎的态度。为了防止间谍活动,防止辽朝利用北宋的物质资源,北宋中期对登莱港采取封禁措施。一方面,庆历元年(1041年),对登州海面严加控制,地方政府对登州属"船户"和"舶户",实行了统一登记,编组管理,每5户、或10户、或20户编为一里,联户编管,以便控驭。另一方面,自庆历朝起,几乎历朝皆三令五申,禁止南方海船入登州,这样登州港和南方诸港的正常往来亦告断绝。

《庆历编敕》载:"客旅于海路商贩者,不得往高丽及登、莱州界。……如有违条约……许诸色人告捉,船物并没官,仍估物价钱,支一半与告人充赏,犯人科违制之罪。"④

《嘉祐编敕》亦同上载,禁往高丽及登莱州界。

《熙宁编敕》载:"诸客旅于海道商贩,于起发州投状,开坐所载行货各件,往某处出卖,召本土有物力户三人结罪保明……不过越所禁地分……即乘船自海道入界河,及

① 《宋会要辑稿·职官》四十四之七八。
② (明)郑晓《今言》卷三,第 207 条。
③ (宋)苏轼《登州召还议水军状》,《东坡全集》卷二,丛刊本。
④ 《东坡文集》卷六五,引《乞禁商旅过外国状》。以下诸《编敕》引同。

往北界高丽,并登莱界商贩者,各徒二年。"①日本学者藤田丰八认为:"此项规定,为禁止输入铜钱、军器及军器资料与敌国之辽而发言,是不待言也。"②

《元祐编敕》和《熙宁编敕》略同,"乘船自海道入界河,及往新罗、登莱州界者,徒二年,五百里编管"。《宋史》载:元祐五年(1090 年),"往北界者加等"③。《通考》载:元祐五年十一月二十九日,刑部言:"商贾许自海道往来蕃商(国)兴贩……乘船自海道入界河,及往高丽、登莱州界者,徒二年。往北界者,加二等配一千里……余在船人虽非物主,并杖八十"④。

其间,唯元丰朝对高丽至厚,复有交通往来,但主要为密州至高丽、明州至高丽两条航线,即东路线和南路线。山东南部和江淮一带,多建高丽亭馆,沿途"亭馆一新"。例如,《诸城⑤县志》载:"盖县境海口,在宋时为高丽往来要地,故曾筑高丽馆于城外。"⑥元丰八年,苏轼赴登州就任途中,曾经密州,因城有高丽馆,曾赋诗记之,不仅许人民与高丽通商,亦准高丽入贡与商贩。

元丰八年(1085 年)九月十日敕节文则更明确:"诸商贾由海道贩诸蕃,唯不得至大辽国及登莱州。"对于和高丽的往来,元丰元祐间,实际上时禁时弛、时严时松,全看形势需要。所以论者云:"元丰元祐间,因党争关系,故禁令或行或废,因时而异,固无论矣。"⑦

元祐以后,对登莱的禁封没有松弛过,及至政和四年(1114 年)三月,不仅不准淮南州县船至登莱,亦禁往密州。⑧

很显然,在这种形势下,登州港不要说发展,维持亦无可能,其衰落是必然的、无可挽回的。

原因之四,密州港足以并且已经取代了登州港的地位。密州港,即胶州湾西北部的板桥镇。胶州湾内的港口活动,从魏晋起,地位和作用就超过了琅琊港。北宋初亦为我国重要港口。由于它可取代登州港,使登州的贸易不断为之所夺。它的地位的上升,则意味着登州港进一步衰落。

元丰六年(1083 年),宋廷恢复和高丽的传统关系,着人勘踏往高丽海道,即有奏议说:"今至登、密州,问得二处海道,并可发船至高丽,比明州实近便。诏景同密州官吏,募商人贡谍,试探海道以闻。"⑨登、密均可通高丽,诏景和密州官吏再探,未用登州官吏,实际上已确定不用登州—高丽线(不仅是登州海行入高丽道)。后来,高丽王徽卒,宋遣使团吊慰,走的亦是密州—高丽线。知密州范锷正是把握这一机遇,于同年十一月十七日,再次奏请:"欲于本州置市舶司,于板桥镇置抽解务。"⑩奏议中把密州港

① 《东坡文集》卷六五。
② 〔日〕藤田丰八:《中国南海古代交通丛考》,何健民译,商务印书馆 1936 年版,第 35 页。
③ 《宋史》卷一八六,《食货八下》。
④ 《文献通考》卷二十,元祐五年十一月条。
⑤ 诸城,时密州州治。
⑥ 《诸城县志》卷六《山川考》,乾隆本。
⑦ 〔日〕藤田丰八:《中国南海古代交通丛考》,何健民译,商务印书馆 1936 年版,第 318 页。
⑧ 《宋会要辑稿·刑法》二之六二。
⑨ 《续资治通鉴》卷三四一,元丰六年十一月条。
⑩ 《宋会要辑稿·职官》四四之八。

的经济腹地扩至"京东、河北",正是登州港衰败之故。

元祐三年(1088年)三月,密州设了北方唯一的市舶司,于是板桥镇"海舶麇集,多异国珍宝","自来广南、福建、淮浙商旅,乘海舶贩到香药诸杂物,乃至京东、河北、河东等路商客般(搬)运见钱、丝、绵、绫、绢,往来贸易,买卖极为繁盛",南北之货"交驰而奔辏"①,板桥镇成为"南北商贾所会去处"②,完全取代了登州港的内外贸易,登州港商贸港的地位和作用已经丧失。

三 登州港的军事地位及海防建设

(一)登州港的军事地位

史谓"辽金方强,登州海口非宋人所得利用"③,指的当然是商业贸易,至于在军事上,其对北宋来说,地位举足轻重、十分重要。

首先,在于登州"号为极边",是和辽(后和金)对峙的前沿,辽军可"便风一帆奄至",此处成为必争的战略重镇。

其次,在于登州陆路直通中原,和首都道路通达;海路南下山东,即至江浙;确为战略要地,为"京东一路捍屏"④。

再次,宋辽对峙,登州为女真、高丽来使互通情况、为军事服务的最便捷的海口。

宋辽对峙期间,登州并无兵事发生。照苏轼分析:"虏知有备,故未尚有警",暂得"久安"局面。但女真和辽的矛盾非常尖锐,懦弱的宋政权图谋和女真协议,以收复燕云失地,即史谓"宣和将伐燕,用其降人马植云谋,由登、莱航海以使女真,约尽取辽地而分之,子女玉帛归女真,土地归我"⑤。后来刘豫封齐帝,封册曰"爰有汉人,来从海道,愿输岁币,祈复汉疆"⑥,更道出其实质,故一时之间,为军事对抗而进行的外交往来是频繁的。

《天下郡国利病书》辑载:"重和元年(1118年),汉人高药师(一说辽人)泛海来言,女直建国屡破辽师,登州守臣王师中以闻。诏蔡京、童贯共议,遂使武义大夫马政同药师以海道如金,金主以粘没喝议,使渤海人李善庆、女直散靓持国书并珍珠、生金等物,同马政来修好。诏蔡京等谕以攻辽之意,善庆等唯唯。居十余日,遣政同赵有开赍诏及礼物与善庆等渡海报聘。行之登州,有开口会谍者,言辽已封金主为帝。乃诏政勿行,止遣平海军校呼庆送善庆等归金职。"⑦

关于宋金遣使往来于登州,协议击辽,并议收回后唐失土归宋事,除《天下郡国利病书》外,《宋史》《金史》《三朝北盟会编》《大金吊伐录》等均有记载。尤其是《大金吊伐录》为金时人记录,资料更为实际,可互为补正,弥足珍贵。

① 《续资治通鉴长编》卷四〇九,元祐三年三月乙丑下条。
② 《宋会要辑稿·刑法》二之六二。
③ 赵琪:《胶澳志》卷一,《沿革志》。
④ 苏轼:《登州召还议水军状》,《东坡全集》卷二。四部丛刊本。
⑤ (宋)岳珂:《桯史》卷九,《燕山先见》。
⑥ (宋)岳珂:《桯史》卷七,《楚齐借册》。
⑦ 《天下郡国利病书》卷四四,《山东》十。

顾炎武所辑重和元年事，诸说多不同。重和元年，亦即宋政和八年，金天辅二年。《三朝北盟会编》记：宋于政和八年四月二十七日，"遣马政等过海至女直军前议事，未赍国书"，闰九月二十七日马政至女直所居阿芝州涞流河。[①] 而《大金吊伐录》则载："天辅元年(1117年)十二月宋主遣登州防御使马政来……二年正月乙巳，宋使马政回。"[②]可见多有差异。又如前记"散靓"，《宋史》为"小散多"，《大金吊伐录》为"孛多"等。有的是译名的差别，有的则是根本矛盾的了。

(二)刀鱼寨以及其他海防建设

登州的海防建设，主要起自宋代。唐代虽在乌湖岛设乌湖镇，大榭岛置大榭镇，但唐永徽初即废。唐开元二十二年(734年)九月，"辛巳，移登州平海军于海口安置"[③]，主要是对外用兵一时之需。宋代据苏轼奏则"自国朝以来，常屯重兵，教习水战，旦暮传烽以通紧急。每岁四月遣兵戍驰基岛，至八月方还，以备不虞。自景德后屯兵常不下四五千人。除本州诸军外，更于京师、南京、济、郓、兖、单等州差拨兵马屯驻。至庆历二年(1042年)，知州郭志高为诸处差来兵马，头项不一，军政不肃，擘画奏乞创置澄海水军、弩手两指挥，并旧有平海两指挥，并用教习水军，以备北房"[④]。由此可见和前不同。

宋代登州海防极重。据记载，建隆以来，有"澄海弩手(庆历二年置)"，熙宁以后有"澄海弩手二""平海二"。[⑤] 关于厢兵，建隆以来，马军、威边军"京东路有南京、青、郓、密、曹、齐、濮、济、淄、登、莱、沂、单州，内登(州)系教阅"；安东军，有"登、莱州"；步军、安海军为"登州"，水军，京东路为登州；熙宁以后，登州有壮城军、安东军、安海军、水军、壮武军。"以上并元丰以前所隶，后皆因之"[⑥]。由此可见登州海防的军事实力。

宋庆历朝起，据苏轼之奏议可知，由于知州郭志高的努力，登州海防建设较前大为发展，并足具特色。

1.登州刀鱼寨的建设

仁宗庆历二年(1042年)，契丹遣萧英、刘天符来致书，求割地。五月，契丹集兵幽州，声言来侵河北、京东皆为备边。[⑦] 在这种形势下，同年，知登州郭志高在登州画河入海处，"置刀鱼寨巡检，水兵三百，戍沙门岛，备御契丹"[⑧]。

刀鱼寨，顾名思义，以驻泊刀鱼舡得名。刀鱼舡是宋初普遍使用的浅海巡逻船或谓刀鱼战棹，这类战船系依据浙江濒海处的渔船演变和改造而成。上述刀鱼舡，长宽比超过4.0[⑨]，形狭而长，状如刀鱼，速度快，故以刀鱼名船。

据现有资料分析，刀鱼舡约出现于五代末或宋初。宋太祖于开国之初，常去汴梁

① (宋)徐梦莘：《三朝北盟会编》卷二。
② (金)佚名：《大金吊伐录》卷一，《与宋主书》。
③ 《旧唐书》卷八，《玄宗上》。
④ 《登州召还议水军状》，《东坡全集》卷2。
⑤ 《宋史》卷一八八，《兵二》。
⑥ 《宋史》卷一八九，《兵三》。
⑦ 《宋史》卷十一，《仁宗纪》。
⑧ 《登州府志》卷二，《沿革》，光绪本。
⑨ 蓬莱文化局：《蓬莱古船和登州古港》，大连海运学院出版社1989年版，第69页。

(京城)"造船务",视察水军用刀鱼战棹演习水战,说明当时其即为批量建造的典型战舰了。后鼎州和滨州,亦为国家要害地域,曾"措置合用刀鱼战船,已行划样,颁下州县"制造。① 这说明北宋时已为定制,把刀鱼船绘制成图样(小样),颁行沿海州县按图建造。登州刀鱼舡应来源于此。也就是说,登州刀鱼舡与宋太祖视察的刀鱼战棹以及鼎州、滨州的刀鱼船定式,是同一类型,应与浙江沿海巡检近海的钓槽型鱼船(俗称刀鱼船)一脉相承。关于浙江沿海的刀鱼船或钓槽船,据载:"其尾阔叫分水,面敞可容兵,底狭尖可破浪,粮储器杖,置之簧版下,标牌矢石,分立两傍,可容五十卒者,而广丈有二尺,长五丈,率直四百缗。"②

专家认为,刀鱼舡固然使桨,但由于它是由沿海船改造而来,船上亦必有帆,有风时可帆桨并用,无风时使桨,操船灵便,易于完成濒海沿江巡检任务。宋咸平三年(1000年),造船务匠项绾等献海战船式,刀鱼船为其中之一。每船可载百余人,有橹8或6支的钻风船或三板船(一椗四橹),均属多桨刀鱼船一类。

关于刀鱼寨的建设,初期只是利用环境,就势而建寨栅,后有发展。据记载:陆域部分,围以防卫栅栏,筑寨城,以为军营;水域部分,"驻军在今水城一带筑沙堤,堤内泊船"③。其沿蓬莱城北海滨丹崖山麓,从海边向南延伸,又折向东转北,再回到海滨,筑起一个马蹄形的口南朝北的沙土围子,中间是画河流入的海湾,可以停泊船只,通向北口即为大海,在北部临海处,即船舰进出的口门,刀鱼舡进出航行、驻泊,均方便安全。同时,由于水寨坐落在丹崖山后侧,具有相当的隐蔽性,水师活动不易为敌军发现,而在战时进可以战、退可以守,是古代难得的军事要塞。

刀鱼寨在登州海防中的作用是十分重要的,可以说是京东唯一的水师基地。战舰可以在这里锚泊、训练、避风、维修,可以在这里上粮、供水、补给军需。刀鱼寨水师为京东唯一水师,海防的任务甚重。据《登州府志》记载,刀鱼寨水师,不仅负责蓬莱东、西一带的海上巡逻,而且要戍卫庙岛群岛海域与岛屿,进行全面巡察。平时,刀鱼寨派战舰巡防,日出由寨出发,日没即回寨。同时以水师戍岛,"水兵三百人,戍沙门岛,每仲夏驻砣矶,秋冬引还南岸"④。

2. 登州港外港的建设

为了保持刀鱼寨和庙岛群岛诸港口的联络,还在庙岛群岛的沙门岛、砣矶岛和南、北大谢岛上,安装了铜炮台,修建了烽火台等。这也是登州海防建设的重要组成部分。

四 金代更趋衰落的登州港

(一)金代登州港面临的形势

在宋金联合伐辽的战争中,宋朝屡屡败北,"虏骑所过,莫不溃散"⑤,北宋王朝的懦弱腐败已暴露无遗,这就引起了新兴的金国(即女真)进军北宋问鼎中原的野心。

---

① 《宋会要辑稿·食货》五十。
② (宋)李心传:《建炎以来系年要录》卷7。
③ 新编《蓬莱阁志》,第40页,《水城》。
④ 《蓬莱县地理志》,第16页。
⑤ 《朱子语类》,卷一二八。

徽宗宣和七年（1125年）冬十月，金国摸清北宋"道路险易、朝廷治否、府库虚实"，即地理、政治、经济情况，看到"时之大弊，曰民穷，曰兵弱，曰财匮，曰士大夫无耻"①，认为时机已经成熟，避开水路，分东西两路挥师南下。尽管宋廷主战将领和广大人民奋起抗击，但宋廷屈膝妥协，割地进贡，甚至甘尊金帝为伯父，毫无斗志，军事上一败再败。靖康元年（1126年）十一月，宋廷被迫以"黄河见今流行以北、河北、河东两路郡邑②人民，属之大金"③。靖康二年（1127年）四月，"三里之城，遂失籓藩之守；十世之庙，几为灰烬之余"④。金军虏宋徽宗、钦宗、后妃、公主、宗臣、大臣计3000余人北去，北宋王朝灭亡。

宋南渡后，淮河以北被金占有，两国仍然对峙。南宋对南商渡河北上，控制和惩罚更为严厉。可能商贾趋利，亦可能南北间的传统联系难以一刀斩断，陆路既难通行，反而由海道来维持联系。金廷对此似乎并不介意，在某种程度上，反而欢迎南商北去，南宋则频频颁令限制。

宋高宗建炎四年（1130年）秋七月，"己未，禁闽、广、淮、浙海舶商贩山东，虑为金人乡导"⑤。但商贩航海北上贸易并未因禁而止，《宋会要辑稿》载"贪其厚利，兴贩前去"。在宋金对峙的情况下，这不能不引起南宋政府的忧虑。宋高宗绍兴七年（1137年）六月十八日，知兴州府两淛（即浙）东路安抚使蒋芾言："据本司参议官敝割子，顷在北方备知中原利害……山东沿海登、莱、沂、密、潍、滨、沧、霸等州，多有东南海船兴贩铜、铁、水牛及鳔胶等物……所造海船、器甲仰给予此。及唐、邓州收买水牛皮、竹箭杆，漆货系荆湥客人贩入北界，缘北方少水牛，皮厚可以造甲，至如竹箭杆、漆货，皆此所无。"在兴州知府看来，这些物资可资军事，输入山东沿海登、莱、沂、密等海口，自然属于资敌，是不能允许的，故奏请朝廷令沿海沿淮州军"严行禁绝，如捕获客人有兴贩上项等事，兴重寘典宪"⑥。

尽管如此，也难禁绝南商北往。例如，金海陵王正隆时，由于南侵的需要，到南方觅揽人才造海船。据李心传《朝野杂记》载：浙江甚至有船匠暗渡山东，"献议造舟，因为向导"，为金水军南下帮凶。当然，这是个别的例子。至于商贸，则禁不胜禁。"海舶飞运，所失良多，而铜钱之泄尤甚，法禁虽严，奸巧愈密，商人贪利而贸迁，黠吏受贿而纵释，其弊卒不可禁。"⑦《宋史》的记载反映了宋廷对此亦无可奈何。

（二）金代登州的港航活动

金代的水师基地，为便于南侵，虽设在胶州湾，但对登州港的军事作用也是重视的。《登州府志》就有"宋金分居南北，一水可通，故金设重兵于登州，以防海道，勋戚大臣久镇海疆"⑧的记载，既有重兵驻守，又有重臣镇防，显然地位是重要的。

---

① 《宋史》卷四三八，《黄震传》。
② 山东，此处是指金行政区山东东路。据《金史》卷二五《地理志》：登、莱州属之，而文登、牟平另属宁海州。
③ 《大金吊伐录》卷三，《宋主与河东河北敕》。
④ （宋）石茂良：《避戎夜话》卷下，《宋主降表》。
⑤ 《宋史》卷二六，《高宗三》。
⑥ 《宋会要辑稿·刑法》二之一五八、一五九。
⑦ 《宋史》卷一六八，《食货八下》。
⑧ 《登州府志》卷六八，《补遗》，光绪本。

南宋也十分重视这一战略要地。宋绍兴年间,观文殿学士胡松年曾向高宗进策:"如欲恢复中原,必自山东始,山东归附必自登、莱、密始,不待三郡民俗忠义,且有通泰飞艒往来之便。"①这很说明问题。

登莱一带,金水师活动也有一定规模。例如,绍兴三年(1133年),宋明州守将徐文以所部海舟60艘叛,刘豫以其知莱州,并海舰20艘,骚扰通、泰间。②

商贸活动很少,军事运输则是经常的。通过登州海道,可到金之大后方,所以无论对军事的供应,或对后方的交通,登州港都起了运输补给作用,登州港—登州海道—辽东,就是金国的一条运输补给线。

关于其他活动,据《登州府志》载,在砣矶岛井口村曾发现石刻,刻有:

大金皇统六年

保证张牙局子

□□因勾室女

□会九月二日

□州□□谨记

"右正书方寸五分许,凡5行,行6字,共30字。不知其何所指而曰保证,曰勾室女,曰谨记。疑当日有采宫女之旨,宫役所在搜访,故书年月以记之。"③这也是金朝利用登州港和登州外港进行航运活动的一个证明。

五 蒙元时期因海运复兴的登州港

(一)南北海漕中枢登州港

1. 南北海漕的由来

成吉思汗帝十二年(1217年),新兴并迅速强盛起来的蒙元频击山东。"冬,克大名府,遂定益都、淄、登、莱、潍、密等州"④,此前后,宋、金、蒙元交替争战于登、莱、密州。至成吉思汗帝二十二年(1227年)五月,宋京东路总管李全投降蒙元,"山东地区都为蒙古所有"⑤。以后约经半个世纪,蒙元先后灭西夏(1227年)、灭金(1234年)、灭南宋(1279年),在中国建立了一个空前规模的、多民族的、统一的中央集权王朝。

蒙元灭南宋后,建都于大都(今北京),这就形成了蒙元帝国的政治、军事中心在北方,而经济、文化重心在南方,政治军事重心和经济文化重心分离的格局。这是一个十分突出的矛盾。"世祖定都于燕,合四方万国之众,仰食于燕"⑥;国家方定,京都建设极繁,"国家初定中原,制作有程,凡鸠天下之工,聚之京师"⑦,这是北方经济力量所难以支撑的,有赖于南方在经济上的支持。正如元朝人危素云:"元都于燕,去江南极远,

① 《宋史》卷三七九,《胡松年传》。
② 《宋史》卷四七五,《刘豫传》。
③ 《登州府志》卷六六,《金石》,光绪本。
④ (明)宋濂:《元史》卷一,《太祖一》。
⑤ 蔡美彪等:《中国通史》,人民出版社1992年版,第427页。
⑥ 《丛书集成初编》之一,附录,《玩斋集》。
⑦ (元)苏天爵:《元文类》卷四二,《经世大典序条·诸匠》。

而百司庶府之繁,卫士编民之众,无不仰给于江南。"①可见,燕京庞大的政府机构、王室、军队,包括集中起来的工匠,还有对海外的赏赐等,无不依赖于江南供给,特别是粮食,依赖江南供应量很大。

元初的粮食运输,"自浙西涉江入淮(淮南运河),由黄河逆水至中滦旱站(今河南黄河北岸封丘县境)陆运至淇门(今河南淇县南),入御河(今卫河)以达京师"②。在京杭大运河未全线贯通之前,河运需在淇门中转,费时费力,于是广开新河,如开胶莱运河③,但成效不显著。这样,就产生了大规模的海运粮食问题,且设立了相应的机构建制,形成了颇为有效的海运制度,使"民无挽输之劳,国有储蓄之富",是为"一代良法",史谓"终元之世,海运不废"④。

欲行海运,则登州港的地理优势会得到充分的体现。无论海运粮食航道如何变化,登州港都是必经之地,处在南北海漕的中枢地位,而"终元之世,海运不废"注定了登州港因海运而复兴的前景。

2. 以登州港为中枢的海漕航线

登州港,特别是其外港沙门岛(庙岛)在海漕中的地位是十分显著的。"朱张海饷,自三大洋径至燕京"⑤,登州港为海运粮船之必经。每当运期,沙门岛,如刘家港(粮船始发港),"万艘如云,毕集海滨"⑥,蔚为壮观。

史谓"元海运自朱清、张瑄始"⑦,"朱清、张瑄,海上亡命也"⑧。据载,朱清曾亡命于登州沙门岛,经常活动在登州以及渤海水域,贩私盐,劫掠商旅。朱清因"捕急辄行舟东行,三日夜得沙门岛,又东北过高句丽水口,见文登夷维诸山,又北燕与碣石,往来若风与鬼,踪迹不可得……无虑十五六往返。私稔南北海道,此固径直且不逢浅角"⑨。很显然,在长期动荡的海上生活中,他们摸索出了一条无虑往返的南北航线。元朝平江南时,他们投靠元朝,为丞相伯颜所重用;至元十九年(1282年),开始了足具规模的粮食运输。

据《大元海运志》载,时造平底海船 60 艘,运粮 46000 余石,从海道至京师。初次的航路,据《大元海运志》记为:自刘家港出扬子江,盘转黄连沙嘴,月余,始抵淮口,过胶州牢山(崂山)一路,至延真岛,望北行,转成山西行到九皋岛、刘公岛、沙门岛,放莱州大洋,收界河,两月余,抵直沽,实为繁重。如此,这一运竟达三个月余,运输效率和船舶之周转也确可虑,比唐朝的长途海运水平高不了多少,恐怕主要是集团运输、前呼后应不易,以及航路不熟悉的缘故。到至元二十六年(1289年)"增粮八十万石,二月

---

① 《丛书集成初编》之一,(元)危素:《大元海运志》。
② 《元史》卷九三,《食货一·海运》;危素:《大元海运志》。
③ 胶莱运河,沟通入胶州湾的胶河和入莱州湾的胶莱北河,全长 150 千米左右,亦称运粮河。至元十九年开浚,后废。
④ 《丛书集成初编》之一,附录《大学衍义补》。
⑤ 《丛书集成初编》之一,附录《浩然斋视听钞》。
⑥ 《丛书集成初编》之一,附录《玩斋集》。
⑦ 《丛书集成初编》之一,附录《草木子》。
⑧ 《丛书集成初编》之一,附录《广舆图》。
⑨ 陶宗仪:《辍耕录》卷 5,《朱张》。

开洋,四月直沽交卸,五月还,复运夏粮,至八月回,一岁两运"①,效率略有提高。但这条航线,似不理想,后来曾两次变更,但无论怎么变,登州港沙门岛仍处于中枢地位,作用十分显要。

至元十九年(1282 年)自刘家港出扬子江,盘转黄连沙嘴,月余,始抵淮口,过胶州牢山一路,至延真岛,望北行,转成山西行到九皋岛、刘公岛、沙门岛,放莱州大洋,收界河,两月余,抵直沽,三月余。至元二十九年(1292 年)刘家港乘东南风开船,一天到撑脚沙(太仓西撑脚浦),转过沙嘴,到长江北口,顺风一日到扁担沙(崇明岛北),过万里长滩、青水洋②、黑水洋③,过成山,绕过刘公岛、芝罘、沙门岛入莱州大洋,风好三天便可到界河口直沽。风顺半月,风水都不顺,有三四十天。至元三十年(1293 年)至崇明州三沙放洋,向东行,入黑水洋,取成山,转西,至刘家港,又至登州沙门岛,于莱州大洋入界河。

第三条航线,进一步摆脱了海岸的束缚,一出刘家港就直闯大洋进入登州水域,缩短了南方港口和登州港的距离,不失为一大进步。这条航线亦显得经济、合理、使用价值高,为后世所沿用。

登州港作为海运之中枢,主要是一个粮食转运港或集散港。例如,方志记载,"至元三十年(1293 年),海运来十三万石给辽阳戍兵","三十一年(1294 年),以所储充足止海运三十万石"④。这说明登州粮运不仅供京师,亦供辽阳驻军。

(二)海运漕粮对登州港的影响

1. 登州港航活动的复兴

这一时期内,从海上将粮食由南往北运,规模越来越大。元成宗大德六年(1302 年)起,年运量在 120 万石以上。自元武宗至大四年(仁宗皇庆元年,1311 年)起,年运量在 200 方石以上,海运航线开始进一步摆脱了海岸的束缚,缩短了南方港口和登州港的距离,经济、合理、使用价值高,为后世所沿用。至仁宗延祐五年(1318 年),达到255 万余石,为元世祖至元十九年(1282 年)运量的55.46倍。

运船越来越多,且大型化。初仅 60 艘平底海船,大者装 1000 石,小者装 300 石。而"延祐以来,各造海船,大者八九千,小者二千余石",即大者为至元时大船装运量的八九倍,小者也达到二倍。

运船数更扶摇直上。例如,延祐元年(1314 年),"浙江平江刘家港开洋一千六百五十三只,浙东庆元路开洋一百四十七只……元幼主天顺元年(1328 年),用船总计一千八百只"⑤,已大大超过运粮船 60 艘的规模。

投入的人力越来越多。例如,至元二十一年(1284 年),"罢阿八赤开河(即胶莱运河)之后,其军及水手各万人,运海送粮"⑥,一下子就增加 2 万人。而海运盛时广每年

---

① 《丛书集成初编》之一,附录《广舆图》。
② 青水洋,北纬 34 度,东经 122 度附近一带水域。
③ 黑水洋,北纬 32—36 度,东经 123 度以东水域。
④ 《登州府志》卷二,《海运》,光绪本。
⑤ 《大元海运记》卷下。
⑥ 《登州府志》卷二,《海运》,光绪本。

船万只，"水手运军十余万人，往返于长江口天津间"①。

众所周知，上述船舶、人员、粮食都是要经过登州港的，特别是其外港沙门岛，为粮船定期定点的寄泊港。沙门岛港湾，由十几个岛礁环拱萦绕、相互联结而成，港域条件优越。在沙门岛宝塔门外怒海涌波之时，港内因三面避风，仍显得风静浪平，仿若一个湖泊。后人称之庙岛塘。史谓"凡海舟……必泊此以避风"②。据记载，有一次沙门岛竟同时进驻运粮水手、船工3000余人。一年两运，源源不断，特别是航线一再变化，更趋合理，运船往返时间缩短，船舶周转加快，港口利用率提高。登州港和沙门岛一时之盛，似不必说，连庙岛群岛，居民都多达10万人。

2. 港口经济技术的发展

（1）港口管理水平的提高。"军粮民食仰给南方海运，安危事关国脉。"③政府的海运机构和海运组织之完备和严密，是当然的。为了保证粮食运输的低耗、高效、安全，在运粮船队方面，也建立了严格的编制。登州的集运粮食，肯定超过胶西（即胶州），但具体组织编制少见记载。胶西则比较清楚。"胶西押纲官秩正八品，每编船30只为一纲，应运10万余石。每纲船户约不及200户。"这和元朝的统一规定是相符的。"应运10万余石"，说明了每纲的运量；而"每纲船户约不及200户"，则大致说明了每船人数，平均在6人左右。登州当亦如此。登州各纲粮运，是就近征集的。据《登州府志》记载，元惠帝"至正十七年（1357年），于登莱沿海立三百六十屯，相距各三十里，造大车挽运"④，往登州等港集中。这样，登州港和沙门岛对粮食的装卸，船只的寄泊、移泊、进出口的调度，船只的修理以及待修船只粮载的仓储等的管理，其繁忙和复杂的程度为以往所无。又据载，"凡海舟以竹筒贮淡水数石，度供舟内人两日之需，遇岛又汲"⑤，即沙门岛还有淡水的补给任务等，均在客观上使港口管理、服务的内容大为丰富，管理业务得以拓展，港口管理的水平亦得以提高。

（2）港口技术水平的提高。元朝海运粮船，进出登州港和沙门岛者，亦"曰遮洋浅船，次者曰钻风船（即海鳅）……迅遮洋运舡制，视漕舡长一丈六尺，阔二尺五寸，器具皆同，唯舵杆必用铁力木，舱灰用鱼油和桐油"。显而易见，海漕运船较河漕运船为大，初时海运船大者只容1000石，后来小的也在2000石以上，大的运船已容7000石以上，业已具有相当的规模。这就对港池、航道的水深以及对海域岩礁分布的了解等提出更高的要求。港口必须有足够的技术手段面对和应付这种空前的局面，其技术水平的提高也是必然的。

（3）港口防卫的加强。鉴于登州港及其外港沙门岛在海运粮食中的重要地位；鉴于"历岁既久，弊日以生……兼以……盗贼出没，剽劫覆亡之患……有不可胜言者"⑥，如元顺帝至正八年（1348年）"台州土豪方国珍造船千艘于海上，劫掠商贾，集卒数万，

---

① 天津博物馆，《古史陈列资料》。
② 《登州府志》卷二，《山川》，顺治本。
③ 《胶澳志》卷一，《沿革》。
④ （明）宋应星：《天工开物》卷中，《舟》。
⑤ 《天工开物》卷中，《舟》。
⑥ 《元史》卷九一，《食货五·海运》；

阻元之海运"①；鉴于对倭寇防卫的需要，使元朝对登州海防重视有加。

沙门岛。"元人通海运于沙门岛，设监置戍，其时与……《齐乘》云，沙门岛在登州海北九十里，上置巡检直转帆入渤海者皆望此岛以为表识"②。对于登州港，史载："元初……登莱李擅旧军内起金一万人，差官部领御倭讨贼……而水军之防仍循宋制。"③由此可知，元朝登州刀鱼寨仍同北宋，照旧驻扎水师，用以巡逻登州海面、列岛，出洋防哨，为元水军要塞。至正十一年（1351年）三月，还由于形势关系，"立分元帅府于登州"④。

1984年登州港小海清淤，出土了元代沉船和大量文物，据研究确认该船为刀鱼战棹。据研究估算，古船总长35米，主体长31米，船阔6.2米，舱深2.5米，吃水1.3米，主桅高25米，头桅高17米，载重量约87吨，排水量约189吨。⑤同时还出土了元代的一门铜炮，该炮由黄铜铸成，外口径10.2厘米，内口径7.0厘米，残长18.3厘米；口圆，有两道凹陵，这种火炮体短口大，又称碗口筒。此外，还有石弹和灰瓶，均是水军攻战中的制式兵器。

（三）登州港的海上交通贸易

金代登州港已经衰败。登州四县（和北宋略不同），"户口减耗至五万余"⑥。南宋、金、元兵戈交替，兵祸频仍，登州不多的港口活动更遭摧残。元代，全国平定以后，特别是南粮北运，刺激了登州的港航活动，使其进入一个复兴时期。

1. 登州港的国内交通和贸易

登州港既为南粮北运的中枢港口，登州港的国内交通和贸易，尽管记载不多，应该说也有一个相对的复兴。

譬如朱清，宋末元初活动在登州海域沙门岛一带，从事海上走私贩盐，劫掠商旅，尤重巨贾，竟使"富家以为苦"⑦。朱清组织的人马和叫苦的"富家"，都是从事海上航运活动的，说明此航线上往返商旅不是寥寥。

关于元代的国内交通和贸易，1984年登州蓬莱水城（刀鱼寨故址）清理港内淤积时，发掘出古船一艘及北宋以来历代的瓷器计200余件，其中元代器物不少。以瓷器为例，"以龙泉窑和北方窑为主，次为磁州窑、金华窑和浙或闽地方窑"⑧。出土的瓷器精品，显然不是民用的，有的则是民用的碗、高足杯、罐、瓶以及盘、壶、虎子等。在出土的北宋瓷器中，有江西浮梁景德镇湖田窑影青瓷、陕西铜川黄堡耀州青瓷；同时出土的还有福建、河南、河北各地方窑的器皿，均为民窑精品。无独有偶，近年来，在我国华北地区，尤其是长城一带、内蒙古等地以及京津地区、辽宁省的金州古港，均有同类器物大量出土。

---

① （清）钱谦益：《国初群雄事迹录》，《方国珍》，中华书局1982年版。
② 《登州府志》卷二，《山川》，顺治本。
③ 《登州府志》卷十二，《军垒》，光绪本。
④ 《元史》，卷四三，《顺帝纪五》。
⑤ 杨槱：《山东蓬莱水城和明代战船》，《蓬莱古船和登州古港》，大连海运学院出版社1989年版，第62页。
⑥ 《金史》卷二五，《地理志》。
⑦ （元）陶宗仪：《辍耕录》卷五。
⑧ 《蓬莱水城和登州古船》，第15页。

这样,我们可以看到宋元时期登州港国内交通贸易的大致轨迹,而且可以据此断定,登州港不仅是我国瓷器外销的北方集散地和主要港口,在国内瓷器的集散和贸易中也有重要的地位。登州港仅从瓷器的贸易来说,就和我国南部沿海福建的泉州、福州港,浙江的杭州、明州港,河北的直沽、平州港以及辽宁的金州港等港口保持着密切的、传统的交往,和我国内地的江西、陕西、河南、内蒙古以及东北地区保持着广泛的贸易联系。

2.登州港的海外交往

登州港虽未设过市舶司,亦非元帝国指定的外贸口岸,但对外交往不乏记载。南北海漕开通以后,南方外商亦循运粮道北上。《登州府志》载:"南蕃海船,皆从此道贡献,仿效其道矣。"①

与高丽的交通往来。元初,登州港和高丽保持着一定程度的往来,往高丽活动者为数不少,故引起元朝政府的重视和明令禁止。据载:至元元年(1265年)冬十一月,元朝"禁登州、和州等处并女真人入高丽界剽掠"②。这是登州航海至高丽活动的证明。

元朝和高丽政府间的交往频繁亦有经登州港的记载。元仁宗延祐三年(1363年)后,高丽西海道安廉使李齐贤,曾多次往返元大都,并乘船到过登州港。

关于通商贸易,据记载,元成宗元贞元年(1295年),高丽政府就曾遣人"航海往益都府,以麻布一万四千匹,市楮币"③,高丽人换得元朝的纸币,以购买他们所需要的商品。另外,据长岛航海博物馆资料,1984年重修庙岛"显应宫",挖基时出土了一些瓷碗,经鉴定产地是高丽,为元末的产品。专家认为,13—14世纪,高丽是生产青瓷的主要国家之一。这些高丽瓷器,有可能是元末通商贸易的船带过来的。

与日本的交通往来。登州和日本之间的交往,从唐以后,已不多见,宋金代亦然。元代和日本交恶,和日本的贸易主要在南方。日本到北方来的船也有,常常是走私、行商、劫掠兼而有之。元至正二十三年(1363年),"八月,丁酉,倭人寇蓬州,宋将刘暹击败之"④。蓬州,据中日两国史家研究,即为蓬莱。由此可见日本和登州的交往还是有的。特别是关于倭寇的记载,这是早期也是后世倭患的萌始。

1976年从朝鲜全罗南道新安郡道德岛海中,打捞起了几件中国瓷器,自此至1982年6年间,共进行了8次打捞和调查,所获颇丰,有陶瓷器16792件、金属663件、石材31件、其他511件;另外,仅1982年利用吸引软管打捞的铜钱就有18吨。这些铜钱都是中国制造的,包括唐、两宋、辽、金、西辽、元各代产品。我国学者席龙飞考证认为,此沉船为我国元代福船,是从福州出发到日本去的。⑤

1984年蓬莱水域清淤,亦出土了一批瓷器,两相对照,发现朝鲜沉船"所载的不仅有我国南方陶瓷,也有北方磁州窑产品白釉黑花云龙纹罐;其中尚有元代黑釉器系罐及橄榄形高桩罐与蓬莱水域出土的卷口橄榄形罐基本一样……可视作上述情况的一

① 《登州府志》卷二二,《海运》,光绪本。
② 《元史》卷五,《世祖纪二》。
③ 《高丽史》卷三一,《忠烈王世家四》。
④ 《元史》,卷四六,《顺帝纪九》。
⑤ 席龙飞:《朝鲜新安海底沉船的国籍和航路》,《太平洋》文集,海洋出版社1985年版,第129—131页。

个间接例证;或许这些瓷器就是从登州转港出口的,也未可知"①。河北的磁州窑的产品,就近到登州装船的可能性为大,不至于到福州去装船。福州如果通航日本,到了元代,完全可以直航,大可不必绕道经高丽。朝鲜新安出土的沉船或许是从登州港出发,或在登州港中转而去日本的。这说明登州和日本间的通商贸易是存在的。

第五节　天津港②

一　宋辽对峙时期的天津港与贸易

(一)宋辽对峙下的界河

北宋建立以后,统一了中国的大部分地区,但在华北有契丹族为主的辽政权与北宋对峙,以海河流域的白沟(也称界河),大体上相当于今大清河及海河一线为界:界河以南属北宋,界河以北属辽。宋弱辽强,北宋为了防御辽朝的南下,沿界河南岸设置了许多防御工事,称为"砦"(寨)、"铺";西起现在的河北省满城县,东至泥沽海口,绵延九百里,由河流、淀泊构成屯田防线。"太宗置寨二十六,铺一百二十五,廷臣十一人,戍卒三千余,部舟百艘,往来巡警。"③仅从泥沽海口到独流之间,就有鲛济港铺(约在今葛沽附近)和泥沽、双港、三女镇、小南河、百万涡、独流南、独流北、沙涡等寨,都派兵驻守。北宋仁宗宝元二年(1039年),"河北缘边安抚司,请于缘界河百万涡寨下至海口泥沽寨空隙处,增置巡铺,从之"。界河以北的辽朝也设拒马河长戍司,往返巡逻。为防止辽朝的骑兵南下,北宋还在西起今河北保定,东经雄县、霸县直到青县附近,开辟了许多塘泊防线。这样,使唐代曾一度帆樯林立的军粮城及对岸的泥沽海口成为两国边防的前哨。真宗咸平四年(1001年)于泥沽海口、章口恢复造船机构,令民入海捕鱼,"先是置船务,以近海之民与辽人往还,辽当泛舟直入千乘县,亦疑有乡导之者,故废务"④。从北宋废置船务的情况看,泥沽海口和军粮城常处于封锁状态,失去了南北转运的可能性。

北宋庆历八年(1048年),黄河泛滥北流,夺界河入海,直到南宋绍熙五年(1194年)才又改道南移。在这100余年期间,由于黄河急流的冲刷和泥沙的淤积,使界河和塘泊防线发生了变化。黄河夺界河入海以前,界河宽150步(每步5市尺),最窄的地方为50步,河深1丈5尺,浅的地方约1丈。黄河夺界河入海以后,经过急流的冲刷,界河最宽处540步,窄处约两三百步,深处3丈5尺,浅处约两丈,两岸日益开阔。⑤河水流入塘泊地区,由于泥沙的淤积,塘泊渐浅,失去了防御作用。

---

① 耿宝昌:《蓬莱水城出土瓷器略谈》,《蓬莱古船和登州古港》,大连海运学院出版社1989年版,第99页。
② 本节引见《天津港史》编委会:《天津港史》,人民交通出版社1986年版,第14—39页。
③ 《宋史·何承矩传》。
④ 《宋史·河渠志》。
⑤ 《宋史·河渠志》。

（二）界河沿线的港口贸易

宋、辽对峙，时战时和，到北宋景德元年（1004年）以后，双方维持了100余年的和平局面。这期间，宋、辽在界河一线进行了贸易，贸易形式大体可分为三种：

（1）朝廷往来聘使。这是北宋与辽定期定量进行的物品交换。

（2）官方设立榷场。北宋在易、雄、霸、沧州等地各设官方榷场；辽朝也在界河以北设立了榷场，各设官员监督、管理互市贸易、征税。

（3）私人交易。这是在榷场以外进行的，多以逃避税收取利以及在市中买卖榷场禁售的货物。

宋辽贸易的货类繁多。北宋向辽出售的有茶叶、药材、犀角、象牙、苏木，缯帛、稻米、麻布、丝织品、瓷器、漆器、染料、香料等，[①]其中药材、犀角、象牙、苏木等都是南海一带的产物，每年在榷场贸易的总价值为20万贯；[②]另外还有工艺品、乐器、图书、文具、酒、蜜果等。宋向辽输出的还有铜和锡等商品。宋神宗熙宁五年（1072年），在榷场出售给辽的铜就达100万斤。[③]

辽向北宋出售的商品有食盐、酒、蜜果、干鲜果、皮毛、皮革制品、毛毡、北珠（产自女真族地区），还有镔铁刀剑、弓箭、马具；大宗商品有马匹、牛羊、骆驼等，以羊为最多。榷场之外，私人贸易也极盛行，甚至北宋镇守边防的军士、官吏也都私买契丹的马匹。[④] 北宋向辽私市出售的商品还有硫黄、焰硝及禁售的书籍等。在榷场和私市贸易中，由于辽朝缺少铜的资源，严禁辽钱出境，通用北宋的铜钱，客观上使宋辽经济上联系密切。军粮城和泥沽海口在北宋和辽对峙时期，虽然失去了转运的作用，但仍不失为界河沿线港口贸易的水运通道。

（三）金元时期直沽港口的兴起

金天会三年（1125年），金灭辽国。天会五年（1127年）又并北宋，建立了北方统一的金朝政权，隔淮水（今淮河）与南宋对峙。金贞元元年（1153年），金王朝由上京（今黑龙江省阿城县附近）迁都于燕京（改称中都，今北京）。随着自然条件的变化和海河河道的相对稳定，潞水、御河汇合处的三岔口逐步形成了直沽寨，直沽港的水运交通也随之兴起。

早在唐代，海河支流汇合入海处，已有"三会海口"的记述。北宋时期，自庆历八年（1048年），黄河前后三次北涉，均从天津附近入海。元丰四年（1081年），黄河自澶州大吴决口，形成一条北流河道，再次冲入界河，不舍昼夜冲刷。[⑤] 黄河与白河相会之处，水分支叉，劈地成块，天津一带始有"三岔口"之地。北宋都水使者吴蚧称，自元丰

① 《宋史·食货志·互市舶法》。
② 《宋会要辑稿·食货》卷三十六。
③ 《资治通鉴长编》卷二四零之二五。
④ 《资治通鉴长编》卷二四零之二五。
⑤ 《宋史·河渠志》。

间大吴口决,北流入御河,下合西山诸水至清州独流寨三岔口入海。① 证实确有三岔口之地,并隶属清州独流寨。北宋防辽时,在界河、塘泊、海口一带诸路口,广布寨、铺,以备军事。北宋在三岔口附近已有三女寨、小南河寨、双港寨、泥沽寨、田家寨、当城寨等军事地名;②除三女寨(今天津灰堆一带)外,其他各地名沿用至今。

金代,在北宋的基础上,三岔口已发展成重要的军事、交通要地。贞祐元年(1213年),金王朝调武清县巡检完颜佐、柳口镇巡检嶡住为正、副都统,戍直沽寨③,此乃直沽寨见书得名之始。

直沽寨地处三岔口水路要津,潞水、御河合流后东入渤海,水路交通方便,距中都有100多千米,地位重要,具有发展港口水运的有利条件。

由直沽港,北溯潞水,经通州,漕船可直达中都;南航旧黄河,达滑州、大名、恩州、景州、沧州、会川之境;西南经御河、漳水,则通苏门、获嘉、新乡、卫州、浚州、黎阳、卫县、彰德、磁州、洺州;沿滹沱、衡水、连献州、深州、清州,经巨马河和霸州,经沙河和雄州、北清河抵山东。各条水路广通河北、山东、河南等地区,经黄河、淮水可通南宋。凡濒河诸路置仓贮税之地,若恩州之临清、历亭,景州之将陵、东光,清州之兴济、会川,献州及深州之武强,均水路通达;管理漕运之城如武清、香河等,转运漕粮之地如柳口、信安等,均河漕通达,十分便利,经海河到泥沽可与海路相连。金代的直沽港,航路发达,是连接金朝广大地区的交通要津,是中都通向各地的水路咽喉,对维护金王朝的统治,发展农业、陶器、盐业、商业等均有积极作用。

二 金代漕运与直沽港的发展

金朝统一北方领土,为直沽一带的漕运发展创造了条件。海陵王迁都燕京后,每年京师所需大量粮米,均仰给河北、河南、山东一带。处于京师要津的直沽港,担负着粮米转运至中都的任务,"自内黄经黄河来滑州、大名、恩州、景州、沧州、会川境内濒河十四县之粟,自漳水行御河,通苏门、获嘉、新乡、卫州、浚州、黎阳、卫县、彰、德、磁州、洺州之馈;自衡水经深州会于滹沱,以来献州、清州之饷"④。漕船从三条航线,装载濒河诸城以及傍郡之税,集结柳口(今天津杨柳青)及直沽一带。另有霸州之巨马河、雄州之沙河的运粮漕船皆合于信安海蠕,到直沽集结。柳口、直沽所集之船溯潞水而至通州,以达京师。随着漕运的发展,直沽港成为供应中都宗室、军吏、奴婢等人的粮饷和军马草料最重要的转运港口。

金大定二十三年(1183年),在京宗室将军,有户一百七十,口二万七千八百零八,牛具三百零四⑤,漕粮常年转运量达一百七八十万石。⑥ 大定二十一年(1181年),以八月京城储积不广,仅恩、献等六州诏粟百万余石运至通州,辇入京师。

---

① 天津市海岸带和海涂资源综合调查组小综合组编印《海河下游水文地理的变迁和天津港口城市的形成和演变》,1984年9月。
② (北宋)曾公亮:《武经总要》前集。
③ 《金史》卷一百三,《列传第四十一·完颜佐》。
④ 《金史·河渠志》卷二十七。
⑤ 北京市社会科学研究所:《北京历史纪年》,北京出版社1984年版。
⑥ 天津史编纂室何淮湘:《金元两代的盐漕与天津》。

直沽港的转运多集中于春秋两季。冬季航道结冰,暑期雨暴,航运不便,漕船多在春、秋季航行,"春运以冰消行,暑雨毕。秋运以八月行,冰凝毕"[1]。每年春秋季节,直沽港呈现一派繁忙景象。

自直沽到通州,逆水行漕。通州而上,地峻而水不留,其势易浅。舟船不行,后虽开卢沟河,或通或塞,船运和陆运都十分困难。直沽、柳口一带十数里的码头岸线,常有大量漕船滞行。泰和五年(1205年),上至霸州,以故漕河浅涩,敕尚书省发山东、河北、河东、中都、北京军夫六千,改凿之[2],改善了直沽港的集运航道。由于直沽至通州的航道是逆水航行,柳口、直沽的滞船现象仍难避免。

到达直沽的粮船有官雇民载、民赁官船,每30只分编为"纲"。"纲"内每船设户(纲户),纲船所经州县及港口,官吏以盘浅剥载为名,弊端百出。泰和六年(1206年),金朝遂定制,凡港口及漕河所经之地,州府官衔皆兼"提控漕河事",县官则兼"管勾漕河事",俾催检纲运,营护堤岸,加强港口漕运的管理;凡粮食装船或港口盘浅剥载之前,必须先检查修理船只,保持良好的状态,所载之粟,行前提取米样,加封后方准起航。对装船、卸船以及顺流、逆航都规定了付费标准和航行期限。这些法规都促进了皇粮漕运和直沽港的顺利中转。

正隆四年(1159年)二月,金准备侵宋,下令征军;十月,命工部尚书苏保衡在通州督造战船,海陵王亲自察看。翌年三月,海陵王派原中都步马都指挥使、改行都水监徐文与步军指挥使张弘信等率舟师九百浮海镇压东海县(今江苏省连云港)张旺、徐元起义。海陵王并对徐文说:"朕意不在一个城邑,将以试舟师。"[3]可见,除漕粮转运之外,直沽还是通州庞大舟师浮海必经之港口。

大安二年(1210年),蒙古骑兵攻金,京师戒严,中都大饥。三年以后,蒙古军再次围困中都。贞祐二年(1214年),粮道断绝,宣宗决定迁都开封[4],直沽港的漕粮转运亦随之衰落。

三 元代漕运与直沽港的发展

贞祐三年(1215年)五月,蒙古军攻破金中都,改中都为燕京。后来,忽必烈立足燕京,进而统一中国。至元八年(1271年)元朝建立,都于燕京;次年改为大都,并迁居民于大都城内。内城分50坊,有口约10万户,各种市集30多处,外城住着许多过往商人和外国人,百司庶府之繁、卫士编民之众,无不仰给于江南。[5] 至元十六年(1279年),南宋灭亡,元统一了我国南北疆域。至此,大都所需官俸银米,军需粮草,臣民之盐、茶、丝、绢,源源不断从江南运来。由于直沽地处水运要津、大都之门户,故大都所需的江南物资和赋税,无不到直沽港接卸转运。

河运。初期到直沽的"皇粮"漕船,自浙西涉长江入淮水,由黄河逆流至中滦,陆运

---

① 《金史·河渠志》卷二十七。

② 《金史·河渠志》卷二十七。

③ 蔡美彪、王忠等:《中国通史》第六册,人民出版社1979年版。

④ 北京市社会科学研究所《北京历史纪年》,北京出版社1984年版。

⑤ 蔡美彪、严敦杰等:《中国通史》第七册,三联书店有限公司1995年版。

至淇门，入御河。① 转京师之粮，一年只可运 30 万石。至元二十年（1283 年），江淮水运不通②，于是自淮水以北开济州泗河，分汶水至须城之安民山，入清济故渎，经东阿早站至利津河入海，由海运至直沽。③ 因海口泥沙壅塞，不便通行，又改由东阿站陆运 200 里至临清入御河，劳费甚巨。后开凿胶莱新河通海。至元二十二年（1285 年），经胶莱水道载江淮之米，达直沽港转运京师者有 60 万石。④ 至元二十六年（1289 年），采韩仲晖、边源的建议，从安民山之西南，由寿昌西北至东昌，又西北至临清开河，入于御河，全长 250 余里，命名"会通河"。这样，自余杭至大都的运河航道比隋代运河缩短了 1800 里，使江南的货物经河运自杭州至直沽顺利抵大都。直沽港在满足朝廷的需求、沟通南北经济、繁荣大都商业中发挥了极大的作用。

海运。运河初开，岸狭水浅，只能通航 150 料以下船只。因大都建城，役夫增多以及官营酿酒，河运粮远不能满足大都需要，绝大部分仍需依靠海运。至元十三年（1276 年），伯颜入临安，曾令朱清、张瑄等将南宋库藏图籍自崇明州由海道运入京师。⑤ 至元十九年（1282 年），命上海造平底海船 60 艘，载粮 46000 石。因航行风信失时，次年始至直沽，转于京者为 42100 余石，损失约 4000 石。

海运航行成功后，忽必烈立万户府二，任朱清、张瑄经划海运，其间自江南入直沽的海道亦凡三变。⑥

初期，自平江刘家港经扬州路通州（今南通市），海门县（今海门以东），黄连沙头，万里长滩开洋，沿山吞而行，抵淮安路盐城县（今江苏省盐城）历西海州，海宁府东海县（今连云港）、密州、胶州界、放灵山洋（今黄海胶州湾以南近海区域）投东北，行月余始抵成山，自上海至天津杨村码头，总计 6675 千米，沿线比较险恶。

直沽至京师的水道，因水浅舟大不能达，更以百石之舟，船夫增多，航道多塞。海道路远，河道多塞，直沽港的年海运量仅数十万石。

至元二十六年（1289 年），元政府发武卫军千人，修挖河西务至通州漕渠，京师疏运变畅。1291 年，又凿通州至大都运粮河（定名通惠河）。航道开通后，直沽港的疏运持续大畅。1290 年和 1291 年，直沽港的年转运量增加到 150 万石以上，成为直沽港的第一次海运兴盛时期。

至元二十九年（1292 年），朱清、张瑄以原有海道路险，复开新道：其一，自刘家港至撑脚沙，转沙咀，至三沙、洋子江，过匾担沙、大洪⑦，又经黑水洋⑧至成山，过刘家岛（今威海市以北）至芝罘岛（今烟台岛）、沙门岛（今山东黄县以北），放莱州大洋（今莱州湾），抵界河口（今海河），达直沽港；其二，自刘家港入海，至崇明州、三沙，放洋向东行，

---

① （明）陈邦瞻撰：《元史纪事本末》卷十二。
② 《古今图书集成》，《经济汇编・食货典》第一百五十九卷，漕运部。
③ 蔡美彪、严敦杰等：《中国通史》第七册，三联书店有限公司 1995 年版。
④ 《古今图书集成》，《经济汇编・食货典》第一百六十卷，漕运部。
⑤ （明）宋濂：《元史》卷九十三。
⑥ 《古今图书集成》，《经济汇编・食货典》第一百六十卷，漕运部。
⑦ 根据中华地图学社 1975 年出版的《中国历史地图集》，均在长江口附近。
⑧ 黑水洋系指北纬 32 度至 36 度，东经 123 度以东的海区，约相当于长江口至成山间水深色浓呈蓝黑色的海区。

入黑水洋,取成山转西至刘家岛,又至登州沙门岛,于莱州大洋入界河。① 当舟行风信有时,不过旬日,自浙西经直沽港可转于京师,比初期海路航期缩短 2/3。是年,直沽港投运海漕粮为 140 余万石。十二月,忽必烈命征爪哇,发福建、江西、湖广兵两万,用战船千艘,载一年粮,远涉重洋。次年大败,士卒死者 3000 余人,所掠不能偿其所失。由于南方粮源缺少,至元三十年(1293 年)直沽港海运至大都的粮食下降到 90 余万石。

成宗大德五年(1301 年)春,京畿大旱,五月末始雨,畿内岁饥,增江南海运粮。② 翌年,直沽港的海漕转运量从上一年的 70 多万石,增加到 130 余万石;之后,转运量逐年增长。大德十年(1306 年),因江浙粮食岁欠,不能如数北运,又令湖广、江西各输 50 万石充海运。③ 是年,到直沽的海运量达到 180 余万石。延祐六年(1319 年),通州、沸州增置粮仓。翌年,京师疫病,免差税二年,从南方征调粮食增加,直沽港的海运量连续四年超过 300 万石。泰定三年(1326 年),北方发兵修通州道,京师又饥,发粟 80 万石赈之。该年从直沽港运到京师的海运粮为 335 万余石,为元代直沽港海运粮的最高输运数量,详见元代直沽港海漕转运数量表(表 23-1)。

表 23-1　元代直沽港海漕转运数量表

年　　代	海漕起运量(石)	转运到达京师量(石)
至元二十年(1283 年)	46050	42172
二十一年(1284 年)	290500	275610
二十二年(1285 年)	100000	90771
二十六年(1289 年)	935000	919943
二十七年(1290 年)	1595000	1513856
二十八年(1291 年)	1527250	1281615
二十九年(1292 年)	1407400	1361513
三十年(1293 年)	908000	887591
大德五年(1301 年)	796528	769650
六年(1302 年)	1383883	1329148
七年(1303 年)	1659491	1628508
八年(1304 年)	1672909	1663313
九年(1305 年)	1843003	1795347
十年(1306 年)	1808199	1797078
延祐六年(1319 年)	3021585	2986017
七年(1320 年)	3264006	3247928
至治元年(1321 年)	3269451	3228765
二年(1322 年)	3251140	3246483
三年(1323 年)	2811786	2798613
泰定三年(1326 年)	3375784	3351362
四年(1327 年)	3152820	3137532
天历元年(1328 年)	3255220	3215424
二年(1329 年)	3522163	3340306

---

① (明)宋濂:《元史》卷九十三。
② (明)陈邦瞻撰:《元史纪事本末》,卷十二。
③ 《古今图书集成》,《经济汇编·食货典》第一百六十卷,漕运部。

至正二年(1342年),颍(今安徽阜阳)农民起义,湖广、江西相继被起义军占领,南方贡赋不供,直沽港海运暂止。至正十四年(1354年),张士诚突起高邮,占据东南、南北梗塞,漕运困难。方国珍拥有海船300余艘,转战沿海,阻绝海上运输,元朝的钱、粮岁赋更难如数征敛解运。随之直沽港的海运逐渐萧条,漕粮转运量很少。至正十七年(1357年),张士诚投降元朝;其后,张士诚以每年10余万石海运粮到达直沽。

元朝80多年中,每年征敛的金、银税收,约有半数来自江浙。粮食岁输京师约1350万石。① 其中,海运自江浙地区的约占2/5,河运河南一带的约占1/5,另有湖广、陕西、辽阳等处1/5。无论河运海运,直沽港始终是最重要的漕运枢纽港。

随着直沽港口皇粮转运的萧条和终止,京师大都发生饥荒,河南、山东的流民也涌入京师,疫病流行,病饿而死的贫民,枕藉道路,元朝的统治,至此难以维持。至正二十七年(1367年),朱元璋命征虏将军徐达率军25万,自集庆北伐。次年,明军会集德州,水陆两路沿运河北上。直沽港由于政治、经济地位十分重要,元朝也增派重兵把守。只因元军连续失败士气低落,明军到达直沽时,元将闻讯先从海口溃逃。直沽港失守后,大都宫廷内外震惊,元朝的统治已岌岌不可终日。②

四　港口的航道、码头及仓廒

(一)航道

金元时期,天津的海岸和河流基本稳定,自界河口到直沽120余里,自直沽到杨村又40里为潮汐河流,可通航海、河漕船,是一条良好的港内航道。

元初兴海运,于至元十九年(1282年),造海船60只,大船装千石,小船载300石,平均装载750余石。次年二月,首次自平江刘家港进入界河航道,抵直沽,至杨村码头。大德年间,又造大船入界河,航道畅行。自延祐元年(1314年)开始,海运繁盛,进入界河舶海船不仅数量增多,而且载重量大,对航道的水深、航行安全提出新的要求。界河海口,水慢速减,多有沙淤,形成浅滩,有碍大船通行,海船易遭受搁浅损坏。延祐四年(1317年),令浙江行省制造幡竿,筹备绳索、布幡、灯笼;次年春,由海运万户府顺便运载直沽,在直沽海口首次立竿,设立望标于龙山庙前。望标之地,高筑土堆,四傍砌石,幡竿有司差夫竖起,竿顶日间悬挂布幡,夜则悬点火灯(《大元海运记》)。③ 白天进出直沽港口的海船,以布幡为引;夜间循灯笼航行,可避开浅滩,防止船舶搁浅。每年海运完毕,望标设备又交看庙僧人保管;来年四月十五日,复立悬点④,使多滩的直沽海口保持航行通便。直沽海口设立望标,对保证船舶航行安全、促进海运发展发挥了重要作用。

为保持集运和疏运河道畅通,元代对直沽港的航道采取了人工治理。至元三十年(1293年),潞河,自李二寺至通州30余里,河道浅涩。春夏旱时,有水深止二尺处,粮船不通,改用小料船搬载,淹延岁月。至治元年(1321年),直沽航道的三岔河口,因潮

---

① 蔡美彪、严敦杰等:《中国通史》第七册,三联书店有限公司1995年版。
② 北京市社会科学研究所:《北京历史纪年》,北京出版社1984年版。
③ 据《大元海运记》。
④ 据《大元海运记》。

汐往来,淤泥壅积达 70 余处,漕船再次通行不便。元王朝令募大都民夫于四月十一日开始清淤,五月十一日工毕,不妨岁事。是年,直沽港的海船运量超过 300 万余石。至正十一年(1351 年)直沽又河淤,中书省委崔敬浚治之,给钞数万锭,募工万人,不到三个月告成。[①] 元代对多淤多沙的界河、潞河航道,采取人工浚挖治理,收到明显效果,对直沽港海运的发展有一定影响。

从至大二年(1309 年),元朝在直沽始立镇守海口屯储亲军指挥司,每年漕运旺季,调兵千人到直沽,保护海口和航行,对完成直沽港的漕粮转运发挥了一定作用。

(二)码头及仓廒

元代有船户 8000 余,海船 900 余只,运粮船队,每 30 只分编为一纲,实行集体航行。海运船队之庞大,物资转运量之多,促进了直沽港码头、仓廒等设施的发展。春运船队四五月到达直沽;夏运多集中在八九月进港。依据"粮船齐足,方许倒卸"的定制[②],千余只漕船集中靠岸,若以二三排并靠,所占直沽、杨村一带的码头岸线不下四五十里。直沽,杨村一线是海、河船舶停靠的良好码头。江南海船来到直沽后,所载货物要换装驳船运至通州。三岔口既是海船的终点码头,又是入潞河航道的始点,每年有万余艘船只十余万水亭经常往来于此。"晓日三岔口,连樯集万艘"[③],是三岔口成为直沽港重要河港兼海港码头的真实写照。

由于海运的继续发展,到达三岔口码头的船舶数量不断增多,船舶吨位增大,直沽港的码头从三岔口一带向海河下游延伸了十余里,称为大直沽码头。延祐元年(1314 年)六月,浙西平江路刘家港开洋 1653 艘,浙东庆元路开洋 147 艘。集中到达直沽的有遮洋船和沙船:大者八九千石,小者二千余石。[④] 由于直沽港的码头岸线向下游深水处延伸发展,不但满足了船舶数量增多的需要,而且大直沽又成为大型海船的良好泊地,促进了元朝漕运的发展。

元代春季海运,江浙海船通常是四月到直沽港交卸,百万石粮食,一月之内即可卸完;五月船只回返,复运夏粮。元延祐七年(1320 年),夏运粮 189 万石,到直沽后不出月余,即交卸完毕。可见,元代直沽码头的装卸能力是很发达的。

直沽既是皇粮最重要的转运港,又是京师重要的物资储备之地,与码头相适应的仓储设施十分发达。至元十六年(1279 年),在潞河尾闾三岔河口附近,地势较高的地方,建立了广通仓[⑤],以接储南来海船之粮、疏京师之粟。随着海运量的增长,至元二十五年(1288 年)又增直沽海运米仓[⑥],仓库的建设和发展标志着直沽港开始向转运、存储等多方面发展。元代皇粮存储,京师前后共置 22 仓,通州置 13 仓,在直沽港口附近的河西务置 14 仓,另有沿河仓库 17 座。直沽港的存储仓库约占京师、通州等地皇粮仓库总数的 2/5,主要仓库有永备南仓、永备北仓、广盈南仓、广盈北仓、充溢仓、崇

① 《元史·崔敬传》卷一百八十四。
② 据《大元海运记》。
③ 《天津简史》,天津人民出版社 1987 年版。
④ 据《大元海运志》。
⑤ 《元史》卷八十五。
⑥ 据《天津县新志》。

墥仓、大盈仓、大京仓、大稔仓、足用仓、丰储仓、丰积仓、恒足仓、既备仓以及直沽广通仓、直沽米仓等。军粮城也是元代重要的海运屯粮之所。中华人民共和国成立后,在河西务漕运遗址发现分类堆放的元代龙泉窑、磁州窑、景德镇的瓷器,显然是码头仓廒储存之物。元代张翥在《蜕庵集》中写道:"一日粮船到直沽,吴罂越布满街衢",反映了直沽港口除转运皇粮之外,南方的瓷器及丝织品也大量运到直沽市场。

随着海运和直沽港口的发展,元政府在直沽设立了漕粮接运厅;临清运粮万户府也设于此,负责对官私船舶的接运和港口管理工作。[1] 都漕运司于河西务置总司,掌御河上、下及直沽、河西务、李二寺等处攒运粮斛。[2] 枢密院也增置"镇守海口屯储亲军都指挥使司"。直沽港在元朝经济、政治中占有很重要的地位。

《天津县志》记载,元延祐(1314—1320年)年间,在大直沽先建造一座天妃宫(称东庙)。在泰定三年(1326年)漕运最盛时期,又在直沽另建一座天妃宫(又称西庙)。两庙遥遥相对,是专为祭祀之所。元政府在每岁漕运开始,漕运官皆到天妃宫祈祷安全。至治年间,皇帝宗硕德八剌曾两次派使臣到大直沽天妃宫祭祀。天妃宫的修建和祭祀活动,反映了元朝统治者对海运的重视,也是直沽港兴盛发达的见证。

在元朝与国外的贸易和交往中,凡外国使臣、传教士、商人、旅游者沿水路进出大都时,都要经过直沽港。意大利教士鄂多立克从大不里士、巴格达到印度,至治元年(1321年)历南海诸国抵广州、杭州等地,再由杭州循运河北上,经直沽港至大都。[3] 在元朝任职的意大利人马可·波罗曾沿水路经直沽出游南方各地。直沽港在接送诸国使臣、旅游者,发展对外交往,密切元朝和世界的联系中发挥着重要作用。

元代直沽港航道、码头和仓廒设施的发展,为直沽手工业、商业以及盐业的发展创造了便利的运输条件。元代渤海西岸共有盐场22个,直沽附近有三岔口、丰财两大盐场,年产盐40万引(每引200千克)。直沽的优质盐通过港口水运销往临清、通州、大都一带。直沽已由金代的军事据点发展成为具有商业、农业、漕运发达的兵民杂居的海防驻戍之地。延祐三年(1316年)正式置"海津镇",成为大都最重要的水陆门户和京畿要地,使天津向近代城市跨出了最初的一步。

---

① 据《天津县新志》。
② 据《天津县新志》。
③ 据《马可·波罗游记》。

第二十四章
宋元时期的造船与海运[①]

　　自唐末至五代,近百年的割据战争使中国社会经济遭到极大的破坏。960 年,赵匡胤在开封建立了北宋朝。到太平兴国四年(979 年)征服北汉后,北方仍有辽和西夏国分治。在整个宋代统治的 300 多年间,与西域的陆路交通严重受阻,中国与外部世界的交往主要依赖海上交通,尤其是在南宋偏安时期,海上交通有了长足的发展。同时,指南针的实际应用,又推动了中国乃至全世界的航海业。中国宋元时期的船型、船体构造、船舶属具和造船工艺等造船技术更臻于成熟,造船能力也获得了极大发展。

第一节　宋代的造船与海运

一　宋代海运业的发展及市舶司的分布

　　宋代的丝、瓷贸易主要依靠海上航运。在唐以前,中国同外国的贸易往来以丝绸为大宗,到了宋代,陶瓷大有后来居上之势。当时"船舶深阔各数十丈,商人分占贮货,人得数尺许,下以贮货,夜卧其上。货多陶器,大小相套,无少隙地"[①]。中国的精美陶瓷,由广州或泉州出发,经由南海而行销东南亚、南亚、西亚、北非乃至东非沿岸各港埠。

　　为了方便对商贸事务和往来船舶的管理,宋政府在主要的通商海港设有市舶司、市舶务或市舶场等机构。除了唐代开元二年(714 年)在广州设立市舶司之外,北宋及南宋时设立市舶司的地方有以下多处。

　　(1)广州(971 年设市舶司)。广州是汉、唐以来南方的主要海港,侨居的外国人很多,宋时称为"蕃坊"。南宋初年,广州仍保持着最大航海贸易港的地位。

　　(2)杭州(978 年设两浙市舶司,989 年设市舶司)。"北宋时,它是直通汴京的大运河与海相通的南大门,故以国际贸易港和中转港的面目出现,其作用是舶货的进口征榷,使节、贡物由外海转内河并向京城汴梁的中转。南宋时,国都设在杭州,因而杭州港更带有浓厚的友好交往港的形态,以接待来访的各国使臣和舶商为主。从海外贸易

---

① 本章引见席龙飞:《中国造船史》,湖北教育出版社 2000 年版,第 133—218 页。
① (宋)朱彧:《萍洲可谈》卷二《石林燕语(一)》,商务印书馆 1939 年版,第 18 页。

角度来说,它是中国唯一的建过都城的海港。"①

(3)明州(今宁波市,999 年设市舶司)。在建立市舶司之前,明州曾先后由两浙市舶司、杭州市舶司管辖。明州虽非都会,但为海道辐辏之所,南通闽广,东则倭国,北则高句丽,商舶往来,物货丰衍。北宋末年起,为避免辽东金人的骚扰,所有与日本、高丽往来的船舶悉由明州进出。

(4)泉州(1087 年设市舶司)。泉州位于闽东南海滨,扼晋江的入海口,既有江岸,又有海湾,利于靠泊,是交通南洋的门户,海舶往来之盛仅次于广州。南宋时获得大发展,到宋末元初时,泉州的重要性竟凌驾于广州之上。

(5)密州板桥镇(今青岛胶州,1088 年设市舶司)。密州板桥镇是北宋时北方的重要海口。由于山东半岛北面的登州、莱州太靠近辽国,故在此设市舶司。

(6)秀州华亭县(今上海松江县,1113 年设市舶务)。有专任盐官,旋即改由县官兼监,不久又改为专任。南宋绍兴二年(1132 年),一度将两浙市舶司移此,至乾道二年(1166 年)罢。绍兴年间,两浙市舶司下有市舶务六处,包括临安、明州、温州、江阴以及秀州的华亭与青龙镇(今上海青浦东北)。

(7)温州(1132 年以前开始设市舶务)。

(8)江阴(1145 年设市舶务)。

(9)秀州澉浦(今属浙江海盐县,1246 年于此设市舶官,1250 年设市舶务)。

除了上述设有市舶司、务的港口之外,长江以北的通州(今南通)、扬州、楚州(今淮安)、海州(今江苏东海),长江以南的镇江、平江(今苏州)、越州(今绍兴)、台州(今浙江椒江市)、福州、漳州、潮州(今广东潮安)、雷州(今广东海康)、琼州(今海口市)等,也都是两宋时期重要的通商港口。

二 出使外国的神舟与客舟

宋代造船业的成就,还表现在出现了以载客为主的客船。隋代炀帝巡幸江南的船队,可以称得上是最早的内河大型客船队或内河旅游船队。航行在海上的客船和客船队则始于北宋,这就是神舟和客舟。

《宋史·高丽传》记下了宋神宗于元丰元年(1078 年)遣安焘出使高丽国事:"造两舰于明州(今宁波),一曰凌虚安济致远;次曰灵飞顺济,皆名为神舟。自定海绝洋而东。既至,国人欢呼出迎。"

宋徽宗于宣和四年(1122 年)遣路允迪及傅墨卿出使高丽时,就组成"以二神舟、六客舟兼行"的大型豪华船队。《宣和奉使高丽图经》卷三十四记有:"其所以加惠(高)丽人,实推广熙(宁)、(元)丰之绩。爰自崇宁(1102 年)以迄于今,荐使绥抚,恩隆礼厚。仍诏有司更造二舟,大其制而增其名:一曰鼎新利涉怀远康济神舟;二曰循流安逸通济神舟。巍如山岳,浮动波上。锦帆鹢首,屈服蛟螭。所以晖赫皇华,震慑夷狄,超冠古今。是宜(高)丽人迎诏之日,倾国耸观而欢呼嘉叹也。"同行的六艘客舟也"略如神舟"。徐兢在书中写道:"旧例每因朝廷遣使,先期委福建、两浙监司顾募客舟,复令明州装饰,略如神舟,具体而微。其长十余丈,深三丈,阔二丈五尺,可载 2000 斛粟。

---

① 吴振华:《杭州古港史》,人民交通出版社 1989 版,第 190 页。

其制皆以全木巨枋,挽叠而成。上平如衡,下侧如刃,贵其可以破浪而行也。"

客舟的载量按 2000 斛计,以每斛粟为 120 斤核算,则共计可载 120 吨。按前述长、阔、深的尺度计,其排水量约为 250 吨。如按书中所述"若夫神舟之长、阔、高大,什物、器用、人数,皆倍客舟也"计算,神舟的载量应能达到 240 吨之数。客舟、神舟的长度将分别达到 30 米和 38 米之数。

依《宣和奉使高丽图经》等所记,宋时船舶提高航海性能并增加航海安全有以下各种技术措施:

(1)在船两舷缚两捆大竹以增加在风浪中的稳定与安全,如所记"于舟腹两旁,缚大竹为橐以拒浪。装载之法,水不得过橐,以为轻重之度"。

(2)"若风涛紧急,则加游碇,其用如大碇。"当船舶在风涛中作横向及纵向摇摆时,游碇均可增加对摇摆的阻尼作用,以减缓摇摆,增加稳定与安全。

(3)"后有正拖(舵),大小二尊,随水浅深更易。"可以因水道深浅而使用两种不同的舵。而且在大洋之中,为了控制航向和避免横向漂移,在船舶尾部,"从上插下二棹,谓之三副拖(舵),唯入洋则用之"。

(4)帆樯的设计和驶风技术都有改进。除了以葮制成的硬帆(利篷)外,还设有软帆(布帆);将帆转向左右两舷之外,以便获得最大的风力;在正帆之上还加设小帆(野狐帆),风正时用之。书中则记有:"风正则张布飘(帆)五十幅,(风)稍偏则用利篷。左右翼张,以取风势。大樯(桅)之巅,更加小帆十幅,谓之野狐帆,风息则用之。然风有八面,唯当头风不可行。……大抵难得正风,故布帆之用,不若利篷翕张之能顺人意也。"

(5)在风浪海中,船舶难免失速,降低了抵御风浪的能力。加野狐帆,借风势劈浪前进是改善风浪中耐波性、适航性的最有效措施,"舟行过蓬莱山之后,水深碧色如玻璃,浪势益大。洋中有石,曰半洋焦(礁),舟触焦则覆溺,故篙师最畏之。是日午后,南风益急。加野狐帆,制帆之意,以浪迎舟,恐不能胜其势,故加小帆于大帆之上,使之提挈而行"。

(6)船舶在远洋航行中,如何及时妥善处理海损事故、提高船舶生存能力显得尤为重要。现代海军称之为"损害管制措施"。今日从宋代的文献中也能窥其一斑。《萍洲可谈》即记有:"船忽发漏,既不可人治。令鬼奴持刀、絮自外补之。鬼奴善游,入水不瞑。"[1]

三 遍布沿海与内陆的造船工场

北宋时期建都于开封,南北的漕运还占相当重要的地位。在船舶种类中漕运船也称纲船为大宗,其他也有座船(客舟)、战船、马船(运兵船)等类。到了南宋时,运河的漕船锐减,漕运船(纲船)产量随之下降,因江、海防的任务较突出,战船的产量逐渐有所提高。宋代的造船工场遍布内陆各州和沿海各主要港埠地区。

北宋真宗(998—1022 年)末年,纲船产量为每年 2916 艘,其中江西路虔州(后改

---

[1] (宋)朱彧:《萍洲可谈》卷二,丛书集成初编本,商务印书馆 1939 年版,第 18 页。

名为赣州)、吉州占 1130 艘。① 至北宋后期,两浙路的温州、明州的造船份额增大,额定年产量各为 600 艘,而江西路与湖南路的虔州(今赣州)、吉州(今江西吉安)、潭州(今湖南长沙)、衡州(今湖南衡阳)4 州共 723 艘。② 巴蜀的泸州、叙州(今四川宜宾)、眉州(今四川眉山)、嘉州(今四川乐山)也是重要的船舶产地。再有,凤翔府的斜谷(今陕西眉县西南)和汉水金州(今陕西安康)也生产船舶。

南宋时海运业大盛。宋政府曾在福建路、广东路建造船工厂。南宋初年,官府从广东路潮州发运粮食三万石到福州,每一万石为一"纲",共"三纲",另外还有一支船队则载粮前来温州交卸。③ "福建、广南海道深阔",不若两浙路如明州一带,是"浅海去处,风涛低小",因而所造船舶较大④,吃水也较深并有较优越的适航性能。"海中不畏风涛,唯惧靠搁,谓之凑浅,则不可复脱。"⑤宋代造船业有官营和民营两类。为江防、海防打造战船之类任务,当由官营造船工场承担。漕运船、客舟之类任务虽也有官营,但民营的分量不小,甚至朝廷出使国外,也要仰仗民营造船工场并向其"顾募客舟"。

官营造船工场,其造船工匠来源有三:被发配的犯人;招募兵员中的地方军(时称厢军)中的有一定手艺的兵役;从民间征发来的工匠。如果有"厌倦工役,将身逃走"者,得追捕办罪。⑥ 工匠中以犯人的身份最低下。"昼者重役,夜则锭,无有出期。"⑦北宋仁宗天圣七年(1029 年),荆湖南路转运使上陈,要求将"诸州杂犯配军""悉送潭州"从事"水运牵挽,又造船、冶铁工役。"⑧

民营的造船工场,在繁盛的国内外贸易中则得以充分发展。《宋会要辑稿》中记有"漳、泉、福、兴化,凡滨海之民所造舟船,乃自备财力,兴贩牟利而已"⑨。由此可看出民营造船业的发达景况。兴化即今福建兴化湾的莆田市。

宋代官营、民营造船工场的分布,盖以内河与沿海运输的港口和连接点为主,并且要计及到有利于造船材料(木材、铁钉、桐油、石灰、麻皮、煤)的供应。在诸多研究中,日本学者斯波义信的著作对造船工场的考证最为详尽。⑩ 他充分利用中国的文献列出了如下的造船工场地点:

两浙:温州、明州、台州(今椒江市)、越州(今绍兴)、严州(今建德)、衢州、婺州(今金华)、杭州、杭州澉浦镇、湖州、秀州(今嘉兴)、秀州华亭县、苏州、苏州许蒲镇、镇江、江阴。

福建:福州、兴化(今莆田)、泉州、漳州。

广南:广州、惠州、南恩(今址待考)、端州(今肇庆)、潮州。

江东:建康(今南京)、池州(今安徽贵池)、徽州(今安徽歙县)、太平(今安徽当涂)。

① 徐松:《宋会要辑稿·食货》四十之一,中华书局 1957 年影印本。
② 徐松:《宋会要辑稿·食货》五十之四,《宋会要辑稿·职官》四十二之五十三。
③ (清)徐松:《宋会要辑稿·食货》四十三之十八。
④ (清)徐松:《宋会要辑稿·食货》五十之十八。
⑤ (宋)朱彧:《萍洲可谈》卷二,丛书集成初编本,上海,商务印书馆 1939 年版,第 18 页。
⑥ (清)徐松:《宋会要辑稿·职官》十六之九。
⑦ (清)徐松:《宋会要辑稿·职官》四十三之一七六。
⑧ (清)徐松:《宋会要辑稿·刑法》四之六八。
⑨ (清)徐松:《宋会要辑稿·刑法》二之一三七。
⑩ 〔日〕斯波义信:《宋代商业史研究》,东京风间书店 1968 年版,第 73 页。

江西：赣州、吉州（今吉安）、洪州（今南昌）、抚州（今临川市）、江州（今九江）。

湖北：鄂州、江陵、鼎州（今湖南常德）、荆南（亦即江陵）。

湖南：潭州（今长沙）、衡州（今衡阳）、永州（今永州市）。

四川：嘉州（今乐山市）、泸州、叙州（今宜宾市）、眉州（今眉山县）、黔州（今黔江地区彭水苗族、土家族自治县）。

淮南：楚州（今淮安）、真州（今仪征市）、扬州、无为（今安徽辖县）。

华北：三门（今三门峡市）、凤翔、开封、京东西濒河。

四 宋代绘画中所表现的船舶

船舶及海上航运，一向有丰富的科学内涵并充满着艰险。在我国历史上就曾有不少赞誉和讴歌此类成就的艺术作品，从而为我们保留下来珍贵的关于船的形象资料。像战国时期铸造的带有攻战纹饰的铜壶，就展现了战国时期战船的形制。在宋代也有一些艺术品给出了船舶的形象。

1. 山西繁峙县岩上寺壁画中的海船遇难图

坐落在五台山麓的山西繁峙县岩上寺，创建于宋绍兴二十八年（1158 年），岩上寺的四壁布满壁画，高 3 米，总面积为 90 平方米。彩色纷披，精工至极，令人炫目惊心，被誉为我国壁画遗产中的瑰宝。[1] 其北壁西侧绘有五百海商遇难被罗刹女营救的故事。南壁西侧的壁画更值得注意，画的是一艘遇难商船。[2] 船舶在大海中颠簸，桅杆折断，风帆飘落，船夫奔走抢险，船舱中人仓皇莫知所措。虽然壁画磨损过甚、面目漫漶，但船形和人物的生动形象依稀可辨，这是我国古代航海船舶的珍贵形象资料。[3]

繁峙县属于离海岸较远的内陆县份，海拔在 1000 米以上。在这里的寺院还以航海船舶遇难以及营救五百海商为题材创作大型壁画，足见当时的远洋航海事业在人民群众中的影响。

2. 宋代《江天楼阁图》中的江船

宋代的著名画作《江天楼阁图》[4]以及其宋代江船的素描，较能生动而形象地反映出宋代内河船的技术状态和技术水平。首先可以看出这是一艘载客的客船。甲板之上设计成整整一层客舱。首部虽无客舱，但搭有遮阳、避雨的凉棚，用以下碇和绞缆。两舷在舷伸甲板之下，缚有原木、竹子各一捆以为橐，用以拒浪，又可作为载重线标志。客舱有的窗关闭不见内景；有的窗开启，只见诸客围坐从容交谈。其次，船舶推进靠撑篙，左舷正有两篙工在撑船中。桅是可眠式，想必是过桥时已将桅眠倒。图中水手们在顶棚上正全力以赴地将桅竖起。桅之巅可系上牵绳用以拉纤。再次，船舶属具较为齐备，首部设有绞缆车，既可绞缆，也可用以起碇。尾部设舵，而且可明显看出所使用的是转舵省力的平衡舵。图中可见舵杆延伸到客舱顶棚之上，舵工可以在顶棚上操舵。顶棚上设拱形篷棚，可为舵工遮风避雨。船尾端设一横向圆辊，转动圆辊可调节舵的升降。吃水深时将舵降下可以获得较高的舵效，吃水浅时将舵升起可以获得对舵

---

① 潘絜兹：《灵岩彩壁动心魂》，《文物》，1979(2)，第 3—10 页。

② 山西省古建筑保护研究所：《岩上寺金代壁画》，文物出版社 1983 年版，第 33 图"商船遇难"。

③ 忻县地区文化局、繁峙县文化局：《山西繁峙县岩上寺的金代壁画》，《文物》，1979(2)，第 1—2 页。

④ 王冠倬：《中国古船》，海洋出版社 1991 年版，第 56—57 页。

的保护。

3.北宋《清明上河图》所表现的汴河船

北宋徽宗时期的宫廷画师张择端所绘《清明上河图》，约成画于政和、宣和年间，即1111—1125年。这是一幅描绘北宋都城汴京社会经济生活的宏伟巨著。在长达5.25米的长卷里，画家以生动完美的技巧，如实地表现了从宁静的春郊到汴河上下的众多景物，斜跨大河的虹桥，巍峨的城楼和繁华的街市。河上大船浮动，街上车水马龙。"它的伟大价值不仅表现在画面人物众多，景象的宏伟丰富以及表现技巧的生动完美，更值得注意的是它所反映的社会内容，在美术史上具有鲜明的先进性和突出的重要意义"，"即使从世界美术史看，在12世纪初期，就能够以这样的规模反映社会经济活动和都市面貌的绘画作品也极其少见"。①

《清明上河图》长卷中画有各种视角的船舶24艘，其中客船11艘，货船13艘。客船在构造、形态上与货船的重大区别反映了北宋时汴河上下经济生活的繁荣和当时造船业的进展。特别重要的是，由于在历史上人们偏重于科举登仕，鄙薄工程技术的传统，在浩如烟海的著作中，特别缺少关于工程技术的较为真实形象的插图、图样。且不论春秋、战国时代，即使是秦、汉、隋、唐时代，也几乎见不到多少各个时代的较为真实、形象的船舶图样。然而，张择端却开历史之先河，为后世留下了能反映当时技术成就的诸多船舶图样。北宋时当然不可能探讨高等数学上的悬链线方程式，但他所绘出的船舶图样上的拉纤船夫所牵拉的系在桅顶的纤绳的形象，却合乎悬链线方程，其观察细微、表现真切，至少在船舶图样方面是前无古人的。

《清明上河图》所表现的汴河船，具有时代的先进性。汴河，它是在天然河流基础上加以人工整治的运河，由于原取水于黄河，黄河河身的不断变化使汴河取水口不得不随着伸缩改动。黄河水猛涨猛落，也给航运带来困难。大量的挟沙使汴河水不畅，甚至形成地上河。宋神宗元丰二年（1079年），完成了清汴工程，闭塞旧汴口，建清汴引水渠，即引洛河的清水为汴河水源。据《宋史·河渠志》记载，汴河"自元丰二年至（哲宗）元祐初，八年之间，未尝塞也"。岁漕江、淮、湖、浙米数百万及至东南之产，百物众宝，不可胜计。"故于诸水，莫此为重"。汴河船正是宋代最具代表性的内河船型。从图上所绘的船舶中，可以窥见当时船舶发展的许多技术成就。

第一，在船型上有明确的货船与客船的区别，这充分反映了当时汴河的货运和客运是各具规模的。② 典型的货船，体态丰盈，尾甲板不向后伸延。由纤绳牵着的则是客船，除了遍设客舱之外，在两舷设舷伸甲板供作走廊之用。与货船的最大区别，还在于客船尾部向后延伸，相当于现代内河船常用的假尾，古时称为虚梢，从而增加了甲板和舱室的面积。从货船与客船的对比中可以看出设计思想的进步和设计者独到的匠心。

第二，客船的总体布置精当而合用。客舱的两舷都有相当大的窗子，通风与采光是相当充足的，遇风雨侵袭时可用木板将窗口关闭，这时顶棚的两扇气窗既可供采光又可供通风。客舱的顶棚用苇席制成，显然是轻型的。顶棚之上，只供少数船员进行

---

① （宋）张择端绘、张安治著文：《清明上河图》，人民美术出版社1979年版，第10、19页。
② 席龙飞：《北宋的汴河运输和船舶》，《内河运输》，1981(3)，第75页。

起、倒桅操作，也可存放一些轻型物件，如蓑衣、绳索之类，显然这对于船的稳定与安全是有利的。

货船的顶棚与客船不同，从成排的钉眼看，显然是用木板钉成拱棚以挡风雨，而装卸货物则通过开向两舷的货舱口。这种以拱形顶棚代替甲板的设计，对于宽度大、船深且吃水小的船来说，能多装货物而且便于装卸。

关于汴河船的尺度，可以参照中国桥梁史学家罗英[①]按人的身高、肩宽估算虹桥长宽尺度的办法进行估算。根据在客船舷伸甲板上走动的水手身高略高于顶棚，可大致认为自舷伸甲板到顶棚的高度约 1.5 米，稍大些的货船长约 24 米或更长，宽 5 米，长宽比约 4.8∶1。

据《宋史·河渠志》的记载"大约汴舟重载，入水不过四尺"，从而吃水可取 1.2 米。如取汴河货船的方形系为 0.6，则其排水量约为 86.4 吨，载重量可达 50—60 吨，这相当于 1 千料的货运船。

第三，从图上看来，汴河里的船未见有用帆的，船上的人字桅显然是供逆水而上时拉纤用的。过桥时人字桅须放倒，所以都采用轻型的，而且在结构上并不伸向船底，而是榫接在横于顶棚的圆木上。这根圆木由两舷的木柱支撑并可转动，从而使人字桅的起、倒都很方便。

第四，北宋时船舶所用的舵是相当先进的，舵叶的一部分面积在舵杆（舵的转轴）之前，这说明我国远在 12 世纪之初就开始应用平衡舵。很明显，转动这种平衡舵轻便得多，既可减轻舵工的劳动强度，更可改善船的操纵灵活性。此外，"舵都用链条或绳索拉住并卷在船尾的横向圆辊上。可因航道的深浅而降下或升起。将舵降下可提高舵效；将舵提起可得到保护"[②]。舵叶在结构上是用竖向板拼接，纵向用木桁材加固，这与近代舵叶结构无甚区别，反映了宋代舵技术的成熟和所达到的先进水平。欧洲的许多国家，在我们已经应用平衡舵的年代，尚未出现最早的舵。他们声称：最早的舵出现在公元前 1242 年。

第五，船头设起碇用的绞车。碇或锚应是必备的属具，但在各船上都没有发现。这或许是船舶在岸边靠泊时用缆索拴在岸上的木桩，因而不必用锚。作画人目所未见之物，也不妄自添加，说明作者具有忠于现实的严谨的创作态度。在一艘客船的近尾处设有一圆形围栏约高 1.2 米，这或者就是供旅客如厕的处所。

张择端的《清明上河图》，绘出客、货船舶 24 艘，把宋代汴河上的船舶体型、结构和布置特点、船用属具以及航行操驾等各方面的直观资料概括无遗。它既是美术作品中的瑰宝，也是考稽中国宋代内河船的重要文物。

五 车轮舟的空前发展及其重大作用

自从 5 世纪初王镇恶在晋军中应用车轮舟以来，在 5 世纪末有南朝齐祖冲之，在 6 世纪中叶有南朝梁徐世谱相继开发和实际应用车轮舟，到 8 世纪时唐曹王李皋建造并率领了一支车船队，这些都是当时世界上极为先进的技术成就。"到宋朝，我国古代

[①] 罗英：《中国桥梁史料（初稿）》。中国科学社主编：《中国科学史料丛书》，1961 年，第 67 页。
[②] 席龙飞：《桨舵考》，《武汉水运工程学院学报》，1981(1)，第 27 页。

车船进入了大发展时代。宋朝水军备有桨轮战舰的最早记录是 1130 年。其时宋室南渡，江淮之间成为南北对峙的主战场，江防的重要性上升到首要地位。"①宋朝将车船列入水军的编制并有相当的规模，这得益于当时的都料匠（即木匠、船匠）高宣。宋代的文献记有："偶得一随军人，原是都水监白波辇运司黄河扫岸水手都料高宣者，献车船样……打造八车船样一只，数日并工而成。令人夫踏车于江流上下，往来极为快利。船两边有护车板，不见其车，但见船行如龙，观者以为神奇，乃渐增广车数，至造二十至二十三车大船，能载战士二三百人。"②

建炎四年（1130 年）二月，钟相、杨么起义叛宋。宋廷"遣统领官安和率步兵入益阳，统制官张崇领战舰趋洞庭，武显大夫张奇统水军入澧江，三道讨之"③。绍兴元年（1131 年），"鼎澧镇抚使程昌寓造二十至三十车大船"，且不听部下劝阻，必欲向起义军炫耀其大型车船的威力，"竟发车船以进"。但起义军有备，不仅虏得程昌寓的产型车船，而且还获得了随车船做维修工作的都料匠高宣。《杨么事迹考证》记有："水寨得车船的样及都料手后，于是杨么造和州载二十四车大楼船，杨钦造大德山二十四车船，夏诚造大药山船，刘衡造大钦山船，周伦造大夹山船，高癞造小德山船，刘诜造小药山船，黄佐造小钦山船，全琮造小夹山船。两月之间，水寨大小车楼船十余制样，势益雄壮。"

对于杨么起义军之盛，宋代的文献《中兴小记》中有所记载。绍兴二年（1132 年），"时鼎（州，今湖南常德）寇杨么、黄诚，聚众至数万……分布远近，共有车船、海鳅头多数百艘。盖车船如陆军之阵兵，海鳅如陆战之轻兵，而官军船不能近，海战辄败"。书中引李龟年记《杨么本末》曰："车船者，置人于前后踏车，进退皆可。其名曰大德山、小德山、望三洲及浑江龙之类，皆两重或三重，载千余人，又设拍竿，其制（如）大桅，长十余丈，上置巨石，下作辘轳，（绳）贯其巅。遇官军船近，即倒拍竿击碎之。浑江龙则为龙首。每水斗，杨么多乘此。"④

杨么起义军获船匠高宣之助，大造车船，且有其名不籍的新式武器"木老鸦"，使官军屡战屡败。《建炎以来系年要录》记有："绍兴三年（1133 年）十月甲辰，荆潭置使王燮，率水军至鼎口，与贼遇。贼乘舟舶高数丈，以坚木二尺余，剡其两端，与矢石俱下，谓之木老鸦。官军乘湖海船，低小。用短兵接战，不利。燮为流矢及木老鸦所中，退保桥口。"⑤

绍兴五年（1135 年）六月，杨么起义军终被岳飞所败。《宋史·岳飞传》记有："（杨）么负固不服，方浮舟湖中，以轮激水，其行如飞。旁置撞竿，官军迎之辄碎。（岳）飞伐君山（洞庭湖北岸）木为巨筏，塞诸港汊，又以腐木乱草浮上流而下，择水浅处，遣善骂者挑之，且行且骂。贼怒来追，则草木壅积，舟轮碍不行。"最终，杨么被擒斩。

南宋诗人陆游在其晚年所著《老学庵笔记》中，对起义军与官军间的战事、车船及其影响等均有精当的描述："鼎澧群盗如钟相、杨么，战船有车船、有桨船、有海鳅头。

① 周世德：《车船考述》，《文史知识（11）》，1988 年，第 38 页。
② （宋）鼎澧逸民、朱希祖考证：《杨么事迹考证》《史地小丛书》上海商务印书馆 1935 年版，第 21 页。
③ （宋）李心传：《建炎以来系年要录》卷六十九，丛书集成初编，上海商务印书馆 1936 年版。
④ （宋）熊克撰：《中兴小记（卷十三）》，丛书集成初编，上海商务印书馆 1936 年版，第 165 页。
⑤ （宋）李心传：《建炎以来系年要录》卷六十九，丛书集成初编，商务印书馆 1936 年版。

军器有砮子、有鱼叉、有木老鸦。砮子、鱼叉以竹竿为柄长二三丈,短兵所不能敌。程昌寓部曲虽蔡州人,亦习用砮子等遂屡捷。木老鸦一名不籍。木取坚重木为之,长才三尺许,锐其两端,战船用之尤为便捷。官军乃要作灰炮,用极脆薄瓦罐,置毒药、石灰、铁蒺藜于其中。临阵以击贼船,灰飞如烟雾,贼兵不能开目。欲效官军为之则贼地无窑户不能造也,遂大败。官军战船亦效贼车船而增大,有长三十六丈广四丈一尺,高七丈二尺五寸,未及用而岳飞以步兵平贼。至完颜亮入寇,车船犹在颇有功云。"①《老学庵笔记》所述与当时的著作及《宋史》并不相悖,因而可认为是较为真实可信的。《老学庵笔记》提供了两个重要信息:第一,当时所造车船确实很大,有长 36 丈的;第二,车船虽未能有效地与起义军作战,但在其后的抗金长江水战中却发挥了重要作用。

关于大型车船的规模和尺寸,前已述及的《中兴小记》中有"皆两重或三重,载千余人";《杨么事迹考证》中有"程昌寓造二十至三十车大船";在《宋会要辑稿》中也有大型车船通长 30 丈或 20 余丈,每支可容战士七八百人的记载:"(绍兴)四年(1134 年)二月七日,知枢院张浚言:近过澧鼎州询访,得杨么等贼众多系群聚土人,素熟操舟,凭恃水险,楼船高大,出入作过。臣到鼎州亲往本州城下鼎江阅视,知州程昌寓造下车船通长三十丈或二十余丈,每支可容战士七八百人,驾放浮泛,往来可以御敌。缘比之杨么贼船数少,臣据程昌寓申:欲添置二十丈车船六支,每支所用板木、材料、人工等共约二万贯。若以系官板木止用钱一万贯,共约钱六万贯,乞行支降。"②张浚(1097—1164年)是宋代大臣,绍兴四年再任枢密,次年为宰相。张主持策划镇压义军,前线视察后还代知州程昌寓上奏,请拨款 6 万贯建造 20 丈车船。其中,言车船长 30 丈,可谓言之确凿。③

至于抗金的长江水战,最著名的是虞允文的"采石之战"。宋绍兴三十一年,金正隆六年(1161 年)十一月初,40 万金兵在国主海陵王完颜亮亲自统帅下,"驻军江北,遣武平总管阿邻先渡江至南岸,失利上还和州(今安徽和县东),遂进兵扬州。甲午会舟师于瓜洲渡,期以明日渡江"④。驻守和州对岸采石(今安徽马鞍山市之南)的"宋军才一万八千",守军将领王权弃军而去,接防的将领李显忠尚未到任。兵无主帅,军心涣散。虞允文不避危险,力排众议,挺身而出。虞谓"坐待显忠则误国事……危及社稷,吾将安避"⑤。虞允文代替主帅,组织宋军抗金,使"采石之战"告捷。

"采石之战"中,宋军的车船发挥了空前强大的威力。十一月初八,完颜亮指挥几百艘战船强渡长江,为首的 70 艘战船已逼近南岸,被虞允文指挥的名为"海鳅"的车船所冲撞,犁沉过半。这时,恰有溃军来自光州(今河南光山县),虞允文授以旗鼓从山后转出,金兵以为援军到达,遂逃遁,江面留尸约 4000 余。第二天对金兵用夹击战术,焚其舟 300 余,金兵乃退败扬州。虞允文预计金兵将进攻京口(今江苏镇江)继续南犯,遂又率领 1.6 万人援京口。《宋史·虞允文传》载虞"命战士踏车船中流上下,三周金山,回转如飞,敌持满以待,相顾骇愕"。不久,金兵内乱,金主完颜亮"为其下所杀",

① (宋)陆游撰、李剑雄点校:《老学庵笔记》卷第一,中华书局 1979 年版,第 1 页。
② (清)徐松:《宋会要辑稿》,中华书局 1957 年版,1936 年影印本缩印,《食货五十之十五》。
③ 《宋史·张浚传》。
④ (元)脱脱等:《金史·海陵传》,中华书局 1975 年版,第 116—117 页。
⑤ (元)脱脱等:《宋史·虞允文传》,中华书局 1977 年版,第 11793 页。

"采石之战"创以1.8万人胜40万人的辉煌战例,虞允文和车船都功不可没。

第二节　宋代造船技术的进展与成熟

一　从出土宋船看宋代的造船技术

(一)天津市静海县出土的宋代内河船

1978年6月,在天津静海县东滩头乡元蒙口村清理了一只宋代河船。木船齐头、齐尾、平底。体长14米,最大宽度为4.05米,型深1.23米,首尾有一定的起翘;无隔舱,无桅杆遗迹,但有一较完整的平衡舵;船体较完好,唯左舷上部有腐朽。

随船出土的遗物只有一些陶碗、瓷碗残片以及"开元通宝""政和通宝"等钱币。"政和通宝"提供了沉船年代的上限,即应晚于政和元年(1111年)。从地层看,其第四层到船口的第六层,均为浅黄色、黄色的淤积、冲积土层,总厚度约为1.5米,土质十分纯净。这极有可能是政和七年黄河泛滥、沧州河决所造成,静海距沧州约70千米。由此推断船的建造年代应在政和七年(1117年)之前。这种判断和舱内遗物的年代也颇一致。

静海宋船的发掘报告认为,船出自俗称"运粮河"的古河道,估计为内河货运船。报告还正确估算其排水量约为38吨,因此其净载重量也会不少于28吨。

据发掘报告,船的舷板经鉴定多用楸木、楠木或槐木,横梁为槐木。船材主要是就地取材,制作不精,有的多利用树木的自然丫杈,左右舷常并不对称,显然是民间或船工所造。

静海宋船虽然是民间利用就地取材的板材及树木枝丫所作成,但其结构简洁而合理,反映出宋代造船技术的普及。

就船体强度而言,对小型内河船主要应保证横向强度。静海宋船的基本结构图,主要是依据实际测绘的资料所绘制。该船未装设横水密舱壁,使结构大为简化,但却设有12只较强的横梁;因其上无甲板,故称之为空梁。与空梁相对应,在舱底设有12只肋骨。空梁与舷板,舱底肋骨与舷板,均用拐形肘材予以衔接。这样,由船底板及舱底肋骨、舷板和空梁就构成封闭的框架,这对保证船的横向强度十分有效。宋代的民间造船工对此尤嫌不足,在每两道空梁之间加设一道肋骨,肋骨贯穿舷部并顺势弯到船底有1米多不等。由于该船舷与底近于直角,这肋骨多利用树的大致成直角的枝丫或再稍加弯曲而成。此外,在第五到第八只空梁处又在舷内加设加强肋骨,全船共4对8只。这加强肋骨因并非在每道横梁处都有,故在船体横剖面结构图上用双点画线表示。第五到第八道横梁正处于船体最宽处,航行中船常会与码头、桥桩或其他船舶相撞,这4对加强肋骨对保证横强度十分有效,这也是船舶设计建造的科学合理之所在。

空梁的间距一般为0.66—0.93米,截面宽100—170毫米,厚130—200毫米。舱底肋骨截面宽90—150毫米,厚80—110毫米。舷内加强肋(只有4对)宽70—80毫米,厚 90—100 毫米。船体横剖面结构,由空梁、底肋骨、舷加强肋骨,构成了坚固的封闭框架。在空梁间还有,径为 30—50 毫米的树枝丫做成的肋骨予以加强。还有在空梁上、在底肋骨上均有拐形肘材。所有这些构件保证了船体有足够的横向强度。此外,在空梁与底肋骨之间还有短支撑木予以支撑,这对于构成整体刚性和传递在空梁上因载货物而承受的力都是有益的。

鉴于空梁的间距很小,空梁与底肋骨之间又有许多短支撑,底肋骨还开了不少流水孔,舱底难免会存积少量因渗漏而涌入舱内的水,笔者以为在通舱内载货是不甚适宜的。如果在空梁上铺以木板和苇席,在空梁上载包装货甚至散装粮谷都是可行的。空梁以上直到船口尚有约 0.5 米的空间,载货的容积也是足够的。

静海宋船的平衡舵堪称世界第一。

静海宋船在出土时,发现舵被淤泥挤在紧靠船尾板的位置。舵杆为一修整过的树干,残高 2.19 米。舵叶呈三角形,底边长 3.9 米,高为 1.14 米,舵叶总面积为 2.223 平方米。在舵杆前的平衡部分面权为 0.285 平方米,舵的平衡系数为 12.8%。此舵的平衡系数偏小,大约只有现代船舶的 1/2,[1]但此舵仍不失为平衡舵。此舵叶的形状与《清明上河图》中的船舵非常相似,只因所处河道极浅,此舵的展弦比(舵叶高/舵叶宽)更小些。静海宋船的年代与《清明上河图》的年代基本一致,静海宋船平衡舵的发现,从一个方面证实了张择端所绘船舶形象的准确与可信。

平衡舵,可使转舵较为省力,对现代船可节约舵机的功率,这也是极为重要的一项技术发明。在 1117 年,西方尚未曾出现过舵,更不用说平衡舵了。所以,静海宋船的舵,是迄今为止堪称世界第一的平衡舵。最可贵的是,它提供了第一个保存较为完好的宋代平衡舵实物,这是我国船舵臻于成熟的重要物证。[2]

(二)泉州湾发掘的宋代海船

1974 年夏,在福建省泉州湾的后渚港出土了一艘宋代木造航海货船。这一重大考古发现,在我国和全世界都是罕见的。当 1975 年 3 月 29 日新华社播发了新闻电讯之后,引起国内外广泛关注。同年,在《文物》第 10 期发表了发掘报告以及有关学术论文。自此,在全国各种学术刊物上有关泉州宋代海船的研究论文相继发表。1979 年 3 月在古港泉州召开了"泉州湾宋代海船科学讨论会",集中了考古、历史、造船、航海、海外交通、地质、物理、化学、医药和海洋生物等诸多学科约百位学者,就宋代海船的年代、建造地点、航线、沉没原因、古船的复原以及出土文物的鉴定与考释等问题,进行了深入的讨论并得出相应的结论。泉州宋代海船的复原模型作为一项重要展品,1983 年 6 月在美国芝加哥科学工业博物馆举行的"中国:七千年的探索"展览会上展出。美国《芝加哥论坛报》在 6 月 5 日发表评论文章,称"中国人对世界发展作出了巨大贡献"。文中对中国的水针罗盘、造船和航海技术给予高度的评价。

1. 泉州宋代海船的船型

泉州宋代海船出土时,船身基本水平;船体上部的结构已损坏无存,基本上只残留

---

① 席龙飞、冯恩德等:《船舶设计基础》,武汉水运工程学院出版社 1978 年版,第 424 页。
② 席龙飞:《桨舵考》,《武汉水运工程学院学报》,1981(1),第 25 页。

一个船底部；船首保存有首柱和残底板："船身中部底、舷侧板和水密舱壁保存较完好。舱底坐和船底板也较好地保存下来。"古船残骸长 24.20 米，宽 9.15 米，深 1.98 米。据残长，将各舱苎及首、尾轮廓线顺势外延，可初估船长为 30 米。①

鉴于残宽已达 9.15 米，如使横剖线光顺地向上过渡，甲板处的宽度至少应为10.5米，这时满载水线处的宽度为 10.2 米。

许多史料都指出宋代远洋海船的吃水深且具有较好的航海性能。《萍洲可谈》载："海中不畏风涛，惟惧靠搁。"《宣和奉使高丽图经》载："海行不畏深，惟惧浅搁。以舟底不平，若潮落，则倾覆不可救，故常以绳垂铅锤试之。"据此，依据各种尺度比值的分析对比，船舶吃水取为 3.75 米，可获得泉州宋代海船的主要尺度如下：

船　长 L	30.0 米	舷 F	1.25 米
水线长 L_{WL}	27.0 米	干舷船宽比 F/B	0.123 米
甲板宽 B_{max}	10.5 米	干舷型深比 F/D	0.25 米
水线宽 B	10.2 米	深吃水比 D/T	0.33 米
型　深 D	5.0 米	方形系数 CB	0.44
吃　水 T	3.75 米	排　水　量	454 吨②

泉州宋船的宽度大而长与宽之比小，这对保证船舶稳性是极为有利的。船长不过分大也有利于尽量减少板材的接头，对加大船体强度有利。这样小的长度比也并不会影响到船的速度，因为木帆船毕竟比现代船舶的航速低得多，对应于较低的航速选小的长度比还是可行的。特别应当指出，古船的型线非常瘦削，这对保证快速航行是很重要的。正如宋代徐兢在《宣和奉使高丽图经》中所说，"上平如衡，下侧如刃，贵其可以破浪而行也"。泉州湾宋代海船的船型设计是综合考虑了稳性、快速性、耐波性和加工工艺等多种要求的。

1975 年《文物》第 10 期在发表《发掘报告》的同时，也发表了泉州湾宋船复原小组的《泉州湾宋代海船复原初探》一文，并给出船体复原图。该图充分反映了福建沿海著名船型——福船的各种特点。

在 1979 年 3 月于古城泉州召开的"泉州湾宋代海船科学讨论会"上，对泉州古船的研究获得以下几项重要成果。

（1）关于古船的年代。断定泉州船为宋代船根据有三：①船舱中出土大量陶瓷器碎片，能复原的共 58 件，从器形、釉色、纹饰看都是有宋代特征，未见有宋以后的瓷器。②舱中出土铜钱 504 枚，除 33 枚为唐钱外，其余全为宋钱。其中最晚的是一枚背为"七"的南宋"咸淳元宝"，乃咸淳七年（1271 年）所铸，这可认为是海船沉没绝对年代的上限。③对沉船地点淤泥样品进行了海滩沉积环境的研究，结论是该船的沉没埋藏过程当有 700 年以上的时间。③

（2）关于古船的航线。综合研究的结论是：这是一艘由南洋返航的远洋船。①船

---

① 同时可参见庄为玑、庄景辉：《泉州宋船结构的历史分析》，《厦门大学学报（哲学社会科学版）》，1979(4)，第 81 页。

② 席龙飞、何国卫：《对泉州湾出土的宋代海船及其复原尺度的探讨》，《中国造船》，1979(2)，第 117 页。福建省泉州海外交通史博物馆：《泉州湾宋代海船发掘与研究》，海洋出版社 1987 年版，第 94 页。

③ 林禾杰：《泉州湾宋代海船沉没环境的研究》，《海交史研究》，1982(4)，第 42—51 页。

舱中出土的香料、药物,在数量上占出土文物的第一位,计有降真香、沉香、檀香等香料木和胡椒、槟榔、乳香、龙涎、朱砂、水银、玳瑁等药物。这些香药的主要产地是南洋诸国和阿拉伯沿岸,俗称"南路货",而载此货的船当为南路船。②北宋元祐二年(1087年),政府已在泉州设市舶司,南宋时泉州是通向南洋的重要门户,判断该船航南洋合于历史、地理条件。③船中出土的贝壳和船壳附着的海洋生物,大部分属于暖海种。更发现船壳上有很多钻孔动物——巨铠船蛆,对船板破坏严重。这种船蛆标本在我国沿海从未发现过,这是船舶来自南洋一带的最有力的证据。①

(3)关于古船的建造地点。从造船工艺看,船板用铁钉钉合,缝隙又塞以麻绒油灰,这不仅与大食(波斯)船、日本船、扶南(柬埔寨)船很容易区别,就是与本国的广东船建造方法也不相同。"特别值得注意的是,海船龙骨接合处凿有'保寿孔',中放铜镜、钢铁钱等物,其排列形式似'七星伴月'状,据称这是本地造船的传统民俗。"②

(4)关于海船的沉没原因。船底无损,可信并非触礁;港道水深,不会搁浅;只要驶向附近的洛阳江,也可避台风;即使遇难,只要有人管理也可营救。从海船上部皆损破、大桅也被拔掉、舱内瓷器多成碎片且一件瓷器的碎片分散到各舱等情况看,说明沉船前或有风浪冲击,或有人为的战乱,造成了"野渡无人舟自横"的局面。许多史学家分析,南宋末年,泉州提举市舶司蒲寿庚降元朝,宋将张世杰率军进攻泉州,泉州风云突变、战火纷飞。海船可能是此个期间沉没的,时间为1277年。

为了开展科学研究的需要,泉州湾宋代海船已陈列在泉州海外交通史博物馆的古船陈列馆。在精美的大理石立柱上刻着金字的诗句:"州南有海浩无穷,每岁造舟通异域。"这是采录南宋时代惠安人谢履的两句诗。这既是福建泉州地区造船事业兴旺发达的写照,也言决心扩大造船与航海业之志。

2. 泉州宋代海船船体结构的特点

①龙骨。泉船松木主龙骨断面为宽420毫米,厚270毫米,长12.4米。在尾部接上长度为5.25米的尾龙骨。首端接以樟木首柱,残长4.5米。龙骨的接头部位选在弯矩较小的靠近首尾1/4船长处,接头用"直角同口"榫合,接口340毫米,未见铁迹。接头的形式能适应所能遇到的各种外力。造船匠师的深思熟虑得以充分展现。

②壳板。船壳系多重板构造。紧临龙骨的第1、第2列板用樟木,余为杉木。壳板都以整木裁制,板宽280—350毫米,长9.21—13米。船壳的内层板厚82—85毫米,中层厚50毫米,外层厚45—50毫米。关于中国船舶在结构上的特点和优点,马可·波罗曾说:"船用好铁钉结合,有二重板叠加于上。"③日本学者桑原骘藏曾考证:"侧面为欲坚牢,用二重松板。"④泉州宋船为上述论述提供了实物证据。

壳板的边缝系混合采用平接与搭接方式,从外观看是搭接的且残留4个级阶:第一级宽约500毫米,逐级加宽100毫米,第4级宽约900毫米。每一列壳板的端接缝则采用"斜角同口""直角同口"方式。所有边接缝和端接缝均采用子母口榫合,并塞以麻丝、桐油灰捻料,还加上铁钉;钉有方、圆、扁诸种,钉法多样。

① 李复雪:《泉州湾宋代海船上贝类的研究》,《海交史研究》,1984(6),第107页。
② 泉文:《泉州湾宋代海船有关问题的探讨》,《海交史研究》,1978(创刊号),第51页。
③ 《马可·波罗行纪》,冯承钧译,商务印书馆1936年版,第60页。
④ 〔日〕桑原骘藏:《蒲寿庚考》,陈裕菁译,中华书局1954年版,第5页。

③舱壁及肋骨。泉船设有 12 道水密舱壁将船分隔成 13 个货舱。舱壁板厚 100—120 毫米，多用杉木，边缝榫接并填塞捻料。最下一列壁板用樟木以耐腐蚀，在近龙骨处开有 120 毫米×120 毫米的流水孔。

"舱壁板周边与壳板交界处，装设由樟木制成的肋骨。值得注意的是，船中以前的肋骨都装在壁板之后；船中以后的肋骨又都装在壁板之前，这有助于舱壁板的固定和全船的整体刚性。近代铆接钢船上的水密舱壁设周边角钢，从功用到安装部位，这肋骨与周边角钢都是一致的，可以说后者是由前者演变而来的。古船这种极其巧妙而合理的设计，使今日的造船工程师也称赞不已。"①

《马可·波罗行纪》写道："若干最大船舶有最大舱十三所，以厚板隔之，其用在防海险，如船身触礁或触饿鲸而海水透入之事，其事常见……至是水由破处浸入，流入船舶。水手发现船身破处，立将浸水舱中之货物徙于邻舱，盖诸舱之壁嵌甚坚，水不能透。然后修理破处，复将徙出货物运回舱中。"泉州宋船用 12 道舱壁将船分隔成 13 个舱，与马可·波罗的记叙是非常一致的。

④可眠桅技术。泉州船保存下来两个桅座，都用大块樟木制成。首桅座在第 1 舱中，长 1.76 米，宽 0.5 米，厚 0.36 米。座面开有两个 240 毫米×210 毫米的桅夹柱孔，间距 400 毫米。主桅座在第 6 舱中，长 2.7 米，宽 0.56 米，厚 0.48 米，桅夹柱孔为 320 毫米×240 毫米，间距 600 毫米。与现代中国帆船一致，两个桅夹柱应是与舱壁相连接的，用来固定船的桅杆。中国船的桅杆可眠倒和拆卸，在泉船主桅前的第 5 号舱壁上留有宽 300 毫米、残高 340 毫米的方形孔，证实了泉州船当时已经采用了可眠桅、卸桅的技术。

大桅可以起、倒之技术，在《清明上河图》已有所见，在北宋的文献上也有记载。《梦溪笔谈》中有一故事：嘉祐（1056—1063 年）中，苏州昆山县海上有一船，桅折风飘抵岸，船中有三十余人。衣冠如唐人，但语言不可晓，后得悉为高丽船。时赞善大夫韩正彦知昆山县事，正彦使人为其治桅。桅旧植船木上不可动，工人为之造转轴，教其起倒之法，其人又喜。② 由之可见，其时桅的起、倒已是成熟的技术。

⑤舵可以升降。现存的舵承座由 3 块大樟木构成，又用两重樟板加固于承座之背面。舵承座板残长 3.44 米，残高 1.37 米，宽 0.44 米。附加樟板厚 200 毫米。舵承的轴孔直径 380 毫米，可知所配舵杆直径应近于 380 毫米。舵承的轴孔向后倾斜 22°，这一数据与现代船相近。

在第 11 舱还曾出土一樟木的绞车轴残段，长 1.4 米，直径 350 毫米。轴身凿有两个直径 130 毫米的圆通孔，当是绞棒孔。这绞车轴或就是起舵用的绞关构件。中国海船的舵一向可以升降：降下去可以提高舵效，还有利于抗横漂；升起来使舵获得保护。看来，这一成熟技术在宋代泉州海船上已经使用。

3. 造船工艺的先进性

①二重、三重板技术。泉船三重板的总厚度约为 180 毫米。若用单层板，不仅弯

---

① Xi Longfei. 1997. Martime Transportation and Ships of Quanzhou in Song Dynasty. Selected Papers of SC-NAME. Vol. 12. Shanghai. The Editorial Office of SHIPBULDING OF CHINA. p. 121.

② （宋）沈括：《元刊梦溪笔谈》卷二十四杂志一，文物出版社 1975 年版，第 14 页。

板困难，而且由于板材具有残留应力而有损于强度，是不可取的。但是，若采用双重、三重板，两重板之间应不留空隙，以避免和减缓腐蚀，这就要求加工工艺十分精细。泉船发掘过程中，曾将各层外壳板卸下，各板列保存十分完好，而且有充分的弹性。工艺的精细已得到证明。

②选材适当而考究。泉船各种构件均依所处部位、受力状况和受腐蚀程度的不同而选用不同的木材。各部位的木材均经过科学鉴定。[①]

龙骨，采用马尾松，取其纹理直、结构粗壮，也耐腐。其材在我国分布很广，福建数量最多，从古到今都是我国南方造船用材。

舷侧板、船底板、舱壁板等，主要采用杉木，取其纹理直、疤节少、材质轻。杉木分布于浙江、安徽、福建、江西、湖南、湖北、四川、贵州、云南、广西、广东各省（自治区），一向是我国的优良造船材料。

肋骨、首柱、舵承座、桅座、舱壁最下一列板，临龙骨的第1、第2列壳板以及绞车轴等，均采用樟木，取其结构细、坚实和耐腐蚀的特点。樟木分布于福建、台湾、江西、浙江等许多省份，而以福建、台湾为最多，历来是我国南方重要的造船材料之一。

泉州船在我国的重要地位，也在于它能就地取材。

③壳板的钉连技术。壳板横向的连接缝系平接与搭接混合使用。纵向则采用"斜角同口""滑肩同口"和"直角同口"等方法，"钩子同口"在泉船中尚未发现。"不论是横接或纵接都予以子母榫榫合，并塞以麻丝、桐油灰捻料，还加上铁钉。"[②]铁钉的断面形状有方、圆、扁、棱形等多样，并有不同的钉帽，但多已严重锈蚀，钉的名称多因地而异。据日本学者桑原骘藏考证，唐时大食（波斯）船舶"不用钉，以椰子树皮制绳缝合船板，其隙则以脂膏及他油涂之，如此而已"。桑原骘藏还特别提及，唐末刘恂居广州，其所著《岭表录异》在"大食船与中国船之比较"条中说"贾人船不用钉，只使桄榔须系缚，以橄榄糖泥之"[③]。然而，在中国，用铁钉钉连船板的技术可上溯到战国时代，战国时代用铁箍拼连船板的技术，当是锔钉（蚂蟥钉）的祖式。在泉州古船出土之前已发现有多艘唐、宋时期的船舶，采用钉连船板技术。1962年杨酒教授在其《中国造船发展简史》中就得出结论："宋时造船无疑已广泛采用铁钉来钉连船板。"

在中国，钉连船板技术中最为重要的，也最具有技术先进性的，是使用挂锔或称为锔钉，这在泉州古船中也有发现。锔钉长约500毫米、宽50毫米、厚6毫米，一端折成直角，用以钩住外板并钉在舱壁上，为此锔钉上有4个小方孔。"铁钩钉（即锔钉）的残迹，仅第八舱就残留14处之多。"[④]

挂锔的根本作用在于将外板拉紧并钉连在舱壁上。做法是先在舱壁上预先开锔槽，在外板上开孔缝，把锔（钉）由外向内打进并就位在舱壁的锔槽内，再用钉将锔钉钉在舱壁上。

在应用挂锔或锔钉之前，是应用木钩钉将外板紧紧地钉在舱壁上。所谓木钩钉，实际上就是木质舌形榫头。此种结构在离泉州湾古船不远处的泉州法石乡南宋古船

---

① 陈振端：《泉州湾出土宋代海船木材鉴定》，《海交史研究》，1982(4)，第52页。
② 福建省泉州海外交通史博物馆：《泉州湾宋代海船发掘与研究》，海洋出版社1987年版，第19页。
③ （唐）刘恂：《岭表录异》卷上，武英殿聚珍本。
④ 徐英范：《挂锔连接工艺及其起源考》，《船史研究》，1985(1)，第66页。

上就曾发现。

1982年在福建泉州市法石乡试掘到一艘南宋古船。[①]"隔舱板和底(部外)板除用方钉钉合外,还用木钩钉(舌形榫头)加固","现存的木钩钉(舌形榫头)中,仅有2根完整的。长约75厘米,钉头横剖面呈6厘米×6厘米的方形,钉尖横剖面则呈2厘米×3厘米的矩形。"木钩钉的安装方法是"先在底部外板贴近舱壁板前侧交界处凿通一个6厘米×6厘米的方孔,然后将木钩钉(木质舌形榫头)由底板外侧垂直打进方孔,使它的内侧面紧挨舱壁板的前侧面,再用铁钉把它与隔舱板钉合"。显然,"因为铁器较之木器使用在后,技术上铁铜更为先进,所以可初步得出结论:铁(挂)铜是对木钩钉(舌形榫头)的模仿、改进和发展"[②]。

1978年在上海市嘉定县封浜乡也曾出土一艘南宋时期的木船,在该船舱壁与底部外壳板的结合处,也发现有宽背铁钩钉(挂铜)紧紧钩住外壳板并钉在舱壁上。[③] 由此可见,这种较为先进的挂铜(铁钩钉)技术,在宋代已是成熟的实用技术。

④水密捻缝技术。泉州船在各种构件间广泛采用子母榫榫合、铁钉钉连和挂铜技术,此外更采用以麻丝、桐油灰捻缝,以保证水密并使铁钉减缓锈蚀的技术。此种成熟的技术一直沿用到现在。关于捻料,在泉州发现的有两类:一类捻料的构成为麻丝、桐油、石灰(应为贝壳灰);一类捻料的构成为桐油、石灰。前者适用于填塞板缝及较大的缺损部位,后者适用于表面填补和封闭。[④]

桐油是我国特产,其化学成分是桐油酸甘油酯,易起氧化、聚合反应形成的漆膜坚韧耐水。石灰本身有很强的黏接性,将石灰和桐油调和,能促进桐油的聚合而干结,并能生成桐油酸钙,有很好的隔水填充作用。贝壳灰的碳酸钙含量可达90%以上,经高温焙烧的俗称"蛎灰",历史上称为"上粉",最适于调和桐油灰捻料。麻丝或麻制旧品(如旧渔网等)经人工复捣,在捻料中有充填、增加附着性、防止开裂和提高团块的机械强度等重要作用。

(三)宁波发掘的宋代海船

1979年11月26日,新华社播发了"宁波发现宋代海运码头遗址和古船"的消息;接着,1980年1月3日《人民日报》作了报导:"浙江省宁波市新近发现古代海运码头遗址和一艘古船。据考证,这是宋代的遗物。……宋代海运码头和外海船的发现,为研究古代宁波的对外交通贸易和造船工业提供了新的实物证据。"

宁波古船是1979年4月于宁波市东门口交邮工地施工中被发现的。尾部自第8号肋位起因施工而遭到严重破坏。好在自首至尾的第1号到第7号肋位的船体底部均得以发掘并有实测图可作为复原的依据。[⑤] 宁波古船压在宋代层之下,在船的底部

① 中国科学院自然科学史研究所等联合试掘组:《泉州法石古船试掘简报和初步探讨》,《自然科学史研究》,1983(3),第164—172页。

② 徐莱范:《挂铜连接工艺及其起源考》,《船史研究》,1985(1),第69页。

③ 上海博物馆倪文俊:《嘉定封浜宋船发掘简报》,《文物》,1979(12),第32页。

④ 李国清:《对泉州湾出土海船上捻料使用情况的考察》,《船史研究》,1986(2),第32—33页。

⑤ 林士民:《宁波东门口码头遗址发掘报告》,《浙江省文物考古所学刊》,文物出版社1981年版,第105—129页。

出土有乾德(963—968年)元宝一枚。出土瓷器也是五代至北宋时期的产品,因此认为该船舶是在北宋时期建造的。

1. 宁波宋船的船型概况

依据发掘报告提供的实测图,将各肋位横剖面线向上自然延伸,试取1.5米、1.75米、2.0米三种吃水,得到相应的型宽和各种尺度,经过论证,宁波古船的复原尺度为:

水线长	13.00 米		总 长	15.50 米
型 宽	4.8 米		甲板宽	5.00 米
吃 水	1.75 米		型 深	2.40 米
排水量	53.00 吨[①]			

宁波古船的这一组尺度,与宁波、温州的著名船型"绿眉毛"[②]相比,除长宽比较小之外,其他尺度比皆属正常。

根据已有的实测图,我们绘出了经复原的宁波宋船船体型线图草图。《发掘报告》正确地指出"这是一艘尖头、尖底、方尾的三桅外海船"。

2. 宁波宋船的结构特点

古船的龙骨剖面为260毫米×180毫米,其接头选在首尾弯矩较小的部位。龙骨接头采用"直角同口"连接,并选在舱壁或肋骨所在位置。

龙骨用松木,首柱用杉木。首柱与龙骨交接处选在第1号舱壁之下,此舱壁之前设有头桅座,在这狭小的空间填以麻丝与桐油灰以确保水密。在第5号肋位设有水密舱壁,舱壁之前设主桅座:长105厘米、宽25厘米、厚18厘米。中间开有2个150毫米×80毫米×50毫米的桅夹柱孔,孔距150毫米。前桅座与主桅座制作讲究。宁波宋船在结构上的一个特点是:全部用樟木制成"抱梁肋骨",制作规整,宽度一般在底部为160—250毫米,越向上越窄。其厚度仅70—100毫米。在此处如若加舱壁,则舱壁加在此"抱梁肋骨"之上。它是船体横向结构的主要部分,由于是用樟木制成的,所以保存都较完好。在底部,即与龙骨交接处,每档都有一个流水孔。

船壳板多用杉木制作,也有松、樟木的。壳板最宽达420毫米,最窄的210毫米,厚60—80毫米;壳板的纵向接头采用"滑肩同口"连接,接头的长度达1.55米以上。壳板横向边接缝以子母口榫合的方法,子母口高度为20—40毫米。壳板缝均施上桐油、石灰、麻丝捣成的捻料加以填充。

3. 宁波宋船上的减摇龙骨

宁波宋船的出土有一项惊人的发现,那就是该船竟装有现代海洋船舶经常装设的减摇龙骨。减摇龙骨由半圆木构成,最大宽度90毫米,贴近船壳板处的厚度为140毫米,残长达7.10米,用两排间隔400—500毫米的参钉固定在第7和第8列壳板的边接缝上。

此半圆木"正处在船的舭部,即使船舶在空载时它也不会露出水面。当船舶在风浪里做横摇动时,它会增加阻尼力矩从而能起到减缓摇摆的作用。它正是现代船舶中

① 席龙飞、何国卫:《对宁波古船的研究》,《武汉水运工程学院学报》,1981(2),第23—32页。
② 浙江省交通厅:《浙江省木帆船船型普查资料汇编》,1960年。

经常运用的舭龙骨,即减摇龙骨"①。

减摇龙骨通常是顺着流线安装在船体舭部,形似长板条,它是靠船舶横摇时的流体动力作用产生稳定力矩的一种被动式的减摇装置。按现代钢质扁平的舭龙骨计算,摇摆幅度比不设此舭龙骨可减小 25％。② 可见,减摇龙骨的减摇效果是很显著的。

前苏联学者勃拉哥维新斯基在《船舶摇摆》中写道:"开始使用舭龙骨是在 19 世纪的头 25 年,即在帆船时代。""宁波出土的宋代海船说明,我国至晚在北宋(960—1127年)末年,就实际应用了减摇龙骨,它比国外大约要早七百年。"③

经查阅,我国关于减摇龙骨这一技术也有文字记载和图形资料。清代道光六年(1826 年)刊印的《江苏海运全案》中有"沙船底图",图中的梗水木即减摇龙骨。④

当船舶在风浪作用下横摇时,因梗水木有阻水的作用,从而产生阻尼力矩以减轻摇摆。用梗水木一词既确切,又形象。这幅图画得逼真,不失为我国古典图籍中之少有佳品。

讲到梗水木的《江苏海运全案》成书较晚。在北宋之前还有记叙船舶在风浪中具有较好适航性与耐波性的文献,即唐代李筌所撰《神机制敌太白阴经》。李筌在书中讲到海鹘船:"头低尾高,前大后小,如鹘之状,舷下左右置浮板,形如鹘翅,其船虽风浪涨天,无有倾侧。"⑤海鹘船之所以能在风浪中有较好的御浪性能,在于"舷下左右置浮板,形如鹘翅"。这梗水木或减摇龙骨,是否就是李筌书中的"浮板"? 如果从御浪机理来说,这梗水木确有改善耐波性的作用,当可自圆其说,但对浮板的"浮"字应作何理解也是值得进一步探讨的问题。

清代陈元龙的《格致镜原》引《事物绀珠》关于海鹘船的这样一段记载:"海鹘船头低尾高,前大后小,左右置浮板,如翅。"同书同卷又引《海物异名记》,有"越人水战有舟名海鹘,急流浴浪不溺"⑥的记载。可见,各文献对海鹘船良好的抗风浪性能都是肯定的,同时也说明浙江地区所建造的海船有很好的航海性能。

越人所建造的海船具有良好航海性能并有相当的自信,这在文献上也有记载。宋代"孝宗隆兴二年(1164 年)五月二日,淮东宜谕使(张浚)言:去年三月都督府下明、温各造平底海船十艘,因明州(今宁波)言平底船不可入海,已获旨准"⑦。

宁波宋船实际应用了减摇龙骨这一技术,对改善船舶航海性能、保证航海安全起了重要作用。这一技术简单、经济,迄今仍在发挥重要作用,是我们祖先对世界航海事业的重大贡献之一。

二 传统造船技术的发展与成熟

在宋代 300 多年的期间里,造船技术有许多新的发展与成就,有些是对世界造船

---

① 席龙飞、何国卫:《对宁波古船的研究》,《武汉水运工程学院学报》,1981(2),第 29 页。
② 中华人民共和国船舶检验局:《海船稳性规范》,人民交通出版社 1981 年版,第 9 页。
③ 席龙飞、何国卫:《中国古船的减摇龙骨》,《自然科学史研究》,1981 年,第 369 页。
④ (清)贺长龄撰:《江苏海运全案》第十二卷,道光六年(1826)刊行,光绪元年重印本。
⑤ (唐)李筌:《神机制敌太白阴经·战具》,《守山阁丛书子集》(战具卷水战具篇第四十)。
⑥ (清)陈元龙:《格致镜原》卷二十八,第六册。
⑦ (清)徐松:《宋会要辑稿·食货》五十之二十。

技术的重大发明与贡献。对此,既有许多历史文献加以记叙,又有出土文物提供了实物证据,有的两者互相印证,使人们信服与感叹。

（一）新船型的发展与船型的多样化

车轮舟技术到宋代得到相当的普及,车船不仅大型化而且系列化;有 4 车、6 车、8 车、20 车、24 车和 32 车等多种;最大的能载千余人,长 36 丈,后来都在长江上抗击金兵发挥了重大作用。姑且不计及 5 世纪祖冲之的千里船和 8 世纪李皋的二轮战舰,即使 12 世纪杨么起义军的车轮战船,就其规模、成就和出现时间之早等各方面而论,都堪称为世界之最。

在内河船方面,载量大而装卸方便并适于汴水的"歇怨支江船",到宋代则名之为汴河船。天津静海出土的宋代河船,则是适于运河浅河道的散装运粮船。在长江干流则有如《画墁集》所描述的万石船。

在海船方面,有类似于遣唐使船的航海客货船,又有大型的"神舟"与客舟。中国这些制作精良、装饰华焕的船舶,"巍如山岳,浮动波上。锦帆鹢首,屈服蛟螭"。到了外国则出现"倾国耸观,而欢呼嘉叹"的轰动场面。泉州湾出土的宋代海船,就是这类航海货船的典型实例。

（二）船舶航海性能的改善与提高

船舶作为水上航行的建筑物,保证浮性使船舶具有很可靠的水密性极为重要。自唐以来就应用桐油、石灰、麻丝的混合物作为捻料以保证良好的水密性和浮性。船舶航行中受碰撞、被搁浅、遭波浪袭击是不可避免的,"如船身触礁或触饿鲸而海水透入之事,其事常见"。由于中国在世界上首先创造了水密隔舱壁这一"用在防海险"的技术,使船舶具有"不沉性"或"抗沉性"。

船舶受风浪作用或受碰撞而翻沉的事件是时有发生的。中国不仅早已知道"短而广,安不倾危者也"这个船舶主尺度对稳定性至关重要的基本道理,到了唐代更懂得在船底加固定压载物以降低重心而确保船的安全。这就是所谓的"压重庶不欹倒也"。更为难能可贵的是,"任风浪涨天,船无有倾侧",这就是船舶的耐波性。"上平如衡,下侧如刃,贵其可以波浪而行也",这可以说是船舶的快速性。要船舶达到如此优越的性能,需在船型方面努力改进,有的还要加装相当的设备。总之,是要保证船的适航性。在宁波宋船上发现的减摇龙骨,就是改善耐波性的重要手段和措施。这已经为在 19 世纪末的船舶模型试验和实船航行实验所证实。然而,值得我们骄傲和自豪的是,早在 1826 年就有文献证实,我们早已经应用了"梗水木"这一减摇设备。在北宋年间的宁波海船上,我们发现了减摇龙骨;在唐代的海鹘船,除了船型上的措施之外,就是"舷下左右置浮板"。将此"浮板"理解成"梗水木",就减摇和改善耐波性的机理来说,是顺理成章的。如果与国外使用舭龙骨的年代相比较,则中国要提早了约 700 年;还有,"又于舟腹两旁,缚大竹为橐,以拒浪","若风涛紧急,则加游碇",这些都是改善耐波性的有效技术措施。

（三）船舶在结构上的特点和优点

内河船舶因吃水浅多设计成平底。从天津静海县出土的宋代内河船以及《清明上河图》表现的内河船看,都不设剖面很大的龙骨,但都设计成较强的封闭的横向框架,以增加横向强度,这对经常会遭受与码头、桥梁以及与其他船舶相碰撞的内河船来说,是科学而合理的。对于航海船舶,如在宁波宋船、泉州宋船所看到的,都有断面很大的龙骨。与之对应的船舶顶部,则设置有"大橄(拉)",相当于现代船舶的加厚的舷侧顶列板。底部的龙骨与顶部的"大橄",因距船舶中剖面的中和轴较远而能显著增大船舶的剖面模数,从而可使船体强度得到提高,这是中国船舶的传统优点。某些外国学者以我国内河船结构为特例,认定中国木船没有龙骨、没有纵向构件,这实在是一种误解,或者是以偏概全。

船舶外板的连拼,横向的边接缝有鱼鳞式搭接和对接之不同。对接者有平接和子母口榫接。对小型船用单层板,对大型船有用二重、三重板的实例。外板的纵向接缝有直角同口、斜角同口、滑肩同口等多种常用的形式。迄今尚未见到唐宋船舶有用"钩子同口"的,但在随后的元代船舶中就常会见到"钩子同口"技术,这说明结构形式也是日新月异的。

中国船舶设有许多道水密舱壁,这对强度有重要作用。泉州宋船的横舱壁,在底部和两舷均有肋骨予以环围,顺理成章可以相信在甲板下应有横梁与周边的肋骨构成封闭的框架。这既有利于水密,又能有效地使舱壁不至于移位。"值得注意的是,船中以前的肋骨都装在舱壁之后,船中以后的肋骨又都装在舱壁之前。如果再看看近代铆接钢船的水密舱壁及其周边角钢,对比之后可以发现,从功用到部位,古船与近代铆接钢船两者都非常一致。可以肯定地说:近代铆接钢船的周边角钢,完全是由古船的结构形式演变而来的。古船的这种极其成熟的设计,使今人也为之称赞不已。"①

(四)造船工艺上的成就

除船体结构设计合理之外,选材也考究而适当。例如,在底部经常有积水而易腐蚀的部位常选用樟木或杉木,对强度要求高的构件也时而采用樟木等,对于一般的构件则常用并不昂贵的松木。

为了将外板与舱壁紧密地连接起来,开始用木钩钉或称为舌形榫头,后来则应用钩钉挂锔,工艺既简单且更增加了连接强度。

在论述两宋时期的造船工艺时,特别应提到金朝正隆年间(1156—1160年)张中彦创造的模型造船的技术。"舟之始制,匠者未得其法,中彦手制小舟才数寸许,不假胶漆而首尾自相钩带,谓之'鼓子卯',诸匠无不骇服。"②张中彦采用的是船模放样的造船技术,与现代造船中的放样原理基本一致。宋代处州知州张鼐,"尝欲造大舟,幕僚不能计其值,鼐教以造一小舟,量其尺寸,而十倍算之"③。这也是放样原理的实际应用。

船渠修船法,也是宋代在修船实践中的创造。在熙宁(1068—1077年)年间,为修理金明池中的大龙舟的水下部分,宫官黄怀信献计,据龙舟的长宽尺度,先在金明池北

---

① 章巽:《中国航海科技史》,海洋出版社1991年版,第75页。

② (元)脱脱等:《金史·张中彦传》,中华书局1977年版,第1789页。

③ (元)脱脱等:《宋史·张鼐传》,中华书局1977年版,第11696页。

岸挖一个大渠,渠内竖立木桩,上架横梁,然后将金明池与渠间凿通,水则入渠,然后引龙舟入渠就于木梁之上。再堵塞通道,车出渠内之水,龙舟便坐在横梁之上,即可施工修整船底。完工后再如前法放水入渠浮船。[①]

宋太宗年间(976—997年),因新造舟船常有被湍悍河流漂失之虞,《宋史·张平传》有张平创造了渠池泊船法:"穿池引水,系舟其中",即可免去守舟之役。

在宋代还创造和实际应用了舟船滑道下水的技术。《金史·张中彦传》记有:"浮梁巨舰毕功,将发旁郡民曳之就水。(张)中彦召役夫数十人,治地势顺下倾泻于河,取秫秸密布于地,复以大木限其旁,凌晨督众乘霜滑曳之,殊不劳力而致诸水。"这是近代船舶纵向下水的早期形式。文中所说"秫秸"即北方或黄河流域的高粱秸,新秫秸水分充足,抗压力强,摩擦系数较小,故"乘霜滑曳"时有"殊不劳力"之效。张中彦所用"乘霜滑曳"之法,必是多次实践中取得的成功经验。时至今日,在我国长江及内河一些小型船厂中,仍方便地应用润滑性良好的稀泥布于地,曳船下水,其理与此同。

(五)船舶设备、属具的创造与进步

风帆,作为推进工具,在宋代又有所改进。"大樯高十丈,头樯高八丈。风正则张布帆五十幅,稍偏则用利篷。左右翼张,以便风势。大樯之巅,更加小帆十幅,谓之野狐帆,风息则用之。然风有八面,唯当头不可行。"这里说的是硬帆与软布帆同时使用,硬帆之上又加野狐帆,也是风正时用之,以增加船速。宋代的帆装考究而记述也较为详尽。这当是出使高丽的副使徐兢的亲历,言之确凿。

船舶有行有止,要止则须下碇。虽说东汉的陶船模型在船首曾悬有一只有锚爪和横杆的木石结合碇,但是,1975年4月间在泉州法石乡晋江滩地出土的一件宋元碇石,还是使人兴奋。"这碇石长232厘米,中段宽29厘米,厚17厘米,两侧对称地凿有29厘米×16厘米×1厘米的凹槽,用坚硬的花岗岩制成"[②],现保存在泉州海外交通史博物馆。经研究和鉴定认为这是宋元碇石。该碇石加工细致。如果按北宋徐兢所撰的"石两旁夹以二木钩"的记叙,就能复原相当先进的宋代木石结合碇。当将石碇垂到海底时,如果任一木钩均未抓入海底泥土,则石碇必有一端支撑在海底并成为不稳定态势,只要碇索稍有摆动,则碇将翻转并必将使一只木钩抓入海底泥。碇石将有助于木钩抓泥并使碇的抓力增加数倍。

舵,是控制航向并保证船舶操纵灵活性的重要属具。自汉代已广泛应用舵以来,舵与风帆相配合,使船舶的航线大为扩展。到了宋代则出现了在舵杆之前也有部分舵叶面积的平衡舵,使转舵省力快捷,可保证操纵船舶航向的灵活性。

《清明上河图》中的船舵、天津静海县宋代内河船的舵,都是中国在北宋时期已出现平衡舵的实物证据。此外,其时的舵可以升降。深水时将舵降下,既可提高舵效,也可提高抗横向漂移的能力。浅水时将舵提起使舵得到保护。泉州宋船和宁波宋船的舵杆承座和绞车轴残段都是舵可以升降的实物证据。

水浮指南针盘,是中国对世界航海事业的一大贡献。在朱彧成书于1119年的《萍

---

① (宋)沈括:《梦溪补笔谈》,商务印书馆1937年版,第21页。
② 陈鹏、杨钦章:《泉州法石发现宋元碇石》,《自然科学史研究》,1983(2),第173—174页。

洲可谈》中,在徐兢宣和四年(1122年)所撰的《宣和奉使高丽图经》中,都记有水浮指南针盘的实际应用。12世纪开始使用的水针罗盘,使得中国海员有可能作远洋航行和开辟新的对外贸易领域。欧洲人在12世纪末掌握了指南针,从而推动了他们的航海业。

在宋代,包括船型、船体构造、船舶属具和造船工艺等造船技术,更臻于成熟。伴随着海运业的发展,造船能力也获得大发展。经过元代较短一段时间的承前启后,我国古代造船技术到明代初年即达到了鼎盛阶段。

第三节　元代的水师、海运与造船

蒙古军经过40多年的战争,于至元十六年(1279年)消灭宋王朝而取得全国政权。以其骑兵骁勇的蒙古贵族统治者,在夺取全国政权的战争中,就建立起自己的水师。元世祖时还曾多次用兵于邻国。元朝的国祚虽不长,但却是当时世界上最强大、最富庶的国家,它的声威遍及亚洲并远震欧、非。由于中外交通的频繁,中国人发明的罗盘、火药、印刷术经过阿拉伯传入欧洲,中国所造的巨大海船由马可·波罗的传播而闻名于世。

一　元初的水师、战船与水战

(一)建立水师与攻灭南宋

蒙古军在消灭金军之后,与宋军相持并频繁交战。宋军常以水军控扼江淮、江汉防线,阻遏蒙古军南下。为了克服江河的屏障,蒙古军不得不建立自己的水师。蒙古窝阔台汗十年(1238年),其将领解诚,"善水战,从伐宋,设方略,夺敌船千计,以功授金符,水军万户,兼都水监使"①。此盖为元代水军之始。

南宋根据其时的形势,采取了以汉中保巴蜀,以樊城、襄阳卫鄂州,以两淮卫长江的战略。宋宝祐四年(1256年),时年21岁的文天祥中状元,理宗皇帝"亲拔为第一"。是年文天祥曾上书进言:"元人未必不朝夕为趋浙之计,然而未能焉,短于舟,疏于水,惧吾有李宝在耳……夫东南之计,莫若舟师,我之胜(金大将)兀术于金山者以此,我之毙(金国主完颜)亮于采石者以此。"②文天祥对元军的评价代表了当时朝野几乎一致的见解,唯忽略了元军吸取金人因水战失利遭受溃灭的教训而迅速扩建水师的新动向。

对元世祖忽必烈,史称:"仁明英睿……思大有为于天下。延藩府旧臣及四方文学之士,问以治道。"③在忽必烈即位的中统元年(1260年),即任命张荣实为水军万户兼领霸州,加上孟州、沧州及滨棣州海口、睢州等地诸水军将吏共1705人。④ 还有先前

---

① (明)宋濂:《元史·解诚传》,中华书局1976年版,第3870页。
② (宋)文天祥:《文山先生全集》。
③ (明)宋濂:《元史·世祖纪》,中华书局1976年版,第57页。
④ (明)宋濂:《元史·兵志》,中华书局1976年版,第2510页。

的水军万户解诚是时统领的 1760 人,元水军已达 3460 余人。更为重要的是,忽必烈在向南宋大举进攻时,采纳了宋降将刘整的"先事襄阳,浮汉入江"的进军策略。至元七年(1270 年)三月,"阿术与刘整言:'围守襄阳,必当以教水军、造战舰为先务'。诏许之。教水军七万余人,造战舰五千艘"。至元十年(1273 年)三月,"刘整请教练水军五六万及于兴元(今陕西汉中市)、金州(今陕西安康市西)、洋州(今陕西洋县)、汴梁等处造船二千艘,从之"①。

对襄阳、樊城久攻未下。至元十年(1273 年)正月,元军用张弘范计,先切断襄阳、樊城间水上联络,接着调炮队并集中水陆兵力猛攻樊城。"相地势,置炮于城东南隅,重一百五十斤,机发,声震天地,所击无不摧陷,入地七尺。"②樊城攻陷后,襄阳守将开城降元。次年九月,元军出襄阳沿汉江南下。十二月,伯颜率战舰数千艘克鄂州(今湖北武汉)。至元十二年(1275 年)七月,阿术率战舰数千艘蔽江而下。宋廷重臣"贾似道迫于朝野压力,亲自督师,率诸路军马十三万,号称百万,并战舰二千五百艘,迎击元军。两军在池州下游的丁家洲遭遇,宋军未战而溃,丢弃战舰二千余艘,兵甲器仗无数"③。"镇江一战,南宋溃不成军。元水军乘胜出长江口。在长江口收编了渔民武装首领朱清、张瑄所部数千人,获海船 500 艘。然后,元军浮海南下,直捣临安。接着,又进攻闽粤。""至元十六年(1279 年),元军以水军大举进攻南宋的最后基地崖山(今广东新会以南)。宋军战败,陆秀夫负宋帝赵昺投海自尽。至此,统治中国三百多年的赵宋王朝灭亡。"④

元灭宋之战,得力于水师,短短三年间就造战船 7000 艘(至元七年 5000 艘,至元十年 2000 艘)。这是按宋降将刘整的奏请并由刘整督造的;还为用兵海外,从至元十一年到至元二十九年,共造海船 9900 艘。⑤此外,其间还命高丽建造了 1900 艘。这就是至元五年(1268 年)要高丽"当造舟一千艘,能涉大海可载四千石者"⑥。再有则是至元"十一年三月,命凤州经略史忻都、高丽军民总管洪茶丘,以千料舟、拔都鲁轻疾舟、汲水小舟各 300,共 900 艘,载士卒 1.5 万,期以七月征日本"⑦。总之,海外用兵竟动用海船近 1.2 万艘。此项造船任务工程巨大,为造船要大举伐木。元人当时有诗感叹此情景:"万木森森截尽时,青山无处不伤悲。斧斤若到耶溪上,留个长松啼子规。"⑧

(二)几次出师海外的失败

元世祖忽必烈雄心壮志,在国内战争尚未完全结束的情况下,就着手进行海上战争的准备。为适应海上作战的需要,在福建建立了沿海水军万户府,招募水兵,练习海战。为征日本,在至元五年(1268 年),就曾诏谕高丽"当造舟一千艘,能涉大海可载四

① (明)宋濂:《元史·世祖纪》,中华书局 1976 年版,第 128、148 页。
② (明)宋濂:《元史·阿老瓦丁传》,中华书局 1976 年版,第 4544 页。
③ 李培浩:《中国通史讲稿》(中),北京大学出版社 1983 年版,第 193—194 页。
④ 张铁牛、高晓星:《中国古代海军史》,八一出版社 1993 年版,第 113、114、117 页。
⑤ 章巽:《中国航海科技史》,海洋出版社 1991 年版,第 79 页。
⑥ (明)宋濂:《元史·高丽传》,中华书局 1976 年版,第 4614 页。
⑦ (明)宋濂:《元史·日本传》,中华书局 1976 年版,第 4628 页。
⑧ 吴葳兰:《元代的造船事业》,《中国造船工程学会成立四十周年论文集》,1983 年,第 3—6 页。

千石者"。两年后,"于高丽设置屯田经略司",又诏谕高丽"兵马、船舰、资粮,早宜措置",甚至指责高丽"往年所言括兵造船至今未有成效"。①

至元十一年(1274年)和至元十八年(1281年),元两次与日本发生战争;至元十九年(1282年),从海上进攻占城(今越南南部);至元二十四年(1287年),又从海上进攻安南(今越南北部);至元二十九年(1292年),跨海南征爪哇。这5次海上用兵,动用了大量兵力,官兵少则5000人,多则14万人;战船少则500艘,多则3400艘。但是,这几次渡海作战,都由于指挥失误、缺乏后援等原因而遭到重大损失,败师而归。从此,元水军便一蹶不振了。

二 元代的海外交通与远洋船

(一)海上交通往来频繁

元朝是一个强大的帝国,在成吉思汗及其继承者们率领下的蒙古大军东征西讨,到处诉诸武力;在政治和文化上,吸收了许多被征服者的宝贵传统,并大力加以发扬。在海上交通方面尤其如此。

元世祖忽必烈灭宋以后,收纳了南宋许多和航海事业有关的人才。其中,最著名的有曾在南宋时任提举泉州市舶30年、拥有大量海舶的蒲寿庚。蒲寿庚降元后,大受宠信,先后升任到闽广大都督兵马招讨使、江西省参知政事、中书左丞等职,并受命诏谕海外,以复互市。《元史·世祖纪》记有:至元十五(1278年)八月,"诏行中书省唆都、蒲寿庚等曰:'诸蕃国列居东南岛屿者,皆有慕义之心,可因蕃舶诸人宣布朕意。诚能来朝,朕将宠礼之。其往来互市,各从所欲。'"②此外,还有南宋末年长江口的崇明人朱清和嘉定人张瑄。他俩全是渔民出身,一同贩过私盐,也做过海盗,官吏搜捕紧急时,则航海北逃到渤海一带,"往来若风与鬼,影迹不可得",他们十分熟悉海道与航海业务。被忽必烈收用后,曾随元丞相伯颜浮海南下攻灭南宋,后来成为"大元海运"的主持人。

元承宋制。宋代的诸海港,仍是元代的重要海港。元代也和宋代一样,在全国几个重要海港分设市舶司,主要有三处,即泉州、广州、庆元(今宁波)之市舶提举司。除此之外,其他设立过市舶司的还有上海、澉浦、温州、杭州等处。元代这些设立市舶司的地方,都在长江口以南;在长江口以北的海上交通运输,主要是兴办"海运"。

元代重视对外的经济与文化交流,海外来中国的各界人士甚众,且多受到元朝廷的优厚礼遇,有的还在元朝位居要职。同时,元朝也不断派出使节、游历家等至海外通好。其中,影响较大的有亦黑迷失、杨庭璧、周达观、汪大渊等。

亦黑迷失,今新疆维族人,是元初的著名航海家和外交家。他曾任兵部侍郎,荆湖、占城等处行中书参知政事,两次奉诏参与元朝对东南亚的军事行动。至元九年(1272年)起,屡次出使僧伽剌(今斯里兰卡)、八罗孛国(今印度东南部泰米尔纳德邦境)等国家和地区,"偕其国人以珍宝奉表来朝"。以后又至占城(今越南南部)、

① (明)宋濂:《元史·高丽传》,中华书局1976年版,第4614、4618页。
② (明)宋濂:《元史·世祖纪》,中华书局1976年版,第204页。

南巫里(今苏门答腊西)、苏木都剌(苏门答腊)等国家和地区,密切了元朝与海外诸国的关系,扩大了元朝在海外的影响,官至平章政事为,仁宗念其屡使绝域,诏封"吴国公"。①

杨庭璧,是元代出使海外的外交家中成绩最为显赫的一员,"(至元)十六年十二月,遣广东招讨司达鲁花赤杨庭璧招俱兰(今印度西南端的奎隆)。十七年三月至其国。国主必纳的令其弟肯那却不剌木省书回民字降表,附庭璧以进,言来岁遣使入贡"②。在杨庭璧等屡次出使俱兰及南海诸国和地区的影响下,到至元二十三年(1286年),与中国建立航海贸易关系的已有马八儿、须门那、僧急里、南无力、马兰丹、那旺、丁呵儿、来来、急兰亦带、苏木都剌等十个国家和地区。

元朝廷在遣使沟通西洋航路的同时,还派人加强同邻近的真腊(今柬埔寨)和占城的海上联系。元贞二年(1296年)周达观随使臣出使真腊,前后三年,谙悉其俗,返国后遂记其闻,撰成《真腊风土记》一书,约8500字。该书虽不长,但记载了柬埔寨13世纪末叶社会生活的情景,生动而翔实。

在周达观赴真腊30多年后,又有汪大渊两下西洋之举。在长期的远航活动中,汪大渊所到之处,凡"其目所及,皆为书记之";据两次经历,撰成《岛夷志略》,记载他所到达之地有200余处,几乎包括现在的越南、柬埔寨、泰国、新加坡、马来西亚、印尼、菲律宾、缅甸、印度、斯里兰卡、马尔代夫、沙特阿拉伯、伊拉克、民主也门、索马里、坦桑尼亚、肯尼亚等广大地区。③ 值得指出的是,汪大渊在当时仅为一介平民,其身世不见经传。他能够不畏艰险,独身附舶,远洋跋涉,遍游东西洋诸国和地区,实难能可贵。而他所撰《岛夷志略》,内容宏富,分条细致,记载翔实,可补正史之缺,纠前人之偏,成为中外海上交通珍贵史料,这也正标志着元代海外交通的发展。元代中国舶、商旅较之唐宋时期,更为频繁地进出与往返南海至东、西洋之间,遍游东西洋诸国。当时,中国对西方国家的了解也大大进了一步,无怪乎元顺帝曾遣外国人为使赴欧,其诏书提到"咨尔西方日没处,七海之外……"④

(二)远洋船声名远播海外

元代的远洋海船,由马可·波罗的《马可·波罗行纪》而远传海外。马可·波罗(MarcoPolo,1254—1324年),在至元八年(1271年)夏,随父、叔离开故乡威尼斯,1275年(至元十二年)由陆路丝绸之路到达元朝的上都,觐见世祖,深得世祖之宠信,留仕元朝17年;至元二十八年(1291年)初,为护送阔阔真公主一行,分乘14艘4桅12帆、配备两年食物的大船,从刺桐(今泉州)港起碇,赴伊儿汗国的都城。⑤

马可·波罗在他的游记中说道:"我郑重地告诉你们罢,假如有一只载胡椒的船去亚力山大港或到奉基督教国之别地者,比较起来,必有一百只船来到这刺桐(泉州)港。因为你们要晓得,据商业量额上说起来,这是世界上两大港之一。"关于中国船舶在结

① (明)宋濂:《元史·亦黑迷失传》,中华书局1976年版,第3198页。
② (明)宋濂:《元史·马八儿等国传》,中华书局1976年版,第4669页。
③ 张铁牛、高晓星:《中国古代海军史》,八一出版社1993年版,第111页。
④ 姚楠、陈佳荣、丘进:《七海扬帆》,中华书局1990年版,第158页。
⑤ 姚楠、陈佳荣、丘进:《七海扬帆》,中华书局1990年版,第164页。

构上的特点和优点,马可·波罗说道:"船用好铁钉结合,有二厚板叠加于上。"若干大船舶"有大舱十三所,以厚板隔之,其用在防海险,如船身触礁或触饿鲸而海水透入之事,其事常见……至是水由破处浸入,流入船舶。水手发现船身破处,立将浸水舱中之货物徙于邻舱,盖诸舱之壁嵌甚坚,水不能透。然后修理破处,复将徙出货物运回舱中。"①马可·波罗对中国元代船舶的描述,已为泉州湾出土的沉于宋末(1277年)的远洋海船所证实,由此更能领会舟船有"元承宋制"这一事实。

第四节　元代的漕运与漕船

一　海上漕运与漕船

元代的海上漕运,突破以往任何一个朝代,由最初的至元二十年(1283年)的年运量4.6万石到天历二年(1329年)最高年运量达350余万石,前后经历47之久。元建都于大都(今北京),十分仰仗江南盛产的粮食,海上漕运正是每岁两运的经常而重要的任务。

《元史·食货·农桑》记有:"太祖(成吉思汗)起朔方,其俗不待蚕而衣,不待耕而食,初无所事焉。世祖(忽必烈)即位之初,首诏天下:国以民为本,民以衣食为本,衣食以农桑为本。"《元史·食货·海运》记有:"元都于燕,去江南极远,而有司庶府之繁,卫士编民之众,无不仰给于江南。自丞相伯颜献海运之言,而江南之粮分为春夏二运。盖至于京师者一岁多至三百万余石,民无挽输之劳,国有储蓄之富,岂非一代之良法欤?"

然而,早期为了要沟通北方的政治中心和东南的经济中心地区,元政府曾从事开通南北大运河,结果却未能完全满足需要,尤其是在粮运方面,不得不假道于海上。《大元海运记》记有:"运浙西粮涉江入淮,由黄河逆水至中滦旱站,搬运至淇门之御河,接运赴都。次后创开济州泗河,自淮至新开河,由大清河至利津河人海接运。因海口沙壅,又从东阿旱站运至大清河至利津河及创开胶莱河道通海缯运。至元十九年(1282年),太傅丞相伯颜见里河之缯运粮斛,前后劳费不赀而未见成效,追思至元十二年(1275年)海中搬运亡宋库藏图籍物货之道,奏命江淮行省限六十日造平底海船六十只,听候调用。于是行省委上海总管罗璧、张瑄、朱清等依限打造。当年八月有旨,今海道运粮至扬州,罗璧等就用官船军人,仍令有司召顾梢碇水手,装载官粮四万六千余石,寻求海道。"②

元代海运的主要创行者,就是张瑄和朱清。据《大元海运记》卷下,海漕运粮数字逐年增加。例如,1283年(至元二十年)为4.6万石,1284年猛增到29万石,1286年为57.8万石,1290年为159.5万石,1305年为184.3万石,1310年为292.6万石,

---

① 《马哥孛罗游记》,张星烺译,商务印书馆1937版,第337—342页;《马可·波罗行纪》,冯承钧译,中华书局1954年版,第619—620页。

② (清)胡书农辑:《大元海运记》卷上,雪堂丛刻本。

1315 年为 243.5 万石，1320 年为 326.4 万石，到 1329 年达到 352.2 万石，这是最高额。所用平底海船数额，在延祐元年(1314 年)时，由浙西平江路刘家港开洋者为 1653 艘，由浙东庆元路(今宁波)烈港开洋者为 147 艘，合计共 1800 艘。此期船舶的载量是：小者 2000 余石，大者八九千石。

对于张瑄、朱清的海运业绩，有一些蒙古族官吏并不赞赏，也有的以朱、张为"南人"屡有谗言。还有阿八赤等人"广开新河"以运粮，"然新河候潮以人，船多损坏，民亦苦之"①。唯忽必烈始终重用张瑄和朱清。至元二十八年(1291 年)，世祖"罢江淮漕运，完全用海道运粮"，更升迁张瑄为骠骑卫上将军、淮东道宣慰使兼领海道都漕运万户府事；朱清为骠骑卫上将军、江东道宣慰使兼领海道都漕运万户府事，中书省奏准合并设立海道都漕运万户府二处。②

元代海运的航线，有过两次重大变化。最初的航线(1282—1291 年)是，从平江路刘家港(今江苏太仓浏河口)出航，经海门(今江苏海门)附近的黄连沙头及其北的万里长滩，一直沿着海岸北航，靠着山东半岛的南岸向东北以达半岛的东端成山角，由成山转而西行，到渤海湾西头进入界河(即今海河口)，沿河可达杨村码头(今河北武清县)，便是终点。这一航线因离岸太近，浅沙甚多，航行不便，时间要长达几个月之久，且多危险。

至元二十九年(1292 年)，朱清等决心"踏开生路"，粮船出长江口以后便离开海岸，如得西南顺风，一昼夜约行 1000 多里到青水洋，过此后再值东南风四日便可到成山角，转过成山角，仍按原航线航抵渤海湾西头的界河。这一航线离开了多浅沙的近海，还利用了西太平洋自南向北的黑潮暖流，航行时间大为缩短。

至元三十年(1293 年)，千户殷明略又开新线，从刘家港出发，由长江口出海后即直接向东进入黑水大洋，再直奔成山角，再转向西由渤海南部以达界河口。风向顺利时只要十天左右便可航完全程。从连续 3 年间航线的两次变化，便可看出元代海运创办者们勇敢的探索精神。

海运漕船主要有遮洋船和钻风船两种。钻风船约可载 400 余石，遮洋船载货 800 石或 1000 石。遮洋船是行驶万里长滩、黑水洋及山东半岛北面的沙门岛(今长岛县)航道，风险不大，建造费用仅及出使日本海船的 1/10，尺度比运河漕船略大，但舵杆必用铁梨木制，坚固可靠。"凡海舟，元朝与国初运米者，曰遮洋船，次者曰钻风船。"③《水运技术词典》"遮洋船"条记有："遮洋船容载一千石，船体扁浅，平底平头，全长八丈二尺，宽一丈五尺，深四尺八寸，共十六舱。其长宽比 5.4 弱，宽深比 3.1 强。设双桅，四橹，铁锚二。舵杆用铁力木，百吊舵绳，便舵可升降。"④延祐以来，海运船在航道上、船舶体型和载量上均有增大。小者二千余石，大者八九千石。当时以海关石计算，1 海关石等于 154.5 千克，说明延祐以来海船容量已是从 300 吨到 1390 吨了。⑤

---

① (明)宋濂:《元史·食货·海运》,中华书局 1976 年版,第 2364 页。
② (清)胡书农辑:《大元海运记》卷上,雪堂丛刻本。
③ (清)陈梦雷、蒋廷锡:《古今图书集成·经济汇编·考工典》,中华书局 1988 年影印版,第 96959 页。
④ 《水运技术词典·遮洋船条》,人民交通出版社 1980 年版,第 25 页。
⑤ 吴蔽兰:《元代的船舶事业》,《中国造船工程学会成立四十周年论文集》,1983 年版,第 3—7 页。

二　运河漕船

元代的运河漕船船体窄长,长宽比为 7.6,载重量限为 150—200 料,约为 12 吨。这种标准船型的产生,与京杭大运河的航道管理有关。元代从至元十七年(1280 年)便致力于开凿京杭运河,到至元二十八年(1291 年)才全部完工。其中,从东平到临清一段叫会通河,是全程中的最高程,水源不足,河道浅窄,只准 150 料漕船通行。到了延祐初年,有些"权势之人并富商大贾,贪嗜货利,造三四百料船或五百料船,于此河行驾,以致阻碍官民舟楫",于是影响河道畅通。为此,都水监差官在这段会通河的南端沽头和北端临清两处建设闸门。闸口仅宽 9 尺,称作"隘闸",只有船宽 8 尺 5 寸的 200 料船才能通过。超过这个宽度的船,受隘闸所限,便不能在运河全程通航。

一些航商为了提高单船载货量,便在 8 尺 5 寸宽度的限制下,尽力增加船长。《元史·河渠志》记有:泰定四年(1327 年)以后,"愚民膏利无厌,为隘闸所限,改造减舷添舱长船至八九十尺,甚至百尺,皆五六百料,人至闸内,不能回转、动辄浅搁,阻碍余舟,盖缘隘闸之法,不能限其长短"。因之河道拥塞问题仍未解决。经过访问造船工匠,得知二百料船,宽若限为 8 尺 5 寸时,船长应该是 6 丈 5 尺。其后又在隘闸旁再立中间距离为 6 丈 5 尺的两块石标,叫做"石则",船过闸时先要量长短,超过石者则不准入隘闸,即所谓"有长者罪遣退之"。

第五节　元代古船的发掘

虽然关于元代船舶研究的文献并不缺乏,但关于元代船舶的微观描述和较为准确的图样仍很难觅获。因此,对于在考古发掘中获得的元代古船,确有重大学术价值,可以从中使人们得悉中国船舶在设计、构造以及施工中的许多精湛之处。

迄今为止,已经出土并经过相当研究的元代古船有两艘:一是在韩国全罗南道木浦市新安海底打捞到的中国元代航海货船;一是在山东省蓬莱市水城发掘到的一艘元代末年的战船。此外,在河北磁县曾发现元代内河船。

一　韩国新安海底发现的中国元代航海货船

(一)新安船的发现、发掘及展出

1976 年,在韩国全罗南道新安郡道德岛海面作业的渔船,起网时发现了几件中国瓷器。以此为开端,韩国政府直接参与,由文化公报部所属的文物管理局组成调查团,由海军派潜水员协助,于 1976 年 11 月进行试发掘,查明确有木质船体遗存,沉船位置在北纬 35°01′15″,东经 126°05′06″。[①] 打捞采用方格栅法。方格栅为边长 2 米的正方形,以长 6 米、宽 4 米为一组并两两相连,将 76 个方格栅顺序布置在沉船上面,潜水员

---

① 〔韩〕尹武炳:《新安海底遗物の引扬ばとその水中考古学の成果,新安海底引扬ば》,《文物》,东京国立博物馆,中日新闻社 1983 年版。

进入指定的方格栅打捞遗物并提供准确信息。随着发掘的深入,沉船的平面轮廓大致出现:残长约 28 米,宽 6.8 米,埋在深水海底,船身向右倾斜约 15 度,船体由 7 个舱壁分隔成 8 个舱,上半部已经腐朽,埋在海泥里的那部分船舱免于损坏,尚可辨认出原本的形状。

在 1976—1984 年的 9 年间,发掘打捞工作持续进行了 10 次,在 1984 年和 1987 年还有两次复查性打捞,所获文物异常丰富。[①] 其中,陶瓷器 20691 件,除仅有几件高丽青瓷和日本陶瓷之外,绝大多数是中国宋元时代的制品,其中有不少精品。此外,尚有金属遗物 729 件,石材 45 件,每件长 1—2 米的紫檀木 1017 件,还有船员日常用品 1346 件。值得重视的是,还有铜钱 28 吨又 19.6 千克,铜钱是用吸引软管打捞起的。这些铜钱都是中国铸造的。

新安沉船和相关文物的打捞,受到国际学术界的重视。1977 年在汉城,1983 年在日本,先后召开了两次"新安海底文物国际学术讨论会"。1991 年 12 月在上海召开的"世界帆船史国际学术讨论会"上,韩国学者做了关于新安海底沉船的学术报告。

1994 年 12 月,在木浦市海滨建成"国立海事博物馆"(National Martime Museum),陈列了新安船及另一艘小型古船及相关文物。

(二)新安沉船的年代

上述所发掘的元代铜钱中有"至大通宝",这是元武宗至大三年即 1310 年铸造的,所以,1310 年当为沉船年代的上限。韩国尹武炳教授曾以未曾发现青花瓷为依据,断定沉船的下限时间。据东洋陶瓷史的研究成果,青花瓷的制作始于元,一般认为是 1330 年。当然,以此为据并不是很严格的。关于沉船年代的下限,有人以明初实行海禁为据,定在元代末年。也有人以方国珍起义队伍劫夺海运为据,引《元史·顺帝纪》"(至正十二年)是岁海运不通",把下限定在至正十二年即 1352 年。

在打捞到的瓷器中,发现一件龙泉窑的青瓷盘,在底面阴刻有"使司帅府公用"6 字[②],这可作为判断沉船年代的重要依据。"使司帅府"当为"宣慰使司都元帅府"的简称。据《续资治通鉴》记载:于大德六年(1302 年)十月甲子,元朝的浙东道宣慰使改为"宣慰使司都元帅府"[③],此青瓷盘应为该府成立以后烧制的。

由于在 1982 年打捞的表明货主的木签中,发现有两个墨书"至治三年"即 1323 年的木签,这应看做解决沉船年代问题的重要依据。这一年代与前述各种推断是可以统一起来的。

(三)新安沉船的目的港与始发港

弄清楚新安船的目的港与始发港对了解船舶是必要的。新安船的目的港是哪个国家,可以从船上运载的大量中国元瓷和中国铜钱中找到答案。

大量的中国铜钱是运往日本的,这在两国的古文献中都能找到依据。虽然元政府

① 韩国文化公报部文物管理局:《新安海底遗物(综合篇)》,高丽书籍株式会社 1988 年版,第 144 页。
② 李德金等:《朝鲜新安海底沉船中的中国瓷器》,《考古学报》,1979(2)。
③ (清)毕沅:《续资治通鉴》,中华书局 1957 年版,第 5284 页。

曾有两次派兵征讨日本,但据日本历史的记载,元代日本赴中国的贸易船从未间断,而且"发现日元之间的交通意外频繁"①。《元史·日本传》则记有:"(至元)十四年(1277年),日本遣商人持金来易铜钱,许之。"日本古文献《和语连珠集》则载有:"上古本邦无铜,以异邦输入之铜铸造。"②由之可见,日本输入铜和铜钱由来已久。

关于中国元瓷,韩国尹武炳教授和中央博物馆崔淳雨馆长都一致指出:13至14世纪时的高丽是生产青瓷的主要国家之一,它没有必要输入元代中国瓷器,当时的日本倒是中国瓷器的主要进口国。③

鉴于瓷器中有3件高丽青瓷,于是有了高丽可能是中途港的议论。中国陶瓷专家冯先铭则认为,3件高丽青瓷是在中国装船的。因为宋时的高丽青瓷和中国定窑白瓷都堪称天下名品,当时也有很多高丽青瓷流入中国。"在本世纪50年代以后,从安徽省、浙江省和北京的古墓中曾出土过高丽青瓷,安徽省出土的康津窑龙纹罐,其特征与在新安海底打捞到的完全相同。"④尹武炳的论文证实:3件高丽青瓷是从压在3个木箱下边的另一个木箱中发现的,这就排除了在高丽装3件高丽青瓷的可能性。

新安元船的始发港是何处呢? 比较集中的意见是浙江的明州(今宁波)和福建的福州。明州是我国著名港口,唐宋以来就是通向高丽和日本的主要港口之一,在新安船上发现一个镌有"庆元路"铭文的秤砣⑤,反映了该船与明州的密切关系。

另一种意见是从诸多瓷器的窑址去考察和分析。龙泉青瓷,其窑址包括浙江南部瓯江沿岸的龙泉、丽水、遂昌、云和以及永嘉。宋时青瓷的重要产地逐渐从瓯江下游移到上游。龙泉青瓷能方便地沿着松溪运到福建的福州,然后再由商船运往国外市场。新安沉船打捞到的瓷器,其窑址除设在浙江南部以外,就是江西和福建的北部。闽北的窑址分布在今沿松溪的松政,沿南浦溪的浦城,沿崇溪的崇安、建阳,沿建溪的建瓯、南平,沿富屯溪的光泽、邵武和顺昌。诸窑址的瓷器产品都可以沿闽江方便地运到福州。我国台湾学者陈庆光持这种见解。他指出:"元代的税局就设在泉州,商船为了逃税,往往从福州开航。"⑥沉船中没有发现位于泉州附近同安窑的瓷器。根据这一情况,新安船的始发港当是福州。"新安船是中国著名船型之一的福船,它的基地港主要是泉州和福州。说该船是由福州开出的将更为合理。"⑦

(四)新安船的船型特征及建造地点

新安沉船的船型特征和建造地点,一直引起学术界的注意。随着发掘工作的进展,几乎所有的学者逐渐都认为这是建造于中国的海洋货船。在1977年汉城"新安海底文物国际学术讨论会"上,担任新安海底遗物调查团团长的忠南大学博物馆馆长尹

① 〔日〕木宫泰彦:《日中文化交流史》,胡锡年译,商务印书馆1980年版,第389页。
② 郭沫若:《出土文物二三事》,人民出版社1972年版,第35页。
③ 〔韩〕崔淳雨:《韩国出土的宋元瓷器》,"新安海底文物国际学术讨论会"论文,1977年。
④ Feng Xian-ming(冯先铭):Problens Concerning Found off Coast. 新安海底打捞文物1983年国际讨论会讲演摘要,1983年。
⑤ 〔韩〕尹武炳:《新安海底遗物的引扬ば とその水中考古学的成果:新安海底引扬ば》,《文物》,东京国立博物馆,中日新闻社1983年版。
⑥ 陈庆光:《福建输出的早期元瓷研究》,参见1997年"新安海底文物国际学术讨论会"论文,1977年。
⑦ 席龙飞:《朝鲜新安海底沉船的国籍与航路》,海洋出版社1985年版,第141页。

武炳教授著文指出："造船专家、汉城大学工学院教授金在瑾认为有可能是中国人建造的船舶，特别是舱壁构造特征更显出是中国形式。"但同一文章中也指出："没有任何东西可以确切地说明其国籍问题。"[1]

汉城大学金在瑾教授曾参与新安沉船的发掘与研究，在 1980 年 9 月的《新安海底文物发掘调查报告书》中曾绘出初步复原图。他给出的复原尺度是：总长约 30 米，最大宽度约 9.4 米，型深约 3.7 米，水线长由侧面图可以看出约为 26.5 米，长宽比约为 2.8：1，宽深比约为 2.54：1。金在瑾认为："本船属高丽船的可能性甚少，更非日本船。以构造的方式也可几乎确认为中国船。"但是，他也认为："这类构造的方式是非常特殊的，是东西方古船中至今尚未见到过的。"

1982 年，在打捞中发现若干表明货主的木签，木签多数长约 10 厘米，宽 2.5 厘米，厚 0.5 厘米。木签表面墨书有货主的姓名。判读这些姓名时不仅发现确有日本人的姓名，而且还有（日本）"东福寺"这样的寺名。这是否意味着沉船是日本船呢？1983 年赴日参加学术讨论会的中国陶瓷专家冯先铭，在与会过程中曾发现有些日本学者疑为日本船，虽然他们并没有发表有关论文。1984 年 1 月 3 日，中国太平洋历史学会在北京人民大会堂召开成立大会，席龙飞发表《韩国新安海底沉船的国籍与航路》一文，确信新安沉船是中国建造的福船船型并陈述论据。韩国文化财管理局正式发掘报告《新安海底遗物》相继于 1981、1984、1985、1988 年份篇发表，日本船史专家多田纳久义在 1990 年对韩国木浦海底遗物的访问记[2]和韩国学者李昶根[3]、李昌忆[4]的学术论文等也相继发表。在 1991 年（上海）世界帆船史国际讨论会上还播放了新安船的发掘录像。席龙飞先生的《对韩国新安海底沉船的研究》[5]一文更以 8 点论据，确信新安海底沉船为建造于我国福建的福船船型：①新安船的主尺度比值与泉州宋船十分相近；②新安与泉州两古船的型线相似；③龙骨的构造、连接和线型具有福船的特色；④在龙骨嵌接处置入铜镜和铜钱实为福建民俗；⑤隔舱壁、舱壁肋骨的构造与装配，与泉州宋船的模式完全相同；⑥鱼鳞接搭式外板与舌形榫头连接，韩、日学者倍感惊奇地说"这类构造的方式是非常特殊的，是东西方古船至今尚未见到的"，"这种鱼鳞式构造在东方是迄今未采用过的"，其实，这种构造在中国古船中都能找到相应的例证；⑦前桅座和主桅座结构，与中国已出土的诸多古船基本一致；⑧有液舱柜的设置，这在北宋宣和年间（1119—1125 年）徐兢出使高丽时的著作《宣和奉使高丽图经》中已经有所反映，书中写道："海水味剧咸，苦不可口。凡舟船将过洋，必设水柜，广蓄甘泉，以备饮。盖洋中不甚忧风，而以水之有无为生死耳。华人自西绝洋而来，既已累日，（高）丽人料其甘泉必尽，故以大瓮载水，鼓舟来迎，各以茶米酬之。"[6]对中国船的壮观与完善，曾使高丽人惊叹不已，并有"倾国耸观而欢呼嘉叹"的盛况。该书的"客舟"条还特别提到水柜

第二十四章

宋元时期的造船与海运

---

① 〔韩〕尹武炳：《新安古沉船之航路及有关问题》，"新安海底文物国际学术讨论会"论文，1977 年。

② 〔日〕多田纳久义：《韩国光州木浦の海底遗物保存馆走访ねて》，《关西造船协会览》，平成 2 年第 2 号，1990 年。

③ 〔韩〕李昶根，Lee Chang-Kemu1991，The Conservation of a 14th Shipwteek. Conference of MAHIR'91.

④ 〔韩〕李昌忆，Lee Chang-Euk1991，The Sunken Ship Salvaged OFF Shinan. Procedings of International Sailing Ships Conference（Shanghai）.

⑤ 席龙飞：《对韩国新安海底沉船的研究》，《海交史研究》，1994（2），第 55～74 页。

⑥ （宋）徐兢：《宣和奉使高丽图经》卷三十三《供水》，上海商务印书馆 1937 年版，第 114 页。

是设在舱底:"其中分为三处,前一仓,不安艘板(舱底铺板),唯于底安灶与水柜,正当两桅之间也。"

综合上述 8 点可知,在韩国全罗南道新安郡海底发掘的古船,无疑是在福建建造的中国船。这一精彩的实例,丰富了中国造船技术史的内涵。

韩国文化电视台为纪念全世界反法西斯战争胜利 50 周年,组织了对新安古船的复原与重建,由韩国学者复原设计,仿"新安古船"由福建省渔轮修造厂复原制造,现已建成并投入使用。据《船史研究》报道,仿"新安古船"的主要尺度是:"总长 31 米;最大宽度 9 米;型深 2.7 米;吃水 1.9 米。设 3 桅:主桅总长 21 米,主帆面积 11 米×6.5 米;首桅总长 17 米,首帆面积 9 米×6 米,帆采用竹席;后桅总长 10 米,后桅不挂帆"①。

二 山东蓬莱的元代战船

(一)蓬莱古船的发掘、研究与展出

1984 年 6 月,在全国重点文物保护单位蓬莱水城(登州港)进行了一次大规模的清淤工程。施工人员在港湾的西南隅 2.1 米深的淤泥中,发现了三艘古代沉船。蓬莱县(今蓬莱市)和烟台市的文物工作者将其中一艘较完整的古船进行了清理发掘。该船残长 28.6 米,残宽 5.6 米,残深 0.9 米,是我国目前发现的最长的一艘古船。②1987 年 11 月《蓬莱水城清淤与古船发掘报告》发表,1988 年 10 月全国性蓬莱古船与登州古港学术讨论会召开,1989 年 9 月会议论文集《蓬莱古船与登州古港》③出版,收录发掘报告及有关学术论文 15 篇,以及同时发现的石碇、木碇、四爪铁锚、缆绳等船具,还有铜炮、铁炮、石弹、灰弹瓶等武器和一部分瓷器等各种文物的照片 82 幅。1990年 5 月,我国第一座古船博物馆在山东省蓬莱市建成开馆。④

(二)蓬莱古船的年代及用途

首先,蓬莱水城的修建为古船的断代提供了线索。现在的蓬莱水城建于明洪武九年(1376 年),其水门实宽 8 米,水门至港内的平浪台的距离只有 44 米。像蓬莱古船这样大型的船只,若出入水门就相当费时费力,情况紧急时必将贻误战机。据此,经研究认为:蓬莱古船是在元朝末年明朝初年期间进入港内的。再者,从古船的地层看,该层文物都是元朝器物,如高足杯、瓷碗等,既没有宋朝的遗物,又未见明、清两朝的器物。而"高足杯是元代瓷器中最流行的器型"。"我们认为蓬莱古船是元朝建造使用的,其最晚使用期限不应晚于明初洪武九年,即 1376 年蓬莱水城修建以后。"⑤

蓬莱古船残长达 28.6 米,残宽只有 5.6 米,其长宽比接近 5.0,这比通常的航海货船大许多,说明它的用途与一般海洋货船有所不同。古船出土时船内外伴有石弹、

---

① 船史研究会:《记韩国 MBC 电视台三次访问船史研究会》,《船史研究》,1997(11-12),第 300 页。
② 邹异华:《蓬莱古船与登州古港·序言》,大连海运学院出版社 1989 年版,第 1 页。
③ 席龙飞:《蓬莱古船与登州古港》,大连海运学院出版社 1989 年版。
④ 舟桥:《我国第一座古船博物馆》,《舰船知识》,1990 年,第 10 卷第 10 期。
⑤ 邹异华、袁晓春:《蓬莱古船的年代及用途考》,《蓬莱古船与登州古港》,大连海运学院出版社 1989 年版,第 75—76 页。

铁炮、铜炮以及许多装有石灰的瓷瓶等武器,说明它应是一艘具有较高快速性的战船。

特别应当注意到,蓬莱水城在历史上就曾是驻扎水师的港埠。北宋庆历二年(1042年)为抵御辽的南侵,登州郡守郭志高"奏置刀鱼巡检,水兵三百戍沙门岛,备御契丹"[1]。因其水师所驾驶的战船,形狭长酷似刀鱼,也称刀鱼战棹,此水寨也称"刀鱼寨"。元朝的蓬莱水城仍像北宋时期一样,照旧驻扎着水师,用于巡逻海面、出哨防洋,所用的战舰当为沿袭宋朝的"刀鱼战棹"。

刀鱼船船型源于浙江沿海,俗称钓槽船。"浙江民间有钓鱼船,谓之钓槽,其尾阔可分水,面敞可容兵,底狭尖可破浪,粮储器杖,置之簧版下,标牌矢石,分之两旁。可容五十卒者,而广丈有二尺,长五丈,率直四百缗。"[2]此类刀鱼战船长宽比值较大,吃水不深,造价也不高,对于沿海风涛不大的海域较为适用。北宋时曾将"措置合用刀鱼战船,已行画样,颁下州县"[3]制造。元代是中国在海上对外用兵的全盛时期,而且船也愈造愈大,但其船型一般仍是元承宋制。

综上所述,蓬莱古船应是沿用刀鱼战船型的海防战船。

(三)蓬莱古船的结构特征与工艺特点

蓬莱古船残骸的俯视及纵剖面图,其狭长的船身充分显示了刀鱼战船的基本特征。

1. 龙骨

龙骨是船体的主要部件,由两段方木以钩子同口加凸凹榫连接。主龙骨长17.06米,用松木制成;尾龙骨长5.58米,用樟木制成,尾端上翘约0.6米。龙骨全长22.64米。龙骨截面很长一段为矩形,中最厚处为300毫米,向尾部逐渐过渡到280毫米,向首部逐渐过渡到250毫米。龙骨截面以在6号舱壁处最宽,为430毫米,到最尾部宽度减缩到200毫米,到首部2号舱壁处龙骨宽度过渡到平均约375毫米,且呈上窄下宽的梯形。

由主龙骨支撑尾龙骨和首柱,这与泉州、宁波两艘宋代海船大体相一致,但是蓬莱古船采用的是带有凸凹榫的钩子同口连接,榫位长度达0.72米,约为宋代船的2倍。更为突出的特点是,主龙骨与尾龙骨、首柱的接头部位增加了补强材,其长度各为2.2米和2.1米,其断面尺寸是宽260毫米、厚160毫米,"可以认为这是经过一二百年之后较宋代两艘古船的技术进步"[4]。主龙骨在船中部位略向上翘曲,但发掘时未能精确测量到其翘曲值。

2. 首柱

首柱长3.6米,用樟木制成。后端受主龙骨支撑并与之采用带凸凹棒的钩子同口连接,连接长度约为0.7米。断面与主龙骨相同,向前则逐渐转化为锥体,其尖端约高出船底2米。在首柱与主龙骨连接部位的补强材上,又设有第1、2、3号舱壁,相互加固。

3. 舱壁板

全船由13道舱壁隔成14个舱,舱壁板厚160毫米,用锥属木制成。其中,以第

---

[1] (清)《道光蓬莱县志》卷四。
[2] (宋)李心传:《建炎以来系年要录》卷七,上海商务印书馆1936年版。
[3] (清)徐松:《宋会要辑稿·食货》五十之八,中华书局1957年版。
[4] 席龙飞、顿贺:《蓬莱古船及其复原研究》,《武汉水运工程学院学报》,1989年第3期。

3、第5号舱壁较为完整①,尚存有4列壁板,总宽度约为0.8米。与出土的宋代船舶相比在技术上更显得先进的是,相邻的板列不是简单的对接,而是采用凸凹槽对接,相邻板列更凿有错列的4个榫孔,其尺寸是长80毫米、宽30毫米、深120毫米。显然,这种精细的构造有利于保持舱壁的形状,从而保持船体的整体刚性,当然也有利于保证水密性。

与中国古船的传统一致,蓬莱古船虽然无舱壁周边肋骨,但在两舷舭转弯处均设有局部肋骨。以船体最宽处为中心,凡前于此处的肋骨均设在舱壁之后,凡后于此处的肋骨均设在舱壁之前。其作用显然是为了固定舱壁而有利于船体的刚度与强度,也有利于舱壁及外壳板的水密性。

4.外板

外板用杉木制成。残存板列左右舷分别为10、11列。每列板最长为18.5米,最短为3.7米,最宽为440毫米,最窄为200毫米。因为腐蚀相当严重,厚度为120—280毫米不等,但以邻龙骨的板列为最厚。外板列数由首到尾是不变的,于是首部板列较窄,到中部则逐渐增宽。这与宁波古船是一致的。

蓬莱古船外板的连接较已发现的宋代各古船有显著的技术进步。最能引人注意的是,外板板列的端接缝,均选在横舱壁处,以舱壁对外板板列的强力支撑来增强接缝处的连接强度。特别是采用了带凸凹榫头的钩子同口连接,以尽量减少端缝处在连接强度上的削弱。

5.桅座

桅座用楠木制成。前桅座紧贴在第2号舱壁板之前,长1.6米,宽460毫米,厚200毫米。前桅座上开有200毫米×200毫米的方形桅夹板孔,孔边最近距离为220毫米。主桅座紧贴在第7号舱壁板之前,长3.88米,宽540毫米;厚260毫米。中部有两个桅夹板方孔260毫米×260毫米,孔距320毫米。桅座也是用铁钉与外壳板、舱壁板相钉连。

6.舵杆承座

舵杆承座现存有3块,均用楠木制成。三块舵杆承座板叠压在一起,长2.43米,宽400毫米。承座板厚度,上面两块为100毫米,下面一块为260毫米,舵承座孔径约为300毫米。

总之,蓬莱船为元代的海防刀鱼战船,其船型特征源于浙江沿海的钓槽船。② 如果注意考究其造船材料,则可发现多为南方优质木材:船壳板用杉木,桅座、舵承座用楠木,首柱、尾龙骨用樟木,主龙骨用松木;捻缝用的船料则采用的是"麻丝、熟石灰、生桐油"③。从船型特征看,蓬莱古船也与登州、庙岛群岛一带的方头方梢的船型大不相同。长岛县航海博物馆展出的许多原藏于该岛天妃宫内的船舶模型,与蓬莱古船也大相径庭。因而许多研究人员认为该船为南方所建造。据此,在复原时应多参照南方浙、闽沿海船型的特点。

① 烟台市文物管理委员会、蓬莱县文化局:《山东蓬莱水城清淤与古船发掘》,《蓬莱古船与登州古港》,大连海运学院出版社1989年版,第30页。
② 辛元欧:《蓬莱水城出土古船考》,《蓬莱古船与登州古港》,大连海运学院出版社1989版,第69页。
③ 顿贺、袁晓春、罗世恒等:《蓬莱古船的结构及建造工艺特点》,《武汉造船》,1994(1),第27页。

第二十五章
宋元时期的海上航线与海外交通

宋元时期手工业和商业有了显著的进步,尤其是造船业和航海技术的巨大发展和进步,使这一时期的航海事业比前代又获得更大的发展,沿海航线和远洋航线也随之有了更多的拓展。宋元政府在沿海主要的通商海港设立了市舶司、市舶务或市舶场等管理通商和海运的机构,促进了当时沿海航路的发展。元代的国土广阔,海疆绵长,在海上交通方面,无论在航行的规模、所达的地域范围、航海的技术上,还是在近海和远洋航路上,也都超过了唐、宋时代。

第一节　宋元时期的海洋知识与航海技术①

一　对海下地貌的认知

到宋朝,涉及海下地貌的记述骤然多了起来,如徐兢的《宣和奉使高丽图经》、赵汝适的《诸蕃志》等对此都有所记述。元初开展的黄渤海大规模航海漕运,促进了对我国海洋地貌认识的深入。总的说来,宋元时期人们对其航海所处的海洋环境、海下环境的认识,是较好地认识到了其对航海所可能带来的凶险,因此也就越发促使人们为了航海的安全而对海洋环境、海下地貌的认识的进一步深入。

今天的黄渤海,即历史上的东海和渤海,是黄河、淮河及长江的出口海,河水滚滚而下,携带着大量的泥沙,沉淀在大陆的边缘海区,所以这里多暗沙。"黄水洋,即沙尾也,其水浑浊且浅。舟人云,其沙自西南而来,横于洋中千余里,即黄河入海之处。"②元代开辟的三条海运航线,即是基于对海下地貌的认识、比较其利弊之后作出的抉择。第三条航线走黑水洋,虽远离海岸,但可以躲开近岸海域的暗沙、浅滩,改用下侧如刃、航速较快的海舶,不用平底缓慢的沙船。对黄海的暗沙等海下地貌的论述,明代崔旦说:"登莱故道,风涛万里,洋礁帽集,势之险易殆悬绝矣。"③明代胡宗宪说:"登莱之海,危礁暗沙不可胜测,非谙练之至,则舟且不保,何以迎敌!"④胡宗宪还进而指出浅

---

① 本节引见章巽:《中国航海科技史》,海洋出版社 1991 年版,第 209—322 页。
② (宋)徐兢:《宣和奉使高丽图经》卷三四。
③ (明)崔旦:《海运编》。
④ 胡宗宪:《海防图论·山东预备论》。

滩之具体所在："若白蓬头、槐子口、桥鸡、鸣屿、夫人屿、金嘴石、仓庙、浅滩乱矶,乃贼所必避,而我之所当远焉者也。"①海军军官出身的陈伦炯说,"登莱淮海稍宽海防者,职由五条沙为保障也","庙岛南,自如皋、通州至洋(扬)子江口,内狼山,外崇明,锁钥长江,沙坂急潮","而苏北海域,庙湾而上,则黄河出海之口,河浊海清,沙泥入则沉实,支条缕结,东向纤长,潮满则没,潮后或浅或沉,名曰五条沙,中间深处,呼曰沙行"②。清代顾祖禹说,"吴淞而南,虽有港汉,每多沙碛","海州之东北,有大北海,不惟道里迂远,且沙碛甚多,掘港、新插港之东,亦有北海,沙碛亦多,不堪重载"③,而登州的"成山以东白蓬头等处,危礁乱矶,伏沙险湍,不可胜纪"④。清代朱逢甲也说:"天险如山东江南沿海多铁板沙……舟触即败。"⑤对黄渤海海下地貌进行了论述的,还有一批文人官吏。其中,除杜臻曾以侍郎身份考察过沿海地区,写下了《海防述略》外,其他如姜宸英的《海防总论》、韩奕的《海防集要》等,都是在没有实地考察或亲历的情况下写成的,这说明宋元以降,该海区的地貌知识已经较为普及了。

既然黄渤海是航海的畏途,可以想象,元朝为从江南往北京运输漕粮而开辟黄渤海航线,困难是极大的。除选择航线和建造沙船外,还有即是利用航标。《大元海运记》曾记载了一件动人的事:有一位叫苏显的舟师用自己的船,抛泊在暗沙处,竖起旗帜当做航标,便利其他运粮河舶通过,"今苏显备己船二只,抛泊西暗嘴二处,竖中旗缨,指领粮船出浅,诚为可采。令画到图本,备榜太仓周泾桥路漕宫前聚船处所,晓谕运粮船户"⑥。这大概是有文字记载的"航标"图。

今天的东海,起自钱塘江口,其江口两侧的海下便潜伏着暗沙。燕肃(961—1041年)在《海潮论》里便说,"海商船舶怖于上潬","盖下有沙潬"⑦。燕肃是论述产生钱塘江暴涨潮时说这些话的。沙潬对暴涨潮的产生究竟有多大影响,南宋的朱中有曾通过模拟实验研究了沙潬(即拦门沙)与钱塘江暴涨潮的关系:"尝试与子于一沟之内观之。引水满沟,则其水必平进。于海之半,累碎石而为龃龉,从上流倾水,势必经龃龉,而斗泻于下,水之激涌无怪也。"他还进一步指出"钱塘海门之潬,亘二百里"⑧。明代宣昭则认为钱塘江外的沙潬"跨江西东三百余里"⑨。明代胡宗宪又把钱塘江口的沙洋与长江口的暗沙联系起来认识。这表明,这些认识都是建立在宋元时期对该地区海下地貌的认识的基础上的。

南海是我国海上活动频繁的海区,是中外交通的海上通道,中国与东南亚、印度洋各国的交往与贸易都是在这里展开的,其主要港口广州是我国最早的贸易港。所以,南海海区的海下地貌亦是我国了解海下地貌最早的地区之一。南宋的周去非较早地记载了这里的海下地貌:"钦廉海中有砂碛,长数百里,在钦(州)境乌雷庙前直入大海,

① 胡宗宪:《海防图论·山东预备论》。
② (清)陈伦炯:《海国闻见录·天下沿海形势》。
③ (清)顾祖禹:《读史方舆纪要》卷19。
④ (清)顾祖禹:《读史方舆纪要》卷30。
⑤ (清)朱逢甲:《沿海形势论》(小方壶斋舆地丛钞本)。
⑥ (清)胡敬辑:《大元海运记》卷下"记标山浅"(此书辑自《永乐大典》本之《经世大典·海运门》)。
⑦ 中国古潮汐史料整理研究组:《中国古代潮汐论著选译》,科学出版社1980年版,第98页。
⑧ 朱中有:《朝觐》,《中国古代潮汐论著选译》,科学出版社1980年版,第126页。
⑨ (明)宣昭:《浙江潮候说》,《中国古代潮汐论著选译》,科学出版社1980年版,第164页。

形若象鼻,故以得名。长砂也。隐在波中,深不数尺,海舶遇之辄碎。去岸数里其乃阔数大,以通风帆。""尝闻之舶商曰,自广州以东,其海易行;自广州以西,其海难行;自钦廉而西,则尤为难行。若广西海岸皆砂土,无多港澳,风暴卒起,无所逃匿,至钦廉之西南,海多巨石,尤为难行"①。

对海南岛周围海域的海下地貌认识,要与周围皆海的特点相结合起来。其东路有文昌的潭门港、乐会的新潭那乐港、万州的东澳、陵水的黎庵港、崖州的大蛋港;其西路有澄迈的鸟㮰港、儋州的新英港、昌化的新潮港、感化的北黎港;在南海,航海者有句谚语:"上怕七洲,下怕昆仑"②,对于"七洲"虽然有不同的看法,但作为"怕"的"七洲(州)"所在地,应该是今天的西沙群岛周围海区,而"昆仑",即昆仑洋,指今越南南端昆仑岛周围海域,它们都位于中国往返南洋(东南以远)和印度洋的航线上。

南宋的赵汝适在论海南岛的地理形势时说:"至吉阳,迈海之极,亡复陆涂。外有洲,曰乌里,曰苏吉浪。南对占城,西望真腊,东则千里长沙、万里石床,渺茫无际,天水一色。舟舶来往,惟以指南针为则,昼夜守视唯谨,毫厘之差,生死系焉。"③赵汝适最早描述西南沙群岛是航海的畏途。虽然此前描述了珊瑚礁屿的地貌,但没有如此清晰的文字。虽然《宋史》记载了北宋天禧一年(1018年)九月占城国王尸嘿排摩谍派遣的使臣罗皮帝加说起占城人航海到广州时"或风漂船至右塘,即累岁不达矣"④等语,但终没有如赵汝适那样概括的认识。所以,我们说赵汝适所记是最早的论说。在赵汝适之后,吴自牧又记载了"上怕"和"下怕"的谚语,于是给这两个地方增加了恐惧神秘的色彩。其实,我国渔民年年到那里捕鱼和捞取海参,并没有产生"怕"的心理,主要是渔民们熟识那里的海下地貌,同时具有轻舟驾熟的丰富经验。

南宋的周去非把历史上虚指的"尾闾"落实到南海诸岛的海域,"传闻东大海洋,有长沙、石塘数万里,尾闾所泄,沦入九幽,昔尝仃舶舟为人西风所引,至于东大海,尾闾之声,震汹天地,俄得大东风以免"⑤。

对于南海诸岛礁盘的形成,学者们比较一致的意见认为系大陆地脉延伸而成,元代汪大渊谓:"石塘之骨,由潮州而生,迤逦如长蛇,横亘海中,越海诸国,俗云万里石塘,以余推之,岂止万里而已哉! 舶由岐屿门挂四帆,乘风破浪,海上若飞,至西洋,或百日之外,一日一夜行百里计之,万里曾不足。原其地脉,历历可考。一脉至爪哇,一脉至渤泥及古里地闷,一脉至西洋遐昆仑之地。盖紫阳朱子谓海外之地,与中原地脉相连者,其以观夫海洋,泛无挨涯,中匿石塘,孰得而明之! 避之则吉,遇之则凶。故子午针人之命脉所系,苟非舟子精明,鲜不覆且溺矣。"⑥

二 对海水颜色与水深关系的认知

海水的颜色与深度有关。对此,在古代是有非常深刻的认识的。宋神宗元丰

① (宋)周去非:《岭外代答》卷一《象鼻砂》。
② (宋)吴自牧:《梦粱录》卷十二。
③ (宋)赵汝适:《诸蕃志》卷下《海南》。
④ 《宋史》卷四八九《占城》。
⑤ (宋)周去非:《岭外代答》卷一。
⑥ (元)汪大渊:《岛夷志略·万里石塘》。

(1078—1085 年)时庞元英记载说:"鸿胪陈大卿言:昔使高丽,行大海中,水深碧色,常以锻碢长绳沉水中为候,深及三十托已上,舟方可行。既而觉水色黄白,舟人惊号,已泊沙上,水才深入托。凡一昼夜,忽大风,方得出。"①南宋的吴自牧就水的颜色与地貌的关系作了归纳,他说:"相色之清浑,便知山之远近。大洋之水,碧黑如淀,有山之水,碧而绿;傍山之水,浑而白矣。"②吴自牧又把海水的颜色同海岛(山)的距离联系起来识别。这些认识对地文导航都有积极意义。我们已经知道,在今天的黄渤海海域,古代就是凭水的颜色分为黄水洋、青水洋与黑水洋的。这一海区正是长江、淮河和黄河的出口海,尤其是黄河携带着大量黄土泄入黄海,沉淀在海岸附近,所以黄海近岸海域沙多水浅,波浪激沙,使水呈黄色,"黄水洋,即沙尾山,其水浑浊且浅。舟人云,其沙自西南而来,横于洋中千余里,即黄河入海之处"③,故称黄水洋。青水洋离岸较远,海水较深,海底泥沙不容易被波浪卷起,水质清澈,故命名为青水洋。黑水洋离岸更远,海水更深,因而水色深邃幽暗,"其色黯湛渊沦,正黑如墨"④。元代的海运,一再改变航线,是因为船舶在"海中不畏风涛,唯惧靠阁"⑤,最后终于选择了经过黑水洋完成南北的航运。当然,这是从宏观的角度来分黄渤海的水色和地貌的关系,而对某一更具体的地方,同样要注意对水色的观察,找出船舶安全通过的航道。例如,属于黄渤海海域的芙蓉岛附近,朱彧说:"东海神庙在莱州府东门外十五里,下瞰海咫尺,东望芙蓉岛,水约四十里。岛之西水色白,东则与天接。"⑥徐兢在奉使高丽途中一一记载下海道情况多卷(第 34 卷至第 89 卷),其中多处记录了水的颜色,如卷 39 的"蛤窟"条说"海水至此,比之急水门,蛮黄白色矣",下一条"分水岭"则说"分水岭,即二山相对,小海自此分流之地,水色复浑"。

三 航海器具的发展——指南针、重锤

中国是四大发明的故乡。其中,指南针对世界的贡献最大。马克思认为它"打开了世界市场并建立了殖民地"。

北宋的曾公亮于 1044 年在《武经总要》提到"指南鱼"可用来辨别方向,指导行军,"若遇天景阴霾,夜色冥黑,又不能辨方向,则当纵老马前行,会识道路。或出指南车或指南鱼,以辨方向。指南车世法不传。鱼法以薄铁叶剪裁,长二寸,阔五分,首尾锐如鱼形。置炭火中烧之,候通赤,以铁钤钤鱼首出火,以尾正对子位,蘸水盆中,没尾数分则止,以密器收之。用时置水碗于无风处,平放鱼在水面令浮,其首常南向午也"⑦。指南鱼的灵敏度当然远远超过"磁勺"。以后,北宋伟大的科学家沈括(1031—1095年)比较、研究了当时民间使用的几种指南针的不同装置,认为用新的单股丝悬吊的办法最好。⑧ 这种悬吊磁针的装置比较稳定、灵敏度也较高,因此指示的方向也比较准

① (宋)庞元英:《文昌杂录》卷三,中华书局 1958 年版,第 25 页。
② (宋)吴自牧:《梦粱录》卷十二《江海船舰》。
③ (宋)徐兢:《宣和奉使高丽图经》卷三十四《黄水洋》。
④ (宋)徐兢:《宣和奉使高丽图经》卷三十四《黑水洋》。
⑤ (宋)朱彧:《萍洲可谈》卷二。
⑥ (宋)朱彧:《萍洲可谈》卷二。
⑦ 《武经总要·前集》卷十五。
⑧ 见《梦溪笔谈》卷二十四,胡道静校订本第 137 条。

确、可靠，这就基本上确定了近代罗盘的构造。

指南针（或磁制指向性的器具）究竟何时应用于航海，谁也搞不清楚，也可能永远搞不清。一般见诸文字记载的，最早算是 1117 年成书的《萍洲可谈》。作者朱彧曾跟随他父亲朱服在广州生活了很长一段时间。他记下了许多广州的见闻，其中有一段说到航海用的指南针："海舶大者数百人，小者百余人，以巨商为纲首、副纲首、杂事。……舟师识地理，夜则观星，昼则观日，阴晦观指南针。或以十丈绳钩取海底泥嗅之，便知所至。"[1]然而，朱彧没有说明白这究竟是什么样的指南针。因为磁针在罗经盘上的搁置方法不同，可以分为水针和旱针两大类。水针乃磁针用水浮法搁在罗经盘上；而旱针则不用水浮。据目前所知宋时多是水针。在徐兢于宣和五年（1123 年）出使高丽回来后撰成的《宣和奉使高丽图经》中，明确地提到浮针。他记载："是夜，洋中不可住维，视星斗前迈；若晦冥，则用指南浮针，以揆南北。入夜举火，八舟皆应。"[2]南宋的朱继芳曾作《航海》诗，其中有"沉石寻孤屿，浮针辨四维"[3]，说明当时航海用的指南针是水针。

李约瑟在《中国科学技术史》的物理卷中说：中国的堪舆家有两派。一派以赣州为中心，由唐代皇家堪舆家杨筠松（活动于 874—888 年）及其主要门徒曾文遄创立的，他们注重山的形势和水流的方向，与江西派集中于地文学不同。另一派为福建派，它与朱熹有关，是由王伋及其弟子叶叔亮创立的，他们注重卦、罗盘方位和星宿，而特别借助于磁罗盘。对福建省来说，它有特定的自然环境——环山面海，许多世纪以来，便是中国舟师的养成所，直到现代，中国大多数海军军官仍来自福建。福建派堪舆家很自然地会关注与航海息息相关的磁罗盘的研究。鉴于此，李约瑟提请大家注意，对磁罗盘应用于航海的研究，应把注意力集中到福建省，尤其在唐宋时期。

确实如此，在南末嘉定（1208—1224 年）至宝庆年间（1225—1227 年）担任过福建路市舶提举的赵汝适，于 1225 年撰写了《诸蕃志》。他在该书中论述海南岛的形势时说："东则千里长沙、万里石床，渺茫无际，天水一色。舟舶往来，唯以指南针为则，昼夜守视唯谨，毫厘之差，生死系焉。"[4]

过了半个世纪，宋末元初的吴自牧亦论述了航海用的指南针："自入海门，便是海洋，茫无畔岸，其势诚险，盖神龙怪蜃之所宅。风雨晦冥时，唯凭针盘而行，乃火长掌之，毫厘不敢差误，盖一舟人命所系也。愚屡见大商贾人言此甚详悉。……但海洋近山礁则水浅，撞礁必坏船，全凭南针，或有少差，即葬鱼腹。"[5]吴自牧在这里首次提到航海指南针的"针盘"。但是，实际上，指南针应用于航海开始就带有"盘"。我们称之为"罗盘"，都是指带有指南针及书写（刻）二十四个方位的底盘的，"斫木为盘，书刻干支之字，浮针于水，指向行舟"[6]。至于说"浮针于水"，乃指水罗盘。"托"，是测量海深

①　（宋）朱彧：《萍洲可谈》卷二。
②　（宋）徐兢：《宣和奉使高丽图经》卷三十四《半洋焦》。
③　《两宋名贤小集》卷三一八。
④　（宋）赵汝适：《诸蕃志》卷下《海南岛》。
⑤　（宋）吴自牧：《梦粱录》卷十二《江海船舰》。
⑥　（明）巩珍：《西洋蕃国志·序》。

的长度单位,人的两臂张开伸平约为一托,"方言,谓长如两手分开者为一托"①。所谓"打托",乃重锤测深法。

重锤测深法是什么时候发明的,已不清楚。据目前能涉猎的文献看,较早见之于宋神宗元丰(1078—1085 年)时做过主客郎中的庞元英的《文昌杂录》。其中有这样一段记载(它可能是我国最早的有关这方面的航海技术学文献之一):"鸿胪陈大卿言:昔使高丽,行大海中,水深碧色,常以锻碯长绳沉水中为候,深及三十托已上,舟方可行。既而觉水色黄白,舟人惊号,已泊沙上,水才深入托。凡一昼夜,忽大风,方得出。"②此后,乃上面已引述的《萍洲可谈》。它没有提到托,只有一句"或以十丈绳钩取海底泥嗅之"。第三份文献是徐兢的《宣和奉使高丽图经》。它记载说:"舟人每以过沙尾为难,当数用铅硾测其深浅,不可不谨也。"又记载:"海行不畏深,惟懼浅阁,以舟底不平,若潮落,则倾覆不可救。故常以绳垂铅硾以试之。"③铅硾,有些文献作"铅锤",是打水的器具。《顺风相送》称其为"搯",《指南正法》则作"鈎",《台海使槎录》称作"铅锤",《海国闻见录》称作"线驼"。它用绳系之,铅锤用来测量水的深浅,名为打水,单位称之为"托"。这种种重锤测深法不仅我国使用,也长期为世界各国所使用。直到声呐(超声波回声测深仪)的发明和推广使用,才结束了重锤法的历史使命。

中国古代的重锤测深法还有另外的重要用途,这就是铅锤(或硾、搯、鈎、线驼)底涂以腊油或牛油,可以粘着海底的沙泥,探知其土色。因海洋各处的底质是不同的,而不同的底质则可区别不同的海区,从而认定船舶之所在,以指导航线。同时了解底质尚可知道能否放碇(抛锚)停泊。对这些,文献记载说:"测水之时,必视其底,知是何等泥沙,所以知近山有港。"④

四 宋元时代天文航海术的重大演进

人类最初的航海活动,"基本上是视界不脱离陆地的航海,非常害怕视界里丢失了陆地"⑤。我国原始社会的航海起步,也只能是从视界所及的沿岸或邻近的岛屿之间的航行开始。这不仅是由于一旦失去熟悉的陆岸轮廓,就会失去航行的目标,而且还由于一旦在航行中发生什么困难与危急,就可以及时地回到安全的海湾进行避泊。从技术角度看,最方便、最明显的莫过于以大陆岸标、岛屿或礁石的轮廓为定位与定向的地文导航手段。但是,地文导航的局限性很大,难以适应远离海岸进行较长距离航行。

随着人们在海上生活与生产实践活动范围逐步扩大,他们逐步将在陆地上所经历的从"俯以察于地理"到"仰以观于天文"的认识过程应用到海洋上。"大海弥漫无边,不识东西,唯望日、月、星宿而进。"⑥在指南针未用于航海之前,天文导航成了远洋航行的唯一技术手段;即使在指南针用于航海之后,远洋航行中,"舟师识地理,夜则观

---

① (明)张燮:《东西洋考》卷九。
② (宋)庞元英:《文昌杂录》卷三,中华书局 1958 年版,第 25 页。
③ (宋)徐兢:《宣和奉使高丽图经》卷三十四《客舟》《黄水洋》。
④ (宋)吴自牧:《梦粱录》卷十二《江海船舰》。
⑤ 〔日〕茂田寅男:《世界航海史》,日本《世界舰船》,昭和五十六年六月号。
⑥ 法显:《佛国记》。

星,昼则观日,阴晦观指南针"①,天文导航仍然是非常重要的技术手段之一。天文航海术与地文航海术、船舶操纵技术等一起,共同成为我国古代远洋航行的主要技术保证。

宋元时代的天文航海技术,在继承了唐代及唐以前历代的天体定向助航技术的基础上,出现了重大的进步,其主要的标志是,与远洋横渡航行至关密切的天文定位导航技术开始问世,并逐渐得到了广泛的应用。虽然据徐兢在《宣和奉使高丽图经》中所示的"是夜,洋中不可住,维视星斗前迈,若晦冥,则用指南浮针,以揆南北"②这一记载可知,在西太平洋近海做较短距离的惯常航行中,天文定向仍是天气良好时的主要导航手段,而指南浮针则是坏天气时的主要辅助导航手段,但是,随着宋代印度洋远航事业的突飞猛进,这种单纯的天文定向在应付横渡大洋的直航需求上就显得大为不够了。由于长时间远离海岸的大洋航行,不可避免地要受到海风与海流的影响与干扰,这种由自然界因素构成的风压差与流压差长期作用于船体,将使船只在若干时间后的实际船位远远地偏离单纯应用天文定向或航迹推算所确定的推算船位。而这种局面一旦出现,必将带来两个严重后果:或者失去航线,不能达到既定的航行目标;或触礁搁浅,倾覆沉没,发生重大海难事故。因此,为了保证大洋航行的安全与迅速,必须有一种能通过天体观测来确定较为准确的船位的技术手段。

(一)宋代天文定位导航技术

根据目前的研究结论,我们初步认为,中国古代航海史上的天文定位导航技术始于宋代。虽然该时代已出现了全天候定向导航仪器——水浮针(以及针盘),并开始在磁针定向的基础上进行定量化的航迹推算,但是对于以开辟横渡印度洋航路为标志的宋代航海活动来说,仅止于此是很不够的。因为船队越洋横渡的航线基本为东西走向,对于航迹推算船位的最大干扰在于船舶因风、流压差而导致在南北方向上的横向飘移。如果掌握了可以判明南北位移的天文定纬度技术,那么,以磁针定向为基础的航迹推算精度就可以得到关键性的修正,从而使航海定位真正地成为可能。

有迹象表明,宋人在航海活动中已掌握并运用了天文定位导航技术。

北宋人朱彧在《萍洲可谈》中说:"舟师识地理,夜则观星,昼则观日,阴晦观指南针。"(这里"舟师识地理"的"地理"两个字很值得注意,它与《淮南子》与《法显传》中所载的"东西"是意义不同的。"地理"是一个不但有方向而且有位置的综合性概念,而"东西"则仅是一个简单的方向概念。)"舟师识地理",就是说"航海者判别航行到了什么地方"。如若是,则宋代航海者已开始将天文定向演进到天文定位技术阶段就不言而喻了。类似的推测在李约瑟关于中国古代天文航海术的研究中也不乏其例。例如,他在评论阿拉伯海员擅长天文航海的同时就指出:真实的情况是,中国人是观星鼻祖,不过他们的记述被包含在表意的语言之中,直到近代才被西方人所了解和重视。③"舟师识地理"正是这样的一种"表意的语言",其深层的含义应该引起学术界的了解和

---

① (宋)朱彧:《萍洲可谈》卷二。
② (宋)徐兢:《宣和奉使高丽图经》。
③ 参见〔英〕李约瑟:《中国科学技术史》中关于"航海术的三个时期"的论述。

重视。

实际上，如前所述，根据观测天体高度来判断地球表面南北里程的理论与技术早在宋代之前就已产生。唐开元年间一行、南宫说等人就据实测得出：南北两地相差351里80步，北极高度相差1度。这一结论对于航海中的天文定纬度技术具有理论和实践上的双重指导意义。我们完全有理由根据朱彧的记载推测，在科技水平比唐代又大有进步的宋代，其时的海员已能够掌握通过测量天体的高度来确定船舶纬度的天文定位导航技术。

另从宋人记载的远洋航路，也可以为当时天文定位导航技术存在的客观可能性提供有力的反证。据周去非在《岭外代答》"大食诸国条"所述，有"麻里拔国"（今阿拉伯半岛南岸中部的卡马尔湾附近海岸）至自兰里（今苏门答腊岛西北端亚齐）发船，"六十日顺风方到此国"。这里的兰里—麻里拔线，从航海学角度分析与计算，它只可能是一条横渡北印度洋的直达航线。[①] 如果宋代的航海者不掌握天文定位导航术的话，那么，这条横渡远洋航线的开辟是难以实现的，而既然这条远洋横渡航线业已作为史实而载入文献，则承认宋代天文定位导航技术的存在应是一种合理的推论。

（二）元代牵星术

到了元代，以测量天体高度来判认船位变化的记载就十分明确了。据马可·波罗乘坐中国海船的远航纪实文字可知，中国航海者已非常注意观测北极星的高度变化。在《马可·波罗游记》一书中，共有四处关于星体出地（或出水）高度的记载，其中三处有具体数值："科马利（Comari，今科摩林岬）是印度之一国，在爪哇（Ja-va）看不见的北斗星，在距这里三十'迈尔'的海上，可见其出地平一'古密'"；"这里（指马里八儿，Mazibar，今印度西南马拉巴海岸）北极星最高时达水面之上二'古密'"；"这里（指胡荼辣，Gozurat，今印度卡提阿瓦半岛）北极星上升到六'古密'高"；"这里（坎巴夷替，Cambaia，今印度坎巴）北极星更明，盖因更向西之故。"[②]鉴于《马可·波罗游记》在西方影响很大，故各种版本、译本众多，译法亦各有千秋，甚至有显著差异。这种情况在国内现存的译本中也反映了出来。上述引文与冯承钧[③]、张星烺[④]的译文从天文航海的角度看是一致的，但与陈开俊[⑤]等差别较大。问题的关键就在于对"north star"的理解和原本中有"Cubit"（肘尺）及"fathom"（英寻）之不同。"north star"究竟应译作"北极星"还是"北方星座"（或"北斗星"）呢？从天文航海的角度看应以前者为宜。"北方星座"过于笼统，对海上导航并无必然的逻辑意义，而"北斗星"在地理纬度8度的科马利是完全可见的。故此，从"北方星部分可见"推断出"北方星座"即指的是"北斗星"的看法也是不能成立的。[⑥] 相反的则是北极星在此处出地高度过低（最低时只有4度左右），能见度极易受大气影响，时而可见，时而不可见，或部分时候可见，部分时候不

① 孙光圻：《郑和是我国开辟横渡印度洋航线的第一人吗？》，《海交史研究》，1984年第6期。
② Hugh Murray，F. R. S. E：Travels of Marco Polo，1845，New York.
③ 《马可·波罗行纪》，冯承钧译，商务印书馆1936年版。
④ 《马可·波罗游记》，张星烺译，商务印书馆1937年版。
⑤ 《马可·波罗游记》，陈开俊等译，福建科技出版社1981年版。
⑥ John Masefield：The Travels Of Marco Poio，New York，1954.

可见。关于北极星出地高度的度量单位，不论是"肘尺"还是"英寻"，但总应该是统一的，而不应该是两种度量单位同时出现，否则所得出的相对结果将是不合情理的。例如，按照某些译本，在科马利所测星的高度是45—55厘米，而在比科马利纬度高2度的马里八儿，星的高度竟达到了4米半，陡然之间增加10倍。造成这一结果的原因，就是由于二者分别使用了"肘尺"和"英寻"这两种不同的度量单位。那么，马可·波罗所乘的中国海船，究竟使用了何种测量方法呢？鉴于马可·波罗并不是天文或航海等方面的行家（这一点可以从他对北极星的模糊称呼"north star"及认为船愈行西北极星高度愈高这种错误认识看法推之），要妥帖地回答这个问题，仅凭马可·波罗的直接记述是远远不够的。

马可·波罗于1292年从福建泉州港起航，利用护送蒙古公主阔阔真去波斯的机会踏上了返回家乡的归途。元代的泉州港是国内最大的国际贸易港口，远洋船舶精良，航海技术人才汇集，马可·波罗一行千里迢迢选择此地登船是很有道理的。《马可·波罗游记》中有关北极星高度的记载，很可能也正是当时福建泉州一带海员在远洋中观测天体高度所留下的记载。这一点，我们可以从前已提及的宋代泉州海员所拥有的量天尺中得到印证。该量天尺1尺共分10寸，其测星高度应以"寸"为单位进行计量，马可·波罗记述中之"古密"当为"中国尺寸之寸的欧洲译语"[①]。

（三）航海气象的观测与预报

到宋元时期，中国人的天文航海气象知识有了长足进步。当时的航海者已能"善料天时"，并"审视风云天时而后进"[②]。吴自牧在《梦粱录》的"江海舰船"条中说，宋代舟师已能"海洋中见日出入，即知阴阳；验云气，即知风色逆顺；远见浪花，即知气从彼来；见巨涛拍岸，即知次日必发南风。如此之类，略无小差"。北宋人徐兢在宣和年间乘船出使高丽时，曾写下了亲自考见的有关记录，如"星斗焕然，风幡摇动"、"四山雾合西风作"、"天色阴翳，风势走定"、"早雾昏暗，西南风作"[③]，等等。宋代科学家沈括，还曾对影响航行甚大的寒潮与暴日（又称风报日或飓日）做过研究。为了防范行船遇到大风，他在考察了风力日变化现象的基础上，根据航行实践经验之谈，提出了在风力较为平和的清晨与上午行船的办法。他在所著的《梦溪笔谈·杂志二》中说："江湖间唯畏大风，冬日风作有渐，船行可以为备，唯盛夏风起于顾盼间，往往罹难。曾闻江国贾人有一术，可免此患。大凡夏日风景，须行于午后。欲行船者，五鼓初起，视星月明洁，四际至地皆无云气，便可行，至于已时即止。如此无复与暴风遇矣。国子博士李元规云：平生游江湖，未尝遇风，用此术。"到元代，原先比较简单与零碎的航海天文气象预测知识开始趋向全面与系统，并采用了民间易于上口和记忆的歌诀来对之进行总结。例如，据以元人底本撰成的《海道经》所述，在远期预测中国沿海的风信规律方面，有"占风门"歌诀，说"春夏东南风，不必问天公；秋冬西北风，天光晴可喜"。对于一些可能危及航行的易刮大风天气的日期，"占风门"亦告诫说，"初三须有飓，初四还可慎；望

① 韩振华：《我国古代航海刑的量天尺》，《文物集刊》1980年9月。
② （宋）徐兢：《宣和奉使高丽图经》卷三十四。
③ （宋）徐兢：《宣和奉使高丽图经》卷三十四。

月二十三,飓风君可畏";"二月风雨多,出门还可记";"七月上旬争秋风,稳泊河南莫开船,八月上旬候潮时,风雨随潮不可移"。在近期航海气象预报方面,《海道经》中也有各类歌诀。例如,"占天门"中说:"朝看东南有黑云推起,东风一劳急,午前必有雨;暮看西北有黑云,半夜必有雨。""古云门"中却说:"云势着鱼鳞,来朝云不轻;云阵两双尖,大飓连天恶;恶云半开闭,大飓随风至。""占日门"中说:"早间日珥,狂风即起;午间日晕,风起北方;午后日晕,风势须防。""占虹门"中说:"断虹早挂,有风不泊。""占电门"中说:"辰阙电飞,有飓可期,远来无虑,迟则有危。"诸如此类,不胜枚举。宋元人对天文气象的知识,使航海船舶能较为及时地避开不利的航行天气条件,选择较为有利的航行天气条件;或者能在有必要通过不利天气条件下的海域时,事先做好精神与物质上的准备,借以变不利为有利,从而提高海上航行的安全度。

测潮汐表的发展,或者更明确地提出了潮汐与太阳运动的关系,于当时及以后的航海活动产生了重要而又深远的影响。

在航海活动兴盛的宋代,中国古代海洋潮汐学发展到了高峰时期。正如李约瑟所说:"在十一世纪中,即在文艺复兴时期以前,他们(指中国人)在潮汐理论方面一直比欧洲人先进得多。"①北宋的张君房发展了唐代窦叔蒙的潮时推算图。他以月亮在黄道上的视运动度数为横坐标,以十二时辰"著辰定刻"(一天为 100 刻)为纵坐标,从而使潮汐与月亮之间对应运动关系反映得更为精细。他与另一位北宋人燕肃对潮时逐日推迟所进行的计算结论,曾使李约瑟叹为观止:"怎么会精密到如此,我们是不清楚的。"②宋代对海洋潮汐认识的深化,还反映在沈括对潮迟现象进行了地区间的比较。他在《梦溪笔谈》中说:"予常考其行节每至月正临子午,则潮生,候之万万无差。此以海上候之,得潮生之时。去海远,即须据地理增添时刻。"③这一重要发现,证明了海港涨潮时间应随其离海远近做相应的推迟,从而为当代航海学所谓的"港口平均高潮间隙"奠定了科学认识的基础。在潮汐成因的研究上,燕肃、沈括等人纠正了唐人卢肇在《海潮赋》中忽视实际观测、过于夸大太阳运动在潮汐形成中的作用的说法,正确地强调了月球运动与潮汐起落之间的主要对应关系。徐兢在《宣和奉使高丽图经》中明确指出潮汐的"升降之数应乎月",而且"时有交变,气有盛衰,而潮之所至,亦因之为大小"。他还特别说明,"卯酉之月(农历四月与十月),则阴阳之交也,气以一交而盛出,故潮之大也,独异于余月。当朔望(农历初一与十五日)之后,则天地之变也,气以变而盛出,故潮之大也,独异余日"。

宋代虽在潮汐理论上无甚新树,但在实践应用中有了进一步的发展。例如,《海道经》中"占潮门"说:"北海之潮,终日滔滔,高丽涨来,一日一遭;莱州洋水,南北长落,北来是长,南退方觉。"《顺风相送》中有"定潮水消长时候",对从初一至三十日的潮长时辰均有具体记载,并指出:"船到七州洋及外罗等处,可算此数日流水紧慢,水涨水退,亦要审看风汛,东西南北,可以仔细斟酌,可算无误。"《指南正法》中亦有"逐月水清水涨时候"的说法。张燮《东西洋考》中亦有"占潮诀"四条,并对"漳人之候潮"的方法作

---

① 李约瑟:《中国科学技术史》第四卷《天学》第二分册。
② 李约瑟:《中国科学技术史》第四卷《天学》第二分册。
③ (宋)沈括:《梦溪笔谈·补笔谈》卷二《象数》。

了述录："夜则以月,昼则以时。于指掌中从。日起时,顺数三位,长、半、满、退、半、尽,以六字操之,无毫爽。"他认为"驾舟洋海,虽凭风力,亦视潮信,以定向往";"潮退则出,潮长则归"。他还注意到"海外之潮已平,而内溪犹长"的"港尾水"或"回流水"现象,指出"海口以潮平为度其穿达支流,仍以百里而缓三刻"。这些潮汐应用的经验总结,是中国古代航海技术的重要组成部分之一。

五 宋元时期的航海图

(一)中国古代航海图的发展概况

地图在我国非常久远。从远古到秦汉,我国古代地图,已从原始地图逐渐发展到具有相当绘制水平的地图。例如,长沙马王堆三号汉墓出土的三幅古地图,其内容相当丰富,绘制技术也达到相当熟练的程度。从西晋到明末,我国古代的地图朝着两个方向发展:一是科学的方向,一是艺术的方向。前者如裴秀创"制图六体",奠定了制图的理论基础,中经贾耽、沈括、朱思本、罗洪先,终于形成一套较完备的制图理论及方法,并在此基础上发展成具有我国特色"计里画方"的《广舆图》体系。在西方测绘入我国之前,这种体系在我国古地图中,其科学性是最强者。自魏晋南北朝以来,受山水画影响,遂在我国古代的传统地图中形成山水画地图。从制图理论及方法上来看,这种地图的科学性很差,但由于它比较直观,所以也长期延续下来,一直到清代。通过这一时期的发展,我国古代地图已有了较为完备的绘图理论及方法,作为我国传统的地图来说,其发展已臻于成熟。明末,利玛窦来我国,将西方的经纬度测绘技术传入我国。清朝前期,康熙和乾隆利用西方技术,在当时的全国范围内组织了大规模的经纬度测量,并在此基础上绘制了《康熙皇舆全览图》和《乾隆内府舆图》。由于经过实测,这两种地图都是相当准确的,有较高的科学性,从而使中国古代地图又有了新的发展,并接近于当时西方的先进水平。但上述中的一部分可能就带有原始航海图的性质[①],可见海图的出现在我国也很久远。

到了宋代,出现了比较明确的有关海图的记载,王应麟在《玉海》卷十六"太平兴国海外诸域图"条说:"(北宋太平兴国)三年(978 年)正月丁未,知广州李符献《海外诸域图》《岭表花木图》各一。……咸平六年(1003 年)五月乙卯,知广州凌策上《海外诸蕃地理图》。"广州是宋代海外交通的重要港口,作为广州的地方官李符和凌策所献的有关海外诸域的地图,其内容可能多少与航海有关。宣和六年(1124 年),徐兢从海道出使高丽,归撰《宣和奉使高丽图经》。我国古代所谓"图经",一般包括有地图和文字两个部分,这部书现在是经存图亡。但该书卷三十四云:"神舟所经岛、洲、苫、屿,而为之图。"可见该书所亡之图,应包括海道图在内。《玉海》卷一五"绍兴海道图"条说:"(南宋绍兴)二年(1132 年)五月辛酉,枢密院言,据探报,敌人分屯淮阳军、海洲,窃虑以轻舟南来,震惊江浙,缘苏洋之南,海道通快,可以径趋浙江。诏两浙路帅司,速遣官相度控扼次第,图木闻奏。"从上述记载来看,该图的绘制目的是为了海防,但与海道多少还是有些关系。宝庆元年(1225 年),赵汝适撰《诸蕃志》,他在该书自序中提到他所看到

---

① 章巽:《记旧抄本古航海图》,载《中华文史论丛》第 7 辑,上海古籍出版社 1978 年版。

地图,"有所谓石床、长沙之险"①。"床""塘"音相近,"石床"即"石塘"。"石床""长沙"泛指南海诸岛。该书《志物》附载"海南条"称:"东则千里长沙、万里石床,渺茫无际,天水一色。舟舶往来,唯以指南针为则,昼夜守视唯谨,毫厘之差,生死系焉。""千里长沙、万里石床"亦泛指南海诸岛。该书将这一带的海域描写成航海的危险地区,要谨守罗针才能幸免,实与南海诸岛暗礁、险滩较多有关。综合上述记载来判断,赵汝适所见之图,是与南海的海域有关,也可能是用于航海。南宋末年,金履祥向宋廷建议:"进牵制捣虚之策,请以重兵由海道直趋燕蓟,则襄樊之师不攻自解,宋廷臣不能用。伯颜师入临安,得其书及图,乃命以宋库藏及图籍仪器山海道运燕京。其后朱清、张瑄献海漕之策,所由海道,视履祥图书咫尺无异。"②可见金履祥所绘的海道图已相当详细。元代继续发展海运事业,也绘有海上航行"图本"③。《金声玉振集》所收明初人著作《海道经》中的"海道指南图",是我们现在看到的比较早的海道图,该图大约就是根据元人的底本所绘的。④

(二)航海图的系统渊源

我国古代的海图(包括航海图、海防图和沿海图等),从绘制方法上来看,其系统渊源或受山水画形式地图的影响,或受《广舆图》的影响,大都不能自成系统,能自成系统者仅有针路图。

1. 山水画形式地图的影响

山水画形式地图在中国古代地图中是一个较大的系统。中国古代地图早就有画山水的传统,但从在地图上画山水发展成山水画形式的地图,是有其历史过程的。魏晋南北朝时期,因中原的人口南迁,南方的山林川泽亦渐次开辟,又因佛教、道教的盛行,佛寺道观多向山林建筑。由于描绘新开辟的山林、寺观、庭园、名胜,山水画在这一时期逐渐发达,遂影响及地图。我国古代的原始地图,本来就与图画有密切的关系。自此以后遂在我国古代地图中逐渐形成一种山水画形式的地图。这种地图是介于地图与图画之间,有时不能严格区分它们是山水画或是地图。有的图明明是地图,却画着相当精美的山水画;有的只画着粗略的山水。在我国古代地图发展的历史中,这一系统的地图虽然不是主流,但其范围很广、种类亦多,疆域、山川、水利、交通、城市、关隘、宫殿、官署、寺观、园林等类的地图均有,亦不容忽视。我国古代的海图,大都受这一系统的影响。例如,明代海防图籍中的图,其绘法有不少是受山水画形式地图的影响。比此更早的北宋时的《宣和奉使高丽图经》所佚亡之海道图,有人推测其"所经岛、洲、苫、屿"的绘法也可能与此类似。又如,《郑和航海图》虽属针路图系统,但图中许多要素的绘法亦受山水画形式地图的影响。

2. 针路图系统

由北宋末年朱彧在《萍洲可谈》中关于"夜则观星,昼则观日,阴晦观指南针"的记载,和南宋末年吴自牧在《梦粱录》中所说"晦冥时,唯凭针盘而行",可知罗盘已运用在

---

① 冯承钧:《诸蕃志校注》的赵汝适序,中华书局1956年版。此序函海本及学津讨原本均无。
② 胡书农辑:《大元海运记》卷下。
③ 章巽:《记旧抄本古航海图》,载《中华文史论丛》第7辑,上海古籍出版社1978年版。
④ 章巽:《记旧抄本古航海图》,载《中华文史论丛》第7辑,上海古籍出版社1978年版。

航海上。有了罗针导航以后,在航海上出现了针路的问题。针路一般包括针位和航程。针位即罗盘方位,中国罗盘分为 24 个方位,同近代的 360 度罗盘相比较,每一方位相当于 15 度。航程一般用"更"来计算,一更约合 60 里(也有人认为一更为 40 里)。元代周达观在《真腊风土记》中说:"自温州开洋,行丁未针。……又自真蒲(在今巴地或头顿一带)行坤申针。""行丁未针"和"行坤申针"皆指罗盘方位,这可能是有关针位的最早记载。

我国古代很早就使用 24 方位,宋代指南针用于航海,才将 24 方位用于罗盘上。沈括在制图时将 24 方位用在地图的方位上,可能与当时使用罗盘有关。

第二节　宋代的海上航线与海外交通

宋朝结束了五代十国分裂割据的局面。国家统一,社会安定,生产力有所发展,尤其是城市的繁荣,使手工业和商业较之唐代有了显著的进步,为海运业的发展创造了有利的社会条件;加之当时造船业和航海技术的巨大进步,使宋代的航海事业比唐代又获得更大的发展,沿海航线和远洋航线也随之有了更多的拓展。宋代航海和海外贸易获得较大发展的一个重要标志,是政府在沿海主要的通商海港如广州、杭州、明州(今浙江省宁波市)、泉州,密州板桥镇(在今青岛胶州)等地设立了市舶司、市舶务或市舶场等管理通商和海运的机构。北宋在山东省胶州境内的板桥镇设立市舶司,更以此为中心来管理沿海航运事务,促进了当时沿海航路的发展。

指南针被应用于航海,这一航海史上划时代的进步,对于当时南洋和印度洋航路的发展具有重要意义。根据周去非所撰《岭外代答》(淳熙五年,1178 年成书)和赵汝适所撰《诸蕃志》(宝庆元年,1225 年成书)两书中的记载,当时航海交通所及的国家,广泛分布于中南半岛、马来半岛、苏门答腊、爪哇、加里曼丹、菲律宾群岛、印度半岛、波斯湾、阿拉伯半岛、地中海、埃及和东非的沿岸区域。当时到东南亚、南亚、西亚和东非沿海国家的航线,在沿用唐代航线的基础上,又有新的延伸和发展。唐代贾耽记述的"广州通海夷道"中的印度洋航路,所涉及的非洲海岸国家仅三兰国,在今东非坦桑尼亚或索马里境内;而宋代《岭外代答》《诸蕃志》等史籍所涉及的非洲沿岸国家,在北非有勿斯里国(在今埃及)、默伽猎国(在今摩洛哥,《诸蕃志》称默伽猎国,《岭外代答》称默伽国)、茶弼沙周(在今非洲西北角)、毗喏耶(在埃及和摩洛哥之间,或在突尼斯和的黎波里一带),在东非有弼琶啰国(在今东非索马里北部柏培拉附近)、中理国(在今索马里东北沿海并包括索科特拉岛)、层拔国(在今东非桑给巴尔海岸一带)、昆仑层期国(在今东非马达加斯加及其附近的海岸一带)。此外,又有木兰皮国(在今西班牙南部及非洲西北部一带)、斯加里野国(在今地中海西西里岛)等所在的区域,都是唐代在印度洋西航的行程中所不曾涉及的。

至迟到南宋时候,中国帆船远航阿拉伯半岛沿岸,除了从中国南方港口经印度半岛南端抵达波斯湾的传统航线外,还开辟了一条横渡印度洋,不经过印度半岛沿岸,而由苏门答腊岛西北端亚齐直航麻罗拔(亦称麻离拔,即马赫拉,在今阿拉伯半岛南部卡马尔湾附近的左法尔)的新航路。据周去非所撰《岭外代答》一书记载:"有麻离拔国,广州自中冬以后发船,乘北风行,约四十日到地名兰里(今苏门答腊岛西北端亚齐——引者注)博买苏木、白扬、长白藤。住至次冬,再乘东北风,六十日顺风,方到此国。"①这里所记宋船自兰里乘冬季东北风 60 日可航抵麻离拔的航线,由于是一条横渡印度洋的直达航线,就是由中国南方港口城市到有名的香料产地麻离拔的航行时间大大缩短。由于这条新航路的开辟,宋船在冬季乘东北风从兰里只需两个月便直抵麻罗拔,翌年乘夏季西南风返航,一直可达广州或泉州,往返需时不到一年。这比传统航线必须在中途等候再一次信风来临始能继航,要节省一年左右时间。

一 近海航线②

密州板桥镇濒临胶州湾。胶州湾位于山东半岛西南沿,黄海中部海岸,具有十分优越的海陆交通条件。它是黄海外入内陆的天然海湾,湾内水深域阔,把胶州湾和黄海连接起来的湾口是一条宽约 3 千米、最大水深为 64 米的海峡。以此为中心,海路从黄海沿岸南下,与江苏、浙江、福建、广东、广西沿海主要港口有航线可通,陆路和国内华北、华中、西北、西南等广大腹地直接相连。唐宋以后,随着海上丝绸之路的发展,海运繁兴,胶州湾的海上交通也趋向发达。为了适应海上交通发展的需要,宋朝时又于胶州湾沿岸开凿运河,进一步沟通了胶州湾的水陆交通,使密州板桥镇逐渐繁荣起来,成为南北商贸荟萃之地,具备了设立市舶司的条件。据《宋史·食货志》记载:宋神宗元丰五年(1082 年)"知密州范锷言板桥濒海,东则二广、福建、淮浙,西则京东、河北、河东三路,商贾所聚,海舶之利,颛于富家大姓。宜即本州置市舶司,板桥镇置抽解务。六年,诏都转运使吴居厚条析以闻。元祐三年(1088 年),锷等复言,广南、福建、淮浙贾人航海贩物至京东、河北、河东等路,载钱帛、丝绵贸易,而象犀、乳香,珍异之物,虽尝禁榷,未免欺隐。若板桥市舶法行,则海外诸物,积于府库者,必倍于杭、明二州,使商舶通行,无冒禁罹刑之患,而上供之物,免道路风水之虞。乃置密州板桥市舶司"③。由此可见,当时两广、福建、淮浙与密州板桥镇之间的航线的开辟,为"广南、福建、淮浙贾人航海贩物至京东、河北、河东等路"创造了有利的条件,不仅促进了南北经济交流,繁荣了社会经济,而且为国家增加了不少的财政收入。

二 远洋航线

(一)与朝鲜、日本之间的航路④

明州(今浙江省宁波市)成为从中国起航的主要港口。北宋宣和五年(1123 年),宋朝政府巡路允迪等出使高丽,徐兢随行。在徐兢所撰《宣和奉使高丽图经》一书中,详细记载了从明州出发及归航的情形。宋代驶往日本的商船,大都从明州出发,横渡东海,到达日本肥前的值嘉岛,然后再转航到筑前的博多;有些船只还从博多更深入日本海,驶抵越前的敦贺。在这条航线上,从中国外往日本、需要利用西南季风航行,而

---

① (宋)周去非:《岭外代答·人食国条》。
② 引见章巽:《中国航海科技史》,海洋出版社 1991 年版,第 121—122 页。
③ 《宋史》卷一八六《食货志·互市舶法》。
④ 引见章巽:《中国航海科技史》,海洋出版社 1991 年版,第 122—123 页。

从日本驶往中国,则要利用东北季风航行;在顺风条件下,只需一周左右的时间,便能横渡东海,驶抵彼岸。例如,延久四年(熙宁五年,1072年),日本人成寻赴宋时搭乘的便船,三月十九日从肥前松浦郡壁岛(今加部岛)出发,得到顺风,同月二十五日就到了苏州。[①] 这从一个侧面反映出,宋时中日间的海上航路,在利用季风横渡东海方面较前代有了一定的进步。

(二)与东南亚各国的海上交往[②]

宋代,和我国海上交往最频繁的首先要属东南亚各国。前引《云麓漫钞》中记载的绝大部分就是这些国家。其中最重要的是三佛齐,该国的统治者即有名山帝王朝,所以有人称它是夏连德拉帝国。大约在8世纪末,该国已代室利佛逝而兴,蔚为东南亚的大国。它占据了室利佛逝的绝大部分领土,控制了马六甲海峡两岸,掌握了东南亚海上交通的命脉。海上贸易的庞大收入,促成了该国的空前繁荣。当时该国文化也相当发达,是亚洲的佛教中心之一。阿底峡大师,在入西藏弘法之前,曾远涉重洋到金洲从法称学习佛教哲学达12年之久(1013—1025年)。阿拉伯作家如前述《中国印度见闻录》的增订者阿蒲塞德、哈桑以及马素地、伯鲁尼等人都颇为夸张地描绘过三佛齐神话般的富饶,并说该国人口稠密、军队众多。我国史籍对此有更为确切的记载,例如,《岭外代答》卷二称:"三佛齐国在南海之中,诸蕃水道之要冲也。东自阇婆诸国,西至大食,故临诸国,无不由其境而入中国者……蕃舶过境有不入其国者,必出师尽杀之,以故其富犀、象、珠玑、香药。"《诸蕃志》也称:"其(三佛齐)国在海中,扼诸蕃舟车往来之咽喉……若商船过不入,即出船合战,期以必死,故国之舟辐凑焉。"

三佛齐和中国的关系十分友好,唐朝末年就开始和中国往还。宋朝刚开国,建隆元年(960年)九月,三佛齐王就派遣使者带着礼物来访问中国。《宋史·三佛齐传》记载:"唐天祐元年贡物,授其使蒲诃栗宁远将军,建隆元年九月,其王悉利胡大霞里檀遣使李遮帝来朝贡。二年夏,又遣使蒲蒌贡方物。"计自唐末天祐(904年)至宋太宗太平兴国末年(983年),三佛齐先后曾遣使来中国达11次。淳化三年(992年)该国遭受爪哇侵略时,曾来宋朝求援。宋朝政府进行过调停工作。11世纪初叶,该国国势得到恢复后,又多次派遣使者来我国。如《诸蕃志》所谓:"自景德、祥符、天禧至元丰、元祐,贡使络绎,辄优诏奖慰之。"据《宋史》记载,三佛齐国王还派使者来中国表示愿在"本国建佛寺以祝圣寿,愿赐名及钟"。宋真宗"嘉共意,诏以承天下万寿为寺额并铸钟以赐"。

阇婆国,在刘宋元嘉十二年(435年)就已遣使来中国,以后断绝。在北宋太宗淳化三年(992年),又派遣使者来我国,并和我国有贸易往还。阇婆人对我国人也很友好,"贾人至者,馆之宾舍,饮食丰洁"[③]。

渤泥在宋代才开始与我国交往。《宋史·渤泥传》:"渤泥国在泉(州)之东南,去阇婆四十五日程……去三佛各四十日程,去占城与麻逸各三十日程……太平兴国二年(917年)其王向打,遣使施弩、副使三甫西里、判官哥心等赍表贡……表云……渤泥国

---

① 〔日〕木宫泰彦:《日中文化交流史》,胡锡年译,商务印书馆1980年版,第246页。

② 本部分及以下(三)、(四)部分均引见汶江:《古代中国与亚非地区的海上交通》,四川省社会科学院出版社1989年版,第148—152页。

③ 《诸蕃志·阇婆国条》。

王向打稽首拜,皇帝万岁……愿皇帝万岁寿,今遣使进贡,向打闻有朝廷,无路得到。昨有商人蒲卢歇船泊水口,差人迎到州,言自中朝来,比诣阇婆国遇猛风,破其船,不得去。此时闻自中国来,国人皆大喜,即造舶船令蒲卢歇导达入朝贡。每年修贡虑风吹至占城界,望皇帝诏占城令有向打船到,不要留臣,本国别无异物,乞皇帝勿怪。其表文如是,招馆其使于礼宾院,优赐以遣之。元丰五年(1082年)二月其王锡理麻嗒复遣使贡方物,其使乞以泉州乘海船归国,从之。"

又据《云麓漫钞》的记载,菲律宾群岛中的麻逸(民大略岛)、三屿(卡拉棉、巴拉望、布桑加等三岛)在宋代也常有船舶来我国泉州贸易。

(三)通往印度的航线

宋代,印度与我国的交往仍然密切。北宋时不仅海道畅通,陆路也能通行。例如,乾德三年(965年)就有僧道园自西域归来。他是五代时天福(936—942年)年间去西域,旅途往返共18年,其间在印度6年。乾德四年(966年)又有僧人行勤等157人经西域去印度。现存的敦煌写本《西天路竟》就是他们旅行路线的简要记载。① 和他们同行的僧人继业也有行程,见于范成大《吴船录》②。迟至宋仁宗时天圣、宝元(在11世纪上叶)年间,还有沙门怀问三次去印度。

开宝八年(975年),东印度王子穰结说罗由陆道来中国,回印度却取海道,"诣南海,附贾人舶而归"。宋太宗太平兴国八年(983年),僧人法遇从印度取海道经三佛齐归国。后来他再次去印度时,仍取海道。宋太宗还赐给他沿途所经各国,如三佛齐、古罗、柯兰等国王的敕书。宋朝时,由印度来中国的不仅有佛教僧人,还有印度教徒,如雍熙年间(984—987年)来华的婆罗门僧永世。宋代泉州的那些"石笋",实即印度教的自在天的象征"天根"。近年在泉州还出土有印度教寺院遗址,以及"偏入天""大自在天"等印度教神祇的雕像,均可证明此事。

南宋时,中印之间的贸易交往就只有靠海上交通了。这时来华的国家大都是南印度的,如注辇、故临;或西海岸各地,如南毗(Malabar)、胡荼辣(Gujarat)、麻罗华(Malwa)等国。其中,故临国尤为重要,"其国有大食国蕃客寄居甚多"。大食人来华就得在此地换乘中国大船东航。

(四)与阿拉伯的海上交通

印度洋沿岸除南亚诸国外,宋时与我国海上交通最频繁的国家,仍然要算阿拉伯。宋初大食人东来还有少数取陆道,后来由于西夏日益强大,陆道梗塞,就只有取海道而来了。例如,《宋史》卷四九〇《大食传》载,大食"先是入贡道由沙州涉夏国,抵秦州。乾兴初(1022年)赵明德请道其国中,不许。至天圣元年(1023年)来贡,恐为西人钞略,乃诏自今取海道,由广州至京"。又《宋会要辑稿·蕃夷》载:"天圣元年十一月,内

---

① 黄盛璋:《敦煌写本"西天略竟"历史地理研究》,《历史地理》创刊号(1981年)。
② 继业归来后在其峨眉牛心寺所藏《涅盘经》四十二卷中,每卷之后,分别记下其西域行程,后为范成大发现并收入其《吴船录》中。继业归程可能是取泥波罗吐蕃道,因为其行程中所证"一至泥波罗国,又至磨逾里,过雪岭,至三耶寺,由故道自此入阶州。"雪岭似指喜马拉雅山,三耶寺即西藏的乘耶寺。此后所记过于简略,无法考订。

侍省副都知周文质言……缘大食国比采皆泛海,由广州入朝,天圣元年禁(大食)由甘州出入。"又进而规定"只许产自广州入贡,更不得于西蕃出入"。这样,中国与大食间交往只有靠海上交通了。据现有资料,从辽天赞三年(924年)至宋开禧年间(1207年)约284年内,大食派遣使者到中国共43次,即平均每6年多就遣使一次。来华的使者中,有许多是来自阿拉伯各地的,如层檀国、麻罗拔、勿巡国等。宋时,中、阿关系也十分友好,可举一例说明。《宋会要辑稿·外国朝贡》称:"真宗咸平元年(998年)八月诏曰,敕大食国王,差三麻杰托舶主陀离于广州买钟,除约外,少钱千三百余贯,卿抚驭一方,恭勤万里,汛海常修于职贡,倾心远慕于声明,所示洪钟,虽亏估价,以卿素推忠肯,宜示优恩,特免追收,用隆眷柱,所欠钟钱,已降敕令蠲免,个故兹示论。"[1]《宋会要辑稿》上还记载对阿拉伯商人减税优待的事:"天禧元年(1017年)六月,诏大食国蕃客麻恩利等回示物色,免沿途税之半。"对阿拉伯的官方使者更为优待,如勿巡国的使者辛押陀罗回国时,宋真宗"特赐白马一匹,鞍辔一副"。此人对中国也十分友好,他曾经表示愿意捐钱帮助修缮广州城垣,虽然宋朝政府没有接受他这番友好的建议,但也可说是中、阿人民友谊史上的佳话之一。

(五)通往波斯湾、东非的航线[2]

从广州(或泉州)到达波斯湾,一般是在每年12月乘东北季风出航,经连续40天的航行,到达苏门答腊北端的兰里(亚齐),在那里进行贸易和休整。翌年,仍乘东北季风到达印度南部的故临,在那里与来自阿拉伯的单桅船进行贸易。如不能在东北季风结束前越过阿拉伯海而到达半岛南端的苏赫尔等港口,则在西南季风起后北航至上述各地,以换取来自波斯湾和阿曼的货物,并在马拉巴尔过冬,下年于西南季风期间返航。这条航线往返一次需时18个月。由于宋时中国的造船技术有了进一步的发展,所造船只更大、设备完善,阿拉伯人东来,多在印度南部换乘中国船。《岭外代答》卷二"故临"条载:"中国船商欲往大食,必自故临易小舟而往。"同书卷三"航海外夷"条载:"大食国(人)之来也,以小舟运而南行,至故临国易大舟而东行。"

另一条航线也是每年十一月或十二月从广州或泉州出航,经40天到苏门答腊的兰里。过年后仍乘东北季风经60天的长途航行,横越印度洋而到达佐法尔。然后或继续航行至亚丁,甚至东非沿岸。在换取亚丁湾、红海和东非的货物之后,仍乘当年西南季风返航。这条航线较为便捷,往返一次只需八九个月。这条新航线开辟的原因有两个:一是如前所述,宋朝政府采取种种措施鼓励缩短航行周期,返航早的船只便可以享受减免税的优待。二是阿拉伯世界的变化。12世纪中叶阿尤布王朝建立之后,开罗已凌驾巴格达之上。12世纪时亚丁湾已代替波斯湾而成为东西贸易的主要中转站,也成了中国船的主要贸易对象。红海地区、东非乃至北非流入中国的货物日益增多。[3] 有名的阿拉伯地理学家伊德里西(1099—1166年)在其《旅途纪闻》一书中列举

---

① 均见《宋会要辑稿》卷一九七《蕃夷四》。
② 引见章巽:《中国航海科技史》,海洋出版社1991年版,第123—124页。
③ 沈福伟:《十二世纪中国帆船和印度洋航路》,《历史学》季刊1979年第2期。又,孙光圻:《郑和是我国开辟横赴印度洋航线的第一人吗?》,《海交史研究》1981年第6期。张俊彦:《中古时期中国和阿拉伯的往来》,《北京大学学报》,1981年第3期。

了中国船只常到的港口,除印度西海岸、印度河口以及幼发拉底河口诸港外,就是亚丁。他说:"中国人每遇国内骚乱,或由于印度局势动荡,战乱不止,影响商业往来,便转到商奈建及其所属岛屿进行贸易。由于他们公平正直,风俗浮厚,经营得法,因而和当地居民关系融洽。该岛(翁古贾岛)人丁兴旺,外来者也能安居乐业。"翁古贾就在桑给巴尔岛上。这些记载,再加上考古学的发现,足以证明宋代中国船远航东非之多。

三　宋代有关海上交通的珍贵史籍①

随着海外交通的发展,宋代的公私著述中有关这方面的记载较之前代也大大丰富了。其中,弥足珍贵的两部著作则是周去非的《岭外代答》和赵汝适的《诸蕃志》。

(一)《岭外代答》

周去非,字直夫,浙江永嘉人。他是北宋孝宗隆兴元年(1163年)的进士,曾任桂林通判,后来卸任东归故里,大约于淳熙五年(1178)写成《岭外代答》一书。据其自序说:"仆试尉桂林,分教宁越,盖长边首尾之邦。疆场之事,经国之具,荒忽诞漫之俗,瑰诡谲怪之产,耳目所治,与得诸学士大夫之绪谈者,亦云广矣。盖尝随事笔记,得四百余条。"由于东归后亲朋来问岭外事者甚多,乃就旧稿,"因次序之,凡二百九十四条,应酬倦矣,有复问仆,用以代答"。因为本书是作者在岭南的耳闻目睹,翔实具体,历来受到学者的重视。《四库提要》说:"其书条分缕析,柳稽含(《南方草木状》)、刘恂(《岭表录异》)、段公路(《北户录》)诸书叙述为详。所纪西南诸夷,多据当时译者之词,音字未免舛讹。"在我们看来,正是由于这是作者亲自从译人那里直接访求得来的,所以弥足珍贵。

《岭外代答》卷三"大食诸国"条,对西亚和非洲的一些国家和地区有较详细的记载,现转引如下:

> 大食者,诸国之总名也,有国千余,所知名者特数国耳。有麻离拔国:广州自中冬以后发船,乘北风行约四十日,到地名兰里,博买苏木、白锡、长白藤,住至次冬,再乘东北风,六十日顺风方到。此国产乳香、龙涎、真珠、琉璃、犀角、象牙、珊瑚、木香、没药、血竭、阿魏、苏合油、没石子、蔷薇水等货,皆大食诸国至此博易。国王官民皆事天,官豪皆以金线挑花帛缠头搭顶,以白越诺金字布为衣,或衣诸色锦,以红皮为履,居五层楼,食面饼肉酪。贫者乃食鱼蔬。地少稻米。所产果实,甜而不酸。以蒲桃为酒。以糖煮香药为思酥酒,以蜜和香药作眉思打华酒,暖补有益。以金银为钱。巨舶富商皆聚焉。哲宗元祐三年十一月,大食麻罗拔国遣人入贡,即此麻离拔也。有麻嘉国:自麻离拔国西去,陆行八十余程乃到。此是佛麻霞勿出世之处。有佛所居方丈,以五色玉结瞥成墙屋。每岁遇佛忌辰,大食诸国王皆遣人持宝贝金银施舍。以锦绮盖其方丈。每年诸国前来就方丈礼拜,并他国官豪,不拘万里皆至赡礼。方丈后有佛墓,日夜常见霞光,人近不得,往往皆合眼而过。若人临命终时,取墓上土涂胸,即乘佛力超生云。有白达国:系大食诸国之京师也,

---

① 引见张俊彦:《古代中国与西亚非洲的海上往来》,海洋出版社1986年版,第137—149页。

其国王则佛麻霞勿之子孙也。大食诸国用兵相侵,不敢犯其境,以故其国富盛。王出,张皂盖金柄,其顶有玉狮子,背负一大金月,耀人目如星,远可见也。城市衢陌,居民豪侈,多宝物珍段。皆食饼肉酥酪,少鱼、菜、米。产金银、碾花、上等琉璃,白越诺布,苏合油。国人皆相尚以好雪布缠头。所谓软琉璃者,国所产也。有吉慈尼国,皆大山围绕、凿山为城,方二百里,环以大水。其国有礼拜堂百余所,内一所方十里。国人七日一赴堂礼拜,谓之除忏。其国产金银、越诺布、金丝锦、五色驼毛段、碾花、琉璃、苏合油、无名异、摩娑石。人食饼肉、乳酪,少鱼、米。民多豪富,居楼阁有五、七层者。多畜驼马。地极寒,自秋至春雪不消。寝寝近西北故也。有眉路骨惇国:居七重之城,自上古用黑光大石叠就。每城相去千步。有蕃塔三百余,内一塔高八十丈,内有三百六十房。人皆缠头搭项。寒即以色毛段为衣,以肉饼为食,以金银为钱。所谓鲛绡、蔷薇水、栀子花、摩娑石、硼砂,皆其所产也。有勿斯离国,其地多名山,秋露既降,日出照之,凝如糖霜。采而食之,清凉甘腴,此真甘露也。山有天生树,一岁生粟,次岁生没石子。地产火浣布、珊瑚。

这是一段描述西亚诸地情况的重要资料。但是,要了解它,首先应确定所提到的各个国家的位置。

关于麻离拔国。张星烺、冯承钧以及1979年版《辞海》的"麻离拔国"条等均认为麻离拔国系指印度马拉巴尔海岸。[①] 这就产生了问题:周去非在这里明明说的是"大食诸国",而且在该书另一处又说"又其远为麻离拔国,为大食诸国之都会",而马拉巴尔却从未属于大食。对此,张星烺解释为:"此处列于大食更越西海,至木兰皮国,则其舟又加大矣。一舟容千人,舟上有机杼市井。或不遇便风,则数年而后达,非甚巨舟,不可至也。今世所谓木兰舟,未必不以至大言也。"又,本书还有一处在谈到远海航行时说:"若夫默伽国、勿斯里等国,其远也不知其几万里也。"按《诸蕃志》有默伽猎国,即阿拉伯语 Mogreb-el-aksa 的对音,指马格里布。本书的默伽,当为默伽猎,传写中伪脱猎字;勿斯里则为 Misr 的对音,指埃及。由此可见,周去非对于北非诸国的情况是知道得较清楚的,当不至于一地而两名重出,分作两条来叙述。

眉路骨惇,夏德认为是阿拉伯语 Muthid—n 的对音,亦即 Infidels,意思是"并教人",指当时属希腊人统治的小亚细亚的君士坦丁堡等地,亦即《诸蕃志》中所说的芦眉国(Rum)。他的意见是较中肯的。

关于勿斯离国,学者的意见也有分歧,有人说是指埃及(Mrsr),有人说是指摩苏尔(Mosul)。按本书有"勿斯离""勿斯里"二名,《诸蕃志》则干脆列有"勿斯离""勿斯里"两条。学者认为《诸蕃志》的勿斯离国是指摩苏尔,而勿斯里国是指埃及。但《诸蕃志》"勿斯离国"条的内容,几乎是完全照抄《岭外代答》的文字,因此,这里的勿斯离国应指摩苏尔无疑。

周去非在该书中除了上述谈及北非木兰皮等地的内容外,还记载有东非的昆仑层期国(桑给巴尔 Zangibar)。他说:"西南海上有昆仑层期国,连接大海岛。常有大鹏飞,蔽日移晷,有野骆驼,大鹏遇则吞之。或拾鹏翅,截其管,堪作水桶。又有骆驼鹤,

---

① 《马可·波罗游记》,陈开俊等译,福建科技出版社1981年版,第118—119页。

身项长六七尺,有翼能飞,但不高耳,食杂物炎火,或烧赤热铜铁与之食。土产大象牙、犀角。又海岛多野人,一身如黑漆,拳发,诱以食而擒之,动以千万,卖为蕃奴。"我们可以看到,这些描述基本上是符合东非情况的。这里所说的大海岛,当系指马达加斯加岛。关于该岛大鸟的奇闻,马可·波罗在他的《游记》中也曾说:"鲁克鸟(Rukh)的一片羽毛,确有九十指距,而羽茎部分围长有两掌尺长。"①

周去非在当时能够获得如此众多的有关西亚、非洲的情报,是与宋代时东西方海上交通的进一步发展相联系的。我们从《岭外代答》的叙述中可以发现,在宋代,东西方的海上往来已出现了新的航线。这时的航线,大体上有两条。一条是唐代贾耽所说的传统的由广州(或泉州)到波斯湾的航线,亦即周去非在该书所说的"故临国与大食国相迩。广四十日到兰里,住冬。次年再发舶,约一月始达"。"中国舶商欲往大食,必自故临易小舟而往,虽以一月南风至然往返经二年矣"。他又说,"诸番国之入中国,一岁可以往返,唯大食必二年而后可"。

从上述描写可知,中国的舶商大约每年的仲冬乘东北季风起航,经过连续40天的航行到达苏门答腊北端的兰里(今班达亚齐),在此贸易、休整,过年之后继续开航,经约1月而抵印度半岛南端的故临(今奎隆)。它是当时东西方贸易的一个重要中转站。从中国和西亚运来的货物,汇聚在这里进行交易。如果再从这里坐船去波斯湾,则需另换较小的船只,等待西南季风起后北航。因此,这段航程虽然也只需一月时间,但因回航先要借东北季风返回故临,然后再等西南季风才能返抵中国,因此往返一次,至少需时18个月以上。

但在宋代还另有一条横渡印度洋的新航线,即前引周去非所说的,"有麻离拔国,广州自中冬以后发船,乘北风行约四十里,到地名兰里……住至次冬,再乘东北风六十日,顿风方到"。这就是说,沿这条航线行驶,也是11月从广州或泉州出发,经40天到达兰里,与第一条航线基本相同。但过年后,则从兰里径乘东北风西行,横越印度洋,经过60天的顺风航行,便可直达阿拉伯半岛南端的哈达拉毛地区,一直到亚丁甚至东非沿岸;然后,在经过交易取得亚丁湾、红海和非洲的货物后,即乘当年的西南季风返航。这样,在同年的八九月间就可以回到中国,往返一次需时不到1年,大大节省了航行的时日。这一项重要的突破正是由于造船和航海技术的进步使横越印度洋成为可能。随着11—12世纪时小亚细亚地区的动乱,波斯湾头的商业通道被堵塞,当时从亚丁经埃及转运货物到地中海便成了重要的通道。因此,这条中国—麻罗拔航线就越来越兴盛了。

(二)《诸蕃志》

《诸蕃志》是宋代另一部有关东西方海上交通的珍贵史料。它的作者赵汝适生卒年代不详,我们只知道,他是宋太宗第四子商王元份的七世孙,在南宋嘉定至宝庆年间(1208—1227年)曾任福建路市舶提举,在任职期间,大约是在宝庆元年(1225年)写成此书。他自叙写此书的目的是:"汝适被命来此,暇日阅诸蕃图,有所谓石床、长沙之险,交洋、竺屿之限,问其志则无有焉。乃询诸贾胡,俾列其国名,道其风土,与夫道里

---

① 参看张星烺:《中西交通史料汇编》第2册,第262页;冯承钧:《诸蕃志校注》,第31页。

之联属,山泽之蓄产,译以华言,删其秽溁,存其事实,名曰:《诸蕃志》。"这说明其取材是访自外国来华商人之口。《四库提要》称:"是书所记皆得诸见闻,亲为询访,宜其叙述详核,为史家之所依据矣。"这是其可贵之处。

但是细考全书,也不尽是得自贾胡之口,也有采自史传和《岭外代答》的记载,由于作者并未身历其境,所以就难免有穿凿附会的地方。然而,正如冯承钧所说:"本书除采赵汝适原书已佚,今本是从《永乐大典》四千二百六十二蕃字韵辑出。"1912年德国学者夏德和美国学者柔克义曾出版此书的英译本,并综合大量西方资料做了注释。1937年,冯承钧根据乾隆年间初刻函海本、学津讨原本及《四库全书》抄本对此书做了互校,又对照《通典》《岭外代答》《文献通考》《宋史》等的记载,做了勘误,还参照夏德等的注释成《诸蕃志校注》,这是今天研究此书的较好版本。

《诸蕃志》所记载的海外诸国,列有专目的国家和地区就达57个,其卷下列外国物产达47种。本书内容虽然也有抄自前人的材料,但大约有一半以上是作者亲自采访所得的第一手资料。

例如,在西亚方面,赵汝适新记载了波斯湾和阿拉伯半岛的如下一些国家。

勿拔国(今米尔巴特,Mirbat)。"勿拔国近海,有陆道可到大食。王紫裳色缠头衣衫,遵大食教度为事"。

记施国(今基什,Kish)。"记施国在海屿中,望见大产半日可到。管州不多。王出入骑马,张皂伞,从者百余个。国人白净,身长八尺,披发打缠,缠长八尺,半缠于头,半垂于背。衣番衫,缴缦布,躞红皮鞋。用金银钱。食面饼、羊、鱼、千年枣,不食米饭。土产真珠,好马。大食岁遣骆驼负蔷薇水、栀子水、水银、白铜、生银、朱砂、紫草、细布等,下船至本国,贩于他国。"

瓮蛮国(今阿曼,Oman)。"瓮蛮国人物如勿拔国,地主缠头,缴缦不衣,跣足。奴仆则露首跣足,缴缦蔽体。食烧面济、羊肉并乳、鱼、菜,土产千年枣甚多。沿海出真珠,山畜牧马,极蕃庶。他国贸贩惟买马与真珠及千年枣。用丁香、豆蔻、脑子等为货。"

弼斯罗国(今巴士拉,Basra)。"弼斯罗国地主出入骑从千余人,尽带铁甲。将官带连环锁子甲。听白达(巴格达)节制。人食烧面饼、羊肉。天时寒暑稍正,但无朔望。产骆驼、绵羊、千年枣。每岁记施、瓮蛮国常至其国般贩。"

如前所说,在12世纪时,中国已开辟了横越印度洋直航亚丁、非洲的航路,因此,这时与东非沿岸的贸易转趋繁盛。例如,西西里岛人伊德里西于12世纪中叶所写的《地理书》中曾说道,中国商人在Zanej(按其地在今桑给巴尔)及其所属岛屿进行贸易,由于他们公平正直、风俗醇厚、经营得法,因而和当地居民关系融洽。正因此,在《诸蕃志》中我们也看到了不少有关东非沿岸国家的材料,如层拔国(今桑给巴尔,Zangi-bar):"层拔国在胡茶辣国(印度古吉拉特,Guzerat)南海岛中,西接大山(可能是指乞力马扎罗山)。其人民皆大食种落,遵大食教度、缠青番布,躞红皮鞋。日食饭面烧饼、羊肉。乡村山林,多障峋层叠。地气暖无寒。产象牙,生金,龙涎、黄檀香。每岁胡茶辣国人及大食边海等处发船贩易,以白布、瓷器、赤铜、红吉贝为货。"按这里所说的瓷器,就是中国的物产。

中理国(今索马里,Somali)。"中理国人露头跣足,缠布不敢著衫,惟宰相及王之左右乃著衫缠头以别。王居用砖甓瓷砌，民屋用葵茆苫盖，日食烧面饼，羊乳、骆驼乳。牛、羊、骆驼甚多。大食惟此国出乳香。人多妖术，能变身作禽兽或水族形，惊眩愚俗。番舶转贩，或有怨隙，作法咀之，其船进退不可知，与劝解方为释放，其国禁之甚严。每岁有飞禽泊郊外，不计其数，日出则绝不见影。国人张罗取食之，其味极佳。惟暮春有之，交夏而绝，至来岁复然。国人死，棺殓毕，欲殡，凡远近亲戚慰问，各舞剑而入，咲问孝主死故。'若人杀死，我等当刃杀之报仇。'孝主答以，'非人杀之，自系天命'。乃投剑恸哭。每岁常有大鱼死，飘近岸，身长十余丈，径高二丈余。国人不食其肉，惟剖取脑髓及眼睛为油，多者至三百余瞪，和灰修舶船，或用点灯。民之贫者取其肋骨作屋桁，脊骨作门扇，截其骨节为臼。国有山与弼琶罗国（今柏培拉，Berbera）隔界，周围四千里，大半无人烟。山出血碣、芦荟，水出玳瑁、龙涎。其龙涎不知所出，忽见成块，或三五斤，或十斤，飘泊岸下，土人竞分之。或船在海中，蓦见采得。"

赵汝适在这里用了相当大量的篇幅来介绍中理国，可见此国当时在东非地位的重要。《马可·波罗游记》提到索科特拉岛是巫术盛行的地方，与此处所说情况相似，而中理国的国境又连接柏培拉，由此可见这个中理国的地域包括今索马里的大部分地区和索科特拉岛。龙涎，是抹香鲸因囫囵吞食伤了肠胃所分泌出的一种黄黑色蜡状物，在宋代被视为极珍贵的香。周去非在《岭外代答》中说："龙涎：大食西海多龙，枕石一睡，涎沫浮水，积而能坚，鲛人采之，以为至宝。新者色白，稍久则紫，甚久则黑。因至番禺，尝见之，不薰不莸，似浮石而轻也。人云龙涎有异香，或云龙涎气腥能发众香，皆非也。龙涎于香本无损益，但能聚烟耳。和香而用真龙涎焚之，一铢翠烟浮空，结而不散。"《诸蕃志》卷下"龙涎"条，几全抄周去非原文。宋人笔记中对此多有描述，如《铁围山丛谈》卷五说："奉宸库者，祖宗之珍藏也……（哲宗）时于奉宸中得龙涎香二……又岁久无籍，且不知其所从来。或云柴世宗显德间大食所贡，又谓真庙朝物也。……香则多分赐大臣近侍，其模制甚大而质古，外视不大佳。每以一豆火爇，辄作异花气，芬郁满座，终日略不歇。于是太上大奇之，命籍被赐者，随数多寡，复收取以归中禁，因号曰'古龙涎'。"据宋人记载，有海贾求售所谓"真龙涎香"，二钱就索价 30 万缗。从赵汝适此处记载，可知此香盛产于东非沿岸，正是当时东西方香料贸易中的一项重要物品。或许赵汝适正因此而不惜笔墨来描述该国。

关于北非，《诸蕃志》对埃及和摩洛哥也补充了新的材料。它正确地描述了埃及靠尼罗河水来灌溉田畴。赵汝适还说，徂葛尼（为阿拉伯语称亚历山大大帝 Phu-L-Karnern 的对音）当年曾在遏根陀国（亚历山大港，Alexand-ria）建高塔的故事，也同阿拉伯名史学家马苏弟在《黄金草原》所叙述的情况相类似。可见，当时我国对埃及已经有了进一步的了解。关于摩洛哥，赵汝适也有较充分的叙述："默伽猎国王……每出入，乘马，以大食佛经用一函乘在骆驼背前。管下五百余州各有城市。有兵百万，出入皆乘马。人民食饼肉，有麦无米，牛、羊、骆驼、果实之属甚多。海水深三十丈，产珊瑚树。"

在《诸蕃志》卷下所记录的 47 种外国物产中，注明产自西亚、非洲或在西亚、非洲也有出产的，即达 22 种，主要有："孔香、没药、血碣、金颜香、苏合香油、安息香、栀子龙、蔷薇水、沉香、笺香、丁香、没石子、木香、阿魏、芦荟、珊瑚树、琉璃、真珠、象牙、犀角、腽肭脐、龙涎。"这张物品单，大致也就是当时从西方运贩中国的主要货物。

第三节 元代的海上航线与海外交通[①]

13 世纪蒙古崛起漠北,转瞬之间,称雄欧亚。东起太平洋畔,西至波斯湾之滨,南迄印度洋,北抵北极圈,皆隶属其版图。蒙古大军西征引起旧世界交通的空前变化。罗马帝国衰微之后,逐渐闭塞的中亚通道,又为蒙古铁骑所重新踏开,亚、非、欧三洲之间畅通无阻。广大的蒙古帝国领域内,均有宽阔平坦的道路。自朝鲜半岛南端以至太和岭(高加索)西,沿途遍设驿站,素称崎岖难行的西藏高原,也设有大小驿站 37 个。中原各地区的驿站更是"星罗棋布,脉络通通,朝令夕至,声闻必达[②]"。衔君命的使者,孜孜为利的商贾,不辞辛劳的传教士和探险家,往来如织。不仅官方文书能以每日 400 里的速度传递,[③]往来人士也可以沿途栖止。正如《元史·兵志·站赤》所说,"于是四方往来之使,止则有馆舍,顿则有供帐,饥渴则有饮食"。总之,元朝陆上交通设备的完善,在当时是无人相媲美的。元人王礼曾形容其方便说:"适千里者,如在庭户,之万里者,如出邻家。"无怪乎马可·波罗等西欧人士为之赞叹不止。[④] 元代,不仅国土广大,疆域超过前代,在海上交通方面,无论在航行的规模、所达的地域范围、航海的技术上,还是在沿海和远洋航路上,也都超过了唐、宋两代。

一 近海漕运

元朝建都于大都(今北京市),当时经济上最发达的地区是在南方,特别是在长江下游及东南沿海一带。京城所需的大批粮食以及元初不断与外国进行战争所需的大量军粮,大多要靠南方供给。据《元史·食货志》记载,元朝 1 年征粮 12114708 石,其中江浙行省(江苏、安徽的江南部分,江西的一部分,浙江、福建两省)即占 4494783 石。[⑤] 所以,元朝政府十分重视南粮北运。在元朝初年即从事纵贯南北的大运河的开通,建造船只,充实漕运机构。但河运漕粮常因天旱水浅、河道淤塞,漕粮船不能按期到达,无法满足南粮北运的需求。为了改变这种局面,于是开辟了海上漕运线,成为元代沿海海运的主要航路。为了寻找一条既经济又安全的海上运粮线,自元至元十九年(1282 年)开辟第一条海运漕粮的航路后,到至元三十年的 12 年内,先后变更了三次航线。

---

① 本节第一、二部分依次见章巽:《中国航海科技史》,海洋出版社 1991 年版;汶江:《古代中国与亚非地区的海上交通》,四川省社会科学院出版社 1989 年版。
② 《永乐大典》卷一九四一六《站赤》。
③ 《续文献通考》卷十六,"元设急递铺,以达,四方,文书之律来,亦谓之遍铺。自燕京至开平府,复自开平府至京兆,始验地理远近、人数多寡,立急递铺。每十里或十五里设一铺,于各县州所管民户及。漏籍户内,金起铺兵,中统元年,诏随处官司,设传递铺,每铺置铺丁五人……铺兵一昼夜行四百里,"又,据马可·波罗记载,单是日间就行 250—300 哩,《元史·兵志》对国内务省所设"站赤"数目有详细记载,又《元史·地理志》除中国本部外,对高丽,安南等地所设站赤,也有记载。西北方面,如别失八里之下注有:"……(至元)十七年,以万户綦公真,戍别失八里,十八年从诸王阿只吉请,自太和岭至别失八里置新站三十二。"太和岭即高加索。
④ "此种驿站,备马逾三十万匹,供大汗使臣之用,驿邸逾万所,应供如上述之富饶,其事之奇,其价之巨,非笔墨所能形容也。"《马可·波罗行纪》,商务印书馆 1936 年版,第 394 页。
⑤ 《元史》卷九三《食货志一·税粮》。

(1)至元十九年开辟的第一条航线。自刘家港(今江苏省太仓县浏河)入海,向北经崇明州(今崇明县)之西,再北经海门县附近的黄连沙头及其北的了望长滩,沿海岸北航,经连云港、胶州,又转东过灵山洋(今青岛市以南的海面),沿山东半岛的南岸向东北航,以达半岛最东端的成山角,由成山角转而西行,通过渤海南部向西航行,到渤海湾西头进入界河口(今海河口),沿河可达杨村码头(今天津市武清县)。这一航线离岸不远,浅沙甚多,航行不便;加之我国东部的近海,自渤海以至长江口,全年均受由北向南的寒流影响,船逆水北上,航程迟缓,且多危险;沿岸航行,海岸曲折,使全程长达6500千米,再加上风信失时,往往要长达数月或近1年时间,才能到达。显然,这一航线也是不能满足漕运需要的。

(2)至元二十九年开辟第二条航线,自刘家港入海,过了长江口以北的万里长滩后,驶离近岸海域,如得西南顺风,1昼夜约行1000余里,到青水洋,然后顺东南风行3昼夜,过黑水洋,望见沿津岛大山(在山东文登县南,又作延真岛或元真岛),再得东南风,1昼夜可至成山角,然后行1昼夜至刘家岛(今刘公岛),行1昼夜至芝罘岛,再行1昼夜到沙门岛(今蓬莱县西北庙岛),最后再顺东南风行3昼夜就直抵海河口。这条航线,自刘家港至万里长滩的一段航程与第一条航线相同,但自万里长滩附近,即利用西南风向东北航经青水洋进入深海(黑水洋),利用东南季风改向西北直驶成山角。这一大段新开航路比较直,在深海中航行,不仅不受近海浅沙的影响,而且可以利用东南季风,还可以利用夏半年来临的黑潮暖流来帮助航行,这样就大大缩短了航行的时间,快的时候半月可到,"如风、水不便,迂回盘折,或至1月40日之上,方能到彼"①。这条新航线的开辟,突破了以往国内沿海航线只能近岸航行的局限性,使航行时间大为缩短,这不能不说是元代海上漕运业对沿海航路发展的一个重大贡献。

(3)至元三十年,即在第二条航线开辟后一年,第三条航路又开辟出来。新航路仍从刘家港入海,至崇明州的三沙直接向东驶入黑水大洋(深海),然后向北直航成山角,再折而西北行,经刘家岛、沙门岛,过莱州湾抵直沽海口。这条航线南段的航路向东更进入深海,路线更直,全航程更短,加以能更多地利用黑潮暖流,顺风时只用10天左右即可到达,使航行时间大大缩短。从此以后,元代海运漕粮皆取此路,没有再做重大的变更。②

元代海上运粮的规模是庞大的。据《续文献通考》卷三一载:"至元十二年既平宋,始通江南粮,以运河弗便,至十九年用巴延言,初通海道,漕运抵直沽,以达京师……初,岁运四万余石,后果至三百万余石。春秋分二运至,舟行风信,有时自浙西不旬日而达于京师。内外官府,大小吏士,至于细民,无不仰给于此。"③到至顺初期(1330年)运粮达3522163石(除去损耗外,实际运到大都的也有3340306石),约占元朝每年收粮总数的30%,规模之大可以想见。海运和我国北方人民生计发生如此重要关系,可说是自元朝开始。所以《续文献通考》又说:"海运之法,自秦已有之,而唐人亦转东吴

① 《新元史》卷七五《食货志》八。
② 以上引见章巽:《中国航海科技史》,海洋出版社1991年版,第124—126页。
③ 罗有和:《元代海上运粮的研究》,载《亚洲文明》第一辑,对航线变迁,对每年运粮数字均有详细论述,很有参考价值。又,章巽:《元海运航路考》,载《地理学报》第23卷第1期(1957年2月),其中三条航线也作过考证。

粳稻以给幽燕,然以给边防之用而已。用之足国,创造于元也。"

对此,后世做过肯定性评价。例如,明代丘浚(1420—1495年)的《大学衍义补》曰:"考《元史·食货志》论海运有云,'民无挽输之劳,国有储蓄之富',以为一代良法,又云,'海运视河漕之费,所得盖多。'作《元史》者皆国初(明初)史臣,其人皆生长胜国时,习见海运之利,所言非无所征者。"又明代著名地理学家郑若曾在其《海运图说》中说:"元时海运故道……南自福建梅花所起,北自太仓刘家河起,迄于直沽。南北不过五千里,往返不逾二十日,不惟传输便捷,国家者(疑应作'省')经费之繁,抑亦货物相通,滨海居民咸获其利,而无盗之害。"他还大力提倡重开海运,并论海运与漕运的利害得失。①

二 远洋航路

元代在宋代的基础上又有进一步的发展,交通范围也较前更扩大了。元代后期曾两次附商舶游历东西洋的汪大渊,根据亲身经历,写成《岛夷志略》一书。此书分100条,记海内外诸国和地区计96条,记载海外国名、地名达220余个,都有航路可通,为汪大渊亲历之地。此外,大德年间(1297—1307年)陈大震等所修《南海志》,记载有海上贸易的国家和地区多达145个(其中有个别重复者),亦反映了当时远洋交通范围的广大。虽然汪大渊、陈大震等在其著述中没有一一记载往返各国和各地的海上航路,但记载当时海上航路的航海资料确曾流传到明初,并为郑和航海提供了宝贵的航路资料。据福建集美航海学校搜集到的《宁波海州平阳石矿流水表》中记载:"永乐元年,奉使差官郑和、李恺、杨敏等出使异域,躬往东西二洋等处……较正牵星图样、海岛、山屿、水势,图形一本,务要选取能识山形水势,日夜无歧误山。"在《顺风相送》这本著名的海道针经中,也有类似的记载:"永乐元年奉差前往西洋等国开诏,累次较正针路、牵星图样,海屿水势山形,图画一本,山为微簿。务要取选能谙针深浅更筹,能观牵星山屿,探打水色浅深之人在船。深要宜用心,反复仔细推详,莫作泛常,必不误也。"②这两段史料,前一段明确记载了永乐元年是郑和一行"较正牵星图样",后一段则补充了当时在"较正牵星图样"外首先要做的事是"累次较正针路"。这里所谓针路,是指航海时用罗盘指向等方法所确定的行船路线,为一种对海上航路较精确的记录。郑和一行在为航海出使异域做准备时之所以要"累次较正针路",正因为这些针路记录是元代流传下来的,只有通过在亲身航海实践中"累次较正",发现并纠正其在流传过程中的失误之处,方能作为以后航海采取什么航路的依凭,而不致差之毫厘、谬以千里误了航海大事。反映郑和初期航海活动的这一段史实,说明了元代海上航路的发展,为郑和七下西洋进行大规模的航行奠定了重要的技术基础。③

(一)元代中国与南亚和东南亚的海上交通

元时南海诸国和中国官方交往的,仅《元史》所载就有20余国,其范围较前代为

---

① 以上引见汶江:《古代中国与亚非地区的海上交通》,四川省社会科学院出版社1989年版,第176页。
② 佚名:《顺风相送序》,向达校注:《两种海道针经》,中华书局1961年版,第22页。
③ 以上引见章巽:《中国航海科技史》,海洋出版社1991年版,第126—127页。

广。由于元世祖征爪哇一役,使大量中国人移民印度尼西亚各地。据北婆罗洲(加里曼丹)当地人的传说,元朝还在那里设置过行省,中国人的足迹几乎遍达印尼各岛,从而大大促进了各岛与中国的关系。较偏僻的如文老古(即摩鹿加群岛 Maluka)、吉里地闷(即帝汶岛 Timor)都来与中国贸易;前所未闻的地方,如西里伯斯岛(Celebes)也与中国直接交往;至于马来半岛上各地以及苏门答腊,和中国的来往更为密切。

南亚和中国海上交往最密切的要算南印度及西印度各国。印度有船舶来泉州,中国船经常去俱兰、马八儿、古里、来来、下里等地。马可·波罗称马八儿与俱兰为前往中国最近之城,中国人到此地的特别多。中国和这些国家的贸易额很大,远远超过西亚各国。据马可·波罗称,俱兰国"地中海东,阿拉伯诸国之商人,载货来此,获取大利"。又,马八儿国:"来自蛮子船舶,用铜作压舱之物……此国输出之粗货香料,大半多运往蛮子大洲,别一部分则由商船西运至阿丹,复由阿丹运至埃及之亚力山大,然其额不及运往极东者十分之一。"

伊本·白图泰也称中国船常到俱兰、下里、古里三港;当他到达古里时,港内就泊有中国船 13 艘之多。中国船如在印度过冬时,多停泊于梵答剌亦纳(Fandarama)。《史元·食货志·市舶》载:"元贞二年(1296 年)禁海商以细货于马八儿、咀喃(俱兰)、梵答剌亦纳三番国交易。"伊本·白图泰称中印之间海上交通都掌握在中国人手里,中国船舶坚固而且设备完善。

元时,中、印官方的交往也很密切。据《元史》载:马八儿、俱兰等国都曾遣使贡献方物,先后达十次之多。中国也九次遣使者报聘。元朝政府对这两国相当重视。《元史》讲到马八儿国时说:"海外诸番国,惟马八儿与俱兰足以调领诸国,而俱兰文为马八儿后障。"而且马八儿国的一位王子孛哈里还亲自来中国入贡,元成宗曾赐他一位中国妻子蔡氏,后来孛哈里终身侨居泉州。此外,元朝还遣使去过德里。德里苏丹图格拉克曾派遣大旅行家伊本·白图泰奉使来中国报聘,后来由于中途覆舟,他才未能来华。元时中国和锡兰之间,也有使节往还。孟加拉在元时和我国也有交往。《元史》卷十九载:"成宗大德三年(1299 年),奔奚里诸番以娑罗(Sala)大木舟来贡。"奔奚里即孟加拉之异译。

(二)元代中国和阿拉伯的往来

元时中国和阿拉伯的交往远不如唐、宋时之盛,因为 1257 年,巴格达为旭烈兀大军攻下之后,500 年的大食帝国就此沦亡。繁荣的伊斯兰世界的首都残破不堪、居民减少,阿拉伯文化中心已西移至埃及。大食故国生产被摧毁,商业凋零,海外贸易一蹶不振。不过,元代中、阿之间的人员和科学、技术交流仍然继续进行。旭烈兀大军攻下巴格达之后所委任的第一任总督就是中国将军高千,中国工程人员还参与治理幼发拉底与底格里斯两河的灌溉工程。中国的火器就是大约在 1258 年旭烈兀大军攻打巴格达时传入阿拉伯的。纳西尔·丁·土西受他的委托而在马拉加建立天文台时,旭烈兀曾派遣中国的天文学家傅孟吉等人前往协助。阿拉伯天文学家扎马鲁丁也曾受委派带着七种天文仪器贡献给忽必烈(事见《元史·天文志》)。此外,该书还提到阿拉伯人所制的地球仪:"其制以木为圆球,七分为水,其色绿,三分为土地,其色白。画江河湖海,脉络贯串其中。画作小方井,以计幅之广袤,地里之远近。"这也许是传入中国最早的地球仪。

中、阿之间的医学交流，至迟在宋代就已开始，在元代更盛。元朝的太医院中，就有专门研究阿拉伯医药的"广惠司"，下设两个机构："大都回民药物院"和"上都药物院"，负责制造"御用回民药物及和剂"。蒙古军中，也有不少阿拉伯工匠，有名的"回民炮"（一种投石机）就是由阿拉伯人制造并传入中国的。

（三）元朝与波斯的关系

伊儿汗统治下的波斯和元朝的关系相当密切。大约在 1290 年，波斯国王阿鲁浑，在其妃子卜鲁罕死后，曾派贵族三人为使者来向元世祖忽必烈请婚。忽必烈同意这一请求，赐宗室女阔阔真与阿鲁浑为妃子，并特派马可·波罗等人护送，由海道前往波斯。马可·波罗一行除水手外共 600 人，分乘具有 4 桅、12 帆的大海船 13 艘，由福建出航，经爪哇及印度洋各地，辗转两年到达波斯后，阿鲁浑已死，阔阔真遂成为其子合赞汗的王妃。1297 年，法克儿哀丁以合赞汗使者的身份，由海道来中国，拜谒元成宗铁穆儿，颇受优待，并与一元朝贵族女子结婚。他留居中国很久，1305 年才回波斯。一般民间的交往也不算少，如伊本·白图泰在泉州见过波斯的伊斯法汗塔里不兹（Isphan Tabriz）地方的商人和教士。又元大德十一年（1307 年），护送合赞汗使者那怀的海运千户杨枢，也曾在波斯湾的忽鲁谟子（Hormaz，霍尔木兹）登陆。元朝时，此城已取代失拉夫而成为波斯湾中最重要的商业中心。伊本·白图泰曾到过此地，他说："霍尔木兹是一沿海城市，对面海里是新霍尔木兹。两者相距为三法尔萨穆。不久，我们到达新霍尔木兹，这是一个岛屿，城名哲牢。是一座新的城市，有热闹的市场，是印度信德船只停泊口。从此将印度货物运往伊拉克、波斯和霍腊散。"杨枢最初本来是官本船的代理人。他率船队去海外贸易，返航时搭载了合赞汗的使者那怀等人来中国。那怀完成其使命后，仍请杨枢护送他回波斯。元朝政府同意这一请求，并封杨枢力忠显校尉海运千户。大德八年（1304 年）出发，大德十一年抵忽鲁谟子。"是役也，君往来于长风巨浪中，历五星霜，凡舟楫粮食器物之需；一出于君，不以烦有司。"杨枢还购买了大量波斯土特产，如白马、琥珀、葡萄酒等运回中国，并在宸英殿受到元武宗的召见。[①] 此外，访问过忽鲁谟子的使者，还有一位姓名失传的高级官员。新中国成立后在泉州发现了此人坟墓，碑文上写道："入元进贡宝货，蒙圣恩赐赏，至于大德三年内悬金字海青牌面，幸使忽鲁谟子田地勾当。蒙哈赞大王转赐七宝货物，呈献朝廷，再蒙赏赐，至后回归泉州本家居住，不幸于大德八年……"这表明此人是一个曾经觐见过当时统治波斯的合赞汗的元朝使者。据杨钦章的考证，此人即不阿里（字哈里）。

（四）元代中国与非洲的关系

元时中国和非洲的交往比宋时密切。摩洛哥大旅行家伊本·白图泰来过中国，我国的汪大渊也访问过非洲。

伊本·白图泰，本名伊本·阿布都拉·穆罕麦德（Ibn Abdula Mahamed），元成宗大德八年（1304 年）生于非洲摩洛哥的丹吉尔（Tangier）。20 岁时辞亲远游，经历非洲

---

① 《金华黄先生文集》卷三三。见《王公墓志铭》。

及中东各地。1333 年辗转至印度。曾在德里苏丹图格拉克宫廷供职 8 年。中国遣使至德里后,1342 年白图泰奉图格拉克之命,携带国书及礼物前来中国报聘。不幸由于中途覆舟,未能到达目的地。但白图泰到俱兰觅船时,曾遇见中国遣赴德里的使者。后来白图泰到中国时,又再度遇见此人。这次邂逅相遇,可算是中非关系史上的一段佳话。白氏大约是在 1345—1347 年到达中国。① 一般认为,他曾游历过华南。他游记中关于华北部分可能得自传闻。他的游记中有关于中国港口、船舶及中国与印度间海上交通的记载。他还提到中国瓷器远销非洲:"这种瓷器运销印度等地后,直至我国马格里布,这是瓷器种类中最美好的。"又,白图泰曾在康阳府遇见过摩洛哥船主阿尔伯胥利(AL-Buschri Kiwan-eddin),又在杭州时曾遇见过埃及人鄂托曼·宾·阿凡(Ottman Bin Affan)的子孙。根据这些可以说明元代中国和非洲交往的密切,否则不会有这些非洲人士旅居中国。白图泰是罕有的旅行家。他漫游 28 年,游历 12.4 万千米。他的游记成书于 1355 年,是研究 14 世纪亚、非诸国的重要材料。②

三　元代中国的航海家③

元代中国航海家创造了新的远航记录。据《经世大典·站赤》记载,大德五年(1301 年),元政府派出回人麦术丁为使臣赴木骨都束购买狮、豹等物,发给两年的路途口粮和经费。麦术丁的目的港木骨都束,就是今索马里首都摩加迪沙。明代郑和远航东非,应当就是麦术丁远航的继续。同年,元政府又遣使 37 人赴刁吉儿地采办异物,发给他们三年口粮和经费。从发放口粮的数目看,刁吉儿要比木骨都束远得多,它应当就是摩洛哥的丹吉尔城。元末摩洛哥丹吉尔人旅行家伊本·白图泰到中国来之前想必听说过中国的消息。

(一)亦黑迷失

亦黑迷失是畏兀儿人。元灭宋以前,元世祖忽必烈已经有志于海外,于至元九年(1272 年)派他出使"海外八罗孛国",即今印度西南濒阿拉伯海之马拉巴尔。这是他第一次出海,此行往返两年,于至元十一年(1274 年)携八罗孛国商使归国,向世祖奉表并进献珍宝。忽必烈十分满意,向他颁赐了金虎符。

次年,亦黑迷失第二次出海,再次奉使其国,与该国的"国师"一起归来,进献"名药"。元廷因功授以兵部侍郎。这两次出海时,江南尚未平服,亦黑迷失的船队当是从山东或苏北的港口出海。船队的舟师也应当是北方水手。两次出使印度南部使他对东南亚、印度洋航海积累了丰富的经验,掌握了许多海外诸番的知识。元灭宋后,元政府命他参议海外征服活动。

至元十八年(1281 年),亦黑迷失奉命第三次出海,招谕占城,企图把占城变为元军继续向东南亚进攻的基地,但遭到占城的拒绝。亦黑迷失遂与唆都一起出兵占城。

---

① 据伊本·白图泰本人记载,他于 1317 年已回到祖法尔(Zafar)。一说他来中国应在 1345 年。但按其游记中第二次游马尔代夫岛的日期而论,据王尔(H·yule)推算,巴氏来华应在 1317 年 3 月(至正七年二月),祖法尔应在 1349 年 4 月,可能巴氏的记载年代有误,这也是引起人们怀疑巴氏游记的真实性的原因之一。
② 以上引见汶江:《古代中国与亚非地区的海上交通》,四川省社会科学院出版社 1989 年版,第 192—197 页。
③ 本部分引见刘迎胜:《丝路文化·海上卷》,浙江人民出版社 1995 年版,第 153—164 页。

占城之役历时数年,元军虽占领占城沿海地区,但占城军队退至内地抵抗,设计破元军,元军统帅唆都未能生还。亦黑迷失任职于镇南王脱欢军中,他行事较为谨慎,其所部军队未受多少损失,全军而还。

在参加远征占城期间,忽必烈于至元二十一年(1284年)把亦黑迷失从占城前线召回,命他去"海外僧迦剌国"(今之斯里兰卡)"观佛钵舍利",即参观斯里兰卡保存的释迦牟尼的舍利。"僧迦剌"为僧加罗语"狮子"之意,古称"师子洲"。斯里兰卡保存的释迦牟尼舍利是佛牙,举世闻名。唐代益州僧人明远法师曾浮海至那里,因仰慕佛牙,希望携回国内供养。佛牙是当地的至宝,当然不会轻易让予。于是,明远法师密谋偷窃,"既得入手,翻被夺将"。他几乎得手,但又被发现夺回。事泄后被当地人羞辱。据史料记载狮子洲人认为,若失佛牙,就会被罗刹(魔鬼)所吞食。为防止此患,防护得十分严密。佛牙供奉于高楼之上,有几道门锁,锁有泥封,由五人共掌;只要一道门开,"则响彻城郭"。僧伽剌国人"每日供养,香花遍覆",据说如果"至心祈愿,则牙出花上",有些人还说看见过异光。[①] 亦黑迷失的故乡畏兀儿在元代盛行佛教,他很可能是佛教徒[②],在前两次出使印度南方时听说过僧伽剌国的佛牙,归国后又向忽必烈描述过,所以忽必烈才会把他从占城前线召回,专程去那里"观佛钵舍利"。1990年在参加联合国教科文组织举办的"海上丝绸之路"考察时,笔者在斯里兰卡曾亲眼见过那里收藏的佛牙。

至元二十四年(1287年),亦黑迷失第四次奉命出海,出使马八儿国,即印度南部之东南海岸,"取佛钵舍利"。因航海风阻,途中用了一年时间。他在马八儿寻得"良医善药",并用己资购买紫檀木殿材,携其国人"来贡方物"。此次归国后,元廷命他留驻泉州。

至元二十九年(1292年),亦黑迷失奉诏北上参与议征爪哇。世祖设立福建行省,命他与史弼、高兴并为平章。史、高二将负责军事征讨,亦黑迷失负责航海。忽必烈下旨,要他们征服爪哇后暂不回国,留于彼处,遣使至海外诸国招降,这是亦黑迷失第五次奉命出海。当元朝征爪哇大军行至占城时,亦黑迷失派出使臣至南巫里(今印尼苏门答腊岛北部)、速木都剌(亦在今苏门答腊岛北部)、不鲁不都[③]、八剌剌[④]等地招谕。次年,元军降服爪哇之葛郎国后,亦黑迷失又遣使至木来由[⑤]诸小国,各国均遣弟子来爪哇岛向元军投降。不久,元军被降而复叛的爪哇军队击败,在撤回时将这些东南亚的使臣也带回中国。据《元史·世祖纪》记载,这些国家的使臣被送入元,到至元三十一年(1294年)十月才被遣还。亦黑迷失在海上活动了20余年,5次出洋,其中4次前往印度、斯里兰卡,是元初中国杰出的少数民族航海家,为中外文化交流做出了贡献。

① 义净:《大唐西域求法高僧传》,王邦维校注本,第67—68页。
② 北村高:《元朝色目人"亦黑迷失"的佛教活动》,《木村武夫教授古稀纪念·僧传的研究》。
③ 不鲁不都,应当就是《大德南海志》卷七所提到的"没里琶都",位于今苏门答腊岛,亦可能指苏门答腊岛东岸外之布通岛(Pulau Buton),见陈佳荣、谢方、陆峻岭:《古代南海地名汇释》,中华书局1986年版,第182、449页。
④ 八剌剌,应是苏门答腊岛东北部古国Perlak的音译,今称为佩雷拉克(Peureulak),参见陈佳荣、谢方、陆峻岭:《古代南海地名汇释》,中华书局1986年版,第117页。
⑤ 木来由即苏门答腊古国Malayu。

（二）杨庭璧

杨庭璧原是蒙古征南大将唆都的部下，元灭宋后任广东招讨司达鲁花赤。至元十五年（1278 年）元灭宋后，唆都为福建行省左丞相，奉命遣使诏告海外，占城、马八儿诸国均遣使奉表称藩，但俱兰等国却未有回音。次年，世祖遣杨庭璧出使俱兰。杨庭璧一行于同年冬十二月启程，4 个月后（至元十七年三月），至其国。俱兰国主必纳的命其弟肯那却不剌木省用回文（波斯文）写下降表，随杨庭璧回国，并约以来岁遣使入元进贡。

至元十七年（1280）十月，元廷命哈撒儿海牙为俱兰国宣慰使，与杨庭璧一起第二次出使俱兰。至元十八年正月，杨庭璧等人从泉州出海，舟行三个月抵达僧伽罗国（今斯里兰卡）。这时北风已经停止，留原地等候季风耗费钱粮，所携给养不足应付。舟师郑震等人告以实情，建议利用南风渡海前往马八儿，可以从那里沿陆路去俱兰国。杨庭璧等一行遂于次月抵达马八儿国新村马头登岸，受到马八儿宰相马因的迎接。马因的告诉元朝使臣，马八儿的商舶在中国泉州曾受到中国官府的款待，愿尽力回报。杨庭璧等告以受命出使俱兰之事，要求从马八儿借道沿陆路前往其地。马因的借口道途不通而推辞。而后元使又会见了马八儿的另一位宰相不阿里，亦提出假道之事，不阿里也推托不再谈论。杨庭璧等不得已留住马八儿客馆，等候消息。

五月间的一个清晨，马因的、不阿里两人赶到客馆，屏退左右，向元朝使臣吐露实情。他们先向元朝使臣说明过去遣使元朝的真相，说派往元朝请降的马八儿使臣札马里丁是他们私下派出的，此事被马八儿国执掌文书的官员侦知，向马八儿国王举报。马八儿朝廷对马因的、不阿里等大臣里通外国的行为十分震怒，下令籍没他们的金银田产妻孥并欲处斩，马因的、不阿里等诡辞巧辩方得免死。

两位马八儿大臣还告诉元使臣，此时马八儿与俱兰的关系正十分紧张，其国君、亲王五人皆率兵在加一之地集结，准备与俱兰兵戎相见，所以无法借道。他们还说，马八儿国君得知元朝使臣来此，声称本国贫陋，实际上伊斯兰诸国的金珠宝贝尽出于此，其他西域国家也来此贸易。南印度诸国都有向元朝称臣的打算，如果马八儿能降附蒙古人，他们两位可派人持招降书去"左近诸国"。最后，杨庭璧等因未能借道，只得返回泉州。

同年冬北风起时，朝廷命杨庭璧以招讨使的身份第三次出海，前往俱兰。船行三个月，于至元十九年（1282 年）二月，抵达俱兰国。其国君与宰相出迎，杨庭璧向他们转交了元朝玺书。杨庭璧在俱兰停留了一个月。寓居俱兰国的也里可温（基督教）首领兀咱尔撒马里①得知元使臣来此，要求携七宝项牌一枚、药物两瓶一同赴中国进贡。而管领"木速蛮"（元代史书对伊斯兰教徒的异译）的首领马合麻适在其国，听说元朝使臣至此，也来相会，表示愿意"纳岁币，遣使入贡"。苏木达国（位于印度）恰派相臣那里八合剌摊赤出使俱兰国，闻知杨庭璧将回国，遂代表其国君打古儿表示，愿派使臣奉表、携带指环、印花绮缎及锦衾随杨庭璧一起入元。杨庭璧答应了他们的请求。

至元十九年三月南风起时，杨庭璧等一行启程回国。俱兰派出使臣祝诃里沙忙里

---

① 《元史·世祖纪》，作"兀咱儿撒里马"，未知孰是。

八的随杨庭璧等入元,所携礼品有宝货和黑猿一只。舟行一月至那旺国(即安达曼海西侧的尼科巴群岛),杨庭璧说服其国主忙昂遣使随同他一起去中国。因为其国无人识字,于是只"遣使四人,不奉表"。杨庭璧一行继续东行至苏木都剌国(今苏门答腊岛北部),其国君土汉八的亲自迎接元使。杨庭璧向他宣传中国的强盛和元廷有意扬国威于海外的打算,土汉八的当日即表示"纳款称藩",派出使臣哈散、速里蛮随船队入元朝贡。同年九月,随杨庭璧入元的诸国使臣抵达大都,受到忽必烈的接见。

至元二十年(1283年)正月,忽必烈委任杨庭璧为宣慰使,命他第四次出海奉使俱兰等国。到至元二十三年(1286年),响应杨庭璧要求先后来元入贡的海外诸番共有10国,它们是马八儿、须门那(即苏木达)、僧急里①、南无力(今苏门答腊北部)、马兰丹(今地不详)、那旺、丁呵儿(今马来西亚丁家奴)、来来②、急兰亦带(今马来西亚之吉兰丹)、苏木都剌。③

(三)列边·扫马

列边·扫马(Rabban Sauma)是第一位游历西欧并留下记载的中国旅行家。他是大都人,出身于信奉聂思脱里教的富家,母语是突厥语。父亲名昔班,是聂思脱里教会的视察员。列边(Rabban)在叙利亚语中意为"教师",扫马是他自己的名字。扫马自幼接受宗教教育,20余岁时出家入大都附近的一所十字寺中修行,后来成为著名教士。东胜州(今内蒙古托克托)人马忽思来向他求学。约在至元十二年,两人决意赴耶路撒冷朝圣,得到朝廷颁发的"铺马圣旨",从大都出发,随商队西行,经中亚抵达伊利汗国都城蔑剌合,谒见了聂思脱里教会总主教马儿·腆合。

马儿·腆合命马忽思为大都和汪古部主教,改其名为雅八,但因伊利汗国与察合台汗国在阿母河一线发生战争,未能归国。1281年马儿·腆合去世,马忽思被推举为新任总主教,称为雅八·阿罗诃三世。

1287年,伊利汗阿鲁浑汗欲联合十字军攻取耶路撒冷和叙利亚,遣扫马出使罗马教廷及英、法等国。扫马经君士坦丁至罗马,恰逢教皇虚位,便继续西行抵巴黎,向法国国王腓力四世(PhilippeleBel IV)呈递了阿鲁浑汗的信件和礼品,受到法国政府的礼遇。他在巴黎逗留月余后,又到法国西南部的波尔多城,会见英国国王爱德华一世。英法两国国王都同意与伊利汗国建立联盟。1288年,扫马在回国途中获悉新教皇尼古拉斯四世已即位,便再至罗马呈交国书。教皇在接受伊利汗国书后,写了两封国书致阿鲁浑汗。第一封国书对阿鲁浑汗善遇基督教徒表示谢意;第二封国书赞扬了阿鲁浑汗打算攻下耶路撒冷后在那里接受洗礼的想法,并厚赠礼品遣归。

扫马完成出使任务后,受到伊利汗阿鲁浑汗的嘉奖,特许在桃里寺宫门旁建寺一所,命他管领。后来扫马移居蔑剌合,又建一所宏伟的教堂。1293年,扫马赴报达(今伊拉克首都巴格达)辅佐雅八·阿罗诃三世管理教务,直至去世。

扫马的出使使罗马教廷更加相信元朝皇帝与各蒙古汗国的统治者均信奉基督教,

---

① 今印度南部西海岸克朗加诺尔(Cranganore)的古名 Singili 之译音。

② 今印度古吉拉特(即胡荼辣 Gujarat)古国名的音译。

③ 《元史·世祖纪九》;《元史·马八儿等国传》。

推动了教廷进一步派传教士东来。扫马归回波斯后,用波斯文写作了旅行记,但原稿已佚。在 1887 年发现的无名氏自叙利亚文著作《教长马儿·雅八·阿罗诃和巡视总监列边·扫马传》中摘译了他旅行记中的部分内容,扫马的经历因而为世人所知。①

（四）杨枢与孛罗

上述几位中国航海家,如亦黑迷失、杨庭璧等人虽数次远航,但所至最远不过印度南端之西海岸。实际上,元代航海远远超此范围。在蒙古西北三汗国——察合台汗国、伊利汗国、钦察汗国中,元皇室与伊利汗王室同出于成吉思汗第四子拖雷,血缘关系最近,关系也最密切。旭烈兀及其后裔立国于波斯后,一直奉汉地的元王朝为宗主,以宗藩自居。双方之间的联系起初主要依靠陆路往来,至元初年发生海都叛乱后,东西陆路交通时断时通,于是航海交通在汉地与波斯的往来中所起的作用也越来越大。位于印度南端的马八儿国的大臣曾主动为往来于东西海路的忽必烈、伊利汗国两方的使臣提供给养。伊利汗国向元朝请婚的使团归国时曾带马可·波罗一家同行,他们在北风劲吹的冬季从泉州起航,航行两年余才抵达波斯。从波斯湾到泉州的海路除了官方使节以外,利用最多的是广东、福建民间的中国海商和西域的回人海商。《大德南海志》所罗列的前来贾贩的国度中,就有波斯湾诸地。元末任职于泉州清净寺的住持不鲁罕丁,就是搭便船从波斯来到中国的学者。在历史上留下名字的远航波斯湾的元代航海家不多,其中最出名的是两位官方使节:杨枢和孛罗。

杨枢是元朝的一位中级海运官员。他在 19 岁时于大德五年（1301 年）率领"官木船""至西洋",亦即马八儿②。他在那里遇见了伊利汗国合赞汗的使臣那怀。那怀一行是在前往元朝途中在马八儿歇脚的使团,于是他们一同启程航向元朝。

杨枢和那怀在马八儿与前往中国的航程中结下了友谊。那怀入元完成使命后,准备回波斯复命。返航前,他向元成宗提出仍派杨枢送他回国。他的请求得到元政府的批准,于是元政府加封杨枢为"忠显校尉海运副千户"。大德八年（1304 年）冬,杨枢再次举帆,与那怀一起远航波斯。此行历时三年,于大德十一年（1307 年）方抵忽鲁谟斯。杨枢在那里购置了当地良种白马、黑犬、琥珀、葡萄酒等,满载而归,往返共历时五年。

航海除了路途艰险以外,出航前的准备也是一项细致的工作,不能有半点马虎。杨枢两次出海均为官差,但他在出航前准备舟楫、口粮、航海器具及各项杂物时,并不单纯依靠政府职能部门,而一一亲自经办。他懂得航海既是一项充满风险的事业,行前准备不周,途中遇险将束手无策,也懂得航海是一项受气候制约的活动,从受命出使至西北风起的不长时间内,应抓紧作好一切准备,否则季节一过便无法航行。他亲自操办各项准备工作,说明他是一位经验丰富的航海家。杨枢后来晋升为"松江嘉定等处海运千户"③。

---

① 参见其书英译本 A. W. Budge: The Monks of Kubilai Khan, York, 1928（布基:《忽必烈汗的僧人们》,纽约,1928 年）。

② 有些学者认为此次杨枢所去之"西洋"即波斯湾,见孙光圻:《中国古代航海史》,第 422 页。不确。元代的"西洋"与明代"西洋"不同。元代"西洋"是一个有特定含义的地名,指印度南端东南海岸的马八儿。

③ 黄溍:《海运千户杨枢墓志铭》,《黄金华集》卷三五。

孛罗是蒙古朵儿边氏贵族，在忽必烈朝廷曾任大司农、御史大夫、枢密副使和丞相等职，是一位受朝廷信用、有很大权势的蒙古官僚。至元二十年（1283），他受命出使伊利汗国，其副手是在元廷任职的叙利亚人爱薛。当时正值海都之乱，叛王切断了东西陆路联系，孛罗一行遂取海道。他们于同年冬启程，于次年在忽鲁谟斯登陆，与之同行的还有阿速人阿儿思兰。他们登岸后沿波斯法尔斯北上，于 1284 年 10 月到达阿兰（今阿塞拜疆境内），朝见了伊利汗阿鲁浑汗。

孛罗的杰出才华受到阿鲁浑汗的赞赏，所以阿鲁浑汗留下了孛罗，命爱薛回国复命。爱薛于 1285 年经陆路回到汉地。由于孛罗是忽必烈自幼一手培养起来的宫廷近臣，多年来一直受到朝廷的重用，居然留波斯不归，使忽必烈感慨不已，说："孛罗生于吾土，食吾禄，而安于彼"。[1] 孛罗留在波斯受到历代伊利汗的重用，成为位居朝廷第四位的重臣，先后襄助过阿鲁浑、海合都、拜都、合赞和合儿班答五位伊利汗，成为中国与波斯文化交流史上最著名的人物之一。他向伊利汗王室详述蒙古先世的历史，因而被任命参与伊利汗国丞相拉施都丁主持编写的历史著作《史集》的工作。他向伊利汗国介绍过许多中国的制度。伊利汗海合都在他的建议之下曾仿效元朝发行纸币，纸币上印有汉字、阿拉伯文古兰经引语和海合都汗的喇嘛教名字"亦邻朵儿只"。但当时波斯的经济尚未到使用纸币的阶段，结果此举遭到商人们的反对而失败。

（五）马八儿王子不阿里

不阿里原名撒亦的，祖籍西域哈剌哈底，即今阿曼东南角之故城 Qalhat 遗址，该地与印度有着传统的贸易联系。撒亦的的远祖是专营波斯湾与南印度贸易的回人海商。他一家于宋末离开故土，移居西洋国，即印度南部东海岸之马八儿，在那里世以贾贩为生。撒亦的之父名不阿里，受到马八儿国王的信任。马八儿国王有兄弟五人，不阿里被称为"六弟"。不久，不阿里受命总领诸部，因此积聚了大量的财富。不阿里死后，撒亦的继承父业，并继续受到马八儿国王的信用。国王习惯以他父亲的名字"不阿里"称呼他，所以撒亦的这个名字反而不大用。

印度南部地处东方的中国与西方的波斯湾之间，当地的回人海商在东西航海的贸易中起着中介人的作用。在不阿里的时代，亚洲的形势发生了翻天覆地的变化，蒙古人的铁蹄首先横扫西亚，在波斯之地建立了伊利汗国，接着又征服了南宋。而宋朝和西亚的哈里发政权都是强大一时的政权，居然顷刻瓦解。从日出之地到日落处，从中国到西亚的空前辽阔的土地，均为蒙古人统治。印度的回人海商无论向东还是向西贸易，都必须与蒙古统治当局打交道。

当不阿里听说元灭宋后，曾说："中国大圣人混一区宇，天下太平矣，盍往归之。"于是自作主张遣札马剌丁入朝以方物入贡，"极诸瑰异，自是踵岁不绝"。此外，不阿里又向"亲王阿八合、哈散二邸"遣使通好。所谓亲王阿八合、哈散即先后担任伊利汗的旭烈兀后裔阿八哈、哈桑。凡有元廷或伊利汗国的使臣航海往来于东西途经马八儿时，不阿里均为之准备舟楫，给予周济。不阿里这样做是因为蒙古人的武功对海外的回人巨贾产生了极大的影响，他希望与蒙古人保持良好的关系，以保护自己的商业利益。

---

[1]　程矩夫：《拂林忠献王神道碑》，《程雪楼集》卷五。

不阿里擅自向元朝遣使的做法引起了马八儿统治者的严重不满,他们抄没了不阿里的田产,甚至准备处决不阿里,不阿里诡辞狡辩方得免。杨庭璧第二次出海途经马八儿时,不阿里曾对他谈起过这些事。不阿里在海外为蒙古政权效力的消息经往来于途的元朝、伊利汗国使臣传到忽必烈那里,他对不阿里大加赞赏。至元二十八年(1291年)元廷命别铁木儿、亦列失金为礼部侍郎与尚书阿里伯一起携带诏书前往马八儿召不阿里入元。不阿里因与马八儿国君意见不合,便舍弃自己的产业,率百人随元使来到中国。不阿里因其父在马八儿曾与国君以兄弟相称,故来到中国后以马八儿王子自居。

忽必烈授以不阿里资德大夫、中书右丞、商议福建等处行中书省事的官职,赐给他大量的钱财。后来不阿里从泉州移居大都,娶了一位中国女子为妻。丞相桑哥被处死后,其高丽籍夫人蔡氏被赐给不阿里为妻。蔡氏死后,不阿里又娶了一位中国女子。大德三年(1299年),不阿里逝于大都,他的遗体被运回穆斯林集中的泉州安葬。

不阿里这个阿拉伯家族从波斯湾的哈剌哈底移居南印度的马八儿,在那里落脚生根,与元朝和伊利汗国保持密切联系,最后又移居中国,娶高丽妇女为妻。这个家族的历史反映出宋元时代伊斯兰海商在东西海路上是多么活跃。

四 元代的海外志书①

(一)《大德南海志》

《大德南海志》又称《南海志》,元人陈大震所撰,刊于大德八年(1304年)。《南海志》上距《诸蕃志》成书(1225年)不过70余年,下迄《岛夷志略》成书(1349年)不到半个世纪,恰可补充两者的不足。《南海志》描述的是元代广州地区的外贸情况。广州是华南的门户,与泉州共为我国中古时代最重要的对外贸易港,也是番货集散地。所以《南海志》有关舶货和与广州有贸易关系诸国诸地的记载,反映了元初华南与当时亚非诸国贸易的实际情况,是非常宝贵的记录。

《南海志》原书20卷,唯见《文渊阁书目》著录,其大部分今已亡佚。明《永乐大典》残本中仅存该书所载海外通商番国与地名147个。北京图书馆所藏残本亦仅存卷6至卷10,其中卷7"物产篇"罗列舶货与诸番国,但文字过于简略,难窥全貌,唯其地名之广博可作参勘印证之资料。

通过残存部分我们可以看出,元代华南海外贸易与宋代相比有很大发展。元代广州司舶部门把海外诸番分为几个区域:一是南海西岸至暹罗湾,以交趾、占城、真腊、暹国等国为首;二是小东洋,指菲律宾诸岛和加里曼丹岛北部,以佛坭国(今文莱)为首;三是大东洋,分为两部分,其东部指今菲律宾诸岛、加里曼丹岛东南海域,以单重布罗国为首,其西部指爪哇和小巽他群岛一带,以爪哇国为首;四是小西洋,指今马来半岛顶端和苏门答腊岛一带;五是西方诸国,包括今印度、斯里兰卡、阿拉伯海、波斯湾、红海、地中海沿岸之地。分区原则为:前四部分基本上以海船航线所经之地为依据,地理概念相当清楚,而最后一区则失之过广。元初广州港的通商范围东起麻里芦(今菲律

---

① 本部分引见刘迎胜:《丝路文化·海上卷》,浙江人民出版社1995年版,第146—150页。

宾），西迄茶弼沙，即大食诸国中极西之地，今西班牙一带、马格里布（今摩洛哥），囊括东南亚、南亚、东非、北非及欧洲的一部分，包括意大利和拜占庭帝国。

宋代的《岭外代答》和《诸蕃志》所记尚不出传闻，而《南海志》则是广州元初对外交往实录的总结，其可信性高于上述宋代两书。

《南海志》是研究海上丝绸之路的一份重要资料，以此与宋代记载和明代郑和航海资料相印证，可以窥见宋元以来东西方文化交流的概貌。

（二）《岛夷志略》

《岛夷志略》，本作《岛夷志》，是元代杰出的民间航海家汪大渊的纪实性著作。该书原附于至正九年（1349年）由吴鉴编撰的《清源续志》之后。次年，汪大渊在故居南昌又以《岛夷志》为名复刊其书，并请河东名士张翥写序，以广其传。汪大渊字焕章，南昌人，生于元武宗至大四年（1311年）。他20岁那年，即1330年，从泉州第一次出海，沿西洋航线行，航到达印度洋诸地。同年泊于大佛山（今斯里兰卡的别罗里湾），继而西行进入阿拉伯海。此次航海历时约5年。归国后曾著有旅行记。此后不久，他又第二次从泉州启程，访问东南亚诸地。此次似从东洋航线行，从泉州渡海，先至我国台湾，然后赴小东洋诸地，即今菲律宾诸岛、文莱，再绕加里曼丹岛，转入大东洋西部的爪哇、帝汶诸地。据汪大渊自序，1349年他路过泉州，适逢吴鉴受命修《清源续志》。吴鉴因汪大渊"知外事"，所以要他撰《岛夷志略》，作为《清源续志》的附录。他所撰写的《岛夷志略》融会了两次出洋的经历，所以与他第一次归国时所著游记已颇有区别。

汪大渊自己在书中说："皇元混一声教，无远弗届。区宇之广，旷古所未闻。海外岛夷无虑数千国，莫不执玉贡琛，以修民职；梯山航海，以通互市。中国之往复商贩于殊庭异域之中者，如东西州焉。"元末吴鉴也说："中国之外，四海维之。海外夷国以万计，唯北海以风恶不可入，东西南数千万里，皆得梯航以达其地。"[1]这就是说，元人已经认识到，中国所在的大陆四面环海，高丽以北的"北海"即日本海、鄂霍次克海和北太平洋海区风涛大，沿岸是一片荒凉之地，中国人很少问津。而中国之东、南、西面，番国众多，皆得航海而至。蒙古人的武力所创造的横跨亚欧的大帝国，客观上为东西交往创造了有利条件。商贩往来于东西，有如在本国不同的州郡旅行一样。

汪大渊自述他在海外曾赋诗以记异国山川、土俗、风景、物产之诡异，其书中所记之事皆身所亲历、耳目所亲闻亲见，"传说之事，则不载焉"。该书收有汪大渊所访问过的地方共99个条目，最后一个条目系节录前人旧闻，名为"异闻类聚"，与其游踪无关。全书涉及亚、非、欧三大洲220多个国家与地名，记载生动翔实，文献价值很高，迄今全璧犹存，是考据元代远洋活动的最重要的原始资料。吴鉴评价说："以君传者，其言必可信。"[2]

该书上承宋代周去非的《岭外代答》和赵汝适的《诸蕃志》，下接明代马欢的《瀛涯胜览》和费信的《星槎胜览》等书。上述两部宋代著作虽然重要，但所记不过是作者耳闻之事，而汪大渊所记则为其身历亲见。《岛夷志略》虽从写作体例上受周去非、赵汝

---

① 吴鉴：《岛夷志略序》。
② 吴鉴：《岛夷志略序》。

适影响较大,但汪大渊年甫20便附舶浮海,一生曾两下东西洋,举踪之广古来罕见,远非周、赵可比。正如《四库全书总目》所评价的那样:"诸史外国列传秉笔之人,皆未尝身历其地,即赵汝适《诸蕃志》之类,亦多得之于市舶之口传。汪大渊此书,则亲历而手记之,究非空谈无征者比。"

明代马欢受汪大渊影响很大,他在自撰的《瀛涯胜览·序文》中说:"余昔观《岛夷志》,载天时气候之别,地理人物之异,慨然叹曰:'普天下何若是之不同耶!'……余以通译番书,亦被使末,随其所至,鲸波浩渺,不知其几千万里,历涉诸邦,其天时、气候、地理、人物,目击而身履之,然后知《岛夷志》所著者不诬。……于是采摭各国人物之丑美、壤俗之异同,与夫土产之别、疆域之制,编制成帙。"这说明马欢在出国前就研究过《岛夷志略》,随郑和出海后观察风俗,证实了汪大渊所记皆翔实可信,因而启发了他撰写《瀛涯胜览》的愿望。不过,他在书中只记载了20余个国家和地区,叙事虽然更详,但涉及地域远不如《岛夷志略》所述之广。

(三)《真腊风土记》

此书作者周达观,自号草庭逸民,浙江温州路永嘉县人。元成宗元贞元年(1295年)奉命随使赴真腊,次年至其地,在那里停留了一年有余。此次出使不见于诸史记载,世人依凭周达观本人的记载方知其始末。周达观返国后,根据亲身所历作此书。

10—13世纪是柬埔寨文明最灿烂的时代,也称为吴哥时代。《真腊风土记》便是反映吴哥时代情况的著作。它记载了13世纪末叶柬埔寨各方面的事物,既翔实又生动。书中所记的吴哥国都中的许多建筑和雕刻,是这个时代的文物精华。此外,该书还广泛地叙述了当地人民的经济活动,包括农业、手工业、贸易等,介绍了当地人民日常生活,如衣、食、住、行的情况。全书约8500字,分为城郭、宫室、服饰、官属、三教、人物、产妇、奴婢、语言、野人、文字、正朔时序、争讼、病癞、死亡、耕种、山川、出产、贸易、欲得唐货、草木、飞鸟、走兽、蔬菜、鱼龙、酝酿、盐醋酱、蚕桑、器用、车轿、舟楫、村落、异事、澡浴、流寓、军马、国主出入等40余节。这些记载是研究吴哥文化的重要史料。

第二十六章
宋元时期的海外文化交流

　　宋元时期的经济、文化在盛唐的基础上又有了长足的进步,在当时世界上继续处于领先地位,因而吸引了东西方各国人民的目光。宋元时期海上交通的巨大发展,极大地促进了中西文化的交流。中国与东亚、东南亚、阿拉伯半岛、欧洲都有广泛的海路文化交流。中国的精神文化和器物文化对这些国家和地区产生了重大影响,对世界文化的发展起到了巨大的推动作用。同时,海外文化也传入中国,丰富了中国文化的内容。

第一节　宋代中朝文化交流①

一　人员往来

　　朝鲜的文化,到高丽王朝时期,继续向上发展。宋朝每与高丽朝有外交文书来往,"必选词臣著撰,而择其善者。所遣使者,其书状官必召赴中书,试以文,乃遣之"②。高丽国王一般都定期到国学去祭孔,以倡导对孔子的尊崇。上自国王,下至闾巷儿童,所受正式教育,以儒家经典为主。例如,1119 年八月初一,睿宗"御清讌阁,命翰林学士朴升中讲《书·洪范》",十一月辛亥,又命朴升中讲《中庸》;1134 年三月,高丽国王仁宗命以《孝经》《论语》等儒经分赐给闾巷儿童,以广教化。高丽朝史家金富轼对仁宗的评价是:"自少多才艺,晓(汉文)音律,善(中国)书画。"

　　宋遣使赴高丽,大概是每年七八月;高丽朝廷遣使于宋的时期,则大概是六七月。渡航时期的选择,主要是根据季风的消长,但如有紧急事件,则不在此限。1074 年(熙宁七年)以前,使臣来往多利用北路,由登州入贡,不拘于季风;但如改南道,由明州入贡时,则不得不利用季风。

　　高丽使臣在宋停居时间大部分是一年,这可能是为了等待季风。使臣带着珍贵的礼物,等到天气好的时候才出航。对航程言之,依据《宣和奉使高丽图经》,出明州,经过招宝山、虎头山、沈家门、梅岑、海驴焦、蓬莱山、半洋焦、白水洋、黄水洋、黑水洋(以

---

① 本节引见陈玉龙等:《汉文化论纲》,北京大学出版社 1993 年版,第 221—234 页。
② 《高丽史》文宗世家二十六年六月甲戌。

上宋地名)、夹界山、五屿、排岛、白山、黑山、月屿、阐山岛(天仙岛)、白衣岛、跪苫、春草苫、槟榔焦、菩萨苫、竹岛、苦苫苫、群山岛、横屿、紫云苫、富用山、洪州山、蝎子苫、马岛、九头山、唐人岛、双女焦、大青屿、和尚岛、牛心屿、聂公屿、小青屿、紫燕岛、急水门、蛤窟、分水岭,到礼成港。路程很远,但如能利用季风,可很快到达。例如,徐兢一行,在 5 月 16 日起航,到 6 月 13 日即泊于礼成港。

993—1019 年,高丽和契丹之间曾进行三次战争,使高丽的教育事业受到影响。为此,崔冲招收青年学子,进行教学,首开私人讲学之风,其行谊有似孔子,故被尊称为"海东孔子"。当时慕名而来的学生很多,乃至"填溢街巷",崔冲于是分设"九斋"以容纳这些学生。学习内容为《周礼》等九经及《史记》等三史。崔冲于七十高龄引退之前,曾官至门下侍中,死后谥"文宪",因此称他的学生为"侍中崔公徒"或"文宪公徒"。除崔冲外,还有侍中郑倍杰等 11 人相继在其他 11 处进行私人讲学,与国家开办的国子监并行,为国家培养出不少人才。当时指称这 12 门下的学生为"十二徒"。

自五代后梁末帝贞明年间至宋徽宗崇宁年间,据文献记载,中国曾有许多文人,也有少数武士,去高丽并在那里做官。919 年、923 年,吴越国先后就有文士酋彦规、朴岩投奔高丽。对投奔的中国文人武士,高丽朝廷除授予官职外,一般还赐予衣物、田庄。1005 年,宋温州文士周伫投奔高丽,被授予礼宾注簿。1013 年,宋闽人文士戴翼投奔高丽,被授予儒林郎守宫令,并得赐衣物、田庄。投奔高丽的文人,不少是已经有进士功名的人。1052 年、1060 年和 1061 年,先后被高丽朝廷授予秘书省校书郎的张廷、卢寅、陈渭,后来在高丽官至参知政事的慎修,都是宋朝的进士。武士陈养,则是已经在宋朝当了郎将,然后于 1106 年投奔高丽的。投奔高丽的文武人士,一般都要经过高丽朝廷的考试,然后才得到任用。1101 年投奔高丽的宋人邵硅、陆廷俊、刘极,就经过高丽国王肃宗在文德殿的亲试之后,一同被授予八品官。对中国文武人士的投奔,高丽朝廷采取重酬重任的鼓励政策。宋进士张廷投奔高丽时,国王文宗就特别为此下了一道教书:"魏之乐毅,翼彼燕王。吴之陆机,归诸晋室。……汝二谢名流,三张世袭。……既谐得士之昌,深慰思贤之渴。授汝文职,辅余朝纲。"①其中把张廷比拟为乐毅、陆机,对张廷"输余朝纲"寄以重望。张廷到高丽的当年,即被任为右拾遗。朝鲜李朝时期对中国文士的投奔,仍采取鼓励政策。但此时中国当明清两代,社会较为安定,李朝虽然鼓励,投奔高丽的中国人却寥寥无几了。

在高丽王朝做官的一些中国文士,曾对朝鲜的文化教育事业做出过重要贡献,双冀就是其中之一。双冀,五代后周人。956 年,随册封使到高丽。高丽的国王光宗爱其才,表请后周准他留在高丽。不久,光宗即授以文柄,委以重任。958 年,在双冀的建议下,高丽王朝始设科举。双冀被任命为主考官知贡举,以诗赋颂策取进士。自此之后,高丽王朝定期举行科举考试,对振兴文风起了推动促进作用。

高丽到宋朝的文士,不少是青年学子。976 年,高丽遣金行成至宋,入国子监学习。1099 年,宋哲宗下诏允许高丽"举子宾贡"。1115 年,高丽遣进士金端、甄惟底、赵爽、康就正、权适五人至宋,入大学,并上表曰:"非质疑于有识,岂能成法于将来。"高丽青年学子到宋朝,是要就学术问题向有造诣的学者请教讨论的。金端等五人经宋徽宗

---

① 《高丽史》文宗世家六年六月乙亥。

亲试于集英殿,四人被赐"上舍及第",权适更得恩宠,被特授以中华之籍贯。

二 书籍、书画及音乐交流

宋与高丽之间,书籍的交流是友好关系的主要内容之一。趁使节往来之便,宋帝经常赠送书籍给高丽国王,内容涉及各个领域,如《文苑英华》《太平御览》《神医补救方》以及佛经等。

书籍的交流,不只限于官方,还有民间渠道存在。1027年,宋江南人李文通等到高丽,献(卖给官方)书册,多达597卷。1087年,宋商又献《新注华严经》。对宋商带去的有价值的书籍,高丽朝廷往往付给高价,以资鼓励。1192年,宋商献《太平御览》,高丽朝廷赐白银60斤。宋商不只进行书籍贸易,1120年商人林清等还将令人赏心悦目的花木运到高丽,献给朝廷。

高丽王朝对书籍的刊印极为重视,许多书籍都是奉王命刊印的。1042年,东京副留守崔颢等奉王命新刊两《汉书》与《唐书》,进献朝廷后,都得到"赐爵"的封赏。

高丽刊印书籍的面很广。1045年,秘书省进新刊《礼记正义》《毛诗正义》。1058年,忠州牧进新刊《黄帝八十一难经》《伤寒论》、张仲景《五脏论》等。1059年,安西都护府使等进新刊《疑狱集》等,知南原府事进新刊《三礼图》《孙卿子书》。这些新刊书籍,部分珍藏于王宫图书资料馆的御书阁、秘阁,部分分赐给文臣。

高丽新刊书籍时,往往加以校订。1151年,国王毅宗曾命宝文阁学士待制及翰林学士每日齐集于精义堂,校《册府元龟》。1192年,国王明宗曾命吏部尚书郑国俭、判秘书省事崔诜集书筵诸儒于宝文阁,校订《正续资治通鉴》。

高丽的书籍刊印事业发达,有时也赠送一些书籍给中国。早在959年,高丽就曾遣使到后周,赠送《别序孝经》一卷、《越王孝经新义》八卷、《皇灵孝经》一卷、《孝经雌雄图》三卷。高丽藏书齐全,并有不少被目为"好本"。1091年,高丽使臣李资义自宋回国,向国王宣宗启奏:"皇帝(宋哲宗)知道我们高丽的书籍有很多好本,命(宾馆)馆伴开列皇帝所求的书目交给我,并说:'虽有卷第不足者,亦须传写附来。'"据《高丽史·宣宗世家》所载,宋朝所求之书目,计120余种,4980余卷。高丽方面满足了多少不得而知,但这在中朝文化交流方面,仍是一件值得怀念的盛事。

高丽王朝时期的书法,与新罗王朝时期相同,主流为圭角鲜明、笔势遒劲的中国欧(阳询)体。这种书体常用于碑文及写经。由于碑刻及写经,书体自然会产生某种变化,正如在高丽版《大藏经》中所见,产生了"高丽体"。①

高丽书法可细分为三期。

第一期:《玉龙寺宝灵塔碑》(金廷彦撰,释玄可书,释继默刻),极近《醴泉碑》,达到了以假乱真的程度。《净土寺弘法国师实相塔碑》(孙梦周撰,书者未详),近于《虞恭公碑》,饶有神韵,颇具风趣,古色浓郁,属高丽碑之精品。《灵鹫山大慈恩玄化寺碑》(周伫撰,蔡忠顺书,定真、慧仁、能会等刻),阳为楷书,阴为行书,蔡忠撰并书。楷为皇甫碑法,行书则系欧体。《奉先弘庆寺开创碑》(崔冲撰,白玄礼书),近于《皇甫碑》,运笔自在。《智谷寺真观禅寺碑》(王融撰,洪协善书),属欧体,淳厚古朴,颇有韵味。《燕谷

① 〔韩〕金元龙:《韩国美术史》,汎文社1973年版,第284页。

寺玄觉禅师塔碑》（王融撰，张信元书），属欧阳通书体，却又含《皇甫碑》书法，颇具稚拙之天真味。《七长寺慧招国师碑》（金显撰，闵常济书），则可谓与《燕谷寺碑》在伯仲之间。《三川寺大智国师碑》（李灵翰撰，文宗御笔，碑阴书者未详）之阴，与前者亦可谓在昆季之间，而碑阳之御笔，则堪称与《净土寺弘法国师实相塔碑》相匹敌，实属欧体中之佼佼者。

与欧体不同之碑，可举《地藏禅院悟真塔碑》及《净土寺法镜大师慈灯塔碑》（二者均为崔彦伪撰，具足达书），二碑笔致俊劲，显现出北魏奇伟书风之一斑。《五龙寺法镜大师普照慧光塔碑》（释禅扁书）亦显出北魏碑志之古拙。《法泉寺智光禅师塔碑》（郑惟彦撰，安民厚书）在欧法上又兼有虞世南《孔子庙堂碑》笔意。《凤岩寺真静大师碑》（李梦游撰，张瑞说书）堪称深得《孔子庙堂碑》精髓之佳构。《高达寺园宗大师慧真塔碑》（金廷彦撰，张瑞说书并篆），此碑虽亦同为张瑞说书，但更近于欧体。二碑运笔自在，气韵清新，在高丽碑中颇具特色。

以集字碑而言，有兴法寺的《真空大师塔碑》。碑文系高丽太祖御制，崔光胤集唐太宗字。唐太宗的《晋祠铭》《温汤（泉）铭》，由新罗真德女王的遣唐使金春秋（即后日的太宗武烈王）携回新罗。此外，唐太宗的屏风书、书翰等日后也留传至高丽朝。以故，时至高丽朝仍能临摹当时笔迹进行集刻。此碑现为四断片，所幸尚能看出全貌。高丽朝的硕学李齐贤赞誉此碑"字大小真行相间，鸾漂风泊，气吞象外，真天下之宝也"。

《太子寺朗空大师白月栖云塔碑》（崔仁浣撰，僧端目集金生字），碑文长达2500余字，差可窥见金生之书风全貌，被誉为"东方（高丽）羲之""海东（高丽）神晶第一"的金生之书风，运笔无浮滑之处，而具古涩之致。字形不长而扁方，乃写经之意趣。见金生之笔致，给人以再见羲之之感。古来称金生为朝鲜第一书家，则此碑亦可谓朝鲜之第一碑，当非过誉。碑之外，有龙头寺之幢竿记（962年造，金远撰并书，孙锡刻）。此铁铸幢竿之书刻，近于柳公权之笔致。

因契丹之入侵而雕刻的《大藏经》，开始于高丽朝的显宗，经德宗、靖宗，完成于文宗。此举乃欲借佛力，以排除辽患。日后，高宗亦为抵抗蒙古入侵，进行了相同之大业。不幸始刻于显宗，藏于大邱符仁寺的藏经版，在蒙古入侵时，毁于战火。其印本亦多散失，仅日本京都南禅寺尚存一部。据此，可知其与唐写经体近似。高宗时的藏经版，则属宋体。

高丽书法第一期。宗承中国六朝至唐的书法。在初唐三大家中，则侧重于欧阳询书体。高丽书法第二期。在与南宋的交往中，接触到宋代书法四大家。因而在宗承唐代书法四大家的基础上，高丽朝的书法又有进一步的发展。李奎报所称"神品四贤"中，这一时期就有两人。又高丽朝书法五名家中，这一时期有三人。李元符、崔诜宗承虞、欧的书体。吴彦侯宗承欧阳询的皇甫碑法，所书灵通寺大觉国师碑，竟能使人错觉为唐碑。释慧素宗承虞法。释英仅宗承褚法。释坦然宗承颜法，又习晋、唐的行书及李阳冰的铁篆，被誉为"海东神品四贤"中的第二，系高丽朝书法五大名家之一。《真乐公文殊院记》《僧伽窟重修碑》《北龙寺碑》，都是他的手笔。释机俊与释渊懿，坦然相似。《普贤寺创寺碑》，为具唐宋间风格的行书，系文公裕的手笔。崔踽被誉为神品第三，文克谦被誉为高丽朝书法五大家之一，李仁老亦这一时期书法名家，惜乎他们的遗笔未留传于今日,已不可见。高丽书法第三期。元与高丽间的文化交流,值得一提的是高丽忠宣王在元大都的万卷堂。忠宣王将王位让给忠肃王之后,翌年就在大都私邸建立万卷堂,收藏书籍,并在此常与元的大儒阎复、姚燧、赵孟頫、虞集以及本国高丽的李齐贤、李嵓等讲论学术。赵孟頫是以诗书画三绝名世的大家,李嵓在与赵密切的交往中,终于成为高丽最初深得赵体书法精髓的书艺名家。

这一时期高丽的书法名家有如下几位。金恂,以楷书书写的《桐华寺碑》,笔致典雅,有唐以前的古风;李亦,诗书画三绝闻名高丽,他的草书《朴渊瀑布诗》有赵体的飘逸笔致。李嵓,深得赵体精髓,他以行书书写并篆的《文殊寺藏经碑》,给人以赵孟頫墨迹再现之感。碑阴为释性澄的楷书,他也是取法赵体,笔致古雅。《月精寺社施藏经碑》为释宗古的行书,亦系取法赵体。《演福寺铭》为成士达的楷书,笔法奇伟,有宋徽宗的书风。韩修,以晋楷书写《玄陵碑》《正陵碑》《桧岩寺指空大师碑》《神勒寺懒翁和尚碑》《安心寺舍利塔碑》,笔致饶有钟王之趣。权铸,与韩修相近,亦取法虞书。

《麟角寺普觉国师静照塔碑》,为王右军集字碑。此外,第二期《直指寺大藏殿碑》以及新罗《鍪藏寺碑》《弘觉国师碑》均为王右军集字碑。《直指寺大藏殿碑》为释坦然临摹,《麟角寺普觉国师静照塔碑》为释竹虚临摹。以上四碑中,《鍪藏寺碑》为第一上品,《直指寺大藏殿碑》第二,《麟角寺普觉国师静照塔碑》第三,《弘觉国师碑》第四。[①]

高丽王朝的绘画,属北宋画风。名画有李宁的《礼成江图》《天寿寺南门图》,李栓的《海东耆老图》,《朴子云的二相归休图》,恭愍王的《普贤骑象图》《鲁国公主真》《天山大猎图》等。

李宁于高丽仁宗(1122—1146 年)时来中国宋朝游学.宋徽宗命李宁画《高丽礼成江图》,深受徽宗嗟赏。徽宗曾命翰林待诏王可训等向李宁学画,足见其备受重视。

此外,李齐贤(1287—1367 年)所作《骑马渡江图》亦值得一提。画面为五个身着胡服的人骑马走过冰封的江面的情景。江面从画面的中央蜿蜒伸向远方,并与白雪覆盖的山岭形成交叉。在近景的绝壁上,有充分体现南宋院体画风的虬曲的老松。就以这种大自然为背景,五个骑着马的人物,边闲聊边悠然自在地骑马走过冰封的江面。人物与山川的布局,堪称上乘,特别是马的画法不凡。赵孟頫为中国元代初期杰出的文人画家,擅长山水与骏马。李齐贤与赵孟頫相善,《骑马渡江图》之成为名画,与赵孟頫有很大关系。

李齐贤在中国元朝时期,于1319 年 33 岁时,曾随高丽忠宣王游览江南地方。此时曾得元代画家陈鉴如为其画像。此画现存首尔中央博物馆,为研究中国元代肖像画的重要资料。

高丽时期的人物画,可举水落岩洞一号墓 12 支神像为例。这里的 12 支神像画,源于中国北宋时期李公麟的白描人物画。

汤垕(中国元代)《古今画鉴》载:"高丽画观音像甚工,其源出唐尉迟乙僧笔意,流而至于纤丽。"相同内容的记载亦见于夏文彦的《图绘宝鉴》,足见高丽绘画亦流传于中国。[②]

---

① 〔韩〕金瑛显:《韩国书艺史》,《韩国文化史大系·美术史三》,汉城,1981 年。
② 安辉濬:《韩国绘画史》,吉川弘文馆 1987 年版,第 60、74、84、85 页。

对高丽画,郭若虚《图书见闻志》卷六评曰:"至于技巧之精,他国罕比,固有丹青之妙。"

宋朝和高丽朝在书法和绘画方面的交流,还曾留下一些佳话。1117年,权适等高丽进士回国,曾携回宋徽宗亲制的嘉奖权适等上舍及第的诏书。徽宗的书画都颇有名,高丽睿宗因下令设置天章阁于王宫之内,以珍藏徽宗亲制的诏书和徽宗的亲笔书画,以后还曾向臣僚展示共同欣赏。1118年,高丽重修的安和寺竣工。此前高丽曾趁使节赴宋之便,在宋求妙笔书写匾额。宋徽宗闻之,亲笔书写佛殿匾"能仁之殿",又命蔡京书写寺门额"靖国安和之寺",以赠高丽。后来高丽遣使赴宋,上表谢赐权适等上舍及第,并谢御笔诏书。表文是睿宗亲自草拟并手书的。这不仅是一般书法绘画的交流,还具有两国君主所体现的友好关系的重大政治意义。

高丽朝的音乐,大体分为乡乐、唐乐、雅乐。乡乐,指高丽固有的音乐。唐乐,指以前从中国陆续传入的音乐。雅乐,指1114年宋徽宗所赠的大晟乐。大晟乐传入高丽后,即作为正乐,用于郊祀、宗庙和朝廷典礼。

传入高丽的唐乐,歌曲有献仙桃、寿延长、五羊仙、抛球乐、莲花台等40多首,由着皂衫的舞队,与着黑衣幞头的乐官,和着黑衫红带的女伎,合着音乐的节拍舞蹈。乐器有方响(铁制16枚)、洞箫、笛、琵琶、牙筝、大筝、杖鼓、教坊鼓、拍板(6枚)。

传入高丽朝的雅乐,歌曲有太庙乐章等10多首,由文武6佾舞队合着音乐的节拍舞蹈。文舞,48人持籥(乐器)翟(雉尾)舞蹈。武舞,亦48人持干(盾牌)戚(大斧)舞蹈。文舞,前有蠹旗。武舞,前有旌旗。乐器有金钟(编钟)、玉磬(编磬)、搏拊、一弦琴、三弦琴、五弦琴、七弦琴、九弦琴、瑟、笛、埙、篪、巢笙、和笙、箫、竽笙、晋鼓。

朝鲜是唯一从中国传入古典乐舞大晟乐的国家。

三　陶瓷器及医药交流

高丽青瓷始于何时,现在还不能作出准确回答。汉城梨花女子大学博物馆所藏淳化四年(993)铭的青瓷壶,仍然有中国唐代青瓷那种浅色调的灰绿色。据此可知,10世纪中,严格意义上的高丽青瓷尚未产生。1123年访问高丽王都开城的中国宋朝使臣徐兢撰著的《宣和奉使高丽图经》记载:"近年以来,制作工巧。"据此可知,12世纪20年代高丽已能制作各种青瓷精品。图经记载"近年以来",据此可推定高丽青绿色青瓷,产生于11世纪中叶,当无大谬。总之,10世纪后半期至11世纪初叶,高丽已仿制出中国宋代越州窑系的青瓷。11世纪中叶,高丽受到中国华南龙泉窑的影响,产生了真正的青绿色青瓷。

高丽青瓷的初期,为纯粹青瓷色、无纹、阳刻或阴刻的各种器物或动物形的青瓷。这一时期的青瓷,中国称之为秘色或翡色,并被中国列为"天下第一"的名品。①

涧松美术馆藏鸭形砚滴,其釉色、形态、纹样均堪称神妙,其造型亦可谓出类拔萃,系高丽初期青瓷中的杰作。

高丽时期的画青瓷,系受中国宋、元时期修武窑、磁州窑等的影响而产生的。

高丽白瓷,源于中国景德镇窑,于12世纪在高丽面世。景德镇当时制作的白瓷,

---

① (宋)太平老人:《袖中记》:"监书、内酒、端砚……高丽秘色……皆为天下第一。"

泛有青色，即所谓的"影青"。高丽白瓷的胎土，也是使用白色高岭土，器壁很薄，器形、花纹等达到了与中国宋、元白瓷难于区别的程度。但至高丽后期，器壁逐渐变厚，釉色则变为宋代定窑特具的那种白色。这一特征后来为李朝所继承。

高丽朝时期陶瓷的器形，其主流不是承袭新罗朝的传统，而是在中国唐、宋、元的影响下制作出来的。唐代的器形如棱花形碗、广口细颈油瓶等。宋元器形如梅瓶、香炉等。其中，广口细颈油瓶乃至延续到李朝后期。

高丽铜镜，大部分是模仿中国宋、金、元及日本镜而制作的。除与高丽朝同时的宋、元镜以外，高丽还模仿中国汉、六朝以及唐代的铜镜。这当与中国宋代流行复古镜有关。汉、六朝式镜，如方格镜、日光镜、半圆半格神兽镜等。唐式镜，如圆镜、八棱和八花镜等。花纹，如瑞兽葡萄、树下弹琴、宝相花等。宋元式镜，花纹千差万别，有动物、人物、山水、航海、楼阁等。镜形有方形、四棱、六棱、八棱、抹角方形、叶形、钟形等。钮有双钮、三钮等。高丽铜镜甚至使用了中国镜的铭文。

高丽漆器。中国春秋战国时期的遗物中，已有漆器发现。在中国漆器影响下，朝鲜半岛上高句丽、百济、新罗三国鼎立时期开始生产漆器。高丽漆器以镶嵌贝壳、玳瑁、铜线的螺钿漆器闻名于世。此技源于中国唐代称作"平脱"的漆器金银装饰法。它在中国宋代称作"螺钿、螺填"或"螺钿铰金"。①

宋与高丽在医药方面，有小规模的交流。1072年，宋遣医官王愉、徐先到高丽。1073年，王、徐回宋。1074年，宋扬州医学助教马世安等8人到高丽，医官们受到高丽国王的优待和尊重。1080年，宋遣医官马世安再到高丽，次年因宋神宗诞辰，高丽国王文宗特地下令设宴款待马世安，并馈赠了礼币。此外，宋朝曾应高丽的要求，派出有翰林医官参加的庞大医疗团到高丽为国王治病。1078年，宋使回国，高丽国王文宗附表陈诉，因患风痹，请宋派遣医官，并赠送药品。1079年，宋朝派出一个有翰林医官参加的88人庞大医疗团携带100种药到高丽。宋朝还派出医官往高丽进行医学教学。例如，1103年宋遣医官牟介、吕昞、陈尔猷、范之才到高丽，馆于兴盛宫，"教训（高丽）医生"，次年归国。

四　宗教文化交流

中国天台宗卉山祖师为智𫖮（538—597年）。南岳慧思（514—577年）与智𫖮为同门。新罗僧玄光曾受学于南岳慧思，他回国后却未能弘布此宗。到11世纪后期，高丽僧义天入宋，学天台宗教义，回国后才在高丽广泛传布。

大觉国师义天是高丽王朝文宗的第四个王子，俗名王煦，11岁出家，1069年13岁时即成为僧统。他上表请允准入宋求法。但因航海有风险，特别是当时辽为大陆北部强大政权，高丽与辽有宗藩关系，高丽朝恐得罪于辽，在多数宰臣的反对之下，义天未能获准访宋。不得已，他于1085年夏初，率弟子寿介等二人微服乘宋商船离高丽，安抵中国山东密州板桥镇，再入汴京，受到宋哲宗、皇太后、太皇太后的隆重礼遇。

义天得到宋哲宗的诏敕，开始在中国游方，向华严法师有诚、晋水法师、慈辩大师等问法。在杭州慧因禅院，义天曾出资"印造经论疏钞七千有余帙"。于是，禅院僧徒

---

① 〔韩〕金煐泰：《韩国佛教史概说》，经书院出版社1993年版，第285—286页、290—295页。

"晋仁等以状援例乞易禅院为教院"。次年,得宋哲宗诏准。由于母后等的催促,义天于 1086 年回到高丽,担任兴王寺住持,培养弟子,并在兴王寺设教藏都监,刊行从宋、辽、日本购来的佛教典籍中有关佛经的章疏,以及在高丽搜集到的佛经古籍 4740 余卷。其目录为《新编诸宗教藏总录》三卷。内题称"海东有本现行录"。这就是在经、律、论三藏正本之外,仅收录注释即章疏,并作成目录的嚆矢,亦称"高丽续藏"。

在此以前,高丽曾刊行过《大藏经》;为祈祷击退契丹,自 1021 年起,经 60 多年,完成了 6000 多卷。这些《大藏经》和《续藏经》的版本,都收藏在大邱的符仁寺,不幸于 13 世纪初蒙古军入侵时,全都毁于战火。自 1236 年起,经 16 年,高丽又重刻了 86600 多块《大藏经》版,比过去的更为精致,至今仍完好地保存于海印寺。高丽王朝时期,对《大藏经》《续藏经》的刊行,不仅是世界佛教文化史上的盛事,也大大地促进了高丽印刷事业的发展,并终于促成了金属活字的发明,对人类文化做出了重要的贡献。

义天自宋回国后,仍继续与杭州慧因教院保持联系。义天曾"以青纸金书晋译《华严经》三百部"并(建)经阁之赀,托商船带给慧因教院。因此,慧因教院又称"高丽院"。1089 年慧因教院的行者颜显到高丽,讣告晋水法师入寂,并带去法师的真影及舍利。义天特派其弟子寿介等往杭州祭奠,并带来黄金宝塔二座,表示对宋帝及太皇太后康宁的祈愿。但由于排佛论在中国抬头,遭到当时杭州知事苏轼(东坡)的压制,两座黄金宝塔被退回高丽,替义天传送物品书信的宋商被拘审,慧因教院的祭典被勒令停止,义天派来的弟子被驱逐出宋境。

第二节　宋代与日本的文化交流[①]

一　浙江与日本的佛教文化交流

浙江地处东海之滨,与日本一衣带水,文化交流,历史久远,宋又是浙江与日本文化交流最频繁的时期,在中日文化交流史上占有重要地位,佛教文化的交流尤甚,以天台山为宋佛教交流中心。

天台山,又名桐柏山,是仙霞岭向东北延伸的分文。据雍正《浙江通志·山川》载:天台山,"山有八重,四面如一,当斗牛之分,上应台宿,故曰天台"。以隋代智者(538—597 年)大师于此山创立佛教天台宗而闻名中外。唐代,名僧辈出,率先成为日僧人浙江取经学佛的交流中心。

天台山与日本佛教文化的交流日益频繁。北宋时,来天台山巡礼的日本名僧主要有奝然、寂照、绍良、成寻等多人。

奝然,号法济大师,永观元年(983 年),随北宋商人陈仁爽、宋仁满之船入宋;宽和二年(986 年)随宋商人郑仁德船返日,留宋四年。他入天台山国清寺研习天台教规,学习《法华经》等,留居天台山约 3 个月,由天台使者陪他至汴京(今开封),晋谒宋太

---

①　本节引见林正秋:《唐宋时期浙江与日本的佛教文化交流》,《海交史研究》1997 年,第 1 期。

宗,太宗赏识他的才干,特赐号圆通大师。①

寂照,于咸乎元年(1003年)9月,受师父源信之托,率弟子念救、元灯、觉因、明莲等7人入宋,由明州起岸,到天台山住延历寺拜谒天台宗十七祖知礼大师,请求解释天台宗教义中的27条疑难之题,知礼大师专门为之撰写《问目二十七条答释》。景德三年(1006年),他又至汴京,真宗召见,寂照献银香炉、念珠5串、显密法门600余卷。真宗询问日本国的情况后,"赐紫衣束帛",赐号"法智大师"。在场的三司使丁谓说苏州山水奇秀,任命他为苏州僧录司,住苏州吴门寺;景祐三年(1036年)圆寂于苏州。②

名僧成寻(1011—1081年),俗姓藤氏,先出家于京都大云寺,后依天台寺门派,为智证大师之法孙。他博通佛经,早有入宋取经之志。他曾多次上书朝廷,请求巡礼中国两大佛教圣地——天台山与五台山。熙宁五年(1072年),年过花甲的成寻,终于实现了夙愿,亲率弟子赖缘、快宗、圣秀、惟观等7人入宋,从明州登陆,经杭州等地至天台山,礼拜国清寺,求学天台教义,旋而巡视五台山。他在中国取经9年,拜访许多名僧与佛寺,撰成《参天台五台山记》一书。他在汴京时,宋神宗诏赐紫衣,授"善慧大师"称号。最后他圆寂于汴京,宋神宗敕令葬于天台山国清寺,建塔一座,赐题《日本善慧国师之塔》,以志留念。③

二 南宋杭州与日本佛教的交流

五代十国时期,杭州成为吴越国的首府,有"东南佛国"之誉。南宋定都临安府(今浙江杭州市)之后,杭州的社会经济与文化迅速发展,成为当时全国最为繁荣的地区。佛教在杭州得到进一步的传播,成为江南佛教中心之一。例如,南宋举行禅院五山和禅院十刹等多次评选活动;评选禅院五山,其中径山寺、灵隐寺、净慈寺在杭州地区;评选教院十刹,集庆寺、演福寺、普福寺三寺在杭州;评选教院五山时,上天竺、下天竺寺在杭州钱塘县。由于杭州佛教寺院的增多,名僧汇集,自然成为南宋时期的浙江与日本佛教文化交流的中心。

杭州佛寺以径山寺、灵隐寺、净慈寺、天竺三寺(上、中、下)等成为日本名僧取经学佛的重要圣地。

杭州佛寺与日本佛教的最早交往,从目前见到的史料,可推算北宋至道元年(995年)。这一年,杭州奉先寺沙门源清曾托人把自己所撰《法华陈示指》《十六观经记》等5部佛经送到日本比睿山延历寺,以求交换智者大师所撰《仁王般若经疏》《弥勒成佛经疏》和荆大师所撰《华严骨目》等5部佛经,延历寺接到源清大师所赠5部佛经后,日本天台座主觉庆大师立即派人抄写智者大师与荆溪大师所撰的5部经书回赠。日本《本朝文粹》保存了《牒大宋国杭州奉先寺传天台智者教讲论和尚》一文。

余杭径山寺,是当时江南第一名刹,因寺前有路径通往天目山,故名径山寺。该寺创建于唐代,南宋初丞相张浚特邀名僧宗果主持。他尽心努力,兴径山寺,寺僧多达1700余人。孝宗特赐"大慧禅师"之号。此后,寓僧辈出,有大禅了明、佛照德光、痴绝

---

① 《宋史》卷四九一《外国·日本国》也有记载说:"奝然善隶书面不通华语。"

② (宋)江少虞:《宋朝事实奏苑》卷四三《仙释僧道》说他"身名寂照,号国通大师",《实用佛学辞典》说"真宗闻其高行,赐法智大师。"

③ 〔日〕常盘大定:《日本佛教之研究》。

道冲、无准师范等名闻中外。日本名僧也慕名纷纷而来径山寺参谒求学,主要有圆尔辨圆、神子荣尊、妙见道姑、悟空敬念、一翁院豪、性才法心等 30 多人。其中,以无准师范收日僧为徒弟最多。据《径山志》载有 7 人。例如,圆尔辨圆(1202—1280 年),日本静冈县人,端平二年(1235 年)入宋,先在明州天童寺,旋而至径山寺,拜无准师范为师,学习临济宗扬吱派禅法。住寺 7 年,他不仅勤学佛经,而且兼学了纺织、制作中药、打素面、做豆腐和种茶叶等日用手艺。他回到日本后,成为东福寺开山祖,被日本天皇封为"圣一国师"之称号。

性才法心(1196—1273 年),日本茨城县人。他入宋参谒径山寺,拜无准师范为师,坐禅达 9 年。据载,他骨臂肿烂,也毫不动心,最后终于嗣袭了无准师范的传统。他回国后成为松岛圆福寺开山祖。

神子荣尊(1195—1272 年),日本福冈县人。他入宋至径山寺,参拜无准师范为师,坐禅 4 年。他回国后,在日本肥前,亦以径山同名,创建兴圣万寿寺,报恩寺和妙乐寺等,影响很大,日本天皇赐以"种子禅师"的光荣称号。

圆通大应国师,名绍明,号南浦,日本骏河国安部人。他大约景远年间(1260—1264 年)入宋,先在杭州净慈寺,后随虚堂智愚师往径山寺修学,参禅达 6 年,在径山寺成为虚堂智愚的法统。他回国后,得到天皇诏令,入京都主持万寿寺,天皇北条贞时敬佩他的道誉,又请他主持建长寺。延庆初年病逝,享年 74 岁。[1]

灵隐寺,是杭州最古老的寺院,创建于东晋咸和元年(326 年),经隋唐五代时期发展,至南宋时寺盛僧众、声望在外。日本名僧慕名前来取经学佛,著名的有觉阿、金庆、无关普门、寒岩义尹、约翁德俭等 10 多人。灵隐寺住持慧远禅师,在佛学上多有创见,多次被皇帝召入宫内讲经。乾道六年(1170 年)宋孝宗赐他"佛海禅师"称号;乾道八年,宋孝宗巡幸灵隐寺,又赐号"瞎堂禅师"。日本睿山名僧觉阿及徒弟金庆于乾道七年来灵隐寺,拜瞎堂慧远为师,取经学佛达 4 年之久,于淳熙二年(1175 年)回国。寓杭州时,送给师父水晶降魔杵 1 根、念珠 2 串、彩扇 1 把等。他们师徒二人回国后,努力传播,开创了日本临济禅宗的新局面,颇有影响。日本高仓天皇闻知他高风亮节,召他入宫讲解临济禅宗的要点,受到日本佛教界的好评。

此外,日本名僧荣西、道元等均在灵隐寺取经。据宋代学者周密《癸辛杂识》记载,嘉定乙亥年(1215 年),灵隐寺僧德明从山中采回一朵特大"奇菌",煮熟分给众僧吃食。不料"奇菌"有毒,食者中毒数 10 人,死者 10 余人。当时正在灵隐寺取经的日本名僧东京兴胜寺僧定心也不幸身亡。[2]

净慈寺,始建于五代,北宋时名僧辈出,声闻中外;南宋时寺僧多达千余人,为江南名刹,名僧断桥妙伦、虚堂智愚、无准师范等均在净慈寺住过数年。日本、高丽等国名僧都曾慕名来寺取经,尤其是日本,名僧无缘近照、南浦绍明、闻阳湛海、南洲宏海、无关普门、寒山义尹等数十人先后来净慈寺取经数年,均得要旨,回国后成为日本禅宗的巨匠。尤其是南洲宏海(即真应禅师)还在净慈担任"典宾"(负责接待宾客的和尚)数年。日僧正见,拜净慈寺四十二代主持断桥妙伦为师,回国前,赠黄金 10 两,在杭州雕

---

① 〔日〕村上专精:《日本佛教史纲》,杨曾文译,商务印书馆 1992 年版。

② 〔日〕木宫泰彦《中日文化交流史》也记载此事,稍有异处。

版印刷《断桥妙伦师语录》一书,带回日本刻印广为流传。日本名僧永平道元来净慈寺,拜曹洞宗十三代祖长翁如净禅师为师,勤奋学习,尽得如净之法绕,回国后在日本福井县传教,建立永乎寺,劫日本曹洞宗,仍牵长翁如净为日本曹洞宗祖师。长翁如净后至天童寺圆寂,仍归葬南屏净慈寺后。日本《日中文化交流史》作者木宫泰彦在该书序言中说,他于1940年来杭州净慈寺考查时,在南屏山的杂草中尚有日僧墓塔三四十座。

下天竺寺。相传是印度慧理和尚东晋时来杭州创建灵隐寺不久,约在咸和五年(330年),在莲花峰下创建下天竺翻经院。北宋时,杭州刺史薛颜从天台山邀请名僧遵式法师来住持下天竺寺后,名声大振,名僧云集。南宋时成为江南五大名刹与皇家的香火院。各国使者往来杭州时,南宋朝廷总是组织他们来下天竺烧香拜佛。庆元五年(1099年)日僧不可弃芳(即大兴正国法师)入宋至天台山、明州而转至杭州下天竺寺,学习律宗数年。他很健谈,常与禅、教、律诸宗派名僧论道谈佛,互相切磋。他又多与朝廷官员往来友好。回国时,他带去杭州雕刻的佛经与儒家书籍多部,以及释迦三尊3幅碑文、16罗汉2套32幅、贯休所曰的水墨罗汉18幅等,在日本广为流传。他接受了天皇后鸟羽与高仓的归依,并在京都东山创建了涌泉寺。他以涌泉寺为中心,刻印律宗佛典10多种,促进了日本律宗的传播。日本建仁年间(1201—1203年)名僧安觉入宋在南宋留居达10年之久,也曾到下天竺寺。该寺古云粹讲师,托他带去北峰和尚的画像,赠给涌泉寺不可弃芳。[1]

护国仁王寺,是南宋抗金名将孟洪捐金买地在杭州扫带坞(今黄龙澜地)创建的寺院,邀请江西南昌黄龙山名僧慧开禅师为首任座主。1248年,日僧源心入来到护国仁王禅寺拜慧开为师,取经学佛,颇得要领。此时他在杭州碰见日本入宋的名僧心地觉心(即法灯圆明禅师),便推荐说:"慧远是一代宗师,可住参见。"经心源的介绍,敞开又收留了一位日本徒弟。法灯禅师学成回国不久,约于1256年托入宋僧友带水晶念球1串、金子1条给慧开师父。[2]

三　宋代明州与日本佛教的交流

明州(今浙江宁波),是宋代的三大海港之一,社会经济发达,又是市舶出入日本、高丽签证之地,是日本、高丽入宋必经之城。宋代的日本入宋僧,大多是明州起岸,然后到其他各地取经学佛的。因此,明州的古刹阿育王寺、天童寺与雪窦寺、瑞岩寺以及舟山普陀寺等都成为日僧入宋取经佳地。据木宫泰彦《日中文化交流史》载,入宋僧有重源、希玄道元、明全、彻通义介、寂岩禅了、樵谷惟仙、约翁德俭、玉山玄堤、不退德温等数十人之多。

育王寺,位于明州育王山,始建于梁武帝普通三年(522年),唐朝时已有日僧足迹,是明州与日僧交往最早的寺院。乾道四年(1168年),日僧重源从明州入宋,原打算从明州直往五台山朝圣,但因五台山已成为金国的领土,无法如愿。于是,他决定在明州阿育王寺和天台国清寺取经。他在育王寺时,还从日本运来木材,营造育王寺的

---

①　罗大经:《鹤林玉露》丙集四卷《日本国僧》。
②　林正秋:《南宋都城临安》第十一章《国际交往》。

舍利殿。此外,还有日僧心地觉心、无缘静照、约翁德俭、樵谷惟仙等来育王寺取经学佛。

天童寺,创始于西晋永康元年(300年),是宁波最早的寺院之一;南宋时名僧辈出,是入宋僧取经人数最多的宁波寺院。前面提到的日僧重源,先在阿育王寺,后至天童寺,拜曹洞宗名僧长翁如净(1163—1228年)为师,研习曹洞宗佛典。

日本名僧荣西,先后两次入宋。第一次入宋为仁安三年(1168年)从明州起岸,访问了广慧寺后至天台山巡礼后回国,带去了许多天台宗的佛经。① 第二次入宋为治平三年(1187),从明州入宋。② 他原想经中国再转到印度取经,但到了南宋都城临安府(今杭州)后,临安府以"关塞不通"而未允许,他只好作罢。他再入天台山,拜谒万年寺虚庵怀敞为师。虚庵怀敞,是临济宗黄龙派的第8代嫡孙,声望很高。不久,虚庵怀敞师迁往天童寺,荣西也随师至天童寺。此时正值天童寺千佛阁塌坏,荣西便托人从日本运采木材帮助重建,为时人所称赞。虚庵怀敞正式授给荣西正大戒,继承临济正宗的法脉。这次入宋计五年,于建久二年(1191年)回国。临别时,虚庵怀敞还赠僧伽梨衣作为附法的信衣。南宋朝廷还赐他"千光法师"的称号。他回国后,在博多建造建仁寺,请他为住持。当时日本一些僧人极力反对禅宗的流传,他便撰文《兴禅护国论》驳斥排难,名声大振。次年又在建仁寺内设真言院、止观院,安置天台、真吉、禅三宗,传播密、禅、律三宗,形成日本临济宗黄龙派传系,被日本尊为"千光国师"。

舟山普陀的"不肯去观音院"的建立,也是中日佛教文化交流史上重要之事。日本名僧惠萼,曾三次入唐学佛取经。唐代大中十二年(858年),他第二次入唐取经回国时,从五台山带去一尊观音菩萨像,从明州航海回国。不料,船到普陀山东边新罗礁时,海面突然出现了数百朵铁莲花,千姿百态,蔚为奇观。这些铁莲花连成一片,在海面上彼伏此起,阻挡住航船的通行。惠萼静坐念佛,顿悟到五台山观音不肯寓开中国故土,于是祈祷说:"假使我国(日本)众生无缘见佛,当以所向建立精合(佛寺)。"相传祷毕,铁莲花立即退隐消失,海洋之面平静如初。惠萼以为观音菩萨显灵了,便在新罗礁附近的潮音洞建立一座供奉观音的佛寺,后人定名为"不肯去观音院",成为舟山普陀最早的观音院。从此,普陀山与观音菩萨结下了因缘,崇拜观音菩萨的信徒越来越多,以观音为主的佛寺日益增多,成为四大名山之一。因普陀山,在唐代属于明州,故补述于此。

第三节　宋代中西文化交流③

一　中阿文化交流

北宋王朝时期,西夏长期控制河西走廊,宋朝与西域的陆路交通曾一度中断过。

---

① 林正秋:《南宋都城临安》第十一章《国际交往》。
② 《日本佛教史纲》第15章《禅宗的传入和荣西禅师及其门徒》。
③ 本节引见何芳川、万明:《古代中西文化交流史话》,商务印书馆1998年版,第72—88页。

宋神宗时虽然得到恢复,却须绕道青海北部,由秦州(今甘肃天水)入境。以后由于形势的剧变,陆路交通遂成为十分困难的事业。

在这种情势下,海路交通便日益成为中西往来的主要途径;同时,中外经济交流的发展与频繁,也自然使海上交通逐渐取代陆上交通。宋代以后,中国瓷器出口越来越占重要地位,而沉重易碎的瓷器经陆路运输极易颠簸坏损。中亚诸邦形势很不稳定,旅途安全也成问题,陆道运输量也受限制,不利于国际间贸易的扩大。据估计,一支30匹骆驼组成的商队仅能驮9000千克货物,而一艘海船货运量可达60万—70万千克,相当于2000多匹骆驼的运量。

宋代,特别是南宋政府十分重视和鼓励海外贸易。971年,宋太祖就在广州设立市舶司,以后宋朝政府又在泉州、杭州、明州、温州、秀州(今浙江嘉兴)、密州(今山东诸城)等沿海各地陆续设置市舶司。宋太宗时,还派人携带诏书和丝织品出海招徕外国商人来中国进行贸易。后来,许多"蕃商"(外国商人)定居中国,被称作"蕃客"。这些外商中,以阿拉伯人为最多。宋政府在广州还划定地段,设立"蕃坊",专供外商、外侨居住;并设有"蕃长"职务,由外商或外侨担任。

阿拉伯商人来东方和中国贸易,或合伙或自备船舶和船货独资经营。阿拉伯地理学家伊本·豪卡尔于961年在巴士拉遇见了一位名叫阿卜·贝克尔·阿赫迈德·西拉菲的富商,常常从自己的船队中装备一艘驶往印度或中国的货船。他把全部船货交给合伙人,从不索要报偿。在宋代记载中,阿拉伯的一些船主也是财大气粗,经常代表国王向宋朝馈赠象牙、犀角、香料和珠宝。宋太祖、太宗时期(960—997年),阿拉伯商人、船主蒲希密·蒲押陁黎父子几度贡献礼物,其中有象牙、乳香、镔铁、吉贝、番锦等。11世纪中叶,广州有一位在中国居留数十年的阿曼人辛押陀罗,积家资数百万缗。他身为"蕃长",被宋朝封为怀化将军,在广州起着"开导种落,岁致梯航"的重要作用。他还曾捐资卖田,大力协助复兴郡学。南宋高宗(1127—1162年在位)时,阿拉伯商人蒲里亚进贡大象牙209株、大犀角35株。另一位阿拉伯商人蒲罗辛则造船1只,运乳香到泉州,价30万缗。总之,从968—1163年的200年间,以哈里发名义来华进贡的阿拉伯商人有49人次之多。许多阿拉伯人因到过中国、通晓中国事务,而在自己的名字之后获得了"中国"(Sini)这一附名。例如,库法人伊卜拉辛·本·伊斯哈克由于长期在中国经商而得到"中国"的附名;出生在西班牙的宗教人士阿卜杜勒·哈桑·萨阿德·哈伊尔·安萨里从马格里布前往中国,也得到"中国"的附名;著名的圣训学家阿布·阿穆尔·哈米德则被称为"中国的哈米德"。大批阿拉伯富商、学人和宗教人士来华,对于伊斯兰文明在中国的传播起了很大的推动作用。例如,他们在广州、泉州、扬州修建的清真寺就成为传播伊斯兰文明的重要中心。

官营贸易之外,民间海外贸易也逐步发展起来。到了南宋时期,根据史书记载,与南宋通商的国家和地区有50多个,中国商人去海外贸易的国家业有20多个。海上丝绸之道沟通了亚、非、欧三大洲。

在不断扩大的对外交往中,中国对西亚诸国,特别是阿拉伯世界的了解更加精详。宋代周去非著《岭外代答》和赵汝适著《诸蕃志》,两书在前人的基础上,广泛吸收来自海外商家、海员及有关著述的信息,记载更为详细。例如,对于中西交通与贸易的重要国家埃及,《诸蕃志》在有关勿斯里国的介绍中就有相当详尽的记载:

国人惟食肉饼,不食饭,其国多旱。管下一十六州,周四六十余程。有雨则人民耕种反为之漂坏。有江水极清甘,莫知水源所出。岁旱,诸国江水皆消减,惟此水如常,田畴充足,农民借以耕种,岁率如此。

我们知道,尼罗河是埃及文明的摇篮。尼罗河的周期泛滥与三角洲农耕的富庶,在这里得到了清楚地叙述。

赵汝适又指出,"又有州名憩野,傍近此江"。"憩野"一名,是阿拉伯语开罗的对音译名。973 年,法蒂玛人从北非征服埃及后建设了新都开罗(意为"凯旋城")。到了萨拉丁创立阿尤布朝之后,埃及在伊斯兰世界的声望,由于抗击欧洲十字军而蒸蒸日上。埃及作为印度洋和大西洋、亚洲与欧洲之间的桥梁作用日益突出,开罗的名声已凌驾于巴格达之上。《诸蕃志》对此也有反映:"其国雄壮,其地广袤。民俗侈丽,甲于诸蕃。天气多寒。雪厚二三尺,故贵毡毯。国都号蜜徐篱。据诸蕃冲要。"书中还记载说:"市肆喧哗,金银绫锦之类种种萃聚。工匠技术咸精其能。"

赵汝适在书中还收集了阿拉伯的传说。例如,在"遏根陀国"条目中,记述了亚历山大著名的法鲁斯岛上的灯塔,说这座塔上下可容 2 万人,塔顶有镜,外国兵船入侵,很远即可照见,预作准备。"近年为外国人投塔下,执役扫洒数年,人不疑之。忽一日得便,盗镜抛沉海中而去。"这则故事曾有许多阿拉伯作家予以记述。13 世纪学者拉泰夫将其收入自己的《埃及记闻》,广为流传,赵汝适的记述可能即以此为蓝本。

二 中国陶瓷文化的向西流播

海上交通的巨大发展,极大地促进了中西文化的交流。由于宋代经济、文化继大唐一脉并有长足的进步,在当时的世界上继续处于领先地位,因而吸引了西方各国人民的目光。伊斯兰世界对中华文化甚为仰慕,评价是极高的。10—11 世纪的伊斯兰学者萨阿利比说:"阿拉伯人习惯于把一切精美的或制作奇巧的器皿,不管真正的原产地为何地,都称为'中国的'。直到今天,驰名的一些形制的盘碟仍然被叫做'中国'。在制作珍品异物方面,今天和过去一样,中国以心灵手巧、技艺精湛著称。……他们在塑像方面有罕见的技巧,在雕琢形象和绘画方面有卓越的才能,以至于他们之中有一位艺术家在画。人物时笔下如此生动,欠缺的只是人物的灵魂。这位画家并不因此而满足,他还要把人物画得呈现笑貌。而且他还不到此为止。他要把嘲弄的笑容和困惑的笑容区分开来. 把莞尔而笑和惊异神态区分开来,把欢笑和冷笑区分开来。就这样,他做到了画中有画,画上添画。"[1]

这些评介,虽不乏溢美之处,却反映了阿拉伯世界吸收中华文明营养的渴求之情。

从中华文明向外传播方面看,如果说汉唐以来丝织品的输出和丝绸文化的外流曾在很长的历史时期居主要地位,那么在此之后,这种情况被陶瓷品的输出以及陶瓷文化的远播所逐渐取代。学者们常常把海上丝绸之路称为丝瓷之路。

宋代华瓷的产量之大、品种之多、花色之繁、质量之优,均独步世界,加以适合海上巨舶运输,因而远销西方。据《萍洲可谈》记载,12 世纪时,陶瓷已成为远洋出航商船的理想压舱物。"舶船深阔各数十丈,商人分占贮货,人得数尺许,下以贮物,夜卧其

---

① 萨阿利比:《珍文谐趣之书》,爱丁堡 1968 年版英译本,第 141 页。

上。货多陶器,大小相套,无少隙地。"此时,因中国经济重心的不断南移,宋代南方各省陶瓷业有了很大发展,已逐渐超过北方,大大促进了海上经南海、印度洋的外销;更因南方各产地原料的优质,制造的瓷器细洁光泽,具有半透明度、观感白度和较高的强度和硬度,因此中国陶瓷远销西方。南宋时杭州有官窑;景德镇有定窑、钧窑的仿制;越州、龙泉窑的青瓷;吉州窑的黑釉和釉下彩绘瓷;广州西村窑的青白彩,均各擅胜场。龙泉青瓷和景德镇青白瓷尤其闻名遐迩,畅销海外。

中世纪的亚、非、欧广大地区的人民都十分喜爱中国瓷器。各国的统治者在宫廷中收藏精美的中国瓷器;普通百姓则在日常生活中大量使用中国瓷器;诗人和作家们更在自己的作品中赞美中国瓷器。近代以来在阿拉伯地区的考古发掘表明,大量华瓷碎片属于宋代。例如,在伊拉克巴格达以北的古代宫殿等遗址,发现了许多晚唐到宋代的白瓷和青瓷片,在古城泰西封遗址则发现了南宋龙泉窑青瓷钵碎片;在叙利亚的哈玛遗址,发现了宋代德化窑白瓷片和南宋官窑生产的牡丹浮纹青瓷钵碎片;在黎巴嫩的贝卡谷地,发现了宋代龙泉窑莲花瓣花纹的青瓷碗碎片,等等。从唐代开始,中国瓷器还远销北非的埃及。华瓷从海路运到红海各港口上岸,然后集中到埃及南郊的富斯塔特,再从这里转运到亚历山大港、摩洛哥及马格里布。据20世纪初有关富斯塔特考古发掘的结果,在发掘出的数10万陶瓷残片中,已辨明的中国陶瓷有22000片。其中,年代最早的属于唐代,有著名的唐三彩、邢州的白瓷、越州的窑瓷;从唐末到五代,有越州的窑瓷和黄褐釉瓷等,有的瓷钵内面带有漂亮的篦雕花纹,偶尔还有少量的镂花,上着雅致的橄榄绿色釉;至于宋瓷,更是所在多有,大部分属于龙泉窑出产。

丝绸古道上的各国人民不仅喜爱中国瓷器,而且有条件的还纷纷仿制华瓷。13世纪时,波斯人仿制宋瓷碗,上面画有凤凰图案。埃及的能工巧匠们仿制中国瓷器,从法蒂玛王朝就开始了。一位名叫赛义德的工匠仿造宋瓷成功,并教授了众多的徒弟。最初仿制青瓷,后来又仿制青花瓷。瓷器的形状、花纹都模仿中国,仅瓷胎使用埃及当地陶土。据11世纪中叶到过埃及的伊朗宣教师纳绥尔·胡斯罗说,当时,仿制品已达到很高水平,它们"十分美妙和透明,以致一个人能透过瓷器看见自己的手"①。注重时尚的埃及工匠们,还随着舶来的华瓷品种的变异而不断更新自己的仿制品。当9—10世纪输入三彩陶瓷时,就模仿三彩陶瓷生产出多彩纹陶瓷;当输入白瓷时,便仿制了白釉陶瓷。到了11世纪以后,就逐渐仿制青瓷、青白瓷,还有青花瓷复制品。埃及瓷器制造数量极为巨大。在富斯塔特发现的数十万片陶瓷残片中,大部分是本地生产,而这些当地产品当中,又有70%—80%是华瓷的仿制品。以埃及为基地,华瓷和陶瓷技术又向欧洲流传:一路经马格里布传入西班牙;另一路经西西里传入意大利,传播到欧洲各地。

三 指南针与印刷术的西传

中国古代科技的几项伟大发明的西传,特别值得重视。

首先,是指南针的西传。至晚在公元前3世纪,中国已发现了磁石的吸铁功能。1世纪初,王充在《论衡》中指出了磁石的指极特性,发明了"司南"。宋代沈括在《梦溪笔

---

① 引自希提:《阿拉伯通史》,商务印书馆1979年版,第756页。

谈》的记载中，已记述了四种试验，在各种不同的情况下应用指南针。其中的水浮法，用磁针横贯灯芯草浮在水上，最早使用在航运业中。沈括的亲戚朱彧，在《萍洲可谈》中追记了其父11世纪与12世纪之交时在广州见到的中国海船："舟师识地理，夜则观星，昼则观日，阴晦观指南针。"这是指南针应用在航海上的首次记录。1123年，徐兢奉使高丽，也见到使用指南针，"惟视星斗前迈，若晦冥，则用指南浮针，以揆南北"。《诸蕃志》记载了出入泉州的海舶，已有这样的评述："舟舶来往，惟以指南针为则，昼夜守视惟谨，毫厘之差，生死系矣。"9—10世纪以后，中国商船经常出没于波斯湾和阿拉伯海上。最早在航海中使用指南针的中国海员，在与自己的波斯、阿拉伯同行的交往中，将这一先进技术传播出去。有的中国海舶上甚至雇佣了阿拉伯等地的船长和水手，他们学习指南针技术就更直接、更便利，因而阿拉伯海员很快就掌握了航海罗盘导航的技术。波斯语和阿拉伯语中表示罗针方位的词"Khann"，就是闽南话中罗针所示方向的"针"字。

航海罗盘的导航技术，在12世纪传入地中海，被意大利商船所采用。不久，英、法等水手也利用罗盘导航。英法等西欧民族，习于航海，对罗盘导航的兴趣极为浓厚。就现在所知，除中国以外，有关罗盘的记载，最早并非见于波斯和阿拉伯文献，而是英、法文献。1195年，英国的亚历山大·内卡姆在《论物质的本性》这部著作中，在欧洲首次论述了浮针导航技术。他提到的航海指南针最初也是用在阴沉的白天或黑暗的夜间分辨航向；办法是用磁化的铁针或钢针，穿进麦管，浮在水面，用来指明北方。可见，最初传到欧洲的指南针，正是沈括所记述的水浮法的磁针。1205年前后，法国人乔奥·普罗旺斯提到罗盘。1219年，另一个法国人詹姆士·特维里，也提到东方的这种颇具实用价值的新发明。波斯人穆罕默德·奥菲编写的《故事大全》讲述磁性的指南鱼，已是1230年左右的事。13世纪下半叶的一位阿拉伯作家记述说，当他乘船前往亚历山大港时，看见海员们借助磁针辨别方向，磁针一般是用木片或锡箔托浮在水面上。他还听海员们介绍说，航行在印度洋上的船长们不用这种木片托浮的指南针，而是用中空的磁铁制作一种磁鱼；磁鱼被投入水中之后浮在水面，头尾分别指示北方和南方。[①]显然，这也是中国指南针西传的早期记载之一。指南针传入欧洲，为欧洲日后的地理大发现和新航路的开辟提供了必要的技术前提。

同指南针一样重要的，是印刷术的西传。大约在隋唐之际，我国发明了雕版印刷术。7世纪40年代，玄奘大师印制普贤像，每年印数在万张以上。从9世纪开始，我国民间印书的风气渐开。著名诗人白居易等人的诗集，都在扬州、越州刊印。现在最早的印本书籍，就是868年王价刻印的《金刚经》。

中国的雕版印刷品，自然引起了来华的波斯、阿拉伯等地人士的注意，使这种先进的技术迅速西传。1880年在埃及法雍地区出土的大量纸张等文物中，发现了50件不同时期的阿拉伯文印刷品。经鉴定，这些印刷品的时间分属10—14世纪。最早的一件，约在900年印制，内容是《古兰经》第三十四章第一至第六节。所有上述印刷品都是伊斯兰教祈祷文或《古兰经》经文等。从外观上就可看出，这些印刷品同中国内地与

---

① 贝伊拉克·卡巴扎吉：《商人辨识珍宝手鉴》，转引自周一良：《中外文化交流史》，河南人民出版社1987年版，第772页。

新疆吐鲁番出土的印刷品极为类似。20 世纪 50 年代,在法雍又发现了 30 块镌刻阿拉伯文的木板。这些出土的木板,同中国的雕版完全相仿,连印刷的方法也同中国一样,在铺平的纸上使用刷帚蘸上油墨轻轻刷印,印成白底黑字或黑底白字,个别的甚至用红墨印刷。

在印刷术的西传中,阿拉伯人只是起了某种重要的中介作用。15 世纪中叶以后,欧洲出现了最早的雕版书籍。威尼斯在 15 世纪下半叶成了欧洲的印刷中心,除印刷纸牌、圣像等小件印刷品外,出版了许多的书籍。第一部用雕版印刷的阿拉伯文书籍便是在威尼斯印制的。1485—1499 年,在威尼斯从事印刷出版业的亚历山大·帕格尼尼神父,主持出版了阿拉伯文的《古兰经》流传到世界各地。这部阿拉伯文书籍,完全像中国书籍一样,每页只印一面,用的是烟炱的一种棕黄色油墨。非洲的基督徒也到意大利去印刷他们的经典。埃塞俄比亚的基督徒在罗马筹划出版《圣经》,并于 1513 年印制了《旧约》中的《诗篇》,1548—1549 年又印刷了《新约》。

北宋庆历年间(1041—1048 年),毕昇发明了活字印刷术,完成了印刷技术上的一次飞跃,对世界文化做出了又一重大贡献。中国印刷术的西传欧洲,对于日后欧洲文艺复兴和资产阶级启蒙等文化活动具有极大的意义。

四 宋代泉州的中西文化交流①

频繁的贸易和人员往来,促进了泉州与亚非各国的经济文化交流。指南针、火药、印刷术三大发明是我国劳动人民勤劳智慧的结晶,其中指南针和火药,就是通过海外交通贸易经阿拉伯商人西传到欧洲的。② 12 世纪初,我国在航海中已普遍应用指南针。宋时,阿拉伯和波斯商人来泉州、广州等地贸易,多在故临换乘抗风力强的中国海船。通过换船,彼此交流了船舶驾驶技术和经验,因而各自都熟知对方海船的设备、性能及其优劣,我国的航海指南针,就这样传到了阿拉伯。据赖诺德(Rei-naud)考定,阿拉伯的史书上记载,阿拉伯人使用罗盘针是在 13 世纪初,比我国晚了 1 个世纪。③

我国大量的瓷器经由泉州运销亚非各地。在埃及,曾出土宋代泉州出口的青瓷器。近几十年来,在波斯湾沿岸的巴斯拉(Basra)、乌孛拉(Ubora)、喜拉(Hira)、吉祈(Kish)、西拉夫(Sirab)等地,都曾发现经由浙闽沿海外销的宋代龙泉青瓷的碎片。④ 近年来,在斯里兰卡岛西北部的曼台发掘出一些我国古代陶瓷器碎片,有深绿、褐色和绿玉等色釉,并有突出的斑点和条纹的花饰。经鉴定,这些瓷器是 12—16 世纪由中国输出的。⑤ 元代汪大渊的《岛夷志略》根据游历海外的见闻,记述元代我国的青白瓷器、青瓷器、青白花碗、青花碗和钧瓷等产品,运销 51 个国家或地区,其中有三岛、占城、罗斛、彭坑(马来半岛南部)、旧港、天竺、甘埋里以及天堂(麦加城)等地。

---

① 引见《泉州港与古代海外交通》编写组:《泉州港与古代海外交通》,文物出版社 1982 年版,第 79—86 页。

② 冯家升:《火药的发明和西传》,上海人民出版社 1957 年版,第 50 页。

③ 程溯洛:《中国古代指南针的发明及其与航海的关系》,《中国科学技术发明与科学技术人物沦集》,三联书店 1955 年版,第 30 页。

④ 陈万里:《中国青瓷史略》,上海人民出版社 1956 年版,第 54 页。

⑤ 《斯里兰卡发现一些中国古代陶瓷》,《北京日报》1973 年 7 月 10 日。

在埃及的开罗古城福斯特遗址,曾出土许多我国宋代(10—13 世纪)的青瓷器和少量元明时代的青花、白瓷片。宋元青瓷大部分属于越窑系统的龙泉窑。中国瓷器深受当地人民的欢迎。自法蒂玛王朝(10—12 世纪)起,埃及开始仿造中国瓷器。元代游历过泉州的摩洛哥旅行家伊本·白图泰说,当时中国的瓷器曾远销到他的故乡摩洛哥。当"丝绸之路"中断之后,波斯的船只仍往返于波斯和中国的南方港口,而中国的船队也不止一次地在波斯港口靠岸。最近,考古工作者在伊朗发掘出大量中国瓷器。在伊朗的古勒斯坦宫,成对成对地摆着中国元、明两代的青花大瓷瓶和其他精美的中国古瓷器。在波斯语里,瓷器叫做"泰尼",意思是"中国的"①,可见中国瓷器在伊朗的影响之深。

宋代泉州的青瓷器输入日本,日本人之称为"珠光瓷",给予日本的瓷器制造以深刻的影响。

泉州出口的瓷器,也传到了欧洲。据说,第一件传到英国的中国瓷器,就是威尔海主教在 1504 年送给牛津新学院的青釉碗,是由漳州或泉州出口的龙泉产品。②

在医药方面,《宋会要辑稿》记载,经广州、泉州港输往亚、非、欧各地的中国药材有黄连、大黄、牛黄、当归、川芎、硃砂、甘草等 60 种。经由泉州港出口的川芎,因能防治头痛病,极受苏吉丹(今爪哇中部)和下里等地采椒工人的欢迎。③ 当时侨居泉州的阿拉伯人与波斯人与泉州民间医生结识,把我国的医术和药材带回本国。例如,阿拉伯名医阿维森纳的《医典》,其中许多医方是从我国医学著作里获得的。从阿拉伯、南洋等地输入泉州的乳香、龙涎香、木香、苏合香油、肉豆蔻、没药、蔷薇水、安息香等 12 种香药,其中有 7 种在宋时已入药,成为民间常用药品。例如,"苏合香油,出大食国。……蕃人多用以涂身。闽人患大风(麻风病)者亦做之。可合软食及入医用"(《诸蕃志》卷下);又"肉豆蔻散、治赤、白痢……其效如神,上吐下痢者亦治"④。

埃及朋友对泉州一带的制糖技术曾有过贡献。马可·波罗在《马可·波罗行纪》中记载,埃及人教温敢城(指福建永春县)居民用树灰净糖的方法。⑤

南宋嘉定十年(1217 年),日本僧人庆政上人侨居泉州,归国时带回福州版的《大藏经》,对佛经和我国印刷术传入日本起了一定作用。⑥ 庆政上人还从泉州带回伊斯兰教徒所写的文字,称为"南蕃文字",先后经日本人羽田亨和法国汉学家考定,认为是古阿拉伯文的诗歌,是古阿拉伯文遗留于东方的最古的珍品。⑦

伴随大量阿拉伯人来泉州经商,他们信奉的伊斯兰教及其宗教艺术也传入泉州。至今留存在泉州涂门街的伊斯兰教寺——清净寺,创建于北宋大中祥符二年(1009 年);元至大三年(1310 年),由耶路撒冷人阿哈玛特重新修葺。现存清净寺,有三重大

---

① 许博远:《我们的交往已有二千多年的历史——随中国考古代表团访问伊朗散记》,《福建日报》1977 年 11 月 29 日。
② 陈万里:《中国青瓷史略》,第 55 页。
③ 《诸蕃志》"苏吉丹"条载:"采椒工人为辛气薰迫,多患头疼,饵川芎可愈";又《岛夷志略》"下里"条也有类似的记载。
④ 《洪氏集验方》卷一。
⑤ 《马可·波罗行纪》下册,商务印书馆 1936 年版,第 601 页。
⑥ 〔日〕木宫泰彦:《中日交通史》(下册),陈捷译,商务印书馆,第 38 页。
⑦ 刘铭恕:《宋代海上交通商史杂考》,《中国文化研究汇刊》第五卷,1945 年 9 月。

门,入门甬道、门左侧的石构围墙和礼拜堂。大门高约 11.4 米,宽 6.6 米,用青、白两色花岗石砌成。门楣作尖拱形,分为三层,其中内层象征天方形式。门与甬道顶上筑有高台,呈长方形,四面围有"回"字形的雉堞,称为望月台。礼拜堂(又称奉天坛)内有壁龛。寺的总体结构,具有典型的阿拉伯伊斯兰教式的建筑风格。大门的边墙、后墙、礼拜堂的正面墙和壁龛上,都刻有《古兰经》文句的浮雕或建寺的年代与修葺情况的记载。寺的细部结构,也吸收了我国古建筑结构的优点。现存的清净寺是研究古伊斯兰教建筑和中阿文化艺术交流的珍贵遗迹。

为了适应文化交流的需要,北宋末年,侨居广州、泉州的外国人,曾于大观、政和年间(1107—1118 年),向地方官府申请"建蕃学",要求通过"蕃学",学习中国汉语、汉字。① 例如,长期寓居泉州的阿拉伯人蒲寿庚之兄蒲寿宬,就是精通汉文的一位诗人,著有《心泉学诗稿》。印度的佛教建筑艺术,在泉州也留下许多遗迹。例如,《诸蕃志》"天竺国"条载:北宋"雍熙间(984—987 年)有僧啰护哪航海而至,自言天竺国人,蕃商以其胡僧,竞持金缯珍宝以施,僧一不有,买隙地,建佛刹于泉之城南,今宝林院是也"。

南宋时,泉州开元寺的东西两塔,由砖塔改建为石塔,其中的东塔(镇国塔)在建造的过程中,就得到了寓居泉州的印度僧人的协助。据《开元寺志》记载,东塔在"嘉熙戊戌(1238 年),僧本洤始易以后,仅一级而止,法权继之;至第四级化去。天竺讲僧(即印度僧,法名天锡),乃作第五级及合尖"。又,东西塔上共有 200 余幅浮雕佛像。其中在东塔的须弥座束腰部分有 40 幅浮雕佛教故事,就是取材于佛经和古印度民间神话传说,用我国宋代绘画、雕刻的艺术手法表现出来的。

第四节　元代的中朝、中日文化交流②

一　宋朝与高丽的文化交流

高丽金属活字是中朝文化交流的一项重要内容。据高丽朝李奎报《东国李相国集》记载:1234—1241 年,高丽朝权臣崔瑀曾命用金属活字印刷崔允仪撰的《古今详定礼文》50 卷。高丽金属活字的发明,也是中朝文化交流的结晶。中朝文化交流密切而频繁,高丽在毕昇胶泥活字基础之上,发明金属活字,比德国用金属活字和中国用铜活字都要早,既是中朝文化交流的一大硕果,也是两国文化交流的又一佳话。1313 年,高丽忠宣王王璋将王位让给次子王焘即忠肃王。王璋是元世祖忽必烈的外孙,为世子时,曾长期在大都;1308 年即王位后,对国内的政事只是通过传旨处理。高丽臣民及元朝廷一再力促回国,即位五年后即征得元仁宗允许,让位给次子,自己留在元大都。1314 年,王璋建置万卷堂于大都私邸,与元朝名士姚燧、赵孟頫等交游。李齐贤是当时高丽被誉为"诗书画三绝"的大儒,也被王璋招到大都一同讲论诗书。高丽后期书法盛行赵(孟頫)体,据说亦与此有关。1319 年,王璋南游中国江浙,至普陀山而还,李齐

①　蔡绦:《铁围山丛谈》卷二。
②　本节引见陈玉龙等:《汉文化论纲》,北京大学出版社 1993 年版,第 309—315 页。

贤等从行;从臣曾奉命记下所历山川胜景,成《行录》一卷。朝鲜现在还藏有元朝画师陈鉴如的作品《李齐贤像》。陈是元朝著名的人物画家。夏文彦的《图绘宝鉴》曾说陈"精于写神,国朝第一手也"。

王璋好贤嫉恶,以儒家的王道仁政为理念,常与儒士讲论前古兴亡,君臣得失,尤喜大宋故事;常命僚佐读《东都事略》,听到王旦、富弼、范仲淹、欧阳修、司马光诸名臣事,必举手加额,以表景慕;谈到丁谓、蔡京等奸臣事,无不切齿愤慨。王璋在位时,对高丽的弊政曾有所纠正;对其父王的错误旨意,亦敢于抵制。作为高王世子在大都时,曾参与除去左丞相阿忽台的行动,有功于武宗夺得帝位。1314 年,元仁宗赠给高丽书籍 4371 册,共计 17000 卷,都是原宋朝秘阁的藏书。元朝廷与高丽友好,文化交流因而也很密切。

程朱理学从元朝传入高丽。1289 年,高丽儒学提举安珦随忠烈王赴元,第一次见到《朱子全书》,认为是"孔门正脉",欣喜异常,于是全部抄下,并摹写孔子、朱子等的画像携带回国,在高丽传播,这被认为是程朱理学传入高丽之始。但在理论上对理学的普及传播做出进一步贡献的,则是略后的白颐正、禹倬、李齐贤等。白颐正与李齐贤是师生,两人都曾长期随忠宣王在元,与当时的中国名士从事经史方面的研讨。禹倬通过自学,对理学也颇有心得。后来,李齐贤门下出了李穑、郑梦周、李崇仁、郑道传等理学学者,郑梦周门下出了吉再等理学学者。理学传入高丽,对高丽的学术及政局的发展都产生过较大的影响。但朝鲜的理学高峰,则是出现在李朝时期。

棉花种植也自元传入高丽。1363 年,高丽使臣文益渐赴元。回国时,于中国境内路旁棉田取棉实十多枚带回高丽。1364 年,益渐回故乡晋州,以一半棉实交其舅郑天益种植,但仅一枚难以成活。当年秋,天益收获棉实达百余枚。天益年年繁育,至1367 年,以所获棉种分给乡里,劝令种植。据传有一胡僧弘愿,至天益家,见到棉花,感泣曰:"不图今日复见本土之物。"天益盛情款待弘愿,因问纺织之术。弘愿无保留地详告,并制出工具交给天益。天益因教其家之婢织出朝鲜的第一匹棉布。从此,邻里相传,得传遍一乡,不十年而传遍朝鲜全境。1375 年,高丽王召益渐,任命为典仪注簿,后官至左司议大夫;1398 年卒,享年 70 岁,葬江城君。

二 元日文化交流

元代中日关系确实有与其他朝代不同之处。众所周知最主要是在元代中日之间有过两次大规模的战争,并都以元朝的失败而告终,但这毕竟不能不在中日关系上投下阴影。虽然,当时也有零星的日本商人来元贸易,但总的来说,因关系紧张、战云密布,过去作为中日间文化交流的先锋——僧侣们一时望而却步,互不往来。根据史籍记载:这两次战役后第一个日本僧人来元,是在 1296 年。而比较大规模来中国,是在1298 年,战后元朝派遣第一个使僧一山一宁赴日以后,实际上是进入 14 世纪以后的事。这在一定程度上与赴日的元朝著名禅师们在渡日后所产生的影响有关。渡日的元僧都是禅僧(主要是临济宗,少数是曹洞宗)。按其渡日的原因,分三种类型。一是奉元朝朝廷派遣,肩负外交使命而去的,如一山一宁。再一种是应日本方面的邀请而赴日的,如清拙正澄、明极楚俊等。还有一种是为躲避战乱而去,他们虽然人数不算多

（据木宫泰彦统计，史籍留有确切名姓者共 13 人①），但由于在元朝就是著名的高僧，到日本后历住镰仓、京都五山名刹，深受武家、朝廷的皈依，因而发挥了较大的影响。

例如，一山一宁（1247—1317 年）去日本前曾为普陀山住持，元成宗曾赐以妙慈弘济大师封号。在第二次对日战争（"弘安之役"）失败之后，元成宗为了促使日本朝贡，知道日本是崇佛的国家，特派一山一宁为使节去日本。初到日本时，因其是"敌国"的使节，曾被软禁。后因他是著名高僧，迎为建长寺、圆觉寺、南禅寺住持，深受后宇多上皇、幕府执权北条贞时的皈依。他先后在京都、镰仓张法筵共 20 年，受朝野上下之笃信。他所住之处，常有缙绅士庶随喜，门庭若市。他死后，上皇赠以"国师"称号，并用"宋地万人杰，我朝一国师"的诗句来赞颂他。他是经过两次元日战争之后去日本的第一位使者。由于他声望卓著，不但逢凶化吉，而且深受朝野上下之尊崇。结果，为此后中日僧俗人等恢复来往，继续南宋末年日本摄取中国文化的态势起了继往开来的作用。由此可以看出，长期以来中日文化交流所形成的共同文化基础的巨大力量。

一山一宁不仅是元代中日文化交流的继往开来者，而且也是身体力行者。佛教方面，在他去日本之前，日本禅宗的传播主要在武家提倡之下，地域以镰仓周围为主，即所谓"武家禅"；京都则由于天台教徒的干扰与反对，尚未得到发展。他去日之初，主要应邀历住镰仓的建长寺、圆觉寺等禅宗的老根据地。后来，1312 年京都南禅寺住持出缺，后宇多上皇特降敕书，邀他到京都任南禅寺第三世住持。此后，上皇常入山问道，朝廷公卿多随之，致使日本的禅风颇有从镰仓的"武家禅"向京都的"朝廷禅"扩大发展的趋势。出于他门下的禅僧甚多，如雪村友梅、龙山德见、梦窗疏石、虎关师炼等，后来都成为五山禅林的代表人物。日本佛教史上一件颇为著名的事是，由于他责难虎关师炼不熟悉过去日本高僧的遗事，使虎关师炼痛下决心，编成了日本禅师的僧传性史书《元亨释书》三十卷，成为日本禅宗史上重要的巨著。一山学识广博，对于儒家、道家、诸子百家无所不通。据说，他把朱子学的新注解传到日本。他的弟子虎关师炼是日本最早钻研宋学者，当深受一山的启发。被仰为日本近世儒学泰斗的藤原惺窝是一山的弟子雪村友梅的法孙。

清拙正澄（1274—1329 年）曾住江苏松江的真净寺，当时有许多日本入元僧集于他的会下，因而盛名能传到日本。1326 年受北条氏的招聘去日本，历住建长、净智、圆觉、建仁、南禅诸寺；又曾应信浓守护小笠原贞宗的邀请，开创开善寺，为其开山第一祖。他在日本禅宗中，开创"清拙派"，成为日本禅宗 24 个流派之一。他精通禅宗礼法规矩。中国禅宗自唐代以来由江西南昌府百丈山怀海制定《百丈清规》，为各地禅林所必遵循。他去日本后，一心在日本禅林中推行《百丈清规》。在建仁寺时，他仿照杭州灵隐寺的制度制定规矩。所以，可以说，日本禅林的规矩因他得以确立。信浓守护小笠原贞宗不仅笃信禅宗，而且讲究武家礼度。当他制定小笠原家礼法时，曾向清拙正澄请教，吸取禅林中严肃的规矩，形成小笠原派礼法。后来，被奉为武家礼法的正宗，不仅在武家中盛行，而且对后来各阶层及平民的礼度也有很大的影响。

再如明极楚俊、竺仙梵仙，在未去日本之前，都已是江南名刹的有名禅僧。应邀去

---

① 《清朝通典》卷九八"边防二"载："广南，古南交地……往来商船，由厦门至广南过安南界，历七州洋，取广南外之占毕罗山，即入县境。"

日本之后,在建长、建仁、南禅、净智诸寺,受幕府及朝廷公卿之皈依与笃信,对广被禅风起相当作用。再者,他们都善于诗文,影响所及,弟子、门人等很多人都成为"五山文学"汉诗文的骨干。

在去日本的元僧们的影响之下,日本许多僧人从 13 世纪末至 14 世纪 70 年代元末(1368)为止,据木宫泰彦的统计,共达 220 多人,有时竟至数十人一起联袂渡海。他们入元的主要原因,大多是在日本时就直接或间接受到来日的元僧们的影响或教诲,对元代中国禅宗抱有无限憧憬,于是渡海入元,历访中国著名禅林,参禅修道,艺业大进。迨继承名僧的法统回国后,往往充当京都、镰仓的名山巨刹的住持,或为其开山,受武士或朝廷贵族的皈依,发展其禅门宗派。也有的为了想体验江南禅林的生活,特别是领略江南山川风物之美,以提高文学修养的水平。当然,作为客观后果,他们也会把元代中国文化各领域的成果带回日本。

在中日禅僧互相来往的影响与作用下,日本的禅宗在一切制度方面都模仿中国。例如,中国在南宋宁宗(1195—1224 年)(相当于日本镰仓初期)仿效印度的办法,将最大的禅林,即径山、灵隐、天童、净慈、育王定为五山;五山之下又选取十大禅寺为十刹。而日本约在镰仓末期(相当于元代中期),先将镰仓禅院排定五山。随着禅宗向京都发展的趋势,建武元年(1334),又把京都、镰仓禅寺合在一起定出五山。后来,当中国元末时,镰仓、京都分别定出五山,以南禅寺居于五山之上,取十大禅寺为十刹。这些五山十刹的禅寺的一切任命,均取决于幕府或朝廷。这种办法,是幕府企图事实上把禅宗国教化,企图用它来对抗南都北岭的佛教势力(法相宗、天台宗)。武家企图通过这些来提高自己在文化上的地位,与朝廷并驾齐驱甚至超过它。

日本佛教又仿效中国隋文帝时令各州设舍利塔、南宋时下令每州设立报恩光孝禅寺之例,下令各国(相当于中国的州府)设立安国寺、利生塔,企图通过此办法把禅宗推向全国。幕府之所以特别提倡禅宗,对其他宗派则不闻不问,主要就是看中了可以通过禅宗输入中国文化。

日本的入元僧还从元朝带回若干部元版《大藏经》。其中,最著名的是现收藏在增上寺的 1277—1290 年刻印的杭州路余杭县南山大普宁寺版的《大藏经》。它是由以杭州为中心的各宗僧侣们共同校勘,由浙江省北部及江苏省东南部一带僧俗人等捐资刻成的。它曾参考了北宋的福州东禅寺版、开元寺版、南宋的思溪版等。今天的京都南禅寺、大慈寺、东福寺等处的《大藏经》,版本不尽相同。总的看来,收藏在今天京都、奈良等地大寺院的宋版或元版《大藏经》估计有十部以上。这些宋元版《大藏经》的输入,为日本研究佛教经典提供了方便条件,也刺激了日本开版事业的发展。例如,从日本北朝的贞和(1345—1250 年)、观应(1350—1352 年)年间,史籍中不断见有为《一切经》开版成功而提升官吏的记载,即为明显例证。

日本的入元僧不仅带回《大藏经》等佛教经典,也同时带回其他种类有关禅籍。例如,他们往往带回他们师僧的《语录》《年谱》、僧传《景德传灯录》《五灯会元》等。与此同时,他们又把禅僧所写的诗文集以及中国诗人、文人所写的诗文集带回。他们不但带回日本,而且往往加以复刻,使之在日本广泛流传。

由于镰仓、京都的五山僧众的努力,再加上得到武家、朝廷在财力上的支持,日本入元僧的多方指导和募化支援,使得禅宗的"五山版"在日本的战国时代(元末明初)大为兴隆起来。其中,除了上述这些人的功劳之外,还要归功于中国赴日本的元朝雕刻工匠的努力。他们大多是在元末为躲避战乱,或因战乱而颠沛流离失业到日本的。其中,较著名的如俞良甫、陈孟荣等,至少有 30 余人。他们辛勤雕刻,大部分刻版出自他们之手,为日本文化的发展做出了贡献。

中国禅籍在日本的重刻出版,"五山版"的兴隆,给日本佛教、汉诗文等以多方面的影响。

中国南宋、元代的禅林中,流行着尊重师僧法语、偈颂的风气,上述许多著名禅僧语录的编辑出版就是一种表现。把这些著作带到日本并重刻再版,广为流传,影响甚大。

中国从唐代开始,在禅林中就兴起了以偈颂为中心的宗教文学;到宋代,更加发展。南宋时,有许多禅僧刊行了自己的诗文集。从南宋到元代,以文辞著称的禅僧不断涌现,如无学祖元、兀庵普宁、古林清茂等,他们的门下也有些人到日本。日本入元僧到元后向他们求教,这样,也就把禅僧中喜爱中国诗文、赋诗制文的风气带回日本,从而使日本的一些禅僧努力搜集中国禅僧的诗文集,并致力于中国诗文的创作,这成为禅林中"五山文学"兴起的重要契机,为后来室町、江户时代汉诗文及儒学之兴起打下了基础。

由于中国禅林中注重师徒相承的嗣法制度,为了明确自己的法统,需要回顾上代的师承渊源,于是出现了像《景德传灯录》《五灯会元》那样的僧传体的佛教史文献。这些书籍流入日本,加上师僧们的教诲,使得日本禅林界也兴起了关心师承关系和佛教史的风气。于是,出现了虎关师炼所撰写的《元亨释书》等类似的僧传体的佛教史著作,也为后世研究佛教史提供了重要史料。

中国的禅宗曾被人称为"士大夫的佛教"。就是说,中国的儒学与禅学相辅相成,士大夫一面钻研儒学,一面参禅;禅僧则一面参禅,一面又同时钻研程朱之学。这种风气,也影响到日本。元代著名禅僧一山一宁,去日后传播宋学。在他的培养教导下,其弟子虎关师炼成了在日本传播宋学的先驱。例如,在《元亨释书》卷末附载的《智通论》以及他著的《济北集》中,都大谈儒佛二教一致说。再如,日本入元僧中岩圆月,不仅钻研宋学,对于诸子百家之学、天文、地理、阴阳之说也无不通晓。再如,义堂周信,他所著的《空华日用工夫略集》中,大讲其宋学。以上这三位禅僧都被人称为五山派宋学的泰斗。

中国南宋末年至元朝初年,在画坛上流行着注重写意、奔放的水墨山水画和以气韵为主的花鸟画、粗放简捷笔法的人物画。画坛多彩多姿,达到高度发达的水平。由于禅宗有师徒承嗣的习惯,在临别时赠师僧顶相画以为嗣法之凭证。顶相画上需"顶相赞"。这样,就同时带动了书法和绘画的发展。入元禅僧的绘画技法发展了,出现了既擅长书法又擅长绘画的雪村友梅,他在京都建仁寺中收藏的"出山释迦画赞"颇负盛名。可翁宗然、铁舟德济等的绘画都很有名。入元僧不仅从元携回师僧的顶相画,也携回释迦、观音、文殊、普贤、罗汉、达摩等佛画,以及竹、梅、马、牛、虎、龙、山水及人物等名画,使日本禅僧的名画手也向多样化方向发展。例如,铁舟德济擅画水墨兰花。这样,由原采画禅僧发展到画一般世俗人物,再及于竹、梅、花卉乃至于山水,逐步在禅僧的画坛中发展起一种淡泊、潇洒、清雅的水墨画。

日本南北朝时代（相当于中国的元代）流行起来的唐式茶会,从某种意义上说,可以说是在生活方式上中国情趣的大总汇与大检阅。据估计,这一风气最初可能是由元僧或日本入元僧从元朝传入日本,只流行在禅林中,后来逐渐在武士社会中盛行。茶亭设在风景优美的庭园内可以远眺的小楼上。客殿内正面装饰着释迦、观音、文殊、普贤之类的佛画,古铜的花瓶里插着红花或青莲,桌上放烛台、香炉之类,槁扇和四周墙壁上挂着许多宋元名画家所画的人物、花鸟、山水画,桌上放着精致的茶壶、茶碗等茶具。茶会先品尝点心、点茶。所谓点茶,即用猜茶的产地以定胜负,实际上是模仿元朝的斗茶。猜毕开宴,以管弦歌舞助兴。总之,无论是其所处的庭园风格、室内陈设或是茶会内容,都具有浓厚的中国情趣与淡雅的禅宗风格;后来,加以简单化,就成为民间流行的茶会。从这里可以看出,中国文化对日本生活方式的浸润以及禅宗所起的媒介作用。

第五节 元代的中西往来与文化交流①

元朝发达的中外交通为东西方之间的文化交流创造了极好的条件。许多中国人随元朝远征军移居海外,他们把中国的文化带到遥远的异域。高度发达的航海技术使中外贸易急速增长。大量西域人入元为宦、经商、传教、游历,他们中许多人在中国落地生根定居下来,带来了异域奇物和文明。元帝国区别于中国历朝历代的一个显著特征即它是一个世界帝国,这一时期的东西方文化交流也带有这个时代的特征。

一 火药的传播

火药发明以前,中国用于战争的纵火武器的主要成分是松香、草艾、油脂、硫黄等。这种火器在周代已经出现。希腊人大约在公元前4世纪开始使用火攻武器,这种技术后来经罗马人、拜占庭人传到阿拉伯人手中,阿拉伯人称之为"希腊火",其成分中含有石油和石脑油。五代时这种"希腊火"输入中国,当时译称"猛火油"。中国人注意到这种火器遇水火焰更炽的特性。在火药发明以前,所有的火攻武器都不含硝,而所谓"希腊火"则是黏稠状液体,与近代火药无关。

火药是由炼丹家发明的。9世纪时的炼丹学著作《真元妙道要略》已经提到,曾经发生过"以硫黄、雄黄合硝石并蜜烧之,焰起,烧手面及烬屋舍"的惨剧。炼丹家还注意到,硝石不可与硫黄、雄黄和雌黄合在一起燃烧,否则"立见祸事"。唐末时,火药在中国已经应用于军事,当时的火炮乃是一种用抛石机发射的火药包。宋代《武经总要》中所记载的黑色火药配方,已经与现代黑色火药配方十分接近。宋代的爆炸性火器中有一种"霹雳火球",在火药中掺入碎瓷片,使杀伤力大为增加。金代爆炸性火器的威力有所提高,可穿透牛皮、铁甲。金末还出现了管状发射性火器。

火药很早就传到海外。元代周达观曾出使真腊(今柬埔寨),看到那里的人民点放焰火爆竹。中国出口真腊的商品中有硫黄、焰硝等制造火药的原料。火药不仅传到东

① 本节引见刘迎胜:《丝路文化·海上卷》,浙江人民出版社1995年版,第178—196页。

南亚,也传到遥远的西方。西方诸国不但进口中国火药成品,也学会按配方自制火药。大约在13世纪中叶阿拉伯人开始自制火药,成于13—14世纪之际的阿拉伯文著作《焚敌火攻书》中已经有制造火药和火器的内容。制造火药的硝是中国重要的出口产品,成书于1240年的大食医生伊本·白图泰的著作《单药大全》提到了硝石,并称之为"中国雪"(ThaijSini),而波斯也把硝石称为"中国盐"(Namaki-Chini)。这说明阿拉伯、波斯诸国虽然能够制造火药,但主要原料之一——硝最初却从中国进口。

二 中国陶瓷文化的外播

据汪大渊记载,在"西洋国"之后,有一个地方称为"大八丹",元时商人曾去贸易。这里的"西洋国"之后的方位坐标中心是中国,说明航海从中国出发,先至"西洋国",再到"大八丹"。也就是说,"大八丹"应大致位于西洋以西不远处的海滨某处。我们已经提到"西洋"是马八儿国的汉文名称,马八儿位于今印度泰米尔那度州。"大八丹"既然在西洋之后,应当也位于泰米尔那度州一带。

约于20世纪80年代,印度泰米尔大学考古学教授苏拔拉雅鲁(Y. Subbarayalu)在与斯里兰卡满泰半岛相对的印度南端海滨的一个名曰帕里雅八丹(Pariyapattinam)的小村中发现了些13—14世纪的中国龙泉青瓷碎片和一些14世纪景德镇的青花瓷碎片。日本东京大学教授辛岛异认为,发现中国瓷器的这个小村 Pariyapattinam 就是"大八丹"。因为 pariya 在泰米尔语中意为"大",而"八丹"就是 pattinam 的音译,意为"港市"。1987年印度考古学者对这个小村进行了发掘,共发现了1000多块中国陶瓷器残片;其中青瓷占60%(龙泉青瓷占35%,福建青瓷占25%),白瓷占15%(德化白瓷占10%,景德镇白瓷为5%),青花瓷占10%,均为景德镇产品,褐釉瓷占10%,其他陶瓷为5%。最早的一片似为9—10世纪的邢州窑产品.

唐代中期以后,中国的陶瓷器已经开始远销西亚和北非。在埃及首都开罗城内的富士达特(al-Fustat,意为"帐幕")遗址是古代海外著名的陶瓷发现地。遗址中央的陶瓷碎片山积,数量在60万—70万片以上。考古学家们从1912年开始对这里进行发掘。埃及把调查出土陶瓷残片的工作委托给日本学者。日本学者不仅从进口品中区分出了远东的陶瓷与叙利亚、伊朗、意大利、西班牙的陶瓷残片,也从埃及本土陶片中区别出模仿中国的陶片。

据日本学者小山富士夫和三上次男统计,除了埃及陶片以外,发现最多的就是中国陶瓷片,共发现约12000片,占全部发现的瓷残片的1/50—1/60。在远东的陶瓷片中还有泰国、越南和日本伊万里制品。中国陶瓷残片的年代从8—9世纪的唐代至清代,其中以唐三彩的残片最早,此外还有邢州白瓷、越州瓷、黄褐釉瓷、长沙窑瓷等,而以越窑产品最多。至于宋瓷,多属影青瓷及龙泉窑瓷。这里发现的中国陶瓷多为华南制品,华北的极少,只发现了少量的"辽白瓷"。这一现象说明中国与红海地区的贸易港集中在华南。开罗发现中国瓷片的并非只有富士达特一处,如巴扑·达尔布·马鲁贺(BahDarbal-Mahruq)山丘就散布着许多中国陶瓷片,年代包括南宋、元、明时代的龙泉青瓷和景德镇青白瓷,也有元明清各代的青花瓷器。

在富士达特发现的中国器物制作非常精良,使参加研究工作的日本学者感到惊异。富士达特出土的同一时代的越窑瓷、黄褐釉瓷的碗内饰以各种花纹,还有少量的镂空制品,均为精品。日本北九州博多的和平台球场遗址,为唐末至五代时日本的鸿胪馆,这里也曾发现过大量越窑瓷片,估计为供外宾使用的珍贵餐具,但都是没有任何花纹的粗瓷器。就是被日本收藏家收藏的越窑观赏瓷,也很少有能够与富士达特出土的瓷器相比的。而伊朗东部的你沙不而(Nishapur)遗址、波斯湾沿岸和东非出土的中国越窑制品也多为粗瓷器。青花瓷器从元末开始流行,但当时产量尚不大。据日本学者小山富士估计,当今世界上现存的完整的元代青花瓷器只有200件左右,而富士达特发现的元青花器残片就有数百片之多。日本学者认为,这是当时埃及的富裕程度、进口规模远远超过日本和其他地方的反映。[1] 集中在富士达特的中国陶瓷被大食商贾们转贩至尼罗河河口处的亚历山大,然后再被转运至木兰皮(马格里布)诸国、地中海东岸诸地和欧洲。

黑衣大食的中心伊拉克是中国陶瓷器在西亚的主要销售地之一。宋元时代,中国瓷器仍然源源不断地被贩运到这里。在巴格达以北120千米处的撒玛拉(阿拔斯王朝在836—892年的都城),已进行过数次大规模调查与发掘,发现的中国陶瓷碎片有唐三彩式的碗、盘,绿釉和黄釉的瓷壶碎片;白瓷、青瓷片,多属晚唐、五代和宋代器物,其中不少为9—10世纪越窑瓷。巴格达东南处的阿比尔塔,考古学家也发现了9—10世纪制作的褐色越窑瓷和华南白瓷残片。[2] 巴格达以南35千米处的斯宾城遗址中也发现12—13世纪龙泉青瓷片。伊拉克南部的库特城(Kut)东南70千米处的瓦西特(Wasit)出土了外侧起棱的南宋青瓷碎片和内侧及中央贴花的元代龙泉窑青瓷残片。

阿拔斯王朝的其他地区、蒙古时代的伊利汗国及其周邻地区,也都有中国陶瓷的踪影。在叙利亚,1931—1938年丹麦国家博物馆调查队在哈玛(Hamat)也发掘到元代白瓷、青花瓷、青瓷碎片;其中,有些被考古学家辨认为是宋德化窑白瓷片、南宋官窑的牡丹浮纹青瓷片和内侧及中央贴花的元代龙泉窑青瓷残片。在黎巴嫩贝卡谷地的巴勒贝克(Baalbek),发现了宋代龙泉窑莲花瓣纹青瓷碎片和元代花草图纹的青花瓷碎片。汪大渊在《岛夷志略》中曾提到,"青白花瓷"是天方所需的中国商品。在波斯湾地区和阿拉伯半岛南部的考古发现证实了汪大渊的记载。巴林,人们曾在卡拉托林之南的清真寺废墟和海滨收集到28块青瓷片和58块青花瓷片。另外,阿拉伯半岛南端的也门、阿曼的许多地方都出土过中国瓷片。

伊朗东部呼罗珊地区自古与中国关系密切。1936年、1937年、1939年,美国纽约大都会博物馆三次发掘伊朗内沙布尔古城发现大量唐宋瓷器与残件,其中有唐代广东窑白瓷钵、碗残件。[3]

此外,波斯湾地区还发现过中国宋代铜钱。巴林对岸沙特达兰市附近的卡提夫出土过北宋铜钱"咸平通宝"(998—1003年)、"绍圣元宝"(1094—1097年)和南宋的铜钱"绍定元宝"(1228—1233年)。

陶瓷器是最受西亚、北非人民欢迎的中国商品。中国陶瓷器火候高,质地坚硬,花

---

① 〔日〕三上次男:《陶瓷之路》,李锡经等译,文物出版社1984年版,第14—16页。
② 〔日〕三上次男:《陶瓷之路》,李锡经等译,文物出版社1984年版,第82页。
③ 沈福伟:《中西文化交流史》,上海人民出版社1985年版,第208页。

色品种多,造型优美,色彩柔和美丽,但因长途转输不易,能够用上中国舶宋品的只是少数豪富之家。巨大的销售市场吸引了西亚的能工巧匠,他们纷纷努力钻研,尽可能地模仿受人喜爱的中国陶瓷。1936、1938 年先后在 9 世纪阿拔斯王朝都城遗址萨玛拉出土绿釉系、三彩系、黄褐釉系的陶器。这些都是当地陶工按中国式样的釉色仿制的陶器,其火候很低,只是一种软陶,质地虽然远不能与中国陶相比,但却受那些用不起真正中国陶器的人家的欢迎。

在埃及法蒂玛王朝,一位名叫赛义德的工匠以宋瓷为模式努力仿制,终于成功。他教授了许多弟子,形成流派。他们十分注意中国瓷器的变化,并不断地更新自己的仿制品。最初仿制青瓷、白瓷,元以后又仿制青花瓷。他们从形制到纹样一概仿制。据 11 世纪中叶到过埃及的波斯人纳赛尔·火思鲁记载,这些仿制品"十分美妙、透明,以致一个人能够透过瓷器看见自己的手"[①]。从考古发现的器物看,11 世纪以后的仿制品从外观上来看,的确与真品甚近。

尽管西亚、北非的工匠努力模仿中国产品,但他们的仿制品只是陶器而非瓷器。制瓷需要有两个必要条件。一是原料,瓷土是一种专门的土,称为高岭土。二是烧窑技术。制瓷的窑温比制陶高得多,这些异域工匠当时所追求的不过是形似。当时西亚没有发现制瓷的原料高岭土,当地的窑也无法烧到制瓷所需的高温,所以这些仿制品并不是瓷器而是陶器。中国青花瓷乃釉下彩,制作时涂画青花颜料氧化钴后便入窑烧制,出窑后上一层釉后再入窑烧制。这种产品色彩在釉之下,永远洗不掉。埃及仿制的青瓷、青白瓷和青花器,乍看上去,无论器形、颜色还是纹样均与中国原产品十分相似,但埃及仿制品的胎质为陶,硬度远低于中国瓷,釉普遍比中国产品厚,像一层玻璃覆盖在器物表面,其质量远远比不上正宗的中国货。这些仿制器物虽然质量不高,但毕竟满足了西亚普通百姓喜爱中国瓷器的心理。

埃及富士达特遗址堆积如山的残存陶瓷片中,有 70%—80% 是仿制中国器物的残片。入明以后,奥斯曼帝国所在的小亚细亚成为新的仿制中国青花瓷中心。这一流派的产品在西亚、北非许多地方都有发现,其中保存完好的珍品被世界上许多著名的大博物馆收藏,成为伊斯兰世界陶瓷业发展过程中的一个重要阶段。富士达特遗址的发现及其以后时代西亚、北非大量出现的中国瓷器仿制品证明,中国陶瓷的大量出口改变了西亚、北非的社会审美观,以致社会上流行的器皿审美观以是否与中国式样相近为准。因此从唐末以来,西亚、北非陶业界仿制中国陶瓷成为一种风气,成为一项极为有利可图的行业。数百年来长盛不衰。

埃及的富士达特是 9—12 世纪北非著名的陶瓷器集散地。这里的中国陶瓷应有相当部分来自位于今东非苏丹红海岸边的阿伊扎卜(Aydhab)。据 12 世纪后半期旅行家伊本·朱拜尔等人记载,10 世纪以来,从印度驶往埃及的商舶均先抵达阿伊扎卜,舶货中以中国瓷器为大宗。至今在阿伊扎卜绵延约 2 千米的海岸边,到处散布着中国陶瓷碎片,其最早者为唐末器物,还有越窑青瓷、龙泉青瓷、白瓷、青白瓷、青花器、黑褐釉瓷等,年代从唐末至明初。在一些朴质无华的黑褐釉壶的残片内,可发现有"口清香"字样的戳印。这些发现证实了文献记载的可靠性。中国瓷器运抵阿伊扎卜后,

---

① 参见希提:《阿拉伯通史》,马坚译,商务印书馆 1979 年版,第 756 页。

一般使用驼队运到尼罗河中游的库斯和阿斯旺;从库斯可溯尼罗河而上,运抵埃塞俄比亚,从阿斯旺可顺流而下,运往富士达特和尼罗河口。红海边另一个装卸中国瓷器的重要港口是埃及南部的库塞尔,距苏伊士湾口约 650 千米,至今那里尚可找到大量中国唐末宋初的越窑瓷、宋龙泉青瓷、景德镇青白瓷和元末明初的青花瓷碎片。

唐宋以后,瓜达富伊角以南的东非地区也成为中国陶瓷的重要销售市场。在东非沿岸的许多遗址,中国瓷片堆积之多简直可以整铲整铲地挖掘。① 这些中国陶瓷残片的发现、收集、整理和鉴定为研究中非经济文化史及东非本地经济发展史提供了宝贵的资料,以致一些学者认为:"东非的历史乃是由中国的瓷器所写成的。"②

中世纪时东非沿海地区的中国陶瓷转运港口极多。在索马里的主要有沙丁岛、伯贝拉、摩加迪沙、基斯马尤以及克伊阿马诸岛。在肯尼亚的主要有坦福德·帕塔、曼达岛、拉木岛、曼布尔伊、格迪、马林迪、基利菲、马纳拉尼、蒙巴萨等。其中,在格迪发现一只质量甚为精美的瓷瓶,饰以红钢色,学者们认为这是一件外交礼品。

在坦桑尼亚沿海发现中国陶瓷碎片的遗址有 46 处,主要有奔巴岛、马菲亚岛、基尔瓦岛等。其中,在基尔瓦岛出土有唐末到宋初的越州窑瓷,有白瓷碗,有元代描绘着凤凰蔓草花纹的青花瓷、素地雕花白瓷,还有大量 14—15 世纪的青瓷,种类繁多。这里还发现了 14—15 世纪的越南黑褐釉陶器、同时代的泰国宋加禄窑青瓷和一片日本古伊万里青花瓷残片。③ 而在基西马尼·马菲亚也发现了一只瓶,大致与在肯尼亚发现的瓷瓶属于同类,饰以红铜色和蓝白色。④

中国瓷器在东非不仅是生活日用品,而且成为建筑装饰品。在诸如肯尼亚的迪格、基利菲等许多沿海古老的清真寺遗址中,都可见到墙壁上隔一定距离便镶有一件中国瓷碗或瓷碟,有些寺院还把中国瓷器镶在大厅圆形的拱顶上;甚至在埃塞俄比亚距海岸遥远的冈达尔地区,宫殿的墙壁上也镶有中国瓷器。这证明在中世纪时东非上流社会中存在着建筑物中以镶嵌中国瓷器为美的风气,这种风气不仅在沿海地区存在,而且传到东非内陆。同时,东非这时期的许多墓碑也镶有中国瓷器,瓷器上的花纹有花、树、果、鱼、鸟兽等。

三 制糖技术的交流

中国是甘蔗的原产地。在漫长的历史岁月中,中国人不断比较中国土种甘蔗与海外甘蔗的优劣,从交趾、扶南、印度引进新蔗种。中国早期种蔗是用来榨取汁液。三国时孙权曾命匠人仿交趾方法制蔗糖。当时甩甘蔗汁直接熬成的糖是固体状的。后来印度以石灰为澄清剂的制糖法由海路传入中国,大约从 5—6 世纪,中国开始制造砂糖。砂糖的名称源于梵文 gula 或 guda,原意为"球",在佛经中译为糖或砂糖。

东汉时,印度、波斯的石蜜传到中国。唐太宗于贞观二十一年(647 年)曾遣人赴

① B. DavidsOn: Old Africa Rediscovered, London, 1960. (戴维森:《古老非洲的再发现》,伦敦,1960 年,第 221 页。)

② G. S. Fncman-Grenvlle: The Medieval History of the Coast of Tanganika, Berlin, 1962. (弗里曼·格林维尔:《坦噶尼喀海岸地区中世纪史》,柏林,1962 年,第 35 页。)

③ 〔日〕三上次男:《陶瓷之路》,李锡经等译,文物出版社 1984 年版,第 32 页。

④ 何芳川:《源远流长,前途似锦的中非文化交流》,《中外文化交流史》,第 815 页。

印度摩揭陀(今印度比哈尔邦巴特那)学习石蜜制法。据《新修本草》记载,石蜜又称为乳糖,其制法是用砂糖(即固态糖)、水、牛乳、米粉混合,煎煮后成块。学习制糖的匠人从印度回来,唐太宗命扬州贡甘蔗,制出的石蜜比西域原产的还要好。

中国人在三国时代学会制作的砂糖应当是赤砂糖。白砂糖在相当长的时期内是稀罕的舶来品。《宋史·大食传》记载雍熙元年(985年)和至道元年(995年)大食人进献的贡品中均有白砂糖。《宋会要辑稿》中也记载咸平二年(999年)大食人进献白砂糖之事。宋末的《岭外代答》在记述"阇婆国"(今印尼爪哇岛)时说,其地出产红、白蔗糖,可见东南亚人先于中国人掌握制取白砂糖的技术。中国人既知白砂糖好于赤砂糖,遂开始引进制取白砂糖的技术。其过程大致是这样:首先是一些掌握制糖技术的异域人以一技之长定居中国,在中国以外国法制白砂糖,而后这种技术渐渐传播开来,为中国匠师所熟知。

白砂糖制取技术的引进约始于元代。元代在杭州设立砂糖局,任职者"皆主鹘,回民富商也"[1]。"主鹘"即波斯语 Juhud 的音译,元代又译作"术忽",意为犹太人。这就是说,元代在杭州主持制糖的都是犹太人。杨禹解释说,这些"主鹘"都是回族富商。他们应当都是掌握制糖术的西域商人,所以受到蒙古贵族的信用。元代制白砂糖最重要的地方是福建泉州的永春(Vunguen)。据马可·波罗记载,永春在元代并入蒙古版图以前,不知精炼白糖的技术,只能生产赤糖。入元以后,来自西亚的制糖匠在这里传授了用木炭灰脱色的技术,使这里成为蔗糖的主产地,供应大都的蒙古宫廷食用。西亚的制取白砂糖技术在泉州落地生根后迅速发展。14世纪40年代,摩洛哥旅行家伊本·白图泰到中国后看到,中国出产大量的蔗糖,其质量较之埃及蔗糖有过之而无不及。[2] 制取白糖的技术从泉州逐渐向外传播,据福建莆田《兴化府志》记载,白砂糖制法源出泉州,正统年间(1436—1449年)莆田人学会此法。直至明末人们还知道白砂糖的制法来自海外。宋应星(1587—约1666年)在其《天工开物》中记载了制糖法,说所制的糖"最上千层五寸许洁白异常,名曰洋糖"。作者还说,"西洋糖绝白美,故名"。制白砂糖技术最初是在泉州传播开来的。

中国生产的白糖不但能满足国内市场的需求,而且出口海外。中国的白糖出口印度以后,深受当地富人喜爱,他们不再吃当地原产的赤砂糖。至今印地语称白糖仍为cini,意为"中国的"[3]。

冰糖生产技术为中国首创。据南宋王灼《糖霜谱》记载,唐大历年间(766—779年),一名邹姓僧人在四川遂宁传授冰糖生产技术。至宋时,外国尚无冰糖,冰糖是元代中国主要的出口商品之一。据元末汪大渊《岛夷志略》记载,冰糖已经出口印度。[4]

① 橱禹:《山居新语》,《癸辛杂识》外八种,《四库笔记小说丛书》,上海古籍出版社1991年版。
② 《伊本·白图泰游记》,马金鹏译,宁夏人民出版社1985年版,第545页。
③ 季羡林:《CINI问题——中印文化交流的一个例证》//《季羡林学术论著自选集》,北京师范学院出版社1991年版,第650—661页。
④ 金秋鹏:《海事活动中的中外科技交流》,《中国与海上丝绸之路》,第13—15页。

第六节　旅行家与元代中外文化交流①

在元代,往来于东西方海道上而又留下了记录的,除马可·波罗外,还有四位著名的旅行家。第一位是中国人汪大渊(活动年代在14世纪上半叶),他写下了《岛夷志略》;第二位是摩洛哥人伊本·白图泰(1304—1377年),留有《伊本·白图泰游记》;第三位是意大利教士鄂多立克(1286—1331年),留有《鄂多立克东游录》;第四位也是意大利教士,马黎诺里(活动年代在14世纪上半叶),著有《奉使东方追想记》。依据这些资料,我们略可考知他们的旅行事迹的一斑。

一　中国旅行家

汪大渊,字焕章,江西南昌人,生卒年月不详。据元人张翥为《岛夷志略》所写的序说:"西江汪君焕章,当冠年,尝两附舶东西洋。"张翥还说他本人曾亲自听到汪大渊谈论他所见海外情况。按《元史》卷一八六《张翥传》,张生于至元二十四年(1287年),死于至正二十八年(1368年)。而《岛夷志略》书中有两处载有日期:一是在"大佛山"条说"至顺庚午(1330年)冬十月十有二日,因卸帆于山下";二是在"遏"条说,该国在"至正己丑(1349年)夏五月降于罗斛"。据此,我们可以推知汪大渊的活动年代当在14世纪上半叶。他从20岁起曾数次随商船出海,足迹遍及东、西洋(包括南洋群岛、南亚、西亚、东非各地)。当时中国远洋帆船一般是在仲冬(十一月)以后出海,而航行到达斯里兰卡至少需时两个月(还不计算在亚齐的休整时间)。据上述,汪大渊在1330年10月中旬已舣舟大佛山,那么,他的初航至迟也当始于1329年冬。据该书汪自写的"后序",他成书的时间大概是在1349年,即距初航已历时20年。其自序说:"大渊少年尝附舶以浮于海。所过之地,窃尝赋诗以记,其山川、土俗、风景、物产之诡异,与夫可怪可愕可鄙可笑之事,皆身所游览,耳目所亲见。传说之事,则不载焉。"《四库提要》指出:"诸史外国列传秉笔之人,皆未尝身历,即赵汝适《诸蕃志》之类亦多得于市舶之口传。大渊此书则皆亲历而手记之,究非空谈无征者比。"这是本书最可贵之处。

汪大渊在该书所列举经历的国家或地区计共99条,所载外国地名达220个,比诸后来的马欢《瀛涯胜览》、费信《星槎胜览》等都要丰富得多。由于此书是他根据本人亲身的经历写成,所以其纪录的地名译音很多出自新造,与我国古籍所记载的不同,不易还原,影响了对该书的评价和利用。现经苏继顾详为校释,使全书斐然可读。根据苏释,汪大渊踪迹所到的西亚、非洲各地,计有甘埋里(伊朗霍尔木兹岛)、马各涧(伊朗马腊格)、波斯离(伊拉克巴士拉)、麻呵斯离(伊拉克摩苏尔)、哩伽塔(也门亚丁)、天堂(沙特阿拉伯麦加)、阿思里(埃及库赛尔)、麻那里(肯尼亚马林迪)、层摇罗(坦桑尼亚基瓦尔基西瓦尼)、加将门里(莫桑比克克利马内)。这就是说,汪大渊的游踪几乎遍及波斯湾、红海、东非海岸各地。他在书中记载以上各地"贸易之货"多有我国出产的苏杭五色缎、云南叶金、青白花瓷、瓷瓶等物,说明元代时我国商舶海外贸易活动范围的

---

① 本节引见汶江:《古代中国与亚非地区的海上交通》,四川省社会科学院出版社1989年版,第158—165页。

广大。

《岛夷志略》中还记载在印度坦焦耳附近的讷加帕塔姆有一座宋代中国人所建造的砖塔:"居八丹之平原,木石围绕,有土砖甃塔,高数丈。汉字书云:'咸淳三年(1267年)八月毕工'。传闻中国之人其年贩彼,为书于石以刻之,至今不磨灭焉。"关于此塔,亨利·玉耳在其《马可·波罗游记注释》中曾指出,此塔当地人称之为中国塔,1846年时还残存3层,但到1859年已毁坏到不堪修复,现已不存在了。[①] 幸有汪大渊此处的记载,使我们可以证实此塔是宋代时中国人所建,也足以说明宋代时中印海上往来的繁盛。

二 外国旅行家

元代中西往来活动的高峰,当推马可·波罗(1254—1324年)的访华。马可·波罗是意大利威尼斯人。他的父亲尼柯罗和叔父马菲奥曾经到东方经商,随着伊儿汗旭烈兀的使臣到达上都见到了忽必烈。忽必烈派他们前往罗马教廷进行联络。尼柯罗兄弟返回欧洲时,恰逢老教皇去世、新教皇未立之时,于是先返回家乡威尼斯。这时的马可·波罗已是15岁的少年。1271年,他跟随父亲和叔父去谒见新教皇格里高里十世。然后,三人与教皇派出的两名使节同行,踏上前往东方的道路。途中,两名使节不耐劳苦,将教皇给忽必烈的信和出使特许状都交给了他们。马可·波罗和父亲、叔父继续前进,沿丝绸古道,经过三年半跋涉,终于在1275年到达开平(元上都,今内蒙古正蓝旗东)。马可·波罗在忽必烈宫廷中甚受信用。他在中国居留17年,经常奉命巡视各地,足迹遍及大江南北和长城内外。1291年,马可·波罗奉命护送蒙古公主阔阔真远嫁波斯,从泉州出海,经苏门答腊、印度至波斯。然后,他由陆路取道两河流域至高加索,最后乘船经君士坦丁堡返回故乡威尼斯。后来,马可·波罗参加了威尼斯对热那亚的海战,在战争中被俘。他在监狱里把自己的东方见闻口述给难友听。以后,难友将马可·波罗的口述整理成书,这就是驰名世界的《马可·波罗游记》。这部书不仅是中西文化交流史上的一颗明珠,而且对世界历史也产生了深刻影响,它所叙述的中国富庶繁荣与文化昌明的情况,在当时处于相对落后的欧洲引起了轰动。

伊木·白图泰与马可·波罗、鄂多立克、尼哥罗康梯被称为中世纪时西方的四大游历家。伊本·白图泰的全名是阿布·阿卜杜拉·穆罕默德·伊本·白图泰,1304年2月14日生于摩洛哥的丹吉尔。他在1325年,即21岁时开始其旅行事业,直到1353年才倦游归国,前后历时28年,死于1377年,终年73岁。在他生前,根据摩洛哥苏丹的命令,由苏丹的秘书穆罕默德·伊本·朱载记录下他所口述的全部旅游经历。该书于1355年12月完成。伊本·朱载在书末附言说:"任何有头脑的人都会明白伊本·白图泰是我们时代的大旅行家,即使称他为整个伊斯兰世界的大旅行家也不为过。"[②]的确,伊本·白图泰在其漫游国外的28年中,足迹遍及北非、小亚细亚、东非沿岸、中亚细亚迤北到现在伏尔加河畔的喀山附近、南亚、东南亚、东亚;而在他从中国返回摩洛哥后,又横越直布罗陀海峡到了西班牙,然后又转回来,南越撒哈拉大沙漠,

① 参看 Henry Yule,Thc Book of SCr Marco Polo. Vol. 2,P336。

② Henry Yule,Cathay and the Way Thither. VOl. 4,P. 41。

到达当时的马里帝国。最后因接到摩洛哥苏丹的命令才于1353年12月返抵波斯,结束了他的旅行事业。伊本·白图泰游历之范围连马可·波罗也不能望其项背,据亨利·玉耳的粗略计其全部行程超过120675千米。

白图泰的游记特别留意对各地社会生活的描写。他所记载的印度德里苏丹穆罕默德的性格特点,已为其他史籍的记录所证实是真实的;他所列举的马尔代夫群岛的12个岛屿的名称,大都可以同今天的地名相印证;他所说的中非黑人国的情况,更是今天我们能看到的有关该地区的最早的材料。

自然,由于他所处的时代的局限性,白图泰的游记中也有不少夸大失实之处。例如,他对于当时中国北部情况的描述,如一条大河自北京直达广州、中国北方用象来驮运东西、元顺帝时的宫廷斗争等,是与事实不符的。据玉耳的研究,白图泰在书中所说的他到中国和回国的时间前后不符,应为1345年冬从孟加拉启程来华,1346年夏到达中国,而在此年冬即离华回国,所以他在中国的游踪仅及江南一些地方,对于中国北方的情况不过得自传闻,当然就不确切了。但无论如何,他所记述的中国船只的构造、陶瓷的制作、排灌机械、纸币、木炭、商业活动、养老制度等都很生动具体,断不是附会捏造,而且所叙述的情况,有些还可同我国的史料相印证,如他所说在泉州见到的穆斯林人士,其中有的姓名就同元人吴鉴所写的《清净寺碑记》上说及的名字相吻合。因此,这仍然是一份很珍贵的资料。

鄂多立克为意大利弗留利人,是一位方济各会教士。他于1318年开始东游,1321年抵达西印度,然后从斯里兰卡的科伦坡坐上中国船经马六甲海峡、越南中部到达广州;再经泉州、福州,越仙霞岭到杭州,转南京赴扬州,沿大运河北上到达北京。他在北京逗留了3年之后,于1328年取道陆路,经我国陕西、四川、西藏,过中亚、伊朗而重返意大利。1330年,在意大利帕多瓦的圣安东尼教堂,由教士威廉记下了他口述的游历经过,即今天我们看到的《鄂多立克东游录》。本来他还想再去请求教皇准许他率领50名教士重来东方,但不幸因病于1331年逝世。

鄂多立克的游记比起马可·波罗和伊本·白图泰的记载来说,要简略得多,但他关于广东人嗜吃蛇肉、元代的驿站制度、元帝宫殿的巍峨壮丽、杭州富贵人家庭的奢侈以及西藏的天葬风俗等的记载,无疑是正确而且饶有兴趣的。

下面摘引一些他对于中国各地船只的描述:

广州:"该城有数量极其庞大的船舶,以致有人视为不足信。确实,整个意大利都没有这一个城的船只多。"

南京:"它的人口稠密,有大量使人叹为奇观的船只。"

扬州:"此城也有大量的船舶。"

明州(宁波):"此城的船只恐怕比世上任何其他城的都要好得多。船身白如雪,用石灰涂刷。船上有厅室和旅舍,以及其他设施,尽可能地美观和整洁。确实,当你听闻,乃至眼见那些地区的大量船舶时,有些事简直难以置信。"①

我们从马可·波罗、伊本·白图泰以及鄂多立克等对于中国船舶的印象深刻、不

___

① 《海屯行纪,鄂多立克东游录,沙哈鲁遣使中国记》,何高济译,中华书局1981年版,第64、70、71页。

胜赞叹的记载中,也可以明白当时中国帆船之所以能独步印度洋上,的确绝非偶然。

元代尊崇喇嘛教和道教,但对其他宗教也采取包容政策。马可·波罗记载忽必烈评论各种宗教的话说:"人类各阶级敬仰和崇拜四个大先知。基督教徒,把耶稣作为他们的神;撒拉逊人,把穆罕默德看成他们的神;犹太人,把摩西当成他们的神;而佛教徒,则把释迦牟尼当做他们的偶像中最为杰出的神来崇拜。我对四个大先知都表示敬仰,恳求他们中间真正在天上的一个尊者给我帮助。"① 据《元史·百官志》载,在元代的官府机构中,不仅有管理佛教的宣政院,管理道教的集贤院,还专设有"崇福司,秩从二品。掌领马儿、哈昔、列班、也里可温、十字寺祭享等事"。"马儿"为叙利亚文 Mar 的对音,意指景教的主教;"哈昔"为叙利亚文 Kasis 的对音,意为"修士";"列班"为叙利亚文 Rabban 的对音,意为"法师","也里可温"并指基督教各个宗派,"十字寺"则是基督教各派(基督教、景教等)教堂的统称。因此,元代时来华的基督教徒,犹太教徒也不少。史料表明当时欧洲教皇确曾派遣过一些教士来华传教,而马黎诺里是其中留下了游记的一位。

马黎诺里,意大利佛罗伦萨人,仅知他大约生于 1290 年以前,逝世当在 1357 年以后。他也是一位方济各会教士,于 1338 年奉教皇本尼迪特十二世之命,与一群使者(据本人游记所载,来到北京的同行者共 32 人)携带教皇的书信和礼物,随同元帝派赴教廷的使者经由中亚来中国。他们一行在途中历时 3 年多,至 1342 年才到达北京,向元顺帝献上带来的书信和大马。马黎诺里说:"当大汗看到那些大马,教皇的礼物和有金色封泥的教皇的及罗伯特国王的书札,以及我辈等时,十分高兴,对这一切都极为欢悦,款待我们恩礼有加。"②

关于这次献马事件,在《元史·顺帝纪》中,可以看到如下记载:至正二年(1342年)秋七月,"是月,拂郎国贡异马,长一丈一尺三寸,高六尺四寸,身纯黑,后二蹄皆白"。这次献马成为元廷的一桩盛事。顺帝特命画工为马绘图,下诏群臣咏诗歌颂。一时,元廷的文人学士竞相吟诗作赋来取媚皇帝。周伯琦在所作《天马行》的序中形容牵马的人说"驭者其国人,黄须碧眼,服二色窄衣,言语不可通",说明来者确是欧洲人。这些记载从侧面证明了马黎诺里所写的《奉使东方追想记》是可信的。他在北京逗留 3 年多,然后取道江南,由泉州乘船经斯里兰卡,返抵忽里谟子,再经由小亚细亚和地中海,于 1353 年返抵当时教廷所在的法国阿维尼翁城,向教皇复命。

除了上述诸人之外,虽然没有留下游记但有遗札以及其他史料可以查明的元代时经海上来华的欧洲传教士,还有孟高维诺、杰拉都斯、佩雷格里奴斯、安德烈亚斯等人。

孟高维诺(1247—1328 年),意大利人,方济各会教士。他于 1289 年携带着教皇尼古拉四世致忽必烈的书札启程来华,由海道经印度到达中国。他在北京的传教工作,由于取得了忽必烈的信任而成绩卓著,先后建立了两所教堂,受洗者达 6000 多人。他还争取到当时汪古部的酋长高唐王阔里吉思率领全族的皈依。他致教廷的三封书信(一封发自印度、两封发自北京)现均保存。教廷在接到他的来信后,大为兴奋,特于 1307 年春设汗八里(北京)总主教区,即委孟高维诺为这区的总主教,授予极大权力。

———————————

① 《马可·波罗游记》,陈开俊等译,福建科技出版社 1981 年版,第 87 页。
② Henry Yule,Cathay and the Way Thither. Vol,8,PP. 213-214。

教皇克莱门特五世并于同年 7 月派遣方济各会教士杰拉都斯、佩雷格里奴斯、安德烈亚斯等 7 人（其余 4 人，1 人未成行，3 人途死于印度），由海道来华协助孟高维诺的工作。

杰拉都斯等 3 人抵北京后，因为当时住在泉州的一位亚美尼亚的富妇捐出巨款建立了一座壮丽的教堂，使泉州成为另一个基督教的据点，孟高维诺就先后委任他们 3 人担任泉州主教。安德烈亚斯于 1326 年曾自泉州发了一封信，详细叙述了他在中国的情况。他说，来华的外国人都由元朝政府发给一份生活费——阿拉发（Alafa），他所得的年俸值 100 金佛罗林（florins）。他把这些钱的大部分都用于在泉州另建一华丽舒适的教堂。他还提到与他同时来华的 2 人当时已死。这封信札现在也保存完好，它同孟高维诺的 3 封信同为研究当时东西方往来的珍贵资料。

孟高维诺于 1328 年在中国逝世，但安德烈亚斯却思乡心切，极想回国。恰巧 1336 年时，在中国的阿兰人（他们都信奉基督教）因孟高维诺死后北京久缺总主教，派出了一个 16 人的使团到教廷请派新人。该使团还带有元顺帝给教皇的信。安德烈亚斯即为该团成员之一，经由陆路于 1338 年到达阿维尼翁。教皇本尼迪克特十二世即因此派出上述马黎诺里等来华，但安德烈亚斯似没有再度来华。

第二十七章

宋元时期的海洋社会与海洋信仰

宋代把从事海外贸易的商人称为番商、海商或舶商。宋朝以后,中国海商势力有了很大发展,并且在贸易中发挥了主导作用。海商数量庞大,在贸易和中外关系中发挥了巨大作用,在海洋群体中扮演着最为重要的角色。宋元时期不仅由于远远超过世界其他国家的经济文化发展水平而吸引各国商人纷至沓来,而且宋元政府鼓励外商来华贸易,保护他们在华的商业利益和财产权利,给予外商学习、入仕等机会,因而来华的外商人数众多,贸易规模巨大,是这一时期海外贸易中不可忽视的力量。

宋元时海外贸易和海上交通运输的急剧发展,是海神信仰产生并迅速普及的重要原因。妈祖信仰产生于宋朝,并不断被晋升封号,反映了宋代以来航海事业的发展,也反映了宋元封建朝廷对发展航海贸易的关切和重视。

第一节　宋代的海商与外商[1]

一　宋代的海商

（一）宋代海商的兴盛

中国民间海商得到较大的发展是在 9 世纪中期以后。唐代后期民间海商出海贸易的次数不断增加。例如,在中日贸易中,唐代海商到日本的第一次记载是 842 年,此后,海商贸易的次数逐步增加,到 903 年共达 36 次。而整个唐代,中日双方政府遣使只有 23 次。特别是遣唐使停派后,海商取代了遣唐使的作用,成为中日经济文化交流的主要承担者,而这其中又以唐朝的商人为主[2],往来中日间的"几乎都是唐朝的商船"[3]。朴真奭对中朝经济文化交流史的研究也得出这样的结论:唐代中后期,中朝交往,"原为国家所控制的对外贸易逐渐转入私人手中"[4]。这种趋势延续发展,到宋代

① 本节引见黄纯艳:《宋代海外贸易》,社会科学文献出版社 2003 年版,第 98—103 页,第 106—115 页,第 120—122 页。
② 武安隆:《遣唐使》,黑龙江人民出版社 1985 年版,第 172—175 页。
③ 〔日〕木宫泰彦:《日中文化交流史》,胡锡年译,商务印书馆 1980 年版,第 108 页。
④ 朴真奭:《中朝经济文化交流史研究》,辽宁人民出版社 1984 年版,第 35 页。

海商贸易已蔚然成风。

宋代民间海商贸易的次数较之前代有明显增长。北宋时期,有明确记载的宋海商赴日本贸易达 70 次。很多商人如孙忠、朱仁聪、周文德等都是多次往返于两国,孙忠赴日的次数不下 6 次。最初,日本政府按照唐代旧例,在鸿胪馆安置宋商,供给衣粮,后因来船太多,不胜负担,便不再设馆接待了,并规定每个宋商到日本贸易必须间隔两年,但很少有商人遵循。商人们往往以遇风漂至等各种借口提前来贸易。南宋时,日本源氏政权一改前代锁国政策,鼓励海外贸易,宋商赴日者更多了。南宋中叶以后日本僧人来华增多,知其姓名者有 120 余人,都是搭乘海商船只,由此可知这时期宋商赴日更加频繁了。朴真奭先生据《高丽史》统计,在 1012—1192 年,宋海商往高丽贸易共 117 次,其中能确知人数的有 77 次,共计 4548 人。与东南亚和印度洋沿岸各国的贸易是中外贸易的主要部分,前往这些地区的海商人数和规模比往日本和高丽者更多和更大,在此不再赘举。海商的贸易是民间性质,在史乘中留下记载的只是有限的一部分,实际的人数已湮没于历史的尘埃之中无法确考了,但远远超过文字的统计则自不待言。

(二)海商的构成

海外贸易的利润往往远远超过一般的贸易活动,“每十贯之数可以易番货百贯之物,百贯之数可以易番货千贯之物”①。丰厚的利润吸引着社会的各个阶层,富至百万之家,穷至如洗之民,贵至公卿大臣,重至拥兵大将,或亲自扬帆出海,或与人合股,或租船募人,远赴海外聚财殖货。在海商中有如“温州巨商张愿,世为海贾”②,“四明人郑邦杰以泛海贸迁为业”③,素以海外贸易为本业的。有像“建康巨商杨二郎,本以牙侩起家”,转而为海商者,“数贩南海,往来十余年,累赀千万”④。这类人本来就出身于商人阶级。

海商中人数最多的是沿海农户和渔户。他们或为生计所迫,或为利欲驱使,出海逐利。加之宋政府对出海贸易的鼓励,沿海居民中经营海上贸易者日益普遍。“贩海之商……江淮闽浙处处有之。”⑤在明州一带,“濒海之地,田业既少”⑥。正如舒直诗中所说,“香火长存社,渔盐每夺农”⑦。人们难以在农业中获得更大的发展,因而多弃农从商,经商风气盛行。“小人多商贩,君子资官禄。”“市列肆埒于二京。”⑧居民之中“籍贩枭者半之”⑨。台州有郑四客也是弃农经商者。他曾“为林通判家佃户,后稍有储

---

① 《敝帚稿略》卷一《禁铜钱申省状》。

② 《夷坚丁志》卷三。

③ (宋)郭彖:《睽车志》卷三,笔记小说大观本。

④ 《夷坚志补》卷二一。

⑤ 《敝帚稿略》卷一《禁铜钱申省状》。

⑥ 《宝庆四明志》卷五《商税》。

⑦ (宋)张津等撰:《乾道四明图经》卷八,舒直《和马粹老四明杂诗记里俗耳十首》之六,《宋元方志丛刊》本,中华书局 1990 版。

⑧ 《乾道四明图经》卷一《风俗》。

⑨ (元)王厚孙、徐亮纂:《至正四明志》卷五,《宋元方志丛刊》本,中华书局 1990 版。

羡，或出外贩贸纱帛、海物"①。福建路在宋代已是人多地少，人地关系紧张，沿海居民大都以海为生，为海商者较他路更多。史籍称："惟福建一路多以海商为业。"②"漳、泉、福、兴化滨海之民所造船乃自备财力，兴贩牟利。"③兴化一带"土荒耕老少，海近贩人多"④。泉州周围更是"贵贱惟滨海为岛夷之贩"⑤。两广之民做海商的也不少。广西濒海诸郡居民"或舍农而为工匠，或泛海而逐商贩"⑥。宋政府为有利于管理和收税，对这些民户专门编定户籍，即舶户。

涉足海外贸易的宗族、官吏、军将在海商中也占一定比例。宋政府明令限制现任官吏经营海外贸易，规定"官吏罔顾宪章，苟徇货财、潜通交易，阑出徼外"及"遣亲信于化外贩鬻者，所在以姓名闻"⑦。现任官以钱附纲首商旅过番买物者有罚。⑧ 市舶司所在地的"知州、通判官吏并舶司使臣等，毋得市蕃商香药禁物"⑨。亲自或托人出海及在国内贩易舶货都是被禁止的。但三令五申仍遏制不了厚利的诱惑。经商的宗族、官吏和军将时时有之。泉州南外宗正司的宗族男妇就有人从事海外贸易。⑩ 绍兴末年，宋政府"两宗司今后兴贩番舶并有断罪论"⑪的禁令余音未了，又有"两外宗子商于泉者多横"⑫的报告。官吏经商者更多。例如，"燕瑛罢广漕还朝，载沉水香数十舰"（《张氏可书》）。郑公明知雷州时"三次搬运铜钱下海，博易番货"⑬。有臣僚职责赵伯东"昨守雷州，多破官钱，收买商货，航海而归"。理宗朝宰相郑清之的儿子曾"盗用朝廷钱帛以易货外国"⑭。苏轼也曾"贩数船苏木入川，此事人所共知"⑮。可见，官吏染指海外贸易者并不在少数，也不止于各港口的地方官。军将从事海外贸易者与官吏一样普遍。宋代军将经商是常见现象，"为将帅者不治兵而治财……披坚执锐之士化为行商坐贾者，不知其几"⑯。广西"邕、钦、廉州与交趾接，自守卒以下，所积俸余悉皆博易"⑰。南宋大将张俊曾派一老卒以50万贯为本，出海贸易，"逾岁而归，珠犀香药之外且得骏马，获利几十倍"⑱。刘宝所部"军籍不少"，"差人于荆湖、福建收买南货……在军中搜买珠玉珍奇之物"⑲。在广南路有摧锋军，以防海盗。"军中有回易所以养

---

① 《夷坚支景》卷五。
② 《苏东坡全集》卷五六《论高丽进奉状》。
③ 《宋会要辑稿·刑法》二之一三七。
④ 《后村先生大全集》卷四六。
⑤ 《泉州府志》卷二一《田赋》。
⑥ 《宋会要辑稿·食货》六六之一六。
⑦ 《宋会要辑稿·职官》四四之三。
⑧ 《文献通考》卷二六《市舶互市》。
⑨ 《宋史》卷一八六《食货志下八》。
⑩ 傅宗文：《后渚古船：宋季南外宗室海外经商的物记》，《海交史研究》1989年，第2期。
⑪ 《宋会要辑稿·职官》二〇之三〇。
⑫ （宋）何乔远：《闽书》卷一一六，明崇祯二年刻本。
⑬ 《宋会要辑稿·职官》七四之四四。
⑭ 《宋史》卷四〇七《杜范传》。
⑮ 《续资治通鉴长编拾补》卷六，熙宁二年十一月己巳。
⑯ 《系年要录》卷一八九，绍兴三十一年三月己卯。
⑰ 转引自陈智超编《宋会要辑稿补编》，第661页。
⑱ （宋）罗大经：《鹤林玉露》卷三，笔记小说大观本。
⑲ 《系年要录》卷一八八，绍兴三十一年正月壬辰。

军。"参与贸易的兵士却常侵扰海商,以致"客舟往来,实受回易军兵之扰",宋政府不得不下令"不许诸司别作名色,差拨下海,所有本军回易止许就屯驻营寨去处开置铺席、典质贩卖、庶几不为商贾之害"①。可见,军士出海经商现象是十分严重的。

不时还有僧道人员被诱出净土,远涉鲸波,加入海商的队伍。"杭僧净源者,归居海滨,与舶客交通牟利。"②"泉州人王元懋少时祇投僧寺",后来"主舶贸易,其富不赀"③。"明州有道人……自云本山东商人,曾泛海遇风。"④温州道士王居常曾"贩海往山东"⑤。处州张道人"与一乡友同泛海"⑥。此类事例也并不止于以上列举的数例。

在为数众多、出自不同阶层的海商中,一部分以海外贸易为固定职业,另一部分,如官吏、军将及一些渔户、僧道只是在参与贸易时担当海商的角色,其他时候又各归本业。但这类人总体上数量庞大,贸易频繁,是海商队伍中极其重要的组成部分。

民间海商中资财丰薄不一,按照宋代的划分,"实系一百贯以下物货之人为小客"⑦。实际上,富裕海商的资财动以万计,海船以百数。"泉州杨客为海贾十余年,致赀二万万。"⑧辛道宗称,"家有青龙海船甚众"⑨,"番舶主"王仲圭一次能"差拨海船百艘"⑩。这些巨商大部分不再亲自出海,他们或出租海船,或雇人贸易。王元懋就曾雇佣"吴大作纲首,凡火长之属,一图账者三十八人同舟泛洋"⑪。这些大舶商贩易所得也是批发给小商销售。宋人王巩在《随手杂录》中记载了一个李氏老姐为主人买珠子的事,李氏"所货珠子,归则失去,告其主以金十两偿之,其主不许"。她的主人就是批发经营舶货的大海商。百贯以下的小商往往只有"少或十贯、多或百贯"的本钱,而造一条载重700料左右的小型海船仅铁钉就需200斤⑫,这些小商是无法承担的。他们只能"转相结托,以买番货而归"⑬,合资经营。几人同租一船。"泉州商客七人,曰陈、曰刘……",就曾"同乘一舟浮海"⑭。也有小商租大商海船的仓位,出海贸易,在船上"分占贮货,人得数尺许,下以贮物,夜卧其上"⑮。

（三）海商在宋代中外关系中的作用

宋朝海商数量庞大、活动频繁,不仅成为中外经济贸易的桥梁,而且在政治、文化等方面的交流中也是不可或缺的角色,起到了十分重要的作用。我们可以从以下几方

---

① 《宋会要辑稿·食货》六七之二。
② 《续资治通鉴长编》卷四三五,元祐四年十一月甲午。
③ 《夷坚三志己》卷六。
④ 《夷坚乙志》卷一三。
⑤ 《夷坚甲志》卷七。
⑥ 《夷坚甲志》卷一一。
⑦ 《宋会要辑稿·食货》三八之三六。
⑧ 《夷坚丁志》卷六。
⑨ 《系年要录》卷二一,建炎三年三月癸巳。
⑩ 《宋会要辑稿·食货》五〇之二三。
⑪ 《夷坚三志己》卷六。
⑫ （宋）施彦执:《北窗炙輠录》卷上,学海类编本。
⑬ 《敝帚稿略》卷一《禁铜钱申省状》。
⑭ 《夷坚三志己》卷二。
⑮ 《萍洲可谈》卷二。

面概见。

1. 中外经济交流中的主力军

在宋政府较为宽松的政策鼓励下,宋代海商凭借领先的航海技术和造船技术,成为东西洋贸易活动中最活跃、最庞大的力量。前文我们谈到,宋商在中日、中朝贸易中都是独领风骚。在与东南亚及印度洋沿岸诸国的贸易中,宋商也居于主导地位。宋商所到之处常常受到热烈的欢迎。例如,宋商到达渤泥国,"其王与眷属率大人到船问劳……船回日,其王亦酾酒椎牛祖席"①。这充分说明了宋商的贸易活动在社会生活中的重要性。宋海商船每次到达,便在南海诸国中掀起一次贸易高潮。宋"商船入港,驻于官场前……当地的商贾丛至,随筊篱搬运货物而去……当地的商贾乃以其货转入他岛贸易"②。宋商成了这里的批发商。宋朝海商还担当了东西洋间贸易的纽带,把中国的物产输往东非、阿拉伯地区,通过阿拉伯商人传到地中海等地。宋商每年冬季在东南亚国家"住冬",目的是在这里"博买苏木、白锡、常日藤","次年再发舶",转贩到阿拉伯地区③,再把东南亚和印度洋一带国家的货物贩易到日本、高丽以及北方的辽、金、西夏等。宋商销往日本的货物有"沉香、丁香、麝香等香药……鹦鹉、孔雀等"④,输往高丽的有"香药、沉香、犀角、象牙"⑤。宋商还积极招徕外商来华贸易,经常搭载来华的外商。宋政府对此也给予鼓励。"蕃商有愿随船来宋国者听从便。"⑥《宋会要辑稿·蕃夷》载,福州商人林振"自南蕃贩香药回茸……各有互市香药"。福州商人陈应、吴兵等"除自贩物货外,各为(占城)蕃首载乳蠢象牙等及使副人等"。仅吴兵的船为番首装载香药就达 11 万余斤。由于宋代朝贡贸易的减少,宋政府需要的外国所产的特需物品也常常委托海商代购。元丰七年政府发"朝旨,募商人于日本国市硫黄五十万斤"⑦。

2. 中外关系的使者

在前代完全由政府使节完成的政治交往,宋代由于政府遣使的减少,也部分由海商承担了。不少海商受政府委托,履行外交使命,以致"此年以来为奉使者不问贤否……多是市廛豪富巨商之子"⑧。熙宁八年(1075 年),宋朝欲联合古城进攻交趾,曾"募海商三五人作经略司委曲,说谕彼君长"⑨。元丰六年(1083 年)宋朝派使者到高丽,也是由商人先行,"蕃商人持牒试探海道以闻"⑩。第二年又"密谕泉州商人郭敌往(高丽)招诱(女真)首领"。有的海商主动为政府使节打前站。"福建、两浙有旧贩高丽海商,知朝廷遣使,争谋以轻舟驰报。"⑪海商中有些人还被其前往贸易的国家聘为使节,代

---

① 《诸蕃志》卷上。
② 《诸蕃志》卷上。
③ 《诸蕃志》卷上。
④ 〔日〕藤家礼之助:《日中交流两千年》,张俊彦、卞立强译,北京大学出版社 1982 年版,第 121 页。
⑤ 朴真奭《中朝经济文化交流史研究》,辽宁人民出版社 1984 年版,第 53 页。
⑥ 〔日〕《朝野群载》卷二〇,转引自陈高华、吴泰:《宋元时期的海外贸易》,第 77—78 页。
⑦ 《续资治通鉴长编》卷三四三,元丰七年二月丁丑。
⑧ 《系年要录》卷一七一,绍兴二十六年二月丙子。
⑨ 《续资治通鉴长编》卷二七一,熙宁八年十二月。
⑩ 《续资治通鉴长编》卷三四一,元丰六年十一月己丑。
⑪ 《续资治通鉴长编》卷二八九,元丰元年五月甲申。

表该国出使宋朝。泉州商人傅旋曾作为高丽使节"持高丽礼宾省帖,乞借乐艺等人"[①]。有些海商船只搭载外国使者来宋。元丰八年(1085年),宋政府规定:"许海舶附带外夷入贡及商贩。"[②]前面提到的福州商人陈应就曾载有占城国"使副人等"。日本也曾遣使"附明州纲首以方物入贡"[③]。海商在贸易中传送政府间的牒文、信函更是十分频繁。宋高宗即位,宋商蔡世辛把即位诏书送到高丽。庆元府(即明州)与高丽交往的牒文也是由商人传送的:"本府与其(指高丽)礼宾省以文牒相酬酢,皆贾舶通之。"[④]宋商吴迪、侯林等都去高丽传送过明州的牒文。[⑤]有的海商还传送过多次,如孙忠就传送过至少四次宋日间的牒文。[⑥]宋政府对多次完成外交使命的海商予以奖励。密州商人平简因"三往高丽通国信"而被授予"三班差使"。[⑦]海商往来贸易,经常传递中外信息。建炎五年(1132年),宋朝击败金军,改元绍兴的消息就是宋商卓荣传到高丽的。[⑧]宋太宗时,广西转运使报告交趾国君黎桓已死,宋太宗遣使查证,使者敷衍塞责,也报告黎桓已死,"未几有大贾自交趾回,具言桓为帅如故"[⑨],太宗才得到真实的消息。宋朝罪犯鄂邻外逃,"广东商人邵保见军贼鄂邻百余人在占城"[⑩],宋朝得报后将其捕回。这位邵保因此而得封为下班殿使、三班差使、监南剑州县酒税。

海商在宋与外国建立或恢复已中断的邦交上也起到了重要作用。阇婆国就是因建溪商人毛旭"数往来本国,因假其向导来朝贡"[⑪]。注辇国也因有"船舶商人到本国告称宋之有天下",而遣使道贺。[⑫]高丽与宋自天圣八年后中绝交往43年。熙宁初,神宗想再结高丽,于是"因贾舶以招来之"[⑬],而高丽也有此意,委托泉州商人黄真、洪万持牒文来"令招接通好"[⑭],中断了几十年的邦交因海商的媒介而得以再续。

3. 中外文化的传播者

学术文化的传播,前代主要由使节或政府派遣的留学生来完成。而到了宋代,他们的大部分职责被海商取代。海商们把大量中国书籍传到外国。宋商郑仁德曾把日僧奢然在宋求得的《大藏经》带到日本。孙忠也曾把宋朝给日本朝廷的《法华经》及其他经书送到日本。奝然说,日本"有《五经》书及佛经、《白居易集》七十卷,并得自中国"[⑮]。高丽十分欢迎宋商贩运书籍。"每贾客市书至",其王"则洁服焚香对之"[⑯]。福

① 《续资治通鉴长编》卷二六一,熙宁八年三月丙午。

② 《宋会要辑稿·职官》四四之一三。

③ 《宋史》卷四九一《日本传》。

④ 《宝庆四明志》卷六《市舶》。

⑤ 朴真奭:《中朝经济文化交流史研究》,辽宁人民出版社1984年版,第53页。

⑥ 〔日〕木宫泰彦:《日中文化交流史》,胡锡年译,商务印书馆1980年版。

⑦ 《续资治通鉴长编》卷三四九,元丰七年十月癸未。

⑧ 朴真奭:《中朝经济文化交流史研究》,辽宁人民出版社1984年版,第53页。

⑨ 《宋史》卷四八八《交趾传》。

⑩ 《宋史》卷四八九《占城传》。

⑪ 《文献通考》卷三三二《四裔考九》。

⑫ 《文献通考》卷三三二《四裔考九》。

⑬ 《续资治通鉴长编》卷四五二,元祐五年。

⑭ 《文献通考》卷三二五《高句丽》。

⑮ 《宋史》卷四九一《日本传》。

⑯ 《宋史》卷四八七《高丽传》。

建海商徐戬"先受高丽钱物,于杭州雕造夹注华严经,费用浩汗,印板既成,公然于海舶载去交纳"。海商中"如徐戬者甚众"①。交趾国也十分热爱中国文化,然其国"不能造纸笔,求之省地"②,主要仰给商人从宋朝贩易。

另一方面,海商又把外国书籍或在中国已失佚而外国仍留存着的中国书籍传入中国。《朱子语类》载:"尝见韩无咎说,高丽入贡时,神宗谕进先秦古书。及进来,有六经不曾焚者。神宗喜,即颁行天下。"《玉海》卷五二《艺文书目》也载:"高丽献书多异本,馆阁所无。"日本也有不少宋朝已佚的中国古籍:"其国多有中国典籍,奋然之来,复得《孝经》一卷、越王《孝经新义》第十五一卷。"③这些书都是宋朝已无存的古籍。这些书在宋朝当然是极受欢迎的,也是海商乐于贩易的商品。海商也常把外国书籍带到宋朝。日本僧人源信把自著的《往生要集》等书托宋商周文德带到中国宣传。④

外国僧人来宋一如往朝频繁。海商的船舶成为他们往来的桥梁。奝然及其弟子嘉因来往于宋日都是搭乘宋商船。宋商郑仁德曾四次搭载日僧。特别在南宋,中国禅宗兴旺,日僧来华学习者更多,记载中确知姓名的达120多人,他们绝大部分都是搭乘宋商船往返。高丽也有僧人来华。僧侣往来丰富和传播了宗教文化,而海商在其中起到了极为重要的作用。

在海商的贸易过程中,中国的科学技术也流播各国。1223年,日僧道元搭宋商船来华学习六年制瓷技术,回国后烧制了有名的"懒户烧"。火药技术也是由中国"江南海客"介绍到高丽。其他手工业、医学、航海等技术知识也通过海商广为传播。

4.海商的兴盛掀起了华侨迁移的高潮

宋代是中国文献中记载华侨事迹的最早时期。因为这一时期中国华侨迁移人数空前增多。宋朝称华人留居外国为"住蕃"。在日本、高丽及大部分东南亚国家都有华侨居住。在高丽,仅其王城就"有华人数百"⑤。而交趾"其国土人极少,半是省民",连"其祖(李)公蕴亦本闽人"⑥。这些华侨有的是自愿随商船出海,定居外国的。高丽王城数百名华人就是"多闽人因贾舶至者"⑦。有的是宋朝失意士人或罪犯,随商船远走海外。《宋会要辑稿·刑法》载:自元祐以来,"押贩海舶人,时有附带曾赴试士人及过犯停替胥吏过海入蕃,名为住冬,留彼数年不回。有二十年者,娶妻养子,转于近北诸国无所不至"。不少商人出海贸易,或出自愿,或由海难,留居外国。福建、广南就有很多商贾"至交趾、或闻有留于彼用事者"⑧。因海难而留居番国的为数甚多。《夷坚乙志》卷八记有一个福州商人遇海难,漂至一海岛,岛上的首领"与屋以居,后又妻以女,在彼十三年"。《夷坚甲志》卷七载,有泉州海贾"欲往三佛齐"不幸而"落礁土",漂至一岛,"与一女子成婚",居彼七八年,生三子。建州海贾周世昌遭风漂至日本,"凡七年得

---

① 《苏东坡全集》卷五六《论高丽进奉状》

② 《诸蕃志》卷上。

③ 《宋史》卷四九一《日本传》。

④ 转引自陈高华、吴泰:《宋元时期的海外贸易》,第244页。

⑤ 《文献通考》卷三二五《高句丽》。

⑥ 《文献通考》卷三三〇《四裔考七》。

⑦ 《文献通考》卷三二五《高句丽》。

⑧ 《续资治通鉴长编》卷二七三,熙宁九年三月壬申。

还"①。还有一些华侨则是被不法海商贩卖出国的。南方的海商常"诱人作婢仆担夫",然后转卖入交趾,"取黄金三两,岁不下数百千人,有艺能者金倍之,知文书者又倍"②。二广边郡直接"透漏生口"③也屡禁不绝。这些华侨出自不同阶层,以不同原因移居外国,但有一点是相同的,即几乎都是以海商为媒介而迁移。

入番的华侨有的是暂住七八年或一二十年,但大部分是"留卑终身"④,成为当地永久居民。他们的后代被称为"土生唐人",与当地人一样参与社会活动。占城统治者曾"差土生唐人及蕃人"一起招诱欲往宋朝的三佛齐使者佛记霞罗池等人的船只到占城。⑤ 中国当时的科学技术远远先进于海外诸国。不少出国的华侨都有一定的文化素质或工艺技能,所在国常"试其能诱以禄仕"⑥。交趾国对"闽人附海舶往者必厚遇之,同使之官,咨以决事"⑦,以致"所任乃多闽人",其土人因文化技术素质落后于华人而"无足倚仗"⑧。这些华侨带去中国先进的文化,对所在国政治经济文化的发展做出了巨大的贡献。宋政府在外交上虽然持收缩、被动的政策,而此时中外经济文化交往之盛却不差于前代,中外贸易比以往任何时代都繁荣。中国的丝绸、瓷器等产品同国外的香药、珍宝以空前的规模相交易。印刷术、指南针、火药等技术也是这一时期远播西亚和欧洲的。此时,华侨的迁移也形成一个高潮。这一切都与宋政府的对外态度相背驰。在这个中外交往繁盛局面中扮演了十分重要角色的正是数以万计的宋朝海商。海商的活动加强了中外联系,缩短了中外人民的距离。正如当时的一位日本大臣所说的,"商客至通书,谁谓宋远"⑨? 在中外关系史上,我们的确不能不记下这些曾经使世界变得更加密切的宋代海商。

二 来宋的外商

(一)来宋的外商

据《诸蕃志》等书记载,与宋朝有贸易关系的海外国家共有五六十个,其中很多国家都有商人来宋贸易。《宋史·夏国上》也记载:"稠若高丽、渤海,虽阻隔辽壤,而航海远来,不惮跋涉;西若天竺……大食……拂林等国……(南若)交趾、占城、真腊、蒲耳、大理滨海诸蕃,自刘钅、陈洪进来归,接踵修贡。"但商人来华最多、最频繁的国家主要有高丽、日本(主要在南宋时期)、交趾、占城、三佛齐、大食、注辇、真里富、真腊等国。高丽与宋关系时有波动,而其商人来华却从未间断。高丽商人和使节在熙宁七年以前主要由登州入宋,登州港被封后则由明州登陆。日本商人北宋时几乎无人来华。南宋时武家兴起,执政者改变了前代消极的外贸政策,积极鼓励日本商人与宋朝的贸易,日

---

① 《文献通考》卷三二四《四蕡考一》。
② 《文献通考》卷三三〇《四蕡考七》。
③ 《宋会要辑稿·刑法》二之一四七。
④ 《文献通考》卷三二五《高句丽》。
⑤ 《宋会要辑稿·蕃夷》七之五〇。
⑥ 《文献通考》卷三二五,《高句丽》。
⑦ 《文献通考》卷三三零《四蕡考七》。
⑧ 《续资治通鉴长编》卷二一六,熙宁三年十月。
⑨ (宋)江少虞:《宋朝事实类苑》卷四三,上海古籍出版社1981年版。

商来华者逐渐增多。《宝庆四明志》和《开庆四明志》有很多关于日商贩运木材、硫黄、黄金等商品来华的记录。交趾商人来华贸易主要集中在钦州。而占城商人在华贸易被宋政府限于广州一地,但占城商人来华者仍然很多。据张祥义先生统计,北宋时来华朝贡共计 63 次,南宋时仅高宗、孝宗两朝就有 8 次。在大多数时候朝贡只是商人为了获得优厚回赐的幌子,其实是一种贸易行为。三佛齐商人来华贸易不仅人数多,而且规模很大。三佛齐曾一度控制马六甲海峡,试图垄断东南亚与中国及西方的贸易。绍兴二十六年(1156 年),三佛齐商人莆晋携带的商品中仅乳香就有 8 万斤、胡椒万升、象牙 40 斛,名香宝器甚众,[①]规模十分可观。三佛齐商人在华定居的也不少:"三佛齐之海贾,以富豪宅,生于泉者,其人以十数。"[②]大食商人也是来宋次数最多者之一。据统计,从太祖开宝元年至孝宗乾道四年,大食来华贸易有史可考的达 49 次。[③]在泉州、广州的"蕃坊"里有很多蒲姓外商。"蒲"即阿拉伯民族姓氏"阿卜"的汉译。这类外商绝大部分都来自大食。真里富商人也常赴宋朝贸易,其商人"欲至中国者,自其国放洋,五日抵波斯兰,经真腊,占城等国可到钦廉州"[④]。此外,阇婆、渤泥、注辇等国商人来华贸易的记载,史籍中可稽考者也不少。总体上,外商来华人数十分庞大。依智高叛乱时从广州掠走番汉数万家,其中的番人大部分就是来华贸易而居留下来的外商。

　　来华的外商大都拥有雄厚的资本,其中的"富者赀累巨万"[⑤],有"蕃商辛押陁啰者,居于州数十年矣,家赀数百万缗"[⑥]。熙宁年间。辛押陁啰还请求"进助修广州城钱粮",宋神宗"诏勿受其状"[⑦]。乾道四年(1168 年),有一真里富大商死于明州城下,"囊资巨万"[⑧]。在泉州有位叫佛莲的番商"其家富甚,凡发海舶八十艘",死后家中仅珍珠就有 130 石。[⑨] 这些番商"服饰皆金珠罗绮,用皆金器皿"[⑩];所建屋宇"宏丽奇伟,益张而大,富盛甲一时";修造的伊斯兰教塔寺"高入云表",每到宴会则"挥金如粪土,舆皂无遗,珠玑香贝、狼藉坐上,以示侈"[⑪]。他们财富丰厚,生活富丽奢华。来华外商的贸易额动辄数十万贯。大食商人蒲啰辛一次贩到的乳香价值达 30 万贯。外商蒲亚里贩到的象牙、犀角等商品总价值之大,使市舶司所储的所有本钱都不够博买。蒲姓外商在泉州结成大海商集团,资财冠于诸商。"泉之诸蒲,为贩舶作三十年,岁一千万,而(贾似道)五其息"[⑫],贸易额达到 1000 万贯。总之,来华的外商国别众多、人数庞大、资本雄厚,是中外贸易中的重要力量。

① 《系年要录》卷一七五,绍兴二十六年十月。
② (宋)林之奇:《拙斋文集》卷一五《泉州东坂葬蕃商记》,《四库全书》本。
③ 林松:《泉州——我国伊斯兰教和回民族的主要发祥地》,《海交史研究》1988 年第 2 期。
④ 《宋会要辑稿·蕃夷》四之九九。
⑤ 《泉州府志》卷七五《拾遗》。
⑥ (宋)苏辙:《龙川略志》卷五,中华书局点校本。
⑦ 《续资治通鉴长编》卷二三四,熙宁五年六月己巳。
⑧ 《攻媿集》卷八六《皇伯祖太师崇宪靖王行状》。
⑨ (元)周密:《癸辛杂识》续集卷下,津逮秘书本。
⑩ (明)顾炎武:《天下郡国利病书》卷一〇四《广东八》,上海图书集成局铅印本。
⑪ (宋)岳珂:《桯史》卷一一《番禺海獠》,中华书局点校本。
⑫ (元)方回:《桐江集》卷六《乙女前上书本末》,《四库全书》本。

（二）外商在宋的生活

1. 外商的侨居

宋朝政府允许外商自由来往，"听其往还，许其居止"①。"诸国人至广州，是岁不归者，谓之住唐。"②不仅很多外商"住唐"，而且不少外商还携家带口，举家迁到中国，"每年多有蕃客带妻儿过广州居住"③。随迁的外国妇女也有一定的社会影响，"广中呼蕃妇为菩萨蛮"④。住唐的外商一般聚居在某一区域。宋政府在此设立番坊。外商居住最为集中的地方是广州和泉州。广州和泉州都设有番商所居的"蕃坊"。广州"蕃坊"的位置，桑原骘藏认为就在《桯史》《萍洲可谈》两书所记的海山楼处。海山楼"在广州府城之南，珠江之北岸，蕃坊亦在此"⑤。泉州的"蕃坊"又称"蕃人巷"。《方舆胜览·福建路·泉州》载："诸蕃有黑白二种，皆居泉州，号'蕃人巷'。""蕃人巷"的位置在州城之南。乾隆《泉州府志》说，番商都"列居郡城南"。据泉州海外交通史调查组实地查证，宋元时期番客居住区在今泉州南门附近地区，东起青龙聚宝，经东桥市，西至富美与风炉埕，北从横巷起，南抵聚宝街以南的宝庵寺止的范围之内。⑥"蕃坊"中"置蕃长一人，管勾蕃坊公事"⑦。番长以番人中有威望者为之，由宋政府任命，是宋政府管理外商的代理人。番长同时还负有招徕外商的职责。在很多地方虽未正式设番坊，但居住的外商仍不少。这些地方的外商"多流寓海滨湾泊之地，筑石联城，以长子孙"⑧。海南岛有番商聚居的番浦、番村，开封有侨居的犹太人。宋朝并不鼓励外商常住，而希望他们不断地往来贸易。但从《宋会要辑稿·职官》所载可知，在华居住满五世的外商，死后若无财产继承人则"依户绝法，仍入市舶民事拘管"，可见世代在华常住的外商仍不少。

宋政府规定，对在华定居的番商，"不得卖与物业"⑨。"蕃商毋得多市田宅，与华人杂处。"⑩外商只能居于番坊，也不能在城内居住："化外人法不当城居。"⑪但番商结交中国官员，广行贿赂，即使有犯法违禁之事，"上下俱受赂，莫肯谁何"。泉州"有贾胡建层楼于郡庠之前。士子以为病，言之郡。贾赀巨万，上下俱受赂，莫肯谁何"，因官员受贿，偏袒番商，而不了了之。⑫泉州番商莆八官人漏舶偷税，官员林乔受其贿，为之说情。与此相同，番商城居和置产的禁令也并未得到实施。番商常杂居于汉民之中，

---

① 《宋会要辑稿·职官》四四之九。
② 《萍洲可谈》卷二。
③ 《天下郡国利病书》卷一零四《广东八》。
④ 《萍洲可谈》卷二。
⑤ 〔日〕桑原骘藏：《蒲寿庚考》，陈裕菁译，中华书局1954年版，第55页。
⑥ 泉州海交史博物馆：《泉州海外交通史料汇编》第三辑。
⑦ 《萍洲可谈》卷二。
⑧ 《天下郡国利病书》卷一零四《广东八》。
⑨ 《宋会要辑稿·刑法》二之二一。
⑩ 《续资治通鉴长编》卷一一八，景祐三年四月辛亥。
⑪ （宋）朱熹：《朱文公文集》卷九八《傅公（自得）行状》，四部丛刊初编缩本。
⑫ 《朱文公文集》卷九八《傅公（自得）行状》。

在广州"胡贾杂居,俗杂五方"①。泉州也有"蕃商杂处民间"②。番商修房置产则更为普遍。广州番商修造的房屋"家家以箆为门"③。所建"屋室稍侈糜逾禁","层楼杰观,晃荡绵亘,不能悉举矣"④。

外商在华居住日久,很多习俗便同化于中国居民。"蕃人衣装与华异,饮食与华同",而"蕃长"则"巾袍履笏如华人",但他们也保持着很多自己原有的生活特色。广州的番客"至今但不食猪肉","蕃人非手刃六畜则不食","蕃坊献食,多用糖蜜脑麝,有鱼虽甘旨,而腥臭自若也"。波斯妇人仍然保持着食槟榔的习惯,娱乐、种花等也保持了本国的习俗。"广州蕃坊见蕃人赌象棋,并无车马之制,只以象牙、犀角、沉檀香数块,于棋局上两两相移,亦自有节度胜败。"番人所种的花品质优良。"制龙涎者无素馨花,多以茉莉代之……素馨唯蕃巷种者尤香,恐亦别有法耳。龙涎得以蕃巷花为正。"⑤

2. 外商在华的就学和婚姻

广州和泉州都先后设置了番学,接受番商子弟就学。神宗熙宁年间,程师孟知广州,"大修学校,日行诸生讲解,负笈而来者相踵,诸蕃子弟皆愿入学"⑥,但这时仍只是在州学之中吸收番商子弟。到"大观政和间,天下大治,四夷向风,广州泉南请建蕃学"⑦,专供番商子弟入学。番学的建立使番子弟有机会学习先进的宋朝文化,也促进了中外文化交流。侨居宋朝的番商有的仍在本民族内通婚,如伊斯兰教大商佛莲就是泉州莆姓番商的女婿,但很多番商"渐与华人结姻"⑧。大商莆亚里到广州,当地华人"右武大夫曾纳利其财,以妹嫁之,亚里留不归"⑨,甚至有"广州蕃坊刘姓人娶宗女"⑩。泉州也有"贾胡莆姓求婚宗邸"⑪。由此可见,当时汉番通婚已十分普遍。

第二节　宋元时期的海外移民

一　宋代华人移居海外的增多

宋时中国人往海外的比唐时多。除了每年都有中国商人前去东方的日本贸易外,中国人去印度尼西亚各岛的也为数不少。据阿拉伯作家马素地记载,早在唐末就有许多华人移民苏门答腊岛上。南宋时,印尼各岛几乎都有华人的踪迹。中国饮食在印尼各地很受当地群众喜爱,以致去该地经商的人,必须带一两位善于烹调的厨师同行,以

---

① （宋）祝穆:《方舆胜览》卷三四。
② 《攻媿集》卷八八《汪(大猷)公行状》。
③ （宋）庄季裕:《鸡肋编》卷中,中华书局点校本。
④ 《桯史》卷一一《番禺海獠》。
⑤ 《萍洲可谈》卷二。
⑥ （宋）龚明之:《中吴纪闻》卷三,知不足斋丛书本。
⑦ （宋）蔡绦撰,冯惠民、沈锡麟点校:《铁围山丛谈》卷二,中华书局1983年版。
⑧ 《天下郡国利病书》卷一〇四《广东八》。
⑨ 《宋会要辑稿·职官》四四之一〇。
⑩ 《萍洲可谈》卷二。
⑪ 《后村先生大全集》卷一五五《礼部王郎中墓志铭》。

为联络感情的手段。① 中国钱币在印尼各岛也很受欢迎。宋朝政府虽然几次禁止铜钱出口,但流传海外的已为数不少。近代在爪哇的日惹、加里曼丹的沙劳越河口都曾发现过不少唐、宋古钱,足以证明当地和中国贸易之盛。马来半岛、新加坡附近还发现过中国坟墓,记有后梁(907—923 年)及南宋咸淳(1265—1274 年)的年号。

宋代中国人去南印度一带的也很多。近代在马拉八儿曾发现过中国钱币。《岭外代答》也有关于此地的记载,还在南印度卡弗里河口的八丹地方的古塔上还有中文题词,一直存留到 20 世纪中叶。元时汪大渊的《岛夷志略·土塔条》曾对此有所记载:"居八丹之平原,木石围绕,有砖瓷塔,高数丈,汉字书云,咸淳三年(1267 年)八月毕工,传闻中国人其年旅彼,为书于石刻之,至今不磨灭焉。"据欧洲人记载,南宋时有大批中国船来南印度贸易,并有中国人留居该地。又据锡兰历史记载,当时锡兰军队中甚至有中国人。南印度的故临国是中国和阿拉伯间的转运之所,已见《岭外代答》。

宋人的脚迹还遍及阿拉伯海沿岸各国以至印度洋西部。据阿拉伯作家伊德里西的记载,称中国船常至巴罗奇(即贾耽书中的拔旭)及印度河口、亚丁及幼发拉底河口等处,由中国贩来铁、刀剑、鲛革、丝绸、天鹅绒及各种植物织品。阿蒲尔费达地理书引 AzYza 在描绘波斯湾头的阿曼时称:"阿曼(Oman)系美丽城市,此地有海港,从印度、中国及僧祇(Zandj 又译为层拔,层期)诸国航来之商船为数颇多。"宋人对大食的记载比唐人详尽,不仅记载其首都白达(巴格达),而且还记载阿拉伯半岛以至非洲各地,如麻嘉(麦加)、勿拨(Mirbat,Merbat)以及瓮蛮(阿曼)、记施(Kishi 即 Shiraz)、弼斯罗(Basra 即巴士拉)等地。② "官吏文书,商贾往来,皆取道于海。"③这说明宋代政治的稳定、移民的迁徙、经费的筹措都与商业的发展息息相关。而宋代海南岛的商业就是由海外贸易带动,并围绕海外贸易而展开。

二 潮汕移民④

潮汕海外移民,可分为几个历史时期。就整体而言,随着经济、政治环境的变迁及造船、航海技术的发展,国际环境呈波浪式发展状态;既有高峰,也有低谷,如浪潮起伏。宋元时潮汕移民开始发生;明清两朝,虽限于"海禁",却呈大量发展的趋势;近代以来,从汕头被列为对外通商口岸起发展至高峰,到新中国成立以后基本结束;中华人民共和国成立后仍有潮汕人移居外国,而且有新的浪潮发生,但情况和性质较之从前已大不相同。

潮汕地区经济的发展繁荣,是在宋代全国经济重心南移以后。这时,黄河流域战乱天灾相接踵,生灵涂炭,难以安居,中原人民大量南下,潮汕经济人文,得到迅速开发。社会生产力不断提高,社会分工不断扩大,民营手工业的兴盛,商品经济的发展等为素来崇尚于商业的潮汕人做海上生意提供了有利的条件。宋代海上多有船只来往,潮汕人出国经商自然增加,不少人通过经商渠道,在外国长期居留。南宋以后,船舶出

---

① 《诸蕃志·渤泥条》:"商贾日以中国饮食献其王,故舟往佛泥,必挟善庖者一二辈与俱。朔望并备贺礼,几月余方请其王与大人论定物检。"

② 汶江:《古代中国与亚非地区的海上交通》,四川省社会科学院出版社,1989 年版,第 155—156 页。

③ (宋)苏过:《斜川集》卷五《论海南黎事书》,舒大刚、蒋宗许等校注本,巴蜀书社 1996 年版。

④ 引见潮汕历史文化研究中心:《汕头历史文化小丛书》,汕头大学出版社 1997 年版,第 12—17 页。

海更见频仍,海舶大的可容纳数百人,小的也可容纳百余人。但当时的潮州并非对外开放之地,即使元朝数度开放对外贸易也仅限于泉州、明州、广州几个地方。因此,这一阶段越海移居的潮汕人虽然络绎不绝,人数却不可能很多。有的学者根据有关材料估计,潮汕人移居总数超不过 1 万人,主要到达菲律宾、真腊(今之柬埔寨)、暹罗(今泰国境内)、占城(今越南中部)、三佛齐(今苏门答腊岛东部)、爪哇等。

潮汕海外移民这一历史时期,约 400 年。促使潮汕人向海外迁移的因素主要有几方面。

1.宋元两朝政府对海外贸易的支持和鼓励

两宋时代,中原和西夏、辽金长期对峙,除茶、马互相贸易交流之外,陆路交通几乎断绝,海外贸易的地位日趋重要。其时,海外贸易可分为朝贡贸易和市舶贸易。朝贡贸易兼有政治职能甚至以政治职能为主,通过番国携带贡物前来朝贡和朝廷厚馈回赠,以保持睦邻关系。市舶贸易则是海外贸易的主体。朝廷在各通商口岸设置市舶司管理和控制海上中外贸易,实施征收商税、海货专营、接待朝贡使团等职能。宋代竭力鼓励对外贸易,一方面招引番商来华贸易,另一方面鼓励中国商人出海贸易,目的都是为了增加财政收入。例如,绍兴二十九年(1159 年),仅闽、浙、广三市舶司就抽得"二百万缗"[①],占当时朝廷财政收入的 1/5。国际贸易的来往,为人民的外移提供了进行的时机。

元初海上贸易制度基本承袭宋代,虽然从表面上看,对民众出洋的禁例似乎比宋代严厉,但如同宋代鼓励对外贸易并不主张移民却利于民众出国一样,其所重视的是财政收入,而对民众逃逸海外并不追究。

总的来说,宋、元两代政府对与周边国家贸易来往以及对商人流居境外比较放开,《宋刑统》中还规定了处理涉外遗产的基本原则。元也相对放宽对出入境的限制并立法为据。《元典章》中的《市舶司法》,就是元调整中外贸易关系和中外居民来往关系的法律专章。在这样的大环境下,潮汕人到东南亚各国做生意及外迁居住必然比较容易。经商队伍中,中小商人占绝大多数,这点与潮汕本地情况完全相同。

2.宋元易代时潮州之战乱及元兵远征的失败

1278—1368 年,元朝统治潮汕,辖海阳、潮阳、揭阳三县。在这 90 年中,潮汕经历近 20 年的兵祸,留下惨烈的记忆。

至元十一年(1274 年)九月,忽必烈正式发动灭宋战争。宋恭帝赵㬎于十三年正月上表降元,宋朝宣布灭亡。一年后,追击南宋残存势力的元军到达闽、粤一带,战火随之蔓延到潮州境内。突兀而来的蒙古大兵和甘为蒙古充当前驱的北方汉人的残酷杀掠,盗贼的趁火打劫、山寨林立、互相攻击,依附蒙古人的地方豪强的纷争叛卖,使三阳大地兵连祸结、苦不堪言。至元十五年(1278 年)三月,元军由能征善战闻名的将领唆都率领进攻潮州城,潮州城知州马发率领士兵英勇拼战,终因寡不敌众而失败。潮州城破,元兵遂进行疯狂的抢、杀、烧、掠,痛失生命安全和生活所傍的潮州人和抗元失败后的残存者纷纷逃难于海外。

这场伴随着江山易代和异族入侵而来的战乱,对数百年未经大规模兵燹的潮汕人

---

① 《建炎以来系年要录》卷一八三。

来说,无疑是一场天崩地裂一样的灾难。作为亡国之民,此时流亡到南洋各地的潮汕人,数量比较多。南宋末年,曾陪宋幼帝奔走于闽粤的左丞相陈宜中,在崖门陷落以后,就带了一批人逃到湄南河上游的暹罗国,一直到老死。南宋潮州都统、饶平人张达勤王失败,部分追随他的饶平人也在此时流离海外。① 其他朝臣如吏部尚书陈仲徽、参知政事曾渊等,"诸文武臣流寓海外,或仕占城,或婿交趾,或别流远国"②。他们走时,都有部下民众同行。宋末将领张世杰率余部及百姓分乘舰舶百余艘,移居交趾、占城和真腊等处,这就形成了宋末元初从潮汕向海外移民的一次高潮。

至元三十四年(1297年),元战爪哇。打了胜仗以后,敌军假装投降,却于元军举行庆功晚筵时突然袭击,元兵大败,许多士卒逃向附近岛屿,流落于印尼、马来西亚等地,与土著杂居,成为华侨。史载"其病卒百余,留养不归,后益蕃衍,故其地多华人"③。可以断定,元初勿里洞岛就开始有中国人的村落了,其中必有不少潮汕人。1297年,元朝为备战日本,再次到潮汕、闽南抽丁海战。这一役失败后,有些士兵散居于菲律宾等地,成为元朝初期从潮汕出洋的又一批移民。

3."蕃国"对"唐人"的优待和欢迎

华商出洋,也深得当地政府和人民的欢迎。在苏吉丹(爪哇中部)"厚遇(中国)商贾,无宿泊饮食之费"④。在占城,泉州海商王元懋"留居十年,占城妻以爱女,一时富贵无比"⑤。那时,华侨不但是中国与南洋贸易的主力,而且南洋区域间的贸易也主要通过他们之手,因此很受欢迎。南洋国家政府对于华商的优待政策,也使许多华商愿意在彼地留居。真腊国政府还规定:"蕃杀害唐人,即以蕃法偿死。如唐人杀蕃至死,即罚重金,如无金,即卖身取金赎。"⑥华人享有较高的法律地位。元人周达观出使真腊后所著《真腊风土记》书中提到"唐人"到真腊,先要娶当地妇女为妻。"唐人"水手,因真腊国中不著衣裳,且米粮易求,妇女易得,居室易办,器用易足,买卖易为,往往逃逸于彼。当时的南洋确有不少吸引华人前往的地方。"唐人"来了,与当地人杂居,生息繁衍、物质充裕,有的终身便不再返回家乡。宋代真腊国已有定居35年的老华侨,越南东部也有第二代华侨。潮籍商人主要集中的南洋群岛一带国家,那里实际上已经出现了潮汕人聚居的地方。许多人在那里娶妻养子,逐渐融入当地社会。

第三节　宋元时期的妈祖信仰⑦

妈祖信仰,历经千年,由莆仙和福建沿海的地方性民间乡土神升格为全国性的航海保护神,进而过海越洋,远传海外,成为闪耀着中华传统文化光辉的世界宗教现象。

---

① 《饶平县志》第29篇"华侨华人、港澳同胞"。
② (南宋)郑思肖:《心史》,《四库禁书》本,时代文艺出版社2000年版。
③ 《明史·外国列传·交兰山》。
④ (宋)赵汝适:《诸蕃志》"苏吉丹"条。
⑤ (宋)洪迈:《夷坚志》卷三。
⑥ 陈元靓:《事林广记》前集,卷五。
⑦ 本节引见李玉昆:《妈祖信仰在北方港的传播》,《海交史研究》1994第2期;彭德清:《中国航海史》,人民交通出版社1988年版,第240—242页。

综观妈祖信仰传播的历史流程，虽偶呈潮汐式的涨落曲线，但整体趋势是由陆出海、由近及远曲折前进。其传播历程可相对分为三个时期，出现过四次高潮：①两宋的发源普及期，在莆仙范围内出现第一次高潮；②元明时的拓展、远播期，在全国范围内出现了第二次高潮；③清代以来的鼎盛、升华期，在我国台湾海峡两岸和全球范围内出现了第三、第四两次高潮。对此，我国台湾地区多位学者已有深入研究和精辟论述。宋代莆田县内传播中心的数度兴废转移，元代的显赫累封、尊奉有加，明代的远拓海外、振微起衰，都留下了不少幽微曲折的史实事理，值得后人研究。追踪其传播轨迹，探寻其消长规律，揭示其与彼时彼地的社会经济、政治和文化背景的互动关系，对于认识妈祖信仰中所体现的经济基础与上层建筑之间的关系很有意义。

一 两宋妈祖信仰的普及与传播

湄洲屿地处泉州港和福州马尾港之间，是南北航运良好的避风给水中间站，加上腹地有名的荔枝、蔗糖等农产品需要外销，因此，地方性的近海航运也颇具规模。这些渔民、船民和客商，在当时科学水平低下、航海技术有限的条件下，面对风涛险恶随时带来的海难威胁，无能为力，充满恐惧和不安，产生了祈求有超自然力的海神来保佑平安抵岸的强烈心理需要。这时，出生于湄洲屿、心地善良、乐于助人、治病消灾、帮助遇难船民脱险的娘妈，自然成为他们梦寐以求的救护神祇，迅速在闾里乡间传播开来。其间，信徒的风传渲染，儒士举子、宰辅邑吏以及林氏亲族的宣扬推动，都为初期的传播做出不可磨灭的贡献，以至于妃庙遍于莆，凡大墟市小聚落皆有之。在莆仙境内，达到几乎村村有庙，人人信仰的普及地步，从而形成传播初期在兴化军范围内的第一个高潮。

按今人的逻辑，既是降生地又是升天处的湄洲祖庙，理应始终是信仰中心和主要传播地。事实则不然。据载，屿上小庙"仅落落数椽"，虽"日无虚祷"，诚心的也只是乡间人。后来据传有路过客商名三宝者"捐金创建"，但即使其籍贯、姓氏亦无可考，其规模影响可想而知。这种与"圣地"的地位不相称的情况持续了近百年才出现转机。距此地百里的被称为莆田"南北洋货物进出的内外港"[①]的三江口宁海镇，于1086年出现了另一座祖庙——圣墩祖庙，其《庙记》中云："神女生于湄洲。至显灵迹，实自此墩始；其后赐额（指宣和五年赐'顺济额'）载诸祀典，亦自此墩始。"[②]附录《右迎神》诗又云："灵恍惚兮非一处，江之墩兮谓之屿。"潜台词显然是"显灵有两处，此墩胜彼屿"。也就是说，妈祖信仰从一开始，其传播中心就不在降生地，而在航运较之发达的另一港口圣墩。

又隔百年左右，传播中心再度由圣墩迁移到经济、航运更为发达的白湖。嘉泰元年（1201年），宰相陈俊卿之子陈宓所建白湖庙，盛极一时。容于其《上梁文》自谓"白湖香火，几半天下"。上述圣墩《庙记》尚且把"江之墩"与"湄之屿"并称，而《上梁文》除敷衍一句"神正直聪明"外，只字未提分香所自的湄洲祖庙，而是突出"香火"从白湖庙传播出去的范围之广。尽管"天下"一词可以有不同的理解，但经济条件更优越的白湖

---

① 张大任：《宋代妈祖信仰起源探究》，朱天顺《妈祖研究论文集》，鹭江出版社1989年版。
② （宋）廖鹏飞：《圣墩祖庙重建顺济庙记》。转引自蒋维锬编《妈祖文献资料》，福建人民出版社1990年版。

庙完全取代了相对弱势的圣墩庙(尽管是"赐额祖祖庙")的传播中心地位,则是确实无疑的。可叹圣墩从此衰微,至今无存。对此进行过深入考察的庄景辉、林祖良先生认为:"这是神灵本身从'宜馆我'于圣墩,到'宅于白湖'的一次有选择的迁移,是基于白湖既近郡城且为通商口岸而发端的。"①这种"有选择的迁移",在 100 多年后第三次出现。元至正十七年(1357 年),兴旺一时的白湖庙又被迁入交通条件更好的城厢文峰宫而衰落坦废,遗迹难寻。妈祖信仰主要传播地几经变迁的原因,"说到底,妈祖信仰的消长,宫庙地位的兴替,也是社会经济发展的必然结果"。

从北宋妈祖信仰在莆仙境内的传播及其变迁过程,我们可以看到:

(1)林默,莆田湄洲屿人。其身世应以记载最早、最具权威的史料,绍兴二十(1150年)年廖鹏飞的《圣墩祖庙重建顺济庙记》为准,而不应该相信产生于明清之际那些附会牵强的"传记"。蒋维铁先生在《一篇最早的妈祖文献资料的发现及其意义》一文中所表现的严谨的治学精神,值得学者们敬仰。有论者因莆田北宋曾隶属泉州,而认为林默是泉州人,笔者以为不然。湄洲屿是林默降生和升天地,在信徒的宗教感情上是神圣和无可替代的。湄洲祖庙的"圣地"至高地位,不容置疑。近年的湄洲"朝圣"热潮,正是怀祖感恩、饮水思源美好感情的体现。

(2)圣墩、白湖、文峰诸庙消长兴替的事实证明,妈祖的诞生地并非必然就是妈祖信仰的主要传播地。主要传播地以百年左右为周期,以"托梦"的超自然宗教神话形式为推力,不断地迁移变动。而当揭去神话的外衣以社会学的科学立场加以审视时,便可得出一个结论:这种迁移变动,受到社会经济大背景的决定和制约,它不以人们意志为转移,哪里条件优越,有利于传播,哪里就自然成为妈祖信仰的主要传播地。这种具有规律性的现象,在世界宗教史上屡见不鲜。

(3)在莆田人士的努力下,北宋妈祖信仰在兴化范围内出现了第一个高潮,为南宋向闽浙鲁粤沿海及以后更广阔范围的传播奠定了基础,功不可没。南宋到宋元之交,妈祖的继续传播面临着两对矛盾所造成的困境。第一对是后起之秀的妈祖与固有的福建沿海众多海神的矛盾。这些地方性民间海神除本县涵江的灵显侯、郡北的大官神、仙游的东匝神女外,更棘手的是,北边有凭借闽都著名海港优势的演屿"福州屿神",南边有存在已久的、挟着"官方主持""国家典制"位阶的"通远王神"。当时妈祖,"无论是'夫人',还是'妃爵',都不过是人间宫廷女官的神化名位,还只是作为一般神祇"②。要克服这南北两大障碍,后来居上,甚或取而代之,实属不易。反观妈祖故乡兴化的社会经济条件和海上远洋交通能力,不管人们的主观愿望如何,比较而言,毕竟只是一县之利和国内的近海港口。或问:"兴化各海港能否传播妈祖信仰?"答曰:"能。"对此,可举出杭州良山、山东蓬莱、浙江宁波等一些沿海商埠由莆田行商建庙的例子。但其传播的规模、影响和速度,只能与兴化一县的经济、远航总水平相适应。这就出现了第二对矛盾,即妈祖信仰要走向全国、走出国门的大规模传播需求与其发源地的社会、政治、经济条件限制之间的矛盾。上述两对矛盾,一主一从,既有区别,又有交叉重叠。而矛盾的解决,有赖于新的社会、政治、经济因素的出现和介入,从而引发

---

① 庄景辉、林祖艮:《圣墩顺济祖庙考》。
② 陈国强:《妈祖信仰与祖庙》,福建教育出版社 1990 年版,第 44、54 页。

矛盾内部两个方面之间力量对比的消长变化。一般民间神祇与南北二神官方性质之间的矛盾是主要矛盾,只有取得官方更高一级的神格制封,才能超越对方甚或取而代之。大规模传播需求与发源地条件限制为次要矛盾,它的解决当然有其自身的内涵和过程,但主要矛盾若能解决,则可为次要矛盾的最后解决提供有利的外部条件。总之,妈祖信仰在热切地等待着一种强有力的政治支持,寻找着一种具备相对优越条件的传播载体,以便突破矛盾的制约,实现历史性的飞跃。

历史总是给成功者以机遇。新的社会、政治、经济因素,果然在南宋及宋元之交的年代出现了。这就是:庆元二年(1196年)中国乃至世界最大海港泉州首建天妃宫;朝代更迭的政治巨变;至元十五年新朝"制封泉州神女号天妃"的一系列举措。

南宋是妈祖信仰由莆田走向全国的过渡时期。随着福建商人北上的足迹,随着从福、泉、兴、漳大批征募来的"福建舟师"在江浙大败金人的凯歌,妈祖走出故乡,向江浙闽粤传播,但其范围与规模,也只限于一些外来海贾行商在几处海港商埠建立神庙祭祀,仅是"点""线"式的辐射,与渗透到当地民众生活的"面"的融合,不能同日而语。这时,在南线的传播中出现了重大的突破。庆元二年(1196年),在当时已超过广州而与埃及亚历山大港齐名、成为世界上两大海上贸易港口之一的泉州晋江边浯浦海潮庵,传说僧人觉全"梦神命作宫"①,于是建起泉州妈祖庙,即今之天妃宫。泉州天妃宫的建立在妈祖传播史上有深远的历史意义,预示着妈祖信仰的传播在闽南一带即将出现一个新局面。具体传入的路线,有陆、海两路。

(1)陆路。仙游枫亭于元符初(1098年前后)首建妈祖庙,妈祖信仰沿古官道南下,经螺阳城抵洛阳江口,再至晋江北南岸建庙,不但在地缘上是顺理成章的事,在人缘上也是有因果缘分的。丁统玲在《妈祖民俗文化的社区分析》中云,"我们在(惠安)沙格调查时发现,许多老太太穿大红衣裳。只有丈夫健在的妇女才有权穿红衣""传说妈祖升天时穿'朱衣',穿红衣是纪念妈祖"。而这习俗正是由仙游一带传入的,它恰是陆路传入的见证。南宋绍定三年(1230年),真德秀二次知泉州时即为惠安县管下天妃宫和龙宫山天妃祠各撰写一篇《祈雨祝文》。可见,在枫亭建妃庙至迟32年后,惠安这两地已出现天妃庙了。

(2)海路。晋江沿海渔民,每年汛期,都追逐鱼群北上湄洲、三都澳直至舟山,南下至潮汕等渔场作业。其间交往频繁仍有举族定居繁衍者。再如,现在浙江温州的仓南地区、广东揭阳地区就有闽南语的"飞地",该地供奉之妈祖即由泉州庙分香而来;与湄洲相去甚近的晋江口众多的海港渔村,由湄洲直接传入更是情理之中。再如,晋江出海口有座小岛屿大坠岛,就有一座妈祖庙。而且,由渔民从海路传入,显然比陆路更快更早。泉州南港安海湾的大盈庙名"顺济宫",显系依宋名,或可为宋代即传入之佐证。

泉州建天妃宫的前后,晋江下游妈祖信仰迅速发展。北岸的厂口、沟后、院前、法石、寻铺,南岸的蚶江、石湖、祥芝、安海湾的大盈、石井、安海、东石、金井、围头、永宁、梅林等乡镇,以及邻近的惠安、南安、同安、厦门、安溪等县,都先后建立数十座的妈庙。

泉州、闽南一带出现的妈祖热潮,表现了民众对同饮一湾水又曾有同乡之谊的道德高尚的林默怀有美好的感情和虔诚的信仰。泉州原来奉祀的九日山海神"通远王"

第二十七章

宋元时期的海洋社会与海洋信仰

---

① 《泉州府志·坛庙》。

是香火盛极一时、远届海表的官定神祇,宋人王国珍云:"凡家无贫富贵贱,争像而把之,惟恐其后。"(真德秀《祈风文》)后又曾传播至金门、莆田、惠安等地。其中,莆田祥应庙早在五代时奉祀该神①,而其时林默尚未诞生。史载,北宋大观元年(1107年)泉州"纲首"(海商首领)朱纺还曾请祥应庙香火随舟往三佛齐国奉把,盛况可想而知。泉州每年夏冬,市舶司都要在九日山上举行盛大的官方祈风仪式,所有官员都要出席,并勒石纪胜。泉州知府真德秀在所撰《祈风文》中云:"惟泉为州,所恃以足公私之用者,善舶也……是以国有典礼……一岁而再祷焉。"而这样一个国家法定的祈风典礼,泉州天妃宫建立50多年后的南宋末年,即停止举行,并逐步被妈祖祭典所取代,其意义在于,从实践说明,妈祖凭借着自身潜在的道德感召力量在南宋政府绍熙元年首封灵惠妃后仅仅六年,便已得到以泉州为中心的闽南民众的认可、接纳和崇信,顺利地克服了上述所面临的原来具有"国家典礼"名位的官方神祇造成的障碍,为第一对矛盾的最终解决奠定了现实基础。总之,以泉州天妃宫建立为转折点的闽南海神信仰对象的大变化,使妈祖信仰传播出现了一个新的活动大舞台,也可说是"神灵本身"继圣墩、白湖"托梦"之后第三次"托梦",为自己"选择"到一个越洋远播的最佳出海口。所谓"托梦""选择",当然只是现实需要的超自然说法。值得注意的是所"选择"的三处妈祖庙,前两处已衰落湮没,只有泉州庙独存,且在800年之后,还成为全国规格最高、规模最大、唯一为中央政府列为全国重点保护的妈祖文物古迹,其原因恰恰在于第三次"选择",选到了一个具备了妈祖向全国乃至海外诸番远播的经济人文条件的、经得起历史长河冲刷的最优载体。所以,与其说是神的"选择",毋宁说是历史的选择。

从本质上说,这次迁移与前两次都是经济发展不平衡性的产物,都符合上述以百年左右为周期、以神明托梦为形式等规律,有其相似之处,但又不是机械的重复。不同之处有二。一是地域文化圈的跨越。前两次都是在莆仙文化圈之内的近距转移,这次则是跨越方言限制,进入闽南文化圈的远距挺进。二是前两次是以此长彼消、互相取代的方式进行,不免令后人觉得遗憾。这次则是开拓新区、另建基地,原区的传播继续保存和发展。从妈祖信仰本身来说,这种螺旋式上升的新方式,显然对传播更有利得多。

二　宋代的祈风与祭海②

祈风与祭海对于海商来说是一项必不可少的、神圣而重要的活动。每当季风来临、海商将扬帆起航之时,必先举行盛大的祈风祭海仪式,乞求一帆风顺。在宋代,朝廷直接派遣官员出面主持这项活动,其意义是微妙而又深远的。宋政府借此成为航海活动的组织者,理所当然,也就成为航海活动的管理者。这既是宋朝政府重视海外贸易的表现,又是宋政府加强对海外贸易控制的重要措施和标志。

祈风与祭海活动首先起于民间。宋代的航海和造船技术较之前代虽然有了很大发展,但面对变幻莫测的海上自然环境,不虞之灾仍如头顶的悬剑,时时威胁着航海者的生命和财产安全。正如真德秀在《圣妃祝文》和《海神祝文》中所说,"天下之险,莫如

① 李玉昆:《泉州海外交通史略》,厦门大学出版社1995年版,第126页。
② 引见黄纯艳:《宋代海外贸易》,社会科学文献出版社2003年版,第81—82页。

海道"①。人们对这种无法抗拒的自然力充满了恐惧和敬畏,同时也希冀存在着能驾驭自然的神灵来操纵自然,保佑航海者的平安,于是产生了海商的祈风和祭海活动。沿海很多地方都有海商祈风祭海的场所。明州昌国县的宝陀山"海舶至此,必有祈祷"②。泉州南安的延福寺也是海商祈风的地方:"每岁之春冬,商贾市于南海暨番夷者,必祈谢于此。"③潮州风岭港宋代有"三娘寺",也是海商聚集祈祷之地。昌化军城西五十里,"有贞利侯庙,商舶祈风于是"。万安军城东有舶主都纲庙:"人敬信,祷立应,舶舟往来,祭而后行。"④从北到南,沿海一带都有祈风祭海这一习俗。

　　海商祭祀的海神有多个。例如,泉州一带,主要祭祀通远王,或称崇应善利广福显济真君;广东一带也祭祀南海广利王,认为南海广利王可以使"田里之内愁叹小宽,岭海之间苗害不作"⑤。沿海地区祭祀最多的是天后。"凡家无贫富贵贱,争像而祀之,惟恐其后,以至海舟番舶,益用严格。"⑥一般认为,天后即福建莆田湄洲岛林氏之女林默,生于北宋建隆元年(960年)。民间有很多关于林默"生而神异,能言人休咎","化草救商","托梦建庙"等传说⑦,由此形成了对林默的信仰和祭祀。人们相信:"其妃之灵著,多于海洋之中,佑护船舶,其功甚大,民之疾苦,悉赖帡幪。"⑧"元祐间,邑人祀之,水旱疠疫,舟航危急,有祷辄应。"⑨海商把贸易中获得厚利之功"咸归德于神",由此颂扬传播,以致"神之祠不独盛于莆,闽、广、浙、甸皆祠也"⑩。在宋代泉州有"天后宫,在府治门内"⑪。不只福建一带信仰,"广人事妃,无异于莆。盖妃之威灵远矣"⑫。据泉州海外交通史博物馆调查组北自辽宁、南至两广的实地调查,不仅我国沿海各省都有祭祀天妃的史迹,而且天妃信仰已经国际化,日本、朝鲜以及海外很多有华人居住的地区都有天妃信仰。莆田、泉州、福州、杭州、庙岛和香港等地区东南沿诲的天后宫都始建于宋代。⑬这说明此时随着航海业的发展,祭海祈风活动空前盛行。

　　祭海祈风已成为海商贸易活动不可或缺的重要组成部分。在海商看来,这是关系其财运兴衰,以致生死攸关的大事。海神天妃在他们的生活中具有无上的权威。宋政府为了最大限度地获取贸易利益、把海外贸易控制在政府手中,便把民间久已盛行的祈风祭海活动变为国家的一项制度,委派市舶官员和地方官主理其事。真德秀在《祈风祝文》中很清楚地说明了宋政府主持、参与祈风活动的目的:"惟泉为州,所恃以足公私之用者,蕃舶也。舶之至时与不时,风也。而能使风之从律而不愆者,神也。是以国有典祀。俾守土之臣一岁而再祷焉。呜呼,郡计之殚至此,极矣。民力之耗亦既甚矣。

---

① 《西山文集》卷五四《圣妃祝文》《海神祝文》。
② (宋)张邦基:《墨庄漫录》卷五,《四部丛刊》本。
③ 《泉州府志》卷一六《坛庙寺观》。
④ 《诸蕃志》卷下。
⑤ 《后村先生大全集》卷三六《谒南海广利王庙》,《四部丛刊》本。
⑥ 《安海志》卷二〇。
⑦ 泉州海外交通史博物馆调查组:《天后史迹的初步调查》,《海交史研究》1987年第1期。
⑧ (宋)吴自牧:《梦粱录》卷一四,《丛书集成初编》本。
⑨ (元)王元恭:《四明续志》,"宋元方志丛刊"本,中华书局
⑩ 《浙江通志》卷二一七《祠祀一》。
⑪ 《泉州府志》卷一六《坛庙寺观》。
⑫ (宋)刘克庄:《后村先生大全集》卷三六《圣妃庙》。
⑬ 泉州海外交通史博物馆调查组:《天后史迹的初步调查》,《海交史研究》1987年第1期。

引领南望日需其至,以宽倒垂之急者,唯此而已。神其大彰,厥灵俾波涛晏清。舳舻安行,顺风扬帆,一日千里,毕至而无梗焉。是则吏与民之大虑也。"①宋政府主持祈风的目的在于通过神的力量控制海商,增加财政收入。

宋政府把海商信仰之神及祭祀活动兴隆的地方都赐以封位和名号。嘉祐六年(1061年),册封南海神"诏有司制南海于利洪圣昭顺王庙",祭祀"所用冠服及三献官,太祝、奉礼祭服……如岳渎诸祠"②。绍兴七年(1137年)九月,又加封南海神为洪圣广利昭顺威显王。元符元年(1098),左谏议大夫安焘奏请:"东海之神已有王爵,独无庙貌,乞于明州定海为国县之间建祠宇,往来商旅听助营葺"③,得到批准。大观年间,宋政府给航海"商人远行莫不来祷"的莆田海商祈风之庙宇赐名"祥应"④。宣和五年(1123年),赐天后庙"顺济"匾额。封名赐号,实质上仍是政府干预和控制海外贸易的手段。把众民信奉的神灵给予官方的身份,使之接受皇帝的封赐,也是为了昭示皇帝高于一切的权威,使政府对海外贸易的控制变得更加巧妙和合理,从而也保证了政府对贸易深入、有力的干预。在皇权与神权结合的幌子下,宋政府可以更加名正言顺地把持祈风祭海活动。

祈风活动由市舶司主持,地方官员及商人参加。真德秀在《祈风文》中说:"俾守土之臣,一岁而再祷。"泉州市舶司"岁两祈风于通远王庙。"⑤祈风活动一年两次。李玉昆先生对泉州祈风石刻的研究表明,参加祈风典礼的市舶官员有提舶、提舶寺丞、监舶、提举杂事等,地方官有郡守、典宗、宗正、统军等。祈风活动主要是配合海商的出海与归航,在冬夏两季举行。广州"五月祈风于丰隆神"⑥,就是番舶归来之时。祈风活动必有不少海商参加。祈风活动主要是针对他们的活动,或许他们是理应参加的人员,而且又是民间的身份,所以祈风石刻都未录其姓名。

祈风活动有宗教的意义,但它不单纯是一种宗教活动,而有浓厚的政治、经济因素。特别是宋政府的参与,把政府主持祈风作为固定的制度,使这一活动的政治色彩和经济目的更加显明。实际上,这是宋政府重视海外贸易总政策的一个侧面反映。

三 元代的妈祖信仰与传播

元代政权出于保护漕运的经济需要,首封天妃,在全国范围内掀起妈祖信仰传播的第二次高峰。元代妈祖信仰的传播,进入一个空前繁荣的拓展期,其特点是朝廷为祈求神女对王朝生命线海运的庇佑,首次把封号提高到当时至高无上的"天妃"。"褒封的规格有质的飞跃"⑦,从而将妈祖在宋代与诸多海神等同的地位突出到统御全部海神的最高地位。

元代七次赐封"天妃",其中四次最重要制封,其经济、政治大背景都与泉州海外贸

① 《西山文集》卷五四《祈风祝文》。
② 《续资治通鉴长编》卷一九三,嘉祐六年正月乙未。
③ 《续资治通鉴长编》卷二九四,元丰元年十一月戊子。
④ 《福建通志》卷九《金石志》。
⑤ 泉州海交史博物馆:《泉州海外交通史料汇编》,第25页。
⑥ 《萍洲可谈》卷二。
⑦ 陈国强:《妈祖信仰与祖庙》,福建教育出版社1990年版。

易的空前发展、市舶司的相应建立、行政建制的提升息息相关,兹分述如下:

(1)首次加封,应上溯至至元十五年。《元史》卷十《世祖纪》载:"至元十五年八月乙丑,制封泉州神女号护国明著灵惠协正善庆显济天妃。"对此史料,论者或有异议,认为首封字数即达 12 字之多,有悖宋代每封仅加两字的规定,疑"十五年"乃"十八年"之误。窃以为,正史明文确凿,干支日月分明。下笔简要,与十八年册封诏书之文雅从容,遏然有别,不容混淆。且元代异族入主,新朝初立,有意不遵旧制,以示新朝新法,是常有的历史现象。再考查加封的历史背景。先是,至元十四年(1277 年),新朝重新在上海、泉州、庆元、浦建立四个全国性的市舶司;又至元十五年诏令蒲寿庚"招谕番人来市"①。同年,又"升泉州为泉州路总管府,辖诸州"②。以上三则背景资料表明,元朝对在海外贸易中具有特殊地位的泉州格外重视,多方优惠对待,目的当然是借"天妃"的威灵来稳定政权,加强漕运,发展海外贸易,增加财政收入,对"泉州神女"寄意甚殷。

(2)第二次加封是大家熟知的至元十八年。当时的历史背景是:至元十七年(1280 年)五月,福建行省移泉州③,又一次提高了泉州行政建制的规格。《元史》卷十一又载:"至元十八年九月,商贾市舶货物已经泉州抽分者,诸处贸易止令输税益。"避免重复抽税的措施,与十四年的"招谕番人来市"是一脉相承的,都是为了鼓励番商来泉州港贸易。这表明泉州市舶司已升格为相当于中国总海关的地位,为其他三市舶司所不及。所以,十八年的册封是一连串保护海道、发展海上贸易、加强海运的举措中重要的一环,兹录册封诏书如下:

> 元世祖十八年,封护国明著天妃。诏曰:朕恭承天麻,奄有四海⋯⋯⋯惟尔有神,保护海道,恃神为命。威灵赫耀,应验昭彰。自混一以来,未湟封尔。有司奏请,礼亦宜之。今遣正奉大夫宣慰使左副都元师兼福建道市舶司提举蒲师文,册封尔为护国明著天妃。④

诏书突出盛赞海道险恶,恃神为命。对此,治运的组织机构——福建道市舶司及其负责人蒲师文(即"有司")体会最深切。身负皇命,由他奏请加封,是顺理成章的分内职事。册封"天妃",在妈祖传播史上是一个重大转折点,它标志着长期困扰妈祖传播的第一对矛盾的彻底解决,从而为在全国范围内掀起新的一轮传播热潮奠定了皇权加神权的基础。蒲师文既是奏请人,又是册封钦差大臣,是矛盾得以解决的关键人物,足见泉州港、泉州和泉州人在妈祖信仰传播拓展期的贡献与初期传播中莆田祖庙、莆田人士的贡献同样都是不可磨灭的。

蒲氏先祖自阿拉伯来泉经商并定居,第一代已是北宋善商集团大首领,"擅蕃舶利三十年";第二代蒲寿庚承父"以舶为业,家资累巨万计"⑤。以番商巨头而任泉州太守,后又兼福建道市舶司提举,降元后仍受重用。蒲氏拥有庞大的远洋船队。景炎元年(1276 年),南宋名将张世杰一次即抢走蒲氏海舶 400 余艘;至元十七年(1280 年),福建省移泉州,命造船 3000 多艘;元代,在蒲氏家族为首的众多国内外海商集团的经

---

① 《泉州府志·卷三》
② 《泉州府志·卷三》。
③ 《泉州府志·坛庙》。
④ 《天妃显圣录》。转引自蒋维锬《妈祖文献资料》,福建人民出版社 1990 年版。
⑤ 有关蒲寿庚及"泉州两义士"资料均引自李玉昆《泉州海外文通史略》,厦门大学出版社 1995 年版。

营下,泉州海上航运和海外贸易进入全盛时期。与泉州有贸易交往的国家或地区,从南宋时的 50 多个增至 100 多个,有六条航线可抵东南亚、印度、阿拉伯半岛、亚丁湾、东非沿岸、朝鲜、日本。由泉州放洋经商的海商首领(称纲首)"以数十计"。元代泉州海商孙天富、陈宝生,长期从事海外贸易,来往于扶桑、高句俪与东南诸夷,以信取信于异国,被外国人称为"泉州两义士"①。他们经年航行于风狂浪恶的大洋,历险而能全身,自然对航海守护神妈祖灵应十分笃信并于经商地宣扬传播。元代经商琉球的福建海商还不多,但也已出现歌颂来自闽省神女昭昭灵应的元人记叙篇什:"后之灵昭昭,元人程瑞学之记叙甚备。而若'天后志',若'闽颂编',若'琉球诸使录',尤加详焉。"②总之,在泉州海外贸易进入全盛期的社会背景下,泉州妈祖庙首获"天妃"褒封是历史的必然。

(3)第三次加封是大德三年(1299 年)。《元史》卷二十《成宗本纪》载:"加封泉州海神曰护国庇民明著天妃。"此次加封的背景是大德元年(1297 年)"置福建平海行中书省,泉州为治所,辖诸州"(乾隆《泉州府志》)。这是行政建制上的第三次提升。本次加封的特点是在至元十五年制封"泉州神女"基础上加封"泉州海神"。

(4)第四次加封是天历二年(1329 年)敕令大祭天下 15 庙的盛举。"岁运江南粟以实京师"是元朝保证京师粮食供应、稳定局势的重大政治经济决策,漕运成为元朝的生命线。虞集《送词天妃两使者序》中云:"……于今五十年,运积至数百万石以为常。京师官府众多,吏民游食者不可算数,而食有余,价常平者,海运之力也。"而海运凶险难测,"舟出洋已有告败者……覆溺者众"。天历二年(1329 年),损失达 70 万石。为维护其经济命脉畅通,最高统治者派遣官至集贤直学士兼国子祭酒经筵官的宋本等二人为"天使",专程奉诏南下向为匡扶国家海运做出重大贡献的天妃祭祀致谢。致祭路线是逆着僧运航线自北而南,从海运终点天津直沽起,至清运出海口泉州压轴,十分慎重。致祭各点也经精心选择,有转运要冲淮安,有仓储重镇太仓之外港昆山,有财粮聚集"天藩"杭州。莆田白湖庙也在被选之列(列称为"广人事妃,无异于莆"的广东却一城未选)。专使奉有一篇总致祭的皇家"加封徽烈诏",诏曰"……河山永固,在国尤资转运之功",盛赞妈祖"屡救吾民之厄""常全蕃舶之危"和"御大灾、捍大患"的功德。然后,针对天下 15 庙的各自特点,以专使语气撰写各庙的祭文。最重要的是最后两站:降生地湄洲庙和漕运出海口泉州庙。

四 元代的祈风与祭海③

祈风与祭海,都是为了祈求风顺浪静航海安全,惯例由市舶司主持祭祀。宋代的泉州市舶司是在九日山祈风,在真武庙祭海。到了元代,便只祭海神天妃,不再祈风。天妃,名林默,福建莆田湄洲屿人,据说生于北宋建隆元年(960 年),卒于雍熙四年(987 年)。当地传说林默生而神异,力能拯人于难,死后升化为神,专救舟航危急,庇佑海船安渡大海。以后,船民便在莆田湄洲屿林家故宅建立了圣塾,将她祀为海神。

① 徐恭生:《海神无后信仰与中琉友好来住》,转引自《海交史研究》1987 年,第 1 期。
② 杨振辉:《明代妈祖信仰与其趋势》。
③ 引见彭德清:《中国航海史》(古代航海史),人民交通出版社 1988 年版,第 240—242 页。

宣和四年路允迪奉使高丽时，在海上遇风，沉没其七，唯路允迪所乘之船，祈祷神护，幸得安全。回航后，请于朝廷敕赐庙额为"顺济庙"①；后又在泉州、仙游和杭州相继建庙祭祀。南宋绍兴二十五年(1155年)封林默为崇福夫人。绍熙元年(1190年)褒封为灵惠妃②，其庙遂改称为"顺济圣妃庙"。

到了元代，由于舟师远征海外和大规模海漕运粮，便把顺济圣妃尊为保佑航海的神灵，凡属于航海平安的祝愿，皆祈祷圣妃庇佑。后来逐渐把祈风、祭海的仪式都奉祀于圣妃一身，标志着到了元代中国航海界有了自己的护法女神。以后信奉者日增，影响不断扩大，元朝廷也不断提高女神的封号。至元十五年(1278年)，敕女神封号为"护国明著惠协正善庆显济天妃"③，这是林默被封为天妃之始。后改封为"广佑明著天妃"，尊号中的"护国"二字，扩大为"广佑"，以示四海之内皆受其庇护之意，并把每年对天妃的祭祀列为国家正式祀典。按元朝礼制所定，凡名山大川、忠臣义士被列入祭祀者，均由所在地方官主持典礼。唯有天妃，"在直沽、周泾、泉、福、兴化等处皆有庙"，由皇帝"岁遣使赍香遍祭"。天后是由从事航海活动的人们创造出来的一个海上护法神，天后女神的传说反映了中国封建社会后期航海事业大发展的状况。第一，当时的科学知识远不如今天，在航海者尚不能全面征服海洋的条件下，天后这位航海护法女神则能增强航海者敢于冒险的自信心，是战胜惊涛骇浪的朴素精神支柱。第二，林默由局限于湄洲屿圣塾女神而至圣妃、天妃、天后，称号与日逐加隆崇，象征着自元代以来中国航海事业的日益繁荣。第三，天后宫遍及全国各通商口岸且庙貌日渐辉煌，而其海神祭祀仪式日益隆重，正反映着航海贸易的繁荣，天后宫庙宇则演变成国内外海商交流航海信息和进行商务组合与互助的交易场所。

第二十七章

宋元时期的海洋社会与海洋信仰

---

① 《四明续志》、《天妃庙祀记》。
② 《敕封天后志》卷上。
③ 《元史·世祖本纪》。

第二十八章
宋元时期的海盗活动①

海盗活动是随着社会发展而发展的。中国海盗活动兴起后,经东汉至隋唐五代,历时 1000 多年,降及宋元,海盗活动进入发展阶段。这时期的海盗活动频繁,活动规模和范围扩大,并出现活动新动向。有的海盗集团在进行抢劫与反抗官府的同时,也从事海上及国外商业活动,或兼营海洋经济事业。这种情况赋予海盗活动以新的内容和特点。

第一节　宋代东南海上的海盗活动

一　东南沿海的社会状况

赵宋王朝是"与大夫为治"的政权,它给予官僚地主优厚的政治与经济特权。为了维护官僚地主的权益,宋王朝"田制不立""不抑兼并"②,放任他们抢夺农民的田地。到宋仁宗时,"承平寝久,势官富姓占田无限,兼并冒伪,习以成俗","重禁莫能止"③。英宗时,全国垦田总计约 1500 多万顷,地主户占有耕地 2/3 以上。徽宗时,"六贼"之一朱勔在吴郡兼并土地,"田产跨连郡邑,岁入租课十余万石"④。南宋时期,土地兼并更为炽烈,富贵之家"吞噬千家之膏腴,连亘数路之阡陌,岁入百万斛,则自开辟以来未之有也"⑤。据统计,南宋大地主占有田地多达 4500 万亩以上。广大农民失去土地,破产"流荡",不少人沦为佃农或奴婢,惨遭奴役。这种状况,导致了穷苦贫民与地主富人之间的矛盾与对抗。

宋代人民另一苦难是苛重赋役负担。官府横征赋税及各种苛捐杂税,贫民下户不堪重负,以致家破人亡。为了逃避徭役,有的人拆居、寄产、寄子、迁移,甚至"毁伤肢

---

① 本章引见郑广南:《中国海盗史》,上海华东理工大学出版社 1998 年版,第 89—160 页。
② 王明清《挥尘后录余语》。
③ 《宋史》卷一百七十二《食货志·农田》。
④ 王明清:《玉照新志》卷三,"六贼",指北宋徽宗朝朱勔、蔡京、王黼、李彦、童贯、梁师成等六人,他们专权横行,时人称为"六贼"。
⑤ 刘克庄:《后村先生大全集》卷五十一《贴黄》三。

体"。贪官酷吏横行肆虐,更加深穷苦贫民的苦难。官逼民反,老百姓"相扇为盗"①。

北宋时,浙江"郡县皆边江湖,莞蒲啸聚,盖常有之"②。宜和年间,浙江睦州爆发方腊起义;福建建州爆发范汝为起义;广东南雄与英、韶、循、梅、惠等州人民反抗官府的武装起义,"动以万计"③。南宋嘉定年间,福建"漳、泉、福、兴四郡,濒海细民以渔为业,所得无几,州县官吏不恤,却行征取",所"征榷大苛"④,以致"人穷无鞍者多,既赤地,遂入绿林",出海为盗⑤。

在各地人民起义风起云涌之际,沿海诸路穷苦贫民纷纷出海当海盗,抢掠海滨城乡,抢劫商船、市舶司船、盐纲船、过番货船和外国商船。对此,将官惊呼海盗横行,海疆不靖,要弭盗靖海而束手无策。

二 浙、闽的海盗活动

宋代,东南海洋为"梅寇之渊薮",海上"盗贼啸聚","盖常有之"⑥。北宋太宗淳化四年(993年),长江下游江上及江口洋面发生江贼与海盗反乱事件。仁宗庆历元年至五年(1041—1045年),海盗在泰州、通州与登州海上反抗官兵。福建"长溪、罗源、连江、长乐、福清六县皆边海,盗贼乘船出没"⑦。皇祐四年(1052年),蔡襄知福州,见海盗"披猖",向朝廷上《乞相度开修城池》与《乞相度沿海防备海贼》两疏,请求采取措施,防御海盗攻略。神宗熙宁末年,曾巩知福州也为海盗问题而伤脑筋,派兵出海捕获海盗数十人。南宋高宗绍兴五年(1135年)正月,福建海盗朱聪率领部众"犯泉州",随后驾船南下广南。当时,另一支海盗武装船队横行福州、兴化海上,首领为郑广与郑庆。据《宋会要辑稿》云,"广、庆皆良民"。他们居海滨,靠海为生,常与郑九驾船出海活动,后因官府"收捉郑九在官,致怀疑贰,因下海作过"⑧。岳珂《桯史》记叙郑广出海为盗之事云:"海寇郑广陆梁莆、福间,帆驶兵犀,云合亡命,无不一当百,官军莫能制,自号'遭海蛟'。"⑨由此可见,郑广是个强悍的海盗首领,手下部众个个勇猛,擅长海战,锐不可当。

宋高宗闻知福建海盗横行,于绍兴六年(1136年)四月诏令福建安抚司发水军攻剿郑广、郑庆海盗。此时,福建"山海之寇并发",闽北范汝为农民起义刚平息,海上多股武装海盗在活动,势力强盛,剿灭不易。"朝廷以郑广未平",难以对付,便采取招安政策。八月九日,高宗命福建安抚使张致远招抚郑广、郑庆。按当时"要做官,杀人放火受招安"流行语的心态,郑广、郑庆乐意接受朝廷招安。

郑广、郑庆受抚后,各补保义郎,舟船移交官府,供水军使用,部众强壮者改编为官兵。据《三山志》云,"安抚司招得郑广、郑庆等人、船,存留强壮一百七十人,内拨五十

---

① 《宋会要辑稿》卷二万二千四百九十《兵》一三之二四。

② 苏颂:《苏魏公文集卷》十九《论东南不可弛备》。

③ 李纲:《梁溪先生文集》卷六十六《乞措置招捕虔州盗贼状》。

④ 《宋会要辑稿》卷一万九千三百九十三《刑法》二之一四四。

⑤ (明)林麟焻:《天妃显圣录》,清康熙二十年(1682)重新编辑,近有湄洲妈祖文化研究中心编印本。

⑥ 李焘:《续资治通鉴长编》卷三十四、卷一百三十四。

⑦ 《三山志》卷十九《兵防》二。

⑧ 《宋会要辑稿》卷二万二千四百九十《兵》一三之八。

⑨ 岳珂:《桯史》卷四《郑广文武诗》。

人充荻芦寨水军,一百二十人充本州禁军,阙额于延祥寺置寨"①,其余之人遣散。郑广主延祥兵,"以徼南溟",为朝廷镇守海疆。

在宋王朝统治者看来,招安海盗"并非善举",而是羁縻之计,给郑广、郑庆一小顶乌纱帽是手段,不让他们在海上反乱是目的。张致远与福建提刑方庭实招安郑广、郑庆还有另一政治用意,就是借他们之力,去"以盗攻盗","引用郑广辈,得以盗御盗之法"②。官府为让海盗"自相杀戮",派遣郑广率众去攻"他郡诸盗,数月悉平"③。绍兴十三年(1143年),海盗陈小三以船60艘"犯福州"。安抚使薛弼拨兵300给郑广,"期三日破贼"。"广求济师,不听。属两日,大风,贼舟不能进退。广尽擒以献……积四年,凡平贼百七十部"④。郑广受招安后,甘当官府鹰犬,攻戮同类以邀功。

郑广虽做了官,为朝廷效力,"平贼"有功,进出福州安抚司帅府,可是在衙府群僚的心目中,他是个做过海盗的人,因而备受鄙视,无人与其交谈、议事。郑广遭受如此歧视与冷遇,甚不好受,终日郁郁不乐,伺机报复,以吐心中闷气。一日晨入未衙,群僚偶语风籁下,谈及诗句。郑广矍然起于坐说:"郑广粗人,欲有拙诗白之诸官可否?"众属耳。乃长吟曰:

> 郑广有诗上众官,
>
> 众官文武看来总一般。
>
> 众官做官却做贼,
>
> 郑广做贼却做官。

吟罢,众官惭愧得脸红耳赤,哭笑不得,无地自容。

《桯史》作者岳珂为名将岳飞之孙,他在书中特地记录郑广这首《文武诗》。此诗虽俚俗,但嘲谑当时海疆文武官员贪赃枉法的丑行,不失为一首大快人心的诗作。因此,诗一出便广为流传,产生了政治影响。对此,岳珂在书中评论说:"章以初好诵此诗,每曰天下士大夫愧郑广者多矣,吾侪可不知自警乎?"⑤明人何乔远在所撰著《闽书》中也介绍海盗郑广的事迹,并辑录他的《文武诗》。⑥ 清末,有人针对贪官污吏横行的政治状况,说郑广的《文武诗》"可以风世"⑦。

不过,郑广的诗虽然引人注意,但他为官府卖力,"平贼百七十部",并没有"荡平"闽海的海盗,仍然有多股海盗在活动。绍兴十三年(1143年),海盗朱明与万少俭等组织武装船队"弄作"海上,攻略沿海郡县。

> 闽中自海盗朱明连岁乱,林元仲、俞橄明、万少俭等继之,环闽八郡皆被其毒。知福州兼福建安抚使叶梦得奉命自建康挟御前将士便道之镇,或招、或捕、或诱之相戕,三策并用。元仲、橄明、少俭皆受约束。凡平盗五十余群。⑧

① 《三山志》卷十八《兵防类》一。
② 黄仲昭:《八闽通志》卷三十六《名宦·方庭实》。
③ 黄仲昭:《八闽通志》卷三十六《名宦·张致远》。
④ 《重纂福建通志》卷二百六十六《宋外记》。
⑤ 岳珂:《桯史》卷四《郑广文武诗》。
⑥ 何乔远:《闽书》卷一百四十九《蓷苇志》。
⑦ 邱炜萲:《菽园赘谈》卷三《道盗》。
⑧ 《重纂福建通志》卷二百六十六《宋外纪》。

在闽海诸盗中,朱明势力最强大,部众骁勇,击杀将官武功大夫张深。宋高宗见福建官兵无力讨捕朱明,即诏命叶梦得挟御前军开赴闽海征剿海盗。叶梦得至福建,施用诱降计,招降林元仲、俞橄明、万少俭等,讨平50多股海盗,孤立朱明。朱明势强不降。次年,高宗另遣侍卫马军司统领张守忠带兵赶赴福建,讨捕朱明。张守忠张黄榜,立重赏,"许其徒自相捕",诱降其众。朱明部众离散,被迫投降官府。

宋孝宗时,浙江"海贼啸呼为患"①。隆兴元年(1163年)三月七日,"臣僚言,近闻明州象山昌国及秀州华亭,多有海贼"②。监司、郡守无力防备海盗,"明州韩仲通不能防御海寇,致昌国、定海诸县皆被其毒,而海道为之不通"③。乾道八年(1172年),浙江"海寇出没大洋劫掠,势甚张。"韩世忠长子彦直"授将领、土豪等方略,不旬日生擒贼首,海道为清"④。淳熙十年(1183年),温州、台州海盗反乱,势甚猛烈。孝宗闻警报,急忙诏令福建巡抚姜特立统兵北上征剿,"官舟既集,贼船舣水面,众甚惧"。由于海上风云突变,官军兵船处于有利地势,"乘风腾流",发起攻击,"获贼首,并擒其党,余四散奔溃"⑤。姜特立官兵获胜归闽。

当时,福建海盗反乱也很激烈。淳熙十二年(1185年),海盗与官兵在大洋交战,延祥寨正将郑华"深入大洋,与贼接战,生擒贼首蔡八等四十二人"⑥。宁宗嘉定户年(1208年)秋,"草寇"周六四纠众啸聚兴化海上,"舟船不可胜计"。因船冲礁搁浅,官兵攻击,周六四被俘,部众逃散。此时,海盗活动冲出海域界线,浙江海盗航海南下,联合福建海盗,共同行动;福建海盗南进广东,与粤洋海盗联动。这是因为福建地处南洋北海交通航线要冲,"本路海道北连两浙,南抵广南。自前盗贼多寇掠僻远及人船,稍众即突入本路"⑦。而且,泉州为海外通商贸易的重要海港城市,中外商船云集,货物山积,为海盗所注意。因此,福建南部海也就成为海盗活动的主要海域了。

嘉定年间,浙江温州"艚贼"首领王子清、赵希却等率领武装船队在浙洋"横行海岛多年",后来船队南驶福建。嘉定十一年(1218年)四月十九日,王子清、赵希却船队驶抵泉州洋面,"侵轶郡境",泊船晋江县围头澳。知泉州真德秀牒左翼军分兵前往防遏。他说:"是时,群贼泊舟围头澳,距州城百余里。官军星夜疾驰,至辰巳间,猝与贼遇。贼徒椎牛大嚼,而官军犹未朝食,众寡劳逸,既皆不侔,故自将官邵俊以下俱有观望、羞缩之意。"⑧

邵俊等将官"见贼便走",引兵逃遁。左翼队将王大寿与秦淮军兵朱先、李从等六人战亡。五月九日,王子清与赵希却船队在晋江县水澳遭官军与地方民兵攻击,船队驶往金门料罗海心,又遭官军袭击,即掉柁转往同安县烈屿。烈屿头领方知刚与林枋等,"团结丁壮,排布矢石、棺板海岸",阻挡海盗上岸。方知刚等带领民兵400人、船32艘,"为官军助",联合攻击海盗船队。十三日,王子清、赵希却船队在漳浦县沙淘洋

① 王十朋:《梅溪王先生文集》,《梅溪先生廷试策并奏议》卷三《论广海寇札子》。
② 《宋会要辑稿》卷二万二千四百九十《兵》十三之二二。
③ 王十朋:《梅溪王先生文集》,《梅溪先生廷试策并奏议》卷三《论韩中通俞良弼札子》。
④ 《宋史》三百八十四《韩世忠传》附子《彦直传》。
⑤ 《天妃显圣录》。
⑥ 《宋会要辑稿》卷二万二千四百九十《兵》十三之二五。
⑦ 《三山志》卷十八《兵防类》。
⑧ (宋)真德秀:《西山先生真文忠公文集》卷八《申枢密院乞优恤王大寿》。

与官军、民兵交战,被击败,赵希却及王子清亲信林添二等四人,部属林从立等100余人,为官军俘获。王子清无法继续在闽海活动,便率领船队返航浙江,后为台州巡尉俘捕。

真德秀派兵出海攻剿王子清、赵希却船队,沙淘洋海战"俘获贼首林添二等,适皆杀害官兵之人。行刑之际,设大寿位于旁,令其子剖心以祭"①,"磔者三人,诛死者二十余人,胁从者破械去。赵郎自称直樱阁子游孙希却也,毙于狱"②。

真德秀派兵出海攻剿海盗,并没有达到靖海目的;相反,海盗的反乱更加激烈,出海为盗的人数益众,"其始出海不过三两船,俄即添至二三十只;始不过三五十人,俄即添为数,以至千人"③。

宋理宗时,福建海盗周旺一等率领一支武装船队,"在海洋行动日久,所至官兵莫能禽戮"④。绍定五年(1232年)二月,周旺一率领"海寇犯泉州境",船泊晋江县围头澳。真德秀派左翼军将官贝旺"破走之"⑤。周旺一海盗船队驶向金门料罗湾,同官军进行海战。他亲率船8艘、部众500余人,围攻贝旺兵船。"贼船高大如山,旺船不及其半",官军处于劣势,"同行兵船无敢进者"。禅校吴宝驾小船救援贝旺,被周旺一部众击杀。贝旺带领被围困的官军拼死突围。后来,官军集中兵力反扑,周旺一战不利。他与几位头领被官军俘获,船队损失大半,余众驾船"出福建界,深入广东"⑥。对此,真德秀向尚书省申报说:

> 海贼递年往来漳、潮、惠州界上冲要海门,劫掠地岸人家粮食,需索羊酒。专俟番船到来拦截行动。今来贼船已有一十二只,其徒日繁,于番船实关利害……证得贼船见泊深澳,正属广东界分正南北咽喉之地。其意欲劫米船以丰其食,劫番船以厚其财,掳丁壮、掳舟船以益张其势。用意叵测,为谋不藏。此猾贼之所为,非复寻常小窃之比。且自今年月料罗之败,只有五船,今又添至十二只,闻其贼众已近千人。若容养不除,事势日炽,未易剪灭。兼福、兴、漳、泉四郡全靠广米以给民食,而福建提舶司正仰番诏及海南船之来,以供国课。今为贼船所梗,实切利害。⑦

这支近千人的海盗武装势力,给广南与福建官府造成严重威胁。海盗海上抢劫,番船不通,国课亏缺;广东米船不至,福建军民乏食,海疆不宁。

广南、福建海盗反乱震撼海疆,朝廷急命广东经略安抚司调遣摧锋水军,福建安抚司调发水军联合会剿海盗。与此同时,朝廷又接连发下度牒15道,责令泉州府修造船,创立围头、宝盖等寨,修葺法石、永宁旧寨,添屯水军,增加石湖、小兜水军名额,修理器甲、兵船,以御海盗。枢密院亦札下福建安抚司与提刑司,在漳、泉二州和兴化军"严加措置",整顿水军,添造战船,葺理沿海诸寨设备,严防海盗作过,攻剿海盗,肃清海道,以靖海疆。

---

① (宋)真德秀:《西山先生真文忠公文集》卷八《申枢密院乞优恤王大寿》。
② 刘克庄《后村集》卷五十《宋资政殿学士赠银青光禄大夫真公行状》。
③ (宋)真德秀:《西山先生真文忠公文集》卷十五《申枢密院修沿海军政》。
④ (宋)真德秀:《西山先生真文忠公文集》卷十五《申左翼军正将贝旺推赏》。
⑤ 《重纂福建通志》卷二百六十六《宋外纪》。
⑥ (宋)真德秀:《西山先生真文忠公文集》卷十五《申左翼正将贝旺推赏》。
⑦ (宋)真德秀:《西山先生真文忠公文集》卷十五《申尚书省乞措置收捕海盗》。

南宋王朝虽然加强海防,但未能制止海盗活动。理宗开庆元年(1259年),海盗陈长五、陈长六和陈长七等人"作乱"兴、泉、漳海上。朝廷命宪使王熔克期征剿。陈长五率船三艘驶至莆田湄洲岛,遇暴风雨,船在沙浦上胶。王熔出兵攻击,陈长五被俘;陈长六船队在莆禧被郭敬叔官兵打败,遭捕俘;陈长七船队在福建洋面遭官兵袭击,被擒。陈氏三人被官府"磔于市"。

三 广南的海盗活动

宋代,广南与福建海盗反乱活动为海疆一大问题。北宋时,蔡襄上仁宗《乞遣广南福建状》陈述广南海盗反乱云,"广南海盗啸聚",为了扩大队伍,"掠百姓之少强者黥之,以为党众"①。黥刺本是宋王朝籍兵之法,广南海盗仿效而行之,黥刺党众作为其成员的标志,使他们无法脱离其群。南宋初年,广南海洋不靖,"多有海寇作过"。西路琼、雷、化、钦、廉诸州,自来不置水军,"海贼冲犯,如蹈无人之境"②。据史书志乘记,这时期的主要海盗有黎盛、大奚山岛寇和福建海盗在广南海上活动。

黎盛,南宋绍兴年间广南海盗首领,纵横东路和中路海上,攻掠沿海州县。

> 黎盛初犯广州城,纵火,官军莫敢前,潮、循、惠均受其害。③
> 海寇黎盛以绍兴三年癸丑犯潮州,焚民居。盛甫去,他寇旋起,布满山谷,梅州尤受其害。④
> 三年,海寇黎盛犯循、惠等州,命集诸路兵讨灭之。⑤

可见,黎盛武装势力强盛,他率领部众在广、潮、循、惠等州攻城略地,官军屡为所败。为扑灭黎盛海盗反乱,朝廷大动干戈,调集各路官军出海围剿,击溃黎盛船队。

绍兴五年(1135年)正月,福建海盗朱聪"犯泉州"后,率领200余人,海船30余艘航海往广南。据《宋会要辑稿》记叙云,朱聪率众"入广东诸县,杀人放火"⑥。他们的行动却获得"广东诸县"老百姓的支持,不少人参加其队伍,至八月,徒众骤增万数。广南地方告急,宋高宗诏命福建、广西帅司"措置招捕"。在几路官军的围剿中,朱聪作战失利,被迫投降,高宗"命补水军统领"⑦。

继朱聪之后,广南又爆发几起海盗反乱事件。绍兴二十九年(1159年),海盗陈演添一支船队在廉州、雷州和高州海上"作乱",攻廉州,"廉州大扰"⑧。随后,陈演添船队在高州、雷州海上活动,遭南恩州林观乡兵攻击,被俘杀。孝宗淳熙十五年(1188年),广州海盗陈青军集结党徒,"在海掳掠商旅,上岸剽居民"⑨。知广州朱安国差李宝部辖官军出海讨捕,俘捕陈军等16人,投入狱中拘禁。几年后,广州海上爆发大规模大奚山"岛寇作乱"。

---

① 蔡襄:《蔡忠惠公全集》卷二十一《乞遣广南福建状》。
② 《宋会要辑稿》卷一万五千一百一十七《方域》一八之二。
③ 《惠州府志》卷一《郡事志》。
④ 《潮州府志》卷三十八《征抚》。
⑤ 《惠州府志》卷一《郡事志》。
⑥ 《宋会要辑稿》卷二万二千四百九十《兵》。
⑦ 《宋史》卷二十八《高宗纪》。
⑧ 《廉州府志》卷二十一《纪事》。
⑨ 《宋会要辑稿》卷二万二千四百九十《兵》十三之三六。

南宋宁宗庆元年间,广州大奚山列岛居民发动反抗官府的武装斗争,时人称为"岛寇作乱"。大奚山,在广州东莞东南大海中,为粤洋中路的重要岛屿①,岛上居民自称为东晋末年海盗卢循部众后裔。据《仓格军门志》云,大奚山"居民不事农桑,不隶征徭,以渔盐为生。宋绍兴中,招降其人来祐等,选少壮者为水军,老弱者放归立砦。水军使臣一员,弹压一员。无供亿宽鱼盐之禁,谓之醃造盐"②。庆元三年(1197年)夏,提举茶盐徐安国遣人渡海到大奚山捕私盐人。岛民徐绍夔等人率众抗拒,"啸聚为盗"③。徐安国即出动官军讨捕。官军出海到大奚山,捕捉徐绍夔等人,肆行烧杀抢掠,"尽执岛民,戮之无唯类"④。事闻于朝廷,宁宗诏罢徐安国官职,以钱之望知广州。"时贼势猖獗",官府束手无策,官军无力讨捕。此时,福建莆田县人郑岳馆广州,为钱之望朋友,建议奏请朝廷调动善海战的福建延祥水军,攻剿大奚山岛寇。翌年八月,朝廷差遣延祥将商荣统领福建水军开赴广南,直指大奚山。福建水军航海至大奚山洋面,"舳舻相接"而进。岛民见水军来势汹汹,奋起抗击,"岛寇巨舰衔尾而至,锐不可当,众惧"⑤。为防御水军兵船逼岸,"大奚山之人用木支格,以钉海港。军不知蹊径,竟不能入"⑥。岛民决定以攻为守,出动舰队直捣广州城。据宋人祝穆《方舆胜览》记述,大奚山海盗以舟师指城,民大恐。⑦《东莞县志》亦云:"岛民用海舟载其兵弩,达于广州城下,州民散避。"岛民兵临城下,发起攻城战;同时,他们还在珠江上攻击水军兵船。在交战中,因岛民"首领船帆索被官兵斫断,船不能行。商荣用火箭射之,贼大败"⑧。官军乘势反扑,大肆杀戮,岛民"渠魁就擒,余凶或溺、或溃,扫荡无遗"⑨。至此,大奚山岛寇反乱平息。

第二节　南宋初年的抗金斗争与海盗活动

北宋南宋之际,宋军民奋起抗击金兵南侵。在抗金斗争中,也有海盗在海上进行抗金活动。

一　东南军民的抗金斗争与海盗活动

北宋徽宗宣和七年(1125年),崛起东北的金国攻灭辽国,国力强盛,随后兴兵向南进攻宋王朝。腐败的北宋无力抗御,徽宗、钦宗不抗战,屈辱求和。是年十月,金国大将粘罕与翰离不统领两路大军进攻王朝。宋钦宗靖康元年(1126年)十二月,金兵攻陷汴京(今河南开封),钦宗投降。次年四月初一,金兵将所俘的徽宗、钦宗及后妃、

---

① 大奚山,后有姓万者为酋长,因改称"老万山"。
② 顾炎武:《天下郡国利病书》卷一百三《广东七》。
③ 祝穆:《方舆胜览》卷三十四《广东路·广州》。
④ 《东莞县志》卷三十《前事略二》。
⑤ 《天妃显圣录》。
⑥ 《东莞县志》卷三十《前事略》二。
⑦ 祝穆:《方舆胜览》卷三十四《广东路·广州》
⑧ 《东莞县志》卷三十《前事略》二。
⑨ 《天妃显圣录》。

皇子、宗室贵戚，大臣 3000 多人押送北去；宫中金银、绢帛、礼器、浑天仪、漏刻、图册等物，被洗劫一空。北宋王朝至此灭亡。五月，宋康王赵构即帝位于归德，改元建炎，是为高宗，史称南宋。高宗害怕金兵，遂逃到扬州。建炎三年（1129 年）二月，金兀术等统兵南侵，攻下徐州，进抵淮河。高宗慌忙逃往镇江，又转走临安（今浙江杭州）。金兵攻陷扬州，将城里财帛抢劫殆尽，纵火烧城和屠城，事后居民余生者仅存数千人。十月，金兀术统兵渡江，攻占建康（今南京）。高宗逃奔越州（今浙江绍兴）。金兀术率金兵攻占临安。高宗逃往明州（今浙江宁波），因金兵追击，而逃出海。金兵在临安"纵火，三日夜烟焰不绝"①。金兵南侵的烧杀抢掠暴行激起各地人民的愤怒与反抗，他们靠山筑寨堡，近水结水寨，抗击金兵。抗金武装有王彦领导的太行山"八字军"②，河东、河北和山东的"红巾军"，五马山寨义军和张荣的梁山泊水军。各地抗金武装汇成一支几十万人的大军，抗击金兵。

在各地人民抗金斗争的推动下，海盗也采取行动，投入南宋军民的抗金战斗。在宋代，福建海船、广南多桨船和浙江温、台捕鱼船，有的是海盗船或参与海盗活动的船只。抗金烽火燃起后，海船拥有者当中有许多人投身抗金斗争。宋高宗逃到临安，福建莆田县人林之平募船赴援，"建炎三年，车驾南渡，之平由海道赴行在。上以长江守御之策询群臣。议者陈招募海舟，为不虞之备。复诏之平历闽、广募六百余艘，由温、台赴行在"③。与此同时，浙西制置使韩世忠也"募海船百余船"，组成一支兵船队④，布阵长江口，截击金兵。

建炎四年（1130 年），南侵的金兵北撤，金兀术带领 10 万金兵北走至长江口，遭韩世忠伏兵阻击，"兀术坠马，几得之，驰而脱去。而战数十合，兀术大败，获其婿龙虎大王"⑤。韩世忠以 8000 兵抗击兀术 10 余万金兵，双方在黄天荡相持 48 天。韩世忠发挥水战优势，"海舰进泊金山下，预以铁绠贯大钩，授骁将健者。明旦，敌舟噪而前。世忠分海舟为两道，出其背，每缒一绠，则一舟沉之。兀术穷蹙，求会语，祈请甚哀"⑥。最后，韩世忠大败金兵，金兀术狼狈北逃而去，"兀术渡江北还，每遇亲识，必相持泣，诉以过艰危，几不免"⑦。黄天荡之战，沿海船民与海盗发挥其擅长水上活动与海战的本领，立下战功。海盗不但参加南宋军民的抗金战斗，而且也单独在海上进行抗金的武装活动。

二 山东海盗张清对金国的反攻

南宋初年，山东海盗张清率领船队航海到辽东，在金国腹地发动反抗斗争，这是南宋军民抗金战争中一重要历史事件。

山东密州，地近登州、莱州州界，为宋代"南北商贾所会去处"⑧，有通往辽东的海

① 李心传：《建炎以来系年要录》卷三十一。
② 王彦的抗金义军，为了表示抗金的决心，每人脸上都刺着"赤心报国，誓杀金贼"八字，故称"八字军"。
③ 《兴化府莆田县志》卷二十四《人物传·林之平》。
④ 《镇江志》卷二十一《杂录·武事》。
⑤ 杨循吉：《金小史》卷三。
⑥ 《宋史》卷三百六十四《韩世忠传》。
⑦ 杨循吉：《金小史》卷三。
⑧ 《宋会要辑稿》卷二万一千七百七十八《刑法》二之六十二。

上航线。海南商船和番舶载货到这里转运往辽东。山东海盗熟悉通往辽东的海上航道。南宋初年,山东是抗金战争的重要战场。绍兴元年(1131年),金兵渡河,山东忠义军奋起抗击,统制忠义军马范温"率众驾船入海,据守福岛,每遇金贼,攘战获功"①。忠义军在海上开辟抗金战场,屡败金兵,义士立战功而补官者数百人。当时,忠义军在海上抗金得到海盗的支援。海盗在海上抗金活动比忠义军活跃。忠义军据守海岛,处于守势。而海盗张清则率领武装船队主动进击。绍兴九年(1139年),张清率领船队直捣金国后方,在辽东燃起抗金烽火,据宇文懋昭《大金国志》记载云:"山东海寇张清乘海船至辽东,诈称宋师,破蓟州。辽东士民及南宋被掳之人,多相率起兵应清者,辽东大扰。"②

张清率领武装部众航海直捣辽东,破蓟州。他打出"宋师"旗号,以资号召,辽东士民及南宋被俘送到辽东的人纷纷起义响应,金国后院起火,"辽东大扰",这沉重地打击了金国统治集团。可惜的是,张清未能利用有利时机和形势,却匆忙"率众复归",辽东反金武装起义随即为金国官兵扑灭。

海盗张清率众直捣辽东,号召士民反金,堪称壮举。随后,南宋军民抗金斗争出现新局势。绍兴十年(1140年),刘琦八字军在顺昌(今安徽阜阳)大败兀术金兵;王德军攻下亳州(今安徽亳县);韩世忠领军收复海州(今江苏东海);岳飞军队屡战皆捷,收复洛阳、郑州、颖昌(今河南许昌)、淮宁(今河南淮阳),又在郾城大败兀术金兵。在此形势下,岳飞激励部属官兵说:"直捣黄龙(府),与诸君痛饮耳!"他发出此豪言壮语前一年,海盗张清已有航海直捣辽东之举了。

第三节 宋代海盗亦商活动的兴起

中国海盗同世界其他国家海盗一样,在历史上都曾经从事过亦商亦盗(或称半商半盗)的活动。"盗",指海盗以暴力手段进行活动,抢劫别人的财货;"商",属经济范畴,指海盗进行商业活动,经商牟利。当海盗将暴力抢劫与商业活动相结合的时候,人,既是海盗,又是海商;船,既是盗舸,又是商舸;海,既是战场,又是市场。在中国,海盗用武装船只在海上进行商业活动始于宋代。

一 海盗亦商活动的历史背景与社会基础

中国海盗亦商活动的兴起和进展,与社会经济发展是紧密联系的。从宋代起,旧史书所说的海盗"渊薮"乃工商业发达和商品经济繁荣的东南沿海地区。

中国封建社会发展到唐宋时期,进入了繁荣的历史阶段。唐代,社会经济繁荣,工商业有了长足发展,海外交通贸易兴盛。至宋代,社会经济重心南移,东南沿海成为富庶地区。随着东南沿海地区工商业进一步发展与商业经济繁荣,海外贸易有了新的发展。宋王朝为了增加财政收入及满足统治阶级的生活需要,十分重视海外贸易。北宋

① 《宋会要辑稿》卷一万一千八百六十六《兵》一八之三。
② 宇文懋昭:《大金国志》卷十。

初年,沿袭唐代"旧法",在通商口岸设立市舶司,先后于广东广州、浙江杭州和明州、福建泉州、山东密州板桥镇(今青岛市胶州境)、江苏秀州华亭(今上海松江一带)等地设市舶司或市舶务。南宋时,又增设温州和江阴两处市舶务。市舶司掌管海外贸易,职务是"招徕岛夷",互市贸易。① 按规定:本国商船必须先向市舶司申请、具保,获得凭券,方可出洋兴贩;外国商船到达港口,必须向市舶司报告,接受检查,货物"抽解"1/10作为进口税。市舶司还负责"博买""番货",属"禁榷"货物全部收购,其余货物部分收购。市舶司抽解与博买的货物,送缴朝廷。这样一来,市舶司就垄断了海外贸易。

海外贸易大利所在,事关国计,因此宋王朝统治者特别重视,皇帝亲自过问。北宋太宗曾经特遣内侍赍敕书,往海南诸国,勾招进奉,博买"番货"。南宋高宗亦注重海外贸易,他说:"市舶之利,颇助国用,宜循旧法,以招徕远人,阜通货贿。"② 为此特地在杭州设怀远驿,明州、温州设来远驿,招徕外国商人,鼓励他们前来通商;同时,还在广州和泉州专辟"番坊",让外国商人居住,借以促进海外贸易。

在宋代,海外贸易获利颇丰,为各阶层所注目,因此,不少人竞相投身海外贸易活动。首先是大官僚经营海外贸易。大将张俊以钱百万为资本,令其士卒从事海外贸易,获得巨大商利。蒲寿庚掌管泉州市舶司 30 年,与其兄寿成兼经商业,拥有多艘海船,操纵海外贸易,成为官商。其次,衙役、胥吏与赴试士人亦有"过海入蕃"者。北宋政和二年(1112 年)六月二十二日,"臣僚言:访闻入蕃海商,自元祐以来,押贩海船人,时有附带曾经赴试士人及过犯停替胥吏,过海入蕃。或名为住冬,在彼国数年不回,有二十年者,取妻养子,转于近北番国,无所不至……"③ 由于士人出洋者众,宋王朝统治者为阻止他们"过海入蕃",下令禁止曾预贡解及州县有学籍者,不得过海。这里所谓"入蕃海商",指富有商人及一般商贾、船户。这里所说的富有商人,也就是知密州范锷所说的"富豪大姓",他们仗其财力与权势,专"海舶之利"④。至于一般商人和船户,即拥有一定数额资财的商人和拥有海船的船户,他们致力于海外交通贸易,为正宗海商。

在中国历史上,"海商"这一经济名词始见唐人王建的诗篇中。王建在《送于丹移家洺州》诗中的"贩海翁",也就是他在《汴路即事》诗中所说的"海商"⑤。至宋代,随着东南沿海地区工商业和海上交通贸易的发展,海商阶层及其经济实力壮大,在商业经济领域中异军突起,成为"经济新人"。史书中有许多有关这类人从事"海事兴贩"的记载:

福建一路,多以海商为业。⑥

自朝家承平总一海内,闽、粤之贾乘风航海不以为险,故珍货远物毕集于吴之市。⑦

初,知密州范锷上言:"板桥濒海,东则二广、福建、淮浙,西则京东、河北、

---

① 《宋会要辑稿》卷一万九千三百九十二《刑法》二之一四四。

② 《宋会要辑稿》卷一千一百二十四《职官》四四之二四。

③ 《宋会要辑稿》卷二万一千七百七十七《刑法》二之三九。

④ 《宋史》卷一百八十六《食货志》八。

⑤ 王建:《王司马集》卷一与卷三。他在《汴路即事》诗中云:"草市迎江货,津桥税海商。"

⑥ (宋)苏轼:《苏东坡》卷六《论高丽进奉状》。

⑦ 朱长文:《吴郡图经续记》卷二《海道》。

河东三路,商贾所聚……"锷等复言:"广南、福建、淮浙贾人航海贩物至京东、河东、河北等路,载钱帛、丝绵贸易,而象犀、乳香、珍异之物,虽尝禁榷,未免欺隐。"①

泉州人稠俗瘠,虽欲就耕无地辟;州南有海浩无穷,每岁造舟通夷域。②

漳、泉、福、兴化,凡沿海之民所造舟船,乃自备财力兴贩牟利而已。③

大商贾人言此甚详悉,若欲驾船泛往外国买卖,则自泉州便可出洋……便可放洋出海,泛往外国也。④

以上所引的几则历史资料,反映了宋代海商从事海外贸易的盛况。由于海商的海外贸易是民间的自由贸易,它不可避免地会与宋王朝市舶司的贡市贸易和官商贸易发生矛盾和斗争,因而遭到官府的限制与禁止。在这种情况下,不少海商被迫铤而走险,加入海盗海上武装贸易活动的行列。海商参加海盗的贸易活动,赋予宋代海盗活动以新的内容和特点。

二 海盗亦商活动概况

宋代,广南广州与福建泉州是对外交通贸易的重要港口城市,中外商船穿梭往来,闽、粤海洋因此而成为海商与海盗活动的中心海域。海上通商贸易繁盛,伴随而来的是海盗抢劫猖獗,官府视为"海道之害"。

二广及泉、福州,多有海贼啸聚。其始皆由居民停藏资给,日月既久,党众渐炽,遂为海道之害。如福州山门、潮州沙尾、惠州漈落、广州大奚山、高州硇州,皆停泊之所。官兵未至,村民为贼耳目者往往前期报告,遂至出没不常,无从擒捕。⑤

二广与福建沿海充斥海盗"耳目","停隐贼人及与贼贸易",这反映二广与福建海滨村民与海盗之间关系密切,他们不但"为贼耳目","与贼贸易",而且还参与抢劫船货的行动,正如李纲在《论福建海寇札子》中所说:

广南、福建路近年多有海寇作过,劫掠沿海县镇乡村及外国海舡、市舶司上供宝货,所得动以巨万计……掳掠船舶既多,愚民嗜利喜乱,从之者众,将浸成大患,如晋孙恩,不可不为备。⑥

从实际情况来看,宋代福建海盗所抢掠的是沿海乡镇富豪的财物、粮食及外国海舡、市舶司"上供宝货",并没有侵犯沿海人民。正因为如此,故"愚民""从之者众",乐于同海盗交通。随着海盗亦商活动的开展,东南沿海民间海上自由贸易随之进行。

在福建泉州郡城外围的石井津,即安海港及附近澳,海上民间自由贸易活动很活跃。安海港在泉州郡城南部30里,位于金门围头海湾,唐代已成港市,名"湾海",居民多从事海上交通贸易。由于进出安海港澳海船为数颇多,需导航,从安海至围头数

---

① 《宋史》卷一百八十六《食货志》八。
② 王象之:《舆地纪胜》卷一百三十《福建路·泉州》。
③ 《宋会要辑稿》卷一万九千三百九十二《刑法》二之一七三。
④ (宋)吴自牧:《梦粱录》卷十二。
⑤ 《宋会要辑稿》卷二万二千四百九十《兵》十三之二二。
⑥ 李纲:《梁溪先生文集》卷八十二《论福建海寇札子》。

十里海岸建造七座灯塔,由此可见当时海上交通贸易的盛况。至宋代,安海港市更加繁荣,港澳进出海船千帆百舸,客商云集,唐货、番货山积,市场交易颇为繁盛。据《安海志》记载:

> 安海于宋全盛时,东有旧市,西有新市。因竞利而后设镇,市曰安海市,镇曰安海镇。今市散处,直街曲巷,无非贸易之店肆,约有千余座。盖因四方射利者所必趋,随处成交。[1]

《晋江县志》亦有类似记叙:

> 安海城,在八都濒海,人烟辏集。古名湾海。唐安金藏之后连济徙居于此,因易湾为安。宋为安海市,客舟自海到者,州遣吏榷税于此,号石井津。[2]

航海至安海港的海舶,称为"客船""客舟",即外地商船,其中包括"番舶"(外国商船)。安海港市全盛时,海舶进出频繁,州官派遣税吏驻港征税。海盗从事海上商业活动,是不会向官府纳税的。他们为避开官府的干扰和税收,泊船于安海港外澳围头,澳围头由此成为海盗进行海上贸易活动的据点。南宋宁宗嘉定年间,知泉州真德秀到任即惊呼"海盗披猖","所有海贼船只递年往来漳、潮、泉州界","拦截行劫"市舶船。可是,当他出巡泉州外围诸港澳,在围头澳亲眼目睹商船与盗艘同港停泊,海盗与当地居民交易货物的另一番景象。他说:

> 围头去州一百二十余里,正阃大海,南北洋舟船往来必泊之地。旁有支港可达石井。其势甚要,前此未尝措置,此控扼之未尽得其所也……围头去永宁五十里,视诸湾澳为大,往来可以久泊。访之土人,贼船到此,多与居民交易……寻常客船、贼船自南北洋经过者,无不于此稍泊。盖其澳深阔,可以避风,一也。海中水咸,不可饮食,必须于此上山取水也。当处居民亦多与贼徒交通贸易,酒食店肆,色色有之,二也。居常客船、贼船同泊于此。[3]

围头澳地处海隅僻陬,泉州市舶司管辖不及,客船与"贼船"同港而泊;居民设置诸色店肆,交易繁盛,海上民间自由贸易在这里悄然兴起。海盗亦商活动给围头居民带来经济利益,因此"贼船"入港贸易颇受欢迎。

在广南,海盗也积极开展亦商活动及反抗宋王朝市舶司的斗争。据正德《琼台志》云,南宋度宗咸淳三年至十年(1267—1274年),海盗陈明甫与陈公发领导的一支几十艘船组成的武装船队,据崖州临川镇,控制50余村税户,从事海外贸易与进行反抗官府的斗争。陈明甫与陈公发大书文榜,自号"三巴大王"。这支海上武装队伍与陆地人民起义军联盟,共同开展反抗官府的斗争。临川镇距军城百里,陈明甫与陈公发占据为活动基地,他们"倚强黎为党援,萃逋逃为渊薮",五六十年间,官府不敢与问,官兵惧而不往。陈明甫、陈公发得到临川镇人民的拥戴与支持,得以据镇称王。

关于陈明甫、陈公发组织武装船队从事海外贸易与领导反市舶司斗争的史事,邢梦《璜记》有详细记述:

> 咸淳三年,二凶盗陈明甫、陈公发窃据临川据之。前此所未敢为者,彼肆

---

① 《安海志》残本。
② 《晋江县志》卷二《规制志·城池》。
③ (宋)真德秀:《西山先生真文公文集》卷八《申枢密院措置沿海事宜状》。

意为之。建屋于鹿回头胜地，自驾双龙头大船，衣服、器用逾法越制。大书文榜，自号三巴陈大王。此为何意？狼贪虎暴，睥睨军印，敢于陵铄朝廷之州郡，系累军卒，追取州民钱粮，包占本军五十余村税户。自是，崖之民无宁岁，鲸吞鳍舞，出没海岸，敢于剿灭朝廷之舶货，连年商贾能有几归舟？诸司舶务殆为虚器。远而漳、潮、恩、广，近而钦、廉、雷、化为海岸居民，岁掠数百人，入外番贸易……三、四年间，部檄省符行下，经、宪两司督趣琼莞剪荡，卒视为难事。①

这则文字记载说明了两个问题。其一，陈明甫、陈公发领导海盗反抗宋王朝官府的武装斗争旗帜鲜明，他们藐视宋王朝的"法制"，"睥睨军印，敢于陵铄朝廷之州郡"政权，据地占税户，取钱粮，张榜称王。其二，陈明甫、陈公发据临川镇港为基地，招募广南、福建沿海诸郡居民，"入外番贸易"。如此广泛招募航海和经商人员，大规模进行民间海外自由贸易，这在中国历史上还是首次。

海盗从事民间海外自由贸易势必同市舶司官商发生矛盾与冲突。陈明甫、陈公发领导海盗武装在广南西路海上开展反对市舶司垄断海外贸易的斗争，武装船队出没洋面及沿海口岸，"剿灭朝廷之舶货"，抢劫官商货船，严重打击官府市舶贸易，使"诸司舶务殆为虚器"。这种行动和斗争，从贸易史的角度来说，实是海上官私的"贸易战"。这在中国经济史和海盗史上是值得重视的现象。咸淳十年（1274 年）三月十八日，琼管帅马成旺遣其子抚机应麒总制军马，申命钤辖云从龙协赞，统领官兵攻陈明甫、陈公发船队。官兵乘船驶抵临川港，陈明甫出动海船数十艘迎战。官兵易小船突袭。陈明甫、陈公发作战失利，闭栅固守。总制应麒派官兵从东南海岸进攻，拔寨桩；另一支官兵从东岸登陆，强攻连珠寨，又命义兵从西岸夹击。陈明甫、陈公发指挥部众抗击官兵。总制应麒为流矢所中，官兵拼死猛攻大寨。寨陷，陈明甫、陈公发部众死者"不可胜计"。官兵纵火烧寨，"烟焰炽天，连日不绝"。陈公发率众退往上江峒，被官兵擒捕。陈明甫带领部众往黄流峒，因官兵追击，遁走占城（今越南南部），继而转往交趾（今越南中部和北部）。官兵尾追攻击，陈明甫率领部众返回南宁军南村远峒。总制应麒驱兵追至南村，陈明甫率众迎战，寡不敌众而败，他与儿子庭坚及孙儿六人被官兵俘捕。五月，宋度宗诏令广右帅臣严刑处决俘虏，陈明甫儿孙及被俘部众，"悉砧斧之"，而将陈明甫、陈公发钓脊挂竿示众，继而"悬髻、窒肮、穿足、钉手、炮烙其肤，脍缕其肉，运刀纷纭"②。官府用如此残暴酷刑处死陈明甫、陈公发，"见者骇汗"。陈明甫、陈公发死后，他们的海上活动便告结束。

第四节　南宋末年军民的抗元斗争与海盗活动

一　南宋末年的抗元形势

13 世纪初，中国北方蒙古族崛起。南宋宁宗开禧二年（1206 年），成吉思汗建立蒙

---

① 转引自《琼台志》卷二十一《海寇》。
② 《琼台志》卷二十一《海寇》。

古帝国。南宋理宗景定元年(1260 年),成吉思汗孙子忽必烈在开平(今内蒙古自治区多伦)即汗位,建元中统。中统四年(南宋景定五年,1264 年),忽必烈迁居燕京,于至元八年(南宋咸淳七年,1271 年)称帝,改国号为元,为元世祖。随后,元世祖举兵攻南宋王朝,至元十六年(南宋赵昺祥兴二年,1279 年)攻灭南宋政权。元军所到之处,屠城烧村,甚至"杀人煎膏取油以作炮"①,抢掠财物。"诸将市功,且利俘获。往滥及无辜,或强籍新民,以为奴隶。"②元军的暴行,激起南宋军民的愤怒与反抗,"东南大蠹觊倖之徒,相煽以动,大或数万,小或千数,在在为群"③。当时,南方人民反元起义多达数百处,最大的起义军数十万,声势浩大,使元王朝"兵兴无宁岁"④,穷于应付。

至元十一年(1274 年),河北、河南和山东等地爆发多起人民反元起义。至元十三年(1276 年)四月,福建长汀县黄广德起义,自称天下都大元帅,又立为广德皇帝。五月,沙县谢五十起义,称将军。在湖北蕲州、鄂州,湖南永州、潭州,四川与广东等地爆发人民起义,攻杀长吏。至元十五年(1278 年),浙东处州张三八、季文龙、章焱等人起义,杀赵知府及庆元达鲁花赤也速台。至元十七年(1279 年)春,江西都昌杜万一起义,自称天王,建元万乘,有众数万。在福建漳州,陈桂龙与陈吊眼领导 10 万人起义。建宁黄华起义,有众 20 万,据政和县,称宋祥兴五年;浙东吴提刑起兵响应,也用祥兴年号。至元十八年(1281 年),福建剑南州丘细春起义,行镇国开国大王,建元泰昌。至元十九年(1282 年),安徽爆发几起人民起义,宣州与徽州起义军"僭号"、署官,攻郡县,烧官府,杀长吏。至元二十一年(1284 年),浙东台州仙居县王仙人起义,招立十将,置寨,抗官军。至元二十二年(1285 年),四川赵和尚起义,称宋福王广子广王。至元二十三年(1286 年),浙东永康县陈巽起义。至元二十四年(1287 年),福建汀州畲民钟明亮起义。至元二十七年(1290 年),浙东婺州、处州叶五万、杨六和刘甲、刘乙等人起义。至元二十九年(1292 年),广西上恩州黄圣许起义,他死后族人坚持反抗斗争 30 多年。各地人民起义此起彼伏,元世祖在位期间"未获殄灭"⑤。当时领导起义的领袖,有的以恢复宋朝为号召,有的称王、建号、署官,抗元军,杀长吏。各地人民的反元起义影响了当时的海盗活动。⑥

在各地人民反元起义的过程中,东南沿海人民纷纷出海,聚众占据海岛,组织武装船队,在海上进行反元斗争,元王朝官府视他们为海盗。海盗在海上的武装活动与陆地人民的反元起义互相呼应。有识之士注意到海盗的力量,认识到他们可以在抗元战争中发挥作用。宋浙西提刑洪起畏劝谕海盗为国效力,投身抗元战争。元初,各地人民纷纷起义反抗元王朝的统治,海盗也投入反元斗争。对此,明人张溥在《元史论》中也评说:宋元之际,国难当头,"当是时,不惟贱盗而反幸有盗"。

① 陈作霖:《江苏兵事纪略》卷下。张弘范《淮阳集》中有首《过江》诗,诗中讲到元军南进杀戮暴行,"我军百万战袍红,尽是江南儿女血。"
② 《元史》卷一百七十《雷膺传》。
③ 姚燧:《牧庵集》卷十九《参知政事贾公神道碑》。
④ 陈邦瞻:《元史纪事本末》卷一《江南群盗》。
⑤ 张溥:《元史论》卷一《江南群盗之平》。
⑥ 张溥:《元史论》卷一《江南群盗之平》。

1105
第二十八章
宋元时期的海盗活动

二　两浙军民的抗元斗争与海盗活动

在元军大举进犯江南时,南宋军民奋起抗击。在这样的形势下,海盗与渔民、船户也一齐行动起来,他们出力、出船支援南宋官兵抗击元军,南宋官兵因此而拥有大量船只。至元十二年(南宋恭帝德祐元年,1275 年),宋元"焦山之役",宋水军战船万余艘屯焦山,5000 艘屯铜陵丁洲,与元军对阵。临安失陷后,南宋"行朝有船千余艘,内大船极多"。由于得到海盗与渔民、船户的支持,"行朝以游舟数出,得小捷"①;同时,也使张世杰水军能"长风驾高浪,偃蹇龙虎姿"②。而元军情况则相反,"北人乍登舟,呕晕,执弓矢不支持,又水道生疏,舟工进退失据。使敌初至,行朝乘其未集击之,蔑不胜矣"③。元军北船的舟工皆浙、闽水手和海盗,"其心莫不欲南",不愿为元军效力。正因为如此,使张世杰、陆秀夫得以从海上护送益王赵昰、广王赵昺南下福建、广东。

元世祖忽必烈"一统"天下后,海盗参加人民反元起义。至元十八年(1281 年),浙洋海盗支持原宋都统崔顺,组成一支数千人、战舰百艘的武装船队,屡次航海北上,攻略山东沿海州县。与此同时,浙东象山县海盗尤宗祖拥有一支上万人的武装船队,在海上进行反抗官府的活动。至元二十六年(1289 年)二月,台州宁海海盗杨镇龙起义反抗官府。《经世大典序录》记叙杨镇龙反乱事迹云:

> 二十六年二月,台州宁海人杨镇龙反。居(据)玉山二十五都,伪称大兴
> 国皇帝。置其党厉某为右丞相,楼蒙才为左丞相,以黄牌书其后门曰大兴国,
> 年号安定。乘黑轿、黄绢轿,军黄伞。得良民刺额为"大兴国军"四字。二月
> 一日,杀马祭天,受伪天符举事。蒙才等拜呼万岁。④

杨镇龙建立大兴国,自为皇帝,铸二印宝:一为"皇帝恭膺天命之宝";一为"护国威权法令奉命之印"。

杨镇龙有众 12 万人。他派遣 7 万人攻东阳、义乌,其余部众攻嵊县、新昌、天台、永康等地。元朝廷闻警,即遣宋王瓮吉斛与浙东宣尉使史弼,统兵征剿。镇龙战败而亡,部众溃散。

三　广东军民的抗元斗争与海盗活动

广东南海是南宋王朝的最后地盘,军民在这里进行了一场既激烈又悲壮的抗元战争。在广东抗元战争中,海盗黎德的武装势力最强大,为抗元的主力军。

至元十三年(南宋德祐二年,1276 年)二月,元军攻陷临安,南宋恭帝及宗室官员被俘北去。张世杰、陆秀夫等人护卫益王赵昰、广王赵昺由海道南下福建,转往广东。粤地南宋"遗民"推原工部侍郎马南宝为帅,副以制置使黎德、招讨使梁起莘等以迎驾。⑤ 次年十二月,赵昰舟师抵惠州海丰,趋广州,欲进城未成,还师海上。至元十五年(南宋景炎三年)二月,南宋端宗赵昰病亡,张世杰、陆秀夫等复立幼主赵昺。至元十

---

① 文天祥:《文信公集杜诗》,《祥兴》第三十六。
② 文天祥:《文信公集杜诗》,《张世杰》第四十二。
③ 文天祥:《文信公集杜诗》,《祥兴》第三十六。
④ 《经世大典序录》,《元文类》卷四十一。
⑤ 柯维骐:《宋史新编》卷十四《端宗帝昺纪》。

六年(南宋祥兴二年),赵昺流徙崖山(在新会南海中),张世杰以巨舰千余艘及许多舻舳在海上结水营。赵昺即帝位,"闽、广响应"①。元世祖诏命大将张弘范统兵追击赵昺舟师。新会海民出动乌蛋船千艘救援南宋舟师。② 张世杰率兵力战失利,陆秀夫负赵昺投海而死,南宋王朝灭亡。

南宋王朝灭亡后,广东人民和海盗反抗元王朝的斗争并没有停止。至元十七年(1280年),海盗霍光明、郑仲龙起义反元。至元十八年,南海渔民李梓起义,称宋年号。至元二十年三月,广州新会盐户陈良钤、林桂芳等聚众万人起义,建号罗平国,称延康年号。这支起义军不少人来自"东莞、香山、惠州负贩之徒"③。陈、林起义军遭元王朝广东都转运盐使、招讨使答失蛮的攻剿而遗败,余众多投奔海盗黎德与欧南喜起义军。

欧南喜,南海县民,发动和领导一支10万人起义军,称宋将军,攻城略邑。增城蔡大老、侯大老和唐大老等人聚众,响应欧南喜起义,声势颇盛,"岭海骚动","占城粮运"被遏绝。广东都转运盐使合刺普华与都元帅课儿伯海牙、宣慰使都元帅百佐及万户王守信等分兵攻剿。未几,合刺普华为右丞相唆都征占城、交趾军队护卫粮道,在东莞、博罗两县交界处,为欧钟起义军击杀。

欧南喜在清远县据地称王后,遣部将马帅、陆帅与徐帅率众攻广州城,为王守信官兵所败,死千人,三帅被杀,数十壁为官兵所破。欧南喜见形势不利,即率众转移新会,与海盗黎德队伍会合,组成水陆联军,共同抗击官兵。

黎德,新会县人。在迎驾赵昺时,他"已集船至七千艘,众号二十万"④,为粤洋一支强大的军事力量,在海上反抗元王朝官兵。至元二十一年(1284年),元世祖闻知广东军情紧急,即诏遣张玉统兵1万,会同江西行省参知政事云丹密实官兵进剿。黎德指挥部众应战,官兵"屡为所败"⑤。在双方交战的紧要时刻,梁起莘叛变,投降万户王守信,遁回冯村。黎德遣部将吴林率船800艘攻冯村。王守信出动兵船350艘,满载木材,直冲吴林船队。吴林坠海死,船队溃散。次年十一月,云丹密实驱官兵大举进攻,黎德战败遭杀害,其弟黎洁及招讨吴兴等被俘,槛押去京师大都。欧南喜战败,踰岭逃遁。

此后,广东人民与海盗的反元斗争持续了很长时间。

对上述广东人民的反元起义与海盗活动,张溥在《元史论》中评论说:宋亡,"忠臣义士入海,罔有余脐不植,而闾阎强暴奋臂一呼,众辄数万"。对这些海上造反者和海盗,"抑以大宋观之,亦有殷多士之伦也"⑥。《新会县志》编纂人对海盗黎德的评论,亦持类似观点,说"黎德在元为顽民,在宋亦不失名义民"⑦。

第二十八章

宋元时期的海盗活动

---

① 《元史》卷一百五十六《张弘范传》。
② 《新会县志》卷十三《事略》上。按:新会"乌蛋船"一部分为海盗船。
③ 《元史》卷一百九十三《合刺普华传》。
④ 姚燧:《牧庵集》卷二十三《皇元故怀远大将军同知广东尉司事王公神道碑》。
⑤ 《新会县志》卷十三《事略》上。
⑥ 张溥:《元史论》卷一《江南群盗之平》。
⑦ 《新会县志》卷十三《事略》上"案语"。

第五节　元初海盗朱清和张瑄的海漕航运与港市经营

朱清、张瑄是宋元之际活跃于东海、黄海和渤海的著名海盗,同时也是元代海漕航运的开拓者和太仓港的营建者。他们的海上活动事迹为历史学家所重视。几十年前,浙江大学文学院第三集集刊刊载夏定域一篇题为《元朱清张瑄事迹录》的文章,辑录他们生平事迹的史料。1989 年,广州暨南大学朱杰勤教授为福建泉州海上交通博物馆建馆 30 周年纪念专刊撰文,特别提醒"海事史研究者应重视对海盗朱清、张瑄开拓元代海运事业的研究,并适当予以评价"①。此说甚是。历史事实表明,在中国海盗史上,最先在经济建设及开拓海运事业上有所建树者,首推朱清、张瑄二人。

一　朱清、张瑄的身世及其海上活动事迹

南宋末年,政权腐败,官吏肆虐,赋役苛繁,土地兼并严重,农民破产、流亡,生活困难,难以存活。东南沿海穷苦人民为求生计,铤而走险,亡命海上为盗者甚众。在入海为盗的人群中,出现两位著名的海盗首领:朱清与张瑄。元人陶宗仪《辍耕录》云:"宋季年,群无赖子相聚,乘舟钞掠海上,朱清、张瑄最为雄长,阴部曲曹伍之。"②

朱清,字澄叔,浙西崇明州姚沙人。③ 南宋末年,濒海姚沙初涨,朱清母亲集亲旧十余家。"缚芦为屋,捕鱼以给衣食。"④朱清家境贫寒,少时随母捕鱼和樵采、贩柴为生。张道《定乡小识》有诗咏朱清早年担柴贩卖事:"柴担归来月满门,樵翁尚住贵人村;桥边不见朱宣尉,谁买春醪醉老温。"诗注云,"老温"即僧温日观(名子温),他与朱宣尉(朱清)有交情。"元朱清,官宣尉。贱时以樵自给。朱桥其担柴路也。僧温日观嗜酒,善画葡萄。一日乘醉为朱宣尉画讫,题云:'昔有朱买臣,今有朱宣尉,两个担柴夫,并为金紫贵。'朱大喜曰:'我果然曾卖芦柴,和尚知我。'遂厚酬之。"⑤这位"担柴夫"同崇明沙民穷小子一样,没有社会地位,被人目为"少年无赖"⑥。他们一无所有,"其人性刚而气猛,好胜而轻生",因此有苏州诸邑,"惟崇明之人为最悍"的说法⑦。朱清属此类人,富有反抗精神。《新元史》有一则朱清的传说:

先是,宋宰相贾似道征相士张锦堂观气色。似道将坐拂几茵者三。锦堂语曰:"公忧民忧国,颜色未知,请俟异日。"似道使门客数请,辄曰:"未可"。后使亲密问之。锦堂曰:"一尘尚不容,安能治天下?"似道怒,欲杀之。锦堂望紫气在东北海上,乃易姓名,潜至太仓,渡海寓于崇明,寻其地,乃新涨姚刘沙也。见三、五少年皆顾伟,及见清身长八尺,貌如彪虎。锦堂乃拜于地曰:

---

① 朱杰勤:《中国航海史研究回顾与展望》,《海交史研究》1989 年 2 月纪念刊。

② 陶宗仪:《辍耕录》卷五《朱张》。

③ 柯邵忞:《新元史》卷一百八十二《朱清张瑄传》。

④ 柯邵忞:《新元史》卷一百八十二《朱清张瑄传》。

⑤ 张道:《定乡小识》卷十六《定乡续咏》。

⑥ 屠寄:《蒙兀儿史记》卷一百一十三《朱清张瑄列传》。"沙民",浙西人对居住海中沙洲岛屿人的称呼。

⑦ 陈仁锡:《皇明世法录》卷七十六《江南倭防·崇明县总论》。

"不图今日得见贵人。"清母及诸妇争笑之。锦堂所见少年,即黄、刘、殷、徐、虞五万户也。①

当然,传说非信史,不足据,但它反映了朱清确实是众望所归的人物。当时,江南人民不满南宋王朝的黑暗统治,盼望有英雄强人出来带领众人反抗官府,摆脱苦难。

朱清本人是为反抗富豪与官府的压迫而走上造反道路的。他早年因家庭贫困,为谋生计到富豪杨氏家当雇工。这个姓杨的东家拥有几艘沙船②,驾沙船经商致富,成为富豪。杨为富不仁,压榨雇工。朱清不堪受其压迫与凌辱,愤恨之下,"夜杀杨氏,盗其妻子、财货去"。朱清在海上"亡命集党,为之渠魁,操舟贩鬻私盐,兼事剽盗"③。后来,朱清贩运私盐入吴淞江,到新华镇易米,遇张瑄,意气相投,"结为兄弟",一同驾船出海当海盗。

张瑄,平江(今江苏苏州)嘉定八都新华村人。他自幼失去父亲,"从母乞食。及长,丰姿魁岸,膂力过人,好饮博,乡里以恶少年目之"。张瑄与朱清结伙,"同枭其群",从事贩私盐与海盗活动,反抗官兵。后来,朱清与张瑄被巡盐官吏逮捕,同时被捕18人,投入平江军狱,于法当死。浙西提刑洪起畏监刑。行刑前,起畏见朱清、张瑄气宇非凡,"奇其状貌",私下赦免其死,因谕之曰:"今中原大乱,汝辈皆健儿,当为国家立恢复之功。"随后遂释放他们。④

朱清、张瑄出狱后,继续在海上活动,因尉司捕急,被迫携老幼乘船出海,率众驾船扬帆东行,三昼夜经沙门岛,向东北航行过高句丽水口见文登、夷维诸山,北见燕山与碣石。他们在海上活动,"南自通州,北至胶莱,往来飘忽,聚党至数千人,海舶五百艘。所至骚然,濒海沙民富家苦之,官吏莫如何也"⑤。这支由500艘海船和数千人组成的海盗武装队伍,斗争矛头直指官吏和"沙民富家",而不侵犯穷苦民众,因而获得贫穷沙民的拥护与支持。

从宋代海盗亦商活动的发展情况来看,朱清、张瑄堪称为其继承人。他们以海洋为经济活动场所,经营和发展海上贸易事业,把亦商活动从东南海上扩展到北洋,"入外番贸易"的范围也大为扩展,从南洋各国到日本、朝鲜等国,广泛开展通商贸易活动,打开亦商活动新局面。

与此同时,朱清、张瑄颇为注意开辟与发展海上交通航道。他们责令船队部属驾船航行,务必留意观测东海与黄海、渤海各处航道深浅、海水流向以及缓急,记识海中泥沙浅角、岛屿、礁石、河洲的方位,驾船者人人心中有张"航海图",保证船只航行迅速与安全。朱清、张瑄船队在海上活动十五六年,积累了丰富的航海经验,熟悉南北海道,摸清了长江口与海洋交汇水域中向来被视为"不可渡越"的"料角"险滩的具体情况⑥,从而使船只进出航行畅通无阻。在这里,必须着重说明的是,朱清、张瑄在开辟

---

① 柯邵忞:《新元史》卷一百八十二《朱清张瑄列传》。
② 沙船,浙西一种平底货船,适宜于长江及近海航行和运输。
③ 陶宗仪:《辍耕录》卷五《朱张》。
④ 柯邵忞:《新元史》卷一百八十二《朱清张瑄列传》。
⑤ 屠寄:《蒙兀儿史记》卷一百一十三《朱清张瑄列传》。
⑥ "料角",据陶宗仪《辍耕录》卷五《朱张》注文云:"相传胊山海门水中流积泥淤江沙,其长无际。浮海者以竿料浅深,此浅生角曰'料角'"。

与发展海上航道的事业上做出了不可磨灭的功绩。

朱清、张瑄纵横海上时,正值宋元易鼎之际。元王朝大军南进,遇到过江渡海作战的难题。朝廷廷议招抚朱清、张瑄,利用他们的海船和部众,以解决兵船不足与海上行军、作战等问题。

元朝廷首先招降朱清,命令他携老幼和部众泛海至胶州受降。随后,参政董文炳派招讨使王世强与董士选招降张瑄。朱清、张瑄既降,元朝廷授予行军千户职,其下属则授百户、总把等军职,隶元军左翼。至元十三年(1276 年)二月,元朝宰相伯颜统领元军大举进攻南宋。朱清、张瑄受命率所部攻上海,入吴淞江。三月,伯颜元军攻陷临安掠宫殿及诸省、院、寺的乐器、祭器、郊天仪仗、宝册、图书等物。由于当时淮东地区仍为南宋军队驻守,元军所掠夺诸物无法取道运河运往京师大都(今北京)。伯颜乃命朱清、张瑄将所掠之物用海船载运,从崇明由海道运至渤海湾直沽(在今天津境内),再由陆路转运往京师。① 至元十六年至二十七年(1279—1290 年),朱清、张瑄从都元帅张弘范追击南宋景炎、祥兴二帝,以及剿平反元义军和"海中群盗"而立军功。朱清由千户擢升万户,张瑄为沿海招讨使。至元二十年(1283 年),朱清、张瑄从元帅阿塔海东征日本,至八角岛,无功而返。次年,复与出征占城、交趾。至元二十九年(1292年),又随从远征爪哇。可见,当时元军在东南沿海以及出兵海外的一连串军事行动中,朱清、张瑄几乎无役不与且屡立军功。不过,朱清、张瑄最重要的事迹仍是开拓海上漕运。

二 兴办海上漕运

海上漕运,即从海上运输漕粮。在元代,京师大都官民所需粮食及官兵粮饷,依赖东南地区供应粮谷,用船载粮,从海上运输到京师大都。海上运输漕粮,简称为"海漕"。海上运输粮谷,早已有之。据史书记载,海上运输粮谷始于秦代。《广舆图》云:"海运之法,自秦已有之。"②明人丘濬在其著作《大学衍义补》中讲得甚为详细。他说:"秦以欲攻匈奴之故,致负海之粟,输河北之仓,盖由海道以入河也……秦致负海之粟,犹是资以行师,而目都之漕,尚未讲也。"③唐代,也通过海道转运东吴粮谷至燕幽。陶宗仪在《辍耕录》中引杜甫《出塞》《昔游》诗谈论唐代军需海运。④ 杜甫《出塞》诗云:"渔阳豪侠地,击鼓吹笙竽。云帆转辽海,粳稻来东吴。越罗与楚练,照耀舆台躯。"《昔游》亦云:"幽燕盛用武,供给亦劳哉。吴门转粟帛,泛海陵蓬莱。"⑤纵观从秦至唐的海运,主要是为了"边方之用",即供边兵粮帛之需,非漕运。⑥ 海上漕运作为财经"国计","用之以足国"则"始于元焉"⑦,而元海运"自朱清、张瑄始"⑧。

兴办海上漕运是关系到元代社会经济生活的大事,也是巩固全国统一的政治需

---

① 王逢:《梧溪集》卷四《张孝子诗序》云,元军攻陷临安后,将宋朝的图籍、重器,船运"自海入朝"。
② 危素:《大元海运志》附录《广舆图》。
③ 丘濬:《大学衍义补》卷三十三《漕挽之宜》上。
④ 陶宗仪:《辍耕录》卷十一《海运》。
⑤ 杜甫:《出塞》(诗第三首)与《昔游》见《杜工部集》卷三。
⑥ 丘濬:《大学衍义补》卷三十三《漕挽之宜》上。
⑦ 郑若曾:《郑开阳杂著》卷二《论海运之利》。
⑧ 叶子奇:《草木子》卷三《杂制篇》。

要。元朝京师大都是全国的政治中心,在地理形势上有其优越地位,但它缺乏经济基础,"食货"皆"仰给于江南"①。宋代以来,全国经济重心南移,农业生产发展,有"苏湖熟,天下足"的谣谚。而北方农业生产比南方落后,粮食不足。元王朝建立在北方,经唐末、五代、宋、辽、金、夏,长达数百年战乱之后,社会经济遭受严重破坏。元初,北方经济虽有所恢复,但与南方经济比较,相差甚远。郑所南说,南方城市比北方城郭繁荣,"北地称真定府为繁华富庶……曾不及吴城十之一、二,他州城郭,更荒凉,不足取"②。《元史·食货志》的统计数字也说明了北方经济的落后状况:元王朝一年的粮食额为 12114708 石,其中腹里地区(今河北等地)2271449 石,各行省 9843258 石,而江浙行省(今江苏、安徽两省的江南地,江西一部分以及浙江和福建两省)就占4494783 石。③ 就是说,江浙行省征收粮谷数额将近各行省征收粮谷总额的 1/2,占全国征收粮谷总额 1/3 强。在这种情况下,京师大都官、军、民生活所需粮、帛等物资,得倚东南地区运输供应。魏源《元史新编》谈论这个问题时说:"世祖定都于燕,及平江南后,百司庶府之繁,卫士、编民之众,数倍国初,无不仰给于东南。"④在当时,要解决南粮北运问题,非海盗出身的朱清、张瑄莫属。

至元十二年(1275 年),"始运江南粮"至大都。平定江南后,粮谷"自浙西涉江入淮,由黄河逆水至中滦旱站,陆运至淇门,入御河,以达于京"⑤。粮谷这样辗转运输,劳费既大,而且由于"运河溢浅,不容大舟",运输量大受限制;⑥邳河淤寒,"漕舟不通",影响江南粮谷北运。为解决漕运问题,朝臣集议,决定调集民工,"开济州泗河,自淮至新开河,由大清河至利津河入海。因海口沙壅,又从东阿旱站运至临清,入御河。又开胶莱河道通海。"结果"劳费不资,卒无成效"⑦。

正当元朝君臣束手无策之际,朱清与张瑄向伯颜"建言海漕事",建议由海道运输漕粮。伯颜认为海道运粮事可行,便上奏朝廷。此事,元世祖忽必烈甚为重视,即诏命上海总管罗璧和朱清、张瑄造 60 艘平底船运粮,于至元十九年(1282 年)装载粮谷46050 石,从平江刘家港发运。首次海上漕运,缺少经验,漕船航行沿山求屿,难免风信失时,至第二年才抵达直沽,运到大都的粮谷 42172 石。海漕首航成功,获得海上运输漕粮的实践经验。海漕航线既通,元朝廷即罢河运,行海道,立万户府,以朱清为中万户,赐虎符,张瑄子文虎为千户,忙兀鯓为万户符达鲁花赤,主持海漕事务。⑧ 至元二十三年(1286 年),元朝廷以昭勇大将军、沿海招讨使张瑄与明威将军管军万户兼管海道运粮朱清,并为海道运粮万户,仍佩虎符。⑨ 至元二十四年(1287 年),元朝廷设立行泉府司,专掌海运并增置两万户府。元世祖忽必烈以朱清、张瑄海漕功,授予宣慰使。随着对漕粮需求量增加,元王朝更加重视海上漕运。至元二十五年(1288 年),内

① 危素:《大元海运志》。
② 郑所南:《心史》卷下《大义略叙》。
③ 《元史》卷九十三《食货志·税粮》。
④ 魏源:《元史新编》卷八十七《食货志·海运》。
⑤ 《元史》卷九十三《食货志·海运》。
⑥ 胡长儒:《何长者传》,《元文类》卷六十九。
⑦ 《元史》卷九十三《食货志·海运》。
⑧ 《元史》卷十四《世祖纪》九。
⑨ 《元史》卷十四《世祖纪》十一。

外分置两漕运司：内为京都畿漕运使司，主管大都九仓收支粮斛并站东趱运等事务；外为都漕运使司，每年江南粮斛运达直沽时，中书省即派重臣专程前往"接运"。至元二十八年（1291年），元朝廷又根据朱清、张瑄主持海漕事务的需要，其下属设有千户、百户等官，分为各翼，以督岁运。新机构的建立与朱清、张瑄为加强海漕事务有关，故云"漕运万户之有府有官，始朱、张"①。

随着京师大都及京畿地区对"江南米"需要量的增加，海漕运量也随之逐年增大，从至元十九年（1282年）漕运46000余石，至二十三年（1286年）增加到58万石，至元二十七年（1290年）突破百万石大关，北运粮谷达159万石。成宗大德七年（1303年），朱清、张瑄获罪，由罗璧掌管海漕，海漕运量继续增长。武宗至大二年（1309年），海漕运量增加到246万石。仁宗延祐以后海漕"岁运三百六十万石"（历年海漕运量详见《元代海漕年运表》）。海漕运量额如此巨大，反映了元朝京师大都"内外官府大小吏士，至于细民，无不仰给于此"②。

海漕新业创兴，遇到不少困难。由于海上气候变化莫测，加上海洋地理环境复杂，开辟海道及漕运屡遇艰险，因此必须寻找和开辟安全、便捷的海上漕运航线。从至元十九年至三十年（1282—1293年）10年间，航道先后变更了3次。据危素《大元海运志》与《元史·食货志》云，最初的海上漕运航线从平江路刘家港（今江苏太仓东刘河镇）入海，经扬州路通州海门县黄连河头、万里长滩开洋，沿山屿而行，抵淮安路盐城县，历西海州、海宁府东海县、密州与胶州界，放灵山洋，投东北路，多浅沙，行月余，始经成山而抵直沽。至元二十九年（1292年），朱清等人以这条航线险恶，另开辟一条航道，自刘家港开洋，至撑脚沙，转沙嘴，至三沙洋子江，过扁担沙、大洪，再过万里长滩，放大洋至青水洋，经黑水洋至成山，过刘家岛，至芝罘、沙门二岛，放莱州大洋抵界河口，"其道差为径直"③。翌年，千户殷明略又开新道，避开近海浅河，取道远海航行，凭风力走太平洋西部、黑潮暖流西边的支流流向。漕船从刘家港入海，至崇明州三沙进入深海，向东行，入黑水大洋，取成山转西，经刘家岛、登州沙门岛，过莱州大洋，入界河。此航道较前既短且快。漕船俟"四、五月南风起，起运得便风，十数日抵直沽交卸"④。盖自海上至直沽杨村码头，计水程"一万三千三百五十里"，航程时间从两个月余缩短为"十数日"。这样，海上漕运更加方便、快速，运量大增。

创行海上漕运是项经济大事业，需要投入大量人力和物力。对此，"元世祖举全台而付之清、瑄辈，黄金虎符万户以下，出入其手，召募遍东南而莫之问"⑤。在元世祖的授权与支持下，朱清、张瑄调动诸色人的力量，参加海上漕运。首先是利用自己的海船与海盗旧部众，招募盐枭、灶丁、沙民、船户以及开河卫军，手水共数10万人，投入海上漕运营业。再是任用东南富豪及有志从事海上漕运之士，特请长兴李福四为押运；授高德试管领海船万户，殷实与陶大明副之。由此兴办海上漕运是利国益民之举，加上在朱清、张瑄诚招各方人的感召下，有不少人自荐而至。例如，顾观捐家资之半，招徕

① 柳贯：《柳侍制文集》卷九《元故海道都漕运副万户咬童公遗爱颂序》。
② 《经世大典序录》，《元文类》卷四十。
③ 《元史》卷九十三《食货志·海运》。
④ 叶子奇：《草木子》卷三《杂制篇》。
⑤ 王宗沐：《海运详考序》。

侠士王子才,赞助海上漕运;钱塘人杭和卿自愿徙居太仓,充漕户;上虞人杭仁为参与海上漕运而定居太仓。众多人力的投入,推动海上漕运蓬勃发展,运量大增。

元初所开创的海上漕运,经过几代漕户、船民的努力开拓与经营,航道畅通,漕运繁盛。至大四年(1311年),朝廷接纳船民苏显的建议,在西暗沙咀设置航标船,竖标旗,指导海船进出长江出海口。延祐元年(1314年),朝廷又采纳船民袁源的建言,在江阴夏港等九处,设置标旗,指引行船。四年(1317年),在龙山庙前高筑土堆,土堆四周用石块砌垒,土堆上每年从四月十五日开始,白天高悬布幡,夜间悬点灯火,作为航标,为漕船导航,以确保漕运安全。这在中国航海史上堪称一项创举。

当然,创行海上漕运的意义不只是促进海运事业的发展,更为重要的是它给社会带来巨大的经济效益,"海漕之事,其有关国计,为甚重矣"①。《元史·食货志》称海上漕运为"一代良法",因"兴办海漕,民无挽输之劳,国有储蓄之富"②,故"终元之世,海运不废"③。明人丘濬在《大学衍义补》书中将漕粮海运同陆运、河运作了比较,说明其优点及经济效益。他说:

　　自古漕运所从之道有三:曰陆、曰河、曰海。陆运以车,水运以舟,而皆资乎人力,所运有多寡,所费有繁省。河漕视陆运之费省计三、四;海运视陆运之费省计七、八。④

海漕与河漕虽同为"水运以舟",但海上漕运之利远胜江河漕运。华乾龙与严如熤在他们的《海运说》文中强调海上漕运利厚,指出"河漕虽免陆行,而人挽如故;海运虽有漂溺之患,而省牵卒之劳……所得益多"⑤,使元王朝自至元迄至正百年间享海上漕运之利,入明,国家也"享元初之饶"⑥。顾炎武在《天下郡国利病书》中列举海上漕运有运量大、省费、国计足等"十二利"⑦。海上漕运不仅经济利益,而且还有军事意义,"海运无剥浅之费,无挨次之守,而国家亦有水战之备,可以制伏……边海之人,诚万世之利也"⑧。这里,应当说明一点的是,昔人纵论元代海上漕运之利,实际上就是肯定朱清、张瑄的功绩。

朱清、张瑄创行海上漕运还有两大利:一是推动造船工业和航海业的发展;二是加强南北经济联系,促进社会经济的繁荣发展。

元代海上漕运年运量从几十万石增至三百几十万石,运输如此巨大数量的漕粮,需要动用许多大型海船。朱清、张瑄初办海上漕运时,即打造60艘平底船,用于装载运输漕粮。此后,随着漕运量逐年增加,建造和投入海运的漕船艘数逐年增多,投入海上漕运的海船每年千余艘。据《大元海运记》云,延祐元年(1314年)和天历二年(1330年),海上漕运船多达1800艘。为适应海上漕运发展的需要,漕船也逐渐由小型号向大型号发展。初时,漕船载粮仅300石左右,后因漕运量大增和漕船航行外洋深海航

① 柳贯:《柳侍制文集》卷九《元故海道都漕运副万户咬童公遗爱颂序》。
② 《元史》卷九十三《食货志·海运》。
③ 郑若曾:《郑开阳杂著》卷二《论海运之利》。
④ 丘濬:《大学衍义补》卷三十四《漕輓之宜》。
⑤ 华乾龙:《海运说》,《娄东杂著》。
⑥ 徐光启:《徐光启集》卷一《漕河议》。
⑦ 顾炎武:《天下郡国利病书》卷四十四《海运详考》。
⑧ 丘濬:《大学衍义补》卷三十四《漕輓之宜》。

线,需要打造和使用尖底大型海船①。尖底海船,大者可载漕粮八九千石,小者亦可载两千石。这种大型海船时人称之为"万斛龙骧"和"巨艘大舶",不但宜用于海上漕运,而且还可以用于海外交通贸易。在元代,驾驶海上漕船的船户为数众多,有的是临时应征的,也有固定的专业船户(约8000户)。众多的船户拥有自己的海船,以航海漕运为业,他们积累了丰富的航海经验,并传给后人。明初,郑和七次下西洋的"宝船"多是元代船户后裔子孙打造的,梯航西洋的大副、舵工、水手,也多是元代船户的后裔子孙。

元代海上漕运航线,成为南北经济联系的大动脉。江、浙、闽、粤等东南行省所产的农、工货物及海外"番货",汇集朱清、张瑄开府的太仓,然后用船载运,从刘家港航海北上直沽,转运至京师大都;漕船返航时,又将北方的豆、谷和梨、枣、皮毛等土特产运回南方。这样一来,便形成了一条从太仓、刘家港到直沽的海上交通运输航线。这条海上航线在促进南北货物交流,加强经济联系中,发挥了积极作用。不仅如此,航线再向南延伸,带来的经济效益更大,"迤南,番船皆从此道贡献,仿效其路矣"②,"番货贡道通"③。这样一来,形成了一条从南海,经东海,北上黄海与渤海的海上交通运输航线。航线向境外延伸就是中外海上交通贸易的国际航线了。

朱清、张瑄创作海上漕运,既富国计,亦利民生,"非独可以足国,自此京城百货骈集,而公私俱足矣"④。不但北方"公私"得益,于南方亦然。"国家者经费之繁,抑亦货物相通,海滨居民咸获其利。"⑤在吴疆,"太仓,滨海通漕,商贾辏集,民以富庶"⑥,港市由此兴盛。

三 营建太仓港市

营建太仓港市,是朱清、张瑄的一大历史功绩。太仓,在苏州府昆山县东南30里,"濒大海,枕长江,阻三泖,恃五湖"⑦,古娄县之惠安乡,"本田畴之村落","古为斥堠之区,人文罕著"⑧。两晋至唐宋期间,"此地严田畴未辟",居民不满百家,这里江海交汇,具有兴办、发展水运交通的地理条件。至元十九年(1282年)朱清、张瑄"建海漕议"实现时,选择太仓为兴办海上漕运基地口岸,自崇明徙居于此,着手营建太仓港市。他们筹集银钱,征调民工、工匠,大起宅第和琳宫梵宇,塞盐铁塘,修筑衢路,自刘家河至南薰关筑长堤30余里。经过一番兴工营建,太仓已具规模,成为繁荣昌盛的港市,"名楼列市,番贾如归,武陵桥由此得名"⑨。武陵桥当时为"番贾"之通衢。朱清宅第就在桥北。陈伸撰《太仓事迹自序》一文,描述太仓港市的繁荣景象,盛赞朱清、张瑄的功绩。他说:

---

① 据丘濬《大学衍义补》说:"海舟不畏深而畏浅,不虑风而虑礁。故制海舟者必为尖底,首尾俱制柁,卒遇暴风,转帆为难,亟以尾为首,纵其所人。"

② 《海道经》。

③ 严如熤:《洋防辑要》卷二十二《海运说》。

④ 郑若曾:《郑开阳杂著》卷二《论海运之利》。

⑤ 郑若曾:《郑开阳杂著》卷九《海运图说》。

⑥ 《太仓州志》卷一《封域》上。

⑦ 《太仓州志》卷五《水利》。

⑧ 龚特宽:《太仓考自序》,民国《太仓州志》卷末《旧序》。

⑨ 《太仓州志》卷十七《顾观传》。

元初，藉朱司农营卜第宅，丘墟遂成阛阓，港汊悉为江河。漕运万艘，行商千舶，集如林木，高楼大宅，琳宫梵宇，列若鳞次，实为东南富域矣……

元初，朱清自崇明至太仓，开海运道直沽，舟师货殖通诸蛮，遂成万家之邑……四方谓之天下第一码头。①

太仓由一个不满百户的海陬僻壤村落，一跃而为"万家之邑"，"穷乡顿成巨市"②，号称"天下第一都会"。朱清、张瑄以太仓作为海上漕运基地和对外交通贸易港口。太仓崛起，成为新兴港市，它像一块大磁铁吸引了成千上万的商贩、工匠、漕户、船民、富人竞趋而来；众多的海外商人，驾"番舶"前来交易，太仓港市因此日益繁荣昌盛。

朱清、张瑄一向重视海外贸易事业，早在从事海盗活动时就已同高丽、日本等国商人进行贸易。后来，他们归降元王朝，在主办海上漕运的同时，也积极开展海外贸易活动。

为招徕外国商人到太仓交易，朱清、张瑄疏浚娄江（刘家河）。娄江原是一条从太仓境内流通长江、入大海的河流，宋末以来，江道泥沙湮塞，"民围垦为田"，江道不通。至元二十四年（1287 年），朱清、张瑄调集军民，疏通娄江，"通海运，循娄江故道导由刘家港入海"③。《崇明县志》云，疏通娄江，"外国番舶"进出太仓，航行无阻，促进海外贸易发展。

疏通娄江，刘家港与太仓同步繁荣发展起来，形成母子港。刘家港地处"娄江之尾"，濒临大海，港口深广，"元初，太仓、刘家港及诸港汊，潮汐汹涌，可容万斛之舟"④。娄江疏通后，朱清、张瑄广为招徕外国商人，鼓励他们驾船载运"番货"前来互市。"海外诸蕃因得于此交通市易，是以关居民间闾相接，粮艘海舶，蛮商夷贾辐辏而云集，当时谓之六国码头。"⑤江海航道畅通，海船、"番舶"，"万艘云，群集港口"，因而有"六国码头"雅号。这反映了当时对外贸易的盛况。

海外贸易发展，朱清、张瑄以及他们的家族成员乘时"遣舶商海外"⑥，载运货物出洋兴贩，"巨艘大舶，帆交蕃夷中"⑦，获得大量"财货"，"番夷珍货，文犀翠羽，充斥府库"⑧，因而"以雄东南"⑨，富倍王室。在对外贸易的事业上，朱清、张瑄并没有利用权势进行独断，而是鼓励东南富人积极参与海外贸易活动，并信任他们，加以重用。对此，明人徐光启曾评论说：

清、瑄所用东南富人，通市外洋者，舟则舟，人则其人也……所用富室，力保足任其人。⑩

东南富人参加海外贸易活动，促进了元代对外贸易的发展，"邻诸郡与远夷蕃民往

---

① 陈伸：《太仓事迹自序》，民国《太仓州府》卷末《旧序》。
② 屠寄：《蒙兀儿史记》卷一百一十三《朱清张瑄列传》。
③ 《太仓州志》卷五《水利》。
④ 《太仓州志》卷十《诗文》。
⑤ 《太仓州志》卷一《沿革》。
⑥ 《元史》卷一百五十六《董士选传》。
⑦ 胡长孺：《何长者传》，《元文类》卷六十九
⑧ 屠寄：《蒙兀儿史记》卷一百一十三《朱清张瑄列传》。
⑨ 《元史》卷一百七十七《吴元珪传》。
⑩ 徐光启：《徐光启集》卷一《漕和议》。

1115

第二十八章

宋元时期的海盗活动

复互易舶货"①。这帮人实际上是海商,而朱清、张瑄则是他们的首领。

太仓海上交通运输及对外贸易的发展,推动了昆山地区的经济繁荣,人口户数大增,地方官署随之升格。延祐元年(1314年),州治迁到太仓。明洪武初年,明王朝在太仓设市舶司,管理海外贸易和贡市事务。明成祖时,郑和几次下"西洋"的船队都在刘家港停泊,再扬帆出洋。这一切都与朱清、张瑄营建太仓与刘家港的业绩是分不开的。

随着太仓港市经济的繁荣,文明落后的状况也发生了变化,文化日益昌盛。

> 太仓服在海隅,粤昔海运隆兴,文物邑洽,美哉,名胜区也。②
>
> 太仓环江濒海,其风俗淳美,人材渊茂,蔚为八黉之弁。③

往昔"人文罕著"的太仓,至明清时期文人哲士学者辈出,著述丰富,"文物彬彬称盛"④,为东南海滨文教之区。

四 朱清与张瑄家族的兴衰

朱清、张瑄创行海上漕运于国有功,备受元世祖与成宗宠眷,而得高官厚禄及某些特权。⑤ 从至元至大德年间,朱清、张瑄及其亲人、部属,因海上漕运劳绩与军功,逐步迁职擢升。朱清由管军千户升总管、行海道运粮万户府事,授镇国上将军,又加骠骑上将军,赐银印,授资善大夫、河南行省参知政事,擢大司农,迁行省左丞,赐玉带。张瑄由管军千户升招讨使、海运千户,授资善大夫、江南行省参知政事,迁左丞。"清、瑄两家子弟佩金银符者百余人。"⑥朱清子济与显祖均为海运千户。朱虎历任都元帅、昭勇大将军、都水监,督治海漕。朱虞龙为明威将军、海运都漕运万户。朱旭为千户、忠显校尉。养子朱日新授海道千户,累迁宣武将军、婺州路江州路总管。女婿虞应文为海运副万户。外甥黄成授保义校尉,运粮千户,迁忠显校尉升千户。张瑄子文虎授忠显校尉、管军总把,佩银符,迁武略将军、管军千户,佩金符⑦,升定武将军、怀远大将军,庆元路总管,兼领海船万户,擢嘉议大夫、户部尚书,拜中奉大夫、湖广行省参政、京畿漕运使、江浙行省参政、领江淮财赋都总。⑧ 其旧部属与海运同事者亦皆显贵,佩金银虎符者百计。黄真官至昭武大将军、海道都漕运正万户,佩三珠虎符。刘必显官至信武将军、海运副万户。徐兴祖为昭武大将军、海运副万户,追封东海郡侯,谥宣惠。朱明达为海运上千户。杨茂春为松江嘉定所千户。范文虎、杨良弼等俱为海运千户。对朱清、张瑄及他们的家族、姻亲和旧部属、仆从在官场的"亮相",胡长孺在《何长者传》文中做了评述:朱、张"二人者,父子致位宰相,弟侄甥婿皆大官。田园宅馆遍天下,库

---

① 《经世大典序录》,《元文类》卷四十。
② 周凤岐:《太仓州志》序。
③ 王建鼎:《太仓州志》序。
④ 《太仓州志》原修例略。
⑤ 据叶子奇《草木子》说:朱清、张瑄兴办海上漕运,元"朝廷因二人之功,立海运万户府以官之,赐钞印听其自印,钞色比官钞加黑,印朱加红"。
⑥ 柯邵忞:《新元史》卷一百八十二《朱清张瑄列传》。
⑦ 据柯邵忞《新元史》云:张文虎于至元二十一年督饷输京师,丞相引见。上嘉叹,诏去帽,抚其颅曰:"真我国能臣也。"
⑧ 王逢:《梧溪集》卷四《题元故参政张公画像》。

藏仓庾相望,巨艘大舶,帆交番夷中。舆骑塞隘门巷,左右仆从皆佩于菟金符。为万户、千户,累爵和资意气自得"①,真可谓满门富贵,骄横天下矣。

朱清、张瑄两家得到元王朝历朝皇帝的恩宠,权势煊发。他们跻身于元王朝统治集团,参与压迫和剥削人民。不过,朱清、张瑄同其他权贵与贪官污吏有所不同,他们曾经做了一些善举。据《至正直记》云,溧阳官府征役敛赋扰民,地主兼并农人,吏胥肆虐乡里。朱清闻知其情,即接纳逃避官府横征暴敛与田主掠夺而献田土的农民为"户计",并奏请朝廷蠲除溧阳民岁课,使官府"一切科役无所预焉"。朱清这一做法虽类似"影占"农民田土,但农民却"乐而从之"。当时"或两争之田,或吏胥之虐者,皆往充户计,则争者可息,虐者可免。由是民皆乐而从之也"②。与此同时,朱清还奏请蠲免建康淘金税役。元初,建康等处有淘金夫 7365 户,金场 70 余所。可是,其地无金可产,淘金夫失业,还要负担荷繁的税役,生活困苦。事经朱清奏陈,朝廷遂罢金户。对待穷人,朱清、张瑄亦能"多贷与民钱"③,收低息;或施钱物扶助贫民,救济饥民。有记载称:"江南北二人夫妇,父子施钱处往往而在。"④朱、张两氏能"施贫赈乏",贫民自然会将他们视为"保护伞"。

出身贫贱又当过海盗的朱清、张瑄及亲属一旦致仕显宦,富贵赫奕,难免会为怀奸权贵与鄙劣俭人所妒忌与眼红,招致诽谤攻讦、阴谋陷害。这样的处境,朱清心里是明白的。他曾经说过:"吾故贫贱,宋平始官,赖先世(指元世祖)、今圣(即元成宗)之德,致位将相。吾亦不知吾尝所由以来,义不可为,不得吾铢两于所宜为,丘山之石不爱焉。自吾得者自吾尽之,不犹愈于鄙出而力守,甚爱而厚藏。一日子孙不能有,皆归之官耶。"姚燧称赞这席话为"熟于世故,明理之言。"⑤以后的事实证明,朱清确实是熟悉官场宦海世故,有先见之明的。

至元末年,朝中有人忌虑朱清、张瑄利海岛,谋抑其权势。接着,又有"俭人姚衍诬二氏濒异志"。元世祖不为谤言所惑,"诏丞相完泽曰:'朱、张有大勋劳,朕寄股肱,卿其卒保护之'"⑥。元贞元年(1295 年),"有飞书妄言朱清、张瑄有异图者"。元成宗知属谤言,"诏中外慰勉之"。次年,又颁诏行省台,"凡朱清有所陈列,毋辄止之"⑦。这是元世祖与成宗对朱清、张瑄的庇护。

但是,封建王朝的政治斗争是很复杂的。官场似战场,谤言是政敌攻讦的一种常见手段,它似刀枪,常置人于死地。大德六年(1302 年),僧祖芋诬告朱清、张瑄"不法十事",并有"逆谋"。这事件有其政治背景:"成宗嗣位,未几,疾后专政。枢密断事官曹拾得以隙踵前诬。后信,辄收之。丞相完泽奉先帝遗诏诤,莫解。"⑧其实,诬陷乃枢密院断事官曹拾得秉承帝后意旨而发,并得中书省大臣的支持,乃由御史台诘问。随后即遣发朱清、张瑄二人妻子赴京,封籍家产,拘收军器、海舶等。朱清蒙受大冤,叹

第二十八章

宋元时期的海盗活动

---

① 胡长孺:《何长者传》,《元文类》卷六十九。
② 转引夏定域:《元朱清张瑄事迹录》,前浙江大学文学院集刊第三集。
③ 《元史》卷一百七十《吴鼎传》。
④ 胡长孺:《何长者传》,《元文》卷六十九。
⑤ 姚燧:《牧庵集》卷九《天宝坛记》。
⑥ 王逢:《梧溪集》卷四《张孝子诗序》。
⑦ 《元史》卷十八、卷十九《成宗纪》。
⑧ 王逢:《梧溪集》卷四《张孝子诗序》。

说:"我世祖旧臣,宠渥逾众,岂同叛逆? 不过新宰相(指脱脱)觊我家资,欲以危法中我耳。"他遂发愤以首触石而死,年六十有七。张瑄与子文虎及朱清子虎并弃市。"两家妇女没入官,男子长者窜漠北。"①朱、张同僚也多被禁锢,不少官员遭连坐,元老重臣太傅右丞相完泽也受牵连,诬加"受朱、张贿赂"的罪名,民间无辜坐逮者甚众。为了进行清算,朝廷特设"朱张提举司",抄籍户口、财产数百万计。司官对朱、张两家所发放的贷券,即使已偿还,仍照样验证征理,使"民不能堪";对户计农民,则隶为佃籍,增租加赋倍于常民,横加掠夺与压迫。朱、张事件殃及农民。

朱清、张瑄构祸受罪,这是元代一桩大冤案。此冤案不仅株连者众,而且阻碍海上漕运和对外交通贸易。因此,朝野许多人为朱、张两家鸣冤叫屈,要求朝廷为他们昭雪、平反。

大德九年(1305年)春,张瑄孙天麟将冤狱讼之省台,不受理;继而伏阙诉冤,历陈张家为谗佞构陷状。元成宗审其冤情,敕中书省召还窜者,改张文龙昔日本贾船,迁都水监。至大三年(1310年)元武宗昭雪朱、张两家之冤,以朱清子完者都为枢密院判官,子孙悉还太仓还其田宅,仍治海漕事,重振家业。

从中国的海盗史来看,朱清、张瑄的事迹及两家的兴衰说明了这样一个问题:海盗飞帆海上,劈波斩浪,纵横自由;但当他们接受元王朝的招抚,由盗而官后,最终以沉没于宦海而收场。

第六节　元末农民起义与海盗活动

一　元末"海内大乱"

元王朝自世祖忽必烈去世后,历代皇帝昏庸无能,群臣专横,吏治败坏。皇族内部为争夺权位而互相残杀。元文宗至顺三年(1332年),宁宗即位不久即死,顺帝嗣位。此时,元王朝政治黑暗,"纲维日紊"②,"奸佞专权","官法乱,刑法重,黎民怨"③。有人指出,政局"今乃坏乱,不可救药"④。

以顺帝为首的统治集团生活骄奢淫逸,"生民脂膏,纵其所欲"⑤。官府大肆搜刮人民财物,除正税外,又设各种苛捐杂税,横征暴敛,甚至"税人白骨";徭役繁重,人民不胜负担,又滥印交钞,掠夺民财,民不聊生。州县贪官污吏横行肆虐,压榨平民百姓,"夷墓扬骨,荼毒居民"⑥。官僚地主仗其权势,兼并土地,拥有"鸦飞不过的田地",重租剥削农民。贵族在江南霸占大量良田,有的岁收租谷50万石,也有多达百万石者。失去土地的农民有的沦为佃户或奴婢,有的成为流民,苦难深重。当时人民在受人祸

---

① 屠寄:《蒙兀儿史记》卷一百一十三《朱清张瑄列传》。
② 顾祖禹:《读史方舆纪要》卷八《历代州城形势》八。
③ 陶宗仪:《辍耕录》卷二十三《醉太平小令》。
④ 《元史》卷一百八十六《陈祖仁传》。
⑤ 《元史》卷一百七十六《张硅传》。
⑥ 《元史》卷三十九《顺帝纪》。

之害,还遭天灾之苦。文宗至顺元年(1330年),关陇大饥,民多流徙。顺帝元统元年(1333年),江苏、浙江、河南、河北、陕西、甘肃等地水旱为灾,京畿饥民40万人。次年,两淮、江西、湖广、山东、辽东水旱灾。三月,杭州、常州、松江饥荒,饥民57.2万户,八月,浙江地区饥民59.05万多户。至元元年(1335年)以后,东自沿海区域、长江两岸、黄河中下游,北至山西、辽东,西至陕西、甘肃、四川、河南及湖广地区,天灾频仍,饥荒严重,民不聊生。人民的生存危机,必然引发元王朝的统治危机。

各地人民纷纷起来造反,反抗元王朝的黑暗统治,"近自畿辅,远至岭海,倡乱以百数。"①

山东、燕南(今河北南部)人民起义300多处。明人郎瑛在《七修类稿》书中谈到元末各地人民起义反元的情况:"至元初,伯颜变乱旧章,遂有江西朱光卿、广东罗天麟、陈积万、湖广吴天保、浙东方国珍,相继煽乱。又贾鲁开河,生民嗷嗷;石人之事兴,则韩林儿、徐寿辉、芝麻李三枝起,而蔓延天下,若福建陈友定、怀庆周全、临川邓忠、安陆俞君正、浙西张士诚、陕西金娘子、江西欧道人、襄阳莽张、岳州泼张、安庆双刀赵、濠州孙德崖,纷纷不一,皆东南贼也。长、淮以北,则山东又有王信、陕西李思齐、陇西李思道、太原王保保。"②浙东方国珍是率先"煽乱"人之一。他纠众出海,组织武装船队,在浙洋树旗反抗元王朝。

二 浙西的海盗活动与浙东"海精"方国珍的海上起兵

终元之世,海盗活动一直很活跃。元初,海盗曾经参加南宋军民的抗元斗争。元王朝统一全国后,海盗在海上进行武装活动,与陆地人民的反元起义互相呼应。

元仁宗时,浙西有海盗进行反元起义活动。元祐元年(1314年),江苏太仓有个疯乞丐,堆髻额上,身披皂衣,赤足,手携一只大瓢,在府水军万户寨及张京码头一带奔走呼叫"牛来了,牛来了!"并在寨木及富户门壁上连书"火"字。是年冬,海盗牛大眼率众驾船,"自刘家河至太仓,大肆剽掠,水寨、张京镇人家,俱被烧毁"③。疯乞丐在海盗牛大眼攻掠太仓前,在府水军万户寨及富户空门壁上书"火"字,为海盗攻击和抢劫指点目标。这种活动方式和做法,为后来松江人民发动反元起义所仿效。据陶宗仪《辍耕录》云,顺帝至正十六年(1356年),松江流传一首"满城都是火"的《民间谣》④。这"火"是海盗牛大眼率先点燃的。

至正八年(1348年)二月,太仓饥民聚集海岛,参加海盗活动,"劫海舶",元朝廷命浙东副元帅销住统兵出海征剿。至正十年(1350年),海盗攻袭太仓,元水军出动数百艘兵船追剿。太仓是元代海上漕运和商业重要港市,为海盗攻掠的目标。每当海盗犯境,官府便出兵"剿捕",以保护海上漕运安全、畅通。

在浙东,海盗反元武装活动是从《温台处树旗谣》拉开序幕的。这首歌谣歌词云:

天高皇帝远,

---

① 顾祖禹:《读史方舆纪要》卷八《历代州城形势》。
② 郎瑛:《七修类稿》卷八《元末扰乱》。
③ 高德基:《平江纪事》。
④ 陶宗仪:《辍耕录》卷一《松江官号》云,至正十六年,松江民谣曰:"满城都是火,府官四处躲;城里无一人,红巾府上坐。不二月城破,悉如所言。"

民少相公多。

一日三遍打，

不反待如何！

这首歌谣是鼓动反元起义的。据黄溥《闲中今古录摘抄》云，元朝末年，吏治败坏，"任非其人，酷刑横敛。台、温、处之民树旗村落"。旗上大字书写这首歌谣歌词，故称《树旗谣》。它是台、温、处人民对元王朝官府暴行的控诉，歌谣尾句号召人民起来造反，起到煽风点火的作用。"由是谋反者各起。黄岩方国珍因而肇乱，江淮红巾遍四方矣。"台、温、处三州地滨海洋，乃海盗活动之区，《树旗谣》号召造反，最先响应者为方国珍①。

方国珍，浙东台州黄岩县洋山澳人。他出身贫穷佃农家庭，父亲方伯奇是个善良、勤劳的农民，有五个儿子，长国馨，次国璋，国珍排行三，四国瑛，五国珉。伯奇家贫，人口多，无田地，生活艰苦，佃耕陈氏农田。元代，佃农遭受地主重租剥削，饱受歧视与压迫。"黄岩风俗，贵贱分等甚严，若农家种富室之田，名曰佃户，见田主不敢施揖，伺其过而复行。"②方伯奇生性柔懦，每为陈氏田主欺侮。方国珍见状，愤恨不平，对父亲说："彼亦人耳，事之为何？"③后来，方伯奇逝世，诸子长大成人，"粗豪有气力"，"兄弟戮力"，"鱼盐负贩"④，家庭渐富裕。方国珍成长为身健力强的青年，史书说他身长七尺，貌魁梧，面黑，体白如瓠，性坚毅沉勇，力能逐奔马，是一条好汉。⑤他嫉恶贪官污吏，仇恨田主，与兄弟兴贩鱼盐，团结渔民、船户，结伙活动，众推举为首领。台州海中有个不长草木的荒屿，叫杨屿，方国珍占为据点。当时，浙东沿海流传一首"杨屿青，出海精"的歌谣。⑥这道歌谣为方国珍海上揭竿起义作舆论准备。

至正八年（1348年），方国珍同里人蔡乱头聚众横行海上，劫掠商旅，与方氏兄弟"争贩相仇"。方国珍诉于官府，"州（官）不与直"，总管焦鼎纳蔡乱头贿，开脱其罪。方国珍愤恨地说："蔡能为盗，我岂不能邪？"怨家陈氏借机向官府诬告"国珍与寇通"，坐海分赃。十一月，台州府派遣巡检领兵捕方氏兄弟。官兵来捕，方国珍正在吃饭，右手举桌自卫，左手握门关格杀捕者，并杀巡检。"遂与其兄国璋、弟国瑛、国珉及邻里之惧祸逃难者，亡于海中，旬日间得数千人。"⑦这数千人都是"海岛贫民"⑧，他们是为官府所逼而逃亡出海的穷人。方国珍兄弟逃亡于海中后，"州县无以塞责，妄械齐民为国珍党，海上益骇，由是亡之"⑨，投奔方国珍。方国珍在海上树旗造反，成为众望所归的首领。

方国珍海上起兵后，率领部众，"劫掠漕运。元兵讨之不克，势遂炽"⑩。元朝廷为

① 黄溥：《闲中今古录摘抄》。方国珍名字，因明太祖朱元璋字国瑞，避讳而改为"谷珍"。

② 黄溥：《闲中今古录摘抄》。

③ 朱国祯：《皇明大事记》卷二《平方国真》。因避明太祖庙讳，方国珍改为"方国真"。

④ 郎瑛：《七修类稿》卷八《方国珍始末略》。

⑤ 《明史》卷一百二十三《方国珍传》。

⑥ 朱国祯：《皇明大事记》卷二《平方国真》。

⑦ 柯邵忞：《新元史》卷二百二十七《方国珍传》。

⑧ 《嘉定县志》卷十五《兵防考·海寇》。

⑨ 《象山县志》卷八《海防》。

⑩ 顾祖禹：《读史方舆纪要》卷九《历代州城形势》。

之震惊,地方官府甚为惶恐,急忙"募人击海贼"。可是,"所司邀重贿",应募者有功却不得酬赏,忿恨而去投附方国珍,"从国珍者益众"①。方国珍势力强盛,人众船多,拥有"巨舰千余"。

至正十年(1350年)十一月,方国珍率领舰船千艘泊松门港,攻略温州及沿海诸县。元朝廷檄令万户府监军哈剌不花与浙江行省左丞孛罗帖木儿会集官兵与战船,攻剿方国珍船队。十二月二十八日,方国珍船队驶进海门,攻竹马坊,官兵望风逃窜。次年一月,孛罗帖木儿与昌国州判赵观光等,一起引兵出海,阃帅军民兵同会灌门洋。方国珍率船百余艘猝至,官兵"众皆儒(懦)缩不敢前"。方国珍指挥船队直冲官兵战船,官兵溃散,赵观光被击杀②。六月,元王朝官兵出海,在大闾洋遭方国珍船队阻击,战船被焚毁,官兵赴水死者过半,孛罗帖木儿与郝万户被俘。元朝廷见官兵屡败,便改变策略,招安方国珍,授予庆元定海尉。但"国珍虽受官,还故里,而聚兵不解,势亦横暴"③。元王朝企图削弱江浙海上反叛势力,下令招舟师。方国珍复据黄岩,反抗元王朝。至正十二年(1352年)三月,方国珍率舰船千余艘,突入刘家河,"烧海运船无算"④,直逼太仓。太仓是元王朝海上漕运发运粮谷港口,势在必争。元廷参政宝哥(一作保格)等领兵数千赴太仓救援。官兵在张泾遭方国珍截击,狼狈奔逃,"贼大获金帛而归"⑤。随后,元朝廷又命台州路达鲁花赤泰不花领兵攻剿方国珍,双方战于黄岩港,泰不花兵败被杀。

此时,全国各地人民起义风起云涌。至正十一年(1351年)五月,韩山童、刘福通在颍州(今安徽阜阳)发动红巾军起义,迅速攻占安徽、河南许多州县。芝麻李起义于徐州。彭莹玉、徐寿辉起义蕲州(今湖北蕲春),攻占湖北、湖南和江西等地。各地人民起义,"海内大乱","元不能制"。在这样的形势下,元王朝统治者力图争取方国珍,期以其舟船运粮供应,维持政权。至正十三年(1353年),元朝廷两次遣使诏谕方国珍,授予徽州路治中、国璋广德路治中、国瑛信州治中。但方国珍"不受命",自立水军都万户府于昆山,"拥船千艘,阻绝粮运"⑥,对元王朝构成严重威胁。至正十四年(1354年),元朝廷命浙右丞阿儿沙统兵征剿方国珍。方国珍率众迎击,大败官兵,俘提元帅也忒迷失,守臣宋伯颜不花、赵宜等逃遁。元王朝军事上无力战胜方国珍,再次授予高官以羁縻之。先是授方国珍为海道漕运万户府兼衢州路总管,继任都镇抚兼行枢密院判官,复迁浙江行省参知政事。方国珍借此时机,把军事进攻目标转向平江(今江苏苏州)的张士诚。

张士诚,泰州白驹场(今江苏东台)人。至正十三年(1353年),他乘社会动乱之机起兵高邮,建国号曰周,自称诚王。至正十六年(1356年),张士诚出兵攻占平江与浙东湖州。方国珍见张士诚以兵进逼,便统领温、台、明三州兵五万往击。张士诚闻报,即遣其将吕珍等领兵七万赴昆山,驻防奭子桥一带。双方交战之际,漕户儿蓬头率众

---

① 柯邵忞:《新元史》卷二百二十七《方国珍传》。
② 《舟山志》卷三《人物传》附《赵观光传》。
③ 柯邵忞:《新元史》卷二十五《惠宗纪》。
④ 《太仓志》卷十四《兵防》。
⑤ 《嘉定县志》卷十五《兵防考·海寇》。
⑥ 高岱:《鸿猷录》卷四《平方国珍》。

内应,与方国珍配合,内外夹攻,大败张士诚军队,吕珍等人弃马而遁,仅以身免。方国珍挥师掩杀,七战七捷,乘胜追击,兵临平江城下。张士诚兵败后,归降元王朝。方国珍再次兴师讨伐张士诚。张士诚与元兵联军攻击方国珍。此役,方国珍战败,伤亡惨重,"浮尸蔽江,江水为之不流"①。战后,形势遽变,朱元璋进军江东,直逼张士诚与方国珍。

朱元璋,濠州(今安徽凤阳)钟离人。他于至正十二年(1352年)参加郭子兴红巾军。至正十五年(1355年),郭子兴死,朱元璋继承红巾军领导权,韩林儿任命他为副元帅,继为吴国公。至正十六年(1356年)三月,朱元璋出兵攻克集庆路,改名应天府,建立江南行省,韩林儿任命他为行省平章,旋升丞相。随后,朱元璋派兵攻占安徽宁、徽、池三州。至正十八年(1358年)十二月,朱元璋统领十万大军攻婺州(今浙江金华),元王朝守将开城门迎降。此后,方国珍成为朱元璋与元王朝争取的对象。

至正十九年(1359年),朱元璋遣蔡元刚往庆元招谕方国珍。方国珍召集诸将商议对策。他分析形势说,"方今元运将终,豪杰并起,惟江左号令严明,所向无敌,今又下婺州,恐不能与抗。况与我为敌,西有张士诚,南有陈友定。莫若姑示顺从,藉为声援,以观其变。"众以为然。随即遣使献金币,并致书朱元璋说:"惟明公倡义濠、梁,转渡江左,据有形势,以制四方,奋扬威武,以安百姓。国珍向慕风义,欲归命久矣。"②同时,他还表示要合兵攻灭张士诚,并遣使献温、台、庆元三郡地,且以次子方关为质。此时,朱元璋接连兴兵攻陈友定与张士诚,无暇对浙东用兵,对方国珍采取笼络策略,故以诚相待,厚赐方关,遣送返家。至正二十四年(1364年)九月,方明善率兵攻平阳。朱元璋参将胡琛应土豪周宗道的请援,出兵击退明善。不久,胡琛统兵攻下乐清,俘获方国珍镇抚周清等人。元王朝利用朱、方之争,特授方国珍为淮南行省左丞,分省庆元;次年改任江浙行省左丞,国璋、国瑛、国珉及明善俱平章政事。对此,朱元璋不能容忍。吴元年(元至正二十七年,1367年),朱元璋兴师讨伐方国珍,兵分三路:一路由参将朱亮祖领兵攻台州;一路由征南将军汤和与副将吴桢带兵攻庆元;一路由廖承忠率水师阻海道。九月,朱亮祖攻台州,方国瑛走黄岩。十月,汤和攻庆元,方国珍战败,向吴王朱元璋投降,赴应天(今南京),受礼待,授广西行左丞,"但不之官,食禄于朝",数年而卒。③

朱元璋扫平浙东方国珍势力后,即帝位,国号明,改元洪武。洪武三年(1371年),明太祖朱元璋"藉方国珍所部三府军士及船户,凡十一余万人,隶各卫为军"。此举,壮大了朱元璋最后统一全国和巩固海疆的军事实力。方国珍的军士与船户,"适是为新主资矣"④。

元末,方国珍起义浙洋,率领庞大的武装船队纵横海上20年。在元末群雄集团中,方国珍领导浙东反元斗争时间最长,有力地冲击了元朝的统治,加速其灭亡。可是,方国珍却遭人责骂了600多年之久。如今,对方国珍其人其事及其功过,历史学家应给予客观而公正的评判。

① 《嘉定县志》卷十五《兵防考·海寇》。
② 《明太祖实录》卷七己亥岁正月乙卯。
③ 郎瑛:《七修类稿》卷八《方国珍始末记》。
④ 戚学标:《台州外书》卷九《兵患》。

最早骂方国珍的是朱元璋。吴元年，朱元璋攻灭张士诚，即贻书历数方国珍"十二过"（十二条罪状），指责他称兵倡乱，鸱张海隅，怀诈反复，归而不降，仍图反抗。其实所谓"十二过"多属攻讦之词。以第一"过"为例，朱元璋责骂方国珍说："当尔起事之初，元尚承平天下，谁敢称乱？惟尔倡兵海隅。元官皆世袭子弟顾惜妻子，其军久不知战，故临阵而怯，尔得鸱张海隅。及天下乱，尔遂陷三州之地，扼海道之冲，窃据山岛二十余年。朝送款于西，暮送款于北，岂大丈夫之所为。尔一过也。"①这同他在《平周榜》中咒骂红巾军的言词可以说是"异曲同工"②，反映了他的政治偏见。

在元末群雄逐鹿争斗之时，朱元璋责骂与非难方国珍是不足为奇的，但至今在某些历史著作中仍然将方国珍说成是个诡计多诈、时降时叛的人。对此，有必要加以辨明。方国珍虽然几次接受元王朝招抚和受官，但"非真降也"③；国珍虽受元官，实拥兵自固，不受元调发。④ 至于他后来归附朱元璋吴政权，则出于顺应形势发展的政治选择。正如他赴应天时对朱元璋所说："天下无道，乘桴浮于海，天下有道，束带立于朝。"⑤因此方国珍归吴时，得到朱元璋"谦让"，受礼遇。有人说，方国珍在元末农民起义过程中的表演，"可谓丑恶之极"。这种说法对方国珍是不公正的。历史事实表明，元末农民起义的烈火是方国珍首先点燃的。当时，朝廷监察御史张桢说过，"盗贼蜂起，海盗敢于要君，闽帅敢于玩寇"⑥。他所说的海盗就是方国珍。谷应泰在《元史纪事本末》书中谈到方国珍"敢于要君闽帅"，率先在海上"揭竿倡乱"之事云："元至正八年，方国珍以黄岩黔赤，首弄潢池，揭竿倡乱，西据括苍，南兼瓯越。元兵屡讨，卒不能平，以致五年之内，太祖起濠城，士诚起高邮，友谅起蕲、黄，莫不南面称雄，坐拥剧郡，则国珍者，虽圣王之驱除，亦群雄之首祸也。"⑦

方国珍为元末群雄"首祸"之说，始出刘基之口。至正十三年（1353年），刘基为元朝浙东行省都事，他说"海内大乱"，方国珍为"首乱"，建议朝廷"捕斩之"。其实，就元末人民为推翻元王朝统治的大起义来说，方国珍"首乱"，决非"祸"，也不是"过"，而是功。他于至正八年（1348年）在浙东树旗造反，各地群雄尾随其后。四年后刘福通、彭莹玉、徐寿辉起义，五年后郭子兴、朱元璋起义，六年后张士诚起兵。方国珍"首乱"推动群雄起义，加速了元王朝的崩溃，这是应该肯定的。

就军事势力而言，方国珍不如红巾军，但他起义得到浙东贫民、船户、渔民、盐徒及文士的拥护与支持。⑧ 方国珍起义后，据温、台、庆元三郡，固守地方，"保境安民"，为浙东父老辟一方"乐土"。由于方国珍有别于群雄，他是海盗，军队主力是一支千艘舰船的武装船队，海洋为其重要战场，因此在反元武装斗争中发挥着一种特殊的作用，即阻断海道漕运，给予元王朝以致命打击。海道漕运是元王朝的"生命线"，元京大都（包

第二十八章

宋元时期的海盗活动

---

① 《明太祖实录》卷二十三吴元年四月丙午朔。
② 朱元璋在《平周榜》中诬骂红巾军为"烧香之党，根蟠汝、颍，蔓延河洛，妖言既行，凶谋遂逞，焚荡城郭，杀戮士夫，荼毒生灵，千端万状"。见吴宽《平吴录》。
③ 《元史》卷一百八十六《归旸传》。
④ 谷应泰：《明史纪事本末》卷五《方国珍降》。
⑤ 柯邵忞：《新元史》卷二百二十七《方国珍传》。
⑥ 《元史》卷四十二《顺帝纪》。
⑦ 谷应泰：《明史纪事本末》卷五《方国珍降》。
⑧ 据柯邵忞：《新元史》卷二百二十七《方国珍传》云，方国珍"敬礼文士"。

括京畿)官、军、民所需粮谷及军国之需,倚赖占天下 7/10 的江、浙地区供应。方国珍起义浙洋,海道漕运不通,元王朝陷于困境,"元京饥穷,人相食,遂不能师矣","而国已不国矣"①。情况正如顾祖禹在《读史方舆纪要》书中所说,"国珍拥巨舰千余,据海道,阻绝粮运,元人始困"②,最终由困致亡。由此可见,方国珍在推翻元王朝政权的武装斗争中,确实起了重大作用。

正因为如此,所以朱元璋在责骂方国珍之后,也不得不改变口吻,称赞他的为人及其"功业",肯定他为"一时之豪杰"。朱元璋说:"自元政既微,乃有智勇之士乘时而兴,思建功业。及天下兵起,遂角逐一隅,以为民人之保障,其后果得所归,以全富贵,是亦可谓豪杰者矣。以尔方国珍,材器雄毅,识虑深远,知世道将不可为,乃奋于东海之滨。二十年间,与其兄弟子侄分守三郡,而威行海上,得非一时之豪杰乎!"③

朱元璋这席话是他对方国珍的评价,所言符合历史实际情况。历史事实说明,方国珍是元末"威行海上"的英雄豪杰。

还应注意一点的是,明人看到方国珍浙东起义在推翻元王朝所起的作用,因而重视"为国咽吭"的东南地区,于是有争天下"始事者盛于东南""发于东南"之说。④

三 元末广东的反元起义与海盗活动

元末"中原兵起,岭海骚动"⑤。在各地人民反抗元王朝斗争风浪的推动下,海盗亦在海上发难,据海岛,从事劫掠与反抗官府、抗击官兵活动。广州香山县(今广东中山市)地濒海洋,海盗活动向来活跃,海中岛屿多为海盗占据。大横琴山"幽峻,为寇所伏",元末,海寇王一据之三灶山为"海寇刘进据之。"北大山,"元末,海贼李祖山、卢实善相继劫掠"⑥。李祖山、卢实善、王一与刘进等人,元末聚众据海岛,进行海盗活动,至明初才为官兵剿灭。

据北大山的海盗卢实善,广东南海人。元至正十三年(1353 年),卢实善与三山人邵宗愚出海为元起义,自称元帅,各自率领部伍,联合反抗官府。至正二十一年(1361年),广东廉访使八撒剌不花尽杀廉访司官,据广州自行为政。"于是诸邑豪民各逐其长,一时并起。"邵宗愚居广州,赵可仁据三山,卢实善据龙潭。至正二十二年(1362年),海盗攻清远县,俘促主簿,官府急忙筑城防守。次年十月,邵守愚攻陷广州城,擒杀八撒剌不花,击毙守将何深,"余皆弃城走"⑦。此时,东莞乡绅何真联合豪"集义兵",保乡里。乱兵据惠州,何真带"义兵"攻之,以功授惠州通判,旋升同知,晋宣慰使司都元帅。邵宗愚据广州城,何真驱兵攻城,宗愚败走。至正二十五年(1365 年),何真以"讨贼"军功,迁广东分省参政,擢江西福建行省左丞。是年十月,邵宗愚率众再次攻下广州城,因粮尽,退回三山。明洪武元年(1368 年)二月,明太祖朱元璋命廖永忠

① 叶子奇:《草木子》卷三《克谨篇》。
② 顾祖禹:《读史方舆纪要》卷八《历代州城形势》八。
③ 程敏政:《皇明文衡》卷一《方国真除广西行省左丞诰》。
④ 张溥:《元史论》卷一《东南丧乱》,与《明史论》卷一《平定东南》。
⑤ 《东莞县志》卷五十五《人物略·何真》。
⑥ 《香山志》卷一《山川》。
⑦ 《重修广州府志》卷七十七《前事略》三。

为征南将军、朱亮祖为副帅,统领舟师由海道进广东。何真归降,并协同明朝官兵攻剿海盗及邵宗愚。宗愚兵败被杀,"其徒皆弃市"①。

在廉州、高州与琼州海上,海盗也开展反抗元王朝官府的斗争。至正九年(1349年)二月,一支海盗船队从交趾乘风攻合浦,进逼琼山。广东宣慰司檄廉州、高州、琼州和化州官兵联合攻剿。海盗船队与官兵在澄迈县石矶港交战,"番兵"(黎族军士)不愿战,"赴水走"。海盗"乘胜四合,诸(路)官兵皆溃",化州通判游宏道与先锋张友明、石湾主簿木叶飞、武德将军廉州路同知罗仕显等"俱陷于阵"②。至正十年(1350年),海盗麦福率船攻陷高州府城,进袭信宜。高州路同知黄子寿"力战却之"。麦福"攘(官)印而去",船队驶往吴川县,攻占碙洲。至正十五年(1355年),麦福联合陆地起义军,共同抗击官兵,"山海贼麦伏(福)、黄应宾、潘龙等聚徒,据雷州路"。至正十九年(1359年),化州路枢密院同佥罗福领兵攻剿"山海贼","诸贼败走"。罗福以功升化州都元帅,"专制其地",至明洪武元年(1368年),他以高、雷二州归附明王朝③,而这股"山海贼"仍继续进行反乱活动。

---

① 《明太祖实录》卷三十洪武元年二月乙卯。
② 《廉州府志》卷二十一《纪事》。
③ 《高州府志》卷四十八《事纪》。

第二十九章
宋元时期的海洋文学

　　宋元时期是海洋文学发展繁荣的一个高峰期。这主要体现在宋诗词以及元曲上。就宋词来说，其在涉海方面呈现出几个特点。一是诗词大家名人写海的很多，宋代词坛上有名的人物几乎都有很好的写海或涉海的作品问世。二是写海或涉海的作品数量极为可观。三是海洋意象入诗入词，蕴涵十分丰富多彩，我们从中感受到的对人生哲理的领悟、对社会现实的把握、对审美感知与愉悦的追求，可谓处处惹人叹然。宋词中海的意象之丰富、寓含之深博、境界之空阔、格调之浪漫，绝非其他任何文学样式可以比拟，它的理想化色彩终将被历史证为千古绝唱。

　　元代是我国戏曲艺术大发展、大繁荣的时代，所谓"唐诗、宋词、元曲、明清小说"，一个时代有一个时代的文学；其中，海洋文学的发展状况也是如此。元代的海洋文学，最突出的现象是叙事性作品如小说、戏剧的发展繁荣；相比之下，诗词作品的地位就远不及了。

第一节　宋代的海洋文学①

　　宋代诗词中，写海的可观之作就相当多。我们仅从宋词词牌中填写的一些调名如"望海潮""醉蓬莱""渔家傲""渔父乐""渔父家风""水龙吟"等，也可以想见它们在产生和形成上，其中必然有不少与吟咏海洋有密切的关联。由此可知，人们对海洋现象或海洋与江口相互作用的现象以及海上生活有着浓厚的兴趣和普遍的认知。像朱敦儒的《好事近·渔父词》：

　　　　拨转钓鱼船，江海尽为吾宅。恰向洞庭沽酒，却钱塘横笛。醉颜禁冷更
　　添红，潮落下前碛。经过于陵滩畔，得梅花消息。

　　所写于江于海沽酒醉钓的"渔父"，一句"江海尽为吾宅"，好语惊人，意境高远。女词人李清照一首《渔家傲》，以海入词，海事、海心，尽收其中：

　　　　天结云涛连晓雾，星河欲转千帆舞。仿佛梦魂归帝所，闻天语，殷勤问我
　　归何处。我报路长嗟日暮，学诗谩有惊人句。九万里风鹏正举，风休住，蓬舟

---

① 本节引见乎双双：《唐诗宋词中海的审美意象初探》，载曲金良：《海洋文化研究》第二卷，海洋出版社 2000 年版，第 138—145 页。

吹取三山去。

哪是海,哪是天,哪是人间,哪是仙界,在词人心中,在词人笔下,竟是这般使人着迷。

再如张元干的《念奴娇·题徐明叔海月吟笛图》:

秋风万里,湛银潢清影,冰轮寒色。八月灵槎乘兴去,织女机边为客。山拥鸡林,江澄鸭绿,四顾沧溟窄。醉来横吹,数声悲愤谁测。　飘荡贝阙珠宫,群龙惊睡起,冯夷波激。云气苍茫吟啸处,鼍吼鲸奔天黑。回首当时,蓬莱方丈,好个归消息。而今图画,谩教千古传得。

新奇引人。如辛弃疾的《摸鱼儿·观潮上叶丞相》:

望飞来、半空鸥鹭,须臾动地鼙鼓。截江组练驱山去,鏖战未收貔虎,朝又暮。诮惯得、吴儿不怕蛟龙怒。风波平步。看红旆惊飞,跳鱼直上,蹙踏浪花舞。　凭谁问,万里长鲸吞吐。人间儿戏千弩。滔天力倦知何事,白马素车东去。堪恨处。人道是、子胥冤愤终千古。功名自误。谩教得陶朱,五湖西子,一舸弄烟雨。

写钱塘江潮,气魄好生了得,自有特色。其《木兰花慢·中秋饮酒》也写海写月,"谓洋海底问无由,恍惚使人愁。怕万里长鲸,纵横触破,玉殿琼楼"。且因用天问体赋满篇发问,豪气勃发,海阔天空。

宋代诗词中写观潮者甚多;还有写海市的,如苏轼的《登州海市》,亦真亦幻,气度、意象非凡,令人入胜:

予闻登州海市旧矣。父老云:"常见于春夏,今岁晚,不复出也。"予到官五日而出,以不见为恨,祷于海神广德王之庙,明日见焉。乃作是诗。

东方云海空复空,群仙出没空明中。
荡摇浮世生万象,岂有贝阙藏珠宫。
心知所见皆幻影,敢以耳目烦神工。
岁寒水冷天地闭,为我起蛰鞭鱼龙。
重楼翠卓出霜晓,异事惊倒百岁翁。
人间所得容力取,世外无物谁为雄。
率然有请不我拒,信我人厄非天穷。
潮阳太守南迁归,喜见石廪堆祝融。
自言正直动山鬼,岂知造物哀龙钟。
伸眉一笑岂易得,神之报汝亦已丰。
斜阳万里孤岛没,但见碧海磨青铜。
新诗绮语亦安用,相与变灭随东风。

柳永的《煮海歌》,吟咏煮海盐工的生活。

再如,陆游的《航海》、杨万里的《海岸七里沙》、文天祥的《二月六日海上大战》等,不一而足。

文学来源于生活。宋诗词中的海洋文学作品出现了如此繁荣发展的局面,除了文学自身的积累式发展及其繁荣的规律外,宋代海洋事业和海洋文化的整体发展,宋时人们的海内外海洋生活的丰富多彩,是其社会基础和根源。①

宋词中海的审美意象,可以分为以下几种类型。

1."海客"形象

海之神秘,引人向往;海之魄力,荡人心神;海在文明古国面前展示着它的恢弘与大度。唐宋时,人们已经走出探海的迷惑,亲海、近海、颂海、咏海成为时代的主题。"海客"的出现可为代表。如苏轼的《鳆鱼行》"东随海舶号倭螺,异方珍宝来更多"②,苏轼的《鹊桥仙·七夕送陈令举》"客槎曾犯,银河波浪,尚带天风海雨",勾勒出一派高阔迷茫意境。

2.海之壮阔:宋词中的"大"海

朱敦儒《好事近·渔父词》中"拨转钓鱼船,江海尽为吾宅",虽有浪迹江湖、自由漂泊的潇洒与无奈,亦可见词人气量之恢弘、心胸之壮大。想象一下洞庭沽酒、钱塘横笛的飘逸,胸中了无丘壑的快慰,简直羡煞世人!像张元干《水调歌头·同徐师川泛太湖舟中作》"平生颇惯,江海掀舞木兰舟",《水调歌头·丁丑春与钟离少翁,张元鉴登垂虹追和》中"元龙湖海豪气,百尺卧高楼",戴复古《望江南》"四海九州双脚底,千愁万恨两眉头",刘克庄《贺新郎·九日》"老眼平生空四海,赖有高楼百尺",都体现了冲天的傲气,让人心神为之激荡。

中国天人合一的整体功能宇宙观决定了崇高事物中"乐"的成分。诚如孔子云"智者乐水,仁者乐山",宋人对海的感受是一种对崇高事物的崇敬;所谓"高山仰止,景行行止,虽不能至,然心向往之",人与自然、海合一的向往,产生崇敬和愉快。这种崇高是对自然壮美的海的崇敬,这种愉快是对自己本源的皈依。令人崇敬的海永远只能作为人生的理想,在追求的无限中流动着它静默的高贵。

3.海与伤感

精神与自然的分离产生感伤性,但若抛却了沉思与内省,这样的文人存在还有什么价值呢?理想中的自然真趣与朴实无华反衬出现实中的堕落与罪恶时,感伤性就应运而生了。海以其空阔辽远出现在如此心境之下的文人视野中,其况味、意境颇值得赏玩与回思。宋词中的涉海作品,绝大多数表现的都是文人感时、身世、浮沉的人生哲学,他们用时空的交汇与定格来把握抽象的人生,感叹属于他的成或败、喜或忧、舒泰或穷蹇、恢弘或卑微的心理境况,在瞬息即兴而感发;或在回首来程、追踪往昔中流露感情最本色的底蕴,赢得读者由衷的共鸣。

宋词重感情抒发,重意境表现,"词家多以景寓情"③,"不以虚为虚,而以实为虚,化景物为情思,从首至尾,自然如行云流水"④。宋词中的海洋作品也同样具有这种创作特征。如柳永的《玉蝴蝶》:

> 望处雨收云断,凭阑悄悄,目送秋光,晚景萧疏,堪动宋玉悲凉。水风轻,频花渐老;月露冷、梧叶飘黄。遣情伤,故人何在?烟水茫茫。难忘,文期酒会,几孤风月,屡变星霜。海阔山遥,未知何处是潇湘?念双燕,难凭音信;指

---

① 见曲金良:《海洋文化概论》,青岛海洋大学出版社 1999 年版,第 190—193 页。
② 郭振:《古诗文中的"海客"形象》,见《文史知识》,1994 年 12 月。
③ 王国维:《人间词话》,见《中西美学与文化精神》,第 242 页。
④ 范晞文:《对床夜话》。

暮天,空识归航。黯相望,断鸿声里,立尽斜阳。

词人独立秋光,怅思怀想湘中故人,只是隔海越山,相会无期。蘋花、月露、梧叶分别着以"老""冷""黄"视觉、肤觉等饰词,愈加诱发怀人思绪。秦观《千秋岁》"春去也,落红万点愁如海",以海比愁思之深,更兼伤春万点落红,心境凄清、苦楚,只因"忆昔西池会"。似海深愁,何以化解缠绵悱恻的思念,让人心动。

忆旧怀人词中,吴文英有一阕凄迷哀艳的词,历来为词评家所称赏,这就是《莺啼序·春晚感怀》:

      殷勤待写,书中长恨,蓝霞辽海沉过雁。漫相思,弹入哀筝柱。伤心千里江南,怨曲重招,断魂在否?

抒发凭吊情怀,望而不见,感叹衰老;检点旧物,倍增物在人亡之感。欲裁笺书恨,海天茫茫,何处可寄? 徒然将离思谱入哀筝,可叹海路无处续,断魂亦难招……凄婉欲绝。全词笔致曲折、开阖,诚如陈廷焯所评"梦窗精于造句,超逸处,则仙骨珊珊,洗脱凡艳;幽索处,则孤怀耿耿,别缔古欢"①,"梦窗之妙,在超逸中见沉郁"②,写悲欢离合之情,词彩纷呈,脉络井然。

反映宦游羁思仕途漂流之感的,如周邦彦《满庭芳·夏日溧水无想山作》"年年,如社燕,漂流瀚海,来寄修椽",以社燕自悯飘零、寄人篱下,"瀚海"既言风雨飘摇之意又兼任天潇闲之致,使全词文思荡漾、转折跌宕,于"沉郁顿挫中别绕蕴藉"③。

婉约一派的"海味"往往因身世之感、仕途之患而阴郁气重,怎一个"愁"字了得;豪放词人则借助海的气势,更加突出了抒情成分,显示出了一种有所借待而又不执著于借待的逍遥观,苏、辛词中的海洋作品可为代表。

苏轼《临江仙·夜归临皋》中云:"夜阑风静縠纹平,小舟从此逝,江海寄余生。"词人将一己融于大自然的怀抱之中,江海引发对自我存在的反思,遗憾于不能自主生命而陷入尘缘劳碌、风露奔走的境地,因生超拔羁縻而遁身江海之遐想:江海泛舟,悠游洒脱,委天任远,无适不可,从而熔铸出一个风韵萧散的抒情主人公形象,体现了他昂首尘外、恬然自适的自我意识和生命哲学,富有禅宗意味。以一己之心面对整个宇宙人生,结果就必然是一种对整个宇宙人生的空漠感,"苏一生并未退隐,也从未真正'归田',但他通过诗文所表达出来的那种人生空漠之感,却比前人任何口头上或事实上的'退隐'、'归田'、'遁世'要更深刻更沉重"。这是一种"对整个存在、宇宙、人生、社会的怀疑,厌倦,无所希冀,无所寄托"的空漠感无待的逍遥与人生的空漠感,形成了苏轼非常浓厚的人生如梦的感受:"世事一场大梦,人生几度秋凉"(《西江月》)④。

再看"有不可一世之慨……屹然别立一宗"的辛词。其云"湖海平生,算不负,老髯如载","问人间,谁管别离愁,杯中物",五湖四海,浪迹一生,而今已是苍髯如载、离愁别绪、人生困顿,唯有杯中之物尚能消解,"鲸饮未吞海,剑气已横秋"(《水调歌头·和马叔度游同波楼》)。词人忧国忧民的壮心抱负未酬,平添了几多"遗恨",几多愁情。"此事费分说,来日且扶头",也闪动着人生如梦的消极念头。

---

① (清)陈廷焯:《白雨斋诗话》卷二。
② 《全宋词简编》,唐圭璋选编,上海古籍出版社1986年版,第667页。
③ (清)陈廷焯:《白雨斋诗话》卷一。
④ 李泽厚:《美的历程》,见《中西美学与文化精神》,第159页。

4.海与仙化理想

与感伤性的海形成鲜明对比的是优美、雄奇、瑰魅的海,为世人所艳羡、向往的理想仙境的海。像苏轼在《水龙吟》中描绘的"云海茫茫"的"道山绛阙"以及"蓬莱神山""谪仙风采",一派人间天上、仙乐袅袅的胜景。驾云、"骖凤"的恣肆,与"骑鲸"的豪气前后照应。

> 古来云海茫茫,道山绛阙知何处。人间自有赤城居士,龙幡凤举。清净无为,坐忘遗照,八篇奇语。向玉霄东望,蓬莱暗霭,有云驾,骖凤驭。
>
> 行尽九州四海,笑纷纷,落花飞絮。临江一见,谪仙风采,无言心许。八表神游,浩然相对,酒酣箕踞。待垂天赋就,骑鲸路稳,约相将去。

"清壮顿挫,能起人妙思。"①

苏门四学士之一的晁补之是这样写海的:"青烟幂处,碧海飞金镜。"(《洞仙歌》)"碧海"飞"金镜",与"海上生明月"如出一辙,然处不同之角度,感觉差异如此之大,让人不胜欷歔。词人一腔热情却被"远神京",故而只能"将许多日月,付与金尊":美轮美奂的海边,胸中又有如许哽咽,莫怪乎冯煦称其词"无子瞻之高华,而沉咽则过之"②。再看张元干的一首《念奴娇》:

> 秋风万里,湛银潢清影,冰轮寒色。八月灵槎乘兴去,织女机边为客。山拥鸡林,江澄鸭绿,四顾沧溟窄。醉来横吹,数声悲愤谁测。
>
> 飘荡贝阙珠宫,群龙惊睡起,冯夷波激。云气苍茫吟啸处,龟吼鲸奔天黑。回首当时,蓬莱方丈,好个归消息。而今图画,谩叫千古传得。

仙女、月中为客、沧溟、横笛、龙宫、仙山,似幻而真、亦虚亦实的意象,展示了词人异常丰富的想象力,描绘出一个神仙逸境。心中不快尽诉诸横笛,悲愤之情也随笛声、随流水而逝,且做一个快乐神仙,岂不妙哉?

词是浑厚与空灵的艺术,词境界中思想内容的深刻、广阔,情感的真挚清健,艺术形象的丰满鲜明,情寓象中,象中具情,使得境界变得蕴藉无限,通过寄言,"得屈子之缠绵悱恻,又得庄子之超旷空灵"。

第二节　元代的海洋文学③

元代的海洋文学,最突出的是戏剧的发展繁荣。在元曲中的涉海戏曲里,我们不能不提到著名的海洋神话剧《张生煮海》。而且很有意思的是,元杂剧的著名剧作家尚仲贤和李好古,两人居然都写过《张生煮海》,可见张生煮海的故事具有多么大的吸引力。今存本《张生煮海》是题李好古为作者。

《张生煮海》剧的全题是《沙门岛张生煮海》。沙门岛,自然在海中;作为神话剧,自然在仙山蓬莱附近,实际上也恰恰是这样。古登州蓬莱附近的海中,的确有个沙门岛,

---

① 唐圭璋:《全宋词简编》,上海古籍出版社 1986 年版,第 153 页。
② 唐圭璋:《全宋词简编》,上海古籍出版社 1986 年版,第 269 页。
③ 本节引见王庆云:《中国古代海洋文学历史发展的轨迹》,《青岛海洋大学学报》,1999 年第 4 期。

而且自古有名。《宋史·刑法志》记载,宋初的"犯死获贷者,多配隶登州沙门岛及通州海岛";《水浒传》里奸相蔡京也对其下属嚷嚷,你们若给我捕获不到劫取生辰纲的人,就罚你们"去沙门岛走一遭"。宋代诗词文大家苏轼曾经在密州、登州做过官,对海滨海岛多有游历,其《北海十二石记》所写,就包括了对沙门岛的描述:"登州下临大海,目力所及,沙门岛、鼍矶、车牛、大竹、小竹凡五岛,唯沙门最近,兀然焦枯,其余紫翠咚绝,出没涛中,真神仙所宅也。"①"兀然焦枯",是否就是人们想象出"煮海"的"依据"? 这自然难以考得确切,我们暂不管它,反正人们对它充满了兴趣。有意思的是,我们注意到《元诗选》里有宋无的一首《沙门岛》诗,《元诗纪事》里还有宋无的《鲸背吟·沙门岛》一词,看来这位苏州人氏宋无对沙门岛情有独钟。而值得指出的是,作为戏剧,宋代已经有《张生煮海》院本了,只可惜剧本无存,我们无从具体得知其面貌。

元杂剧《张生煮海》的大体情节大略为:青年书生张羽自幼习读诗书,无奈功名不遂,一天,他带着家僮到东海边游玩,来到一座古寺,名石佛寺,喜爱其幽雅环境,便向长老借居一室,以温习经史。天色渐晚,便让家僮拿出一张琴抚奏起来。这时,恰巧东海龙王的三女儿琼莲也到海边散心,闻琴心动,便和侍女循着琴声来到石佛寺,见张生道貌仙丰,顿生爱恋之意;张生也发现了琼莲的到来,二人一见钟情,遂私定终身,并约定八月十五日中秋节成亲。二人道别后,张生等不到中秋,一直想及早再见到琼莲,便来到海边寻找,遇到仙姑毛女,知琼莲乃东海龙王的女儿,想那东海龙王生性暴戾,怎肯嫁女给他一介书生,不禁伤悲起来。仙姑见状,心生同情,愿成全张生与龙女的好事,便授予张生三件法宝:一只银锅、一文金钱、一把铁勺,并授其方法:用铁勺将海水舀进银锅,将金钱放进水内,然后将锅内海水煮煎,锅内海水煎去一分,海中水深便减去十丈;煎去二分,海中水深便会减去二十丈。如此煎煮下去,东海龙王肯定会无法生存,因而肯定会向张生求救,张生以其允诺嫁女为条件,他肯定答应。于是,张生沙门岛架锅煮海,锅内海水滚沸。浩瀚的海水随之翻滚沸腾,眼见渐少,东海龙王大惊失色,忙请长老调停求情。张生未得龙王允诺嫁女,哪肯罢休? 最后龙王只得答应嫁女给张生,张生这才罢煮,由长老引路,来到东海龙宫,洞房花烛,成了东海龙王的东床快婿。这时,东华上仙来到龙宫,告知张生龙女原是天上瑶池边的金童玉女,因互相爱慕而一个被贬脱胎于凡间,一个被贬脱胎于水界,现宿怨已偿,应还瑶池天上。于是,这对新婚冤家便被带回了上天。

一是张生莺莺式的一见钟情,一是为婚姻自由向封建势力的争斗,一是大获全胜后证以仙缘,这其中的喜剧、悲剧意义全有,适应了中国人对传统艺术的审美鉴赏习惯。而将大海作为展示这种浪漫审美理想的舞台,天地便更加广阔了许多。人间—海底—天上,人—龙—神仙。

顺便在此提及的是,写凡人与龙女恋爱的,还有出于唐传奇《柳毅传》的元杂剧《柳毅传书》,只是《柳毅传书》中柳毅为之传书的不是海龙王之女,而是洞庭湖龙王之女罢了。其实考究起来,为龙女传书的故事,也有说是为海龙女的。唐《广异记》里的三卫(警卫官名)故事,就是给海龙王之女传书。② 这两出元杂剧都很有影响。十分有意思

---

① 《苏轼文集》卷十二。
② 见《太平广记》卷三百。

的是,到了清初大戏剧家李渔那里,他便将这两出杂剧故事给"有机"地合二为一了,名《蜃中楼》:洞庭龙王前往东海为其兄东海龙王祝寿,其女舜华与父亲同往,在东海龙宫里见到了堂妹、东海龙王之女琼华,姐妹二人感于龙宫的寂寞,欲往东海边游玩,东海龙王便想了一个既不让她们接触凡间又可遂了二龙女心愿的"万全之策",即命虾兵蟹将嘘气吐涎,在海上结成一座海市蜃楼,供二姐妹上去游玩便是。结果,因张生、柳毅、舜华、琼华原都是仙人,二姐妹到了蜃楼之后,大罗仙子巧为安排,将手杖化作一座仙桥,并经几番周折,遂使得张生与琼华、柳毅与舜华两对有情人终成了眷属。这一故事到了明代,仍有小说铺衍,如《西湖二集》中的《救金鲤海龙王报德》即是。

元杂剧里还有一出涉海戏很值得一提,那就是《争玉板八仙过沧海》。八仙的故事自然早有,但八仙们过沧海、大闹龙宫的故事却是在元杂剧里得以系统完备的。我们至今普遍地说"八仙过海,各显神通",大概就来自于此,至少是因受其影响才这么普及的。

第三节　宋元海洋文学的时代特征[①]

海洋文学是海洋文化的一个组成部分。它在宋元时代的发展与成熟,不仅是文学史上的一次创新与发展,也是文化史上的一次思想深化。海洋文学所体现出来的时代特征,充分表现出宋元时代海洋文化鼎盛时期的社会特质和文化模式。

一　海洋文学的创新发展

宋元时期的海洋文学现象比较复杂,海洋文学是伴随沿海地区开发和海上活动而兴起的。在中国历史上曾有两次著名的北人南渡,促进了南方经济成长和历史地位的确立。一是晋人南渡,中原世家大族大规模迁转南方,南方地区出现第一次大规模的开发,标志着此后近三个世纪南北对峙局面的开始。二是宋人南渡,中央政府整体转移南方,出现了自魏晋南北朝以来的第二次大规模开发,不仅原来已经得到比较充分开发的长江三角洲地区有了更进一步的发展,而且原来尚未得到充分开发的荆楚地区、闽越地区以及只有初步开发的南粤地区都得到很大发展。整个南方经济呈现全面繁荣的局面,并孕育着社会发展的新机缘。宋元海洋文学正是在这种新的历史条件下,继承了自春秋战国以来以海洋为题材的海洋文学,并把它作为一种文化现象加以自觉追求,在中国海洋文学发展和深化的历史进程中予以创新和发展。中国虽是一个位于大陆的国家,但又是一个有着漫长海岸线的国家,中国人自古就对大陆边缘的海洋进行过不懈的探索。《诗经·大雅·江汉》载:"于疆于理,至于南海。"[②]这说明当时人们已开始从内陆向南方边缘尽头广阔海域探索,逐渐从遥远渺茫、神秘莫测到亲近清晰,直至撩去海洋神秘的面纱。尽管海洋对古代中国人来说显得很遥远,但它那无与伦比的浩瀚、壮阔、无涯,在人们的心目中却有着深切的印象和真实的感受。《庄子·

---

① 本节引见赵君尧:《宋元海洋文学的时代特征》,《福建师范大学学报》哲学社会科学版2001年第2期。
② 斯塔夫里阿诺斯:《全球通史》,上海社会科学院出版社2000年版,第438—440页。

秋水篇》曰:

> 秋水时至,百川灌河,泾流之大,两涘崖之间,不辨牛马。于是焉河伯欣然自喜,以天下之美为尽在己。顺流而东行,至于北海,东西而视,不见水端,于是焉河伯始旋其面,望洋向若而叹曰:"今我睹子之难穷也,吾非至于子之门,则殆矣,吾长见笑于大方之家。"

话语言表,流溢出对大海辽阔无垠之壮观美貌的惊羡、叹服和由衷的崇敬之情。及至东汉建安十二年(207 年)《三国志·魏书·武帝纪》载曹操北征乌恒"八月,登白狼山。……斩蹋顿及名王已下,胡、汉降者二十余万口","九月,公引兵自柳城还",作《步出夏门行·观沧海》。诗人写出了沧海平静时和起风时的状态,赞美东海边山岛巍巍耸立、草木繁盛以及大海吞吐日月、包孕群星的壮阔气势。宋元之前,以海洋为题材的文学多表现对海洋浩瀚无边、广博壮观、吞吐日月、包孕群星之浩大气势的惊叹和崇敬。及至宋元时期,以海洋为题材的文学已大大拓宽了表现的领域,更多地反映出人与海洋的关系,既有人与海洋的和谐相处,又有人对海洋的征服和利用,大大促进了宋元海洋文学的创新与发展。

宋人南渡标志着中国经济重心南移的彻底完成,这一时期不仅出现了民间商业资本与海洋贸易自然紧密的结合,而且中央政府更加重视与海外国家关系和贸易的发展,丰富多彩的海洋题材使得宋元海洋文学出现了异常繁荣的局面。诗、赋、词、曲、笔记、游记等如百花争艳,描绘了宋元时期以海洋为背景的波澜壮阔的社会历史画卷。有描写海潮起落全过程的,如范成大的《望海亭赋》:"又若潮生海门,万里一息;浮光如线,涛头千尺。方铁马之横溃,倏银山之崩坼。气平怒霁,水面如席;吴帆越樯,飞上空碧。"有描写盐民艰辛生活和备受盘剥惨景的,如柳永诗的《煮海歌》:"煮海之民何所营?妇无蚕织夫无耕。衣食之源太寥落,牢盆煮就汝输征。自从潴卤至飞霜,无非假贷充粮粮。秤入宫中得微值,一缗往往十缗偿。煮海之民何苦辛,安得母富子不贫。本朝一物不失所,愿广皇仁到海滨。"有展示海洋贸易繁荣景象的,如李昂英的《水调歌头·题斗南楼和刘朔斋韵》描绘广州海港:"万顷黄湾口,千纫白云头。一亭收拾,便觉炎海豁清秋。潮候朝昏来去,山色雨晴浓淡,天末送双眸。绝域远烟外,高浪舞连艘。

风景别,胜滕阁,压黄楼。胡床老子,醉挥珠玉落南州。稳驾大鹏八极,叱起仙羊五石,飞佩过丹丘。一笑人间世,机动早惊鸥。"有塑造充满开拓冒险精神的海商形象的,如乔吉的散曲《中吕·满庭芳·渔父》:"疏狂逸客,一樽酒尽,百尺帆开。划然长啸西风快,海上潮来。入万顷玻璃世界,望三山翡翠楼台。纶竿外,江湖水窄,回首是蓬莱。"有描绘在大海中航行情景的,如陆游诗《感惜》:"行年三十忆南游,稳驾沧溟万斛舟。当记早秋雷雨后,柁师指点说流求。"有盛赞妈祖女神的,如黄公度诗《题顺济庙诗》:"枯木肇灵沧海东,参差宫殿崒晴空。平生不厌混巫媪,已死犹能效国力。万户牲醪无水旱,四时歌舞走儿童。传闻利泽至今在,千里桅樯一信风。"如果说先秦以来人们对以海洋为题材的文学创作还仅仅处于一种朦胧的追求,那么宋元时代以海洋为题材的文学创作则是一种自觉文化的追求现象。

宋元海洋文学的创新发展,绝不仅仅在于形式,而是超迈开放的海洋意识下海洋文学艺术表现内涵深化的体现。宋朝时,对外贸易量远远超过以往任何时候。这一贸易迅速发展的基础是前所未有的经济增长率。航海技术得以极大改进——其中包括指南针、带有可调中心垂直升降板的平底船以及布帆代替竹帆的使用。港口,首次成为中国同外界联系的主要媒介。宋朝时期,中国人大规模从事对外贸易,不再主要依靠外国中间商。因而,宋朝时的中国正朝着成为一个海上强国的方向发展。元朝建立了与前代统治者所建立的基本相同的行政机构,采取与宋朝基本相同的对外政策,还进一步采取了使官办、民办与官本民营三种并行的海洋政策,大力发展海洋贸易事业,致使出现了"东西南数千万里,皆得梯航以达其道路","虽天际穷发不毛之地,无不可通之理"①的远航盛景。

宋元时期海洋文学发展的超迈势头,主要表现在东南沿海的闽、粤、浙等地区,其主要原因是这些地区人口骤增、经济发展,与之相伴随的是地区开发以及海洋贸易的兴盛。宋元两朝的各种海洋活动都不同程度地在以海洋为题材的文学作品中得到反映,尤其是远洋航行、海外贸易更是体现出宋元时代超迈开放的海洋意识。航海是一项极具冒险性的活动,而东方的海洋更是台风肆虐的暴风之海,航行十分危险。中国有漫长的海岸线,濒临东海、南海、黄海、渤海,尤其是东南沿海的闽、粤、浙沿海一带海商,勇敢地探索从近海到远洋的海上航行,反映了中国人的开拓精神及其在征服海洋方面的勇气。由于时代与历史诸因素的驱使,宋朝政府大力推行海洋贸易政策,海外贸易大利所在,事关国计,连皇帝都亲自过问。北宋太宗曾经特遣内侍赍敕书,往海外诸国,勾招进奉,博买"番货"。南宋高宗也很注重海外贸易,他说:"市舶之利,颇助国用,宜循旧法,以招徕远人,阜通货贿。"②为缩短海船航行周期,增加市舶收入,以支撑江河日下的国库,南宋孝宗隆兴二年(1164年)设立"饶税制",规定:"若在五月内回船,与优饶抽税;如满一年内,不在饶税之限;满一年以上,许以本司根究。"在这种政策的强烈刺激下,宋代海商为求得既能经略远货,牟取高利,又能及时返回免征重课,以不避艰险的勇敢精神航行于大海之中、往返于东西方港口之间。其时,由于蒙古人发动了横扫亚欧大陆的远征,在13世纪中期建立了包括中国、中亚、西亚和东欧的大帝国,为中国和欧洲海商之间进行海洋贸易提供了空前便利的条件。宋元这种社会政治经济开放的背景,大大促进了宋元海洋文学的开放性,不少诗人词人吟诗赋词歌颂东南沿海人民的超迈开放的海洋意识、商品意识和冒险精神。例如,释大圭诗赠商人曹吉:

　　君今浮舶去,因识远游心。衣食天涯得,艰难客里禁。春帆连海市,暮鼓
起香林。一笑归来好,高高寿百金。

诗中表现海商将"浮舶""远游",虽要经历一番艰难,但"衣食"得之"天涯"。当他们归来时,片片船帆筑起海上市场,"一笑归来好,高高寿百金"反映了当时海商的观念和对理想的追求。诗人熊禾在《上致用院李同知论海舶》中写道:

　　矧此贾舶人,入海如登仙。远穷象齿徼,深入骊珠渊。大贝与南琛,错落
万斛船。取之人不伤,用之我何愆。

这首诗高度赞扬了海商的冒险精神,视波涛汹涌的汪洋大海如同仙境,"入海如登仙"。为获得"大贝与南琛",海商不畏艰险,敢于"深入骊珠渊"。元人乔吉在其散曲

---

① 吴鉴:《岛夷志略·序》,元汪大渊《岛夷志略》,苏继顾校释本(中外交通史籍丛刊),中华书局1981年版。
② 《宋会要辑稿》卷一千一百二十四《职官》四四之二四。

《中吕·满庭芳·渔父》中写道:

> 疏狂逸客,一樽酒尽,百尺帆开。划然长啸西风快,海上潮来。入万顷玻
> 璃世界,望三山翡翠楼台。纶竿外,江湖水窄,回首是蓬莱。

"百尺帆开"写海船之大,尽管"划然长啸西风快,海上潮来",波涛滚滚,浪高风急,但海船如"入万顷玻璃世界",一个充满开拓冒险精神的海商形象跃然纸上。元朝的统一大大促进了国内各沿海港口的贸易,如东南沿海福建的商船可以自由地往返于北方港口。闽中诗人咏道:"海连辽碣八千里,山隔燕云百万重。九重天阙连三岛,万斛风舟等一毫。"福州诗人咏道:"百货随潮船入市,千家沽酒户垂帘。"一派南北沿海贸易的繁荣景象。此时,中外海洋贸易更是得到长足的发展。李昂英的《水调歌头·题斗南楼和刘朔斋韵》描绘出广州作为中外通商港口的情景:

> 万顷黄湾口,千纫白云头。一亭收拾,便觉炎海豁清秋。潮候朝昏来去,
> 山色雨晴浓淡,天末送双眸。绝域远烟外,高浪舞连艘。　　风景别,胜滕
> 阁,压黄楼。胡床老子,醉挥珠玉落南州。稳驾大鹏八极,叱起仙羊五石,飞
> 佩过丹丘。一笑人间世,机动早惊鸥。

"黄湾",即韩愈《南海神庙碑》所云:"扶胥之口,黄木之湾"的黄木湾,在今广州东郊黄埔,是珠江口呈漏斗状的深水湾。唐宋时期,这一带已成为广州的外港,中外商船来往贸易均在此停泊。"潮候朝昏来去,山色雨晴浓淡",一写海潮的早晚涨落,一写山色的雨晴变化,写出临海特有的景色。人们可以从这早晚来去的海潮,想到在万顷烟波之外的那些遥远国度,看到那些在波浪中起伏的无数船只来往于异国他邦。"绝域"二句写出了中外通商贸易的繁忙和开放景象,为宋词中所仅见。南宋初庄季裕《鸡肋编》云:"广州波斯妇绕耳皆穿穴带环,有二十余枚者。"妇女穿耳戴长环饰乃伊朗萨珊王朝时期盛行的风俗,这是对当时中国对外开放的最好说明。宋元时代海洋文学之所以体现出超迈开放的海洋意识特征,与当时开放的社会历史背景是分不开的,体现了中国海洋文化模式中的开放意识和勇于探索的冒险精神。

二　海洋经略的价值取向

宋元之前以海洋为题材的文学作品较少,主要原因是人们直接涉及海洋的活动尚不够广泛,其所反映的价值取向主要表现为单纯对浩瀚海洋的赞叹。宋元海洋文学所表现出来的海洋经略的价值取向,则注重于人与海洋的关系,表现出这一时期宋元海洋文学特有的文化品位。海洋文学之所以在宋元时代创新并发展,一个重要因素是因为宋元时代重海洋经略的价值取向和社会政治历史的需要。

两宋时,北方与辽、金、西夏对峙,中原动荡,经济重心的南移东进加快,不仅使民间商业资本与海洋贸易自然、紧密地结合,而且中央政府(朝廷)更加重视与海外国家的关系,北宋开始兴起较大规模的海上贸易,南宋海外贸易有了更大的发展,在南宋的财政收入中占有重要的地位。当时和南宋通商的国家和地区有50多个,南宋商人泛海去贸易的也有20多个国家和地区。元朝在南宋基础上,发展同南海西洋诸国的关系,发展海外贸易。伴随这一过程的是海洋采集、近海渔业、制盐业、造船业、航海技术、海洋兵器制造业、海洋战争、海神崇拜的勃然兴起。

以海洋经略为价值取向的宋元海洋文学,在中国文学史、中国海洋文化史上更显

一枝独秀。宋元海洋文学创作始终体现着艺术家的海洋经略价值取向,为了使这种价值取向获得更充分地表现,宋元海洋文学的创作题材力图包容人们进行海洋活动所涉及的领域,其意蕴更为丰富、深刻,主要表现在以下几方面。

其一,叹大海之浩瀚,哀民生之多艰。

宋元时代实行开放的海洋政策,海洋的巨大利益进一步推动官府和老百姓民间的海外贸易,使人们对海洋有了进一步的认识,更感叹海洋的博大、神奇和浩瀚。例如范成大的《望海亭赋》,其中一段描写海潮起落的全过程:"又若潮生海门,万里一息;浮光如线,涛头千尺。方铁马之横溃,倏银山之崩坼。气平怒霁,水面如席;吴帆越樯,飞上空碧。"范成大曾于淳熙六年起知明州(今浙江宁波市),兼沿海制置使,对海洋有细致的观察,对海上航行也有深切的体验。《望海亭赋》这段写海口生潮,万里海疆同时起落,海面闪耀的光芒有如长长的丝线,海潮掀起的浪头高达千尺,犹如披上盔甲的战马在战场上纵横驰骋,又像百丈之高的银山突然崩溃。当风平浪静,海面则平坦如席,吴越之地的渔船又驶向大海,有如飞翔在蓝天之中。言语之中体现了作者对大海神奇、博大的赞颂之情。

海洋虽然给人类带来利益,但盐民、渔民的艰辛生活和社会地位的低下更令人同情,如柳永的《煮海歌》:

> 煮海之民何所营,妇无蚕织夫无耕。衣食之源太寥落,牢盆煮就汝输征。
> 年年春夏潮盈浦,潮退刮泥成岛屿。风干日曝盐味加,始灌潮波增成卤。
> 卤浓盐淡未得间,采樵深入无穷山。豹踪虎迹不敢避,朝阳出去夕阳还。
> 船载肩擎未遑歇,投入巨灶炎炎热。晨烧暮烁堆积高,才得波涛变成雪。
> 自从潴卤至飞霜,无非假贷充糇粮。秤入官中充微值,一缗往往十缗偿。
> 周而复始无休息,官租未了私租逼。驱妻逐子课工程,虽作人形俱菜色。
> 煮海之民何苦辛,安得母富子不贫! 本朝一物不失所,愿广皇仁到海滨。
> 甲兵净洗征输辍,君有余财罢盐铁。太平相业尔惟盐,化作夏商周时节。

柳永担任过浙江定海晓峰盐场的监督官,对盐民生活有所了解,成为他写《煮海歌》的现实基础,以展现盐民的辛劳过程。潮涨潮落,盐分积淀泥中,盐民匍匐刮泥,堆成"岛屿",让它风吹日晒;然后上山砍柴,不论远近,不避虎豹,早出晚归,船载肩扛,运柴归来,用于熬卤成盐。白花花的盐是盐民经历千辛万苦得来的。元代王冕作《伤亭户》及清代吴嘉纪作《风潮行》,都以海边盐民煮海为题材真实反映盐民的辛苦。《煮海歌》成为这类诗的先驱。宋元时期的海洋捕捞业有很大发展,虽然渔民在大海中的捕捞历经艰险,但他们的社会地位仍很低下,如蒲寿宬的《欸乃词·赠渔父刘四》写道:"白头翁,白头翁,江海为田鱼作粮。相逢只可唤刘四,不受人呼刘四郎。"蒲寿宬,大食人,数代在中国经商,曾与其兄蒲寿庚协助南宋剿平海盗,被任为梅州知事,掌管海外贸易、通商及渔业,一定程度上了解渔民的艰辛生活,其诗从一个侧面反映出当时沿海渔民社会地位低下的现实生活状况。

其二,叙水战之恢宏,颂民族之气节。

宋绍兴三十一年(1161年),金主完颜亮大举攻宋,直至长江。宋虞允文到采石犒师,见军无主帅,既召集众将聚议,激励将士,迎击金军。金军以为采石无备,贸然渡江,及见设防,欲退不能。虞允文遣众将奋勇出击,以海鳅船猛冲金船,大获全胜。次日宋水师迫扬林河口,射退敌骑,焚毁余船,同时山东、河南义军纷起袭击金军后方,完颜亮在军中被部将所杀,金军乃退。宋光宗绍熙年间,时任江东转运副使、总领江东军马钱粮的杨万里作《海鳅赋》:

> 蒙冲两艘……下载大屋,上横城楼……海鳅万艘,相继突出而争雄矣!其迅如风,其飞如龙。俄有流星,如万石钟;陨自苍穹,坠入波中;复跃而起,直上半空。……人物咫尺而不相辨,贼众大骇而莫知其所从。于是海鳅交驰,搅西踩东;江水皆沸,天色改容;冲飙为之扬沙,秋日为之退红。贼之舟楫,皆蹂藉于海鳅之腹底。吾之戈铤矢石,乱发如雨而横纵。马不必射,人不必攻;隐显出没,争入于阳侯之珠宫。……右采石战舰:曰蒙冲,大而雄;曰海鳅,小而驶,其上为城堞屋壁,皆恶之。

杨万里热情讴歌绍兴三十一年采石矶之役抗金斗争胜利,形象再现抗金水战的恢宏场面。马积高《赋史》中说:"这是赋史中唯一描写反侵略斗争的名作。"又如刘克庄《满江红·夜雨凉甚,忽动从戎之兴》云:"铁马晓嘶昔壁冷,楼船夜渡风涛急。"短短14个字生动描绘出金兵南犯和宋军抗御的战争场面。

至元二十年(南宋恭帝德祐元年,1275 年),宋元发生"焦山之役",宋水军战船万余艘屯焦山,5000 艘屯铜陵丁洲,与元军对阵。1276 年正月,元兵前锋到达临安(今杭州),宋恭帝奉表请降,张世杰、陆秀夫从海上护送益王赵日正、广王赵昺南下福建、广东。五月,益王即帝位于福州,改元景炎,是为瑞宗。九月,元兵分道进攻闽、广。十一月,元兵入福建。在秋天,宋大势已去。诗人皇甫明子见国亡无日,不愿做新朝的顺民,为表气节,以海为归宿,蹈海而死。诗人蹈海之前于元至丙子(1276 年)秋天写下《海口》这首诗:

> 穷岛迷孤青,飓风荡顽寒。不知是海口,万里空波澜。
> 蛟龙恃幽沉,怒气雄屈蟠。峥嵘抉秋阴,挂帆潮如山。
> 荧惑表南纪,天去何时还?云旗光惨淡,腰下青琅玕。
> 谁能居甬东,一死谅非难。呜呼朝宗意,会见桑土干。

这首诗不是墨写的诗歌,而是血写的誓词。读此诗,能感受到诗人那种视死如归、凛然不可犯的正气。

德祐二年春,南宋恭帝降元,时居礼部侍郎的陆秀夫与张世杰等先后立度宗的两个庶子赵显、赵昺为帝。自温州、福州而南海各地继续抗元三年,最后退至今广东新会南面的崖山。祥兴二年二月,元将张弘范据海口绝汲道,强攻崖山,张世杰腹背受敌,败走帝昺舟中,复断缆夺港而走。秀夫度不可脱,乃杖剑驱妻子入海,即负王赴海死,年四十四。《宋史·忠义传》中诗人方凤作哭陆秀夫诗:

> 祚微方拥幼,势极尚扶颠。鳌背舟中国,龙胡水底天。
> 巩存周已晚,蜀尽汉无年。独有丹心皎,长依海日悬。

咏吟此诗,使人感到一股磅礴正气从大海中涌起。

主要表现之三,举船业之盛然,祈海神之福佑。

南宋时,由于江、海防任务突出,水战日显重要。不仅战船产量有所提高,而且船上兵器的制造业也有重要发展。陆游《老学庵笔记》载当时船有车船,有桨船,有海鳅头,军器有矟子,有鱼叉,有木老鸦、矟子、鱼叉。以竹竿为柄长二三丈,短兵不能敌。

木老鸦一名不籍,木取坚重木为之,长才三尺许。锐其两端,战船用之尤为便捷。灰炮用极脆薄瓦罐置毒药、石灰、铁蒺藜于其中,临阵以击贼船。灰飞如烟雾,贼兵不能开目。

宋元时期,福建一直是中国的海船制造中心,尤其是远洋海船的制造中心。宋词人蔡伸在《满江红》中写道:"十幅云帆风力满,一川烟暝波光阔。"由此可见宋朝就已有挂十面大帆的大海船。南宋诗人陆游在《盛惜》诗中咏道:"行年三十忆南游,稳驾沧溟万斛舟。当记早秋雷雨后,舵师指点说琉求。"陆游在其另一首诗《出万里桥门至江山》咏道:"常忆航巨海,银山卷浪头。一日新雨霁,微茫见流求。"这些诗是陆游在福建沿海航行时写成的,从诗句中可见海船之大、航行之稳。宋代福建造的闽船使用榫接、铁钉、桐灰填缝等多项技术,这都是同时代海外诸国所少见的。当时海外各国由于制铁技术比不上中国,铁器生产有限,他们的船舶无法使用铁钉,船板的连接多是靠藤条串绑,它的坚固程度无法和福建大船相比。南宋时,福建泉州地区造船事业兴旺发达,诗人谢履曾作诗咏道:"州南有海浩无穷,每岁造舟通异域。"这从元代闽人张以宁《题日本僧云山千里图》诗中可见一斑:

天东日出天西人,万里虬鳞散原照。日东三僧渡海来,袖里江山云气湿。

原乘云气朝帝乡,大干世界观毫芒。却骑黄鹤过三岛,别后扶桑枝叶老。

到了元代,福建的造船业更是发展到一个更高阶段,时任福建闽海道肃政廉访司知事的诗人萨都剌咏道:"三山云海几千里,十幅蒲帆挂烟水。"萨都剌所乘坐的这种十桅以上的大帆船,其载重量可达千吨,正如摩洛哥旅行家伊本·白图泰在其游记中对中国海船的描述:"中国船只共分三类,大船有十帆,每一大船役使千人,其中海员六百,战士四百,此种巨船只在中国的刺桐城建造。"

随着中国航海业日趋鼎盛,航海技术不断提高,指南浮针得到广泛的应用。南宋朱继芳的航海诗咏道:"沉石寻孤屿,浮针辨四维。"元灭宋之战,得力于水师。短短三年间就造战船7000艘。至元七年建造5000艘,至元十二年建造2000艘。从至元十一年到二十九年,共造海船9000艘。至元五年,要高丽造舟1000艘能涉大海可载4000石者。至元十一年三月,命凤州经略史忻都,高丽军民总管洪荣丘,以干料舟。拔都鲁轻疾舟,汲水小舟各300艘,共900艘,载士卒1.5万,期以七月征日本。总之,海外用兵竟动用海船近1.2万艘。此项造船任务工程巨大,为造船大举伐木。元人有诗感叹因海外用兵造船而大肆伐木破坏自然生态的情景:"万木森森截尽时,青山无处不伤悲。斧斤若到耶溪上,留个长松啼子规。"

造船业的发达促进了海洋航行,伴随远洋航行的繁荣,人们在与海洋的搏斗和对海洋的探索中产生了对海神的崇拜。宋代以后,东南沿海的民众创造了许多海神,如福建泉州的通远王、福州的演屿神、莆田的祥应庙神等。对妈祖神的崇拜也不断发展,宋代诗人黄公度《题顺济庙》咏道:

枯木肇灵沧海东,参差宫殿峄晴空。平生不厌混巫媪,已死犹能效国功。

万户牲醪无水旱,四时歌舞走儿童。传闻利泽至今在,千里桅樯一信风。

到了元代,海运更加发达,从事海运的人员需要妈祖的保佑。据《殊域周咨》卷八云:"元至元间,显圣于海,以护海运。万户马哈德奏请立庙,庙号天妃以大牢。"[1]当

---

① 陈登原:《国史旧闻》卷四十四《天妃》。

时,泉州是中国最大的海港,对中国航海界影响巨大。马可·波罗在其游记中说,泉州市舶收入是元朝重要的财政来源之一,而当时泉州进贡朝廷的财宝都是通过海路运输,海路运输容易失事。既然来自泉州的财宝对朝廷有这么重要的意义,所以元世祖忽必烈于至元十八年(1281年)"遣正奉大夫宣慰使左副元帅兼福建道市舶提举蒲师文,册尔为'护国明应天妃'",使妈祖成为海洋的最高保护神。随着时间的推移,妈祖信仰的影响逐步扩大,至今已成为国际性的、典型的华人信仰。宋元时期之所以成为海洋文学最活跃繁荣的时期,并呈现出多元的审美价值取向,与其特定的社会历史背景分不开。其中一个重要原因,是宋元海洋文学的创造者大都直接融入与海洋有关的社会生活实践中去。例如,范成大曾知明州(今浙江宁波市)兼沿海制置使;柳永担任过浙江定海晓峰盐场的监督官;蒲寿宬任过梅州知事,掌管海外贸易、通商及渔业;杨万里曾任江东转运副使,领江东军马钱粮;陆游曾在福州任决曹,即汉郡佐官(司理参军);萨都剌曾任闽海道肃政廉访司知事;苏轼曾被贬谪海南为官,等等。这些人都是著名的文学高士,见识高远,才华横溢,在从政的同时创作出富有时代特色和文化内涵的海洋文学。

概而述之,宋元海洋文学的时代特征体现出了宋元海洋文学的独特视野,展现出了这一时期中国海洋文化的光辉。

参考文献

1. 张炜,方堃. 中国海疆通史. 中州古籍出版社,2002.

2. 黄纯艳. 宋代海外贸易. 北京:社会科学文献出版社,2003.

3. 郑端本. 广州外贸史. 广州:广东高等教育出版社,1996.

4. 廖大可. 福建海外交通史. 福州:福建人民出版社,2002.

5. 林仁川. 福建对外贸易与海关史. 福州:鹭江出版社,1991.

6. 郑端本. 广州港史(古代部分). 北京:海洋出版社,1986.

7. 郑绍昌. 宁波港史. 北京:人民交通出版社,1986.

8. 天津港史编委会. 天津港史(古近代部分). 北京:人民交通出版社,1986.

9. 登州古港史编委会. 登州古港史. 北京:人民交通出版社,1994.

10. 席龙飞. 中国造船史. 武汉:湖北教育出版社,2000.

11. 章巽. 中国航海科技史. 北京:海洋出版社,1991.

12. 汶江. 古代中国与亚非地区的海上交通. 成都:四川省社会科学院出版社,1989.

13. 张俊彦. 古代中国与西亚非洲的海上往来. 北京:海洋出版社,1986.

14. 刘迎胜. 丝路文化·海上卷. 杭州:浙江人民出版社,1995.

15. 何芳川,万明. 古代中西文化交流史话. 北京:商务印书馆,1998.

16. 泉州港与古代海外交通编写组. 泉州港与古代海外交通. 北京:文物出版社,1982.

17. 陈玉龙等. 汉文化论纲. 北京:北京大学出版社,1993.

18. 潮汕历史文化研究中心. 汕头历史文化小丛书. 汕头:汕头大学出版社,1997.

19. 彭德清. 中国航海史. 北京:人民交通出版社,1988.

20. 郑广南. 中国海盗史. 上海:华东理工大学出版社,1998.

21. 曲金良. 海洋文化研究·第二卷. 北京:海洋出版社,2000.

22. 彭德清. 中国航海史(古代航海史). 北京:人民交通出版社,1988.

23. 王晓秋. 中日文化交流史大系·历史卷. 杭州:浙江人民出版社,1996.

24. 斯塔夫里阿诺斯. 全球通史. 上海:上海社会科学院出版社,2000.

25. 安京. 中国古代海疆史纲. 哈尔滨:黑龙江教育出版社,1999.

26. 安京. 海疆开发史话. 北京:中国大百科全书出版社,2000.

27. 张铁牛,高晓星. 中国古代海军史. 北京:八一出版社,1993.

28. 李露露. 妈祖神韵. 北京:学苑出版社,2003.

29. 陈在正. 台湾海疆史研究. 厦门:厦门大学出版社,2001.

30. 马大正. 中国边疆经略使. 郑州:中州古籍出版社,2000.

31. 林国平等. 福建民间信仰. 福州:福建人民出版社,1993.

32. 陈炎. 海上丝绸之路与中外文化交流. 北京:北京大学出版社,1996.

33. 林金水. 福建对外文化交流史. 福州:福建教育出版社,1997.

34. 吴振华. 杭州古港史. 北京:人民交通出版社,1989.

35. 张墨. 中国古代海战水战史话. 北京:海洋出版社,1979.

36. 田汝康. 中国帆船贸易和对外关系史论集. 杭州:浙江人民出版社,1987.

37. 刘南威. 中国古代航海天文. 广州:科学普及出版社广州分社,1989.

38. 章巽. 我国古代的海上交通. 北京:商务印书馆,1986.

39. 张俊彦. 古代中国与西亚非洲的海上往来. 北京:海洋出版社,1986.

40. 方豪. 中西交通史(上). 长沙:岳麓书社,1987.

41. 方豪. 中西交通史(下). 长沙:岳麓书社,1987.

42. 朱国宏. 中国的海外移民——一项国际迁移的历史研究. 上海:复旦大学出版社, 1994.

43. 陈尚胜,陈高华. 中国海外交通史. 中国台北:文津出版社,1997.

44. 房仲甫等. 海上七千年. 北京:新华出版社,2003.

45. 房仲甫等. 中国水运史. 北京:新华出版社,2003.

46. 李士豪. 中国渔业史. 北京:商务印书馆,1998.

47. 金陈宋. 海门港史. 北京:人民交通出版社,1995.

48. 杨德春. 海南岛古代简史. 长春:东北师范大学出版社,1988.

49. 杜瑜. 海上丝路史话. 北京:中国大百科全书出版社,2000.

50. 常任侠. 海上丝路与文化交流. 北京:海洋出版社,1985.

51. 吴玉贤. 海神妈祖. 北京:外文出版社,2001.

52. 蔡北华. 海外华侨华人发展简史. 上海:上海社会科学院出版社,1992.

53. 陈达生,王连茂. 海上丝绸之路与伊斯兰文化. 福州:福建教育出版社,1997.

54. 陈霞飞,蔡渭洲. 海关史话. 北京:社会科学文献出版社,2000.

55. 陈高华,吴泰. 宋元海外贸易史. 天津:天津人民出版社,1981.

56. 陈瑞德. 海上丝绸之路的友好使者·西洋篇. 北京:海洋出版社,1991.

57. 陈希育. 中国帆船与海外贸易. 厦门:厦门大学出版社,1991.

58. 丛子明等. 中国渔业史. 北京:中国科学技术出版社,1993.

59. 邓瑞本,章深. 广州对外贸易史. 广州:广东高教出版社,1996.

60. 喻常森. 元代官本船海外贸易制度. 海交史研究. 1991(2).

61. 林正秋. 唐宋时期浙江与日本的佛教文化交流. 海交史研究,1997(1).

62. 李玉昆. 妈祖信仰在北方港的传播. 海交史研究,1994(2).

63. 赵君尧. 宋元海洋文学的时代特征. 福建师范大学学报,2001(2).

64. 邓端本. 试论元代的海禁. 海交史研究,1990(1).

65. 陈高华. 元代的航海世家澉浦杨氏——兼说元代其它航海家族. 海交史研究,1995 (1).

66. 陈佳荣. 宋元时期之东西南北洋. 海交史研究,1992(1).

67. 刘成. 唐宋时代登州港海上航线初探. 海交史研究, 1985(1).

68. 孙光圻.《马可·波罗游记》中的中国古代造船文明与航海文明. 海交史研究, 1992(2).

69. 高荣盛. 元代航运试析. 元史及北方民族史研究集刊. 1983, 7.

70. 刘惠孙. 泉州湾宋船的航线与航向的进一步探讨. 海交史研究, 1978(1).

71. 泉文. 泉州湾宋代海船有关问题的探讨. 海交史研究, 1978(1).

72. 杨槱. 对泉州湾宋代海船复原的几点看法. 海交史研究, 1982(4).

73. 林禾杰. 泉州湾宋代海船沉没环境的研究. 海交史研究, 1982(4).

74. 陈振端. 泉州湾出土宋代海船木材鉴定. 海交史研究, 1982(4).

75. 李国清. 泉州湾宋代海船的艌料使用. 海交史研究, 1986(2).

76. 刘伯午. 我国古代市舶制度初探. 天津财经学院学报, 1983(3).

77. 高伟浓. 唐宋时期中国东南亚之间的航路综考. 海交史研究, 1987(1).

78. 汶江. 元代的开放政策与我国海外交通的发展. 海交史研究, 1987(12).

79. 袁晓春. 略谈蓬莱元朝战船及登州港. 海交史研究, 1990(2).

80. 陈希育. 宋代大型商船及其"料"的计算法则. 海交史研究, 1991(1).

81. 胡沧泽. 宋代福建海外贸易的管理. 福建师大学报, 1995(1).

82. 胡沧泽. 宋代福建海外贸易的兴起及其对社会生活的影响. 中国社会经济史研究, 1995(1).

83. 吴泰, 陈高华. 宋元时期的海外贸易与泉州港的兴衰. 海交史研究, 1978.

84. 文尚光. 中国风帆出现的时代. 武汉水运工程学院学报, 1983(3).

85. 周世德. 中国造船史上的几个问题. 自然科学史研究, 1983(1).

86. 叶文程. 宋元时期中国东南沿海地区陶瓷的外销. 海交史研究, 1984(1).

87. 李知宴, 陈鹏. 宋元时期泉州港的陶瓷贸易. 海交史研究, 1984(1).

88. 彭友良. 宋代福建海商在海外各国的频繁活动. 海交史研究, 1984.

89. 周庆基. 玻璃输入与"海上丝绸之路". 海交史研究, 1985(1).

90. 卢苇. 宋代海外贸易和东南亚各国关系. 海交史研究, 1985(1).

91. 徐明德. 明代宁波港的海外贸及其历史作用. 浙江师院学报, 1983(2).

92. 吴泰. 略论安海在宋元时期泉州港海外贸易中的地位. 海交史研究, 1985(5).

93. 陆韧. 论市舶司性质和历史作用的变化. 海交史研究, 1988(1).

94. 傅宗文. 中国古代海关探源. 海交史研究, 1988(1).

95. 郭宗宝. 市舶制度与海关制度比较. 海交史研究, 1988(1).

96. 关镜石. 市舶原则与关税制度. 海交史研究, 1988(1).

97. 陈存广. "舶"与"市舶"及其他. 海交史研究, 1988(1).

98. 杜石然. 宋元算书中的市舶贸易算题. 海交史研究, 1988(1).

99. 连心豪. 略论市舶制度在宋代海外贸易中的地位和作用. 海交史研究, 1988(1).

100. 陈苍松. 市舶管理在海外贸易中的作用和影响——从宋代广州和泉州的海外贸易谈起. 海交史研究, 1988(1).

101. 张健. 宋元时期温州海外贸易发展初探. 海交史研究, 1988(1).

102. 夏秀瑞. 唐宋时期中国同马来群岛各国的友好贸易关系. 海交史研究, 1988(2).

103. 傅宗文. 后渚古船——宋季南外宗室海外经商的物证. 海交史研究, 1989(2).

明清分卷

本卷主编 ◎ 马树华　曲金良

本卷概述

　　公元 1368 年,朱元璋建立明朝,逐步统一全国,至崇祯十七年(1644 年),明思宗自缢,明亡,结束了明朝达 277 年的统治历史。同年,清军入关称主,是为清顺治元年,从此确立了清朝长达 268 年的统治。整个明清时代,几近 550 年。其中 1840 年至 1911 年清亡而中华民国成立,凡 60 年有余,是中国的近代时期,中国海洋文化的历史出现了不同于传统的面貌,对此,我们将在下一卷中加以考察叙述。本卷所考察论述的,是自明朝建立至鸦片战争前 472 年的中国海洋文化历史(当然,在有些问题的考察论述上,考虑到其整体性和完整性而难以切割卡断,对其后时段的发展也有所延伸)。

　　明清时代,是沿海社会充满新旧交替冲动的时期,因而也是中国传统的海洋文化经历了几千年的发展积累之后走向大繁荣、大高潮然而又大衰退、大失败的时期。所谓大繁荣、大高潮,所谓大衰退、大失败,既是这一时期历史发展的总体趋势与面貌,其间又经历了几度穿插交替。在这一历史时期,我们有可歌可泣的辉煌,又有可悲可叹的屈辱。辉煌源于海洋,来自海上,屈辱同样源于海洋,来自海上。

　　在这一长达近 5 个世纪的历史时期,明清官方既要通过海洋发展经济,增加税收,又要通过海洋建立泱泱大国俯视天下的华夷秩序和朝贡体系,如果说有哪个帝王故意看不起海洋,故意忽视了海洋,那可能是冤枉了他——我们有那么绵延漫长、美丽富饶的海疆,那么多大则庞然大物、小则轻巧灵便的民船、战舰,那么多自古拥有、谁都知道可获鱼盐之利的渔场、盐田;我们有那么多的海外贡臣,献来那么多的异方珍奇,丰富着人们的餐桌,供人们欣赏把玩;我们可以通过世界性的大航海,创造世界历史的奇迹。面对四海称臣朝拜,有哪个帝王作为一个万国之君不感到满脸荣光,有哪个臣子作为一个大国子民不感到荣光满面? 然而,中国毕竟太大了,"万里河山",泱泱九州,幅员辽阔,物产富饶(至少在皇帝看来是这样),无所不有,因而很容易对海洋有所忽视,很容易不再想占领世界市场,因而面对一次次或大或小的来自海外小国的海上威胁,明清王朝只是一味地固守海门,只是消极地应战、抵御着或是东洋倭寇、或是西洋毛番的海上叩关。一座座海防设施,一座座卫所城池,一座座烽火炮台,一个个民族英雄,一个个报国忠魂,洒尽一腔热血,献上年轻的生命,血流染海,累累硝烟,但是依然没有抵挡住(如此必然不能抵挡住)海上国门的洞开、海洋疆土的残破。

　　由于不断地受到来自海上的威胁,因而不断地实行海防、海禁(对外是海防,对内是海禁,二者可谓相辅相成),结果是不断地向那些"番夷"们让步、妥协。这种现象几乎笼罩着整个明清两代,即使是我们引以为自豪的几下西洋、称雄海上、万国来朝、扬大国风威的"海洋帝国"时期,也在上述整个国家局势和世界局势下不得不被否定、被排斥、被消解。整个明清两代,总体上来看,是一方面海洋发展势不可挡,而另一方面海洋发展不断受阻的时代;尤其是国家海洋活动,不是在宋元时代的基础上全面发展、全面辉煌,而是在局部的、片面的发展和辉煌的背后,总体上的全面的退却、再退却,直到无路可走,只好听人摆布,任人宰割,最终走上了在维护东方大国的面子的同时,不得不用西方的理论、西方的制度、西方的技术和西方的经济模式来"拯救中华民族"的近代化乃至现代化的道路。

明清时期中国海洋文化的发展,较以往朝代更多地受到了官方的控制与干涉,并随着政策的松弛而跌宕起伏。在国家海洋政策和海洋社会经济发展等因素的影响下,这一时期的海洋文化发展体现出阶段性特征,其发展脉络可分为四个时期:明中叶以前,明中后期,清初和清中叶。明中叶以前,通过郑和下西洋和朝贡贸易体制,官方经营的海洋文化事业达鼎盛状态;明中后期,随着政府海洋力量的衰弱与走私贸易的发展,民间海洋力量崛起,海洋文化趋向民间化、多样化;清初,受海禁与迁界影响,沿海社会文化一度萎缩,停滞不前;清中叶开海设关后,国家整体海洋活动尽管仍不活跃,但海洋贸易有了进一步发展,西方文化的海路输入和传播,使海洋思想观念、海路文化交流等领域出现了向近代转型的倾向,中国海洋文化开始由古代向近代迈进。

中国古代海洋文化自秦汉经魏晋南北朝至唐朝发展了数百年,长江下游三角洲沿海地带以及南部沿海地区在江河文明与海洋文明的双重滋养下,海洋文化获得了相当程度的发展。由于"中国北部总的来说,缺乏可以形成浙江—福建沿海港口的那种沿海的山脉和河流。它还缺乏诸如茶、丝和陶器那样的出口品"①,宋元以降,随着中国经济重心南移东倾的趋势愈来愈强化,海洋文化重心南移的趋势也越来越明显,呈现出鲜明的南重北轻的区域性特征。到明清时期,中国北部沿海地区的社会经济发展处于相对迟滞状态,在全国经济中的比重日益下降,北方诸港的海外交通地位逐步削弱,其军港性质日益凸显,北方海洋文化在整体态势上已不能望南方之项背。对此,我们可以引用海洋史学家杨国桢先生的论述加以说明。

明清时期的江南沿海地区既是封建工商业最发达的地带,也是全国最重要的农粮生产基地;闽粤沿海地区是全国商品性经济作物栽培和海外贸易最繁盛的区域。这些地区拥有足够的供出口海外的茶叶、丝绸、瓷器、甘蔗等生产品和加工品,而且这些商品在海外市场具有高利润与强适应性。入明,东南沿海的经济总量不断增加。明中叶以后,西方早期资本主义殖民势力东来,使它不仅成为中西政治、经济冲突的必经地带和主要交汇点,而且成为西方宗教和外来文化渗透、传播的首要区域。清初以后,福建复因台湾岛的开发找到了新的经济增长点,到清中叶,台湾地区已成为东南的粮仓。东南沿海得天独厚的海洋优势促使这一地区的居民乐于从事海洋事业,善于经营海上资本;"促致沿海民间社会向海洋发展形成潮流,使沿海这一陆海交叉地带的'大陆—海岸型'社会开始从内陆主流体系向海洋文化体系倾斜"②,从而促成了王朝政府控制下虽然步履维艰,但由其内在活力与张力使然而毕竟难以遏制的民间海洋社会文化全

① 〔美〕费正清:《剑桥中华民国史》(上),中国社会科学出版社1998年版,第12页。
② 杨国桢、郑甫弘、孙谦:《明清中国沿海社会与海外移民》,高等教育出版社1997年版,第21页。

方位的向内、向外发展。

海洋经济,指人类在海洋中及以海洋资源为对象的社会生产、交换、分配和消费活动。海洋社会,指向海洋用力的社会结构,包括社会组织、行为制度、思想意识、生活方式。随着海洋活动的拓展,海洋社会经济不仅体现在渔捞、航运、贸易、移民等直接的海洋经济活动中,还包括为这些活动提供劳力、资金、技术、商品和市场等沿海陆地经济活动。由此,海洋社会就发展成为一定海域的"渔村社会""海商社会""海盗社会""海洋移民社会"甚至地方性以至国家的向海洋用力的社会系统。①

明朝初年,中国沿海社会已获得相当发展,沿海人口的增长、市场的发展与生活消费状况的变迁引起了对海外贸易的进一步需求,社会剩余财富积累了充足的投资资金,封建金融信贷体制也已初步建立,造船和航海技术在原有基础上又有所发展。不过,直到明中叶以前,沿海地区都尚未形成真正意义上的海洋社会经济。"明代实施的海禁政策压抑了海洋发展的势头,然而这种封闭性的经济专制体制的社会不适应性,又为海洋社会经济的脱颖而出,积蓄了足够的社会能量(包括沿海人口剩余、社会价值观念变迁等等)和经济能量(沿海社会需求增长、商品经济发展等等)。"②到明代中后期,随着政治腐败、中央控制力下降,社会经济向商品经济倾斜发展,朝贡贸易衰落,民间海上走私贸易猖獗,海洋社会经济便以地方性、民间性形式在东南沿海局部地区和海域应运而生。

明清海洋社会经济的地方性、民间性孕育和生长主要包括以下几个方面:"一、东方海洋贸易网络形成,并与世界市场相连接,与西方海洋势力展开竞争;二、海外移民社会逐步形成,并对沿海社会产生互动;三、近海渔业在海禁下衰落,远洋渔业和近海水产养殖业兴起;四、海洋社会组织在局部地区和海域形成和发展;五、沿海民间海洋意识增长。"③

明中叶海洋社会经济出现以后,利用沿海社会动荡、海防趋弱的时机,迅速兴起。海盗与海商两位一体的海上走私贸易,是当时海洋社会经济的主要内容。湖海大姓、豪右之家受海洋经济利益的驱动,在或明或暗的地方官府的庇护下,纷纷造船置货,私通外国。受海上走私贸易的带动,民间违禁制造大船的现象蔚然成风,造船业在偏僻海隅发展起来,一些港汊荡地、海岛也得到开发,成为走私基地,浙江双屿,福建安平、月港、梅岭均被辟成海港。东西洋航路在官方停止下西洋活动后,由民间继承,得到大部分的恢复,远洋渔业也开始出现。月港部分开禁,使月港和马尼拉航路——太平洋航路对接,海洋商业活动和海外移民更成一股潮流。从月港经台湾、琉球到日本的走私航路,也日益活跃。④

中国海洋社会经济的出现,是社会与政治震荡在经济方面的客观反应,而不是执行国家海洋政策的主观效果,因此它从一开始就只能在传统经济的夹缝中顽强地寻求有限的发展空间,造成主体发展上的民间自发性和地方区域性特征。复因明清两代统治者漠视海洋发展,一再地加以限制和禁止,海洋经济未能被纳入传统经济体制内进

① 杨国桢、郑甫弘、孙谦:《明清中国沿海社会与海外移民》,高等教育出版社 1997 年版,第 2—3 页。
② 杨国桢、郑甫弘、孙谦:《明清中国沿海社会与海外移民》,高等教育出版社 1997 年版,第 4 页。
③ 杨国桢、郑甫弘、孙谦:《明清中国沿海社会与海外移民》,高等教育出版社 1997 年版,第 5 页。
④ 杨国桢、郑甫弘、孙谦:《明清中国沿海社会与海外移民》,高等教育出版社 1997 年版,第 22 页。

行循环运作,在整个中国社会经济中处于从属的、次要的地位。这导致它在国际海洋竞争中最终失去了对抗优势。① 到 18 世纪初至 19 世纪中叶,在内外挤压下,中国海洋社会经济逐渐显露颓势,并走向了变异。

本卷共包括 11 章内容,分别从 11 个方面汇总了学术界已有的相关研究成果,展示了明清时期中国海洋文化发展的基本面貌。其概况如下。

明清时期是中国古代海疆发展史上的鼎盛时期。由于沿海方向出现了前所未有的国防危机,加上那里的农业、手工业经济均较前代有较大发展,所以两代统治者对海疆地区的重视程度要远远超过宋、元时期。明、清两朝在治理和巩固海疆方面均付出了巨大努力,形成了完整的海疆管理和防御体系,在体制上使海疆管理形成了"军事管理""军事管理、土官管理与州、县民政管理相结合""在实行府、州、县民政管理的同时,屯驻海防兵力"三种管理模式;在濒海都转运盐使司及盐课提举司、卫所屯军和地方府县三个系统的共同管理下,沿海荡地得以大规模开发。但与此同时,在海防危机日益凸显的情况下,狭隘的"侧重陆岸海口要点防御,以打击海盗和走私为宗旨的海防战略"既无法有效地对付大股海盗,又不能抵御西方列强从海上的入侵,国家制海权受到严重威胁,中国古代海疆遇到了最严峻的挑战。

明清时期是我国古代海上交通由盛而衰的转变时期,其海洋政策与管理主要包括三方面内容。明代的海洋政策以"海禁"为主体特征,清代的海洋政策主要体现为前期的"禁海"、迁界与中期的开海设关;在贸易管理上,明代市舶司的主要职责从原来管理互市舶的机构变为管理贡舶的机构,而督饷馆的设置及其饷税征收办法的制定,则标志着我国历史上征收海外贸易税已从实物抽分制转向货币税饷制,清代的海洋贸易管理主要体现在以粤海关关税制度和十三行公行及保商制度为最重要内容的"广州制度"上;明清时代还是中国海洋渔政朝着全面、系统及法制化管理方向发展的时代,尽管其管理的宗旨及手段有不尽科学和合理之处,但总的看来是有效有益的,对我们今天的海洋渔政管理也有不少可资借鉴之处。

海防思想是明清海洋思想的主要内容。明代张弛交替的禁海强化了其守土防御的"防海"意识,使海防思想在战略取向上以防守为基点。战略上一味地防守而不进攻就是战略上的保守,而战略上的保守则必败无疑——道理十分简单,如同足球比赛,一味地只知守门而不知进攻,对方的球门万无一失,而自己的球门却总有一天会被攻破。明代最有价值的海防思想是抗倭名将从抗倭实践和教训中得出的一些海防主张,只可惜得不到应用和发展,终于酿成中华民族的千古遗恨。至清代前期,由于海防建设的需要,不少学者和军事家总结、继承了明代抗倭海防的经验教训,认真剖析了海岸、海岛以及海区的地理形势,讨论了海口、海港、海道的军事、经济利用价值,并初步探讨了海洋气候、海洋水文对海洋作战的影响,其研究内容已经涉及当代海防地理学的各个方面,为当时的海防军队的部署与调整提供了宝贵的理论依据。但从总体看来,一方面,探索这些海防理论、科学知识的潜在指导思想还是建立在"不攻"的保守型"守势"海防观念与战略思想之上,另一方面,即使是这样也没有被吸收、纳入国家的海防决策和海防实战中加以优化发展和广泛应用。标志着中国从传统历史走向近代历史的鸦

---

① 杨国桢、郑甫弘、孙谦:《明清中国沿海社会与海外移民》,高等教育出版社 1997 年版,第 6 页。

片战争以及再后来的甲午海战的全面失败和丧权辱国，就是刻骨的伤痛、千古的教训。

值得注意的是，在海洋思想方面，明末曾产生过"通洋裕国"的思想观念。这与近代西方的"海洋富国论"有相似之处，只是这种声音太微弱、太单薄了，在当时的时代条件下，没有、也不可能成为整个国家的思想和主张。

郑和下西洋是明清航海事业的最杰出成就。为实现建立以明朝为天下共主的国际秩序的目标和理想，朱棣派遣郑和率领世界一流的远洋船队大规模地七下西洋，可以说，郑和下西洋是中国以造船、航海技术演进为主的海洋发展、中国沿海社会经济发展和国家政治价值取向的综合产物。郑和七下西洋的盛事，把中国传统造船技术推进到空前的鼎盛时期。这时的海舶类型更加大型化和多样化，装备更加完善，此后，由于国家战略和指导思想的转型、一系列的禁海、禁贸甚至禁渔的退却型政策和措施的出台，中国造船业由盛而衰，规模渐渐不及往昔。

明代中国海洋贸易活动的最重要内容之一，是海外"番邦"朝贡贸易体制的建立和维持。朝贡贸易是独特的"中国化"或曰"中国特色"的海外贸易形式，并不具有真正贸易的开放性的特点，而是对强权政治的一种支持，其政治意味远甚于经济意义。明代中后期朝贡贸易衰落后，民间私人海外贸易的迅速发展，使我国以官方垄断为主的海外贸易发生了根本性的变化。"真正的"海外贸易大规模的发展始于清代开海设关之后，即使在一口通商时期，其发展势头和贸易总值也远远超过前代，达到了新的高度。当然，这种"真正的"海外贸易还远远不是真正的海上自由贸易。

明清时期海港城市的发展有两点引人注意，一是区域特征十分突出，广州、澳门、福建等东南沿海港市的城市功能主要体现在港口通商贸易上，港市建设充满活力，城市面貌呈现出商业都会与文化交汇的特征，而北方天津、登州等港的城市功能则以军事防御和运输为主，港市建设也多围绕海防需要进行，城市面貌比较单一，缺少多样化；二是大批走私贸易港的崛起，随着官方航海的衰落、走私贸易的兴盛，双屿、安平、月港、南澳等港汊被辟为海港，一度发育成繁荣的国际贸易港，成为民间海洋社会经济生长的温床。

中国古代海洋学知识发展到明清时期更趋丰富和完备。在航海事业的推动下，地文导航系统逐步完善，从更路簿到针经再到海图，导航手册不断成熟，出现了如《郑和航海图》等各种类型；海洋气象学取得的成就主要集中在海洋占候和对海洋风暴的认识上，当时海洋占候已十分发达，形成了一个独立部门，对风暴的认识和预报，已成为古代海洋气象学的重要组成部分。海洋水文方面，人们已将对潮流、潮汐及其规律的认识熟练地应用于航海、海战、海岸工程等各海洋领域，同时，各种实测潮汐表在不同海区全面迅速地发展起来，而且已采用多种方法进行盐度测量，并将海水盐度动态规律应用在潮灌和纳潮中。明清时人们对于我国海洋生物资源的特点和变化，也有了更全面的记述与评价，人工海水养殖业迅速兴起，在养殖规模、养殖技术和产品的商品化程度上，均取得了空前的发展，在中国海洋渔业发展史上具有划时代的转变意义。

明清时期的中外海路文化交流按空间分布可分为两大部分，一是以传教士和西方商人为媒介的中西海路文化交流，一是以中国海外移民为中介的海路文化交流。第一部分又包括西方文化的输入与中国文化对欧洲国家的传播和影响两类内容：随着东西方海上交通的发展，欧洲耶稣会士远涉重洋而来，将一股异质文化导入中国文化系统，从而揭开了近代中西文化交融与冲突的序幕,具体内容涉及科学技术、艺术、音乐以及哲学与宗教思想等方面;与此同时,中国的儒家哲学思想、古典经籍、语言文字、医学、工艺美术、绘画和建筑艺术等传统文化,又通过来华海商和耶稣会士的吸收翻译、介绍和携带,在欧洲各国广为传播,对西方世界和西方文化产生了强烈而深远的影响。第二部分也包括两类内容,一类是海外移民对中国文化的传播,通过农业手工业移民,农作物种植及加工技术、手工制造技艺、航海与造船技术、建筑技术等生产技术的海外流播,成为沿海地区与海外移居地社会经济交流的重要内容;另一类是海外移民与本土沿海社会文化的变迁,在海外生根、经过中外文化调适而成的海外华侨社会文化,随着海外移民的回归或往返联系,注入中国本土沿海社会,使沿海社会文化在思想、语言、文学、民俗等领域都不同程度地受到了海外影响,发生了传统回归意识深化和向外开拓意识强化两个方向的变化。

海洋社会是海洋活动的实践主体,包括各种介入海洋活动的群体。海洋社会具有自己独特的社会结构形式,其海洋活动呈现出强烈的社会组织特性。本卷以几大海洋社会群体为例,考察描述了它的独特风貌和鲜活特征。渔民是最传统的海洋社会群体之一,到明清时期,其开发海洋的角色已从单纯的捕捞朝着多元化方向发展,除作为渔民外,还分别充当着商人、海盗、海外移民和水师等角色;在海洋贸易的带动下,明清海商的构成及其相互关系发展得相当成熟,并出现了海上商帮、商会、商人家族集团、兼武兼商的海上集团、兼盗兼商的海上集团以及特权官商、买办牙行等新群体;明清两代是中国海盗活动由鼎盛走向衰落的阶段,众多海盗海商集团的涌现,掀起了亦商亦盗活动的高潮,他们在海洋开发与海战军事中具有不可忽视的地位;作为海洋特殊群体的疍民,在明清沿海多元经济发展的过程中,开始与海洋其他社会群体融合,角色也呈现出多元化特征;海外移民与华侨社会是伴随着海洋社会经济发展而出现的一类特殊社会群体,它对于中国沿海社会的变迁以及近现代海外华人社会的发展具有深远的意义和影响。

明清时期的海洋社会信仰益发丰富多彩,海神族类众多,陆岸与海岛、海上的祭祀活动丰富而庞杂,已形成了由海洋水体本位神与水族神,海上航行的保护神与海洋渔业、商业的行业神,镇海神与引航神三个系统构成的海洋神灵结构体系,它是古代海客舟子在心中构筑生命安全与获取海洋经济利益的保障系统,它增强了海洋社会内部的凝聚力,强化了海上活动的群体精神,使人们在追逐海洋经济利益时能够鼓足信心与勇气,从而直接维系了海洋社会海内外网络的形成及其凝聚力和向心力的发展,间接促进了海洋经济的发展与繁荣。

明清时期海洋文学艺术的突出成就主要体现在海洋诗歌、小说与杂记中,其中沿海方志中记载、收录了丰富的涉海诗、通俗海洋小说故事以及涉海杂记等,构成了这一时期海洋文学艺术的主体内容。此外,海洋生物志、海洋山水画、海洋歌、谚语、成语及故事等均从不同视角丰富了这一时期的海洋文化。

总而言之,面海的中国在明清时期仍是具有"大陆中国"性质的王朝体系下的不重要的附属物,造船、航海和对外贸易依然在学者感兴趣的事物中不占重要位置,海洋和有关海洋的工艺尚无法有力地吸引中国的文人。① 而且对于官员来说,海洋意味着问题而不是机会,经世术既没有关于领海边界的内容,也几乎不涉及公海。官员们注意的焦点集中在保甲和其他登记及控制的技术,要塞、驻防军和沿海管制的海军分队,官办造船厂的管理等方面。中国航海者关于海外各地的扎实的知识,很少能列在经世术中加以讨论②。这尚且是就"好官""清官"而言,而对于那些负责海洋相关事务的贪官来说,其主观上希望海洋经济贸易发展,而又客观上败坏、阻碍了海洋经济贸易和海洋社会文化的发展繁荣。然而,中国的海洋文化尽管有不同于西方海洋文化的特色和特质,但毕竟同样是海洋文化,其发展由其内在的、天然的开放性、拓展性、国际性和交流性品质与内涵所决定,又是谁也难以彻底阻挡、扼杀得了的。因此,明清时代的中国海洋文化仍然在艰难顽强中得到了丰富和发展,并全面地影响了世界,伴随着中国海洋发展的自身的历史弊端,迈入了中国海洋文化由古代走向近现代的转型期,同时也为我们今天留下了一笔宝贵的灿烂遗产。

---

① 〔美〕费正清:《剑桥中华民国史》(上),中国社会科学出版社 1998 年版,第 20 页。
② 〔美〕费正清:《剑桥中华民国史》(上),中国社会科学出版社 1998 年版,第 21 页。

第三十章

明清时期的海疆及其开发^①

在中国古代海疆史上,明代与清前期的地位至关重要:这一时期,封建王朝对海疆地区的管辖更加完善,形成了军事管理、土官管理与州、县民政管理相结合,州、县民政管理与屯驻海防兵力相结合的多模式管理体制,还将台湾、澎湖以及南海诸岛正式纳入沿海州、县体制之内。海疆地区经济历经唐、宋、元历代的持续发展,呈现出更加繁荣的景象,以沿海地区星罗棋布的大中城市、小城镇为中心,依托沿海航道或沿海地区江河水道、陆路进行频繁的商品交流,商业性农产品和手工业产品无论在数量上,还是在质量、品种上都达到较高水平。但与此同时,中国海疆也面临着前所未有的严重威胁。倭寇频频从海上入侵中国,在沿海地区烧杀掳掠;西方殖民者大举东来,觊觎广袤富庶的中国大陆,窃据沿海岛屿。令人扼腕叹息的是,面对有喜有忧的海疆形势,明、清统治者并没有采取积极进取的经略政策,而是守旧僵化,实行限制中国海上力量和海外贸易发展的"海禁"政策,忽视水军建设,在海疆兵力部署上主要是沿大陆海岸线陆岸设防,实行海口防御的作战方针。这一系列错误的政策,最终造成了清道光二十年(1840年)鸦片战争爆发时,中国"有海无防""有海难防"的悲惨境遇。

第一节　明朝的建立及其对沿海疆域的统一

明太祖朱元璋在应天府(今南京市)建立根据地之后,其主要对手除了元军以外,还有占据江南沿海地区的张士诚、陈友谅和方国珍等部。其中张士诚的将领多是私盐贩子和盐丁,方国珍本来就是纵横海上的海盗集团,陈友谅队伍中的水军力量也相当强大。朱元璋既要击败这些强大的对手,还要在胜利之后妥善安置归降的将士民众,对其原来所据有的沿海州、县实施有效统治。明中后期,倭寇长期入侵我国东南沿海,荷兰、葡萄牙等西方殖民者窃据台湾、澳门等沿海岛屿。正是由于沿海方面出现了前所未有的国防危机,加上那里的农业、手工业经济均较前代有较大发展,江南地区更是明朝的粮仓和财税征收的主要来源,因而明代统治者对海疆地区的重视程度要远远超过宋、元时期。

---

① 此部分前三节内容主要参见张炜、方堃:《中国海疆通史》,中州古籍出版社2002年版,第253—323页。

一　明朝建立前后统一海疆的战争

元朝末年，阶级矛盾和民族矛盾日益尖锐。元朝廷以赏赐和强取豪夺等方式，将土地高度集中于蒙汉官僚地主手中，如一次就将 5000 顷土地赏赐给右丞相伯颜，赏赐给大承天护国寺的山东土地更达 162000 余顷之多。不仅广大农民失去赖以生存的土地，流落他乡，就连中小地主的生活水平也迅速下降。元朝统治者分国内各民族为蒙古、色目、汉人、南人（指南宋统治下的汉人及西南地区各民族）四等，实行不平等的民族政策，至元末更发展到登峰造极的地步。中央和地方的重要官职，军队中掌握兵权的职位，都不容许汉人和南人染指。而一些蒙古贵族犹嫌不足，伯颜甚至荒唐地建议元顺帝诛杀张、王、李、赵、刘五大姓的汉人和南人。① 在统治阶级内部，元顺帝继位后，因伯颜欲废顺帝，他便与伯颜之侄脱脱合谋逼伯颜自杀。后脱脱之父马扎尔台继为丞相，脱脱又"劝"父下台，自任丞相。随着皇权日益削弱，地方权力扩张，统治集团内部自相倾轧乃至残杀之事愈演愈烈。

至正十一年（1351 年），因黄河屡屡决口，灾民遍地，官府征发各地民众挑挖黄河故道。当时的秘密宗教组织白莲教首领韩山童及其门徒刘福通利用民夫聚集开河之机，传播"石人一只眼，挑动黄河天下反"②的谣谚，并暗地里凿出一个独眼石人，埋在黄河工段，待民工挖出，以为是天意应验。与此同时，他们派人四处联络，决定以红巾裹头为号，发动反元起义。不久，韩山童被元朝官府捕获处死，刘福通提前起义，当年五月攻占颍州，六月又攻占元朝的屯粮要地朱皋镇（今河南固始北），散粮给当地饥民，起义队伍迅速发展到 10 余万人。在刘福通红巾军的影响下，各地纷纷举义，其中著名的有江淮地区的李二与彭大、赵均用、郭子兴，湖北地区的彭和尚、徐寿辉，湘水和汉水流域的布王三、孟海马等，还有聚众在海上抗元的方国珍，在江苏泰州附近活动的张士诚等部。他们活跃在黄河两岸、淮汉之间，攻克州、县城镇，消灭元军力量，沉重地打击了摇摇欲坠的元朝统治。

至正十二年（1352 年）三月，自幼失去父母、出家为僧的濠州钟离（今安徽凤阳东北）人朱元璋加入郭子兴部红巾军。他作战勇敢、机智多谋、富于远见，招收家乡农夫，收编地方武装，迅速扩大了起义军的队伍和地盘，自己也成长为濠州起义军的主要将领。至正十五年（1355 年）三月，郭子兴病死。朱元璋明奉韩山童之子小明王韩林儿的龙凤旗号，实则积极谋求扩充实力，精心操练军队，手下聚集起徐达、汤和等一大批富有军事才华的将领。次年三月，朱元璋率军攻克有 50 万军民的集庆（今江苏南京），改名应天府，并以此为根据地，积极向东南方向发展，先后占领了长兴、常州、泰兴、江阴、扬州以及今天安徽的宣城、绩溪、休宁、歙县、贵池，浙江的建德、浦江、金华、诸暨、衢县、丽水等地，截断了元朝的南、北通道，扩大了自己的势力范围。此时，北上与元军苦战的刘福通部红巾军主力遭到元军主力的重创；占据苏州的张士诚部和占据宁波的方国珍部接受元朝收编，割据一方；率领红巾军队伍在湖北活动的徐寿辉被部将陈友谅杀死，其部众一部分由部将明玉珍率领入川，一部分归陈友谅统领，占据荆楚之地。

---

① 　《元史》卷三九《顺帝本纪二》。
② 　叶子奇：《草木子》卷三《克谨篇》。

朱元璋为了在诸强大势力的夹缝中站稳脚跟,进而拥有与元廷决战的强大实力,最终统一全国,便采取了各个击破的战略,发动了一系列夺取沿海地区的战役。

(一)消灭陈友谅之战

陈友谅本是湖北沔阳的一名渔家子弟,气力大,武艺好,参加红巾军起义后积战功升至领兵元帅。至正二十年(1360年),他以江州(今江西九江)为都城,建国称帝,立国号为汉,"奄有江、楚,控扼上游,地险而兵强,才剽而势盛"①。但陈友谅是靠谋杀徐寿辉、倪文俊等红巾军领袖登上皇帝宝座的,其忌下杀上的卑劣行径在军中极不得人心;登基后他不是向腐败的元朝政权发动进攻,而把攻击矛头指向抗元的朱元璋,并积极向安徽、江西、福建等地扩充地盘,而且对辖区内百姓横征暴敛,以满足自己的奢侈生活和巨额军费开销。朱元璋及手下将领们在分析应当打击的目标时,首先选定陈友谅为对手。对此,谋臣刘基分析说:"(张)士诚自守虏,不足虑。(陈)友谅劫主胁下,名号不正,地据上流,其心无日忘我,宜先图之。陈氏灭,张氏势孤,一举可定。然后北向中原,王业可成也。"②

至正二十年(1360年)闰五月,陈友谅率水师10万以及"混江龙""塞断江""撞倒山""江海鳌"等大舰巨舶上百艘,自采石蔽江而下,逼近南京。朱元璋采取设伏诱敌战术,派元军降将康茂才以故友的身份写信给陈友谅,表示愿为内应,约定在江东桥(今南京江东门附近)会合,以呼"老康"为暗号;同时派兵埋伏在石灰山(今幕府山)、卢龙山(今狮子山)等地,又派水师出龙江关(今南京兴中门外)待命。初十日,陈友谅带水军驶抵江东桥,连呼"老康"无人响应,知道受骗,于是派兵万人至龙江登岸立营。这时朱军伏兵四起,水陆夹攻,陈军登岸之兵大溃,争相涌往战船。适逢江中退潮,陈军巨舰搁浅,将士多被击杀、溺死,剩下的纷纷投降,只有陈友谅等少数人乘小舟逃回江州。次年,朱元璋借江东桥大捷的余威,率军溯江而上,占领江西各州、县和湖北部分州、县,迫使陈友谅退至武昌。

至正二十三年(1363年)初,正在北方与元军苦战的红巾军首领刘福通、韩林儿受到元军与张士诚部的夹击,刘福通被杀,韩林儿被包围。朱元璋领兵北上解围。陈友谅趁江西战场朱军兵力空虚,派主力进围归附朱氏的长江中游战略要地洪都(今江西南昌)。鉴于几年前陈军攻打位于江边的太平州城时,士兵可直接从战舰甲板登上城垣,陈军这次特意派大型战舰数百艘围攻洪都。有的战舰"高数丈,饰以丹漆,上下三级,级置走马棚,下设板房为蔽,置橹数十其中,上下人语不相闻,橹箱皆裹以铁"。朱元璋却料知陈军会重施故伎,早已让守军拆掉原先临江而立的城垣,后撤30步,重新夯土砌筑。陈军预先设计好的攻城战法无从施展,屯兵城下近3个月之久,伤亡惨重,粮食缺乏,士气相当低落。七月,朱元璋调集各路部队解洪都之围。他先是派兵封锁鄱阳湖通往外江的各条水道,将陈军困于湖内,随后率主力在鄱阳湖康郎山水域与陈友谅决战。作战时,朱元璋发现鄱阳湖多有水浅之处,不利于巨舰行驶,而陈友谅"巨舟首尾连接,不利进退",因而决定充分发挥自己舰小灵活、善用火攻的优势,将水师战

① 谷应泰:《明史纪事本末》卷三《太祖平汉》。
② 《明史》卷一二八《刘基传》。

船分编成队,火器、弓矢、刀矛依次配置。"近寇舟,先发火器,次弓弩,及其舟则短兵击之"[1]。从七月二十一日开始,双方战船在湖面进行了长达一个月之久的交锋。朱军以火攻船,用燃烧性火器和舰炮攻击,焚烧陈军战舰数百艘,虽然自己损失也不小,却始终牢牢控制着通往长江的水道,并截获了陈军粮船,把陈友谅困在湖内动弹不得。陈军则损失惨重,又饥又累,大部分活着的将士纷纷向朱元璋投降。八月二十六日,陷入绝望之中的陈友谅率楼船百余艘冒死向湖口方向突围。混战中,陈友谅中箭身亡,余部投降。朱元璋在消灭了陈军大部分主力之后,进围武昌、汉阳,占领陈友谅所据有的长江中游广大地区,其政权随之灭亡。

(二)消灭张士诚和迫降方国珍

张士诚系泰州白驹场人,一向以操舟运盐为业。他于至正十三年(1353年)在家乡聚众起兵,占据了南至杭州、绍兴,北达山东济宁,西至汝、颍、濠、泗诸州,东到大海的广阔土地,拥兵数十万,自称吴王。至正十七年(1357年),他放弃了反元斗争,投降元朝,被授以太尉官职,领兵进攻刘福通、韩林儿等红巾军队伍,又企图在朱元璋对陈友谅作战时攻其后方重地。所以,朱元璋在灭陈之后,即将张士诚定为下一个作战目标。

至正二十五年(1365年),朱元璋在进行了两年的精心备战之后,决定挥师东向,推翻吴政权。吴王张士诚投降元朝,已失去百姓支持,将校们贪图享乐,"皆不以军务为意。及丧师失地还,(张)士诚概置不问。已,复用为将"[2]。根据这些情况,特别是吴军不加强西部防线,而是屯重兵于诸暨的布防特点,朱元璋决定先攻江北,后取江南。十月十七日,朱元璋派马、步军和舟师进围吴政权在江北的战略重镇泰州。张士诚为解泰州之围,派战舰数百艘进入长江,又派兵万余到海安周围佯动,企图调动朱军主力。朱元璋不为所动,坚持攻打泰州,至闰十月城破,俘获吴军士卒5000人。次年正月,朱军水师主力在江阴击败张士诚水军,缴获大批楼船、斗舰,张军水师官兵溺死过半,将士5000人被俘。经此数次血战,张士诚主力遭受重创,淮安、濠州和徐州等重要城镇尽被朱军占领,通往浙西的门户被打开了。

至正二十六年(1366年),朱元璋考虑到张士诚龟缩在平江(今江苏苏州)城内不出,但他与湖州守将张天骐等人关系密切,若直接攻打平江,湖州吴军必然出兵救援,容易陷朱军于腹背受敌的不利境地,所以制定了先取湖州、再捣平江的作战计划。当年八月,朱元璋派徐达率主力20万人从南京出发,扬言进攻平江;又派兵直趋杭州和嘉兴,牵制当地吴军。徐达部主力行至太湖洞庭山附近时,突然转向湖州,将该城团团包围。张士诚为解湖州之围,多次派兵救援。朱军一方面加紧攻打湖州城,一方面将位于湖州东面的吴援军驻地旧馆周围据点扫荡拔除,把吴国援军孤立起来。当年十月,驻旧馆的吴国援军首先投降。十一月,湖州守军眼看援军不至,突围无望,也举城投降。与此同时,杭州、嘉兴等地也传来捷报,慑于朱军声威,杭州、绍兴、嘉兴诸城望风而降,平江实际上已成为一座孤城。十一月,徐达率大军包围平江。平江城垣坚固,

---

① 谷应泰:《明史纪事本末》卷三《太祖平汉》。
② 《明史》卷一二三《张士诚传》。

设防严密,徐达遂采取长困久围之计,在城外"架木塔与城中浮屠等,筑敌楼三层,下瞰城中,置弓弩火铳其上,又设襄阳炮击之,城中震恐"①。由于采用这种火铳与冷兵器相结合的战法,摧毁力较大的襄阳炮可以破坏城上设施,火铳和弓弩又可以杀伤敌人,致使吴军损伤惨重。次年九月,平江城破,张士诚被俘,吴国政权随之灭亡。

朱、张两军激战正酣时,据有浙东温州、台州和庆元(今浙江宁波)的方国珍势力已成惊弓之鸟。方氏力量远不如张士诚强大,所以他投降元朝后,为元朝从海上运送粮食,解救大都之急;又对朱元璋进献贡物,虚与委蛇,表示愿意献出浙东之地;还与占据福建的陈友定相交往,以求苟延残喘之计。朱元璋消灭吴国政权后,即派人招降方国珍,方氏据土顽抗,并做好了战败逃往海上的打算。至正二十七年(1367年)九月,朱元璋派朱亮祖进占台州、黄岩、温州;十月,又派汤和进攻庆元。方军不堪一击,许多将领闻风而降,余部逃至海上避难。十一月,朱元璋增派廖永忠部从海道配合汤和所部。方国珍至此走投无路,接受汤和的劝降书,余部数万人被收编。

（三）平定福建和两广

朱元璋歼灭张士诚和方国珍势力后,把进攻的目标定为盘踞福建的陈友定和统治两广地区的元朝残余势力。陈友定靠组织"民兵"为元朝镇压起义军起家,在元朝受到红巾军起义阻隔、南北呼应不畅、大都粮饷困难的情况下,他从海路不断运米至大都,以济元廷之需。至正二十五年(1365年)朱军胡深部曾孤军深入福建,最终兵败被杀。朱元璋解决张士诚之后,于至正二十七年(1367年)分兵两路,一路从江西进入福建,一路由明州(今浙江宁波)浮海至福州。年底,由汤和率领的水师抵福州城外,城中守军启门投降。由陆路入闽的朱军也攻下建宁,与水师会攻陈友定巢穴延平。次年正月二十九日,陈友定服毒,城中守将文殊海牙等投降。其余汀州、泉州、漳州等城也相继归附。

在进军福建的同时,朱元璋分兵三路,一路由湖广入广西,一路由江西趋德庆(今属广东),一路则在平定福建后,由海道进攻广东。洪武元年(1368年)三月,廖永忠率水师抵广东潮州,元朝的江西分省左丞何真已将广东所有郡县户口、兵马、钱粮等造册制表,遣使请降。四月,朱军水师进入广州,擒杀了拒降的元广州参政邵宗愚以及周围各县聚众抵抗的土豪。而从江西陆路进入广东境内的朱军,此时也克复英德、清远、连江、肇庆各城。六月,元海南、海北道元帅罗福与海南分府元帅陈乾富归降,广东全境被占领。

如果说,因为何真的请降,朱元璋可以兵不血刃,迅速平定广东,而在解决广西元军时则要稍费时日。当时广西元军精锐主要聚集在靖江(今广西桂林)。该城位于漓江之西,居"五岭之表,联两越之交,屏蔽荆、衡,枕山带江,控制数千里,诚西南会府,用兵遣将之枢机"②。守将也儿吉尼在此经营10余年,城防相当坚固。从湖南和广东进入广西的两路朱军围攻该城近两个月,仍不能攻克。洪武元年(1368年)六月,朱军将领杨璟暗约城内元军总制张荣为内应,开启城门,朱军进城将也儿吉尼擒获,靖江城和

---

① 谷应泰:《明史纪事本末》卷四《太祖平吴》。
② 顾祖禹:《读史方舆纪要》卷一〇七《广西二·桂林府》。

广西其他州、县皆被占领。

（四）北上夺取山东、攻克大都

朱元璋在规取福建、两广的同时，派大将徐达率主力部队展开了北上灭元之战。两线作战素来为兵家之大忌。但朱元璋认为，南方的几股元廷残余势力已不成气候，指日可平。北方虽然元朝重兵屯集，但已形成沂州（今山东临沂）的王宣、王信父子，河南的王保保，关陇的李思齐、张思道等拥兵自重的地方势力，元廷朝臣们也是相互钩心斗角，倾轧不已，为明朝军队长驱北上创造了极为有利的条件。但他又不同意直捣元大都（今北京），因为大都城高池深，防守必固，若明军一时攻不下元都，必然形成屯兵坚城、粮饷无继的不利局面，反而遭到各地来援的元军攻击。"先取山东，撤其屏蔽；旋师河南，断其羽翼；拔潼关而守之，据其户槛"；"然后进兵元都，则彼势孤援绝，不战可克"①。

形势正如朱元璋所预料的那样，占据沂州的王宣父子虽然首鼠两端，降而复叛，却不能阻挡明军前进的步伐。至正二十七年（1367 年）十月，徐达从淮安出兵，十一月二十九日即攻克山东重镇益都，十二月占领济南及登州（今山东莱阳）等沿海郡县。次年四月，转兵中原的徐达主力在洛阳击败王保保之弟脱因帖木儿率领的中原元军主力，随后乘胜进占潼关。至此，明军已割断元大都与陕西的联系，王保保固守山西观望不救，元大都实际上已陷入孤立无援的境地。

洪武元年（1368 年）七月，徐达按照朱元璋的部署，率中原的明军主力至山东临清，与来自山东各地的明军会合后，一路攻克德州、长芦（今河北沧州），进抵直沽（今天津附近），控制出海口，二十七日已逼近元大都城下。元大都自辽金以来即为都城，城墙高厚，防守严密。但元朝末年政治腐败，频频发生军事、政治之变，城守设施失修，守城士卒无心恋战。元顺帝知道已无固守待援的可能，遂于闰七月二十八日趁夜色开启城门，仓皇出居庸关，逃至元上都开平（今内蒙古多伦西北）。徐达事先已预料到元顺帝北逃的可能性，且朱元璋已指示对元顺帝可不必穷追，所以只是"固守疆圉，防其侵扰"②，分兵守卫居庸关、古北口等要塞。

（五）经略辽东

明军占领元大都及其周围地区后，中国只剩下东北海疆仍控制在元朝残余势力的手中。但朱元璋这时忙于解决山西、陕西和漠北的残余元军，又要消灭明玉珍在巴蜀建立的夏政权，特别是盘踞甘肃的扩廓帖木儿势力还相当强盛，实为明朝的心腹之患。洪武五年（1372 年）正月，朱元璋派大将徐达率精兵强将 15 万人进攻扩廓帖木儿，结果在岭北（今蒙古乌兰巴托东北）失利，死亡数万人。这说明残元势力不可小觑。朱元璋为此改变了以往积极进攻的军事方针，在总体上采取守势，其平定辽东海疆的战争进程也随之放缓。

元朝灭亡后，辽东之地掌握在蒙古名将木华黎的后人纳哈出手中。他以辽阳为中

---

① 《明太祖实录》卷二六，吴元年十月庚申。
② 《明太祖实录》卷三二，洪武元年六月庚子。

心,聚集了退出关外的大批元朝遗臣和地方官员,拥众数十万,统治区域南起旅顺,北至开原,东临鸭绿江,西至山海关,效忠于漠北元朝宗室,不时袭扰明边,严重地威胁了明朝北方的安全。明朝廷多次派人招抚他,打算和平解决辽东问题,却得不到响应。洪武十九年(1386年),朱元璋解决了巴蜀的夏政权和云南的梁王势力,一度称雄草原的扩廓帖木儿又死去,西北、西南逐渐安定下来之后,决心全力经略东北,以军事进攻为后盾,迫降纳哈出。其实,在此之前明朝已做了一些相关的战争准备。洪武四年(1371年),元辽阳行省平章刘益投降明朝,朱元璋任命他为辽东卫指挥同知。很快,明朝派马云等人率兵从山东蓬莱渡海抵金州(今辽宁新金南),总辖辽东兵马,经营辽东地盘,压缩纳哈出的势力范围。在决定迫降纳哈出之后,明廷一方面加紧从海上运粮,充实辽东实力,另一方面在北方征发民夫运粮123万石至松亭关(今河北喜峰口)、大宁(今内蒙古宁城)、会州(今河北平泉西南)和富峪(今河北平泉北),为下一步的军事行动做好了充分准备。

洪武二十年(1387年)二月,冯胜率北征军进驻通州,派人到庆州(今内蒙古巴林左旗西北)侦察,得知那里有敌人轻骑活动,即派蓝玉带兵出关袭击,杀掉纳哈出任命的平章果来;同时又派原纳哈出部下乃剌吾携书致纳哈出,劝其归降。三月,冯胜指挥大军出松亭关。六月,冯胜军已逼近纳哈出驻地金山(今吉林双辽东北)。纳哈出眼看大兵压境,部下多愿归明,知道大势已去,遂带20万众投降明朝。次年,明军将领蓝玉、王弼进兵今黑龙江、吉林西部,盘踞在那里的朵颜元帅表示愿意臣服明朝。其后明军多次在松花江、黑龙江流域抚慰当地少数民族,永乐年间又在黑龙江下游设立奴儿干都司,正式确立对当地居民的统治。至此,经过朱元璋、朱棣数十年的苦心经营,中国海疆全部置于明王朝的统治之下。

二 明代的海疆区划及管理模式

与前代相比,明代在海疆区划上并没有太大的改变,只是根据不同地区的民族构成和经济发展水平采用不同的管理办法,从而形成了不同的海疆管理模式。

(一)明代的海疆区划

明代地方区划,特别是海疆区划大体沿袭元代。在东北地区设置都司(都指挥使司的简称),在华北、华东和华南沿海设置府、州、县行政机构。其中临海区域如下:

奴儿干都司,永乐七年(1409年)设,治所在黑龙江下游,距海口150千米的特林(在今俄罗斯境内),其辖境"东濒海,西接兀良哈,南邻朝鲜,北至奴儿干北海"①,即北至外兴安岭,南达阿也苦河(图们江上游),东至日本海,西至兀良哈的区域。其境内卫、所数量最多时是在万历年间(1573—1620年),达到384卫、24所。

辽东都司,洪武四年(1371年)置定辽都卫,后改此名。治所在辽阳。其地东至鸭绿江,西至山海关,南至旅顺口,北至开原,有25卫、2州。

永平府,洪武四年(1371年)改此名。治所在卢龙(今属河北),辖州滦州,辖县乐亭、抚宁、昌黎等濒海。

---

① 陈循:《寰宇通志》卷一一六《女直》。

河间府,洪武元年(1368年)升为府。治所在河间(今属河北),辖州沧州临海。

济南府,治所在历城(今山东济南),辖县海丰、利津、沾化、蒲台濒海。

青州府,治所在益都(今属山东),辖县博兴、乐安、寿光、诸城、莒县等临海。

莱州府,治所在掖(今属山东),所辖掖县、潍州、昌邑、平度、胶州、高密、即墨近海。

登州府,治所在蓬莱(今属山东),所辖黄县、福山(今烟台)、文登等临海,并长岛庙岛群岛。

淮安府,治所在山阳(今江苏淮安),辖县盐城、安东临海。

扬州府,治所在江都(今属江苏),辖州泰州、通州濒海。

苏州府,治所在吴(今江苏苏州),所辖嘉定县、太仓州临海。

嘉兴府,治所在嘉兴(今属浙江),辖县平湖、海盐等临海。

杭州府,治所在钱塘(今浙江杭州),辖县海宁临海。

绍兴府,治所在山阴(今浙江绍兴),辖县萧山、会稽、余姚、上虞临海。

宁波府,治所在鄞(今浙江宁波),所辖之慈溪、定海、象山临海,并辖有众多海上岛屿。

台州府,治所在临海(今属浙江),辖县黄岩、宁海临海。

温州府,治所在永嘉(今浙江温州),所辖永嘉、瑞安、乐清、平阳均临海。

福宁州,治所在宁德(今福建霞浦),濒海。

福州府,治所在闽(今福建福州),辖县长乐、福清皆为出海要港,连江为海上岛屿。

兴化府,治所在莆田(今属福建),临海。

泉州府,治所在晋江(今福建泉州),辖县同安、惠安临海,且拥有众多近海岛屿。

漳州府,治所在龙溪(今福建漳州),辖县漳浦、诏安临海,且拥有东山岛等海上岛屿。

台、澎地区,明承元制,在澎湖设有巡检司;台湾岛在明代曾被荷兰殖民者占领,明末郑成功收复台湾,在岛上设立军、政管理机构。

潮州府,治所在海阳(今广东潮州),所辖海门、饶平、惠来、澄海等近海。

惠州府,治所在归善(今广东惠州),近海。

广州府,治所在南海(今属广州),所辖新安、新宁等近海。

肇庆府,治所在高要(今广东肇庆),辖县阳江临海。

高州府,治所在茂名(今广东高州),近海。

雷州府,治所在海康(今属广东),辖县徐闻、遂溪临海。

廉州府,治所在合浦(今广西),临海。

琼州府,治所在琼山(今海南海口),所辖文昌、儋州、万州等临海。

(二)明代海疆的三种管理模式

大概由于以往历史上来自海疆方向的威胁从未对中央政权构成致命冲击,明朝从未(哪怕是尝试性地)建立中央和地方性专门海疆管理机构,所以其对海疆的管理也随相关陆地区域管理体制的不同而呈现出不同的面貌。从体制上看,明朝对海疆的管理大体为三种模式:一是军事管理模式,二是军事管理、土官管理与州、县民政管理相结合的模式,三是在实行府、州、县民政管理的同时,屯驻海防兵力的模式。

军事管理模式:主要实行于包括辽东海疆、滨海地区及库页岛等东部沿海岛屿在内的东北海疆地区。明朝在这里设立了分别隶属于左军都督府的辽东都司和隶属于兵部职方清吏司的奴儿干都司。

辽东都司的前身是洪武四年(1371年)设置的辽东卫指挥使司,后在辽东"置定辽都卫指挥使司,马云、叶旺为都指挥使,吴泉、冯祥为同知,王德为佥事,总辖辽东诸卫兵马"①。4年后,因全国各都卫一律改称都指挥使司,辽都卫指挥使司也改为辽东都指挥使司,简称"辽东都司"。辽东都司对管下民户编以卫所之制。在这些卫所里,处于滨海地区的有定辽中卫、定辽左卫、定辽右卫、定辽前卫、定辽后卫、东宁卫、广宁中屯卫、广宁左屯卫、广宁右屯卫、宁远卫、海州卫、盖州卫、复州卫、金州卫等。作为辽东都司军事长官的辅助民政事务机构,明朝还于洪武年间在辽东设立了分守辽海东宁道(亦称布政分司),由山东布政使司右参议或参政充任,管理粮储之事;设立了辽东按察分司,亦由山东按察使司派员充任,主管司法事务。明中期,辽东的粮储、司法事务改由朝廷直接管理。成化十二年(1476年)在辽东设户部分司,任命总理辽东粮储户部郎中一员主持,办事机构设广宁。明永乐年间,派监察御史一人巡按辽东,办事机构设辽阳。

奴尔干都司设立于明永乐七年(1409年)。此前,明太祖朱元璋即很注意加强对奴尔干地区的招抚,对前来依附的当地少数民族部落酋长给予封赏,在当地设立卫所。到永乐六年(1408年),已在嫩江、松花江、黑龙江、乌苏里江、精奇里江等地设立卫所130余个。永乐七年,根据前来朝见的奴儿干头目忽剌冬奴的提议,明朝在这个元朝征东元帅府的旧地建立奴儿干都司,以康旺为都指挥同知,王肇舟为都指挥佥事,刘兴为经历,治所在特林(今属俄罗斯)。明朝派来驻防的官兵多达2000—3000人,少则500人,每两年轮换一次。都司下辖卫所多达400多个,其中处于滨海地区的有黑龙江下游的古鲁卫等30余个卫所,乌苏里江下游的双城卫等10余个卫所,库页岛上的波罗河卫等3个卫所。奴儿干都司的官员虽然为流官,但明朝允许其世袭。下属卫所的大小官员,多任命当地部落酋长担任,朝廷也常常调动他们的职务,甚至任命他们到内地去任职。由于奴儿干地域遥远,明朝特意恢复了元代在北方设立的驿站(包括狗站),又在今吉林市松花江两岸设立造船场,造船运载往来于黑龙江下游及滨海地区的官员、士兵及粮食、物资等通过水路抵达目的地。

兼容性管理模式:在南方少数民族聚居的滨海地区和沿海岛屿上,则参照明朝对边疆少数民族管理的办法,军事管理、土官管理与州县民事管理相结合。

明代南方各民族聚居的滨海省份主要有广西、福建和广东。

明洪武二年(1369年)三月,明朝袭用元朝制度,设广西行中书省,洪武六年(1373年)置广西都卫,洪武八年(1375年)改卫为都指挥使司,洪武九年(1376年)改中书省为承宣布政使司,下辖8个府、1个州、5个县、4个长官司。广西都指挥使司和承宣布政使司分别管理当地军、民事务。而在一些少数民族聚居地区,则设立了数量相当可观的土官衙门,利用当地民族首领的力量协助进行统治,并允许他们世代承袭。广西除了管辖大陆地区外,在明朝洪武二年(1369年)三月,还一度管辖汉族和黎族人民生

---

① 《明太祖实录》卷六七,洪武四年七月辛亥。

活的海南岛,当年四月,海北海南道重归广东管辖。

福建都卫初设于洪武七年(1374年),次年改为福建都指挥使司。其属下晋江县负责处理有关生活在台湾、澎湖的汉族和高山族等少数民族事务。明代在澎湖设有巡检司,负责当地防务。后荷兰殖民者多次侵占澎湖,又与西班牙殖民者争夺我国台湾,直到郑成功收复台湾后,明朝才在台、澎地区正式建立了北路安抚司、澎湖安抚司等较完备的军政建置。

广东下辖琼州府(今海南),府领儋州、万州、崖州3个州及琼山、昌化等10个县。由广东都指挥使司负责岛上防务,各州、县管理汉族、黎族事务,在黎族聚居区还设置了一些黎族土官进行管理。

以民政管理为主的管理模式:明朝对直隶、山东、江浙、福建及广东等沿海省份,在实行府、州、县民政管理的同时,设立沿海卫所屯驻海防兵力。据不完全统计,洪武年间,明朝在沿海地区设立的大小卫所有:北直隶1卫,山东10卫、5所,南直隶9卫、10所,浙江11卫、30所,福建11卫、13所,广东8卫、29所。此外还有200处巡检司。这些海防部队依托遍布万里海防线上的城寨、墩堡、烽堠等设施,对防御和打击入侵的倭寇,起到了一定的作用。但这种将海疆分割成数块交给各省分辖,由各省的主要官员(他们大都驻在远离海口的内陆城市之中)通过府、州、县等与内陆地区相同的民政管理机构去管理的方式有很多弊病。正如一位美国学者所说,官员们"设法以统治陆地的同样方法来统治海面,把局部防卫的观念同样运用于沿岸和大海。他们未将海岸沿线划分成可从四面八方扫荡水上世界的机动防御力量的长条形行政单位,而是建立起一套官僚政治的、容易导致混乱和重叠的军事统治机构"[1]。由此给明代海防带来的问题,我们在后面还要进行具体分析。

第二节　威胁来自海上:明代的海防建设与海防战争

明朝从建立之初,便遇到了倭寇来自海上的入侵。15世纪以后,随着倭寇大规模窜犯中国东南沿海,江、浙、闽、粤各省不断发生大规模海盗抢劫和烧杀事件。七八年间破城池10余座,掠子女财帛数百万,官军吏民战死者不下10余万。一时间天下骚动,百姓惊恐。西方殖民主义势力也在此前后开始向东方大肆扩张,占据各岛口岸,建立码头,控制海上贸易。葡萄牙、荷兰殖民者还占领了珠江口的屯门、双屿、月港、澳门、台湾等地,与中国军队数次交战,海疆危机日趋严重。明朝的边防政策不得不由主要防范北方游牧民族的袭扰,变为同时要对付来自海上和陆上的双重威胁,对万里海疆的防卫日益显示出其无可替代的重要性。令人遗憾的是,明朝面对如此严峻的局面,却没有及时改变自己的落后观念,采取积极的海疆经营政策,因而使中国海上力量的发展逐渐落伍,最终给海疆防卫造成无可挽回的消极影响。

---

① 〔美〕穆黛安:《华南海盗》(1790—1810),刘平译,中国社会科学出版社1997年版,第21页。

一 明代海上安全与海防体制的建设

明朝初年,中国虽然遇到来自倭寇的骚扰,但其侵扰尚未构成严重的海防危机,朱元璋为此所采取的种种"海禁"措施以及因此所建立的明代海防体制,主要是为了维护以闭关自守为核心的封建国家战略目标。明成祖朱棣继位后,一方面仍继承了太祖朱元璋的"海禁"政策,另一方面却派郑和船队七下西洋,由军队唱主角,进行了一系列积极经营海外的远洋航行。但这一带有积极进取倾向的海上大规模行动在历史的长河中如流星般转瞬即逝。到明代嘉靖年间,当小股倭寇与沿海"盗贼"相结合的袭扰活动已经演变成大规模的海上武装劫掠和走私活动,西方殖民者也开始叩响中国大门的时候,明朝君臣的思想却大都停留在执行祖宗之法,强调"海禁"上面,而明初所建立的沿海防御体系至此已是千疮百孔,难以抵御侵略者的进攻。俞大猷、郑若曾、胡宗宪和戚继光等人在进行激烈的抗倭斗争的同时,对重建明代海防做出了艰苦卓绝的贡献。

(一)明初海防体制的建立

在明朝统治者看来,其海上安全形势从开国伊始就十分严重。当时日本正处于封建诸侯割据混战时期,许多溃兵败将逃往海上,伙同不法商人到中国沿海进行武装走私和抢劫烧杀,被朱元璋击灭的张士诚、方国珍、陈友定部的残余分子则与他们勾结起来。其侵扰地区从山东沿海扩展到南直隶的苏州、崇明以及浙江、福建、广东的一些沿海州县,所到之处,杀掠居民,劫夺财货,"沿海之地患之"[1]。为此,朱元璋采取了三个方面的措施:

一是对日本宣示睦邻相处的良好意愿,同时在外交上对倭寇袭扰中国沿海提出警告。洪武二年(1369年)三月,朱元璋派行人杨载携诏书前往日本,告知其建明称帝之事,同时也向日本王室说明,近年来倭寇数次掠夺中国山东沿海,如果这种情形继续延续下去,明朝"当命舟师扬帆诸岛,捕绝其徒,直抵其国,缚其王"[2]。

二是在中国沿海实行"海禁"。朱元璋在位时期,曾多次下令"禁濒海民私通海外诸国"[3];同时又在国内市场上禁止出售外国商品,"禁民间用番香、番货",从货物来源和销售渠道上彻底禁绝海外商品交易,并特别指出这是因为"缘海之人,往往私下诸番贸易香货,因诱蛮夷为盗"[4]的缘故。为了严格执行"海禁",还下令迁徙沿海岛屿上的居民到大陆,禁止渔民下海捕鱼;对擅自打造三桅以上的航海大船,卖于外国人图利者,为首的要处斩,从犯发往边卫充军。

三是在北起鸭绿江,南至与越南交界处的辽阔海疆,建立起一个"陆聚步兵,水具战舰"[5]的陆上坚守与近海巡剿相结合的海防体系。这是朱元璋应对当时海上安全形势所采取的最有效措施,其工程量也相当浩大。它主要包括以下4项措施:

其一,在沿海地区设置卫所,修筑城寨及烽堠、墩台。朱元璋先后派李文忠、汤和、

---

① 谷应泰:《明史纪事本末》卷五五《沿海倭乱》。
② 《明太祖实录》卷三九,洪武二年二月辛未。
③ 《明太祖实录》卷一三九,洪武十四年十月己巳。
④ 《明太祖实录》卷二三一,洪武二十七年正月甲寅。
⑤ 《明史》卷一二六《汤和传》。

周德兴等人到沿海地区分别筑城设卫。如洪武三年（1370年）十一月，李文忠奏请在浙江设立了钱塘、海宁、杭州、严州、崇德、德清、金华7卫及衢州守御千户所。洪武十九年（1386年），汤和又到浙江筑城59座。洪武二十年（1387年）四月，周德兴在福建增建卫所，到第二年的冬天，已建成的卫所有福宁、镇东、平海、永宁、镇海等5个，千户所有大金、定海、梅花、万安、莆禧、崇武、福全、金门、高浦、六鳌、铜山、玄钟等12个。洪武二十五年（1392年）十一月，明朝又在山东沿海设立莱州卫、宁海卫，分别统辖8个海防总寨和5个海防总寨。在洪武年间总计共设立57卫、89个千户所。其中辽东8卫，千户所1；北直隶千户所1；山东10卫，千户所5；南直隶（含沿江卫所）9卫，千户所10；浙江11卫，千户所30；福建11卫，千户所13；广东8卫，千户所29。另有巡检司200余，防海城、堡、寨及烽堠、墩台等1000余处。这些卫所分布在中国沿海各大小海口、岛屿的要点上，连绵而成明代的海防长城。

其二，充实沿海卫、所兵力。为了充实沿海各地星罗棋布的海防据点，明朝统治者采取各种办法增加其兵力员额。一种办法是把战败的方国珍、张士诚部降众编入沿海卫所，将曾经反抗过朱元璋的兰秀山之民编配到各个沿海卫所充军。另一种办法就是在沿海百姓中"籍民为军"。如赵庸把广州城附近海岛上居无定所的蛋户万余人编到卫所里当水军。周德兴在福建时，以当地百姓"三丁抽一"的方式，为沿海各大小水寨征集兵员。

其三，增造战船。为了把沿海各海防据点连成一道海防线，就需要组建能够出海巡剿的水军力量，造船则成为建立沿海水军的当务之急。朱元璋最初设立24卫水军时，就为其配备各类战船1200艘。海上倭患加剧后，他又命浙江、福建濒海9卫增造海舟660艘，以后频频下令建造多橹快船。到了洪武二十三年（1390年），沿海各卫每百户所和巡检司基本上配备有战船两艘。

其四，建立统一指挥与分区守备、机动巡剿与近岸歼敌相结合的海防体制。明初在沿海卫所屯聚兵力，但其卫所并不一定位于海防作战的最佳地点。为此，朱元璋根据汤和、周德兴等人的建议，在沿海岛屿和海岸线的突出部建立水寨，作为监视海面和停泊巡逻战船之地。以福建为例，周德兴先后在泉州的浯屿、兴化的南日岛、福宁州的烽火门、福州的小埕、漳州的铜山（今东山岛）建立5座水寨。每寨拥有一队或几队战船，每艘战船编配100名旗军。由于水寨只是作战、巡逻基地，没有固定员额编制，其兵力、战船都要由附近的卫所派出。以福建南日岛水寨为例，它的战船由兴化卫派来9艘，平海卫派出10艘，泉州卫派出10艘，总计29艘。至于上述水寨战船如何加强联防，时人建议："铜山而北至担屿，以会浯屿；浯屿会南日于平海；南日会小埕于南交；小埕会烽火于西洋；烽火出北浦门以会温之金盘，而南下亦如之，此其大势也。视寇之所在而总兵赴之——贼在温而镇烽火，贼在潮而镇铜山，御不使入，此定策也。"[①]福建各水寨战船的巡逻海区北至浙江平阳嘴，南至广东南澳岛，并定期与浙江、广东水军会哨，演练阵法。在此基础上，朱元璋还指定了统一指挥沿海各卫所的将领，并且组建了一支机动的巡海水军。洪武七年（1374年），他任命吴祯为总兵、于显为副总兵，统领广洋、江阴、横海、水军等4卫水军，并节制沿海各卫所军队。其远洋船队追击倭寇于

第三十章

明清时期的海疆及其开发

---

① 顾炎武:《天下郡国利病书》卷九六《福建六·兵事》。

琉球大洋,缴获许多倭船。随后将春季水军舟师出海,分路防倭,秋季返回各卫所作为一种制度稳定下来。

明初海防体制的建立对抑制倭患的蔓延产生了较明显的效果。

(二)永乐、宣德年间加强海防和组建远洋舰队

明成祖朱棣继位后,对朱元璋历经数十年建立起来的海防体制进行了进一步的充实和完善。一方面,他将洪武年间主要是在南直隶、江浙、福建、广东等省沿海建立的海防线向北方延伸。为此,他在山东半岛沿海设立即墨(永乐二年即 1404 年设)、登州(永乐七年即 1409 年设)等海防守备营,下属 24 个卫所,统归备倭都司管辖;又在渤海湾沿岸设立抚宁、天津等卫(宣德年间增设广宁中、右等千户所);任命辽东总兵官指挥沿海卫所加强辽东半岛的防守;在黑龙江下游设立奴儿干都司,管辖日本海沿岸、库页岛及其他沿海岛屿的防务。至此,一个完整绵密的明代海疆防御体系基本形成。另一方面,朱棣下令在沿海各地增筑烟墩城堡,增配火铳战船。比如永乐二年(1404 年)七月,在浙江定海卫的新塘增筑烟墩,第二年又在霩衢修千户所城;永乐十年(1412 年)在位于长江口的嘉定青浦堆土建烽堠;永乐十四年(1416 年)在旅顺的望海堝、左眼、右眼、三手山、西少州、山头、爪牙山等地修建敌台、营垒;永乐十五年(1417 年)十二月,在浙江的海宁、金乡、松门、海门、昌国、定海等卫,增建 72 处烽堠。此外,还建造了大量战船,配备给沿海沿江卫所,以满足近海巡逻及出海剿捕倭寇的需要。在兵力配备上,先是以李彬统兵赴广东等处镇守;又任命王友、郭义率"师往海道巡哨,如遇寇贼,就行剿捕"①。永乐六年(1408 年)进一步充实南方沿海兵力,以李彬统兵负责淮安(今属江苏)至沙门岛(即长岛庙岛,今山东长岛县)沿海防务,罗文等率兵至苏州备倭,姜清、张真、李珪、杨衍等各率兵 5000 人、海船 50 艘在广东、福建海域备倭,上述各部统归李彬节制。

明朝水军把积极出海巡捕与坚守沿海卫所结合起来,并派使者赴日本,联合日本政府剿捕倭寇、海盗,很快见效。经过白山岛,青州中灵山,浙江的松门、金乡、平阳以及旅顺望海堝等几次大小战役,严惩了来犯的倭寇,震慑了敌人。史载:"自是倭大惧,百余年间,海上无大侵犯。朝廷阅数年一令大臣巡警而已。"②

不过,朱棣在海防方面最激动人心之举,却是组建大规模远洋舰队,由郑和率领多次远赴西洋。虽然这些航海行动的主要目的是发展对外关系和海外朝贡贸易,但它是由军队唱主角,在战略上有建威销萌的威慑作用,提高了明朝在南洋诸国的威望。同时,在下西洋的过程中,郑和歼灭了盘踞巨港(即巴邻旁)的海盗集团头目陈祖义,维护了南海交通枢纽巨港的安定,明朝还在该港设立了宣慰使司;击败了宽纵海盗、袭击宝船又与邻国不和的锡兰国王亚烈若奈儿;擒获了阴谋篡位并发兵袭击宝船的苏门答腊的苏干刺等,铲除这些作乱势力,实际上起到了维护海上交通线的重要作用。郑和率领的各舰上水手和用于陆战的士兵是严格按照作战需要配备的,工匠、医官等后勤保障人员也一应俱全,此外各船上还配备了大发煩、大佛朗机、碗口铳、喷筒、鸟嘴铳等

①《明太宗实录》卷三一,永乐二年五月壬寅。
②《明史》卷九一《兵三》。

火器及砍刀、标枪、藤牌等冷兵器,在漫长的航海及海外作战过程中,舰队官兵的航行、作战能力得到了进一步提高。

(三)明中后期海防体制的变化

从 14 世纪中期开始的抗倭海防战争,直至"自是倭大惧,百余年间,海上无大侵犯"①,来之不易。14 世纪中期,明朝承平日久,政治腐败,军备废弛,昔日较为完备的海防体制逐渐荒废。沿海卫所同内地一样,军卒多有逃亡者。"漳、泉巡检司弓兵旧额二千五百余,仅存千人","浙中卫、所四十一,战船四百三十九,尺籍尽耗"②。而"一卫不满千余,一所不满百余"③的现象在沿海地区并不是少数。海防卫所的将领,此时也早已不是明初那些久经战阵的宿将,而多为门荫世袭的军官子弟,"纨绔习深,英雄气少,虽驰马弯弓有未能者,况望其谙韬略乎?"④而 14 世纪的日本恰好处于南北朝分裂时期,一部分武士、浪人和商人与中国走私海商勾结起来,对中国沿海进行武装掠夺和骚扰,因而才造成了严重的"倭患"。

为了有效地抵御倭寇入侵,明朝在进行御倭战争的同时,着手整顿海防体制,所采取的主要措施有以下几方面:

第一,打破过去卫所防御区划,形成沿海划区防守的新体制。明初军队编制设卫、千户所、百户所、总旗、小旗各级,此时基本上改为适于作战需要的营、总、哨、队、什各级。原先的总兵、副总兵多是临时设立的官职,事毕即撤;此时总兵、参将为常设之职,统管一段海疆的防务。在总兵、参将之上,各地区设有兵巡道(即整饬海防兵备副使),一省设有总督(或巡抚、巡按、巡视等),有时数省设一总督。上述海防编制体制的变化,更有利于协调相邻地区的海防力量,强化沿海防务的整体性。

经过整顿以后的沿海各卫情况如下:

辽东海防设镇守总兵官、广宁参将、左游击将军,下辖广宁前卫(今辽宁绥中西南)、广宁中屯卫(今辽宁锦州)、广宁左屯卫(同前)、广宁右屯卫(今辽宁锦县东南)、金州卫(今辽宁金州)、复州卫(今辽宁复县西北)、盖州卫(今辽宁盖州)、义州卫(今辽宁义县)、宁远卫(今辽宁兴城),每卫设卫备御都指挥。

北直隶海防设山海卫(今河北山海关)、抚宁卫(今河北抚宁北)、卢龙卫(今河北卢龙)、天津卫(今天津)、天津左卫(同前)、天津右卫(同前)。

山东海防设管领民兵参将,总督登莱沿海兵马备倭都指挥和登州营、文登营、即墨营把总,下辖安东卫(今山东日照南)、灵山卫(今青岛胶南)、鳌山卫(今青岛即墨)、大嵩卫(今山东海阳东南)、靖海卫(今山东荣成西南)、成山卫(今山东荣成东北)、宁海卫(今山东牟平)、威海卫(今山东威海)、登州卫(今山东蓬莱)、莱州卫(今山东莱州东)、青州左卫(今山东益都东)。

南直隶海防分为江南、江北两个防守区。江南设镇守浙直地方总兵官(驻浙江)、协守浙直地方副总兵官(驻金山),下辖苏松常镇参将、游击将军和刘家河、吴淞江、南

① 《明史》卷九一《兵三》。
② 《明史》卷二〇五《朱纨传》。
③ 唐顺之:《条陈海防经略事疏》,《明朝经世文编》卷二六〇。
④ 郑若曾:《筹海图编》卷一一《择将才》。

汇、青村、柘林、川沙、福山、镇江、京口、圌山把总。江北设总督漕运总兵官和提督狼山等处副总兵官,下辖扬州、盐城参将,统领兵勇游击将军,仪真、掘港守备,大河口、周家桥、东海把总,狼山水兵把总,管领漕濮民兵把总和管领沂州民兵把总,并设有金山卫(今上海金山东南)、太仓卫(今江苏太仓)、镇海卫(今江苏太仓)、镇江卫(今江苏镇江)、扬州卫(今江苏扬州)、高邮卫(今江苏高邮)、仪真卫(今江苏仪征)、大河卫(今江苏淮安)、淮安卫(今江苏淮安)及海州千户所(今江苏连云港西南)。

浙江海防区分设4位参将和6位把总,由总兵官统辖。其中金乡卫(今浙江平阳南)、盘石卫(今浙江乐清西南)由把总一员管辖,隶属于温处参将;松门卫(今浙江温岭东)、海门卫(今浙江黄岩东)由把总一员管辖,隶属于台金严参将;昌国卫(今浙江象山南)及钱仓(今浙江象山东)、爵溪千户所(今浙江象山东北)设把总一员,观海卫(今浙江慈溪东)、临山卫(今浙江余姚西北)设一把总,定海卫(今浙江镇海)及霩衢(今浙江镇海东南)、大嵩(今浙江宁波东南)等千户所设一把总,隶属于宁绍参将;在海宁卫(今浙江海盐)设一把总,隶属于杭嘉湖参将。

福建海防区分为5寨3路,归总兵官统辖。明初在福建设立的5个水寨曾一度废弛,后根据谭纶的建议予以恢复。每寨设兵船40艘,兵13000人,由把总统领;遇敌警,则以烽火门、南日、浯屿寨为正兵,铜山、小埕寨为游兵,相互配合作战。3路是嘉靖年间为了抗击倭寇、加强守备而划分福建为3路防区。以福宁州、兴化府为一路,置参将一员(驻福宁),防守自流江(今福建福鼎)至南日岛;漳州府、泉州府为一路,置参将一员(驻今福建诏安),防守自南日岛至走马溪(今福建诏安东南海滨)安边馆;在南、北两路之间,以福州为一路,亦置参将。在3路之下,设有镇海卫(今福建龙海东南)、泉州卫(今福建泉州)、福州左卫(今福州)、福州中卫(同前)、福州右卫(同前)、永宁卫(今福建晋江东南)、平海卫(今福建莆田东南)、镇东卫(今福建福清东)、福宁卫(今福建霞浦)、漳州卫(今福建漳州)、兴化卫(今福建莆田)。

广东海防区亦分为3路。东路为惠、潮诸府,特设潮州总兵官、整饬惠潮兵备佥事、惠潮参将。中路为广州、肇州、韶州等地,设有整饬高肇兵备佥事、高肇韶广参将。西路为高、雷、廉诸府,设有整饬雷廉兵备佥事等官职。下辖廉州卫(今广西合浦)、雷州卫(今广东海康)、神电卫(今广东电白东)、广海卫(今广东台山南)、肇庆卫(今广东肇庆)、南海卫(今广东东莞)、碣石卫(今广东陆丰东南)、潮州卫(今广东潮安)、海南卫(今海南海口)。

这种由多个卫所组成的划区防守体系,比起原先一卫一所的防区更加扩大,各级指挥系统也更加严密,不同卫所部队也能相互支援,适于对付倭寇的大范围流窜袭扰。

第二,推行募兵制,摆脱明初沿海卫所"寓兵于农"的传统,建立一支精于作战的常备机动之师。明初实行的卫所屯田之制,是为了有利于巩固边、海防,减轻民众负担。但随着明朝政治、军制败坏,"屯田多为内监,军官占夺,法尽坏"①,卫所军士衣食无以自给,又限于世代为兵,不得脱离军籍的规定,遂大量逃亡,剩下的老弱之兵也大都缺乏训练,斗志全无。在抗倭战争中,许多将领曾考虑到调遣客军(外地军队),或组织乡兵。但张经等将领调来的两广兵、湖广兵、羌土兵、辽东虎头枪手、河南毛葫芦兵等或

---

① 《明史》卷七七《食货一》。

者是强悍难驯,或者是骚扰抢夺百姓,并不能有效抗击倭寇。沿海各地编练的乡兵在保家卫里的战斗中倒是发挥了作用,但对他们不能像明朝正规军队那样远调他处,也不能成为抗倭斗争的主力。嘉靖年间,谭纶、戚继光等人先后招募了大量的勇士当兵。如谭纶于嘉靖三十四年(1555年)募壮士千余人,"教以荆楚剑法及方圆行阵",几个月内,就训练成一支"进止先后有节,厉诛信赏,部士皆欲争命效死"[①]的敢战之师。戚继光则于嘉靖三十八年(1559年)在浙江义乌招募义乌矿工和农民4000余人。这些精选出来的士兵从军完全出于个人的意愿,经过严格训练成为技战术娴熟的职业军人,且与将领之间稔熟相知,可以根据作战任务调往他处,是一支机动能力和作战能力都很强的部队,在抗倭战争中发挥了至关重要的作用。嘉靖以后,募兵作为一种制度被固定下来,成为沿海地区乃至全国主要实行的兵役制度。

第三,形成了海上、海岸和城池多重防御体系。戚继光等抗倭将领在战争中不断改进沿海水军的海上作战能力。戚继光负责浙江台州、金华、严州一带的海防,浙江沿海调集的战船有横江船、鸟尾船200余艘,改造后的福清船400余艘,还有苍山船、沙船等数百艘,在数量上已大大超过以前朱纨负责浙江海防时的船数。而且,这些战船特别增加了火器数量。比如戚继光的一艘水军主力战舰福船上,要配备大发煩1门、大佛朗机6架、碗口铳3具、飞天喷筒10个、鸟嘴铳10支、火砖100块、火箭300支等。作战时,则要将不同类型的战船组织在一起,以发挥它们各自的特长。比如戚氏将福船2艘、海沧船1艘、艟鿄2只编为一哨。作战时各类船相互配合,福船发火炮击敌,遇敌舟小则犁沉之。海沧比福船船体小,也更灵活,艟鿄船最小,但吃水浅,风息时也可以划橹行驶,是追击倭寇小船的良好船型。

在提高海上作战能力的基础上,戚继光实施多层次的海防部署。他派水师远哨至他省洋面,要求各哨水师严格执行会哨和巡逻制度,从而可以较早发现敌情,甚至及时地将小股倭寇歼灭在海上。在海岸线上,则划分严格的防区,在各哨之间规定会哨的地界标志,既各负其责,又密切配合,形成了整个沿岸地区的严密防线。鉴于江南沿海地区"县多无城,府虽有城而弛斥不堪御寇。况承平日久,骤加倭警,非惟乡民奔窜不自保,凡城中居民亦无固志"[②],各地官府、百姓在抗倭斗争中加紧修筑城池。在此期间,浙江曾筑县城20座,修复县城8座,沿海各县全都建起县城。还有一些沿海重要据点,有的如山东蓬莱的水城,系明军修建的北方重要军港;有的如浙江温州的永昌堡,则是当地绅民自动集资修建起来的。密布在沿海的府、县城池与海防水寨城堡,构成了抗击海上入侵之敌的第三道防线,对加大沿海防御纵深力度,增强防御的稳定性起到了重要的支撑作用。

应当看到,经过抗倭将领们的改造,明代的海防体系更加完备,其抗击倭寇来自海上入侵的能力也有很大的提高。但这种海口与海岛相维、岛屿与海岸并重的海防体制,即使从陆岸要点设防的角度看,也明显存在着许多致命的缺陷。一是明朝统治者很少把沿海各省组织起来,实行联防。明初虽然任命吴祯统管沿海防务,但在仅靠风帆战舰和驿马传递信息的条件下,实际上吴祯并不能对辽阔的海区进行有效管理。在

---

① 欧阳祖经:《谭敏襄公年谱》。
② 严从简:《殊域周咨录》卷三《日本》。

抗倭战争中,明朝统治者曾一度认识到诸省联防的重要性,派浙江巡抚朱纨兼管福建沿海军务,首次尝试统一闽、浙两省海防指挥权。其后,兵部尚书张经又奉命总督浙江、福建、江南、江北军务。但这都属临时应急性措施,事缓则撤,仅适用于战时,平时各省的巡防、操练都单独进行,虽然一卫一所单独防卫的弊病得以克服,各省间的相互配合和指挥协调却无法实现。二是这一体制本身的"重陆轻海"色彩,必然使沿海驻防官兵把更多的精力放在陆路防卫上,而忽视海岛防卫和海上巡逻。明朝在沿海地区设置的军镇、总兵府大都设在位于内陆的府城之中,将领们贪图享受,不愿出海巡察,经历海上风涛之苦。驻守于海防前线的部队则因"百年以来,海烽久息,人情怠玩,因而堕废。国初海岛便近去处,皆设水寨,以据险伺敌,后来将士惮于过海,水寨之名虽在,而皆自海岛移置海岸"①。

明代海防体制最致命的缺陷,是缺乏争雄海上的气魄,缺少组建强大海军的胆略,只实行陆岸要点设防,而不御之于海,只能是被动接仗,处处设防,防不胜防。在明代早期,中国在造船技术、航海能力等许多方面领先于其他国家,并拥有一支"云帆高张,昼夜星驰,涉彼狂涛,若履通衢"的强大远洋舰队。当时郑和率领的宝船吨位远远大于西方海船,航行距离、舰队规模也远非他国所能企及。可惜的是,对航海事业实行限制政策的明王朝并没有保持住这一海上优势,在西方航海事业飞速发展、西方殖民者大举东侵之际,对获利丰厚且对繁荣中国海疆经济起到至关重要作用的海外贸易和海上运输给予沉重打击,或以实行海禁、迁海政策,或以严刑酷法、保甲连坐等方式禁绝人们私自出海,限制出海船只的数量、行程,限制海船携带粮食、武器的数量,限制海商经销丝、茶、铜等紧俏商品的数量,把海外贸易限制在少数几个港口,还把正常的海上贸易纳入封贡制度的礼仪交往之中,对打着朝贡旗号的外国商人给予种种免税优待,使中国商人处于极不利的不平等地位。上述措施直接导致了中国沿海地区航海业的极度萎缩,导致了一度较为先进的航海技术停滞落后,导致作为一个国家海上力量重要组成部分的民间商船商帮式微凋零,而一个国家缺少来自海上贸易利润的巨额资金,缺少先进的航海技术,缺少庞大的民间船队的有力支持,它的海上军事力量必然趋于衰落。中国的海上军事力量就是从明朝中后期开始走向衰落的。

二 抗击倭寇的沿海与海上战争

倭寇在中国沿海地区的袭扰,并非始于明初。早在元朝末年,山东一带沿海已有倭寇出没。明朝初年,一些在日本国内斗争中失意的武士、浪人与张士诚、方国珍残部及沿海盗贼勾结起来劫掠中国沿海,其活动范围从山东蔓延至辽东、南直隶、浙江、福建等地。朱元璋、朱棣等人加强海防建设,积极联络日本政府共同捕捉倭寇,所以在永乐十七年(1419年)辽东望海埚(今辽宁金县东北)大捷之后,海警渐息。到了嘉靖年间(1522—1566年),日本诸岛正处于战国时期,各地诸侯武装割据,争夺领地,战火长燃不息。其四国、九州岛及本岛西南部因为临近中国,许多生活在这里的溃兵、败将和武士、浪人乘明朝军备废弛之际,挂帆西来,在中国沿海进行规模更大的劫掠活动。其势力与中国沿海的海盗及从事武装走私的海商集团相结合,致使倭患日益猖獗,从辽

---

① 唐顺之:《条陈海防经略事疏》,《明经世文编》卷二六〇。

东到广东的万里海岸线上烽火频燃,中国海疆第一次面临全面入侵。对此,明朝不得不将国防的主要方向转到东南沿海上来,历经数十年的艰苦作战,剿灭各路倭寇势力,终于使中国沿海出现相对的平静。

明代抗倭战争大体上可分为明朝前期抗倭,朱纨、张经、胡宗宪主持的抗倭斗争,戚继光、俞大猷抗倭3个阶段。

(一)明朝前期的抗倭

明代的倭寇入侵,最早是在洪武二年(1369年)二月。当时倭寇侵扰山东沿海,"离人妻子,损伤物命"①,随后其烧杀劫掠的强盗行径迅速蔓延到浙江、福建、广东沿海地区。当时明朝海防体制远未建立起来,沿海地区城池、寨堡都没有修缮完整,特别是沿海卫、所缺少强大的水师舰队,"官军逐捕往往乏舟,不能追击"②,眼睁睁地看着倭寇掠夺中国财物及百姓后啸然入海,扬长而去。所以这一时期,明军的抗倭作战主要依托陆岸要点,在近海海域对倭寇捕剿。比如洪武二年(1369年)夏,倭寇袭扰崇明岛,太仓卫指挥佥事翁德闻讯后,带领战船出海追剿,在海门(今江苏南通东南部)附近与敌人遭遇。翁德先发制人,趁敌人尚未将战船列成阵势,即指挥手下士兵鼓帆摇橹冲向敌船,倭寇猝不及防,数百人被擒,倭船及船上众多武器被缴获。

洪武三年(1370年)以后,朱元璋一方面加强沿海兵力,修筑卫、所城池和水寨,另一方面也抓紧打造巡海战船,操练水军。当时位于今南京的龙江船厂曾专门负责建造战船,其中大部分是供沿海水军使用的。据史料记载,其主力战船有100料、150料、200料、400料数种,平时"操练以观其进退之常,巡逻以习其应变之略,奇正并用,缓急从宜"③。还有一种配备多橹,航速较快,适于水上机动作战的快船,也是沿海水军的辅助战船。洪武七年(1374年),明朝建立的巡海水军已形成远海机动作战的能力,朱元璋任命吴祯统领这支水军,采取更积极的巡剿行动,出海追捕倭寇至琉球大洋,取得了重大战果,并把俘虏的倭寇送到都城南京处置。

明成祖朱棣继位后,进一步完善了朱元璋所建立的沿海防御体系,并特别弥补了原先相当空虚的山东至辽东海岸防务,加强了在渤海和黄海海面的巡逻。永乐四年(1406年),陈瑄督明军驾海舟从南方运饷粮至辽东,返航时途经沙门岛,正遇上倭寇劫掠该岛。他指挥明军攻击倭寇。倭寇不敌,向东逃窜。明军乘胜追击至金州(今辽宁金州区)附近的白山岛,全歼残敌,尽焚其舟。三年后,柳升率水师巡海时,在青州海中灵山(位于今青岛胶南海中)附近水面发现倭寇,柳升指挥水师击败倭寇,并与陈瑄领兵追至白山岛一带。对于那些在沿海一带锚泊或上岸劫掠的倭寇,明王朝则调动沿海卫、所兵力坚决打击。如永乐十四年(1416年)明军歼灭锚泊于靖海卫(在今山东靖海)杨村岛的倭寇。次年浙江明军击退倭寇对松门、金乡、平阳等地的侵扰。但对倭寇最具震撼力的还是辽东的望海埚之战。

望海埚位于辽东金州金线岛西北,历来为滨海襟喉要地,也是倭寇入侵辽东金州

---

① 《明太祖实录》卷三九,洪武二年二月辛未。

② 《明太祖实录》卷七五,洪武五年八月甲申。

③ 李昭祥:《龙江船厂志》卷二《舟楫志·图式》。

的必经之地。辽东总兵官、都督刘江奉命负责沿海抗倭备战之后,巡视海疆,在此以山石修筑多座城堡、敌台,设置烟墩瞭望,做好了抗击倭寇入侵的准备。永乐十七年(1419年)四月,朝廷通知沿海各卫所,倭寇可能前来劫掠,各地应当严谨防备,"如有机可乘,即尽力剿捕,无遗民患"[①]。刘江为此特地给沿海城堡内增配了铳炮。六月,有人瞭望到东北方向海中王家岛上夜有灯光。由于明朝执行"海禁"政策时,已将岛上居民尽迁内地,渔民亦不得下海,所以刘江判断岛上住有倭寇,且将登岸抢劫,遂于六月十五日令部下官兵进驻望海埚各小堡中。他制定的作战计划是:指挥徐刚率兵伏于山下,百户江隆待倭寇上岸后,率壮士潜烧敌人海船,断其归路。最后刘江严令部下"旗举伏起,鸣炮奋击,不用命者,以军法从事"[②]。次日,倭船31艘从马雄岛驶来,2000余名倭寇登岸劫掠。刘江下令堡中守军发炮,埋伏在山下的明军也应声而出,猛击倭寇。倭寇死伤惨重,余众纷纷奔向樱桃园内的空堡躲避。明军将该堡包围,独留下西面的道路。当堡内倭寇夺路向西逃窜时,从两翼夹击,生擒倭寇110余名,消灭千余人。剩下的倭寇逃回登陆点,企图乘船返回海上,但船只早已被江隆等人焚烧,至此敌人全部被歼,无一漏网。

(二)朱纨、张经、胡宗宪主持的抗倭斗争

望海埚大捷的胜利,对倭寇是一个沉重打击,加上当时明王朝与日本方面进行合作,联手捕倭,中国沿海倭患暂时平息下来。可惜好景不长,15世纪中叶日本列岛进入军阀混战的战国时代,一些失意武士和浪人、海盗商人贪图中国财货和经商厚利,在中国沿海大肆进行劫掠和走私贸易。而此时明朝内部日益严重的土地兼并,迫使一些农民出逃成为流民,相当一部分人私自下海谋生,有些人成为海盗;中国沿海的一些豪强大户也因不满朝廷对海外通商的禁令,依仗权势进行走私贸易。这些海上流民、沿海豪强和一些多年从事武装走私的大海商往往与倭寇势力勾结在一起,乘明朝海防废弛之机,在中国沿海的侵扰日益猖獗。从嘉靖二十五年(1546年)开始,倭寇连犯浙江宁波、台州、黄岩、象山、定海,江苏太仓以及吴淞、上海等地,随后又骚扰广东、福建,所过之地,掠财物,焚城镇,甚至挖坟掘尸,又"随处掠劫人口,男则导行,战则令前驱,妇女昼则缫茧,夜则聚而淫之"[③],东南沿海民众备受侵略者摧残。

由于浙江、福建两省防海之兵互不统属,双方军政大员意见不能统一,明军在很长一段时间里不能有效剿捕倭寇,致使其盘踞沿海岛屿,不时窜扰大陆,势力日渐坐大。嘉靖二十六年(1547年),明朝廷任命巡抚南赣汀漳等处的左副都御史朱纨巡抚浙江,兼管福建福、兴、建宁、漳、泉等处海道,等于是给予他实际指挥抗倭战争的权力。朱纨性格峭直,勇于任事,他受命后迅速采取了一系列整顿海防的措施。

首先,他认为,当时浙、闽两省倭寇活动猖獗,是由于沿海豪姓大族及汉奸与倭寇相勾结,所以着手切断汉奸、窝主与倭寇的联系,下令禁止船只出海,杜绝与倭寇往来,严格保甲制度,搜捕交通倭寇之人。"旬月之间,虽月港、云霄、诏安、梅岭等处,素称难

---

①　《明太宗实录》卷二一一,永乐十七年四月丙戌。
②　谷应泰:《明史纪事本末》卷五五《沿海倭寇》。
③　采九德:《倭变事略》。

制,俱就约束。府、县各官,交口称赞。"①其次,他整顿久已疲弱的沿海水军,添置新船,增筑水寨,派福建都指挥使卢镗率兵船泊福宁州,海道副使翁学渊统陆兵亦驻福宁州;海道副使柯乔驻守漳州;佥事余爌驻泉州;备倭黎秀驻金门所(今福建金门岛),把总孙敖驻流江(今福建福鼎东南),各人分守要地,独当一面。在扼制倭寇侵扰势头的同时,朱纨选择了位于今浙江象山港外的双屿作为自己的首要进攻目标。

双屿是汉奸李光头(又名李七)、许栋等人勾结倭寇和葡萄牙人进行走私贸易和海盗劫掠的巢穴。其地两山对峙,中间水道相通,是一个避风泊船的天然良港。许栋等人在南北入口处修营房,泊战舰,防守相当严密。朱纨制定了合闽、浙二省之兵,协力夹攻,待时而动的作战方针。嘉靖二十七年(1548年)初,福建都指挥使卢镗奉命指挥此役,与备倭指挥刘恩至、张四维、张汉等封堵港外水道。一开始,李光头等倚仗当地易守难攻的形势,坚壁不出。至四月初七夜,李光头等人忍不住了,乘风雨交加,海雾弥漫,倾巢而出。明军将士发现后,不顾海况恶劣,操橹出击,俘斩溺死敌人数百,擒获数名倭寇头目和大窝主。卢镗率兵突入港内,焚毁了敌人战舰,捣毁双屿港码头。朱纨得知原先盘踞双屿的倭寇已逃往福建浯屿(今金门岛)后,又命卢镗等乘胜追击。卢镗分兵追击在浙江、福建沿海的双屿残敌。四月,败倭寇于九洋大山(在今浙江象山东南韭山列岛附近),俘斩倭酋稽天新四郎等55人;六月,再败倭寇于沙头岙和北茭(今福建罗源东);七月,击败汉奸许栋和倭寇联合势力,俘斩80多人,赴水死者上千人。嘉靖二十八年(1549年)三月,李光头勾引葡萄牙人流窜到诏安一带活动。朱纨令海道副使柯乔、福建都司卢镗领兵战于走马溪(今福建诏安海滨),生擒李光头等96人。经过一年多的战斗,李光头、许栋势力基本上被清除,与之相勾结的倭寇、葡萄牙殖民者也受到一定的打击。

朱纨发动的双屿之战虽然取得很大战果,却深深地触动了福建沿海专营走私的豪姓大族的利益。他们四处散布谣言,制造舆论,不惜挑动日本贡使与朱纨作对,还收买了言官上奏攻击朱纨。明军取得诏安走马溪大捷后,更有御史上书指责朱纨擅杀。嘉靖二十八年(1549年)四月,就在走马溪大捷的捷报传出后不久,明朝廷下令撤销朱纨巡视浙江、福建海疆之职,迫使他含冤饮药而死,作战有功的将领柯乔、卢镗也被捕问罪,一度大有起色的浙、闽海防再度废弛。

朱纨之死,对明朝抗倭斗争是一个很大的打击。明世宗"罢巡视大臣不设,中外摇手不敢言海禁事"②,浙江海道副使丁湛更把朱纨苦心营建的海防破坏殆尽。"浙中卫、所四十一,战船四百三十九,尺籍尽耗。(朱)纨招福清捕盗船四十余,分布海道,在台州海门卫者十有四,为黄岩外障,副使丁湛尽散遣之,撤备弛禁"③。

明世宗昏聩之举的恶果很快显示出来。嘉靖三十二年(1553年)倭患大炽,原李光头的部下王直纠合倭寇入侵,台州、宁波、嘉兴、湖州、苏州、松江、淮北各地同时报警。明朝统治者这才感到海防问题的严重,于当年七月恢复浙江巡视(后改巡抚),派王忬出任此职并兼管福、兴、漳、泉等地。王忬上任后,以俞大猷、汤克宽出任分守浙

---

① 朱纨:《阅视海防事》,《明经世文编》卷二○五。
② 《明史》卷二○五《朱纨传》。
③ 查继佐:《罪惟录》列传卷三六《日本》。

江、南直隶参将，又将被诬陷入狱的抗倭官员尹凤、卢镗释放出来，招募温州、台州民壮加强海防。无奈这时王直的势力已经坐大，拥有诸多战舰和党羽，并与倭寇门多次郎、田助四郎相勾结，流窜沿海各地掠夺烧杀，"吴中村落市井，故称殷富者，半成丘墟"，死者数十万。俞大猷、汤克宽、卢镗等虽领兵力战，终不能阻止倭寇进犯。嘉靖三十三年（1554 年）六月，王忬调任大同巡抚，以张经为右都御史兼兵部侍郎，"总督南直隶、浙江、山东、两广、福建等处军务"①，在明代历史上第一次将沿海主要地区的防务统管起来。

张经到任后，把整顿海防队伍，进一步加强沿海地区的兵力作为首要大事。他在苏州、松江增设防海同知，在福山港（今江苏常熟东北）、青村增设把总，又下令修复沿海城池，勾捕逃亡军士，编组当地耆民、沙民、盐徒、矿徒为兵，远调外地尚有战斗力的狼兵、土兵等参加抗倭。他认为当时海防作战最大的弊病是明军既不能各守防区，又不能相互支援，所以特别重视游兵（机动部队）的建设。规定每总兵船以一半为游兵，一半为守兵，"贼入本总则并力截杀，入它总则守兵回守信地，而令游兵追捕，与他部相互策应"②。嘉靖三十四年（1555 年）春，猬集在柘林、川沙的倭寇已达到 2 万余人，而更多的倭寇还在乘顺风船相继到来，张经决定调集来自广西的狼兵、湖广的土兵等对其进行围剿。三月，他命俞大猷统狼兵 4000 余人驻金山（今上海金山东南），邹继芳统狼兵约 2000 人驻闵行（今上海县东南），汤克宽统广东东莞打手等驻乍浦，从西、北方向围堵倭寇，单等更强悍的永顺、保靖州二宣慰司之兵到来后，诸军分进合击。这时，奸相严嵩的党羽、兵部尚书赵文华前来祭奠海神。他来到松江后，就催促张经立刻出兵进剿柘林、川沙的倭寇，并上疏诬告张经养寇糜财，张经坚持厚集兵力，直到永顺、保靖等地狼兵 5000 余人抵达后，才郑重决定于四月二十一日进剿敌巢。

盘踞在柘林的倭寇头目徐海打探到明军大兵压境，便先期派兵四出，以牵制明军。四月十九日，倭寇 3000 余人离开柘林老巢，先攻金山卫，再窜入浙江乍浦、海盐，进犯嘉兴。张经及时命令卢镗督保靖兵增援嘉兴；倭寇分兵两路向北流窜后，又令俞大猷在平望（今吴江南）堵截，派汤克宽率水师从中进击。五月初一，倭寇在平望、胜墩（在今吴江南）受到沉重打击，被歼灭数百人，两股势力合聚窜至江南名镇王江泾（在今江苏吴江盛泽东南）一带。此时，卢镗督率的保靖兵、俞大猷督率的永顺兵以及汤克宽率领的水师战船已成三面包围之势，遂合围攻倭，歼敌 1980 人，还有许多倭寇焚溺而死，只剩下几百人逃回柘林老巢。

王江泾大捷是明代抗倭以来所取得的重大胜利之一，但主持此役的张经却因功罹祸，受赵文华诬告而被捕入狱，最终被杀。此后，严嵩与赵文华更肆无忌惮，操纵沿海抗倭之事，先后罢去继张经之职的周珫、浙江巡抚李天宠等人，倚仗胡宗宪等人"颠倒功罪，牵制兵机，纪律大乖，将吏人人解体"，"虽征兵半天下，贼寇愈炽"③。他们所任用的胡宗宪在军事上也是一筹莫展，眼见在战场不能速胜，遂采取用间和收买等手段，挑拨倭寇头目王直手下徐海、陈东等人的关系，令其自相残杀，互相削弱，最后乘其归

---

① 《明世宗实录》卷四一〇，嘉靖三十三年五月丁巳。
② 《明世宗实录》卷四一七，嘉靖三十三年十二月辛巳。
③ 《明史》卷三〇八《赵文华传》。

附不防之机,予以围歼。胡宗宪还派人到日本平户劝诱王直回国受抚,最终将王直处斩。

(三)戚继光、俞大猷抗倭

胡宗宪以用间手段击灭徐海、陈东,诱斩王直,固然对勾结倭人的汉奸是个不小的打击,却不能从根本上遏止倭寇的侵扰。此时倭寇侵扰中国势头正猛,他们利用三、四、五月"春汛"和九、十月"秋汛"的风向,东北风猛则犯广东、福建,正东风则犯浙江、江苏,遇南风则犯天津、辽东,连年袭扰,致使东南沿海几无宁土。而从根本上抵御他们入侵的办法只有一个:建设强大的海防和能征惯战的抗倭队伍,采用正确的战略战术,对侵略者进行摧毁性打击。这一重任历史性地落在了抗倭斗争中成长起来的戚继光、俞大猷等人身上。

嘉靖三十四年(1555年),时任浙江按察司副使的谭纶首先打破明代世兵制度,招募壮士从军,随后任台金严参将的戚继光也在浙江义乌招募矿工和农民从军。其中具体带兵的戚继光不仅对招募来的士兵进行严格的训练,还根据自己总结的抗倭战术,摒弃传统的卫、千户所、百户所、总旗、小旗的编制,实行主将下辖前、后、左、右、中5营,营下分哨和队的新编制,配备的武器也是冷兵器与火器相结合,长兵器与短兵器相结合,以适应与倭寇陆战的需要。戚继光统领的水师则分部(指挥)、司(营)、哨、船各级,其中哨为水师最小作战单位,由福船2艘、海沧1艘和艟𫚉2艘组成,各种船型齐备,特别注意配备船上火器。这些改革使他所领导的军队编组更合理,战术更实用,武器更精强,为接下来的一系列抗倭作战的胜利打下了基础。

嘉靖四十年(1561年)四月,倭寇2000余人在浙江象山、奉化沿海登陆,赴宁海一带劫掠,企图吸引明军兵力,乘虚进犯台州府城。时任分守台金严参将的戚继光留部分兵力分守台州、海门,自己率主力赶赴宁海歼敌。倭寇侦知台州空虚,果然有3000余人分别登陆桃渚(今临海东)、新河(今黄岩东南)、健跳(今三门东南),尤以新河一路距所城很近,威胁极大。戚继光一面坚持进军宁海歼敌,一面派胡守仁等部驰援新河。二十六日拂晓,倭寇逼近新河城下时,胡守仁部援军也恰好赶到。下午四时,倭寇从其占领的城南寺前桥鲍主簿家大院逸出时,明军出动将其击溃,并乘势进围该大院,用鸟铳杀伤其数百人,倭寇见不能得逞,乘夜逃走。与此同时,戚继光得知在桃渚登陆之敌有进犯府城的迹象,且原在宁海的倭寇已经逃走,于是他带主力连夜急行军,回师台州府城。二十七日中午,戚继光先敌赶至台州府城之外,侦知敌人正在距城2里的花街,决定立即前往花街灭敌。戚军先以火器轮番射敌,继则以勇士持刀冲入敌阵,很快将倭寇分别压迫在瓜邻江畔和新桥之下。戚军伙夫刚刚将午饭做好,前线即传来捷报,擒敌酋2人,斩首300余,落水溺死者更多。在击溃和歼灭前两股倭寇之后,戚继光依靠身边的1500名士兵,在仙居大峰岭设伏,打算拦截从此地窜犯处州(今浙江丽水)的第三股倭寇。五月初四,倭寇2000多人冒雨排成单行翻越上峰岭,队伍长前后20余里。戚家军士兵每人执松枝一束,用以隐蔽。倭寇始终没有发现伏兵。初五,戚继光见倭寇过半,下令鸟铳齐发,士兵居高临下杀入敌阵,斩杀倭寇首级344颗,擒获头目5人。继之进行的藤岭之战、海上长沙之战,将溃逃的倭寇尽行歼灭。同时卢镗等也率部歼灭进犯宁波、温州之敌。至此,倭寇对台、宁、温沿海地区闻风丧胆,再也不敢进犯。

倭寇对浙江的入侵受挫后，将攻击矛头指向福建。当时福建卫所只拥有一些老弱疲病的士兵，有战斗力的军队则被俞大猷带领赴江西去镇压农民起义。故倭寇很快就攻陷福清、福宁（今福建霞浦）、宁德、永宁（今福建石狮东南）等地，"沿海千里，尽为贼窟"①。鉴于福建明军攻敌无术，朝廷派戚继光领兵6000人，都府中军都司戴冲霄领兵1600人入闽抗倭。

嘉靖四十一年（1562年）八月初一，戚家军抵达福建宁德。戚继光根据倭寇以横屿为巢穴、四出劫掠的特点，决定击贼击强，先打掉盘踞横屿的倭寇，然后乘胜扫清福清等地。横屿位于宁德东北，三都澳西北，是四面环水的海岛。其朝向大陆的一面，涨潮时汪洋一片，退潮时淤泥一片。岛上千余名倭寇恃此天险，结巢筑屋，立木城防守。戚继光经过了解，发觉以水师登陆，极易搁浅，就派陆兵趁退潮时"负草填泥"，越过淤泥滩登上横屿。倭寇发觉明军进入岛内，便以主力守山上木城，以一部在山脚列阵，企图趁明军立足未稳，发起冲击将其赶入海中。戚继光以主力正面迎敌，同时出奇兵绕至敌后，并在关键时刻以后续部队越过泥滩上岛增援，终于将倭寇击败。一些投海逃跑的倭寇不是淹死，就是被封锁外洋的都司张汉部水师捞斩，总计生擒29人，斩首及焚溺而死的近千人。战后，戚家军乘胜进至牛田（今福清东南）、林墩（今莆田南），歼敌5000余人，基本消灭福建倭寇，于十月初一返回浙江。

听说"戚老虎"（倭寇对戚继光的畏称）返回浙江，倭寇万余人卷土重来，攻占兴化府城（今福建莆田），将城中洗劫一空。朝廷只好调俞大猷、戚继光为福建总兵和副总兵，加上增援福建的广西总兵刘显，三路会剿倭寇。嘉靖四十二年（1563年）三月，早已掠夺得钵盈盆满的倭寇聚于渚林东南的许厝村。该村位于形似足形的平海卫（今莆田平海）半岛的足腕处，据险而守，可以屏障整个半岛。当时，倭寇已派人护送大量掠来的资财返回日本，留下3000精悍之兵负隅顽抗。四月二十日，福建巡抚谭纶召集俞大猷、戚继光、刘显会议，集中明军3万人围攻倭寇。二十一日，戚继光身当中哨，俞大猷、刘显左右包抄，将前来迎战的倭寇2000余人击败，接着明军乘胜追击，把倭寇余部围在许厝巢穴之中，因风放火，全歼敌人2200余人，次日收复平海卫。

福建倭寇平定后，巡抚谭纶为保海疆安宁，建议任命戚继光为总兵官，恢复福建5水寨，浙江土兵分春、秋两班轮戍。戚军实行轮戍后，其在福建的兵力只有6000余人，分驻福宁、福清和漳、泉，每个水寨的40艘战船、13000余士兵，一时无从筹划，只能以修缮好的92艘战船先分配使用。当年秋十月，贪婪的倭寇15000余人乘秋汛风顺，大举入侵福建，真倭万余人包围了仙游县城。戚继光考虑到目前兵力不足，遂先取守势，派兵骚扰攻城倭寇，并且切断其窜犯道路。十二月二十三日，从浙江调回的轮休官兵6000人抵达，戚继光得此生力军，决定对盘踞四门的倭寇各个击破。二十六日拂晓，明军乘浓雾接近城南敌人巢穴，将其四面寨栅拔除，举火尽焚，在大火中未丧命的倭寇奔向城东贼巢，又奔向城北贼巢，戚继光则督促部队依次将各巢焚毁，杀敌1400余人。尔后戚继光与明军进入仙游城内。城外倭寇虽然人多势众，但已胆丧魂飞，不敢恋战，向泉州、惠州方向逃窜。事后，巡抚谭纶评价这次以寡击众的作战，称"自东南用兵以

① 《戚少保年谱耆编》卷三，嘉靖四十一年。

来,军威未有若此之奇,军功未有若此之奇者也"①。

嘉靖四十三年(1564年),在浙江、福建遭受沉重打击的倭寇集中在广东沿海劫掠,并且与以南澳岛为根据地的吴平海盗集团勾结起来,加上当时遍地是矿徒、农民起义,广东形势日益紧张。其时俞大猷已率部进入广东,为了平定倭患和吴平势力,他招抚矿徒和农民军,又派人"诏谕"吴平,先将倭寇孤立起来。三月,俞大猷厚集明军15000余人,其中矿徒伍端部将士勇敢,军纪严明。俞大猷派广东水师屯驻柘林港(今广东饶平东南),断倭后路,然后先以伍端部进击邹塘之敌,斩首400余人;又佯攻芦清之敌,实际上先打屯兵水戎水的倭寇主力。芦清之敌见倭寇主力被歼,惊恐而奔崎沙(今陆丰南)、甲子(今陆丰东南)等吞口,抢夺船只出海,大部遭风浪溺毙。剩下的2000余人只好再次登岸,被围困在金锡都(今海丰南偏东)达两月之久。六月,倭寇乘夜突围,在明军汤克宽、王诏部的追击、搜捕下被歼。

作为抗倭战争的尾声,嘉靖四十四年(1565年)戚继光开始进剿明里受抚、暗地企图东山再起的海盗吴平。吴平于前一年被俞大猷送回到诏安梅岭安置。但他在当地"创武场,日习兵事,造舰百余艘泊港中"②,当明军水师抵达梅岭时,吴平已事先携家属逃往广东,明军只犁沉贼舟105艘,消灭贼徒3000余人。嘉靖四十四年六月,吴平据南澳岛筑城立栅,企图长期据守。于是,戚继光和俞大猷部奉命合兵进攻这一勾结倭寇的海盗集团。南澳孤悬海外,易守难攻,戚、俞两人首先派兵严守大陆,防止吴平窜犯,接着又派水师封锁南澳港口,不让吴平出海。九月二十二日,戚部选择吴平防守不严、地形较为平坦的龙眼沙为登陆点,顺利渡海登上岛岸,当天立木栅建营盘。吴平听说明军已经登陆,派2000余人前来诱战,甫一交锋,吴平的乌合之众便丢盔卸甲,死伤数百人。吴平一心想乘明军立足未稳,赶其下海,遂悬赏3000两,以精锐之兵发起反扑。戚继光一面鼓励将士杀敌,一面散发"胁从弃刀不死之檄"③。吴兵见自己的将士全无斗志,损伤500余人后退回深澳巢穴。3天后,俞大猷率广东明军分乘300余艘战船抵达南澳。戚、俞两人合计,以俞部封锁各澳口,戚部乘船从海上绕至敌军侧后,登陆击敌大寨。十月初五,海上大风刚刚停息,戚继光部就抵达宰猪、大沙两澳,登陆直冲吴平大寨。明军砍栅而入,放火焚毁敌舟和木城,将敌人主力迅速击溃,只有吴平率80余人乘小船逃向潮州。战后,明军穷追吴平至雷州、廉州,最后在安南境内将其彻底消灭。

至此,明代东南沿海的倭患最终平息。

三 沿海地区抗击西方殖民者入侵的斗争

宣德八年(1433年)九月,明朝第七次下西洋的舰队返回祖国。搭乘明朝宝船一同来到中国的,还有苏门答剌、古里、柯枝、锡兰山、佐法儿、阿丹、甘巴里、忽鲁谟斯、加异勒、天方等10国前来"朝贡"的使团。然而早在第七次下西洋之前,新的宝船已停止建造,中止下西洋航行的方针已经确定,而如何把滞留京师的各国使团送回国,成为一

第三十章

明清时期的海疆及其开发

---

① 谭纶:《水陆官兵剿灭重大倭寇分别殿最请行赏罚以励人心疏》,《谭襄敏公奏议》卷二。

② 《戚少保年谱耆编》卷五,嘉靖四十三年十一月。

③ 《戚少保年谱耆编》卷五,嘉靖四十四年九月。

个难以解决的问题。三年之后,朝廷终于决定把护送苏门答剌等国使团回国的任务委托给单独来明朝"朝贡"的爪哇使团,还为此专门在广东打造了大八橹船,明英宗本人也修书给爪哇国王:"王自我先朝修职弗怠,朕今即位,王复遣使朝贡,诚意具悉。宣德时有古里及真腊等十一国,各遣使朝贡未回,今王使回,特赐海船与各使同还。王其加意抚恤,分遣还各国,庶副朕怀远之心。"①这次由明王朝出资出船,由外国使团完成航行,为明成祖时开始的大规模远航活动画上了最后的句号。

然而,紧闭的国门只能使明朝自我孤立,却不能阻止西方殖民者从海上入侵。明朝后期,西方殖民者与倭寇一样,构成对中国海疆的严重威胁,中国沿海军民也与其展开了激烈的斗争。

(一)抗击葡萄牙殖民者的屯门、西草湾之战

明朝自我孤立的"海禁"政策和官方航海活动的停止,造成印度洋上航海力量的空虚,而它很快就被一心想打通东方海路的葡萄牙殖民者所填补。弘治十一年(1498年),瓦斯科·达·伽马带领着一支葡萄牙船队横穿印度洋来到古里(在今印度半岛),运回了包括香料在内的大批印度货物。随后,葡萄牙国王派战舰轰击未设防的古里,屠杀当地无辜渔民,焚毁阿拉伯商船,并在印度西海岸修建起众多城堡和要塞;正德六年(1511年)又攻占了满加剌国(今马六甲),控扼了从中国和东南亚地区通往印度洋的海上咽喉;正德十年(1515年),又占领了霍尔木兹海峡,掌握了波斯湾的门户。从此,印度洋的海上航行完全处于葡萄牙人的控制之下。

受到《马可·波罗游记》的影响和精美的中国瓷器的诱惑,葡萄牙殖民者来到印度以后,就想积极寻找前往中国的道路。正德八年(1513年)和正德十年,两伙葡萄牙商人先后来到广东珠江口的屯门岛(今属香港特区新界)进行贸易。葡萄牙人安德拉德、皮莱资等人到达广州后,竟通过贿赂地方官员和派驻广东的明朝太监得以入京"朝贡"。但他们冒充满加剌国使者,并在广州掠买人口、盖房立寨的真相很快就暴露出来,等到昏乱的明武宗一死,新即位的明世宗就下令将葡萄牙使节押回广东并驱逐出境。

葡萄牙人靠行贿手段难以如愿,于是打算像征服印度和东南亚各国那样,以战争手段敲开中国的大门。其实,早在皮莱资到中国之前,他就根据自己在马六甲和印度搜集到的有关中国的资料,撰写了一部《东方志》。书中称中国人非常懦弱,易于征服,只要从马六甲派出10艘船舰,便足以控制整个中国沿海。一个被囚禁在广州的商人维拉里说得更轻松,他认为只要有2000人,就可以夺取广州。而闯进珠江口进行贸易的商人加尔沃则进一步说,一旦占领广州,便可以在这座城市里建立另一个印度公司,除了往印度和葡萄牙搬运金银的船只外,无须从葡萄牙带任何东西来。在上述狂想欲望的驱使下,葡萄牙人自正德十二年(1517年)秋登上屯门岛以后,就一直赖在那里不走,还在岛上修炮台、驻军队,企图以此作为他们的"殖民乐土"。于是一场中国驱逐葡萄牙殖民者的战斗不可避免地开始了。

正德十六年(1521年)四五月间,奉命收复屯门的广东海道副使汪鋐率军进驻与

---

① 《明英宗实录》卷一九,正统元年闰六月癸巳。

屯门隔海相望的东莞县南头镇，随后向葡军发起进攻。葡军使用的佛朗机子母铳因可以利用子铳快速填药，射击速度较快，又有照星可以瞄准，所以据之负险顽抗。于是汪**鋐**按照白沙巡检何儒的建议，劝说在葡萄牙人战舰上服务的华人杨三、戴明逃离葡军，为明军仿造佛朗机铳。明军拥有了这一新式武器后，对屯门岛上的敌人炮台进行猛烈轰击。十月，葡萄牙的残余武装乘夜突围，逃回马六甲。《明史》上记载的"正德末，其国(指佛朗机国，即葡萄牙)舶至广东，白沙巡检何儒得其制，以铜为之"①，指的就是这件事情。

嘉靖元年(1522 年)，库丁霍(中国史书记为米尔丁·甫思·多·灭儿)率领葡萄牙舰队从马六甲出发，企图重新占领屯门，但表面上却声称要与中国签订和平条约，并在当地进行贸易。"葡军头目别都卢恃其巨铳利兵，劫掠满加剌诸国，横行海外。至率其属疎世利等千余人驾舟五艘破巴西国，遂寇新会县西草湾。备倭指挥柯荣、百户王应恩率师截海御之。转战至稍州，向化人潘丁苟先登，众兵齐进，生擒别都卢、疎世利等四十二人，斩首三十五级，俘被掠男妇十人，获其二舟。余贼米尔丁·甫思·多·灭儿等，复率三舟接战，火焚先所获舟，百户王应恩死之。余贼亦遁。"②

葡萄牙殖民者两次侵华都铩羽而归，以后再也没有派遣舰队来华。但在对华贸易中尝到甜头的葡萄牙商人却加紧与中国走私海商、海盗集团以及倭寇相勾结，在浙江双屿，福建月港、浯屿建立走私贸易基地。嘉靖二十七年(1548 年)，朱纨将双屿、月港等地的葡萄牙人逐走后，这些在走私贸易中大获其利的葡萄牙人又返回珠江口，把香山县东南的半岛澳门(又称濠镜)作为他们的基地。据史书记载："嘉靖三十二年，夷舶趋濠镜者，托言舟触风涛缝裂，水湿贡物，愿借地晾晒，海道副使汪伯徇贿许之。时仅蓬累数十间，后工商牟利者，始渐运砖瓦木石为屋，若聚落然。"③后来，汪柏受贿之银被查出，其款项竟被转为地租收入国库，葡萄牙人留居澳门之事也就糊里糊涂被明朝默认了。

(二)西班牙殖民者对中国的觊觎

尽管葡萄牙殖民者两次进攻中国未果，其商人与中国贸易获利甚厚却极大地刺激了欧洲后起的航海大国西班牙。弘治五年(1492 年)，该国派遣哥伦布率 3 艘战舰横渡大西洋，沿着与葡萄牙人相反的方向寻找通往东方的新航路，其实是想借此到达中国、日本与印度。但在他的旅途中，中国并没有出现在远方的地平线上，倒是阴差阳错发现了美洲大陆。可是在正德十五年(1520 年)，得到西班牙国王查理一世支持的葡萄牙贵族麦哲伦却穿过以他的名字命名的海峡，进入太平洋，来到了亚洲。隆庆五年(1571 年)，西班牙人在菲律宾的吕宋岛建立起殖民地政府后，立即把侵略中国提上议事日程，第一任西班牙驻菲律宾总督黎牙实备开始着手准备入侵的船只和军队。谁知，到了第二年远征队正准备出发时，黎牙实备突然病死，入侵计划也由此搁浅。接替黎牙实备职务的拉瓦沙扎斯也满脑子是侵略中国的疯狂念头。他甚至于万历三年

① 《明史》卷九二《兵志四》。
② 《明世宗实录》卷二四，嘉靖二年三月壬戌。
③ 郭棐:《广东通志》卷六九。

(1575 年)派了一个名叫拉达的神甫到中国福建,要求划出一块地方来给西班牙人居住,这一无理要求自然遭到福建地方官员的拒绝。于是,西班牙殖民地的大小头目们于万历十四年(1586 年)在马尼拉召开会议,决定把征服中国作为在亚洲进行殖民扩张的核心。按照他们的如意算盘,要让葡萄牙人进攻广州,由西班牙人进攻福建泉州,进而征服整个中国。但在两年之后,著名的西班牙"无敌舰队"在英吉利海峡遭受灭顶之灾,西班牙王国也从昔日海上霸主的宝座上骤然跌落下来,入侵中国的狂妄计划自然再也无人谈起。

但在菲律宾,西班牙殖民者一方面从大批中国海商赴该处所进行的贸易中获得财税收入,另一方面则对寄寓该处的数万中国人心怀敌意,蛮横地规定中国人必须信仰基督教才允许在当地居住,而信教后必须按照西洋发式理发,又不许中国人经营零售业,不许当地人穿着中国丝绸,以减少岛上的中国商人数量。万历二年(1574 年),广东海盗林凤来到马尼拉湾。林凤是曾经名噪一时的海盗首领林国显的同族后人,19 岁时加入海盗队伍,后成为与广东大海盗林道乾齐名的海盗首领,拥有战舰数十艘,部众数千人。他因受到明朝官军的追击,在台湾、澎湖一带无法立足,带着 62 艘战船,水陆士兵各 2000 人,妇女 1500 人从台湾魍港出发,到菲律宾一带活动。他刚到菲律宾,就派 400 人突袭马尼拉城,虽然火烧了菲律宾殖民军队司令戈迪的住宅,攻城却没有成功。3 天后,林凤率大队再次攻城,同样遭到西班牙人火炮的猛烈射击。此后,林凤转舵扬帆,北上今菲律宾班加丝兰省定居下来。西班牙总督随即调集兵力 3000 余人,围剿林凤部。由于林凤的船只已被烧毁,西班牙殖民者对其实行长困久围之策。次年夏天,林凤利用秘密打造的 30 余艘战船乘夜突围,返回台湾魍港,后来在闽、粤两省明军的合力围剿下再度逃往海外,也有人说他"逃往西番","仍逃外夷"①,不知所终。林凤攻打马尼拉之役,更加剧了菲律宾殖民当局对当地华侨的歧视,他们强征华侨从事苦役,稍不如意即加以鞭笞。广大华侨难以忍受如此残酷的压迫,万历二十一年(1593 年),一些被征发到船上当桨手的华人奋起反抗,杀死了包括总督达斯马里纳斯在内的 75 名西班牙殖民者,驾船逃离吕宋。当年年底,代行其父职权的达斯马里纳斯之子卢易斯掀起排华浪潮,将上万名华侨驱逐回国,又出兵捣毁马尼拉的华人社区。鉴于明朝当局对华人在海外的生活状况不闻不问,菲律宾殖民者于万历三十一年(1603 年)在马尼拉屠杀了手无寸铁的华侨 25000 余人,又于明崇祯十二年(1639 年)、清康熙元年(1662 年)、康熙七年(1668 年)三次对当地华侨进行了大屠杀。

(三)郑芝龙、郑成功父子抗击荷兰的作战

与葡萄牙和西班牙殖民者相比,荷兰殖民者是晚至 17 世纪初才来到中国沿海的,但他们对中国海疆的威胁却更大。万历二十九年(1601 年),荷兰舰队入侵广东海面,与明军水师相遇。明军因对其"素不习见,且状貌服饰非向来诸岛所有,亦未晓其技能,辄以平日所持火器遥攻之。彼姑以舟中所贮相酬答,第见青烟一缕,此即应手糜烂,无声迹可寻,徐徐扬帆去,不折一镞,而官军死者已无算"②。万历三十二年(1604

---

① 《明神宗实录》卷四五,万历三年十二月己卯。
② 沈德符:《万历野获编》卷三〇《红毛夷》。

年),荷兰人在几次未能获得贸易特权的情况下,竟与一些汉奸相勾结,伪造大泥国书,向福建漳州地方官员投递,后来又见明军守兵从澎湖岛上撤走,便乘虚而入,窃据澎湖。漳州地方官员百般劝说荷兰人离开澎湖,又禁止商民下海贸易,切断其粮食供应,致使荷兰人在占领澎湖四个多月后不得不离去。

天启二年(1622 年),荷印总督燕·彼得·昆决定以武力打开中国的大门。他派遣雷耶斯佐恩带领 15 艘战船和 800 名士兵进攻澳门。早有准备的葡萄牙人以炮火迎击。雷耶斯佐恩攻击不利,调棹北上二次占领澎湖。荷兰殖民者在澎湖掠捕中国人做苦役,修堡垒,又勾结海盗兼海商杨六、杨七等人进行走私贸易,无恶不作。天启三年(1623 年),福建巡抚南居益调集 150 艘战船和 4000 名土兵在澎湖白沙岛登陆,建筑前敌城垒,封锁澎湖海面,四面困住荷兰殖民者。荷兰殖民者孤立无援,只好与明军达成条件,拆除堡垒,退出澎湖。

荷兰殖民者离开澎湖后,即侵入台湾,在台湾西南海岸的大员湾建立起城堡(最后定名为热兰遮城),以此为巢穴,抢劫前往马尼拉的中国商船,以切断中国与西班牙人之间的贸易通道。也就是在此后不久,曾经与荷兰殖民者保持密切商业往来的海盗首领郑芝龙被明朝招安了。郑芝龙系福建南安平安镇人,早年投靠旅居日本的著名海商李旦门下,被收为义子。李旦死后,郑芝龙迅速发迹,成为明末海外走私商人集团的首领,拥有海舶上千艘。崇祯元年(1628 年),福建巡抚熊文灿正式委任郑芝龙为海防游击。由于郑氏依次剿除沿海各海盗团伙,"从此海岛宁靖,通洋贩货内客、夷商皆用飞黄旗号(即郑氏令旗),联帆望影,无儆无虞,如行徐、淮、苏、常之运河"①,郑芝龙也由游击、参将升至副总兵官、总兵官。与此同时,郑芝龙仍与日本、荷兰保持着紧密的贸易关系。崇祯三年(1630 年),台湾的荷兰长官普特曼斯与郑芝龙达成航海保护协议。该协议规定:荷兰人不劫掠郑氏商船,对其提供保护,郑氏则要与荷兰通商贸易。郑芝龙严格遵守了这一协议,对破坏协议的行为毫不犹豫地进行惩罚。崇祯四年(1631 年),荷兰人拦截了一艘前往马尼拉的中国商船,向其征收金钱。郑芝龙得知后,立即停止荷兰人在漳州的贸易,直到荷兰人归还这笔钱为止。不久,福建地方官员获知此事,遂严行禁止荷兰人前来贸易。普特斯曼恼羞成怒,于崇祯六年(1633 年)对厦门发起攻击,郑芝龙停泊在港内的战船尽被摧毁。不过郑芝龙很快就组建起新的舰队,在金门料罗湾重创荷兰殖民者,人称郑军"焚其巨舰,俘其丑类,为海上数十年所未有"②。

第三节　清朝对海疆的镇辖和防卫

明崇祯十七年(1644 年),也就是清朝的顺治元年,清军叩关进入中原,从农民起义军手中夺取政权,确立了对全国长达 268 年的统治。由于明朝余部在相当长一段时间里依托东南沿海地区从事抗清斗争,特别是明朝将领郑成功从荷兰侵略者手中夺回

---

① 花村看行侍者:《花村谈往》卷一。
② 《兵科抄出福建巡按路振飞题稿》,《明清史料》乙编。

台湾,据之为抗清基地,清朝对全国海疆的统一是康熙二十二年(1683 年)才完成的。清王朝作为中国历史上最后一个封建王朝,政治上空前统一,经济上高度发展,出现了被誉为封建社会鼎盛时期的"康乾盛世"。但它在海疆的治理上仍承袭明朝的"海禁"政策,建立旧式的防御型的海防体系,闭关锁国,最终使自己陷入"落后挨打"的屈辱境地。

一 对海疆的统一

清朝是生活在中国东北地区的一个古老民族——女真族(后称满洲、满族)建立的国家。明朝末年,女真人在建州女真酋长努尔哈赤的领导下,势力不断壮大,不仅统一了东北地区,而且攻入中原,统一全国,建立了大一统的封建王朝。他们统一东北和统一全国的历史进程也就包括了对海疆地区的占领和镇辖。

(一)对海疆的基本统一

清太祖努尔哈赤所在的建州女真部落分布在浑河流域东至长白山、南至鸭绿江的内陆地区,其攻占海疆的历史最早可以追溯到明万历三十七年(1609 年)到万历四十三年(1615 年)。当时,努尔哈赤攻打北方的乌拉部时,为肃清其东方的割据部落和依附乌拉部的势力,在黑龙江下游和乌苏里江流域发动了一系列的战争。万历三十七年(1609 年),他派兵征服了瑚叶路(乌苏里江上源胡叶河),第二年又招抚了那木都鲁、绥芬、宁古塔、尼马察 4 路,征讨雅兰路(今海参崴东苏昌河)。万历三十九年(1611 年),攻取乌尔古辰(库尔布新河)、木伦(穆棱河)两路以及札库塔城(乌苏里江毕新河口)。万历四十三年(1615 年),占领了今俄罗斯伯力东方海滨的额赫库伦城。其后,女真人在东北海滨地区的扩张势头一直不减。经努尔哈赤和皇太极两代统治者的多年经营,至清朝崇德年间(1636—1643 年),黑龙江下游的使犬部,东北滨海地区的使鹿部皆归入其版图。清朝对明朝宣布:"自东北海滨,迄西北海滨,其间使犬、使鹿之邦及产黑狐、黑貂之地,不事耕种,渔猎为生之俗,厄鲁特部落以至斡难河源,远迩诸国,在在臣服。"[1]这里的东北海指鄂霍次克海,西北海指贝加尔湖。

也就是在努尔哈赤征服东北滨海地区的同时,天命四年(1619 年),他率部与明军在萨尔浒(今辽宁抚顺大伙房水库附近)进行了一场战略性决战。面对明朝 4 路大军10 余万人马的分进合击,努尔哈赤制定了"凭尔几路来,我只一路去"[2]的作战方针,依次围歼和击溃各路明军,歼灭其 45000 余人。战后,明朝彻底丧失了在东北地区发动战略进攻的能力,只能据守辽东、辽西的一些战略要地。努尔哈赤则抓住有利时机,于天命六年(1621 年)发动沈辽之战,次第夺取沈阳、辽阳诸城,并向辽东挺进,占领了金、复、海、盖 4 州及附近海岛,将明军压迫至旅大半岛的狭长地带。时明朝以黄龙守旅顺,毛文龙守皮岛(位于今西朝鲜湾内),隔海依托山东登州、莱州为守军后援。但明王朝对这一带的海上防务并不重视。皇太极继位后,于天聪七年(1633 年)、崇德二年(1637 年)在明军降将孔有德、尚可喜的帮助下,先后夺取旅顺和皮岛,拔除了明军在辽东海上的据点,控制了整个辽东半岛地区。

---

① 《清太宗实录》卷六一,崇德七年六月辛丑。
② 夏允彝:《幸存录》卷下《东夷大略》。

顺治元年(1644年),李自成农民起义军占领北京,明宁远守将吴三桂勾结清军入关,在山海关一役中击败李自成,占领北京。随后,一路清军由巴纳哈、石廷柱率领,占领了山东、直隶(约今河北)一带,接着调转方向,把主要兵力用于同战斗力较强的农民军李自成、张献忠等部作战。顺治二年(1645年)正月,李自成在清军的猛烈攻击下撤出陕西,经商洛山区进入荆襄。五月,他在九宫山遭当地地主武装突然袭击而牺牲(一说出家在湖南石门夹山寺为僧)。顺治三年(1646年)十一月,清军从陕西进入四川,张献忠的部下刘进忠叛变投清,献出川北门户朝天关,并引导清军进袭张献忠总部,杀死张献忠。

顺治元年(1644年)十二月,清定国大将军多铎指挥清军分道南下,一路由山东沂州(今临沂)、济宁逼近宿州、邳州,一路由河南彰德、卫辉逼近归德(今河南商丘)、徐州。时明朝臣僚推福王朱由崧为皇帝,在南京建立弘光政权,即南明政权,由南明兵部尚书史可法负责前线军事。但是小皇帝朱由崧昏庸淫逸,朝政由阉党马士英、阮大铖等人把持,整日里忙于内部纷争和卖官鬻爵,打击正直朝臣和抗清将领,以致朝中"无为国家实心任事者"①,也缺少抗清斗争的切实准备。这时,长期受马、阮二人打击的明朝武昌守将左良玉带兵进攻南京,扬言要"清君侧",同时清军也在多铎的指挥下进攻淮南、淮北,逼近南京门户扬州。史可法连章上奏,请求朝廷增兵前线,马、阮二人却说:"宁可君臣皆死于清,不可死于(左)良玉之手"②,不仅不为前线增派一兵一卒,反而把史可法部署在两淮地区的大部分兵力调去打内战。顺治二年(1645年)四月,清军穿过早已没有多少兵力的江淮防线,如入无人之境,直抵扬州城下。史可法指挥8000明军婴城固守,终因清军兵力众多,且其用来攻城的红衣大炮威力极大,虽"守陴者犹不退,发矢石如雨。城下死者山积,攻者反籍叠尸以登,蜂拥蚁聚"③,城被攻破,史可法被俘不屈,慷慨就义。清军入城后10天,在城中纵兵劫掠杀人,"凡被杀数十万人,所掠妇女称是,无一人得存者,扬城遂空"④。其后,清军在军事上进展颇为顺利,很快就渡过长江,攻破南京、江阴、无锡、苏州、江阴、松江、太仓等江南沿海重镇,俘虏南明皇帝朱由崧。但清军将领在扬州、江阴等地纵兵劫掠屠城,并重新颁发"剃发令",用暴力强令汉族人民改变习俗,有的清朝官员甚至强行命令当地百姓三日内剃发,声言"留头不留发,留发不留头",激起江南人民的激烈反抗。福建、浙东的明朝官员也积极拥立朱氏子孙建立起隆武和鲁王两个南明政权。两个南明政权的王公臣僚为争正统地位,势同水火,在清军各个击破的军事行动面前不能相互策应。当年八月,隆武帝朱聿键被俘杀,隆武政权灭亡。次年,据守福建沿海,支持隆武政权的郑芝龙也投降了清朝;顺治十年(1653年),鲁王政权的根据地舟山被攻破,该政权亦灭亡。

顺治三年(1646年)八月以后,清军加紧了对福建、广东等沿海省份的军事进攻。惟这时抗清活动更加激烈,一方面由于清朝残暴的民族政策激起了南方各地人民的普遍反抗,各州、县义军蜂起,有些一度投降清朝的明军将领也反戈而击;另一方面李自成、张献忠起义军余部也与反清复明势力联合起来共同作战,所以这一时期出现了两

---

① 徐鼒:《小腆纪传》卷一〇《史可法传》。
② 计六奇:《明季南略》卷三《议御北兵》。
③ 张纯修:《史可法别传》,载《史可法集》。
④ 计六奇:《明季南略》卷八《史可法扬州殉节》。

个南明政权:以朱聿𨮁为帝的绍武政权和以朱由榔为帝的永历政权。绍武政权只存在了 43 天,永历政权却得到较广泛的支持,南明臣僚官兵和各地抗清义军、农民军联起手来,击退进攻广西的清军孔有德等部,收复湖南失地,占领福建各州府水陆要隘,在东南沿海地区掀起第二次抗清高潮。连清朝福建官员也不得不承认:"闽省虽云已入版图,较之未入版图之初,尤难料理。"①

顺治五年(1648 年),清军为了扭转南方海疆形势,推行"以汉人制汉人"的政策,派明朝降将洪承畴坐镇南京,招抚东南各省,派孔有德为定南王,出征广西;派耿仲明为靖南王,尚可喜为平南王,出征广东。次年底,尚可喜和耿仲明之子耿继茂部清军越过大庾岭,进入广东。正在广东肇庆的永历帝朱由榔准备登船逃往海上。南明广西巡抚瞿式耜百般劝阻,说"粤东水多于山,良骑不能野合……赋财繁盛,十倍粤西。且肇庆去韶(关)千里,材官兵土南北相杂,内可以自强,外可以备敌,强弩乘城,坚营固守,亦可待勤王兵四至"②。无奈永历帝已被清兵吓破了胆,闭耳不纳,离开肇庆直奔梧州。顺治七年(1650 年),清军尚可喜、耿继茂部攻破广州城,尽杀城内军民,并很快占领广东要地肇庆、钦州(今属广西);另一路清军孔有德部则攻破广西战略重镇桂林等城,占领广西大部,基本结束了永历政权在粤、桂的统治。

顺治八年(1651 年),抗清斗争发生了新的变化。张献忠农民军余部在孙可望的领导下,以云南、贵州两省为中心,联合永历政权和西南少数民族,组成了浩浩荡荡的 20 余万人的抗清大军。他们兵分两路:一路由李定国等人率领,从贵州出湖南、广西;一路由刘文秀率领,从贵州入四川。李定国很快攻下桂林,占领全部广西,清朝定南王孔有德举火自焚而死;继而又出兵进攻湖南、江西,清敬谨亲王尼堪中伏被杀。刘文秀部也收复四川的叙府、泸州、重庆、成都等大部分地区。在闽、浙、粤东战场上,郑芝龙之子郑成功则率部誓死抗清。他奉永历正朔,发兵围攻福建重镇漳州,并约期与李定国会师于广东新会,牵制了不少清军兵力。清朝得知尼堪败死,东南沿海形势危急,一度曾打算放弃云南、贵州、四川、广西、广东、湖南、江西等省,与南明媾和。

但孙可望等农民军将领却在大好形势面前闹起了内讧。孙可望妒忌李定国功高于己,不择手段加害于李定国,迫使李定国放弃湖南战场的有利战机,退往广西。孙可望与李定国交战失败后投降清朝;李定国则在抗击清军入侵贵州的作战中迁延失机,又在贵阳、普安州两次被清军击败,精锐丧尽,难以保住云、贵抗清根据地。顺治十六年(1659 年),李定国在怒江磨盘山(今高黎贡山南段)设伏,杀死清军追兵数千人,自己的人马也遭受到严重损失,不得不退入缅甸,永历帝亦逃入缅甸避难。康熙元年(1662 年),缅甸因清军大兵入境,执永历帝献于清军将领吴三桂,朱由榔被押回云南绞死,永历政权灭亡,李定国亦悲愤交加,病死于缅甸。至此,大股的抗清力量只有活跃在东南沿海的郑成功了。

(二)郑成功收复台湾

顺治十六年(1659 年),正当李定国抗击清军最艰难的时刻,郑成功为策应李定国

---

① 郑天挺:《明末农民起义资料》,中华书局 1954 年版,第 304 页。
② 徐鼒:《小腆纪年附考》卷一七,顺治七年正月辛酉。

部,大举北伐,"以图牵制"①清军。五月,郑成功率兵 17 万,分水、陆两军进攻长江流域。其一部在崇明岛登陆,然后直趋镇江。清军在江面设置滚江龙(即用铁索连接起来的木栅)、木浮营(即漂浮在江面的木城)拦阻郑军,皆被斩断、冲垮,清军被歼 4000余人,镇江城被攻占。紧接着,郑成功率军攻下江浦,直趋江宁(今南京)城下。另一路郑军由张煌言率领,也攻占芜湖等地,与围攻江宁之军相配合。但郑成功在大好形势下,却放弃了兵贵神速、乘胜积极攻城的正确方针,屯兵城下,毫不防备,坐待敌人投降。七月二十三日,清军对正在饮酒作乐的郑军发动突袭,郑军主要将领大多战死,主力损失大半,被迫乘舟出海,返回厦门。

顺治十七年(1660 年)五月,清军对郑军根据地厦门、金门发动进攻。郑成功部擅长海战,将士训练有素,在海上和陆上作战中都给予清军沉重打击,清军统帅达素战败自杀。但战场上的胜利并没有解决困扰郑军已久的粮食问题,而且由于孙可望降清,李定国和永历帝逃往缅甸避难,大陆抗清斗争形势日益恶化,为了经营一个可以据以进行长期抗清斗争的根据地,郑成功举目四望,"附近无可措足,唯台湾一地离此不远,暂取之,并可以连金、厦而抚诸岛",然后"广通外国,训练士卒,进则可战而复中原之地,退则可守而无内顾之忧"②。在郑芝龙旧部、曾经在台湾的荷兰人那里担任过通事的何廷斌的帮助下,他开始筹划攻台事宜。

明天启四年(1624 年),荷兰殖民者被明朝军队从澎湖赶走后,就来到台湾,逐渐占领整个台南地区。两年后,西班牙殖民者也不甘落后,派兵 300 人在鸡笼(今台湾基隆)登陆,窃据台北地区。崇祯十四年(1641 年),荷兰殖民者将西班牙人赶走,独霸整个台湾。为了巩固自己的统治,荷兰殖民者一方面加紧对台湾人民的压迫,另一方面在台湾一鲲身(今台南平安镇)修建起热兰遮城(台湾城),在北线尾岛修筑了热堡,在魍港修建起弗里辛根堡,派驻岛上的荷兰守军则多达 2200 人。当获知郑成功打算东征台湾的消息后,荷兰殖民者加紧从巴达维亚(今印度尼西亚雅加达)派兵增防台湾。至战前,在台湾的荷兰殖民军已增加到 2800 人,其主力配备战船多艘驻台湾城附近,以火力封锁一鲲身和北线尾岛之间的大员港,又以沉船堵塞鹿耳港航道,防止郑军在这两处登陆。其他部队则配属在赤嵌城等城堡港口。

顺治十八年(1661 年)三月二十三日午刻,郑军从金门料罗湾出发,第二天早晨已渡过台湾海峡,抵达澎湖,但在准备前往台湾时却遇上了逆风,困顿在澎湖岛上数日不能前进。为了按时在每月初一、十五涨大潮时赶至鹿耳门港,郑成功力排众议,于三十日晚冒着暴风雨强渡海峡,终于在次日拂晓赶至台江海口之外的海面上。当时从海上驶入台江有两条水道可行:一条叫鹿耳门港水道,道窄水浅,荷军又用沉船加以阻塞,只有在涨大潮时才能勉强通过,所以也没有派驻兵力。另一条叫南航道,口宽水深,荷军以台湾城、赤嵌城大炮扼守,又派有战船巡护,防守极为严密。郑成功避开荷军设防重点,利用大潮,在四月初一中午从鹿耳门港水道驶入台江,并迅速在禾寮港登陆,切断赤嵌城与台湾城的联系。四月初四,因郑军击败荷军的 3 次反扑,又切断了赤嵌城的水源,赤嵌城的荷军不得不举旗投降。郑成功随后调动兵力,包围了荷兰驻台湾长

① 魏源:《圣武记》卷八。
② 江日升:《台湾外纪》卷五。

官揆一所在的台湾城,予以长期围困。七月十八日,荷兰殖民者派 700 名士兵和 10 战船前来增援,但援军在进攻郑军时遭受重创,再也不敢与郑军交战,困守台湾城的荷军军粮缺少,疫病流行,士气极为低落,郑成功则在城外修筑炮台,架设巨炮,对城内进行猛烈轰击。当年十二月,荷兰殖民者对前途完全绝望,认为"如果继续战斗下去,可怕的命运将降临到每一个人头上,而这样坚持对公司也没有什么好处"①,决定"罢兵约降,请乞归国"②。顺治十八年十二月十三日(1662 年 2 月 1 日),揆一签字投降,交出所有城堡、武器和物资,乘船离开台湾。

(三)康熙统一台湾

康熙元年(1662 年),郑成功在收复祖国宝岛台湾后不久即因病去世。郑氏集团内部也因此展开争夺权力的斗争。据有郑氏主要根据地厦门的世子郑经带兵在台湾登陆,击溃声称为郑成功继承人的叔父郑世袭,又杀害伯父郑泰,直接导致郑氏集团的内部分裂,大批将士向清军投降,削弱了郑氏的军事实力。康熙二年(1663 年)十月,清军与荷兰人组成联军,企图一举夺占金门、厦门两岛。十九日,郑军水师战船 20 余艘在金门乌沙港海面与荷军大型战船 14 艘、清军中小型战船 300 余艘交战,荷船体大笨重,行动不便,清军战船又不善水战,在郑氏水师的迅速攻击下,清军水师将领马得功自溺身亡,大小船只损失惨重,荷军缺乏清军水师的配合,也退出了战斗。但在海澄方向,清军却成功地招降了守卫陆路要地高崎的郑军将领,突破了郑军的防御体系,进占厦门、金门。接着,清军再施招降之策,守卫镇海(今福建龙海东南)的郑军将领林顺、守卫南澳的郑军将领杜辉以及在乌沙港海战中立下战功的郑军水师将领周全斌等率 10 万余人降清,郑经完全失去了大陆沿海的岛屿,退往台湾,在澎湖修筑营垒、烟墩和炮台,作为防御的前沿阵地。

为了消灭郑氏集团、占领台湾,降清的郑氏旧将施琅、周全斌等人曾率水师 3 次进攻澎湖,终因风向不利或遇海上风暴,不得不返航。其后,清军改变对台政策,放弃沿海岛屿,在内陆进行防御。康熙十三年(1674 年),驻守福建的藩王耿精忠参与吴三桂叛乱,联络郑经,劝其攻占江浙或攻取南京、天津。郑经却派兵在厦门登陆,经过几年的战争,从耿精忠、尚可喜手中夺取了福建的泉州、漳州、兴化(今福建莆田)、邵武、汀州和广东的潮州、惠州等七府之地。康熙十九年(1680 年),清军已平息三藩之乱,遂调集兵力水、陆并进,扫除福建、广东沿海的郑氏势力,郑经战败逃回台湾,于第二年正月去世。

此时,康熙经过多年经营,铲除了权奸鳌拜和吴三桂等"三藩"势力,国内政治也渐趋稳定,特别是改变了过去"焚船撤军"的做法,重建并加紧训练了一支强大的福建水师,在扫除沿海郑氏势力的水面作战中取得了不俗的战绩。鉴于过去清朝与郑经进行了长期和平谈判,郑经并没有表现出丝毫诚意,反而写信给舅舅说:"今日东宁(指台湾),版图之外另辟乾坤,幅员数千里,粮食数十年,四夷效顺,百货流通,生聚教训,足

---

① 〔荷兰〕揆一:《被忽视的福摩萨》卷下,见《郑成功收复台湾史料选编》(增订本),福建人民出版社 1982 年版,第 182 页。
② 江日升:《台湾外纪》卷五。

以自强，又何慕于藩封、何羡于中土哉？倘清朝以海滨为虞，苍生为念，能以外国之礼见待，互市通好，息兵安民，则甥亦不惮听从，不然未有定说，恐徒费往返耳。"①和平统一已无可能，康熙决定以武力统一台湾。康熙二十年（1681年）六月初七，他得知郑经已死的消息后，发布上谕："郑锦（经）既伏冥诛，贼中必乖离扰乱，宜乘机规定澎湖、台湾。总督姚启圣，巡抚吴兴祚，提督诸迈、万正色等，其与将军喇哈达，侍郎吴努春，同心合志，将绿旗舟师分领前进，务期剿抚并用，底定海疆，毋误事机。"②不料，这道谕旨遭到相当一部分大臣的激烈反对，连福建宁海将军喇哈达、福建水师提督万正色等前线将领也站在反对者的一边。康熙帝考虑到郑经死后，郑氏集团内部分崩离析，部将冯锡范和刘国轩杀死郑经长子，拥立年仅12岁的冯锡范女婿、郑经次子郑克塽，必然引起人心浮动。况且台湾孤悬海外，不能收归版图，郑氏经常攻扰沿海，也是清朝的一块心病。为了一劳永逸地解决台湾问题，康熙帝毅然起用支持收复台湾的水师老将施琅为福建水师提督，全权负责攻台行动，福建总督姚启圣坐镇福州，负责后勤保障。

施琅到任后，根据自己多年的航海经验，把渡海攻台的时机选择在夏至前后的20余天之内，一来可以尽量避开台风，二来又能出敌不意。他制订的作战方案分3个阶段：一是攻占台湾前沿阵地澎湖，打开台岛大门，切断其与海外各国的通道；二是在大军屯兵澎湖、威胁台岛的形势下，派使者与郑氏集团谈判，实现和平统一；三是若谈判不能成功，再进军台岛。康熙二十二年（1683年）六月十四日，清军2万余人，分乘230余艘战船从位于上风、上流位置的铜山（今福建东山岛）起航，向澎湖进发。次日，清军顺利夺取八罩屿作为舰队的锚泊地，并于第三天向郑军防御阵地发起进攻。澎湖守将刘国轩将水师排列在湾内，以岸炮和舰炮火力抵抗清军，清军前锋将领蓝理被炮击中，施琅眼部也被击伤，只得率军退出战斗。这时有人建议刘国轩乘胜夜袭清军水师锚地，刘国轩没有理睬，以为只要谨守门户，台风一起，清军必然不战自溃。二十二日，休整后的施琅率军再次进攻。他自率主力担任正面主攻，又组成东、西两线部队，分别从澎湖湾东、西两口攻入。战斗开始后，清军战船按照施琅的命令，"遇贼船一只，即会数只合攻"③，集中兵力歼敌。不久，南风大发，使清军战船处于上风有利位置，而东、西两线部队也恰好于这时赶到，合击郑军船队。刘国轩眼见所率战船多已损失，大势已去，带着剩余的31艘战船逃往台湾，澎湖诸岛守军纷纷投降。

澎湖之战结束后，施琅一面休整部队，做好进攻台湾的准备，另一方面积极加强政治攻势，安抚澎湖百姓，释放郑氏被俘官兵返回台岛，又向台湾军民发布《安抚谕诚示》，派原刘国轩的副将曾蜚赴台劝说郑氏投降。施琅本人一家数十口都曾被郑氏所杀，仇怨甚深，但他当着刘国轩等人的部下，郑重表示不计家仇，以国事为重，"不特台湾人不杀，即郑家肯降，吾亦不杀。今日之事，君事也，吾敢报私仇乎？"④康熙帝也同时向郑氏集团颁布了赦罪诏书。

康熙二十二年（1683年）闰六月，在经过十分激烈的内部争论之后，刘国轩等人向

① 《政经复董班舍书》（永历二十一年六月二十三日），见《康熙统一台湾档案史料选辑》，福建人民出版社1983年版，第69～70页。
② 《清圣祖实录》卷九六，康熙二十年六月戊子。
③ 江日升：《台湾外纪》卷一〇。
④ 李光地：《榕村续语录》卷一一。

清朝投诚的意见占了上风,郑克塽派人与清军谈判,接受了将台湾人口、土地全部移交清朝管理、郑氏集团人员迁入内地安置的条件。八月,施琅率军在鹿耳门港登陆,举行隆重的受降仪式,台湾归入清朝版图,中国海疆又一次实现了统一。

二 康雍乾时代的海防战略与海防体系

(一)以海口和陆路设防为主的海防战略

清王朝是由满族贵族与汉族地主共同建立的封建政权。历史上,女真人(满族)长期生活在内陆白山黑水之间,对海洋不免陌生。他们在入关统一全国的战争中,主要是靠骑兵宽大正面的冲击和红夷大炮的强大火力击败明军和明末农民军,夺取各地城邑。在相当一段时间里,清朝水师尤其是远洋水师力量并不强大。鉴于清军海上作战并不占优势,它在与台湾郑氏集团、对海盗及西方殖民者的斗争中,往往采取"海禁""内迁"等相对消极的策略,尽管这些措施的效果往往并不理想。清朝后来统一台湾,与福建建立强大的水师并在施琅的指挥下击败刘国轩、取得澎湖之战的胜利有很大关系。但在随后的百余年间,清朝统治者并没有因此而加强水师建设。清朝水师战船不仅无法与西方舰船一较高下,就连海盗船也比不上。19世纪初,由两广总督那彦成、浙江水师提督李长庚率领的清朝水师,受到由张保、郭婆带等人指挥的海盗联盟明目张胆的攻击而一败涂地,李长庚当场阵亡,那彦成则因剿匪不力,被流放西北。后来,清朝统治者是靠着招安政策,才使这支强大的海上武装瓦解的。究其原因,一个是官兵船远不如海盗船吨位大,船况好,数量多,就连水师将官乘坐的舰船(应当是最好的舰船),尚且"日夜戽水数百桶,譬如老牛羸马"。在火器配备上,海盗船火炮可大到5000斤,而官兵舰船大多缺少火炮,即使有,也多是两三千斤的小炮,与海盗船交战时每每处于下风。另一个原因是水师官兵平时应付差事,往往视巡海会哨为具文,对管区内风涛沙线不甚在心。出海时,在无风、大风、逆风、大雨、阴云笼罩、夜黑、沙路不熟、前无收泊地的情况下,皆不作战,而海盗则对"海洋之路熟若门庭,波涛之险安如平地",危急时能够同心协力,舍死拼命;水师官兵"则各顾性命,危急之际辄弃其将官,跳水先逃,鲜有与将官同死者"①。到鸦片战争前,中国水师所拥有的最大船只是数十吨的"米艇",这种通常用于沿海运送粮食的小船根本就不能抵挡大洋之中的惊涛骇浪,自然也就不具备与海上强国交锋的能力。在这种情况下,清军只能以陆上或海口设防为主,很少进行海上尤其是远洋航行,更谈不上对入侵者进行积极的海上防御和进攻了。

中国海上力量的极度萎缩,迫使鸦片战争前的清朝广东水师提督关天培不得不放弃前任虚应故事式的出海巡逻行动,改弦更张,把精力放在经营虎门海口要塞上。他在控扼珠江入海口的虎门两岸修筑多座炮台,配以原始前装火炮,设置拦江木排和铁链,以分段逐次防堵的战法拦阻敌舰内驶。应当说,关天培的这种海口要塞防御战法,代表了当时清军沿海防御的最高水平。但虎门炮台系两个多世纪以前就被意、法、荷、德等欧洲国家淘汰的裸露式圆形、半圆形炮台,一般以青麻条石砌就,仅以正面墙垛掩蔽火炮和兵丁,无顶盖防护和台内隔堆,敌人的曲射火炮可遍及全部设施。在火炮配

---

① 程含章:《上白制军筹办海匪事》,《皇朝经世文编》卷八五《兵政》一六《海防下》。

置上又单纯追求远程炮(其实,当时清军火炮射程十分有限,两岸炮台的火炮射程甚至无法相交于主航道,留下一段炮火空白区,听任敌舰行驶),而非远程火炮与近程火炮相结合配置,火炮多设于正面,炮台侧后也缺少沟壕和其他掩护工事。所以外国侵略者可以把战舰驶到距离炮台很近的炮火盲区摧毁炮台,又可以派登陆小船运载步兵上岸,从侧后攻击炮台。后来的战争史实证明,这种以防御为主的海防工事和战法并不能长时间抵御"坚船利炮"的攻击,即使是当时清朝最坚固的海防要塞虎门仍然在较短的时间内被西方侵略者所攻破。

(二)清代前期的海疆管理方式

清承明制,在海疆地区也是主要采取军事管理,军事管理、土官管理与州、县民政管理相结合,在州、县民政管理的同时屯驻海防兵力等 3 种管理方式。在海防方面则是近海巡防与海口、陆岸设防相结合。

清朝统一全国之后,以东北为其龙兴之地,设立奉天将军、吉林将军和黑龙江将军进行军事管理,其管理范围也包括辽东海疆及今俄罗斯远东滨海地区。由于东北地区还有一些未入八旗的汉民,各将军之下也陆续设有一些府、州、厅、县等民政机构予以管理。

奉天将军始设于顺治元年(1644 年),驻节奉天(今辽宁沈阳),其职掌是"镇抚留都,安辑旗民,董率文武。凡军师卒戍、田庄粮糈之籍,疆域之广轮,关梁之要隘,咸周知其数,以时简稽而修饰之"[①]。奉天将军管辖区域东临吉林将军辖区,西至山海关,北至开原,南至朝鲜界,西南至海。该将军下辖副都统 3 员,一驻奉天,一驻锦州,一驻熊岳城。

吉林将军最初叫宁古塔将军,始设于康熙元年(1662 年),驻节宁古塔(在今黑龙江省宁安境)。康熙十五年(1676 年)移驻吉林乌拉城,乾隆二十二年(1757 年)改称吉林将军。其管辖区西至开原,与奉天将军辖区相接;东南至希喀塔山以南之海(今日本海);东北至乌第河以南黑龙江下游地区及库页岛、鄂霍次克海沿岸。该将军下设副都统 5 员,一驻宁古塔,一驻吉林,一驻伯都纳,一驻三姓(今黑龙江依兰),一驻阿勒楚喀(今黑龙江阿城)。其中以三姓副都统辖域最广,东南沿尼满河以东至东海岸的约色河以北地区,北方包括黑龙江下游全部地区及库页岛等沿海岛屿。为了治理如此广阔的疆域,该副都统分别在尼曼河(后迁至莽牛河)、黑龙江下游各设一处行署,每年夏天派人前去驻扎 3 个月,就近办理当地各族事务。

黑龙江将军最初称瑷珲将军,始设于康熙二十二年(1683 年),驻节瑷珲旧城,后移驻黑龙江城(今黑龙江爱辉)、墨尔根城(今黑龙江嫩江)、齐齐哈尔。其辖境乃吉林将军原先所辖的西北地区,东至毕占河,南至松花江,西至喀尔喀河,西北至额尔古纳河和格尔毕齐河,北至外兴安岭。该将军下设副都统 3 员,一驻齐齐哈尔,一驻黑龙江城,一驻墨尔根城。

在直隶(包括今河北、天津及内蒙古、山西的一部分)、山东、江苏(清初以明代南直隶为江南省,乾隆二十五年又分江南省为安徽、江苏两省)、浙江、福建等沿海省份,则

---

① 《清朝通典》卷三六《职官一四》。

是采取府、州、县民政管理与屯驻海防兵力相结合的办法。

在隶属于广东省的海南岛及广西省,清王朝仍照明代旧制,在汉族聚居地区设立府、州、县等民政机构,在少数民族聚居的地区则设立土州,任命当地少数民族头领充任土官,允许世代承袭。雍正四年(1726年),因土司土官制度已严重阻碍了当地经济的发展和清朝的统一,云贵总督鄂尔泰奏请改土归流,后广西泗城府、思明府土知府和东兰、归顺、恩城的土州被革职,龙州长官司被革职,改置龙州厅,由清廷派流官管辖。

(三)清代海疆布防

清代经制兵分八旗、绿营两大部分。八旗系满族统治者赖以起家的主力,绿营则是由先后降清的明朝军队改编而来。为了镇辖和威慑海疆,清朝派驻各海口及台湾、澎湖、海南、崇明、定海等岛屿的八旗和绿营兵水师、陆营多达数十万人。

东北地区:奉天将军、吉林将军和黑龙江将军统领的驻防八旗陆营,分驻牛庄(今辽宁营口)、盖州(今辽宁盖州市)、盛京(今辽宁沈阳)、锦州、宁远(今辽宁兴城)、兴京(今辽宁新宾境)、辽阳、金州、旅顺、宁古塔(今黑龙江宁安境)、齐齐哈尔、珲春、瑷珲等61处。此外还设有奉天八旗水师营(又称金州水师营,驻旅顺)、吉林水师营(驻今吉林省吉林市)、黑龙江水师营(驻今黑龙江爱辉)、齐齐哈尔水师营、墨尔根水师营(驻今黑龙江嫩江)、呼兰水师营。其中吉林及黑龙江的陆营、水师在抗击沙俄入侵中国东北的作战中曾发挥了重要作用。

直隶:京畿地区是清军驻防重心所在。除了驻守京师的禁旅八旗外,还在京城附近的独石口、张家口、山海关、喜峰口、古北口、天津、热河(今河北承德)、密云等27处驻有八旗驻防兵陆营;另驻有宣府镇、正定镇(曾一度改为正定协)、蓟州镇(后改蓟州协)、通州镇(后改通州协)、天津镇、山海关镇、古北口镇(后设提督)、马兰镇、泰宁镇、大名镇、通永镇等绿营陆营。在大沽海口,则驻有天津八旗水师2营(乾隆三十二年即1767年裁撤)。嘉庆二十一年(1816年)复设天津绿营水师镇(后改水师营)。

山东:除在德州有八旗驻防兵之外,还有临清镇、沂州镇、胶州镇、登州镇、兖州镇、曹州镇绿营陆营。在登州、胶州还设有水师前、后2营(后营旋移驻旅顺)。

两江:除江宁、京口(今镇江)两地驻防的八旗陆营,还设有江宁八旗水师营、京口水师4营(该水师其实为绿营编制,但受八旗将军节制)。绿营兵陆营则有苏州镇、镇江镇、浦口镇、安庆镇、池太镇、东山镇、广德镇、江宁镇、寿春镇、徐州镇、皖南镇、淮扬镇,还有崇明水师镇、福山水师镇、狼山水师镇、京口水师镇以及太湖水师协所属左、右2营等。

闽浙:该区八旗驻防有福州将军、杭州将军属下八旗陆营,还有乍浦八旗水师左、右2营,福州三江口八旗水师1营。绿营兵有汀州镇、泉州镇、铜山镇、福宁镇、兴化镇、漳浦镇、金门镇、海坛镇、台湾镇、漳州镇、建宁镇、澎湖镇、衢州镇、金华镇、台州镇、平阳镇、黄岩镇、舟山镇、处州镇诸陆营,还有浙江提督直辖的钱塘水师营、乍浦水师营,宁波水师镇所辖左、右2营,定海水师镇所辖前、后、左、右4营,海门水师镇所辖中、左、右3营,温州水师镇所辖中、左、右3营,福建水师提督所辖前、后、左、右、中5营以及属水师统辖的南澳镇左、右2营,澎湖水师协2营,闽安水师协2营,烽火门水师营,铜山水师营,福安水师营及督标水师营(又称南台水师营)等。

两广:该区有广州将军所属的八旗驻防陆营,还有在广州凤凰岗南石头村组建的八旗水师1营。绿营兵则有肇庆镇、潮州镇、琼州镇、高廉镇、南韶连镇、北海水陆镇、左江镇、右江镇、柳庆镇等陆营,还有广东水师提督所辖前、后、左、右、中5个水师营、香山协、顺德协、大鹏协、赤溪水师协各左、右2营,碣石水师镇中、左、右3营,北海水陆镇辖龙门水师协左、右2营,琼州镇辖崖州协水师、海口水师,驻龙州的广西绿营水师、梧州水师协所辖中、左、右3营以及左江镇派驻南宁隆安、横州、永淳的部分水师部队。此外,两广总督亦有直辖水师1营,广东巡抚有直辖水师2营。[①]

清代派驻海疆地区的水、陆师员额相当可观,编制稳定,制度严密。但其沿海兵力部署和管理体制也存在着十分严重的弊病。其一是只有八旗驻防部队和总督、巡抚、提督、总兵直接统领的绿营部队,因驻防在沿海重要城镇,兵力相对集中,必要时可以用来执行机动作战任务。但这些部队的数量相当有限。大部分沿海驻军都被分散到各汛地驻守,有的汛地只有数人一船,仅可勉强执行巡逻任务。其二是驻海疆的水、陆师分别隶属于各地区的将军、总督、巡抚、提督,各省营兵慎守自己防区,连同归闽浙总督管辖的浙江、福建军队之间也很少通气。由此在战争中胜不相闻,败不相救,往往铸成大错。至于海上巡逻会哨,清朝虽然有严格的制度,但大都得不到认真执行。有时即使出海,也往往舍远求近,敷衍塞责。清朝皇帝多次发布上谕,责令各水师将领亲自领兵出海,但水师巡海制度荒废的现象仍未得到丝毫改变。其三是清军水师装备相当落后,清前期水师的主力战舰系由沿海渔民使用的赶缯船改装而成,最大者不过长36米、宽7米,载重1500石;清中期的主力船型大同安横洋棱式战船船宽8米,吨位与大赶缯船差不多。船上通常配有大炮4门以及百子炮、子母炮、鸟枪、喷筒等火器,在火力强度上与动辄配有数十门甚至上百门火炮的西方战船相差甚远。所以清代海防仍以陆上设防为主。到了清代中期,原先战斗力颇强的八旗军开始走向衰落。大部分八旗子弟不再具有勇悍敢战的尚武精神,终日沉溺于斗鸡走狗、玩票唱戏,完全堕落成一群空耗皇粮的乌合之众。绿营官兵也是暮气日浓,军队内部极为腐败,兵额常常严重短缺或由社会闲杂人员混入冒充。以鸦片战争前夕的定海镇为例,据当时为定海县令幕僚的王庆庄说,其2000余“隶兵籍者,半系栉工修脚贱佣,以番银三四十圆,买充行伍”[②],这些人只是想在自己的营生之外,再得到一份旱涝保收的“铁杆庄稼”,平时点卯会操都要雇人顶替,自然不会有什么战斗力。由此就不难理解,为什么由数十万清军官兵把守的海防大门,会在道光二十年(1840年)的鸦片战争中被两万余名英国侵略军轻而易举地打开了。

三 对台湾、海南岛及其他海疆岛屿的镇辖与开发

中国海疆历经数千年、数十个朝代的开发,在清代达到鼎盛时期。清王朝在对台湾、海南岛、南海诸岛以及其他海疆岛屿的镇辖与开发方面也进行了许多富于建设性的工作。

---

① 以上系参照罗尔纲著《绿营兵制》(中华书局1984年版),张铁牛、高晓星著《中国海军史》(八一出版社1993年版)有关资料整理而成。

② 《鸦片战争》第3册,上海人民出版社1957年版,第240页。

（一）对台湾、澎湖的镇辖与开发

明初，朱元璋实行"海禁"政策和迁徙沿海岛屿居民到内陆，澎湖列岛上居住的百姓一度被迁走。但明代大陆居民渡海到澎湖、台湾岛上居住者一直络绎不绝。明末郑芝龙海上武装集团崛起后，曾以台湾为根据地，并设立了佐谋、督造、主饷、监守、先锋等官职，对当地军民进行管理。清朝初年，郑成功从荷兰人手中收复台湾，并将大陆的政治、文教制度移植到台湾，设立了承天府（治赤嵌城）、天兴县和万年县（后升为州），郑经继位后，又增设了南路安抚司、北路安抚司和澎湖安抚司，同时建孔庙，设学校，积极开展文教活动。康熙统一台湾以后，清朝督抚大臣曾为保留还是放弃台湾进行过激烈的争论。康熙二十三年（1684年）四月，康熙帝正式决定在台湾设立府、县，雍正五年（1727年）又专设台湾道管理台湾和澎湖。总计台湾府下辖台湾、凤山、诸罗（后改名嘉义）、彰化4县，淡水、澎湖、噶玛兰3厅。驻军则有台湾镇总兵所辖镇标3营及安平水师营，澎湖水师营，南、北路参将营等，兵员由福建驻军抽调，三年一换。

清朝禁止大陆居民迁移台湾，康熙统一台湾后，又将大多数郑氏集团官兵及家属移居大陆，留下的汉人据估计仅有7万人左右。[①] 但大陆居民却以各种办法偷渡赴台，以至当地官员说："自数十年以来，土著之生齿日繁，闽粤之梯航者日众，综稽簿籍，每岁以十数万计。"[②]到了嘉庆十六年（1811年），台湾人口大约增加了180万，这中间大部分是来自大陆的移民。大陆移民的到来，加快了台湾农业发展的速度，不仅因郑氏官兵内迁而抛弃的台南平原土地得以复垦，台湾中部和北部的平地，甚至丘陵山地也被拓垦出来，台湾历来的农业粗放经营也逐渐向精耕细作方面转化，"小民薙草粪垆，悉依古法行之，勤耘耨，浚沟洫，力耕不让中土"[③]，高产农作物水稻普遍种植，使台湾成为清代大米输出之区，每年运往大陆的米谷达50万石以上。经济作物甘蔗、花生的产量也不少，全台甘蔗制糖的产量在六七十万担左右，同时樟脑也是台湾重要的输出产品。

台湾的贸易与航运，在晚清开港前是指与大陆之间的贸易与航运。台湾土地肥沃，盛产稻米、蔗糖，手工制造业却极不发达，日常生活所需要的铸造、陶瓷、日用杂货产量甚微，完全靠大陆提供，因此许多海舶往来于大陆与台湾之间，运送双方所需商品。在此背景下，台湾的一些口岸逐渐发达起来。康熙统一台湾之初，台湾最发达的港口是鹿耳门港（后改称平安镇港），清朝也以其作为与厦门对渡的唯一口岸。当时，鹿耳门港最重要的一项航运是为从福建去台戍守的"班兵"运送兵饷米谷，同时也给"班兵"在大陆的家眷运送赡家米谷，其数量达每年85000余石。一开始，清朝规定每条船船梁头宽2丈以上者，配运台谷180石；船梁头宽1丈6尺者，配运台谷130石，每石给运价白银6分6厘。但由于当时民间运价高达每石白银3钱至6钱，官府仓吏又常常借机勒索敲诈，运送台米常令船商赔累不迭，许多船商千方百计躲避运送台米的任务。与此同时，台湾的一些小口岸却在走私偷渡中兴盛起来，如台湾南部的笨港

---

① 参见邓孔昭：《清政府禁止沿海人民偷渡台湾和禁止赴台者携眷的政策及其对台湾人口的影响》，载陈坤耀编《台湾之经济社会及历史》，香港大学，1991年版。
② 周文元：《申请严禁偷贩米谷详文》，《重修台湾府志》卷一〇《艺文志》。
③ 王瑛曾：《重修凤山县志》卷三《风土志》。

（后改称北港）、旗后（高雄）、台湾中部、北部的鹿港、八里岔口等。鹿港"烟火数千家，帆樯麇集，牙侩居奇，竟成通衢矣"[1]；作为淡水溪的出海口，八里岔口实际上是台北盆地的物资集散地艋舺的出海通道，当时已是"居民铺户约四五千家"，"商船聚集，阛阓最盛"[2]的商业中心了。所以清朝也先后于乾隆四十九年（1784 年）、乾隆五十七年（1792 年）正式开放了鹿港与福建晋江县的蚶江口，八里岔口与蚶江及福州五虎门的对渡航运，进一步促进了两岸间的贸易与这两个口岸的繁荣。

（二）对海南岛及所属南海诸岛的镇辖管理

清代在海南岛置琼州一府，归广东管辖。琼州府下设儋、崖、万 3 州，感恩、昌化、陵水、琼山、澄迈、定安、文昌、会同、乐会、临高等县。由于"琼郡孤悬海中，府属州县，滨海港口，处处可以进船湾泊，在在可以登岸取水"[3]，清军在海南实行水师、陆营并防，在府城设有琼州镇总兵，派兵分防各海口要隘汛地；又设有崖州水师协和海口水师协，驾驶哨船巡海缉查，与陆岸守军歼击海寇外敌。

琼州府除管辖海南本岛外，当时被称为"万里长沙"的今西沙、中沙和东沙群岛及附近海面，被称为"万里石塘"的今南沙群岛及附近海面也归琼州府下属万州管辖。东沙群岛在明代郑和航海图中曾被称为"万里石塘"，后来又改称"东沙"。据清代航海家谢清高说，由吕宋回国"若西北行五六日，经东沙；又日余，见担干山，又数十里入万山，到广州矣。东沙者，海中浮沙也，在万山东，故呼为东沙"[4]。该群岛及附近海域资源丰富，鱼及海洋生物种类数量繁多。中国大陆或海南渔民每年正月、五月和九月 3 次前去捕鱼，渔船多达数百艘。为了祈求海上平安，渔民们还在岛上建有海神庙（天后庙、大王庙），有的渔民死于岛上，就安葬于此。西沙和南沙群岛也很早就被中国居民开发用来从事渔业和农业。近年来，人们在西沙群岛的北岛、南岛、赵述岛、和五岛、晋卿岛、琛航岛、广金岛、永兴岛、珊瑚岛、甘泉岛先后发现 14 座明清以来的孤魂庙，有的庙里还有明代龙泉窑观音瓷像、清代景德镇瓷和德化瓷器等；在南沙群岛的太平岛、中业岛、南威岛、西月岛，也发现了类似的小庙。可见明、清两代中国渔民始终在这一带海域捕鱼，许多人为开发西沙、南沙群岛而航海遇难，这些小庙就是为悼念他们而建的。在适宜耕作的海岛上，也有人在那里定居，掘井栽树，修屋造田。明代弘治年间王佐纂修的《琼台外纪》，就记载了"万州东长沙、石塘，环海之地，每遇铁飓挟潮，漫屋滺田，则害中于民矣"[5]这样的情况，说明那时已对其中的一些岛屿进行了农业开发。

在民众用勤劳的双手开发南海诸岛丰富的海洋和农业资源的同时，明、清封建王朝也对这一带海域进行了有效管辖。元末明初修纂的《琼海方舆志》，明正德年间所修《琼台志》，清康熙、雍正、道光时撰修的《广东通志》都把长沙、石塘列在中国疆域之内。在康熙五十五年（1716 年）编绘的《大清中外天下全图》，乾隆二十年（1755 年）编绘的《皇清各直省分图》，嘉庆二十二年（1817 年）编绘的《大清一统天下图》等官方舆图中，

---

① 朱景英：《海东杂记》卷一。
② 姚莹：《东槎纪略》卷三。
③ 张巂等纂修：《崖州志》，广东人民出版社 1988 年版，第 241 页。
④ 谢清高：《海录》卷中《小吕宋》。
⑤ 道光《万州志》卷三转引。

我们也都可以看到处于中国疆域之内的南海诸岛。更重要的是,作为中国行使主权的重要标志,明、清两代都确立了在南海海域进行巡逻的制度。明代早在洪武初年,就设立了南海备倭指挥官职,督管军船在所辖海面巡视。清康熙四十九年(1710 年),广东水师副将吴升巡视海面,自琼崖,历铜鼓,经七洲洋(即西沙群岛)、四更沙等地,"周遭三千里,躬自巡视,地方宁谧"[①]。按照清军对沿海水师巡逻会哨的规定,"崖州协水师营分管洋面,东自万州东澳港起,西至昌化县四更沙止,共巡洋面一千里",其巡海洋面"南面直接暹罗、占城夷洋";道光十七年(1837 年)又规定崖州水师协"每年定期以十月初十日,与儋州营舟师齐集昌化四更沙洋面会哨一次"[②]。制度还是相当严密的。

(三)对钓鱼岛诸岛的管辖

钓鱼岛诸岛包括位于中国东海大陆架之上、中国台湾东北海域的钓鱼岛、黄尾屿、赤尾屿、南小岛、北小岛和其他 3 个小岛礁以及该海域的礁石。中国古代船民在航海赴琉球国时,早就发现并记录了这些岛屿。据明代永乐年间编写的一部记录中国古代航海经验的著作《顺风相送》所载,从福建往琉球,"南风东涌放洋,用乙辰针取小琉球(指台湾)头,至彭家花瓶屿在内。正南风梅花开洋,用乙辰取小琉球,用单乙取钓鱼屿南边,用卯针取赤坎屿,用艮针取枯美山。南风用单辰四更,看好风单甲十一更取古巴山即马齿山,是麻山赤屿,用甲卯针取琉球国为妙"。明嘉靖十一年(1532 年)册封琉球使臣陈侃在《使琉球录》中也记载了"过钓鱼屿","过黄尾屿","过赤屿"之事。这说明当时中国人已经为今天钓鱼岛诸岛各屿取名,而且这些名字至今仍被人们沿用。

从明代琉球朝贡的事实来看,也可以证明钓鱼岛诸岛最早是中国人所熟知的。当时琉球国造船航海技术都很落后,琉球人进行"朝贡"贸易的货物多是从其他国家购买来的,通贡海舟也是由明朝朝廷赐予的,通常由闽东、闽南各卫、所调拨;船上的水手、舵师也是明朝所提供的,大多来自福州府的闽县、长乐和泉州府的南安等地。明代洪武、永乐年间,这些专门为琉球向中国"朝贡"事宜服务的中国航海人才和外交翻译人才落籍琉球,聚居于今冲绳县那霸市久米村,直到清代,久米村的中国移民仍靠着自己熟练的海上导航技术,充当琉球与中国之间航海活动的主角,钓鱼岛诸岛是他们每次航海的必经之路,也是他们最熟悉的岛礁。

从明代开始,中国便将钓鱼岛诸岛置于自己的主权之下。明代郑若曾的《筹海图编》《郑开阳杂著》,茅元仪的《武备志》都清楚地标明钓鱼屿(山)、黄毛屿、赤屿,可见是把它们放在中国海防区的范围之内的。清代康熙年间黄叔敬所编《台海使槎录》则把钓鱼屿列为台湾所属的港口之一,称"山后大洋北,有山名钓龟台,可泊大船十余"。至于归属中国的钓鱼岛与琉球的界线,清嘉庆年间曾出使琉球的齐鲲明确说,到姑米山始入琉球界,那么姑米附近洋面以西,包括今钓鱼岛诸岛附近海域,当然不属于琉球,而是属于中国了。正是由于钓鱼岛的主权归属十分清楚,清光绪十九年(1893 年),也就是日本吞并琉球国 14 年之后,慈禧太后把钓鱼台、黄尾屿、赤尾屿 3 座无人小岛赏

---

① 嘉庆《广东通志》卷一二四。
② 张嶲等纂修:《崖州志》,广东人民出版社 1988 年版,第 241 页。

赐给时任太常寺卿的"盛宣怀为产业,供采药之用"①。作为清朝实际上的最高统治者,显然她是不会把属于其他国家的岛屿拿来做空头人情的。

第四节　明清时期沿海荡地的开发②

明清时期是我国沿海荡地大规模开发的重要时期。关于"荡地"的概念,明清时期已多见于文献。所谓"荡地",其实是泛指沿海的濒海滩涂地。如果细分,包括地目甚多。在明清史料中,最常见的是草荡、沙荡、海荡、沙坦、荒坦、沙坵、涂、丘、埏、屿,等等。然因时间和地域、方言的不同,对荡地的称谓也不一样。如在广东,荡地一般称为"沙地""沙田""潮田"等,而在福建,除上述常见称谓外,又有称为浦、峙、步、渚、埭的。综观明清沿海开发文献资料,可知沿海荡地开发,分别是由濒海都转运盐使司及盐课提举司、卫所屯军和地方府县三个系统完成的。由于这三个系统对于濒海荡地的管理制度不同,开发方式及其发展趋势也不尽一致,故有必要按荡地所属系统,分述其开发活动的实态。

一　盐业荡地的开发

在传统社会中,盐业是支撑中央集权统治的重要产业部门,盐课收入,从南宋时起,即占全国财政收入的一半。明清时期,朝廷为满足军国之需,对天下盐业统制更为严密。由于海盐生产居当时池盐、井盐、土盐四大类盐产之首,所以最为朝廷所重视。

仅从海盐生产而论,其本身包括对沿海荡地和海洋资源的开发、利用两大问题。而荡地,无论怎么说都是沿海盐业劳动力进行生产、生活的基本空间。在其他产业不发达的情况下,沿海荡地的绝大部分由朝廷分划给滨海盐业部门进行管理。因此,对明清盐业荡地的基本制度和开发实态进行探讨,占有主体性地位。

(一)盐场盐课司的各类土地及其基本制度

荡地是海盐生产不可或缺的物质条件。作为盐业生产单位的各盐场盐课司,是明清朝廷划拨盐业作业地和燃料柴薪地的基本单位,盐场盐课司将本场额定的荡地,按灶户丁的实际额数平均"分拨"③,灶户丁对官拨荡地有使用权,但没有处置权、继承权,原则上讲,荡地属官地的一种,产权归朝廷所有,但管理权则归盐场盐课司。而盐场盐课司所管理的盐业荡地,其面积大体与地方州县所拥有的土地面积相当。这可以万历年间巡视两淮、两浙盐区的直隶监察御史乔应甲奏疏说两淮三十场"延袤千有余

① 以上引文俱见于于福顺、刘耀祖:《钓鱼岛历史资料》,载《中国边疆史地研究报告》第一辑,中国社会科学院中国边疆史地研究中心,1987年。
② 此部分内容主要参见刘淼:《明清沿海荡地开发研究》,汕头大学出版社1996年版,第46—172页。
③ 盐场盐课司荡地分拨制度,洪武二十三年(1390年)前则施行按户分拨制,按丁分拨是随该年度施行"计丁纳课"制的同时,改为"计丁分拨"的。关于"计丁分拨"制及其实施状况,参见刘淼《明代盐业荡地考察》,刊于《明史研究》,黄山书社1991年版。

里,即可比拟三十郡县"①一语得知。

在煎盐作业的盐场,其荡地主要是煎盐燃料即柴草的供应地,此即明清盐法关系文献中所说的草荡。由朝廷按灶户丁额给拨一定量的柴草地以解决煎盐所需燃料的制度,渊源于宋元。据《明史》卷八十《食货四·盐法》记载:"明初仍宋元旧制,所以优恤灶户者甚厚,给草场以供樵采,堪耕者许开垦。"以其文意,明廷承袭宋元给拨草场之制,实际上泛指濒海尚不能开耕为熟地的荒闲荡地。宋元时期草荡与亭户结合的制度,为明代朝廷所继承,从《明史》的记载,可以推知明初曾施行过官拨草荡,这可从明代官员的奏疏得以证明。如,弘治元年(1488年)两淮巡盐御史史简《盐法疏》言:"鬻海之利,所资者草荡。灶户每丁岁办大引盐十引,该用草二十余束。洪武年间编充灶丁,每丁拨与草荡一段,令其自行砍伐煎烧,不相侵夺。"②而使濒海煎盐人户与濒海属于"官地"的荒闲土地相结合的重要制度,即系"官拨荡地"。应该承认,灶户与土地的结合,是沿海荡地开发的首要条件,否则荡地的开垦则不可能进行。

如果从盐业生产本身考察,仅仅官拨草荡是不能进行煎盐生产的。除解决盐生产的燃料外,还必须由朝廷提供生产性用地,即晒灰淋卤的"卤地",煎盐的灶房灶舍地基地,以及贮放盐产的仓基地等。这部分土地,也属于"官拨地"的范围。官拨草荡、卤地制不仅见行于南方沿海盐区,在北方的山东、长芦盐运司,官拨草荡则称为"草场",而南方所说的"卤地""卤田",即称为"灶滩"。

如果从沿海荡地所包括的范围考虑,盐业荡地不仅包括官拨田地、草荡,灶户还有"事产"田地及民田、房基地③等。一般来说,灶户家庭财产即被称为"事产",其中主要的是田地房产以及大农具、大牲畜等。从明廷对灶户事产征发盐课看,"事产"盐课是与官田、民田盐课分项征收的,而"事产"的主体则系灶户所有的田产。在灶户自己的经济中,除用以生产自给性的生活资料外④,还有用于盐生产的生产资料。灶户盐生产投资,主要是煎盐灶房、晒灰取卤的堤围以及小型盐生产工具。如"灶房"即是指"跨卤池盘灶而屋之,以避风雨,谓之灶房"⑤。可知灶房是煎盐作业的工作场所。在明初,灶房为灶户自置,《明太祖实录》卷十九"丙午春正月己巳"条即有"灶户自置灶房"的明确记载。灶房既为灶户私有,其修缮自然也由灶户承担。无论是煎盐灶户还是晒盐灶户,其灶房、卤池⑥、晒盐池均由灶户投资,用于这方面的生产性开支,则是明代"官支工本"的一部分。在盐业荡地的开发利用中,随着盐业生产规模的扩大,官方投资⑦与灶户的投资量也随之增加,只有当灶户经济衰退,无力支付其生产性投资时,明

---

① 《明神宗实录》卷四一七,万历三十四年正月甲申。
② 朱廷立《盐政志》卷七《疏议下》。
③ 灶户所居房基地和灶户煎盐作业的"灶舍"土地关系,前人研究未及涉足。房基地究竟属于何种地目,迄今不明。仅据清人吴震方《岭南杂记》所记广东地方其"灶籍之民,所居房屋则为灶地,种禾之田、种树之山则为灶田、灶山",可见房基地与灶田、灶山具有同等重要的性质。
④ 灶户经济生活来源,除其事产田地、赡盐田土所产粮食外,还有其出纳盐产时收受的"官支工本"。关于"官支工本"制及其实施状况,参见刘淼《明朝官收盐制考析》,刊于《盐业史研究》1993年2期。
⑤ 吉庆《(乾隆)两淮盐法志》卷一六,《场灶》。
⑥ 即晒灰淋卤的"溜井"。关于明清时代"溜井"构造与晒盐池埕的形制,参见刘淼《明代海盐制法考》,刊于《盐业史研究》1988年4期。
⑦ 官方投资的主要构成,即土地、灶具等。关于灶具制度,参见前示刘淼《明代海盐制法考》。

廷才"预支工本"，以维系盐生产的进行，而"预支工本"的价额，则必须从灶户盐产的"盐价"中"扣还"。很清楚，灶户在盐业土地的开发利用中，其水利设施、盐业生产、生活的直接性投资的相当部分，是由灶户负担的。

　　沿海滩涂荡地处于自然的生成过程中，新涨海滩沙地的出现以及已有荡地的坍没，对沿海地区来说，是很自然的现象，在明清时期的官员奏疏中屡屡见到"坍没不常"的表述，亦不足为奇，但问题是，对于"新涨海滩沙地"如何处置，却是应该加以注意的。从制度上讲，沿海新涨荡地，本不属于"官拨地"的范围，但却属于官地。这一点，至少由明至清未见改变。对于灶户在盐场范围内整治的海荡，由于系灶户"出资挑修"，为抵偿灶户所出资本，明廷除在法令规定上确定新涨沙荡的官有地位外，在课赋上则采取按比例征收课赋以补灶户逃亡所遗盐课的办法，逐步将灶户开发海荡收归朝廷所有。简言之，无论是自然的"新涨荡地"，还是灶户出资开发的海荡，一旦开发成有效益的土地，即由盐运司清丈，将其30％的土地产权收归官有。这一点从明实录的记载，可知对灶户挑修海荡的利益分成，是按其土地所能生产的盐利来计算的。尽管在明清文献中把官拨荡地说成有如灶户的"恒产"，其实灶户对于分拨给自己的荡地只有使用权，并无业权，只是其使用权在灶户未逃绝的情况下"管业"时间较长而已。

　　明清两代荡地制度的施行，以丁荡清审制为保障措施。清审的核心是编造盐册，朝廷则以盐册作为灶丁办纳盐课的依据。灶户的盐册，又称灶册，与民户黄册性质相同，实即灶户丁产赋役册。盐册的编制及内容，据《万历会典》卷三四所云：灶册乃是以盐场为单位，该场原额大丁办盐课额、实征小丁办盐课额、灶户丁总额、每户灶丁额、每丁办盐额、每户田地亩额、应免杂役田额，均是盐册记载的内容。而在"本户有田若干"项中，虽指灶户家庭所有的田地事宜，但应认为是以官拨荡地为主体的。盐册的编造，应该说是朝廷加强盐业统制的体现。朝廷通过丁荡清审制编造盐册，其原则虽与民户的黄册大同小异，但对编造盐册的重视程度，却远在民户之上。按明制，民户黄册，"五岁均役，十岁一更造"，但在盐业，则"每岁验其老壮，以为增减，其有死亡事故者，即为除额"①。这是对灶丁的清审。而对于官拨荡地，则"每五年审户之时，亦坐委公廉官三员，分诣三分司地方，将各场草荡逐一踏勘，总计若干，随荡多寡，均分灶丁"②。可知基本上是五年清查荡地一次，而清查的结果，以及各场"均分灶丁"的荡地亩额，也必定载录盐册无疑。不过，这仅是从制度考察而已，实际上并未也不可能严格执行。即便是朝廷最为重视的淮浙运司，也由于"灶荡本属海沙，惟近海潮汐之不常，则历岁坍涨不一"，所以濒海盐区荡地，"向来因仍旧额，不行清丈"，说明随着统治力量的削弱，法制日弛，每岁清丁、五岁清荡实难施行，也是实情。不过，有明一代，洪武、弘治、嘉万时期确有几次大规模的清审丁荡活动，其清审方法及统计数字，见诸于盐法志书和其他有关盐法关系的文献，这也不能否认朝廷对沿海盐业资源区控制力的强化。

　　明清时期对盐业荡地的清丈以及分拨灶丁制度的实施，尽管具有制度本身的弊端，但作为政府对沿海盐业资源的管制，不能不认为是传统社会中最为完备的控制体

第三十章

明清时期的海疆及其开发

---

① 《明太祖实录》卷一九九，洪武二十三年春正月甲。监察御史陈宗礼奏疏云："运司核实丁口，编灶册在官。"可知陈氏奏疏是由于灶户丁口不实，以致"盐课不均"，才提出自己的编造方案。如此看来，明初盐册的编造是同民户编造黄册同时进行的。

② 朱廷立《盐政志》卷一○《禁约》。

制。对沿海盐业生产资料和劳动力的双重控制,有效地保证了盐业始终被控制在官府专卖的框架内,为中央集权的政治统治提供源源不绝的财政收入。

(二)荡地占耕及其影响

按《明史·食货志》的记述,明初因战乱土地荒芜,沿海官拨荡地,允许有力灶户垦种。随着时间的推移,大部分"堪垦种"的濒海滩涂得到开垦,甚至用于盐生产的官拨草荡、滩涂也多为豪强灶户占耕,贫灶缺草煎办盐课。至景泰元年,诏令:"各运司、提举司及所属盐课司,原有在场滩荡供柴薪者,不许诸人侵占。"①这一规定,可以说从制度上结束了洪武时"堪垦种者"可开耕的旧制,对于盐业荡地,无论灶户民户均不许开垦。景泰诏令的原则,为后世遵行而无改。如正德六年(1511年)户部议准:盐场"附近州县人民",如"侵占草场,运司行文提问,有司无得坐视"②。嘉靖十三年(1534年)又严申:草场如"为豪强所侵,或转相贸易"者,"宜清查还官","分给各灶"③。至清代,其原则无改。④

禁止盐业荡地开耕的法令愈严,则愈说明官荡占耕的普遍化,严格地讲,盐业荡地占耕问题并不是明清时期特有的现象。如果稍作长时段的考察,即可发现沿海荡地实在是最难管理的土地之一,所以自宋元时代起,广占濒海滩涂以为田产者,就不乏其人。⑤ 对沿海荡地,尽管历代朝廷有严密的清审制度,但在实际操作中,难免出现"随意捏写"的情况,这主要是沿海滩涂难以清丈之故⑥,此外,沿海滩涂沙荡"坍没不常",自然也无从及时清丈。再者,依明初荡地制度,灶户开垦荡地当系合法行为,并无违制之说。只是到景泰时,因盐业荡地占耕问题严重,明廷才施行对盐业荡地的保护政策。如此言之,这里所谓的"占耕",当是就明廷加以保护的官拨荡地的侵占耕种而言的。

明代关于荡地占耕的最早记录,见于景泰年间的户部奏疏。倘若对各盐运司、提举司稍作实态性考察,明中期占荡耕种已成普遍现象。至万历时期,荡地占耕规模已超过历史上任何时期。

就制度而言,由于明末荡地占耕现象日渐炽盛,至正德时,明廷不得不对开耕荡地施行"升科纳粮"制。⑦ 此制的推行,无疑说明盐业荡地占耕垦种的合法化。换言之,

---

① 《万历会典》卷三四。

② 陈仁锡《皇明世法录》卷二八《盐法·凡优处灶丁》。

③ 《明世宗实录》卷一六六,嘉靖十三年八月癸丑。

④ 禁垦、禁典卖,乃是清代荡地制度的原则。见吉庆《(乾隆)两淮盐法志》卷十六《场灶二·草荡》。

⑤ 元代的典型例证,据《山居新话》所云:"松江下砂场瞿霆发,尝为两浙运司。延祐间,以松江府拨属嘉兴路括田定役,榜示其家出等上户,有当役民田二千七百顷,并佃官田共及万顷。浙西有田之家,无出其右者,此可为多田翁矣。"关于瞿霆发的身份,本为浙西豪强灶户,元大德时,"以功授务承郎两浙转运司副使。仁宗时,拜转运使"。灶户以垦辟土地起家,应该是宋以来沿海地方社会盐业组织殊值重视的问题。参见日本学者吉田寅的《元代制盐技术资料(熬波图)的研究》第二章,东京汲古书院1983年版。

⑥ 关于明代田土的统计数据,究竟是用什么方法测量诸问题,参见日本学者藤井宏的《明代田土统计的一考察》,刊于《说林》三十卷、三十一卷,1942年6月。

⑦ 综观明代垦荒制度,嘉靖六年(1527年)曾出现全国范围的垦荒高潮。据陈仁锡《皇明世法录》卷三九《田土》记载,嘉靖六年令:"各处板荒、积荒、抛荒田地,遗下税粮派民赔纳者,所在官司,出榜召募,不拘本府别府军民匠灶,尽力垦种,给与由帖,永远管业。量免税粮三年,以后数目,具奏查考。"可知明末垦种荒田,应包括濒海荡地免当税粮者。就盐业论,当系水乡荡地。关于水乡荡地,另文专论。

明季以来乃至清朝,沿海荡地的开发,与正德改制有密切的关系,开耕荡地升科纳粮,系正德时的吏部尚书许瓒奏准施行,其奏疏云:"荡地原无正赋,且淹没不常,非岁稔之区。其已入赋额者勿论,余悉任其开耕,候三年后耕获有常,始开报起科。"[①]这就是说,官拨荡地(还应包括新涨荡地)过去只办盐课,不纳正赋(即夏税秋粮),至此除在籍已纳正赋的荡地外,供煎盐之外的所谓"余荡",皆可垦种。至嘉靖时,两淮巡盐御史朱廷立也主张"供煎之外,余荡可利"。很清楚,正德、嘉靖时期实行余荡开耕政策,打破了景泰以来的"禁垦"限制,更进一步使荡地占耕合法化、扩大化。除权豪势要、有力民灶户可以"余荡"之名垦种或兼并贫弱灶户的官拨荡地外,甚至盐政衙门也乘机广占荡产,设庄牟利。

明清时期荡地禁垦至放垦的历史发展过程,说明朝廷与沿海灶民各自追求的荡地利益是不同的。朝廷追求盐利,荡地以生长柴草为主;而灶民垦种荡地,乃是广种花、豆、桑等经济作物,追求的是荡地综合种植收益。[②] 朝廷重在维护户役旧制,把滨海灶民束缚在官拨荡地上;而灶户为的是建立自己的经济,以摆脱朝廷的控制。加上当时的海洋社会的发展,为沿海灶民家庭经济的建立提供了途径。可以说,明清两代盐业荡地禁垦不止、灶民私垦日众的原因,即在于此。

二 沿海屯田的屯种与开发

如果在客观上把朝廷在沿海设官制盐看做一种政府的开发活动的话,那么,在沿海地区的卫所屯戍垦种,也应当视为是另一种国家组织开发形式。

就屯田而论,明清时期的屯田主要是军屯和民屯两种。从国家组织沿海屯垦的角度看,屯军的屯种垦殖当是主体。

(一)屯军屯种的基本制度

大凡以农为本的传统社会,其军队兵员的来源及粮草供给,皆取自于农。平时务农,战时从伍,由此演为军屯。

同前朝一样,明清时期也大兴屯田,以屯养军。然若就明朝屯田之兴的缘由作具体考察,当与前朝有别。腹里地区姑且不论,仅就沿海屯田而言,其设屯大体一是罢海运、二是防倭之故。罢海运,辽东屯田始兴;为防倭设屯驻戍,东南沿海一带屯地得以垦种。以上原因虽然中断了中国海洋发展的进程,却为沿海荡地垦种提供了制度保证。

明王朝建立,辽东驻军的军饷供给,主要依赖于海运江南税粮。永乐十三年(1415年)罢海运,辽东军饷供应遂转为屯田。军屯的发轫,实始于兹。但问题是,辽东军屯究竟是否始于永乐十三年罢海运之时呢? 按常理推之,辽东每年海运约70万石的粮料,此偌大数目必转由屯田承当,其屯种的始种年限当早于永乐十三年,这是不言而喻的。辽东地区在洪武末至永乐初即始行屯田,由军屯的生产解决军饷,而正是这一原

---

①　吉庆《(乾隆)两淮盐法志》卷一六《场灶·草荡》。

②　明清灶户的盐生产,是被朝廷统制在户役制下,灶户的劳作,仅是尽封建义务,自然谈不上收益问题。关于此,参见刘淼的《明朝灶户的户役》,刊于《盐业史研究》1992年2期。

因，才使明廷于永乐十三年罢革海运。反过来说，海运的罢革，却进一步推动了沿海屯田规模的扩大化，荡地由此被开发。

沿海军屯设置的另一原因是"防倭"。设屯驻防，一是徙民，二是籍民。太祖之所以废县设卫徙民，确为刚建立的明王朝海防考虑，以防止倭寇的侵扰。此外，濒海岛民"内相仇杀"，致使海疆不靖，也是徙民原因之一。不仅如此，明廷还采取籍民为兵的办法，重新组合滨海卫所的兵员成分。对于沿海岛屿所设置的卫所屯田，明人即称之为"海屯"。海屯成立的物质基础，除徙民、籍民作为军屯的屯种劳动力外，其卫所所在海岛存在大量荒闲土地可供开耕养军，当是卫所生存、发展的基础条件。

对于军屯的制度及其沿革，沿海卫所与内地腹里卫所的区别不大。就军卫屯种制度而论，明代分为屯军与操军，规定屯军分拨屯地的亩额、征收屯田籽粒额，以及对屯种征收籽粒的分配与处置等等。关于沿海屯军与操军的比例，因时因地不同，比例多有差异，并不统一。明初制定的卫所屯军比例，乃是以其卫所所在地的屯田土地肥瘠程度，以及卫所所处的战略位置决定的，这一原则的确定，表明屯军与操军的比例并无一定，乃因地因时因事而变化。至景泰六年（1455 年），边关的屯军与操军的比例，已同明初腹里地区的屯操比例相接近，这无疑是正统扩大屯种规模政策的继续。同时，景泰议准的沿边城堡扩大屯种之制，也适用于沿海地区，这对沿海地区的荒地垦种，必定产生积极作用。明廷不断扩大屯军与操军的比例，就等于扩大了屯田的规模。这是因为，明代屯军的给拨亩额，是按军士分拨，并按军士人数征收屯租（明代亦称"屯田籽粒"）的，屯军比例小，屯地亩额自然就少，反之亦然。从总体上讲，海防屯田的设置，实际上就是"垛集"民产为军，去开垦沿海荡地，此制为清代营田、伍田等军垦形式提供了历史依据。

明代于沿边卫所设置屯守，尽管有限田的规定，但从屯守的本身意义看，并不限制屯守军开垦荒地，而是鼓励垦荒。[①] 屯田定额外的荒闲田土，只要军舍人呈官告佃，就可以取得其耕种权。反之，未经管领所司官查勘的荒田，如果被开垦，则以"盗耕"论。而一经告佃，所辟垦荒田就被列入屯田官地之内，只是其纳粮科则与"原拨"屯地有所差别而已。就滨海地区而言，呈官告佃的荒地，恐大部分系"濒海荡地"。沿海广大地区的边卫屯地，除屯种军余舍人的垦种之外，地方有力的"民人"也多有开垦。这方面的例证很多，如前示福建惠安县崇武所城郭"后湖埔一带荒地"，则为"奸民假名给帖，违禁垦种"[②]。民人"开其埔，阑入近城地插薯，取煨煤"[③]。民人占耕卫所屯地，并非是屯政崩坏的原因。其实，早在"正统后，屯政稍弛"，"其后屯田多为内监、军官占夺，法尽坏"。至弘治、正德年间，屯粮征收远较明初为轻，"有亩止三升者"。正德时，就颇富

---

① 禁垦亦不乏其例。究其原因，主要因海防之需要，并非限于屯种制度。如福建晋江崇武所，"惠安县戍地也"。其城外"斥卤广漠，飞沙所掩。国初，留近城地禁民耕垦，使其沙莽漫生，缀带盘根，则土膏用坚，风尘不动"（见万历四十五年丁巳秋八月晋江何乔远撰《惠安仁侯靖予陈公禁垦护城碑记》，载《崇武所城志》）。又，泉州府惠安县《为海氛警急城堑平地乞除沙患以固边防事》所示，惠安县对"后湖埔一带荒地"，"经该县清查，立定界址，建竖石碑，世代永永不许开垦"（见《后湖埔即赤土墩碑》，同上书）。此种情况，当不止惠安一地，他处亦当有之。

② 《后湖埔即赤土墩碑》，《崇武所城志》。

③ 何乔远《惠安仁侯靖予陈公禁垦护城碑记》。这里所说"插薯"，即种植番薯。

成效的辽东屯田而论，其屯田总额"较永乐间田赢万八千余顷,而粮乃缩四万六千余石"①。以上记述,可大体反映明中期以来的屯军垦种实态,即:荒地的开垦终未停止,但屯田的利益并未能由朝廷收夺。屯田利益分流,最终导致明朝屯政的失败。其主要原因,乃在于最初领种的屯军日渐贫困,其屯田遂为"势豪"即《明史》所说的"内监、军官"所侵夺,其利益自然也随之转移。入清后,随着明卫所制的罢革,其屯军也没有什么存在的意义,旧有的卫所屯田遂转入所在地的地方有司管掌。然由于作为地方有司管领的屯种官地的性质并未改变,所以明代屯军的种种名目及征收屯粮的项额,就仍然保留在清代沿海州县的册籍之中。

清代屯田"由卫改县",沿海地区明初所设卫所屯田,至清雍正时已并入卫所附近州县。尽管明代兵制、屯政已不复存在,但屯垦的经济形式却依然在后世沿海农业经济中发挥作用,并对地方民间的荡地垦种产生影响。

（二）民屯的垦种

与卫所屯田相表里的是州县的民屯。从民屯的分布及规模看,明初沿海地区民屯的发展不及军屯,这显然与太祖的海洋政策及经济发展重心的确定有关。沿及明末,由于人口增长及国家财政需要,朝野兴沿海屯田之议甚盛,一时成为明清之际开发沿海荡地、发展海洋经济的契机。

明末海屯兴起,表现最为突出的地区是福建、浙江、山东及天津。如在福建、浙江,"福建巡抚许孚远垦闽海坛山田成,请复开南日山、澎湖"。嗣后,许孚远又奏请开垦"浙江滨海诸山,若陈钱、金塘、补陀、玉环、南麂"等地。而在山东,由"山东巡抚郑汝璧请开登州海北长山诸岛田"。而天津屯田,则是朝廷官员议垦的重点地区。

明清时期民屯的运作形态,大体为召民屯垦之法,地方官府招募有力民人垦辟沿海荡地,由官给帖,垦种者才享有开垦权,垦种者自行投资,按垦帖所载四至亩步,将荒荡开垦为熟田,三年内免纳赋,三年后即视其垦种程度升科纳粮。如果垦种者不由官给帖或不按官帖告垦地亩四至、亩步开垦,其所告垦屯荡地即系"盗垦",一经官受理,则须重新勘丈,补纳盗垦土地税。所垦海荡屯地,分为"永为己业"的"私有"田土以及"官筑屯田"两种,在后世的田土交易即买卖、典当时,均须明记该屯田地的地权属性,向该屯地所有者交纳地租,然后方可过割。"永为己业"的私有屯田,称为"民筑屯田",其与"官筑屯田"的差别,主要在于所有权不同而造成土地关系的不同。无论怎样讲,"官筑屯田""民筑屯田"都与前述的军屯有所不同。

与前述军屯比较,可知民屯有官屯和民屯之分。而无论官屯、民屯,皆"领之州县"。所以说,明清时期的民屯亦可类归于地方有司的开发活动内容,这是不言自明的。

三　地方有司的海荡开发

自元代以来,"南人"的海荡开发技术水平,已为世人瞩目。明清时期,北方海滨地带的滩涂垦种开发,也必须以"南人"的"圩田"之法为指导,否则开发荡地就会"徒付空

---

① 以上均见《明史·食货志一》。

间",无大成效。① 既然如此,南方地区州县开发荡地的深度和广度,就非常值得注意。

对滨海土地开发利用程度的高低,取决于对滨海各类田土的认知深度。换言之,如果我们从明清时期沿海各地有关土地开发利用的观念形态入手,是大致可以反映海荡开发的深度及实际状态的。

如前所述,既然明清时期在海荡开发方面仍以"南人"执其牛耳,广东、福建、江浙地区的海荡开发,足以作为州县荡地开发的代表。

广东海荡开发,屈大均《广东新语》卷二有关于香山县田土的记载:"香山土田凡五等:一曰坑田。山谷间稍低阔者,垦而种之,遇涝,水流沙冲压,则岁用荒歉。二曰旱田。高硬之区,潮水不及,雨则耕,旱干则弃,谓之望天田。三曰洋田。沃野平原,以得水源之先者为上。四曰咸田。西南薄海之所,咸潮伤稼,则筑堤障之,依山溪水至而耕,然堤圮苗则槁矣。五曰潮田,潮漫汐干,汐干而禾苗乃见,每西潦东注,流块下积,则沙坦渐高,以黄草植其上,三年即成子田。子田成然后报税,其利颇多。"② 香山田土的划分,实际上反映了广东滨海地区的土地开发利用状况。

无论从哪方面看,明清时期广东海荡的开发重点,实际上已转入潮田的开发。或者说,开发者对子沙(新沙)的重视程度远远超过母沙(旧沙)。按屈大均的说法,广东沿海一带之所以重视潮田,乃是因为潮田能种植出名为"火禾"的优质水稻,火禾既为积谷者所重,其经济价值不用说要高于其他稻作物的种植收益。潮田既是优质水稻种植地,可以想见广东海荡开发是以开发潮田为中心的。

在福建,从观念形态上将濒海土地划分等分的县份是漳浦县。据顾炎武辑《漳浦志》记述,福建滨海田土以洋田、洲田最为肥沃,其次为埭田。③ 而其田农耕条件的优劣与否,则取决于水利设施的兴建。其中洲田与埭田的水利设施要求较高,当是福建滨海平原土地开发的重心。如果将福建滨海田土与前示广东香山县略作比较可知:一是广东的咸田相当于福建的埭田,但广东筑障海堤的目的是防潮水内侵,以减少土地的盐化;而福建的障湖堤修建,主要是引湖中淡水灌溉洲田,如果水利设施不完善,洲田的农垦效益势必受到影响。二是在福建沿海地区,很少见有如广东的子沙成田的记录。三是福建海田虽相当于广东的潮田,但草的种植不及广东、江浙地区,这可能与福建草荡不如广东、江浙发达,所以盐的煎盐作业所需燃料,主要不是由沿海草荡供应,而是由柴山承担有关④,海田的开发利用程度,显然不如广东高。在江浙地区,仅荡地的称谓,因开垦情况不同而各异。清人叶梦珠说:"沙滩渐长,内地渐垦,于是同一荡地,有西熟、有稍熟,有长荡,有沙头之异。西熟、稍熟可植五谷,几与下田等。既而长荡亦半堪树艺,惟沙头为芦苇之所,长出海滨,殆不可计。芦苇之外,可以渔;长荡之间,可以盐。"⑤ 叶梦珠对海荡开发利用的描述,无疑是指今江苏苏北、苏南、浙江的东

---

① 沈德符:《野获编》卷一二。

② 屈大均:《广东新语》卷一四。

③ 顾炎武:《天下郡国利病书》福建。

④ 在广东,据《广东新语》卷一四记载,其潮田所产大禾,"则以海水淋秆烧盐"。这一点与两浙、两淮、长芦、山东同。然在福建,灶户有称"依山户"者,恐由此户供应"附海"户的燃料。此外,福建晒盐业最为发展,也可证明煎盐业的燃料不是以草荡芦柴为主。关于此,参见前示刘淼:《明代海盐制法考》。

⑤ 叶梦珠:《阅世编》卷一。

向外延荡地。所谓"西熟",当是指开垦较早的熟荡,因位于东向外延荡地的西部,故以方向名之。

在传统的开发体制下,无论是旧有的在册荡地还是新生荡地,都被国家纳入盐业、屯军和地方州县的三大沿海管理部门中,荡地的开发活动即是在这三大部门中展开的。不过,希图摆脱传统开发体制的尝试,在任何时代都在局部地区存在,特别是在明中期至清代的海上武装势力崛起之时,沿海荡地一度成为海洋社会组织的落脚点,这些所谓"私垦"对沿海荡地的开发作用,是不能忽略或低估的。如果仍以传统开发作为主体机制的话,那么,可以说传统开发对于增加国土资源的历史意义是应当加以肯定的。

四 荡地开发要素分析

(一)荡地垦殖技术

一定历史时期的荡地垦殖技术水准,标志着该时期农业发展的水平,或者说是衡量沿海地区社会知识阶层对濒海荡地自然属性的认知高度的尺度之一。在明清时期,如果可以把荡地开发和利用作为两个层面来考察的话,那么,作为开发层面的固沙、子沙移位及"去盐"技术[1],以及利用层面的由煎盐作业向晒盐作业的结构性转化,都达到了相当高的技术水准。应该承认,明清时期沿海荡地开发热潮之所以历久不衰,并且在东南沿海地区形成独特的"南人"开发技术群体,当与该时代荡地垦殖技术的总体高度有直接关系。

1.固沙技术

如果按照围垦新涨沙坦的技术操作程序,固沙技术当是围垦之初首先采用的技术。所谓"固沙",系指以筑堤、树艺的方法,将初露出海面的新涨沙坦固定的技术。此种技术的应用范围,一般限定在固着"母沙"方面。沿海地区对海中新涨沙坦有"母沙""子沙"之分。[2] 就一般情况而言,由于海底地质构造不同和内河入海口流量、泥沙量以及潮流方向相异,形成构造不同的沙洲。对于发育成熟、成洲面积较大的"母沙",采用"固沙"技术,增强"母沙"的抗潮流冲击力,使其成为稳定的可垦沙洲,这可谓是新涨沙坦围垦成功与否的关键所在。在淤涨"母沙"与本土相连的场合,固沙之法多用筑坝围垦技术。筑坝的目的,主要是促淤,这除了泥沙的自然淤积外,当还伴有人工回填的意味。圈筑沙荡有堤坝的护卫,对于防止母沙漂移坍没,以及蔽障海潮侵蚀,显然具有长久性优点,所以,堤坝固沙法的采用当是普遍的。

2.咸草种植与养育子沙

沙坦一经围筑,种植咸草成为所围沙坦是否可成熟为田地的关键性技术。"咸草"

---

[1] 除此之外,还应包括传统的障潮技术、护沙养沙技术的沿用及创新诸方面。

[2] 所谓"母沙""子沙",仅是指淤涨出海面的沙洲而言,这部分沙洲,显然是已发育成熟的淤淀物质。由于淤淀物质处在不同的发育阶段,尚未露出海面的沙洲,即称为"暗沙"。例如在苏北沿海地区,由于黄河的巨量泥沙堆积在入海口外的古三角洲上,在潮流的作用力下,游移不定,在苏北濒海沿岸形成一系列的暗沙。随着发育的成熟,这部分暗沙即成为"母沙"。而所谓"子沙",顾名思义,当系附着于大面积"母沙"的游移沙群。关于此,参见中国科学院《中国自然地理》,科学出版社 1979 年版。

究竟为何物令人费解,屈大均《广东新语》卷二描述广东潮田时,曾言及草的种植问题。其记曰:"每西潦东注,流块下积,则沙坦渐高,以黄草植其上,三年即成子田。"①不过,"咸草"是否仅仅指"黄草",仍有疑问。据调查,濒海地带的草地(即草坪、草荡、草场)均系盐生草甸类型。生长的草种类有:芦草、蒲草、芦苇、马绊草、黄须、蒿子、碱蓬、蒙古鸦葱、虎尾草、狗尾草、三棱、白刺、白茅、大麻、黄草、问荆、草麻黄、葎草、剪刀股、地肤、猪毛菜、马齿苋、石竹、委陵菜、地稍瓜、益母草、茵陈蒿、艾蒿、盐蒿、苍耳子等数十种草,其中有许多草具有很高的经济价值。当然,以上罗列的荡地草植物种类,并不能说是沙坦形成时种植的"咸草",但也不可否认这些草植物均是荡地盐化土壤地带可以生长的植物,如果将"咸草"这一并不十分确切的概念稍加扩大的话,那么,自然不能仅限定"黄草"一种,其他的草植物也应包括在内。这一点,至少在清代将草坪所生长的草统称为"咸草"的实例中得到证明。

值得注意的是,荡地垦殖除草植物之外,还有树木种植。草与树的种植,构成濒海植被。树木的种类很多,主要有紫穗槐、洋槐、乌桕,等等。树木与草种植的作用,一是护沙,二是捍潮,即海堤防护林带。更进一步讲,在滨海地区,燃料的缺乏如同缺少米粮一样。而在传统的产业结构下,无论是滨海最大规模的产业——盐业也好,还是其他手工业部门如瓷器业、糖业、窑业、织染业等产业部门,其生产的维持与发展,以及劳力的生活必需,都需要大量的燃料供应,不可一日或缺。对于人民生活,"柴米油盐酱醋茶"的谚语,反映了人民生活对"柴"的依赖程度已居于首位。因此说,沿海新生沙坦的植草树艺技术,不仅具有将生沙开垦成熟田地的技术意义,同时草的种植也具有极高的经济价值。

3.制盐技术演进与海荡开发利用

中国古代海盐生产方式,大体上采用农业式的经营。沿及明清时期,海盐作业的农业色彩依然相当浓厚。就制盐技术而论,明朝初期朝廷建立的是以煎盐作业为主导的生产模式,晒盐作业仅在个别地区的少数盐场得以应用。明朝廷对晒盐业的抑制态度,显然是因为传统的煎盐管理体制很难适应对分散的晒盐人户进行统制的需要。而旧有的煎盐管理体制,只需要朝廷向濒海产盐地方派遣盐务官员,设置盐业管理机构,并从法规意义上划拨一定的濒海荡地均分给朝廷编金的煎盐人户,从而以划拨的荡地亩额及灶户人丁的丁额为依据,由盐务官员征收其认纳盐课,并且由官支付灶户煎盐工本,以维持灶户再生产的需要。② 这样架构的盐生产体制,决定了明清时期海盐生产是按煎盐作业、池晒盐、板晒盐三个阶段发展的。海盐生产技术阶段的演进,反映了对盐业荡地节约程度的提高。

一般来说,明清海盐生产有四道工序:一是晒灰取卤;二是淋卤;三是试卤;四是煎晒成盐。从沿海荡地开发利用角度考察海盐技术构成,其中关系最为密切的是晒灰取卤、淋卤中的"溜井"技术以及后期晒盐技术的出现与普及。

① 这里所说的"子田",即系子沙开垦成热田之意。如同前述母沙、子沙的概念,可以认定这里所说的"母沙"即旧沙,"子沙"即新沙。作如是解,沿海人民重视子沙即新生沙坦的开垦,是极好理解的了。
② 参见徐泓:《明代前期的食盐生产组织》,刊于中国台湾《文史哲学报》第24期,1975年。又,陈诗启:《明代的灶户和盐的生产》,刊于《厦门大学学报》1957年第2期。

晒灰取卤技术,实际上分为灰压、削土、潮浸、掘坑诸种方法。① 因沿海各区域自然条件和历史文化构成的差异,各地采用的技术也不相一致。仅就灰压、削土法而论,虽为沿海盐区所通用,但在两淮和长芦盐区则盛行灰压法,两浙、广东则以削土为主。至于山东,尚未见灰压、削土的详细记载,但从清人王守基《山东盐务议略》的描述可知,山东沿海盐场大体行用潮浸法。然无论行用何种技术取卤,其操作大体与农耕有渊源关系,所以明清时代的人往往称之为"种盐"。

无论怎样说,晒盐在明末清初的大发展,意味着与当时盐业燃料用地"草荡"占种开耕相一致,换言之,在朝廷盐课制不变的情况下,由于官拨草场、灰荡大部分为官军民灶人户开耕成熟田地,而灶户又必须按年度上纳定额实物盐课,这就必然导致盐生产技术由传统煎盐向晒盐的转化,而晒盐技术的普及和发展,反过来又可节约大量荡地以供开发。从这个意义上讲,明清盐生产技术由煎向晒的发展,对于沿海荡地开发新区的形成,具有重要的促进作用。从技术方面分析,明清时期煎盐向晒盐的转化,其关键性技术乃是"溜井"构造的改进。② 所谓"溜井",是指以两淮为代表的淋卤所用之"溜"与贮卤之"卤井"相组合的淋卤设施,其他海盐产区大体上是在"溜井"的基本型制上演变的。两淮的传统式"溜井"构造,其作用是将晒灰所附盐分,通过溜底所铺柴木、草灰等过滤下渗,通过地表下埋设的竹管或芦管流入贮卤之"卤井",以备煎晒之用。这种传统的"溜井"构造的功能仅是"淋卤",以缩短煎盐时间,节省燃料,似与晒盐关系不大。随着草荡面积的缩小,在两浙等地遂产生以"溜井"为渊源的"橐""垒"的淋卤设施。同两淮相比较,"橐"与"井"的关系,大体与"溜井"构造相同。不同之处,乃在于"垒"的出现。但"垒"的作用,大概仅限于"聚沙"贮存盐分,并不具有"晒盐"的功能。但无论怎样讲,垒、井、橐的组合,已突破了传统的"溜井"构造。"橐"的发展,即是福建"漏""埕"的晒盐设施,与淮浙相较,"漏"与"溜井"有渊源关系。与煎盐作业的差异,仅是将灶房煎盐盘铁改进为晒盐"埕"而已,从"取卤"来说,依然带有脱胎于"溜井"的痕迹,具有向晒盐技术成熟期的过渡性质。

晒盐技术的成熟,可以山东盐运司的晒盐池为代表。清人王守基《山东盐务议略》记述山东晒盐技术有两种形式:一是掘井取卤法;二是挖池取卤法。山东挖池取卤法已完全脱离传统的"溜井"取卤淋卤旧法,转化成充分利用太阳光蒸发海水水分,替代传统制盐业取卤、淋卤、成盐诸多工序。从制盐技术史的角度看,这无疑是划时代的跃进。

总之,明清时期沿海荡地开发技术,主要集中表现在农业开垦和海盐生产两大方面,其技术水平不断提高,一方面加快了沿海荡地的开发利用速度,同时在开发利用深度和广度上也较前朝有明显的变化。尽管技术构成发展缓慢,但从整体上看,传统产业技术水平已达到前所未有的高度。另一方面,传统产业技术的进步,相应地引发社会经济的演变。仅就农业与制盐业关系而言,制盐技术的提高,则为农业开垦提供一

---

① 参见刘淼《明代海盐制法考》,刊于《盐业史研究》1988年第4期。所谓"灰压",系指以稻麦草灰平铺于滩地,以其灰吸收地表盐分的一种取卤方法。"削土",是指用"削刀"刮取滩土灰,以取其潮浸盐分的一种取卤法。"潮浸"是海边滩地用"海潮"浸漫之沙土,直接收取"盐霜","扫起煎炼"之法。而"掘坑",大体与本书所述"溜井"构造相类,故不赘述。

② 关于"溜井"的构造及功能,参见刘淼《明代海盐制法考》"二、'淋卤'法与'溜井'构造"。

定的滩涂荡地,从而为沿海以经济作物为主体的商业性农业得到大发展提供物质基础。换言之,由于农业经济收益高于官统制的制盐业,农业对土地的量的需求,也迫使旧有的制盐业发生分化,盐业生产者对官拨荡地占用量的减少,最终导致了传统制盐技术的改进,而采用节约土地的晒盐技术。煎盐向晒盐的转化,以及晒盐业本身由池晒向板晒的发展①,完全可以说明盐业生产技术与荡地开发的密切关系。

(二)劳动力配备

作为有组织的沿海荡地开发活动,必然存在如何配备劳动力的问题。在传统社会条件下,朝廷对沿海资源区的控制,就经济而言,主要是通过户役制实现的。"配户当差",是朝廷对沿海主体产业——盐业、防卫体系——卫所、地方社会——府县民户劳力编金制度的核心内容。可以说,朝廷对沿海土地资源、海洋资源的控制,乃是通过对沿海各编户劳力资源的控制实现的。

1. 户役制

军、民、匠、灶,为明朝四大役户。其中,军、民、灶户,当系沿海地区配置的主要役户。军户出军丁服役,充当沿海卫所军人,民户纳粮当差,灶户煎办盐课,均为军国所需,不可或缺。以全国而论,军、民、匠诸户役,各府县无一例外,唯灶户编金,则以沿海为主体,内陆池盐、井盐及府县土盐次之。因此,对明朝沿海劳动力配置的户役制进行考察,其重点当在灶户户役。

从总体上说,所谓"户役"制,乃是《大明律·户律》的首要内容。② 共开列"户役"条目 15 条,其核心即是"入户以籍为定",对天下"军、民、驿、灶、医、工、乐诸色人户"③,明确规定"以籍为定",不得"诈冒脱役,避重就轻"。有违者,则处以"杖八十"的处罚。这说明对以上诸人户的户役一旦确定则不得脱役的原则。

"断"入某户役的人户,又称为"编金"。编金户籍,其作用有三:一是编入户籍的人户,必须以"版籍为定","世守其业"。以灶户而言,世代子孙必须以煎盐为业,煎办盐课之户役"皆永充"。如果灶户有"求归民者",则需"按籍详复核,毋得辄与改易"。④二是灶户私自逃移,则被称为"逃灶",将受到比民户逃避徭役更为严厉的惩罚。三是编定灶户灶籍,严禁"数姓合户",更不允许灶户"附籍"⑤,而且对灶户附籍民户,远较民户附籍灶户为苛。

明初所制定的户役制原则,仍为清朝统治者所继承。其原因,不外是"灶课"乃系军国大计,为了盐课利益的收夺,其劳动力配备的户役性质是不会改变的。明廷实行户役制,成功地在沿海地区括民为灶为军,编金沿海各府州县民户,成为朝廷在沿海地

---

① 所谓"板晒",指的是清末江浙地区盛行以板晒卤水成盐的技术。从节约晒盐池地这一点看,板晒盛行的原因,无疑与土地和人口压力有关。

② 《皇明制书》下卷,《大明律》卷一三。

③ 《大明律》所说四大户役,与《明史》卷七七《食货一·户口》所说"军民匠灶"四大户役不同。想必洪武设立驿户,乃关系军国大计,故将驿户列为户役第三位。

④ 所谓灶户改易民户,一般不是指煎盐灶户,而是指编入灶籍而"不谙煎盐"的"水乡灶户"。关于此,参见《皇明经世文编》及《明史·食货志》。

⑤ 明代将"有故而出侨于外者"称作"附籍"。以灶户而言,当指不准其他人户附灶籍,同时也不许灶籍附入他籍,两种情况均存在。

区基本的劳动力组合单位和赋役单位,这对沿海地区的经济开发,发挥了积极作用。

2. 移民、垦民、流民及其他

封建国家调配沿海人力资源的方式,还包括有组织的移民、招垦在内,而民间的自发性人口迁移,则成为有组织调配人力的补充形式。对于明清时期沿海地区移民的考察,从荡地开发的角度看,可以把移民归属于政治性移民和经济性移民两种类型。前者是国家因海防、社会治安、沿海经济因素而采取的强制性移民;而后者虽具有一定的强制性,但其中大部分属于"利益期望"型的自发性移民。

总的来说,明清时期的政策,反对人口的自由迁移,这包括国内各地区间的移民,以及国人向海外移民,至于中国人招引外国人前来中国,更为朝廷所严禁。① 不过,这仅是从禁止人口"自由"迁移这一层面来考虑的,如果从明清时期朝廷有组织地进行大规模移民活动来讲,可以说朝廷并不是反对一切移民,只不过是把人口迁移活动纳入朝廷进行有效统治的框架之内罢了。

明初朝廷组织的移民,可分为政治性移民和经济性移民两种,移民方向限于国内,大多采取沿海迁移内陆,内陆迁移沿海的双向移民。政治性移民,是为了保证朝廷对沿海地区的控制,防止出现前元张士诚、方国珍等地方割据势力而采取的迁徙富户政策。明初的迁徙富户,大多限于浙江杭州、嘉兴、湖州、松江、温州等地的"江南富户"。朝廷组织的经济性移民,可以说是为了缓解沿海地区无田游手之人的比例,使其在地旷人稀的内陆地区与土地相结合。清初辽东招民开垦,当是国家组织的经济性移民。由于被召的人民有自己选择的权利,相对于明朝从宽乡向狭乡移民略有不同。明清鼎革之际,辽东是"用武之地","兵燹之余,城廓堙墟,人民寥落"。清廷在此"设官招民",以恢复社会经济。顺治十年(1653 年),定《辽东招民开垦例》,形成华北大量移民入关。由于辽东地区招民开垦例的施行,促使华北及其他地区农民流入,容易造成人口与土地的压力,于是在乾隆四十七年(1782 年)清廷又发布"流民归还令",严禁流民出关。嘉庆八年(1803 年)废"流民归还令",再度出现关内移民高潮。在此期间,尽管法令上禁止移民东北地区,但在现实中,移民东北地区的现象恐并未禁绝。清廷以经济政策的形式招徕移民,从对人身的控制来说,则较明代宽松。

传统中国社会经济是以传统农业生产为"本",土地和劳力是最重要的因素。然而土地是有限的,而土地的收益不高,则难以吸收无限增长的人口。传统手工业和商业,尽管达到相当高的发展程度,但也无法吸纳农业剩余人口。当新王朝度过经济恢复期后,土地与人口的矛盾就日益显现出来。在人口增长以成倍的速度超过土地开发的情况下,大量的农村剩余人口就成为流民,向有土地开发可能性的地区流动。这样,沿海地区就成为内陆地区流民集中的地方,而流民的大量存在,寻找临时性工作的佣工人数也相当多,成为沿海地方社会问题之一。如广东"边海诸县",尤其是顺德、新会、香山等地有大量的新涨"沙田",同时也有相当数量的无地流民,因而佣工即成为耕作沙田的主体。

流民做佣,可说历朝历代皆有之,不足为奇。然具体到明清沿海地区,多少与当时

---

① 《大明律》,载《皇明制书》卷三。关于此,参见张彬村的《十六—十八世纪中国海贸思想的演进》,载《中国海洋发展史》第二辑,中国台北"中央"研究院 1987 年版。

当地的土地开发及沿海经济发展有关。流民做佣，往往不是直接耕作荡地，而是从事荡地所产花、豆的加工业。在江浙、辽东地区，由于荡地盛产豆类，油坊业也随之兴盛。而油坊做佣者，大多系流民。总之，当新王朝经过一段时间的休养生息之后，土地不足和人口过剩成为严重的社会问题。尤其在沿海地区，由于"田少人稠"，加上朝廷统治力量薄弱，往往流寓人口占相当大的比重。

（三）荡地开发资金构成

如前所述，在传统社会经济中，土地和劳力是最重要的因素，资金不占主要地位。但这并不意味着荡地开发过程中不需要资金，资金的种类、来源及其构成，仍应是荡地开发的因素之一。荡地开发资金的种类及其来源主要有以下八种：

一是荡地开发者投入的资金。所谓"荡地开发者"，实际上是指荡地的经营者"业主"和直接垦种者"佃户"。无论是报垦人向官府承批围垦荡地权，还是佃户交纳"承价"，都属于"自出工本"的范畴。业主与佃户所出工本，往往按对半、四六、三七比例交纳。因此说，荡地开发过程中的"圩本"，则系荡地开发者投入的资金。

二是从传统社会土地国有的属性出发，对于特定行业如盐业、屯军等，国家划拨相当数量的濒海荡地，作为其生产、生活用地，这部分土地应当是国家投入的土地资本。

三是捐资与借贷。此两种筹资形式，主要见行于水利兴修而又缺乏资金的场合，大多采用地方官府"劝捐""倡捐"，由地方士绅及"殷户捐助"。

四是受益人户摊派。在荡地开发围垦区，由于筑圩或兴修水利工程，为周边地区的农户带来相应的水利排灌利益。在这种情况下，水利兴修的工料费用，则按受益人户的田亩面积摊征，此即"按亩起科"，是在无公项开支情况下筹集民间经费的传统形式。

五是商业资本流入土地。士绅在地方社会兴修水利、围垦荡地过程中，尽管以"捐助""资助"的名义参与荡地开发活动，但实际上则是以其商业资本或其他资本注入新垦区经营活动之中。这可以说是商业资本流入土地的直接表现形式。至于商业资本与荡地结合的间接形式，大多表现在商人在盐或其他农业经济作物交易中，对土地经营者、使用者的间接控制。

六是朝廷政策允许沿海地方截留课赋，间接转入荡地开发活动。

七是外国人荡地开发资金。由于历史的原因，江、浙、闽、粤一带自宋元以来与外通商，有相当数量的外国人留居此地，成为中国沿海地区最早参与荡地开发的外国人资金。这些外国人，其中不少为波斯（今伊朗）的亦思法杭人，此外还有印度人、犹太人（元朝称为斡脱人）及欧洲人，国人称其为南海番人或番客。他们的职业，有的是贵族官僚，有的是商人、教士。其中有的人与中国女子结婚，所生孩子曰半南番。外国人留居沿海地区，大多参与地方社会的建设。

八是地方社会组织开发荡地，也当有资金准备。这里所说的"地方社会组织"，主要是指荡地开发组织、乡族组织及地方割据势力。

总之，在传统农业社会条件下，由于荡地开发仍被限定在农业开发的框架内，所以在荡地开发资金构成方面，也表现出强烈的农业色彩。只有进入近代社会后，沿海地区才出现了真正意义上的投资兴垦荡地，为近代工业提供原料及生活必需品。但无论怎么讲,传统的集资开发荡地,为近代沿海工业的发展奠定了物质基础。

（四）海洋政策的影响

从海洋区域经济学的角度出发,沿海荡地的开发高度,取决于政府的海洋政策,以及海洋经济开发与内陆相关地区的经济开发状况。从这个意义上讲,明清时期的中国海洋政策,也是沿海荡地开发的要素之一。从政治、军事乃至经济上的海外贸易利益着眼,封建国家自然难以顾及荡地开发的局部利益。因此,明清时期禁海、迁界时期的海洋政策,对荡地开发的负面影响是主要的;而随着社会安定,军事行动停止而带来的开海、展界政策,则引发了沿海人民荡地开发的高潮。

第五节　明清时期对海疆镇辖和开发的历史特征[①]

明代和清前期是中国古代海疆发展历史上的鼎盛时期,也是中国古代海疆遇到最严峻挑战的关键时期。作为发展成熟的封建大一统王朝,明、清两朝在治理和巩固海疆方面付出了巨大努力,形成了完整的海疆管理和防御体系,出现了郑和下西洋的世界性航海壮举,也取得了抗倭斗争的巨大胜利和从西方殖民者手中夺回台湾宝岛、澎湖的辉煌战绩。然而,在自然经济占绝对优势的古代中国,在传统的"重农轻商""重陆轻海"思想的影响下,明、清两朝的海疆政策和海防战略都呈现出浓郁的消极保守色彩,对中国古代海疆的发展具有明显的阻碍作用。

一　经济"北轻南重"与政治"北重南轻"的历史格局

明、清两朝继承了唐、宋时期业已形成的"南重北轻"的经济格局,而且南方沿海地区经济有了进一步的发展。一是农业生产的商品化倾向更明显。宋代江南地区兴修水利和精耕细作,使原先水潦低洼的苏州、太湖地区成为当时的重要粮食产区,古语所谓"苏湖熟,天下足",说的就是这个意思。到了明、清时期,中国粮食主要产区已转移至湖广地区,民间谣谚也一改而为"湖广熟,天下足"了。但获利丰厚的经济作物,如棉花、桑树、甘蔗、果树、花生、茶叶、烟草的种植面积却在东南沿海地区迅速扩大,并且出现了一定程度上的规模经营。二是丝织、棉布、陶瓷等各种手工业蓬勃发展,并且大都脱离了一家一户、自给自足的农业、手工业兼营的方式,以城镇手工业作坊主雇工集中劳动为主要方式,相当一部分手工业者完全离开了土地,靠手艺或在市场采购手工业原料,出卖手工业产品谋生。三是新兴市镇群体大量涌现。它们大都有很强的专业化倾向,或以经营某些手工业商品著称,或以地处交通要冲、商品集散地闻名,或是作为大、中城市的卫星城镇,形成各级市场网,带动相关产业的发展,促进了商品的交流。

由于明、清两朝把都城设在北方(明初曾以南京为都城),其政治重心与经济重心实际上长期处于严重错位的状态。尽管历朝统治者都无法改变这个既定经济格局,但作为一种有限的平衡手段,他们沿用了元朝的办法,通过京杭大运河或沿海水道将南

[①]　此部分内容主要参见张炜、方堃的《中国海疆通史》,中州古籍出版社 2003 年版,第 323—326 页。

方粮食源源不断地运到北方,运到京城,供养规模庞大的中央机构官员及其家属,供养庞大的禁军和京畿驻防部队。粮食漕运一定程度上带动了北方运河沿岸和沿海地区经济的发展。明、清封建王朝对沿海地区经济发展的最大阻碍是压制了那里正在蓬勃发展的海洋经济势头,堵塞了海外贸易的通畅,并导致直接与海外贸易相关联的海舶制造、航海、港务等行业的极度萎缩,具有明显外贸性质的丝织、瓷器等行业也失去了进一步发展的空间。东南沿海地区商品经济逐渐发展起来之后,急需打开新的市场,为商品经济的更大发展寻求空间。而当时无论是中国传统的海外贸易国——日本、朝鲜、琉球及东南亚、印度洋沿岸诸国,还是新兴的欧洲海上强国葡萄牙、西班牙、荷兰、英国等都对中国商品极感兴趣,愿意扩大贸易往来。但自认为是"天朝上国""无所不有"的明、清统治者却满足于经济上的自我封闭。他们实行"海禁"政策,严令"片板不许下海",将沿海岛屿上及沿海地区的居民强行迁到内地,对从事海外贸易的民间商人严刑处罚。这些举措对沿海,尤其是东南沿海地区经济发展的负面影响是显而易见的。

二 实质相同的海疆政策及实施后果

明代中叶,随着倭寇大规模窜犯中国东南沿海,江、浙、闽、粤各省不断发生大规模海盗抢劫和烧杀事件,随着西方殖民主义势力向东方大肆扩张,中国海疆面临严峻挑战。"迨(明朝)中叶以后,欧罗巴诸国东来,据各岛口岸,建立埠头,流通百货,于是诸岛之物产充溢中华,而闽、广之民造舟涉海,趋之若鹜。"①西方殖民者还占领了广东的屯门、澳门,浙江的双屿,福建的月港、澎湖和台湾等地,来自海上的威胁被凸现出来。明、清封建王朝不得不由主要防范北方游牧民族的袭扰,变为同时要对付来自海上和陆上的双重威胁。

在此历史背景下,明、清两代一脉相承的海疆政策呈现出以下特点:一是海疆管理政策的核心是管辖民众和陆上疆土,具有明显的重人轻海、重陆轻岛的倾向。明初颁布的"海禁"令实际上剥夺了沿海民众固有的谋生手段,破坏了正常的海疆经济结构,遭到民众的顽强抵制。当"海禁"令一时难以奏效时,明朝统治者采取了更为严厉的移民政策,将沿海岛屿居民迁徙一空,以加速"海禁"令的贯彻实施。清初同样实行"海禁"政策,不仅将岛屿居民迁移一空,还把大陆居民从岸边向内迁徙数十里,对沿海居民生活的影响更加严重。重开"海禁"之后,亦对沿海渔民、船民实行保甲连坐,严格限制他们跨界捕鱼和出国不归,对寄居海外的华人往往视为"叛国"而处以极刑。但对西方殖民者乘虚占据中国沿海岛屿,却大都抱着事不关己的漠然态度,致使澳门、台湾等岛屿轻易被葡萄牙、荷兰殖民者所占据。二是在发展海疆经济方面,重农桑盐业,轻渔商海运,将发展沿海经济的重要方面——海上贸易纳入东方封贡体系的礼义交往之中。即使开放海禁,也是将对外贸易强行纳入官办的朝贡贸易的框架之内,把正常的商贸往来视为对海外诸国的"恩赐",为对方带来的"贡品"支付远远高出其价值"回赐",使本来就不宽裕的国家财政背上更沉重的包袱。明、清两朝对民间海外贸易的禁绝或严格限制,使相当一部分商人采用非法的走私方式继续从事海外贸易,也有人走

---

① 徐继畬:《瀛环志略》卷二。

上与官府武装对抗的道路,形成具有海盗兼海商双重身份的武装集团,有人甚至与倭寇和荷兰等外国殖民势力勾结起来。明、清时期沿海倭患日炽,西方殖民者屡占中国沿海岛屿,大肆进行走私活动,这中间既有外国侵略者欲壑难填、野心膨胀方面的原因,同时也与明、清统治者压制民间正常的海外贸易需求,将从事海外贸易的沿海商人和居民推向自己的对立面,致使走私活动四处蔓延不无关系。

三 面对海上威胁:陆岸海口防御战略体系的失败

针对来自海上的威胁日益严重的形势,明代一些军事思想家和抗倭将领提出了许多有价值的海防战略思想。他们的普遍看法是:大洋为倭寇入侵的必由之路,且倭寇长于陆战,所以防之于陆"不如防之于水";其次才是屯扎于海岸要害之地或敌人可登岸之处,以逸待劳,击敌于立足未稳之际;南方江河交错,水港相通的地形条件,也使得在内河歼敌成为可能;最后一道防线,则是固守沿海城镇,利则出战,不利则守,牵制敌人,使其不敢深入内侵。其中最重要的是水上防御(包括海上防御和内河防御),因此要大力发展水军,使"水兵常居十七,陆兵常居十三"[1],敌寇"来则攻之,去则追之,屡来屡攻,屡去屡追"[2]。

但这些有价值的看法并未被明、清统治集团所采用。他们中间大多数人缺少海洋实践和海上生活经历,对海外各国的情况茫然无知,对中国沿海海域和沿海岛屿漠不关心。直到晚清,仍有一些朝廷大员认为"夫外之人涉重洋而来,志在登陆,非志在海中也。中国恶其来者,恶其登陆耳,非恶其在海中也"[3],从中曲折地反映出他们习惯以海洋为天然屏障,以陆岸为国家边界,只求得对陆上疆土封闭式的"大一统"管辖的观念。中国历史上大多数海上军事行动都是在近海范围内进行的。中华民族的海洋军事观是防守型的。即使是在海上力量相当强盛的明代,仍缺乏强烈的海上扩张需求,缺少争夺海上霸主地位的欲望。在大多数情况下,明、清王朝所建立的海防体系以打击海盗和走私为主要目标,不仅将制海权拱手相让,就连近海防御也是有名无实。清朝海防官兵醉心于修建陆岸哨所,而把海上巡逻会哨视为畏途,极少主动采取进攻入侵的海盗或西方殖民者的行动,所使用的战船吨位小、装备差,大多数保养状况很差,只能逡巡近海而无法扬帆远航。这样的军队对付大股海盗尚且感到吃力,当然就更谈不上抵御西方列强从海上的入侵了。

总之,明、清两朝的多数统治者已丧失宋、元王朝在海疆经营方面的勃勃生气和开拓精神,失去了扩大中华文明对世界各国影响的恢宏气度,也失去了漂洋过海与各国加强交往的兴趣,满足于几千年来一脉相承的自然经济缓慢曲折的发展。如果说,在东、西方山海阻隔,尚未发生直接联系的背景下,这些政策还没有威胁到这个古老的封建王朝的生存,那么等到西方殖民者大举东来,靠着"坚船利炮"打开中国大门时,它的负面影响便立刻显现出来了。

---

① 俞大猷:《正气堂集》卷一六。
② 俞大猷:《正气堂集》卷九。
③ 《筹办夷务始末》(同治朝)卷一〇〇。

第三十一章
明清时期的海洋观念

由国家海上安全的客观需要而产生的海防思想是明清时期海洋观念的集中体现。明初海防思想有两个潜在的发展趋势，一是以防守为基点的战略取向，二是初步奠定了边海防并重的基本战略原则。嘉靖"倭患"所引起的海防需求，使明代的海防思想又有所发展。明代后期私人海上贸易的迅速发展和民间海上势力的崛起，带来了一些海洋观念上的变化，尤其是郑氏武装海商集团所具有的"通洋裕国"的观念意识，更是明代海洋观一个引人注目的变化，集中反映了明末民间海洋观的显著变化。

清代前期的海洋观念首先反映在禁海与筹海的论争中，在各种筹海意见中，慕天颜的重商思想和蓝鼎元的通过发展海外贸易吸收"番钱"、增强国力的主张最具进步性。由于海防建设的需要，在清代前期，我国出现了一批关心海防安危、潜心研究海防地理的著名学者和军事家。他们总结、继承了明代抗倭海防斗争的经验教训，不仅详细分析了海岸、海岛以及海区的地理形势，而且重点讨论了海口、海港、海道的军事、经济利用价值，并初步探讨了海洋气候、海洋水文对海洋作战的影响。他们研究的内容已经涉及当代海防地理学的各个方面。这些讨论内容，为当时的海防军队的部署与调整提供了宝贵的理论依据，是近现代海防地理学发展的重要基础。

第一节　明代海洋观念的变迁[①]

就总体发展趋势而言，由于社会经济的发展、造船技术的进步和航海水平的提高，唐、宋、元以来中国海洋观念呈现出一种有限开放性的特点，尤其是历代统治者在某些经济利益的驱动下，对海外贸易活动的政策取向也采取了鼓励和提倡的态度。然而，我们也应该看到，唐、宋、元时期的海外贸易政策在官方许可范围内所带来的海外贸易的繁盛，并不意味着中国人就此可以自由地走向海洋，也不意味着这种海外贸易的一时繁盛已经铸就了古代海洋时代的辉煌。实际上，唐、宋、元历朝统治者重视或鼓励海外贸易，主要目的还是要利用海外贸易为封建专制统治服务，宋元以后出于经济利益的考虑虽然海外贸易有所加重，但始终还是处于从属的地位。这主要体现在唐朝以稳

---

① 此部分内容参见黄顺力：《海洋迷思——中国海洋观的传统与变迁》，江西高校出版社1999年版，第58—140页。

定的政治和繁荣的经济为基础,应允"四邻夷国"入贡来朝,目的是为了显示大唐帝国的强大和稳定。宋代极力招徕海外诸国入宋贸易,更多的是出于提高宋王朝政治威信的考虑,即所谓"不惟岁获厚利,兼使外番辐辏中国,亦壮观一事也①"。元朝统治者对海外朝贡贸易表现出少有的热情②,声称:"诸番国列居东南岛屿者,皆有慕义之心,可因蕃舶诸人宣布朕意,诚能来朝,朕将宠礼之。其往来互市,各从所欲。"③由此还形成了"外国贡献,视唐宋为多"④的繁荣景象。但是这种以政治利益为主导的海外贸易活动,表面上蓬勃兴盛,实质上被牢牢地控制在封建国家政权的股掌之中而缺乏应有的生命力,有限开放的海洋观念到了明代遂出现了禁海与"开海"这种"海洋迷思"的现象。

一 从海洋退缩

元末长期的攻伐征战,使社会经济遭到严重破坏。明太祖朱元璋于1368年建立明王朝时,面对的是一个"兵革连年,道路榛塞,人烟断绝"⑤的残破局面。为了巩固统治政权的稳定,朱元璋采取了一系列休养生息的政策,刺激经济的恢复和发展。在朱元璋看来,以农立国的传统经济自然应以农业的发展为主导,要"使农不废耕,女不废织,厚本抑末,使游惰皆尽力田亩"⑥,并希图通过"计口授田"分配土地的办法,把农民约束、限制在土地上。同时,在海外贸易政策上,明王朝一反唐、宋、元诸代鼓励开放的倾向,自洪武初年就宣布海禁,实施从海洋退缩的基本国策,对后世海洋观的发展产生了巨大而深远的影响。

明王朝立国伊始,即实行禁海的政策,这的确是一个引人注目而又耐人寻味的变化。正如有学者所说的那样:"一直到元朝(1271—1368年)为止,中国政府对于海外贸易大致都持开放和鼓励的态度;这种态度到了1368年朱元璋建立明政权时发生了全面的逆转,政府对于海贸改采否定和禁绝的政策。"⑦

(一)禁海政策的思想缘由

明初开国禁海政策的实施对中国海洋观的发展变化起了相当深远的消极影响。我们把中国古代海洋观归纳为具有"有限开放性""边缘从属性"和"守土防御性"三个主要特点,其中所显现的以大陆农业文明为中心的重陆轻海、陆主海从的传统观念意识,即使在堪称开放的宋元时期也始终居于主导地位。明初禁海政策的实施则进一步强化了传统海洋观的局限性,这在15—16世纪世界性海洋时代到来的前夕,无疑将严重地羁绊中国人迈向海洋时代的步伐。

首先,就"有限开放性"而言,虽然宋元以前中华民族是以一种较为开放的心态与

---

① 《续资治通鉴长编拾补》卷五。
② 参见李金明、廖大珂:《中国古代海外贸易史》,广西人民出版社1995年版,第179页。
③ 《元史·本纪第十·世祖七》,第204页。
④ 王圻:《续文献通考》卷三二《土贡考》。
⑤ 《明太祖实录》卷二九。
⑥ 《明太祖实录》卷一七七。
⑦ 张彬村:《十六——十八世纪中国海贸思想的演进》,《中国海洋发展史论文集》第二辑,台北中研院1987年版,第39页。

海洋打交道的,但在以内陆农业文明为中心的强势文化影响下,海洋观的开放趋向始终被限制在一定的范围之内。明初的禁海政策加强和扩大了这种限制的力度和范围,从而使整个国家的政策导向开始指向从海洋上退却。例如,明太祖朱元璋最初便三令五申"禁濒海民私通海外诸国",对私人海上贸易活动作了严格的限制,接下来又严厉禁止外国商品在国内市场上流通,企图从根本上堵死海外贸易的流通渠道。朱元璋晚年时,更以《大明律》的法律形式,具体制定了种种有关限制"私出外境及违禁下海"的律令。明王朝为了实施禁海政策,不仅禁止私人出海贸易,而且还禁止人民下海捕鱼①,甚至对沿海地区的海岛居民实行大规模的迁海行动,或"以三日为期,限民徙内,后者死"②,或"约午前迁者为民,午后迁者为军"③,强制手段相当严厉和残酷。由此可见,开国禁海政策实际上就是从海洋全面退却。明朝统治者抱着"朕以海道可以通外邦,故尝禁其往来"④的闭关心态,把自己与即将到来的海洋时代隔绝开来,从而给中华民族的未来发展埋下了潜在而深远的危机。如果从海洋观念的发展层面加以分析,我们可以看出,明王朝的开国禁海使中国古代海洋观的有限开放性特点逆向发展,其限制性愈加鲜明而开放性却愈加淡化,传统"有限开放性"的不足和局限没有随时间的推移逐渐予以摈弃,反而在世界历史发展的转折关头进一步得到了强化,这真是中华民族的悲哀与不幸!

其次,就"边缘从属性"而言,自秦汉以来,中原地区以农立国的文化大传统相对于东南沿海地区的海洋文化传统,始终占据中心和主导地位,即使在唐、宋、元海洋经济相对发达、海洋文化相对灿烂时期,海洋文化传统也只能居于边缘从属的地位。明王朝建立后的开国禁海,从思想观念上进一步固化了这种边缘从属性的地位差异。明太祖朱元璋一贯认为:"保国之道,藏富于民,民富则亲,民贫则离。民之贫富,国家休戚系焉。"但如何做到"藏富于民"?朱元璋的主张是"使农不废耕,女不废织,厚本抑末,使游惰皆尽力田亩"⑤,明确表示其治国之道的基点在以农立国和"重农抑商"。因此,立国之初,朱元璋即恪守"先王之世,野无不耕之民,室无不蚕之女,水旱无虞,饥寒不至"⑥的传统观念,实行奖励开荒、移民屯田等积极恢复和鼓励农业生产的措施,而对官方控制的海外贸易活动则持不以为然、可有可无的态度,尤其对"行贾四方,举家舟居,莫可踪迹"⑦的私人海上贸易采取反对和严禁的态度。由此可见,开国禁海所体现的海洋观念意识,说到底还是以农立国、重陆轻海、陆主海从思想的另一种表现形式。当国家来自海上方向的安全未受到威胁时,统治者可以在有限的范围内发展海外贸易,包括私人海外贸易,出现了宋元时代海外贸易的兴盛。但这种"治国之末"的兴盛始终比不上统治者对农本的重视,也始终处于边缘从属的地位。而当国家来自海上方向的安全开始受到威胁,并可能危及新政权统治的稳定时,统治者一则担心沿海"荗

---

① 《明太祖实录》卷一五九记载:"信国公汤和巡视浙江、福建沿海城池,禁民入海捕鱼。"
② 《福建通志》(乾隆朝)卷六六《杂记》。
③ 王士性:《广志绎》卷四。
④ 《明太祖实录》卷一七六,洪武十八年十一月甲子。
⑤ 《明太祖实录》卷一七七,洪武十九年三月戊午。
⑥ 《皇明世法录》卷三《明太祖高皇帝宝训》,第43页。
⑦ 周忱:《舆行在户部诸公书》,见《昭代经济言》卷二。

民"与海外势力勾结,威胁到国内的安宁;二则深恐"行贾四方"的海外贸易可能会带来"海疆不靖"的后果,再加上海洋本身在统治者心目中的从属地位,实施禁海政策也就顺理成章了,但由此却进一步强化了传统海洋观边缘从属性的思维定式。朱元璋曾说:"诸蛮夷小国,阻山隔海,僻在一隅,得其地不足以供给,得其民不足以使令",如果轻易对海外用兵,就会像隋炀帝"妄兴师旅,征讨琉球"那样,因"徒慕虚名,自弊中土,(而)载诸史册,为后世讥"①。可见,大陆王朝的统治者将基本国策放在土地与农桑上,即国家的基点建在陆上,而对"阻山隔海"的海洋开拓与发展却持不以为然的态度,甚至以禁海的方式全面从海洋退却,这就决定了传统海洋观所具有的"边缘从属性"特征不仅没有淡化,反而有日渐发展、强化的趋势。明初开国禁海政策的实施正昭示了这一点。

其三,就"守土防御性"来说,明初禁海政策的实施最为典型地勾画出传统海洋观的这一特征。元末明初以来,沿海倭患频仍,开始构成对国家安全的海上威胁。再加上明初在讨灭张士诚、方国珍等沿海地方势力的过程中,不少"莠民"称兵构乱,甚至勾结海外势力,反对明王朝的统治。史称:"时国珍及张士诚余众多窜岛屿间,勾倭为寇。"②在这种情况下,明太祖下令"禁濒海民私通海外诸国",而且禁令愈来愈严,甚至于强令迁徙沿海岛屿居民,以防止岛民与倭寇内外勾结威胁明王朝的统治。

我们知道,明王朝初建之时,对新生政权构成安全威胁的外部因素主要来自北方的蒙元残余势力和东南沿海的倭患。但在当时情况下,明王朝只能把防御重点放在北方,以防止蒙元残余势力卷土重来,故有徐达、常遇春率军西征之举,而对东南沿海一带则采取守土防御的做法。明太祖宣称:"海外蛮夷之国,有为患于中国者,不可不讨;不为中国患者,不可辄自兴兵。……朕以海外诸蛮夷小国,阻山越海,僻在一隅,彼不为中国患者,朕决不伐之。"③他告诫后世子孙,不得"倚中国富强,贪一时战功,无故兴兵,致伤人命"④。因此,朱元璋去世后,禁海政策作为明王朝的祖宗旧制延续下来,并逐步形成"片板不许入海"⑤的定制。这种情况一直延续到隆庆元年(1567年)穆宗皇帝上台后才有所改变,但以禁海为基本手段的守土防御却成为一种思维定式,对传统海洋观,特别是明代以后开始形成的海防思想也产生了深远的影响。

(二)明初海防思想的产生

明初海防思想的产生,有其内在的思想渊源和特定的时空背景。就其内在的思想渊源而言,自春秋以来,随着人们对海洋本质属性认识的加深及其对海洋经济资源利用范围的扩大,海上用兵与保护海洋安全的海防意识也逐渐产生。例如元朝统治者就曾以对外用兵作为夺取海洋经济资源和扩大海外贸易的辅助手段,史称:"西南夷有所谓八百媳妇者,沃壤多产可取,朝廷……命之出师。"⑥又称:"元世祖在位之日,击缅

---

① 《明太祖实录》卷六八,洪武四年九月辛未。
② 《明史·志》第六七《兵三》,第2243页。
③ 《皇明世法录》卷六《明太祖高皇帝宝训》,第30—31页。
④ 《皇明祖训·祖训首章》。
⑤ 《明史·列传》第九三《朱纨》,第5403页。
⑥ 许有壬:《至正集》卷四八《刘平章神道碑》。

甸、击爪哇、击占城、击日本,殆无虚岁……盖闻此诸国多珠贝宝石之类,欲得之耳。"①
与此同时,来自国家海洋方向的安全需要也促进了海防意识的萌芽。自元至元十九年
(1282年)开始兴办海运后,海漕之利引起元朝统治者的高度重视:"元都于燕,去江南
极远,而百司庶府之繁,卫士编民之众,无不仰给于江南。自丞相伯颜献海运之言,而
江南之粮分为春夏二运。盖至于京师者一岁多至三百余万石,民无輓输之劳,国有储
蓄之富,岂非一代之良法欤。"②因此,元朝先后设立都漕运司、行泉府司等官职,专掌
海运事务,并在沿海重要地区增添海防兵力,如"升台州海道巡防千户所为防御海道运
粮万户府"③等,以加强对海运通道安全的保护。元末明初沿海倭患猖獗,加之地方势
力方国珍、张士诚等"余党导倭寇出没海上,焚民居,掠货财,北自辽海、山东,南抵闽
浙、东粤,滨海之区,无岁不被其害。"④保护国家海上安全的海防意识即由此萌发,明
初海防思想正是这种内在思想渊源发展的必然结果。

　　就明初特定的时空背景而言,明王朝建立之时,对其统治政权安全的威胁既有来
自陆上方向的北方蒙元残余势力,也有来自海上方向的沿海倭寇与反明力量相纠集的
势力。对于来自海上方向的威胁,明太祖朱元璋最初寄希望于用"天朝上国,番使入
贡"的传统手法来加以消弭。因此,明在立国之初即四处遣使诏谕日本、高丽、占城、爪
哇等国,一方面以正统自居,力图肃清蒙元统治的影响,宣称:"曩者我中国为胡人窃据
百年,遂使夷狄布满四方,废我中国之夷伦,朕是以起兵讨之,垂二十年。芟夷既平,朕
主中国,天下方安,恐四夷未知,故遣使以报诸国。"⑤另一方面采取安抚手段,鼓励海
外诸国入明朝贡,稳定海疆安全,申明:"昔帝王之治天下,凡日月所照,尤有远迩,一视
同仁。故中国奠安,四夷所得,非有意于臣服之也。"⑥对于倭寇的骚扰,明太祖最初也
希望通过外交途径加以解决。洪武二年(1369年),朱元璋遣使日本,但日本方面并未
遣使朝贡,沿海倭患反而愈演愈烈。在这种情况下,明太祖对日本的防范戒备之心大
大增强。洪武九年(1376年),明廷在给日本国王的国书中暗示说:"今吾与日本止隔
沧溟,顺风扬帆止五日夜耳。"⑦题中之意不言自明。洪武十三年(1380年)、十四年
(1381年)明廷更是先后斥责日本为"蕞尔东夷,君臣非道,四扰邻邦"⑧,"自夸强盛,纵
民为盗,贼害邻邦"⑨,并警告日本国王:"若必欲较胜负,见是非,辩强弱,恐非将军之
利。"⑩正是这日益紧张的海上安全利益的冲突使明朝海上防卫思想开始逐渐形成。

　　此外,保护海上运输通道的安全,也是明初海防思想形成的重要因素。明朝建立
伊始,虽实行开国禁海政策,但却重视海上漕运。洪武元年(1368年),朱元璋"募水工

① 丘浚:《大学衍义补》卷一五六《劫诱穷黩之失》。
② 《元史·志》第四二《食货一》,第2364页。
③ 《元史·志》第四一下《百官八》,第2337页。
④ 《明史纪事本末》卷五五,第843页。
⑤ 《明太祖实录》卷三九,洪武二年二月辛未。
⑥ 《明太祖实录》卷三四。
⑦ 《明太祖实录》卷一〇五,洪武九年四月甲申。
⑧ 《明太祖实录》卷一三四,洪武十三年十一月丙戌。
⑨ 《明太祖实录》卷一三八,洪武十四年七月戊戌。
⑩ 《明太祖实录》卷一三八,洪武十四年七月戊戌。

发莱州洋海仓饷永平卫。其后海运饷北平、辽东为定制"①。明成祖朱棣即位后,建都北京,"转漕东南,水陆兼挽,仍元人之旧,参用海运"②,并任命平江伯陈瑄具体负责海运事宜,"督海运,饷辽东、北京,岁以为常"③。因此,对海上漕运安全问题的重视,也促进了明初海防思想的形成。

由国家海上安全的客观需要而产生的明初海防思想有两个潜在的发展趋势值得注意:

一是以防守为基点的战略取向。

明初开始重视海防建设的主要目的是为了防范来自海上方向的安全威胁,其中当然主要是倭患。据史料记载:"(洪武初),倭寇出没岛海中。乘间辄傅岸剽掠,沿海居民患苦之。帝数遣使赍诏书谕日本国王,又数绝日本贡使,然竟不得倭人要领。"④结果,洪武元年(1368年)就发生了多起倭寇犯海入侵的事件。⑤洪武二年(1369年),倭寇又"数侵掠苏州、崇明,杀掠居民,劫夺货财"⑥,浙江永嘉、玉环,广东惠州、潮州一带也遭到倭寇剽劫。洪武三年(1370年)以后,倭寇的劫掠范围北至辽东、山东,南至福建、广东,给明王朝的海上安全造成严重的威胁。因此,明初海防思想的战略取向,首先就是防守和防范倭寇对沿海地区的骚扰。这既体现在严厉的开国禁海政策上,又体现在加强水军、增置卫所、建设沿海防务体系等具体措施上。因此,"沿海之地,自广东乐会接安南界,五千里抵闽,又二千里抵浙,又二千里抵南直隶,又千八百里抵山东,又千二百里逾宝坻、卢龙抵辽东,又千三百余里抵鸭绿江"⑦,或"设兵戍守",或"造海舟防倭",或"移置卫所于要害处",或抽丁"为沿海戍兵",逐步形成比较完整的沿海防务体系,同时也表明明初以防守为基点的海防思想业已形成。

二是初步奠定了边海防并重的基本战略原则。

在明代以前的史籍上基本上看不到"海防"这一字眼,一般只有"招训民兵,以备海道"⑧或"以防海道"⑨、"措置海道"⑩、"防御海道"⑪、"控扼海口"⑫等表述。中国历代统治者认为,国家的边患主要来自北方或西北内陆边疆,故边防始终是历朝历代国家防务体系的战略重点。元末明初以后,情况发生了变化,东部及东南沿海倭患的频繁出现,迫使统治者在关注边防的同时,也注意到"岛寇倭夷,在在出没"的新情况,形成"海防亦重"的新认识,开始把"海防"纳入国家防务体系之中。

明代的军制实行卫所制。洪武元年(1368年),朱元璋在总结历代军制经验教训

① 《明史·志》第五五《食货三》,第1915页。
② 《明史·志》第六一《河渠三》,第2077页。
③ 《明史·本纪》第六《成祖二》,第79—80页。
④ 《明史·列传》第一八《张赫》,第3832页。
⑤ 参见陈懋恒:《明代倭寇考略》,人民出版社1957年版。
⑥ 《明史纪事本末》卷五五,第839页。
⑦ 《明史·志》第六七《兵三》,第2243页。
⑧ 《宋史·本纪》第二四《高宗一》,第448页。
⑨ 《宋史·本纪》第二六《高宗三》,第481页。
⑩ 《宋史·本纪》第三三《孝宗一》,第629页。
⑪ 《元史·本纪》第一五《世祖十二》,第320页。
⑫ 《元史·志》第四七《兵二》,第2544页。

的基础上,吸取唐代府兵制寓兵于农的精神,"革元旧制,自京师达于郡县,皆立卫所"①。在各边事要地,"度要害地,系一郡者设所,连郡者设卫"②。洪武二十六年(1393年),"定天下都司卫所,共计都司十有七,留守司一,内外卫三百二十九,守御千户所六十五。及成祖在位二十余年,多所增改。其后措置不一"③。这里,我们尚未统计过专事海防职责的卫所数目究竟有多少,但早在朱元璋为吴王时,已在嘉兴、海盐、海宁等地设兵戍守。朱元璋正式登上皇帝宝座后,立即下令在广东等沿海要地设置卫所,加强海上防范。洪武三年(1370年),朱元璋下令设水军等24卫,规定"每卫船五十艘,军士三百五十人缮理,遇征调则益军操之"④。后来又籍编方国珍余部及浙东沿海"无田粮之民"10余万人,分隶各卫为军,戍守海疆。同时又下令浙江、福建等沿海省份,"造海舟防倭","命广洋、江阴、横海、水军四卫增置多橹快船,无事则巡徼,遇寇以大船薄战,快船逐之"⑤,还任命靖海侯吴祯"充总兵官,领四卫兵,京卫及沿海诸卫军悉听节制,每春以舟师出海,分路防倭,迄秋乃还"⑥。此外,又先后在山东、江、浙、闽、粤等沿海各地筑城、屯兵设守。简而言之,明初的防务体系中已明显加入"海防"的成分,并随着北方蒙元势力的消亡、沿海倭患的猖獗,"海防"日益受到统治者的重视,初步奠定了有明一代边海防并重的战略方针。

二 "开海"远航

明太祖朱元璋的开国禁海政策,到明成祖朱棣上台后,在形式上发生了重大变化。1402年,朱棣以"清君侧"为名,发动"靖难之役",从建文帝手中夺得皇帝宝座。为了使自己的地位得到确立和承认,明成祖积极发展与海外诸国的关系。登基一个月后,即遣使安南、暹罗、爪哇、琉球、日本、西洋、苏门答剌、占城诸国。从永乐三年(1405年)起,明成祖派遣中官郑和六下西洋,把明代"开海"远航的官方经营海洋活动推到盛况空前的境地。

(一)经略海洋意识的转向

不论是明太祖朱元璋的"开国禁海",还是明成祖朱棣的"开海远航",共同点都是严禁濒海居民下海兴贩,私通外洋,而对于自宋元以来日趋活跃的海外贸易,则以"朝贡贸易"的方式集中于王朝的控制之下,明代经略海洋的观念意识由此发生了引人注目而又影响深远的重大转向。

明代的"朝贡贸易"制度是明王朝为了加强对海外贸易的控制和垄断,以"厚往薄来"为手段,实行招徕海外诸国入明朝贡的一种贸易制度。它准许海外诸国在朝贡的名义下随带货物,由官方给价收买,完成贸易的往来。从表面上看,明代的朝贡贸易与宋元时期的海外贸易有相似之处,但实质上却有很大的不同。

---

① 《明史·志》第六五《兵一》,第 2175 页。
② 《明史·志》第六六《兵二》,第 2193 页。
③ 《明史·志》第六六《兵二》,第 2196 页。
④ 《明太祖实录》卷一四。
⑤ 《明史·志》第六七《兵三》,第 2243 页。
⑥ 《明史·志》第六七《兵三》,第 2243 页。

首先，宋元时期的海外贸易一般都有"朝贡贸易"和"市舶贸易"两种形式。前者与明代的"朝贡贸易"相似，有着浓厚的政治交往色彩，即海外国家派遣使节，以向宋、元王朝"呈献贡物"的名义带来各种海外物品，而宋、元王朝则通过"回赐"的方式，回赠相应或高于贡物价值的中国物品，其主要目的是利用"朝贡"关系作为羁縻海外国家的手段，借以造成"万国来朝"的盛大气势，提升中原王朝的政治威望。后者则有所不同。宋元时期的市舶贸易虽然是处于市舶司的管理之下，受官府的严密控制，但主要目的却是"笼贾人专利之权以归公上"①，追求的是"动以百万计"的经济利益。因此，从本质上说，宋元时期的市舶贸易实际上是私人经营、官府管理的海外贸易。由于"市舶之利"在国家财政收入上占据重要地位，因此，宋、元王朝都在不同程度上对海外贸易采取鼓励和提倡的态度，采取一些积极的措施来保护和刺激海外贸易的发展。明代的海外贸易则不一样，在明太祖"开国禁海"既定政策的左右下，由官府控制和垄断的朝贡贸易几乎成为当时唯一的海外贸易形式，而濒海居民犯禁出海的"走私贸易"是要遭到严厉阻绝的。不仅国内商人出海贸易遭到严禁，而且除贡使之外，还不许外国私人来华贸易。所以，从本质上讲，明初的海外贸易已完全变成明王朝用来羁縻海外诸国的一种手段。正如明人王圻所概述的那样："凡外夷贡者，我朝皆设市舶司以领之……许带方物，官设牙行与民贸易，谓之互市。是有贡舶即有互市，非入贡即不许其互市。"②

　　其次，宋元时期的海外贸易政策把税收看成国家财政收入的一大来源，故悉心"讲求市舶之利"，重视海外贸易的发展。例如南宋时，宋高宗曾强调："市舶之利最厚，若措置合宜，所得动以百万计，岂不胜取之于民？朕所以留意于此，庶几可以少宽民力尔！"③为此，他还指示臣下："市舶之利，颇助国用，宜循旧法，以招徕远人，阜通货贿。"④采取增辟通商口岸，优待商贾，对发展市舶贸易有功或失职的官员进行奖励或处罚等措施，来促进海外贸易的发展，其着眼点在于经济效益。而明代朝贡贸易制度的着眼点则主要在政治影响，一方面借海外诸国的频繁入贡树立"万国来朝""四夷宾服"的大国形象，另一方面作为一种"羁縻"手段，笼络海外诸国，巩固东南海疆的安定局势。为了达到这个目的，明王朝不惜对海外诸国以高于"贡品"几倍的价值作"赏赐"，即使对那些没有贡物的使者，也常常从"怀柔远人"的角度考虑给予赏赐，规定凡是入明朝贡的使者，在华期间的车船食宿一律免费，对他们附带私物的交易还予以免税的待遇。明洪武三年（1370年），高丽使者入贡多带私物进行私下交易，中书省官员欲征其税，朱元璋大度地说："远夷跋涉万里而来，暂尔鬻货求利，难与商贾同论，听其交易，勿征其税。"⑤次年又诏谕福建行省："占城海舶货物皆免其征，以示怀柔之意。"⑥到洪武十七年（1384年）干脆下令："凡海外诸国入贡，有附私物者，悉蠲其税。"⑦明成祖不仅秉承乃父旧制，甚至对海外使者入贡附带私物与民交易，有关部门欲征其税都

---

① 《续资治通鉴长编》卷三四一。
② 王圻：《续文献通考》卷三一《市籴考》。
③ 《宋会要辑稿·职官》四四之二三。
④ 《宋会要辑稿·职官》四四之二三。
⑤ 《明太祖实录》卷五七，洪武三年冬十月丁巳。
⑥ 《明太祖实录》卷六七，洪武四年秋七月辛未。
⑦ 《明太祖实录》卷一五九，洪武十七年正月丁巳。

感到有损国体。他认为：“商税者，国家以抑逐末之民，岂以为利，今夷人慕义远来，乃欲侵其利，所得几何，而亏辱大体万万矣。”①因此，他上台后立即宣布：海外遣使来华的使团“一皆遇之以诚”，“其以土物来市易者，悉听其便。或有不知避忌而误干宪条，皆宽宥之，以怀柔远人。今四海一家，正当广示无外，诸国有输诚来贡者，听”②。对于外国贡船违反规定附载违禁物品的情况一般都采取宽容的态度。如日本遣使至宁波，将违禁的“兵器刀槊”私售于民，礼部官员据此请籍封送官。明成祖闻知后，谕令“勿拘法禁，以失朝廷宽大之意，以阻远人归慕之心”③。由上述可见，朝贡贸易虽然在明初中外经济交往中起过一定的作用，但它追求的主要是“宣德化而柔远人”的政治效果，其政治性目的显然要远远凌驾于经济性目的之上。

当然，更重要的是，明初朝贡贸易制度的这种变化，实际上反映了宋元以来王朝统治者经略海洋意识的转向。我们知道，“开国禁海”和“朝贡贸易”是明初海洋政策的两大支柱。明初的禁海政策反映的是明王朝“防寇”“防倭”与加强对海外贸易控制和垄断的双重需求。它在政治上是维护沿海地区的安全，稳定明王朝的政权统治；在经济上则是禁绝民间船只从事海上贸易，而由政府加以控制和垄断。与此相配合的，就是官方控制的朝贡贸易。这两种政策实施的结果，使得宋元以来日趋发达的民间海外贸易受到压抑，与此同时，由官方控制垄断的朝贡贸易又因缺乏内在的经济利益驱动，造成“连年四方蛮夷朝贡之使相望于道，实罢中国”④的尴尬局面。在这种情况下，郑和下西洋的航海壮举虽然显赫一时，但每次下西洋所耗费的人力、物力都十分巨大，而随船带回的一些海外奇珍或香料，又不能为国家增殖财富，这就为无视海洋的官僚们找到了借口，当时就有人攻击说：“朝廷岁令天下有司织锦缎、铸铜钱、遣内官赍往外藩……所出常数千万，而所取曾不能及其一二，耗费中国，糜敝人民，亦莫甚于此也。”⑤郑和死后，更有人上奏说：“三保太监下西洋，费钱粮数千万，军民死者万计，纵得奇宝而回，于国家何益？”连郑和积累的航海档案“亦当毁之，以拔其根”⑥。到明宣宗宣德年间郑和第七次下西洋之后，这种属于朝贡贸易性质的“开海远航”活动终究因难以为继而戛然中止。郑和的船队虽然已七下西洋，但在悄然来临的航海时代却未能率先走向世界，这其中的遗憾怎不令人扼腕痛惜！

（二）海洋观念转向的原因

明永乐年间声势浩大的“开海远航”并不意味着明朝的海洋观念较之前代更加开放，相反，由于既定的禁海政策与朝贡贸易制度的相互配合，实际上反映了明代统治者从海洋退缩、出现海洋迷思的观念转向。这种海洋观念转向的主要原因有三：

1. 儒家传统政治理念的阐扬

明太祖朱元璋以布衣之身夺得天下，深谙“人君之得天下，不在地之大小，而在德

---

① 《明成祖实录》卷二四，永乐元年十月甲戌。

② 《明成祖实录》卷一二上，洪武三十五年九月丁亥。

③ 《明成祖实录》卷二二。

④ 《明宪宗实录》卷一二〇。

⑤ 邹缉：《奉天殿灾疏》，《皇明文衡·卷六·奏议》。

⑥ 严从简：《殊域周咨录》卷八。

之修否"①的儒家传统政治理念之道,对蒙元统治者四处征伐的穷兵黩武政策一向不以为然。因此,他在取得全国政权之后,汲取元朝"昏主恣意奢欲,使百姓困乏,至于乱亡"②的历史教训,经常以"地广非久安之计,民劳乃易乱之源"③的道理自省或告诫子孙和臣下。开国之初,朱元璋根据"今中国方宁,正息兵养民之时"④的形势,对内励精图治,采取"安养生息"与"藏富于民"的政策,尽快恢复遭元末战乱破坏的社会经济;对外则以实施儒家所赞美的"仁政"为己任。在这个前提下,朱元璋以传统重陆轻海的政治思维,认为"胡戎与西北边境,互相密尔,累世战争,必选将练兵,时谨防之"⑤。而对东南海外诸国,则采取遣使通好,互不侵犯的政策,并把朝鲜、日本、大小琉球、安南(今越南)等十五国列为"不征诸夷国"⑥,为的是求得"远迩相安于无事,以共享太平之福",达到内外安宁的目的。可见,在实现儒家"仁政"理想的思想指导下,再配以"开国禁海"的具体政策,从海洋退缩已成为明王朝的既定国策。明成祖的"开海远航"虽在形式上把官方经略海洋的活动推向极致,但其内在的动力是封建国家所特有的政治要求,而不是经济利益的诱使。《明史·西域传》载:"自成祖武定天下,欲威制万方,遣使四出招徕。由是西域大小诸国,莫不稽颡称臣,献琛恐后。又北穷沙漠,南极滨海,东西抵日出没之处。凡舟车可至者,无所不届。自是殊方异域,鸟语侏俪之使,辐辏阙廷。而四方奇珍异宝,名禽殊兽,进献上方者,亦日增月益。盖兼汉唐之盛而有之,百王所莫伴也。"⑦其"遣使四出""开海远航"是为了"内安诸夏,外抚四夷"⑧以达到"四夷顺则中国宁","共享太平之福"⑨的目的。可见,明成祖的"开海远航"仍然是实现儒家"仁政"理念的一部分,其经略海洋的意识转向与乃父只是在时间和形式上有所不同而已。

2. 传统"重农抑商"观念的影响

与历代封建帝王一样,不论是明太祖还是明成祖都有着浓厚的"重农抑商"思想。明太祖朱元璋"起自布衣,于凡民间之事,罔不周知"⑩。为了尽快恢复在元末农民战争中被破坏的社会经济,他以传统的农本思想为基点,强调"朕有天下,务俾农尽力田亩",下令"减省徭役,使农不废耕"⑪,采取诸如免租蠲税、计民授田、屯田垦荒等多种措施,目的就在于使人民固着于土地,巩固小农经济,以维持封建经济、政治秩序的稳定。明成祖朱棣上台后,治国的大政方针也没有变化。他宣称:"建文以来,祖宗成法有更改者,仍复旧制"⑫,坚持以"民之贫富""厚本抑末"为基本国策。为了迅速恢复因"靖难之役"受到严重破坏的社会经济,明成祖对洪武年间所实行的一系列"安养生息"

① 《明太祖实录》卷七六,洪武五年九月辛未。
② 《明太祖实录》卷一七六,洪武十八年十月甲子。
③ 《明太祖实录》卷六八,洪武四年九月辛未。
④ 《明太祖实录》卷一二五,洪武十二年闰五月甲戌。
⑤ 《明皇祖训·箴戒章》。
⑥ 《明皇祖训·四夷》
⑦ 《明史·西域传四》卷三三二《列传》,第220页。
⑧ 《明成祖实录》卷一二七。
⑨ 《明成祖实录》卷十上。
⑩ 《明仁宗实录》卷五下。
⑪ 《明太祖实录》卷一七七,洪武十九年三月戊午。
⑫ 《明成祖实录》卷十上。

政策,均采取"率由旧章"的守成态度,多次申明"朕当守成之日,正安养生息之时"①,同样也制定各种政策措施来保障小农经济能够迅速得到恢复和发展,"是时宇内富庶,赋入盈羡,米粟自输京师数百万石外,府县仓廪蓄积甚丰,至红腐不可食"②,成为明代的极盛时期。正是基于这种"劝农务垦辟,土无荒芜,人敦本业"的"农本"思想,明初的统治者对商业的关注远不如对农业的关注,而对有可能危害海疆安宁的民间海上贸易活动则更是严加阻绝。因此,不论是实行"开国禁海",抑或是"开海远航",其表象虽然不同,但实质都是对宋元以来凸显活力的海洋商品经济的轻视。"国家抑逐末之民,岂以为利?"③明代经略海洋意识的转向与传统"重农抑商"的观念,的确有很深的思想渊源关系。

3. 私人海上贸易日趋活跃引起统治者不安

由于宋元时期统治者基本上对海外贸易采取鼓励和开放的态度,故由民间私人经营的海上贸易也日趋活跃。例如,宋代商品经济和海外贸易的发展对封建社会的固有关系产生了巨大的冲击,许多人以追逐利润为目的,纷纷投入海外贸易。当时从事海外贸易活动的既有以官僚权贵身份出现的绅商,如北宋景德年间官僚邵晔"假官钱八十万,市私觌物"④;南宋的"中兴名将"张俊派部下出海经商,"获利几十倍"⑤;还有自己出资打造船只或租用他人之船出海贸易的舶商,如福建沿海就有许多依靠贩海为生计者,史称"福建一路,多以海商为业"⑥。北宋中叶谢履所作《泉南歌》曰:"泉州人稠山谷瘠,虽欲就耕无地僻,州南有海浩无穷,每岁造舟通异域。"⑦这说明东南沿海一带人民出海经商已蔚然成风。到了元代,私商经营的海外贸易更趋活跃。元代例不禁商,故经商风气很盛,上自皇室贵族,下至平民百姓,都有从事海外贸易的典型例子。例如江苏太仓的朱清、张瑄二人,以创办海运起家,"父子致位宰相,弟侄甥婿皆大官,田园宅馆遍天下,库藏仓庾相望,巨艘大舶交番夷中"⑧,成为元初著名的官僚海商。福建泉州的蒲寿庚,南宋末年曾任泉州市舶,元军南下时蒲寿庚开城降元,被任命为福建行省中书左丞,主持泉州的海外贸易,史称其"擅蕃舶利者三十年"⑨。此外,还有专门从事海外贸易的舶商、弃农耕趋贩海的散商、出国经商的华侨商人、从事海运的船户和水手等等。

宋元统治者对包括官僚权贵在内从事的私人海外贸易活动曾作过种种限制,尤其是元王朝还推行过大规模的官本船贸易制度,"造船给本,令人商贩。官有其利七,商有其三。禁私泛海者,拘其先所蓄宝货,官买之。匿者,许告,没其财,半给告者"⑩,借以加强朝廷对海外贸易的垄断。但由于海外贸易乃利薮所在,不仅官僚权贵违法经

---

① 参见余继登:《典故纪闻·卷六》。

② 《明史·志》第五四《食货二》,第 1895 页。

③ 《明成祖实录》卷二四。

④ 《续资治通鉴长编》卷六五,第 1443 页。

⑤ 罗大经:《鹤林玉露·丙编》卷二《老卒回易》。

⑥ 苏轼:《东坡奏议》卷六《论高丽进奉状》。

⑦ 参阅李金明、廖大珂:《中国古代海外贸易史》,广西人民出版社 1995 年版,第 143 页。

⑧ 陶宗仪:《辍耕录》卷五《朱张》。

⑨ 《宋史》卷四七《瀛国公本纪》,第 942 页。

⑩ 《元史》卷二〇五《卢世荣传》,第 4566 页。

商,一般海商也私自下海贸易,对禁商敕令视同具文。海外贸易的兴盛、海商势力的坐大,将直接威胁朝廷的利益,自然会引起封建统治者的不安。元代后期曾力图加强朝廷对海外贸易的垄断,但统治政权的衰弱已无法有效地限制海商势力的壮大,只能采取睁一眼闭一眼的态度。而明王朝建立后情况就不同了,新生政权为了巩固自己的统治地位,需要、也能够采取国家统治机器的强制手段来限制海商势力的发展。因此,明朝立国之初,统治者要借助新建政权的力量,实行严厉的禁海政策以及由官方控制、垄断的朝贡贸易制度,也就完全是顺理成章的基本国策了。可以看出,这种基本国策的制定正反映了明代经略海洋意识转向的基本趋势。

三 "倭患"频仍与"筹海"思想的发展

郑和七下西洋,是明初盛事,也是中国海洋发展史上的空前壮举。但郑和下西洋这一航海活动所具有的非经济目的和性质,已注定了这种大规模的官方经营海洋活动难以为继的命运。明宣宗宣德年间郑和第七次下西洋后,这一历史上的盛事很快就成为历史陈迹,而明初既定的对民间禁海政策则仍在继续。宣德六年(1431年)九月,熟悉沿海民情的宁波知府郑珞曾奏请弛出海捕鱼之禁以利民生,结果遭到宣宗的斥责,谓其"知利民而不知为民患","贪目前小利而无久远之计"[①],并重申不准沿海居民"私下番贸易及出境与夷人交通"[②]的禁令。但出乎明朝统治者意料之外的是,严厉的禁海政策非但未能消弭海疆不靖的隐患,反而因禁海直接影响了边海之民的生计,导致"滨海民众,生理无路,兼以饥馑荐臻,穷民往往入海从盗,啸集亡命"[③],结果"海盗屡出为患"[④],再加上倭寇的频繁袭扰,加剧了明代中后期海疆不靖的复杂形势。

(一)"倭患"频仍与海防战略主张的提出

沿海倭寇的猖獗,引起明朝统治者的严重不安。从嘉靖二十六年(1547年)起,明王朝先后任命朱纨、王忬、张经、胡宗宪等人经略东南沿海防务,出现了俞大猷、谭纶、戚继光、沈有容等一批抗倭名将。他们的抗倭实践和海防主张,从两个方面丰富和发展了明代的海防思想。

其一,建城筑寨,募兵御倭,加强水军建设。

针对明中叶"浙、闽海防久隳,战船、哨船十存一二,漳、泉巡检司弓兵旧额二千五百余,仅存千人"[⑤]的情况,朱纨、王忬等人积极组织抗倭。一方面加强海防,恢复"浙中卫所四十一,战船四百三十九"[⑥],并在浙、闽沿海要地建城筑寨,以防倭寇侵扰。例如,王忬奉命提督浙闽军务后,曾请建嘉善、崇德、桐乡、德清、慈溪、奉化、象山等城,进可出城歼敌,退可入城防守,起到了一定的积极作用。此后,福建沿海各地也大力筑城自卫,新建或扩建州县城廓。一些较大的村镇还纷纷增筑和修缮砦寨堡隘。据地方史

---

① 《明宣宗实录》卷八三,宣德六年九月壬申。
② 《明宣宗实录》卷七八。
③ 顾炎武:《天下郡国利病书》卷九五《福建五》。
④ 《明宣宗实录》卷八七,宣宗七年二月庚寅。
⑤ 《明史·列传》第九三《朱纨》,第5404页。
⑥ 《明史·列传》第九三《朱纨》,第5405页。

料记载,福宁州"沿海吞区,竟起而兴城堡者,无虑二十处"①;同安"筑堡百三座,倭社百六十"②,以坚固的城防工事来抵御倭寇的侵扰。另一方面,俞大猷、戚继光等前线将官则针对卫所缺伍、兵不足用的状况,主张募兵御倭,组织新军。从嘉靖三十年(1556年)开始,俞大猷、谭纶、戚继光、张鏊等抗倭将领先后招募各地民兵,精心训练,成为沿海一带不可忽视的海防力量。例如,俞大猷所统率的部队能征善战,在江、浙、闽、粤沿海地区所向披靡,屡败倭寇,被誉为"俞家军"。另一抗倭名将戚继光看到浙江金华、义乌等地民风剽悍,认为若能选其精壮,严加训练,必能成为御倭劲旅,遂"请召募三千人,教以击刺法,长短兵迭用,由是继光一军特精",号为"戚家军"③。尤其是他所创造的新的战阵法——鸳鸯阵,使持各种武器的士兵人定其位,各尽其长,密切配合,大大提高了作战能力,在抗倭战场上屡建奇功。戚继光由此与俞大猷一起被人们尊为"俞龙戚虎",其抗倭事迹至今仍被沿海人民广为传颂。

此外,值得一提的是,在嘉靖年间的抗倭斗争中,俞大猷、戚继光、谭纶等人积极在东南沿海地区制造或召募战船,编练了几支相当规模的水军。俞大猷、戚继光均出生于滨海之地④,对大海的习性有所了解,俞大猷认为:"贼由海来,当以海舟破之,若我专备于陆,贼舟舍此击彼,我不胜其备,贼不胜其击,逸在彼而劳在我,非计也,宜多集海舟击之。"⑤因此,他主张要优先发展水军,使之常居十之七,陆兵居十之三。戚继光在组建戚家军的同时,也注意在浙江沿海各地挑选"习知水势风色"的渔民充当水兵,编练成戚家军水师。由此可以看出,在抗倭斗争中俞大猷、戚继光所编练的水军与过去临时征调卫所军士上船征战已有所不同,他们把战船与士卒紧密地结合在一起,进行专业化的训练,并强调"船要坚固,器要齐整"⑥,"一切战舰、火器、兵械精求而更置之"⑦,从而建立起具有真正意义的水军。这对明代以后海防思想的发展有相当深远的影响。

其二,防敌于海,提出"御海洋、固海岸、严城守"的海防方略。

俞大猷、戚继光、胡宗宪等人在长期的抗倭斗争中,对海战与海防有了进一步的认识,提出了一些颇有新意的海防思想和主张。例如:俞大猷曾悉心研究过战船的运用和风潮水势的变化,认为倭患由海上而起,"防倭以兵船为急"⑧,"攻倭长技,当以福建楼船破之"⑨。因此,他很重视水军的编练和海船的制造。对于兵船上的各种武器装备,诸如刀、枪、镖、火药、鸟铳、喷筒以及桅、篷、缆、碇等都有明确的定制,强调"火药、铅弹系兵船紧要之物,宁使有余"⑩,力求使兵船装备强于倭船,以此奠定取胜的基础。

---

① 参见《福宁府志·艺文记》卷三九。
② (嘉庆)《同安县志·征抚》卷九。
③ 《明史·列传》第一〇〇《戚继光》,第5611页。
④ 俞大猷为福建晋江人,戚继光为山东蓬莱人。他们的故乡均濒海。
⑤ 俞大猷:《正气堂集》卷首《功行纪》。
⑥ 俞大猷:《正气堂集》卷七《请多备兵铳》。
⑦ 戚继光:《纪效新书》卷一。
⑧ 何世铭:《俞大猷年谱》第二册,泉州历史研究会1985年版,第17页。
⑨ 俞大猷:《正气堂集》卷首《功行纪》。
⑩ 俞大猷:《洗海近事》卷三下《又与熊镜湖书》。

他还认为:"海上之战无他术,大船胜小船,大铳胜小铳,多船胜寡船,多铳胜寡铳而已"①;又说:"海战无巧法,只在知风候,齐号令,以大胜小,以多胜寡耳。"②可见,长期的海战抗倭生涯,使俞大猷充分认识到水军建设和武器装备在海防斗争中的重要作用,他所精心编练的水军在与倭寇的海战中屡建奇功,"未尝一有所挫衄"③,充分展示了俞家军的威风。

值得重视的是,俞大猷等人在实践中还提出了以"游兵"在"大洋之外"遏敌的海防方略。他说:"防倭以兵船为急,合用兵十大支,分伏海岛,乘其初至而击之,不使得以相待而猖獗也。"④建议在"浙江共设楼船二百只,苍船一百只,分伏于前项海吞,往来巡探攻捕,名之曰游兵,而远遏之于大洋之外"⑤。这种以战船巡海,遏敌于大洋之外的"游兵",实际上已含有某些海军军种的意义,也体现了其独到的海防思想。在俞大猷、戚继光、谭纶等人抗倭实践和海防主张的基础上,郑若曾所撰《筹海图编》一书较为完整地提出了防敌于海,"御海洋、固海岸、严城守"的海防方略。郑若曾为江苏昆山人,曾入幕浙江总督胡宗宪帐下,对东南沿海抗倭与海防事节耳熟能详,先后辑著有《海防图说》《筹海图编》《江南经略》《郑开阳杂著》等书,其中以海防专著《筹海图编》最能反映明代中期的海防思想。

《筹海图编》汇辑了明代中期有关御倭的各种策论。其中,胡宗宪提出:"防海之制谓之海防,则必宜防之于海,犹江防者必防之于江,此定论也。"⑥兵部尚书杨博提出:"平倭长策,不欲鏖战于海上,直欲邀击于海中,此之制御北狄,守大边而不守次边者,事体相同,诚得先发制人之意。"他认为:"国初(明初)更番出洋之制极为尽善。至于列船港次,犹之弃门户而守堂室,浸失初意。宜复祖宗出洋之制。"⑦因此,他主张要防敌于海,并力求在外海截击敌人,不使其登陆上岸,祸及内地。

工部右侍郎翁大立的观点更为明确,他说:"海防之要,惟有三策:出海会哨,毋使入港者,得上策;循塘拒守,毋使登岸者,得中策;出水列阵,毋使近城者,得下策;不得已而至守城,则无策矣。"⑧

可以看出,上述"御海洋""防敌于海"的海防方略有其积极意义。因为,海防战略目标的核心是保卫国家海洋方向的安全和发展利益,"防敌于外海"体现的是一种进攻型的战略取向,而且依明代当时的实际国力,楼船水军本来也是其优势所在,故俞大猷等人都认为:"倭长于陆战,其水战,则我兵之所长,此人人能知"⑨;"倭奴长技利于陆,我兵长技利于水。历查连年用师,凡得捷,俱在海战,利害较然明矣"⑩。遗憾的是,由于明代统治者固有的农本思想,并没有把保卫国家海洋方向的安全和追求国家海洋经

---

① 俞大猷:《正气堂集》卷五《议以福建楼船击倭》。
② 俞大猷:《正气堂集》卷首《功行记》。
③ 俞大猷:《正气堂集》卷六《上张冬沙书》。
④ 何世铭:《俞大猷年谱》第二册,泉州历史研究会 1985 年版,第 17 页。
⑤ 《筹海图编》卷一二《经略·御海洋》。
⑥ 《筹海图编》卷一二《御海洋》。
⑦ 《筹海图编》卷一二《御海洋》。
⑧ 《筹海图编》卷六《直隶事宜》。
⑨ 何世铭:《俞大猷年谱》第二册,泉州历史研究会 1985 年版,第 39 页。
⑩ 《筹海图编》卷一二《御海洋》。

济的发展利益结合起来,它所关注的只是国家陆上的安全和发展利益,其海防思想最终只能是围绕守土防御型战略所展开。正如俞大猷所说:"至于多造楼船,以长制短,从来无有决计者。"①这使颇有新意的海防思想终究无法突破传统的藩篱。

除了"御海洋""防敌于海"之外,"固海岸"则是"紧关第二义"。唐顺之提出:"贼至不能御之于海,则海岸之守为紧关第二义。"他认为:"贼新至,饥疲,巢穴未成,击之犹易;延入内地,纵尽歼之,所损多矣。"②因此,《筹海图编》强调"沿海之兵与内地之兵宜相策应"③,主张"为今之计,宜于春汛、小汛先期一月,将各道兵士督发各海口要害之处……安营操练,与兵船相表里,以为防守万全之计。设或贼船潜入海口,则水兵星罗其外,陆兵云布于其内。其将至也,击其困惫;既至也,击其先登;既登也,击其无备。以疲惫仓遑之贼,而当我养盛豫备之兵,一鼓成擒,可不血刃而收全功矣"④。

至于"严城守"虽是御倭之下策,但《筹海图编》也用了很大的篇幅介绍了各种各样的守城措施,从守城之具、严防奸细,到攻守结合、内外结合的守城之法,详尽完备,具有很强的实际操作性。

总而言之,"防敌于海"和"御海洋、固海岸、严城守"海防方略的提出,丰富了明代的海防思想,特别是"御海洋""防敌于海"的进攻型海防战略具有独特的积极意义,值得我们深思和进一步研究。

(二)"防海"战略的保守性质

嘉靖"倭患"所引起的海防需求,使明代的海防思想有所发展,但正如《筹海图编》序中胡宗宪所概括的:"防海之制,谓之海防,则必宜防之于海。"⑤这里的"海防"被释为"防海",突出了一个"防"字。这种"防海"战略既包括了一些"防之于海""御之于大洋""哨致于远洋"⑥等积极防御思想,也包含了守土防御、海岸防御、防民出海、视商为寇等消极防御和禁海政策的内容,而且由于当时历史条件的限制和传统观念的影响,后者更能反映"防海"战略思想发展的趋向,其对明清以后海洋观的演变产生了相当深远的影响。

首先,就积极方面而言,当时的人们大多主张设防于海洋。如兵部尚书杨博提出:"平倭长策,不欲鏖战于海上,直欲邀击于海中",批评"列船港次",进行海岸防御,"犹之弃门户而守堂室"⑦。副使茅坤引用"守险者必先设险于险之外守之"的古训,主张"海战之重兵……当设战舰,备火攻,而谨斥堠,以迎击于淞海之上"⑧。曾任刑部主事的唐枢则建议:"哨贼于远洋,而不常厥居;击贼于近洋,而勿使近岸。"⑨胡宗宪不仅力主"防之于海",而且对远海哨敌和近海歼敌的海防战略也作了较为深入的思考,主张

---

① 何世铭:《俞大猷年谱》第二册,泉州历史研究会 1985 年版,第 39 页。
② 《筹海图编》卷一二《经略·固海岸》。
③ 《筹海图编》卷一二《经略·固海岸》。
④ 《筹海图编》卷一二《经略·固海岸》。
⑤ 郑若曾:《筹海图编·序》。
⑥ 《明经世文编》卷二七〇《御倭杂著》。
⑦ 《筹海图编》卷一二《御海洋》。
⑧ 《筹海图编》卷一二《御海洋》。
⑨ 《明经世文编》卷二七〇《御倭杂著》。

建立会哨制度，"哨道联络，势如常山；会捕合并，阵于鱼丽，防御之法，无窬于此"①。

上述主张，重点在于"防敌于海"，设法在外海阻击来犯之敌，以便掌握战争的主动权。应该说，这种海防战略具有积极防御的性质，在海洋意识层面上已朦朦胧胧地感到制海权的重要。例如杨博把设防于海洋比喻成"制御北狄守大边而不守次边者，事体相同"，认为在外海截击来犯之敌，是"诚得先发制人之意""极为尽善"的御外方略。这种主张很显然含有积极主动、努力掌握制海权的意义。但遗憾的是，由于明朝水军本身的素质以及传统"重陆轻海"观念的影响，明朝统治者并没有把这种"防敌于海"的积极主张转变为实际的战略决策，而且当时也有相当一部分人，包括抗倭名将谭纶在内，都对此提出过疑义。

谭纶说："今之谈海事者，往往谓御之于陆，不若御之于海。其实大海茫茫，却从何处御起？自有海患以来，未有水兵能尽歼之于海者，亦未有能逆之使复回者。不登于此，必登于彼"，无法有效地消弭海患的发生。因此，他认为，"若陆战一胜，即可尽歼，贼乃兴惧，不复犯我，此水战、陆战功用相殊"。谭纶还抨击某些怯战怕死的将官"力主海战"，是因为"海战易于躲闪，陆战则瞬息生死，势不两立，且万目共睹，不能作弊。当事者宜坐照之，勿堕将官术中自失长筹可也"②。

此外，唐顺之、严中云、黄元恭等人也有类似主张，归纳起来无非就是：外洋御寇虽是上策，但却无法加以实施。因为：其一，大海凶险，变幻莫测，"海中无风之时绝少，一有风色，天气即昏，面对不相见矣"，天气一变，飓风大作，连人带船都将一齐覆没，"虽以元世祖之威、伯颜宇木儿之勇，艨艟千里、旌旗蔽空，一遇飓作，万人皆为鱼鳖"，因此，防海方略只能"以固海岸为不易之定策矣"③。其二，水军将官怕死怯战，既"畏避潮险，不肯出洋"，又推诿责任，"躲泊近港，不肯远哨，是以贼惟不来，来则登岸，残破地方，则陆将重罪，而水将旁观矣"④。而且，大海"万里风涛不可端倪，白日阴霾，几如黑夜，故有相遇而不可击，亦有未必相遇者"⑤。总而言之，外洋御寇有难度也不保险，还是"固海岸""严城守"，搞海岸防御、守土防御更为稳妥。因此，嘉靖年间因"倭患"引起的"筹海"方略之争，重点还在于"防"，难以突破传统守土防御的认知框架。

其次，此一时期的"防海"方略还与明王朝既定的海禁政策紧密联系在一起，从而也就更进一步淡化了原有的积极意义。

例如，朱纨之死的确带有悲剧色彩，但他采取"革渡船、严保甲、搜捕奸民"，严禁一切海上活动的做法，实际上体现出某种闭关自守的性质，而且显然与明中叶东南地区日益兴盛起来的私人海上贸易发展趋势相冲突。虽然明王朝陆续制定过不少海禁律法，采取过许多严厉的禁海措施，但商品经济的活跃，总是使人们"嗜利忘禁"，趋之若鹜，甚至有愈禁愈盛之势。特别是在东南沿海的江浙闽粤一带，浮海贩易、出洋通商早已蔚为风气，故自宋代以来就有"泛海之商"，"江淮闽浙，处处有之"⑥的说法。

---

① 《明经世文编》卷二六七《胡少保海防论》。
② 《筹海图编》卷一二《御海洋》。
③ 《筹海图编》卷一二《御海洋》。
④ 《筹海图编》卷一二《御海洋》。
⑤ 《筹海图编》卷一二《御海洋》。
⑥ 包恢：《敝帚稿略》卷一《禁铜钱申省状》。

但是,在明王朝厉行海禁的政策下,私人海外贸易成为违禁出海的走私贸易而受到残酷打击。为了对抗官军的追捕和残杀,一些走私海商便铤而走险,武装起来形成亦商亦盗的走私集团,即《筹海图编》所称:"海商原不为盗,而海盗从海商起。"①如被朱纨捕杀的许栋、李光头;被胡宗宪诱杀的王直、徐海、毛海峰等所谓"剧盗",均是如此,而那些与走私贸易有千丝万缕联系的豪门大户自然也对海禁政策持抵触态度。因此,正如史书所说:"闽人资衣食于海,骤失重利,虽士大夫家亦不便也","福建边海贫民以海为生,禁海绝其生路,故越禁越乱"②。作为牺牲品,朱纨之死显然与海禁政策所引起的利益冲突有关,但同时我们也可以看出,以海禁为基点和主要手段的海防方略,实际上是封建王朝闭关自守国策的产物,它对明代中叶私人海上贸易活动的发展起了阻碍作用,其消极意义也是不言而喻的。

此外,由于海禁政策的影响,"防海"战略所拟建的海防体系,虽然在理论上有"御海洋""固海岸""严城守"等多层次防御体系的意义,但其突出的核心始终是"防"与"守",其海防兵力的配置与运用只能立足于沿海岸内敛型的守土防御。如时人唐顺之所指出的:"百年以来,海烽久熄,人情怠玩,因而堕废。国初海岛便近去处,皆设水寨,以据险伺敌,后来将士惮于过海,水寨之名虽在,而皆自海岛移置海岸。"③这种批评虽然针对嘉靖"倭患"之前海防废弛的情况而言,但实际上"倭患"平息之后,上述弊端仍然存在。因为,明代海防乃因"倭患"而起,"倭患"平息,海防也随即渐弛,而内敛型守土防御的海防思想却由此衍生发展,传统观念更加根深蒂固。

四 张弛交替的"禁海"政策对中国海洋观的深层影响

"禁海"政策究竟给明代中国的海洋观念带来什么样的深层影响呢?

其一,"禁海"政策使民间海外贸易成为非法,扭曲了原来基本正常发展的海洋观念。自宋元以来,中国海商已日益活跃于大洋内海,东至高丽、日本,西达印度、波斯、满剌加等地,甚至深入到阿拉伯的一些内陆商业城市。据记载,宋代"中国商船常至印度巴罗赫、印度斯河口、亚丁及幼发拉底河口诸处。自中国贩来铁、刀剑、鲛革、丝绸、天鹅绒以及各种植物纺织品"④。元代从广州、泉州起航出海贸易的中国商船络绎不绝,有人认为:"当时所有印度、中国间之交通,皆操之于中国人之手。"⑤可以想见,如果中国海商的海外贸易活动能够得以正常发展,不仅中国利用和控制海洋的能力能够不断提高,中国领先于他国的优势将得以维持,而且海外贸易的发展对中国传统重陆轻海、重农抑商的传统观念也会产生深远的冲击和影响。事实上,宋元时期民间海外贸易的活跃,对传统观念已有所影响。例如,北宋中叶谢履所作《泉南歌》中描述的情况已经反映出福建泉州地区人民向海洋发展、依靠贩海为生计的一种风气和观念的变化。

元代时,由于从事海外贸易获利甚丰,沿海地区的社会风气有从重视农本经济转

① 《筹海图编》卷一一《叙寇原》。
② 《明史·武备志·海防七》。
③ 唐顺之:《唐荆川家藏集二》,《明经世文编》卷二六〇。
④ 参见张星烺:《中西交通史料汇编》第三册,中华书局2003年版,第173页。
⑤ 参见《伊本·白图泰游记》,马金鹏译,宁夏人民出版社1985年版,第490页。

变为重视"舟楫"之利的趋势。有人还以诗赞曰:"何如弃之去,逐末利百千。矧引贾舶人,入海如登仙。远穷象齿徽,深入骊珠渊。大贝与南琛,错落万斛船。"①以往大海变幻莫测的凶险,已被"逐末利百千"的欲望淡化成"入海如登仙"的心境了。至于通过从事海外贸易作为发财致富的捷径,更为不少中、小商人所体认,从而还逐步培养起一种冒险出海求富的精神。元代有人记述说:"珠玑大贝产于海外蕃夷之国,去中国数万里,舟行千日而后始至。风涛之与凌,蛟龙之与争,皆利者必之焉。幸而一遂,可以富矣。而不止也。幸而再遂,则大富。又幸而再又遂,则不胜其富矣。"②为了发财致富而出海冒险开始为人们所认同。很显然,这种社会风气和海洋观念的变化尽管细微却影响深远。

然而,遗憾的是,明代的"禁海"政策从法律上严厉禁止民间海外贸易活动。民间海外贸易完全成为非法活动,而不像宋元时期那样受到国家的鼓励(尽管是有限度的鼓励或睁一眼闭一眼的放任自流)。因此,"禁海"政策的厉行不仅对宋元以来蓬勃发展的海外贸易是一个重大打击,而且也严重扭曲了原来基本正常发展的海洋观念。可以想见,民间海外贸易既然被官府定为非法活动,那么原本从事海外贸易所得正当之利,也就完全成为"嗜利忘禁"的非法所得。尽管有些人或为牟利、或为谋生,不顾"禁海"律法而违禁出海贩易,但毕竟变成偷偷摸摸的走私行径,社会舆论对此的褒贬臧否也就可想而知了,而这种状况显然不利于向海洋发展的社会风气的形成。

对比同一时期,由于西方殖民航海贸易被确定为国家基本的海洋政策,哥伦布、达·伽马、麦哲伦等人的航海活动得到各自国家的全力支持和肯定,他们成为人们心目中的"英雄",从而推动了整个世界大航海时代的到来。在这场世界性海洋较量的开端之时,西进与"中退",已经不知不觉地使封建中国落后的基因潜伏其中了。美国历史学家斯塔夫里阿诺斯就此评论说:"因为中国商人缺乏西方商人所拥有的政治权力和社会地位,正是制度结构上和向外推动力方面的根本差别,在世界历史的这一重要转折关头,使中国的力量转向内部,将全世界海洋留给了西方的冒险事业。"③

因此,有学者指出,明代民间商人的出海贸易失去合法性,"不仅仅是中国海商这一阶层的悲剧,同时也是中国社会正常发展的悲剧"④。

其二,"禁海"政策逼商为"寇",中国海商的地位更加低下,扼杀了向海洋发展的观念。

由于明王朝厉行海禁,残酷打击违禁出海的民间海外贸易活动,结果迫使一些海商组成武装走私集团,以对抗官府的追捕和残杀,因而也就成为时人所谓的"海寇"。嘉靖朝"倭患"最烈时,曾参与抗倭斗争的茅坤指出:"为民御乱,莫若绝斯民从乱之心。今之海寇动计数万,皆托言倭奴,而其实出于日本者不下数千,其余则皆中国之赤子无赖者,入而附之耳,大略福之漳郡,居其大半,而宁、绍往往亦间有之,夫岂尽为倭也。"⑤御史屠仲律也认为:"夫海贼称乱,起于负海奸民通番互市,夷人十一,流人十

① 熊禾:《勿轩集》卷七《上致用院李同知书》。
② 吴海:《闻过斋集》卷三〇《知止轩记》。
③ 〔美〕斯塔夫里阿诺斯:《全球通史:1500 年以前的世界》,上海社会科学出版社 1999 年版,第 445 页。
④ 陈尚胜:《"怀夷"与"抑商":明代海洋力量兴衰研究》,山东人民出版社 1997 年版,第 39 页。
⑤ 《筹海图编》卷一一《叙寇原》。

二,宁、绍十五,漳、泉、福人十九。虽既称倭夷,其实多编户之齐民也。"①主事唐枢说得更清楚:"嘉靖初,市舶罢,流臣严其私请,商市渐阻。……而盗愈不已,何也? 寇与商同是人也,市通则寇转而为商,市禁则商转而为寇。始之禁,禁商;后之禁,禁寇。"②也就是说,当时被人们称为"海寇"的那些人中,有许多是因"通番互市"未能得到官府允许而沦为"海寇",或者干脆就是"市通则寇转而为商,市禁则商转而为寇"。可见,在严厉的"禁海"政策下,"以海为生"的东南滨海之民和民间海商被逼为"寇"是一种较为普遍的现象。③

关于明代"海寇"的性质和组成问题,虽然学术界仍有一些不同的意见,但问题在于,在"禁海"政策的指导下,官府把从事私人海上贸易活动统统视为非法,那些靠贩海为生的海商自然也就被看成"私载海船、交通外国"④的异己力量,或者干脆被冠以"海寇"之名,属于被剿灭之列。如此一来,整个中国海商的地位就一落千丈。在封建中国原本就地位不高的商人阶层,尤其是海商,在人们心目中的形象也就更加低下。当时对民间海商的蔑称很多,诸如"负海奸民""沿海奸民""内地亡命之徒""赤子无赖之徒""奸豪射利之徒""勇悍无耻之众""宁、绍、漳、广诸不逞之徒""闽、浙通番之徒""倭贼土寇""中国叛逆""通番巨寇"等等,不一而足,均可以随心所欲地冠诸于从事私人海外贸易活动的中国海商头上。可以想见,在这种政策导向下,不仅正常发展的海洋观念被扼杀,而且传统重农抑商、重陆轻海的观念无形之中也进一步得到强化。

如果再对比同一时期西方国家的殖民航海贸易政策,他们崇尚海外冒险、鼓励殖民扩张,甚至支持用暴力手段夺取财富的真正海盗行径……如同马克思所揭露的:"在欧洲以外直接靠掠夺、奴役和杀人越货而夺得的财宝,源源流入宗主国,在这里转化为资本。"⑤而这些杀人越货的真正海盗还会受到本国政府的赏赐和礼遇,被作为"英雄"来对待。相比之下,与其简单地说中西所处的时代和社会条件不同,不如说是以商立国和以农立国的两种不同国度,在争夺海洋生存发展空间时所表现出来的海洋观念的不同,而这种不同却预示着中国与西方将在世界性海洋时代来临的激烈竞争中先输一着。

其三,"禁海"政策加剧了海防危机,强化了守土防御的"防海"意识。

明代的"禁海"有消弭沿海"倭患"、加强东南海防的主观意愿,但由于严禁一切民间私人海上贸易,结果等于断了滨海之民"以海为田"的生路,反而在客观上造成了不稳定因素,加剧了海防危机。

这种情况的出现,一方面是随着东南沿海一带商品经济的发展,中国海商有到海外进行贸易的强烈愿望,但明王朝的"禁海"政策却在堵住他们出海贸易的同时,也迫使他们铤而走险,导致武装走私现象的滋生。例如被明廷称为"巨寇"的王直(汪直)、

---

① 《明经世文编》卷二八二《屠侍御奏疏》。
② 《筹海图编》卷一一《叙寇原》。
③ 明代"海寇",大体有海商因"禁海"被逼为寇者,也有受官府欺压,冤抑难伸,愤而下海为寇者,还有功名未成,失志而沦为寇者……但就总体而言,因走私犯禁而被视为"海寇"的民间海商当不在少数。关于此问题可参阅林仁川著《明末清初私人海上贸易》(华东师范大学出版社1987年版)和王守稼著《封建末世的积淀和萌芽》(上海人民出版社1990年版)。
④ 《明成祖实录》卷二六。
⑤ 《马克思恩格斯选集》第二卷,人民出版社1972年版,第258页。

许栋（许二）、徐海、洪迪珍、张琏等海寇商人，都是海上武装走私集团的首领，他们亦商亦盗，既从事走私贸易，又频频在东南沿海一带抢掠，有时甚至勾引倭寇给明朝海防造成很大的威胁。

另一方面，明代中叶以后各种社会内部的危机正在加深，大批农民破产，生计无着，再加上严厉推行禁海政策，不仅禁止一切民间海外贸易，而且禁止下海捕鱼和海上交通，断绝一切海上活动，结果使东南沿海各地相互的经济联系遭到破坏，严重影响了沿海地区人民的生活，"滨海民众，生理无路，兼以饥馑荐臻，穷民往往入海从盗，啸集亡命"[1]。大批破产失业的农民、渔民成群结队地下海为"寇"，使问题变得更加严重。在这种情况下，明王朝本想以"禁海"来巩固海防，求得海疆的安宁，结果适得其反，反而加剧了海防的危机。当然，就思想观念而言，一味禁海，强调"片板不许入海"，在强化守土防御的"防海"意识的同时，实际上反映了以农立国的明朝统治者重陆轻海的传统心态。

此外，严厉的"禁海"政策，还使辽阔的海洋真正成为中国与世界隔绝的天然防线，致使中国人无法通过海洋走向世界，对变化了的世界蒙昧无知，从而助长了实行闭关锁国的"天朝上国"的虚骄，对后世产生了相当深远的消极影响。

五 "通洋裕国"海洋观的兴与衰

明代后期私人海上贸易的迅速发展，带来了一些观念上的变化，尤其是郑氏武装海商集团所具有的"通洋裕国"的观念，更是明代海洋观一个引人瞩目的演变。

就总体而言，不论是明太祖朱元璋的"开国禁海"，还是明成祖朱棣的"开海远航"，其对海洋的看法，始终难以跳出以大陆农业文明为中心的认知框架。在明代统治者的观念中，海外贸易作为一种商业活动，仅属于可有可无的治国之"末"，而农桑经济才是其立国之本。明代官方实行垄断的朝贡贸易，主要目的是为了在政治上"怀柔远人""羁縻四夷"，确立大明王朝的宗主国地位，而很少考虑经济上是否有利可图。明成祖就曾明确宣称：国家向商民征税的主要目的是为了抑制商业活动的发展，而不是为了从税收中获得利益。现在，海外商人因仰慕中华文明前来贸易，我们还要向他们征税，岂不显得太小家子气而有辱大明王朝的国体？！皇帝尊口一开，底下大臣自然随声附和，叩首称是。在明朝君臣这种海洋观念的指导下，朝贡贸易的定位在于"厚往薄来""怀柔远人"，因而其活动貌似繁盛，"连年四方蛮夷朝贡之使相望于道"，频频来朝，实则"四夷朝贡人数日增，岁造衣币赏赉不敷"[2]，甚至"朝贡频数，供亿浩繁，劳敝中国"[3]，朝贡贸易不仅无利可图，而且给国家财政造成很大负担。

可以想见，这种不讲经济效益，且又劳民伤财的官方海外贸易不可能会有效激发明代统治者积极向海外开拓的兴趣和决心，因此，在传统重农抑商思想的制约下，明代统治者意识上的从海洋退缩成为一种必然的发展趋势。

从另一个角度而言，明王朝实行垄断的朝贡贸易，严厉禁止私人海上贸易活动，在

---

① 顾炎武：《天下郡国利病书·卷九五·福建五》。
② 《明宪宗实录》卷七八，成化六年四月乙丑。
③ 《明英宗实录》卷一七，正统八年八月庚寅。

防备民人下海与外部势力勾结,危害明朝统治安全的同时,在思想上已认定海上贸易是一种不稳定的破坏性因素。更何况,内外勾结的"倭患"也的确造成了明代海疆不靖的严重局势。因此,在没有其他更好的防范措施下,以禁海为明代的基本国策(隆庆以后仅仅是部分开放海禁)也就不难理解了。此外,作为以农立国的封建王朝,其传统的基点就是重农抑商,海外贸易所带来的商品经济的活跃,最终会腐蚀封建王朝的统治基础,这自然不是统治者愿意看到的结果。因此,在以大陆农业文明为中心的认知框架下,通过开国禁海和闭关自守来维持自给自足的封建经济、政治秩序,成为明代统治者从海洋退缩的基本思路。

但是,随着明代商品经济的发展,特别是东南沿海地区商品经济的活跃,在官方朝贡贸易日渐衰弱的同时,私人海外贸易却迅猛发展,并最终形成雄踞一方的郑氏武装海商集团。私人海外贸易的活跃和民间海上势力的崛起,从三个层面反映出明代海洋观念的变化。

第一是民间层面。与官方控制垄断的朝贡贸易不同,私人海上贸易没有"怀柔远人""羁縻四夷"的政治目的,而完全是"惟利是视,走死地如鹜"[1]的经济需求。例如,"中国湖丝百斤,值银百两者,至彼(东南亚一带)得价二倍。而江西瓷器、福建糖品、果品诸物,皆(彼国)所嗜好。佛郎机之夷,则我人百工技艺;有挟一器以往者,虽徒手无不得食,民争趋之。"[2]而且,东南亚一带所产苏木、胡椒、犀角、象牙等物品,"是皆中国所需","中国人若往贩大西洋,则以其产物相抵"[3],从事海上贸易无不获利数倍。特别是明王朝部分开放海禁后,仍然规定"不得往日本倭国",结果造成对日走私贸易获利更丰。如丝在日本"每百斤值银五六百两,取去者其价十倍";铁锅在日本"大者至为难得,每一锅价银一两"[4]。许多海商在高额商业利润的诱导下,无视明廷禁令,继续东渡日本,从事走私贸易。

据史料记载,福建"同安、海澄、龙溪、漳浦、诏安等处奸徒,每年于四五月间,告给文引,驾驶鸟船,称往福宁卸载,北港捕鱼及贩鸡笼、淡水者,往往私装铅硝等货,潜去倭国"[5]。有些海商则"藉言潮惠、广高等处籴买粮食,径从大洋入倭,无贩番之名,有通倭之实"[6]。从事海上走私贸易往往致富,形成实力雄厚的海商集团,如前述的王直,"凡五、六年间,致富不赀,夷人信服,皆称'五峰舡主'"[7];洪迪珍自"嘉靖三十四、五年载日本富夷泊南澳得利,自是岁率一至,致富巨万"[8];李旦"商贩日本,积累巨万"[9]。尤其是郑芝龙海商集团,"每舶例入二千金,岁入以千万计,以此富敌国"[10]。

---

[1] 《天下郡国利病书》卷九三《福建》。
[2] 《天下郡国利病书》卷九三《福建》。
[3] 《天下郡国利病书》卷九三《福建》。
[4] 郑若曾:《郑开阳杂著》卷四。
[5] 许孚远:《敬和堂集》,《明经世文编》卷四〇〇。
[6] 许孚远:《敬和堂集》,《明经世文编》卷四〇〇。
[7] 范表:《玩鹿亭稿》卷五。
[8] 乾隆《海澄县志》卷二四。
[9] 沈云:《台湾郑氏始末》。
[10] 连横:《台湾通史》卷二九《颜思齐、郑芝龙列传》。

上述这种情况逐渐在沿海地区形成一种"海中以富为尊"①的社会风气,"饶心计者视波涛为阡陌,视帆樯为耒耜。盖富家以财,贫人以躯,输中华之产,驰异域之邦,易其方物,利可十倍"②。"沿海居民,富者出资,贫者出力,懋迁居利,积久弊滋缘为奸盗者已非一日。"③沿海一带人民以海为田,贩海兴利观念的形成,虽然限制在民间的层次,但已对固有的重农抑商、重陆轻海的传统意识产生局部的冲击。正如时人所说:"异时贩西洋,类恶少无赖不事生业,今虽富家子及良民靡不奔走。异时维漳缘海居民,习奸阑出物,虽往仅什二三得返,犹几幸少利;今虽山居谷汲,闻风争至,农亩之夫,辍末不耕,斋贷子母钱往市者,握筹而算,可坐致富也。"④

　　更值得注意的是,这种社会风气还孕育了海权思想的萌芽。嘉靖十六年(1537年)刊刻的、福建诏安人吴朴编纂的《渡海方程》,便提出了在海外设立都护府以保护海上贸易的主张。此书现已失传,据董毅的《碧里杂存》所载:"余于癸丑岁见有《渡海方程》,嘉靖十六年福建漳州府诏安县人吴朴著也。其书上卷述海中诸国道里之数,南自太仓刘家河,开洋至某山若干里,皆以山为标准。海中山甚多,皆名,并图其形,山下可泊舟,或不可泊,皆详备。每至一国则云:此国与中国某地方相对,可于此置都护府以制之。直至云南之外,忽鲁谟斯国而止,凡四万余里。……北亦从刘家河开洋,亦以山纪之,所对之国亦设都护府以制之,直至朵颜三卫鸭绿江尽处而止,亦四万余里云。下卷言二事:其一言蛮夷之情,与之交则喜悦,拒之严反怨怒。请于灵山、成山二处,各开市舶司以通有无,中国之利也。……其言如此,虽未知可用与否,亦有志之士也。"⑤吴朴的生平事迹已不可详考,但他留心海上交通,提出以江苏太仓刘家河为起点,南至忽鲁谟斯国,北至朵颜三卫鸭绿江的尽处,在此8万余里的航线上择要地设都护府以控制海上交通,并主张在灵山、成山设市舶司管理海上贸易。吴朴把这种做法看成是国家的利益所在,的确是一种远见卓识,包含了某些海权思想的因素。董毅称其为"有志之士",实际上也反映了当时社会风气对此种主张的认同。

　　第二是地方官府层面。日益发展的私人海外贸易,在观念意识上对闽粤浙沿海地区的地方官员也有所冲击,对明朝中央推行严厉的禁海政策作了新的思考。例如,嘉靖"倭寇"严重时,负责闽浙海防事务的王忬在考察滨海民情之后,向明廷汇报说:"臣近查闽浙地方,少有遗利在民,惟渔船纳税,公私两便。何则? 国初立法,寸板片帆,不许下海。百八十年以来,海滨之民,生齿蕃息,全靠渔樵为活,每遇捕黄鱼之月,巨艘数千,俱属犯禁。议者每欲绝之,而势有难行,情亦不忍也。与其绝之为难,孰若资之为用。"⑥他认为应当改变禁制,让滨海之民下海捕鱼,官府依例纳税,对纾解民生、充实国家财政都有好处。王忬虽然没有直接提出开放海外贸易,但他却看到了海洋与滨海之民生活的密切关系。

　　福建巡抚谭纶认为,福建"滨海而居者,不知其凡几也,大抵非为生于海则不得

---

① 彭孙贻:《靖海志》卷一。
② 乾隆《海澄县志》卷一五《风土》。
③ 《天下郡国利病书》卷一〇〇《广东》。
④ 洪朝选:《洪芳洲先生摘稿》卷四《瓶台潭侯平寇碑》。
⑤ 董毅:《碧里杂存》下卷《盐邑志林·卷三九》,第8—10页。
⑥ 王忬:《王司马奏疏·条处海防事宜仰祈速赐施行疏》,《明经世文编》卷二八三。

1231

第三十一章　明清时期的海洋观念

食"。如果严厉禁海,民生无所依托,必得"相率而引为盗也"。不如开放近海通商,"即使为贼者半,为商者半;或为商者十之七,为贼者十之三,则彼之分数既减,而我之致力亦易,不尤愈于相率而共为盗乎?"①

后来的几任福建巡抚都不同程度地有类似主张。例如,隆庆元年(1567年)部分开放海禁,就是在福建巡抚涂泽民的力争下得到的批准。此后,万历年间因日本进攻朝鲜,明朝出兵援朝,东南沿海形势紧张,禁海政策再度被提及时,时任福建巡抚的许孚远细察民情,上奏说:"据海澄县番商李福等连名呈称,本县僻处海滨,田受咸水,多荒少熟,民业全在舟贩,赋役俯仰是资。往年海禁严绝,人民倡乱,幸蒙院道题请建县通商,数十年来,饷足民安。近因倭寇朝鲜,庙堂防闲奸人接济硝黄,通行各省禁绝商贩,贻祸澄商,引船百余只,货物亿万计,生路阻塞,商者倾家荡产,佣者束手断飨,阖地呻嗟,坐以待毙。"种种惨状,均因厉行禁海,断了人民生路而起,因此,"防一日本,而并弃诸国,绝商贾之利,启寇盗之端,臣窃以为之过矣"②。

万历二十一年(1593年),福建巡抚陈子贞也指出:"闽省土窄人稠,五谷稀少。故边海之民,皆以船为家,以海为田,以贩番为命。向来未通番而地方多事,迩来既通番而内文安,明效彰彰耳目。一旦禁止,则利源阻塞,生计萧条,情困计穷,势必啸聚。况压冬者不得回,日切故乡之思;佣贩者不得去,徒兴望洋之悲。万一乘风揭竿,扬帆海外,无从追捕,死党一成,勾连入寇,孔子所谓'谋动干戈,不在颛臾'也。"③明确反对恢复禁海政策。

此外,曾任两广总督的张瀚、给事中傅元初等人也主张开海贸易,认为这既利民生,又弭寇患,对国家财政税收也有裨益。应当说,大部分的沿海地方官员主张开海贸易绝不是一种偶然的现象,它是明代商品经济发展、私人海上贸易活跃对封建统治阶级海洋观所带来的巨大冲击。这种地方官府层面海洋观念的变化趋势,同样会对传统重农抑商、重陆轻海的观念产生深远的影响。

值得注意的是,一些沿海地方官员还认为开海通商有利于了解海外情况,做到有备无患,对海疆防御也有裨益。陈子贞明确指出:"洋船往来,习闻动静,可为我侦探之助。舳舻柁梢,风浪惯熟,可供我调遣之役。额饷二万,计岁取盈,又可充我军实之需。是其利不独在民,而且在官也。"④许孚远以海商陈申、朱均旺及早向福建地方当局通报日本侵略朝鲜为例,认为如果厉行海禁,海外情况将无由得知,最终将对海防不利。徐光启也主张只有开放海外贸易,才能有效地靖倭、知倭、制倭和谋倭,即"惟市而后可以靖倭,惟市而后可以知倭,惟市而后可以制倭,惟市而后可以谋倭"⑤。这种通过海外贸易往来了解敌国夷情以制敌的思想主张,应当说对后世也有积极的启迪作用。

明代海洋观念变化的第三个层面则集中体现在郑氏海商集团所提出的"通洋裕国"论上。

在东南沿海一带相继出现的众多海商集团中,以郑氏海商集团最为著名,其资本

---

① 《谭襄敏公奏议》卷二。
② 许孚远:《敬和堂集》,《明经世文编》卷四〇〇。
③ 《明神宗实录》卷二六二,万历二十一年七月乙亥。
④ 《明神宗实录》卷二六二,万历二十一年七月乙亥。
⑤ 徐光启:《徐文定公集》,《明经世文编》卷四九一。

之雄厚,号称"岁入以千万计,以此富敌国";其影响之大号称"海舶不得郑氏令旗,不能往来"①。在明末"东南海氛之炽,与西北之虏,中原之寇,称方会三大患焉"②的严重局势下,郑氏集团为了发展海上贸易,借助明廷的名号和力量,铲除与之竞争的其他对手,垄断了东南沿海的贸易。

清政权入主中原后,郑氏海商集团的头号人物郑芝龙为了保住自己海上贸易的特权,未作坚决抵抗即投降清廷。而其子郑成功则继承家业,起兵海上,收复台湾,建立起雄踞一方的明郑海上政权。清人郁永河评论说,郑氏政权之所以能够以海岛为根据地,坚持抗清斗争 10 余年,主要原因就在于其控制了东南海上贸易,拥有巨大的"通洋之利"。的确如此,郑成功以"通洋之利"与清王朝分庭抗礼,成就一番事业,其"通洋裕国"的思想集中反映了明末民间海洋观的显著变化。

与明王朝封建统治者以"农桑为本"的立国思想有所不同,郑成功认为"通洋",即发展海外贸易,能够使国家臻于富强。他根据郑氏海商集团本身的发展过程,以及东南沿海的具体条件,早在隆武二年(1646 年)三月就向隆武帝奏陈"据险控扼,拣将进取,航船合攻,通洋裕国"③之策,主张发展海外贸易,充实军饷,凭借沿海险要之地,抵抗清军进攻。

清军入闽后,郑芝龙决意降清,郑成功规劝其父说:"吾父总握重权,未可轻为转念。以儿细度,闽粤之地,不比北方得任意驰驱,若凭高恃险,设伏以御,虽有百万,恐一旦亦难飞过。收拾人心,以固其本;大开海道,兴贩各港,以足其饷。然后选将练兵,号召天下,进取不难矣。"④可以看出,郑成功力主"大开海道,兴贩各港",把发展海外贸易作为反清复明的基本国策。这在当时应该说是一种难能可贵的认识,也反映了明代后期整个民间海洋观的变化趋势。

1650 年,郑成功占领金门、厦门后,委派富有经商经验的郑泰、洪旭专管海外贸易,一方面积极建造航海大船,通贩日本、吕宋、暹罗、交趾等国,"行财射利,党羽多至五六十人"⑤,另一方面分"山海两路,各设五大商",向内地秘密收购商品,转贩外洋,获取高额利润。在郑成功的大力经营下,郑氏海商集团的资本更为雄厚,海贸成为军需粮饷和其他费用支出的主要财源。因此,1653 年,郑成功在答复其父郑芝龙劝降书中不无自信地宣称:我只要控制住东南沿海地区,掌握东西洋海上贸易之利,即进可攻,退可守,谁也奈何不了我。

清朝统治者承袭明代故伎,下令禁海迁界,企图用经济封锁的办法,消灭郑氏海商集团的抗清势力,但同样未能收到实效。黄叔璥在《台海使槎录》一书中分析其中原因时认为,清王朝严禁通洋,片板不许下海,但却无法禁止商人通过走私的途径与郑氏政权进行贸易,再由郑氏政权转贩海外各国,结果海外所需中国各货,均要通过郑氏政权转手,反而使其独享海外贸易之利,财力更加雄厚。

值得重视的是,在"通洋之利,惟郑氏独操之"的情况下,郑氏海商集团控制了东西

① 连横:《台湾通史》卷二九《颜思齐、郑芝龙列传》。
② 《海寇刘香残稿》,见《明清史料》,中华书局 1987 年版,第 8 本。
③ 江日升:《台湾外记》卷二。
④ 江日升:《台湾外记》卷二。
⑤ "福建巡抚许世昌残题本",《明清史料》,中华书局 1987 年版,第 6 本。

二洋海上通商权,对侵犯其经济利益的荷兰殖民者也敢于进行针锋相对的斗争。荷兰殖民者窃据台湾时,因多方刁难郑氏海船到台湾贸易,郑成功"遂刻示传令各港澳并东西夷国州府,不准到台湾通商。由是禁绝两年,船只不通,物货涌贵,夷多病疫,至是令廷斌求通"①,打击了荷兰殖民者的嚣张气焰。1661 年,郑成功为了拓展新的抗清基地,消弭"通洋裕国"的潜在威胁,率军东征台湾,并于 1662 年初把窃据台湾达 38 年之久的荷兰殖民者驱逐出去,完成了收复台湾的壮举。

郑成功"通洋裕国"思想的提出和实践,符合明代中后期东南沿海商品经济发展的趋势。他大力发展海外贸易,并以此作为致国家于富强的重要途径。与中国历代封建统治阶级固守农桑为本的传统观念有所不同,这种海洋观念的变化已开始"透出一股活泼、开朗、新鲜的时代气息,显露出新旧冲突变动的征兆"②。遗憾的是,由于郑成功复台后不久即病逝,郑氏海上势力在与清朝政权的抗争中失败,"通洋裕国"论所带来的新旧观念交替的冲动,终究还是被改朝换代的历史所淹没了。

第二节　清代海洋观念的发展

一　针对"禁海"的筹海思想论争③

"禁海"是明朝政府经常采取的政治措施和军事手段。从明代"禁海"到"开海"的政策历史演变中,我们了解到,"禁海"是一种政治军事手段,只能短时期推行,不可长期坚持。这种措施与军事上的"坚壁清野"战术类似,只能在某一时期实施,若作为一种长期政策,必然适得其反,造成灾难性的社会后果。

清初由于政治斗争的需要,仿照明代"禁海"的方法以对付郑成功,作为一种暂时性措施,未尝不可,而作为一种长期政策,势必同明朝一样,引发严重的社会危机。

"禁海迁界令"下达以后,清廷委派四名满大臣到江、浙、闽、粤四省监督执行,奉使者仁暴有异,宽严有别。大抵江、浙稍宽,福建较严,广东最严。最初以距海二十里为界,又认为太近,再缩二十里,仍认为太近,又迁十里,凡三迁而界始定。据屈大均记载:"岁壬寅(1662 年)二月,忽有迁民之令,满洲科尔坤、介山二大人者,亲行边徼,令滨海民悉徙内地五十里,以绝接济台湾之患。于是麾兵折界,期三日尽夷其地,空其人民,弃资携累,仓卒奔逃,野处露栖,死亡载道者以数十万计。明年癸卯(1663 年)华大人来巡边界,再迁其民。其八月,伊、吕二大人复来巡界。明年甲辰三月,特大人又来巡界,遑遑然以海防为事,民未尽空为虑,皆以台湾未平故也。先是,人民被迁者以为不久即归,尚不忍舍离骨肉,至是漂流日久,养生无计,于是父子夫妻相弃,痛哭分离,斗粟一儿,百钱一女。……其丁壮者去为兵,老弱者辗转沟壑,或合家饮毒,或尽帑投河,有司视如蝼蚁,无安插之恩,亲戚视如泥沙,无周全之谊。于是八郡之民,死者又以

---

① 《从征实录》,宗青图书出版有限公司 1997 年版,第 87 页。

② 杨国桢、陈支平:《明史新编》(前言),人民出版社 1993 年版,第 3 页。

③ 此部分内容参见王宏斌:《清代前期的海防:思想与制度》,社会科学文献出版社 2002 年版,第 7—36 页。

数十万计。民既尽迁,于是毁屋庐以作长城,掘坟茔而为深堑。五里一墩,十里一台,东起大虎门,西迄防城,地方三千里,以为大界。民有阑出咫尺者,执而诛戮,而民之以误出墙外死者,又不知几何万矣。自有粤东以来,生灵之祸,莫惨于此。"①迁界之地,毁坏田舍、村镇,居民限日搬出,违者以军法论处。挖界沟,筑界墙,设烟墩,严禁任何人进入界内,越界者死。沿海人民被强行赶出家园,一迁再迁,数十万群众流离失所,"携妻负子载道路,处其居室,放火焚烧,片石不留"。"界外所弃,若县,若卫所,城郭故址,颓垣断础,髑髅枯骨,隐现草间,粤俗乡村曰墟,惟存瓦砾;盐场曰漏,化为沮洳,水绝桥梁,深厉浅揭,行者病之。其山皆丛莽黑菁,豺虎伏焉。田多膏腴,沟塍久废,一望污莱。"②守界兵弁横行,贿之者,纵其出入不问;有睚眦者,拖出界墙外杀之。官不问,民含冤莫诉。人民失业,号泣之声载道,十分凄惨。诗曰:"堂空野鹤呼群立,门塌城狐引子蹲。坠钿莫思悲妇女,路隅何处泣王孙?"③这是人为地制造了一个数十里宽数千里长的荒无人烟区域。试图以此为隔离带,实现对郑成功的"不攻自灭"的军事计划。

清朝政府实施"禁海"令,按照计划,只需半年时间,就能困死郑成功。但这个计划完全落空了。郑成功收复台湾后,准备长期抗清,一面积极推动海上贸易,一面实行寓兵于农的政策,鼓励垦种,"勤稼穑,务蓄积",促进经济发展,安定社会秩序,在台湾牢牢站稳了脚跟。"禁海""迁界"令既未达到消灭郑氏的目的,又造成了巨大的社会灾难,引起社会强烈不满。统治集团内部接二连三对此提出了不同看法。

(一)李之芳:开海利渔的安民主义筹海观

最早对"禁海""迁界"令表示反对意见的是湖广道御史李之芳。李之芳,字邺园,山东武定人。顺治四年(1647年)进士,授金华府推官,累迁刑部主事、广西道御史、山西巡按,康熙初裁巡按,复授湖广道御史。擢左都御史,迁吏部侍郎。康熙十二年(1673年)以兵部侍郎总督浙江军务,后以平定三藩之乱,加兵部尚书衔。康熙二十六年(1687年)授文华殿大学士④。他一听说清廷派遣苏纳海等前往各地监督"迁界""禁海",就立即上疏表示反对。在李之芳看来,"自古养兵原以卫疆土,未闻弃疆土以避贼"。在他看来,"禁海""迁界"不是积极的军事对策。他上疏列举了八条反对意见。第一、二、三条略谓,郑成功兵败江南,胆破心寒,今已远遁台湾,应派大兵乘胜追击,救民于水火,完成统一大业,不该"禁海""迁界",导致居民流离失所,为渊驱鱼,为丛驱雀。"沿海皆我赤子,一旦迁之,鸿雁兴嗟,室households靡定,或浮海而遁,去此归彼,是以民予敌"。第四、五两条说,政府移民并未做好安插移民的准备,只是一味强调"迁界"日期,当道者未有处置,惟催赶日促,使民逃亡。离开家园之后,无家可依,无粮可食,饱受流离之苦,走投无路,势必铤而走险。他说,迁移沿海居民,官方出示,"谕限数日。官兵一到,遂弃田宅,撤家产,别坟墓,号泣而去,是委民于沟洫也"。"不为海寇,即为山贼,一夫持竿,四方响应",后果不堪设想。第六、七条说,江、浙、闽、粤滨海地区以鱼盐为富强之资,鱼是日用之需,盐为五谷之辅,实施"禁海",片板不许下海,是自弃鱼盐之

① 屈大均:《广东新语》卷二《地语》。
② 王胜时:《漫游纪略》卷三《粤游》,进步书局。
③ 江日升:《台湾外记》卷六,福建人民出版社1983年版,第188页。
④ 《清史稿》卷二五二《李之芳传》,第9715—9719页。

利。而断绝海外贸易,等于抛舍东西洋船饷数万。"禁海""迁界"不利于国计民生。最后他强调说,滨海地区是内地天然藩篱,兵不守沿海,尽迁其民于内地,是自撤藩篱。李之芳一开始就对这种消极的"禁海""迁界"措施的效果表示怀疑,他认为郑氏可以与东西洋各国贸易,断其接济是不可能的。可惜,李之芳的奏议未受重视,疏上,留中不议。清政府失去一次纠正错误政策的机会。①

"禁海""迁界"令推行之后,正如李之芳预料,对沿海居民造成了巨大侵扰,沿海农业生产、渔盐采集以及贸易均受到巨大破坏,而郑成功以台湾为根据地,鼓励军民垦荒种粮,积极发展对外贸易,北通日本,南达吕宋、安南等国,火药军器之需,布帛服用之物,应有尽有,加之台湾林木茂盛,造舟之材并不缺乏,"故海上之威曾不为之稍减"。又有一些地方督抚认识到"禁海""迁界"过于荒诞,纷纷提出异议。1668年,广东巡抚王来任视察沿海地区时看到流民颠沛失所,几次想上疏要求撤销"迁界"令,苦无同心应援。迨其病危,自叹说:"此衷未尽,不但负吾民,且深负吾君。"于是写下遗疏。他在遗疏中提出了三条建议,其中第二条是"粤东边界急宜展也"。他认为广东负山面海,山多地少,人口密集,沿海居民原来以海为田,养家糊口,迁界之后,数十万人迁入内地,抛弃了大量良田,地丁银粮损失30余万两,大量流民无家可归,死亡频闻。又设重兵以守其界,筑墩台,树桩栅,每年需用大批人力修整,动用不资,未迁之民日苦于派差。他建议立即撤销"弃门户而守堂奥"的错误"禁海"政策,"急弛其禁",招徕迁民,复业耕种与煎晒盐斤;将外港内河撤去桩栅,听民采捕;将腹里之兵移驻沿海,以防外患。如此这般,"于国用不无可补,而祖宗之地又不轻弃,更于民大有裨益"。王来任的第三条建议是,撤去横石矶口子,准许商人与澳门自由贸易,同时要求在澳门设兵,以防接济海盗。从这些建议看,王来任只是感到"禁海""迁界"造成了民生困苦,需要开界复业、发展生产、稳定生活。但他没有论及如何完成统一,如何消灭敌对政权,因此不可能被清廷采纳。

是时,郑经集中精力于台湾的生产和巩固,沿海无战事。清军在施琅统帅下经过准备,试图渡海消灭郑氏集团,但在海上遭受大风袭击,师船溃散。清廷感到渡海作战没有必胜把握,将施琅召回京城,裁去水师提督之缺,将战船焚毁,准备通过和谈,与郑氏保持和平状态。统治者阅王来任遗疏,得知沿海居民流离困苦,随差人前往调查巡视,准备开界。两广总督周有德得知清廷意图,立即巡行界外,所过地方宣布开界,"蠲其租赋,给以牛种",得到沿途百姓的热烈拥护,"所过郡邑,黄童白叟无不焚香顶祝,迁民千百成群,欢呼载道",如庆更生。② 1669年,江、浙、闽、粤四省同时接到复界命令,而广东先一年开界复业,群众感谢周有德的政绩,建祠祭祀。③ 各省奉令开界,由于认识不同,开界情况有较大差异。有的虽提请开复,而台堡之禁未除,百姓仍不能自由从事渔业生产,更不敢出海贸易;有的使者惮于渡海,继续严禁居民回岛耕种。浙江巡抚范承谟调任福建总督后,见福建台堡高筑,依然严禁,虽云展界垦田,其实不及1/10。遂于1673年上疏,请求完全解除禁令。他说,福建老百姓非耕即渔,自"禁海""迁界"

---

① 江日升:《台湾外记》卷六,福建人民出版社1983年版,第203页。

② 江日升:《台湾外记》卷六,福建人民出版社1983年版,第165—167页。

③ 周有德,汉军镶红旗人。史载其在两广总督任上,不惮为民请命,要求开海禁,"于是百姓咸乐更生"。见《碑传集》卷六三《周有德传》。

以来,民田荒废2万余顷,亏减正供约计20余万两,以致赋税日缺,国用不足。沿海居民辗转沟壑,逃亡四方,所余子遗,无业可操,颠沛流离,至此已极,迩来人心惶惶,米价日贵,若不立即妥善安插,一旦饥寒逼迫而生盗心,后果不堪设想。"我皇上停止海界之禁,正万民苏生之会,而闽地仍以台寨为界,虽云展界垦田,其实不及1/10。且台寨离海尚远,与其弃为盗薮,何如复为民业。如虑接济透越,而此等迁民从前飘流忍死,尚不肯为非。今若予以恒产,断无舍活计而自取死亡之理。即钉麻、油铁、丝绸、布帛皆奸商、巨贾、势豪、土棍有力者之所办,穷民亦无此资本,何由而济?如虑逼近沿海,难免寇艘侵掠,夫海贼可以登岸之处不过数所,余皆海潮涌入之小港,时涌时退,不能停泊。若设防兵,守御要害,则寇亦无隙可乘。设立水师,原为控扼岩疆,未有弃门户而反守堂奥之理。……兵既卫民,民不失所,此捍外安内之要者也。"[1]此处,他重点批驳了迁界令的错误和危害:"设立水师,原为控扼岩疆,未有弃门户而反守堂奥之理!"在他看来,从来富国强兵莫过于重视鱼盐之利,福建自禁海以后,"利孔既塞,是以兵穷民困"。因此,他主张开放海禁,允许百姓入海采捕,而加以适当控制,"每十筏联一甲,行以稽查连坐之法"。开船之时,只许携带干粮,不许多带米谷。其采捕之鱼,十取其一,以充国课。此项钱粮可以接济兵饷,用于战船修造,"一举而数善备"[2]。但这一建议未及讨论,福建便置于"三藩之乱"的战火中了。

(二)慕天颜:开海富国的重商主义筹海观

以上诸人反对"禁海""迁界"的观点,都是着眼于解决"迁界"造成的沿海居民流离失所的痛苦,安定社会生产生活秩序。这些看法虽有一定道理,但对发展海上贸易以增强国力缺乏深刻认识,或者不提海外贸易,或者重视不够。在我们研究各位筹海人士的观点时,发现慕天颜提出的观点十分珍贵,值得史家重视。

慕天颜,字拱极,甘肃静宁人,顺治十三年(1656年)进士,授浙江钱塘县知县,迁广西南宁同知,再迁福建兴化知府。康熙九年(1670年)擢湖广荆南道,调福建兴泉道,擢布政使,升江宁巡抚。由于长期在江浙、福建任官,对于沿海贸易情况比较了解。1676年,清军平定"三藩之乱"的战争仍在进行,筹集军饷困难,所在告急,"每患不敷"。如何解决兵饷成为清廷讨论的重要议题。论者或请加赋,或曰节流,找不到新的出路。这时,慕天颜上疏提出了自己独特的看法。他说,自两税之推行,国家财政以金银为重,上下相寻,"惟乏金之是患也,久矣"。明清以来,以银为贵。白银来源有两个途径,一是开矿生产,二是番舶之银。"自开采既停,而坑冶不当复问矣。自迁海既严,而片帆不许出洋矣,生银之两途并绝。"而今流通的白银有定数,凡官司收支,商贾贸易,人民生活所恃以变通者,总不出此,而且消耗者去其一,埋没者去其一,埋藏制造者

---

[1] 范承谟:《条陈闽省利害疏》,《范忠贞(承谟)集》(见《四库全书》集部二五三,第1314册)卷三,第54—55页。又见江日升:《台湾外记》卷七,福建人民出版社1983年版,第211—212页。

[2] 范承谟,字觐公,汉军镶黄旗人,清大学士范文程次子。顺治九年进士,选庶吉士,授弘文院编修,官至福建总督。"三藩之乱"时,被耿精忠囚杀。范承谟的《条陈闽省利害疏》写于1673年8月。戴震在《范忠贞(承谟)传》中说:"福建边疆重地,海氛未靖,加承谟兵部右侍郎,兼都察院右副都御史,总督福建军务。……时康熙十二年七月也。承谟至闽疏言,闽人活计非耕即渔,自禁海以来,徙边海之民居内,以台寨为界,民田废弃二万余顷,亏减正供至二十余万,请听民沿边采捕,十取一以充渔课,其所入接军饷。"(《碑传集》卷一一九)

又去其一,银日用而日亏,别无补益之路,"用既亏而愈急,终无生息之期,如是求财之裕,求用之舒,何异塞水之源,而望其流之溢也。岂惟舒裕为难,而匮诎之忧日甚一日,将有不可胜言者矣"①。这是说,国家的财富是白银等货币,断绝了来源的货币,越来越少,流通越来越紧张。

"由今天下之势,即使岁岁顺成,在在丰稔,犹苦于谷贱伤农,点金兀术,何况流亡迭见,灾歉频仍,于此思穷变通久之道,不必求之天降地出,惟一破目前之成例,曰开海禁而已。"②在他看来,货币的增加靠节流不行,必须开源。开矿生产白银是困难的,唯有发展海外贸易,大力吸引外国白银,才是民富国强的正确途径。"盖矿砾之开,事繁而难成,工费而不可必,所取有限,所伤必多,其事未可骤论也。"中国是银矿比较贫乏的国家,开采银矿的确不是最好的办法,所以这个分析是正确的。"惟番舶之往来,以吾岁出之货,而易其岁入之财;岁有所出,则于我毫无所损,而殖产交易,愈足以鼓艺业之勤;岁有所入,则在我日见其赢,而货贿会通,立可以去贫寡之患。银两既以充溢,课饷赖为转输,数年之间,富强可以坐致,较之株守故局,议节议捐,其得失轻重,有不啻径庭者矣。"③这些议论是典型的重商主义观点。

重商主义在欧洲盛行三个多世纪,萌芽于14世纪末,经历了早期重商主义(大约从15世纪到16世纪中叶)和晚期重商主义(大约从16世纪下半叶到17世纪)两个发展阶段。无论是早期或晚期,都把货币看做财富的唯一形态,并把货币数量作为衡量国家富裕程度的尺度,都把以输入金银货币的对外贸易作为国家致富的主要途径,进而主张国家干预经济,采取限制、保护、奖励等措施,以促进国家生产贸易发展。它们的差别只是表现在如何增加货币财富的方式上。早期重商主义者主张,国家采取行政手段,禁止货币输出,在贸易上应多卖少买,以保证金银货币的流入。例如英国、西班牙、葡萄牙等采取一系列措施,甚至颁布法规,禁止金银货币输出国外。有的规定外国商人必须交出全部货币用于购买当地商品。晚期的重商主义者主张鼓励输出,实现出超,并主张国家实行保护关税,保护本国工场手工业的发展。重商主义在资本主义原始积累时期,对于促进商品发展以及货币资本的积累有着积极作用,为资本主义市场经济的确立和成长提供了重要理论条件。④

对照西方重商主义的观点,可以发现慕天颜的思想观点与欧洲晚期重商主义处在同一水平线上。慕氏主张发展对外贸易,吸收外国的贵金属,进而刺激国内工商业的发展,"鼓艺业之勤",坐致国家富强,观点十分明确。这种观点在重农抑商思想笼罩下的中国出现十分宝贵,很有创见,即使与同一时期欧洲的晚期重商主义者相比,也并不逊色。慕氏的重商论在中国经济思想史上应占有重要位置。

在倡导重商的同时,慕氏也批驳了关于"禁海"的种种观点。当时盛行一种说法,认为通商贸易,利欲熏心,会引起海盗抢劫之患,明朝倭寇之乱即起因于此。慕氏不同意这种观点。他说,明代允许中外市舶往来,行之累朝,深得其利,后来出现"倭患",原非起因通商,海盗的出现是难以避免的,出现海盗不必害怕,派遣军队剿除而已。针对

---

① 慕天颜:《请开海禁疏》,《皇朝经世文编》卷二六《户政》一《理财》上,第39—41页。
② 慕天颜:《请开海禁疏》,《皇朝经世文编》卷二六《户政》一《理财》上,第39—41页。
③ 参阅成少森、叶川:《西方文化大辞典》,中国国际广播出版社1991年版,第792页。
④ 参阅成少森、叶川:《西方文化大辞典》,中国国际广播出版社1991年版,第792页。

"海氛未靖"方事剿除,若一通洋,势多扦格的顾虑,他指出,清朝建立以来,荷兰、琉球等国"贡船"继续到来,"贡舶本外夷所来,犹且无碍;商舶由内地所出,翻谓可虞,又事理之必不然者矣"。禁止中国商船出海,是自己断绝财源,势必使中国越来越穷。"犹记顺治六七年间,彼时禁令未设,见市井贸易咸有外国货物,民间行使,多以外国银钱,因而各省流行,所在皆有,自一禁海之后,而此等银钱绝迹不见一文。即此而言,是塞财源之明验也。可知未禁之日,岁进若干之银,既禁之后,岁减若干之利。揆此二十年来,坐弃之金钱不可以亿万计,真重可惜也。"①此处,他进一步表达了重商的观点,激烈批评对国家不负责任的官僚主义作风和因循守旧的观念。

慕天颜针对"禁海"造成的社会灾难,批评道:"今之言者,明知此禁之当开,乃瞻顾而不敢轻言。即言矣,亦明知此言之可行,又因循不敢决断,则财终从何裕?而用终从何出乎?"在他看来,节约经费与加派税饷均是"微利轻财",行之不足以补军需之孔亟。"致财之源,生财之大"在于开"海禁"。海舶通商利在天下,利在久远。为此他提出开"海禁",加强外贸管理,制定统一的外贸管理章程,建立统一的外贸管理体制。"惟是出海之途各省有一定之口,税赋之入各口有一定之规,诚画一口岸之处,籍算其人船之数,严稽其违禁之货,察惩其犯令之奸,而督率巡防,并资文武,统以兼辖,责之以专汛,弹压之以道官,总理之以郡佐,一切给票、稽查、抽分、报纳诸例,皆俟定议之日,可逐一妥酌举行也。"②这些思想主张在当时都是正确的,都是珍贵的,如被当局采纳,中国在走向商品经济发展之路时,不会远远落后于西方。可惜这一建议又石沉大海,毫无结果。中国在商品经济发展的道路选择面前又一次失误。这里我们高度评价慕氏的观点,这是一种在当时最为先进的海洋观、海防观。

(三)蓝鼎元的《论南洋事宜书》

康熙五十六年(1717年),由于对海外华侨华人和移民的错误认识,以及对出海商人的成见,又误认为米粮的出口与海船出售是个危险信号,为了防止海外反清力量与内地建立联系,为了防止海患的发生,清廷下令禁止往贩南洋,全面体现出清王朝"以禁为防""重防其出"的观念。对于禁贩南洋这项错误政策,有识之士一开始就坚决反对。1724年蓝鼎元在其《论南洋事宜书》中予以尖锐批判,主张"宜大开禁网,听民贸易,以海外之有余,补内地之不足"。他在文章中一开始就指出,禁止南洋贸易是坐井观天之见。他说:"昔闽抚密陈,疑洋商卖船与番,或载米接济异域,恐将来为中国患。又虑洋船盗劫,请禁艘舶出洋,以省盗案。以坐井观天之见,自谓经国远猷,居然入告。乃当时九卿议者,即未身历海疆,无能熟悉情形。土人下士知情形者又不能自达朝宁。故此事始终莫言,而南洋之禁起焉。"③

在蓝鼎元看来,清廷对海外的局势缺乏了解,不懂得真正的威胁在哪里,防海的对象搞错了。他说,海外诸番星罗棋布,东洋以日本为强大,而朝鲜、琉球皆尾闾。南洋以吕宋、噶喇吧为大,文莱、苏禄、马六甲、丁机宜、亚齐、柔佛等数十国从未对中国造成

---

① 慕天颜:《请开海禁疏》,《皇朝经世文编》卷二六《户政》一《理财》上,第39—41页。
② 慕天颜:《请开海禁疏》,《皇朝经世文编》卷二六《户政》一《理财》上,第39—41页。
③ 蓝鼎元:《论南洋事宜书》,《鹿洲初集》卷三。

危害,安南、柬埔寨、暹罗等国从未侵扰中国。"极西则红毛、西洋矣。红毛乃西岛番统名,其中有英圭黎、干丝腊、佛兰西、荷兰、大西洋、小西洋诸国,皆凶悍异常。其舟坚固,不畏飓风,炮火军械精于中土,性情阴险叵测,到处窥觊,图谋人国。统计天下海岛诸番,惟红毛、西洋、日本三者可虑耳。"[1]今日本不禁,红毛不禁,西洋不禁,而独于柔顺、寡弱,有利无害之南洋,必严禁而遏绝之,完全是错误的。这种对世界形势的分析和认识,在今天看来,也是相当正确的,完全符合当时的实际状况。

蓝鼎元描述了禁止南洋贸易给沿海人民带来的社会灾难和生产生活破坏。他说,闽广地区人稠地狭,田园不足于耕,依海谋生者十居五六,内地无足轻重的货物载运到海外,"皆同珍贝"。"是以沿海居民造作小巧技艺以及女红针黹,皆于洋船行销,岁收诸岛银钱货物百十万入我中土,所关甚大。南洋未禁之先,闽广家给人足。游手无赖亦为欲富所驱,尽入番岛,鲜有在家饥寒窃劫为非之患。""既禁之后,百货不通,民生日蹙。居者苦艺能之罔用,行者叹致远之无方。故有以四五千金所造之洋艘,系维朽蠹于断港荒岸之间。驾驶则大而无当,求价则沽而莫售,拆造易小如削栋梁以为杙,裂锦绣以为缕,于心有所不甘,又冀日丽云开,或有弛禁复通之候。一船之敝,废中人数百家之产。其惨目伤心,可胜道邪!""沿海居民萧索岑寂,穷困不聊之状,皆因海禁"[2],一语中的。

他进一步指出,社会生产遭受破坏,引起社会动荡,海盗如毛。唯有开禁,才能安定民生,而致民富国强。"天下利国利民之事,虽小必为。妨民病国之事虽微必去。今禁南洋有害而无利,但能使沿海居民富者贫,贫者困,驱工商为游手,驱游手为盗贼耳。闽地不生银矿,皆需番钱,日久禁密,无以为继,必将取给于楮币皮钞,以为泉府权宜之用,此其害匪甚微也。开南洋有利而无害,外通货财,内消奸宄,百万生灵,仰事俯畜之有资。各处钞关且可多征税课以足民者裕国,其利甚为不小。"[3]这种通过发展海外贸易吸收"番钱"、增强国力的主张与前述慕天颜的重商思想同样先进。蓝鼎元认为开洋禁"有利而无害",不必担心米粮出口,不必担心民船卖给外国。他说:"若夫卖船与番,载米接济,被盗劫掠之疑,则从来无此事。何者?商家一船造起,便为致富之业,欲世世传之子孙。即他年厌倦,不自出,尚岁收无穷之租赁,谁肯卖人?况番山材木,比内地更坚,商人每购而用之。如鼎麻桅一条在番不过一二百两,至内地则直千金。番人造船比中国更固。中国数寸之板,彼用全木;数寸之钉,彼用尺余。即以我船赠彼,尚非所乐。况令出重价以卖邪。闽广产米无多,福建不敷尤甚。每岁民食,半藉台湾,或佐以江浙。南洋未禁之先,吕宋米时常至厦。番地出米最饶,原不待仰食中国。洋商皆有身家,谁自甘法网尝试。而洋船所载货物一石之外收船租银四五两,一石之米所值几何,舍其利而犯法,虽至愚者,不为也。"[4]蓝鼎元的观点是正确的,他的批驳相当有力。

对于清政府的移民政策和南洋贸易禁令,庄亨阳也表示反对。他认为福建居民以贩洋为生者居多,上以输正供,下以济民生。"我民兴贩到彼,多得厚利以归,其未归者

① 蓝鼎元:《论南洋事宜书》,《鹿洲初集》卷三。
② 蓝鼎元:《论南洋事宜书》,《鹿洲初集》卷三。
③ 蓝鼎元:《论南洋事宜书》,《鹿洲初集》卷三。
④ 庄亨阳:《禁洋私议》,《重纂福建通志》卷八七《海禁》。

或在彼处为甲必丹转徙贸易,每岁获利千百不等,寄回赡家,其族戚空手往者,咸资衣食,给本钱为生,多致巨富,故有久而未归者,利之所存,不能遽舍也。"他主张对于海外华侨华人采取"去来自便"的移民政策。他说:"自海禁严,年久者不听归,又有在限内归而官吏私行勒索,无所控告者,皆禁之弊也。夫不听其归不可,若必促使尽归,令岛夷生疑惑,尽逐吾民,则自绝利源,夺民生而亏国计,尤不可也。"他同时建议撤销关于海船的禁令。"听其自便,不给照,不挂号,永弛前禁"①。在这种呼声下,原来支持禁海的一些地方大臣(如两广总督杨琳与闽浙总督满保)逐渐改变了立场,以不同方式提出了开海建议。清廷在 1727 年春天根据闽浙总督高其倬的建议,讨论决定撤销历时十年的南洋贸易禁令。

二 清代海疆政策的思想根源②

清代海疆政策的首要目标或称低层次目标,就是清帝在上谕中反复强调的宁谧海疆,保卫海疆。但还有一个高层次的发展目标,虽然它不是封建统治者既定和追求的目标,但却是社会发展的需要,那就是不断地开发海疆,发展海洋经济,通过海洋发展对外贸易和科技文化交流,以达到富国强兵、提高综合国力的目的。但纵观整个清政府的海疆政策,既没有建立起一支强大的海防力量,保卫住海疆的宁静,也没有积极地开发海疆,广泛地发展对外贸易与科技文化交流;其对外采取的一系列以禁、防为主的限制政策,不但没有限制住资本主义野蛮侵华的步伐,反而限制和封闭了自己,扩大了中国与当时先进国家的距离,造成了近代被动挨打的局面。

那么,造成清政府这种海疆政策的思想根源是什么呢?

首先,清朝历代君主与明中叶以后的历代统治者一样,都没有认识到世界形势的巨大变化,他们在继承传统儒家治国平天下思想的同时,依然用传统的治边思想和治边政策去对付从海上来的西方殖民主义者。例如即使是禁教最严厉的雍正一朝,清廷对于驱逐外国传教士的做法也是非常有分寸的。雍正二年(1724 年)十月,当两广总督孔毓珣奏称,各省除通晓天文算学的西洋人送京师效力外,其余"暂令在广州省城天主教堂居住,不许外出行教,亦不许百姓入教,遇有各本国洋船到粤,陆续搭回。此外,各府州县天主堂,尽行改为公所,不许潜往居住"。雍正皇帝谕曰:"朕于西洋教法,原无深恶痛绝之处,但念于我中国圣人之道无甚裨益,不过聊从众议耳。尔其详加酌量,若果无害,则异域远人自应一切从宽,尔或不达朕意,绳之过严,则又不是矣!"③翌年(1725 年)八月,罗马教皇的使者返回时,雍正帝又赐谕曰:"使臣远来,朕已加礼优待。至西洋寓居中国之人,朕以万物一体为怀,时时教以谨饬安静,果能慎守法度,行止无亏,朕自推爱抚恤。"④考察雍正一朝,清统治者对西洋传教士及其贸易之人所采取的政策,与治理周边少数民族一样均是"施恩布教,令其心悦诚服,永无变更,方不愧柔远

---

① 《闽浙总督满保奏陈严禁商船出洋贸易折》,第一历史档案馆编《雍正朝朱批汉文奏折汇编》第 5 册,第 298 号,江苏古籍出版社 1989 年版。
② 此部分内容参见何瑜:《清代海疆政策研究》,中国人民大学 1996 年博士论文,第 91—96 页。
③ 王之春:《清朝柔远记》,中华书局 1989 年版,第 59—60 页。
④ 王之春:《清朝柔远记》,中华书局 1989 年版,第 61 页。

之道"①。

乾隆皇帝更是以天下共主自居,不论是国内少数民族地区,还是周边属国,以至于东洋、西洋诸国,其所治理的政策方针是完全一样的,即所谓"抚驭远人,全在秉公持正,令其感而生畏方合正经"。虚骄自傲的嘉庆皇帝则把当时独一无二的海洋霸主,所谓的"日不落"大英帝国看成与暹罗一样的弱小属邦,是需要天朝的"宠灵"和"体恤"的。同时,愚昧的清朝统治者不仅把当时资本主义的第一强国与周边的属国视为一体,而且对二者所采取的政策亦是完全一样的。我们知道,允许周边属国在进贡中央王朝的同时彼此互市贸易,是宗主国对属国厚往薄来的一种恩赐,所以清廷可用断绝贸易往来的非常措施,对不恭顺的海外诸国加以制裁。这种制裁手段,清廷也同样施行于以英国为首的西方殖民者。道光十四年(1334年)七月,因英国首任对华商务总监督律劳卑违反清方惯例,径往广州要求直接会见两广总督卢坤,并以公函的方式通知广州当局。为此,中英冲突加剧。七月二十九日,卢坤下令封舱,停止中英一切贸易,得到道光皇帝的支持和认可。谕曰:"该弁目(指律劳卑)既执拗顽梗,不遵法度,自当照例封舱,稍示惩抑,俾知畏惧。如该弁目及早改悔,照常恭顺,恳求贸易,即准奏请开舱,只期以情理之真诚化远人之桀骜。"②其后,道咸两朝将抗击英国侵略者的谕旨和镇压国内太平天国农民起义的谕旨专档,统称为"剿捕档"也就不足为怪了。③

其次,清朝统治者虽然意识不到世界形势的巨大变化,也不会知道西方国家的产业革命意味着什么,但他们却敏感地察觉到西力东渐的大潮在与日俱增,所以在严峻的海疆形势面前,清廷的治边政策便由相对宽松而变得日趋严厉。尽管以天下共主自居的清朝统治者,他们对国内藩部和域外属国,以及葡、荷、英、法等海外诸国的统治思想与应对之策基本上是相同的,但残酷的事实却不断地提示天朝的君主们,用传统的治边政策对待周边弱小的藩部属国,尚可勉强维持,但以之对付日趋成熟的资本主义列强的侵扰,则根本达不到预期的效果。于是,在中外冲突和矛盾日益加剧的形势下,清廷不断强化海疆治理的力度,其治边政策也由宽严相济、偏之以宽而逐步发展为宽严相济、偏之以严,其具体表现则主要是不断加强海疆的防范与限制措施。

其三,在海疆政策方面,突出了"天子守在四夷"的"守"字。清朝的海疆治理实际上分为两个层次,一是朝鲜、琉球、安南等沿海属国;二是东南沿海地区包括台湾、海南、崇明、南澳等沿海岛屿。前者的交往对象主要是毗连中国的弱小邻邦,与之始终保持着密切的宗藩关系,后者的治理对象除台湾和海南等少数土著民族外,绝大多数是汉人和部分来自世界各地的洋人。这两部分人又有侧重,在乾隆朝以前,清廷以防内为主,即防备不法之人潜聚台湾,为害清廷,或商民出海与外勾结,图谋不轨。乾隆朝以后,则主要是限制不法洋商和防备欧美等殖民主义者的入侵。早期来华的殖民主义者人数虽然不多,但对清廷的压力却很大,他们给中国人留下的最初印象更多的是可恶又可惧。这些会驾大舶,会制造和使用先进火炮,通晓数学、几何学、天文学、地理学、制图学、医学、生物学、解剖学等各种科学知识的西洋人;这些贪婪、凶狠、机敏、狡

---

① 王之春:《清朝柔远记》,中华书局1989年版,第61页。
② 《清宣宗实录》卷一四九。
③ 《清宣宗实录》卷二五五。

诈、聪明、自负的异教徒;这些或潜聚于内地,或丛集于海口,不知来自何方的异言异貌的殖民主义者,不能不给天朝的统治者们一种强烈的与日俱增的潜在压力。所以说,康熙皇帝预言"海外西洋等国,千百年后中国恐受其累",因而提醒国人,"海防为要","务须安不忘危",就绝不是无根之语。其后,雍正皇帝更明确言道:"南有欧西各国,更是要担心的","苟千万战舰来我海岸,则祸患大矣"。乾隆皇帝继位以后,对东南海防亦十分关注,多次诏谕沿海督抚整顿海防,革除积弊,"未雨绸缪","防患在于未形"①。乾隆二十二年(1757 年),在对西洋各国是一口通商还是多口通商的问题上,乾隆皇帝最终还是以海防为重,坚决改四口通商为一口通商。所以,清廷在海疆方面为什么以守为主,推行一系列闭关自守的政策,原因其实很简单,除了传统治边思想的束缚以外,主要是天朝海防力量的不足,没有一支可以与西方海上力量争雄称霸的军事力量。

毫无疑问,在殖民主义者横行世界的时代,清政府的海疆政策在很大程度上抵制和延缓了西方殖民者的入侵。但同时也与西方世界相对隔离,拉开了中国与先进的资本主义国家的距离,造成了后来被动挨打的局面。

三 海防地理学的功绩与局限②

所谓海防地理学,是指为保卫国家主权、领土完整和领海安全,为防备外来侵略而建立的一种研究海岸、海岛和海域等地理军事利用价值的学科。海防地理学是军事地理学的组成部分,应属部门军事地理学的范畴。它的研究任务主要是揭示国家沿海地区、海洋、海岛地理环境对于海防安全的影响,分析评价海防地理要素对于海防建设的利弊关系,为海防建设、要塞守卫、军队布防和海洋作战提供理论依据。

(一)清代海防地理学的崛起

由于海防建设的需要,清代前期的学者和军事家总结、继承了明代抗倭海防斗争的经验教训,对于我国沿海的地理军事价值进行了认真分析。他们讨论的内容已涉及以下几个方面:第一,对于海区地理形势(包括位置、范围和战略地位)进行了初步分析;第二,对于海岸地理特点、岛屿位置在战略战术上的利用价值进行了认真评析;第三,研究了海洋水文要素(海潮)和海洋气候要素(风向、风力)对海洋作战的影响;第四,研究了海口、海港、海道等问题;第五,提出了军事要塞建设的建议;第六,分析了海防战斗主、客形势的变化条件。这些研究成绩成为近现代海防地理学发展的重要基础。二三百年前关于海防地理的这些认识,尽管比较粗浅,但直到现在读来还感到很有启发性。

清代第一个从事海防地理研究的学者是著名思想家顾炎武。顾炎武(1616—1682),字宁人,号亭林,江苏昆山(今昆山市)人。他出身于江南望族,青年时期曾加入激烈抨击明末弊政的知识分子社团组织——"复社",提倡读书务实,留心经世之学。后来他积极参加了归庄领导的抗清军事斗争,失败之后,"其心耿耿未下",决心"从一

---

① 《海防备览》卷五,《清高宗实录》卷二三三。
② 此部分内容参见王宏斌:《清代前期的海防:思想与制度》,社会科学文献出版社 2002 年版,第 179—191 页,第 265—267 页。

而终",游历北方各省,结交志士,试图恢复明王朝的统治。他认为:"秦人慕经学,重处士,持清议,实他邦所少,而华阴绾毂关河之口,虽足不出户而能见天下之人,闻天下之事,一旦有警,入山守险不过数十里之遥,若志在四方,则一出关门亦有建瓴之便"①,遂隐居华阴。顾炎武在学术上的成就是多方面的,他特别擅长经学、音韵学、历史学和地理学。针对明末士大夫空疏不切实际的学风,他强调"博学于文,行已有耻",以明道救世为职志,把学术研究与解决社会问题相结合,树起经世致用旗帜,"文不关于经术政理之大,不足为也"②。

顾氏治学有一套颇为严谨的考证法,就是"普遍归纳证据,反复批评证据;证据来源一一指出;证据之组合,费尽心思,又参用纸上以外的证据"③。顾炎武提倡独创精神,反对盲从和剽窃。他编著的《天下郡国利病书》和《日知录》,就是上述治学宗旨和方法的范例,全祖望对其治学态度和方法给予很高评价。④《天下郡国利病书》共120卷,是一部尚未最后定稿便被社会传抄的作品。全书首为舆地山川总论,次以明代两京十三布政司分区,对各地建置、赋役、屯田、水利、军事、边防、海防、关隘等均有较详细的论述。它编辑于明朝灭亡之后,士大夫痛定思痛,内容取舍有一定针对性。该书通行本有三种,一为收入《四部丛刊》三编的顾氏原稿影印本,不分卷;一为四川成都龙万育的道光三年(1823年)刊本,分为120卷,此本错误较多;又有1901年上海图书集成局线装铅印本。

海防是顾炎武关心的重大问题之一,他在沿海各省分卷中辑录了许多明代海防资料,大量珍贵资料得以保存。例如,周弘祖的《海防总论》在其他文献中已很难找到⑤,由于《天下郡国利病书》的收录,才在清代产生了重要影响。该文不仅是清初海防部署的重要理论依据,而且是清代前期海防地理研究的重要基础。《海防总论》对于杜臻、顾祖禹、陈伦炯等人都有影响,在鸦片战争前后又被辑入严如煜《洋防辑要》卷一和俞昌会的《防海辑要》卷一二之中。杜臻是明朝海防思想的继承者和实践者。杜臻,字肇余,浙江秀水(今浙江嘉兴市)人,顺治十五年(1658年)进士,累迁内阁学士,擢吏部侍郎,工部尚书。清军统一台湾后,奉命与内阁学士席柱前往广东、福建巡视,主持开海展界事宜。⑥ 杜臻与席柱于1683年启程南下广东,自钦州、防城始,沿海由西而东,而北,历7府、3州、29县、6卫、17所、16巡检司、21台城堡寨,还民田28192顷,复业丁口31300;复入福建,自福宁州西分水关开始,遵海以北,历4府、1州、24县、4卫、5

---

① 全祖望:《鲒埼亭集》卷一二,嘉庆九年刻本,《亭林先生神道表》,参见汪兆镛《碑传集三编》卷一三〇《顾先生炎武神道表》。

② 全祖望:《鲒埼亭集》卷一二,嘉庆九年刻本,《亭林先生神道表》,参见汪兆镛《碑传集三编》卷一三〇《顾先生炎武神道表》。

③ 杜维运:《清代史学与史家》,台湾东大图书有限公司1984年版,第31页。

④ 全祖望评论说:"(顾炎武)于书无所不窥,尤留心经世之学,其时四国多虞,太息天下乏材,以致败坏。自崇祯己卯(1639年)后,历览二十一史、十三朝实录、天下图经、前辈文编说部以至公移邸钞之类,有关于民生之利害随录之,旁推互证,务质之今日所可行,而不为泥古之空言,曰《天下郡国利病书》。"又说:"凡先生之游,以二马二骡载书自随,所至隘塞,即呼老兵退卒询问曲折,或与平日所闻不合,即坊肆中发书而对勘之"。(《顾先生炎武神道表》,《碑传集》卷一三〇)

⑤ 周弘祖,湖北麻城人,明嘉靖三十八年进士,曾任福建提学使,官至南京光禄寺卿,坐朱衣谒陵,免官。事迹详见《明史》卷二一五《列传》一〇三。

⑥ 杜臻:《粤闽巡视纪略》卷一,孔氏岳雪楼钞本,无刊刻时间。

所、3巡检司、55关城镇寨,还民田21018顷,复业丁口40800,于次年夏天竣事。"因述其经理大略为《粤闽巡视纪略》,首沿海总图,次粤略三卷,次闽略三卷,次附记台湾、澎湖合为一卷。"①在这本书中,杜臻比较详细地记录了这次巡视活动。这本书收入《四库全书》史部传记类,编者评论说:"书中排日记载,凡沿海形势及营伍制度、兵数多寡,缕列甚详。于诸洋列戍控制事宜俱能得其要领。其山水古迹及前人题咏,间为考证,亦可以资博览。盖据所见言之,与摭拾舆记者迥别,颇有合于周爱咨诹之义焉。"②巡视粤闽之后,杜臻结合工部侍郎金世鉴、左都御史呀思哈在浙江、江苏巡视情况,写成《海防述略》。"是书胪列沿海险要形势及往来策应诸地,于诸洋列戍哨探事宜亦并及之。"③《海防述略》有浙江天一阁藏本,有道光八年(1828年)《学海类编》活字本,有光绪三年(1877年)上海著易堂王锡祺编《小方壶斋舆地丛钞》铅印本以及《丛书集成初编》本(1991年)。此书比较集中地反映了清廷的海防政策。

从《海防述略》中,我们可以看到其中的许多观点与明朝人周弘祖《海防总论》中的思想是一致的,继承关系非常明显。杜氏书中有很多地方袭用了周氏的作品语言。我们把这两种作品放在一起加以对照,发现《海防述略》中的最后一节即《沿海全境》,除了一小段关于季风气候的文字外,其余部分与《海防总论》的开头部分几乎完全一样。可以肯定,杜氏参考了周氏的《海防总论》。此外,《海防述略》与明朝人郑若曾《郑开阳杂著》同样有明显的继承关系。例如《海防述略》中"广东"一节文字,与郑若曾著《郑开阳杂著》卷一《广东要害论》很近似,"登莱"一节更是脱胎于卷二《登州营守御论》,可以断言,杜臻在写作《海防述略》时,也参考了郑氏之书。④ 这个结论非常重要,也就是说,周氏的《海防总论》与《郑开阳杂著》同样是清初海防布置的重要参考依据。我们指出杜臻海防思想的来源,并不否定《海防述略》本身的思想价值,它仍然是我们研究的重点对象。

还要指出的是,周弘祖的《海防总论》与杜臻的《海防述略》中相重复的这段话,又出现在第三位作者名下。在王锡祺的《小方壶斋舆地丛钞》第九帙中有一篇文章,名为《海防篇》,作者署名蔡方炳。蔡方炳,字九霞,号息关,与顾炎武同乡,昆山人。其父蔡懋德是明朝官员,死于明末战乱。蔡方炳"性嗜学,尤留心政治心理,工诗文、兼善篆草,韬晦穷居,尝绘著书图,一时名流,题咏殆遍"⑤。著有《增订广舆记》24卷,《四库全书》存其目。《海防篇》似选自《增订广舆记》,著作年代失考。而从《海防篇》的最后一句话看,写作年代又迟于杜臻的《海防述略》。究竟孰先孰后,存疑待考。

继顾炎武之后,清代关于历史地理研究的著名学者是顾祖禹。顾祖禹(1631—1692),字瑞五,号景范,江苏无锡宛溪人,学者尊称为宛溪先生。其高祖大栋,明嘉靖年间为光禄丞,为许论捉刀撰《九边图论》。曾祖文耀,万历年间曾奉使九边,父柔谦,

---

① 《清史稿》卷二六八《杜臻传》,第9984—9985页。
② 《四库全书总目提要》卷五八《史部·传记类》,第1294页。
③ 《四库全书总目》卷七五《史部·地理类》,第593页。
④ 郑若曾,字伯鲁,号开阳,江苏昆山人,明嘉靖初贡生,曾师事魏校、王守仁,与归有光、唐顺之过从甚密,互相切磋学问,为胡宗宪幕僚,佐平倭寇,对于沿海地理军事形势有深入研究。《四库全书》编者在提要中评论《郑开阳杂著》说:"江防、海防形势皆所目击,日本诸考皆咨访考究,得其实据,非剿掇史传以成书,与书生纸上之谈,固有殊焉。"(《四库全书·史部·地理类》,《郑开阳杂著提要》)
⑤ 《清史列传》卷七一,中华书局1987年版,第5796页。

著《山居赘论》,认为《明一统志》疏漏,尝思从全国山川形势论述古今战守攻取得失利弊,怀志未就。逝世前嘱祖禹完成其未竟之业。祖禹少承家学,熟谙经史、舆地。明亡之后,隐居著述,终身不仕。从1659年开始,历30余年撰成《读史方舆纪要》。

《读史方舆纪要》具有浓厚的军事地理特色,经世致用思想贯彻始终。顾氏十分强调地理研究的军事利用价值。他说:"一代之方舆,发四千余年之形势,治乱兴亡于此判焉。其间大经大猷,创守之规,再造之续,孰合孰分,谁强谁弱,帝王卿相之谟谋,奸雄权术之拟议,以迄师儒韦布之所论列,无不备载。"①因此,张之洞在《书目问答》中将其列入兵家论著。梁启超也说此书"专论山川险隘,攻守形势,而据史迹推论得失成败之故,其性质盖偏于军事地理"②。清初福建巡抚吴兴祚对于《读史方舆纪要》及其作者推崇备至,称"宛溪顾子,博洽人也。叹史学之蓁芜,闵经生之固陋,于是方舆纪要作焉。昭时代则稽历史之言,备文学则集百家之说,详建设则志邑里之新旧,辨星土则列山川之源流,至于明形势以示控制之机宜,纪盛衰以表政事之得失。其词简,其事核,其文著,其旨长,藏之约而用之博,鉴远洞微,忧深虑广,诚古今之龟鉴,治平之药石也"③。顾氏海防地理思想散见于沿海各省论述之中。《读史方舆纪要》130卷刊于嘉庆十六年(1811年,龙万育敷文阁本),后有商务印书馆《国学丛书》本,又有中华书局1955年重印本。

康熙中期还有一位大儒对于明代的海防政策进行过研究,他就是姜宸英(1628—1699)。姜氏,字西溟,号湛园,浙江慈溪(今慈溪市)人。姜氏能诗词,工书法,闳博雅健,与朱彝尊、严绳孙齐名,人称"三布衣"。1689年中进士,授编修,年已70,后因科场案牵连,卒于狱中。④ 姜氏有两篇文章论及他的海防思想,一是《海防总论》,二是《江防总论》,均收入《湛园集》卷四,后来被辑入曹溶的《学海类编》、严如煜的《洋防辑要》、魏源的《皇朝经世文编》、王锡祺的《小方壶斋舆地丛钞》以及《丛书集成初编》中。

与姜氏同时,粤籍学者屈大均在著作中也谈及广东的海防地理。屈大均(1630—1696),字翁山,又字介子,号莱圃,广东番禺人。清军破广州时遁入空门,行游南北,结交遗民,不久又弃禅归儒。魏耕与郑成功联络,大均与谋。吴三桂反,又一度从其军于湖南,旋以不合辞归,隐居著书。述作甚富,诗名颇盛。《广东新语》是他晚年的笔记作品。是书共有28卷,每卷述一类事物,凡广东之天文地理、经济物产、人物风俗,无不记载。其所以名《广东新语》者,是由于"是书乃广东外志也"。可见该书是《广东通志》的补充作品。作者有反清复明的思想,故书中有借古讽今之寓意。及其去世七八十年后,又受文字狱之难,清廷谕令将其所有著述书版一概焚毁。该书有康熙三十九年(1700年)刻本,有乾隆翻刻本,有中华书局1983年校点本。书中《地语》《水语》《舟语》等部分表达了屈大均对广东海防问题的看法。

在清朝前期的海防地理学研究方面,蓝鼎元也是一位重要学者。蓝鼎元(1675—1733),字玉霖,福建漳浦县人,蓝氏少年力学,泛览诸子百家,有志经世,慷慨多大略。

① 顾祖禹:《读史方舆纪要》凡例,中华书局1955年版。
② 梁启超:《中国近三百年学术史》,上海民智书局1929年版,第94页。
③ 吴兴祚:《读史方舆纪要序》,《读史方舆纪要》卷首。
④ 全祖望:《翰林院编修姜先生宸英墓表》;方苞:《记姜西溟遗言》。这两篇文章均载于《碑传集》卷四七,第1—3页。

1721年随从兄蓝廷珍赴台湾镇压朱一贵起义,"佐廷珍招降、殄孽、绥番黎、抚流民,经营岁余,而举郡平"①。鼎元尝论台湾治乱之局,建议增设县治,加强台湾海防建设,以防"日本、荷兰之患",大吏采以入告,"卒如鼎元议"。后以知县分发广东普宁,对潮州的海防提出了富有建设性的意见。著有《鹿洲初集》等多种,《四库全书提要》评论说:"鼎元喜讲学,又喜讲经济,于时事最为留心。集中如论闽粤黔诸省形势及攻剿台湾事宜,皆言之凿凿,得诸阅历,非纸上空谈之比。"②关于海防地理的研究,主要有《潮州海防图说》《论南洋事宜书》等文。

　　康熙、雍正之际,武英殿大学士张鹏翮也参与了江南海防问题的讨论。张鹏翮(1649—1725),字运青,湖北麻城人。康熙九年(1670年)进士,由庶吉士改主事,累迁郎中,出任苏州知府,迁河东运使,擢通政使。1689年由大理寺少卿出任浙江巡抚,寻以兵部侍郎视察江南,升迁尚书、两江总督等。1723年授武英殿大学士。卒时,以边防、江防、海防三事遗奏。著有《奉使俄罗斯行程录》《河防志》等。③ 他的海防思想见于《江防述略》等文。

　　清代海防地理研究由顾炎武开其端,杜臻、顾祖禹、姜宸英、蓝鼎元、张鹏翮等人继其后,至陈伦炯又有重要发展。陈伦炯(?—1751),字资斋,福建泉州府同安县人。其父陈昂(1649—1718),字英士,青年时期是个海商,非常熟悉沿海的岛屿形势和海上气候。1682年曾跟随施琅进攻澎湖、台湾,因功受苏州城守营游击。④ 施琅担心郑氏后人逃亡海外,为消除不安定因素,派遣陈昂出海查访郑氏后人踪迹。陈伦炯随父在海外游历了5年,虽未查访到郑氏后人踪迹,却意外地掌握了海国的许多情报,目睹了世界正经历的重大变化。归国之后,陈昂升为碣石镇总兵,旋擢广东右翼副都统。他在病危时仍念念不忘祖国海防安全,令其子伦炯代上遗折,提醒清廷警惕以英国、西班牙、法国、荷兰为代表的殖民强盗的入侵。他说:"红毛一种奸宄莫测,其中有英圭黎(英国)、干丝腊(西班牙)、和兰西(法国)、荷兰大小西洋各国。名目虽殊,气类则一。唯有和兰西一族凶狠异常,且澳门一种是其同派,熟悉广省情形。请敕督、抚、关差诸臣设法防备,或于未入港之先,查取其火炮,方许入口,或另设一所,关束彝人,每年不许多船并集,只许轮流贸易。"⑤又说,"天主一教,设自西洋,今各省(立坛)设堂,招集匪类,此辈居心叵测,目下广州城设立教堂,内外布满,加以同类洋船丛集,安知不交通生事,乞饬早为禁绝"⑥。陈昂提出的防御措施尽管比较消极,而要求清政府"设法防备","早为禁绝",可谓未雨绸缪,不失为先见之明。清廷虽下令查禁天主教,但对加强军事防御没有引起高度重视,"但令沿海将吏昼夜防卫,寝昂议"⑦。中国丧失了一次主动了解外国,走向世界的宝贵机会。

---

① 陈梦林:《蓝鼎元传》,《碑传集》卷一〇〇,第6—8页。

② 《四库全书》集部七,别集六,第1327册。

③ 彭端淑:《张文端公鹏翮传》,《碑传集》卷二二,第2—5页。

④ "施琅统诸军进战,求习于海道者,公(陈昂)入见,时制府(姚启圣)以水战宜乘上风。公独谓,北风飙劲,非人力可挽,船不得成艘,不若南风解散,或按队而进,施意合,遂参机密"。(方苞:《广东副都统陈公昂墓志铭》,《碑传集》卷一五)

⑤ 《清圣祖实录》卷二七七。

⑥ 蒋良骐:《东华录》卷二三,第374页。

⑦ 《清史稿》卷二八四《陈昂传》。

陈伦炯在其父亲直接影响下，十分关心祖国的海防安全，"尤留心外国夷情土俗及洋面针更、港道"①。青年时期鉴于明朝中后期倭寇对中国沿海地区的侵扰，曾跟随其父到日本进行调查研究。陈昂死后，伦炯袭荫，得充三等侍卫，受到康熙帝的赏识，"尝召询互市诸国事，对悉与图籍合"②。1721年特别授予台湾南路参将，雍正初擢台湾总兵，移镇高、雷、廉等海防要塞，坐事降台湾副将，复授总兵，历江南苏、淞、狼山诸镇，擢浙江提督。由于受其父亲和康熙皇帝的影响，伦炯一生关心海防安全，研究沿海地理，收集海国情报。每遇西方商人，"询其国俗，考其图籍，合诸先帝所图示指画，毫发不爽，乃按中国沿海形势，外洋诸国疆域相错，人风物产，商贾贸迁之所，备为图志"，撰成《海国闻见录》一书。著述目的十分明确，"盖所以志圣祖仁皇帝及先公之教于不忘，又使任海疆者知防御、搜捕之扼塞，经商者知备风潮，警寇掠，亦所以广我皇上保民恤商之德意也"③。

《海国闻见录》成书于1730年，全书分为上、下两卷。上卷篇目为：《天下沿海形势录》，主要记述我国沿海地理形势；《东洋记》，记述日本、朝鲜和琉球；《东南洋记》，主要记述印度支那半岛、马来半岛及巽他群岛；《小西洋记》，主要记述南亚、西亚和中亚诸国地理风情；《大西洋记》，记非洲、欧洲的主要国家；《昆仑》，记南海之昆仑岛。下卷6幅地图为：《四海总图》(东半球图)、《沿海全图》(中国沿海地图)、《台湾图》、《台湾后山图》、《澎湖图》、《琼州图》。书中记录了丰富的人文、自然地理资料。《四库全书》的编者对它有比较公允的评价。"凡山川之扼塞，道里之远近，沙礁、岛屿之夷险，风云气候之测验，以及外番民风、物产，一一备书。虽卷帙无多，然积父子两世之阅历，参稽考验，言必有证，视剿传闻而述新奇，据故籍而谈形势者，其事固区以别矣。"④此书有乾隆刻本，收入《四库全书》史部地理类，选入《昭代丛书·戊集》《艺海珠尘·石集》以及《小方壶斋舆地丛钞》等书，部分内容被编入《海国图志》《防海辑要》，近人李长傅对此书进行了校注整理，由中州古籍出版社于1984年出版。

乾隆、嘉庆、道光年间西方殖民者对中国的侵略威胁越来越大，面对西方的冲击，越来越多的有识之士留心观察海外形势，他们中的主要代表人物有印光任、张汝霖、王大海、谢清高、杨炳南、萧令裕等。

印光任，江苏宝山县人。雍正时期举孝廉方正，发广东以知县用。初署高州石城县，实授广宁，再调东莞，妥当处理了英国兵船进入澳门事件，受到清廷器重，以其为首任广州府海防军民同知，驻扎前山寨。前山寨距澳门三里许，筑城凿池，成为重镇。在任时处理了英国、法国、西班牙、葡萄牙等国在中国海域互相劫夺商船事件。后来升任南澳军民同知。他对澳门周围的地理形势颇有研究，"于诸夷种类支派，某弱某强，某狡某愚"较为了解。草创《澳门记略》，由继任张汝霖加以增损完成。张汝霖，江苏宣城人，由知县升任澳门同知。"霖以他族逼处也，蒿目忧之，时时见诸吟咏。"《澳门记略》凡2卷，上卷2篇，即《形势篇》与《官守篇》；下卷为《澳蕃篇》。该书辑入《四库全书》，后来有各种刻本。

---

① 陈伦炯：《海国闻见录自序》，《昭代丛书》本。
② 《清史稿》卷二八四《陈伦炯传》。
③ 陈伦炯：《海国闻见录自序》。
④ 《四库全书总目提要》卷七一《史部·地理类》，第1550—1551页。

王大海,字碧卿,福建漳州人。乾隆四十八年(1783年)应试落第,灰心仕途,漫游南洋,周历荷兰属地爪哇等处,数年之后,返归故里,著《海岛逸志》,刊于1806年。此后有多种翻刻本,道光二十九年(1849年)又有英译本在上海刊行。该书共6卷,书中对爪哇及其附近岛屿的山川形势、物产名胜及华侨生活情况作了较详细记载,同时论及英国、荷兰、西班牙殖民者侵入该地区的状况。作者亲历之地似乎没有超越南洋群岛,对欧洲国家的介绍几乎全系耳闻。书中比较珍贵的地方是介绍了西方科技情况,诸如关于火轮船、兵船、千里镜的介绍,令人耳目一新,标志着中国人对西方的认识进了一步。《海岛逸志》在鸦片战争后引起社会重视,被辑入《海国图志》《海外番夷录》等书中。

谢清高(1765—1821)系广东嘉应(今梅州)人。早岁随商家走海南,不幸遇到风暴袭击,船沉于海,被路过的外国商船救起,遂跟随外商在东西洋漂泊了14年,31岁时患眼疾而瞽,"不能复治生产,流寓澳门,为通译以自给"。1820年春,杨炳南等二人在澳门遇见谢清高。谢氏谈及在海外的游历,请炳南笔录,"以为平生阅历得借以传,死且不朽"①。杨氏遂根据谢氏口述,逐条记录而成《海录》。此书不分卷,约有2.4万字,大致以国名为条目,刊刻于1824年。"徐松龛中丞作《瀛环志略》,魏默深刺史作《海国图志》,多采其说。"②王蕴香亦将其辑入《海外番夷录》,后来又被收入《舟车所至》《小方壶斋舆地丛钞》以及《丛书集成》。此书最显著的特点是将口述者亲历之地的政治、宗教、风俗、物产比较详细地记录下来,文化资料价值颇高。《海录》对英、法、普、奥、荷兰、西班牙、葡萄牙、美利坚等国均有记述,虽因其知识限制,内容简略,也不具有《海国闻见录》作者那样的战略眼光,但毕竟为嘉庆、道光时期国人最早本于实地见闻的作品。正是从这个意义上,我们将其列入海防史参考资料。

在此附带指出的是,谢清高的口述,又有嘉应名士吴兰修的笔录,名为《海国纪闻》。著名的舆地学者李兆洛为之序③,他说:"清高所言与古籍所载或合或不合,或影响相似,古来著书者大抵得之于传闻,未必如清高之身历,而清高不知书,同乎古者不能证也,异乎古者不能辨也。"因检诸史册有关海国记载,辑录下来,请吴兰修邀请谢氏予以核正。而清高遽死,"欲求如清高者而问之则不复可得也"④。在这种情况下,李兆洛于船中只作了一些文字修改,题名曰《海国纪闻》,交给吴兰修。这一记录本似已刊刻,流传不多。

萧令裕,字枚生,亦作楳生,江苏清河人。好经世之学,与包世臣、魏源、姚莹是好友。曾为两广总督阮元幕宾,兼办粤海关事务。萧令裕对英国殖民者在东南亚的侵略以及广州外商不断滋事,深怀隐忧。道光六年致书友人,谓"十年之后,患必及于江浙,恐前明倭祸,复见于今日"⑤。眼光之犀利,由此可见。著有《记英吉利》及《粤东市舶

---

① 杨炳南:《海录·序》,长沙,商务印书馆,1938年版。
② 谢云龙:《重刻海录序》,《嘉应州志》卷二九《艺文》。按:《海录》按其著述性质不能归类为海防史地著作,但由于它提供的海外地理资料引起了关心海防建设人士的高度重视,此处予以收录。
③ 李兆洛(1769—1841),字申耆,号养一老人,江苏阳湖人。1805年进士,由翰林院编修出知安徽凤台,前后七载。丁忧归里,以著书讲学自娱。著有《西洋奇器述》《养一斋文集》《大清一统舆地图》等;辑有《海国集览》,未见刊本。
④ 李兆洛:《养一斋文集》卷一,第23—24页。
⑤ 包世臣:《答萧枚生书》,《安吴四种》卷三五,光绪十四年(1888年)刻本,《齐民四术》卷一一,第1—2页。

论》,均被辑入《海国图志》。他是道光前期专门研究英国文化知识的重要学者之一。

（二）海防地理研究的功绩与局限

综而言之,在清代前期,我国出现了一批关心海防安危、潜心研究海防地理的著名学者。他们不仅详细分析了海岸、海岛以及海区的地理形势,而且重点讨论了海口、海港、海道的军事、经济利用价值。他们不仅关注着祖国的海上航线和太平洋与印度洋之间的国际交通,而且初步探讨了海洋气候、海洋水文对海洋作战的影响。他们不仅关心着祖国海疆的安危,而且观察到了世界形势的变化,感受到了西方的冲击,呼吁人们对西方殖民者的入侵保持警惕。他们研究的内容已经涉及当代海防地理学的各个方面。这些讨论内容,为当时的海防军队的部署与调整提供了宝贵的理论依据,有些认识在今天看来还很有参考价值。

首先,他们非常重视沿海岛屿在国家海防地理中的战略位置,一致认识到了台湾、海南、崇明、南澳、澎湖群岛、舟山群岛、庙岛群岛对祖国大陆所起的"门户""屏翰""外护"以及交通枢纽作用,与明朝人"弃海岛而不守"的海防线内缩方案相比,清代加强了海岛防御,这是一个历史进步。他们强调主要河流入海口的军事价值,一致认识到了珠江、钱塘江、长江入海口的"咽喉""锁钥"地位,要求重兵设防,保护内河航运以及出海安全,这是很有建设性的意见。

第二,他们在讨论海防地理形势时,从不同角度接触到了对中国海域实行战略控制的问题。例如,蓝鼎元的海运与海防相结合的思想十分珍贵,他主张发展我国的海洋运输能力,以解决南粮北调困难,减缓漕运压力,并通过保护海洋运输船队,巡航海上交通要道,控制海面安全,以提高水师的海洋作战能力,建立一支"甲于天下"的"海督水师","使京东有万里金汤之势"的设想,很有创见。另外,张鹏翮要求建立强大的海上武装力量,主张通过主动攻击把来犯之敌合围消灭在海上,与单纯强调岸防相比,这是比较积极的海防思想。

第三,他们对沿海地理形势进行的分析,基本适应了帆船时代维持沿海治安的需要,为守兵的合理布防,提供了比较充足的理论根据。清代前期大多数年代沿海社会秩序相对比较安定,与清军对于要塞的有效控制有着紧密联系。

清代前期关于海防地理的讨论,不可避免地存在着缺点和很大局限性。

第一,他们多数人的视野、观念局限于中国海岸海岛,一直把海盗或外国小股武装作为海防的主要对象,对于周边岛国以外的世界了解很少,缺乏研究兴趣。另外,他们对于保护海外贸易和交通要道安全的认识也是比较模糊的。这些思想局限性,不能不影响到国家的海洋政策和海防战略,从而又影响到海防军事力量的配置结构以及发展方向等一系列事关国家安危的重大政策。

第二,他们强调每一个要塞的战略价值,要求分兵把守,相对忽视了建立强大的海军,实施大规模海上机动作战的军事意义。著名的海权理论家马汉曾经指出:"地理位置可能会达到提升或分散海上军事力量的地步。"[①]清代前期水师力量的分散布置与

---

① Alfred Thayer Mahan, The Influence of Sea Power upon History 1660-1783,Sampson Low London,1890,p. 32.

其重点海防对象有密切关系,也与当时海防地理研究者强调处处设防有关。这种兵力分散布置的弱点在鸦片战争时充分暴露出来。

第三,清代前期海防地理学者看到了东南亚国家被侵略、被奴役的情况,有人已经敏锐意识到西方殖民侵略的危险正在逼近,呼吁加强海防建设。多数论者对于来自西方的威胁认识还相当模糊,有的感觉甚至是错误的。他们虽看到了西方船坚炮利的优势,但认为大型海船利于海面,而不利于陆地,只要采取诱敌深入的方法,使敌舰失其所长,完全可以打败西方侵略者。正确估价敌我力量优劣对比,分析地理条件利弊得失,都是必要的。而过于迷信地利优势,模糊了对敌方的认识,不利于自身在精神上和物质上做好反击侵略战争的充分准备。清军将领在鸦片战争前的盲目自信与战后迷惘愧悔在此似乎可以得到部分诠释。

第三十二章
明清时期的海洋政策与管理

    明朝政府的海洋政策与管理,主要体现在海外交通贸易和渔盐经济政策与管理方面。在海外交通贸易方面,与宋、元时期相异,在隆庆改制以前的 200 年左右时间,基本上都实行"海禁"和朝贡贸易政策,不许民间商人出海,导致私贩盛行。隆庆改制,开放海禁,但措施不善,走私商船为数更多。"海禁"是明代海外交通政策的主体特征,走私贸易的盛行是这种政策影响下明代海外交通的一大特征。清代是中国海外交通的衰落时期。鸦片战争前,中国海外交通的空间已越来越有限,海外贸易政策所表现出的"抑商"与"怀柔"的两面性,畸形的外贸港口布局以及广州通商体制本身,都充分体现了清朝政府对外闭关的本质倾向。

    在明代前期,市舶司作为官方控制海外贸易的一种机构,在设置上虽是承继了前代的做法,但其职责同宋代市舶司有较大的差别。明代后期,随着私人海外贸易不可遏止的发展,明政府设置督饷馆,制定了各种饷税的征收办法,使明代海外贸易从前期实行的朝贡贸易制转向后期的征收饷税制。清代的海洋贸易管理主要体现在"广州制度"上。粤海关的关税制度和十三行的公行及保商制度,是广州制度的最重要的内容。

    明清时代的渔政管理是此时整个海洋管理的一项重要内容,围绕海洋安全第一的中心原则,渔政制度与措施纷纷出台,这是中国海洋渔政朝着全面、系统及法制化管理方向发展的时代,尽管其管理的宗旨及手段有不尽科学和合理之处,但总的看来对我们今天的海洋渔政管理仍有不少可资借鉴之处。

    关于明清时期盐政管理的内容,本卷前文已有论及,兹不赘述。

第一节　明代的海外交通政策①

一　明代前期的海洋交通政策

    明代是我国古代海上交通由盛而衰的转变时期。这种转变,主要在明朝政府的海外交通政策中,得到了充分的反映。明朝政府的有关政策,与前代相比,有很大的变化。

    明朝政府海外交通政策的变化是从朱元璋统治时期开始的。在称帝的前一年(吴

---

① 此部分内容主要参见陈高华、陈尚胜:《中国海外交通史》,中国台湾文津出版社 1997 年版,第 167—220 页。

元年，1367 年），朱元璋接连削减了浙西张士诚、浙东方国珍的力量，发兵北伐。这一年十二月，在太仓黄渡（今江苏太仓县浏河镇）设市舶司。以浙东按察使陈宁太仓市舶提举。① 元代末期，浙西张士诚、浙东方国珍都努力开展海外交通，太仓在元代已是一个重要的海港。朱元璋在平定张、方之后，立即建立市舶司，其用意显然要将海外交通继续延续下去。明初制定的《大明律》中有"舶商匿货"律："凡泛海客商，舶船到岸，即将物货尽实报告抽分。若停塌沿港土商牙侩之家不报告者，杖一百。虽供报而不尽者，罪亦如之，物货并入官。停藏之人同罪。告获者，官给赏银二十两。"② 这实际上是元代市舶法则的延续。从这条律文可知舶商出海是允许的，政府只要求他们按照规定尽数抽分。朱元璋还曾专门接见从事海外贸易的商人朱道山，给予优待。朱道山是当时舶商的首领，他在两浙平定后率领群商入贡，目的是希望朱元璋保护海外贸易。而朱元璋也加以笼络，安排他住在都城应天（今江苏南京），以兹号召。果然，海舶此后纷纷前来。③ 建朝的第二年（1369 年），朱元璋先后派遣使者，分赴日本、占城、爪哇、西洋等国，接着又遣使前往真腊、暹罗、三佛齐等国，主动建立政治上的联系。总的来说，在建朝之初，朱元璋对于海外交通的态度是积极的，他显然想沿袭宋、元方针。

但是，客观情况的变化促使他采取了另一种态度。首先是倭寇的骚扰。元朝后期，倭寇不断侵扰中国沿海地区。明初，倭寇问题更加严重。洪武二年（1369 年）三月，朱元璋派使者到日本，"诏谕其国，且诘以入寇之故"④，诏书中说："间者山东来奏，倭兵数寇海边，生离人妻子，损伤物命。"⑤但日本政府置之不理，还杀了七名使者中的五人。在此以后，倭寇不仅攻掠山东，而且"转掠温、台、明州旁海民，遂寇福建沿海郡"⑥。其次是张、方余部和中国海盗在沿海地区的活动。例如，洪武元年五月，昌国州（今浙江定海）兰秀山民作乱，有船二百余，一度进攻明州。作乱者是以方国珍的"行枢密院印"为号召的。⑦ 张、方余部和海盗，常常与倭寇勾结在一起。"明兴，高皇帝即位，方国珍、张士诚相继诛服。诸豪亡命，往往纠岛人（指倭寇——引者），入寇山东滨海州县"。⑧ 为了防备这两股势力对沿海地区的骚扰，朱元璋逐步采取多种措施，加强海禁。洪武四年（1371 年）十二月下令："籍方国珍所部温、台、庆元三府军士及兰秀山无田粮之民尝充船户者，凡十一万二千七百三十人，隶各卫为军。仍禁濒海民不得私出海。"⑨洪武五年九月，"上谕户部臣曰：石陇、定海旧设宣课司，以有渔舟出海故也。今既有禁，宜罢之，无为民患。"⑩一方面，将原方国珍部下士兵和曾经作乱的兰秀山百

---

① 《明太祖实录》卷二八。
② 《大明律》卷八《户律五·课程》。按，吴元年朱元璋命中书省制定律令，洪武元年正月颁行。以后经多次修订，内容有所增删。最后定于洪武三十年。关于"舶商匿货"的律文，在禁民下海后不可能见诸律文，只能是明初制订的。但是，朱元璋在多次修订以后仍在《大明律》中保留这条文，似乎说明，他并不把禁民下海作为永久不变的国策，还是准备有朝一日重新开放商舶出海的。
③ 王彝：《送朱道山还京师序》《王常宗集》补遗。
④ 《明史》卷三二二《日本传》。
⑤ 《明太祖实录》卷三九。
⑥ 《明史》卷三二二《日本传》。
⑦ 《明太祖实录》卷三二。
⑧ 《明史》卷三二二《日本传》。
⑨ 《明太祖实录》卷七〇。
⑩ 《明太祖实录》卷七六。

姓,强制编入军队,防止他们与倭寇勾结,或再行闹事;另一方面,禁止沿海百姓私自下海,连捕鱼也在取缔之列。诏令中说"仍禁",可见在此以前已颁布过禁令,禁民私自下海,但是否经过申请,得到批准仍可出海贸易呢?从种种迹象看来,应是禁止百姓通过一切渠道出海,包括原有的合法渠道(向市舶司申请)在内。洪武四年十二月,朱元璋对官员们说:"朕以海道可通外邦,故尝禁其往来。"显然,他的意思是禁止百姓的一切海上交通活动。而作为管理海外贸易机构的市舶司,也因此遭到裁撤的结局。太仓黄渡市舶司在洪武三年(1370年)"以海夷黠勿令近京师"的理由停罢。① 到洪武七年(1374年)正月,复设。九月,又罢。② 自此到朱元璋死,一直没有恢复。

洪武十四年(1381年),明朝与日本的关系进一步恶化。朱元璋加强了沿海的战备,在这一年的十月,再一次下令"禁濒海民私通海外诸国"③。洪武十七年(1384年)正月,"命信国公汤和巡视浙江、福建沿海城池,禁民入海捕鱼,以防倭故也"④。洪武二十年(1387年)六月"废宁波府昌国县,徙其民为宁波卫卒。以昌国濒海民尝从倭为寇,故徙之"⑤。禁海的措施包括禁民下海捕鱼、废县徙民等极端措施,禁止出海通商。但海外贸易是利之所在,尽管三令五申,沿海走私者仍络绎不绝,不少官员也卷了进去。洪武十九年(1386年)发生了"泉州卫指挥张杰等私下番事"⑥。洪武二十三年(1390年)十月,据地方官员报告,"两广、浙江、福建百姓,以金银、铜钱、缎匹、兵器等,交通外番,私易物货"。针对这种情况,朱元璋除了"申严交通外番之禁"⑦外,于洪武二十七年(1394年)正月,"禁民间用番香、番货。先是,上以海外诸夷多诈,绝其往来,唯琉球、真腊、暹罗斛许入贡。而缘海之人往往私下诸番,贸易香货,因诱蛮夷为盗。命礼部严禁绝之,敢有私下诸番互市者,必寘之重法。凡番香、番货皆不许贩鬻。其见有者,限以三月销尽。民间祷祀,止用松、柏、枫、桃诸香,违者罪之。其两广所产香木,听土人自用,亦不许越岭货卖。盖虑其杂市番香,故并及之。"⑧显然,严禁私自下海并未取得预期的效果,朱元璋改而禁止番香、番货在国内市场的流通和使用,企图以此来打击走私活动。直到洪武三十年(1397年)四月,朱元璋还"申禁人民,无得擅出海与外国互市"⑨。一年以后,朱元璋病死。可见,禁止百姓下海,是朱元璋长期坚持的一项方针。这在中国历史上是前所未有的。

上述朱元璋的海禁政策,主要是禁止中国百姓出海。对于外国人由海道来华,他也采取了限制的措施。具体的办法是,只允许少数海外国家定期前来朝贡,同时进行一些贸易活动,对于外国民间商人,则不许入境。在撤销市舶司以后,允许由海道来朝贡的国家,仅限于暹罗、真腊、占城和琉球。真腊、占城,在前代便和中国有密切的关系。暹罗在前代是罗斛和暹两国,"其后罗斛强,并有暹地,遂称暹罗斛国。"洪武十年

---

① 《明太祖实录》卷四九。
② 《明太祖实录》卷九三。
③ 《明太祖实录》卷九三。
④ 《明太祖实录》卷一三九。
⑤ 《明太祖实录》卷一八二。
⑥ 朱元璋:《大诰续编·追问下番第四十四》。
⑦ 《明太祖实录》卷二〇五。
⑧ 《明太祖实录》卷二三一。
⑨ 《明太祖实录》卷二五二。

（1377年），明朝赐印，"文曰：暹罗国王之印"，"自是，其国遵朝命，始称暹罗。"①琉球即今日本冲绳，"自古不通中国"。明初，朱元璋派人"以即位建元诏告其国"，琉球中山王遣使来贡，自此来往频繁。洪武十六年（1383年），占城国王"贡象牙二百枝及方物。遣官赐以勘合文册及织金文绮三十二、瓷器万九千"②。同年，遣使去真腊"赍勘合文册赐其王。凡国中使至，勘合不符者，即属矫伪，许絷缚以闻。复遣使赐织金文绮三十二、瓷器万九千"③。同时还遣使去暹罗，"赐勘合文册及文绮、瓷器，与真腊等"④。所谓"勘合文册"，实际上就是一种凭证，分勘合与号簿两种（详见第三十四章第一节）。没有勘合的外国船，明朝政府一般不予接待。对于外国贡船进贡的物品，明朝政府都要给予回赐；对于外国商船带来的其他物品（称为"国王附进物"和"使臣自进、附进物"），则采取收购的办法。收购之余，允许使者在住处（会同馆）开市五天，由官府指定的商人入馆贸易。进贡和回赐，实际上是交换物品；至于附进物，其数量均大大超过贡品，都由明朝政府用钱购买，会同馆开市更是公开的贸易。因此，可以认为，这一时期的朝贡，是一种官方严格控制下的贸易活动。由于朝贡活动是通过勘合这种形式进行的，所以有人又称之为"勘合贸易"。

朱元璋厉行禁海，推行勘合制度，导致海外交通的衰落。洪武三十年（1397年）朱元璋自己说："洪武初，诸番贡使不绝。"而到此时"商旅阻遏，诸国之意不通。惟安南、占城、真腊、暹罗、大琉球朝贡如故"。朱元璋要暹罗向爪哇、三佛齐转达，希望重新建立联系。因三佛齐内乱，未能实现。⑤ 可以看出，朱元璋在晚年有意扩大海外的交往，但是没有取得成果。

洪武三十一年（1398年）闰四月，朱元璋去世。其孙朱允炆嗣位，年号建文。朱允炆在对外关系上完全沿袭朱元璋的政策。建文四年（1402年），朱元璋第四子燕王朱棣夺取了帝位，改元永乐（1403—1424年）。朱棣继承了朱元璋的海禁政策，即位之初，便宣布："沿海军民人等，近年以来，往往私自下番，交通外国。今后不许。所司以遵洪武事到禁治。"⑥永乐二年（1404年），因"福建濒海居民，私载海船，交通外国"，下诏"禁民间海船原有民间海船悉改为平头船，所在有司防其出入"⑦。改造船型，使船只无法出海行驶，这和朱元璋的禁止番香、番货，可以说异曲同工，都是想从根本上防止下海私贩。同时朱棣也坚持朝贡贸易之法，仍然实行勘合制度。但和朱元璋不同的是，朱棣积极、主动扩大与海外国家的交往，鼓励海外国家来中国朝贡。即位后不久他宣布："今四海一家，正当广示无外，诸番国有输诚来贡者听。……其以土物来市者，悉听其便。"⑧永乐元年（1403年）十月，再次宣告："自今诸番国人愿入中国者听。"⑨为了使海外各国了解他的诚意，朱棣接连派出使者，出海访问海外各国，仅永乐元年派往

①　《明史》卷三二四《暹罗传》。
②　《明史》卷三二四《占城传》。
③　《明史》卷三二四《真腊传》。
④　《明史》卷三二四《三佛齐传》。
⑤　《明史》卷三二四《三佛齐传》。
⑥　《明太宗实录》卷一〇。
⑦　《明太宗实录》卷二七。
⑧　《明太宗实录》卷一二。
⑨　《明太宗实录》卷二三。

的，就有占城、真腊、爪哇、西洋（又作西洋琐里，即宋代的注辇，元代的马八儿）、日本、苏门答剌、暹罗、琉球、满剌加（今马来西亚的马六甲州 Malacca）、古里（今印度西南海岸科泽科德 Calicut）、柯枝（今印度西海岸柯钦 Cochin）等国。作为回报，从永乐元年（1403 年）到永乐三年（1405 年），先后前来中国朝贡的海外国家，有琉球、暹罗、占城、爪哇、剌泥（今印度西部古吉拉特 Cajarat）、真腊、苏门答剌、满剌加、古里、婆罗（今文莱）、日本等。其中如琉球、占城、暹罗、爪哇、日本、真腊都在两次以上。日本原来不与明朝往来，建文三年（1401 年），掌权的幕府将军义满遣使到明朝，表示愿意通好。第二年，朱允炆派僧人两名持国书到日本，并于次年回国，日本使同行。他们到达中国时，朱棣已即位，正准备遣使去日本。见到日本使者，大为喜悦，便派赵居任为使，送日本使者回国，携带国书，并赠给金印和勘合文册。① 从此日本也被纳入朝贡贸易的范围之内。与这种变化相适应，明朝政府恢复了三市舶司。永乐元年八月，"以海外番国朝贡，贡使附带货物前来交易者，须有官以主之，遂命吏部依洪武初制，于浙江、福建、广东设立市舶提举司，隶布政司"②。和前代一样，浙江市舶司在宁波（元代的庆元），福建市舶司在泉州（后迁福州），广东市舶司在广州。新司的性质与过去有明确的不同，它只管理外国海船的朝贡及其有关事宜，不管民间的海外贸易。除了性质的不同之外，三市舶司有明确的分工："宁波通日本，泉州通琉球，广州通占城、暹罗、西洋诸国。"这和前代也是不一样的。正因为市舶司以接待进贡为任务，所以三司都有专门的接待使节的驿馆，"福建曰来远，浙江曰安远，广东曰怀远"③。

　　既坚持海禁和朝贡贸易，又力求扩大与海外国家的交往，这就是朱棣的政策。它既是朱元璋时代制订的海外政策的延续，又有变化。永乐三年（1405 年）开始的郑和下西洋事件，正是朱棣所推行的海外政策的必然产物。郑和下西洋是中国和世界历史上罕见的规模巨大的海上活动，但是它并没有改变明朝海外政策的性质。在郑和下西洋的同时，明朝政府仍然严格执行禁民私自下海和对外诸国的朝贡贸易制度。

　　郑和下西洋，先后七次，持续了近 30 年，到宣宗宣德八年（1433 年）才告结束。明朝政府与海外的大规模和持久的交往，必然刺激民间开展海外贸易的欲望，在得不到官方允许的情况下，沿海地区私贩之风盛行起来。就在郑和结束航海事业的宣德八年七月，宣宗朱瞻基"命行在（南京——引者）都察院严私通番国之禁。上谕右都御史顾佐等曰：私通外夷，已有禁例。近岁官员军民，不知遵守，往往私造海舟，假朝廷干办为名，擅自下番，扰害外夷，或诱引为寇。比者已有擒获，各真重罪。尔宜申明前禁，榜谕沿海军民，有犯行许诸人首告。得实者给犯人家赀之半，知而不告及军卫、有司之弗禁者，一体治罪"④。下西洋活动的结束和下海禁令的重新颁布，标志着明代海外交通出现新的转折。宣德十年，宣宗朱瞻基死，英宗朱祁镇嗣位（年号正统，1436—1449 年；天顺，1456—1464 年）。"英宗幼冲，大臣务休息，不欲疲中国以事外番"，⑤完全停止了向海外派遣大规模船队的活动。派往海外各国的使节，也大为减少。对于外国的贡

---

① 〔日〕木宫泰彦：《中日文化交流史》，胡锡年译，商务印书馆 1980 年版，第 516—520 页。
② 《明太宗实录》卷二二。
③ 《明史》卷八《食货志五·市舶》。
④ 《明宣宗实录》卷一〇三。
⑤ 《明史》卷三三二《哈烈传》。

船,也下令加以限制。正统二年(1437年)六月,广东官员奏:"占城国每岁一贡……使人往复,劳费甚多,乞令依暹罗等国例三年一贡。"英宗同意,以此告谕占城国王。正统八年(1443年),广东官员奏:"爪哇国贡频数,供亿浩繁,劳弊中国,以事远夷,非计,宜者节之。"英宗谕爪哇国王改为三年一贡。[①] 正统十四年(1449年)六月,重申"滨海人民,私通外夷,贸易番货,泄漏事情,及引海贼劫边地者,正犯极刑,家人戍边,知情故纵者同罪"[②]。代宗朱祁钰(年号景泰,1450—1456年)、宪宗朱见深(年号成化,1465—1487年)、孝宗朱祐樘(年号弘治,1488—1505年)在海外政策方面大体上和英宗是一致的。在孝宗朱祐樘统治时期,对朝贡贸易加强了管理。弘治五年(1492年)十二月,户部研究决定,"各番进贡年限",由"广东布政使出给榜文于怀远驿张挂,使各夷依限来贡。如番舶抵岸,布政司比对勘合,字号相同,贡期不违,然后盘验起送"[③]。弘治六年三月,两广总督都御史闵珪上奏:"宜照原定各番来贡年限事例,揭榜怀远驿,令其依期来贡。凡番船抵岸,备倭官军押赴布政司,比对勘合相同,贡期不违,方与转呈提督市舶太监及巡按等官,具奏起送。如有违碍,捕获送问。"[④]弘治十三年二月又对入贡"夷人"在京的贸易办法作出了具体规定,加以限制。[⑤] 总之,从英宗到孝宗,海外政策的基本内容是,坚持禁民下海和继续朝贡贸易,同时一改成祖—宣宗时的积极、主动方针,在对外交往中采取收缩、保守的态度。

朝贡贸易是一种不受价值规律支配的不等价交换。明朝政府在朝贡贸易中支出的比得到的要多得多。招待贡使,搬运贡品,都要花费大量的人力、物力。明朝政府的回赐物品,其价值总是大大高于进贡品。至于附进物的收购,尽管从表面来看政府收购某些物品也许有利可图,但由于贡使不断以次充好,源源送来,大大超过了中国市场的需要,实际上成了无用之物。在成祖扩大海外交往以后不久,朝贡贸易就成为明朝政府的沉重负担,海外诸国的贡使常为贡期和贡物的收购问题与明朝政府发生争论,使明朝政府疲于应付。英宗正统年间开始海外政策的转折,正是朝贡贸易内在矛盾不断加深的必然结果。由于海外政策向收缩、保守的转变,海外诸国前来进贡的船只渐趋减少,自弘治元年(1488年)到弘治十七年(1504年),海外各国来贡者,仅占城3次、暹罗4次、爪哇2次、日本1次、琉球8次。[⑥] 不难看出,朝贡贸易实际上已无法继续下去了。

二 明代中、后期海外交通政策的变化

明代前期,政府实行海禁政策,只允许官方控制的朝贡贸易存在,不许百姓私自下海。甚至在郑和下西洋的时代,也不例外。但是,朝贡贸易所得物品,主要用来满足宫廷和上层统治集团的需要,至于其他社会集团对番香、番货的需要,便难以满足。另一方面,海外各国普遍希望得到更多的丝绸、瓷器和中国的其他物品。"华夷同体,有无

① 《明英宗实录》卷一〇六。
② 《明英宗实录》卷一八二。
③ 《明孝宗实录》卷六八。
④ 《明孝宗实录》卷七三。
⑤ 《明孝宗实录》卷一五九。
⑥ 《明史》卷一五。

相通,实理势之所必然。中国与夷,各擅生产,故贸易难绝。利之所在,人必趋之。"① 沿海地区的一部分居民,以海为生,例如福建"海滨一带田皆斥卤,耕者无所望岁,只有视渊若陵,久成习惯。富家征货,固得捆载归来,贫者为佣,亦博升米自给"②。禁止出海,无异断绝了他们的生路。富户为了谋取更多的财富,贫民为了生活所迫,便都走上私贩的道路,经济生活的要求,不是国家的禁令所能取缔得了的。因此,尽管几朝皇帝三令五申,严禁私贩,但私贩仍然存在。以福建来说,"成(成化)、弘(弘治)之际,豪门巨室间有乘巨舰贸易海外者"③。这些私贩海外的活动,常常得到地方官吏的默许和纵容,因为他们可以从中得到好处。弘治年间,"私舶以禁弛而转多,番舶以禁严而不至"④。所谓"禁严"指的是朝贡贸易限制过多,外国商船不肯前来。所谓"禁弛"指的是官吏执行海禁不力,以致私贩船日益增多。

面对这种情况,明朝政府不能不进行一些改革。武宗正德四年(1509年)三月,"暹罗国船有为风漂泊至广东境者,镇巡官会议,税其货以备军需。市舶司太监熊宣计得预其事以要利,乃奏请于上。礼部议阻之。诏以宣妄揽事权,令回南京管事,以内官监太监毕真代之"⑤。本来,只有持勘合文书的外国贡船,才许入境。现在广东对没有勘合文书的漂泊海船征税,意味着允许它入境贸易。正德四年(1509年)三月是下诏以毕真代替熊宣的时间,暹罗船漂泊而至应在正德三年。武宗根据礼部的意见斥责熊宣"妄揽事权",应是指市舶司只负责接待朝贡的船只,不宜插手其他事务,这从下一年的争论中可以看得很清楚。正德九年,新的广东提举市舶太监毕真与地方镇巡官发生争论。毕真认为,"泛海诸船"都应由市舶司管理,现在却"领于镇巡及三司官",他要求照"旧制"执行。毕真的意见实际上和熊宣一样,他所说的"旧制"应是将"泛海诸船"和朝贡船混为一谈。礼部认为"泛海客商及风泊番船",不应由"职司进贡方物"的市舶司管理,也就是坚持原来的意见。但是,由于掌握朝政的太监刘瑾倾向毕真,这一次皇帝下令将此事交给毕真负责。⑥ 只是因为刘瑾很快失势被杀,抽税的权力又归于地方镇巡官。所谓"泛海客商"指不是贡使的外国商人,而"风泊番船"顾名思义是指没有勘合因风漂流而来的外国商船,两者实质上并无区别。从以上所引记载来看,从广东到明朝中央政府,对于向没有勘合的外国商船征税一事,并无不同意见,分歧在于由谁来管理此事。因此,在正德三四年间,广东已允许没有勘合的外国商船进入,"税其货",然后可以买卖。这是海禁政策的一大突破。

正德五年(1510年)九月,"户部覆议两广镇巡官奏,谓:'盗贼连年为乱,军饷不支,乞将正德三年、四年抽过番货,除贵重若象牙、犀角、鹤顶之类解京,其余粗重如苏木等物,估计该银一万一千二百有奇,宜变卖留充军饷。'报可。"⑦ 这里所说"正德三年、四年抽过番货",指的就是没有勘合的番船带来的货物。可以看出,明朝政府改制

---

① 唐枢:《覆胡梅林论处王直》,《明经世文编》卷二七〇。
② 张燮:《东西洋考》卷七《饷税考》。
③ 张燮:《东西洋考》卷七《饷税考》。
④ 《明孝宗实录》卷七三。
⑤ 《明武宗实录》卷四八。
⑥ 《明武宗实录》卷六五。《明史》卷八一《食货志五·市舶》。
⑦ 《明武宗实录》卷六七。

的重要原因,在于解决地方财政的困难。

改制的结果必然刺激沿海民间贸易的发展,带来新的社会问题。不少官员反对改制,要求恢复原有的办法。正德九年(1514年),广东布政司参议陈伯献提出:"岭南诸货,出于满剌加、暹罗、爪哇诸夷。计其所产,不过胡椒、苏木、象牙、玳瑁之类,非若布帛菽粟民生一日不可缺者,近许官府抽分,公为贸易,遂使奸民数千,驾造巨舶等私置兵器,纵横海上,勾引外夷,为害地方,宜亟禁绝。"礼部采纳他的意见,下令要"抚按官禁约番舶,非贡期而至者,即阻回,不得抽分,以启事端。奸民仍前勾引者治之"①。这就是说,仍旧把海外贸易严格限制在朝贡贸易许可的范围之内,其他番舶立即"阻回"。次年,巡抚广东御史高公韶又以同样的理由要求重申禁约,以杜后患。② 正德三年、四年的改制遭到了否定。

没过多久,又出现了变化。正德十二年(1517年)五月,明朝政府"命番国进贡,并装货船舶,榷十之二,解京及存留饷军者俱如旧例,勿执近例阻遏"。这是广东布政使吴廷举请求的结果。"先是,两广奸民私通番货,勾引外夷,与进贡者混以图利,招诱亡命,略买子女,出没纵横,民受其害。参议陈伯献请禁治。共应供(贡)番夷,不依年分,亦行阻回。至是布政使吴廷举巧辩兴利,请立一切之法,抚按官及户部皆惑而从之。"③"装货船舶"与"番国进贡"并列,前者显然指的是进贡以外的番舶。对二者都采取抽分十之二的办法,意味着允许非朝贡的外国商船进口贸易。所谓"俱如旧例"指的是正德三、四年的改制,而"近例"则是正德九年陈伯献的建议。这是重申正德三、四年改制有效的命令。而在这一命令贯彻执行以后,"番舶不绝于海澨,蛮夷杂遝于州城,广州呈现出繁荣的景象。④ 但是,就在正德十二年八月,佛郎机(葡萄牙)的舰队在屯门港(原属广东东莞,今属香港新界)强行登陆,接着闯入珠江,前往广州,要求通商。佛郎机人的行为,引起了中国人的愤慨。御史丘道隆、何鳌对此提出强烈的意见。何鳌认为,"祖宗朝贡有定期,防有常制,故来者不多"。因为吴廷举实行"不问何年,来即取货"之法,"禁防既疏,水道益熟,此佛郎机所以乘机突至也"。他主张"悉驱在澳番舶及番人潜居者,禁私通,严守备,庶一方获安"。礼部研究后,同意他的建议,经皇帝批准,取消吴廷举的改制,恢复朝贡贸易之法,"番舶非当贡年,驱逐远去,勿与抽盘"。此事发生在十五年十二月。⑤ 也就是说,吴廷举的改制,不到一年,便遭到了否定。紧接着,又发生了嘉靖二年(1523年)的"争贡"事件,分别由日本两个地方封建藩主派出的贡使,在宁波发生争执。其中一方向市舶太监行贿取得了合法的贡使地位。另一方不服,率众攻掠,造成一场动乱。明朝与日本之间的朝贡贸易,因此中断了十余年。后来虽然一度恢复,但已难以为继,很快又停止了。"争贡"事件诱发了大规模的"倭乱"。受佛郎机和日本两起事件的刺激,加强"海禁"的主张在明朝政府中占了上风。嘉靖三年,刑部审议后同意了御史王以旂的建议:"福建滨海居民,每因夷人入贡,交通诱引,贻患地方。今宜严定律例。"具体来说,诸如"凡番夷贡船,官未报视,而先迎贩私货

---

① 《明武宗实录》卷一一三。
② 《明武宗实录》卷一二三。
③ 《明武宗实录》卷一四九。
④ 《明武宗实录》卷一九四。《明史》卷三二五《佛郎机传》。
⑤ 《明武宗实录》卷一九四。《明史》卷三二五《佛郎机传》。

者";"交结番夷,互市称贷,给财构衅,及教诱为乱者";"私代番夷收买禁物者";"揽造违或海船,私鬻番夷者";"各论罪"①。总之,不许中国人与"入贡"的夷人有任何来往。接着,在嘉靖四年(1525年)、嘉靖八年(1529年)两次下令没收、拆毁双桅海船,目的仍是禁止百姓私自下海。

嘉靖八年(1529年),提督两广军务侍郎林富上疏,请求恢复通商。他说:"今以除害为民,并一切之利禁绝之,使军国无所资,忘祖宗成宪,且失远人之心,则广之市舶是也。谨按《皇明祖训》,安南、真腊、暹罗、占城、苏门答剌、西洋、爪哇、彭亨、白花、三佛齐、勃泥诸国,俱许朝贡,惟内带行商,多行诡诈,则击却之。其后趋通。又按《大明会典》,惟安南、满剌加诸国来朝贡者,使回,俱令广东布政司管待。见今设有市舶提举司,又勒内臣一员以督之,所以送往迎来,懋迁有无,柔远人而宣盛德也。至正德十二年,有佛郎机夷人,突入东莞县界,时布政使吴廷举许其朝贡,为之奏闻,此则不考成宪之故也。厥后犷狡章闻,朝廷准御史邱道隆等奏,即行抚按,今海道官军驱逐出境,诛其首恶火者亚三等,余党闻风慑遁,有司自是将安南、满剌加诸番舶,尽行阻绝。皆往漳州府海面地方,私自驻扎,于是利归于闽,而广之市井萧然矣。"他认为,"佛郎机……驱南绝之宜也。"但其他"素恭顺与中国通者,朝贡贸易尽阻绝之,则是因噎而废食也"。他列举了允许朝贡贸易的种种利益,建议允许朝贡国船只"照旧驻扎",而将佛郎机驱逐出境。② 兵部研究,同意他的建议,并指出:"且广东设市舶司,而漳州无之,是广东不当阻而阻,漳州当禁而不禁。请令广东番舶例许通市者,毋得禁绝;漳州则驱之,勿得停泊。"世宗批准了这个处理办法。③ 可以看出,林富上疏是针对广东一度将朝贡船舶"尽行阻绝"而发的,他主张并得到中央政府批准的是恢复原有的朝贡贸易,驱逐佛郎机。《明史·食货志》说林富的意见是"今许佛郎机互市有四利",这把他的原意完全歪曲了。有的研究者认为林富的主张是"再次恢复吴廷举所定的则例",也是与事实不符的。此后,嘉靖九年(1530年)都御史汪金宏(他曾指挥驱逐屯门佛郎机人的战斗)上疏,强调要加强对番船的管理,允许朝贡的国家,"其依期而至,比对朱墨勘合相同,夹带番贷,照例抽分,应解京者解京,应备用者备用,抽分之外,许良民两平交易,以顺夷情……敢有违例交通者,治于重罪"。皇帝批准了他的主张。④ 因此,朝贡贸易成了唯一合法的贸易形式。随之而来的又是对民间私贩的严厉取缔。如嘉靖十二年(1355年)九月,世宗命令兵部:"其亟檄浙、福、两广各省,督兵防剿,一切违禁大船,尽数毁之。自后沿海军民,私与贼市,其邻舍不举者连坐。"⑤在武宗一朝,开始了海外贸易政策的改革,但不断出现反复。而到了世宗一朝,则完全回到前期的"禁海"和"朝贡贸易"的老路上去,而且有变本加厉之势。

从武宗末年开始到世宗一代的严行"禁海",带来了几个明显的后果。首先是番货、番香的缺乏。嘉靖三十四年(1555年)五月,"上命采访龙涎香,十余年尚未获。至

① 《明世宗实录》卷三八。
② 林富奏疏见《天下郡国利病书》第三三册《交趾、西南夷》。按,此文系黄佐代作,见《泰泉集》卷二〇《代巡抚通市舶疏》。
③ 《明世宗实录》卷一〇六。
④ 《明世宗实录》卷一一八。
⑤ 《明世宗实录》卷一五四。

是令户部差官往沿海各通番地方，设法访进"①。第二年八月，"壬子，上谕户部，龙涎香十余年不进，臣下欺怠甚矣。其备查所产之处，具奏取用。户部覆请差官驰至福建、广东，会同原委官于沿海番舶可通之地，多方寻访，勿惜高价。委官并三司掌印官，各住俸待罪，俟获真香方许开支。"②龙涎香是抹香鲸的肠道分泌之物，具有奇特的香味，定香能力强，是很好的香料安定剂，还可入药。它至迟在唐代已输入中国，深受上层人物的欢迎。郑和下西洋时，收购龙涎香，"一斤该金钱一百九十二个，准中国铜钱四万九十（千）个，尤其贵也"③。明初之制，钞一贯准钱千文、银一两，则一斤笼涎折合银四十九两。到了此时，皇帝严令寻求，龙涎香价钱大涨："嘉靖三十四年三月，司礼监传谕户部取龙涎香百斤。檄下诸番，悬价每斤价一千二百两。往香山澳访买，仅得十一两以归。内验不同，姑存之，亟取真者。广州狱夷囚马那别的贮有一两三钱，上之，……通前十七两二钱五分，即进内办……自嘉靖至今，夷舶闻上供稍稍以龙涎来市，始定买解事例，每两价百金。"④如此高价，所得仍极有限，可知匮乏到何等程度。宫廷尚且如此，其他社会阶层更可想而知。番货、番香虽以奢侈消费品为主，但其中也有不少实用之物，"禁海"造成的匮乏给社会各阶层都带来了不便。第二，地方财政收入减少。前述林富奏疏的主旨虽是要求开放朝贡贸易，但却讲到了改制以后的一些好处："番货抽分解京之外，悉充军饷。今两广用兵连年，库藏日耗，借此定以充羡而备不虞，此共利之大者二也。广西一省，全仰给于广东，今小有征发，即措办不前。虽所俸椒、木，久已缺乏，科扰于民，计所不免。查得旧番舶通时，公私饶给，在库番货，旬月可得银数万两。此具为利之大者三也。"他认为这样的结果是"助国给军，既有赖焉，而在官在民，又无不给"。对照一下上面所说正德四年、五年的情况，林富所说的"利"从哪里来，是很清楚的。一旦恢复朝贡贸易，番舶来的数目极为有限，抽解所得可想可知，哪有可能补充军饷、得银数万两呢？这对"库藏日耗"的广东地方财政，是颇为沉重的打击。第三，海上走私泛滥。海上走私的社会根源前已说明。明代前期，海上走私屡禁不绝。正德改制原因之一，便是走私的压力。嘉靖重申旧制，不仅没有达到目的，而且激起了走私的高潮。嘉靖十三年（1534年），海商林昱等舟50余艘，"冒禁入海"。⑤嘉靖二十一年（1542年），福建漳州人陈贵等7人连年入番，当年率领26艘船到琉球贸易，同时到达的有广东潮阳的海船21艘，船工1300人。⑥自嘉靖二十三年（1544年）十二月到嘉靖二十六年（1547年）三月的两年多时间里，到日本从事走私贸易被风刮至朝鲜因而被押送回国的福建人就在千人以上。⑦以上仅是几个比较突出的例子。正是在这一时期，在沿海一带，形成了几个走私贸易的活动中心，有福建漳州月港、广东南澳港、浙江定海双屿港等。月港在漳州城东五十里，港湾曲折，附近海域是传统的国际交通海道，附近多岛屿，便于私商活动。宣德、正统时开始兴起，正德、嘉靖时私贩更加兴

① 《明世宗实录》卷四二二。
② 《明世宗实录》卷四三八。
③ 《星槎胜览·龙涎屿》。
④ 《东西洋考》卷一二《逸事考》引《广东通老》。
⑤ 《明世宗实录》卷一六六。
⑥ 严嵩：《琉球国解送通番人犯疏》，《明经世文编》卷二一九。
⑦ 《明世宗实录》卷三二一。

盛。前引林富奏疏中所说各国番舶"皆往福建漳州府海面地方",指的就是这里。双屿在今浙江普陀县,系由两个对峙小岛组成的港湾,位于南北交通孔道。正德年间,葡萄牙船只来到双屿停驻,自此逐渐兴盛。嘉靖初年,宁波港因"争贡"事件停止开放,离宁波不远的双屿便取而代之,成为一个国际性的走私贸易港。"每岁孟夏以后,大舶数百艘,乘风挂帆,蔽大洋而下。"①南澳是个海岛,港湾交错,岛屿众多,而且处于闽、粤交界处,易于私商活动。从事海上走私的,有不少是穷苦的百姓,也有许多富商大贾、豪门贵室。为了对抗官府的缉捕,私商逐渐发展成为一些拥有武装的走私集团,在走私的同时,也从事劫掠。亦商亦盗,是这些集团的特色。著名的武装走私集团头目有王直、林道乾、林凤等。他们的活动,往往得到沿海地区一些官员和驻防军队的纵容和支持。

和中国沿海居民走私活动交织在一起的,是佛郎机的骚扰和倭寇的破坏活动。佛郎机人在明朝拒绝其通商要求后,仍然占据屯门(原属广东东莞,现属香港新界)。嘉靖元年(1521年),被明军逐走。此后,他们沿海岸线北上,到漳州月港、定海双屿港等处,勾结中国走私商人,进行活动。在嘉靖三年(1524年)以后20余年时间内,双屿港成为佛郎机人在中国活动的基地。自永乐初年明朝和日本建立联系以后,双方定期进行勘合贸易。但与此同时,日本武士、浪人、破产农民纠集在一起,到中国沿海地区从事劫掠,始终没有停止过。嘉靖二年"争贡"事件发生后,双方贸易中断。在此前后,日本国内情况发生了变化。一是原来掌权的室町幕府名存实亡,无力控制全国局面,诸侯各自为政,尤其是南方沿海的封建主,将掠夺中国沿海地区作为增加财富的手段;而封建主之间的战争,造成日本各阶层大量破产失业,流为盗贼,也把到中国抢劫作为出路。嘉靖二十一年(1542年),倭寇大规模侵犯中国,蹂躏了北至山东、南到福建的广大沿海地区,所到之处,大事烧杀劫掠,仅江浙一带百姓被杀者即有数十万人之多。不少私人海商集团,与倭寇互相勾结利用。倭寇的骚扰,可以说和世宗一朝相终始,直到嘉靖四十四年(1565年),才被中国军队基本肃清。佛郎机和倭寇的骚扰破坏,是明朝政府严行"禁海"的重要原因,而他们的继续活动,特别是与中国走私海商集团的联系,使得明朝政府面临的形势复杂化。

总之,明世宗前期推行的"禁海"和朝贡贸易政策,并没有取得预期的效果。面对复杂的形势,明朝政府内部存在不同的意见,有的主张进一步贯彻严禁的方针,有的主张改制。嘉靖二十六年(1547年)主张严禁的朱纨提督浙闽海防军务,巡抚浙江。他整顿海防,进剿双屿港,破坏了这个国际走私贸易港。他认为海上走私难以根治的关键在于沿海地区的"势家",提出:"去外国盗易,去中国盗难;去中国濒海之盗犹易,去中国衣冠之盗尤难。"他把矛头指向与海上走私有牵连的官员、地方大姓。朱纨含冤饮药自杀后,"中外摇手不敢言海禁事"②。朱纨的失败,反映出当时朝野反"海禁"力量的强大,"海禁"实际上是难以维持下去了。而在反倭寇斗争中,倭寇与私人海商集团相勾结利用的事实,也使不少官员认识到,"禁海"断绝了沿海百姓的生计,只能把愈来愈多的人逼上反抗的道路,因而试图寻求解决这一矛盾的途径。嘉靖三十年(1551

---

① 张邦奇:《西亭饯别诗序》,《明经世文编》卷一四七。

② 《明史》卷二〇五《朱纨传》。

年)明朝政府中有人提出:"将广东、福建、浙江三省,尽许开通番舶,照常抽税,以资国用。"这个建议在讨论中遭到激烈的反对,只好作罢。① 此后,主张放宽海禁的意见,以一种比较隐晦的方式提了出来。嘉靖三十五年(1556 年)十二月,工部尚书赵文华条陈海防事宜,其中之一是弛海禁。他说:"滨海细民,本藉采捕为生。后缘海禁过严,以致资生无策,相煽从盗。宜令督抚等官,止禁通番大船,其余各听海道官编成排甲,稽验出入,照旧采捕。"②海禁严厉时,渔民出海捕捞亦在取缔之列。赵文华承认海禁造成了百姓的生活困难,提出允许渔民在官府严格管理下出海捕捞,这可以说是开放海禁的先声。嘉靖四十三年(1564 年)九月,福建巡抚谭纶回籍守制前条陈"善后六事",其中之一是"宽海禁"。他说:"闽人滨海而居,非往来海中则不得食。自通番禁严而附近海洋鱼贩一切不通,故民贫而盗愈起,宜稍宽其法。"③他的意见和赵文华是基本相同的。既然出海捕鱼可以开禁,那么,出海经商也不是不可以考虑了。特别是嘉靖末年"倭寇"之患已基本消除之后,开放海禁、许民通贩,便成了大势所趋。

世宗去世(1565 年),穆宗朱载垕嗣位。隆庆元年(1567 年),"福建巡抚都御史涂泽民,请开海禁,准贩东、西二洋"。这时的东洋指菲律宾群岛和印尼加里曼丹岛北部,西洋指中南半岛、马来半岛和印尼列岛,和以前的东、西洋概念不同。而日本则仍在禁贩之列。④ 原有的设有市舶司的港口,仍然负责接待朝贡的外国船只;新开放的办理民间商人出海贸易的港口,是漳州月港。如前所述,月港在嘉靖年间已发展成为国际性的走私贸易港,原属漳州府龙溪县。为了加强管理,嘉靖四十四年(1565 年)割龙溪县及漳浦县部分地区另设海澄县,月港便属于海澄县。当地居民"农贾杂半,走洋如适市"⑤。月港开放,适应了他们的要求。

明朝政府原在月港设立靖海馆,缉捕海上走私。后来改为海防馆,设海防同知,"颛理海上事"⑥。月港开禁以后,海防馆就承担了管理出国海商的任务。万历二十一年(1593 年),改为督饷馆。其管理办法是:"凡船出海,纪籍姓名,官给批引,有货税货,无货税船,不许为寇。"⑦具体来说,可以分为两个部分。一部分是商船进出口的管理,另一部分是收税制度。其具体内容详见后面章节。

开禁后的月港,只许中国商船由此出口,但外国商船并不能进入。按照明朝政府的规定,只有广州、泉州、宁波三处设有市舶司的港口才能接待前来朝贡并从事贸易的船只。泉州市舶司后移至福州,只接待琉球贡使。嘉靖二年(1523 年)"争贡"事件发生后,宁波、福州二市舶司都被撤销,只保存广州市舶司。后来福州、宁波二市舶司时开时停,万历二十七年(1599 年)又恢复。⑧ 但在 16 世纪末,日本与琉球来中国的船都很少,两处市舶司恢复后并不起多大作用,广州市舶司一度移到电白县,连贡船也在拒绝之列,后来虽然恢复,但不许佛郎机入境,其他东、西洋国家随着西方殖民者东来纷

① 冯璋:《通番舶议》,《明经世文编》卷二八〇。
② 《明世宗实录》卷四四二。
③ 《明世宗实录》卷五三八。
④ 张燮:《东西洋考》卷七《饷税考》。
⑤ 萧基:《东西洋考》小引,《东西洋考》卷首。
⑥ 何乔远:《闽书》卷三〇《方域志》。
⑦ 王世懋:《策枢》卷一。
⑧ 《明神世宗实录》卷三三一。

纷沦为殖民地,因而前来朝贡者亦日益减少。后来,市舶司移到壕镜(即澳门)。"先是,暹罗、占城、爪哇、琉球、浡泥诸国互市,俱在广州,设市舶司领之。正德时,移于高州之电白县。嘉靖十四年,指挥黄庆纳贿,移之壕镜,岁输课二万金,佛郎机遂得混入。"①澳门于是"成为番夷市舶交易之所。往年夷人入贡,附至货物,照例抽盘,其余番商私赍货物至者,中澳官验实,申海道,闻于抚按衙门,始放入澳,候委官封籍,抽其十之二,乃听贸易焉"②。对于"私赍货物"的"番商",何时开始允许征税入境,尚不清楚。但由这一记载看来,澳门原来实行的还是抽分之法。到了隆庆五年(1571 年),"以夷人报货奸欺,难于查验,改定丈抽之制,按船大小以为额税"。"西洋船定为九等,后因夷人屡请,量减抽三分。东洋船定为四等。"③所谓"丈抽之制",显然就是月港的水饷。万历四十二年(1614 年)广东海道俞性之"条具五事,勒石永禁"。其中规定:"凡番船到澳,许即进港,听候丈抽。""凡夷趁贸货物俱赴省城公卖输饷。"④可见,番船进入澳门后,由中国政府有关机构按船大小征税;然后,外国商人将货物运到省城广州交易,另行"输饷"。后者显然是货物税,也就是海澄的陆饷。濠镜成为广州的外港。海澄和广州、澳门采取了大体相同的税制。

万历二十一年(1593 年)日本丰臣秀吉侵略朝鲜,国际形势紧张,福建等地一度又实行"海禁",但"人辄违禁私下海,或假借县给买谷捕鱼之引,竞走远夷"⑤。福建巡抚都御史许孚远坚决反对,他用嘉靖"海禁"与隆庆"开禁"二者作对比,认为如果再次实行"海禁"的话,很有可能再次激起沿海民变。⑥ 明朝政府有鉴于历史的经验,同意了他的意见。许孚远"移檄招谕,凡留贩人船,不论从前有引无引,日远日近,俱许驾回诣官输饷如故事。凡私通压冬情罪,一切宥免"。于是不少商人驾船回港,饷税因此增加。⑦ 许孚远的做法,意味着出海限制的进一步放松,同时说明开禁确已成为明朝政府对待海外交通的基本方针。此后由于沿海地区某些特殊的情况,仍曾实行过"海禁",但为时不长,便重新开禁。

开放"海禁"以后,海上走私仍然存在,而且规模很大。这主要有几方面的原因。一是官府的限制过严(如不许压冬等),而且有关官员常常利用职权,敲诈勒索,严重损害了海商的正当利益。以出港检查来说,"一概嗜为利孔,尽行留难,总哨目兵,次第苞苴,藉声指诈,阻滞拖延"。而在回港时,"仓巡下属逢船至,营求差使,如田夫逐鹿,一有奉委,骤以富名。称验查而常例不赀,称押送而常例不赀,称封钉而常例又不赀。……故差官是瘠商之虫贼也"。"夫衙役之横,无如饷馆之甚。……报货则匿其半,而输半直于吏书。量船则匿其一,而酬具二分于吏书。喜则啸虎,怒则张鸥,甚官坏而吏仍肥,饷亏而书悉饱。……故衙党是残商之蜂虿也"⑧二是官府立禁不许往日本贸易,但日本离中国较近,而两国商品差价很大,经营中日之间贸易利润很高,不少商人便冒

① 《明史》卷三二五《佛郎机传》。
② 庞尚鹏:《抚处濠镜澳夷疏》,《百可亭摘稿》卷一。
③ 梁廷柟:《粤海关志》卷二二《贡舶》。
④ 印光任、张汝霖:《澳门纪略》卷上《官守篇》。
⑤ 张燮:《东西洋考》卷七《饷税考》。
⑥ 张燮:《东西洋考》卷七《饷税考》。
⑦ 张燮:《东西洋考》卷七《饷税考》。
⑧ 张燮:《东西洋考》卷七《饷税考》。

险前往。三是只开放福建月港一处,对浙、广商人不便。因此,走私贸易难以断线,尤以中日之间的走私最为突出,其次则是吕宋等地。在嘉靖"海禁"时期开始形成一些大规模海商集团,前文已有所述。开禁以后,又有一些新的海商集团形成,他们亦盗亦商,武装走私,成为强大的海上势力。福建泉州南安人郑芝龙,便是其中的代表人物。郑芝龙后接受明朝的招抚,但他所控制的海上力量并未解散,反而利用其在官府中的地位,进一步扩大自己势力。明朝末年,郑氏家族并吞了其他海商集团,以厦门港为基地,自行派船出海贸易。其他前往外国贸易的商船,也要得到他的许可。"郑氏家族独有南海之利,商船出入诸国者,得芝龙符令乃行。"①明亡前夕,亦官亦商的郑氏集团,垄断了海外贸易,而明朝政府在这方面却是无足轻重的了。

综上所述,明朝政府的海外交通政策,和宋、元时期比较,有很大的不同。宋、元时期,总的说来,采取的是开放政策,政府鼓励民间商人出海贸易,虽然也有过"禁海",为期很短。明朝政府却不同,在隆庆改制以前的二百年左右时间(占明朝统治时间的2/3以上)基本上都实行"海禁"和朝贡贸易的政策,不许民间商人出海,这就导致了私贩的盛行。隆庆改制,开放海禁,民间商人可以出海贸易,但措施不善,通过官方轨道出海者有限,走私商船为数更多。如果把"海禁"为主作为明代海外交通的一个特点的话,那么,走私贸易的盛行,可以说是另一个特点。还有一个值得注意的特点,那便是私人海商集团的形成,而且占有很大的势力。

第二节　清前期海外交通政策的演变②

1644年,清军入关,从此开始了清王朝对中国的统治。清代(1644—1911年)是中国海外交通的衰落时期。鸦片战争前,中国帆船不仅停止了与印度洋地区的交往,并且在东南亚地区的活动也逐渐退缩到近邻国家,海外交通的空间已越来越有限。而鸦片战争后的清朝海外交通,更是身不由己。回溯这两个半世纪中国海外交通的衰落,势必会加深国人对中华民族命运的思索。

与明王朝相比,鸦片战争前的清朝政府除了曾对琉球派遣使节外,既没有向其他海外国家派遣使团,也没有像明朝政府那样积极开展与海外国家政府之间的朝贡贸易。这除了清朝贵族的传统因素外,清初20年的国内统一战争,使得清朝统治者无暇顾及在海外国家中树立"天朝上国"的外交形象。而且,清朝政府对于民间的海外交通政策,也可谓是"一波三折"。

清朝政府在入主中原后不久,为了解决铸造钱币所需的钢筋,在顺治三年(1646年)即发布了准许商民出海贩运洋铜的敕令:"凡商贾有挟重资愿航海市铜者,官给符为信,听其出洋,往市于东南、日本诸夷。舟回,司关者按时值收之,供官用。"③然而,由于郑成功集团在东南沿海地区强有力地开展反清复明的斗争,清朝政府于顺治十二

---

① 邵廷采:《东南纪事》卷一一《郑芝龙传》。
② 此部分内容参见陈高华、陈尚胜:《中国海外交通史》,中国台湾文津出版社1997年版,第258—271页。
③ 《皇朝掌故汇编·钱法一》。

年(1655年)批准了浙闽总督屯泰提出的"沿海省份,应立严禁,无许片帆入海,违者立置重典"的意见①,"敕谕浙江、福建、广东、江南、山东、天津各督抚镇曰……自今以后,各该督抚着申饬沿海一带文武各官,严禁商民船只私自出海。有将一切粮食货物等项,与逆贼贸易者,或地方官查出,或被人告发,即将贸易之人,不论官民,俱行奏闻正法,货物入官。本犯家产,尽给告发之人。其该管地方文武各官,不行盘诘擒拿,皆革职,从重治罪;地方保甲,通同容隐,不行举首皆论死"②。尽管"海禁"政策如此严厉,但由于郑成功集团控制了东南沿海地区的制海权,并未收到预期效果。于是,自顺治十七年(1660年)起,清朝政府在沿海地区又推行大规模的"迁界"政策,强迫沿海居民向内地迁移30—50里不等,并规定"凡有官员兵民违禁出界贸易,及盖房居住耕种用地者,不论官民,俱以通贼论处斩"③。这种严刑峻法,不但使清朝的海外交通处于停滞状态,而且对于沿海地区的民生也造成了极大的破坏。康熙十二年(1673年)浙闽总督范承谟在奏疏中汇报,自迁界以后,"沿海之庐舍、畎亩化为斥卤,老弱妇子辗转沟壑,逃亡四方者不计其数,所余孑遗,无业可安,无生可求,颠沛流离,至此已极"④。

康熙二十二年(1683年),台湾郑克塽归降清廷,海峡两岸对峙局面结束。次年十一月,圣祖谕令"各省先定海禁处分之例,应尽行停止"⑤。不久,清朝政府正式设立粤、闽、浙、江四海关,用以管理商民的出海贸易和外商的来华贸易。粤海关设于广州,在澳门设有监督行署;闽海关设于厦门,在福州也设有监督衙署;浙海关设于宁波;江海关初设于松江府华亭县的漴阙(今金山县漕泾东),康熙二十六年迁于邑城(今上海十六铺一带)。⑥清朝政府所规定的海外交通港口,也只限于各海关监督衙署所在港。有些学者曾谓清代海外贸易港口多达100余处,并据此而认定清朝海外交通政策的开放,实则混淆了各海关挂号口、正税口、稽查口与出洋口的区别,混淆了国内近海交通港口与海外交通港口的区别。雍正六年(1728年),福建总督高其倬曾说:"漂洋船只出口之处,闽省者总归厦门一处出口,粤省者总归虎门一处出口,其别处口岸一概严禁。如有违禁,在别处放船者,即行查拿,照私越之例治罪。"⑦

根据清朝政府的规定,"商民人等有欲出洋贸易者,呈明地方官,登记姓名,取具保结,给发执照,将船身烙号刊名,令守口官弁查验,准其出入贸易。"⑧但清朝政府仍做出了不少苛刻限制:第一,严格限定出海船只的大小尺寸和船员人数。康熙二十三年(1684年)规定,出海商船限定在五百石以下,"如有打造双桅五百石以上违式船只出海者,不论官兵民人,俱发边卫充军"⑨。到康熙四十二年(1703年),清朝政府又有所放宽,"商贾船许用双桅,其梁头不得过一丈八尺,舵水人等不得过二十八名;其一丈六

① 《清世宗章皇帝实录》卷九二。
② 《清世宗章皇帝实录》卷一〇二。
③ 《光绪大清会典事例》卷七七六。
④ 杨廷璋等修:《福建续志》卷八七。
⑤ 《清圣祖仁皇帝实录》卷一一七。
⑥ 参据彭泽益:《清初四榷关地点和贸易量的考察》,见《社会科学战线》1984年第3期;林仁川:《福建对外贸易与海关史》,鹭江出版社1991年版。
⑦ 《宫中档雍正朝奏折》,第九辑,第566页。
⑧ 《光绪大清会典事例》卷六二九。
⑨ 《光绪大清会典事例》卷七七六。

七尺梁头者,不得过二十四名;一丈四五尺梁头者,不得过十六名;一丈二三尺梁头者,不得过十四名"①。第二,严格限制造船出海。清朝政府规定出海商民造船,事先必须报请州县官员审查批准,并要取具澳甲里族各长以及邻佑画押保结,方可打造。造竣还要州县亲验烙号,以核梁头是否过限。另外,船商在承揽出海货运生意时,"客商必带有资本货物,舵水必询有家口来由,方许在船"②。第三,严禁携带军器、军用物资和有关国计民生用品出洋。清朝政府于康熙三十三年(1694年)定例,出洋贸易船只禁带军器出洋。从国外带军器入关,也"一概禁止。至暗带外国之人,偷买犯禁之物者,并严加治罪"③。所谓犯禁之物,包括铁器、硫黄、军器、樟板、铜、丝、粮食等。清朝政府对于国内商民海外贸易所采取的这种严格限制措施,反映了他们对民间中外往来的担心。因此,每逢沿海治安不宁,或国内粮价不稳,或中外争端发生,总有人提出禁止海上商贾。不久,这种担心心理就导致了南洋禁航令的下达。

康熙五十六年(1717年)三月,清圣祖谕令:"凡商船照旧东洋贸易外,其南洋吕宋、噶罗吧等处,不许商船前往贸易,于南澳等地方截住,令广东、福建沿海一带水师各营巡查,违禁者严拿治罪。"④清朝政府之所以严禁南洋,不禁东洋,一方面是由于铸造货币原料的不足,仍需要商船赴日本采办"倭铜";另一方面,则是由于圣祖担心汉族反清势力聚结南洋。乾隆时福建漳浦人蔡新曾指出:"康熙年间,南洋之禁不过谓各口岸多聚汉人,恐酿海贼之阶,非恶南洋也。"⑤但这种南洋之禁,对于东南沿海地区的经济生活却产生了十分消极的影响。雍正二年(1724年),蓝鼎元曾尖锐指出,南洋禁后,"百货不通,民生日蹙,居者苦艺能之罔用,行者叹致远之无方"。从前,"游手之人尽入番岛","今禁南洋驱游手为盗贼耳"⑥。

雍正初年,东南沿海地区的地方官员纷纷上疏请开南洋之禁。雍正五年(1727年)三月,世宗根据福建总督高其倬的请求,首先在福建省解除南洋禁令。此后,广东、浙江亦相继解禁。然而,清朝政府在开放南洋贸易后,又做了新的限制,规定"嗣后凡出洋船只,俱令各州县严查船宅、伙长、头碇、水手并商客人等共若干名,开明姓名籍贯,令族邻保甲出具,切实保结。……如有报少载多及年貌箕斗不符者,即行拿究,保甲之人一并治罪。回棹时照前查点。如有去多回少,先将船户人等严行治罪,再将留住之人家属严加追比"⑦。同时还特别规定:"从前逗留外洋之人,不准回籍。"⑧

乾隆五年(1740年),荷兰殖民者在爪哇巴达维亚城屠杀华人近万名的消息传来,福建总督策楞又上奏朝廷"请禁止南洋商贩"。在朝廷尚未做出最后决定前,内阁学士方苞致书福建漳浦人蔡新,征询其意见。蔡新即回信表示反对,认为商民的出海贸易"一旦禁止,则以商无赀,以农无产,势将流离失所"⑨。与此同时,沿海地区的部分官

---

① 《光绪大清会典事例》卷一二〇。
② 《光绪大清会典事例》卷六二九。
③ 《皇朝文献通考》卷三三。
④ 《清圣祖仁皇帝实录》卷二七一。
⑤ 《辑斋文集》卷四《答方望溪先生议禁南洋书》。
⑥ 《鹿州初集》卷三《南洋事宜书》。
⑦ 《朱批谕旨》,第四六册,第26—27页。
⑧ 《皇朝政典类纂》卷一一八。
⑨ 李维钰等修:《漳州府志》卷三三。

员也上奏提出反对南洋再禁的意见,从而避免了清朝政府关于国内商民出海贸易政策的又一次倒退。乾隆十九年(1754年),福建巡抚陈宏谋以海洋信风无常和某些海商在短期内难以在外国结清账目为由,奏请朝廷解除对出洋商民回国的时间限定,得到批准,谕令"凡出洋贸易之人,无论年份远近,概准回籍"①。至此,清朝政府在经历了一个多世纪的政策反复后,对于国内商民的出海贸易政策才基本稳定下来。

在与海外国家来往的政策方面,清朝政府在顺治四年(1647年)占领广东时宣布:"南海诸国、暹罗、安南,附近广地,明初皆遣使朝贡,各国有能倾心向化称臣入贡者,朝廷一矢不加,与朝鲜一体优待。贡使往来,悉从正道,直达京师,以示怀柔。"②但清朝政府并不像明朝政府立国之初那样大规模向海外国家派遣使团,去通报自己已入主中原的消息,而仅限于欢迎海外国家单方面的入清朝贡。"外国船非正贡时,无故私来贸易者,该督抚即行阻逐。"③显然,入主中原后所面临的反清势力的挑战,使清朝政府无暇派遣使团主动结交海外国家。不过,这种欢迎海外国家前来朝贡的政策,并未因"海禁"政策的实行而停止。如顺治十三年(1656年)荷兰特使杯突高啮(Peter de Goyer)等人来华,被清朝政府准其八年一贡。

康熙二十三年(1684年),清朝政府在开放"海禁"后,即把外国来华的朝贡贸易扩大到沿海互市贸易。外国商船在广东、福建、浙江、江南等地港口皆可进行贸易。不过,从康熙晚期开始,清朝政府对外国来华船只注重了防范。康熙五十六年(1717年)三月,圣祖谕示闽浙总督觉罗满保和两广总督杨琳,"其外国夹板船照旧准来贸易,令地方文武官严加防范"④。雍正二年(1724年),清朝政府明确规定来粤海关的外国商船俱泊黄埔港,并只许正商数人与行客交易,其余水手人等,俱在船上等候,不得登岸行走,且限于十一、十二两月内,乘风信便利返回本国。⑤ 到雍正十年(1732年),清朝政府又从广州城安全防范目的出发,将外国来粤商船停泊港从黄埔迁到澳门,"往来货物即用该澳小船搬运,仍饬沿途营汛往回一体拨桨船护送,碱位军器不得私运来省"⑥。尤其是到乾隆中期,清朝政府又担心外国商船到江浙一带的贸易会影响海防安全。在临时提高浙海关关税以阻止外船入浙的措施失败后,高宗于二十二年(1757年)十一月七日又旨令沿海督抚,"晓谕番商将来只许在广东收泊交易,不得再赴宁波。如或再来,必令原船返棹至广,不准入浙江海口"⑦。从此开始了对外国商船来华贸易的限关政策。清朝政府之所以把外国商船的来华贸易限制于广州,除了广州自唐宋以来即为中国海外贸易中心外,还在于它在地理上靠近东南亚地区,海外交通便捷;广州外围的虎门和黄埔建有系统的海防设施;另外,它距离京畿较远,清朝政府也不易感受到"外夷"的威胁。

限关政策执行后,清朝政府对来粤贸易的外国商船严格加以管理和防范,先后颁

---

① 《清高宗纯皇帝实录》卷四七二。
② 《清世祖章皇帝实录》卷三三。
③ 《光绪大清会典事例》卷五一〇。
④ 《清圣祖仁皇帝实录》卷二七一。
⑤ 《清世宗宪皇帝实录》卷二五。
⑥ 王之春:《国朝柔远记》卷四。
⑦ 《清高宗纯皇帝实录》卷五五〇。

布了《防范外夷规条》(乾隆二十四年,1759 年)、《民夷交易章程》(嘉庆十四年,1809年)、《查禁鸦片烟条规》(嘉庆二十年,1815 年)、《查禁官银出洋及私货入口章程》(道光九年,1829 年)、《查禁纹银偷漏及鸦片分销章程》(道光十年,1830 年)、《防范夷人章程八条》(道光十一年,1831 年)、《防夷新规八条》(道光十五年,1835 年)、《洋人携带鸦片入口治罪专条》(道光十九年,1839 年)等管理外商来粤贸易章程。

从这一时期海外贸易政策的演变看,清朝政府对于国内商民出海贸易的政策,采取了逐渐放宽的措施;而在对待外国商船来华贸易的政策方面,则表现出日益严格限制和防范的趋势。然而,这并不能说明清朝政府在海外贸易政策上采取了一种保护和支持本国商民的政策。相反,清朝政府所推行的海外贸易政策并不利于本国海外贸易商人。

第一,从海外贸易的管理措施看,清朝政府对于国内商民的限制远甚于对外商的限制。清朝政府对于外商来华贸易的限制,主要偏重于贸易以外的活动,如与港口所在地人民以及官员的接触等,而对于贸易本身,除有时间和地点的限制外,并没有根本性的限制。而清朝政府对于国内商民出海贸易的限制,则包括有商船航海能力、载重量、安全防卫水准以及商品经营品种等一系列根本性的限制。由于清朝政府严禁国内商民打造大型出海商船,并对商船式样和材料来源也进行粗暴干涉,使得中国商民在国际贸易竞争中,在造船技术和航海能力上就处于劣势地位。到 18 世纪后期,中国出海商船的载重量一般为 120—800 吨,平均 300 吨左右[1],而英国商船的平均吨位则在1000 吨以上[2],中西商船在运载能力上首先拉开了距离。同时,清朝政府既不愿亦无力给国内商船出海提供安全保护,并且对其安全保卫措施又采取诸多限制,又使得中国在海盗抢劫时乏力自卫,甚至一些西方商船亦从事抢劫中国商船的活动。他们曾声称,中国商船仅有"轻微的防卫,一只帆船上的小艇都可以毫无困难地对它进行抢劫"[3]。尤其荒谬的是,清朝政府除限制生丝等产品外销外,还限定茶叶的外销途径,必须从江浙皖闽等产区,先陆运或河运至广州,再由广州行商垄断与外商的茶叶贸易,从而使本国出海商人无法利用本国商品资源优势来获取利润,而西方商人却从广州源源不断地将中国茶叶运销亚欧美市场,并大发其财。

第二,从关税待遇上看,中国出海商人的关税负担亦重于外国商人。鸦片战争前的清朝关税,基本上分为货税、船钞以及规礼三种,货税按货物征收,无从比较。而船钞则按船只大小征收。从表面上看,根据康熙三十七年(1698 年)稳定后的船钞税率,清朝政府对于国内出海商船所征要远低于外商船只。

然而,船钞的征收,只根据商船的长宽尺度,而不计算深度。据国内学者研究,当时外国商船的吃水深度一般与宽度相等,而中国商船的吃水深度仅为宽度的 46% 左右。这种长宽尺度和吃水深度的差别,使得两者之间的载重量和贸易额相距甚大。以贸易额为例,外国商船平均在 15 万两左右,而中国商船则在 3 万—6 万元(约合21429—42858 两)之间。这样,在征收的船钞所占商船贸易额的比例上,即使一等船

———————————

①　姚贤镐:《中国近代对外贸易史资料》第一册,中华书局 1962 年版,第 60 页。
②　H. B. Morse:The Chronicles of the East India Company trading to China 1635-1834. Vol Ⅱ,p. 444-449. Oxford,1926.
③　田汝康:《十七至十九世纪中叶中国帆船在东南亚洲》,上海人民出版社 1957 年版,第 10—11 页。

外船只占 0.75％，国内商船则在 1.1％和 0.6％之间，平均为 0.85％①，反而高于国外商船。规礼亦称"陋规"，原是海关人员向进出港商人私自征收的各种费用。粤海关自雍正五年（1727 年）后，因广东巡抚杨文乾的干预，各种规银被奏报归公，汇并征收。粤海关对外商船只所征收的规银，不分等次，每船统收进口规银 1125.96 两，出口规银 500 余两，两者都以 9 折扣算，分别实征 1013 和 450 两，合计 1463 两。道光十年（1830 年），清朝政府又批准两广总督李鸿宾的奏请，将外船进口规银减去 1/5，实征 810 余两，加上出口规银，合征 1260 余两。粤海关对于国内商船出海所征规银不详。但在闽海关，乾隆前期，仅向洋行缴纳专供地方大员采买船来品的规礼，每艘大船出入口各缴 600 两，中船各缴 500 两，次中船各缴 400 两，小船各缴 200 两。② 就是说，一艘大船出入口所缴规银也达到 1200 两，尚不包括其他的规礼。假若再从规银所占贸易额的比例来考虑，则中国商船的规银负担相当于外商来华船只的数倍。

清朝政府对于内商出海和外商来华的政策差别，反映了清朝政府制订这两方面政策的用意的不同。清世宗曾说，国内商人"贸易外洋者，多不安分之人。若听其去来任意，伊等全无顾忌，则漂流外国者，必致愈众，嗣后应定一期限，若逾期不回，是其人甘心流于外方，无可悯惜"③。清高宗也曾表示，"国家设立榷关，原以稽查奸宄，巡缉地方，即定额抽征，亦恐逐末过多，藉以遏禁限制"④。显然，清朝政府制订这方面政策的依据出于传统的"抑商"观念。而清朝政府制订管理外商来华贸易政策则不然。清高宗曾明确地说，清朝政府之"所以准通洋船者，特系怀柔远人之黎则然"⑤。清仁宗也曾说："外洋船来内地贸易，输纳税课，原因其恪守藩服，用示怀柔，并非利其财货。"⑥ 正是由于这种"抑商"与"怀柔"的不同，才有内外商海外贸易政策的极大差别。如乾隆二十九年（1764 年），两广总督苏昌奏请粤省出海商船，"请照外洋夷商之例，准其配带丝斤"，结果被清廷直接予以否定，认为"夷商配带丝斤，系出特恩，非商贩所得援照"⑦。

清前期海外贸易政策所表现出的"抑商"与"怀柔"的两面性，实质上反映了它的闭关性质。关于清前期海外贸易政策的性质，即闭关还是开放的问题，史家的认识颇不一致。持闭关观点的学者认为，清朝政府限制本国商民出海贸易，限制外国人的种种条规，限制通商口岸，限制外贸商品的数量和种类，具有鲜明的闭关自守性质。⑧ 持开放论的学者则认为，清朝政府给予外商的一些优惠待遇以及海外贸易的不断发展，表明它实行了一条开放政策。⑨ 然而，上述两种判断都有值得进一步思考的余地。就前一种判断的缺陷看，外贸开放不等于放任自流，严格限制也不意味着闭关锁国。就后

---

① 参见陈希育：《清朝海关对于民间海外贸易的管理》，《海交史研究》1988 年第 1 期。
② 《宫中档乾隆朝奏折》，第二十一辑，第 225 页。
③ 《朱批谕旨》，第四十六册，第 26—27 页。
④ 梁廷柟：《粤海关志》卷一。
⑤ 《清高宗纯皇帝实录》卷六四九。
⑥ 梁廷柟：《粤海关志》卷二六。
⑦ 《清高宗纯皇帝实录》卷七四〇。
⑧ 参见戴逸：《闭关政策的教训》，见《鸦片战争史论文专集》，人民出版社 1984 年版；傅筑夫：《中国古代经济史概论》，中国社会科学出版社 1981 年版。
⑨ 参见黄启臣：《清代前期海外贸易的发展》，见《历史研究》1986 年第 4 期；张彬村：《明清两朝的海外贸易政策：闭关自守？》，见《中国海洋发展史论文集》第四辑，台北 1991 年版；陈希育：《中国帆船与海外贸易》，厦门大学出版社 1991 年版，第 385 页。

一种判断的逻辑缺陷看,一方面把对外政策的性质简单地等同于对外商的优惠是否存在、海禁是否执行和海关是否设置等非本质内容;另一方面则模糊了海外贸易发展的客观效果与政策的主观动机之间的区别。追本穷源,两种观点都没有廓清闭关与开放概念的历史内涵。

严格地说,作为一种带有闭关或开放性质的对外政策,只是人类交往活动发展到一定阶段的历史产物。具体地说,它开始于 15 世纪以后欧洲国家的海外扩张,使人类的交往活动从区域性发展到世界性阶段,从而开始了各地区之间相互联系和相互影响的历史进程,各国家、各民族都面临着激烈国际竞争的外部环境。从此,一些国家政府通过积极利用外部环境的政策来谋求本国政治经济实力的发展,另一些国家政府则通过消极限制外部环境对国内的影响来维护自身的政治统治。所以,界定这种对外政策性质上的闭关或开放,关键是要考察这个国家政府在本质倾向上是消极还是积极,反应于外部环境,即怎样解决外部环境与本国生存和发展之间的关系。

清朝政府的海外贸易政策充分体现了它的闭关性质。首先,从清朝统治者对于海外贸易的基本观念看,虽然他们也感到进口某些外国产品(如大米、铜银金属等)可以有助于民生国计,但在观念上却认为中国不需要外国商品,不承认海外贸易有互惠性。清高宗致英王乔治三世的敕谕是这一观念的集中反映:"天朝物产丰盈,无所不有,原不藉外夷货物以通有无。"[1]其次,清朝政府制订海外贸易政策的目的,一方面在于"怀柔远人",用"怀柔"来消除"外夷"的可能冲击;另一方而,则是对国内商民出海贸易既成事实的承认,以稳定沿海地区的统治秩序。再次,从清朝政府补充和调整具体的海外贸易管理措施看,他们既认不清急剧变化的海外环境的严重挑战,又不能积极地根据现实利害来采取有效的对策,而是一味地按照自身传统或祖宗定制来做出反应,并消极地用防堵、限制和隔离等措施来处理日益激烈的国际竞争环境。这些措施既不能有效对付西方的扩张和挑战,又束缚了中国商民海外交通事业的发展。

另外,虽然不可简单地根据口岸多少来判定外贸政策的性质,但清朝政府之所以把外国来华贸易严格限定于广州,而不定在外贸商品主要出产地的长江下游地区,其目的就是要尽可能地阻断外商与中国腹地的联系。而且在广州,清朝政府又通过洋行商人的垄断制度,阻断了外商与中国普通商人的贸易联系。因此,清前期这种畸形的外贸港口布局以及广州通商体制本身,又鲜明地体现了清朝政府对外闭关的本质倾向。

第三节　明清时期的海洋贸易管理制度[2]

一　明代的海洋贸易管理

（一）市舶司的沿革与市舶司制度的演变

明代前期,市舶司作为官方控制海外贸易的一种机构,在设置上虽是承继了前代

---

① 《清高宗纯皇帝实录》卷一四三五。
② 此部分内容主要参见李金明:《明代海外贸易史》,中国社会科学出版社,第 68—79 页,第 139—172 页;邓端本:《广州港史》(古代部分),海洋出版社 1986 年版,第 196—216 页。

的做法,但其职责在于"掌海外诸番朝贡、市易之事,辨其使人表文勘合之真伪,禁通番,征私货,平交易,闲其出入而慎馆谷之"①,这同宋代市舶司"掌番货、海舶征榷贸易之事,以来远人,通远物"②的职责已有了较大的差别。

1. 市舶司的沿革

明太祖立国之初,为了"通夷情,抑奸商,俾法禁有所施,因以消其衅隙"③,于吴元年(1364年)在太仓黄渡设立市舶司,俗称"六国码头"。后于洪武二年(1370年)二月宣布停罢。其停罢的原因,不少人认为是因太仓迫近南京,生怕发生他变④,但按照《明实录》的记载,"罢太仓黄渡市舶司,凡番舶至太仓者,令军卫有司同封籍共数,送赴京师"⑤,其停罢原因似乎是朝廷为了加强对海外贸易的直接控制,使外国商船入口贸易的货物能够直接运抵京师,以免经过市舶司中转。倘若如上所述市舶司的停罢仅是为了生怕发生他变,那么外商直接随货物赴京师岂不是更有发生变乱的可能。其实,正因为太仓迫近南京,才有可能做到把货物直接运送京师,而省去市舶司这一道手续。值得指出的是,《明实录》中所说的"番舶"可能不单指贡舶,而应包括入口贸易的商舶,因当时刚刚立国,派往海外诸国宣谕即位诏的使者尚在途中,海外诸国获悉即位而派遣使者前来朝贡的为数不多,故朝贡贸易制亦尚未全面实行。但不久之后,朝贡贸易制全面实行,前来朝贡的国家增多了,朝贡船舶已不可能全部集中于太仓一港,于是,明政府不得不沿袭前代的做法,在朝贡船舶经常出入的宁波、泉州、广州三地设置市舶司,以宁波通日本,泉州通琉球,广州通占城、暹罗、西洋诸国。⑥ 至洪武七年(1374年)九月,又宣布三市舶司停罢。⑦ 这次停罢的原因在《明实录》上虽没有交代,但从停罢前后朝贡船舶仍不断入口的事实来看,似乎当时市舶司还不是专门管理朝贡船舶的机构,否则,在贡舶不断的情况下,市舶司如何停罢? 由此说明,洪武年间设置的市舶司尚保留有宋元时期市舶司的互市性质,当朝贡贸易制逐渐全面实行,当贡舶贸易逐渐取代市舶贸易时,市舶司才会再次遭到停罢,这也就是洪武年间设置的市舶司与永乐年间设置的市舶司在职能和性质上的根本差别。

明成祖即位后,一方面遵循洪武事例,严禁沿海军民私自下海交通外国;另一方面大力招徕海外诸国入明朝贡,规定"诸国有输诚来贡者听"⑧,因此,朝贡人数急剧增多。为了加强对附带货物前来交易的朝贡使者的管理,明成祖于永乐元年(1403年)八月命令吏部按照洪武初制,在浙江、福建、广东复设市舶司,隶属布政司管辖,每司置提举一员从五品,副提举二员从六品,吏目一员从九品⑨;永乐三年(1405年)九月,又因贡使越来越多,命令于福建、浙江、广东市舶司分别设馆招待,于是,福建设来远驿,

---

① 《明史》卷七五《职官志·市舶提举司》。
② 脱脱:《宋史》卷一六七《职官志·提举市舶司》。
③ 《明史》卷八一《食货志·市舶》。
④ 如郑晓在《今言》卷三说:"洪武初,设太仓黄渡市舶司,至今称'六国码头'。寻以海夷黠,勿令近京师,遂罢之。"傅维麟在《明书》卷八三亦说:"初以太仓为'六国码头',旋以近京师,恐生他变,遂徙之宁波诸处。"
⑤ 《明太祖实录》卷四九,洪武三年二月甲戌。
⑥ 《明史》卷八一《食货志·市舶》。
⑦ 《明太祖实录》卷九三,洪武七年九月辛未。
⑧ 《明太宗实录》卷一〇上,洪武三十五年七月壬午;卷十二上,洪武三十五年九月戊子。
⑨ 《明太宗实录》卷二二,永乐元年八月丁巳。

浙江设安远驿,广东设怀远驿,各置驿丞一员。① 这次市舶司的复设,明确规定其专管朝贡贸易、接待朝贡使者的主要职责,这在市舶司的职能上是一大转变,即从原来管理互市舶的机构变为管理贡舶的机构。永乐六年(1408 年)正月,明成祖又在云南及短期内重归明朝管辖的交趾分别设立市舶司,置提举、副提举各一员,以接待西南诸国贡使②;十月,再增置云南市舶司提举、吏目各一员,设新平、顺化两市舶司。③ 这种在内陆边疆地区设置市舶司的做法,更明显地表现出市舶司已由管理互市舶转变为专管朝贡贸易,只要有朝贡使者到达的地方,不管是港口或者是内陆,均置市舶司以管理之。

下面就三市舶司的沿革情况分别进行说明。

广东市舶司原设于广州府城外西南一里,即宋市舶亭海山楼故址④,正统十四年(1449 年)毁于兵燹,迁移到府城内寿宁坊,至景泰六年(1453 年)复重建于原址。⑤ 怀远驿于永乐四年(1406 年)建于广州城蚬子步(即今广州市十八甫),有房舍 120 间,为进贡使者及其随行人员留宿之用,属市舶司管辖。⑥ 据记载,明初曾来往于广东者有安南、占城、暹罗、真腊、爪哇、满刺加、三佛齐、渤泥、锡兰山、苏门答刺、大泥、急兰丹等十二国贡使。⑦ 当成化、弘治时,朝贡人数日渐增多,均居留于怀远驿设宴招待,"衣服诡异,亦有帽金珠、衣朝霞者,老稚咸竞观之,椒木、铜鼓、戒指、宝石溢于库"⑧,呈现出一派车水马龙、门庭若市的繁荣景象。嘉靖二年(1523 年),宁波"争贡之役"发生后,浙江、福建两市舶司被停罢,唯存广东市舶司,当时"诸番飞艎走浪,望鼠岛而三休,大舶参云,指麟州而一息",更是盛极无比,号称"金山珠海,天子之南库也"⑨。不过,当时广东已准许非朝贡船入口贸易,而朝贡贸易实际上已名存实亡,故后来广东市舶司大概被停罢过,因嘉靖三十九年(1560 年)浙直视师通政唐顺之曾提议恢复三市舶司⑩,但自此之后,终明之世,广东市舶司一直未再变动过。

浙江市舶司于永乐元年(1403 年)设于宁波,在元末方国珍的住宅区(即今宁波市中山公园九曲湾一带),永乐四年(1406 年)改建为安远驿,而以驿西原方国珍花厅为市舶司,并添置吏目厅于右边,在魏家巷、出梁街、大池头、盐仓门内等地设提举衙门,承办舶务。另外,还设有市舶库,俗称东库,在今宁波市灵桥门内,原为方国珍的广丰仓,洪武年间改为广盈东库,永乐三年(1405 年)才改为市舶库,属市舶司管理。为接待贡使,市舶司除安远驿外,还设置了四明驿、嘉宾馆和迎宾馆,四明驿主要接待日本贡使,洪武元年(1368 年)设水站于月湖中,分南北二馆,中通桥路,永乐时改名为四明驿;嘉宾馆为嘉靖十八年(1539 年)重建于境清寺的废墟上;迎宾馆系崇祯六年(1633

① 《明太宗实录》卷四六,永乐三年九月甲午。
② 《明太宗实录》卷七五,永乐六年正月戊辰;龙文彬:《明会要》卷五七,《食货五·市舶》。
③ 《明太宗实录》卷八四,永乐六年十月庚子。
④ 《广东通志》卷二一八《古迹略三·署宅一》。
⑤ 戴裔煊:《〈明史·佛郎机传〉笺正》,中国社会科学出版社 1984 年版,第 60 页。
⑥ 《广东通志》卷一八〇《经政略二十三·市舶》
⑦ 《广东新语》卷一五《货语·诸番货物》。
⑧ 《天下郡国利病书》卷一二〇《海外诸番·入贡互市》。
⑨ 《澳门纪略》上卷《官守篇》。
⑩ 王鸿绪:《明史稿》卷七九《志六十·食货二》。

年)向鼎新在市舶司大门东侧新建。①

浙江市舶司主要是接待日本贡使,因"十数年间,仅一再至"②,故其繁盛程度远远不如广东市舶司,正统元年(1436年)八月,浙江右布政使石执中等人就以近年日本诸国来贡者少,市舶司官吏人等冗旷为由,把市舶司人员裁减了1/3③;嘉靖二年(1523年)又因"争贡之役"发生,市舶司即被停罢。后来唐顺之在嘉靖三十九年(1560年)建议恢复三市舶司及有人于嘉靖四十四年(1565年)以广东为例要求重开浙江市舶,均遭到浙江巡抚都御史刘畿的反对,浙江市舶司仍不得恢复。④ 直至万历二十七年(1599年),明神宗大榷天下关税时,在百户张宗仁的请求下,浙江市舶司始得以恢复,并遣内官刘成征收税课。⑤

福建市舶司原设于泉州城南水仙门内宋市舶务旧址,来远驿设在城南车桥村。⑥后因琉球贡船渐多泊于福州城南河口,故市舶司亦不得不迁到福州。至于迁移的时间,众说纷纭:《福州府志》记载是成化五年(1469年)巡抚都御史张瑄奏请迁移⑦;《闽都记》记载是成化五年(1469年)因修撰罗伦谪官奏移⑧;《泉州府志》记载成化八年(1472年)市舶司移置福州⑨;《福建市舶提举司记》记载是成化二年(1466年)巡按御史朱公贤奏请迁福之柏衙,制从之,后因提举罗伦认为时机不适遂罢;至成化十年(1474年)巡视都御史张公议才将旧司贸易置澳门都指挥王钦宅,迁市舶司官吏居之。⑩ 而萨士武、胡寄馨两先生据此考定为成化十年(1474年)。⑪ 迁移后,置市舶司于布政司西南,都指挥金事王胜故宅;置进贡厂于城南河口,为贮存贡品之用,置来远驿于水部门外,为贡使馆寓之所。⑫ 福建市舶司虽不如广东市舶司繁盛,但因琉球人贡频繁,"岁市易于我,以转市他岛"⑬,故在市帕司经营贸易的官牙亦曾达到24名之多⑭,可见其情况较之浙江市舶司为好。嘉靖二年(1523年)"争贡之役"发生后,福建市舶司亦被停罢,至嘉靖三十九年(1560年)始得以恢复;万历八年(1580年)又遭裁革⑮,直至万历二十七年(1599年)明神宗大榷天下关税时,才再次得以恢复,且派遣内监高寀为市舶提督兼管矿务。⑯

总之,明代市舶司是在明朝统治者加强对海外贸易的控制,既厉行海禁,又招徕海

---

① 徐明德:《明代宁波的海外贸易及其历史作用》,载《浙江师范学院学报》1983年第2期。
② 张邦奇:《西亭饯别诗序》,载《明经世文编》卷一四七,《张文定甬川集》。
③ 《明英宗实录》卷二一,正统元年八月甲申。
④ 《明史稿》卷七九《志六十·食货三》;《明世宗实录》卷五五〇,嘉靖四十四年九月丙申。
⑤ 《明神宗实录》卷三三一,万历二十七年二月壬子。
⑥ 怀荫布:《泉州府志》卷一二《公署》。
⑦ 鲁曾煜:《福州府志》卷一九《公署二》。
⑧ 王应山:《闽都记》卷六《郡城西南隅》。
⑨ 《泉州府志》卷二一《田赋》。
⑩ 林玭:《福建市舶提举司考》,载高岐:《福建市舶提举司志》,《艺文》。
⑪ 见萨士武、胡寄馨:《明代福建市舶考》,载《福建对外贸易史研究》,1948年福建社科研究所,第12页。
⑫ 《重纂福建通志》卷一八《公署·福州府》。
⑬ 《崇相集·筹倭管见》。
⑭ 《福建市舶提举司志·属役》。
⑮ 《明会典》卷一五《户部二·州县一》,《闽书》卷四十九《文莅志》。
⑯ 《明神宗实录》卷三三一,万历二十七年二月戊辰。

外诸国入明朝贡的情况下设置的,终明之世,它随着海禁的严弛与朝贡贸易的盛衰而几经变迁,置罢无常。

2.市舶司制度的演变

日本学者桑原骘藏曾对市舶司一词下过定义:"市舶即互市舶,当时由华往外国,或由外国来华之贾舶也。此等贾舶,政府设署管理之,谓之提举市舶司,主其事者即提举市舶。"①这个定义看来仅适用于宋、元时的市舶司,而不适用于明代的市舶司,因明代前期厉行海禁,禁止私人船舶出海贸易,规定"片板不许入海",唯一提倡的仅是海外诸国以"朝贡"为名的来华贸易,所以明代的市舶司制度比之宋、元已发生了较大的变化。

其一是设置市舶司的目的不同。宋、元两代封建王朝对于海外贸易,一般还是采取积极提倡的态度,他们设置市舶司的目的,在于"使商贾懋迁","以助国用"②,即发展海外贸易以增加国家的财政收入。宋高宗曾说过:"市舶之利,颇助国用,宜循旧法,以招徕远人,阜通货贿。"③而明朝统治者对海外贸易却持封闭态度,明太祖之初,即宣布"禁濒海民不得私出海",其设置市舶司的目的,在于"通夷情,抑奸商,俾法禁有所施,因以消其畔隙"④,也就是通过市舶司的设置来加强海禁的实行,把海外贸易严格地控制在官府垄断的朝贡贸易之下。就以永乐元年(1403年)明成祖在浙江、福建、广东设立市舶司来说,目的也是使附带货物前来交易的海外诸国贡使有专官负责管理⑤。前面我们谈过,明政府通过这种附带货物的交易可获得高额利润,因此尽一切办法对之实行控制和垄断,而市舶司就是这种控制和垄断的工具,明成祖在设置三市舶司的同时,亦派出中官提督市舶⑥,这明显是为了加强对海外贸易的专制统治,因市舶提举毕竟属地方布政司管辖,而提督则由朝廷直接派下来的内官充当,他代表朝廷直接控制市舶司的日常工作,凡朝贡贸易中的"犒待之仪、贡输之数"皆主于中官,而市舶提举徒有虚名,无所事事,唯有"检视之而已"⑦。所以说,不能把市舶司的设置看成海外贸易的发展,更不能说是"明朝采取了完全开放政策"⑧。反之,明代市舶司的设置却强化了海禁,扼杀了私人海外贸易,使海外贸易逐渐地趋于衰败。梁廷枏在《粤海关志》中曾指出:"(市舶司)自洪武迄嘉靖,置罢不常,又始置三司,后复罢浙江、福建而专属之广东,大抵归其权于中官,凌轹官吏,古人互市之法荡然尽矣。"⑨可见明代市舶司的设置其性质已从互市舶变为贡舶的专管机构。

其二是市舶司的职责不同。宋、元两代鼓励私人出海贸易,对外商亦持招徕态度,市舶司的职责是"掌番货,海舶征榷贸易之事,以来远人,通远物"⑩。宋端拱二年(989

---

① 〔日〕桑原骘藏:《蒲寿庚考》,陈裕菁译,中华书局1954年版,第1页。

② 徐松:《宋会要辑稿·职官》四四。

③ 《宋会要辑稿·职官》四四。

④ 《明史》卷八一《食货志·市舶》。

⑤ 《明太宗实录》卷二二,永乐元年八月丁巳。

⑥ 谈迁:《国榷》卷一三,永乐元年八月丁巳。

⑦ 张邦奇:《西亭饯别诗序》。

⑧ 张立凡:《试论以勘合贸易为中心的明日关系》,《四平师院学报》1981年第2期。

⑨ 《粤海关志》卷七《设官》。

⑩ 《宋史》卷一六七《职官志》。

年)规定："自今商旅出海外藩国贩易者，须于两浙市舶司陈牒，请官给券以行，违者没入其定货。"①因此，市舶司的日常工作，主要是发遣进出海港的商舶（本国的和外国的），对商舶的货物进行抽解和征税，防止商舶货物的走漏等。② 但明代的情况却不一样，明代前期严格实行海禁，不准私人出海贸易，其海外贸易仅维持在朝贡贸易一条狭窄的途径上，故市舶司的职责只能是掌管朝贡贸易之事，其具体工作是，贡舶进港后，配合察院、行都、布、按三司验甲勘合、贡期无误后，将贡物封钉，贡使接进馆驿安歇，严加看管，不许擅自出入，交通贸易违禁货物，然后再把贡物启封盘验，搬入进贡厂捆扎打包，待朝廷命令到后，即召集役夫将贡物运送入京。③ 还有一项工作是，当贡物大量进来，"充溢库市"时，其拣退部分，允许"贫民承令博买"④。这种"博买"必须是在市舶司官员的严密监督下进行，而且是临时性的，只有当进口的贡物大大超过官府的需求时才有此可能，由此亦可看出明政府对海外贸易的绝对控制与垄断。总之，明代市舶司的职责只是"专管进贡方物，柔待远人"⑤，至于朝贡贸易中较为重要的抽分工作却不在他们手里，而是属镇巡等地方官掌握，故张邦奇在谈到市舶司的职责时说："其供应之节，控驭之方，掌于郡守；犒待之仪，贡输之数，主于中官；职提司者，不过检视之而已。"⑥正因为如此，故市舶司经常被看做一种闲置机构，浙江布政使认为浙江市舶司官吏人等冗旷，要求裁减2/3⑦，福建都布按三司认为福建市舶司专理琉球国贡物，事务不繁。⑧

其三是市舶司的官员配备不同。宋代市舶司官制的变化较为频繁，市舶司提举一般由转运使兼任或另设专官，其中"多儒绅，为名吏者众"⑨。由于市舶司收入与国家财政关系重大，故宋、元两代封建王朝对市舶司官员的配备均异常重视，绍兴二十一年（1151年），宋高宗派遣知州李庄提举福建市舶时，认为"提举市舶官委奇非轻，若用非其人，则措置失当，海商不至矣"，要求李庄到朝廷禀议后上任⑩；而元朝更是以高官兼领或监督市舶司。⑪ 可是，明朝统治者对市舶司官员的配备却显得不甚重视，市舶司官制虽较宋元时完备，但提举一员仅从五品，副提举二员从六品，吏目一员从九品⑫，官卑职微，隶属于布政司，对属镇巡等地方官掌管的非进贡的外国商船无权过问。更有甚者，明成祖为加强对朝贡贸易的控制，在设置市舶司的同时，亦命中官提督之⑬，这些中官私占役户，横取公私财贿，骚扰军民，无恶不作⑭，与地方官的斗争非常激烈，

---

① 《宋会要辑稿·职官》四四。
② 陈高华、吴泰：《宋元时期的海外贸易》，天津人民出版社1981年版，第67页。
③ 见《福建市舶提举司志·宾贡》。
④ 严从简：《殊域周咨录》卷九《佛郎机》。
⑤ 《福建市舶提举司志·沿革》。
⑥ 张邦奇：《西亭饯别诗序》。
⑦ 《明英宗实录》卷二一，正统元年八月甲申。
⑧ 《明宪宗实录》卷一五二，成化十二年四月乙未。
⑨ 郭造卿：《闽中兵食议》，载《天下郡国利病书》卷九六《福建六》。
⑩ 《宋会要辑稿·职官》四四。
⑪ 宋濂：《元史》卷九四《食货志二·市舶》。
⑫ 《明太宗实录》卷二二，永乐元年八月丁巳。
⑬ 《明史》卷七五《职官志·市舶提举司》。
⑭ 《明宪宗实录》卷二一，成化元年九月丙午；卷一九八，成化十五年十二月辛未。

具体表现在对非进贡的外国商船征税权的争夺上。

明初对海外诸国的朝贡，一般是以"怀柔"为主，没有对它抽分，故在广东布政司的档案中，"查得正统年间以迄弘治，节年俱无抽分"①，到弘治年间始定"凡番国进贡，内国王、王妃及使臣人等附至货物，以十分为率，五分抽分入官，五分给还价值"②。至于对非进贡或遭风泊港的外国商舶的抽分，却是从前面谈过的正德四年（1509年）遭风漂到广东的暹罗船开始③，其规定是"以十分抽三，该部将贵细解京，粗重变卖，留备军饷"④。后来因布政使吴廷举"首倡缺少上供香料及军门取给之议，不拘年份，至即抽货，以致番舶不绝于海滢，蛮夷杂逻于州城"⑤。对这些非朝贡船的抽分，因市舶司太监熊宣和毕真相继争夺失败，故仍然掌握在镇巡及三司官手里，这就是丘浚在《大学衍义补》里所说"本朝市舶司之名，虽仍其旧，而无抽分之法"⑥的原因所在。然而，非朝贡船增多了，朝贡船就相对地减少了，市舶司的权力亦随之大大减弱。

可是，在成化与嘉靖年间，市舶司太监的权力曾过分膨胀，取得了提督海道、遇警可调动官军的权利。最初取得这种特权的是成化间太监林槐，但为期不长，很快就被取消了；后来嘉靖四年（1525年）提督浙江市舶司太监赖恩援引此例提出要求，获得批准。尽管兵部认为调动官军是朝廷威柄，赖恩不能擅权，要求收回成命，但仍无济于事。⑦市舶司太监的权力如此异常膨胀，大概也是朝廷为加强对海外贸易垄断而采用的一种手段，因这样一来，市舶司可兼管海防，有利于加强海禁和阻止私人出海贸易，正如（明）张邦奇所说："市舶之设，专司贡献，而近复兼与海道，别提举之司，于海隅休戚，亦不得以非己所职，遂默默而已"⑧。

市舶司太监权力的另一次膨胀是在万历二十七年（1599年），当时明神宗大权天下关税，分别派遣内官刘成、高案、李凤出任浙江、福建、广东三市舶司，并委以征收舶税的权利。这是自市舶司设置以来，市舶太监第一次取得征税权，但由于这些太监严刑逼勒，横恣敛怨，引起商民极大不满，"鼓噪为变，声言欲杀（高）案，缚其参随至海中沈之"，故在朝内外官员纷纷弹劾下，明神宗不得不于万历三十四年（1606年）下令"封闭矿洞，诸税咸归有司"⑨，从此，舶税的征收仍归地方官所管。

综上所述，明代前期因厉行海禁，不准私人出海贸易，把海外贸易仅限制在朝贡贸易的狭窄途径上，故为接待朝贡使者，转运朝贡物品而设立的市舶司，在制度上比之宋元时代已发生了较大的变化。这种变化使市舶司成为明朝统治者实行海禁、扼杀私人海外贸易、对海外贸易实行控制和垄断的工具，因此，不能把市舶司的设置看成海外贸

---

① 《天下郡国利病书》卷一二〇《海外诸番·入贡互市》。
② 《明会典》卷一一三《给赐番夷通例》。
③ 李龙潜、陈尚胜均认为广东抽分开始于正德三年（1509年）（见李龙潜：《明代广东的对外贸易》，载《文史哲》1982年第2期；陈尚胜：《论明代市舶司制度的演变》，载《文史哲》1986年第2期）。这没有矛盾，因《实录》记载的是对市舶太监熊宣的处理时间，为正德四年三月，那么事件的发生时间当然是在处理之前，也就是正德三年。不过，李、陈在论述中，均把对朝贡船的抽分与对非朝贡船或遭风船的抽分混淆起来了。
④ 《天下郡国利病书》卷一二〇《海外诸番·入贡互市》。
⑤ 《明武宗实录》卷一九四，正德十五年十二月己丑。
⑥ 丘浚：《大学衍义补》卷二五《市籴之令》。
⑦ 《明世宗实录》卷五七，嘉靖四年十一月乙亥。
⑧ 《西亭饯别诗序》。
⑨ 《东西洋考》卷八《税珰考》。

易的发展,更不能说是明政府对海外贸易采取完全开放的政策,否则,就无法解释明代后期海禁部分开放,准许私人出海贸易后,市舶司反而被停罢或者在职能上发生转变的原因了。

(二)明代后期饷税制的实行

明代后期,随着私人海外贸易不可遏止的发展,海澄月港部分开禁,明政府为了加强对私人海外贸易船的管理和控制,为了征收饷税以造船养兵,在海澄月港设置征税机构——督饷馆,制定了各种饷税的征收办法,遂使明代海外贸易从前期实行的朝贡贸易制转向后期的征收饷税制。这种税制的实行,不仅抑制了走私活动,增强了中国货物在海外的竞争能力,而且减少了国内民力的耗费,压低了海外进口商品的价格,对明代后期私人海外贸易的发展起了一定的促进作用。

1. 督饷馆的设置

督饷馆是明代后期官方为实行饷税制而在海澄月港建立起来的一种征税机构,它由明代前期官方打击走私贸易的防海机构演变而来。海澄月港一带因走私活动猖獗,早就引起了明朝统治者的注意。嘉靖九年(1530年),巡抚都御史胡琏提议把巡海道移镇漳州,在海沧设置安边馆,每年派各府通判一员驻扎;嘉靖三十年(1551年),巡海道柯乔又于月港建靖海馆,由各通判往来巡缉,但因走私活动更加猖獗,"二十四将"结巢盘踞,难以治理。因此,嘉靖四十二年(1563年),福建巡抚谭纶把靖海馆改为海防馆,设海防同知驻扎以加强管理①,这就是督饷馆的前身。到隆庆元年(1567年),月港部分开禁,准许私人出海贸易后,海防馆则成为征收饷税的机构,一切引税、饷税均由海防同知负责征收。

但是,由于申请出海贸易的商船不断增多,饷税额的增长急遽上升,遂引起了明朝统治者的怀疑,认为海防同知负责征收饷税时间长,可能暗中操纵税额的赢缩,不尽如实申报。于是决定每年由全省各府选派佐官一人轮流负责征收,而泉州府却因兵饷匮乏,要求同漳州府分享税饷的征收,由漳州负责开往西洋的商船,泉州负责开往东洋的商船,同月港做法一样,也在中左所设官抽饷。但漳州府坚决不同意,认为把税饷割给泉州,漳州将造成匮饷,且分东西洋征收饷税会不利于管理。这次争议后来被否决了,就在这一年(万历二十一年),设在月港的海防馆被改为督饷馆,开始了每年一更替的轮流督饷。②

这种由各府选派佐官轮流督饷的制度维持没有多久,万历二十七年(1599年),明神宗大权天下关税,中官高寀衔命入闽,舶税遂归其委官征收,而督饷馆则成为闲置机构。至万历三十四年(1606年)舶税征收重新归督饷馆时,因考虑到由各府佐轮流征收会带来诸多不便,一名外府官员远道来月港,不仅驻扎不便,而且需增设供应人役,所费倍繁,于是改由漳州本府的五名府佐每年派一名轮流管理。这种制度大概维持到崇祯五年(1632年),月港已趋于关闭,饷税无从征收,始停止派员轮管。③

---

① 《闽书》卷三〇《方域志·漳州府》。
② 《东西洋考》卷七《饷税考》。
③ 见《海澄县志》卷六《秩官·明海防馆同知》。

督饷馆的职责除了发放商引、征收饷税外,还负责对进出口商船实行检验和监督。每年冬春之间,商船扬帆出航时,督饷馆官员得亲赴厦门检验每艘船只。万历四十五年(1617年),负责督饷的通判王起宗就因在厦门验船无驻扎之处,造成诸多不便而提议在商船往返的必经之地——圭屿建一公馆,以利于监督往来船只。每年仲夏至仲秋,当商船陆续归航时,督饷馆的官员又在海外加强对商船的监督,凡经过南澳、浯屿、铜山及濠门、海门等地,各巡司即随时将商船情况报督饷馆,并以防止海寇掠夺为名,逐程派船"护送",实际是对商船实行监督,以免出现隐匿宝货、偷漏关税等现象。①

督饷馆的设置不仅有利于官方饷税制的顺利实行,而且使某些督饷官员有机会接触海外贸易商,及时了解他们的疾苦,以提出废除弊端的各种建议,对当时私人海外贸易的发展起了一定的作用。如万历四十四年(1616年),推官萧基就提出《恤商厘弊十三事》,揭露了当时对海商进行敲诈勒索的种种弊端,并提出了各种相应的更正措施,负责监督万历四十二年(1614年)饷税的海防同知卢崇勋,在商船遭受台风袭击,数十万洋货一飓立尽的情况下,亲赴现场慰问受难船商,毅然减去当年饷税的征收,使不少船商免于破产等等。② 然而,由于荷兰殖民者的侵略和掠夺,到崇祯年间,月港已迅速走向衰落,为适应饷税制的实行而设置的督饷馆亦随之失去了存在的价值。

督饷馆存在的时间虽然不长,但在我国海外贸易史上却占有重要地位,它标志着我国历史上征收海外贸易税已从实物抽分制转向货币税饷制,这在关税征收上不能不说是一大进步。其实,督饷馆所制定的各种饷税制度已初具近代关税征收的雏形,已为清初厦门海关的设置开了先声。

2.饷税的征收

饷税的征收一般是以东西洋为准则。当时所谓的"东西洋",即现在的南洋,其分界据《东西洋考》载述:"文莱,即婆罗国,东洋尽处,西洋所自起也。"西洋包括交趾、占城、暹罗、六坤、柬埔寨、大泥、马六甲、柔佛、思吉港等19个国家和地区,其范围大概在今天的中南半岛、马来半岛、苏门答腊、爪哇以及南婆罗洲一带;东洋包括吕宋、苏禄、高乐、猫里务、文莱等10个国家和地区,其范围大概在今天的菲律宾群岛、马鲁古群岛、苏禄群岛以及北婆罗洲一带。

督饷馆征收饷税的原则是:"凡船出海,纪籍姓名,官给批引,有货税货,无货税船,不许为寇。"③其征收内容大抵包含以下四种:

(1)引税

每艘出海贸易的商船均需到海防馆登记,填明货物种类、数量、船的大小以及所要到达的国家,由海防官发给商引,每引应征税若干,称为"引税",其实也就是一种许可税。按万历三年(1575年)规定,东西洋每引税银3两,鸡笼、淡水税银1两,后来又增加到东西洋税银6两,鸡笼,淡水2两。每请引以百张为率,完后再请,仅限船数而不限到达国。至万历十七年(1589年),福建巡抚周寀始把往东西洋贸易的商船数各定44艘,一年限88艘。给引如之,后来因出海贸易者多,又增至110引④,外加鸡笼、淡

---

① 《东西洋考》卷七《饷税考》。
② 《东西洋考》卷七《饷税考》。
③ 王世懋:《策枢》卷一。
④ 《东西洋考》卷七《饷税考》。

水、占城、交趾州等处共 117 引,万历二十五年(1597 年)再增 20 引,共达 137 引。① 但是因引数有限,供不应求,故市棍包引之徒则从中上下其手,每每包引包保至五六船,倡言给引费至数十两,到船回航销引时,又倡言费银数十两,从中进行瓜分;有的甚至捏名给引,虚造邻结,把引移东转西,卖给越贩商人,致使海商叫苦不迭。②

另外,当时往日本贸易尚在严禁之列,而贩日本之利却倍于吕宋③,故不少海商"往往托引东番,输货日本"④。他们或者假借往福宁卸载,北港捕鱼及贩鸡笼、淡水的文引,而私装铅硝等货潜往日本⑤,或者"违禁以暹罗、占城、琉球、大西洋、咬嚼吧为名,以日本为实"⑥。其中尤以那些倚借官势的豪右奸民最为严重,不时假借东西洋文引而潜趋日本,虽禁严而未能全戡。⑦ 还有一种是贪路近利多,虽领取了往大泥国或咬嚼吧的文引,却暗中驶往吕宋贸易。⑧ 这种种情况说明,当时引税的实行一样是弊病横生,虽说东西洋分开,且各限有引数,但实际上大多数商船还是集中在日本和吕宋两地。

(2)水饷

水饷系一种舶税,征自船商,以船的梁头尺寸为标准。一般在十月修船时,由饷税官亲自到达修船地点,实际丈量船的宽度,编以天地玄黄字号,以某船往某处给引,以后若到同一港口则按原编字号的规格缴纳水饷,不必重新丈量梁头。⑨ 其规定是:西洋船面阔 1 丈 6 尺以上者,每尺征饷 5 两,每多 1 尺加银 5 钱;东洋船,量减西洋的 3/10;而鸡笼、淡水因地近船出,海船面阔 1 尺,征饷 5 钱。⑩

舶税的征收开始于隆庆六年(1572 年),当时漳州知府罗青霄因百姓困苦,负担不起钱粮,提议征收商税及舶税以充钱粮⑪,这一年的舶税为 3000 两。万历三年(1575 年),福建巡抚刘尧诲请以舶税充兵饷,一年征得 6000 两,万历四年(1576 年),税额增至 1 万两;万历十一年(1583 年)又增至 2 万多两;万历二十二年(1543 年)骤增至 29000 多两。万历二十七年(1599 年)明神宗大权天下关税,舶税归内监委官征收,这一年大约为 27000 两;万历四十三年(1615 年)为 23400 两。⑫ 此后税额则急剧下降,万历四十五年(1617 年)出海的 43 艘船中,返回漳州的仅 10 艘,到泉州仅 2 艘,泊于广东的有 10 艘,温州 1 艘,其余 20 艘全部为荷兰殖民者所劫掠。⑬ 到天启四年(1624 年)福建巡抚南居益打败荷兰殖民者,收复澎湖列岛后,已是"舶饷逾萧索,不能如额,

---

① 《明神宗实录》卷三一六,万历二十五年十一月庚戌。
② 见萧基:《恤商厘弊十三事》。
③ 《明神宗实录》卷四七六,万历三十八年十月丙戌。
④ 黄承玄:《条议海防事宜疏》,载《明经世文编》卷四七九《黄中丞奏疏》。
⑤ 许孚远:《疏通海禁疏》。
⑥ 周之夔:《海寇策》,载《重纂福建通志》卷八六。
⑦ 《天下郡国利病书》卷九三《福建三·洋税》。
⑧ 《明熹宗实录》卷二八,天启三年三月壬戌。
⑨ 《恤商厘弊十三事》。
⑩ 《东西洋考》卷七《饷税考》。
⑪ 《(万历)漳州府志》卷五《漳州府·商税》。
⑫ 《东西洋考》卷七《饷税考》。
⑬ 《兵部题行兵科抄出福建巡抚朱(钦相)题稿》。

主者苦之"①。

（3）陆饷

陆饷属商品进口税，以货物的多少计值征收，其税出自铺商。当时为防止漏税，规定商船返港后，船商不准擅自卸货，须待铺商上船接买，开列应缴税额，就船完饷后才能转运。其税率大约为2％，即"海货值一两者，税银二分"②，但可根据时价的高低随时进行调整。如已列举的100多种进口货物的"陆饷货物抽税则例"就分别在万历三年、十七年和四十三年进行过三次调整。万历四十三年（1615年）的一次调整，其税额普遍比万历十七年（1589年）减少了13.6％左右。③

陆饷在征收过程中亦出现一些弊病。如为防止漏货，采用了商船入港即先委官封钉的办法，于是为衙门吏胥大开勒索之门，他们"不饱欲壑，不为禀验"，商船也就无法卸货。而这些商船经过长时间的跋涉已坏损严重，加之满载负重，若不及时卸货，台风时作，难免覆没。如万历四十二年（1614年）就因这种情况发生，遂使"数十万洋货一飓立尽"。另外，为防止商人虚报货物数量，还采用了一种叫"加起"的做法，如报道本船1000担，即加起作1200—1300担，甚至加到1500—1600担，结果账面上征收的钱不多，而实际征收的却远非此数，衙门吏胥借此大饱私囊。同时，为防止商船进港之前转移货物，亦设立了种种防范措施，诸如严禁地方套出艇，先出海外接载饷货，命巡缉船防之；而巡缉船在大担内只能就海畔瞭望，不准靠近商船，在本港只能从溪边巡视，不准在商船旁边往来，商船进港后，商人或船工如欲登岸，只能用出艇渡载，且须搜检有否夹带货物④，把这些商人、船工俨然如同罪犯一样对待。万历三十年（1602年），当商船返港后，税监高寀就下令不准一人上岸，须待完饷后始能回家，凡有私归者则逮之，一时受系的商人相望于道，结果激起商变，诸商怒不可遏，声言欲杀高寀，缚其参随至海中沉之，弄得高寀连夜逃遁，从此再也不敢在海澄露面。⑤ 还有一种情况是，一艘商船上的散商数以百计，但完饷时点交货物仅由船主和商首出面，他们乘机对诸散商多加勒索，"有常例，有加增，有果子银，有头鬃费，名色不等"，"东洋船有敛三百余金者，西洋船有敛四百金者，悉归商首操纵，不止饷一费一，甚饷一而费二"，结果搞得诸散商怨声载道，愤愤不已。这种种弊病虽然在万历四十四年（1616年）推官萧基已提出过改正方案，但作用可能不大，因当时饷税制的实行已是接近尾声。

（4）加增饷

加增饷为一种附加税，仅征于往东洋吕宋贸易的商船。因当时占据菲律宾群岛的西班牙殖民者开辟了由吕宋到墨西哥阿卡普尔科的"大帆船航线"，把墨西哥银元运到吕宋来购买我国的生丝等货物，因此，往吕宋贸易的商船返航时，除了银元外，别无他载，即使带点土产，亦为数极少。针对这种情况，明政府规定，凡往吕宋贸易的商船，返航时除征水陆二饷外，每船需再加征银150两，称为"加增饷"。后来因税额太高，商人负担不起，到万历十八年（1590年）减为120两。

---

① 《海澄县志》卷六《秩官》。
② 《明神宗实录》卷二一〇，万历十七年四月丙申。
③ 《东西洋考》卷七《饷税考》。
④ 《恤商厘弊十三事》。
⑤ 《东西洋考》卷八《税珰考》。

对于加增饷的征收,亦有船商钻其空子,返航时除货物外,每船载米或二三百石,或五六百石,其中尤以往吕宋贸易的船商陈华为典型,他满船载米,进港后不经盘验即竞自发卖,向其收税时,却说是不在规定的范围之内。而大米在吕宋为价极廉,运回国后照样可获得高额利润。万历四十五年(1617年),督饷通判王起宗针对这种情况重新作出规定,一艘商船准许载米50石作为食用米,免予征税,凡超出50石以外者,则照番米规则,每石税银1分2厘。①

明政府在征收饷税的同时,为了加强对私人海外贸易商的控制和管理,还遵循一条"于通之之中,寓禁之之法"②的原则,对私人海外贸易商的行动横加种种限制。

首先,每艘商船出海前,必须由里邻作保,到海防馆申请文引,登记船只大小及货物数量等,规定"如所报有差错,船没官;物货斤数不同,货没官"③。然后由海防官将大小船只编刻字号,海船10只立一甲长,给文为验④,同时还施以连坐之律,令同港诸船主互相保结,如一人犯法则一体连坐,具广开首举之门,能首实者给重赏,如作奸犯科者则置之重刑。⑤

其次,商船启航时,虽已经海防馆验船,经所在县盖印,并持有文引,但仍需经厦门司盖印,受浯屿、铜山官兵的盘诘,然后才能出海。在盘诘的过程中,经常受到留难敲诈,阻滞拖延⑥,且有时文引为将卒所夺,而被当成倭寇拘捕。⑦ 归航进港时,也同样需经过南澳、浯屿、铜山诸寨及岛尾、濠门、海门各巡司的盘验,且逐程遣船"护送",名为防止海寇劫掠,实是稽查隐匿宝货。⑧

第三,严禁"压冬",一船散商需由一商主管辖,船上人员需互相保结,如10人往而9人归,则以连坐治之⑨;凡超过期限而未归者,即使有文引亦以通倭罪论处。⑩

第四,一有风吹草动,即随时实行海禁。如万历二十一年(1593年)因日朝战争实行过一年的海禁;天启二年(1622年)因荷兰殖民者侵占我澎湖列岛,拦劫商船,杀人越货,又实行过一次海禁,直至天启四年(1624年)福建巡抚南居益打败荷兰殖民者,收复澎湖列岛后才开禁⑪;崇祯元年(1628年)又因海寇猖獗,再次禁洋船出海⑫,至崇祯四年(1631年)始开禁⑬;此后似乎又实行过海禁,否则给事中傅元初不会在崇祯十二年(1639年)仍上疏请开洋禁。如此频繁的海禁不仅使海商备受损失,而且使船工谋生无路,以致造成"引船百余只,货物亿万计,生路阻塞,商者倾家荡产,佣者束手断

① 《东西洋考》卷七《饷税考》。
② 许孚远:《疏通海禁疏》。
③ 《恤商厘弊十三事》。
④ 《明神宗实录》卷八一,万历六年十一月辛亥。
⑤ 《恤商厘弊十三事》。
⑥ 《恤商厘弊十三事》。
⑦ 《闽书》卷四五《文莅·商为正》。
⑧ 《东西洋考》卷七《饷税考》。
⑨ 李廷机:《报徐石楼》,《明经世文编》卷四六〇《李文节公文集》。
⑩ 《天下郡国利病书》卷九三《福建三·洋税》。
⑪ 《海澄县志》卷六《秩官》。
⑫ 《崇祯长编》卷七,崇祯元年三月丙寅。
⑬ 《崇祯长编》卷四八,崇祯四年七月丙申。

餐,阖地呻嗟,坐以待毙"①等惨状。

这种种限制,可以福建巡抚许孚远的话来概括,即"凡走东西二洋者,制其船只之多寡,严其往来之程限,定其贸易之货物,峻其夹带之典型,重官兵之督责,行保甲之连坐,慎出海之盘诘,禁番夷之留止,厚举首之赏格,蠲反诬之罪累"②。由此可见,当时海外贸易商的一举一动,都不能越出封建专制所许可的范围之外,在如此处处受限、动辄触禁的情况下,根本不可能得到什么顺利的发展。当然,也有部分比较开明的官员,如万历二十一年(1593年)福建巡抚许孚远实行招抚政策,准许留贩人船,不论从前有引无引,日远日近,均可驾船回国,输饷如故,对私通及"压冬"情罪,一概宥免。于是,立即收到成效,越贩商人胡台、谢楠等24船闻抚绥令,皆驾船回澳,第二年的饷税遂骤增到29000多两,创开禁以来的最高纪录。③ 然而,这种情况毕竟为数不多,因在明政府"于通之之中,寓禁之之法"的原则下,其执行者免不了把海外贸易商当做"囚犯"一样来对待。尤其在万历二十七年(1599年),明神宗大榷天下关税,中官高寀衔命入闽,海澄舶税则归其委宫征收,那更是对海商百般鱼肉,每值东西洋船出航时,即"私寄数金,归索十倍,稍不如意,则诬为漏税"④,甚至于"历年海商一切贵重美丽奇巧之珍,百入于寀与参随"⑤。在此情况下,海外贸易商的命运只能是"羽毛剥落,行道相戒",饷税制的实行亦由于给引日少、饷不足额而越发难以维持。

3.广州、澳门进出口税的征收

上述饷税的征收只是针对由海澄月港进出口的私人海外贸易船而言,至于广州和澳门的情况就不一样,这两地不准私人出海贸易,只准外商入口贸易。在广州,原先对入口的外商是采用抽分制,到隆庆五年(1571年)因外商报货奸欺,难于查验,遂改为丈抽制。这种丈抽制其实同月港实行的水饷制一样,都是以船的大小来确定税额。其规定是,西洋船定为九等,后因外商屡请,量减抽3分;东洋船定为四等。⑥ 这种征税标准据说还另有差异,葡萄牙商船一般可享受与其他外国商船不同的待遇,如一艘200吨的葡萄牙船,第一次丈量时的税额是1800两,以后每次到来,仅需付1/3即可;而其他外国船无论是第一次或以后再来,均需付5400两。且葡萄牙商人在广州购买商品所征收的关税亦比其他国家的商人少1/3。⑦

当时在广州,每年举行一次交易会,会期长达两三个月,有时4个月,到1580年则改为每年两次,从1月份起,澳门的外国商人即开始为马尼拉、印度和欧洲购置商品;而6月份则为日本,以便在西南和东北季候风到来时,分别把货物运出去。⑧ 到广州进行交易的外国商船不准进入广州,只能停靠在离广州65—100里的一些岛上,每一个国家都有一固定的停泊地。如果涉及大批商品的贸易,私人不能插手,必须经过政府当局来进行。商品被分为细货和粗货两大类,较值钱的细货被储藏在政府的仓库

---

① 《疏通海禁疏》。
② 许孚远:《疏通海禁疏》。
③ 《东西洋考》卷七《饷税考》。
④ 《明神宗实录》卷四四〇,万历三十五年十一月戊午。
⑤ 周起元:《劾税监高寀疏》,清高宗敕选《明臣奏议》卷三四。
⑥ "康熙二十四年《粤海关》监督伊尔格图奏",引自梁廷枏:《粤海关志》卷二二《贡舶二》。
⑦ 张天泽:《中葡通商研究》,华文出版社2000年版,第103页。
⑧ 张天泽:《中葡通商研究》,华文出版社2000年版,第102页。

里,需得到准许始能售卖,持许可证的人在缴付必要的关税后,可以适当的价格和数量售卖货物;但粗货的售卖不必等到准许,只需缴纳税款。① 这里所说的关税,其实就是征收货物的出口税。万历六年(1578 年),在澳门的葡萄牙人被准许进入广州购买中国商品,翌年,明政府则要求他们交付出口税。此后不久,在广州设立一个税司以征收出口税,但没有配备专门官员,仅是由地方官履行这种职责。② 据万历二十九年(1601年)奉命到广东审理案件的王临亨说,来自印度古里的葡萄牙船,每年三、四月间进入中国购买杂物,转贩到日本诸国以觅利,满船载的皆是丝织品,他在广州时曾亲眼看到 3 艘船到达,每船以 30 万两银投税司纳税,而后则听其入城同百姓贸易。③ 至崇祯四年(1631 年),明政府则禁止葡萄牙船进入广州,这对葡萄牙殖民者当然是个严重打击,因为他们不得不重新依赖广州商人提供中国商品。于是,他们同中国商人订立同盟,要求中国商人给他们提供出口商品并在澳门接受进口货物,但是这个同盟不久就破裂了。1637 年,葡萄牙殖民者派一个代表团同中国政府谈判,要求准许他们重返广州港进行贸易,但没有达到目的。④ 这时葡萄牙人在广州已没有立足之地,他们虽被准许参加一年一度的交易会,却被限制在广州城对面的海珠岛上,他们的贸易被限制在澳门一地,以便中国官员可以定期进行征税,中国商人可以控制价格,即使在这种情况下,葡萄牙人的贸易额仍达到每年 100 万里亚尔。⑤

　　明朝政府对澳门葡萄牙殖民者的征税早在 1554 年即已开始,当时一位名叫索扎(Leonal de Souza)的葡萄牙阿尔加维人同中国政府签订了一个协议,按照协议条款,准许葡萄牙人在中国港口进行贸易,条件是他们必须交付关税。⑥ 明政府在澳门设有市舶司专门征收进出口税和停泊税,这种停泊税亦同上述的水饷、丈抽一样,均是以船的大小来确定税额。每当船舶到达港口时,由守澳官通知市舶司官员,把货单转交给他们,然后在确定的日子里,由市舶提举或其所委官员在守澳官和船长的陪同下,上船进行丈量,按船的大小来确定停泊税额,以防止葡萄牙的军舰没有任何丈量税可收。在船货被估价并缴纳关税后,即可运往国外或运入广州销售,船舶离开时需再次通知市舶司官员。⑦ 万历七年(1579 年),因广州开始对葡萄牙人征收出口税,澳门市舶司即改为仅征收进口税和停泊税。⑧ 但是,葡萄牙殖民者为逃避征税,却利用作为战船的西班牙大帆船进行货物贩运,1612 年,当澳门官员规定大帆船亦应交付舶税时,战船司令居然拒绝接受这种规定,宣称如有必要将诉之武力。而澳门官员仍行使他们的权力武器,即切断殖民地的食品供应,在此危急的情况下,葡萄牙设在澳门的参议院不得不听从理事会的劝告,同意遵照中国政府的要求,可是这位司令对所有的忠告均置若罔闻,最后澳门官员逮捕了这位司令,并强迫他交付了总数 4870 两银的关税。⑨ 正

① 《亚洲贸易与欧洲人的影响》,华文出版社 2000 年版,第 77 页。
② 《中葡贸易》,华文出版社 2000 年版,第 102 页。
③ 王临亨:《粤剑篇》卷三《志外夷》。
④ 张天泽:《中葡通商研究》,华文出版社 2000 年版,第 132 页。
⑤ 莫尔斯(Hosea Ballon Morse):《东印度公司对华贸易编年史》,1925,牛津,第一卷,第 17 页。
⑥ 张天泽:《中葡通商研究》,华文出版社 2000 年版,第 88 页。
⑦ 张天泽:《中葡通商研究》,华文出版社 2000 年版,第 101 页。
⑧ 张天泽:《中葡通商研究》,华文出版社 2000 年版,第 102 页。
⑨ 张天泽:《中葡通商研究》,华文出版社 2000 年版,第 119 页。

因为葡萄牙殖民者经常如此偷漏关税,故海道俞安性在万历四十一年(1613年)条陈勒石与澳夷禁约五事中,就提到"禁兵船骗饷,凡番船到澳,许即进港,听候丈抽,如有抛泊大调环、马骝州等处外洋,即系奸刁,定将本船人货焚戮"[1]。然而,葡萄牙殖民者仍然不时实行所谓的"抗丈",拒不交付舶税,甚至在澳门海口设小艇掩护走私船只进入澳门[2],故澳门每年所征收的饷税经常缺额,据崇祯十四年(1641年)香山县知县的报告说,万历二十六年(1598年)为26000两,后因岁输不足,减到22000两。[3]

万历年间,在澳门还出现了专营进出口货物,向市舶司缴纳货物出口税的"三十六行",此事见于周元暐《泾林续记》中的论述:

> 广属香山为海舶出入咽喉,每一舶至,常持万金,并海外珍异诸物,多有至数万者。先报本县,申达藩司,令舶提举同县官盘验,各有长例。而额外隐漏,所得不赀,其报官纳税者,不过十之二三而已。继而三十六行领银,提举悉十而取一,盖安坐而得,无簿书刑杖之劳。

这种指定铺行专营进出口货物的做法,其实早在几个主要海外贸易港口均实行过。如在浙江宁波,因贡使所附带的货物随便同百姓交易,常受诓骗,往往贡毕由京回返,等候货款,累年不得归国。嘉靖二十六年(1547年),朱纨就任浙江巡抚后,即规定贾船一靠岸,需将货物报官,填写合同,由巡海道司发给"信票",指定铺商与其明白互市,而无信票者不准互市,若互市则以"通番"论罪。[4]

至于三十六行是否也属这种专营进出口货物的铺行,或者属其他性质,史学界颇有争论。梁嘉彬先生最早提出它们属于牙行性质,认为它们"代市舶提举盘验纳税","主持外舶贸易","为十三行之权舆"[5];吴仁安先生倾向于这种看法,认为"广东三十六行就是一种由官牙转化来的承揽对外贸易的商业团体",他们代替市舶司提举官主持海外贸易"[6]。而彭泽益先生却持不同看法,认为"明代三十六行向市舶提举领取税饷银两,提举抽取十分之一数,或为陋规或为利息,这只能视为封建官府以官银发商生息的故事,而不表现为三十六行直接参与对外贸易的买卖行为"[7]。李龙潜先生更是经过大量的考释,指出三十六行的非牙行性质,认为它们"实际上就是三十六个手工业行业,或商业行业,其头头与'揽头'性质一样,在市舶提举的包庇下,向澳门外商领银,为他们提供他们市场所需要的手工业制品,从中攫取利润"[8]。

其实,《泾林续记》中所载述的"三十六行"既非"牙行"亦非"揽头",而是上述所说的由官方指定专营进出口货物的铺行,他们按照官方的规定,向外商提供非违禁货物,直接参与交换,根本不像牙行那样仅是"评比货物,喝喝价格,主持买卖,甚至并不直接付给卖主价钱,只起着媒介的促成作用"[9]。而更明显的区别是,牙行"与交换行为的

第三十二章

明清时期的海洋政策与管理

---

① 印光任、张汝霖:《澳门记略》上篇《官守篇》。
② 郭尚宾:《郭给谏疏稿》卷一。
③ 李侍问:《罢采珠池盐铁澳税疏》。
④ 《日本一鉴·穷河话海》卷七《市舶》。
⑤ 梁嘉彬:《广东十三行考》,商务印书馆1937年版,第22页,第41页。
⑥ 吴仁安:《明代广东三十六行初探》,《学术研究》1980年第2期。
⑦ 彭泽益:《清代广东洋行制度的起源》,《历史研究》1957年第1期。
⑧ 李龙潜:《明代广东三十六行考释》,《中国史研究》1982年第3期。
⑨ 刘日重、左云鹏:《对"牙人"、"牙行"的初步探讨》,《文史哲》1957年第8期。

本身没有任何直接关系,他既不是卖主又非买主,只立足于商品所有者或所有者与消费者之间的外部关系"①,可是三十六行既为外商提供了出口商品,又向外商购入了进口货物;既是卖主,又是买主,完全具有普通商人直接参与交换的特征,故不能将之说成是"牙行"。至于"揽头"一词,李龙潜认为"实际上是手工业生产的组织者"②;而唐文基却认为,"揽头又称'揽棍',有的地方叫'经承',负责替铺户揽纳买办的商品和支领价银,多由与衙门有勾结的铺行'行头'或衙门胥吏充当"③。他们两位的看法到底孰对孰非,我们姑且毋论。就以李龙潜的看法来说,三十六行只不过是向外商提供出口货物,那么何谈介入手工业生产,甚至为手工业生产的组织者呢? 综观明代的海外贸易,何曾出现过组织手工业生产的所谓"揽头"! 因此,我们说,三十六行应是如上面所说的专营进出口货物的铺行,他们预先向外商领银定货,以便在下次商船到达时可如数装运,以免发生类似所卖非所买、购销两不相投的现象。这种情况舒尔茨在《马尼拉大帆船》一书中就已谈过,当时其他欧洲人的力量已经由澳门打进中国市场,他们在那里保持有代理商,以传达命令到广州制造指定的货物,当七八月他们的船从印度或欧洲到达时,这些代理商即替外国人把货物从广州搬出,并负责监督把他们的订货装上船舶。④ 这些所谓的"代理商"大概就是指"三十六行"这类专营进出口货物的铺商。

所谓"铺行"即"指城镇中设肆开店者,有别于长途贩运买卖的行商"⑤。随着国内商品经济的发展,明代各大小城镇均有一定数量的铺行。如杭州自宋元以来,就号称有三百六十行;北京自明成祖迁都后就逐渐成为全国最大的商业都会,铺行数量也最多,据说有一百三十二行。⑥ 所以说,明代广东三十六行也就是由三十六个铺行组成而得名,它不是"对'各行各业'的一种习俗称谓",更不是"当时承揽对外贸易的一个商行行邦的统称"⑦。

综上所述,周元暐所载述的明代广东三十六行,实际就是由官方指定专营进出口货物的三十六个铺行,他们为了在交易中能准确地向外商提供进出口商品,以免发生所卖非所买、买卖双方互不相投的现象,于是采用了领银定货的办法,而市舶提举从中征收 10%的出口税,真可谓"安坐而得,无簿书刑杖之劳"。这些铺行经营进出口货物是由官方指定的,他们从官府那里获得"澳票",随同抽分官下澳进行交易,他们的性质同一般商人一样,在"重本抑末"的明代封建社会里,不仅其社会地位低下,而且经常受到官府的摊派和勒索。如税监高寀在福建,"私派一切行户,金行取紫金七百余两,珠行取大珠五十余颗,宝石行取青红酒黄五十余块,盐商每引勒银二钱,岁银万两,其他绸缎铺户百家,编定轮日供应,日取数百计",缴纳不起者,则受"擒拿拷逼",致使不少铺商"非投水即自缢,冤号动天"⑧。正因为如此,故这些铺行在同外商的交易中,最多只能起到提供出口商品、收买进口货物的交换作用,而根本不可能"代市舶提举盘验纳

① 刘日重、左云鹏:《对"牙人"、"牙行"的初步探讨》,《文史哲》1957 年第 8 期。
② 《明代广东三十六行考释》。
③ 唐文基:《明代的铺户及其买办制度》,《历史研究》1983 年第 5 期。
④ 《明代广东三十六行考释》。
⑤ 《明代的铺户及其买办制度》。
⑥ 沈榜:《宛署杂记》卷一三《铺行》。
⑦ 《明代广东三十六行初探》。
⑧ 《东西洋考》卷八《税珰考》。

税"，或"代市舶提举主持贸易之事"，更不能同清代经营对外贸易的洋行——广东十三行相提并论。

二 清前期的海洋贸易管理：粤海关

清代中外通商可分为两大阶段：清入关至乾隆二十二年（1644—1757 年）是第一阶段。其中以康熙二十二年（1684 年）清统一中国为界，前 40 年为禁海时期，后 73 年为多口通商时期。那时，宁波、福州、厦门和广州都是对外贸易的商埠。① 自乾隆二十二年（1757 年）后，清廷防范外人的意向加重，"止许在广东收泊交易"②。从那时直到鸦片战争结束（1842 年）的 85 年间，是第二阶段，为广州一口通商时期。这里着重介绍广州一口通商时期清代的海洋贸易管理状况。

广州的对外通商，有悠久的历史。唐中叶后就有市舶提举司，历宋、元、明三代仍袭其制，其间虽有所增设裁并，沿革不一，但直至清代，从未间断。久而久之，便逐渐形成了一套较为完整的对外贸易管理方式，这就是后来西方人所称的"广州通商制度"，简称"广州制度"（Canton System）。粤海关的关税制度和十三行的公行及保商制度，是广州制度最重要的内容。③

（一）粤海关的设立及其组织机构

粤海关是清朝政府设于广州，主持对外贸易和征收关税的机构。由于广州的对外贸易在全国居于首位，因此与其他海关相比，它显得特别重要。特别是到了乾隆二十二年（1757 年）之后，只准广州一口贸易，在一个长的时期里，粤海关几乎成了唯一的对外贸易机构。现将粤海关的组织机构、税收制度、管理情况分述如下：

粤海关设监督一人，由于其地位重要，早在康熙二十四年（1685 年）设关初期，便设专职监督，而其他海关都不设专职监督。闽海关由福建将军兼任，浙海关、江海关由浙江巡抚、苏江巡抚兼任。而且粤海关还规定要由满族旗人担任，与宫廷有密切的关系。雍正元年（1723 年）曾经撤销监督，把税务交给地方官监收，以便调剂地方钱粮等财政问题。但雍正七年（1729 年）以后，又恢复了监督的设置，并且命令地方官协助管理。乾隆十五年（1750 年），再次明确关税由监督征收，但必须会同两广总督题报。

粤海关下辖各总口，总口辖各口。根据《粤海关志》卷九记载，其组织情况是：

（1）省城大关。下辖：总巡口、行后口、东炮台口、西炮台口、佛山口、黄埔口、虎门口、紫泥口、市桥口、镇口口、江门口。设旗人防御一员。

（2）澳门总口。下辖：大马头口、南湾口、关闸口、娘妈阁口。设旗人防御一员。

（3）乌坎总口。下辖：神泉口、甲子口、碣石口、汕尾口、长沙口、鲘门口、平海口、稔山口、湖东口、墩头口、靖海口。由惠州府同知兼。

（4）庵埠总口。下辖：双溪口、溪东口、汕头口、潮阳口、后溪口、海门口、达濠口、澄海口、卡路口、南洋口、府馆口、东陇口、障林口、黄冈口、乌塘口、北炮台口。由潮州府

第三十二章

明清时期的海洋政策与管理

---

① 张德昌：《清代鸦片战争前之中西沿海通商》，《清华学报》第 10 卷第 1 期，1935 年。
② 《东华实录》（乾隆朝），第四六卷，第 53 页。
③ 顾卫民：《广州通商制度与鸦片战争》，《历史研究》1989 年第 1 期，第 60—61 页。

海防同知兼。

（5）梅箓总口。下辖：水东口、硇洲口、芷茅口、暗辅口、两家滩口、阳江口。由高州府通判兼。

（6）海安总口。下辖：东西乡口、白沙小口、博赊小口、南樵小口、对楼小口、田头小口、锦囊小口、雷州口、赤坎口、乐民口、廉州口、山口小口、钦州口。由雷州府同知兼。

（7）海口总口。下辖：铺前口、清澜口、沙老口、乐会口、万州口、儋州口、北黎口、陵水口、崖州口。由琼州府同知兼。

（二）粤海关征税

粤海关征税，分船钞和货税两个部分。

船钞亦称"船料""船税"。其税率按船的大小分等级征收。

货税分进口和出口税，根据商品的价格和性质决定。

规定税则与实征税则有时可相差 6 倍，说明粤海关陋规杂费，敲诈勒索是相当严重的。事实上这种陋规杂费亦为清廷所认可。如雍正四年（1726 年），皇帝下令把陋规杂费一体奏报归公，因此，外商在按税则缴纳应征的船钞之外，又额外征收规银，不分等次，每船一次交纳进口和出口规银 1950 两。按马士《中华帝国国际关系史》一书的计算，这 1950 两的规银是：

放关入口银：1089.64 两

放关出口银：516.561 两

普济堂公用：132 两

签押人员规银：150 两

各项规礼银（共九项）：52.44 两

"解京补平"（广州与北京库平差数）：9.359 两。

除规银外，又抽取"分头银"和"缴送"等杂费。[1] 为此外国商人强烈不满，曾经向总督孔毓珣请愿，但毫无结果，直至乾隆登基，"嘉惠远人"，才将"缴送"这一项杂费裁撤，然分头银仍照旧征收。

据乾隆二十四年（1759 年）李侍尧等人的调查，陋规和勒索共有 68 条。该调查报告曰："外洋番船进口，自官礼银起，至书吏、家人、通事、头役止，其规礼：火足、开舱、押船、丈量、贴写、小包等名色共三十条；又放关、出口、书吏、家人等共验舱、放关、领牌、押船、贴写、小包等共名色三十八条；头绪纷如，实属冗杂。"[2]总计进口规礼每船应缴 1000 两有奇，出口规银 400 两有奇。[3] 另据马士的计算，在 1840 年以前，一只载重 900 吨的商船，要纳船钞及规费 6000 两；载重 400 吨的商船，也要纳船钞及规费 3300 多两。[4]

按照规定，清朝政府对海关的税收是采取包干的办法。每年向中央政府上缴税款

---

① "分头银"即在征收船钞外于商船载来的番银中规定每银一两抽"分头银"三分九厘。雍正四年（1726 年），广东巡抚兼海关监督杨文乾，又于分头银外将外商所携番银一律抽取十分之一，名曰"缴送"。

② 《粤海关志》卷八。

③ 傅筑夫：《中国古代经济史概论》第五章，中国社会科学出版社 1981 年版。

④ 〔美〕马士：《中华帝国对外关系史》卷一，上海古籍出版社 1999 年版。

91744.5 两,叫"正额",也就是必须保证的数字。除此之外,还力争"盈余"。但设关初期,由于关吏的中饱侵吞,在上缴的税款中,不但没有盈余,而且还经常缺额。经过雍正的整顿后,大有好转。到了乾隆末年,盈余已达"八十五万五千五百两"[①]。粤海关税收由乾隆十四年(1749 年)起至道光十七年(1837 年)止,相距 89 年,其收入增加数倍。可见这一时期的广州对外贸易亦有相当的发展。

(三)粤海关的管理

粤海关的职责除征收关税之外,还负责执行对外贸易中有关的禁令,以及对外关系的管理等。

1. 执行对外贸易禁令

清朝政府在对外贸易方面的禁令,主要是限制和禁止有关商品、人员及货币出口。

在限制出口商品方面,主要是:

(1)茶叶。每年出口不许超过 50 万担。并且规定商人贩运武夷、松罗茶叶至广州,必须由内河过岭行走,不得由海道贩运,以免"洋面辽阔,漫无稽查,难保不夹带违禁货物,私行售卖"[②]。

(2)生丝。每船准买土丝 5000 斤,二蚕湖丝 3000 斤。头蚕湖丝及绸绫缎匹禁止出口。

(3)大黄。每年每国贩买不得超过 500 斤,并"饬令省城洋行及澳门商人将售买大黄数目及卖与何国人,分晰列册呈缴南海、香山二县"[③]。大黄之所以限制出口,主要是封建统治者认为这是"羁縻"夷人的一种药品,掌握在手上可以"制夷"。

至于列为违禁品禁止出口的,有米、谷、麦、豆、杂粮、金、银、铜、铁、铅、锡、硝磺、书籍等。金和铜虽属违禁之列,但商人因有利可图,仍然私运出口。此外,还禁止夹带人口出国。"如出口夹带违禁货物并将中国之人偷载出洋,守口官弁徇情疏纵者革职。"[④]

在进行贸易时,一律不准使用银两货币,"广东洋商与夷人交易只用货物,收买转贸不准用银"[⑤]。

2. 执行对外关系中的防夷政策

康熙时,海禁初开,外船出入还比较自由,检查亦不算严格。公元 1715 年英国东印度公司曾与粤海关监督议定了一种通商条约,其内容是:

(1)自由通商;

(2)自由雇用奴仆;

(3)自由采办食用及所需物品;

(4)非卖品等免税;

(5)可在海岸设幕屋修理船桅等;

---

① 《大清会典事例》卷一百八十八《户部·关税》。

② 《粤海关志》卷一八。

③ 《粤海关志》卷一八。

④ 《粤海关志》卷一七。

⑤ 《粤海关志》卷一七。

（6）船舶所属之小艇，经悬旗不受检查；

（7）管理货运人之写字桌及箱，不受检查；

（8）依章纳税外，不得再行赋课；如有留难情事，税关应加保护。①

乾隆二十二年（1757年），洪任辉事件后，由多口通商改为一口通商，两广总督李侍尧为了防范外国人在广州生事，遂制定了"防范外夷规条"五项。这就是有名的"防夷五事"，其主要内容是：

（1）"夷商在省住冬，应请永行禁止。"外国商人在其船舶于九、十月扬帆回国后，如有未了的商务，需要留下来继续处理时，应往澳门居住，不得留在广州过冬。

（2）"夷人到粤，宜令寓往行商管束稽查也。"外国商人到达广州后，可以在"夷馆"住宿，其随行人员不得超过5人，并不准携带一切凶械火器赴省。外商住进"夷馆"后，"责成行商通事……勤加管束，毋许汉奸出入夷馆，结交引诱。……其前后行门，务拨诚实行丁，加紧把守，遇晚锁锢，毋得令番厮人等出外闲行，如夷商有买卖货物等事，必须出行，该通事行商必亲身随行。"

（3）"借领外夷资本及雇请汉人役使，并应查禁也。"中国商人不得向外国人借款经商，以免互相勾结，滋事生端。同时外商已允许"带番厮人等，尽足供其役使"，所以不得再雇请汉人，为其服务，以杜绝"无赖民人"，"为伊等奔走驱驰"。

（4）"外夷雇人传递信息之积弊，宜请永除也。"外商不得雇人传递消息，特别是不能允许利用官方所设立的驿站，传递信息，探听市场的行情、物价的涨落等。

（5）"夷船收泊处所，应请酌拨营员弹压稽查也。"在外国商船碇泊的地方，要加派兵丁，严加防范，经常巡逻，以防止外国船员、水手滋事生端。

以上规定，亦不能完全遵照执行。1831年英国大班盼师携带家眷歇宿于"夷馆"，并乘坐肩舆入馆，引起轩然大波。于是当时的两广总督李鸿宾又制定了"防夷人章程"八条。道光十五年（1835年），发生了英国人要求"与天朝疆吏书信平行"一事，又由总督卢坤颁布更严厉的防范章程八条，马士、宓亨利在《远东国际关系史》一书中，把全部防夷的措施归纳为九条，现将全文抄录如下：

①兵船必须停泊省河口外，不得进入虎门。——这条规定从不放松。

②洋妇不许带进商馆；枪炮和其他武器也不许携入。——这条规定过去是严厉执行的。迟至一八三○年，有几名妇女从澳门来参观商馆，中国人为迫使她们立即离省，还两度以停止通商相威胁。

③行商不得向外国人拖欠。——这条规定是不能实行的。诱惑太大了，外国人既不肯停止放账，中国人又不肯停止借债，而且大家又都不记来往账。

④外商不得雇用华籍仆役。——这一条照例很马虎，但是常常被用来作恫吓的武器，如一八一四年、一八三四和一八三九年的情形那样。

⑤外国商人不得坐轿。——步行是唯一合乎外商这类人身份的行动方法。可是步行也不能太多。

⑥外国人不得在省河内划船游乐。——每月有三天准他们在通事陪同

① 见陆丹林：《广州十三行》，载《逸经》1936年第6期。武育干：《中国国际贸易史》第四章，商务印书馆1928年版。

下结伴到花地那个对江的花园游散,通事无论就文字或就个人来说,都要对他们的一切越轨行动直接负完全责任。——这一条通常是马虎的,但也不时加强限制的举动。可是,对于街上散步,即使是在商馆附近,也毫不通融。

⑦外国人不得呈递禀帖,如有陈诉,必须交由行商转呈。——这无异是要他们通过经手非法事情的人控诉一切非法行为。这条规定是公行管理权的基础,从不放松。一八三一年,章程稍有变通,如果行商扣留文件,不予转呈,准两三个外国人携带禀帖卑躬屈膝地前往城门口(但不能进城),递交守城门的官员收转。这项变通方法通常是具文。

⑧"至夷商寓歇行商馆内,向系责成行商管束。其置买货物,必令行商经手;原以防范奸民引诱教唆。嗣后夷商居住行商馆内,不准夷商擅自出入,致与奸民交易营私。"①

⑨外国人不得在广州逗留过冬,一俟货物销出,船舶装妥之后,应即回国或前往澳门。——在广州,买通有关人物之后,可以借故请准在每一个商馆留下两三人逾期逗留不去。虽然每年的离境是强制性的,但是离境也同入境一样,必须花钱。通常离境许可证的费用是三百两银子。

三 清前期的海洋贸易管理:十三行商

明朝后期,当欧洲资产阶级纷纷东来中国贸易时,便产生了为外国资本服务的买办资产阶级的萌芽。发展至清代,这个买办资产阶级便以十三行商的面目出现。十三行商是闭关锁国政策的产物,是由牙行演变而成的半官半商性质的商人。

(一)十三行商的起源

康熙二十四年(1685年),当粤海关成立的时候,外国商船开始来中国贸易。按照清朝政府的规定,外国商人不得与中国商人发生任何直接的买卖关系,外商到中国贸易,必须自行投牙,通过牙行开展商务活动。十三行商就是由官方指定管理外商贸易业务的牙商,因此又叫"官商"或"洋行"。据《粤海关志》卷二十五载:"国朝设关之初,令牙行主之,沿明之习,命曰十三行。"《澳门纪略》上卷《官守篇》亦说:"国朝康熙二十四年设粤海关监督,以内务府员外郎中出领共事。……岁以二十余柁为率,至则劳以牛酒,牙行主之。曰十三行。……即明于怀远驿旁建屋一百二十间以居番人之遗制也。"就是说,它是沿袭明代官设牙行的旧习,为主持番船贸易业务而设的。

至于十三行这一名称的由来,目前仍有争论。有的认为洋行成立数刚好是十三家,故叫十三行(日本学者根岸佶持此说)。有的认为这个名称在明朝已有,十三行只是"沿明之习"(见《粤海关志》),但也有人认为不是"沿明之习"的称呼,"其命名的含义也并无另有所指,乃是随着洋货行产生的当时而出现的一个因习俗特有的命名,用以区别其他行口并作为一个洋行商人行帮的统称"②。以上这些论点看来仍未能把问题说清。就拿根岸佶的论点来说,据广东布政使官达在雍正五年(1727年)的调查报告

---

① 《粤海关志》第二九卷。
② 彭泽益:《清代广东洋行制度的起源》,载《历史研究》1957年第6期。

中说:"查广东旧有洋货行,名曰十三行。其实有四、五十家。"而且据统计,自康熙至道光以来,只有嘉庆十八年(1813年)及道光十七年(1837年)两年洋行数恰好为13家,其他各年一般在13家以下,乾隆二十二年(1757年)却多至26家。"沿明之习"这一说,也找不到确凿有力的证据,因明代广东经营商业的行商只有"三十六行"之称,并无"十三行"之名。梁方仲先生在《关于广州十三行》[①]一文中,提到吴晗的论点,认为吴晗在《广东十三行考书评》所提出的广东洋货行"也许恰好是前明所留三十六行中之十三个行,因即称之为十三行"。近来吴安仁在《明代广东三十六行初探》[②]一文中,充实了这一观点,认为"明朝广东三十六行行商的数目,在十三家左右;在明代,它出现后之所以被称作'三十六行',是由于沿用了明代民间的习俗称谓,但因为它在实际上长时期以来只有十三家左右的行商,所以,到了明末时期人们干脆把它称为'十三行'了;而到了清代粤海设关前后,人们因为'沿明之习'的缘故,也把经营对外贸易的洋行统称为十三行"。这一论点是比较客观的。

如上所述,十三行商与粤海设关同时成立,行商在"承商"时,都要在户部中领取"部帖",办理立案手续。领取"部帖"所需的费用,少则三四万两,多则20余万两。而当时广东地方政府亦大力鼓励"身家殷实"之人承充洋商。并通过颁发布告的方法,在广州佛山等地的牙行中,进行公开的挑选。但行商的人数并不多,据《广东通志》的记载,"设关之初,船只无多,税饷亦少",故只有"行口数家……听其自行投牙。"[③]这就是十三行商起源的情况。

(二)十三行商的作用

十三行商在对外贸易中,起经纪人即牙行的作用,外国商人投牙时,按营业额收取3%的"行费"。但由于它是闭关锁国政策的产物,又属半官半商性质,所以它的职权范围又大大超出一般牙行。行商既是外商的全权代表,又是外商的监督人(有些行商还起"保商"作用),十三行是清代对外贸易的垄断组织,行商又是最早的买办资产阶级。

行商的主要作用是:

(1)包销外商运来的所有商品;

(2)代缴关税和各种规银;

(3)代替外商购买各种出口物资;

(4)对外国商人的一切行动负监督之责;

(5)代替政府向外国商人传达政令,办理一切交涉事宜。

上面已提到过行商中有一种叫"保商"的,这是中国封建王朝以商制夷政策的产物,也就是把保甲制度施行于中外商人之中,即以行商保外商,外商生事"保商"负连带责任。而外商抵达广州经商时,亦必需找保商一人担保。这个制度创设于乾隆十年(1745年),当时有行商20家,而获得"保商"资格的才5家,故"保商"也是由政府指定的。

---

① 载《广州文史资料》第1期。

② 载《中国史研究》1982年第3期。

③ 阮元:《广东通志》卷一八〇。

关于行商的作用和经商情况，中外史书多有记载，如《远东国际关系史》在谈到外国商船抵达黄埔之后说："船通常在码头要停泊三个月。来船的广州收货人于是将开列载货详情的舱单取去，转交给他的保商。这样外商对于这批进口货就可以不必再操心了；除去照缴行用的义务外，他既不用缴税，也受不到官吏的直接需索。现在他唯一挂念的就是出售自己的货物。在这一方面他并不受什么强制，他有将运来的货物原船带回的自由，不过，如果他要出售，那就只能售给他的保商。保商是根据他所能卖的价钱，扣除本人利息和开支，政府额定的各项捐税……再加上一笔起码的利润，而任便给价的。……出口货也只能从保商那里购买或者由保商经手买进。……任何一只来船的全部贸易都操在一个中间人手中，实际上除了现金购货以外，贸易已陷于物物交换状态了；倘使用拒绝采购的方法来压低茶价，那么保商尽可降低进口货价来保持原来的平衡。"①

武育干的《中国国际贸易史》亦有类似的记载："船抵黄埔，即由商馆之运货人（俗称大班），以船上装货清单交于公行行商，由其支付一切码头费用后，运货于商馆内；外国商人自此关于输入货物之事，置之不问，悉听公行所为，彼惟坐守商馆以静待货价之支付而已。（参考《广东通志》经改略二十三）盖彼等以货交付公行行商后，即视行商为唯一'靠山'故当时行商至有'保商'之称焉。船舶由下碇至解缆一切事务，以及完纳税项，亦皆由'保商'代为处理。"

（三）十三行商的演变

广州十三行商是一个庞大的对外贸易商业机构，它实际上是由下列三种商业机构组成：

（1）外洋行：专门办理各国商人来粤的贸易业务；

（2）本港行：专管暹罗贡使及商人贸易事务；

（3）福潮行：专门办理本省潮州商人和福建商人的对外贸易事宜。

还有一种洋货铺商，只是供给外商水梢等所需的零星杂物，同时可以由行商的手中批发进口商品，但不能与外商直接往来。这些商人虽然也从事对外贸易，但并不属行商之列。

行商在粤海设关初期，人数比较少。随着广州对外贸易的发展，行商的人数才逐渐增加。②

为了保护自身的利益，康熙五十九年（1720年），行商中有公行的组织。由头面商人在神前宰鸡啜血盟誓，举行隆重的仪式，规定行规十三条，共同规定进出口货价和加强对外商的约束。这引起了外商的反对，以不开仓贸易为要挟，结果成立后的第二年便解散了。以后，又经过多次的反复，屡设屡废。最后才于乾隆四十年（1775年）重新组织，并以专揽茶、丝等项大宗贸易为主。

公行在乾隆年间至鸦片战争前的100多年中，为全盛时期。特别是乾隆二十二年（1757年）以后，广州成了唯一的通商口岸，十三行商便垄断了全国所有的对外贸易，

① 〔美〕马士、宓亨利：《远东国际关系史》第四章，上海书店1998年版。

② 邓端本：《广州港史》（古代部分），第203—210页。

成为世界闻名的中国对外贸易垄断集团。最高峰的时候有"四五十家"(包括洋货铺)。

在道光十七年(1837年)的十三家行商中,最富有的是伍浩官,据他自己的统计,道光十四年(1834年)财产总值为2600万银元①。又如潘正炜(同孚行)的财产亦超过2000万银元,而且还捐官买衔,由附贡生而即用郎中,由即用郎中而钦加道衔,并赐花翎。其余每一行商不是候补道,便是郎中,甚至捐有盐运使或布政司的头衔。

行商财政实力之雄厚还表现在向皇帝进贡和捐款等方面。从乾隆五十一年(1786年)起,每年要照例贡银55000两。嘉庆六年增加95000两,共15万两。此外,临时性摊派也非常多,如嘉庆皇帝50大寿,行商进献12万两;乾隆五十二年(1787年)为镇压台湾林爽文之变,行商捐款30万两;乾隆五十七年(1782年)用兵廓尔喀,又捐款30万两;嘉庆四年镇压湘黔苗民,行商捐款12万两;翌年用兵川陕,镇压"教匪",捐款50万两,第二年又捐15万两。还有,历次河工亦多令行商捐款,如嘉庆六年永定河工,令各洋行捐款25万两;嘉庆九年(1804年)黄河大工又令捐款20万两;嘉庆十六年(1811年)又捐河南河工款60万两;嘉庆二十五年(1820年)再捐60万两。②

十三行商虽然有巨额的利益,但在官吏勒索、外商高利贷贷款和经营不善,应付不了竞争局势的情况下,行商欠款的情况也很严重,并时有倒闭的现象。据东印度公司文件所载③,1774年行商欠外债266672元;1779年,本息增至4296650元;1813年行商五人积欠款3964197元。兴泰行因积欠2738618元的巨款而倒闭。《粤海关志》卷二十五载:"十余年来(道光年间),止有闭歇之行,并无一行添设。"说明竞争之激烈。鸦片战争之后,中国门户开放,十三行商垄断对外贸易的制度亦自行取消。咸丰六年(1856年)十三行街一场大火,十三行商命运遂告终结。

(四)十三行商与商馆

商馆又称夷馆,为外商居停之所,相当于现在的贸易办事处。因外国商人不能与华人杂处,所以十三行商在承接对外贸易业务时,需设馆以接待外商。"馆"是隶属于"行"的,"馆"是"行"接待外商的场所。因其设在十三行街,恰好又是十三家,故又称"十三夷馆"。一家行商同时可以经营好几个馆,如《十三行考》载:同文行向置夷馆三所。同一个国籍的外商也可以租用一个以上的商馆,如英国就有两个馆,但也有几国商人合租一个馆的。租金各个时期有所不同,如雍正六年(1728年)时为400两,乾隆二十五年(1760年)时为600两、650两至794两不等。④ 商馆由如下人员组成:总管,商人(一等),商人(二等),驻理(四等),驻理(五等),书记(四人),船匠长,船木作,铁匠长,铁匠。

此外,还雇用中国人充任下列职务:买办、通事、银师。⑤

买办的主要职务是为商馆的外国商人采购日用品和副食品。与后来的买办有不同之性质;买办还有权雇用商馆所有的工人。

---

① 〔美〕亨特:《旧中国杂记》,沈正邦译,广东人民出版社2000年版,第78页。
② 傅筑夫:《中国古代经济史概论》第五章,中国社会科学出版社1981年版。
③ 转引自黄苇生:《清代广东贸易及其在中国经济史上之意义》,《岭南学报》第3卷,第4期。
④ 见张德昌:《清代鸦片战争前之中西沿海通商》,载《清华学报》1935年10卷1期。
⑤ 见张德昌:《清代鸦片战争前之中西沿海通商》,载《清华学报》1935年10卷1期。

通事即翻译,其主要的责任是:

(1)跟随官吏检验上下船货物,把税单报告关署;

(2)外国商人到澳门须由通事代向官方领取执照;

(3)转译朝廷谕旨于外国人;

(4)代外国商人查看货物,雇用船只;

(5)跟随外国人出外,如散步或购买物品等。

银师的职责主要是辨别银子的"成色"。因当时进口的银币种类甚多,"成色"分量不足的要"贴水",所以贸易时,要银师对货币作鉴定。

中国政府的防夷政策规定商馆的华人职员亦需联保,即买办要通事保证,通事要洋行商人保证,工人又要买办保证。"令其逐层担保……给牌承允。"所以,他们都需上报关署领取执照,才能受雇。

《远东国际关系史》一书,对商馆的情况有如下的记载:

> 留在广州过冬的外商是住在商馆——即国外经理人或代理商的住所兼办公室,商馆是行商的产业,而以全部或一部分房屋租赁给外国人的。……每一个商馆都有横列的几排房屋,从纵穿底层的一条长廊通入。底层一般都是作库房、华籍雇员办公室、仆役室、厨房和仓库等等之用。二楼则有账房间、客厅和餐厅,再上面一层就是卧室。各商馆所占空地都有限,包括花园和运动场在内,长约一千一百英尺,一般宽约七百英尺,但是每个商馆的房屋都很宽敞,一个商馆普通进深是四百多英尺。房屋正面平均约长八十五英尺。一家商号的库房里往往藏有一百万以上的银元。在一八三二年元旦英国商馆宽敞的餐厅里举行的一次宴会中,席面上坐的来宾有一百人。这些商馆给外国旅客、帝国贵宾都布置了华丽的房舍,但是这些房舍实际上却是一个镀金的鸟笼。能供较多的人运动的唯一场所,就是六家商馆前面正中长宽约五百英尺和三百英尺的一片场地。

第四节　明清时期的渔政管理[①]

面对着既要维护国家海洋安全而必须实行海禁,又担心海洋社会的主体——数以百万计的渔民"因失其生理转而为盗"反过来影响国家海洋安全而不得不适度弛禁的矛盾境遇,明清两代在海洋渔政的管理上可谓是左右为难、煞费苦心。如何有效地平衡和协调二者的关系,始终是两代渔政管理孜孜以求的共同目标。然而,由于在总的渔政指导原则上存在着明显的重心偏移,具体地说,即是海洋安全为重心所在,渔业生产只是维护海洋安全的一种手段,所以一开始便遭到了正在形成并不断壮大的渔民社会的巨大力量的冲击,兼之中央渔业政策的摇摆性、地方渔业政策的差异性及地方官吏执行政策的主观随意性等内在因素的影响,统治阶级两全其美的管理目标始终未能

---

① 此部分内容参见欧阳宗书:《海上人家——海洋渔业经济与渔民社会》,江西高校出版社 1998 年版,第 120—157 页。

实现,而最终以渔政管理的貌合神离、渔业社会经济前进发展作结。

一 渔政管理的基本概貌

在明清统治阶级的眼中,与国家海洋安全大局相比,渔业经济只是蝇头小利,无足轻重。因此,当二者相冲突时,自然是保本而舍末。雍正皇帝下面这句话就典型地代表了明清统治阶级这一鲜明的政治立场。雍正二年(1724 年)九月三十日就两广总督孔毓珣等请求宽限渔船梁头以便渔民能在更广阔的海洋空间作业的奏议,雍正皇帝毫不含糊地作了朱批:"禁海宜严,余无多策,尔等封疆大吏不可因眼前小利而遗他日之害,当依此实力奉行。"①我们知道,自康熙二十二年(1683 年)迁界令解除以后,便进入了所谓的弛禁期,而到雍正二年时,此项海洋政策已施行了 43 年。在这种海洋政策相对安全、稳定的弛禁期,皇帝仍以渔业为小利,将心中禁海的弦紧绷着,那么,在海禁森严期,渔业在统治阶级心中居何种地位便可想而知了。所以在明清时代,渔政管理的制度及措施的制定都不是从如何有利于保护、鼓励和促进渔业生产发展的角度出发的,相反,在以维护海洋安全为中心原则的前提下,如何能在最大限度的范围内最有效地控制和确保渔业的安全生产则是明清两代共同遵循的渔政方针,一切繁文缛节均由此衍生。

(一)渔船管理

"沿海数百万生灵多以捕鱼为业,海即其田也,船即其耕耨之具也。有一家而独造一船者,有数家而合造一船者,仰事俯育皆在于船。"②因此,要有效地对渔民进行管理,管理好他们的"耕耨之具"即是关键所在。在坚持以安全生产为根本原则的前提下,明清两代设计了种种渔船管理方案,制定了诸多管理制度和措施,可谓是具体而微。下面分类作一勾勒。

1. 渔船制造的管理

渔船制造管理是明清整个渔船管理系统中最初也是相当重要的一环。对于渔船的制造,明清两代有着严格的管理措施和制度,只有经过官府严格地审查、批示及验查,渔民方能成造一只新船。具体的程序是:"造船时先具呈该州县取供严查,确系殷实良民亲身出洋,船户取具澳、里、甲各族长并邻佑当堂画押保结,然后准其成造。造完,该州县亲验梁头等项,不得过限多带,并将柁工水手一一验查,具澳、甲、长、邻佑、船户当堂画押保结并将船身烙号刊名,然后结照。"③"如隔县别府外省之人欲造船者,必于各该本县呈明确查,该县具印结申详,督抚转饬沿海造船地方成造,仍照例查验式样刊烙号数姓名以行。"④如若不遵,非但船主会被惩处,而且纵容及失察的官吏也会

① 《两广总督孔毓珣等奏覆会议广东渔船事宜折》(雍正六年三月二十二日),《雍正朝汉文朱批奏折汇编》第 2 册,中国第一历史档案馆编,江苏古籍出版社 1989 年版,第 6 页。

② 《广东总督杨琳奏陈整饬粤省渔船管见折》(雍正二年二月十五日),《雍正朝汉文朱批奏折汇编》第 2 册,中国第一历史档案馆编,江苏古籍出版社 1989 年版,第 605 页。

③ 明谊修、张兵松纂:道光《琼州府志》卷一七下《船政》,台湾成文出版公司据光绪十六年补刊本影印,第 409 页。

④ 明谊修、张兵松纂:道光《琼州府志》卷一七下《船政》,台湾成文出版公司据光绪十六年补刊本影印,第 409 页。

被绳之以法。在这一问题上，明清两代的最高统治者都曾明确地作过指示。如明英宗就毫不含糊地下达圣旨：对"豪顽之徒私造船下海捕鱼者"及"故容者"，"番治其罪"①，康熙四十二年（1703年），康熙皇帝也明确指示："如有不遵，例报官，偷造者责四十板，徒三年，失察之州县汛口各官各降一级调用。"②

明清时代之所以要如此严厉地实施此项制度，重要原因之一即是借此统一渔船制式。我们知道，明代实行海禁的主旨是"禁濒海民私通海外诸国"③，"禁人民无得擅出海与国外互市"④，矛头主要是指向私人商船。对此，政府对具有远洋能力的商船采取了"改""拆""烧"等斩草除根式的措施，使其失去远洋能力。然而，控制了远洋商船并不意味着威胁海洋安全的后患就得到了彻底的根除。毕竟海洋船只的主体还是渔船，在造船业发达的明代，许多规模较大的渔船同样具有远洋能力，同样会对海洋安全构成威胁。因此，"改""拆""烧"等管理措施对于远洋渔船的管理同样适用。如景泰年间（1450—1456年），福建漳州就对违式渔船作了一次大规模清理："其近海违式船只，皆令拆卸，以五六尺为度，官为印照，听其生理。"⑤又如嘉靖年间胡宗宪在福建和广东也实施了毁掉违式渔船的措施："要之双桅尖底始可通番，各官司于采捕之船，定以平底单桅，别以记号，违者毁之，照例问拟，则船有定式。"⑥等等。禁渔船、下深海、涉远洋的原则到清代仍不变，明代斩草除根式的做法清代依然承袭下来。如康熙四十四年（1705年）广东总督郭世隆在广东就严厉地实施"拆""改"违式渔船的措施："将长大渔船尽行拆毁，改造为梁头不得过五尺，水手不得过五人，舱面不许钉盖板，桅止用单，朝出暮归，不许越境采捕。"⑦等等。

对已经造出且在海洋作业的违式渔船进行无情地"改""拆""烧"，是一种易于激起民愤的不得已而为之的下策。要做到防患于未然，做到海洋渔船合乎海禁规定，最佳策略当然是从对渔船制造监控入手，使渔民按定式造船。这也就是明清两代强化渔船制造管理的重要原因之一。何谓违式渔船？笼统地说，凡具有远洋通番能力的渔船均属违式渔船。具体而言，明清两代略有差异。明代，"祖宗之意止严双桅船只私通番货以启边衅"⑧。因此，诸凡"双桅巨舰"⑨、"双桅尖底"⑩、"双桅沙船"⑪等双桅渔船皆为违式渔船。规范的渔船乃如胡宗宪所言，即"平底单桅"⑫。至于平底单桅渔船的具体船型、船制大小则因各地海洋的自然环境、社会环境、海防力量的强弱、海禁程度的轻

① 《明英宗正统实录》卷七。
② 《广东巡抚杨文乾奏陈粤省海洋渔船应禁革事宜管见折》（雍正四年十月二十一日），《雍正朝汉文朱批奏折汇编》第8册，中国第一历史档案馆编，江苏古籍出版社1989年版，第305页。
③ 《明太祖洪武实录》卷一三九。
④ 《明太祖洪武实录》卷二五二。
⑤ （清）沈定均：《漳州府志》卷二五，光绪版。
⑥ 胡宗宪：《广福人通番当禁论》，《明经世文编》卷二六七。
⑦ 《两广总督孔毓珣等奏旨议覆渔船梁头管见折》（雍正二年六月二十四日），《雍正朝汉文朱批奏折汇编》第3册，中国第一历史档案馆编，江苏古籍出版社1989年版，第217页。
⑧ 《皇明世法录》卷七五《海防·闽海》。
⑨ 《明熹宗天启实录》卷五三。
⑩ 胡宗宪：《广福人通番当禁论》，《明经世文编》卷二六七。
⑪ 《明神宗万历实录》卷一五三。
⑫ 胡宗宪：《广福人通番当禁论》，《明经世文编》卷二六七。

重等不同而未强求整齐划一。例如福建渔船"以五六尺为度"①,而在浙江温州、台州、宁波等地,因要利用渔船作为海防的辅助力量,故允许捕黄鱼的沙船梁头可高达一丈四尺。② 相对而言,清代对渔船规制的限制要较明代为松。但由于海洋安全第一的观念仍存留在统治者的心间,所以渔船的规制仍是有明确限制的,具体情形也是因地而异。如广东渔船,"大者名为网缯、板罟,其梁头自一丈至六七尺不等,舵水皆在十名内外,止用单桅……出者有夹罟、板缯、乌船、钓船、缝船、缯船等名,其梁头皆在五尺以内,舵水止四五人及二三人"③。在福建和浙江,"渔船梁头不得过一丈,水手不得过二十人,桅之用单用双听其从便"④。山东"因造船需用物料匠作俱非本地出产,故造船者甚少。其采捕鱼虾俱扎木筏,并无篷桅,不能远涉外洋",所以根本未作限制。⑤

对于梁头及舵水手的限定并非统一渔船规制的全部内容,桅篷的高阔同样在统一之列。雍正四年(1726年)三月二十二日广东碣石总兵陈良弼就提出:"海盗窃发,其始也,必借渔船而出,其散也,必借渔船以登岸。是以欲弭盗先严渔船。……查渔船现例梁头不得过五尺,水手不得过五人……不知梁头虽系五尺,其船腹甚大,依然可以冲风破浪。……查渔船出洋行奸,全凭桅篷,因未有定限,桅高篷阔得以济其追奔逐日之计。请议定其风篷,止许高一丈、阔八尺,不许帮篷添裙等项。如有船篷高阔过度即以奸歹究治。"此项建议得到了雍正皇帝的恩准。⑥

强化对渔船制造进行严格管理的另一个重要原因,即是借此约束使用渔船的渔民。清雍正二年(公元1724年)闽浙总督就一语中的:"臣现于两省造船者必令各报实在姓名,地方官查果殷实良民,取具澳甲亲邻方许成造。其管船之出海舡工与租船之人俱责令船主保结,在船之水手、搭客责令出海舡工及租船之人保结,各取连环互保结状,一人有犯,将保结之人层层追究治罪,至从前已造各船俱于每年换照时查明的名,一体印具保结填给,则有身家之船不敢轻托匪人出洋,而诚实之出海舡工亦不敢滥招匪人驾驶矣。"⑦这就是说,官府在审批造船手续时,之所以既要查验船主正身,又要澳甲和亲戚邻里出面画押担保,并对将来的船上水手、船工等的身份一一查明,就是想通过层层牵帽的办法,起到在陆上监控海上的作用。

2. 下海后的渔船管理

海洋渔业生产的特性决定了渔船管理的重心不在大陆而在海洋,因此,从这个意义上说,在陆地上强化对渔船制造的管理其终极目标还是为有效地进行下海后的渔船管理作准备。而在明清海洋社会风起云涌的历史时期,强化下海后的渔船管理尤为显

① 清沈定均:《漳州府志》卷二五,光绪版。
② 宋仪望:《海防善后事宜疏》,《明经世文编》卷三六二。
③ 清沈定均:《漳州府志》卷二五,第302页,光绪版。
④ 《广东总督杨琳奏陈整饬粤省渔船管见折》(雍正二年二月十五日),《雍正朝汉文朱批奏折汇编》第2册,中国第一历史档案馆编,江苏古籍出版社1989年版,第604页。
⑤ 《山东巡抚陈世倌等奏遵旨议覆兵船扼要巡防等疆事宜四条折》(雍正四年八月初四日),《雍正朝汉文朱批奏折汇编》第7册,中国第一历史档案馆编,江苏古籍出版社1989年版,第824页,第825页。
⑥ 《广东碣石总兵陈良弼奏陈海疆事宜折》(雍正四年三月二十二日),《雍正朝汉文朱批奏折汇编》第7册,中国第一历史档案馆编,江苏古籍出版社1989年版,第26—27页。
⑦ 《闽浙总督满条奏奏遵旨逐条查覆金铎所陈海疆事宜折》(雍正二年闰四月十三日),《雍正朝汉文朱批奏折汇编》第2册,中国第一历史档案馆编,江苏古籍出版社1989年版,第935页。

得刻不容缓。对此,明清两代可谓"竭心尽智、不遗余力"。

(1)出入口管理

出入口管理是渔船下海管理的关键一环。对此,明清两代有许多具体而严格的规定。

渔船必须验烙刊号、备有执照方能下海是明清两代共同遵守的出口管理制度。所谓"沿海一应采捕及内河通海之各色出船,地方官取具澳甲、邻佑甘结,一体印烙编号给票查验,如有私造、私卖及偷越出口者,俱照违禁例治罪"①即是具体的条文之一。此项制度极为严格,在当时的中国沿海,无论哪一省,也无论哪一类渔船,只要出海就必须受此制度管束。例如在海洋局势相对平静、无造船能力的山东省,虽然"其采捕鱼虾俱扎木为筏,不能远涉外洋",但出口时也"必给照验单,即以此验单照会彼处口岸,照单查验"②。必须补充说明的是,给渔船验烙刊号及颁照一般是在渔船新造成之时,由州县官吏亲自查验合格后,便可就地办理。船照除写明船号、梁头尺寸外,还要登记包括船主在内的一船舵水手的年貌、履历、籍贯等。用官方的话说,就是渔船造完后,"该州县亲验梁头等项不得过限多带,并将舵工水手一一验查,具澳甲长、邻佑当堂画押保结,并将船身烙号,然后给照。照内将在船之人详开年貌、履历、籍贯,以备汛口查验"③。这与其说是验船,不如说是验人;查验的不是渔船的性能、质量,而是查船中之人是否安全、可靠。

虽说"船只稽查全在照票"④,但照票并非渔船出入口稽查管理的全部内容。除照票外,渔船装载同样是出入口稽查管理的一项重要内容。所谓"盖有船虽出,亦分载出海,合之以通番者,各官司严加盘诘,如果系采捕之船,则计其合带米水之外,有无违禁器物乎? 其回也,鱼虾之外,有无贩载番货乎? 有之即照例问拟"⑤;"出口时船长会同汛兵查点有无夹带器械及多余米粮,入口时查验有无夹带货物"⑥,即是渔船装载稽查制度主要内容的大体反映。简单地说,所谓"稽查装载"就是稽查渔船在出入口时是否多带规定物品及携带违禁物品。按照当时的管理规定,渔船出海时所允许附带的生活必需品主要是口粮和淡水,而且均有限定。例如口粮的限定标准是:以人头计算,每人每日只许带米一升及防备风浪阻隔的余米一升。⑦ 严格口粮定限制度的主要目的就

---

① 《福建省例》二三《出海小船查明烙号》。

② (清)沈定均:《漳州府志》卷二五,光绪版。

③ 明谊修、张兵松纂:道光《琼州府志》卷一七下《船政》,台湾成文出版公司据光绪十六年补刊本影印,第409页。

④ 胡宗宪:《广福人通番当禁论》,《明经世文编》卷二六七。

⑤ 《闽浙总督满条奏奏遵旨逐条查覆金铎所陈海疆事宜折》(雍正二年闰四月十三日),《雍正朝汉文朱批奏折汇编》第2册,中国第一历史档案馆编,江苏古籍出版社1989年版,第934页。

⑥ 《两广总督孔毓珣等奏旨议覆渔船梁头管见折》(雍正二年六月二十四日),《雍正朝汉文朱批奏折汇编》第3册,中国第一历史档案馆编,江苏古籍出版社1989年版,第217页。

⑦ 《两广总督孔毓珣奏旨议覆渔船梁头管见折》(雍正二年六月二十四日):"查前督臣杨琳所议,渔船……米粮每人止许带米一升,余米一升以防风浪阻隔。……臣以为防闭严切,……渔船……米粮照旧例行。"(《雍批》第218页,第1册)又,《洋防辑要》卷二《洋防经制》上:"商渔船只各按海道远近人数多寡,每人每日带食米一升之外并带余米一升,以防风信阻滞。"不过,雍正元年,杨琳也提出过允许带米一升半,事见《两广总督杨琳奏覆等海事宜条陈折》(雍正元年七月二十六日),《雍批》第1册,第714页。

是防止渔船接济盗贼,"载有定限,而接济无所容矣"①,"禁带米粮出口以杜接济,此诚探本穷源弭盗之要诀"②。关于淡水的限定原因及限定标准,雍正四年(1726年)广东巡抚杨文乾在上奏给雍正皇帝的奏折中说得很清楚:"船只出洋必藉淡水以为饮食,出口之后米粮尚易购求,惟淡水无处寻觅。是以大船站洋必带大小水柜盛贮数日饮用淡水,以为久留海面之计。令请严禁私带大号水柜。"③对于渔船所带违禁物品,明清两代的规定不完全一致。明代因借助渔船作为海上防卫的辅助力量,使渔船兼有兵船的角色,所以,在渔汛期,大规模渔船在洋面作业时允许携带武器。④ 而个体或小股渔船出海时私带枪械则是明令禁止的。同商船一样,明代的渔船也是严禁将"马、牛、军需铁货、铜钱、段匹、绢、丝绵"等违禁货物带往番国买卖的;同时,将番货入口登岸也属违法行为,违者,均要处以重刑。⑤ 在这一问题上,清代与明代稍异。在清代,无论何种渔季,渔船皆不许携带枪械出海,违反禁令,不但违者要被处以重刑,而且失察官吏也要受到严重惩处。具体规定是:"出口商船并采捕渔船俱不许携带枪炮等器械,如有夹带硝磺钉铁军火器械樟板等物接济奸匪者,守口员弁盘查不实,降三级调用,如有贿纵情弊,革职提问"⑥;"各港口稽查船只,除梁头五尺之出渔船不准出洋只许在本港采捕外,其余大渔船每人每日带食米一升五合之外不许多带颗粒,并通船务须搜检。严禁夹带军器硝磺钉铁樟木等物。"⑦只有经过守口员弁上述层层严格稽查后,渔船方能正常地出入口。

(2)海上作业时的渔船管理

海上作业时的渔船管理是明清渔船管理的重心所在。对此,明清两代出台了一系列的重大管理措施。现择其要者介绍如下:

①连艍互结

严禁渔船私自下海是明清两代共同遵守的一项渔政管理的带有原则性的制度。这里所说的"私"有两方面的内容,一是指未经官方许可私自造船、私自下海,这是官府所极力反对的;二是指虽备有执照但只是个体零星船只在洋采捕,也被认为是"私",在官府的眼光中同样是不合法的行为。为了有效地根除这种私捕弊端,明清两代共同实施了"连艍互结"的管理制度。

所谓连艍互结,简言之,即指"渔船出洋必取十船连艍互结,一船为匪,九船定行

---

① 胡宗宪:《广福人通番当禁论》,《明经世文编》卷二六七。
② 《两广总督孔毓珣等奏覆会议广东渔船事宜折》(雍正六年三月二十二日),《雍正朝汉文朱批奏折汇编》第2册,中国第一历史档案馆,江苏古籍出版社1989年版,第6页。
③ 《明英宗正统实录》卷七。
④ 如松江府即是让渔民及渔船"无事听其在海上生理,遇警随同兵船围剿,则官兵无造船募兵之费,而民灶有得鱼捕盗之益"。见《皇明世法录》卷七五,《海防·直隶海防·江南诸郡》,第999页。顾炎武也说:"黄鱼舡非以御寇也,每年四月出洋时各郡渔舡大小以万计,人力则整肃,器械则犀利,唐公顺之捧敕视师约军门每府鱼舡若干,辅以兵船若相须而行,扬刀而战,取甘结给旗票谨船诘验出入。"见《天下郡国利病书》卷二二,《江南》十。
⑤ 《皇明世法录》卷七五,《海政·私出外境及违禁下海》。
⑥ 《洋防辑要》卷二,《洋防经制》上,第73页。
⑦ 《洋防辑要》卷二,《洋防经制》上,第76—77页。

连坐"①。具体地说,即是"欲出洋者将十船编为一甲,取具一船为匪,余船并坐连环保结,并将船结字号于大小桅篷及船旁大书深刻,仍于照后多留余纸,俟出口时即责成守口员弁将该渔船前往何处并在船水手年貌的实姓名籍贯逐一查填入照,钤盖印戳并将所填人数照登号簿,准其出口入口"②。从某种意义上说,这是陆地村落普遍实行的"株连九族"法律制度在中国沿海渔村的一种仿效或者说是一种炮制。"连艚互结"既有利于渔船出入口管理,更有利于海洋安全。"盖此连踪之船在洋虽不能连樯并行,而同此洋面相离不远,声息相闻,奸良亦有分别,断五十船皆肯为匪者,严以连坐之条即多牵制之势,纵有匪人,亦忌惮而不敢妄行矣。"③而这正与海洋安全第一的中心原则相吻合,故在明清两代中国广阔的海洋内得到了普遍而严格的推广。④

　　②分别船号

　　雍正二年(1724年)四月十三日,闽浙总督满在《条奏遵旨逐条查复金铎所陈海疆事宜折》中提出了这么一项奏议:"分别船号。海洋为匪,非船不行。惟船只漫无辨别,故匪类莫可踪迹。近奉皇上明见万里,饬令出海船只各照省份分别颜色油饰于船头,刊刻各县编号字样。凡某省某州县某号之船在洋行驶望之了然。虽有奸匪不能藏匿。此诚千古杜弊之良法。臣钦遵奉行闽浙两省出洋之船,现在尽皆油饰刊刻无有遗漏。臣又令于船篷上大书某县船户某人姓名,并于船之两旁刊刻船户姓名。汛口出入凭此稽查,倘在洋为匪,则失主先知来历,若畏罪涂抹铲削者,汛口即行拘留。船只既清,则匪类无所托足矣。"⑤可见"分别船号"实际上包含了两项内容:首先是区别各省船只船头的颜色,其次是在船篷和船的两旁书写某县某户的姓名。做到了这两点,就能在浩瀚的洋面上,清楚地辨认船只的真实具体的身份,从而使"匪类"之船无处藏身。不过,"令出海船只各照省份分别颜色油饰于船头,刊刻各县编号字样"虽系雍正皇帝首先提

---

① 《闽浙总督满条奏遵旨逐条查覆金铎所陈海疆事宜折》(雍正二年闰四月十三日),《雍正朝汉文朱批奏折汇编》第2册,中国第一历史档案馆编,江苏古籍出版社1999年版,第935页。

② 《洋防辑要》卷五,《洋防经制》上,第70页。

③ 《闽浙总督满条奏遵旨逐条查覆金铎所陈海疆事宜折》(雍正二年闰四月十三日),《雍正朝汉文朱批奏折汇编》第2册,中国第一历史档案馆编,江苏古籍出版社1999年版,第935页。

④ 如明人黄承玄《条议海防事宜疏》讲在倭寇盛行时期,宜令渔船"联以什伍,结以恩义,约以旗帜,无警听其合艚佃渔,有警令其举凡飞报"(《明经世文编》卷四百七十九)。明人宋仪星《海防善后事宜疏》也说:"濒海之人,诚难禁绝。……但严禁捕鱼船只,定限小满与大满渔船一齐出洋,不许零星越捕,以中倭计。"(《明经世文编》卷三六二)明天启五年(1625年)福建巡抚南居益也提到福建渔船普遍实行"禁其双桅巨舰,编甲连坐"的管理措施(《明熹宗天启实录》卷五十三)。浙江地区同样如此:"每年三月以里,黄鱼生发之时,各纳税银,许其结艚出洋捕鱼,至五月各令回港。万历二年(1574年)巡抚都御史方弘静,复题令编立纲纪,并立哨长管束,不许搀前落后。"(顾炎武《天下郡国利病书》浙江下)在琼州,疍民出洋采捕,此法同样有效:"十船为一甲,立一甲长,三甲为一保,立一保长,无论地僻船稀零星独钓有无罟朋,大小料船俱要附搭成甲成一保,互结报名,自相觉察。按以一犯九坐之条并绳以朋罟同之罪。"(《琼州府志》卷十九下《海黎志》④《防海条议·周希耀条议》)清代,此项制度更趋制度化和严厉化。如康熙四十六年福建督臣梁条奏:"商渔船舡只如出外洋者十舡编为一甲,取具连环保结,一舡为匪,余舡并坐。"(《两广总督杨琳奏复筹海事宜条陈折》,《雍批》第1册,第714页)雍正四年(1726年)广东巡抚在广东申严了此项措施并作了一些改进:"仍照例编甲连艚,十船为甲,五船互结,一有违犯,四船连坐。"至嘉庆、道光年间仍是"欲出洋者将十船编为一甲,取具一船为匪,余船并坐,连环保结。"等等,例子不一而足。

⑤ 《雍正朝汉文朱批奏折汇编》第2册,中国第一历史档案馆编,江苏古籍出版社1999年版,第933页。

出，但实际上相类似的举措在明代即已实行。① 雍正皇帝只不过是继承、发展并推广了这一制度。所谓"照省份分别颜色油饰于船头，刊刻各县编号字样"的具体做法是："船头至鹿耳梁头与大桅上截一半，福建均用绿油漆，浙江均用白油漆，广东均用红油漆，江南均用青油漆，并于船头刊刻某省某县某字号。又内外洋大小船只，毋论布篷、篾篷俱于篷上书写州县、船户姓名，仍于船尾刊刻姓名州县。复因商渔书写刊刻之字号细出模糊，易滋弊窦。又经题定，篷上字画，定以径尺，船头两舷刊刻字号，不许模糊缩出。"② 此项制度在管理实践中又得到了发展和完善。乾隆年间（1736—1795 年），"又经浙藩司详定，通行闽浙两省，船大者于两舷及头尾刊刻省份、县份、船户姓名、字号，船出者止于两舷刊刻省份、县份、船户姓名字号"③。嘉庆二年（1797 年）题定："出海商渔船只自船头起至鹿耳梁头止并大桅上截一半，各照省份油饰船头，两舷刊刻某省、某州、某县、某号字样，福建船用绿油漆饰红色钩字，浙江船用白油漆饰绿色钩字，广东船用红色油漆饰青色钩字，江南船用青油漆饰白色钩字。其篷上大书州县船户姓名，每字均径尺，蓝布篷用石灰细面以桐油凋写，篾篷、白布篷用浓墨书写黑油分抹，字上不许模糊缩出，如遇剥落即行填写油饰。"④

③水师监督

连艍互结的渔船管理体制决定了明清海洋渔业生产必然会呈现出规模化、集体化渔船出海作业特征，尤其是在大的渔汛期，此项特征就更加突出。为了确保连艍渔船在海上安全作业，明清两代出台了一项强有力的管理措施，这就是水师监督。明清时代，每当大批连艍渔船向海洋渔场进发时，水师也派队同去。尤其是在明代，兵船同渔船形影相随更是其时海洋社会一大景观。所谓"每年四月出洋时，各郡渔船大小以万计……每府船若干，辅以兵船若干，相须而行"⑤即是这种景观的典型反映。

就实施水师监督的动机而言，明清两代存在一些差异。明代，除了起监控渔船安全作业的作用外，还在相当大的程度上想借助和利用渔船的力量起到维护和巩固海防的作用。正如明人孙原贞所说："体得沿海渔船，熟知海道，不畏风涛，驾驶便捷，远出哨探，战舰不疑，临机得用。……督令沿海府县委官河泊所取勘居民并养鱼户船只，每县定与字号，编定总出甲。……遇有贼船，协助官快船四面夹攻，以取全胜；无警听令捕鱼办课，府县委官河泊所，仍要钤束不许生事。"⑥ 在这种近乎军事化的监督管制下，明代渔船颇有点类似在劳改渔场作业，行动极不自由，用顾炎武的话说就是："编立艍纲纪甲，并立哨长管束，不许挨前落后，仍发兵船数只，惯海官兵统领，于渔船下网处巡逻，遇贼即剿。"⑦ 追根究底，水师监督制度是海禁的必然产物。随着清代海禁政策的

---

① 如据《皇明世法录》卷七五《海防·岭海》载："广东滨海诸邑……令沿海居民各于其乡编立船甲长、副，不拘人数……仍于船尾外大书某县某船某甲下某人十字，翻刻墨填为记，其甲长、副各执簿一扇，备载乡中船数并某船只某项生理，一一直书，每岁具呈于县，以凭查考。如遇劫贼，则被害者能识其船，速投首于甲首副，鸣锣追究，俾远近皆知无字号者即系为非。"
② 《福建省例》"船只如式刊刻油饰书写"，第 716 页。
③ 《福建省例》"船只如式刊刻油饰书写"，第 716 页。
④ 《洋防辑要》卷二《洋防经制》上《稽查商渔船只桅篷》。
⑤ 《天下郡国利病书》，"苏松"。
⑥ 孙原贞：《边务》，《明经世文编》卷二四。
⑦ 《天下郡国利病书》，"浙江下"。

逐渐松弛,此项制度亦随之松弛。不过,由于清代依然实行的是渔船连艕出海制度,而且统治阶级仍以海洋安全为第一要务,所以此项制度在清代依然被承袭下来,只是监控的程度较明代为松。例如康熙五十年(1711年),经闽浙总督范时崇奏议、康熙皇帝批准的水师监督制度即基本上反映了有清一代此项制度实施的实际情况:"惟各省沿海渔船皆令沿海之水师以统之。除台澎渔船隶于台澎两协外,其诏安县之渔船则隶于南澳镇之左营……凡渔船远出外洋酌拨营船随之偕往。凡渔船为非专兼各员比照营兵为盗例处分营员,畏有处分自必跟随渔船远出外洋。……设或偶有贼徒,渔船与战船协力擒拿,人多船众,则贼难免脱。"①这种制度与其说是借助渔民的力量加强海洋防卫,不如说是对渔民心存疑虑,放心不下。这种放鸭子式的渔政管理,极大地限制了渔民的生产自由,对渔业的发展是极为有害的。

3. 其他有关渔船管理的制度

明清时代的渔船管理具有鲜明的严密化和制度化特征。由于明清渔业经济和渔民社会的蓬勃兴起,迫使政府在出台上述主干制度的同时,还出台了一系列的辅助性措施。下面选择几项典型措施作些介绍和说明。

(1)渔船换照

此项措施是渔船给照制度的补充。明清时代,一张船照并非永久性地发生效用,而必须定期地予以更换。换照的一般情形是:"换照必依旧号排次,毋得更改。统限年终各州县通查该管商渔船只曾否回家,如人回而船不回,一面查汛船主,一面申报督抚行知沿海汛口,船无不获。"②雍正年间,换照的期限有所松动:"渔船照票例应年终缴换,但恐出民惮于缴领之烦,且守候稽延或致有误潮信,应请每遇一官到任换照一次。其间船户舵水偶有交易事故更换许即呈报,注明照内。"③

关于渔船换照,这里值得一提的是清代的商渔换照。所谓商渔换照,简言之,就是指商船在渔汛期可改换成渔船执照从事渔业采捕,渔汛期结束后,又换回商照。当然,具体操作程序并非所说的这么简单。具体情况是:"商船每于渔汛期欲出海捕鱼者,赴地方官呈明换领渔照,取具澳甲户族邻佑保结,连艕编甲连环互结,准其入海采捕,俟渔期过后将渔照缴销换给商船印照,该地方官将换领商船印照缘由汇报该上司存查。如过期不归,即严查究汛治罪,不许出海捕鱼。"④此外,在换照的同时,"亦应照渔船新例,于船篷背面及两旁头尾,分别添刊书写,以臻画一。仍着令沿海州县,出示海口,着令该船户自行如式油饰增添"⑤。

我们认为,商渔换照是对渔船规制限定制度的突破,可视为清政府对海洋渔业所采取的一项扶持和鼓励的措施。大型商船加入渔业生产的阵营,自然会有助于提高渔业的生产力水平,因而也就有助于驱动海洋渔业经济的发展。

---

① 《闽浙总督范时崇奏陈海洋弭盗管见折》(雍正五年六月初八日),《雍正朝汉文朱批奏折汇编》第3册,中国第一历史档案馆编,江苏古籍出版社1999年版,第540—549页。

② 《雍正朝汉文朱批奏折汇编》第2册,江苏古籍出版社1999年版,第190页。

③ 《广东巡抚杨文乾奏陈粤省海洋渔船应禁革事宜管见折》(雍正四年十月二十一日),《雍正朝汉文朱批奏折汇编》第8册,江苏古籍出版社1999年版,第305页。

④ 《洋防辑要》,第71—72页。

⑤ 《福建省例》二十三,《船政例·商船换渔照采捕,照渔船新例一体刊书》,第632—633页。

（2）渔船私租及转卖

有鉴于强化对渔船制造和给照制度实行严格管理这一渔船管理前提，所以明清时代对渔船的私租和私自转卖这两种直接扰乱渔船管理秩序的行为是坚决予以反对的。先言私租。无论从哪个角度讲，私租都是与明清渔船管理原则相违背的，因此政府对于这一违法行为是严令禁止的。如雍正元年（1723年）十月正黄旗汉军副都统许国桂在向雍正皇帝《详陈海洋情弊折》中首条即是"商渔船主顶替宜严也"，反对渔船私租行为："外洋为盗必由内地造船。康熙四十二年（1703年）之例，内开确系殷实良民先具亲自出洋保结，然后准其成造等语。今恐日久法弛，船主并不亲身在船，转租他人，一租再租，多系匪人在洋行劫，亦未可定。臣以为船只一经造成，而撩舵斗四项必用本县之人，船主必亲身出洋方有约束。若有假名顶替，以致事犯，船主同坐，该州县失察，一并议处，应通行沿海再行严饬。"①又如乾隆四十一年（1776年）三月二十日福建出台的"申严私租船只之禁"规定："沿海居民北洋生理熟识，即在温、台、福、宁一带租赁船只捕鱼看网为业，饬令彼此各属分别严禁编查……亦应如所请，饬令温、台、福、宁等府所辖各属县，申严私租船只之禁。"②反对渔船私租，主要是担心私租给扰乱海洋安全的"匪人"。如果允许私租，就等于是全盘推翻了整个渔政管理制度。对于谨出慎微的明清政府来说，显然不会做这种自己打自己嘴巴的事。

关于渔船买卖，官府没有采取一刀切的做法。私自买卖自然是明令禁止的，若经过官府批准且办有一定手续，这种行为也还是可以进行的。兹以乾隆四十六年（1781年）十月十九日所定的条例为例："经查船只买卖，在所不免，其弊亦从此而出，嗣后买卖交接之时，必得彼此关查。买船之州县，先须查明得船之人来历，如果实系土著良民，即关会卖船处所查明，实有其船，一面关复，一面开除，将关牌县照详销。买船之州县得有卖船地方官印文，方许具详，奉宪批准之后，再行改烙给照。倘彼此关查，一有其人其船来历不明，即可从此严行根查究办，庶几船只收除，各有档案互相稽查，而匪徒私顶影冒之风，或可稍息。"③这个条例，实际上包含了三项原则：首先是必须经过当地官府的批准、监督并具体办理；其次是卖船者不但船只来路正，而且必须是土著居民；第三是买船主人必须提出申请，经过地方政府审查合格后，才可办理手续。

有关渔船私租和转卖的条例措施，主要是针对跨县、府、省的渔业生产而制定的，旨在通过沿海跨县、跨府、跨省之间的渔政机关的互相配合、互相协调，共同维护国家的海洋安全。

（3）循环簿制度

为了使沿海各汛口官吏对每日出入渔船的数量及行踪有准确的了解和进行严密监控，清代实行了一种新的渔船管理制度，即循环簿制度。这种制度，简言之，就是"沿海各汛督臣各给循环印簿两本，每日登记商渔船只及停泊开行日期等由，俱要开写明白，一月一抚督臣按日查对……如有漏开及开载不明，该管官即提汛并究处"④。具体

---

① 《雍正朝汉文朱批奏折汇编》第2册，江苏古籍出版社1999年版，第189页。
② 《船政例·商渔船只设立循环填注送核》，第634页。
③ 《福建省例》"商渔船只买卖立法章程"，第643页。
④ 《正黄旗汉军副都统许国桂详奏陈海洋情弊折》，《雍正朝汉文朱批奏折汇编》第2册，江苏古籍出版社1999年版，第190页。

地说,就是沿海汛口"各设循环簿二本,一发澳甲,一发口员。饬将出入船只船户的实姓名,于某年月日领结某县某字号照票,现装某货各计若干,报往某处贸易采捕,管驾某人,保结船户行保某人,临出口时柁水有无更换。其有先经出口今始回籍者,亦令照式填注……逐一声明。循来环去,按月送县互核。倘有违例船只,务即禁阻出口,解县汛究,治以应得之罪,船只入官。其循环簿内,如有澳甲未填及填报互异者,其中显有弊窦,即行分别严提该澳甲及守口书役究拟通详,并将该管口员据实揭报。均饬令会同管员画一办理,将逐月所挂出入舡只,造册密送该县查核,以杜澳甲、口书串同填报之弊。该县按月汇造总册,通送备查"①,等等,限于篇幅,其他渔船管理措施便不一一举例叙述了。

(二)渔村的户籍管理

在渔村社会形成、发展及渔村经济组合朝多元化方向发展的明清时代,渔业生产只能视作渔村劳动力最重要的生产行为和经济行为之一,因而渔船管理也就不能涵盖其时渔村渔政管理的全部内容。要做到对渔村全体人口都能进行有效管理,显然还必须借助渔船管理制度之外的更具全面性的管理制度。在明清时代,政府统一推行的根本大法即是渔村的户籍管理制度。

沿海渔村人口同内陆农村人口一样都是国家的编户齐民,自然应毫不例外地接受国家统一的户籍管理。不过,由于内陆与海洋在诸多方面存在着差异性,所以在户籍管理上明清两代就没有采取一刀切的做法。在内陆地区,实行的是保甲制度,简言之,即是"州县城乡,十户立一牌头,一牌立一甲头,十甲立一保长,户给印牌一张,备书姓名丁数,出则注明所住,入则稽其所来"②。而在沿海渔村则同时实行了两种制度:一为澳甲制,一为船甲制。先言澳甲制。澳甲制从形式到内容都是参仿保甲制:"沿海港汉、村庄、岛屿,宜实力编查……十家为甲,设立甲长一人,每编十甲,设立总甲一人,不及十甲者,即按三五甲为一总"③,"严举澳甲以清烟户也。……应就各乡居民多寡,每家设立门牌,将该家长姓名、年岁、生理填明,其同居弟侄及妻子人口,俱逐一附开于后,该县查明用印,按户悬牌。合计某乡某澳居民若干户,每十户举设甲长一人,编列成册,申送院、司、道、府存案。凡十户之内有窝匪藏私、出外为盗,及不法滋事者,俱令甲长严查……其散处烟户,不尽比屋而居,俱以十户为率,责令公举附近甲长管辖"④,"澳有甲,当书某澳、某甲、某户"⑤,"某澳束以某甲"⑥。严格说来,澳甲制是明清整个沿海地区统一推行的一种户籍管理制度,并非渔村所独有,只是相比之下,此项制度在渔村实施得更具体和更严格些。其突出表现是,在渔村,澳甲制除了严格编籍丁户外,还特别严格地加进了编籍渔船的内容,使得渔民的居住和生产的双重活动空间都在澳甲制的严格监控和绳束之下。编籍渔船以稽渔户的具体内容是:"应着澳甲一律查明

① 《福建省例》"商渔船只买卖立法章程",第643页。
② 《钦定大清会典事例》卷二百五十八,《户部·户口·保甲》,商务印书馆宣统己酉五月再版。
③ 《福建省例》二十三,《船政例·筹议海防章程》,第724—725页。
④ 《福建省例》"会议设立保甲条款",第669页。
⑤ 叶春及:《惠安政书》,《图籍问》,福建人民出版社1987年版,第15页。
⑥ 胡宗宪:《广福人通番当禁论》,《明经世文编》卷二六七。

所辖丁户内船若干只,各于门牌内填注。渔船每日采捕,俱令朝出暮归。出洋时查明有无多带食米、淡水及私送火药器械,回时有无夹藏盗赃、衣物、番银等,一经查出,即时送官究治。"①

明清两代政府对沿海渔民除了在陆上渔村严格推行澳甲制外,还同时在海上推行了另一种保甲制,即船甲制。所谓船甲制,简言之,即是以渔船为基本户籍单位的保甲制。推行船甲制的目的有二:一是借此加强对沿海数以万计的以船为家的水上人家疍民的户籍管理。疍民是明清中国沿海一个特殊的渔民阶层。他们"以舟为宅",以渔为生,终年浮荡于海上,"朝东夕西,栖泊无定"②,不能在陆上聚落成渔村,因而澳甲制对他们就无约束力,于是乎,船甲制便应运而生。正如明人周希耀所说:"编甲以塞盗源。……疍艇杂出,鼓棹大洋,朝东夕西,栖泊无定,或十余艇,或八九艇。联合一艐同罟捕鱼,称为罟朋。每朋则有料船一只随之腌鱼,彼船带以济此疍。……弭盗之方总不外于总甲。今议十船一甲,立一甲长,三甲为一保,立一保长,无论地僻船稀,零星独钓,有无罟朋,大小料船俱要附搭成甲编成一保,互结报名,自相觉察,按以一犯九坐之条并绳以朋罟同艐之罪。甲保一严,奸船难闪,则盗薮清而盗源塞矣。"③周氏此则条议在当时即已付诸实施,从屈大均《广东新语》卷十八《舟语》中可得到证实。清代由于疍民"以舟为宅"的水上人家的特性尚未更变,所以船甲制仍是疍民最根本的保甲制。值得一提的是,雍正七年(1729 年)"以广东疍户以船捕鱼,粤民不容登岸,特谕禁止。准于近水村庄居住,与齐民一体编入保甲"④。但据叶显恩先生研究,这只不过体现了雍正皇帝对疍民的悯恻之心和良好的愿望罢了,实际上,直至清末甚至是近代,疍民都未上岸。⑤ 所以雍正皇帝在疍民中推行的与齐民一体编入保甲的想法也只能视作一种良好的愿望罢了。关于疍民的详细情况,本书第三十三章有专门的介绍,兹不赘言。明清时代不仅在水上人家实施船甲制,而且在陆上渔村也实施船甲制,只是两种船甲制在内容和实施目的上有所区别。水上人家的船甲制是一种真正意义上的保甲制,而陆上渔村的船甲制则只是澳甲制的一种补充,其目的是强化对陆上渔民出海作业的管理。这种船甲制也就是我们前文说过的"定例渔船出洋必取十船连艐互结,一船为匪,九船定行连坐"⑥的渔船连环互结制度。虽然此种船甲制更像是一种临时性的渔船生产组织,但由于渔民的生产空间主要在海洋,而海洋的主要生产工具即是渔船,所以"连环结保"的真正目的还是"以收保甲实效也"⑦。

(三)海岛渔政管理

在海洋安全高于一切的原则指导下,对被视为倭寇和海盗经常出没的危险地带海岛的管理,明清两代是格外小心翼翼、警戒有加的。明代,政府对于海岛的管理可谓既

---

① 《福建省例》"会议设立保甲条款",第 669 页。
② 《琼州府志》卷一九。
③ 《琼州府志》卷一九。
④ 《清史稿·食货一·户口田制》。
⑤ 叶显恩:《明清广东疍民的生活习俗与地缘关系》,《中国社会经济史研究》1991 年第 1 期。
⑥ 《闽浙总督满条奏遵旨逐条查覆金铎所陈海疆事宜折》(雍正二年闰四月十三日),《雍正朝汉文朱批奏折汇编》第 2 册,江苏古籍出版社 1999 年版,第 935 页。
⑦ 《福建省例》一三,《户口例·设立保甲事宜》,第 402—407 页。

严厉又简单,实行的是所谓的"虚岛政策"。具体地说,就是强制性地将地处海洋前沿地带、倭寇和海盗经常出没的海岛居民全部迁入内地,禁止海民在海岛从事任何生产行为。① 清初,虚岛政策仍是清政府所奉行的海岛管理政策,尤其是迁界时期,此项政策更是被执行到了不折不扣的巅峰地步。随着迁界令的解除和海洋社会的渐趋安稳,虚岛政策就逐渐被海岛开发的浪潮所冲垮,代之而起的是开放性的管理措施不断出台。因此,从渔政管理的视角来看,迁界令解除以前,海岛(这里所指的是实施虚岛政策的海岛)是无渔民开发渔业可言的,因而也就谈不上有什么具体的渔政管理措施了。真正的海岛渔政措施的出台,应该讲是在康熙二十二年(1683 年)之后。随着迁界令的解除,封禁的岛屿便逐渐向包括渔民在内的海民开放。这里所说的"逐渐",实际上包括两方面内容,一是对于封禁的岛屿政府并非一夜之间就全部予以开放,而是在开放其中的一部分岛屿的同时,仍照例封禁其他的岛屿,只是随着时间的推移,封禁的岛屿便逐渐减少。例如直至乾隆五十九年(1794 年),仅浙江一省就有 11 个岛屿仍在封禁之列。② 道光年间(1821—1850 年),封禁政策仍然有遗存。③ 对于封禁的岛屿,清政府的态度是不允许渔民登岛开发的,用官方的话说,就是各省海岛"应封禁者不许渔户札搭寮棚居住采捕"④。"逐渐"的第二项内容是,对于已弛禁的海岛,清政府也不是一下子就将海岛的门户全部打开,同样有一个逐渐的启动过程。例如对于渔民在海岛搭寮施网的管理态度的转变过程就典型地反映了这一特征。直到康熙五十年(1711年),政府对于渔民在海岛所进行的此项渔业开发活动都是持反对态度的。⑤ 到雍正四年(1726 年),政府的态度已有较大的松动。⑥ 直至乾隆五十五年(1790 年)渔民在海岛从事此项渔业生产行为才取得合法地位。⑦

对于弛禁的岛屿,清政府所采用的渔政措施与陆地渔村并无特别不同之处,只是在实力稽查方面,岛屿较陆地为严。清政府派兵对海岛进行渔政稽查是全方位的。既以就地编立保甲的方法稽查定居的渔民,也以武力巡察临时性搭寮施网的渔民。稽查的重点有三个:一是稽查有无奸匪混杂其中,若有,则予以严惩,即所谓"如有盗匪混入及窝藏为匪者,一经查出即将该犯所住寮房概行烧毁,俾知警惧"⑧。二是稽查渔民有

① 参见欧阳宗书:《明代渔禁对沿海渔村社会的影响》,《中国社会经济史研究》1995 年第 3 期。
② 《钦定大清会典事例》卷二五八《户部·户口》载,乾隆五十九年(1794 年)"浙江嘉兴、宁波、台州、温州四府,并玉环厅所辖各岛,共计五百六十一处,向有居民,准其居住者一百七十有七处,原应封禁应行驱逐者十一处,内除宁海县所辖之南山等四处,业经迁徙外,其余太平乐清二县所辖之柳机山等七处海岛居民,居住年久,概行驱逐不免流离失所,准其照旧居住,毋许再行私添偷住。并无居民海岛共四百六处"。
③ 参见《洋防辑要》卷二《洋防经制》上《稽查海岛居民渔户》,第 81 页。
④ 参见《洋防辑要》卷二《洋防经制》上《稽查海岛居民渔户》,第 81 页。
⑤ 康熙四十九年(1710 年)浙江温州镇标左营水帅千总郭王森在向康熙皇帝条陈海防十事折本中就特别提出"海山搭盖篷厂每年请开四月之禁以裕穷民也"。而此项奏议遭到了皇帝的否决。见《雍正朝汉文朱批奏折汇编》第 3 册,江苏古籍出版社 1999 年版,第 359—365 页。
⑥ 参见《浙江巡抚李卫等奏报查勘浙江洋面玉环山情形并陈募民开垦拔兵设汛管见折》(雍正四年十一月二十日),《雍正朝汉文朱批奏折汇编》第 8 册,江苏古籍出版社 1999 年版,第 476 页。
⑦ 乾隆皇帝谕:"所有各省海岛,除例应封禁者,久已遵行外,其余均着令仍旧居住,免其驱逐。至零星散处人户,僻处海隅,地方官未必能逐加查察。所云烧毁寮房,移徙人口,亦属有名无实。今各岛聚落较多者,已免驱逐。……而渔户出洋采捕,暂在海岛搭寮栖止,更不便概行禁绝。……自应听其居住,毋庸焚毁。"见《钦定大清会典事例》卷二五八《户部·户口》。
⑧ 参见《洋防辑要》卷二《洋防经制》上《稽查海岛居民渔户》,第 81 页。

无超过期限采捕,若渔汛期结束后尚稽延时间,则派兵强行驱逐。如乾隆五十四年(1789年)谕旨:"其有渔户就山搭寮者,一过渔期,即行拆毁。"①乾隆五十九年(1794年)复准:"(浙江)其渔汛时暂行搭寮二十七处,事毕即令拆逐,毋使稍有容留。"②三是稽查出入海岛的渔船,即所谓"其渔船出入口岸务期取结给照,登记姓名,倘渔船进口时藏有货物,形迹可疑,即将严行盘诘无难,立时拿获地方官"③。

二 渔政管理实际效果评估

以上我们从三个大的方面对明清海洋渔政管理作了粗线条的介绍和描述,下面拟就其实际效果作一评估。

由于明清时代的渔政管理是其时整个海洋管理的一项重要内容,渔政制度的制定及渔政措施的出台都是紧紧围绕海洋安全第一的中心原则而展开的,所以从中央到地方对渔政管理都不敢等闲视之。一般说来,出台的渔政制度和措施都能在短期内得到贯彻实施。如雍正元年(1723年)六月初八日雍正皇帝下达清字朱谕一道给广东总督:"着将出海民舡按次编号刊刻大字,舡头桅杆油饰标记等因,钦此。"同年七月二十八日,广东沿海渔船便率先在全国完成了此项重大的渔船管理任务。④ 次年(1724年)闰四月十三日,福建、浙江两省渔船也悉数完成了同样的任务。⑤ 又如渔船的领照制度、连艅互结制度、渔村的澳甲制度等,在其时的沿海渔村都是一以贯之的渔政制度。因此,从明清渔政管理者及渔政制度的制定者的视角来看,其时的渔政管理还是基本上起到了维护国家海洋大局安全的政治作用的,渔政管理的出发点和终极点还是大体在一条直线上。换言之,从正面来评估,其时的渔政管理在形式上还是基本上达到了管理者的预期效果的。但是,渔政管理的直接对象毕竟还是广大的渔民及其生产和社会行为,因此,要对其时的渔政管理的实际效果作出客观评估,就不能不以渔民和渔业生产为参考系。虽然明清两代统治阶级主观上都只是将渔政管理当做海洋安全管理的一个重要组成部分而加以管理,而不是将如何有利于渔业经济的发展当做渔政管理的目标,但渔政制度的制定者及管理者实际面对的毕竟是以海为生的渔民,以限制和阻碍渔业生产和渔业经济发展来获取海洋社会的暂时安宁毕竟是与广大渔民求生存、求发展的要求相矛盾的,因而势必要遭到渔民的反对和抵制。这种反对和抵制的力量随着渔民社会的发展而不断强大,并自始至终直接影响着政府渔政管理的执行效果。此外,渔政管理制度本身缺乏科学性、系统性和周密性,渔政管理队伍存在腐败性,也是直接影响其时渔政管理执行效果的重要原因。因此,我们若从这些方面来考察其时

---

① 《福建省例》二三《船政例·会议澳甲条款》,第671页。
② 乾隆皇帝谕:"所有各省海岛,除例应封禁者,久已遵行外,其余均着令仍旧居住,免其驱逐。至零星散处人户,僻处海隅,地方官未必能逐加查察。所云烧毁寮房,移徙人口,亦属有名无实。今各岛聚落较多者,已免驱逐。……而渔户出洋采捕,暂在海岛搭寮栖止,更不便概行禁绝。……自应听其居住,毋庸焚毁。"见《钦定大清会典事例》卷二五八《户部·户口》。
③ 参见《洋防辑要》卷二《洋防经制》上《稽查海岛居民渔户》,第81页。
④ 《两广总督杨琳奏报出海民船通行编号并缴朱谕折》(雍正元年七月二十六日),《雍正朝汉文朱批奏折汇编》第1册,江苏古籍出版社1999年版,第717页。
⑤ 《闽浙总督满条奏遵旨逐条查覆金铎所陈海疆事宜折》(雍正二年闰四月十三日),《雍正朝汉文朱批奏折汇编》第2册,江苏古籍出版社1999年版,第935页。

的渔政管理,就会发现其实际效果与统治阶级的初衷大相径庭,甚至可以说,总体上是失败的。下面具体地分析其中几项重要的原因。

(一)渔政管理制度和措施缺乏严密性和科学性

在中国古代海洋渔政管理发展史上,明清时代是极为重要的历史时期,虽然在统治阶级的眼中渔业只是蝇头小利而不被重视,但由于渔政管理事关国家海洋安危大局,故统治阶级对此皆重视有加。所以明清时代各种渔政管理制度和措施便蜂拥而出,这是前所未有的。不过,因它们多为政治产物,具体地说多为海洋安全压力的产物,故以应急应时、头疼医头、脚疼医脚者为多。这就势必造成整体的渔政管理政策缺乏系统性、周全性和科学性,从而导致渔政制度和措施在具体的执行过程中造成上有政策、下有对策及顾此失彼的现象产生,进而影响全局性渔政管理的科学化、系统化的进程。例如,渔船管理是明清渔政管理的重心所在,中央和地方都出台了许多具体的、可操作性的措施,可是由于考虑不周,直至康熙五十二年(1713年)以前连渔船同商船及商船的外形区别标志都未制定出来,从而造成了渔船管理乃至整个海洋船政管理诸种弊端的产生。① 又如,限制渔船规制可谓明清渔船管理的一项重要内容,出台的措施亦可谓严格,执行亦有力度,只是措施本身缺乏周全性从而影响了管理效果。仅以雍正朝为例,雍正年间限制渔船规制仍是沿袭传统的做法,即主要限制梁头,其目的也是使渔船失去远洋能力。这种做法固然抓住了主要矛盾,但并不能从根本上解决问题。在渔船制造技术高度发达的清代,渔民在渔船梁头受限的情况下,巧妙地作横向发展,即扩大船腹以弥补梁头之不足。如雍正年间广东沿海大量涌现出一种适于远洋捕捞的拖风船。官府对此自然是强加限制,使其梁头限制在五尺以内,而渔民凭借其高超的造船技术则制定了相应的对策,即"将丈量之梁头则遵照五尺,即有略宽者亦相去不远,其船腹则渐宽大,盖板仍复私用",因而"依然可以冲风破浪",赴远洋作业。② 此外,为了弥补梁头之不足,渔民在寻求向船腹宽大方向发展的同时,还在船篷上巧加改进,即将布篷改成篾篷,"盖篾篷风力甚大,其在海洋尤为便捷",因而同样可补梁头矮出之不足。③ 再如关于渔船刊号书篷管理,雍正年间题定:"内外洋大小船只,毋论布篷、篾篷俱于篷上书写州县、船户姓名,仍于船尾刊刻姓名、州县。复因商渔书写刊刻之字号细出模糊,易滋弊窦,又经题定,篷上字画定以径尺,船头两舨刊刻字号不许模糊缩出。乾隆年间,又经定例,沿海一应采捕及内河通海之各色出艇,亦照商渔取结给照,一体编烙,刊刻书篷,以便稽查。又经浙藩司详定,通行闽浙两省,船大者于两**舷**及头尾刊刻省份、县份、船户姓名、字号,船出者止于两**舷**刊刻省份、县份、船户姓名、字号。"④定例可谓细密,但渔民仍是找出了许多对策:"渔船篷号直书其姓名,书在篷

① 《江宁巡抚张伯行奏为再进濂洛关闽书籍并海船情形折》(雍正五年十一月二十六日),《雍正朝汉文朱批奏折汇编》第5册,江苏古籍出版社1999年版,第274—279页。
② 《广东总督杨琳奏陈整饬粤省渔船管见折》(雍正二年二月十五日),《雍正朝汉文朱批奏折汇编》第2册,江苏古籍出版社1999年版,第605页。
③ 《正黄旗汉军副都统许国桂详奏陈海洋情弊折》,《雍正朝汉文朱批奏折汇编》第2册,江苏古籍出版社1999年版,第189—190页。
④ 《福建省例》二三《船政例·船只如式刊刻油饰书写》,第616—617页。

底下截,刊刻字号、县份、姓名,仅在两旁舣边,并将姓名间有排在水仙门板上刊刻。而出洋捕鱼之后,如系宵出起意劫窃,将篷蹲下,姓名不见。且用旧篷在于字上遮拦,更使灭迹。其进口时,将旧篷移过,仍以遵书篷号安分之船。至两旁刊字,或用泥涂抹,或用板遮掩,甚至将水仙门板脱下,则其姓名均难识认,不惟事主无从指报跟缉,而游巡舟师虽梭织哨捕,亦难骤于追获。"①对于这种顾此失彼的管理弊端,官方只怪守口员弁稽查不力,实际上问题出在政策制定者本身。政策制定者一方面制定出刊号书篷的细节,另一方面又急功近利,"通饬沿海各属遍行出示晓谕,将境内渔船,着令渔户自行如式刊刻书写"②。这就犹如将绳子发给渔民让他们自缚,自然就会大有做手脚的余地。足见其政策欠周全性和科学性!

总之,明清时代出台的应急性渔政措施大多缺乏严密性和科学性,这就决定了它们在具体运作过程中的实际效果要大打折扣。

(二)渔政官吏腐败

明清两代尤其是清代的渔政条文有一显著特征,那就是一般都含有对渔政官吏予以奖惩,尤其是对失职官吏予以惩处的具体文字。例如明人周希耀在"清料船以靖海氛"的条文中规定:"凡料船腌鱼者,许经纪赴县报名具结……哨兵不得生事……兵役故纵,一体坐罪。"③又如明正统十年(1445年)七月乙丑,经英宗皇帝批准:"严私下海捕鱼禁。……敢有私捕及故容者悉治其罪。"④再如清雍正六年(1728年),孔毓珣在《会议杨文乾覆奏广东渔船折》中第一条就是向皇帝陈奏如何惩治失职官吏:"臣等遵照定例历经饬禁,现在沿海将备等官俱系出具印结分送衙门查核,恐有阳奉阴违,应照抚臣杨文乾所奏将陋规开明勒石永禁,责令道府稽查,按季出结,不论文武大小概许揭报请参,如道府不揭,另有发觉,请以徇庇例并参议处再请。如文员有犯,亦许武职揭报。庶文武互相稽查,立法更为周密。至于总兵为武职大员,倘有违犯,请于参疏内声明,请旨加倍治罪,自知儆惕畏惧矣。"⑤例子不胜枚举。之所以在渔政管理条例中大量出现此类文字,并非是行官样口号或做表面文章,而实实在在地是因为地方官吏的腐败已严重影响了中央渔政政策在地方上的贯彻执行。

清咸丰元年(1851年)七月初四咸丰皇帝曾说过这么一句话:"惟立法尤贵得人,若地方官不能实力办理,该管上司又不能实力稽查,必致良法徒托空言,且易启胥吏扰累等弊。"⑥此话虽仅仅是咸丰皇帝针对福建沿海官吏在推行澳甲制时办事不力而说,我们则认为它道出了整个明清时代渔政管理中共同存在的一项积弊即渔政管理官吏腐败。渔政官吏的腐败犹如附着在明清渔政管理体系中的寄生虫,自始至终存在且越来越严重。腐败最典型的表现形式则是利用职权之便对广大渔民进行敲诈勒索。例

① 《福建省例》二三《渔船饬令照式书写分别刊刻船户姓名字号》,第621—623页。
② 《福建省例》二三《沿海各属渔船仍照议定章程着令船户自行如式刊刻书写》,第628—629页。
③ 明谊修、张兵松纂:道光《琼州府志》卷一七下《船政》,台湾成文出版公司据光绪十六年补刊本影印,第435页。
④ 《明英宗正统实录》卷七。
⑤ 《两广总督孔毓珣等奏覆会议广东渔船事宜折》(雍正六年三月二十二日),《雍正朝汉文朱批奏折汇编》第2册,中国第一历史档案馆编,江苏古籍出版社1989年版,第6页。
⑥ 《福建省例》一三《户口例·举行保甲,现复参酌旧章,饬属认真编查船户、棚民具奏》,第424页。

如清代沿海各地都存在官吏向渔民勒索银两的陋规。兹以雍正年间为例。据广东提督董象纬查实，广东拖风船"向不符于定例也"，"又查得此等船只文武员弁俱有陋规，武弁按年每船十二两或十六两，文员于每年换给照票则较武弁加倍。揆厥由来皆执违式二字得以勒索，及遂其欲则船之奸良竟置之不辨"①。在广东，不但拖风船有陋规银，其他渔船同样存在。正如广东巡抚年希尧所说："广东沿海捕鱼渔船俱编有字号朝出暮归，不许出海过夜。似此稽查严密，渔船何能作奸？奈有不肖汛弁勒索渔船规例，海船每季勒银一二两不等，每年计算不下数百两。"②广东如此，浙江亦不例外。雍正三年（1725 年）七月初三日温州总兵边士伟在向皇帝奏报他的访察结果时说："随查温属各澳渔船每年有总兵陋规银二千余两。"③福建更非净土。雍正七年（1729 年）九月初六日福建观风整俗使刘师恕上奏说："莆田县涵江口乃渔船出入之所，臣亲往查验。……兵役借端需索诚为积弊，及面询各渔户，俱云涵江巡检司向有陋规，每船要钱三百四十文，出入都有。"④渔政官吏对渔民所进行的敲诈勒索当然不仅仅限于渔船陋规银上，而是渗透到渔政管理的方方面面。请看下面几则材料：

（1）验烙给照及澳甲管理

商渔船只验烙给照，原为杜弊起见，乃沿海各属冀得规利，或将船照先用空白发给船房，奸胥蠹役无弊不作。至各澳保甲，例应一年一换，以防日久滋弊。风闻近来皆系衙门蠹役及汛兵包庇，专用土豪奸棍，任其日久把持，以冀分肥获利。⑤

（2）渔船买卖及牌照管理

管船兵役、澳甲串通行保，包揽商贩渔民赴澄（海澄，引者注）领照，从中渔利，遇有船只失水朽坏，将旧照匿不缴销，存留私售，影冒别船，或船只已卖他邑民人，该船胥澳保受贿不报，仍用澄照驾驶。⑥

（3）渔盐管理

崇武三面环海，大利归鱼，商人皆贩鱼营生，渡船亦载鱼糊口。历来所有鱼货，或鲜炊，或腌浸、盐炊为脯，应用盐者，自应赴馆照配征课，至贩买生鱼无用盐者，自不应配课，近因哨捕多作奸弊，凡欲贩腥进郡发售，出船渡载，哨捕屡欲逆加私利，索钱担廷，以致馁败。⑦

（4）渔船规制管理

地方官吏于丈量给照时则指其违式得索陋规，守口兵弁亦执其违式得勒馈送，而

① 《广东提督董象纬奏复拖风船及违式渔船始末情弊并酌筹取结连坐及严饬地方官实力奉行折》（无具体时间奏折），《雍正朝汉文朱批奏折汇编》第 33 册，江苏古籍出版社 1999 年版，第 84—85 页。
② 《署广东巡抚年希尧奏报地方应行事宜折》（雍正元年六月初三日），《雍正朝汉文朱批奏折汇编》第 1 册，江苏古籍出版社 1999 年版，第 481 页。
③ 《浙江温州总兵边士伟奏陈革除渔船陋规以靖海疆管见折》（雍正三年七月初三日），《雍正朝汉文朱批奏折汇编》第 5 册，江苏古籍出版社 1999 年版，第 452 页。
④ 《福建观风整俗使刘师恕奏报巡历兴化泉州地方情形折》（雍正七年九月初六日），《雍正朝汉文朱批奏折汇编》第 6 册，江苏古籍出版社 1999 年版，第 553 页。
⑤ 《福建省例》"会议设立保甲条款"，第 672 页。
⑥ 《福建省例》二三《船政例·商渔船只买卖立定章程》，第 643 页。
⑦ 《崇武所城志·碑记》，载《惠安政书》，第 103—104 页。

渔民亦恐一遵定式即不能采捕资生,甘心馈献。①

(5)渔船出入口管理

出口入口一切挂号地方俱有千把扼守盘查,原以弭盗安民。往往有不肖之徒假题勒索,情属可恶。②

由此足见渔政管理的方方面面都存在官吏勒索渔民的腐败现象,而且参与勒索的官吏也遍及渔政管理的各个阶层,甚至为了获取私利而发生越职勒索行为。营员及汛口员弁滥给牌照即属典型之例。按照渔政管理制度规定,渔船牌照应由本州县地方长官颁发,其他部门无此特权,而在其时,为了分获私利,营员和汛口员弁也干起了此等营生,如康熙五十年(1711 年)二月初七日温州镇标左营水师千总郭王森在向康熙帝条陈海洋十事折中的第六条就提到:"渔船自闽而来向俱用县照。近来到浙竟有使用营员牌票以作护身符者,不肖营员俱有分规贡献,不辨奸良,一概给与牌票。渔船有牌为据,公然备置军器,扬帆来往乘便劫掠,守汛千把以有上司牌票在船不敢盘诘。此但知利己而不知损民,名为防贼而实则纵贼也。"同年三月初四日范时崇就郭王森的条议向皇帝提出了对策:"臣查商渔船只定例州县编号给照,嗣后渔船如有营员擅行给牌无作奸犯科者,给牌营员降二级调用,倘有藉牌为非者,给牌营员革职。"③非但营员滥结牌票,守口汛弁同样如此。这一点,仅从清嘉庆年间颁行的《洋政条例》第七条"严禁汛弁滥给出照"的标题中即可看出。④ 营员和汛口员弁执法犯法,其后果是极为严重的:为了分获私利,将"军用"牌照卖给渔民,使渔船堂而皇之地扬帆往来,而且备有武器,对官方的渔政管理制度的执行自然形成巨大阻碍;执法队伍如此玩忽职守,腐败堕落,中央的周密的管理措施,只能成为一纸空文。

渔政管理官吏以权谋私、玩忽职守的必然结果就是直接扰乱渔政制度、政策及措施在地方上的贯彻执行。基于这种管理现实,难怪当时的官府要发出这样的感叹:"惟是有治人无治法,检查旧案,所有杜弊防奸之法,何尝不慎密周详,皆由官则视为具文,吏更藉为利薮,此徒法不能以自行也。"⑤

官吏腐败不但祸国,更是殃民。明清渔政管理的方针本来就不是以如何有利于渔业发展为着眼点,而官吏的敲诈勒索更使得渔民犹如雪上加霜,为了生存,他们不得不忍辱负重,任官吏宰割。只有在被逼无奈的情况下,他们才会作出不同程度的反抗,这一点,连康熙皇帝都深表理解。康熙五十五年(1716 年)正月十九日康熙皇帝就对海坛总兵程汉鹏讲过这么一段话:"福建海外没有什么大岛屿可以藏贼,不比尽山花鸟,朕知俱是渔船上的人。且守口的兵渔船出入俱要钱,譬如打有鱼的有钱给他,打不出鱼的哪里的钱给他? 没钱不得进口,又回不得去。没奈何抢人东西食,一个船抢食,两

① 《广东总督杨琳奏陈整饬粤省渔船管见折》(雍正二年二月十五日),《雍正朝汉文朱批奏折汇编》第 2 册,江苏古籍出版社 1999 年版,第 605 页。

② 《正黄旗汉军副都统许国桂详奏陈海洋情弊折》,《雍正朝汉文朱批奏折汇编》第 2 册,江苏古籍出版社 1999 年版,第 189—190 页。

③ 《闽浙总督范时崇为遵旨议覆郭王森条陈海防十事折》(雍正五十年三月初四日),《雍正朝汉文朱批奏折汇编》第 3 册,江苏古籍出版社 1999 年版,第 332—333 页及第 359—360 页。

④ 《福建省例》二三《船政例·洋政条款》,第 705 页。

⑤ 《福建省例》"会议设立保甲条款",第 669 页。

个船抢食，就成贼了。"①足见罪魁祸首是守口兵弁。又如康熙五十一年（1712年）五月十九日台州燕海坞发生了渔民杀死六十余名兵丁的事件，究其原因仍是因官吏腐败被逼所致："先年黄岩有一韩总兵招人在汛地方搭厂捕鱼做鲞，每一只船要银四两，总兵衙门竞相沿为例。近来蒙万岁差看海大人至黄岩，而总兵李近恐大人见厂未便，预先尽数烧毁，所以众人怨恨……"②官吏的腐败与渔民的反抗有极为自然的因果关系，无论其交互作用的程度轻重与否，对渔政管理都会形成一种冲击，区别只是力量存在大小而已。

（三）中央与地方分歧造成管理不一

明清时代许多渔政管理政策在具体的贯彻执行过程中都像大海中的扁舟一样，时左时右、时上时下地摇晃，从而影响了它们的执行效果。导致这种政策在执行过程中出现重大摇摆现象的最主要原因，即是渔政管理阶层本身存在着意见上的分歧。可以这么认为，在明清时代，整个海洋渔政管理阶层在渔政管理问题上始终都未达成认识上的统一，相反，意见分歧甚至对立的现象则是随处可见，而认识上的分歧自然会影响行动上的统一。例如对于在海禁时期是否实行渔禁，明清两代从中央到地方都是意见不一，最后虽然在强大的政治压力下实施了渔禁政策，但在具体的执行过程中却出现了不同的情况，大多数渔政官吏与中央保持一致，但也有不少官吏做出了相反的行为。如据光绪《镇海县志》卷二十三《人物传》三"向应龙传"载，向氏生于明季，世官指挥，"值明季多盗，严禁山海，樵渔大困。应龙曰：'备寇有方，不在厉禁也'，命采捕如故，穷氓皆便之。"向氏置森严的海禁政策于不顾，命渔民照常从事渔业生产，就是与朝廷唱对台戏。又如康熙年间，福建宁德"海禁甚严，民坐困"，县令程像"弛禁，许民捕鱼，民赖以生"③，同样是逆中央之道而行之。迁界令解除以后，是否允许渔民在海岛搭寮盖厂，地方长官意见也非常对立。如郭王森就向皇帝建议在每年四月开禁："海山搭盖篷厂，每年请开四月之禁以裕民也。"而范时崇则极力反对："海山盖篷最易丛奸……禁之则良民未即为盗，不禁则奸民更多接济，禁之已久此条应无庸议。"④对于清初广东沿海出现的拖风船，朝廷和地方官吏处理意见也分歧很大：海禁派则采取强硬态度，主张尽行拆毁；而弛禁派则表现出宽容的态度，主张限期改造、不再发展⑤等等。每一种意见实际上即指导了一种管理行为，其矛盾斗争的结果必然就会使中央既定的方针在基层发生摇摆、松动和移位。

（四）来自渔民社会的冲击

应该讲，影响明清渔政管理效果最重要的因素还是来自渔民社会的强大冲击力。

① 《海坛总兵程汉鹏奏报钦遵圣训严禁兵丁勒索渔船折》（康熙五十五年五月十七日），《雍正朝汉文朱批奏折汇编》第7册，江苏古籍出版社1999年版，第100—103页。

② 《苏州织造李煦奏报台州燕海坞渔民起事原由等情折》（雍正六十一年八月初八日），《雍正朝汉文朱批奏折汇编》第4册，江苏古籍出版社1999年版，第380—381页。

③ 卢建其修，张君宾等：乾隆《宁德县志》卷三《秩官志·政绩》。

④ 《闽浙总督范时崇奏为遵旨议覆郭王森条陈海防十事折》（雍正五十年三月初四日），《雍正朝汉文朱批奏折汇编》第3册，江苏古籍出版社1999年版，第332—333页及第359—360页。

⑤ 此类例证，《雍正朝汉文朱批奏折汇编》中极多。

由于明清渔政管理的大政方针是与渔业社会经济的发展相矛盾的,所以必然要遭到其时逐渐形成和不断发展的渔民社会的反对和冲击。这种求生存、求发展的冲击力是极为强大的,正是在它的作用下,才使得明清渔政管理出现貌合神离;同样是由于它的驱动,才使得明清海洋渔业经济取得了前所未有的发展。

我们认为,明清时代是中国海洋渔政朝着全面、系统及法制化管理方向发展的时代,尽管其管理的宗旨及手段有不尽科学和合理之处,但总的看来对我们今天的海洋渔政管理还是有不少借鉴之处的。明清渔政管理政策、制度、措施在具体的执行过程中之所以出现动摇、移位或形式和内容相分离,并非因为政策、制度本身不严密,渔政管理队伍用力不足,而实实在在是因为广大的以海为田的渔民求生存、求发展的力量势不可挡,而且随着明清整个海洋社会经济的蓬勃发展,海洋渔业社会经济冲破渔政管理的藩篱勇猛向前已成为不可逆转的历史潮流。

第三十三章
明清时期的航海与造船业

郑和下西洋是明清时代航海与造船业的分水岭。郑和航海的空前盛举,加深、扩展了中国与海外各国之间的相互了解,发展了彼此的友谊;对于中国和东、西洋各国的社会经济,起了有益的推动作用;对我国古代近海和远洋航路的发展,作了一个很好的总结。明清时代,南海和印度洋上的"西洋"航路,在郑和下西洋时期有了极大的发展,郑和下西洋之后,航路发展集中于"东洋"海域。郑和七下西洋的盛事,把中国传统的航海业、海路开辟和造船技术推进到空前的鼎盛时期。明清两代的海舶类型更加多样,装备更加完善。但多次海禁阻碍了海舶制造的正常进行,自明中期开始,造船业明显由盛而衰,民船制造业在夹缝中求生,漕船与战船等官船的规模亦不及往昔。

第一节 旷世之举:郑和下西洋[①]

郑和下西洋为明代对外关系和中西交通史上的一件大事,它不仅是中国海外交通史上重要的里程碑,而且在世界航海史上也占有重要的地位。从明成祖永乐三年(1405年)至明宣宗宣德八年(1433年)的28年间,郑和船队经东南亚、印度洋,最远到达红海与非洲东海岸,遍访30多个国家和地区,所至国家和地方之多,其地理范围之广,所用船舶之大、之多,无论在中国历史上还是在世界历史上,都是没有先例的。郑和使团所创造的这一辉煌的惊世业绩,使中华民族的声望远播于海外,不断地激发起中国人民的爱国热情和民族自豪感。"自和后,凡将命海表者,莫不盛称和以夸示外番,故俗称三宝太监下西洋,为明世盛事云。"[②]

一 郑和下西洋的背景与性质

郑和(1371—1433),云南昆阳州(今云南晋宁县)人,回族。本姓马,小名三宝。洪武十五年(1382年)明军攻云南时被俘入宫,后拨在燕王朱棣府中听用。朱棣发动"靖难之役",抢夺皇位,郑和立下了功劳。永乐二年(1404年),赐姓郑,始名郑和。永乐三年(1405年),他以内官监太监的身份,率领将士水手以及其他人员共27000余人,

---

① 此部分内容主要参见章巽:《中国航海科技史》,海洋出版社1991年版,第128—169页。
② 南京图书馆藏清佚名《明史稿·郑和传》。

乘坐各式海船 200 余艘,首次远航,取得了成功。自此以后,又连续进行了六次远航,直到宣宗宣德八年(1433 年)郑和领导的大规模航海活动才告结束。宋、元时期,人们将我国以南的海洋区分为东、西洋,郑和每次航行,都以西洋为目的地,因此民间习惯称为"郑和下西洋"。

郑和下西洋是明朝初期大力发展海外交通的产物。中国是一个海岸线很长的国家,海域非常辽阔。通过海路交通海外各民族,恢复和建立与亚非诸国的邦交,成为明初外交活动的主要内容。郑和下西洋就是为适应明初发展海外交通的需要,出现于 15 世纪初的历史舞台上的壮举。因此,明代初期,尤其是永乐大帝朱棣执政期间,明朝政府对海外诸国所奉行的方针政策,决定了郑和下西洋的性质。明王朝是由明太祖朱元璋创立的,但最终使朱明政权得到巩固,得以世袭相传的,则是明成祖朱棣。朱元璋和朱棣针对明初国内外形势,制定了一系列比较明智的对外政策。所不同的是,明成祖"锐意通四夷",向往在临御之年,中国出现一种为前代所未曾有过的天下太平、万国咸宾的盛世。因此,与明太祖朱元璋相比,明成祖朱棣更加重视发展与海外诸国的友好关系,相应地在对外方针政策上又有新的突破。郑和下西洋的过程中,忠实地执行了明初对外的方针政策,使之成为指导郑和使团进行广泛的外交活动的基本原则。

首先,让我们分析一下明初国内政治经济总的发展趋势,以对明初对外方针和对外政策产生的社会基础,有一个概括的了解。

明朝建国以后,以朱元璋为首的封建统治者,吸取了元朝灭亡的一些历史教训,励精图治,力求国家富强,采取了一系列恢复生产、扶植工商、发展经济的措施。经过元末农民战争之后,土地集中的趋势得到缓和,自耕农的数量大大增加了,为恢复农业生产创造了有利条件。明初又以各种积极措施,如把农奴和奴婢解放为自由民,限制官私奴婢的数目,大力开垦荒地,兴修水利,移民屯田,注意改良土壤及革新农具,推广经济作物的种植,减轻田赋与徭役,严惩贪污等等,激发了广大农民的生产积极性,使农村经济很快得到了恢复和发展。据统计,洪武元年全国垦田数字为 180 多万顷,到了洪武二十六年(1393 年),就翻了几番,激增至 850 多万顷,农村出现"骎骎无弃土"①的兴旺景象。

手工业方面,明初规定工匠在应役之外,允许个人自由从事商品生产,刺激了手工业者努力提高生产技术。工业方面,具有资本主义萌芽因素的矿冶、纺织、陶瓷、造船等工业部门都有了较大发展。官方在铜、铁产地设立冶炼所,进行较大规模的生产,同时奖励民间开采冶炼。全国一些大城市建立起很多丝织厂,招收大批工人,使用提花机和其他机器进行生产。陶瓷业迅速发展成为大规模的手工工场,出现了景德镇这样的瓷器生产中心——拥有官窑、民窑 3000 多所,年产精美瓷器数以百万计。造船业居于世界领先地位,在南京龙湾建立了大规模的龙江造船厂,能造载重千吨以上的远洋巨舶。

商业方面,明初针对元代弊政,于洪武十三年(1380 年)裁撤了全国的税课司局 354 所,改由各府州县直接征税,税率很低,规定"凡商税三十取一,违者以违令论"②。

---

① 《明史》卷七七《食货志·田制》。
② 《明史》卷八一《食货志·商税》。

农具以及军民嫁娶丧葬之物、舟车丝布之类全部免税。① 由于农业、工业与手工业生产都迅速得到恢复和发展,货源充足,加以对商业采取了一系列保护性的措施,商业经济也很快繁荣起来。明初,不仅一些大城市"以是薪粲而下,百物皆仰给于贸易"②,就是一些中小城镇,也都成为"商贾往来兴贩"的场所。永乐时,运河沿岸的淮安、济宁、临清、德州等地,"四方百货,倍于往时"③。作为全国工商业集散中心的 33 个大城市也形成了,商业贸易日趋繁荣。

明初农、工、商业的迅速发展,带来了社会经济的高度繁荣,"是时(指洪武、永乐间——引者)宇内富庶,赋入盈羡,米粟自输京师数百万石外,府县仓廪蓄积甚丰,至红腐不可食"④。在中国漫长的封建社会里,汉朝有过"文景之治",为封建社会初期的盛世;唐朝曾出现"贞观之治",为封建社会中期的盛世,到了明朝"洪、永、熙、宣之际,百姓充实,府藏衍溢"⑤,"仓廪充积,天下太平"⑥,又出现了封建社会后期的盛世。"衣食足而知礼义",当时社会风气也为之一新,"一时士大夫崇尚礼义,百姓乐利而重犯法,家给人足,外户不阖"⑦,"人间道不拾遗,有见遗钞于途,拈起视,恐污践,更置阶圮高,直不取也"⑧。在一个统一的封建大国中,出现这样的太平盛世,这在中外历史上还是罕见的。虽然,当时封建统治阶级的上层,还存在着比较尖锐的矛盾,以致出现了建文时的"靖难之役",但这对国家大局并无严重影响。总的来看,从洪武至宣德年间,国内政治经济形势还是比较好的,阶级矛盾较为缓和,因此在对外方针上,封建统治者既不必发动侵略战争以转移国内人民的视线,又用不着靠掠夺别国来增加财富。相反地,国内升平日久,封建皇权进一步强化,又使封建统治者能凭借着政治经济的强大实力,努力发展邦交方面。

与洪、永、熙、宣之际国内政治经济发展形势相适应,明初对海外各国采取了以和平外交手段广为联络,建立以中国为主导的国际和平局势的方针。在这个方针指导之下,明初于全国平定之后,除"胡戎与西北边境,互相密尔,累世战争,必选将练兵,时谨防之"⑨,对各方海外国家,则大力开展和平外交活动,这主要是通过郑和使团七下西洋来付诸实现的。永历七年(1653 年)三月,朱棣命郑和再下西洋,"敕谕四方海外诸番王及头目人等……祇顺天道,恪守朕言,循理安分,勿得违越,不可欺寡,不可凌弱,庶几共享太平之福"⑩。宣德五年(1430 年)六月,明宣宗朱瞻基"遣太监郑和等赍诏往谕诸番国,诏曰:……其各敬顺天道,抚辑人民,以共享太平之福"⑪。由明太祖制定,而由明成祖和明宣宗继承下来的中国对海外国家的总方针,实际上又成为郑和下西洋

---

① 《明太祖实录》卷一三二。
② 顾起元:《客座赘语》卷二《民利》。
③ 《明成祖实录》卷一二五。
④ 《明史》卷七八《食货志·赋役》。
⑤ 《明史》卷七七《食货志·序》。
⑥ 《明仁宗实录》卷五·下。
⑦ 顾起元:《客座赘语》卷一《革新》。
⑧ 祝允明:《野记》。
⑨ 朱元璋:《皇明祖训·箴戒章》。
⑩ 《郑和家谱·敕海外诸番条》。
⑪ 《明宣宗实录》卷六七。

的终极目标,即要与海外诸国"共享太平之福",努力建立起一种国际和平环境,使中国免受外患的威胁,并发展与亚非国家在政治、经济、文化诸方面的友好关系,以使国内政治安定、经济繁荣,在对外关系上也充分表现出来。对明朝政府而言,这样做符合国家与民族的利益,对巩固封建统治也是有利的。

为了实现明初对外的总方针,自始至终,郑和下西洋对海外诸国都执行传统的怀柔政策。郑和使团每到一国,首先晓以明朝政府的怀柔之意。这种怀柔政策的由来,据《礼记》上说,"凡为天下国家,有九经"。其中第八经"怀诸侯",第九经"柔远人",就是怀柔政策的根据。所谓"怀诸侯",主要指"治乱扶危,朝聘以时,厚往而薄来",体现了中央政府希望与诸侯国之间,在政治上形成对中央政府的依附关系,在经济方面形成臣属关系。所谓"柔远人",主要表现为"送往迎来,嘉善而矜不能"①。重在提高边远落后的诸侯国的知识与技能,体现了文明程度较高的宗主国在文化上对诸侯国的影响。这本是我国春秋时代的产物,其后统一的封建国家建立,诸侯制度消灭,封建统治者就把邻国当诸侯看待,而把远方国家则当做远人看待;把"怀诸侯,柔远人"合为一体,成为用以处理对外关系的怀柔政策。这种怀柔政策的作用,就是要在远近的国家中,树立起中国的崇高的威望,使诸国对中国敬畏而向往,以对巩固封建统治发挥重要作用,所谓"柔远人,则四方归之,怀诸侯,则天下畏之"。历代封建王朝之所以要对外实行怀柔政策,其指导思想就是如此。

明初在对外实行怀柔政策方面,较之前历代封建王朝又进了一步,不仅以具体的外交实践,将历代在这方面的政治理想去付诸实现,而且表现出尤为宏大的气度,具体运用上也更为灵活周全。明初实行这一政策时,虽然也是以"天朝上国"自居,却绝不一味以大国兵威去欺侮奴役海外国家,主要通过事实的感化,以和平的方式,让各国做中国的"属国",即"臣服"于中国。"不服,则耀武以慑之。"②这种"臣服"的关系,或者说藩属关系,并不是全凭宗主国对藩属国施加政治、经济和军事的压力而建立的,而是宗主国以强大的政治、经济和军事上的实力作为后盾,主要通过"宣德化而招徕之"的方式,与藩属国之间保持的一种若断若续、时强时弱、并不牢固的政治外交关系。建立这种关系,藩属国并不丧失领土主权的完整,经济上也不蒙受任何损失,只是要对中国表示"臣服"而已。这种关系满足了中国封建皇帝"唯我独尊"的虚荣心,不是国与国之间的平等关系,但它是以中国在经济上吃亏,而在政治上得到虚名来实现的,所以,这种关系与近代殖民主义宗主国与殖民地之间奴役与被奴役的关系,也截然不同。洪武十六年(1383年),朱元璋对礼部诸臣说:"诸蛮夷酋长来朝,涉履山海,动经数万里。彼既慕义来归,则赍予之物宜厚,以示朝廷怀柔之意。"③这是以优厚的物质利益,来酬报远方国家慕中国之心,诸国受此厚遇,自生感激,则其尊敬中国之意愈诚,对中国自然悦服。洪武四年(1371年)七月,朱元璋谕福建行省:"占城海舶货物,皆免其征,以示怀柔之意。"④可见在对外贸易中实行怀柔政策,就不着眼于中国在经济上获利,而宁愿让海外国家在经济上多获厚利,借此以招徕之。洪武五年(1372)正月,朱元璋对

---

① 《礼记·中庸篇》。
② 南京图书馆藏清佚名:《明史稿·郑和传》。
③ 《明太祖实录》卷一五四。
④ 《明太祖实录》卷六一。

中书省臣说："西洋琐里，世称远番，涉海而来，难计年月，其朝贡无论疏数，厚往而薄来可也。"①这是明初实行怀柔政策，对待海外国家的朝贡的基本立场。"厚往薄来"，是不计较海外诸国贡物的好坏多寡与进贡次数的，回礼一律从丰，以奖励海外国家远来中华的诚心。虽然这样做使明朝在经济上付出一定代价，但在政治上的深远影响却是难以估量的。

朱棣初即位，在论及外事时，首先对朱元璋所奉行的怀柔政策给予肯定。洪武三十五年(1402 年)，朱棣对礼部大臣说："太祖高皇帝时，诸番国遣使来朝，一皆遇之以诚，其以土物来市易者，悉听其便。或有不知避意而误干宪条，皆宽宥之，以怀远人。"②朱棣是以一个伟大政治家的识见与气度，自始至终，对海外国家实行了怀柔政策。永乐元年(1368)十月，朱棣又一次对礼部大臣说："帝王居中，抚驭万国，当如天地之大，无不覆载。远人来归者，悉抚绥之，俾各遂所欲。"③由于明成祖朱棣在发展中国与海外诸国的关系上，颇有一番抱负，不像明太祖朱元璋那样多少还有些保守，因此，朱棣在对外关系上实行怀柔政策，比明太祖朱元璋更有气魄。郑和及其随行人员，正是以这种政治上的魄力与策略，在下西洋的数十年中，激流勇进，所向无阻，为实现明初对外的总方针，作出了卓有成效的努力。永乐五年(1407 年)，朱棣问礼部诸臣："四夷之情何如？"礼部诸臣回答说："蛮夷之情，由来叛服不常，数年陛下怀柔之恩，待之以礼，今皆悦服，无反侧之意。"④作为怀柔政策的实际执行者，郑和使团在这其中是起了很大作用的。

宣德六年(1431 年)，郑和在总结以往下西洋的历史时，开宗明义，道出了下西洋的性质："皇明混一海宇，超三代而轶汉唐，际天极地，罔不臣妾，其西域之西，迤北之国，固远矣，而程途可计。若海外诸番，实为遐壤，皆捧琛执贽，重译来朝。皇上嘉其忠诚，命和等……赍币往赉之，所以宣德化而柔远人也。"⑤14 世纪末、15 世纪初，一个强盛的封建大帝国——明王朝在东方崛起。缔造和巩固了这个伟大国家的明太祖朱元璋和永乐大帝朱棣，不仅是有明一代在这方面做得比较好的两个皇帝，也是中国历史上有数的比较明智而有作为的皇帝。尤其是永乐大帝朱棣，具有雄才大略，政治上的伟大抱负，就是要在一生中建树四海安宁，万邦来朝，与中国"共享太平之福"，"超三代而轶汉唐"的政绩。在这种政治理想的指导和鼓舞之下，郑和数次奉命下西洋，"宣德化而柔远人"，为明王朝在海外建立超越前代的功绩，贡献了毕生的精力。

二 郑和下西洋的过程与分期

郑和七下西洋，前后历时近 30 年之久。又可分为两个历史时期。在每一个历史时期中，郑和下西洋所处的历史背景，其奉使各国的主要目的，所着重要完成的任务，都是各不相同的。在以前对郑和下西洋这段历史的研究中，对此没有加以区分，而往往依照《明史·郑和传》的说法，把郑和七次下西洋的目的和任务，笼统地概括为"成祖

① 《明太祖实录》卷七一。
② 《明成祖实录》卷一二·上。
③ 《明成祖实录》卷二三。
④ 《明成祖实录》卷五〇。
⑤ 郑和：《天妃灵应之纪》。

疑惠帝亡海外,欲踪迹之;且欲辉兵异域,示中国富强"是不够正确的。

郑和自明成祖朱棣永乐三年(1405年)第一次奉命下西洋,至明宣宗朱瞻基宣德八年(1433年)第七次下西洋归来,这七次航海,前三次可划归为郑和下西洋的前期,后四次可归结为郑和下西洋的后期。郑和下西洋的前期,从永乐三年起,至永乐九年(1411年)郑和第三次下西洋回国止。在这一历史时期中,郑和使团的活动范围,不出东南亚和南亚,而主要往来于东南亚各国之间。当时,中国与东南亚、南亚各国之间,东南亚、南亚各国相互之间,都存在着许多矛盾需要解决,所谓"疑惠帝亡海外"的问题,也是客观存在着的。这一系列的矛盾和问题不加以解决,郑和使团不可能超越东南亚和南亚的范围,向着更远大的目标前进。

在郑和下西洋的前期,东南亚的局势动乱不安,最突出的问题,是安南奉行侵略扩张政策,严重地危及邻国的安全。安南自宋朝以来,陈氏为王,世代称番于中国。明建国之初,洪武二年(1369)六月,安南国王陈日煃即遣大臣来朝贡,并请封爵。明太祖于是封陈日煃为安南国王,谕以"克恭臣职,以永世封";"法尔前人之训,以安遐壤之民"①。直到洪武末年,陈氏各王都能恪守祖训,归顺于中国,中国与安南之间倒也相安无事。建文二年(1400年),安南国相黎季犛在握有兵权之后,一举夺取安南国政权,自立为王。黎氏上台后,大杀陈氏宗族,对内"暴征横敛,酷法淫行,百姓愁怨,如蹈水火",对外"攻扰城方,杀人掠畜","攻劫占城,欲使臣属。又侵掠思明府","此乃中国所疆……夺而齐之,肆无忌惮"②。明朝政府对安南的侵略行径极为愤怒,永乐二年(1404年)八月,朱棣遣使指责安南"越礼肆虐,有加无已",严正警告安南王胡奎(黎季犛之子)"所为如此,盖速亡者也"③。但安南黎氏政权对此置若罔闻,侵略凶焰更加嚣张,"占婆之阿摩罗波月氏(Amaravati)全土尽失,北方膏腴可耕之地,皆入于越(即安南——引者),所保存者广义以南山岳贫瘠之地而已"④。在南侵的同时,其对北方的中国,除继续侵占广西思明府土官之地,又进而将侵略的魔爪伸向云南。永乐三年正月,云南宁远州土官同知刀吉罕就安南大规模入侵,进京告急:"臣所辖猛慢等七寨,本臣祖宗故地,近被安南攻夺。又掳掠臣婿及女并人民畜产,征纳差发,驱使百端……横被虐害,实所不堪。"⑤此时正值郑和第一次下西洋的前夕,由于安南对外肆无忌惮地侵略扩张,造成了中印半岛以及中国西南边疆严重的紧张局势。

当时,东南沿海以至南海、南洋群岛一带,局势也颇不稳定。在东南沿海及南海诸岛屿,各种反明势力活动十分猖獗。这些反明势力,有元朝的余孽,有方国珍、张士诚的余党,还有沿海一带反抗明朝统治的豪强地主。这一部分反明的武装力量,人数不多,能量很大。"诸豪亡命,往往纠岛入寇"⑥,不时窜上大陆,骚扰捣乱。有的则以沿海岛屿为据点,"私自下番,交通外国"⑦,"因而为寇"⑧。此外,一些犯事亡命之徒,出

① 《明太祖实录》卷四二。
② 《明成祖实录》卷三〇。
③ 《明成祖实录》卷三〇。
④ 《大越史记全书》卷八。
⑤ 《明成祖实录》卷三三。
⑥ 《明史》卷三二二《日本传》。
⑦ 《明成祖实录》卷一〇。
⑧ 《明成祖实录》卷二七。

走海外,纠众滋事。洪武年间,广东人陈祖义等因犯事全家逃亡海外,占据通往西洋诸国海上交通孔道的旧港,接着不断有"广东漳泉州人逃居此地",陈祖义"充为头目,甚是豪横,凡有经过客人船只,辄便劫夺财物"①。陈祖义"为监海上",不仅掠夺商旅,阻挠中外贸易,而且劫持西洋诸国来华使节,"梗我声教","贡使往来者苦之"②。在占城沿海,又有海寇张汝厚、林福等,"自称元帅,劫掠海上"③。在兰玉案中株连被害者卢江何某,其第四子逃亡出海、"集舶为寇",势力甚强。④ 凡此种种,对明朝统治者来说,不啻是郁积在心中的一块病。

洪武十三年(1380 年),胡惟庸案发生。胡惟庸及其党徒,为了颠覆朱明政权,不仅与蒙私通,而且通倭,企图"借兵助己"⑤,搞一个里应外合的政变。"初胡惟庸之通倭也,倭人遣僧如瑶率兵卒四百余人,诈称入贡,且献巨烛,藏火药刀剑其中,既至,而胡惟庸已败,计不行。然上是时尚不知也。越数年,而其事始著。"⑥"胡党"勾结外国发动叛乱,其阴谋竟如此险恶。这足以使明朝最高统治者闻之惊心,深感与海外国家的关系实际如何,对皇权统治的安危,有着举足轻重的影响。不仅如此,在东南亚地区,因"胡惟庸谋乱,三佛齐遂生异心,给我信使,肆行巧诈"⑦,使明朝政府在处理与东南亚各国的关系方面,遭遇到一系列的困难,影响所及,此后中国与东南亚各国的外交关系一直不能正常发展。

在南洋群岛,元时将史弼、高兴征伐爪哇,给中国与爪哇之间的传统友谊带来很大损害。明朝建立以后,明朝政府又没有通过积极的外交努力,恢复中国与爪哇之间的友好关系。明王朝没有及时地在爪哇建立起威信,以至洪武十三年(1380 年)明朝政府"遣使赐三佛齐王印绶,爪哇诱而杀之"⑧,大明"天子亦不能问罪"⑨。这样,爪哇更不把明帝国放在眼里。这种状况,直至郑和第一次下西洋时仍未改变,以至永乐四年(1406 年)爪哇在内讧中杀死郑和部卒 170 人。明朝使者在南洋国家中遭遇的种种厄运,与明初按既定对外方针所要达到的目标,相去甚远,不啻天渊,这不能不引起明朝统治者的严重关切和注意。

洪武至永乐初年,海商勾结"诸番夷"、武装走私的问题,也很严重。唐宋以来,福建、广东沿海人民,以及部分沿海守军,纷纷靠经营海外贸易谋生,豪富者更以海外经商为发财致富的主要手段。另一方面,海外诸国商贩与中国海商贸易,赢利也是很可观的。洪武以来对中外的民间贸易加以各种限制,又实行海禁以防内外勾结,遂断海民衣食之源,又绝豪富外海发财之机。中外海商被迫联合武装走私,有些恶徒甚至勾结倭贼或海盗,"遂同为劫掠"⑩。洪武三十五年(1402 年)九月,"使臣有还自东南夷者

① 马欢著、冯承钧校注:《瀛涯胜览·旧港国》,商务印书馆 1935 年版。
② 《明史》卷三二四《三佛齐传》。
③ 《明太祖实录》卷八四。
④ 《卢江何氏家记》,《玄览堂丛书续集》第 11 册。
⑤ 《明史》卷三二二《日本传》。
⑥ 《明通鉴》卷七。
⑦ 《明史》卷三二四《三佛齐传》。
⑧ 《明史》卷三二四《爪哇传》。
⑨ 《明史》卷三二四《三佛齐传》。
⑩ 《明成祖实录》卷一二·上。

言,诸番夷多遁居海岛,中国军民无赖者潜与相结为寇"①。消息传来,又在明朝统治者的心头增添了一层忧虑。

在郑和下西洋的前夕,不仅在东南亚,就是在南亚,明朝政府也遭遇到各种困境,有失明帝国的威信。据锡兰(今斯里兰卡)史籍记载:"1405 年(永乐三年),有中国佛教徒一队,来锡兰献香火于佛齿圣坛,为国王维哲耶巴虎六世(King Wijayabahu Ⅵ)所虐待。"②在永乐大帝朱棣执政前夕,洪武时厉行海禁和忽视发展与海外诸国的关系,所造成的严重后果,已日益明显。由于中国与东南亚及南亚沿海国家之间的关系逐渐削弱,外交活动瘫痪,中国的国际地位随之降低,以至洪武末年颇有"诸番久缺贡"③之感。这种状况的存在和继续,不仅有损于明朝统治者的声望,也不利于明帝国的进一步巩固与发展。尤其是明代最雄心勃勃的君主永乐大帝朱棣登基以后,高踞于"临御天下"④大国帝位之上,"居中夏而治四方"⑤,在实现既定的对外方针上,自有一番抱负,就更不能容忍这种状况继续存在下去。为此,郑和奉命出使,在第一阶段的航海中,即前三次下西洋,行踪不出东南亚和南亚沿海诸国范围之外,主要为解决中国在东南亚和南亚所面临的一系列问题,树立起中国在东南亚和南亚各国中间的威信,进行了广泛的外交活动。锡兰史籍称,永乐三年(1405 年)中国佛教徒在锡兰受维哲耶巴虎六世虐待后,"明成祖怒王之暴行,欲重振已坠之国威,故遣和率舟师远征也"⑥。应该说,在郑和下西洋的前期,"重振已坠之国威",的确是明成祖朱棣派遣郑和下西洋的动机之一。郑和下西洋前夕的国际形势,决定了郑和第一阶段的航海活动的方针,关键是要缓解中国与海外诸国的紧张关系,建立东南亚和南亚沿海国家间之区域和平局势,还不是要一举实现明初对外的终极目标。为了最终实现明初对海外诸国的总方计,明王朝和郑和使团是棋分两步来走的:只有先在东南亚和南亚打开局面,才能走第二步棋,开始郑和使团第二阶段的航海活动,以在海外建立新的功绩。

明王朝要在东南亚和南亚打开局面,建立威信,除了要克服中国发展海外交通在这一地区遇到的各种障碍以外,还必须要解决当时东南亚、南亚各国之间存在的一系列矛盾。这些矛盾,有各国之间或历史遗留下来的,或现实生活中经常发生的宗教、民族、经济等方面错综复杂的矛盾,姑且不论,就国与国之间比较尖锐的矛盾而言,主要有:其一,安南与占城之间的矛盾。这是由于安南对占城屡次大规模入侵而造成的,前面已有介绍,兹不赘述。其二,满剌加与暹罗之间的矛盾。当时,满剌加名五屿,"无国王,止有头目掌管",一向受暹罗控制、欺凌,"令其岁输金四十两(一说四千两——引者注),否则差人征伐"⑦。这是满剌加所不堪忍受的。其三,爪哇与三佛齐之间的矛盾。当时,在南洋诸岛国中,"爪哇强,已威服三佛齐而役属之"。但三佛齐并不甘心受爪哇奴役,遣使来中国,寻求明王朝的庇护,以摆脱爪哇的控制,争取独立。明王朝因是封

---

① 《明成祖实录》卷一二·上。
② 张星烺:《中西交通史料汇编》第 6 册,中华书局 2003 年版,第 150 节注(二)。
③ 《明史》卷三二四《三佛齐传》。
④ 《皇明通纪》卷二《明太祖元年谕》。
⑤ 《明成祖实录》卷三〇。
⑥ 张星烺:《中西交通史料汇编》第 6 册,中华书局 2003 年版,第 150 节注(二)。
⑦ 马欢著,冯承钧校注:《瀛涯胜览·满剌加国》,商务印书馆 1935 年版。

三佛齐酋长为国王,使三佛齐与爪哇处于平等地位。爪哇"闻天朝封为国王,与己埒,则大怒,遣人诱朝使邀杀之"①。这样一来,爪哇与三佛齐旧有的矛盾没有解决,反因明的封王而变得更加尖锐了。其四,锡兰(今斯里兰卡)与诸邻国之间的矛盾。当时,锡兰为东南亚和南亚的强国之一,国王亚烈苦奈儿"暴虐凶悖,縻恤国人"②,"又不辑睦邻国,屡邀劫其往来使臣,诸番皆苦之"③,成为南亚及东南亚地区海道不靖、局势紧张的祸源之一。

明帝国建立起来之后,要发展海外交通,要恢复和建立中国与亚非各国的邦交,上述一系列矛盾和问题,是亟待解决的。明朝统治者当然明白,单靠往这些国家派遣几个使节,凭几道文书,是无济于事的。永乐大帝朱棣凭借着明朝政治经济的强大实力,委命郑和统领着当时世界上最庞大的船队,载着27000多人的精锐部队,三次开赴西洋,历时数年,才使这一系列问题得以解决。

安南问题。明成祖朱棣即位以来,屡次遣使切责胡奎,令其归还所有侵地,与占城修好,胡奎皆不予理会。永乐二年(1404年)八月,陈氏宗属中唯一幸存者陈天平潜至明廷告难,明成祖因以向胡奎问罪,胡奎假意请迎陈天平归国为王,"复奏誓无二心"④。成祖不知是计,永乐四年(1406年)正月,派遣广西左付将军都督金事黄中、右付将军都督金事吕毅等,统兵5000,护送陈天平回国复位。永乐四年三月,明军入鸡陵关,"将至芹站,山路险峻,林木蒙密,军行不得成列,且遇雨潦;忽伏发,大呼劫天平,远近相应,鼓噪动山谷,寇且十余万。中等亟整兵击之,寇已斩绝桥道,不得前"⑤。结果陈天平当场惨遭杀害,黄中等战败溃还。此事出乎意外,使明成祖痛感"以至辱国",为之"大怒",遂"决意兴师"⑥。永乐四年五月,明成祖朱棣下令成国公朱能、新成侯张辅率大军讨伐胡奎。此前,永乐三年(1405年)六月十五日,明成祖朱棣命郑和第一次下西洋。船队"自苏州刘家河泛海,至福建"⑦,等候冬季信风到来,于永乐三年(1405年)十二月或永乐四年(1406年)初"复自福建五虎门扬帆,到达占城"⑧。从郑和第一次下西洋的出航时间、船队动向来看,与当时明成祖要着手解决安南问题的意图,是完全相符的。郑和第一次下西洋,就负有从海路配合解决安南问题的使命,永乐五年(1407年)四月,"征安南官军获贼首黎季犛及其子澄……安南平"⑨,郑和也于永乐五年(1407年)九月二日自西洋返京,这与安南平定,船队理应首航返国,在时间上也是相符的。但是此后还有胡奎余孽不时叛乱,明军又连年讨伐,直至郑和第三次下西洋回国时(永乐九年),黎氏残余势力才算肃清。

海盗陈祖义问题。郑和第一次下西洋,即予以解决。郑和初至旧港,先是派人招谕,"祖义诈降而潜谋发兵邀劫",这一阴谋为郑和所觉察,预先已作好防备,待陈祖义

① 《明史》卷三二四《三佛齐传》。
② 明嘉兴藏本《大唐西域记》卷一一《僧伽罗国》。
③ 《明成祖实录》卷七七。
④ 《明成祖实录》卷三九。
⑤ 《明成祖实录》卷四一。
⑥ 《明成祖实录》卷四一。
⑦ 《明史》卷三〇四《宦官·郑和传》。
⑧ 《明史》卷三〇四《宦官·郑和传》。
⑨ 《明成祖实录》卷四九。

率众来偷袭时，"官军力战，贼大败，生擒祖义，馘其众五千"①。旧港一带于是平定。

爪哇问题。郑和第一次下西洋时至爪哇，因部卒 170 人无辜被杀，欲兴师问罪，爪哇"西王惧，遣使谢罪。帝赐敕切责之，命输黄金六万两以赎"②。可是郑和一旦回国，爪哇西王都马板看已避过风头，对交纳赎金一事即不予理睬。明成祖朱棣见爪哇还是顽固不服罪，命郑和第二次下西洋时再至爪哇交涉，都马板这才畏服，"献黄金万两谢罪"。礼部臣以尚欠五万两，请法司治爪哇使者罪，明成祖说："朕于远人，欲其畏罪而已，岂利其金耶？今既能知过，所负金悉免之。"③郑和数使爪哇施加影响，并以武力威慑，迫使其畏罪，加以明成祖宽大为怀，实行怀柔政策，爪哇"自后比年一贡，或间岁一贡，或一岁数贡"④。对中国怀德畏威，心悦诚服。

满剌加问题。永乐三年（1405 年）九月，明成祖朱棣封满剌加酋长拜里迷苏剌为满剌加国王，赐以印诰，使其取得与暹罗平等的地位。"暹罗强暴，发兵夺其受朝廷印诰，国人惊骇，不能安生。"⑤为此，郑和在永乐七年（1409 年）再次来到暹罗和满剌加，一面对暹罗的强暴行径进行谴责，告诫其不得再对满剌加肆行欺凌；一面为满剌加头目正式举行封王仪式。"赐头目双台银印、冠带袍服，建碑封城，遂名满剌加国。""是后暹罗莫敢侵扰。"⑥在郑和这次访问之后，满剌加国在中国的支持下，获得独立发展达117 年之久。⑦

锡兰（今斯里兰卡）问题。郑和第一次下西洋来到锡兰，即针对国王亚烈苦奈儿"崇祀外道（外道，谓不信吠陀中的哲学，而别树一帜者。——引者注），不敬佛法，暴虐凶悖，縻恤国人，亵慢佛牙"，劝其"敬崇佛教，远离外道"，改邪归正，做一国贤明的君主。可是事与愿违，郑和好心的劝告非但没有奏效，"王怒，即欲加害。郑和知其谋，遂去"⑧。郑和第三次下西洋时，再至锡兰山，"王益慢不恭，欲图害使者。用兵五万人，刊木塞道，分兵以劫海舟"⑨。郑和临危不惧，以智取胜，"生擒亚烈苦奈儿及其子官属"⑩。永乐九年（1411 年）六月，郑和献俘于朝。明成祖朱棣宽大为怀，以亚烈苦奈儿无知，予以赦免，"命礼部议择其属之贤者，立为王，以承国祀"⑪。锡兰岛上以前即多海盗在郑和航海时代，亚烈苦奈儿"近处海岛，素蓄祸心"⑫，称霸海上，海盗由是极为横行。郑和在生擒陈祖义之后，继之又俘获亚烈苦奈儿，"海道由是而清宁，番人赖之以安业"⑬。于是"海外诸邦，益服中国威德。是时交趾（即安南——引者注）已破灭，

① 南京图书馆藏清佚名：《明史稿·郑和传》。
② 《明史》卷三二四《爪哇传》。
③ 《明成祖实录》卷六〇。
④ 《明史》卷三二四《爪哇传》。
⑤ 《明成祖实录》卷五三。
⑥ 马欢著，冯承钧校注：《瀛涯胜览·满剌加国》，商务印书馆 1935 年版。
⑦ 《明史》卷三二五《满剌加传》。
⑧ 明嘉兴藏本《大唐西域记》卷一一《僧伽罗国》。
⑨ 明嘉兴藏本《大唐西域记》卷一一《僧伽罗国》。
⑩ 《明史》卷三〇四《宦官·郑和传》。
⑪ 《明成祖实录》卷七七。
⑫ 《明成祖实录》卷八四。
⑬ 郑和：《娄东刘家港天妃宫石刻通番事迹碑》。

郡县其地,诸邦益震詟,来者日多"①。

郑和下西洋前期的主要任务,是要在东南亚和南亚沿海各国之间,通过建立一种国际和平安宁的局面,树立起明王朝的声威。此外,还有一个重要任务,就是要为下一步向南亚以西更远的地方航行,建立中途候风转航的据点。古代帆船航海,如要从中国到达南亚以西更远的地方,或者说,要往返于中国与阿拉伯诸国之间,一次季风,仅能达于半途,必待第二年之又一季风来临,始继续乘风航行,以达终点。其间所不同者,在中途的候风地点,自中国而往阿拉伯诸国的船只,约停泊于爪哇或马来海峡一带,而自阿拉伯诸国返回的船只,约停泊在印度南部,如此互相配合,往返适为两年。所以,郑和船队若想在下西洋的后期,远航阿拉伯诸国,或到更远的地方,事先就要在爪哇或马来海峡一带,以及印度南部沿海地区,建立中途候风转航的交通中心站。在马来海峡,由于郑和帮助满刺加赢得独立,"其头目蒙恩为王"②,对中国万分感激,自然情愿郑和在满刺加建立据点,"盖造库藏仓廒,一应钱粮顿在其内,去各国船只回到此处取齐,打整番货,装载船内,等候南风正顺"③,开洋回国。在印度南部沿海地区,郑和船队选择古里作为中途候风地点,在此建立了交通、贸易中心转运站。永乐五年(1407年),郑和"赍诏敕赐其国王诰命银印、给赐,升赏各头目品级冠带",非常重视同古里国建立友好关系。为了纪念这次具有重要意义的访问,郑和使团还特地在古里起建碑庭,立石刻碑,以志永久。

郑和经过三下西洋,前期航海的任务已圆满完成,同时积累了丰富的航海经验,所谓"纵迹建文"的事也进行过了。在郑和三下西洋的同时,明成祖朱棣亲征漠北,北边由是安宁。在郑和第三次下西洋归国时,永乐朝已进入鼎盛时代,政治经济实力更为强大,加以南北均无后顾之忧,郑和进行第二阶段的航海的时机,便完全成熟了。郑和下西洋的第二阶段,也就是说,郑和下西洋的后期,包括了郑和第四次到第七次的航行。在郑和撰写的《娄东刘家港天妃宫石刻通番事迹碑》与《天妃之神灵应记碑》中,"记诸番往回之岁月",概述历次下西洋经过,前三次均以古里为限,不出东南亚和南亚的范围;从第四次出使开始,每次均往忽鲁谟斯以远西域诸国。在郑和撰文之时,第七次"往诸番国,开读赏赐",尚未离国。但这次航海目标仍在"诸番国远者","历忽鲁谟斯等十七国而还"④。由此看来,郑和下西洋前三次与后四次可划为两个阶段,与郑和本人对下西洋历史所作的总结,也是相符合的。郑和后期航海的主要任务,是向南亚以西继续航行,到达波斯湾以远地方,向未知世界前进,通过开辟新的航路,让从来不通中国的海外远国,"宾服"于中国。正如《明史》所说:"永乐十年,天子以西洋近国航海贡琛,稽颡阙下,而远者犹未宾服,乃命郑和赍玺书往诸国。"⑤"宣德五年六月,帝以践祚岁久,而诸番国远者犹未朝贡,于是(郑)和、(王)景弘复奉命历忽鲁谟斯等十七国而还。"⑥在郑和下西洋的后期,郑和船队经过南洋群岛,横渡印度洋,取道波斯湾,穿

① 《明史稿》列传第一七八《宦官上·郑和传》。
② 马欢著,冯承钧校注:《瀛涯胜览·满刺加国》,商务印书馆1935年版。
③ 马欢著,冯承钧校注:《瀛涯胜览·满刺加国》,商务印书馆1935年版。
④ 《明史》卷三〇四《宦官·郑和传》。
⑤ 《明史》卷三二六《忽鲁谟斯传》。
⑥ 《明史》卷三〇四《宦官·郑和传》。

第三十三章　明清时期的航海与造船业

越红海,沿东非之滨南下,最远到达赤道以南的非洲东部沿岸诸国及马达加斯加岛一带。郑和在后期航海的过程中,除了重访东南亚及南亚诸国之外,通过发现新航路,又新访问了许多阿拉伯及东非沿岸国家,与之建立了友好的外交关系,使明王朝声威远播,为历代所未有,"联数中国,翕然而归拱,可谓盛焉"①。

郑和从第四次下西洋开始,每次都远至阿拉伯及东非遥远之国,以当时对世界地理的知识水平,这似乎囊括了极远的海外国家。这些远方国家纷纷随郑和船队来中国朝贡,被看做体现了"际天极地,罔不臣妾"②,似乎实现了明初对外的终极目标。马欢曾这样记述郑和第二阶段的航海历程:"弱水南滨溜山国,去路茫茫更险艰。欲投西域遥凝目,但见波光接天绿。舟人矫首混西东,惟指星辰定南北。忽鲁谟斯近海傍,大宛米息通行商。曾闻博望(即张骞——引者注)使绝域,何如当代覃恩光。……俯仰堪舆无有垠,际天极地皆王臣。圣明一统混华夏,旷古于今孰可伦。"③郑和使团的广大成员们,正是这样在发展中国海外交通,以及实现明初对外的总方针上,怀有如此远大的抱负和理想,才能不畏艰险,在郑和下西洋的后期,远航"际天极地"的海外,在航海事业上写下了壮丽的诗篇。

郑和在下西洋的后期,对发展中国与亚非国家间的友好关系,做出了杰出的贡献。那些位于"绝域"的远方国家,出自对中国的敬慕,沿着郑和所开辟的航路,不远万里,纷纷来宾,向明王朝进呈珍贵的献礼。诸国王多有亲自携带妻子亲戚与陪臣一同入朝者,表达宾服中国的热忱。"旷古于今",历代帝王均未能在海外获得如此的成就,明朝统治者在政治上的抱负和虚荣心,得到了一定程度的满足,因而感到非常高兴和满意,也就更加赏识郑和,更加支持郑和使团的航海事业。正如佚名《明史稿》上所说,永乐大帝"命和及其同官王景弘等通使西洋……以次遍历诸番,所至颁天子诏,宣示威德,因给赐其君长及诸大臣,不服,则耀武以慑之。……自是蛮邦绝域,前代所不宾者,亦皆奉表献琛,接踵中国;或躬率妻孥,梯航数万里,面谒阙庭。殊方珍异之宝,麒麟、狮、犀、天马、神鹿、白象、火鸡诸奇畜,咸充廷实。天子顾而乐之,益泛海通使不绝"④。

郑和下西洋的后期,中国既已在东南亚和南亚打开局面,就着重发展中国与亚非国家间的友谊,相互促进经济、文化交流。因此,在郑和第四次下西洋以后,中国与亚非国家间的友好关系,发展到一个新的阶段。永乐二十一年(1423年)九月,郑和第六次下西洋归来,"西洋、古里、忽鲁谟斯、锡兰、阿丹、祖法儿、剌撒、不剌哇、木骨都束、柯枝、加异勒、溜山、喃渤利、苏门答剌、阿鲁、满剌加等十六国,遣使千二百人贡方物至京"⑤。亚非各国同时派遣多达1200余人的使节来中国进行友好访问,这在中外历史上是罕见的,实为一代之盛事。永乐二十一年十一月,明成祖朱棣至奉天门朝贺群臣,时亚非各国使节一千数百人咸集阙下。文武群臣为这种盛况所感动,纷纷上表庆贺,成祖亦深有所感地说:"四夷顺则中国宁……四海万民家给人足,然后朕与卿等共享治

---

① 黄省曾:《西洋朝贡典录·序》。
② 郑和:《天妃灵应之纪》。
③ 马欢著、冯承钧校注:《瀛涯胜览·纪行诗》,商务印书馆1935年版。
④ 南京图书馆藏清佚名:《明史稿·郑和传》。
⑤ 《明成祖实录》卷一二七。

平之福。"①在永乐朝的后期,随着郑和航海进入第二阶段,中国与亚非国家间的友好关系亦获得进一步发展,这使明朝统治者更加体会到,发展海外交通,努力去实现对海外国家既定的和平外交方针,促进中国与亚非国家间政治、经济、文化上的交往,不仅有利于本民族的繁荣昌盛,同时也是符合自身利益的。

在永乐、宣德二朝,经过郑和在下西洋的后期所作出的努力,亚非海外远国纷纷来中国访问,以种种方式,表达了仰慕中华的诚意,影响所及,对提高明成祖和明宣宗的威望,对巩固明王朝的皇权统治,都发挥了重要的作用。永乐十三年(1415年)十月,麻林等国进献麒麟、天马、神鹿等物,文武群臣纷纷向明成祖称贺:"陛下圣德广大,被及远夷。故致此嘉瑞。"②在一些喜庆节日,如元旦、郊祀、万寿、冬至四大节日以及端午节等,明朝政府都正式邀请亚非各国贵宾和使节参加宴会和庆祝活动。这不只为节日增添了不少喜庆气氛,还自然点缀出一种"天下治平,万国咸宾"的盛世场景,又为明朝统治者即兴在臣民面前提高自己的威信,提供了极好的机会。如永乐十一年(1413年)五月端午节,明成祖朱棣至东苑观击毬射柳,邀请文武群臣、四夷朝使及在京耆老俱往参观。在击射活动进入高潮时,朱棣即对皇太孙朱瞻基说:"今华夷之人毕集,朕有一言,尔当思对之。曰:'万方玉帛风云会'。"朱瞻基即成对说:"一统山河日月明。"③事后,翰林学士金幼孜作《重午日侍从内苑观击毬射柳应制诗》,歌颂当日中外同乐的盛况。诗中有"大明丽天圣人作,弘宣治化昭礼乐。华夷向风四海清,人和岁丰物咸若"之句,生动地反映了在郑和下西洋的后期,随着中国海外交通事业的进一步发展,明初对海外国家的总方针也在逐步实现,"四夷顺则中国宁",当时的国内外形势已发生了不同于永乐初年时的新变化。④

三 郑和七下西洋的航路及其联结的中外海上网络

明初郑和下西洋,不仅在中国航海史上创造了空前的奇迹,而且是世界航海史上伟大的壮举。明代黄省曾说:"西洋之迹,著自郑和。"⑤一语道出郑和下西洋对丰富中国人民对于海外的地理知识,包括对海上航路的掌握,起了划时代的作用。郑和下西洋在航海事业上取得的伟大成就,集前代航海事业之大成,在海上航路方面亦是如此。

郑和船队每次航海的总里程,《娄东刘家港天妃宫石刻通番事迹碑》和福建长乐南山寺《天妃之神灵应记碑》中,都记为"涉沧溟十万余里"⑥。郑和船队在漫长的远航中,往往穿插进行短暂而距离不等的航行,其航行的日程,自二三日至二三月不等;其航行的路线,有一二条至五六条不等。在郑和下西洋的航路中,既有大䑸船队的航路,又有分䑸船队的航路;有大致不变的航路,也有不时开辟的新航路。新的航路一旦开辟,逐渐就成为船队惯行的航路。郑和下西洋不仅开辟了横渡印度洋直达非洲东海岸的新航路,而且在整个航程中,向着印度洋和南洋沿岸众多的国家和地区,分别开

---

① 《明成祖实录》卷一二七。

② 《明成祖实录》卷九九。

③ 《明成祖实录》卷八八。

④ 郑鹤声、郑一钧:《论郑和下西洋》,《海交史研究》1983年刊,总第5期,第11—21页。

⑤ 黄省曾:《西洋朝贡典录·序》。

⑥ 郑鹤声、郑一钧:《郑和下西洋资料汇编》上册,齐鲁书社1980年版,第40页,第42页。

辟了多种多样的新航路。郑和船队近30年的航海活动中,东西线与南北线的航路纵横交错,大綜与分綜船队的航路同时并用,传统航路与新开辟的航路相互配合,使郑和下西洋的航路显得非常曲折繁复而又机动便利。这与郑和船队每次远航历时久,所到国家和地区众多,以及船队适航能力较强,都有很大的关系。

根据《郑和航海图》《东西洋考》《西洋朝贡典录》以及《顺风相送》和《指南正法》两种海道针经的记载,郑和下西洋主要的航路,仅就重要的出航地点而言,已有20余处,主要航线有42条之多。兹列举如下:

(一)以南京为起点,有下列一单线

南京、太仓线——自南京龙湾出发,经徐山、附子门至太仓刘家港。

(二)以太仓为起点,有下列两线

1. 太仓、长乐线——自太仓刘家港至福建长乐太平港。

2. 太仓、南京线——宣德八年(1433年)六月二十一日回洋进太仓,七月六日至南京。

(三)以长乐为起点,有下列一单线

长乐、占城线——自长乐太平港出发,至五虎门张帆,顺风10昼夜可至占城国。

(四)以占城为起点,有下列六线

1. 占城、交栏山线——自占城灵山顺风10昼夜,可至交栏山。

2. 占城、暹罗线——自占城顺风10昼夜,可至暹罗国。

3. 占城、爪哇线——自占城顺风20昼夜,可至爪哇国。

4. 占城、满剌加线——自占城向正南行,好风8日至龙牙门,往西行2日至满剌加国。

5. 占城、真腊线——自占城顺风3昼夜,可至真腊国。

6. 占城、外罗山线——宣德八年六月一日,自占城回洋,3日至外罗山。

(五)以爪哇为起点,有下列一单线

爪哇、旧港线——自爪哇顺风8昼夜,可至旧港。

(六)以旧港为起点,有下列一单线

旧港、满剌加线——自旧港顺风8昼夜,可至满剌加国。

(七)以满剌加为起点,有下列两线

1. 满剌加、苏门答腊线——自满剌加顺风9昼夜,可至苏门答剌。

2. 满剌加、阿鲁线——自满剌加顺风3昼夜,可至阿鲁国。

(八)以苏门答剌为起点,有下列六线

1. 苏门答剌、龙涎屿线——自苏门答剌西去1昼夜,可至龙涎屿。

2. 苏门答剌、锡兰线——自苏门答剌顺风12昼夜,可至锡兰山港口。

3. 苏门答剌、榜葛剌线——自苏门答剌顺风20昼夜,可至榜葛剌国。

4. 苏门答剌、溜山线——自苏门答剌过帽山,西南好风行10日,可至溜山国。

5. 苏门答剌、南浡里线——自苏门答剌往正西,好风3昼夜可至南浡里国。

6. 苏门答剌、满剌加线——宣德八年四月十二日，自苏门答剌回洋，二十日至满剌加国。

（九）以淡洋为起点，有下列一单线

淡洋、满剌加线——自淡洋 3 日至满剌加。

（十）以龙涎屿为起点，有下列一单线

龙涎屿、翠兰屿线——自龙涎屿西北行 5 昼夜，可至翠兰屿。

（十一）以帽山为起点，有下列一单线

帽山、锡兰线——自帽山好风向东北，行 3 日见翠兰山，西行 7 日见鹦歌咀山，再二三日到锡兰别罗里。

（十二）以锡兰为起点，有下列四线

1. 锡兰、古里线——自锡兰山国顺风 10 昼夜，可至古里国。

2. 锡兰、溜洋（即溜山）线——自锡兰山国顺风 7 昼夜，可至溜洋国。

3. 锡兰、卜剌哇线——自锡兰山国南去 21 昼夜，可至卜剌哇国。

4. 锡兰、小葛兰线——自锡兰国往西北好风 6 昼夜，可至小葛兰国。

（十三）以古里为起点，有下列六线

1. 古里、忽鲁谟斯线——自古里国顺风 10 昼夜，可至忽鲁谟斯国。

2. 古里、剌撒（在今也门民主人民共和国卡马尔湾以西，亚丁以东之 Ras Sharwein。或谓即非洲东部 Massawa 东南之 Rasa 之对音）线——自古里国顺风 20 昼夜，可至剌撒国。

3. 古里、阿丹（今阿拉伯半岛南也门之亚丁）线——自古里国顺风 20 昼夜，可至剌撒国。

4. 古里、佐法儿（即祖法儿，在阿拉伯半岛南岸之哈得拉毛［Hadramaaut］地方，临卡姆尔湾）线——自古里国顺风 20 昼夜，可至佐法儿。

5. 古里、天方线——自古里国西行三个月，可至天方国。

6. 古里、苏门答剌线——宣德八年三月二十日自古里回洋，四月六日至苏门答剌。

（十四）以小葛兰为起点，有下列两线

1. 小葛兰、木骨都束线——自小葛兰国顺风 20 昼夜，可至木骨都束国。

2. 小葛兰、柯枝线——自小葛兰国西北行，好风 1 昼夜，可至柯枝国。

（十五）以忽鲁谟斯为起点，有下列两线

1. 忽鲁谟斯、天方线——自忽鲁谟斯行 40 昼夜，可至天方国。

2. 忽鲁谟斯、古里线——宣德八年二月十八日自忽鲁谟斯回洋，三月十一日至古里国。

（十六）以昆仑洋（指今越南南部东面海上昆仑岛附近洋面）为起点，有下列一单线

昆仑洋、赤坎线——宣德八年五月十一日回国至昆仑洋，二十三日至亦坎。

（十七）以赤坎为起点，有下列一单线

亦坎、占城线——宣德八年五月二十三日回国至赤坎，二十六日至占

城国。

（十八）以外罗山为起点，有下列一单线

外罗山、崎头洋线——宣德八年六月三日回国至外罗山，六月十四日至崎头洋。

（十九）以崎头洋为起点，有下列一单线

崎头洋、碗碟屿线——宣德八年六月十四日回国至崎头洋，十五日至碗碟屿。

（二十）以碗碟屿为起点，有下列一单线

碗碟屿、太仓线——宣德八年六月十五日回国至碗碟屿，二十日过大小赤，二十一日进太仓。

以上所举综合的航路，有重要的出航地点，有驶完一段航程所需的具体时间，而略去了沿途所经的若干地点。这仅仅是由历次航行概括出的一种虚拟的航路总线，并不是说郑和船队每次航行，都要循此 42 线而进行。至于郑和船队的实际航路，每一次出使都是不相同的，这是因为每一次下西洋的经过都不一样，其航路随之而各异。

现将郑和七次下西洋的航路及其各自不同之处和特点，简略叙述如下：

（一）第一次下西洋的航路

其去程航路简化为：南京宝船厂→福建五虎门→占城国→爪哇国→旧港→满剌加国→苏门答剌国→南渤里国→锡兰山国→小葛兰国→柯枝国→古里国。

第一次下西洋返回的航路可简化为：古里→柯枝→小葛兰→甘巴里→锡兰山→伽偝貌山→苏门答剌→满剌加→旧港→杜板（爪哇）→苎麻山→昆仑山→独猪山（国内航程与《郑和航海图》中所记宝船沿粤、闽、浙、江北上的返程相同，此不赘述）。

（二）第二次下西洋的航路

郑和第二次出使，自江苏太仓刘家港开船至锡兰山一段航路，与第一次出使相同。但在印度半岛西岸的航程，与第一次有所不同，所经航程为：锡兰山→小葛兰→甘巴里（在今印度西部沿岸之甘巴湾［Cambay］）→阿拔把丹（与甘巴里相邻）→柯枝→古里。

这次出使自古里返回满剌加的一段航程，与第一次相同。船队到满剌加后，于回国途中访问了暹罗国。在访问了暹罗国之后，船队由暹罗港口开船，途经占腊（柬埔寨），径航福建省五虎门，此后国内航程与第一次返程相同。

（三）第三次下西洋的航路

郑和第三次出使的航路较为复杂。大鯮船队仍遵循第二次出使的路线，但在这条线上曾穿插航至一些相邻的国家和地区。如船队在航经满剌加国时，曾航至与其相邻、四面环海的九洲山，并"差官兵入山采香"[①]。在这次航行中，据费信《星槎胜览》记录，航路有 23 条线。

——————————

① 费信：《星槎胜览》前集《九洲山》。

（四）第四次下西洋的航路

在郑和第四次下西洋时，明朝政府已在东南亚和南亚打开局面，建立了威信。在海路方面，经过郑和三次出使，从南海、南洋群岛到南印度一带，完全打通，没有阻滞；在陆路方面，安南对中国和占城的威胁已解除，明朝在海外的声威大振。郑和在海陆两方均无后顾之忧，加之当时永乐朝已进入鼎盛时代，政治经济实力更为强大，郑和船队经过三下西洋，积累了丰富的航海经验，于是郑和遵照明成祖朱棣的意图，进一步去访问南亚以西的远方国家。其访问西亚及东非沿岸各国，则是开辟了一些新的航路。据马欢《瀛涯胜览》记录，这次航路有 17 线。

与前三次出使航路的不同之处在于：一是自占城至暹罗，比第二次缩短了 3 昼夜。二是自占城至爪哇，不是取道交阑山而往，而是走的以下线路：占城→龙牙门→旧港（三佛齐）→爪哇。三是开辟了自苏门答剌经溜山直航木骨都束的新航线，这段航程只需 25 天，便可由苏门答剌驶至木骨都束，即苏门答剌→溜山→木骨都束。船队沿着这条横渡印度洋的新航线由中国到东非索马里诸地，较之沿印度半岛、阿拉伯半岛海岸而行，经忽鲁谟斯至东非沿岸，航程由 10 万余里缩短到 3 万余里。郑和船队这次出使返回的航路如同去程一样，是从不同的需要出发，分别走的循印度洋沿岸曲折而行和横渡印度洋直达的多条航线。

（五）第五次下西洋的航路

郑和第五次出使，不像以前那样，"历东南诸番，以通西洋"[1]，而是反过来，先历西洋诸国，而后通东南诸番。原因是这次出使的任务，是送古里、爪哇、满剌加、占城、锡兰山、木骨都束、溜山、喃渤利、卜剌哇、阿丹、苏门答剌、麻林、剌撒、忽鲁谟斯、柯枝、南巫里、沙里湾泥、彭亨等国及旧港宣慰司使臣辞还[2]，所以船队要先驶往这些国家；送毕西洋诸国使臣之后，又访问了渤泥、苏禄、吕宋等东南诸国，其往返航路与第四次出使基本相同。

（六）第六次下西洋的航路

这次出使航路最为复杂。这次奉命远航，是乘护送忽鲁谟斯、阿丹、祖法儿、剌撒等 16 国使臣返回他们国家之便，而往西洋诸国访问。[3] 但这次出使航路与前 5 次不同，大䑸宝船到满剌加、苏门答剌后，分䑸前往各国。此时，郑和船队经过五下西洋的航海实践，已熟知印度洋、南洋蛛网交错的航路，分䑸航行又具有较充分的海上行动的自由，所以船队采用由苏门答剌西南向印度洋乃至大西洋，以及由满剌加东南向南印度洋乃至太平洋，往各远方国家和地区作扇面形远航的航路，比之前都有较大的发展。

这次赴非洲出使的船队，已自索马里、肯尼亚继续南下，其分䑸则从拉克代夫和

---

① 陆容：《菽园杂记》卷三。

② 《明成祖实录》卷一〇三。

③ 《明成祖实录》卷一一九。

马尔代夫群岛,向西通过奔巴岛和桑给巴尔岛,然后折向西南,与从索马里、肯尼亚南下的船队先后取道绿色群岛,穿越莫桑比克海峡,航经马达加斯加岛、莫桑比克、南非沿海;分䑸则继续南下进行海上探险,绕过厄加勒斯角、好望角,进入大西洋,深入西南非洲沿岸。这两方面的船队的远航,确实把郑和下西洋的航路向着印度洋西南方,延伸到"去中华绝远"的地方。

郑和第六次下西洋所经历的爪哇岛东南海域的航路,是很值得我们进一步探索的。

在这次出使中,郑和与各位副使率领的船队,主要周游了 36 个国家和地区,其航路大致为:

太仓刘家港→占城→满剌加→苏门答剌→黎代→南浮里→榜葛剌→西洋琐里→锡兰山→小葛兰→甘巴里→加异勒→阿拨把丹→大葛兰→柯枝→古里→忽鲁谟斯→祖法儿→剌撒→阿丹→木骨都束→卜都哇→竹步→麻林地→慢八撒→比剌→孙剌→溜山→阿鲁→旧港→爪哇→吉里地闷→渤泥→假里马打→彭亨→暹罗→真腊。

在船队周游 36 国的航路中,郑和率领的大䑸与各位副使统领的分䑸,既有共同遵循的部分,也有各自独特的部分,这两方面两部分的航路蛛网交错,呈现出十分复杂的状态。在这次出使中,郑和与各位副使,由中国或中途转航地启程的时间既不一致,而返回年月又不相同;在航海活动中又各独树一帜,其各自所到国家和地区也有差别,它们经历的航路自然就各不相同。郑和使团第六次下西洋,由于着重发挥了分䑸的作用,给予其独立行动的自由,使有的分䑸海上航行达 4 年之久,得以有时间在整个印度洋,尤其是在赤道以南印度洋广大海域进行海上探索,西行深入大西洋,抵达西南非海岸,东行深入太平洋,抵达爪哇岛东南海域,将郑和船队的东西洋航路延伸到"去中华绝远"的海域。

郑和第六次下西洋返回的航路为,其西行船队返苏门答剌汇齐,自苏门答剌回洋,经满剌加、淡马锡(新加坡)、昆仑山、占城,沿《郑和航海图》所示返程归国。其东行船队一部分已先自西航至马达加斯加乃至东非沿岸,然后沿西行船队返程归国;一部分回航爪哇后,经旧港、淡马锡、昆仑山、占城回国。其至渤泥、苏禄等国的船队,则回航彭亨,又航至暹罗,又经真腊、占城返国。

(七)第七次下西洋的航路

这次出使,基本上是重复了第三、四次出使的航路。不同之处是:大䑸船队在开赴忽鲁谟斯的途中,不断地派遣分䑸分头前往各国访问。这是这次出使的特点。

郑和这次出使,除了访问上述各国外,还带有完成明宣宗朱瞻基交给的敕谕暹罗国王的使命,即调解暹罗与满剌加两国之间的关系。于是,宣德七年(1432 年)七月初八郑和到达满剌加后,又要根据与满剌加国王商谈的情况,再至暹罗国交涉,然后返回满剌加。郑和这样忙了一个月,直到八月八日才离开满剌加。在大䑸船队暂驻满剌加期间,郑和率少数使船往返于满剌加、暹罗之间,其航路应取一种捷径,即绕过淡马锡(新加坡)北上,直趋暹罗;其返程亦南下绕过淡马锡,西北行而至满剌加。郑和下西洋的航路之所以比较复杂,与船队在下西洋的过程中,要完成明朝政府交给的各种外交使命,有很大关系。

郑和下西洋航路之远之繁复，在当时世界上是绝无仅有的。尽管由于历史条件的限制和各种局限性，地理大发现的历史使命未能由郑和船队来完成，但船队所经历的航路，在那么广大的范围内，发展起了亚非各个沿海国家和地区之间纵横交错的海上交通，沟通和加强了西太平洋和印度洋沿岸各国之间的联系，不仅在航海史上划了一个时代，而且对世界文明的发展也做出了重大的贡献。

四　郑和下西洋的历史成就

郑和是世界上率领庞大船队远航的伟大先驱，郑和下西洋在世界航海史上的伟大成就，已为人们所熟知。这里拟着重论述一下郑和下西洋在政治、经济、文化诸方面，对中国历史和世界历史的发展所做出的重要贡献。概括地讲，郑和下西洋在历史上的成就，政治上主要是建立了亚非国家国际的和平局势，经济上发展了亚非诸国间的国际贸易，文化方面主要在于向亚非各国敷宣了中国的教化，以及增进了中国人民对亚非国家的认识和了解。

（一）中国主导的亚非国家和平局势的建立

中国与亚非诸国间的传统友谊，源远流长，具有悠久的历史。自秦汉以来，除隋、元两朝曾一度征伐琉球、爪哇，用兵海外，历代王朝对海外国家都奉行"和平共处"的方针。明朝建国之初，洪武四年（1371 年）九月，朱元璋即根据历史经验，告诫省府诸臣说："海外蛮夷之国，有为患于中国者，不可不诛；不为中国患者，不可辄自兴兵。古人有言：'地广非久安之计，民劳乃易乱之源。'如隋炀帝妄兴师旅，征讨琉球，杀害夷人，焚其宫室，俘其男女数千人。得其地不足以供给，得其民不足以使令，徒慕虚名，自弊中土，载诸史册，为后世讥。朕以诸蛮夷小国，阻山越海，僻在一隅，彼不为中国患者，朕决不伐之。"[①]对明代诸帝来说，这是一个必须恪守的祖训。明朝政府在处理与海外国家的关系方面，也以此为既定的国策。有明一代，基本上都执行了这一国策，凡将命海表者，成为受到海外诸国欢迎的和平使者，而郑和就是其中杰出的代表人物。郑和在下西洋的过程中，为解决东南亚及南亚各国之间的矛盾，为建立亚非国家区域间的和平局势，作出了不懈的努力，获得了很大的成功。郑和使团给各国人民带来福音，理所当然地受到各国人民的热烈欢迎。"天书到处多欢声，蛮魁酋长争相迎。南金异宝远驰贡，怀恩慕义摅忠诚。"[②]这生动地反映出海外人民热爱和平，衷心感激郑和使团为他们创造了国际和平安宁的环境。

在郑和下西洋以前，东南亚及南亚各国，尤其是南洋群岛一带众多小国，随着彼此势力的消长，以及宗教信仰不同，相互间常起冲突，不时发生纠纷。郑和来到南洋以后，以强大的武装力量为后盾，告诫那些喜战好斗的岛国："循理安分，勿得违越；不可欺寡，不可凌弱。"[③]"凡所号令，罔敢不服从。"[④]那些发动侵略战争的国家，不得不偃兵息武了。与此同时，郑和又从统一宗教信仰着手，谋求诸国间和平局势的建立。据英

①　《明太祖实录》卷六八。

②　马欢著，冯承钧校注：《瀛涯胜览·纪行诗》，商务印书馆 1935 年版。

③　《郑和家谱·敕海外诸番条》。

④　《明史稿》列传第一七八《宦官上·郑和传》。

国马礼逊《外国史略》记载:"众岛(指南洋群岛——引者注)之中,牙瓦最贵,古名小爪哇。……明永乐三年,有回回教师(指郑和——引者注)领太军强服其土民,使弃偶像,而拜回回教主。"①这里记载了中国古籍中未著录的一件重要史实,即郑和第一次下西洋至爪哇时,曾劝服当地居民信仰伊斯兰教。在这次出使至锡兰时,郑和又"劝国王阿烈苦奈儿敬崇佛教,远离外道"②。这说明郑和初下西洋,即很注意各国的宗教信仰问题,当发现有崇祀不宜信奉的"偶像"时,即力劝其放弃旧时的信仰,接受比较纯正的宗教,敬崇比较适宜的教主。郑和这样做,对于平衡各国之间的关系,缓解因为宗教信仰等问题而导致的国与国之间的紧张局势,都会起到重要的作用。此外,郑和还通过扶助弱小民族,抑止强暴,促成了各国间和平局势的建立。

(二)中国主导的亚非国际贸易的发展

亚非各国,尤其是南洋国家,物产丰富,具有发展国际贸易的有利条件。薛福成曾赞美道:"南洋诸岛国,皆在赤道下,其物产丰饶。如再熟之嘉谷,千寻之名材,暨夫沉香、檀香、荔枝、豆蔻、肉桂、金银、铅锡、水银、丹砂、明珠、美玉、宝石、珊瑚、琥珀、金刚钻、驯象、文犀、孔雀、翡翠、锦鸡、大贝、玳瑁之族,往往挺秀孕珍,以供天下不竭之用。"③自汉唐以迄宋元,中国与亚非诸国间的贸易已很发达,南洋群岛诸国更是中外商旅的荟萃之地。在刘宋时代,"通犀翠羽之珍,蛇珠夏布之异,千名万品,并为世主所虚心"。由是"舟舶继路,商使交属"④。赵宋时代也曾"遣内使八人,赍敕书金帛,分四路招致海南诸番"⑤。如此等等,都为发展中国与海外诸国的贸易往来做出了贡献。到了明代,郑和下西洋畅通了中国与亚非各国之间的海上"丝瓷之路",更使中国与亚非国家间的国际贸易事业发展到一个新的阶段。

郑和访问亚非诸国,在与各国建立了友好关系之后,即与之进行广泛的贸易活动。在郑和使团重要成员马欢、费信、巩珍等人的著作中,这方面的记载是很多的。马欢在《瀛涯胜览》中记载,在祖法儿国,"中国宝船到彼,开读赏赐毕",在国家之间的外事活动结束以后,"其王差头目遍谕国人,皆将乳香、血竭、芦荟、没药、安息香、苏合油、木别子之类,来换易纻丝、瓷器等物"。在阿丹国,郑和使团分綜船队"宝船数只到彼,王闻其至,即率大小头目至海滨迎接诏敕赏赐,至王府行礼甚恭谨感伏。开读毕,国王即谕其国人,但有珍宝,许令卖易"⑥。郑和使团与亚非诸国发展贸易,总是与奉行明王朝对海外国家的怀柔政策,相辅相成的,于是就能得到各国国王、酋长头目的倾心相助,通过他们"遍谕国人",而能与各国人民进行最广泛的贸易活动。

郑和使团具有雄厚的物质储备,以强大的国力做后盾,所至满刺加、古里、忽鲁谟斯诸国,为当时世界上著名的商业中心区,郑和使团在那里设有贸易据点。宝船一到,倾国轰动,纷纷前往交易。此种盛况,前后持续达二三十年,因此郑和使团在与亚非国

---

① 《小方壶斋舆地丛钞》第一一帙《外国史略·六》。

② 明嘉兴藏本《大唐西域记》卷一一《僧伽罗国》。

③ 薛福成:《庸庵海外文编》卷三。

④ 《宋书》卷五七《蛮夷传论》。

⑤ 《宋史》卷一八六《食货志·下》。

⑥ 马欢著,冯承钧校注:《瀛涯胜览》祖法儿国条、阿丹国条,商务印书馆1935年版。

家发展国际贸易方面,获得了空前的成功。黄省曾说:"太宗皇帝……将长驱远驾,通道于乖蛮革夷,乃大赍西洋,贸采琛异,命郑和为使,贰以侯显,妙择译人马欢辈从之行。"由是"明月之珠,鸦鹘之石,沉南、龙速之香,麟狮、孔翠之奇,梅脑、薇露之珍,珊瑚,瑶混之美,皆充舶而归"①。应当说明的是,郑和船队"充舶而归"的货物,不尽是奇珍异宝,大部分是五金、香料、布匹、药品等日常用品。这些货物,有的经过变卖,可供国家开支各项经费。如正德五年(1510 年)就曾将海外货物"粗重如苏木等物,估价该银万一千二百两有奇,留变卖以充军饷"②。有些则直接充作官吏的俸禄,为明朝政府节省了一大笔开支。如宣德九年(1434 年)十一月,"行在户部奏:'宣德八年京司文武官俸米折钞,请给与胡椒苏木。胡椒每斤准钞一百贯,苏木每斤准钞五十贯。南北二京官各于南北京库支给',从之"③。如郑和船队不是大量地买进这些日常用品,是不可能采取这项措施的。至于少量的贵重物品,如黄金、宝石、珍珠诸物,也是国用所需,郑和下西洋进行采办,也是有必要的。所以,当郑和船队停航 30 余年后,明朝政府即为之库藏空虚,感到有再下西洋的需要。例如,天顺二年(1458 年)司礼监太监福安奏:"永乐、宣德间……屡下西洋收买黄金、珍珠、宝石诸物,今停止三十余年,府藏虚竭。"④天顺三年(1459 年)又奏:"永乐间差内官下西洋……故国用充足。今久不采,府库空虚。"⑤"内外衙门,屡年成造各王府宝册仪仗关用黄金数多,官库收贮缺乏,乞照永乐、宣德年间差内外官员往西洋等处采买……进库应用。"⑥可见中国与亚非国家间能否充分开展国际贸易,对国用是否充裕,有着举足轻重的影响。

在郑和下西洋之时,不仅明朝政府从发展海外贸易中,获得很大的经济利益,就是普通老百姓,也多因此致富。正如严从简所说:"自永乐改元,遣使四出招谕,海番贡献毕至,奇货重宝,前代所希,充溢库市,贫民承令博买,或多致富,而国用亦羡裕矣。"⑦由此看来,刘大夏所谓"三保下西洋,费钱粮数十万……纵得奇宝而回,于国家何益"⑧,不能不算是一种偏激的说法了。

(三)中国文化的海外传播与中国人海外知识的增长

在 15 世纪初期,中国是世界上文明程度较高、文化高度发达的国家。郑和在亚非各国进行访问时,本着"王者无外,中天下而立,定四海之民,一视同仁"⑨的精神,努力宣扬文教,向亚非国家敷宣中国的教化,以提高其文明的程度。明成祖朱棣说:"朕丕承鸿基,勉绍先志,罔敢或怠。抚辑内外,悉俾生遂,夙夜兢惕,惟恐弗逮。恒遣使宣教化于海外诸番国,导以礼义,变其夷习。"⑩可见作为一代雄主的永乐大帝,数遣郑和等

---

① 黄省曾:《西洋朝贡典录·序》。
② 《明武宗实录》卷六七。
③ 《明宣宗实录》卷一一四。
④ 《明英宗实录》卷二八七。
⑤ 《明英宗实录》卷三〇〇。
⑥ 《明英宗实录》卷三〇七。
⑦ 严从简:《殊域周咨录》卷九《佛郎机传》。
⑧ 严从简:《殊域周咨录》卷八《琐里·古里传》。
⑨ 费信:《星槎胜览·序》。
⑩ 朱棣:《御制弘仁普济天妃宫碑记》。

大规模出使西洋,对"宣教化于海外诸番国"一事,是极为重视的。郑和的可贵之处,正在于忠实地执行了永乐大帝朱棣的意图,以睦邻为宗旨,"所至颁中华正朔,宣敷文教,俾天子生灵,旁达于无外"①。所谓"颁中华正朔",就是颁给出使国本朝的历法,要求海外诸国承认明王朝为"正朔所在"。明朝政府颁给亚非国家的历本,有"王历"与"民历"两种,都有历注,记载上至国家大事、下至民间生活的各项应行的事宜,达62事之多②,内容包括了中国政治、社会生活、封建礼俗的各个方面,用以作为让海外诸国"变其夷习"的依据。

郑和在海外努力"宣敷文教",使中国与亚非诸国间的交往空前密切,史称"永乐时,郑和遍历东西洋,靡不献琛恐后"③。除了各国使臣之外,满剌加、渤泥、苏禄、麻剌等国国王还携妻带子,亲自率领众多的亲戚僚臣来华访问。他们在中国,所到之处,都受到明朝政府和中国官员的礼遇。明朝政府专门定下番王朝贡礼、番国遣使朝贡礼、番国进贺表笺礼等④,按照一定的规格,对亚非国家的国王和使节进行仪式颇为隆重的接待。各国贵宾在中国生活期间,赐给其仪仗及宫廷所用贵重生活用品,"自王以下,衣服之制如中国"⑤。"礼乐明备,祯祥毕集。"⑥至于招待他们的大小宴会,亦办得十分丰盛。明宣宗朱瞻基曾指示礼部说:"四夷宾服,世所贵也。其使臣今不远万里而来者,皆有慕于中国,饩廪宴赐必丰,庶照朝廷优待之意。"⑦明成祖和明宣宗正是这样刻意于"四夷宾服",派遣郑和邀请亚非诸国国王和使臣来宾,使他们在中国受到优厚的礼遇、盛情的款待,亲见中国文物典章之美,军容仪威之盛,享受到中国先进的精神文明与物质文明;以"生居绝域,习见僻陋",得"获睹天朝太平乐事之盛",感到"死且有光"⑧,在经过对中国的访问后,为中华文教的魅力所吸引,"其各国王益修职贡,视前有加"⑨。

郑和宣教化于海外诸国,正是为实现明初对亚非国家既定的总方针而采取的重要措施。马敬说:"二帝(指明成祖与明宣宗——引者注)之心岂真欲夸多斗靡于远方哉!盖声名施及番貊,使普天之下,含灵蠢动,悉沾德化,莫不知其有君而尊亲焉。"⑩撇开马敬的封建士大夫立场不谈,在当时的历史条件下,郑和下西洋传播了中国先进的文化教育,为改变海外国家较为落后的"夷习"做出了贡献,符合社会进步的方向,是应该给予肯定的。

郑和使团在海洋上活动了近30年,既使亚非各国人民增进了对中国的了解,又使中国人民对亚非国家的认识方面大大开阔了眼界,丰富了中国人民对于海外的地理知识。中国与亚非国家虽然很早就发生了关系,但没有全面的文字记录,对亚非国家的

---

① 南京图书馆藏清佚名:《明史稿·郑和传》。
② 申时行等重修《明会典》卷二二三《钦天监》。
③ 《明史》卷三二三《鸡笼山传》。
④ 《明太祖实录》卷四五。
⑤ 《明成祖实录》卷五九。
⑥ 费信:《星槎胜览·序》。
⑦ 《明宣宗实录》卷一三。
⑧ 《明成祖实录》卷四〇。
⑨ 郑和:《娄东刘家港天妃宫石刻通番事迹碑》。
⑩ 马欢著,冯承钧校注:《瀛涯胜览·序》,商务印书馆1935年版。

认识，大都出于传闻。所以，长期以来，中国人民对一些亚非国家的真实情况，缺乏具体的了解和正确的认识。到了宋元之际，中国对海外许多亚非国家，还是可想而不可即，大有望洋兴叹之慨。周去非著《岭外代答》时，常困惑于海外"西南诸国，浩乎不可穷"。限于当时的知识水平，对"三佛齐之南"，只好说"南大洋海也，海中有屿万余，人莫居之，愈南不可通矣"。对"阇婆之东"，只好说"东大洋海也，水势渐低，女人国在焉。愈东，则尾闾之所泄，非复人世"。对阇婆之西，只好说"其西有海，名曰西大食海，渡之而西，则木兰皮（在西班牙南部——引者注）诸国凡千余；更西，则日之所入，不得而闻也"①。像这种对亚非沿海国家模模糊糊的概念，反映出当时中国对西洋诸国的地理认识，是相当简陋的。元汪大渊所著《岛夷志略》一书，虽较为可信，仍嫌简略。这些问题，在郑和下西洋之后，才进一步得到解决。郑和船队在太平洋和印度洋上纵横驰骋几十年，不仅开辟了从中国往返于东非沿岸的新航路，而且在各个局部区域和内海，又分别开辟了多种多样的新航线，从而使船队遍历东西洋各国。在郑和使团对所至各地实地进行勘探和调查之后，才把许多未知的海外国家和地方弄清楚了。黄省曾说："西洋之迹，著自郑和。"②一语道出郑和下西洋在丰富中国人民对海外国家的知识方面，在发展中国的海外交通方面，起了划时代的作用。

郑和下西洋在增进中国人民对亚非诸国的认识与了解方面，所做出的杰出贡献，在郑和使团重要成员马欢所著《瀛涯胜览》、费信所著《星槎胜览》以及巩珍所著《西洋番国志》中，都得到了比较充分的反映。这三部书以简洁的文字，对郑和下西洋所访问的主要国家的位置、沿革、港湾都会、形胜名迹、山川地理形势、气候历法、生产经济与物质资源、商业贸易、政教刑法、人民生活状况、风俗习惯与语言文字，都作了翔实而生动的记述。在同时代人当中，无论是中国人还是外国人，没有谁撰写过可以与这三本书相比的同类著。这三本书不仅为后世研究 15 世纪初亚非诸国的基本状况提供了第一手资料，也为我们研究郑和使团在各国的经历提供了宝贵的原始资料，是珍贵的文化遗产。

郑和船队在向非洲东部赤道以南沿海的航行中，曾发现了马达加斯加岛，那儿离好望角已经不远了。1487 年，一支葡萄牙舰队在巴托罗缪·迪亚士率领下，从红海南下始到达马达加斯加岛对岸，"发现"了好望角，这比郑和船队要晚 70 余年。郑和船队首次到达非洲东部沿海诸国，在哥伦布发现"新大陆"（1492 年）之前 79 年，在葡萄牙人发现欧、非、亚三洲航道（1497 年）之前 84 年。标志着郑和的航海成就、引导郑和船队胜利航抵东非之滨的，是《郑和航海图》。全图以南京为起点，最远至非洲东岸的慢八撒（今肯尼亚的蒙巴萨），分别绘明了航线所经亚非各国的方位、航道远近以及航行的方向；对何处有礁石，何处有浅滩，也都一一标明。郑和船队每经一地，都给予一定的命名。在约 500 个地名中，外国地名约有 300 个，多为马来半岛、印度半岛、阿拉伯半岛沿岸地名。图中还于一些无名的偏僻去处，注明"有人家"的字样，可见当年郑和船队活动范围之广。元汪大渊《岛夷志略》一书，总结了唐宋以来中国对海外诸国的地理认识，但它所收的外国地名，只有《郑和航海图》的 1/3。《郑和航海图》不仅是 15 世

---

① 周去非：《岭外代答》卷二《海外诸番国》。
② 黄省曾：《西洋朝贡典录·序》。

纪以前我国关于亚非两洲的一部最详尽的地理图,也是我国现存最早的一部记载亚非两洲的航海图。

五 郑和下西洋的国内与国际影响

明初,具有资本主义萌芽因素的矿冶、纺织、陶瓷、造船等工业,以及民间手工业的进一步发展,为郑和下西洋大规模地开展海外贸易,提供了雄厚的物质基础。随着郑和船队航海范围的逐渐扩大,在南洋、印度洋沿岸,开拓了愈来愈多的海外市场。海外贸易的数量激增,货源供给要得到保障,必然又会刺激国内官私工业和民间手工业的迅速发展。当时,中国的青花瓷器、各色纻丝、绫绢、纱罗、锦缎、文绮、袭衣、布匹、铜铁用具、铜钱、烧珠、漆器、麝香、樟脑、干鲜果品等等,在国际市场上很受欢迎。如在占城国,"中国青瓷盘碗等品,纻丝、绫绢、烧珠等物,甚爱之,则将淡金换易"。爪哇国"国人最喜中国青花瓷器,并麝香、销金纻丝、烧珠之类,则用铜钱买易"。在锡兰国"中国麝香、纻丝、色绢、青磁盘碗、铜钱、樟脑甚喜,则将宝石、珍珠换易"①。就一般而论,"盖海外之夷,有大西洋,有东洋。……是两夷者,皆好中国绫罗杂绘。……而江西瓷器,福建糖品、果品诸物,皆所嗜好"②。为了满足海外市场的需求,以景德镇为中心的瓷器业,以苏州为中心的丝织业,以松江为中心的棉织业,以芜湖为中心的漂染业等等,都有了较快的发展,这对中国社会经济的进一步发展,起到了一定的促进作用。

(一)郑和在国内的影响

作为中国人民与亚非各国人民友好往来历史上的一桩空前的盛举,郑和下西洋的故事,不仅中国赴海外的使节和人员乐于称道,在国内也是广为流传。钱曾说:"三宝下西洋,委巷流传甚广,内府之剧戏,看场之评话,子虚亡是,皆俗语流为丹青耳。"③自明代起,以郑和下西洋为题材的戏剧和评话,老百姓喜闻乐见,官吏们愿意看喜欢听,就是皇帝也很乐于欣赏。据明朝太监刘若愚《酌中志余》一书记载:"上(指明熹宗朱由校——引者注)创演水傀儡,所演有方朔偷桃、三保太监下西洋诸事。"④流传至今的明代以郑和下西洋为题材的剧本有《奉天命三保下西洋》,小说(评话)有罗懋登著《三宝太监西洋记通俗演义》(以下简称《西洋记》)。《西洋记》写于明万历二十五年(1577年),嘉靖以来的倭患,至万历年间仍严重危及中国沿海地区的安全。纪念郑和,宣扬郑和,振兴国威,乃反映了当时广大人民抗倭图强的强烈愿望,为时代所需要。罗懋登在《西洋记》一书序言中说:"今日东事倥偬,何如西戎,即序,不得比西戎,即序,何可令王、郑二公见,当事者尚兴抚髀之思乎?"明朝后期,海上力量削弱,以致倭寇为患深重。回首话当年,郑和扬国威于海上,东西洋上"海道清宁",中外人民皆得安居乐业,那是多么振奋人心!抚今追昔,盛衰变迁,又怎么不令人感慨!在这种心理影响之下,明代后期有关郑和下西洋的戏剧、评话、小说、诗词等纷纷问世,自上而下引起共鸣,大受欢迎,就是情理中事了。清俞樾说:"此书(指《西洋记》——引者注)之作,盖以嘉靖以后,

---

① 马欢著,冯承钧校注:《瀛涯胜览》占城国条、爪哇国条、锡兰国条,商务印书馆1935年版。
② 顾炎武:《天下郡国利病书》卷九六引崇祯十二年给事中傅元初《请开洋禁疏》。
③ 钱曾:《读书敏求记》。
④ 刘若愚:《酌中志余》卷下。

倭患方殷,故作此书寓思古伤今之意,抒忧时感事之忱。三复其文,可为长太息矣!"①
郑和下西洋之所以能在国内产生如此深远的影响,首先在于它能激发起中国人民的爱
国热忱,鼓舞人们为振兴中华而奋斗,这是已为历史的经验所证实了的。

郑和在国内有许多遗迹和遗物,数百年间,始终为人们所纪念。如云南晋宁县昆
阳镇郑和故里祖墓、南京马府街郑和故居、南京净觉寺、南京天妃宫、南京龙江湾宝船
厂遗址、太仓刘家港、太仓天妃宫、长乐太平港、长乐天妃宫、长乐三清宝殿、长乐三宝
岩、郑和下西洋所用铁锚和铁釜等等。在福建,人们对郑和甚为推崇,"呼和三宝大人,
不敢名"。在福建三山地方,"间蓄异器,或发自地下伏藏,侈曰:'此三宝大人物。'遗烈
可知"②。此外,南海诸岛中的永乐群岛、宣德群岛、郑和群礁、景宏岛、马欢岛、费信
岛,都是为了永久纪念郑和下西洋对我国开拓和经营南海诸岛的功绩而命名的。

特别要指出的是,郑和下西洋在加强祖国大陆与台湾岛的联系方面,在历史上曾
发生过重要的影响。据清龚柴《台湾小志》记载,郑和使团"遍历诸邦,采风问俗。宣宗
宣德五年,三宝回行,近闽海,为大风所吹,飘至台湾,是为华人入岛之始。越数旬,三
宝取药草数种,扬帆返国"③。又据清吴振臣《闽游偶记》记载:"澎湖为台湾门户,有三
十六屿,各屿俱在海洋中。……曾闻明永乐丁亥(永乐五年,1407 年——引者注)命太
监郑和、王景弘、侯显三人往东南诸国赏赐宣谕。郑和旧名三保,故云三保太监下西
洋,因风过此。"④在历史上也流传着一些有关郑和在台湾的传说。据张燮《东西洋考》
一书记载:"永乐初,郑中贵航海谕诸夷,东番(今台湾基隆一带——引者注)独远窜不
听约。家贻一铜铃……至今犹传为宝,富者至缀数枚,曰:'是祖宗所贻'云。"⑤其他的
记载,如"台湾凤山县有姜名三宝姜,传明初三宝太监所植,可疗百病"⑥。此外清初郁
永河《稗海纪游》中,也说郑和曾到"赤嵌汲水",赤嵌即台湾南部的安平。郑和不仅是
历史上明确记载的由海路从中国到达东非的第一人,也是历史上明确记载的代表祖国
中央政府进驻台湾的第一人,在这种意义上,史称郑和使团在下西洋途中进驻台湾相
当一段时间,"为华人入岛之始",在台湾历史上是一件大事。在郑和之后,也就是说,
继两万多"华人"(应理解为汉族人),多次到台湾居住生活一段时间之后,大陆人民移
居台湾者逐渐增多,为 1662 年郑成功从荷兰殖民者手中收复台湾,奠定了基础。

(二)郑和在国外的影响

郑和下西洋为亚非国际和平局势的建立,为促进亚非各国人民之间的团结和友
谊,为发展中国与亚非诸国之间在政治、经济和文化上的相互交流,都做出了重大的贡
献。郑和使团在亚非各国播下了友谊的种子,友谊的花朵开放在亚非人民的心田,历
久而不衰败。在郑和下西洋以后的岁月里,一些郑和使团访问过的国家,如渤泥国,

---

① 俞樾:《春在堂随笔》。
② 黄景昉:《国史唯疑》。
③ 《小方壶斋舆地丛钞》第九帙《台湾小志·一》。
④ 《小方壶斋舆地丛钞》(续编)第九帙《闽游偶记·六》。
⑤ 张燮:《东西洋考》卷五《东洋列国考·鸡笼·淡水传》。
⑥ 王士桢:《香祖笔记》卷二。

第三十三章

明清时期的航海与造船业

"凡见唐人至其国,甚有爱敬"①。在真腊国,"其见唐人,亦颇加敬畏,呼之曰'佛'云"。"观通典、通考、各代史异域志,诸书所载,未有如此之异者。"②时至今日,在郑和使团访问过的亚非国家,尤其是在东南亚,还保留着纪念郑和的各种遗迹,流传着许多关于郑和下西洋的故事传说,并且也还在进行着各种纪念郑和的活动。如在印度尼西亚的爪哇岛有三宝垄、三宝港、三宝洞、三保井、三保墩、三宝公庙,在印度尼西亚苏门答腊岛上也有三宝庙,在马来西亚的马六甲有三宝山、三宝城、三宝井,在泰国有三宝港、三宝庙、三宝宫、三宝禅寺、三宝寺塔,在北婆罗洲有中国河、中国寡妇峰等。郑和使团访问各国时所遗留的一些物品,在这些国家中很受尊重,成为人们纪念郑和的信物。如泰国的锡门,为"华人出入必经之处,郑和为建卓楔,扁曰天竺国"③。在满刺加"王居前屋用瓦,乃永乐中太监郑和所遗者"④。在印度尼西亚首都雅加达(古称顺塔),有"石椗,相传是郑和所遗者"⑤。如此等等。东南亚有些国家,甚至由于受到郑和的影响,形成了新的风俗,如爪哇的禁食,泰国的水浴等等。南洋一带相传阴历六月三十日为郑和在爪哇三宝垄登陆的日子,今三宝垄有三宝洞,那里有三宝公庙供奉郑和,每年此日各地人民必前往进香。此外,在各国许多建有郑和庙宇、寺院的地方,每逢年过节,当地人民竞相抬着郑和的舆像,举行赛神一般的盛会,影响所及,使世界各地来东南亚的游客也深为之感动。如1928年,日人中目觉"从非洲回国的时候,道经爪哇三宝垄,下榻台湾银行分行,离行约六十余丈,就是六觉寺,寺中有三保大人像,香火很盛,每年舆像出巡各一、二次"。在目睹当地人民如此崇敬郑和之后,他深感南洋一带"对于郑和一事,很是重视,有若神明"⑥。直至1981年我国古代陶瓷研究代表团在东南亚参观访问,同样深感"郑和在东南亚影响相当大,马六甲的郑和庙也很多,但曼谷的三宝公庙香火最盛。……三宝公庙有个对联,上联是:'七度下邻邦,有名胜迹传异域。'下联是:'三宝驾度航,万国衣冠邦故都。'反映当地华侨对郑和的崇敬"。在南洋国家中,人们还撰写了大部头的郑和传记,从而更扩大了郑和在海外的影响。这些传记,有马来文的《郑和传》15册、《三保大人传》3册等等。自古代乃至近代的世界历史上,凡属强国统帅领大军出国远征,多数是对所至各国实行侵略和奴役,给各国人民带来深重的灾难。像郑和下西洋这样实行和平外交方针,以睦邻为宗旨,其远航规模之大,时间之长,范围之广都是空前的,又都给各国人民带来福音,在历史上实属罕见。所以,郑和在海外受到崇敬,历时500余年,至今不衰,这种奇特的现象,仔细考究起来,也就不足为奇了。

(三)郑和下西洋对华侨开发南洋的影响

华侨开发南洋的历史,并不是从郑和下西洋时代开始的。早在两汉、魏晋之际,中国人民已与南洋有了联系。在元朝时,有不少南宋遗臣及东南沿海人民,为了反抗元

① 费信:《星槎胜览》后集《渤泥国》。
② 罗曰褧:《咸宾录》卷八《真腊传》。
③ 张燮:《东西洋考》卷二《西洋列国考·遏罗传》。
④ 黄衷:《海语》卷上。
⑤ 张燮:《东西洋考》卷三《西洋列国考·下港传》。
⑥ 日本昭和三年九月份《地学杂志》第475号。

朝的残暴统治,纷纷奔向南洋,成为南洋群岛最早的开发者。由于种种原因,他们无论在所到地区、移民人数以及经营规模上,都是极其有限的,加以他们难以同祖国大陆保持经常性的联系,人力物力都少来源,就不可能对南洋的开发造成什么重大影响。郑和下西洋开辟了中国海外交通史上的新时期,也开创了华侨开发南洋的新时代。郑和七下西洋,完全打通了往南洋各国的海上交通,在海外建立起中国的威望,为华侨开发南洋创造了许多有利的条件,吸引了大批的中国移民到南洋去。在15—17世纪,南洋华侨人数的增多,分布范围之广,是历代所不能相比的。清徐继畬说:"中国之南洋,万岛环列,星罗棋布。……明初,遣太监郑和等航海招致之,来者益众。……而闽广之民,造舟涉海,趋之如鹜,或竟有买田娶妇,留而不归者。如吕宋、噶罗巴诸岛,闽广流寓,殆不下数十万人。"[①]当时,南洋许多国家还处于部落状态,一批又一批的中国移民,带去了高度发达的生产技术和封建文化,往南洋贸易的商人,又源源输进中国内地各种先进的制造品。华侨在南洋谋生,摆脱了国内封建专制势力的束缚,使自己的聪明才智充分发挥出来,用以促进各项生产事业的发展。这样,在郑和下西洋之后二三百年间,由于"郑和等航海招致之",愈来愈多的华侨献身于开发南洋的各项事业中,对南洋各国社会的进步与经济的繁荣,起到了决定性的作用。长期在南洋工作的张相文,曾著有《华侨中心之南洋》一书,以大量事实和统计数字说明:马来半岛"自昔已有马来人及暹罗人之从事采锡者,然使联邦成为锡产国而享盛名者则华人也"[②]。"徵诸马来古史,马来人自昔即知渔鱼,然其发达则在中国人移民增加之后。今马来半岛西海岸之渔业,盖尽在华人掌中也。"[③]"树胶虽为暹罗新兴之农业,然历年以来,进步甚速,主要植胶地在马来半岛方面,经营之者多中国人。"[④]"凡属南洋土产,或为输入新加坡及其他马来商港之外国商品,莫不由华商采买贩卖也。"[⑤]"婆罗洲华侨之社会组织较苏岛爪哇方面尤优,故其势力亦大,大都小埠之商业几尽为中国人所掌握。"[⑥]诸如此类的事例,不胜枚举。饮水思源,南洋华侨之所以尤其敬崇郑和,正是不忘郑和下西洋对华侨开发南洋所做出的历史性的贡献。

郑和下西洋之后,华侨在南洋的势力逐渐雄厚,在此基础之上,南洋各地曾出现过若干由侨民建立的政权,也产生过不少的华侨领袖人物。有些华侨领袖,曾对侨居国的治理起了重要作用,有的甚至成为该国的国王。有些华侨领袖,在当地人民的支持下,领导了反抗西方殖民者入侵的斗争,取得重大的胜利。他们在带领华侨开发南洋方面,都各自做出了贡献。这些华侨领袖人物,其姓名事迹流传至今的,在印度尼西亚苏门答腊岛,有开辟旧港的华侨首领广东人梁道民、施进卿,有旧港番舶长广东人张琏。在印度尼西亚爪哇岛,有新村主广东人某氏。在马来半岛,有开辟柔佛槟榔屿的华侨首领广东人叶来(一作叶阿来)。在泰国有暹罗国王广东人郑昭。在越南有广南

① 徐继畬:《瀛环志略》卷二《南洋各岛》。
② 〔新加坡〕张相时:《华侨中心之南洋》卷下,第32章《南洋农事企业比较论》第1节《英属马来》,南洋商报1927年。
③ 〔新加坡〕张相时:《华侨中心之南洋》卷上,南洋商报1927年。
④ 〔新加坡〕张相时:《华侨中心之南洋》卷下,第18章《暹罗之产业》第1节《农林》,南洋商报1927年。
⑤ 〔新加坡〕张相时:《华侨中心之南洋》卷上,第8章《新加坡中心之南洋近海贸易》,南洋商报1927年。
⑥ 〔新加坡〕张相时:《华侨中心之南洋》卷上,第10章《荷属东印度》第2节《地方志》,南洋商报1927年。

国王阮潢,港口(即《明史》之宾童龙国)国王郑天赐。在加里曼丹岛,有开辟渤泥边地的华侨首领、福建人林道乾,婆罗国王、郑和使团某成员(福建人)的后裔某氏,戴燕国王广东人吴元盛,昆甸国客长广东人罗芳伯,昆甸王广东人陈兰芳,安班澜华侨首领广东人张杰诸。①

但是,郑和船队下西洋,是一项开支浩大的活动,对于明朝政府的财政,是沉重的负担。下西洋所得的宝货、香料,主要只能供上层统治集团消费,不能为国家增加收入。宣宗朱瞻基组织了第七次下西洋活动。此后,英宗朱祁镇天顺元年(1457年)准备派人去西洋,宪宗朱见深成化九年(1473年)又有意此事,都遭大臣劝阻,未能实现。随着明朝社会矛盾加深,财政困难严重,再也没有哪一位皇帝敢于继续这一事业了。

郑和的航行,发生在15世纪前期。再过几十年,在15、16世纪之交,便发生了世界史上著名的"地理大发现"。"地理大发现"首先是新航路的发现,其主要代表人物是哥伦布、达·伽马和麦哲伦,他们的船队规模都比郑和小得多,例如哥伦布远征队第一次出发时,只有3艘船,90人。但是,新航路的发现,给欧洲以巨大的刺激,对西方资本主义的发展起了重要的作用。郑和下西洋的活动,虽然壮观,对中国和世界的历史进程,并没有很大的影响。造成这种差别的主要原因是,欧洲在15、16世纪已有相当程度的资本主义萌芽因素;而在中国,封建的生产关系仍占绝对的统治地位。因此,两种航行有着完全不同的目的,产生了截然不同的后果。郑和航行是为了建立、发展与海外诸国的联系,主要是以和平、友好的方式进行的。航行的结果并没有引起中国和海外国家社会结构的变化。而哥伦布、达·伽马、麦哲伦这些西方冒险家的船队则相反,他们远航探险的目的就是为了掠夺财富,并把"发现"的地区变成他们的殖民地。对殖民地的掠夺,是资本原始积累的重要组成部分。西方资本主义正是依靠掠夺殖民地才得以勃兴。②

第二节　郑和之后的明清海上航路③

明清时代,南海和印度洋上的海上航路,在郑和下西洋时期有了极大的发展(尤其是印度洋航路),郑和下西洋之后,再没有更大的发展。但在"东洋"海域之内,郑和下西洋之后,海上航路却有了较大的发展。这里所指的"东洋",并非是郑和下西洋时期的"东洋"。那时东西洋的划分,据马欢《瀛涯胜览》说,南淳里国"西北皆临大海……国之西北海内有一大平顶峻山,半月可到,名帽山,其山之西亦皆大海,正是'西洋'也,名那没嚟(Lamui)洋,西来过洋船只收帆,俱望此山为准"④。这里所说的"帽山",即今印度尼西亚苏门答腊岛西北海上的韦岛,郑和下西洋时期之"东西洋"以此地为分界。郑和下西洋之后,东、西洋的地域概念又有变化。张燮《东西洋考》(成书于万历丁巳,1617年)中说:"文莱即婆罗国,东洋尽处,西洋所自起也。"这里所说的"文莱",即今加

---

① 郑鹤声、郑一钧:《论郑和下西洋》,《海交史研究》1983年刊,总第5期,第21—29页。
② 陈高华、陈尚胜:《中国海外交通史》,中国台湾文津出版社1997年版,第199—200页。
③ 此部分内容参见章巽:《中国航海科技史》,海洋出版社1991年版,第169—184页。
④ 马欢著,冯承钧校注:《瀛涯胜览·南淳里国》,商务印书馆1935年版。

里曼丹岛北部的文莱国,明代后期之"东西洋"则以此地为分界了。郑和下西洋之后,由于明、清统治者对外闭关自守,长期实行"海禁"和阻遏政策,加以 16 世纪以后西方殖民国家全力向东方的印度洋扩张,在西欧殖民势力炮舰政策的轰击下,不仅曾经称藩于明朝的海外诸国先后沦为西方列强的殖民地,而且也对中国的远洋航海事业形成很大威胁,难以向"西洋"发展。记录当时我国航海活动的一些史籍,如张燮《东西洋考》的记载只限于苏门答腊以东,清人陈伦炯的《海国闻见录》和谢清高的《海录》,也都说中国的海舶不再过马六甲海峡西行了,所反映的正是这一事实。由于当时在"东洋"海域之内,航海活动还有较大的发展余地,相应地也就促进了"东洋"海上航路的发展。

一 中国与菲律宾等南洋诸国之间的航路

明代中后期,中国通往菲律宾的航路有了较大的发展。宋、元时代,中国到菲律宾可走两条航线,一条是从泉州起航,经广州、占城、渤泥到麻逸(今菲律宾民都洛岛),另一条是由泉州经澎湖、琉球(台湾)到麻逸。后一航线虽短捷,但要横渡台湾,有风涛之险,加以途经各地的商业价值不大,而前一航线虽然要绕道渤泥,但较安全,又可在沿途各国进行一些贸易活动,所以宋、元两代同菲律宾贸易交往,主要是走前一条航线。明代初期,中国同菲律宾的古国苏禄、古麻剌朗、吕宋、合猫里、冯嘉施兰等互派使节相访,主要也是走前一条航线,郑和船队访问菲律宾各古国,如无特殊情况,也是采取经占城、渤泥至菲律宾的这条航路。如郑和船队驶离中国后,不是首达占城,而是先去菲律宾诸古国,然后由渤泥至占城,自然要采取后一条航线,即由泉州经澎湖、台湾到菲律宾。这种情况,在郑和七下西洋的航路中,如果曾出现过,也是一种例外,而不会是船队惯常的航路。到了明代中后期,当时已占领菲律宾群岛中部和北部地区的西班牙殖民者实行招引华商往菲律宾贸易的政策,加以明朝政府在隆庆年间(1567—1572年)开放了"海禁",促使中国商船纷纷前往菲律宾贸易,由以前每年三四艘增至 40 艘左右,这样一来,前往菲律宾贸易若还采取西航占城、绕道渤泥的航路,就不能适应形势发展的需要了,经澎湖、台湾到菲律宾的短途航路便取而代之,成为中、菲间的主要航路。以这条航路为主,当时通往菲律宾各古国和重要港口的航路有:

1. 太武山至吕宋港

太武山(在福建省厦门对岸的镇海角上,明代从泉州或漳州出洋,以此为航运始点)→澎湖屿→虎头山(今台湾西南岸高雄港)→沙马头澳(今台湾省最南端的猫鼻角)→笔架山(阿帕里港北面的巴布延[Babuyan]群岛中之加拉鄢[Calayan]岛)→大港(今菲律宾吕宋岛北部阿帕里[Aparri]港)→哪哦山(今菲律宾吕宋岛西岸顶端的拉奥[Laoang],一说为吕宋北岸的布尔戈[Burgos])→密雁港(今菲律宾吕宋岛西北岸的维甘[Vigan]港)→六藐山(在今菲律宾吕宋岛西北岸的圣费尔南多[San Fernando]附近)→郎梅屿(在今菲律宾吕宋岛托马斯[Tomas]港)→麻里茗屿(今菲律宾吕宋岛西部仁牙因港西北面的博利瑙[Bolinao])→玳瑁港(今菲律宾吕宋岛仁牙因[Lingayan]港)→表山(今菲律宾吕宋岛西岸的博利瑙角)→里银中邦(在今菲律宾吕宋岛的三描礼士[Zambales]省沿海的马辛洛克[Masinloc]或其附近)→头巾礁(菲律宾三描礼士省南端的航道转航角,即 Coehinos 角)→吕宋港(今菲律宾吕宋[Luzon]岛)。

此外,还有另一条航路:

太武山→澎湖山→虎仔山(即虎头山)→沙马歧头(即沙马头澳)→笔架山→大港口(即大港)、红荳屿(菲律宾巴布延群岛中的达卢皮里[Dalupiri]岛)→射昆美山(阿帕里港西面的乘切斯米拉[Sanchez Mira])→月投门(菲律宾吕宋岛西北的圣费尔南多港)→麻里荖表山(即表山)→里银大山(即里银中邦)→头巾礁→吕宋港。

2. 吕宋港至猫里务国

吕宋港→沙塘浅(在今菲律宾吕宋岛西南岸外,Fortune 岛西偏北面之浅滩群[Simobanks])→猫里务国(今菲律宾民都洛[Mindoro]岛,一说为布里亚斯[Burias]岛)。

3. 吕宋港至呐哔啴国及沙瑶国

吕宋港→文武楼(菲律宾民都洛岛西北部的曼布劳[Mamburao])→以宁港(民都洛岛西南的伊林[Ilin]岛)→汉泽山(菲律宾班乃[Panay]。岛西南端的安蒂克[Antigue])→海山(菲律宾内格罗斯[Negros]岛东南方的锡利诺[Silino]岛)→呐哔啴国(在今菲律宾棉兰老岛西北部的达比丹[Dapitan]地区)、沙瑶国(在达比丹南面的锡布盖[Sibuguey]地区)。

4. 自吕宋港至魍根礁老港

吕宋港→文武楼→以宁港→汉泽山→交溢(菲律宾棉兰老岛西南部三宝颜[Zamboanga]港附近的卡维持[Kawit])→逐奇(三宝颜东面的萨卡尔[Sacal]岛)→魍根礁老港(在今棉兰老岛南部的哥达巴都[Cotabato]省一带)。

5. 自吕宋港至苏禄国

吕宋港→文武楼→龙隐大山(在菲律宾民都洛岛西南伊林岛)→以宁港→汉泽山→交溢→犀角屿(菲律宾巴西兰[Basilan]岛西面的桑格贝[Sangboy]岛)→苏禄国(一般指今菲律宾的苏禄[Sulu]群岛,或专指和乐[Jolo]岛)。

6. 自吕宋港至巴荖园

吕宋港→吕蓬(菲律宾卢邦[Lubang]岛)→芒烟山(民都洛西岸的曼加林[Mangarin])→磨叶洋(亦作麻逸洋,指民都洛岛西南面的民都洛海)→小烟山(菲律宾布桑加[Busuanga]岛)→七峰山(菲律宾巴拉望[Palawan]岛东北角的杜马兰[Dumaran]岛)→巴荖园(菲律宾巴拉望岛)。

在以上主要航线之外,还有两条支线,一条是从吕宋港经猪末山(吕宋港附近的甲米地[Cavite]港)至磨荖央港(菲律宾八打雁[Batangas]省西部的巴拉央[Balayan]港),另一条是从吕宋港取道以宁港,经里摆翰(菲律宾帕马里坎[Pamalican]岛)至高约港(菲律宾库约[Cuyo]群岛中的库约港)。

上述航路中,吕宋港至魍根礁老港的航路可延伸至美洛居国(在今印度尼西亚的马鲁古[Maluku]群岛),吕宋港至苏禄国、巴荖园的航路可延伸至文莱国,进而与通向东南亚各国的航路相连接。因此,明代中后期中国与菲律宾之间航路的发展,进一步沟通了中国与菲律宾及东南亚各国间的海上交通,对发展中国与菲律宾及东南亚各国间的贸易和友好往来起到了积极的作用,同时也有助于加强祖国大陆与台湾的联系。

二 中国与琉球之间的航路

明代中后期,随着中国与琉球国(今日本琉球群岛)的关系进一步加强,中国与琉球国之间的海上航路亦有较大的发展。明世宗嘉靖十三年(1534 年)四月,明朝政府

命陈侃前往琉球,册封琉球国中山王世子尚请为王,归国后陈侃将亲身见闻著成《奉使琉球录》,其中记其至琉球航路为:

南台(又名吕南台山,位福建省闽侯县南)→厂石(在福建闽江口内南台岛)→小琉球(台湾北端鸡笼头山)→平嘉山(又名彭加山、彭家山,位台湾基隆港口外东北海上35海里处)→钓鱼屿(即钓鱼台,与黄尾屿,赤屿、飞濑岛、北小岛、南小岛、大北小岛、大南小岛合称钓鱼岛)→黄毛屿(即黄尾屿,与钓鱼台是姊妹岛)→赤屿(又名赤尾礁、赤坎屿)→古米山(即今久米岛)→熟壁山(即今伊平屋岛)→移山岛(又名鸟岛,位于琉球群岛中的硫磺山附近)→那霸港(又名濠瀰、豪霸,均为 Naba 之音译,位琉球首里西10里,那霸江入海处)。

嘉靖四十年(1561年)五月,明朝政府命郭汝霖出使琉球,册封琉球国中山王世子尚元为王,归国后与副使李际春合撰《琉球奉使录》,其中记其至琉球航路为:

长乐(今福建省长乐县)→厂石→梅花(即梅花千户所,明时设,位于福建闽江口,属镇东卫,屯军防海)→东涌(今东引列岛,位福建闽江口外,马祖列岛东北海上)→小琉球→黄茅(即黄毛屿)→钓鱼屿→赤屿→姑米山→土纳巳山(今琉球的渡名喜[Tonak]岛)→小古米山(又名奥武岛,为久米岛属岛之一)→那霸港。

明神宗万历七年(1579年)五月,明朝政府命肖崇业出使琉球,册封琉球国中山王世子尚永为王,归国后与副使谢杰合撰《奉使琉球录》,其中记其至琉球航路:

长乐→闽安镇(位福建闽江口北,闽侯县东10里)→梅花所(即梅花千户所)→叶壁山(即熟壁山)→北山(即今七岛[口岛、中岛、诹访濑岛、恶石岛、卧岛、平岛、宝岛],位于琉球最东北,与日本相接界)→那霸港。

万历三十四年(1606年)五月,明朝政府命夏子阳出使琉球,册封琉球国中山王世子尚宁为王,归国后与副使王士桢撰《奉使琉球录》,其中记其至琉球航路为:

长乐→厂石→梅花所→东沙山(即东沙岛,在闽江口外白犬列岛东南)→鸡笼屿(今台湾基隆岛)→小琉球→平佳山(即平嘉山)→花瓶屿(又名花瓶屿,位于台湾基隆港口外东北海上,与彭加、绵花两屿同为由福建或台湾至琉球的必经之地,自此东航是钓鱼岛,东南为先岛群岛)→钓鱼屿→黄尾屿→古米山→那奇山(又名度那奇山,位古米山附近)→琉球山(指那霸港外40里处之一小岛屿)→那霸港。

以上《奉使琉球录》诸书对自琉球返回的航路记载过于简略,或仅记沿途经历,故而无从据以记述。原来明代遣往琉球进行册封的诸位使节,除详述自福建至琉球间的航海日记外,还绘有标注航行针路的"琉球过海图",现多阙失,仅能看到万历年间肖崇业和夏子阳奉使琉球所绘"琉球过海图"上所标注的航行针路如下:

第一,肖崇业"琉球过海图"针路:

梅花头正南风,东沙山,船用单辰六更。(册封船从闽江口梅花千户所启碇出海,风向正值南风,风顺行速,不久即至东沙山。船继续航行,风向不变,航向取东南偏东120度,行程360里,或航行15时)

船又用辰巽针,二更,船取小琉球头。(船又由东南偏东向东南行,航向取127度半,行程120里,或航行5时,船至小琉球头)

乙卯针,四更,船彭佳山。(船从小琉球头继续前进,由东偏南向正东行,航向取97度半,行程240里,或航行10时,船至彭佳山)

单卯针,十更,船取钓鱼屿。(船从彭佳山继续航行,航向取正东60度,行程600里,或航行1昼夜,船至钓鱼屿)

又用乙卯针,四更,船取黄犀屿。(船从钓鱼屿继续前进,由东偏南向正东行,航向取97度半,行程240里,或航行10时,船至黄犀屿)

又用单卯针,五更,船取赤屿。(船从黄犀屿继续航行,航向取正东90度,行程300里,或航行12时,船至赤屿)

用单卯针,五更,船取古米山。(船航向不变,从赤屿继续航行300里,或12时,船至古米山)

又乙卯针,六更,船取马齿山,直到琉球大吉。(船从古米山继续前进,由东偏南向正东行,航向取97度半,行程360里,或航行14时半,船至马齿山〔即琉球那霸西海上的庆良间群岛〕,然后继续航行,即平安抵达琉球国)

第二,夏子阳"琉球过海图"针路:

梅花头开洋,过白犬屿,又取东沙屿。(册封船从闽江口梅花千户所起航出海,经白犬屿,航至东沙屿)

丁上风,用辰巽针,八更,船取小琉球。(船从东沙屿继续航行,时吹南偏西风,船由东南偏东向东南行,航向取127度半,行程480里,或航行19时,船至小琉球)

未上风,乙卯针,二更,船取鸡笼。(船从小琉球继续航行,时吹西南偏南风,船由东偏南向正东行,航向取97度半,行程120里,或航行5时,船至鸡笼山)

申酉上风,用甲卯针,四更,船取彭佳山。(船从鸡笼山继续航行,时风向由西南偏西转为正西风,船由东偏南向正东行,航向取82度半,行程240里,或航行10时,船至彭佳山)

亥上风,用乙卯针,三更船,未上风,用乙卯针,三更,船取花瓶屿。(船从彭佳山继续航行,时吹北偏西风,船由东偏南向正东行,航向取97度半,行程180里,或航行7时半,时风向转为西南偏南,船航向不变,再航行180里,或7时半,船至花瓶屿)

丁未上风,用乙卯针,四更,船取钓鱼屿。(船从花瓶屿继续航行,时风向由南偏西转向西南偏南,船仍由东偏南向正东行,航向取97度半,行程240里,或航行10时,船至钓鱼屿)

丙午上风,用乙卯针,四更,船取黄尾屿。(船从钓鱼屿继续航行,时风向由南偏东转为正南风,船仍由东偏南向正东行,航向取97度半,行程240里,或航行10时,船至黄尾屿)

丙上风,用乙卯针,七更船,丁上风,辰巽针,一更,船取古米山。(船从黄尾屿继续航行,时风向为正南风,船仍由东偏南向正东行,航向取97度半,行程420里,或航行17时半,时吹南偏西风,船改由东南偏东向东南行,航向取127度半,行程60里,或航行2时半,船至古米山)

又辰巽针,六更,船取士那奇、翁居里山。(船从古米山继续航行,航向不变,行程360里,或航行17时,船至士那奇翁居里山)

又辰巽针,一更,船取马齿山,直到琉球那霸港大吉。(船从士那奇翁居里山继续航行,航向不变,行程60里,或航行2时半,船至马齿山,然后直航琉球国,平安抵达那霸港)

在《顺风相送》和《指南正法》两种海道针经,以及明代郑若曾所撰《日本图纂》和华裔琉球人程顺则所撰《指南广义》中,皆记有由福建至琉球国针路,与上述针路大同小异,兹不赘述。在《顺风相送》和《指南正法》中,还记有自琉球回福建针路如下:

第一,《顺风相送》琉球回福建针路:

港口用坤申,一更半,平古巴山、是麻山。(自琉球港口起航,由西南向西南偏西行,航向取 217 度半,行程 90 里,或航行近 4 时,船傍古巴山[即马齿山]、是麻山[这里"是麻山"应作"麻山",为与琉球那霸西的庆良间列岛相邻小岛]而过)

用辛酉四更半,用辰戌(按:原本辰戌不合罗经定位之理,照这段航路的情形看,应以"辛戌"为是)十二更、单乾四更、单辛五更、辛酉十六更认是东路山,望下势便是南犯,坤未三更半台山,三更是乌麻山,坤针见官塘。(船由南偏北向正西行,航向取 277 度半,行程 270 里,或航行 11 时多,再改由南偏北向西北偏西[辛戌]行,航向取 292 度半,行程 720 里,或航行 1 天零 5 时,再改向西北行,航向取 315 度,行程 240 里,或航行 10 时,再改取南偏北 285 度的航向,行程 300 里,或航行 12 时半,再改由南偏北向向正西行,行程 960 里,或航行 40 时,以东航海路诸望山认作航行针路指标,若不是在去琉球航路之北航行便是"南犯";船再改由西南向西南偏西行,航向取 217 度半,行程 210 里,或航行近 9 时,便可抵达台山[在浙江省金乡海上南麂岛之南];船航向不变,再航行 180 里,或 7 时半,便至乌麻山[或即今大嵛山、小嵛山],再改取西南 225 度的航向行驶,便可见官塘[今闽江口外马祖列岛])

五更平官塘,取定海千户所前抛为妙。

第二,《指南正法》琉球回福州针路:

琉球问舡,用单申一更取包而是麻山。(船从琉球港口返航,取西南偏西 240 度的航向,行程 60 里,或航行 2 时半,船至包而是麻山[即麻山])

用辛酉取枯美山。(船再改由南偏北向正西行,航向取 277 度半,船趋向枯美山[即冲绳群岛中的久米岛]驶去)

用辛酉四更,又用辛戌十五更、单酉十九更,又用辛酉十五更取南麂山。(船航向不变,行驶 240 里,或 10 时,再改由南偏北向西北偏西行,航向取 292 度半,行程 900 里,或航行 1 天半;再改取正西 270 度的航向,行程 1140 里,或航行 1 昼夜又 21 时半;再改由南偏北向正西行,航向取 277 度半,行程 900 里,或航行 1 天半,船可航至南麂山)。

坤未三更取台山,用坤未三更取霜山,用单坤取官塘,收入定海千户所。(船从南麂山继续航行,改由西南向西南偏南行,航向取 217 度半,行程 180 里,或航行 7 时半,船可抵达台山;船航向不变,再航行 180 里,或 7 时半,便可到达霜山[又作桑山,有东、西、南、山四霜,并为今图的四霜岛,在福建省霞浦烽火门外,遥对间峡];船再改取西南 225 度的航向趋向官塘驶去,最后在定海千户所安泊)

自琉球返回福建,因为要趁冬季东北风航行,所以航路选在赴琉球航路之北,先以浙江温州海岸诸山为望山,然后沿浙、闽海岸南航,以闽江口北岸的定海千户所为航路终点。

三 中国东南沿海与日本之间的航路

明代中后期,随着中国与琉球间航路的发展,又开辟了由福建经琉球到日本的新航路,在《顺风相送》、郑若曾《日本图纂》等史籍中,皆记载有由福建经琉球往日本的针路。据《顺风相送》,这条航路从福建太武山起航,到达琉球国那霸港后,再取南偏西195度的航向,航行240里,从椅山(琉球冲绳群岛中的伊江岛)外边航过,再改取北偏东15度的航向,航行150里,至叶壁山(冲绳群岛中的伊平屋岛);又保持原航向行驶240里,至流横山(即今奄美群岛中的冲永良部岛);然后改由北偏东向东北偏北行,航向取22度半,行驶300里,至田家地(亦作田家山,即琉球北奄美大岛中的德之岛);又保持原航向行驶210里,至万者通七岛山(琉球奄美大岛北的宝七岛);再改取东北偏东60度的航向,行驶300里,船从野故山(又作野古岛,即奄美大岛北的屋久岛)内边航过,再改取东北45度的航向,行驶150里,至但尔山(又作旦午山),又保持原航向行驶240里,至酉甫山(一作亚甫山,或即日本大隅佐多岬的大泊),再改取东北偏东60度的航向,行驶600里,至哑慈子里美山(或即日本四国东南部的足摺岬);再由此取东北45度的航向,行驶120里,然后改取东北偏东60度的航向,行驶180里,至沿度奴乌佳眉山(即日本四国东南部的八阪八滨);再改取北偏东15度的航向,行驶180里,然后又向正北航行60里,至是麻山(即日本纪伊水道西边的伊岛),船从此山南边名为长礁的沉礁的东边航过。船在此地取东北偏北30度的航向,航行60里,是正常的航路。然后再向正北航行240里,至大山门(应为大门山,即今纪伊水道以北的淡路岛),船傍西边门驶过,再取东北偏北30度的航向,行驶180里,便抵达兵库港(今兵库县神户港)。当时从琉球驶往日本的航路,与此大致相同。由于从福建经琉球到日本的航路要经过台湾,于是由台湾到日本的航路从中就开辟出来。

16世纪以后,中国与日本间的海上交通日益频繁,从福建和浙江两省到日本的航线也随之逐渐增多。除上述由福建泉州、长乐(五虎门)经琉球到日本的航路外,由中国东南沿海港口直航日本的航路主要有下列各线:

1. 浙江诸港

(1)自温州至长崎

温州开船,用单甲五更(取东偏南75度的航向行300里),用甲寅六更(由东偏南向东北偏东行,航向取67度半,航行360里),用单寅二十更(取东北偏东60度的航向行1200里),用艮寅十五更(由东北向东北偏东行,航向取52度半,航行900里),取日本山(据针路当是至长崎)。(《指南正法·温州往日本针路》)

(2)自凤尾(在浙江定海南,急水门东)至长崎

出港西南风,用甲寅五更(由东偏南向东北偏东行,航向取67度半,航行300里)、单寅六更(取东北偏东60度的航向行360里)、艮寅二更(由东北向东北偏东行,航向取52度半,航行120里)、艮寅十八更(按原航向再行1080里)、单寅八更见里慎马(取东北偏东60度的航向行480里,可见里慎马,即日本长崎港外的女岛),甲寅七更收入港(由东偏南向东北偏东行,航向取67度半,航行420里,抵达长崎港)。(《指南正法·凤尾往长岐①》)

(3)自宁波至长崎

普陀放洋,用单卯十四更(取正东90度的航向行840里),又用单卯十更(仍向正

---

① 长岐,即今长崎。该节下同。

东行 600 里），又用甲寅八更（又由东偏南向东北偏东行，航向取 67 度半，航行 480 里），又用单甲八更见天堂（又取东偏南 75 度的航向行 480 里，便可见天堂[即日本天草港，在长崎港南]），收入长岐。（《指南正法·宁波往日本针》）

（4）自长崎回宁波

五岛（长崎港外的五岛列岛）开舡，用坤申七更（由西南向西南偏西行，航向取 217 度半，航行 420 里），用庚申十五更（由西偏南向西南偏西行，航向取 247 度半，航行 900 里），用单庚及更西二十五更收入宁波是也（先取西偏南 255 度的航向，再由西偏南向正西行，航向取 262 度半，共航行 1500 里，便抵达宁波）。（《指南正法·日本回宁波针路》）

（5）自普陀往长岐

放洋南风，用甲寅十更（由东偏南向东北偏东行，航向取 67 度半，航行 600 里）、单寅十更（取东北偏东 60 度的航向行 600 里）、甲寅三更见里甚马（由东偏南向东北偏东行，航向取 67 度半，航行 180 里，便可见里甚马[即里慎马]），艮寅七更收入妙也（由东北向东北偏东行，航向取 52 度半，航行 420 里，便到长崎港安泊）。（《指南正法·普陀往长岐》）

（6）自尽山（即嵊泗列岛的陈钱岛）至长崎

开舡北风，用单寅十五更（取东北偏东 60 度的航向行 900 里），艮寅九更取五岛，由东北向东北偏东行，航向取 52 度半，航行 540 里，便可至五岛（长崎港外的五岛列岛），单寅五更收入港可也（取东北偏东 60 度的航向行 300 里，便抵长崎港安泊）。（《指南正法·尽山往长岐》）

2.福建诸港

（1）自厦门至长崎

大担（福建金门岛附近的大担岛）开舡，用甲卯离山（由东偏南向正东行，航向取 82 度半，驶离大担岛）。用艮寅七更取乌坵，内是湄洲妈祖，往祭献（由东北向东北偏东行，航向取 52 度半，航行 420 里，至乌坵，即乌坵屿，在福建湄洲岛东，那儿湄洲岛上有海神妈祖庙，往湄洲岛祭献妈祖）。用艮寅及单寅七更取鸡笼头（先保持原航向，然后再取东北偏东 60 度的航向，共航行 420 里，至鸡笼头，即今台湾基隆）。用艮寅二十更，取单寅下十五更，单艮上十五更，取天堂（由东北向东北偏东行，航向取 52 度半，航行 1200 里；再取东北偏东 60 度的航向，航行不到 900 里；然后取东北 45 度的航向，航行 900 多里，便可至天堂，即天草港）。用子癸并壬亥收入港（由正北向北偏东行，航向取 7 度半，又由北偏西向西北偏北行，航向取 337 度半，船驶入长崎港安泊）。（《指南正法·厦门往长岐》）

（2）自沙埕（在今福建福鼎县沙埕港口北）至长崎

开舡南风，用甲寅四更离山（由东偏南向东北偏东行，航向取 67 度半，航行 240 里，离开岛屿而行）。单寅七更、艮寅二十二更、单寅八更，见里慎马南过（取东北偏东 60 度的航向行 420 里；又由东北向东北偏东行，航向取 52 度半，航行 1320 里；再取东北偏东 60 度的航向行 480 里，船从里甚马南边航过）。艮寅七更收入妙也（又由东北向东北偏东行，航向取 52 度半，航行 420 里，船驶入长岐港安泊）。（《指南正法·沙埕往长岐》）

以上由浙江、福建诸港驶往日本长崎港的 7 条航路,以自尽山至长崎的航路最短,全程 29 更,计航行 1740 里,或 2 昼夜又 21 个半小时。其次为自普陀至长崎的航路,全程 30 更,计航行 1800 里,或 3 昼夜。再次为自宁波至长崎的航路,全程 40 更,计航行 2400 里,或 4 昼夜。再次为自温州至长崎和自凤尾至长崎的航路,两条航路全程都是 40 更,计航行 2160 里,或 4 昼夜又 15 小时。再次为自沙埕至长崎的航路,全程 48 更,计航行 2880 里,或 4 昼夜又 20 小时。至于自厦门至长崎的航路,因为要经过台湾,路途最远,全程 64 更,计航行 3840 里,或 9 昼夜又 10 小时,自长崎回宁波的航路,全程 47 更,计航行 2820 里,或 4 昼夜又 17 个半小时。唐宋以来,中日之间的航路,取道南路,如较好地利用季节风,一般 3 昼夜以至 6—7 昼夜,便能横渡东中国海而达彼岸,而以航行 6—7 昼夜者居多。上述各条航路,需时一般 3 昼夜以至 4—5 昼夜,驶完全程所需时日相对来说是较少的。明代中后期中日之间航路的发展,是当时"东洋"航路获得较大发展的又一重要标志,从一个侧面反映出明清时代海上航路发展的趋势。

四 明清时代的国内近海航线

明清时代,国内沿海航路也获得了一定的发展。章巽先生曾发现一册清代航海地图①,其编成的时间大约在雍正(1723—1735 年)末年,即 18 世纪初期,从中可以考见鸦片战争以前清代民间帆船的近海航行路线,按地段大体可分为以下 5 条航路。

1. 自辽东湾北部至山东成山角

锦州→葫芦岛→菊花岛→山海关→天津→庙岛列岛→成山角。

或:

金州(金县)→旅顺口→老铁山→隍城岛→大小钦岛→砣矶岛→侯鸡岛→高山岛→大小黑山岛(自此有航线西通天津)→大小竹岛→长山岛→庙岛→登州(蓬莱)→芝罘岛→威海卫→刘公岛→成山角。

2. 自成山角至茶山

成山角→里岛→马头嘴→苏山岛→乳山寨→大嵩卫→崂山→灵山卫→水灵山岛→云台山(由此转入离岸较远的深海,再向南直航)→茶山(佘山位于长江口外)。

3. 自茶山至台山岛

茶山→花鸟山→尽山(陈钱山)→两广山(狼冈山)→外甩山→东福山→普陀山→朱家尖→韭山群岛→渔山→东矶岛→台州港口→石堂(松门山)→大小鹿山→温州港口→南北鹿山→台山岛(位于浙闽交界海面)。

4. 自台山岛至兄弟岛

台山岛→四霜岛→东引岛→牛山岛→乌丘屿→湄洲岛→大岞角→崇武城→泉州港口→永宁→宝盖山姑嫂塔→深沪→围头湾→北太武山→厦门→南碇岛→南太武山→东山岛→古雷头→兄弟岛(位于闽粤交界海面)。

5. 自兄弟岛至南亭门

兄弟岛→南澳→南澎岛→赤澳→甲子港口→田尾角→大星山→南亭门(位于珠江口外)。

---

① 这册航海地图的影印本及注释,见章巽:《古航海图考释》,海洋出版社 1980 年版。

我国现存的重要航海史籍和古航海图中,成书于明永乐九年至十三年(1411—1415 年)的《海道经》,记载了北起辽东半岛,南至闽江口的航路;《郑和航海图》国内部分则记录了北起长江口,南至独猪山(今海南岛万宁县东南海上的大洲岛)的航路;它们所记录的沿海航路,都比这册航海图所记录的航路要短。若就包括我国从北到南的沿海航路而论,我国现存航海史籍和古航海图中,数这册航海图记录范围最为广大。因此,可以把这册古航海图中所记录的沿海航路,看成是对我国古代沿海航路的发展,作了一个很好的总结。

第三节　明清时期的造船业[①]

一　明代造船业的繁盛与衰败

明初郑和七下西洋的盛事,把中国传统造船技术推进到空前的繁盛时期。以郑和宝船队为代表,中国造船业体现出船型巨大、设备完善、航海组织严密有序的特点。在明代还出现了《南船记》《龙江船厂志》《漕船记》《筹海图编》《武备志》等一系列有关造船的著作,表明中国传统造船技术及其船舶已达到鼎盛时期。不过,明朝的海禁政策使发达的中国造船业迅速衰败下来。

(一)郑和宝船

明初造船的突出成就是打造出世界上最大的木帆船——郑和航海所乘的宝船。郑和船队的大小船舶,都统称之为宝船。郑和所乘坐的一号宝船,"长四十四丈四尺,阔一十八丈"[②]。前设立 9 桅[③],张 12 帆[④],"体势巍然,巨无与比,篷帆锚舵,非二三百人莫能举动"[⑤]。明尺比现代市尺稍小,1 尺相当于 31.1 厘米。[⑥] 以此推算,一号宝船长 138 米,宽 56 米。其长宽比为 69∶28。

郑和航海所用船只有若干等级,除一号宝船外,下面介绍四种:

二号马船,即《瀛涯胜览》所云之中等宝船,"长三十七丈,阔一十五丈"[⑦],立 8 桅[⑧]。长宽比与一号宝船同,亦为 37∶15。

三号粮船,长 28 丈,宽 12 丈,7 桅,[⑨]长宽比为 7∶3。

---

① 此部分内容主要参见席龙飞:《中国造船史》,湖北教育出版社 2000 年版;王冠倬:《中国古船图谱》,三联书店 2000 年版。

② 《星槎胜览校注》占城国注引明钞说集本《瀛涯胜览》。

③ 《三宝太监下西洋记》。

④ 《星槎胜览校注》占城国。

⑤ 《西洋番国志》自序。

⑥ 吴承洛:《中国度量衡史》第二章第二节表十二,商务印书馆 1956 年版。

⑦ 《星槎胜览校注》占城国注引明钞说集本《瀛涯胜览》。

⑧ 《三宝太监下西洋记》。

⑨ 《三宝太监下西洋记》。

四号座船：长 24 丈，宽 9.4 丈，6 桅，① 长宽比 12：5.7。

五号战船：长 18 丈，宽 6.8 丈，5 桅。② 长宽比 9：3.4。

一号宝船之大确实前所未有，其排水量是多少？ 中国古代测量船舶长度与宽度有两种方法。一种是特作注明的"实数法"："其量船之法，但从中"，"身长则前至艎门下，后至舵楼。梁内阔则上丈走风梁上面，两旁除去栏河，方为实数"③。这与现代测量船体以该船吃水线所在部位的长与宽为准是比较接近的。另一种是"虚数法"，所谓长是通长，宽是通宽。在古文献中，如无特意说明，一般是用"虚数法"。此法所述船体长宽尺寸实际上包含船体水线以上部位的尺寸在内，依此计算出来的排水量，必然大于该船的实际排水量。一号宝船的记法亦为"虚数法"。有的学者在去除部分虚数后，计算得出一号宝船的排水量在 15000 吨左右，载重量超过 7000 吨。④

一号宝船如此巨大，史书所记尺寸是否可信？ 换言之，明初能否造出长达 44.4 丈的大船？ 宝船宽 18 丈，长宽比仅为 2.466，是不是太宽了？ 先说长度。北宋初年浙江所造龙舟长 20 余丈，宋徽宗时出使高丽的"神舟"其长超过 30 丈，南宋初年为镇压杨么起义而造的车船大者长 36 丈。前代已奠定了基础，以明初财力、物力、技术而言，打造特长宝船并非难事。再论宽度。唐初剑南道所造海船"大者或长百尺，其广半之"；北宋岳州万石船"形制圆短，如三间大屋"；朱彧在广州见到的北宋海船"方正如一木斛"。上述三例，船体均为短阔型，其长宽比为 2 或小于 3。造船时必须同时兼顾速度与安全两个因素。古代用木材造船，其抗御力不很强；同时帆船行驶，靠侧风及尾部来的风力，船体宽则相对平稳。在速度与安全难以两全时，只能偏重一方。战船以快速灵活为要旨，所以在安全允许的范围内造得瘦长些，其长宽比值大；客船、货船偏重于安全，所以在不过分影响航速的情况下造得短阔些，其长宽比值小。⑤ 庄为玑、庄景辉在《郑和宝船尺度的探索》中认为："经过了从唐代的十八丈海船，到宋代三十丈神舟这样一个漫长的生产实践过程，在明初特定的历史条件下，宝船的出现是符合事物发展规律的。即使把郑和宝船推到世界造船史方面来看，也不能否定它的存在。因为在整个中世纪，我国造船技术在世界上居于先进地位。"⑥

1. 郑和宝船尺度和船数的文献依据

记录郑和下西洋人数、宝船尺度和船数的文献首推《明史·郑和传》。《明史》为清代张廷玉等撰，刊于乾隆四年（1739 年）。《明史》所记确是永乐三年（1405 年）第一次下西洋的盛况。

第 2 种文献是《国榷》，这是编年体的明代史。书中所记仍是第一次下西洋的情况：宝船 63 艘，大者长 44 丈，阔 18 丈；次者长 37 丈，阔 15 丈。下西洋官兵人数记为 27870 人。⑦ 其编撰者谈迁自明天启元年（1621 年）起，花费 30 余年时间，到清顺治十

---

① 《三宝太监下西洋记》。

② 《三宝太监下西洋记》。

③ 万历三十五年刊《温州府志》卷六战船。

④ 席龙飞：《世界航海史上的伟大先驱——郑和》（会议论文，未刊）。

⑤ 王冠倬：《中国古船图谱》，三联书店 2000 年版，第 170—173 页。

⑥ 庄为玑、庄景辉：《郑和宝船尺度的探索》，《海交史研究》1983 年第 5 期；《郑和下西洋论文集》第一辑，人民交通出版社 1985 年版，第 75 页。

⑦ （清）谈迁撰，张宗祥校点：《国榷》卷十三"永乐三年"条，上海古籍出版社 1958 年版，第 953—954 页。

三年(1656年)始告完成。原书在清代未经刊行,向来自有抄本,故未经清人窜改,史料价值较高,直到1958年才正式出版。

第3种文献是《瀛涯胜览》[1],作者马欢是下西洋随行翻译,曾于第四、第六、第七次三次随行。该书撰于明永乐十四年(1416年),其中卷首载:"宝船六十三号,大者长四十四丈四尺,阔一十八丈;中者长三十七丈,阔一十五丈。"下洋官兵人数为27670名。所记当然是第四次下西洋情况。

第4种文献是《三宝征彝集》。《天一阁书目》曾著录,法国著名汉学家伯希和也竟然未敢确定其是《瀛涯胜览》的别本。[2] 我国著名海外交通史学家冯承钧生前也只闻其名而未睹其书。1935年他在《郑和下西洋考》序中写道:"这部孤本《三宝征彝集》现在或尚存在,若能取以校勘纪录汇编本,必更有所发明。"[3]可喜的是,1983年春在九江市召开的郑和下西洋学术讨论会上,山东大学一位攻读中西交通史硕士学位的青年学者邱克[4],报告了他在北京图书馆见到了这个海内孤本,不仅证实了这是《瀛涯胜览》的早期抄本,更以复印件披露了所载宝船数、尺度、下洋官兵数,全用会计数字大写。这就排除了各种数字在传抄中产生讹舛的可能性。这当是20世纪80年代郑和研究中的重大收获之一。

第5种文献是《客座赘语》,载有:"宝船共六十三号,大船长四十四丈四尺,阔一十八丈;中船长三十七丈,阔一十五丈。"[5]该书作者为明末顾起元(1565—1628)。顾原籍江苏昆山,与四度随行下西洋并著有《星槎胜览》的费信是同乡。顾的著作引费信的行纪及乡里传闻乃意中之事,不过从所记宝船尺度看却与《瀛涯胜览》相同。

第6种文献是明末罗懋登所撰小说《西洋记》。[6] 该书成于明万历二十五年(1597年),虽为文学著作,但古今学者均普遍认为对考订郑和宝船有学术价值。冯承钧写道:"《西洋记》所采《瀛涯胜览》之文可资参证者不少,未可以为小说而轻之也。"[7]"向觉明从前也曾取《西洋记》所载古里国的碑文,来校订《瀛涯胜览》古里条所载碑文的错误。"[8]《西洋记》第十五回详细记有宝船9桅、马船8桅、粮船7桅、坐船6桅、战船5桅并各种船型长、阔尺寸。

第7种文献是《郑和家谱》,可参见李士厚撰《郑和家谱考释》。[9]《郑和家谱》载:"公和三使西洋"。所指为第一、三、七次,对二、四、六这三次都缺如。对宝船则记有:"拔舡六十三号,大船长四十四丈,阔一十八丈;中船长三十七丈,阔一十五丈。"

7种文献所记下西洋的哪一次以及所到达的国家,皆各不相同,概可证明其资料来源各异。但是,最大宝船的尺度均为长44丈或44.4丈,宽18丈,人数和船数也相

第三十三章

明清时期的航海与造船业

---

① 马欢著,冯承钧校注:《瀛涯胜览》,商务印书馆1935年版。

② 〔法〕伯希和:《郑和下西洋考》,冯承钧译,商务印书馆1935年版。

③ 冯承钧:《伯希和撰郑和下西洋考序》(1935),《郑和研究资料选编》,人民交通出版社1985年版,第57—58页。

④ 邱克:《谈明史所载郑和宝船尺寸的可靠性》,《文史哲》1984年第3期,第10—12页。

⑤ 郑鹤声、郑一钧:《郑和下西洋资料汇编》(上册),齐鲁书社1980年版,第219页。

⑥ (明)罗懋登:《西洋记》第一五回,岳麓书社1994年版,第104页。

⑦ 冯承钧:《瀛涯胜览校注序》(1934),《郑和研究资料选编》,人民交通出版社1985年版,第62页。

⑧ 冯承钧:《伯希和撰郑和下西洋考序》(1934),《郑和研究资料选编》,人民交通出版社1985年版,第60页。

⑨ 李士厚:《郑和家谱考释》,1937年自刊本,同年有云南正中书局版本。

差不大,据此可以认为郑和宝船的尺度和船数的文献依据是充分的、可信的。

2.郑和宝船尺度的文物依据

郑和宝船的船长与船宽的比值很小,如前述只有 2.33—2.4666。这常常引起研究者产生各种疑窦。有人以俗语的"长船短马"为例,诘问郑和宝船何以这样短而肥宽?!自从 1975 年出土了泉州宋代海船、1978 年出土了宁波宋代海船和 1976—1984 年在韩国新安郡海底发掘出一艘中国元代海船之后,人们的疑窦被解开了,因为这三艘宋、元时代的中国古船其长宽比都是很小的。可以说郑和宝船的长宽比值有了充分的文物例证。①

3.郑和宝船的船型与建造地点

郑和宝船属何种船型？究竟建于何地？这是宝船研究中的重大问题,也是经常引起争议的问题。

郑和船队庞大,其船均由朝廷下令督办,在全国各地建造。《明成祖实录》卷一九至卷一一四,记载了永乐元年至十七年(1403—1419 年)之间新建与改建海船的翔实资料②,1982 年有学者席龙飞在撰写《试论郑和宝船》③时曾根据《明成祖实录》的记载列出这一期间的建造与改造海船统计表。

为组建下西洋船队,明代曾采取了新建与改建相结合的方针,还将造船任务分配到全国各造船中心。所以,船舶类型必然是多样的。

在第一次出使西洋的永乐三年(1405 年)六月之前,《明实录》记有五次大规模造船活动。除"永乐元年五月辛巳,命福建都司造海船百三十七艘"之外,更有"永乐二年正月癸亥,将遣使西洋诸国,命福建造船五艘"的记载。可见福建这个宋元以来的造船中心,对建造郑和宝船具有重要地位。当然,浙江等其他造船中心,也共同承担了任务。宋代徐兢在报告他出使高丽之行时记有:"旧例每因朝廷遣使,先期委福建、两浙监司顾募客舟。"看来明代仍是援引旧例。

如果考察郑和出使的航线和基地港,则可知福建更有重要地位。元、明两代向北京、辽东一线的海运,太仓作为基地港具有重要作用。对郑和出使西洋,太仓的重要性则有所变化。例如《西洋朝贡典录》在自序中记有:"西洋之迹,著自郑和。……命和为使,二以侯显;妙择译人马欢辈从之行,总率巨鲸百艘,发自福州五虎门,维艄挂席,际天而行。"

据费信的《星槎胜览》和马欢的《瀛涯胜览》:永乐七年(1409 年)第三次出使是,九月自太仓刘家港开船,十月到福建长乐太平港停泊,十二月于福建五虎门开洋;永乐十一年(1413 年)第四次出使是,自福建福州府长乐县五虎门开船。

第五次奉使的日期,据《郑和航海图考》④,是永乐十四年(1416 年)十二月丁卯;据《郑和遗事汇编》⑤,也是永乐十四年十二月十日。然而翌年(即永乐十五年,1417 年)

① 席龙飞:《中国造船史》,湖北教育出版社 2000 年版,第 260—268 页。
② 郑鹤声、郑一钧:《郑和下西洋资料汇编》上册,齐鲁书社 1980 年版,第 199—201 页。
③ 席龙飞、何国卫:《试论郑和宝船》,《武汉水运工程学院学报》1983 年第 3 期;收入《郑和下西洋论文集》第一辑,人民交通出版社 1985 年版,第 99 页。
④ 范文涛:《郑和航海图考》,商务印书馆 1934 年版。
⑤ 郑鹤声:《郑和遗事汇编》,中华书局 1947 年版。

五月十六日,郑和却在泉州郊外灵山的"伊斯兰教圣墓"行香并有刻石为记。郑和行香碑今仍存于圣墓,文曰:

> 钦差总兵太监郑和前往西洋忽鲁谟斯等国公干永乐十五年五月十六日
> 于此行香望灵圣庇佑镇抚蒲和日记立。

考察现存于福建长乐的由郑和亲自立于"宣德六年岁次辛亥仲冬吉日"的《天妃灵应之记》碑,第五次出使是永乐十五年。[①] 合理的解释是,郑和一行是在永乐十四年冬由江苏出发,在福建长乐和泉州一带集中修整待发近一年之久。当时造船技术先进的福建,又处于开洋港地位,较多地承担宝船的建造任务,当在情理之中。

福建的造船业,在宋、元两代的基础上,到明代更有所发展。《明史·琉球传》记有:"赐闽中舟工三十六户,以便贡使往来。"明代出使琉球使臣的座船称封舟,都是福建建造的。封舟比较讲求实效,采取封闭式舱室,舱口与船面平,缘梯上下。其虽不雅于美观,然而实可以济险。不像宋代的客舟、神舟,明知海上航行船体不应过高,只是为了装潢和排场反而加很高的上层建筑,这常常引起船员们的反对。客舟条记有"舟人极畏桥高,以其拒风不若仍旧为便也",正是针对此事。

关于宝船的船型,当然离不开三大船型:广船、福船和沙船。鸟船只是福船的第5号船型,不能独树一帜。广船,是适于远洋航行的船型,以其折扇形帆常给海洋添美景,以其采用铁力木做龙骨和舵杆而具高强度,作为战船,有时为福船所不及。然而因取材的严格常"难以为继",限制了其发展。由上述永乐元年至十七年(1403—1419年)建造海船统计表来看,未见在两广造船,湖广在明代时是指湖北、湖南。所以广船在宝船队中即使有也只能是少数。

宝船队中的船型居多者当为福船和沙船。然而众所周知,沙船采用平底且吃水浅,适于广布沙洲的北洋航线,但难以破深海之大浪。福船为尖底深吃水的船型,"上平如衡,下侧如刃,贵其可以破浪而行也"。明代天启辛酉年(1621年)的著作《武备志》以两卷的篇幅综述各种船型、船舶的优劣。该书取材广博,常对各种船型进行对比。在介绍沙船时特别写道:

> 沙船能调戗使斗风,然惟便于北洋,而不便于南洋。北洋浅、南岸(洋)深
> 也。沙船底平,不能破深水之大浪也。

康熙《崇明县志》载:"永乐二十二年(1424年)八月,诏下西洋诸船悉停止。船大难进浏河,复泊崇明。"由此可见,尽管浏河北岸的太仓是造船基地之一,也为下西洋船队造过船,但是郑和的大型宝船却肯定不是在浏河北岸的太仓建造的。

综合上述各项,可以归纳为如下几点:

第一,自宋元以迄明代,福建都是全国著名的造船中心,特别是出国使臣乘坐的官船多选取福建的船型——福船。

第二,据《明成祖实录》,有"将遣使西洋,命福建造海船五艘"的记载。

第三,据《明史》《瀛涯胜览》《郑和家谱》等一系列文献的记载,宝船、马船等各船型的长宽比率均很小,约为 2.3 和 2.46,为在泉州、宁波、韩国新安海底出土的诸尖底海

---

① 萨士武:《考证郑和下西洋年岁之又一史料——长乐"天妃灵应碑"拓片》(1936),《郑和研究资料选编》,人民交通出版社 1985 年版,第 104 页。

船的实物所证实。长宽比如此之小的船型当肯定不是沙船,因为沙船的长宽比率为3.6—5.1。

第四,郑和宝船队是驶向南洋以及经印度洋去波斯湾和非洲东岸广深海域的,宝船的船型当然会选择适于深海航行的尖底、深吃水、长宽比小但却非常瘦削的船型。这种优秀船型非福船莫属。

根据上述四点,应当确信郑和船队中堪称为旗舰的大型宝船应是福船舶型。船队中有许多船是在苏州、湖广、江西、安徽等长江一线建造的,其中也会有一些沙船型的船舶,但只能是处于辅助地位。

(二)三大官船厂①

1. 从宝船厂到龙江船厂

明代官船厂遍布全国,沿海及内地若干地方均可造船。在众多船厂中,宝船厂、龙江船厂、清江船厂、卫河船厂尤为重要。

宝船厂是明代最早创建的官船厂。"洪武初,即都城西北隅空地开厂造船"②,"永乐五年造海运船二百四十九只,各使西洋诸国"。因系"入海取宝",故名为宝船厂。③宝船厂的范围是:"其地东抵城濠,西抵秦淮街军民塘地,西北抵仪凤门第一厢民住官廊房基地,阔一百三十八丈;南抵留守右卫军营基地,北抵南京兵部苜蓿地及彭城伯张口田,深三百五十四丈。"④其旧址在今南京西北郊挹江门和汉中门之间的三汊河一带。面对长江,背依城墙,规模宏大。郑和船队的部分船只,就是在这里打造的。实地调查,船厂南北长1000米,东西宽500米;东至城墙,西临长江,北抵三汊河,南至中保村,占地约800亩。现在此处还保留着"头作塘""二作塘"顺序至"六作塘"的地名。这些作塘就是长方形的水塘,分为两列,排在一条轴线的两侧,它们应是当时造船、修船的场所。因年代久远受到不同程度的淤积,6个作塘存留的面积有大有小,最大的长约500米,宽约50米。在这些地方曾先后出土一些古船构件。1953年,在"四作塘"出土一段长方体大料,长约10米。1957年在"六作塘"出土铁力木大舵杆,杆长11.07米,横截面略呈四方形。杆的一端有长方形穿孔,可安装转舵用的木柄;下半部有榫槽,可安装舵叶,从榫槽长度判断,舵叶高度超过6米。1965年又在"四作塘"发现一段绞关木(盘车),其质地亦是铁力木,长2.22米,估计可起重1000斤的锚具。如此大的舵杆和绞关木,决非一般船只所能使用,它们应该就是郑和船队中部分船只打造时留下的遗物。⑤

郑和第六次航海归来后,明仁宗于洪熙元年(1425年)诏令:"下西洋诸番国宝船悉皆停止"。后来因需要虽然又第七次下西洋,但未再提到打造新船。所以,宝船厂的造船时间并不很长。始建的宝船厂规模很大,造船能力亦强。自从不再打造郑和船队所需的船只,即使还有其他建造任务,其人力、厂区也必然有不少闲置。《龙江船厂志》

---

① 本小节内容参见王冠倬:《中国古船图谱》,三联书店2000年版,第174—189页。
② 《龙江船厂志》卷四。
③ 《龙江船厂志》卷五。
④ 《龙江船厂志》卷四。
⑤ 罗宗真:《从江苏发现的文物遗迹考郑和下西洋的有关问题》(会议论文)。

云："后因承平日久，船数递革。厂内空地暂招军民佃种，止留南北水次各一区，以便工作。畎浍中界，而厂遂分为前后矣。"①原宝船厂的一部分改为农田，剩余部分划为前厂和后厂，继续造船。两厂各有水道可通长江，并且"限以石闸、板桥，以时启闭"。不言而喻，缩小后的船厂的生产能力已远逊于原来的宝船厂。嘉靖十五年（1536年），工部都水司主事王利在船厂南门路口建工部分司坊。大约在嘉靖三十年（1551年）之前，更改坊上匾额，"今易其额曰龙江船厂"②。宝船厂缩小后改为龙江船厂，其造船能力也相应降低。

宝船厂及后来的龙江船厂隶属于工部都水司，主管官吏由工部委任，另由兵部派驻部分人员。船厂主要工匠是从浙江、福建、湖广、江西等地抽调而来。明初洪武、永乐时，到厂造船工匠400余户，编为4厢。每厢10甲，每甲10户。"一厢出船木梭橹索匠，二厢出船木铁缆匠，三厢出艌匠，四厢出棕蓬匠。"后来船厂缩小，造船匠户又不断逃亡，到嘉靖二十年（1541年）时只剩下了240户，十年后更减少到不足200户。③造船减少与船户逃亡互为因果，以致厂区荒芜，这与明朝改组船厂有直接关系。总之，宝船厂与龙江船厂纯系官办，主要打造战船、皇家与官府的座船及差役船。

龙江船厂生产23种船舶④，《南船记》一书中亦有相同记载。按用途分，这些船只属两大类：一类是皇室、官府用船，数量少，并不经常打造；另一类是战船，是常年生产的主要品种。备战与供御用是封建王朝两件头等大事，所以对造船质量要求很严，明文规定了各种船的船底板厚度："预备大黄船底厚五寸，大黄船底厚二寸二分，小黄船底厚二寸一分，战座船四百料者底厚二寸八分，二百料者二寸二分，一百五十料者一寸六分，一百料者一寸六分，轻浅便利船厚二寸，四百料巡座船厚二寸六分，二百料沙船厚一寸九分，摆搭浮桥船厚二寸，一颗印巡船厚二寸，哨船厚一寸五分，划船厚一寸五分。"⑤还严格规定各种船的用料数量和标准，以四百料战船为例，"楠木并板枋共单板一千八十六丈六尺四寸六分二厘，杉木并板枋共单板二百七十八丈一尺六寸六分，松木单板一百五十丈二尺八厘九毫，头大桅用杉木二根，橹用杉木八根，篷称杠用杉条四根，招杆用杉木一根，小戗用杂木二根，撑槁用杉槁十六根，五方旗杆用杉槁十六根，船舵用榆木一根，舵牙关门棒用檀木二根"⑥。船舶打造完成后要经过验收，不符要求者予以严惩。

2. 清江船厂与卫河船厂

明成祖永乐（1403—1424年）年间，在淮安府清江（江苏清江）和东昌府临清（山东临清）创建了清江船厂和卫河船厂。与宝船厂以及后来的龙江船厂的任务不同，清江、卫河二厂专以打造各类运粮漕船。二厂间又有分工：南京、南直隶、江西、湖广、浙江等地所需内河浅船由清江船厂统一打造、供给，而卫河船厂则打造山东、北直隶所需内河浅船及海漕用的远洋船。清江厂产量大，"大约造于清江者，视卫河多十之七"。后来

---

① 《龙江船厂志》卷四。
② 《龙江船厂志》卷四。
③ 《龙江船厂志》卷三官司志。
④ 《龙江船厂志》卷二。
⑤ 《龙江船厂志》卷二。
⑥ 《龙江船厂志》卷七。

情况有所变更。宪宗成化二十一年(1485 年),将卫河厂原承担的"遮洋海船、山东、北直隶浅船听官军领价从便成造","是后官军给领料价,多在仪真(江苏仪征)自造"。卫河厂虽然照例"主事代管",但"缘地里隔远,不能遥控"。军船厂漏洞百出,"往往侵费料价,以致船只脆薄,不堪驾运。甚至中途拆改旧船搪塞,及将船只盗卖而据者,奸弊尤甚"。这样只好又将造船任务回归卫河厂。但经此反复,卫河船元气大伤。世宗嘉靖三年(1524 年),"为祛积弊,复旧规,以清漕事",将卫河厂任务改由清江厂承担,"山东、北直隶遮洋三总运船今后督令官旗俱赴清江厂,听本部主事监督成造"。不久,又裁革卫河厂衙署、编制,于是卫河厂与清江厂合二为一,其名称仍为清江船厂。①

清江厂地处山阳(江苏淮安)与清江之间,"东西去县各三十里",面临运河与淮水,位居"天下之中,北达河、泗,南通大江,西接汝、蔡,东近沧溟。乃江淮之要津,漕渠之喉吻"。清江船厂规模宏大,除本身所具造船实力外,又辖有京卫、中都、直隶、卫河 4 个总厂。每个总厂则分管若干分厂,计京卫厂下辖 34 个分厂,中都厂下有 12 分厂,直隶厂 18 个分厂,卫河厂下属 18 分厂,共 82 个分厂。此外,清江船厂还管理 3 处草厂、5 个船闸以及 2 道河坝。②

清江船厂并非只管造船,还兼管用船——把所造之船交给有关卫所使用。它实际是一个综合的生产与管理机构,由工部都水司主管,清江船厂拥有大批熟练的工匠,其中包括船木匠、舱匠、箬篷匠、竹匠、索匠、铁匠、油灰匠等各项行当。全厂额定各色人匠 5393 人,分别从苏州、淮安、扬州、济南、开封、凤阳等 16 府征调而来。③ 另外还有"军余工办"3480 人,分属于南京、直隶、中都、卫河 4 厂有关的各个卫所。④ 两类人员合计共 8873 人。

为确保每年的运粮数量,各地拥有的漕船数都有定额。除一些地方自造者外,由清江厂打造并分发到各卫所使用的平底浅船和遮洋海船共 6883 只。⑤ 明代又规定,清江厂所造"里河浅船、遮洋海船俱十年一造"⑥。所以船厂每年要打造漕船总数的 1/10 的新船,以代替老龄船。实际上每年产量多少不一,如嘉靖三年(1524 年)两厂合并,年产仅 436 只,嘉靖二十年(1541 年)共打造 746 只,一般情况下为 600 只上下。⑦

清江船厂所造遮洋海船与平底浅船各有一定的规格及用料标准,要求各厂官匠工役人等"务要遵照"。对新造之船仔细验看,板材有无以次充好,结构是否齐密严谨,所用铁钉、油料及麻类等是否符合原定斤两。"如有板稀、钉稀、麻朽、油杂,造不如式,舱不如法者",厂官以侵盗贪污罪论处,匠役则予以痛治,甚至革除。⑧

海禁政策严重地限制了造船业的发展。沿海各地的船民为了生计,只能采用各自的对策。一是"揽造违式海舶,私鬻诸番";二是在沿海僻静之处或外海岛屿造船;三是买舟,于外海贴造重底即改平底船为尖底船;四是私自出海之后,连船带货一起卖掉。

① 《漕船志》卷一《建置》。
② 《漕船志》卷一《建置》。
③ 《漕船志》卷四《人匠工办》。
④ 《漕船志》卷四《军余工办》。
⑤ 《漕船志》卷三《船数》。
⑥ 《漕船志》卷三《船限》。
⑦ 《漕船志》卷三《船数》。
⑧ 《漕船志》卷七《兴革条约》。

"明朝实行近 200 年的海禁政策,对于中国造船业造成很大的损害。16 世纪前期,东南亚的船舶也迅速小型化。不过,这是由于殖民者消灭东南亚大型商船的结果。而 14 世纪后期开始的中国帆船的停滞和小型化,却是由于本国政府残酷打击的结果。宋元时期中国造船和航海事业的发展趋势,就中断在明朝昏庸的统治者手里。"①

(三)三大船型

中国古代的船型,到明代,或者说通过明代的文献,已经理得出清晰的条理。从前曾有人提出中国古代传统的船型可分为沙船、广船、福船、鸟船四大船型,其实,鸟船仅是福船派生的船型,还不能自树一帜。现将中国古代三大类传统的船型分述如下。

1. 沙船

沙船是发源于长江口及崇明一带的方头方梢平底的浅吃水船型,多桅多帆,长与宽之比较大。因底平不怕沙浅,有"稍搁无碍"之效。"过去,多在上海附近的太仓浏河等地制造。在历史上以崇明为著。太仓,通州(今江苏南通),海门,常熟,嘉定,江阴等处均有。道光年间上海有沙船五千艘。"②

沙船的历史渊源可追溯到南宋时期。《宋史·兵志一》记有:"南渡以后江淮皆为边境故也。建炎初(1127 年),李纲请于沿江、淮、河帅府置水兵二军,要郡别置水兵一军,次要郡别置中军,招善舟楫者充,立军号曰凌波、楼船军,其战舰则有海鳅、水哨马、双车、得胜、十棹、大飞、旗捷、防沙、平底、水飞马之名。"③此防沙、平底似为沙船的祖式。

《大元海运记》中载,委张瑄、朱清"限六十日造平底海船六十只",此平底海船盖为后世沙船的原型。

明嘉靖年间所撰《南船记》载有"二百料巡沙船"图并记有"所谓沙船像崇明三沙船式也"。明嘉靖年间成书的《筹海图编》始有沙船的图文。

周世德在《中国沙船考略》中,实测了大型沙船的帆装图和结构图。该文认为"在主要尺度比值方面,古代沙船与现代沙船很相近"。经实测沙船的长与宽比值小者为 3:64,大者为 5:11。

茅元仪的《武备志》记述了沙船的突出优点:"沙船能调戗使斗风"。这是引自稍前的胡宗宪的《筹海图编》。逆风行船必须走"之"字形的航迹。利用逆风行船时,帆除获推进力之外,还附带产生使船横向漂移的力。由于沙船吃水较浅,其抗横漂的能力有限,遂必须使用披水板,放在下风一侧,用时插入水中,以阻扼船横向漂移。造船专家王世铨(公衡)教授认为"防止横漂的披水板也是中国首创"。

2. 福船

福船,是福建、浙江沿海一带尖底海船的统称,其所包含的船型和用途相当广泛。

福建造船业历史悠久,春秋时吴王夫差曾在闽江口设立造船场。④《三国志·

① 席龙飞:《中国造船史》,湖北教育出版社 2000 年版,第 275 页。
② 周世德:《中国沙船考略》(1962),《中国造船工程学会 1962 年年会论文集》第一分册,国防工业出版社 1964 年版,第 33 页。
③ (元)脱脱:《宋史·兵志一》,中华书局 1977 年版,第 4583 页。
④ 陈奇、陈颖东:《中国福船》,《福建造船》1992 年第 1 期。

吴·孙皓传》载,吴国曾在今福州置建安典船校尉,将罪人"送付建安作船"。唐宋时期,福建对外交流扩大。宋时的福州、兴化、泉州、漳州已成为重要的造船中心,当时朝廷遣使时常到福建顾募客舟,其船上平如衡,下侧如刃,贵其破浪而行也。船舶的这些特点为产生后世的福船奠定了技术基础。

《武备志》博采历代文献2000种,继嘉靖年成书的《筹海图编》之后,明确提出福船的船型系列。据《武备志》卷一一七所述,开浪船即鸟船,以其头尖故名。在福船船型系列中,以苍山船为最小。若敌船进入内海,因大福船、海沧船皆不能入,必用小仓船以追之,用之冲敌颇便而健,温州人呼之为苍山铁,也有铁头船之名。"戚继光云:近者改苍山船为艟䑸船,比苍山船大,比海沧船更小而无立壁(侧壁不披茅竹),最为得其中制。遇倭舟或小或少,皆可施功。"由之可见,鸟船只是福船的一种小型者,自然不能成为独立的船型。

3.广船

南海郡的番禺县(今广州市),自战国以来即重要都会。南海、合浦以及其南的交趾、日南(今越南境内),是汉代向印度洋航行的重要门户。诸地又盛产林木,是重要的造船地点。唐、宋时期,广州、高州(今茂名市)、琼州(今海口市)、惠州、潮州等地的造船业兴盛。"广船原系民船,由于明代东南沿海抗倭的需要,将其中东莞的'乌艚'、新会的'横江'二种大船增加战斗设施,改成为良好的战船,统称'广船'。"[1]"'广船'是当时中国最著名的船型,在肃清倭患的战斗中作出了贡献。"[2]

《明史·兵制四》对广船的评价是:"广东船,铁栗(力)木为之,视福船尤巨而坚。其利用者二,可发佛郎机,可掷火球。"《武备志》对广船缺点也有客观评价:"广船若坏须用铁力木修理,难于其继。且其制下窄上宽,状若两翼,在里海则稳,在外海则动摇,此广船之利弊也。"

广船的帆形如张开的折扇,与其他船型相比最具特点。为了减缓摇摆,广船采用了在中线面处深过龙骨的插板,此插板也有抗横漂的作用。为了操舵的轻捷,广船的舵叶上开有许多菱形的开孔,也称开孔舵。广船在尾部有较长的虚梢(假尾)。[3]

二 清代前期的造船业

清初,清郑之间的征战和造船竞赛,过量消耗了沿江沿海的造船巨木,从而使展海后造船木材紧缺,船价上涨,出现了中国人在东南亚大规模造船的新情况。清代前期往返于日本长崎的中国帆船,为日本江户时代的画师所描绘,并称之为"唐船之图",为今日留下了珍贵形象的资料。40年的海禁政策,阻遏了造船业的技术进步和船舶大型化进程。中国传统帆船在远洋和东南亚的海上贸易中,受到西方夹板船的严重挑战并在竞争中败退下来。

(一)国内造船与海外造船

造船需要大量巨木,造船工场的选址,一向是选在木材产区附近。当然只要造船

---

① 黄胜兰、李春潮、潘惟忠:《广东省志·船舶工业志》,广东省船舶工业联合公司1996年,第26页。

② 张德葤、潘惟忠、王宸:《广州市志·船舶工业志》,广州船舶工业公司1997年,第1页。

③ 席龙飞:《中国造船史》,湖北教育出版社2000年版,第279—282页。

材料的运达较为便捷,有时也选在海内外贸易较为发达的重要港口所在地。

闽北山区盛产杉木、松木,木材结成木排后可便捷地运到福州。福州又盛产棕、铁等物料,有很多技艺超群的船匠。所以福州的南台、洪塘一带是重要的造船工场聚集之地。在福州府还有漳州、泉州和兴化,也是设场造船的重要地点。厦门港并不出产木材,但在清初作为外贸港口的地位上升,造船材料的运输并不困难,加之漳、泉二州是厦门的腹地,利用两地的传统技术力量,厦门的造船业在清代日益兴隆。

浙江的温州、台州(今椒江市一带)、宁波,都具有较好的造船条件,也是历史上的造船重镇。温州港贸易额远较宁波为小,但由于该地盛产杉、樟优质船材,其造船的量额在浙江则是首屈一指的。

江苏的造船重镇则有苏州、扬州、淮阴和松江(今属上海市)等处。康熙帝"南巡过苏州时,见船厂,问及,咸云每年造船出海贸易者,多至千余"①,但在《康熙起居注》中只一般性地说道:"苏州造船厂地方,每年不断打造船只,朕所亲见。"②并没有谈及千余艘船只之事,因而对苏州船厂年造船能力能否达千艘,难以定论。不过,苏州是江苏的重要造船基地倒是事实。

广东的潮州,有韩江流域的木材,适于造船。不过潮州是河港,因其水浅难造大船。地处南澳岛的南澳港,因地势优越而造船业兴旺。其他还有高州、雷州(治所在今海康县)和廉州(治所在今广西合浦县)也是造船重镇。广东的海南岛出产楠木、柚木,特别是柚木为制作舵杆、木碇的上好船材。海南岛的榆林、琼州(今海口一带)也是船舶产地,只是所造船舶多为小型船,且多航行到安南、暹罗和南洋一线。

"清代造船业面临最严重的危机,莫过于造船材料普遍长期供应紧张的问题。""最直接的后果是造船费用的直线上升。"据研究,明代月港民间商船的造价为 1000 余两,到了清代康雍年间则涨到两三千两,大型商船要七八千两以上。

康熙二十二年(1683 年)收复台湾后,康熙帝采取了一系列奖励垦荒、蠲免赋税的政策措施,经济发展,人丁兴旺。康熙五十一年(1712 年)宣布,以五十年(1711 年)的丁银额为准,此后无论人口如何增加,不再多征丁银。人民不再需要以隐匿人口和其他办法逃避丁银。人口的统计数字也比从前准确多了。

为了解决食粮的需要,康熙六十一年(1722 年),以暹罗米价低廉,确定采买 30 万石。首批大米是在雍正二年(1724 年)运到中国的,且由华侨商人用暹罗船负责营运。乾隆六年(1741 年),清廷开始鼓励商民进口大米,次年起又有免征大米税的政策。"乾隆九年(1744 年),福建龙溪商人林捷亨、谢冬发等,陆续自海外造船载米回厦门。商人们这一大胆的突破,地方官员予以默许。于是商民纷纷在暹罗等地造船买米,源源不断地回来……乾隆十二年(1747 年),终于正式允许商民在海外造船。"③

在海外造船,造船的优质木料价格低廉,油、麻、蛎灰及钉铁等物料,可以从国内运到。造船工匠由中国商船上的船员和侨居海外的船匠充任。所造船舶多为中国福船的船型,船价为国内的 40%—60%。

---

① 《清朝文献通考》卷三三《市舶互市》,商务印书馆 1936 年版,第 5155 页。

② 《康熙起居注》,中华书局 1984 年版,第 2324 页。

③ 陈希育:《中国帆船与海外贸易》,厦门大学出版社 1991 年版,第 116—117 页。

　　中国商民和华侨，利用暹罗、柬埔寨等东南亚各国质优价廉的木材，以清廷迫切需要进口大米作为突破口，使海外造船获得了官方的允许，这在相当程度上补充了日渐萧条的国内造船业，促进了清代的海外贸易。不仅东南亚与中国沿海各港之间大量使用在海外建造的商船，在中国与日本的海上贸易中，所使用的"暹罗船""爪哇船""广南船"等，也正是有清一代中国商民在海外所建造的具有中国形式和特点的中国帆船。①

　　(二)清代的海上漕运船

　　清代漕粮海运所用之船有沙船、三不像船、卫船等多种，但主要是沙船。盖因"北洋水浅，多沙滩山脚，运输宜用舱浅之船，故应以沙船为首"②。沙船的特点是方头、方尾、平底、吃水浅，可分为特、大、中、小四号。

　　特大者可以"载官斛三千石"，桅杆多至5根。③ 大号沙船"长十丈，容官斛一千五百石"。"利市头宽一丈八寸。浪斗舱横深一丈五尺，直深一丈一尺。头面梁宽一丈二尺六寸，厚六寸。大面梁宽一丈四尺四寸，厚八寸。"船上竖三桅，挂四篷。"头篷长三丈六尺，宽二丈二尺；大篷长四丈三尺，宽四丈；尾篷长二丈，宽一丈六尺；中顶篷长三丈，宽二丈四尺。头樯长四丈三尺，围圆四尺；大樯长七丈，围圆五尺五寸；尾樯长二丈二尺，围圆三尺。"船上设置三具铁锚，其重量依次为1400斤、1200斤、700斤。舵杆长2.2丈。至于中、小两种沙船，其尺寸按大号沙船的7成、5成甚至3成缩减。④ 许多沙船为私家所有，"船主皆崇明、通州(南通州，即今江苏南通)、海门、南汇、宝山、上海土著之富民。每造一船，须银七八千两。其多者，一主有船四、五十号。"当时聚集在长江口内外的沙船多达三千五六百只。⑤ 清代海运往往雇募民船。

　　《江苏海运全案》《浙江海运全案》中又绘有三不像船、卫船之船图，且有文字说明。⑥

　　三不像船，"多行北洋，少行南洋。身长腹阔，头锐尾高。船底及两旁纯涂蛎粉，以驱两洋水中咸虫。头尾间抹以矾红。其篷以竹箬为之，取其坚固，然甚重；今亦有用布者。自头至艄水关上有索一根，名勒舵"，船上使用木桩。此船形制"不像江南之沙船，不像福建之鸟船，不像浙江卫之船，故名之曰三不像"。满载可容2000石。其船体结构自首至尾，主要有正楞梁、浪斗、卧洞仓、水井梁、水井仓、头面梁、头包仓、二包仓、桅门仓、桅耳仓、驶风梁、一至六太平仓、火洞梁、潮仓、进门仓、下窍仓、上窍仓、暗仓、卧窠仓、后兜水梁等。

　　卫船，"南北洋皆行，身长仓深，头尾皆方。船底及两旁涂以蛎粉，上横抹以煤屑，头尾间刷以矾红"。标准船可容1800石。

　　卫船，"专行北洋。身长腹阔，头尾不高，樯短无棚，旁无粉饰"。立三桅。使用铁锚。

<hr>

① 席龙飞：《中国造船史》，湖北教育出版社2000年版，第279—282页。
② 《江苏海运全案》卷十二。
③ 《安吴四种》卷一《海运南漕议》。
④ 《江苏海运全案》卷十二。
⑤ 《安吴四种》卷一《海运南漕议》。
⑥ 王冠倬：《中国古船图谱》，三联书店2000年版，第198—204页。

（三）沿海航运的各型船舶

1. 北直隶帆船

北直隶帆船属以渤海湾大沽、牛庄等港口为母港的北方船型。该船型是方头方梢平底的船型。由于其航线与上海北航的沙船航线趋于一致，船型与沙船有较多的共性。除主桅在主帆之上设有软帆"头巾顶"之外，在二桅与主桅之间还挂一三角软帆，此三角帆在高处又吊挂起一幅纵式软帆。在顺风航行时这幅软帆能起到锦上添花的作用，有利于提高航速。北直隶船型是北方黄渤海区域的代表性船型。据统计，道光年间，直隶全省有帆船 1000 艘，年货运量约 17 万吨；山东沿海各港 600 艘，4 万吨；盛京（今辽宁）200 艘，3 万吨。

2. 浙江沿海的船型

该船的型线特征是平头首，具有倒梯形的尾封板，且属于无底龙骨的平底船。眷船最初是为装运盐卤而建造，也称为卤眷船，起源于杭州、绍兴、余姚、宁波一带，主要航行于上海与宁波之间，但它也能远航大连、福州、台湾，甚至越重洋达日本及南洋群岛，同时又能溯江而上至武汉，航行区域极广。卤眷船的型线好，阻力小，故航速较高，从宁波到上海只需 15 小时左右。由于成功地应用了舭水板，在航行中减少了横摇；缺点是分舱多，舱口小，装卸多有不便。①

宁波绿眉毛船被认为是浙江沿海最优秀的船型。该船型历史悠久，数量大，分布广，但多集中在宁波、舟山与温州、（浙江）海门一带。主要航线为温州—宁波—上海，但也能远航山东、福建、台湾，甚至越洋到达日本、琉球与南洋群岛。从型线、总体布置及外形、帆装等诸多方面看，与《中国帆船》中的宁波乌漕船几近完全一致，很可能是同一种船型的两种叫法。绿眉毛船航速高，从吴淞口到定海只需 18 小时左右，顺风时仅需 10 小时左右。该船舷弧（首尾起翘）深、梁拱高，抗风浪性能好。由于舷墙高、舱口小，装卸不够方便。鸦片战争前，在浙江各港往来的海船有 1000 多艘，年货运量达 10 万吨，大部分集中于宁波。

3. 福建沿海的各型船舶

丹阳船也称担仔船，是福建省最优秀船型之一，在福州、晋江、连江沿海一带流行。历史最为悠久。其航行区域多在福建、浙江沿海，南至汕头，北到上海。航速快，操纵灵活，安全性好。隔舱较密，船身坚固，但舱口过小不便于装卸。其龙骨中部略向上翘曲并呈曲线形。当首尾恰遇波峰的中垂状态时，有利于增加船体的强度。

白底船，是福建莆田、惠安一带航行于内海湾澳的船型。该船船首尖削，上层建筑简洁，横稳性好，操纵灵活，适于在内港和沿海进行短途运输，也适于在近海钓鱼、捕鱼。

锚缆船历史悠久，多分布在福建省东北部一带，航行区域与丹阳船相似，吃水深，载量大，用材省且舱口大，能装大件货物。但快速性、稳性、操纵灵活性均不及丹阳船。舱面的房间建筑偏高，重心高，对风浪较为敏感，横稳性也较差。据统计，鸦片战争前，福建全省存有海船 1500 艘，20 万吨。

---

① 《浙江省木帆船船型普查资料汇编》，浙江省交通厅 1960 年，第 132 页。

4. 广东沿海及海南的各型船舶

广东艚船,是大型沿海货船,既可出洋贸易,又适于沿海运输。

广东船,"其飘洋者曰白艚、乌艚,合铁力大木为之,形如槽然,故曰槽。首尾又状海鳅(鲸),白者有两黑眼,乌者有两白眼。海鳅远见以为同类,不吞噬"①。广东船特点之一是用材考究。粤西山区出产优质木材,坚硬如铁,故称铁力木。用铁力木建造的广船优于各型船舶。广东艚船其帆有如大型折扇,船尾有虚梢(假尾),对垂直布置的开孔舵可起到保护作用,伸向尾部的虚梢可用来调控尾帆的缭绳,以调节帆角。首部设木桩;尾端吊着小型交通艇。其轴呈垂直的开孔舵,在转舵时较为省力,舵效也有保证。还常在中线面处设计一个防摇摆的中间插板,对克服和减缓南海突风引起的摇摆很起作用。在道光年间广东海船保有量约为 1600 艘,年运量 20 万吨。广东船分别在广州、潮州、琼州、高州设厂建造。②

(四)往返于日本长崎港的中国帆船

明末到清初实行海禁政策时,东邻日本正处于江户时代(1603—1867 年),也在实行锁国政策,然而却开长崎一港实行与我国、荷兰的海上贸易。无论是中国的货物运往日本,或者是将日本的货物运往中国,统由中国沿岸各港与长崎港之间的中国商船(日本称之为唐船)担任。当时,由唐船运载的货物远较荷兰船的货物珍贵,唐船的英姿,在介绍长崎读物的插图或在长崎的版画中均有遗存,不仅从美术史的角度,即使从海事史的角度来考察,也颇为珍贵。1971 年 7—8 月,英国李约瑟博士在日本逗留期间,了解到"唐船之图"并有强烈的兴趣。在李约瑟和日本著名学者薮内清两位博士的推动下,日本大庭修教授于 1972 年 3 月在关西大学的学刊上系统介绍了"唐船之图",并发表了 11 型中国帆船和 1 艘荷兰帆船的黑白照片。

在英国李约瑟编撰的鸿篇巨著《中国的科学与文明》中,在 322 页讲述航海技术的 125 幅插图中仅有 2 幅具体表现古代海船的图样。描绘中国古代船舶的绘画太少,造成了船舶史研究上的困难。由李约瑟的著作可以看出,此卷"唐船之图"可以确信是研究中国船舶史在世界上有数的重要资料。③

据日本在 20 世纪 50 年代和 60 年代发表的文献和著作,自清廷于康熙二十四年(1685 年)颁布"展海令"起,中国赴日的商船数猛增。例如,1683 年为 24 艘;1684 年也是 24 艘;1685 年为 85 艘;1686 年则达到 102 艘。到康熙二十七年(1688 年)则高达 194 艘。自此以后是由日本方面对每年到港船舶数加以限制。

"唐船"的始发港是登州(山东省)、南京(江苏省)、舟山、普陀山、宁波、台州、温州(浙江省)、福州、泉州、厦门、漳州、台湾、沙埕(福建省)、安海、潮州、广州、高州、海南(广东省)等所谓濒海 5 省以及来自安南、广南(今越南归仁附近)、占城、暹罗(今泰国)、腊贾(马来半岛中部东岸)、宋卡、北大年、麻六甲、爪哇等东南亚各地的港口。但是,从所绘船图可以看出,即使是来自广南和爪哇的船,也尽显中国船的风格。所绘暹

① (清)屈大均:《广东新语》卷一八《舟语》。
② 叶显恩:《广东航运史》(古代部分),人民交通出版社 1989 年,第 248—251 页。
③ 〔日〕堀元美:《唐船之图》上とその背景[その1],《中国涂料》1984 年第 1 期。

罗船除了首部有一斜桅挂软帆是受西洋船风格的影响外,其余也是中国船风格。

日本所存中国船图,分别属于沙船、福船、广船和浙船四类。南京船属平头平尾平底的沙船型。船上立二桅,挂布帆与篾篷;有近似荷包形的不平衡舵;船之两舷各置披水板。

厦门船、台湾船、福州造南京出船、福州造广东船属福船系列。

广东船属广船系列。

宁波船属浙船系统。

在日本所存船图中还有《唐船修理图》。岸边五船并列,高桅插云。有的船头上书"恒顺""永新"等船名。岸上中国技师正指挥人众搬运木料、制造新船件,说明在长崎已设立了以中国造船技术为先导的船厂。有的船图上还有题诗:"大清货舶。海外长通一好邻,万艘贸易两事新。得到汉土寻常物,都作东方无限珍。"诗文本身并非佳句,但情意却佳,说明日本国民对中国商船到来之欢迎以及对中国货物丰美的喜爱。①

三　明清战船②

明朝建立后,军队驻守采用卫所制,"度要害地,系一郡者设所,连郡者设卫"。每一卫下分 5 个千户所,每个千户所又分为 10 个百户所。明成祖永乐年间(1403—1424年),共有 493 卫和 359 所。③ 这些卫所多设在沿海及内地水陆要冲之处,许多卫所配备一定数量的战船。据统计,沿海设卫共 99 个。④ 每千户所有 10 只战船,"每卫五所,共五十只"⑤。依此计算,仅沿海的卫所正常配置的战船就多达 4950 只。如果加上内地临江沿河卫所之战船,总数就更多了。

史籍中记载了多次明代充实军备、打造战船之事。太祖洪武五年(1372 年)下诏,"濒海九卫造海舟六百六十艘","复命改造轻舟,多其橹,以便追逐"。次年,"广洋、江阴、横海、水军四卫,增造多橹快船,沿海巡檄"⑥。明成祖永乐三年(1405 年),"命浙江等都司造海舟千一百八十艘"⑦。明初出现了打造战船的第一次高潮,后来则日渐消退。如浙江地区,明英宗正统年间(1436—1449 年),仅余 730 条战船;新江口战船,明初编制近四百只,而宪宗成化十年(1473 年)时,"堪操者止一百四十只"⑧。这种情况致使海防空虚,是明代中期倭寇猖獗的原因之一。为了抵御倭寇,明代中期掀起第二次打造战船的高潮。一些军事著作也相应产生,先后有戚继光的《纪效新书》、胡宗宪的《筹海图编》、何汝宾的《兵录》、茅元仪的《武备志》等,书中都有若干篇幅介绍当时的战船。

明代战船种类很多,有些是前代战船,有些则是前代所无,或前代虽有而明代予以改进。其中四百料战座船、四百料巡座船、二百料战船等品种前代已有,其他品种主要

---

① 王冠倬:《中国古船图谱》,三联书店 2000 年版,第 273—275 页。
② 王冠倬:《中国古船图谱》,三联书店 2000 年版,第 208—259 页。
③ 《明史》卷九〇《兵二卫所》。
④ 《中国军事史》第三卷六章一节,解放军出版社 1987 年版。
⑤ 《明会要》卷六二《兵五战船》。
⑥ 《明会要》卷六二《兵五战船》。
⑦ 《成祖永乐实录》卷三五。
⑧ 《成祖永乐实录》卷三五。

有如下几种：

大福船："福船高大如楼，可容百人。其底尖，其上阔。其首昂而口张，其尾高耸，设柁楼三重于上。其旁皆护板，扬以茅竹，坚立如垣。其帆桅二道。中为四层。最下一层不可居，惟实土石，以防轻飘之患。第二层乃兵士寝息之所，地板隐之，须从上蹑梯而下。第三层左右各护六门，中置水柜，乃扬帆、炊爨之处也；其前后各置木桩，系以棕绳，下桩起桩皆于此层用力。最上一层如露台，须从第三层穴梯而上，两旁板翼如栏，人倚之以攻敌。"①福船身长九丈，舟梢长一丈三尺，板厚二寸五分。船底设龙骨，又叫艕，"头艕长二丈六尺，后艕一丈八尺，中艕长五丈八尺"。前中后三段两个接头处各有三尺长的重合，所以龙骨全长 9.6 丈。随行之柴水船又称脚船，吊悬于舷边。船上"大橹二株，用稠木，长四丈"②。又有大篷 1 扇，小篷 1 扇，舵 2 门，艇 4 门。③

福船高大，"敌舟小者相遇即犁沉之，而敌又难于仰攻，诚海战之利器也。但能行于顺风顺潮，回翔不便，亦不能逼岸而泊，须假哨船接渡而后可"④。"吃水一丈一、二尺，惟利大洋，不然多胶于浅。无风不可使，是以贼舟一入里海，沿浅而行，则福舟为无用矣。"⑤

福船大小不同，分为 6 个型号。1 号、2 号统称为福船；3 号哨船，又叫草撇船；4 号冬船，又叫海沧船；5 号鸟船，又叫开浪船；6 号是快船。1 号福船"吃水太深，起上迟重，惟二号福船今常用之"。

"福船势力雄大，便于冲犁。哨船、冬船便于攻战追击。鸟船、快船能押风浪，便于哨探。"在战场上协同作战，"大小兼用，俱不可废。船制至福船备矣"。⑥

草撇船，又称哨船，即 3 号福船。船身长 7.5 丈，蟧梢长 1 丈，舱深 8 尺，板厚 2.5寸。龙骨为三段松木组成，中段长 5 丈，头艕长 1.4 丈，后艕长 1.1 丈；前后有 6 尺重合，故全长 6.9 丈。竖 2 桅，头篷长 1.8 丈，大篷长 4.7 丈。船舵 2 门，以稠木为杆，高2.4 丈，围 2.4 尺；舵叶高 1.3 尺，设舵索 1 条。桩 4 门，以青桐木为之，长 1.4 丈，齿长6 尺。配备一只脚船，平时吊悬于舷侧。船头斗盖、舵盘等用樟木。"先年倭奴多乘此船入犯，故我地亦以草撇藏兵出洋迎贼，用奇取胜。"⑦

海沧船，又叫冬船，即 4 号福船。此船"吃水七、八尺，风小亦可动"。船上设大篷1 扇，小篷 1 扇，大橹 2 根，舵 2 门，3 只木桩。⑧

开浪船，又叫鸟船，即 5 号福船。此船"以其头尖故名，吃水三四尺，四桨一橹"。可容三五十人。⑨ 船身长 7.5 丈，舣梢长 1 丈，舱深 9 尺，板厚 2.5 寸。松木龙骨分为三段，"正艕长五丈，头艕长一丈四尺，后艕一丈一尺。前后二艕俱在正艕内沓进三尺"。故龙骨全长 6.9 丈。竖 2 桅，头篷长 1.8 丈，大篷长 4.7 丈。脚船一，"遇贼出

---

① 《筹海图编》卷一三。
② 《兵录》卷一〇。
③ 《纪效新书》卷一八。
④ 《筹海图编》卷一三。
⑤ 《纪效新书》卷一八。
⑥ 《武备志》卷一一六。
⑦ 《兵录》卷一〇。
⑧ 《纪效新书》卷一八。
⑨ 《纪效新书》卷一八。

洋,收吊后梢笆边之上"。使用木桩。船上各舱梁头等皆用樟木。①

广船,总称乌艚,是一种大型尖底海船。"视福船尤大,其坚致亦远过之,盖广船乃铁力木所造,福船不过松杉之类而已。""其制下窄上宽,状如两翼,在里海则稳,在外洋则动摇。"在这点上不如福船。另外,"广船两旁搭架摇橹,风篷札制俱与福船不同"。广船不仅以强大火力取胜,而且可与敌船直接碰撞,击沉对方。广船又有横江船等各种型号。新会县尖尾船、东莞县大头船亦属广船系列。②

叭喇唬船,简称唬船,"底尖面阔,首尾一样,底用龙骨,直透前后"。船身长 6.2 丈,深 5.2 尺,以栋木板为两艕,厚 2.3 寸。大桅用杉木,高 5 丈,挂布帆;头桅则以大猫竹为之。舵 2 门,以槐木为杆,长 1.1 丈。2 支木桩,用青榔木,长 1 丈,齿长 4 尺。"艛面两旁各用长板一条,其兵夫坐向后而棹桨,每边桨十支或八支,其疾如飞。有风竖桅,用布帆。桨斜向后,准作偏柁。亦能破浪,甚便追逐。"③

哨船,又叫高把哨船,与 3 号福船之哨船不同。此船"头尖底峻,艄大篷高",船身长 6 丈,艄梢长 6 尺,舱深 6 尺,板厚 2.5 寸。竖 2 桅,其中杉木大桅高 6.7 丈。船舵 2 门,舵杆用稠木,高 1.8 丈。3 只木桩,用青榔木制成,长 1.1 丈,齿长 5 尺。配置 2 只稍橹、6 只边橹,均以青榔木为之。船底龙骨用杉木。其他如船头斗盖、各舱梁头等皆用樟木。此船"遇风则直走如飞,遇浪则如梭抛掷,履波涛如平地,涉千里于呼息。每遇巡哨,则与唬船齐驱。遥见贼舟,更能飞扑如鹞,足为穷洋利涉长技也"④。

苍山船,船身长 7 丈,艄梢长 8.5 尺,舱深 7.5 尺,底板厚 2.5 寸。船底龙骨"正艕长四丈五尺,头艕长一丈四尺,后艕长一丈一尺"。减去三段间 6 尺长的重合部分,全长 7.4 丈。舵 2 门,以稠木为杆,长 1.8 丈,舵叶高 8 尺,宽 4 尺。青榔木船桩 4 支,柄长 1.3 丈,齿长 6 尺。设 2 桅,大桅用杉木,高 7 丈。⑤ 船体首尾皆阔。顺风时扬帆;两舷各有 5 支橹,无风则摇橹前进。分为三层:下层装填压船用的土石,中层供兵士寝息,上层为战斗场所。此船吃水六七尺,"水面上高不过五尺,就加以木打棚架,亦不过五尺"。"贼舟甚小,一入里海,我大福、海沧不能入,必用苍船以追之。"用以冲敌颇为便捷。⑥

艟艞船,形制与苍山船近似。戚继光云:"近者改苍山船制为艟艞。"可见它是苍山船的改进型。但比苍山船大,比海沧船小。⑦

鹰船,两头皆呈尖形,两舷竖立竹排,排上留有箭孔、铳眼,便于以竹排为掩体施放弓箭与火器。此船宜于冲锋陷阵,乘敌人混乱之机,其他战船跟进搏斗。⑧

鸳鸯桨船,两条船左右并列,用活扣连在一起。每条舟长 3.5 丈,阔 9 尺。船舱用生牛皮蒙盖,内藏战卒。船两侧各安装 8 支木桨,合力划进,不用篷帆。遇敌时先施放

---

① 《兵录》卷一〇。
② 《武备志》卷一一六。
③ 《兵录》卷一〇。
④ 《兵录》卷一〇。
⑤ 《兵录》卷一〇。
⑥ 《筹海图编》卷一三。
⑦ 《筹海图编》卷一三。
⑧ 《筹海图编》卷一三。

火器与箭矢,然后打开活扣,分为两舟,从左右夹攻敌人。①

子母舟,"长三丈五尺,前二丈如舰船样,后一丈五尺,只有两边帮板,腹内空虚。后藏一小舟,通连一处,亦有盖板掩人"。前面母船帆桨并用,子舟则只备 4 桨。母船前半部装载火药及茅草等易燃物,船头及两侧安装倒刺铁钉。一旦与敌船相撞,铁钉刺人敌船,就"与彼连在一起。先往船上放箭、砂等具,即将我母船发火,与彼同焚。我军后开子船而归"。②

连环舟,舟长约 4 丈,以桨为动力。"外视之若一舟,分则为二舟。前截半三之一,后半截三之二,中联以环。前截载火炮、神烟、神砂、毒火等器。舟首锭大倒须钉数枚,铳向其前。后截两旁施数桨,载兵士。"战斗中,乘顺风或顺水,直趋敌营。船头铁钉钩住敌船,乘敌人惊慌之际,点燃前半截所载火器,与敌同焚。此时中间环扣自行解脱,后半截船驶回本营。③

车轮舸,即明代的车船。长 4.2 丈,宽 1.3 丈。"外虚边框各一尺,空内安四轮,轮头入水约一尺,令人转动,其行如飞。船前平头长八尺,中舱长二丈七尺,后尾长七尺,为舵楼。"船上配置各种火器,攻击或追逐敌船,均为方便。④

火龙舟,也是一种车船。船身分为三层,"周围以生牛革为障,或剖竹为笆,用此二者以挡矢石。上留铳眼、箭窗,看以击贼"。上下层之间,"首尾设暗舱以通上下。中层铺用刀板钉板。两旁设飞桨或轮,乘风破浪,往来如飞"。战时诈败,精兵藏于下舱,划船者跳水而逃,故意将船弃于敌人。"待贼登船,机关一转,贼皆翻入中层刀、钉板上,生擒活缚。"若敌人识破计策,不抢登船,则将火龙船突入敌阵,将"两旁暗伏火器百千余种"一齐施放,"左冲右突,势不可当。此船一号足抵常用战船十号"⑤。

赤龙舟,舟形似龙,船首亦作龙头形,口张开,一兵在内观察敌情。船分三层,舱内藏火药武器,"盖背用竹片、菱角钉锭之",以作护体。船底设龙骨,船尾置舵。"浑如赤龙,游于江河。待贼船将近岸时,舟中暗机一动,神火、毒烟、神箭、飞弩一举而发。"⑥

八桨船,两侧各设四桨,行动灵活,"可供哨探之用,不能击贼"⑦。

除常备的战船外,战时还征集其他船只为军用,它们是:

沙船,"底平篷高,易于驾使"。船身长 7 丈,梢长 9 尺,舱深 7.5 尺,板厚 2.5 寸。竖 2 桅,挂 2 篷。设稠木大橹 2 支,长 3.6 丈;头橹 2 支,长 3 丈。"其底平,浅水亦可行使,深浅调戗用披水板把持,以防偏侧。"⑧原为运输船,征集用为运兵船。船上无遮挡物,故只能作后续之用。当鹰船突破敌方船队后,"沙船随后而进,短兵相接,战无不胜矣。鹰船、沙船乃相须之器也"⑨。

---

① 《武备志》卷一一七。
② 《武备志》卷一一七。
③ 《武备志》卷一一七。
④ 《武备志》卷一一七。
⑤ 《武备志》卷一一七。
⑥ 《武备志》卷一一七。
⑦ 《筹海图编》卷一三。
⑧ 《兵录》卷一〇。
⑨ 《筹海图编》卷一三。

两头船，首尾皆有舵，前后四方运转自如，较其他船尤为灵活，"海运之船，无逾其利"。原为海运用船，战时予以仿制，"以此冲敌，则敌舟虽整，可乱也"①。

舟壳船，船身长 6.5 丈，梢长 6.8 尺，舱深 6.5 尺，板厚 2.5 寸。2 桅，大桅用杉木，高 6.5 丈。青榔木船桨 4 具，每具长 1.1 丈，齿长 5 尺。原"系沿海渔人取鰝之船，底尖艄广，身长船直"。"兵士扮作渔人当先引诱，兵船随后夹攻。"②

渔船，"原系沿海民人捕鱼之船。先藏兵于内，使贼不疑，因而取胜"。船身长 7 丈，艄梢长 7 尺，舱深 7 尺，板厚 2.5 寸。设 2 桅，"大桅用杉木，围三尺八寸，高七丈；谎桅高六尺"。"舵二门，用稠木，围二尺四寸，长二丈。桨四门，用青榔木，每门长一丈三尺，齿长六尺。"此船亦有脚船，平时随行在大船后，遇敌船时则吊悬于船舷之外。③

网梭船，此船原为浙江沿海渔民所用，"其形如梭，用竹桅布帆，仅可容二人"。吃水仅七八寸。可为哨探之用。敌船贸然进入里港窄河，则可出动若干网梭船予以围攻。船上设鸟铳，可合力痛击敌人。④

鸟嘴船，亦是浙江渔船，因船首形似鸟嘴而得名。"有风则篷，无风用橹。"长四五尺（丈）。多用于哨探。⑤

蜈蚣船，是葡萄牙人用的一种战船。自嘉靖四年（1525 年）始，明代仿制使用。

明代战船相互配合，行军布阵，指挥有序。"各船编定字号，每数船列为一行，每一阵列为数行。昼则麾旗为号，夜则振鼓为节。"临阵对敌之际，"以船之大者为中军座船，而当其冲。以船之中者为左右翼，而分其阵。以船之小者绕出于前后两旁之间，伏见于远近蔽聚之际，使挠其计。……中军大船之前，仍用次等船载佛郎机大铳数架以镇。两翼中船之前，亦用再次船以载铜将军大铳数十架以列之。其小船亦各载鸟铳、铅筒数百以备于四面"。除上述基本队列与阵法外，又很重视见机而作、临阵应变之能力。"至于奇正之变，大船、中船为正，则以小船为奇；前队为正，则以后队为奇；合之为正，则以辟之为奇。形难预料，变不可穷。"具体到水战格斗，则强调不拘一格，应充分发挥自我的战斗力量，或冲阵，或诱敌，或夹攻，或伏击，"或以火箭焚之，或以水钻溺之"⑥。如此种种，从多方面反映出明代水师之战斗素养和战术水平。

清朝建立后，先在京口、杭州等地驻屯水师，继而北起黑龙江、南至广东设置水师营，又在一些省份开办造船厂。如龙江船厂，早在明代就是著名船厂之一，清王朝因之，主要打造战船，也打造和修理漕船；又如江宁县草鞋夹船厂⑦，以及燕子矶船厂⑧，两厂均承当修造长江水师所用的战船。清初对战船的修造和使用年限作了明文规定："三年小修，五年大修，十年拆造"。康熙二十九年（1690 年）对此稍作改动，外海所用战船，"自新造之年为始，三年以后依次小修、大修，更阅三年，大修或改造"。对于内河战船，则"小修、大修后，更阅三年仍修复用之"。按新的规定，战船仍按期检修，但小修

① 《筹海图编》卷一三。
② 《兵录》卷一〇。
③ 《兵录》卷一〇。
④ 《筹海图编》卷一三。
⑤ 《武备志》卷一一七。
⑥ 《筹海图编》卷一三。
⑦ 《续纂江宁府志》卷三《军制》。
⑧ 《续纂江宁府志》卷六《实政》。

抑或大修则视情况而定;使用十年后,是拆造还是修理,亦视实际情况处理,新的法规更为合理。清代水师所用战船主要有:长龙船、先锋舢板船、拖罾船、哨船、巡船、龙艚船、飞划船、沙船、唬船、小快船、梭船、赶缯船、双篷锯船、平底贡船、水锯船、扒船、大罟船、快蟹船、鸟船等。① 清初烽火营鸟船长 12.3 丈,宽 2.5 丈;闽安中营鸟船长 12.2 丈,宽 2.65 丈;而最大的鸟船"长一十五丈有奇,宽二丈六尺"②。又据《水师辑要》记载,锯船以松木造成,长达 8.9 丈,宽 2.25 丈,深7.9尺,板厚 3.1 寸,大桅高 8.2 丈。赶缯船之大者,长达 10.85 丈,宽 2.29 丈,深 8.6 尺,多至 24 舱;双桅双舵,使用铁锚兼用木桩;载重可达 1500 石。

总之,清代战船种类既多,又各具特色。

四 明清封舟③

封舟是明清两代出使琉球的座船,使臣带有皇帝的敕书,对琉球中山国王进行册封,故称此种船为封舟。封舟虽是官船,但有的是征用浙、闽一带的民船。明清两代多次派船出使琉球,封舟之规格不尽相同。

明嘉靖十三年(1534 年)封舟:该年陈侃、高澄出使琉球,所乘之船是在福州打造的。其船"舱口与船面平,官舱亦止高二尺,深入其中,上下以梯,限于出入;面虽启牖,亦若穴之隙。所以然者,海中风涛甚巨,高则冲低则避也。故前后舱外犹护以遮波板,高四尺许,虽不雅于观美而实可以济险,因地异制造作之巧也"。该船长 15 丈,阔 2.6 丈,深 1.3 丈,分为 23 舱。船上竖立五根桅杆。"大桅原非一木,以五小木攒之,束以铁环"。大桅高 7.2 丈,周围 6.5 丈;其他桅杆"以次而短"。"舟之器具,舵用四副,用其一,置其三,防不虞也。橹用三十六枝,风微逆或用以人力胜,备急用也。大铁锚四,约重五千斤。大棕索八,每条围尺许,长百丈。"又有"小艍船二,不用则载行,用则借以登岸也。水十四柜","驾船民梢一百四十人有奇"④。

明嘉靖三十八年(1559 年)封舟:册封琉球国王时所用,"长带虚梢一十五丈,宽二丈九尺七寸,深一丈四尺"⑤。

明万历七年(1579 年)封舟:长"带虚梢一十四丈,宽二丈九尺,深一丈四尺"⑥。

明万历三十三年(1605 年)封舟:夏子阳出使琉球时所乘。"连头尾虚梢共计十五丈,船阔一丈三尺六寸,深一丈三尺三寸。"船内原为 24 舱,改造后增为 28 舱。船上立 3 桅,"大桅长七丈二尺,环围七尺五寸;二桅长六丈五尺,环围六尺二寸"。船上官舱三层。舱后为司针盘的伙长住房。再往后为梢,梢尾上建黄屋二层,供奉天妃并安放皇帝的诏书;尾下为舵工操舵及其住所。船底有龙骨。

明崇祯六年(1633 年)封舟:杜三策、胡靖所乘,"长二十丈,广六丈"⑦。

---

① 《清史稿》卷一三五《兵六》。
② 《中山传信录》卷一。
③ 此部分内容参见王冠倬:《中国古船图谱》,生活·读书·新知三联书店 2000 年版,第 266—269 页。
④ 陈侃:《使琉球录》。
⑤ 《中山传信录》卷一。
⑥ 《中山传信录》卷一。
⑦ 《中山传信录》卷一。

清康熙二年(1663年)封舟:造于福州。张学礼、王垓等赴琉球时所乘。"其船形如梭子,上下三层。阔二丈二尺,长十八丈,高二丈三尺。桅舱左右二门,中官厅,次房舱,后立天妃堂,船尾设战台。""船内有水井二口,设官司启闭,不妄用涓滴。船底用石铺压。"船底设龙骨。船上层设大炮16门,中层列大炮8位。装头桅及大桅,"桅杆众木凑合,高十八丈,俱用铁裹。杆头有斗,可容数人观风瞭望"。船舵杆为铁力木,并设勒索。有二人专管针盘,另有船工20余人,水手60余名。①

康熙二十二年(1683年)封舟:汪楫出使琉球时用之,未造新船,只是"选二鸟船充用。船长一十五丈有奇,宽二丈六尺"②。

康熙五十八年(1719年)封舟:徐葆光奉使琉球进行册封,此行有二船,均为事先"取自浙江宁波府属,皆民间商舶"。1号船是使臣的座船,"前后四舱,每舱上下三层。下一层填压载巨石,安顿什物。中一层使臣居之。两旁名曰麻力,截为两层,左右八间,以居从役;舱口梯两折始下,舱中宽六尺许,可横一床,高八九尺,上穴舱面为天窗口,方三尺许,以通明,雨即掩之,昼黑如夜。舱面空其右以行船,左边置炉灶数具。板阁跨舷外一二尺许,前后圈篷作小屋一二所,日番居以避舱中暑热。水舱水柜设人主之,置签给水,人日一瓯。船尾虚梢为将台,立旗纛,设藤牌,弓箭兵役吹手居其上。将台下为神堂,供天妃诸水神。下为柁楼,楼前小舱布针罗,伙长、柁工及接封使臣主针者居之。船两旁大小炮门十二,分列左右,军器称是。席篷布篷九道,舱面横大木三道,设轴转缭以上下之"。2号封舟则专载随行之兵役。③

嘉庆三年(1798年),清廷以赵文楷为正使、李鼎元为副使再次赴琉球进行册封。清使于嘉庆五年(1800年)自福州起航,所乘二舟均为闽地海船。"舟身长七丈,首尾虚梢三丈,深一丈三尺,宽二丈二尺,较历来封舟几小一半。"2号船与1号船相同,但1号船有龙骨,而2号船无之。1号船立3桅,"前后各一桅,长六丈有奇,围三尺;中舱前一桅,长十丈有奇,围六尺,以番木为之"。全船分为24舱,"舱底贮石曰压钞,载货十一万斤有奇"。设3具木椗,形如"个"字,皆以铁力木为之。其舵可升降,当行经进士门海域时,"水浅,起柁尺许乃过"。船上设大横木2道,此即绞关木,用以升降帆、舵和移动炮位。"舱面为战台。尾楼为将台,立帜列藤牌,为使臣厅事;下即柁楼。柁前有小舱,实以沙,布针罗。""中舱梯而下,高可六尺,为使臣会食地。左右分居,居复分两层,名曰麻力。上层又划为三间,下层则划为六间,主栖其上,仆栖其下;下层间卧二人。"船内又有其他舱房,分别存贮火药和供胥吏兵士居住。又有水舱,共4井,每井贮淡水200石,共800石,由专人管理。船上还装备5门大炮。船工中,"以鸦班为重,每舟三人,人管一桅"。另外又有缭手、椗手、车手等。④

文献所记嘉庆封舟与康熙五十八年封舟各有详略,互相参照,可进一步了解封舟之形制。

① 张学礼:《使琉球记》。
② 《中山传信录》卷一。
③ 《中山传信录》卷一。
④ 李鼎元:《使琉球记》。

五 明清锚具①

明清两代的船用定泊工具有木椗和铁锚两大类。《筹海图编》云:"北洋可抛铁锚,南洋水深,惟可下木椗。"《江苏海运全案》则曰:"南泥性柔,铁锚易走,故有木椗之制。北泥性坚,非铁不入,是以……独尚铁锚。"②《鸿雪因缘图记》亦作如是说。可见木椗与铁锚的使用区别是以水浅水深以及水域底部的不同条件来划分的,航行北方水域之海船用铁锚,航行南方水域的海船用木椗。但这个区别对内河船不起作用,南北内河船均用铁锚;对于海船也只是大致如此,在南方海域就曾出土过铁锚,走北方航线的三不像船、疍船也用木椗,所以南木北铁之分并不那么严格。

木椗从木石锚演变而来。木石锚的下端有木齿,并缚石块以增重。木椗则选取优质木料,去石只以木为结构。因以木为主体结构,所以借用古代碇字,称之为木椗。明代大福船高大如楼,上下四层,其第三层"前后各设木椗,系以棕缆,下椗起椗皆于此层用力"③。清康熙五十八年(1719年)封舟属浙船系统,船上有两大两小4具木椗,"形如个字,皆以铁力木为之"④;嘉庆五年(1800年)在福州所造封舟,"椗三,皆以铁力木为之,形如个字"⑤。麟见亭所记宁波海船,其定泊工具亦是木椗。《江苏海运全案》所载疍船、三不像船也装备木椗。明清两代对木椗的选材很重视,并在实践中积累了丰富的经验。"木椗以夹喇泥(木)为上,乌盐木次之,若黄白盐木已非其选。至南产青秀木,初使尚能入泥,三年后即不能直沉及底。"⑥如若得以铁力木为之,"则渍海水中愈坚"⑦,那就更好了。总之,木材的选择以质密、量重、坚硬、耐腐蚀者为上。

至于铁锚,它广泛用于内河船与某些海船。明代铁锚是将熟铁加温后锤锻而成的,上下浑然一体,务求坚牢。"锤法,先成四爪,以次逐节接身。其三百斤以内者,用径尺阔砧,安顿炉旁,当其两端皆红,掀去炉炭,铁包木棍夹持上砧。若千斤内外者,则架木为棚,多人立其上,共持铁链,两接锚身,其末皆带巨铁圈链套,提其掟转,咸力锤合。"整个铁锚绝非用一块熟铁打成,只能用多块铁从锚齿开始逐渐打制延长至柄,使之成为一体。锻接的连续性很强,要求很严。锻接时要用"合药","先取陈年壁土筛细,一人频撒接口之中,浑合方无微罅"⑧。为什么要以陈年壁土作为合药?可能因为陈年壁土日久返硝,硝为氧化物,遇热分解,放出氧气,提高铁件温度,易于锻接。

除连续性锻打方式外,又有将锚齿、锚柄分别打制而后焊接成一体的方法。

明代较大的船,往往设置数件铁锚,如嘉靖十三年(1534年)封舟,"大铁锚四,约重五千斤"。运粮漕船亦配置多件锚,有的"计用五、六锚。最雄者曰看家锚,重五百斤内外。其余头用二枝,梢用二枝"。在一般情况下,用头锚或梢锚就可以了,但若"十分危急则下看家锚"。梢锚还有另外的用途:"或同行前舟阻滞,恐我舟顺势急去有撞伤

---

① 此部分内容参见王冠倬:《中国古船图谱》,三联书店2000年版,第275—279页。
② 《江苏海运全案》卷一二。
③ 《筹海图编》卷一三。
④ 《中山传信录》卷一。
⑤ 李鼎元:《使琉球记》。
⑥ 《江苏海运全案》卷一二。
⑦ 《中山传信录》卷一。
⑧ 《天工开物》卷中锤锻锚。

之祸,则急下梢锚提住,使不迅速流行。"①此时此景,梢锚所起的乃是减速作用,类似车闸。既不能将梢锚猝然直沉水底,又要利用锚与泥沙的摩擦力以降低船行速度,要掌握恰当的时机和分寸,操作者应具有丰富的经验与娴熟的技巧。一些行驶于南方航线的船只也往往使用铁锚。郑和所乘一号宝船的"篷帆锚舵,非二三百人莫能举动"。偌大之锚理应是铁锚。"淮安清江浦厂中草园地上,有铁锚数枚,大者高八九尺,小者亦三四尺,不知何年之物,相传永乐间三保太监下海所造。"②

清代亦大量使用铁锚。康熙五十八年(1719 年)封舟的锚具,《中山传信录》记载有 4 具木椗,但从该书所绘船图上看到船头上还有一只铁锚。福宁府衙署后园中,"有大铁锚二,长五六尺,不知其何自来,或云官车征蔡牵时所得"③。清代盐运总署所存运盐船模型,上面所用的乃是四齿铁锚。《姑苏繁华图》(又名《盛世滋生图》)中的人字椗客船,两具四齿锚分列于船头两侧。《江苏海运全案》《浙江海运全案》所绘沙船、卫船所用者亦皆是铁锚。(见王冠倬《中国古船图谱》图 384)

总之,明清两代兼用木椗与铁锚,但似乎以铁锚为主。

---

① 《天工开物》卷中《锤锻冶铁》。
② 《七修类稿》卷四八。
③ 《春在堂随笔》卷五。

第三十四章
明清时期的海洋贸易

　　明代前期,为保证海禁的顺利实行,明朝政府以要求和接受"诸番"对他们的"上国"明王朝进行"朝贡"为名,把海外贸易置于官方的严格控制和垄断之下,实行朝贡贸易,并将其作为海外贸易的唯一合法形式。朝贡贸易的产生对明朝社会经济的发展不仅没有起到积极作用,反而带来不少弊端,终致难以为继,遂使明代后期私人海外贸易得以迅速发展并达到了相当高度,使我国历史上持续了1000多年的以官方垄断为主的海外贸易发生了根本性的变化,进入了一个崭新的时期。受"禁海"与"迁界"的影响,清前期的海外贸易曾一度停顿、萎缩,但自1684年实行开海设关、严格管理海外贸易的政策之后,虽有十年的"南洋禁航"以及1757年撤销闽、浙、江三海关贸易的阻碍和影响,中国的海外贸易仍以不可抗拒的势头发展起来,其规模和贸易总值均远远超越前代,达到了新的水平。

第一节　明代的海洋贸易

　　在我国海外贸易史上,明代是一个重要的朝代,它经历了我国海外贸易由盛转衰的主要过程。在明代统治的200多年里,我国海外贸易在宋元时期发展下来的基础上又有了新的发展,其中既有由明朝政府主持的震惊中外的郑和七下西洋,亦有由私人海外贸易商经营的遍历东西洋的海外商船。然而,这些发展持续的时间并不很长,到15世纪末期,我国商船已绝迹于苏门答腊以西,至于隆庆元年(1567年)部分开禁后发展起来的私人海外贸易,到万历末年亦急遽地走向衰落,且逐渐被东来的西欧殖民者所压倒。明朝政府对海外贸易的严格控制以及对海外贸易商的残酷打击,使之无法得到正常发展,无疑是导致这种变化的主要原因之一。

　　明代海外贸易大抵可分为两个时期:一是明代前期(1368—1566年),为朝贡贸易时期;二是明代后期(1567—1644年),为私人海外贸易时期。[①]

---

① 李金明:《明代海外贸易史》导言,中国社会科学出版社1990年版,第1页。

一　明代前期的朝贡贸易①

明代前期(1368—1566年),明朝统治者为了加强对海外贸易的控制和垄断,实行了一种招徕海外诸国入明朝贡贸易的制度,准许这些国家在朝贡的名义下随带货物,由官方给价收买。这种贸易,在海禁严厉的时候,几乎成为唯一的海外贸易渠道,因此史学界称之为"朝贡贸易",即以"朝贡"为名,把海外贸易置于官方的直接控制之下。

(一)朝贡贸易的原则与限制

明代的朝贡贸易既然已成为官方直接控制海外贸易的一种制度,那么它与海禁的实行必然分不开,因为只有厉行海禁,不准私人出海贸易,堵住外商可能在外海同私人进行贸易的一切渠道,才能迫使海外诸国不得不走朝贡贸易这唯一的途径。因此,一般说来,海禁越严厉时,海外诸国朝贡的次数就越频繁,有人曾以暹罗为例作一统计,从洪武三年(1370年)至洪武三十一年(1398年)海禁最严厉的29年中,暹罗朝贡达35次,平均每年至少1次,而从隆庆元年(1567年)部分开禁到崇祯十七年(1644年)明亡的78年间,暹罗朝贡仅有14次,平均五年半一次。② 于是,朝贡贸易的原则基本上可以明人王圻的话来进行概括:"凡外夷贡者,我朝皆设市舶司以领之……许带方物,官设牙行与民贸易,谓之互市。是有贡舶即有互市,非入贡即不许其互市。"③从这条原则中可以看出,明朝政府就是通过朝贡贸易的实行来加强对海外贸易的控制和垄断。

但是,朝贡贸易在实行过程中出现了一些矛盾:一方面,明政府以"怀柔远人","厚往薄来"为宗旨,以高于"贡品"几倍的代价为"赍赐",朝贡的次数越多,财政负担就越大;另一方面,海外诸国"慕利"而来,"朝贡"一次就进行一次大宗贸易,有的甚至把最主要的财政收入来源都寄托于朝贡贸易之中。④ 一年数贡,"来者不止"⑤。面对这些矛盾,明政府只好采取下列种种措施进行限制。

1. 规定贡期,限制船数、人数及贡品数

洪武五年(1372年)九月,明太祖因高丽朝贡使者往来频繁,告谕中书省臣限制其贡期及贡品数,"宜令遵三年一聘之礼,或比年一来,所贡方物止以所产之布十匹足矣"。同时亦将此意转谕占城、安南、西洋琐里、爪哇、渤泥、三佛齐、暹罗斛、真腊等国以及"新附远帮凡来朝者"⑥。这就是明初规定贡期、限制贡品数目的开始,以后虽然又多次反复重申这一旨谕,甚至在洪武二十三年(1390年)四月以安南屡次"不从所谕,又复入贡"而却其贡,令速遣还。⑦ 但一直是收效甚微,限制不住。

---

① 此部分内容参见李金明:《明代海外贸易史》,中国社会科学出版社1990年版。

② 徐启恒:《两汉至鸦片战争期间的中泰关系》,《中国与亚非国家关系史论丛》,江西1984年版,第82页。

③ 王圻:《续文献通考》卷三一《市籴考》。

④ 日本学者臼井信义认为,"义满鼎盛期的北山时代最主要的财政收入来源,实际就是和明王朝的贸易"。见臼井信义:《足利义满》(吉川弘文馆1960年版,第178页)。引自田中健夫:《东亚国际交往关系格局的形成和发展》,《中外关系史译丛》第2辑,上海译文出版社1985年版,第138页。

⑤ 张廷玉:《明史》卷三二四《外国传·暹罗》。

⑥ 《明太祖实录》卷七六,洪武五年九月甲午。

⑦ 陈仁锡:《皇明世法录》卷三《太祖高皇帝宝训·却贡献》。

以琉球为例来说,琉球国小资源缺乏,贡品大部分转市于日本和东南亚各国,其入贡的目的是"欲贸中国之货以专外夷之利"①。在经济上高度依赖于对明的朝贡,因此一岁常再贡、三贡,"天朝虽厌其烦,不能却也"②。成化十年(1474 年),琉球国使臣在福建杀死怀安县民陈二观夫妻,焚其房屋,劫其财物,明政府因此限其两年一贡,人数只许 100,多不过加 5 人,贡物除国王正贡外,不能附带私货。这对琉球当然是一大打击,第二年即遣使臣程鹏奏乞如常例,岁一朝贡③,但未获准。成化十四年(1478 年)又再次要求一年一贡④,在成化十八年(1482 年)的奏疏中甚至谦卑地自称"以小事大,如子事父",但仍未得到同情,礼部认为"其意实欲假进贡之名,以规市贩之利,不宜听其所请",敕令照旧两年一贡。⑤ 直至正德二年(1507 年),明武宗因不胜其一再奏乞,只好同意恢复一年一贡。⑥ 但嘉靖元年(1522 年)又敕令遵先朝旧例,两年朝贡一次,每船不过 150 人。⑦ 由此可见,明政府对贡期、人数的限制始终是反反复复,难以执行。

明朝对日本入贡的贡期、船数、人数以及贡品数目的限制更具典型。永乐二年(1404 年)规定以 10 年一贡,船限 2 艘,人限 200,违例则以寇论;宣德元年(1426 年)因入贡人、船超过限制,又运来的刀剑过多,乃重新规定今后贡船不过 3 艘,使人不过 300,刀不过 3000,不许违禁。⑧ 但这些规定并未见诸实行,如宣德八年(1433 年)来贡的船有 9 艘,人数多至千人,衮刀 2 把、腰刀 3500 把;景泰四年(1453 年)来贡的船有 9 艘,人数多至千人,衮刀 417 把,腰刀 9483 把。⑨ 尽管明政府于嘉靖六年(1527 年)强调指出,"凡贡非期,及人过百、船过三,多挟兵器皆阻回"⑩,并于嘉靖二十六年(1547 年)采取果断行动,将先期到来的 4 艘日本贡船 600 人阻回,迫使他们不得不开出定海,在舟山停泊 10 个月,至明年贡期到,才准上陆⑪,但仍无济于事。到嘉靖二十九年(1550 年)再次重申规定"日本贡船,每船水夫七十名;三艘共计水夫二百一十名,正副使二员、居坐六员、土管五员、从僧七员、从商不过六十人"⑫时,与日本之间的"朝贡关系"已宣告断绝。

2. 规定贡道

明政府为了加强对朝贡使者的控制和管理,还分别规定了各国入贡的贡道,要求朝贡船必须停泊在指定的港口,按规定的路线将贡品运送至京。所谓指定的港口一般也就是设置市舶司的广州、泉州和宁波三个地方,至于哪一个国家的贡船停泊在哪一

① 《明宪宗实录》卷一七七,成化十四年四月己酉。
② 龙文彬:《明会要》卷七七《外蕃一·琉球》。
③ 《明宪宗实录》卷一四〇,成化十一年四月戊子。
④ 《明宪宗实录》卷一七七,成化十四年四月己酉。
⑤ 徐学聚:《国朝典汇》卷一〇七《礼部五·朝贡》。
⑥ 《明武宗实录》卷二四,正德二年三月丙辰。
⑦ 《明世宗实录》卷一四,嘉靖元年五月戊午。
⑧ 胡宗宪:《筹海图编》卷二《倭奴朝贡事略》。
⑨ 〔日〕藤家礼之助:《日中交流二千年》,北京大学出版社 1982 年版,第 163 页;《明宣宗实录》卷一〇二,宣德八年五月丙子;《明英宗实录》卷二三六,景泰四年十二月甲申。
⑩ 申时行:《明会典》卷一〇五《东南夷·日本国》。
⑪ 《明世宗实录》卷三三〇,嘉靖二十六年十一月丁酉;木宫泰彦:《日中文化交流史》,胡锡年译,商务印书馆 1980 年版,第 551 页。
⑫ 申时行:《明会典》卷一〇五《东南夷·日本国》。

个港口，大概是根据以下三种情况而定：

一是根据航海规律。如日本入贡，一般分派给三道，按定额造船；南海道应贡，在土佐州造船，至秧子坞开洋；山阳道应贡，在周防州造船，至花旭塔开洋；西海道应贡，在丰后州造船，至五岛开洋。而五岛又为三道咽喉，船舶西行可至中国，北行可至朝鲜，从五岛至浙江普陀山仅相隔 4000 里，当东北风顺时，5 昼夜就可到达，即使逆风卸下篷帆，任其荡行，半个月内也可到达。① 从中国到日本的船舶，一般也是到普陀山停泊，然后横渡东海，直达长崎②，所以日本贡船一般规定其泊于台州或定海，验明勘合后，把兵器放进仓库，再移至宁波嘉宾堂等候朝廷命令③。

把贡品从宁波运送到北京的路线是：由安远驿乘船溯甬江而上，经余姚、绍兴、萧山等地，过钱塘江到杭州，然后由运河经嘉兴、苏州、常州到达镇江，横渡长江，再进入运河，经过扬州、淮安、彭城（今徐州）、沛县、济宁，渡过黄河到达天津，再溯运河到通州登陆，改乘驿丞官提供的车马驿驴前往北京，但往返途中，还需溯长江到达南京。④

对琉球贡道的规定也是根据航海规律来进行调整。永乐初置市舶司时，规定琉球贡船泊于泉州港，由设在泉州的市舶司接待，但实际上琉球贡船来时大多由那霸港开航，泊于浙江定海或福建长乐五虎门，然后到福州城南河口，返时亦由福州到长乐，出海后直航那霸港。⑤ 这样，设在泉州的市舶司就起不了作用，后来只好迁往福州。这种调整虽然主要是根据航海规律，但其中也难免夹杂有乡土之情，如郭造卿所说，明初泉州立市舶司，乃为琉球入贡，“后番舶入贡，多抵福州河口，因朝阳通事三十六姓，其先皆河口人也，故就乎此”⑥。这些“朝阳通事三十六姓”系洪武二十五年（1392 年）由明太祖赐予琉球，以便往来朝贡，他们“知书者授大夫、长史，以为贡谢之司；习海者授通事、总管，为指南之备”⑦。他们的后裔子孙世袭通使之职，专司来华请封、谢恩、朝贡。⑧ 由这些人率领的贡船当然是乐于在福州停泊，以享同乡之谊。

从福州运送贡品至北京的路线是：自来远驿起程，乘船溯闽江而上，经延平、建宁到崇安，越过武夷山进入浙江，然后循上述日本贡道直抵北京。⑨

二是按照传统习惯。广州自汉唐以来就一直是东南亚诸国来华停泊的港口，明政府遵循这种传统习惯，仍规定真腊、占城、暹罗、满剌加等国贡道经由广东。⑩ 当贡舶

① 诸葛元声：《三朝平攘录》卷五《日本上》。
② 〔日〕藤家礼之助：《日中交流二千年》，北京大学出版社 1982 年版，第 188 页。
③ 诸葛元声：《三朝平攘录》卷五《日本上》。
④ 王建民：《中日文化交流史》，外语教学与研究出版社 2009 年版，第 564—565 页。
⑤ 如嘉靖十三年（1534 年）奉命前往琉球册封的使者陈侃就是从福州造船，由琉球派来的一名看针通事和 30 名善驾舟者导航，五月初八日经长乐出海，二十五日至那霸港，其间仅用了 17 天时间；返航是九月二十日出那霸，二十八日至定海，其间用了 8 天时间。嘉靖四十一年（1562 年）奉命册封的使者郭汝霖也是从福州造船，五月二十二日出海，闰五月初九日至那霸港，其间用了 17 天时间；返航是十月十八日出那霸港，二十九日至五虎门，其间用了 11 天时间。见陈侃：《使事纪略》，《玄览堂丛书续集》第 16 册；徐葆光：《中山传信录》，《小方壶斋舆地丛钞》第十帙。
⑥ 郭造卿：《闽中兵食议》，顾炎武《天下郡国利病书》卷九六《福建六》。
⑦ 《明神宗实录》卷四三八，万历三十五年九月己亥。
⑧ 张学礼：《使琉球纪·中山纪略》，《丛书集成初编》。
⑨ 见高岐《福建市舶提举司志·宾贡》。
⑩ 《明会典》卷一〇五《朝贡·东南夷》。

到广东时，大抵被规定停泊在沿海的"澳"中，即"泊口"，诸如新宁县的广海、望峒；新会县的奇潭；香山县的浪白、蠔镜、十字门；东莞县的鸡栖、屯门、虎头门等澳。① 还有琼州府的海口，也曾一度作为占城贡船停泊的港口。②

由广州运送贡品到北京的路线是：自怀远驿出发，乘船到佛山，溯北江而上，经韶关到南雄，然后越过梅岭，进入江西南安，由水路辗转以抵北京附近运河终点。从南雄至南安这段，因限隔梅岭，舟楫不通，需用民力接运，故明成祖于永乐四年（1406 年）下令，进贡方物如值农忙时，暂收贮于南雄，待十一月农闲时再运往南安，遂为定例。③

三是从战略上考虑。对有边界接壤的国家，考虑到如贡道太过径直，可能窥探中国虚实，造成今后隐患，故规定其贡道一般由边远地区迂回到北京。如朝鲜贡道由鸭绿江经辽阳、广宁，过前屯，然后入山海关，抵达北京，其间迂回四大镇。④ 成化十六年（1480 年），朝鲜使者因遭到建州女真的邀劫，请求改道，但当时任职方郎中的刘大夏坚决不同意，认为原贡道的规定是"祖宗微意，若自鸭绿江抵前屯、山海，路太径，恐贻他日忧"⑤。对安南贡道的规定是由广西凭祥州入境，经龙州，溯左江到南宁，然后抵北京。⑥

这种规定实际上很难执行，因由海路运送贡物毕竟路途近，且载运量大，可减少许多转运的麻烦，故朝鲜和越南贡使还是经常违背规定，私自由海路而来。如洪武十七年（1384 年）朝鲜贡使就因水陆两至而遭到绝贡的惩处⑦，洪武二十七年（1394 年）安南亦因遣使由广东入贡而受到谴责⑧。在浙江沿海一带更是经常捕捉到朝鲜贡船，如嘉靖二十一年（1542 年）六月，浙江定海官兵在普陀山捕获到朝鲜梁孝恨等 22 人，自供是正月入贡遭风漂流到此。⑨

3. 限制贡使的行动和交易

明政府为了确保对海外贸易的绝对控制，防止外国贡使同中国人随便接触，以发生相互勾结或泄漏事件，还实行了限制贡使行动和交易的办法。

明初在北京设有南北两会同馆，以接待朝贡的外国使者。朝贡使者一住进会同馆便失去行动自由，按规定 5 天放出一次，其他时间不准擅自出入，唯有朝鲜和琉球两国使者例外，任其出外贸易，不在 5 日之限。但弘治十三年（1500 年），因女真贡使饮酒争坐，致伤人命，刑部等衙门遂实行新例，把朝鲜和琉球也一概禁止。⑩ 后经朝鲜国王一再交涉，到嘉靖十三年（1534 年）才准许弛禁。⑪ 明政府为了有效地限制贡使行动，还于弘治十三年（1500 年）立法规定"在京在外军民人等，与朝贡夷人私通往来，投托

---

① 屈大均：《广东新语》卷二《地语·澳门》。
② 《明英宗实录》卷一四三，正统十一年七月己巳。
③ 《明太宗实录》卷五五，永乐四年六月丙子。
④ 《皇明世法录》卷八一《东夷·朝鲜》。
⑤ 徐学聚：《国朝典汇》卷一〇七《礼部五·朝贡》；焦竑：《国朝献征录》卷一二〇《四夷·朝鲜》。
⑥ 见《明宪宗实录》卷一七六，成化十四年三月辛未；卷一七八，成化十四年五月甲子。
⑦ 《明太祖实录》卷一六二，洪武十七年五月癸丑。
⑧ 《明会要》卷一五《宾礼·蕃使入贡》。
⑨ 《明世宗实录》卷二六三，嘉靖二十一年六月己丑。
⑩ 《明孝宗实录》卷一七〇，弘治十四年正月壬甲，《国朝典汇》卷一〇七《礼部五·朝贡》。
⑪ 《明世宗实录》卷一六九，嘉靖十三年十一月己巳。

买卖及拨置害人,因而透漏事情者,俱发边卫充军。军职调边卫,通事、伴送人等有犯,系军职者如例,系文职者除名"①,以此来限制国内军民与外国贡使的接触。

对朝贡使者的交易限制,先是规定赏赐后可在会同馆开市5天,由铺行人等持货入馆②,两平交易。到弘治十三年(1500年)又规定凡遇开市,令宛平、大兴两县委官选送铺户入馆。这些铺户据说是由江南迁移来的,因成祖迁都北京时,曾徙江南、直隶富民3000户以实京师,令充宛平、大兴两县厢长,由他们专营对外贸易可能是一种抚慰手段。③ 但这种做法因双方欲买卖的货物互不相投,所卖的多数不是贡使所要的东西,故于弘治十四年(1501年)宣告废除,仍旧采用原先的规定。

这5天开市时间,对贡使来说是相当宝贵的,他们往往将它看成对明朝贡贸易中的主要部分。④ 而明政府为了加强限制,也制定了不少有关法律:一是不准会同馆内外四邻军民人等代替贡使收买违禁货物,若犯者问罪,枷号一个月,发边卫充军。二是禁止收买史书及玄黄、紫皂、大花、西番莲缎匹并一应违禁器物。三是开市期间,各铺行人等入馆,两平交易,染作布绢等项应立限交还,如赊买及故意拖延、骗勒贡使久候不得起程者问罪,仍于馆门首枷号一个月;如诱引贡使潜入人家,私相交易者,私货各入官,铺行人等,照前枷号;如贡使故意违犯,潜入人家交易者,私货入官,未给赏者,量为递减,通行守边官员,不许将曾经违犯的贡使再护送进京。⑤ 这种由官府控制监督,由铺行垄断专营的所谓"交易",很少受到市场规律的调节,贡使出卖的是由官府拣剩的残余物品,货色粗劣,数量有限,而铺行带进去的是一些所谓"不系违禁货物",品类价格均有限制,因此经常出现所卖非所买的现象。有的贡使为了达到自己的目的,"往往交通馆夫及市人,不待礼部开市之期,预将违禁货物私卖",结果造成被人赊买,久不还价,贡使延住经年,酗酒、闹事、残杀等弊病层出不穷。⑥

4. 颁赐"勘合"

朝贡贸易虽然原则上是规定有朝贡者才许贸易,非朝贡者则不许贸易,但是,仍有不少外商以个人名义要求进献方物⑦,甚至冒充使臣入贡⑧,故明太祖为辨别真伪,防止假冒,于洪武十六年(1383年)命礼部颁发勘合文册,赐给暹罗、占城、真腊诸国,规定凡中国使者至,必验勘合相同,否则以假冒逮之。⑨ 这就是明政府对海外朝贡国家颁赐勘合的开始。据《明会典》记载,获得勘合的有暹罗、日本、占城、爪哇、满剌加、真

① 《明孝宗实录》卷一五九,弘治十三年二月癸巳。

② 《明孝宗实录》卷一七〇,弘治十四年正月壬申。

③ 陈文石:《明嘉靖年间浙福沿海寇乱与私贩贸易的关系》,《"中央"研究院历史语言研究所集刊》第36本上册,第376页。

④ 王建民:《中日文化交流史》,外语教学与研究出版社2009年版,第582页。

⑤ 《皇明世法录》卷四六《户律·把持行市》;《明会典》卷一〇八《朝贡四·朝贡通例》。

⑥ 《明孝宗实录》卷三五,弘治三年二月己亥;卷一五九,弘治十三年二月己亥。

⑦ 如洪武九年(1376年)五月,日本商人藤八郎到南京献弓、马、刀、甲、硫黄等物,明太祖命令去其献,赐白金遣之。(《明太祖实录》卷一〇六,洪武九年五月壬午。)

⑧ 如洪武七年(1347年)三月,暹罗亦称暹罗斛国人沙里拨自称是本国派遣来朝贡,船至乌诸洋遭风损坏,漂到海南,以收获漂余苏木、降香、兜罗绵等物来献。明太祖认为他没有表状,既称舟覆,而方物乃存,怀疑必定是外商假冒,命令却之。(《明太祖实录》卷八八,洪武七年三月癸巳)。

⑨ 《国朝典汇》卷一〇七《礼部五·朝贡》;《明太祖实录》卷一五三,洪武十六年四月乙未。

腊、苏禄国东王、西王、峒王、柯支、渤泥、锡兰山、古里、苏门答剌、古麻剌等 15 国。①

　　所谓"勘合"，据说是一种长 80 多公分、宽 35 公分多的纸片，上用朱墨印有"×字×号"骑缝章，一半为勘合，另一半为底簿。② 每一朝贡国均颁赐勘合 200 道，底簿 4 扇。以暹罗为例，礼部把暹字号勘合 100 道及暹罗字号底簿各 1 扇存于内府，把罗字号勘合 100 道及暹字号底簿 1 扇赐暹罗，把罗字号底簿 1 扇发广东布政司，每逢改元则更新换旧。③ 凡暹罗派到明朝的朝贡船，每艘需带勘合 1 道，上面填写朝贡使臣及随船人员的姓名、朝贡物品、数量等，由广东布政司核对底簿后，护送到北京，再同礼部保存的勘合及底簿进行核对，鉴定彼此的朱墨字号，而明使派到暹罗时，则需带礼部保存的暹字勘合，同暹罗所保管的勘合底簿进行核对，返国时，须把暹罗赠送的礼物一一填上勘合带回。④

　　颁赐给日本的勘合，同样是本字号勘合 100 道及日字号底簿 1 扇，而日字号勘合 100 道及本字号底簿各 1 扇则存于礼部，本字号底簿 1 扇发福建布政司。⑤ 首次勘合是永乐二年（1404 年）由明使赵居任等带到日本；第二次是宣德八年（1433 年）由明使雷春等带去。此后每当改元，即照例送去新勘合和底簿，把未用完的旧勘合和底簿收回。⑥ 终明之世，共颁赐给日本的勘合有永乐、宣德、景泰、成化、弘治、正德六种。⑦

（二）朝贡的手续与仪式

　　海外诸国入明朝贡，除了受到上述种种限制外，还必须经过繁琐的朝贡手续和仪式。

　　当朝贡船到达时，先由"守澳官验实，申海道，闻于抚按衙门，始放入澳"，然后由镇巡及三司长官委派地方官会同市舶司官员检验贡使带来的勘合，比对无误，贡期不违，始迎接进港。据说这种迎接仪式颇为隆重，景泰四年（1453 年）入贡的日本使者允澎曾记下当时的情况：当他们的贡船到达普陀山，在莲华洋停泊后，便有彩船 100 余艘，环绕使船前来迎接，赠给酒、水、食粮等物。进抵沈家门后，又有官员乘画舫 50 余艘，吹角打鼓前来迎接，接着就有巡检司派来的官船做向导，经由定海进入宁波。到宁波后，由内官把一行人迎到嘉宾馆安歇，并把贡船到达的消息奏报北京；从杭州来的布政司、按察使等，一再为贡使一行人在勤政堂、观光堂设宴，招待茶饭。⑧ 迎接仪式完后，三司官即会同市舶司称盘贡物，注明文籍，除国王进贡物外，贡使人伴附搭买卖的货物，官给价钞收买，然后遣官陪同贡使运送至京。运送贡物的手续，据洪武二十六年（1383 年）规定，贡船到时，由有关部门封识，遣人入奏，待朝廷下命后，才开封起运。这样做，贡使逗留在地方动经数月，耗费极大。至宣德五年（1430 年）明宣宗始改为不

① 《明会典》卷一〇八《朝贡四·朝贡通例》，日本学者藤家礼之助在《日中交流二千年》一书中，称勘合"实际上曾颁发给五十九个国家"（见该书第 163 页）。这可能是误解了郑舜功所说的，发给勘合的有暹罗、占城、琉球等国 59 处（见郑舜功：《日本一鉴·穷河话海》卷七《勘合》），这"五十九处"并非"五十九国"。
② 〔日〕藤家礼之助：《日中交流二千年》，北京大学出版社 1982 年版，第 161 页。
③ 《明会典》卷一〇八《朝贡四·朝贡通例》。
④ 参阅王建民：《中日文化交流史》，外语教学与研究出版社 2009 年版，第 542 页。
⑤ 王辑五：《中国日本交通史》，上海书店 1984 年版，第 151 页。
⑥ 王建民：《中日文化交流史》，外语教学与研究出版社 2009 年版，第 543 页。
⑦ 〔日〕藤家礼之助：《日中交流二千年》，北京大学出版社 1982 年版，第 162 页。
⑧ 见《允澎入唐记》，引自〔日〕木宫泰彦：《中日文化交流史》，胡锡年译，商务印书馆 1980 年版，第 581 页。

必待报,即称盘遣官运送,以减少民间的耗费。①

使者到京后,先至会同馆,由中书省奏闻,命礼部侍郎于馆中宴劳,然后学习朝见礼节三天,选定朝见日期。所进贡的方物,由会同馆呈报到礼部,礼部主客官即赴馆点验,将表笺移付仪部,方物分出进贡皇上若干,太子若干,开写奏本。第二天早朝时运进内府,或在奉天门,或在奉天殿丹陛,或华盖殿及文华殿前陈设,然后由礼部正官面奏皇帝,表示收纳。②

领取赏赉物时,由礼部官具本奏闻,把赐物统一领出,或于奉天门,或于奉天殿丹陛,或于华盖殿,列桌摆好,然后引受赐人朝北站立,分别把赐物置其面前,待受赐人叩头毕,再将赐物授予。如果受赐人多至几十人、几百人,则先把所赐之物,点名分授,待各人列队叩头完后,由礼部出条子让他们到午门倒换勘合,填上所赐物品的种类、数量,翌日再会谢恩。③

朝贡使者在京完成进贡手续回还时,由礼部派遣郎中、主事或进士等官伴送,到市舶司设宴款待,并负责措置沿途饮食供应等事。如琉球国贡使伴送至福建市舶司来远驿安歇,照来时设宴招待完后,由市舶司派通事查明贡使离驿日期及有关事项,呈报布政司,然后由布政司委官一员会同市舶司通事、官吏各一员,将贡使逐一搜检上船,护送至长乐梅花千户所,开洋回国。④ 这样,一次朝贡的仪式和手续遂告结束。

在完成朝贡手续的过程中,明朝政府付出了相当大的耗费。凡朝贡使者进京,沿途来回的车、船、食宿均由官府供给,据《日本一鉴》记载:"入朝者沿途往还,给支廪粮之外,每人肉半斤,酒半瓶……若至会同馆,该光禄寺支送常例,下程每人日肉半斤,酒半瓶,米一升,蔬菜厨料;若奉钦赐下程,五日一送,每十人羊、鹅、鸡各一只,酒二十六瓶,米五斗,面十二斤八两,果子一斗,烧饼二十个,糖饼二十个,蔬菜厨料。"⑤同时,还分别赐予棉被、寒衣及道里费,如洪武二十年(1387年)十一月,赐予占城贡使一行,各人棉被及寒衣一袭,回到广东,又每人赐钞20锭为道里费,军士减半⑥;日本贡使在《允澎入唐记》中也记载,当他们在宁波将解缆启程回国时,还由"市舶司给海上三十日大米,人各六斗"。当时允澎一行入贡人员多达1000余名,供给的粮食总量估计应在600石以上。⑦

(三)朝贡物与赏赉品

海外诸国朝贡的方物,据《明会典》所载,大致可分为如下七大类:

一、香料:胡椒、苏木、乌木、黄花木、降真香、水香、速香、丁香、檀香、黄熟香、薰衣香、沉香、安息香、乳香、奇南香、龙涎香、黄蜡、龙脑、米脑、脑油、蔷薇水、苏合油等。

---

① 见《明宣宗实录》卷六七,宣德五年六月庚午。
② 《明会典》卷一〇八《朝贡四·朝贡通例》。
③ 《明会典》卷一一一《给赐二》。
④ 见高岐:《福建市舶提举司志·宾贡》。
⑤ 《日本一鉴·穷河话梅》卷七《使馆》。
⑥ 《明太祖实录》卷一八七,洪武二十年十一月戊戌。
⑦ 见王建民:《中日文化交流史》,外语教学与研究出版社2009年版,第585页。

二、海外奇珍：玛瑙、水晶、象牙、犀角、孔雀翎、宝石、翠毛、龟筒、珊瑚、鹤顶、玳瑁、珍珠等。

三、珍禽异兽：孔雀、火鸡、鹦鹉、倒挂鸟、莺哥、象、六足龟、犀、白鹿、红猴、黑熊、白獭、白麂、黄黑虎、黑猿、麒麟等。

四、手工业制品：金银器皿、涂金装采屏风、洒金厨子、洒金文台、洒金手箱、描金粉匣、角盥、贴金扇、金系腰、金绦环、锁服、白绵䌷、各色苎布、龙文廉席、细花席、皮别布、竹布、红丝花手巾、西洋布、番花手巾、琉璃瓶等。

五、手工业原料：琉黄、牛皮、红铜、锡、磨刀石、碗石、番红土、西洋铁、石青、回回青等。

六、军用品：马、盔、铠、剑、腰刀、枪、弓、马鞍等。

七、药材：人参、阿魏、紫梗、藤黄、没药、肉豆蔻、大枫子、丁皮、血竭、荜澄茄、芦荟、闷虫药、紫胶等。

以上贡物以香料的数量为最大，如洪武十五年（1382年）爪哇的贡物中，有胡椒75000斤[①]；洪武二十年（1387年）真腊的贡物中，有香料60000斤；暹罗有胡椒10000斤、苏木100000斤。[②]

造成这种情况的主要原因：一是朝廷对香料的需求量极大，仅太岳、太和山宫观所用的降真诸香，每三年需7000斤[③]；太医院一次需香料5170斤[④]；正统初年，内府供用库岁用香蜡计30000斤，弘治元年（1488年）增至85000斤，至弘治十六年（1503年）再增至110000斤，后又添买90000余斤。[⑤]二是两地差价过于悬殊，如胡椒在苏门答剌每100斤值银1两，在柯枝值银1两2钱5分[⑥]，但明朝以"赏赐宜厚"为原则，洪武末年，每100斤给银20两，差价在一二十倍之间[⑦]；正因为如此，故海外诸国为重利所诱，纷纷以香料作为贡物，输入中国。然而，大量贡物的输入，经常使明政府出现香料过剩，不得不作为赏赐品或以俸禄的形式分配给文武官员。在永乐二十二年（1424年）明仁宗即位时，就以钞币、胡椒、苏木遍赐京师文武百官及军民人等[⑧]，而自永乐二十年（1422年）至二十二年（1424年），文武官员的俸钞已俱折支胡椒、苏木[⑨]，规定"春夏折钞，秋冬则苏木、胡椒，五品以上折支十之七，以下则十之六"[⑩]。这种现象大概维持到成化七年（1471年），因京库椒、木不足才告停止。[⑪]

另一种数量比较大的贡物是日本刀。据说日本刀甚锋利，"光芒炫目，犀利逼人，切玉若泥，吹芒断毛发，久若发硎，不折不缺"[⑫]，"共精者能卷之使圆，盖百炼而绕指

---

① 《明太祖实录》卷一四一，洪武十五年正月乙未。
② 《明太祖实录》卷一八三，洪武二十年七月乙巳。
③ 《明宣宗实录》卷十九，宣德元年七月乙巳。
④ 《明英宗实录》卷二五一，景秦六年三月庚戌。
⑤ 《明孝宗实录》卷一九八，弘治十六年四月丁未。
⑥ 马欢著、冯承钧校注：《瀛涯胜览》，商务印书馆1935年版，第29页，第41页。
⑦ 韩振华：《论郑和下西洋的性质》，《厦门大学学报》1958年第1期。
⑧ 《明仁宗实录》卷二下，永乐二十二年九月庚子。
⑨ 《明仁宗实录》卷九，洪熙元年九月癸丑。
⑩ 黄瑜：《双槐岁钞》卷九《京官折俸》。
⑪ 《明宪宗实录》卷九七，成化十年十月丁丑。
⑫ 《广东新语》卷一六《器语·刀》。

也",在中国的销售量还是比较大的①;但更主要的是一把刀在日本仅值 800 文至 1000 文,而明朝给价却高达 5000 文②,其差价在 5 倍以上,故日本以朝贡为名,将刀剑大量输入中国。据记载,在宣德八年(1433 年)入贡时,刀一项仅 3052 把,到景泰四年 (1453 年)却增加到 9900 把③,而成化二十年(1484 年)竟达到 38610 把。④ 有人估计,日本前后 11 次勘合船所输入的刀,总额恐怕不下 20 万把。⑤

贡物中还包含有珍禽异兽。明朝统治者如同中国其他封建君王一样,经常以珍禽异兽的出现来象征"太平之瑞",如永乐十三年(1415 年)因榜葛刺和麻林分别来献麒麟(长颈鹿),当时任祭酒兼翰林院侍讲的胡俨即献《麒麟赋》以赞颂说:"夫麒麟四灵之首,百兽之先,乃国之上瑞,旷千百载不一见。今不逾年而再见,此诚皇上至仁之所感召,为万世圣子神孙仁厚之嘉征也。"⑥海外诸国为了迎合明朝统治者的心理需要,借以攫取厚利⑦,纷纷把珍禽异兽输入朝贡。

另外,还有一种奇特的贡品——奴隶。如洪武十一年(1378 年)彭亨贡番奴 6 人;洪武十四年(1381 年)爪哇贡黑奴 300 人;洪武十六年(1383 年)安南进阉竖 25 人⑧;等等。有人认为,这些"番奴""黑奴"和"阉竖"在当时还不能算为商品,只是与土产性质相类似的馈品,表现了奴隶制度的残余。⑨

至于赏赉品,主要有各种丝绸、棉布、瓷器、铁器、铜钱、麝香、书籍等。其中尤以各种丝绸、棉布数量最大。如永乐九年(1411 年)给满剌加国王拜里迷苏剌的赐品中就有锦绮纱罗 300 匹、绢 1000 匹、浑金文绮 2 匹,给王妃的有锦绮纱罗绢 60 匹、织金文绮纱罗衣 4 袭;永乐十五年(1417 年)给苏禄国东、西、峒王的赐品中分别有罗绵文绮 200 匹、绢 300 匹;给朝鲜国王的有文绮表里 200 匹、纱罗绒锦 5000 匹。⑩

赏赉品中值得提起的还有铜钱。当时明朝的铜钱在海外诸国已得到普遍使用,不仅日本和琉球,南洋的爪哇、三佛齐、南渤里,以至锡兰均通用中国的铜钱。这些铜钱有的是通过明朝的船舶运出去的;有的是由朝廷直接赏赐给朝贡使者带回国的。获得这种赏赐数量最大的还是日本。如永乐三年(1405 年)给日本国王源道义的赐品中,有铜钱 150 万;翌午又给 1500 万,给王妃 500 万。⑪ 因当时日本室町幕府本身不铸钱,即使有铸,也由于铜质恶劣,铸术幼稚,而经常出观破钱、缺钱和烧钱,所以在交易

① 张燮:《东西洋考》卷六《外纪考·日本》。
② 指景泰四年(1453 年)入贡时的价值,见王建民:《中日文化交流史》,外语教学与研究出版社 2009 年版,第 577 页。
③ 《明英宗实录》卷二三六,景泰四年十二月甲申。
④ 《日本一鉴·穷河话海》卷七《贡物》。
⑤ 王建民:《中日文化交流史》,外语教学与研究出版社 2009 年版,第 575 页。
⑥ 黄佐:《南雍志》卷二《事纪二》。
⑦ 弘治三年(1490 年),据监察御史武清说,当时进贡狮子、驼马诸类,到京可赏赉白银 1000 多两。见《明孝宗实录》卷三八,弘治三年五月丁丑。
⑧ 《明太祖实录》卷一二一,洪武十一年十二月丁未;卷一三九,洪武十四年十月辛巳;卷一五五,洪武十六年六月壬午。
⑨ 见周积明:《略论明代初、中期的"朝贡"与"赐赉"》,《武汉师范学院学报》1983 年第 5 期。
⑩ 《弇山堂别集》卷七七《赏赉考下·四夷来朝之赏》。
⑪ 《弇山堂别集》卷十四《皇明异典述九·夷王赏功之优》。

时,人们还是喜欢使用永乐钱,称为"良钱"。① 随着日本国内商业的发展,对铜钱的需求量越来越大,因此,幕府不得不支持各大名或商人从事海外贸易,以进贡为名,来换取中国的铜钱,有时甚至迫不及待地公然请求赐予。如成化四年(1468 年)入贡的日本使者带来的国书称:"书籍、铜钱,仰之上国,其来久矣。今求二物,伏希奏达,以满所欲,书目见于左方。永乐间多给铜钱,近无此举,故公库索然,何以利民? 钦待周急。"②由此可见,当时赏赐的铜钱对日本经济所起的作用是比较重要的,故日本学者藤家礼之助认为:"简直可以说,没有它(铜钱)就难以指望我国经济的顺利发展。"③木宫泰彦也认为:"这笔钱币,对于日本国内钱币的流通,当然发生了很大影响,在日本货币史和经济史上是特别值得注意的。"④

(四)朝贡贸易的实质

从上面的论述中可以看出,明政府实行朝贡贸易的主要目的在于保证海禁的顺利实行,把海外贸易置于官方的严格控制之上。在明代前期,朝贡贸易实际上已经成为海外贸易的唯一合法形式,其实质是明朝统治者以接受各国对"上国"的"贡品"并给予"赉赐"的方式向朝贡国家购买"贡品","这种贡品实际是一种变态商品"⑤。对于朝贡贸易的看法,有人认为是"政治重于经济"⑥,是"出的多,进的少,根本不计价值"⑦。这大概是由于对朝贡贸易缺乏全面了解而产生的偏见,很难想象,一种仅从政治上优先考虑而不计价值的制度竟然可以维持长达 200 年之久。

其实,只要我们细心观察一下就可以发现,当时海外诸国的朝贡物品系由三个部分组成,即进贡方物、国王附进物和使臣自进、附进物。对于进贡方物来说,虽然明朝统治者考虑政治因素比较多,在赏赐物上的亏损比较大,但这一部分进贡方物的数量在朝贡物品中占比重很小。据明人张瀚认为,明政府对进贡方物的赏赐,即使是"厚往薄来",亦仅占朝贡物品中的极少部分,"所费不足当互市之万一"⑧。而朝贡国的国王附进物和使臣自进、附进物的情况就远非如此,它们在朝贡物品中占绝大多数,据《明鉴》指出,往往超过进贡方物的数十倍。⑨ 就以成化二十一年(1485 年)日本的贡物来说,其中日本国王朝贡的刀是 3610 把,而各大名、寺社附搭的刀却达 35000 余把,超过朝贡数近 10 倍,若按原来自附贡刀每把酬价铜钱 1800 文计算,共值铜钱 7000 多万文。⑩ 我们再分别看看宣德八年(1433 年)和景泰四年(1453 年)日本的贡品数,在国王的附进物和使臣的自进、附进物中,宣德八年有硫黄 22000 斤、苏木 10600 斤、生红铜 4300 斤,衮刀 2 把、腰刀 3050 把;景泰四年有硫黄 364400 斤,苏木 106000 斤,生红

① 郑学稼:《日本史》第 2 册,中国台湾黎明文化事业公司 1977 年版,第 123 页。
② 《善邻国宝记》,引自〔日〕藤家礼之助:《中国货币史》,北京大学出版社 1982 年版,第 679 页。
③ 〔日〕藤家礼之助:《日中交流二千年》,北京大学出版社 1982 年版,第 164 页。
④ 王建民:《中日文化交流史》,外语教学与研究出版社 2009 年版,第 580 页。
⑤ 胡如雷:《中国封建社会形态研究》,三联书店 1979 年版,第 180 页。
⑥ 杨翰球:《十五至十七世纪中叶中西航海贸易势力的兴衰》,《历史研究》1982 年第 5 期。
⑦ 范金民:《郑和下西洋动因初探》,《郑和下西洋论文集》(第二集),南京大学出版社 1985 年版,第 280 页。
⑧ 张瀚:《松窗梦语》卷四《商贾纪》。
⑨ 印鸾草校注:《明鉴纲目》卷一〇《嘉靖二十八年七月倭寇浙东》。
⑩ 《日本一鉴・穷河话海》卷七《贡物》。

铜 102000 多斤、袞刀 417 把、腰刀 9483 把,其余纸扇盒之类均比宣德八年增加数十倍①,由此可见附进物数量之巨。

明政府对这些附进物是采取"官给钞买"的办法,且不说从中抽分一半,单以低价买进,高价卖出,就可攫取高额利润,如宣德八年(1433 年)日本入贡时附带的苏木每斤定价钞 1 贯。② 而同时明政府支付给京师文武官员充作俸禄的规定是,苏木每斤准钞 50 贯③。这样一进一出,单苏木一项就可获利 50 倍。另外,明政府对这些附进物的定价是依照输入数量的多少来决定高低的,如上面所说的景泰四年(1453 年)日本进贡时随带的附进物数量超过宣德八年(1433 年)进贡时的数十倍,明政府即把定价大大地压低下来,若按宣德八年的定价付值,除折绢布外,需铜钱 217732 贯 100 文,按时值折银合 217732 两多,但实际上仅付折钞绢 229 匹、折钞布 459 匹、铜钱 50118 贯,相当于原价的 1/10,后经日本使臣允澎多次交涉,不得不再加上钱 10000 贯、绢 500匹、布 1000 匹。④ 可见明政府从这些附进物的交易中,获利是相当优厚的。正因为如此,明政府为了获取巨利,不择手段地把朝贡贸易严格地置于官府的控制之下,一再强调"船至福建、广东等处,所在布政司随即会同都司、按察司官,检视物货,封賮完密听候"⑤,并立法规定:"贡船未曾报官盘验,先行接买番货者,比照私自下海收买番货至十斤以上事例,边卫充军。"⑥

这种附进物的贸易,从海外朝贡国家的角度来说,他们也一样是获利巨大。我们仍以上述日本朝贡例来说,因当时丝价在中国 1 斤约为 1 两银(当时在日本,白银 1 两仅值中国铜钱 250 文),可是在日本卖为 5 贯⑦,即 5 两银(或 1250 文铜钱),若按在日本 1 两银合 250 文计算,其差价为 4 倍。又如铜钱本身在中国七八百文可换 1 两白银,在日本 1 两白银仅换 250 文,差价为 3 倍多⑧,刀一把在日本值铜钱 800 文至 1000文,明朝给价 5000 文,差价为 5 倍多。⑨ 故同样是景泰四年(1453 年)这一批附进物,据《大乘院日记》记载,总价值在日本约为 2000 贯或 2500 贯,而明政府给价为 3000 万文,获利达 11 倍之巨。⑩ 另外,日本贡使还可以从附搭的贡刀中每把抽 5 分,仅成化二十年(1484 年)一次朝贡,日本正副使四人就可从刀这一项中抽得 1900 余两银。⑪这种情况说明,在朝贡贸易中的附进物贸易本身就是一种国与国之间的长途贩运贸易,它具有不等价交换、贱买贵卖的特点,朝贡国既可把海外奇珍当做奢侈品运到中国来,又可把中国的一般商品运回本国而转化为奢侈品,因此不管是明政府或者是海外朝贡国,均可从中获得高额利润。正因为具有如此重要的经济利益,故明政府不惜"利

---

① 《明英宗实录》卷二三六,景泰四年十二月甲申。
② 《明英宗实录》卷二三六,景泰四年十二月甲申。
③ 《明宣宗实录》卷一一四,宣德九年十一月丁丑。
④ 《明英宗实录》卷二三七,景泰五年正月乙丑。
⑤ 《明会典》卷一〇八《朝贡四·朝贡通例》。
⑥ 《明会典》卷一〇八《朝贡四·朝贡通例》。
⑦ 彭信威:《中国货币史》,上海人民出版社 2007 年版,第 680 页。
⑧ 彭信威:《中国货币史》,上海人民出版社 2009 年版,第 680 页。
⑨ 王建民:《中日文化交流史》,外语教学与研究出版社 2009 年版,第 577 页。
⑩ 引自郝毓楠:《明代倭变端委考》,《中国史研究》1980 年第 4 期。
⑪ 《日本一鉴·穷河话海》卷七《贡物》。

用国家权力,也就是利用集中的有组织的社会暴力"①,对海外贸易实行控制和垄断,极力鼓励海外诸国入明朝贡,以求海外物品大量输入,而从中压低价格以攫取更加优厚的利润,这就是朝贡贸易得以长期维持的根本原因所在。

当然,明政府实行朝贡贸易还有另一种目的,那就是维护自身的专制统治,一方面以海外诸国的频繁入贡来造成一种"万国来朝""四夷咸服"的太平假象,以迷惑国内人民,另一方面以朝贡作为一种"羁縻"手段,以控制海外诸国,消除"衅隙",防止侵扰边境的战争。明太祖在位期间,曾多次对海外诸国的入侵及其他越轨行为以"却贡"或扣留使者来进行惩处,迫其就范。

综上所述,明代海外朝贡贸易是伴随海禁而来的一种海外贸易制度,在"有贡舶即有互市,非入贡即不许有互市"的原则下,明政府为了加强对朝贡贸易的控制和垄断,不能不对海外朝贡国家实行种种限制。这种贸易的实质是明朝统治者以"赍赐"的方式向朝贡国家购买"贡品"。这些"贡品"一般由进贡方物、国王附进物和使臣自进、附进物三个部分组成,其中占绝大多数的附进物贸易实际是国与国之间的贩运贸易,它具有贱买贵卖、不等价交换的特点,无论是明政府或者是朝贡国均可从中攫取高额利润,这就是朝贡贸易得以长期维持的根本原因所在。然而,朝贡贸易并不适应国内商品经济发展的要求,它的产生对明朝社会经济的发展不仅没有起到什么积极作用,反而带来了不少弊端,使明政府在贸易中出现逆差,在财政上造成亏损,丝绸、铜钱、白银等大量外流。这种种弊端的存在,使明政府在朝贡贸易的执行中不得不采取既鼓励又限制的双重手法,而当这种矛盾做法发展到无法继续维持时,势必使朝贡贸易制度导向自身的否定。

(五)朝贡贸易的衰落

明代前期所实行的朝贡贸易制度通过郑和下西洋达到鼎盛后,逐步走向衰落。其衰落程度在成、弘年间已明显地表现出来,据记载,自弘治元年(1488 年)至弘治六年(1493 年),海外诸国由广东入贡者仅占城、暹罗各一次,而在广东沿海私通海外船舶者却络绎不绝。这种情况的出现,除了朝贡贸易自身所存在的各种弊端外,亦由某些客观因素所造成,现分别叙述如下。

1. 朝贡贸易的弊端

朝贡贸易的产生并不是国内商品经济发展的要求,而是明朝政府为控制海外贸易而实行的一种制度,它对社会经济的发展不仅没有起到什么积极作用,反而带来了不少弊端。

首先,明朝统治者为了保证对朝贡贸易的控制和垄断,规定凡贡舶到达后,三司官即会同市舶司把贡物称点盘明、注文籍,遣官同使人运送至京。在运送的过程中不知耗费了多少民力财力。礼科给事中黄骥在奏疏中曾明确地指出:"……贡无虚日,沿路军民递送一里,不下三四十人,埃候于官,累月经时,防废农务,莫斯为甚。比其使回,悉以所及贸易货物以归,沿路有司出车载运,多者百余辆,男丁不足,役及妇女,所至之处,势如风火,叱辱驿官,鞭挞民夫,官民以为朝廷方招怀远人,无敢与其为,骚扰不可

---

① 《马克思恩格斯全集》第二三卷,第 819 页。

胜言。"①更有甚者,这些使者以"朝贡"为名,上岸后一切供给皆出于所在地居民,而使者留在那里动经数月,其耗费亦很浩大。② 当时几乎已达到了贡使所经,鸡犬不宁、民不聊生的地步。不少明朝官员亦认为,"连年四方蛮夷朝贡之使,相望于道,实罢中国"③;"朝贡频数,供亿浩繁,劳敝中国"④。似此劳民伤财的交易,岂有不衰落之理。

其次,这种朝贡贸易不讲经济效益,很少受市场规律的调节,经常出现供求失调,在赏赐过程中讨价还价,争论不休。海外诸国入明朝贡,大抵为图厚利而来,不管你需要与否,只要有利可图,则大批载运进来。如成化二十一年(1485 年),日本进贡的刀竟达 38610 把,较之宣德年间进贡的 3000 把多了十几倍,而按明政府规定民间不得私有兵器,这么多的刀明朝如何使用得了,最后不得不以每把比宣德旧例少 2/3 的价钱才全部买了下来。⑤

第三,海外诸国通过朝贡贸易输进来的物品大多是珍宝珠玉等奢侈品,它们普遍具有物轻价贵的特点,"一美珠而偿银数百,一宝石而累价巨千"⑥。即使是狮子、驼马等异兽,输进来后除了道路上的耗费外,到京尚需银千余两。⑦ 如此巨大的靡费必然给明朝的财政造成极大的亏损,丝绸、铜钱、白银等大量外流。其实,严格说来,在明代前期的朝贡贸易中,明政府是处于逆差的地位,每年作为赍赐用的丝绸、铜钱经常入不敷出,如成化六年(1476 年)工部奏称:"四夷朝贡人数日增,岁造衣币赏赉不敷"⑧;甚至连贮存的金银亦耗费殆尽,据成化九年(1473 年)内承运库太监林锦奏称,"本库自永乐年间至今收贮各项金七十二万七千四百余两,银二千七十六万四百余两、累因赏赐,金尽无余,唯余银二百四十万四千九百余两"⑨。于是,不少明朝官员均上疏反对这种贸易,指出:"陛下奈何以有用之财易无用之兽,以小民所出之脂膏而唤此番夷之口"⑩,"以小民之膏血供无穷之靡费,果何益之有哉"⑪。这些说明,朝贡贸易不仅对当时社会经济的发展没有什么益处,相反却导致统治阶级越来越腐化堕落,使阶级矛盾越来越尖锐。

第三,有些贡使更是贪得无厌,"虽倾府库之贮亦难满其谷壑之欲"。如成化五年(1469 年),随日本贡使清启来朝的 3 号船土官玄树等人,在其 1 号、2 号船俱已回还后,则奏称"海上遭风,丧失方物,乞如数给价回国,庶王不见其罪"。礼部对此死赖要钱的做法极其气愤,认为无物不能给赏。但明宪宗看在其国王面上,只好特赐给绢 100 匹、彩缎 10 表里,而玄树仍不知足,尚乞赐铜钱 5000 贯,最后只好再给铜钱 500 贯才勉强将其打发走。⑫

---

① 《明仁宗实录》卷五上,永乐二十二年十二月丙午。
② 《明宣宗实录》卷六七,宣德九年六月庚午。
③ 《明太宗实录》卷二三六,永乐十九年四月甲辰。
④ 《明英宗实录》卷一〇七,正统八年八月庚寅。
⑤ 《日本一鉴·穷河话海》卷七《贡物》。
⑥ 《明宪宗实录》卷五八,成化四年九月己巳。
⑦ 《明孝宗实录》卷三八,弘治三年五月丁丑。
⑧ 《明宪宗实录》卷七八,成化六年四月乙丑。
⑨ 《明宪宗实录》卷一二〇,成化九年九月癸丑。
⑩ 《明孝宗实录》卷三八,弘治三年五月丁丑。
⑪ 《明孝宗实录》卷三九,弘治三年六月己丑。
⑫ 《明宪宗实录》卷六十三,成化五年二月甲午。

总之,由明政府控制的海外朝贡贸易所造成的弊端是多方面的,它给明代前期社会经济的发展带来了不少危害,而这些危害就是促使朝贡贸易不能持久延续从而走向衰落的内在原因。

2. 匠籍制度的瓦解

我国古代的官手工业是在封建中央集权制度下,为满足皇室的生活需要,为巩固中央政权而建立起来的。同时,为了保证所必需的劳动力,特别是技艺较高的熟练劳动力,还设立了匠籍制度,在籍匠户不准转业,定期执行徭役性的劳动。明嘉靖四十一年(1562 年),基于徭役形式的匠籍制度实际上已趋于瓦解。

匠籍制度的瓦解,对于明政府实行的朝贡贸易制无疑是一大打击。众所周知,朝贡贸易中的赏赉品大多是官手工业的产品,就以在赏赉品中占绝大多数的丝织品来说,它主要是来自各地方织染局,而各地方织染局的供役工匠正是通过匠籍制度强制征发而来,并以不同的劳役形式编入织染局。①

随着匠籍制度的逐渐瓦解,各地方织染局的额造任务年年不能完成,且拖欠缎匹数目过大(几乎占应交纳数的 4/5),产品质量粗劣不堪,以赏赉为主的朝贡贸易亦就越来越难以维持。这从日本后来几次朝贡的情况就可看出。弘治九年(1496 年),日本贡使一行将离京返国时,据说因缺乏搬运工,无法搬运领到的铜钱,沿途亦缺乏食物供应,只好以高价购买;嘉靖二十八年(1549 年)日本最后一次朝贡,其贡使未得到衣服供应,后经正使策彦周良等一再向礼部交涉,始勉强供给 100 套,尚缺少 500 套未能供给。② 种种迹象表明,持续近 200 年的海外朝贡贸易至此已是接近尾声。

3. 准许非朝贡船入口贸易

正德四年(1509 年),广州开始准许非朝贡船入口贸易。准许非朝贡船入口贸易,其实已从根本上否定了"有贡舶即有互市,非入贡即不许其互市"③的朝贡贸易原则,它不仅加速了朝贡贸易的衰落,而且助长了私人海外贸易的发展。

准许非朝贡船入口贸易,实际上意味着广州的朝贡贸易已名存实亡,而沿海一带的走私贸易却日趋发展,那些到广州贸易的海外商船,为逃避抽分,省却陆运,由福建人导引改泊海沧、月港,由浙江人导引改泊双屿,每年夏季而来,望冬而去,肆无忌惮地进行走私贸易④,其中尤以葡萄牙、彭亨诸国为猖獗,"入港则佯言贸易,登岸则杀掳男妇,驱逐则公行拒敌,出洋则劫掠商财"⑤。到嘉靖二十七年(1548 年),巡视海道都御史朱纨捣毁双屿港时,仅在外洋往来的走私船舶就达 1290 余艘⑥,可见当时走私贸易之盛。在这些走私贸易的冲击下,朝贡贸易势必要走向衰落。

此外,西方殖民者东来以及中日关系的恶化,也是朝贡贸易走向衰落的重要原因。

到嘉靖末年,倭患基本平定后,为防止再次出现"乘风揭竿,扬帆海外,勾连入

---

① 见彭泽益:《从明代官营织造的经营方式看江南丝织业生产的性质》,《明清资本主义萌芽研究论文集》,上海人民出版社 1981 年版,第 309 页,第 316 页。

② 王建民:《中日文化交流史》,外语教学与研究出版社 2009 年版,第 586 页。

③ 郑若曾:《开互市辨》,中华书局 2007 年版。

④ 《筹海图编》卷一一《经略二·开互市》。

⑤ 王忬:《条处海防事宜仰祈速赐施行疏》,《明经世文编》卷二八三《王司马奏疏》。

⑥ 朱纨:《双屿填港工完事》。

分船货的一半①；在浙江以西，"造海船，市丝枲之利于诸岛，子母大约数倍"②；在广州望县，因"南走澳门，至东西二洋，倐忽千万里，以中国珍丽之物相贸易，获大赢利"，故本地农民为利所诱，纷纷放弃"力苦利微"的农耕，而随船出海干起走私贸易。③ 正是这巨额的十倍之利，才驱使人们"舍死趋之如鹜"④，虽海禁律法严峻，但"小民宁杀其身，而通番之念愈炽也"⑤。

这种愈禁愈盛的走私贸易，在明代前期主要表现有以下四种类型：

第一种是出远洋，直接到日本、朝鲜、琉球及东南亚各国从事长途贩运贸易。这些民间商人，人数较多，因需长途跋涉，历经惊涛骇浪之险，故经常是几十艘船结队同行。如正统九年(1444年)，有广东潮州府滨海居民纠集邻郡55人一起载货出洋，到爪哇进行走私贸易⑥；嘉靖二十一年(1542年)，有福建漳州人陈贵等7人连年率领26艘船载运货物到琉球贸易，同时到达琉球的还有广东潮阳的海船21艘，仅在这21艘船上服务的船工就有1300名之多。⑦ 这些走私商人在组织货物及纠集船队时，为逃避官府的稽查，一般采取灵活机动的做法，不集中在同一地方行动。如纠集外省商人到福建者，见本处海禁严厉，则在广东的高、潮等处造船，在浙江的宁、绍等处购置货物，集中出洋；而在浙江和广东纠集的商人，则在福建的漳、泉等处造船，购置货物，然后集中出洋。⑧

第二种是沿海守御官军执法犯法，私遣人或役使军士，利用所督的海船到国外从事走私贸易，以图私利。这种类型在明代前期似乎较为常见。如早在洪武四年(1317年)就有福建兴化卫指挥李兴、李春私遣人出海行贾⑨；在宣德九年(1428年)，又有漳州卫指挥覃庸等私到国外贸易，其至连巡海都指挥张翥，都司都指挥金瑛、署都指挥金事陶旺及左布政使周光敬等人均接受其走私货物的贿赂⑩；在正统三年(1438年)，浙江备倭都指挥朱兴亦役使军士越境贸易⑪；正统五年(1440年)，福建永宁卫指挥金事高璿尝利用所督的海船出海贸易，致使军士溺水死亡⑫。

第三种是奉命出使外国的官员乘机载运私货或挟带商人到国外进行走私贸易，这种情况在明政府看来，似乎不属犯禁严惩之列。如景泰四年(1453年)，给事中潘本愚等人奉使到占城回还，在船中搜出下番官军镇抚罗福等240人带回的象牙梳坯、乌木、锡、蜡等走私货物共1933斤，按海禁律法须没收入官，但朝廷却敕命广东三司照数还给各人⑬；成化十年(1474年)，工科右给事中陈峻等人出使占城，随船装载大量私货及

---

① 《筹海图编》卷七《山东事宜》。
② 丁元荐：《西山日记》卷上。
③ 史澄：《广州府志》卷一五《舆地略七》。
④ 《兵科抄出浙江巡抚张延登题本》，《明清史料》乙编，第七本。
⑤ 《筹海图编》卷一二《开互市》。
⑥ 《明英宗实录》卷一一三，正统九年二月己亥。
⑦ 严嵩：《琉球国解送通番人犯疏》，《明经世文编》卷二一九《南宫奏议》。
⑧ 《筹海图编》卷一二《经略二·勤会哨》。
⑨ 《明太祖实录》卷七〇，洪武四年十二月乙未。
⑩ 《明宜宗实录》卷一〇九，宣德九年三月辛卯。
⑪ 《明英宗实录》卷四一，正统三年四月丁卯。
⑫ 《明英宗实录》卷七四，正统五年八月癸酉。
⑬ 《明英宗实录》卷二三一，景泰四年七月癸未。

挟带私商多人,到达占城新州港口后,因安南入侵其地而拒不容进,陈峻等人只好假借遭风为由,把船开到满剌加进行贸易①;成化十七年(1481 年),行人司右司副张瑾与给事中冯义一同奉命带敕印封占城国王孤斋亚麻勿庵为王,随船亦挟带大量私货,到达广东时获悉斋亚麻勿庵已死,但他们不愿失此走私良机,即匆匆开船到占城,把敕印赐给伪王提婆苔后,又航至满剌加将货物售完再回国,结果冯义在航程中病故,张瑾被礼部劾为"专擅封王",下锦衣卫狱鞫治②。

第四种是在沿海一带进行走私贸易。这些走私商人或者把出口货物直接运到广东进行交易,如浙江商人窃买丝绵、水银、生铜、药材等一切出口货物,船运到广东贩卖,然后再购买广东货物运回浙江,美其名曰"走广"③;或者把外国商船引至沿海各走私港口,然后进行交易,当南风汛时把外国商船引由广东而上,到达漳、泉沿海,甚至蔓延至兴、福一带,而北风汛时则把外船引由浙江而下,到达福、宁沿海,蔓延至兴、泉一带。他们为避开官兵的剿捕,经常漂泊不定,攻东则窜西,攻南则遁北,急则分航外洋,缓则合艚内港④,巡海官军无之奈何。

在沿海,这种类型的走私贸易港为数众多。在广东主要有南澳,它位于闽、广交界之处,为走私贸易船上下必经之地。每当三月、四月东南风盛时,广东的走私船即纠集开航,从南澳入闽,纵横洋面,由外浯屿而上,入浙江进行贸易,八月、九月西北风起时,则卷帆顺流而下,由南澳入广东。而当福建海禁严时则奔广东,反之,广东严时则奔福建,正因为如此,故南澳一镇历来被称为"天南第一重地",为闽、粤两省的门户。⑤ 有明一代,南澳也是防海官军与海寇商人必争之地,嘉靖时的山寇吴平、许朝光、隆万时的海寇曾一本、林道乾等均曾聚众于此为据点,而潮州府在嘉靖中为断绝走私贸易,亦曾用木石填塞澳口,但不久又为善泅水的日本人捞起木石,澳口复通。直至万历初始由同知罗拱辰派参将一员统兵驻扎,分别在深水澳、云盖寺、龙眼沙筑城三座,互相联络,立墩台瞭望,垦田四五万亩,召军民给牛耕种,遂把南澳变成海防重镇。⑥

在浙江的主要走私贸易港是定海的双屿,它悬居海洋之中,离定海县 60 余里,其地势东西两山对峙,南北俱有水口相通,又有小山如门障蔽,中间空阔 20 余里,乃一海洋天险。在海禁严厉时,浙江走私贸易商往往诱引外国商船到此贸易,而当地百姓亦以"一叶之艇,送一瓜,运一罇率得厚利。驯致三尺童子,亦知双屿之为衣食父母,远近同风"⑦,海寇李光头、许栋等曾在此地盘踞 9 年,营房、战舰无所不具。⑧ 到嘉靖二十七年(1548 年)朱纨填塞该港时,曾见东洋中有一条宽平古路,因走私商人往来频繁,竟至 40 余日,寸草不生;而据海上瞭望军士报道,在外洋往来的走私贸易船多达 1290 余艘⑨,由此可见当时双屿港走私贸易之盛。

① 《明宪宗实录》卷一三六,成化十年十二月乙未。
② 《明宪宗实录》卷二二〇,成化十七年十月癸卯。
③ 《筹海图编》卷一二《经略二·行保甲》。
④ 胡宗宪:《广福浙兵船当会哨论》,《明经世文编》卷二六七《胡少保海防论》。
⑤ 《广东通志》卷一二三《海防略一》。
⑥ 《天下郡国利病书》卷九三《福建三·南澳副总兵》。
⑦ 朱纨:《双屿填港工完事》,《明经世文编》卷二〇五《朱中丞甓余集一》。
⑧ 《虔台倭纂》下卷《倭绩》。
⑨ 朱纨:《双屿填港工完事》。

在福建的主要走私贸易港是漳州诏安的走马溪,此地为外国商船由粤趋闽的始发之处,亦是走私贸易的交接之所①,港内有东澳,为海口藏风之处,凡海寇船往来均泊于此,故俗称为"贼澳"。嘉靖年间,给事中杜汝祯,参政曹亨、副使方任等人进港巡视,于石上镌刻"天视海防"四个大字②,以示此地为一海防重地。嘉靖二十八年(1549年),朱纨曾在此大破葡萄牙的走私贸易商,擒获海寇头目李光头等96人,并就地便宜斩首。③

这些走私贸易港由于地处航海要冲,地势险要,洪武初年为巩固海防,往往将岛民内迁,废为荒岛,故在海禁严厉期间,很自然就成为走私贸易船的麇集场所,在港内的交易井井有条,"乃搭棚于地,铺板而陈所置之货,甚为清雅"④,俨然与合法贸易一般无二。同时,亦由于这些港口地处偏僻,俗如化外,统治阶级鞭长莫及,故海寇商人集团往往以此为基地,出没沿海一带,经营其"亦商亦盗"式的走私贸易。⑤

(二)海澄月港的开禁⑥

隆庆元年(1567年),经福建巡抚都御史涂泽民的奏请,明朝政府同意在海澄月港部分开放海禁,准许私人申请文引,缴纳饷税出海贸易。这次开禁之所以称为"部分",是因为对日本的贸易仍属严禁之列,且只准中国商船到海外贸易,而不准海外诸国商船来华贸易。

明政府之所以选择在这个时候开放海禁,其目的首先是缓解因海禁而造成的统治危机。众所周知,福建的地理特点是多山少田,"民本艰食,自非肩挑步担,逾山度岭,则虽斗石之储亦不可得。福兴漳泉四郡皆滨于海,海船运米可以仰给,在南则资于广,而惠潮之米为多,在北则资于浙,而温州之米为多"⑦。在正常情况下,由广东、浙江达到"有禁然不绝其贸易之路者,要以弭其穷蹙易乱之心"的目的。

明朝政府开放海禁的另一目的是征收饷税,借以维持沿海设防的军费开支。明朝政府为抵御沿海倭患的军事耗费异常浩大,计山东、浙、直、闽、广备倭兵饷,每年不下200万。这样的军费开支,对于当时财政已处于崩溃边缘的明朝政府来说,的确难以负担,于是,有的官员就提出开放海禁,得海上之税以济海上年例之用,这样一举两得,战守有赖,公私不困;有的则建议以广东市舶司对外国船实行抽分为例,开放海禁征收饷税,年可得银数万两,以充军国之用。在这种情况下,明朝统治者只好同意在海澄月港部分开放海禁,每年征收舶饷2万多两,以充闽中兵饷。

那么,当时为什么要在月港开禁而不在其他地方呢?其实,月港本身的港口优势很微弱,它既无直接的出海口,又非深水良港,海外贸易船由此出海需数条小船牵引始能行,一潮至圭屿,一潮半至厦门。这样一个次等港口,在唐宋时仅是海滨一大聚落,

① 胡宗宪:《福洋要害论》,《明经世文编》卷二六七《胡少保海防论》。
② 《(万历)漳州府志》卷二九《诏安县·兵防志》。
③ 《明世宗实录》卷三六三,嘉靖二十九年七月壬子。
④ 《筹海图编》卷三《广东事宜》。
⑤ 李金明:《明代海外贸易史》,中国社会科学出版社1990年版,第85—90页。
⑥ 此部分参见李金明:《漳州港》,福建人民出版社2001年版。
⑦ 魏敬中:《重纂福建通志》卷八七《海禁》。

至明代后期能崛起成为重要的对外贸易港,大抵是基于以下两方面的原因。

一是月港一带猖獗的走私活动。月港因"僻处海隅,俗如化外",统治者鞭长莫及,早在成、弘之际就成为海外走私贸易商麇集的地方,至正德年间,虽说在广州准许非朝贡的外国商船入口贸易,但有些外商"欲避抽税,省陆运",又纷纷由福建人导引来月港进行走私贸易,于是月港遂发展成为中外走私贸易的汇集地,而从事走私贸易的闽人,也一般是从月港出洋。故至明朝政府决定部分开放海禁时,只能因势利导,沿袭闽人到海外贸易皆由此出洋的习惯,以免再受其扰,可保持"境内永清"。

二是月港特殊的地理位置。月港为一内河港口,其出海口在厦门,一般海外贸易船从月港出航,需沿南港顺流往东,经过海门岛,航至九龙江口的圭屿,然后再经厦门岛出外海。因此,月港的管理官员仅需在厦门设立验船处,则可对进出口商船实行监督,以免出现隐匿宝货、偷漏饷税等现象。且当厦门出现倭患或海寇掠夺的警报时,停泊在月港的商船可来得及转移或采取防范措施。这在当时走私严重、倭患猖獗的形势下,是作为私人海外贸易港必备的重要条件。另外,月港地处海隅,距离省城甚远,非市舶司所在地,海外贡舶一般不由此入口,不至于发生扰乱事件。

海澄月港部分开禁后,明代私人海外贸易随即迅速地发展起来。

(三)海外贸易的船舶与海外贸易的地点①

当时由月港出洋的商船,据推官萧基所述:"大者,广可三丈五、六尺,长十余丈;小者,广二丈,长约七、八丈","多以百计,少亦不下六、七十只,列艘云集,且高且深"②。这些海外贸易船的构造,一般均比较考究,就以广东船来说,有底双重,全以厚三四尺的铁力木为之,锢以沥青、石脑油、泥油;篷以椰索,碇以铁力木,因怕海水腐蚀,皆不使用铁件。船上有云桅 3 根,即植桅 1 根,风桅 2 根,植桅长者十四五丈,或二三接,中皆横一杆,上有望斗,容 40 余人;每船有罗经 3 个,一个置神楼,一个置船尾,一个置半桅之间,需三针相对,始敢行海。这种船大者可容乘客 1000 余人,中者亦可乘数百人。③崇祯十五年(1642 年),海瑞的孙子海述祖曾用千金家产造一大海船到海外贸易,"其船首尾长二十八丈,以象宿、房分六十四口以象卦,篷长二十四叶以象气,桅高二十五丈,曰擎天柱,上为二斗,以象日月,治之三年乃成"④。由此可见当时广东海船制作之不易。

福建海船的构造也是一样考究,我们可以嘉靖十三年(1534 年)奉命出使琉球的给事中陈侃在福州造的一艘船为例。这艘船造价计 2500 多两,自嘉靖十二年(1533年)七月二日动工,至翌年三月完工,其间用了 8 个月时间。全船长 15 丈,宽 2 丈 6尺,深 1 丈 3 尺,分为 23 舱,前后竖立桅杆 5 根,最大一根长 7 丈 2 尺,粗径 6 尺 5 寸,其余渐次减短,船后建一两层的黄屋,上层置诏敕,下层供天妃。船上的器具:舵有 4副(用 1 副,3 副备用),橹有 36 根,大铁锚 4 枚,约重 5000 斤,大棕绳 8 条,每条粗 1 尺

---

① 此部分内容参见李金明:《明代海外贸易史》,中国社会科学出版社 1990 年版。
② 萧基:《恤商厘弊十三事》,《东西洋考》卷七。
③ 《广州府志》卷七四《经政略五·海防》。
④ 钮琇:《觚賸续编》卷三《海天行》。

多,长 100 丈,有备用小船 2 艘,储水柜 14 个等等。^① 这些可粗略反映当时海船建造的一般情况。

这些海外贸易船不仅载运大量货物,而且还搭乘不少客商,即所谓"每舶舶主为政,诸商人附之,如蚁封卫长,合并徙巢",船上的人员配备有"亚此,则财副一人,爱司掌记;又总管一人,统理舟中事,代舶主传呼;其司战具者,为直库,上樯桅者,为阿班;司椗者,有头椗,二椗;司缭者,有大缭、二缭;司舵者,为舵工,亦二人更代,其司针者,名火长,波路壮阔,悉听指挥"^②。一般说来,当时驶往西洋的船舶,因路途遥远,风波较大,其载重量多数大于驶往东洋的船舶,如 1625 年驶往万丹的 6 艘帆船,多数600—800 吨,总吨位比整个荷兰东印度公司的回航船队还大,其中 4 艘分别载有乘客480、500、100 和 500 人;1626 年有 800 吨的船 5 艘,其中 3 艘分别乘有 500、500 和 450人;1627 年有 5 艘船,其中 3 艘分别乘有 400、350 和 500 人。^③ 而航行菲律宾的船舶一般仅载运 200—400 人。不过,这些海外贸易船不管大小,其外观和船上设施基本与较小的沿海船相似。

这些海外贸易船的贸易范围比较广,"西至欧罗巴,东至日本之吕宋、长崎"^④,具体地点有"西洋则交趾、占城、暹罗、下港、加留吧、柬埔寨、大泥、旧港、麻六甲、亚齐、彭亨、柔佛、丁机宜、思吉港、文郎马神;东洋则吕宋、苏禄、猫里务、沙瑶、呐哔单、美洛居、文莱、鸡笼、淡水"^⑤等 24 个国家和地区。在万历十七年(1589 年)之前,由月港出航的海外贸易船仅限船数而未定其航行地点,到万历十七年始由福建巡抚周寀定为每年限船 88 艘,东西洋各限 44 艘,东洋吕宋一国因水路较近,定为 16 艘,其余各国限船二三艘^⑥;后来因申请给引的引数有限,而愿贩者多,又增至 110 艘^⑦,加之鸡笼、淡水、占城、交趾州等处共 117 艘。万历二十五年(1597 年)再增 20 艘,共达 137 艘。^⑧ 但是,西洋各地因路途遥远^⑨,"商船去者绝少,即给领该澳文引者,或贪路近利多,阴贩吕宋"^⑩;有的则是"出海时,先向西洋行,行既远,乃复折而入东洋"^⑪。所以,每年虽然也按限数给引,但实际到达西洋的商船均不足额。

当时往西洋的贸易点主要是集中在北大年、万丹和巴达维亚三个地方。北大年当时是荷兰同东印度、中国和日本贸易的大本营,被称为"中国和日本的门户",中国的生丝和瓷器在这里大量地进行交易,1616 年燕·彼得逊·昆曾写信给十七人委员会说:"在北大年如可及时提供资本和人……就可获得整个富饶的中国贸易以及应有尽有的

---

① 陈侃:《使琉球录》,《使事纪略》。
② 《东西洋考》卷九《舟师考》。
③ 〔荷兰〕范·勒尔(J. C. Van Leur):《印度尼西亚贸易与社会》,1955,海牙,第 198 页。
④ 王胜时:《漫游纪略》,《小方壶斋舆地丛钞》第 9 帙。
⑤ 黄叔璥:《台海使槎录》卷二《商贩》。
⑥ 《明神宗实录》卷二一〇,万历十七年四月丙申。
⑦ 《东西洋考》卷七《饷税考》。
⑧ 《明神宗实录》卷三一六,万历二十五年十一月庚戌。
⑨ 据《燕·彼得逊·昆东印度之商务文件集》记载:1615 年中国帆船从南中国到达万丹的航程分别为 16、17、18 或 20 天;1622 年从南中国到巴达维亚的航程是 43 天(第一卷,第 68 页;第 4 卷,第 726 页)。
⑩ 《天启红本实录残叶》,《明清史料》戊编第 1 本。
⑪ 王胜时:《闽游纪略》。

寇"①的现象,维持抵御倭患的庞大军费开支,明政府不得不改弦易辙,在福建巡抚涂泽民的提议下,于隆庆元年(1567年)在福建漳州海澄月港部分开放海禁,准许私人出海贸易,从此结束了明代前期维持近200年的朝贡贸易,使明代后期私人海外贸易得以迅速发展。

二　明代后期的私人海外贸易

(一)明代前期的走私贸易②

在明政府厉行海禁期间,大凡一切违禁出海的私人海外贸易船均属走私贸易之列。明政府虽然制定出不少海禁律法,却不能完全切断这种私人贸易,犯禁出海的走私贸易船仍数不胜数,大有愈禁愈盛之势,甚至出现了"片板不许下海,艨艟巨舰反蔽江而来;寸货不许入番,子女玉帛恒满载而去"的反常现象。③ 这种现象的出现与东南沿海一带的地理条件以及海外贸易的巨额利润有着密切的联系。

在东南沿海一带,福建的地理特点是多山少田,"民本艰食,自非肩挑步担,逾山度岭,则虽斗石之储亦不可得。福兴漳泉四郡皆滨于海,海船运米可以仰给,在南则资于广,而惠潮之米为多,在北则资于浙,而温州之米为多"④。在正常情况下,由两省向福建贩米均可获利3倍,因此,每年运米之船少则几十艘,多则二三百艘不等,这样做不仅福建人方便,而且广东、浙江人亦可得大利,但是,当海禁严急时,两省商船不通,米价随之昂贵,人民难以存活。另外,在福建本省,从漳泉运货到省城,由海路运者每100斤脚价仅银3分,而由陆路运,却价增20倍,觅利甚难,正因为肩挑度岭无从发卖之故,是以所产鱼盐反而比浙江更贱。⑤ 在如此种种情况下,沿海之民无所得食,无以为生,只好冒禁出洋市贩。综观明代前期,从事海外走私贸易最为严重者应数闽省福、兴、漳、泉四郡,如在嘉靖二十三年(1544年)十二月至嘉靖二十六年(1547年)三月的两年多里,到日本从事走私贸易而为风漂到朝鲜,并被解送回国的福建人就达1000人以上⑥,其中仅嘉靖二十三年(1544年)十二月一次被解送回国的漳州人李王乞等就有39人⑦;嘉靖二十六年(1547年)二月一次被解送回国的福清人冯淑等则多至341人⑧。

除了地理条件外,海外贸易的巨额利润也是走私贸易猖獗的另一原因。明代前期这种海外贸易系属域外长途贩运贸易,其利润之巨颇为惊人,即所谓"其去也,以一倍而博百倍之息;其来也,又以一倍而博百倍之息"⑨。在山东沿海,据走私贸易者自述,每放一艘走私贸易船出洋,一年可得船金二三千两,且当船舶返航进港后,船户尚可坐

① 《明神宗实录》卷二六二,万历二十一年七月乙亥。
② 此部分内容参见李金明:《明代海外贸易史》,中国社会科学出版社1990年版。
③ 谢杰:《虔台倭纂》上卷《倭原》。
④ 魏敬中:《重纂福建通志》卷八七《海禁》。
⑤ 《筹海图编》卷四《福建事宜》。
⑥ 《明世宗实录》卷三二一,嘉靖二十六年三月乙卯。
⑦ 《明世宗实录》卷二九三,嘉靖二十三年十二月乙酉。
⑧ 《宪章外史续编》卷三《嘉靖注略》。
⑨ 《天下郡国利病书》卷九三《福建三·洋税》。

1389

第三十四章

明清时期的海洋贸易

生丝。"①这个港口对贸易船的吸引不仅是因为有需要的货物，而且是由于有丰富的食粮可供应船员，一位有名的德国旅行家曼德斯罗（Joham Albredet Mandelslo）曾经说过，这里的居民"有多种的水果，有一天下两次蛋的母鸡。这个国家的各种供应非常丰富，如供吃饱的大米、山羊、鹅、鸭、母鸡、阉鸡、孔雀、鹿、野兔、贝壳以及野味，特别是水果，有一百多种"。荷兰人正是从这里首次进入暹罗，也是从这个港口首次航行到日本，而日本商船亦从这里获得了中国的生丝和瓷器。在 16 世纪末到 17 世纪初，日本的平户和北大年一直被称为"姐妹港"，相互之间进行着一种生气勃勃的贸易。至于万丹和巴达维亚，则是由于荷兰东印度公司的极力招徕。

同西洋贸易点相反，往东洋菲律宾的商船却因路近利多，每年实际到达的船数大多超过了规定的限额。据威廉·L·舒尔茨（William Lytle Schurz）的估计，每年来到马尼拉的正常船数从 20 艘到 60 艘不等，在 1574 年有 6 艘，1580 年有 40—50 艘，之后 30 到 40 年一般是这个数；在 1616 年仅有 7 艘，而 1631 年却有 50 艘，5 年后有 30 艘。② 这种情况之所以出现，按照威廉·L·舒尔茨的说法："每年到达船数的多少是取决于马尼拉赢利买卖的机会，航程的安危，以及中国当地的情况。每当中国人了解到马尼拉的钱缺乏时，这一年来的船就减下来，在航程中有海盗的消息时，船可能不出港而误过季风期，特别是印度支那沿海长期有海盗的抢劫，倭寇出没于北吕宋，以及以台湾为基地的海盗的攻击，有时候来自葡萄牙或荷兰殖民者的威胁也很严重，当时他们均集中全力以削弱西班牙人在马尼拉的贸易；最后是中国内部的纷争或者沿海各省地方的动乱也可能暂时中断到菲律宾的帆船贸易。"③

（四）进出口商品④

明代后期通过海外贸易船输进来的商品，根据万历十七年（1589 年）规定的"陆饷货物抽税则例"所列举的有 100 多种，其中除少量的暹罗红纱、番被、竹布、嘉文席、交趾绢、西洋布等手业品外，绝大多数还是胡椒、苏木、象牙、檀香、犀角、沉香等香料和奢侈品。⑤ 据说，在 16 世纪，中国同当时的欧洲一样，对胡椒的需求量很大⑥，中国贸易船在东南亚主要是购买胡椒。正因为如此，故位于苏门答腊岛西北部的亚齐为了取得必需的中国贸易，不得不使自己确保拥有胡椒港口，从而把胡椒港口向苏门答腊岛的东西两岸扩展。有关当时中国进口胡椒的数量，据范·勒尔（J. C. Van Leur）估计，每年船运到中国的数量最多是 5 万袋，2000 吨，约占印度尼西亚胡椒总产量的 5/6⑦，而鲍乐史（Leonard Blusse）的估计是，从 1637 至 1644 年，每年有 800—1200 吨胡椒输往中国。⑧ 总之，在 17 世纪初期，中国是印度尼西亚胡椒的重要购买者，这一点从当时荷兰的货物清单中经常出现"中国胡椒"的字样亦可得到证明。除了胡椒外，苏木也是

① 《燕·彼得逊·昆东印度之商务文件集》，第 1 卷，第 33 页。
② 〔美〕威廉·L·舒尔兹：《马尼拉大帆船》，第 71 页。
③ 〔美〕威廉·L·舒尔兹：《马尼拉大帆船》，第 71 页。
④ 此部分内容参见李金明：《明代海外贸易史》，中国社会科学出版社 1990 年版，第 120 页。
⑤ 见《东西洋考》卷七《饷税考》。
⑥ 《亚洲贸易与欧洲人的影响》，第 76 页。
⑦ 〔荷兰〕范·勒尔（J. C. Van Leur）：《印度尼西亚贸易与社会》，1955，海牙，第 125 页。
⑧ 鲍乐史：《荷兰东印度公司时期中国对巴达维亚的贸易》，《南洋资料译丛》1984 年第 4 期。

当时重要的进口商品之一,据估计每年船运量达 3000—4000 担,即 240—300 吨。①

在输入品中还有值得注意的是作为货币支付的白银。这些白银有的是由我国海外贸易船从马尼拉载运回来,有的则是经由葡萄牙殖民者从日本运进来。由于当时西班牙殖民者把墨西哥和秘鲁的银元运到马尼拉,以购买我国的生丝及其他货物,而葡萄牙殖民者则把日本的银条运到澳门和广州来购买我国的生丝、黄金和麝香,因此,马尼拉的西班牙大帆船和澳门的葡萄牙船均被当时人称为"银船",中国皇帝甚至还称西班牙国王为"银王"②。每年从马尼拉输入的白银数,据罗杰斯(Pedro de Rojas)在 1586 年致腓力普二世的信中说:"每年有 30 万比索银从这里流往中国,而今年超过了 50 万比索"③;在 1598 年特洛(Don Francisco Tello)致腓力普二世的信中又提到:"来这里贸易的中国人每年带走了 80 万比索银,有时超过了 100 万比索。"④从日本经葡萄牙殖民者输进来的白银数,据在 1585—1591 年访问东印度的英国旅行家拉尔夫·菲奇(Ralph Fitch)说:"当时葡萄牙人从中国的澳门到日本,运来大量的白丝、黄金、麝香和瓷器,而从那儿带走的唯有银而已。他们每年都有一艘大帆船到那里,带走的银达 60 万两以上⑤,所有这些日本银,加上他们每年从印度带来的 20 万两,在中国可得到很大的好处,他们把中国的黄金、麝香、生丝、铜、瓷器和许多值钱的其他东西带走。"葡萄牙史学家戴奥戈·库托(Diogodo Couto)在 17 世纪初写的 Dialogo do Solda-do Pratico 一书中也谈到这个问题:"我们的大商船每年从日本带银出来,其价值超过 100 万金币。"所有这些输进来的白银总数,据梁方仲先生估计:"由万历元年至崇祯十七年(1573—1644 年)的 72 年间,合计各国输入中国的银元由于贸易关系的至少远超过 1 万万元以上。"⑥

当时输出去的商品除了生丝、瓷器和糖以外,还包含有各种丝织物、铜器、食品、日常用具,以至于各种牲畜等等。在 1596—1598 年任马尼拉总督的摩加(Antonio de Morga)曾把我国海外贸易商带到马尼拉的各种商品列了一张目录表如下:

> 成捆的生丝、两股的精丝和其他粗丝;绕成一束的优质白丝和各种色丝;
> 大量的天鹅绒,有素色的、有绣着各种人物的、有带颜色的和时髦的,还有用
> 金线刺绣的;织上各种颜色、各种式样的金、银丝的呢绒和花缎;大量绕成束
> 的金银线;锦缎、缎子、塔夫绸和其他各种颜色的布;亚麻布以及不同种类、不
> 同数量的白棉布。他们也带来了麝香、安息香和象牙。许多床上的装饰物、
> 悬挂物、床罩和刺绣的天鹅绒花毯;锦缎和深浅不同的红色花毯;桌布、垫子
> 和地毯;用玻璃珠和小粒珍珠绣成的马饰,珍珠和红宝石,蓝宝石和水晶;金
> 属盆、铜水壶和其他铜锅、铸铁锅;大量各种型号的钉子、铁皮、锡和铅;硝石
> 和黑色火药。他们供给西班牙人小麦粉、橘子酱、桃子、梨子、肉豆蔻、生姜和

① 《燕·彼得逊·昆东印度之商务文件集》,第 1 卷,第 77 页。
② 〔美〕威廉·L·舒尔茨:《马尼拉大帆船》,第 63 页。
③ 〔美〕布莱尔、罗伯逊:《菲律宾群岛》第 6 卷,第 269 页。
④ 〔美〕布莱尔、罗伯逊:《菲律宾群岛》第 10 卷,第 179 页。
⑤ 原文的单位为葡元(cruzado),因当时 1 葡元约等于银 1 两,故改用两计算。见全汉升:《明代中叶后澳门的海外贸易》,载香港中文大学《中国文化研究所学报》第 5 卷第 1 期。
⑥ 梁方仲:《明代国际贸易与银的输入》,《中国社会经济史集刊》第 6 卷第 2 期。

其他中国水果；腌猪肉和其他腌肉，饲养得很好的活鸭和阉鸡；大量的新鲜水果和各种橘子、栗子、胡桃；大量的各种好的线、针和小摆设，小箱子和写字盒；床、桌、靠背椅和画有许多人物图案的镀金长凳。他们带来了家用水牛、呆头鹅、马和一些骡和驴；甚至会说话、会唱歌、能变无数戏法的笼鸟。中国人提供了无数不值钱，但很受西班牙人珍重的其他小玩意儿和装饰品；各种好的陶器、制服、珠子、宝石、胡椒和其他香料，以及我谈不完也写不完的各种稀罕东西。[①]

下面集中介绍几种主要的出口商品。

1. 生丝和丝织品

明代后期，我国丝织业生产已有了明显的发展，丝织业中心之一的苏州，"东北半城，皆居机户"，到万历年间，城中机户雇佣的织工已达数千人之多。[②] 即使是素不蓄蚕的福建，也不惜从湖州贩运湖丝，"染翠红而归织之"，故同样有着名的丝织品销往各地，"凡福之绸丝、漳之纱绢……下吴越如流水，其航大海而去者，尤不可计，皆衣被天下"[③]，"泉人自织丝，玄光若镜，先朝士大夫恒贵尚之，商贾贸丝者大都为海船互市"[④]。广东的情况也一样，"牛郎绸、五丝、八丝、云缎、光缎，皆为岭外、京华、东西二洋所贵予"[⑤]。丝织业生产的发展为明代后期私人海外贸易的发展提供了雄厚的物质基础。

这些生丝及丝织品由于价廉质优，当时在国际市场上具有很强的竞争能力。如在欧亚市场上可供需求的是中国丝和波斯丝，但中国丝取得的利润最多，据荷兰的估计，中国丝所取利润同波斯丝之比是150%：100%[⑥]；在日本市场上中国生丝的销售可获厚利，而波斯生丝只能蚀本出售[⑦]；在拉美市场上，由于中国生丝的销价比墨西哥和秘鲁的西班牙生丝低，因此殖民者为了保护西班牙工业和西班牙产品在美洲的市场，不得不下令限制和禁止中国生丝的进口[⑧]。对于当时运到马尼拉的生丝和丝织品的质量，博巴迪拉（Diego de Bobadilla）曾赞叹道："在中国人带来的所有丝织品中，没有任何东西可比之更白，雪都没有它白，在欧洲没有任何丝织品可比得上它。"[⑨]正因为如此，故中国生丝在欧洲市场上的要价亦最高，如1606年秋天，荷兰东印度公司十七人委员会确定了一些商品的货价，其中中国生丝每磅12.00荷盾，生绢丝每磅16.20荷盾，绢丝每磅15.60荷盾，在阿姆斯特丹的价格表上，中国生丝每磅开价16.20荷盾，这在生丝的要价中为最高，比波斯生丝要高出很多。[⑩]

中国生丝和丝织品正是由于具有上述的种种优点，故在当时的国际市场上需求量很大。1608年荷兰东印度公司董事会曾指示在印度的商站，要他们特别努力获得对

第三十四章

明清时期的海洋贸易

---

① 〔美〕威廉·L·舒尔茨：《马尼拉大帆船》，第73—74页。
② 《明神宗实录》卷三六一，万历二十九年七月丁未。
③ 王世懋：《闽部疏》。
④ 王胜时：《闽游纪略》。
⑤ 《广东新语》卷十五《货语·纱缎》。
⑥ 《亚洲贸易与欧洲人的影响》，第263页。
⑦ 《亚洲贸易与欧洲人的影响》，第263页。
⑧ 《菲律宾群岛》第1卷，第62页。
⑨ 《马尼拉大帆船》，第72页。
⑩ 《荷亚贸易》，第113页。

华贸易,以取得极其大量的生丝,因为丝织品有很大的市场,且可以攫取高额利润。[①]在1617年2月发出的荷兰几种可能销售商品的调查中,十七人委员会保守地计算一年可销售中国生丝大约72000磅[②];1633年秋天,他们要求提供价值5万荷盾的中国生丝,翌年又要求同一数量,到1636年却增加到8万至10万荷盾[③]。据估计,在17世纪初期,由我国商船运到万丹的生丝总量为每年300—400担;1619年荷兰东印度公司估计在欧洲生丝的总销售量是600担。[④]日本对中国生丝的需求量亦很大,据说,在16世纪时日本的富裕阶级很喜爱中国的货物,不管是生丝或丝绸。[⑤]有人估计,在1612年进口到日本的中国生丝达5000公担(quintal),其中由葡萄牙船运进去的有1300公担[⑥];1641年,由中国商船输入日本的生丝是127175斤,丝织物234981匹[⑦]。南美对中国生丝的需求量更大,据蒙法尔科(Crau y Monfalcon)在1637年声称在墨西哥的墨西哥城、普埃布拉和安特奎拉有14000多从事丝织业的工人,他们都依靠中国的生丝作为原材料。[⑧]

2. 瓷器

明代是我国瓷器发展的一个重要阶段。作为全国瓷器业中心的景德镇到隆万年间,已是"万杵之声殷地,火光烛天,夜令人不能寝,戏目之曰:四时雷电镇"[⑨],其"镇上佣工,皆聚四方无籍游徒,每日不下数万人"[⑩]。在瓷器制作方面,彩瓷已开始流行,由于掌握了铜、铁、钴、锰等金属氧化物的性能,从而使宋以来的青釉、红釉发展到五光十色的高温色釉,其釉面之莹润,色泽之艳丽,真可与五色玉媲美。[⑪]

除了景德镇外,当时福建、广东的陶瓷业也有了一定的发展。福建德化的瓷器以釉色、瓷胎洁白而著称,特别是釉色宛如象牙,光色如绢,在欧洲被称为象牙白釉[⑫],据说在明代后期的极盛时期,德化县之东、南、北各地满布瓷窑,其生产规模之大足以惊人。[⑬]广东石湾的陶器在万历年间也有很大精进,其产品"遍两广,旁及海外之国,谚曰,石湾罐瓦胜于天下"[⑭]。瓷器业的发展亦为当时海外贸易的发展提供了大量的外销产品。

17世纪初期,我国的瓷器在欧洲已开始闻名。1603年,一艘葡萄牙大帆船"圣·凯瑟琳娜"(Santa Catharina)号被荷兰东印度公司俘获到北大年,在其船货中有"数不清的各种瓷器"将近60吨,约10万件。后来被运到阿姆斯特丹进行拍卖,买主来自西

---

① 《17世纪荷兰海外贸易概述》,第59页。
② 《荷亚贸易》,第114页。
③ 《荷亚贸易》,第135页。
④ 〔荷兰〕范·勒尔(J. C. Van Leur):《印度尼西亚贸易与社会》,第226页。
⑤ 《葡萄牙绅士在远东》,第6页。
⑥ 《东方海上霸权的背景》,1948,伦敦,第89页。
⑦ 〔日〕山胁悌二郎:《长崎的唐人贸易》,吉川弘文馆1954年版,第30页。
⑧ 《马尼拉大帆船》,第365页。
⑨ 王世懋:《二西委谭摘录》,载《纪录汇编》卷二〇六。
⑩ 萧近高:《参内监疏》,赵之谦:《江西通志》卷四九。
⑪ 景德镇陶瓷研究所:《中国的瓷器》,中国财政经济出版社1963年版,第175页。
⑫ 朱培初:《明清陶瓷和世界文化的交流》,轻工业出版社1984年版,第19页。
⑬ 景德镇陶瓷研究所:《中国的瓷器》,中国财政经济出版社1963年版,第202页。
⑭ 《广东新语》卷一六《器语·锡铁器》。

欧各地,法国国王亨利四世在其大使的劝说下,由路易丝·科利格尼(Louise de Coligny)为其选择,购到一件"质量非常好的餐具";英王詹姆斯一世和法国政府大臣亦均买到瓷器。此次售卖获利很大,拍卖之后,瓷器在欧洲的声望骤然升高,需求量急遽增大。据说,当时欧洲人普遍相信,中国瓷器有"破坏食物毒性"的特征,其实,这是由于欧洲人使用瓷器代替木容器和无釉的陶器,从而使食物减少发霉和变质,起到了降低死亡率的作用。

正是由于需求量的增大,荷兰东印度公司迫不及待地从北大年、巴达维亚等地把我国商船载运出去的瓷器再贩运到欧洲各地。[①] 1625 年荷兰殖民者在台湾南部建立殖民基地后,台湾则成为荷兰东印度公司的瓷器贸易中心。由我国商船运到台湾的瓷器,被装上荷兰船合公司船运到巴达维亚,然后被带到马来群岛以外的公司所在商站,返航船队则直接把瓷器带到荷兰。

3.糖

明代后期,糖蔗在福建、广东的种植已非常普遍。糖在当时也是我国海外贸易的商载运出口的主要商品之一。虽然当时在世界上有不少地方可以出口糖,诸如巴西、西印度、孟加拉和爪哇,但是中国糖仍然是荷兰东印度公司最需要的产品之一,不管是在东方的市场或者是荷兰本国的市场,都有大量糖被载运到印度西北部,以用来同波斯地区进行交易。1625 年,当荷兰殖民者窃踞台湾时,发现有大量的糖可供出口贸易,即如同瓷器的情况一样,把台湾也变成东方糖的集散地。

综上所述,明代后期随着国内商品经济的发展,几种主要的手工业生产,如丝织业、陶瓷业、制糖业等均有了显著的发展,它们为当时私人海外贸易的发展提供了极其大量的外销商品。这些外销商品不仅在国际市场上具有很强的竞争力,而且其数量之大也令人赞叹不已。

(五)海外贸易商的构成[②]

明代后期,随着私人海外贸易的发展,出洋经商的人数骤然增多,据崇祯朝兵部尚书梁廷栋等人上书陈述,每年春夏东南风作,那些"怀资贩洋"的海商以及充当"篙师、长年"的"入海求衣食者",数以十余万计。[③] 如此庞大的海外贸易商队伍,其结构大抵可分为如下几种。

1.商主,或称绅商

他们不一定是职业商人,而是把钱和货物交给小商人带出海贸易,以从中分享贸易利润。如万历四十年(1612 年)浙江抚院捕拿的通番人犯赵子明就属于这种类型。他把蛤蜊、旺缎等货让周学诗带到海澄贸易,遂搭船开洋,往暹罗、吕宋等处发卖,归还后将赊欠的缎款偿付给他。[④] 这种由绅商出资让小商人出海经营的现象在当时非常普遍,根据《荷兰到东印度的首次航行》一书所述,这种形式在万丹的贸易中似乎占有数量上的优势。书中还对这种绅商作了如下的描述:

---

① 李金明:《明代海外贸易史》,中国社会科学出版社 1990 年版,第 127—128 页。

② 此部分内容参见李金明:《明代海外贸易史》,中国社会科学出版社 1990 年版,第 132 页。

③ 《崇祯长编》卷四一,崇祯三年十二月乙巳。

④ 王在晋:《越镌》卷二十一《通番》。

这些富裕商人一般是待在家中,每当有一些船只准备出海时,他们就把一笔须加倍偿还的钱交给那些随船的人(带货客商,船员经常也参与贸易),钱数的多少依航程的长短而定。他们立下一个契约,如果航程十分顺利,则按合同偿付;如果受钱者由于某些不幸而不能付钱,那末他必须把自己的老婆、孩子作抵押,直至偿还债务为止。除了这艘船蒙难,那商人就失去这笔贷款……①

这些绅商有的还具有可以单独活动的实力,从自己经营贸易,拥有自己的船、自己的代理商,到把钱、货借贷给那些完全驯服的小商人。② 这些绅商一般拥有比较雄厚的资本,如1615年来到万丹的那些绅商,随带的船货值3—4万里亚尔③,5艘帆船的总价值估计达30万里亚尔④,不过这些绅商在整个贸易过程中均不露痕迹,而是由许多小商贩来进行的。⑤ 再如荷兰在台湾建立贸易基地后,中国政府准许一位名叫心素(Simson,音译)的绅商垄断进口贸易,他一次用5艘帆船载运货物,并预先支付荷兰东印度公司1万磅购丝款,每年丝的成交量是800担,相当于每年中国贸易船运到万丹的生丝总量的两倍到两倍半。⑥

2. 船商,亦称船主或舶主

他们自己拥有船只,亦亲自参与贸易。如前面所述的海述祖就属于这种类型,他于崇祯十五年(1642年)以千金家产治一大舶,亲自载货到海外诸国贸易,有38位客商搭乘其船。⑦ 这些船主其实也属于富商之列,他们在海外受到很高的待遇。如1622年荷兰东印度公司禁止武装进入巴达维亚,但"大船主、杰出的大使和全权大使"被例外地获准进入。⑧ 这些船主一般亦拥有较雄厚的资本,他们每次载运出去的货物价值都比较大。

这些船主也有同荷兰东印度公司签订承交货物的合同,其贸易额通常均比较大。如船主王山(Wangsan,音译)1625年在巴达维亚提出,从台湾交付生丝1500担,每担140—160两银,如按1两银为6先令8便士计算,总价值为55000—75000磅,相当于荷兰东印度公司总资本的1/10。⑨ 再如船主乔雪特(Jousit,音译)在台湾签订了一份瓷器合同,规定在5个月内"交付精细、奇特、色彩明快"的瓷器如下:500个八边形和圆形的蜜饯罐,500个小的黄油坛,3000个带盖的奶油杯,500个足尺的梨形和葫芦形瓶,1000个半尺、1500个3分尺和2000个4分尺的瓶子(其中一半为梨形,一半为葫芦形),200个大的酒杯,500个酒杯,3000个深黄色的壶,500个便壶,200个大花瓶,1000个带把的小花瓶,1000个足尺和1000个半尺的带嘴葡萄酒坛,2000个梨形的带嘴葡萄酒坛,2000个足尺、2000个半尺、3000个3分尺、3000个4分尺的碗,8000个热饮料杯,10000个半尺和12000个3分尺的热饮料杯,4000个足尺、6000个半尺、

---

① 〔荷兰〕范·勒尔(J. C. Van Leur):《印度尼西亚贸易与社会》,第204页。
② 〔荷兰〕范·勒尔(J. C. Van Leur):《印度尼西亚贸易与社会》,第204页。
③ 《燕·彼得逊·昆东印度商务文件集》第1卷,第167页。
④ 《燕·彼得逊·昆东印度商务文件集》第2卷,第7—8页。
⑤ 〔荷兰〕范·勒尔(J. C. Van Leur):《印度尼西亚贸易与社会》,第376页。
⑥ 〔荷兰〕范·勒尔(J. C. Van Leur):《印度尼西亚贸易与社会》,第202页。
⑦ 《舶膻续编》卷三《海天行》。
⑧ 《燕·彼得逊·昆东印度商务文件集》第3卷,第930页。
⑨ 〔荷兰〕范·勒尔(J. C. Van Leur):《印度尼西亚贸易与社会》,第203、226页。

8000个3分尺的八边形杯,2000个"中间隔引'"的小杯,2000个"整个隔开"的小杯,10000个"外边带四朵花"的茶杯,10000个"玫瑰花杯",10000个钟形杯,1000套小杯(每套6个),5000个大酒杯,30000个小白兰地杯,20000个如上述五种形状的碗,1000个腌胡椒的酒窖,25000个上述后两种形状的茶杯。①

3.散商,也就是小商贩

他们"皆四方萍聚雾散之宾",往往数百人聚集在一艘贸易船上,从中推一"豪富者为主,中载重货,余各以己资市物往"②。他们之中,"有买纱罗、绸绢,布匹者;有买白糖、瓷器、果品者;有买香扇、梳篦、毡袜、针、纸者"等等。③ 这些散商大多数是借子母钱出洋做买卖,如巴达维亚总督燕·彼得逊·昆所说:"这些小商贩以在中国借的利息钱或典当钱来万丹和北大年贸易,他们不得不售卖较高的价格,否则就不能偿还债务。"④1622年,英国殖民者掠夺了一艘中国船,其船长写信到巴达维亚抱怨说:"……居住在这里的许多中国人都借有利息钱……"⑤有的散商则是如上面所说的,带着绅商的钱或货物到海外贸易,归还后偿付其债款。正因如此,燕·彼得逊·昆为了达到损害这些绅商的目的,以暴力占有了这些小商贩的货物。他于1623年6月20日写信给十七人委员会说:"按我的看法,即使阁下送十万里亚尔或更多给中国皇帝或总督作礼物(希望打开中国的贸易),也不会得到什么东西。这不是因为他们祖宗的规则(他们借此为自己辩解),而主要是我们为诸君马尼拉贸易给他们造成的损失还不够大,马尼拉贸易是中国皇帝的主要事务。中国人说,损失货物的危险不会使他们放弃马尼拉贸易。如果我们要阻止他们去马尼拉贸易,必须把我们所捕获的人全部监禁或杀掉,以便使这些穷人对丢失生命财产的恐惧胜过对获得利润的欲望。因为只要穷人没有人身危险,那些富人总是会以货物来进行冒险……"⑥

这些散商由于资金少,需按时偿还债务,因此必须赶在季风转换之前做完他们的生意,而不能待在那里等待下一季候风时的较好售价,他们经常不得不廉价抛售,以减少压冬的耗费和国内利息的递增。

4.仆商

他们是由主人豢养的往海外经商的奴隶。如杭州生员沈云凤把资本托付仆人沈乘祚、来祥往海澄经商,来祥等径往吕宋等处贩卖货物,"包利以偿其主"⑦。另外,当时在海澄一带还有一种由养子经营海外贸易的做法。如《闽书》所载:"或将婆子弃儿,养如所出,长使通夷,其存亡无所患苦。"⑧这些养子实际上也是属于仆商一类。这种利用仆商经营海外贸易的做法,据说在当时的海外华人中亦很盛行。

5.船工

他们受雇于船主,如福清人林清与长乐船户王厚合造钓槽大船,雇请郑松、王一为

---

① 《瓷器与荷兰东印度公司》,第48—49页。
② 周元暐:《泾林续记》。
③ 《越镌》卷二一《通番》。
④ 《燕·彼得逊·昆东印度商务文件集》第1卷,第167页。
⑤ 〔荷兰〕范·勒尔(J. C. Van Leur):《印度尼西亚贸易与社会》,第384页。
⑥ 《燕·彼得逊·昆东印度商务文件集》第1卷,第798页。
⑦ 《越镌》卷二一《通番》。
⑧ 《闽书》卷三八《风俗志》。

把舵,郑七、林成等为水手,金土山、黄承灿为银匠,李明习海道,为向导,陈华谙倭语,为通事。① 据说,当时这些被雇佣的船工是不付工钱的,但可以随带货物出去贩卖以获利,因此,这些船工经常也参与海外贸易。所以说,当时这些船工实际上已成为海外贸易商结构中的一部分。

(六)明代后期私人海外贸易的性质②

明代后期私人海外贸易虽然已经发展到了相当高度,且部分代替了前期的朝贡贸易,使我国历史上持续了1000多年的以官方垄断为主的海外贸易发生了根本性的变化,使我国海外贸易史进入了一个崭新的时期,但是,它仍然是属于封建制度下的对外贸易,并没有发生性质上的改变。其主要表现有以下几个方面:

首先,明代后期私人海外贸易的发展有很大的局限性,其输入的一般商品不仅在数量上极其有限,而且就整个输入商品的价值来说,其比例是微乎其微,在国内市场的商品总量中更是微不足道。而输入的奢侈品却大不一样,一方面它们具有"体轻价贵"的特点,其价值量是不可忽视的;另一方面它们迎合了当时统治者的挥霍需求和海商追求高额利润的需要,其数量仍是占绝大多数。

其次,明代后期私人海外贸易一般说来具有两个特征:一是和远地贩运贸易一样,既可使本来并非奢侈品的商品进入另一民族或国家后转化为奢侈品,也可把海外奇珍当做奢侈品运来国内。二是和其他商业一样,利润的产生是通过贱买贵卖的途径,"不仅表现为侵占和欺诈,而且大部分是从侵占和欺诈中产生的"③。由于商品产地与消费者迢迢千万里,生产者不知道市场价格,消费者又无从了解商品的原始卖价,商人从中上下其手,一方面欺骗生产者,低于所值地购买,另一方面欺骗消费者,高于所值地卖出,即所谓"其去也以一倍而博百倍之息,其来也又以一倍而博百倍之息"。这种封建性商业利润产生的特殊途径决定了它的利润率是非常高的。

第三,在私人海外贸易迅速发展的刺激下,港区一带的手工业生产虽然有了一定的发展,但尚未发现有海商资本介入的现象。

明代后期私人海外贸易输入的商品绝大多数是奢侈品、香料,它以满足封建统治阶级对海外奇珍异宝的需求为目的,海商资本尚未介入手工业生产,还是依附于封建生产关系而存在,活动于简单的商品流通领域,它只能从不停的流通中来增加自身的价值,也就是从贱买贵卖中赚取价格的差额,其性质仍然是属于封建制度下的一种贩运贸易。

第二节　清代前期海外贸易的发展④

康熙二十三年(1684年),清政府正式停止海禁。第二年,宣布江苏的松江、浙江的宁波、福建的泉州、广东的广州为对外贸易的港口,并分别设立江海关、浙海关、闽海

① 《越镌》卷二一《通番》。
② 此部分内容参见李金明:《明代海外贸易史》,中国社会科学出版社1990年版,第132—138页。
③ 《马克思恩格斯全集》第25卷,人民出版社2008年版,第369—370页。
④ 此部分内容参见黄启臣:《清代前期海外贸易的发展》,《历史研究》1986年第4期。

关和粤海关等四个海关,负责管理海外贸易事务。① 至此,清初的海禁宣告结束,中国的海外贸易进入一个开海设关管理的时期,一直延续到道光二十年(1840 年),长达156 年,整个海外贸易获得长足发展。

一 贸易港口的扩大和贸易国的增多

自康熙二十三年(1684 年)开海贸易后,"粤东之海,东起潮州,西尽廉南,南尽琼崖,凡分三路,在在均有出海门户"②;福建、浙江、江苏沿海也是"江海风清,梯航云集,从未有如斯之盛者也"③,山东、河北、辽宁的港口"轻舟"贩运也十分活跃。根据史料记载,当时开放给中外商人进行贸易的大大小小的港口计有 100 多处,它们是:

广东的佛山口、黄埔口、虎门口、紫坭口、市桥口、镇口口、澳门总口、乌坎总口、神泉口、甲子口、碣石口、汕尾口、长沙口、鲘门口、平海口、稔山口、湖东口、墩头口,庵埠口、双溪口、溪东口、汕头口、潮阳口、后溪口、江门口、海门口、达濠户、澄海口、卡路口、南洋口、府馆口、东陇口,障林口、黄岗口、乌塘口、北炮台早、梅菉总口、对楼小口、水东口、碙州口、芷芎口、暗辅口、两家滩口、阳江口、海安总口、东西乡口、白沙小口、徐博小口、南樵小口、田头小口,锦囊小口、雷州口、赤坎口、沙老口、乐民口、山口小口、钦州口、海口总口、铺前口、廉州口、青润口、束会口、禹州口、儋州口、北黎口、陆水口、崖州口,共五大总口及 43 处小口。④

福建的厦门口、同安口、海澄口、福州口、安镇口、漳州口、泉州口、南台口、青城口、汀州口、台湾口等 20 余处。⑤

浙江的大关口、古窑口、镇海口、湖头渡、小港口、象山口、乍浦口、头围口(澉浦口)、沥海口、白峤口、海门口、江下埠、温州口、瑞安口、平阳口等 15 处。⑥

江苏的常州口、扬州口、镇江口、刘河口、松江口、施翘河口、黄田澜港口、任家港口、吴淞口、七丫口、白茆口、孟河口、黄家港口、小海口、石庄口、吕四口、徐六泾口、福山口、新开河口、当沙头等 22 处。⑦

北方以天津口为盛,其次是山东的登州、辽东的牛庄等港口。由此可知,当时虽然政府规定是广州、泉州、宁波、松江四口通商,但实际上中国整个沿海的大小港口都是开放贸易的。

乾隆二十二年(1757 年),清政府撤销了泉州、宁波和松江三海关,开放港口有所减少,但广东沿海各大小港口以及宁波、厦门等港口也仍然准许往南洋贸易,而且就其贸易量而言,还超过了以前(后文详述)。

如此之多的港口进行海外贸易,世界各个国家和地区的商人纷至沓来。东洋有日本、朝鲜;南洋有吕宋(菲律宾)群岛、苏禄群岛、西里伯群岛、马六甲群岛、新加坡、婆罗

---

① 关于清朝初设四海关的地址,一般史书记载为云台山、宁波、漳州和澳门,今据李士桢《抚奥政略》卷一《议复粤东增豁税饷疏》所记,为"江南驻松江,浙江驻宁波,福建驻泉州,广东驻广州次固镇"。
② 《粤海关》卷五《口岸一》。
③ 嵇曾筠:《乾隆浙江通志》卷八六《榷税》。
④ 《粤海关志》卷一一;档案,《军机录副》卷一六至一七。
⑤ 档案,《户部史书》,《康熙二十四年四月七日户部尚书科尔坤题》。
⑥ 《浙江通志》卷八六《榷税》。
⑦ 《江南通志》卷七九《食货志·关税》。

洲、爪哇、苏门答腊、马来亚、暹罗、琉球、越南、柬埔寨、缅甸等国;欧洲有葡萄牙、西班牙、荷兰、英国、法国、丹麦、瑞典、普鲁士、意大利、俄国等国;美洲有美国、秘鲁、墨西哥等国,印度洋有印度等国。几乎所有亚洲、欧洲、美洲的主要国家都与中国发生了直接的贸易关系。特别是美国与中国发生直接贸易关系是从乾隆四十九年(1784年)"中国皇后"号首航广州开始的。而我国宋代与欧、美各国贸易主要是间接贸易,明代海外贸易则主要限于南洋各国。

二 商船数量的增加

随着海外贸易的发展,穿梭往来的中外商船数量逐渐增多。康熙五年(1666年)中国驶往日本的商船有35艘,九年(1670年)增至36艘。① 特别是开海贸易后,中国与日本的通商进入了正式缔约贸易时期,到日本贸易的商船大增。康熙二十四年(1685年)有85艘;二十五年(1686年)102艘;二十六年(1687年)115艘;二十七年(1688年)更增至193艘,随船到日本贸易的中国商人达9128人次。② 据统计,从康熙二十三年(1684年)到乾隆二十二年(1757年)的67年间,中国开往日本贸易的商船总数达到3017艘③,平均每年41.4艘。商船的吨位也很可观,一般的小船能载重100吨,中船可载重150吨,大船可载重250吨到300吨,最大的可载重600吨到1000吨,而宋代船的载重量为110吨左右。④ 中国的商船还从事东南亚各国与日本的转口贸易,如康熙五十四年(1715年)至雍正十一年(1733年),从广东、南京、宁波、厦门、台湾开往长崎的商船就有6艘是转运咬留吧(巴达维亚)等地商品的。⑤ 乾隆二十二年(1757年)以后,由于日本江户政权进一步实行锁国政策,对中国贸易有所限制,商船数量有所下降,但由于船的吨位增加,贸易数量总额却是增加了(后文详述)。

中国与南洋诸国商船来往贸易,在海禁期间,清政府准其在一定时期内来中国进行朝贡贸易。开海贸易后,来往商船更多。就是在南洋海禁的10年中,来往互市的商船也没有绝迹。康熙二十四年(1685年),从福州、厦门等地开往雅加达的商船有10余艘。康熙四十二年(1703年)有50多艘⑥。康熙五十六年(1717年)"多至千余"⑦。乾隆以后,到南洋去贸易的商船更多。嘉庆二十五年(1820年)前后驶往东南亚的帆船共295艘,总吨位达85200吨。道光十一年(1831年),中国到南洋各国贸易的商船达到275艘,吨位一般在120吨至900吨之间,平均为300吨。⑧

欧、美各国来中国贸易的商船数量也不断增加。根据有关资料统计,从康熙二十四年(1685年)到乾隆二十二年(1757年)的72年中,到中国贸易的欧、美各国商船有

---

① 〔日〕大庭修:《日清贸易概观》,《社会科学辑刊》1980年第1期。

② 〔日〕大庭修:《日清贸易概观》,《社会科学辑刊》1980年第1期。

③ 据日本学者木宫泰彦:《中日交通史》下册,陈捷译,商务印书馆民国1931年版,第327—334页所列数字统计。

④ 郑学檬等:《简明中国经济通史》,黑龙江人民出版社1984年版,第216页。

⑤ 《唐船进港回棹录》,转引自《辽宁大学学术论文选编》,辽宁大学科研处1983年版,第168页。

⑥ 杨余练:《试论康熙从"开禁"到"海禁"的政策演变》,1981年1月13日《光明日报》。

⑦ 《清圣祖实录》卷二七○。

⑧ 姚贤镐:《中国近代对外贸易史资料》第1册,中华书局1962年版,第63页。

312 艘①,而且船的吨位也不小。例如康熙三十八年(1699 年)至六十一年(1722 年)到广州的英国货船,最小者为 140 吨,最大者达到 480 吨,一般者也达到 300 吨,多数为 410 吨。清政府撤销了闽、浙、江三关后,欧美各国来中国贸易的商船仍然不断增加。据统计,乾隆二十三年(1758 年)至道光十八年(1838 年)到粤海关贸易的商船共 5107 艘②,平均每年为 63.8 艘。其中,以英国的商船最多,乾隆五十四年(1789 年)为 58 艘,占外商船总数的 67%;道光六年(1826 年)为 85 艘,占外船总数的 82%,道光十三年(1833 年)为 107 艘,占外船数的 80%。③

三 进出口商品的种类和数量繁多

清代前期,中国海外贸易的进出口货物品种之多,数量之大是空前的。请看当时出口和进口的商品状况。

(一)出口商品的种类及数量

中国是一个地大物博的国家,当时整体生产水平较高。在海外贸易中,中国货物纷纷出口。当时输往日本的商品有:

江苏的书籍、白丝、绫子、绉绸、绫纨、罗纱、闪缎、南京绢、锦、金缎、五丝、柳条、绢绸、棉布、丝棉、皮棉布、丝线、纸、信纸、墨、笔、扇子、砚石、茶、茶瓶、瓷器、铸器、锡器、漆器、明矾、绿矾、红豆、药材、绘画等。

福建的书籍、墨迹、绘画、墨、纸、布、葛布、白丝、绫子、绉、纱、纱绫、八丝、五丝、柳条、绫纨、纱、纰罗捻、绒绸、绢绸、闪缎、天鹅、丝线、棉布、绫条布、砂糖、甘蔗、佛手柑、橄榄、龙眼、荔枝、天门冬、明矾、绿矾、花文石、鹿角菜、紫菜、牛筋、天蚕丝、瓷器、美人蕉、线香、铸器、漆器、古董、扇子、栉篦、针、蜡、降真香、藕粉、鱼胶、丝棉、茶、茴香、蜜饯、花生、药物、生活用品等。

广东的白丝、黄丝、锦、金缎、二彩、五丝、七丝、八丝、天鹅绒、闪缎、锁服、柳条、绫子、绉绸、纱绫、绢绸、纰、绅、绸、漆器、陶器、铜器、锡器、马口铁、针、眼镜、龙眼、荔枝、沉香、乌木、木棉、玳瑁、槟榔子、龙脑、麝香、珍珠英石、漆、椰子、波罗蜜、蚺蛇胆、水银、锅、天蚕丝、端砚、车渠(石)、花黎木、藤、翡翠鸟、鹦鹉、五色雀、碧鸡孔雀、药种、蜡药等。

浙江的白丝、绉绸、绫子、绫纨、纱绫、云绡、锦、金丝布、葛布、毛毡、绵、罗、茶、纸、竹纸、扇子、笔墨、砚石、瓷器、茶碗、药、漆、胭脂、方竹、冬笋、南枣、黄精、黄实、竹鸡(鹑类)、红花木(即丹桂,药用)、附子、药种、化妆用具等。④

其中,主要是丝、丝织物、药材、糖、纸张和书籍。这些商品输入日本的数量"逐年增加,不但供上流社会,且为一般民众广泛使用和爱好。因此,对于日本人民的生活直

① 根据《粤海关志》卷二四,马士:《东印度公司对华贸易编年史》卷一《附录》及吕坚《谈康熙时期与西欧的贸易》(载《历史档案》1981 年第 4 期)所提供的数字统计。
② 根据《粤海关志》卷二四,第 34—40 页的数字统计。
③ 《粤海关志》卷二四。张天护:《清代法国对华贸易问题之研究》,《外交月报》第 8 卷第 6 期。
④ 〔日〕木宫泰彦:《中日文化交流史》,胡锡年译,商务印书馆 1980 年版,第 673—675 页;《中日交通史》下册,陈捷译,商务印书馆 1931 年版,第 364—367 页。

接间接起了颇大的影响"①。大量商品输往日本贸易,对中国十分有利,因为这些货物"大抵内地价一,至倭(日本)可得五,及日货,则又一得二"②。

输往东南亚各国的商品主要是丝、茶、糖、药材、瓷器和中国的土特产。例如道光九年(1829 年)由厦门输往新加坡的货物有陶器、砖瓦、花岗岩石板、纸伞、粉条、干果、线香、纸钱、烟草以及一些土布、生丝之类,值"三万元至六万元之谱"。当时与南洋贸易,"利可十倍"③。

输往欧、美各国的商品主要是生丝、丝织品、茶叶、瓷器、土布、麝香、朱砂、明矾、铜、水银、甘草、生锌、大黄、桂子、糖、冰糖、薑黄、樟脑、绸缎、丝绒等。其中以生丝、丝织品、茶叶、南京土布为大宗。特别是康熙二十三年(1684 年)开海贸易后,数量大幅度增加。例如生丝,康熙三十七年至六十一年(1698—1722 年)为 1833 担,到乾隆五年至四十四年(1740—1779 年),为 19200 担,增加 10 倍多;到乾隆四十五年至五十五年(1780—1790 年)增至 27128 担,又增加 29%;到嘉庆二十五年至道光九年(1820—1829 年)增至 51662 担,再增长 90%。茶叶,康熙六十一年至乾隆四年(1722—1739 年)为 102795 担,到乾隆五年至四十四年(1740—1779 年)增至 807193 担,增加 7 倍多;乾隆四十五年至五十四年(1780—1789 年)增至 1885443 担,又增长 1 倍多;嘉庆十五年至道光九年(1810—1829 年)增至 3242874 担,再增长近 1 倍。土布,乾隆五十五年至嘉庆四年(1790—1799 年)为 7627300 匹,到嘉庆二十五年至道光九年(1820—1829 年)为 12209534 匹,增长 51%。④

(二)进口商品的种类和数量

在与外国的贸易中,中国从日本进口的商品有黄铜、"表物"(即海参、鲍鱼、鱼翅、海带)及白银等,其中以黄铜最为重要。根据有关资料统计,自康熙二十三年(1684 年)至道光十九年(1839 年),从日本进口的黄铜达到 3.207 亿斤⑤,平均每年进口 195.1 万斤。其中康熙二十三年(1684 年)至康熙五十五年(1716 年)为 1.2 亿斤,康熙五十五至乾隆十九年(1716—1754 年)为 1.0 亿斤,乾隆二十年至道光十九年(1755—1839 年)为 1.0 亿斤。此外金、银输入亦不少,顺治五年至康熙四十七年(1648—1708 年)的 61 年间,从日本输入金 239.76 万余两,银 37.422 万贯目。⑥

南洋各国输入中国的商品的种类和数量也相当多。例如从康熙六十一年至道光二十年(1722—1840 年),由暹罗、越南、菲律宾、缅甸、新加坡等国家运到福建、浙江、广州各港口贸易的有米、石、象牙、沉香、速香、布、槟榔、砂仁、苏木、铅、锡、珀、玉、棉花、牙鱼、盐、角、燕窝、玳瑁、沙藤、打火石、水牛皮、鱼翅、海参、欧洲羽缎、毛织品、粗哔

① 〔日〕木宫泰彦:《中日文化交流史》,胡锡年译,商务印书馆 1980 年版,第 673—675 页;《中日交通史》下册,陈捷译,商务印书馆 1931 年版,第 364—367 页。

② 转引自《华夷变态》,浦廉一:《华夷变态题说》。

③ 《乾隆海澄县志》卷一五。

④ 根据 H. B. Morse:《The Chronicles of the East India Company Trading to China 1635-1834》Vol Ⅰ,Chap7-28;Vol Ⅱ,Chap 30-60;Vol Ⅲ,Chap 61-77;Vol Ⅳ,Chap78-89 的数字统计。

⑤ 根据《日本和世界的历史》第 15 卷,第 70 页及丰田武《交通史》第 300 页的数字统计。

⑥ 〔日〕木宫泰彦:《中日交通史》下册,陈捷译,商务印书馆 1931 年版,第 336 页。

叭、印花布、竹布、海菜、胡椒、槟榔膏、鹿茸、鱼肚、鸦片等 30 多种①。其中以米为最大宗,如康熙六十一年(1722 年)"于福建、广东、宁波三处,各运米十万石来此贸易"②。乾隆十一年(1746 年)九月,"有暹罗商人方永利一船,载米六千五百石余。又蔡文浩一船,自报载米七千石"③,来华贸易。

欧美各国输入中国的商品种类、数量也很多。其中西欧各国的商品有香料、药材、鱼翅、紫檀、黑铅、棉花、沙藤、檀香、苏合香、乳香、没药、西谷米、丁香、降香、胡椒、藤子、白藤、黄蜡、哗叽缎、哆啰呢、羽毛布、自鸣钟、小玻璃器皿、玻璃镜、哆啰绒哗叽、银元、珊瑚、玛瑙、洋参等数十种④,美国输入的商品有皮货、粗棉、铅、人参、水银、檀香水、银元等。在 19 世纪前,欧美各国输入中国的货物以银元为最多,其次是毛织品和棉花。因为当时欧美各国的货物很难在中国找到市场,所以"夷船"来时"所载货物无几,大半均属番银"⑤。"在 1830 年以前,当中国人在对外贸易上经常是出超的时候,白银是不断地从印度,不列颠和美国向中国输出的"⑥。例如,英国从 1708 年到 1712 年,对华直接出口贸易每年的平均数字。在商品方面不到 5000 英镑,在金银方面超过 50000 英镑。……1762 年到 1768 年的数字是:商品 58000 英镑,金银 73000 英镑。⑦ 在 18 世纪,英国因购买中国货物而输入中国的银元达到 208900000 元。⑧ 又据统计,从康熙三十九年至乾隆十六年(1700—1757 年)的 58 年间,西欧各国输入中国的白银达到 68073182 两,平均每年为 1308401 两。⑨ 18 世纪中期后每年输入中国的白银一般均在 450000 两,最高达到 1500000 两。⑩ 但是从 18 世纪末以后,由于英国工业革命的结果,英国纺织工业生产力空前提高,棉布、棉纱生产突增,于是英国"没有向中国直接输出金银"了⑪,而棉布、棉纱输入中国的数量骤然增加。至鸦片战争前夕,西欧国家输入中国的商品中棉花占首位,每年平均输入棉花达 500000 担,价值 5000000 元,棉布占第 2 位,每年进口 530000 匹,价值 1380000 元;呢绒占第 3 位,每年输入价值 1030000 元;棉纱棉线占第 4 位,每年进口价值为 625000 元。⑫

值得注意的是,这个时期,欧美各国把鸦片输入中国,进行走私贸易。雍正七年(1729 年)开始,葡萄牙人从印度的果亚和达曼贩运鸦片到澳门,大约每年为 200 箱。以后英、美等国为了扭转其对华贸易的逆差,把鸦片作为扩大中国市场的敲门砖。据

第三十四章

明清时期的海洋贸易

---

① 《光绪大清会典事例》卷五一〇;徐正旭:《越南辑略》卷二;《皇朝文献通考》卷三三;《清高宗实录》卷八〇八;姚贤镐:《中国近代对外贸易史资料》第 1 册,中华书局 1962 年版,第 67 页,第 70 页。

② 《光绪大清会典事例》卷六一〇,第 5 页。

③ 档案,《军机录副》卷号二四《财政》,乾隆十一年。

④ 档案,《军机录副》卷号十九,《关税》乾隆五十六年,《宫中档》康熙五十六、五十七、五十九年两广总督杨琳奏折;格林堡:《鸦片战争前中英通商史》,商务印书馆 1964 年版,第 71 页。

⑤ 《文献丛编》第 176 辑,《福建巡抚常赉奏折》。

⑥ 《马克思恩格斯选集》第 2 卷,第 114 页。

⑦ 姚贤镐:《中国近代对外贸易史资料》第 1 册,中华书局 1962 年版,第 367 页,第 268 页。

⑧ 千家驹:《东印度公司的解散与鸦片战争》,《清华学报》第 37 卷第 9—10 期。

⑨ 余捷琼:《1700—1937 年中国银货输出入的一个估计》,商务印书馆 1940 年版,第 32—34 页。

⑩ 严中平:《中国近代经济史统计资料选辑》第 1 册,科学出版社 1955 年版,第 22 页。

⑪ 《马克思恩格斯选集》第 2 卷,人民出版社 2008 年版,第 114 页。

⑫ 姚贤镐:《中国近代对外贸易史资料》第 1 册,中华书局 1962 年版,第 259 页。

统计,雍正七年至道光十九年(1729—1839 年)输入中国的鸦片数量达 648246 箱[1],平均每年 3889 箱。这么一来,大大改变了中国在国际贸易中的地位,由出超变为入超,严重破坏了中国政府国库的收支平衡和市场的货币流通,从嘉庆五年(1800 年)开始,中国白银由内流变为外流。据统计,嘉庆五年至道光十四年(1800—1834 年)外流白银 6 亿两。[2] 海外贸易的这种变化,明显地反映出西方资本主义国家对中国的经济侵略性质,使中国与西欧国家的正常贸易遭到严重的破坏。

四 贸易商品流通量值的增加

最能说明清代前期海外贸易获得长足发展的,莫过于当时整个海外贸易的商品流通量值的不断增加。这一点,我们可以从开海设关贸易后百多年的关税收入中,推算出其贸易值逐年增加的情况。雍正七年到乾隆二十一年(1729—1756 年)四海关贸易的商品流通量,请见表 34-1。[3]

表 34-1 雍正七年至乾隆二十一年(1729－1756)各海关贸易总值统计表

年代	关税收入(两)				贸易总量(两)							
	粤海关	闽海关	浙海关	江海关	粤海关	指数	闽海关	指数	浙海关	指数	江海关	指数
雍正七年 (1729 年)	222117				11105843	100						
雍正八年 (1730 年)	280904				14045187	126						
雍正九年 (1731 年)	374453				18727662	168						
乾隆元年 (1736 年)			90259						4512930	100		
乾隆二年 (1737 年)			90359						4517968	100.1		
乾隆五年 (1740 年)		277822		79825	13891097	100					3991234	100
乾隆七年 (1742 年)			94058						4702872	104		
乾隆八年 (1743 年)	267696	94065			13384816	96			4703248	104		

---

① 根据《Chinese Repository》Vol V,P547;H,B. Morse:《The International Relation of Chinese Empire》Vol I,P173、209-210;魏源:《道光洋艘征抚记》所载数字统计。

② 引见刘鉴唐:《鸦片战争前四十年间鸦片输入与白银外流数字的考察》,《南开史学》1984 年第 1 期。

③ 按清朝 2％的从价税测算。

（续表）

年代	关税收入(两)				贸易总量(两)							
	粤海关	闽海关	浙海关	江海关	粤海关	指数	闽海关	指数	浙海关	指数	江海关	指数
乾隆十年 (1745年)		291577	88410	47569			14578858	105	4420502	98	2378438	60
乾隆十二年 (1747年)			90929						4546470	101		
乾隆十三年 (1748年)			90803						4540123	101		
乾隆十四年 (1749年)	466941		90811		23397036	211			4540560	101		
乾隆十五年 (1750年)	549804	291598			22960214	207	14579873	105				
乾隆十六年 (1751年)	502769	364212			25138453	226	18210573	131				
乾隆十七年 (1752年)	514810				25740500	232						
乾隆十八年 (1753年)	515318				25765902	232						
乾隆十九年 (1754年)	486258				24313890	219						
乾隆二十年 (1755年)	404957				20247854	182						
乾隆二十一年 (1756年)	320531	358641	101143		16026538	144	17932071	129	5057143	122		
合计	4548825	1851546	830836	127394	227468970		92577271		36838567		6369871	

资料来源:根据梁廷枏《粤海关志》卷十、彭泽益《清初四榷关地点及贸易量的考察》(载《社会科学战线》1984年第3期)的数字推算编制。

从该表看,除了江海关因只有两年的数字,表现下降外,其他三海关贸易总值均呈增长趋势。以乾隆二十一年(1756年)各海关的贸易总值而言,粤海关比雍正七年(1729年)增长44％;闽海关比乾隆五年(1740年)增长29％;浙海关比乾隆元年(1736年)增长22％。这大体上可以反映这一时期海外贸易的发展趋势。

乾隆二十二年(1757年)以后,虽然欧美各国的商船主要是到粤海关贸易,但整个海外贸易总值还是比四海关时期大幅度地增长了。我们可以从粤海关在乾隆二十二年(1757年)以后的关税收入,推算其变化情况,见表34-2。

表 34-2　粤海关贸易总值统计表

年代	关税（两）	指数	贸易总值（两）	指数
乾隆二十二年至三十二年 （1758—1767 年）	4560913	100	288045650	100
乾隆三十三年至四十二年 （1768—1777 年）	4655717	102	232785850	81
乾隆四十三年至五十二年 （1778—1787 年）	7118031	156	355901050	124
乾隆五十三年至嘉庆二年 （1788—1797 年）	10258066	225	512903300	178
嘉庆三年至十二年 （1798—1807 年）	14510196	318	725509800	252
嘉庆十三年至二十二年 （1808—1817 年）	13322172	292	666108600	231
嘉庆二十三年至道光七年 （1818—1827 年）	14421003	316	721050150	259
道光八年至十七年 （1828—1837 年）	15697281	344	784864050	272
合计	84543379		4227168950	

资料来源：根据梁廷柟《粤海关志》卷一〇的数字累计编制。

从表 34-2 可以看出，粤海关在 80 年间贸易总额是不断增长的，总值约计为 4227168950 两，比乾隆二十二年（1758 年）以前四海关贸易的总值 408215787 两，增长 10 倍以上。如果把厦门、宁波等港口的贸易额也统计在内，增长的还要多。

以上四个方面的事实说明，康熙二十三年（1684 年）清政府实行开海设关、严格管理海外贸易的政策之后，虽有十年的"南洋海禁"和乾隆二十二年（1757 年）撤销闽、浙、江三海关贸易的阻碍和影响，中国的海外贸易并未因此停顿或萎缩，而是以不可抗拒的势头向前发展，其规模和贸易总值远远超越前代，达到了新的高度。明代隆庆年间以后，海禁松弛，对外贸易获得较快发展。万历二十二年（1594 年）是全国海外贸易税饷收入最高的年份，共 29000 余两，按当时的税率为 1 两征税 2 分推算[①]，这一年海外贸易商品总值约为 1000000 两。而乾隆十年（1745 年）四港贸易总值达到 36571777 两，比明代贸易总值最高年份增加 35.5 倍。就以粤海关一处的贸易值而言，雍正七年（1729 年）贸易值为 11105800 两，比明代贸易值最高的年份也增长 10.1 倍。如果与宋代比较，清朝海外贸易的总值也是大为增加的。宋代海外贸易商品总值未见统计，南宋赵构说，"市舶之利最厚，若措置合宜，所得动以百万计"[②]，那么，南宋的海外贸易商品总值也不过 500 万两[③]而已。这还达不到雍正七年（1729 年）粤海关贸易值的一半，不足道光七年（1827 年）粤海关贸易值的 1/10。

① 张燮：《东西洋考》卷七《税饷考》。
② 《粤海关志》卷三《前代史实二》引《宋会要辑稿》。
③ 按《宋会要辑稿》"职官四四一"记"凡番货之来，十税其一"；又《文献通考》卷二《市籴一·市舶互市》记"淳化二年，始立抽解二分。"今十抽二计算。

第三十五章

明清时期的海港城市发展

　　海港城市是人类海洋活动的集中发生地,它以海上通商贸易为主要经济特征,伴随着航海活动的拓展而发展。明清时期,我国海港城市的发展呈现两大特点,一是区域特征已十分突出,二是大批走私贸易港的崛起。此时,广州与澳门互为联结,成为接受异域文化的最前沿,澳门中西合璧的城市建置是中外海路文化交流的典范。福建港市进入兴替期,福州以其一贯的政治属性,作为部分地区的商品集散中心,仍然极具活力。随着官方航海的衰落、走私贸易的兴盛,泉州后诸港一蹶不振,港市的中心转向安海港。厦门曾一度成为东南沿海的贸易中心,在清代得到空前发展。在走私贸易合法化过程中,漳州月港作为民间海商国际贸易商港,得到了最充分的发展。宁波港在明代的发展非常缓慢,而在清前期则进入古代宁波港的全盛时期。北方诸港中以登州和天津最具代表性,其在军事防御和运输中的作用较为鲜明。

第一节　明代澳门的崛起与城市发展

　　在东亚古代城市发展史上,明代时澳门的兴起乃一特殊的奇迹。一个位于香山县南部顶端的小半岛,在 16 世纪上半叶至中叶的短短几十年中,竟发展成为四方商贾辐辏、天下奇货汇聚的国际性贸易城市。这里将主要对这一奇迹——澳门崛起的原因及其过程加以阐述,并以明代为限,考证其早期城市的建设与发展。

一　葡萄牙人的东来与澳门的崛起

(一)澳门:从沿海边地到国际城市[①]

　　自 16 世纪上半叶开始,欧洲殖民者扬帆东来。他们最早接触中国的地方之一,是距离南中国海航线最近的广东沿海。首当其冲并最终"租居"了中国的地盘的"红毛番",是葡萄牙人。他们的"叩关索市",导致了澳门的被"租居"和殖民地城市的崛起。

　　澳门又叫濠镜,在广东香山(今中山)县南的一个半岛上,位于北纬 22.11 度,东经 113.3 度。按照《广东新语·澳门篇》记载:"濠镜在虎跳门外,去香山东南百二十里。

---

① 此部分内容参见邓端本:《广州港史》(古代部分),海洋出版社 1986 年版,第 170 页。

有南北二湾,海水环之。番人于二湾中,聚众筑城,自是新宁之广海、望峒、奇潭,香山之浪白、十字门,东莞之虎头门、屯门、鸡栖诸澳悉废,而濠镜独为舶薮。"由此可见,澳门自从为葡萄牙殖民主义者租居占领后,原来分布在珠江口一带的贸易地点都冷落了下来,澳门成为外国商船来华贸易的主要湾泊和贸易场所。由于它是"海舶出入喉喉",所以很快便繁荣起来,"每一舶至。常持万金,并海外珍异诸物,多有至数万者"①。关于葡人占据澳门早期的发展情况,庞尚鹏《抚处濠镜澳夷疏》描写得最为详细:"往年……夏秋间,夷舶乘风而至者,往止二三艘而止,近增至二十余艘,或倍增焉。往年俱泊浪白等澳……守澳官权令搭篷栖息,待舶出洋即撤去。近数年来,始入濠镜澳筑室,以便交易,不逾年多至数百区,今殆千区以上。日与华人相接济,岁规厚利,所获不资,故举国而来,负老携幼,更相接踵,今筑室又不知其几许,而夷众殆万人矣。"庞尚鹏的奏疏写于嘉靖四十三年(1564 年),船舶前来贸易数已由过去每年二三艘增至20 余艘,人数达万人,每年的税收可达 2 万两。② 当时的澳门成了冒险家的乐园。"葡萄牙国商人到中国作上两次买卖,就能发财致富。"③有一个居住在澳门的叫吕武胜的外国商人,"营责(债)取息,获利累巨万"④。王临亨的《粤剑篇》也说:"西洋之人往来中国者,向以香山澳为舣舟之所……夷人金钱甚夥,一往而利数倍。"由于在澳门经商能获得巨额利润,所以,"闽粤商人,趋之若鹜"⑤。澳门实际上成了各国贸易的中心。

(二)葡萄牙人的东来与对澳门的"租居"

葡萄牙在近代成为西方的海洋强国之一,是近代西方的海洋文化在其走向航海大发现、进而走向海上殖民争霸道路之后的历史产物。自 16 世纪初起的几十年里,澳门——中国广东香山县的一个原本无人看在眼里的小小荒岛,似乎在眨眼之间崛起为一个世界上著名的国际海上交通、贸易往来和文化交汇的东方中心。澳门的崛起,无疑是 15 世纪末、16 世纪初世界开始走向海洋的世纪、进入大航海和地理大发现的新纪元的缘故:1492—1504 年,哥伦布四次横渡大西洋,发现美洲新大陆,由此有了美洲开发和崛起的历史;1497—1498 年,达·伽马绕道非洲好望角到达印度,开辟了从东方到西方的新航路,从而和东方人的原有航路相连接,有了西人东来殖民扩张、同时也客观上启动了东西方世界相互沟通和互动发展的历史;1519—1522 年,麦哲伦船队越过大西洋,穿渡太平洋,完成了人类第一次完整的环绕地球的航行,从而地圆之说得到了人类实践的证实,世界一体化的历史有了全面意义上的开端。而 15 世纪末、16 世纪初期的这三次震惊世界的大航海、大发现以及后来的世界性大航海、大发现和大开发、大发展的历史,也源于 1405—1433 年中国人郑和的七下西洋,开辟了东南亚、南亚、印度洋直至非洲红海海口的纵横交错的大航线,联结成了国际性、洲际性的海上关系和经济贸易大网络,从而无论是从主观上还是从客观上,都向世界宣扬和表现了强

---

① 周元暐:《泾林续记》。

② 《明史》卷三二五。

③ 斐化行:《天主教十六世纪在华传教志》,转引自胡代聪:《葡萄牙殖民者侵占澳门前在中国的侵略活动》,《历史研究》1959 年第 3 期。

④ 《澳门纪略》下卷。

⑤ 《明史》卷三二五《佛郎机传》。

盛、富庶的中华帝国这一"遍地是黄金"的"东方乐土",从而激发起了西方人羡慕中国、探求东方以寻宝发财的强烈欲望和兴趣。他们积攒了几十年的知识和勇气之后,这才有了比郑和下西洋晚了半个多世纪然而力量巨大、来势凶猛的世界性大航海、大发现和大殖民、大开发的热潮。

葡萄牙人东来,能够居留澳门,靠的不是硬拼硬抢、强夺强占,而是"计谋""策略"。这当然不是葡萄牙东来的初衷,但当他们在中国南方和东南沿海一而再、再而三地被我国击败、驱逐之后①,他们发现在其他地方所使用的伎俩在中国不那么灵验,因而他们才不得不改变方略,以"中国方式"来对付中国的事情。具体表现在:一是多处浅尝辄止,在那些"只能算作临时居留地"上去而复来,来而复去②,让人对其掉以轻心,实际上他们也是在选择最佳的长居之地。二是貌似谦恭,名其东来窥觑中国的贸易市场和对中国的海上贸易为"称臣""朝贡","以进贡为名"③。三是软磨、蒙混,在明政府明令禁其进入中国沿海港口贸易、居留的情况下,"附诸蕃舶","遂得混入(澳门)"④,为最终得以久占长居澳门创造了前提。四是大行贿赂,对中国政府官员以金钱铺路,吃小亏赚大便宜,旨在赚取更多的金钱——葡人"信守两个原则,一即与当时的政府保持良好的关系,二即尽可能地发展他们与中国的独占贸易。为了维护这些有利条件,有关的商人屈从于官员们的经常勒索,作为他们默许违犯中华帝国政令和法例的报偿。……议事会的情况就像其先辈在 1593 年致腓力一世的信中所说的那样:'为了在此地居留下去,我们必须在中国异教徒身上花很多钱。'"⑤葡萄牙人对中国官员的行贿招数,在古今海交史、国际关系史上,恐怕是最"著名"于世的了。⑥ 五是"借用""租居":既然霸占不能,殖民不可,能够"借用""租居"也可,于是"托言舟触风涛,愿借濠镜曝诸水渍贡物"⑦,他们就是这样在澳门站住了脚跟的。正如 1777 年当时的澳门主教兼代理总督祁主教(Alexander da Silva Pedrosa Guimaraens)写给议事会的信中所说的那样:"由

---

① 参见《世宗实录》《明史·佛郎机传》《澳门纪略》《(嘉庆)新安县志》等及后人的众多研究。如《世宗实录》嘉庆二年三月记:"佛郎机国人别都卢寇广东,守臣擒之。初,都卢恃其巨铳利兵,劫掠满剌加诸国,横行海外。至率其属疏世利等千余人,驾舟五艘,破巴西国,遂寇新会县西草湾。备倭指挥柯荣、百户王应思率师截海御之。转战至稍州,向化人潘丁苟先登,众兵齐进,生擒别都卢、疏世利等四十二人,斩首三十五级,俘被掠男妇十人,获其二舟。余贼米儿丁甫思多减儿等复率三舟接战,火焚先所获舟。百户王应思死之,余贼亦遁。巡抚都御史张顶、巡抚御史涂敬以闻,都御史覆奏,上命就彼诛戮枭示。"(卷二四,中国台北"中央"研究院一语言研究所校印本。)

② "葡人至屯门、双屿、语屿、月港、上川和白浪等处居停贸易,皆旋居旋弃,时间短暂,只能算作临时居留地。"(章文钦:《龙思泰与〈早期澳门史〉》,见〔瑞典〕龙思泰:《早期澳门史》一书中文版,吴义雄等译,东方出版社 1997 年版,第 28 页。)

③ 于此史载甚多,随目顺举一二:明人张燮《东西洋考》卷五"吕宋"条引《广东通志》载:"佛郎机素不通中国,正德十二年(1517 年),驾大舶突至广州澳口,铳声如雷,以进贡为名。抚按查无会典旧例,不行。乃退泊东莞南头……"嘉庆《新安县志》卷二三"艺文"二载祁郑《重建汪公生祠记》中云:"正德丁丑(十二年,1517),西蕃佛郎机假以修贡,扰我边围……"

④ 如明人严从简《珠域周咨录》卷九"佛郎机"条所记:"其(佛郎机)党类杂附诸蕃舶至交易。"《明史·佛郎机传》卷三二五所记:"嘉靖十四年(1535 年)……佛郎机遂得混入。"

⑤ 〔瑞典〕龙思泰:《早期澳门史》,吴义雄等译,东方出版社 1997 年版,第 57 页。

⑥ 葡人对中国官员所行的贿赂,这方面的史料不胜枚举,后人的研究也已认定,姑不再赘列。

⑦ 《澳门纪略》上卷所记:"三十二年(1553 年)蕃舶托言舟触风涛,愿借濠镜曝诸水渍贡物,海道副使汪柏许之……蕃人之入居澳,自汪柏始。"相同相类的史籍记载很多。

于向中国皇帝交纳地租,葡萄牙人才得以暂时利用澳门并从中获益。"①六是在同中国的政治关系上自认臣属,正如瑞典人龙思泰于19世纪30年代所著《早期澳门史》对此所作的客观阐述那样:"明王朝允许葡萄牙人在澳门定居以后,葡萄牙人对明朝的臣属关系即已开始。""尽管葡人居留澳门已达三个世纪之久,但从未获得澳门的主权","葡人只是被视为归顺天朝王化,遵守天朝律令的外国子民,才被允许居留的"。"葡人为了维持居留澳门的权利,必须向中国皇帝交纳地租和赋税,必须像朝鲜、越南、暹罗等亚洲藩属国一样向中国皇帝呈现贡品,从里斯本或果阿派往北京宫廷的使节,也被看做维持朝贡关系的贡使。此外,葡人还必须不断向管辖澳门的各级地方官吏送礼行贿。"②这是"1719年澳门议事会呈康熙皇帝的言词谦卑、感恩戴德的信,并附上一份礼单"中的言词:"崇高而伟大之主:治理濠镜澳大西洋人夷官罗萨等,和阖澳人等,承沐陛下之浩荡皇恩已久。陛下之威名播于宇内,近日又加新恩,允准我等不在南洋航行禁令之列,我等将因此而千载受惠。"

(三)中西合璧:国际城市的建立

澳门作为国际城市的建立,是以中西合璧为创造性的殖民地模式。除了上述在城市的体制上葡萄牙人对明朝是臣属关系,"尽管葡人居留澳门已达三个世纪之久,但从未获得澳门的主权","葡人只是被视为归顺天朝王化,遵守天朝律令的外国子民","葡人为了维持居留澳门的权利,必须向中国皇帝交纳地租和赋税",同时"必须不断向管辖澳门的各级地方官吏送礼行贿"③,不断向明清皇帝感恩、纳贡,并且皇子出生,澳门庆祝;皇帝驾崩,澳门服丧;新皇登基,澳门大庆④等等之外,在文化上,认同中国文化,"一尊汉文",实行四个方面的"亦中亦洋":一是在管理上"亦中亦洋",二是在宗教信仰传播上"亦中亦洋",三是在语言交流使用上"亦中亦洋",四是在社会生活习俗上"亦中亦洋"。

在司法管理上,葡人政权只管葡人自己,并且即使他们自己也"很清楚"(尽管不情愿),"作为当地臣民,他们必须遵守中国的法律","葡人只是被视为归顺天朝王化,遵守天朝律令的外国子民,才被允许居留的"。"明清政府为了有效地行使中国对澳门的主权,在澳门设置官吏,察理民番,审理番汉交涉事件;制定规条政令,对葡人进行防范约束;设立税馆、海关,向出入港口的葡船收税。并在坚持对澳门主权的同时,给予葡人一定的自治权利和优待。"⑤至于对澳门的中国人,正如龙思泰《早期澳门史》所说:"在外国商人获准居留澳门以后,中国的仆役、手艺人、商人等等,也来到这里(按:事实上在葡人及其他外国'商人'获准居留澳门之前,澳门早就有中国人在此生活。——引者),与他们住在一起。但他们受到一名中国地方官员的管辖。澳门的首席法官——判事官(Ouridor,或称为番差),根据1587年2月16日颁布的对其训令的第30段,禁

---

① 引见〔瑞典〕龙思泰:《早期澳门史》,吴义雄等译,东方出版社1997年版,第18页。
② 〔瑞典〕龙思泰:《早期澳门史》,吴义雄等译,东方出版社1997年版,第92页;书前章文钦文"《早期澳门史》述论",第28页。
③ 〔瑞典〕龙思泰:《早期澳门史》,吴义雄等译,东方出版社1997年版,第92页;书前章文钦文"《早期澳门史》述论",第28页。
④ 〔瑞典〕龙思泰:《早期澳门史》,吴义雄等译,东方出版社1997年版,第93页,第95页。
⑤ 〔瑞典〕龙思泰:《早期澳门史》,吴义雄等译,东方出版社1997年版,第57页;书前章文钦文,第28—29页。

止干预对这些中国人的管辖、裁判权。当民政权力转移到前山寨(Casa Branca)时,议事会的理事官(Procurador)戴上中国官员的头衔——'濠镜夷目'(intendent of Ghao-kim)。"①

在语言交流使用上,他们要在中国的地盘上生活,要和中国政府和中国人打交道,并要迫不及待地传教,他们不得不学习和掌握中国话,并且在与中国官方的双方文件往来中,也"一尊汉文",正如印光任、张汝霖《澳门纪略》卷上"官守篇"所言:"凡郡邑下牒于理事官,理事官用呈禀上之郡邑,字尊汉文。"

在宗教信仰上,他们一方面迫不及待地传布其天主教,企图使中国甚至远东地区都成为天主教的信民,另一方面,他们又不得不依从中国人原有的信仰,比如对澳门原有的妈祖信仰,他们不但连对澳门的地名称谓,也依其"发现"时所见的"妈阁"或称"阿妈阁"(Ama)来称澳门(中国人原称"濠镜"等)为"阿妈港"(Porto de Amacao)和"神名之港"(Porto de nome de Deos),后称澳门为"妈港神名之城"(Cidade do nome de Deos do porto de Macao),甚至为"妈港神圣名之城"(Cidade do Santo nome de Deos de Macao),简称"Macao"②,"将错就错",一仍其旧,而且据统计,"面积很小的澳门明以后所建妈祖庙即有八座(包括合庙和附庙)"③。"在澳门,基督教的传播并未触及中国传统的宗教信仰,葡萄牙人及其他西方人士反而是在认同以妈祖为代表的中国宗教文化的前提下进入澳门的。……妈祖的影响是普遍的;同时也说明西人对妈祖崇拜的认同。"④而且即使在他们传播他们的天主教方面,也是"亦中亦洋",多"入乡随俗",尊重中国人的传统习惯,如允许中国教徒"祀孔祭祖",以儒教、佛教解说和比附天主教,等等。当然他们对此不是没有异议、争论甚至争斗,但天主教之得以在中国传播,无疑就是得益于此的。

至于在社会社区生活和习俗方面,其表现更为充分,这里仅举一二:一是在街区建设及其命名方面,16—17世纪"澳门中式公共建筑之代表作乃是议事亭及关闸。当时红墙绿瓦,围墙环抱,院内亭台屋檐飞起,精致而大方"。当初"葡人的建筑犹如他们在澳门的贸易地位一样不安全和简陋"。"而最初的西方建筑在不经意中融入了东方的色彩"。始建于16世纪末、17世纪重建的"宗教性的经典之作"圣保禄教堂(俗称大三巴教堂),"中国石壁画将中西建筑艺术有趣地相结合,反映出大三巴教堂曾是充满异国情调、仍带东方色彩的建筑物"⑤。至于葡人租居澳门后,"高栋飞甍,栉比相望","不愈年多至数百区"⑥,到万历年间"聚澳中者,闻可万家"⑦的街区命名,则完全是中

---

① 〔瑞典〕龙思泰:《早期澳门史》,吴义雄等译,东方出版社1997年版,第38页并校注。

② 〔瑞典〕龙思泰:《早期澳门史》,吴义雄等译,东方出版社1997年版,第14—15页、19—20页及相关校注。

③ 系据澳门大学郑炜明统计,引见陈衍德:《妈祖信仰与经济文化的互动:澳门与闽南的比较》,《海交史研究》1997年第2期。

④ 参见陈衍德:《妈祖信仰与经济文化的互动:澳门与闽南的比较》,《海交史研究》1997年第2期;以及其所参阅郁龙余文:《妈祖崇拜与中外文化交流》,《文化杂志》第13、14期合刊。

⑤ 杨仁飞:《从澳门四百年来的建筑风格看中西文化的交流》,《海交史研究》1997年第1期。

⑥ 刘廷元:《南海县志》卷十二。引见陈衍德:《妈祖信仰与经济文化的互动:澳门与闽南的比较》,《海交史研究》1997年第2期。

⑦ 王临亨:《粤剑篇》卷三。引见陈衍德:《妈祖信仰与经济文化的互动:澳门与闽南的比较》,《海交史研究》1997年第2期。

国化的，以"畏威怀德"四字命名澳门"中贯四维"的四条大街，又以"明王慎德，四译咸宾，无有远迩，毕献方物，服食器用"20字命名街中各号①。二是模仿中国人祭祀崇拜的仪式，祭祀入镇澳门的前中国将军等人神，如明将王绰，万历初年，"绰以番俗骄悍，乃就其所居地中设军营一所，朝夕讲武以控制之。自是番人受约束。绰卒，设位议事亭，番人春秋供祀事焉"②。三是葡人与中国人通婚。以婚联姻，这在中外关系史上恐怕是结交通好的最"可靠"的途径了。葡萄牙人东来居留澳门后，"……这种生活不久又因婚姻关系而得以加强。马来人、中国人、日本人和来自其他各地的妇女成为他们（葡萄牙人）的配偶，他们的子女的母亲，而这些子女的后代也许仍然是这一社区的成员。他们的后裔与众不同，被称为'混血儿'"③。

至于在贸易和文化上，在澳门，同时也形成了双向的自愿影响和交流互动。对此，我们可以举两个方面来说明。

一是在航海贸易方面。既然中国明清政府三番五次严令"片板不许下海"，或虽然允许而又不得不附加许多十分苛刻的限制，那就说明中国民间尤其是沿海地区有"下海"的需求。明末清初，世界的东西方都出现了资本主义萌芽和原始积累，但不同的是，西方推行重商政策，鼓励海盗活动，而中国却实行闭关锁国政策，因而中国沿海商人和华侨被"逼上梁山"，只能大量涌入东南亚、南洋群岛以及日本海域，进行海上走私贸易，并占据了这些地区的海上航行和商业贸易的主导地位。徽商王直是当时控制东西二洋的最大走私海商集团的首脑，他曾对明政府说："臣直觅利商海，卖货浙福，与人同利，为国捍边，绝无勾引党贼侵扰事情，此天地神人所共知者。夫何屡立微功，蒙蔽不能上达，反惧籍没家产，举家竟坐无辜，臣心实有不甘。""我本非为乱，因俞总兵图我，拘收家属，遂绝归路。今军门如是宽仁，我将归。……但倭国缺丝绵，必须开市，海患乃平。"④其实中国朝廷和官方也并非不需如此，只是存在着包括皇帝在内的开放派与海禁派，根据具体的事态和环境，看谁占据上风而已。"有无相易，邦国之常"，"交易一事，六十六洲所同欲也。市同利，不市同害"。"官市不开，私市不止。自然之势也。又从而严禁之，则商转而为盗，盗而后得商矣。"⑤朝野上下认识到这一层的人定然不少。屡次海禁与开禁反复转换交织而行，就是最好的说明。葡萄牙的东来及其入居澳门，使得澳门成了连通世界各海上航路的枢纽和世界海上贸易的中心之一。⑥ 中国历代政府之所以有意无意地保持和维护这一结果，实际上也反映出中国和葡萄牙双方以及澳葡政府对这一结果的自觉自愿。

另一方面，是科技文化方面。16 世纪以前的中国，科学发现和技术创造无疑是领先于世界各国的，正如英人李约瑟所言，"中国在公元三世纪到十三、四世纪之间，保持

---

① 《(康熙)香山县志》卷十《外志·澳彝》。引见陈衍德：《妈祖信仰与经济文化的互动：澳门与闽南的比较》，《海交史研究》1997 年第 2 期。

② 参见〔瑞典〕龙思泰：《早期澳门史》，吴义雄等译，东方出版社 1997 年版，第 40 页校注。

③ 〔瑞典〕龙思泰：《早期澳门史》，吴义雄等译，东方出版社 1997 年版，第 36 页。

④ 见采九德：《倭变事略》附录。引见并请参见徐明德：《论十四至十九世纪中国的闭关锁国政策》，《海交史研究》1995 年第 1 期。

⑤ 徐光启：《徐文定公集》四《海防迂说》，载《明经世文编》卷四九一。引见陈炎：《澳门港在近代海上丝绸之路中的特殊地位和影响》，《海交史研究》1993 年第 2 期。

⑥ 具体参见陈炎：《澳门港在近代海上丝绸之路中的特殊地位和影响》，《海交史研究》1993 年第 2 期。

（着）一个西方所望尘莫及的科学知识水平"；中国的科学技术发明创造，"往往远远超过同时代的欧洲，特别是十五世纪之前更是如此"①。正因如此，才刺激和启发了欧洲，使得欧洲的科学技术快速地发展了起来，因而葡萄牙的东来和入居澳门，通过澳门作为远东传教中心的建立，使一大批欧洲传教士和学人得以来到中国，既传教又传播科学技术，迎合了中国朝野一大批有识之士包括不少明君的强国之心，从而使得像利玛窦这样的不少西方饱学之人，对中国皇帝或当朝权重以"思所以恢复封疆，裨益国家者，一曰明历法以昭大统；一曰辨矿脉以给军需；一曰通西商以官海利；一曰购西铳以资战守"②等真挚诚恳的真知灼见相进言，从而促成了中国明历法、通西商、购西铳等科技和经济方面的强国之策得以制定和实施。至于文化上，随着西方科学技术的引进和宗教文化的传播，一方面带来了他们的思想方法和价值观念，带来了迎合大众心理的宗教信仰，因而在中国大地上，传教士来到哪里，哪里很快就会有教堂出现，就会有信之者众③；另一方面，葡萄牙东来及其入居澳门，也源于葡萄牙国王的保教权以及葡萄牙是欧洲向亚洲地区传教的"总管"和唯一"合法""口岸"："任何从欧洲前往亚洲的传教士，必须取道里斯本，并获得里斯本宫廷的批准（该宫廷有权批准或加以拒绝）。"尽管这一特权时被冲击，但基本上还是得到贯彻的。"任何需要在澳门居留一段时间的布道团或传教士，为自身安全起见，不得不违背他们的上司而服从里斯本的命令。"④这使得澳门既成了西方传教士来华西学东渐最早的媒介，又成了东学西渐的桥梁。"澳门以其特殊的地位成为近代西方传教士最早进入中国的港口；也是中西文化交流中西学东渐的唯一渠道。""上述西方科技文化知识的传入，无疑是对中国冲击的第一次浪潮。这次冲击开阔了中国人对世界的视野，他们看到了利玛窦的《万国舆图》才知道世界之大与其想象的不同。来自欧洲的太阳中心说、地圆说，以及近代理学、天文学、数学、物理学等知识的引进与传播，打破了中国知识分子旧的思想观念和心态，摆脱了热衷于所谓'明本心'、'致良知'等理学的约束，开始形成了经世致用的学术风气。可见西方文化经传教士东来的传播对古老的中华文化影响之深。"而与此同时，他们"还把中国的文化介绍到西方各国"，而"值得注意的是，西方从中国得到的，远远超过它所给予中国的"⑤。比如在对中国的汉语及语言学上，在对中国的经书的注疏和翻译上，在对中国舆地的考证、测量和绘制上，在中国历史文化的研究、译述上，等等，都有充分的表现。"据统计，从 1594—1779 年，由里斯本来澳门传教的四百三十人中，有二百人在圣保禄大学学习中文，其中有一百三十人被派往中国内地传教。""这些传教士来中国的目的原来是想用自己宗教来感化异端，最后却倾倒于中国数千年传统的思想文化，反而成为中国文化的积极宣传者和传播者"，"这些早期传教士经澳门传入欧洲的中国文化，是在欧洲资产阶级革命时代的前夜，正好适应了当时欧洲资产阶级

① 〔英〕李约瑟：《中国科学技术史》，中译本第一卷第一分册，科学出版社 2008 年版，第 3 页。
② 意大利传教士毕方济向明朝政府的上书，见黄伯禄的《正教奉褒》。转引自徐明德揭文。
③ 如耶稣会士艾儒略，后来到福建传教，"艾神父在福建传教，先后 23 年，共建大堂 22 座，小堂不计其数，授洗 1 万余人，勤劳丰著，可谓此省之宗徒。"（肖若瑟：《天主教传行中国考》，引见何请参见何绵山：《略论天主教在福建的传播》，《海交史研究》1997 年第 2 期。）据肖文，仅在 17 世纪二三十年代，到福建传教的葡萄牙人，就有阳玛诺、罗纳爵、李范济等等。
④ 〔瑞典〕龙思泰：《早期澳门史》，吴义雄等译，东方出版社 1997 年版，第 174—176 页。
⑤ 陈炎：《澳门港在近代海上丝绸之路中的特殊地位和影响》，《海交史研究》1993 年第 2 期。

思想和政治的需要,起到了传教士们也完全没有料到的作用"①。

这些,正是澳门之所以一举成为东方最早的中西合璧之城的关键因素所在。②

二 澳门城区的建设与发展③

(一)澳门城区的形成与国际人口的发展

嘉靖三十三年(1554年),在葡萄牙船长索萨(Leonel de Sousa)与广东海道副使汪柏达成口头协议后,澳门半岛开始对外国商人开放,澳门正式成为各国商人聚居的贸易点。

汪柏对葡人应允的条件究竟有哪些,所承诺澳门开放的程度究竟有多大,今日均无文献所考。据有关资料推测,汪柏应允澳门对夷商的开放应是有限制的。所以,夷商初在澳门上岸时"仅篷累数十间"④。后大概夷商们见明朝守澳官员并没有对澳门进行严格管理,遂采用行贿的办法,强行在澳门半岛盖屋建房。王士性记载当时情况较清楚:"其(夷商)初止舟居,以货久不脱,稍有一二登陆而拓架者,诸番遂渐效之。"⑤刚开埠时,这些来澳门贸易的夷商都住在船上,后有一两个人带头上岸建屋居住,由于明守澳官员没有及时制止,"姑息已非一日"⑥,于是,"诸番遂渐效之"。商人都开始上岸建筑自己的房屋仓库以便贸易,即是《澳门纪略》所言:"商人牟奸利者渐运瓴甓榱桷为屋。"⑦据庞尚鹏言:"近数年来,(澳夷)始入濠镜筑室居住。"⑧庞文成于嘉靖四十三年(1564年)冬,"近数年",指近三至七年间,也就是嘉靖三十六年至嘉靖四十一年(1557—1562年)。所以可以断言,澳门开始有夷商之定居建筑物,最早不会超过嘉靖三十六年,即澳门城区始建于嘉靖三十六年至嘉靖四十一年间(1557—1562年)。

澳门城区发展很快。平托《游记》称:"从1557年起,广东官府根据浪白澳当地商人申请,把澳门港划给了我们。于是,在原先荒芜的岛上,我们的人建造了一个大城镇,里面有价值达3000—4000克鲁查多(Cruzados)的房舍,还有一座……中心教堂。"⑨据庞尚鹏言:"不逾年多至数百区,今殆千区以上。"⑩一区为一幢住屋,在上岸建筑房屋的第二年就已发展到"数百区",到嘉靖四十三年(1564年)时,则发展到"千区"了。假定一位夷商建一区,则这时在澳门已有1000个夷商居住了。嘉靖四十四年

---

① 对此的阐述及有关引文,均参见陈炎:《澳门港在近代海上丝绸之路中的特殊地位和影响》,《海交史研究》1993年第2期。
② 引见曲金良:《葡萄牙东来对中国文化的影响及其当代启示》,《海上丝绸之路研究》第3卷,福建教育出版社2002年版,第184—194页。
③ 此部分内容参见汤开建:《澳门开埠初期史研究》,中华书局1999年版,第223—247页。
④ (明)郭棐:《广东通志》卷六九《外志》。
⑤ (明)王士性:《广志绎》卷四《江南诸省》。
⑥ (明)俞大猷:《正气堂集》卷一五《论商夷不得恃功恣横》。
⑦ (清)印光任、张汝霖:《澳门纪略》卷上《官守篇》。
⑧ (明)庞尚鹏:《百可亭摘稿》卷一《抚处濠镜澳夷疏》。
⑨ 平托(Femão Mendes Pinto):《游记》第二二一章,1614年版,转引自普塔克(Roderich Ptak)《葡萄牙人在中国——葡中关系及澳门历史概述》,Klemmerberg Verlag Bad Boll, BRD. 1980.
⑩ (明)庞尚鹏:《百可亭摘稿》卷一《抚处濠镜澳夷疏》。

（1565年）游澳门的叶权则称："今数千夷团聚一澳，雄然巨镇。"①这一时期记载澳门居住人口为：1562年800人，1565年900人。②但这800人、900人均指移居澳门的葡萄牙人，而当时的葡萄牙人均蓄有奴仆，据博卡罗言，大约每一位葡人蓄奴6—10名。③故又有资料称：1569年时，澳门有5000—6000基督教徒。④如果平均每位葡人蓄奴6名的话，则900位葡人蓄奴总数再加葡人数则与此大致相合。这一时期中文资料已有报导，庞尚鹏言："今筑室又不知其几许，而夷众殆万人矣。"⑤吴桂芳言："况非我族类，不下万人。"⑥这"万人"，应包括当时进入澳门的华人，除掉6000夷商及其仆隶，则华人约有4000人进入澳门。这是澳门城区初始期之原型。

随着澳门对外贸易的繁荣，澳门成了"远东最有名的城市之一，因为各种财富大量地从这里运往各地交易。它有大量的贵重物品，它的市民比该国其他任何城市都更多、更富有"⑦。不仅海外贸易发达，在城内与华商的交易亦很发达。《明史·佛郎机传》称："闽粤商人，趋之若鹜。"⑧郭尚宾在万历中亦言："闽广亡命之徒，因之为利，遂乘以肆奸。有见夷人之粮米牲菜等物尽仰于广州，则不特官澳运济，而私澳之贩米于夷者更多焉；广州之刀环硝磺铣弹等物尽中于夷用，则不特私买往贩，而投入为夷人制造者更多焉；有拐掠城市之男妇人口，卖夷以取赀每岁不知其数；而藏身于澳夷之市，画策为夷人之幕者更多焉。"⑨这些材料表明，澳门不仅仅是当时葡萄牙人与日本、菲律宾贸易的中转站，而且在澳门城内与华人的贸易也很繁荣，即已有"澳夷之市"的出现。

住宅区的成片形成及市场的出现，使街道亦随之出现。据白乐嘉言，1555年时，葡萄牙人即开始在澳门进行探测建城。所经路线，自妈阁庙前地起，经万里长城、高楼街、风顺堂街、龙嵩正街至大三巴，而后转向嘉思栏山。当时的街道全铺上碎石，名曰"石仔路"⑩。澳门最早的一条街道即"十字街"，是一条"中贯四维"的十字大街。郭棐《广东通志》卷六九载："陈督抚又奏，将其聚庐中有大街中贯四维，各树高栅，榜以'畏威怀德'四字，分左右定其门籍。以《旅獒》'明王慎德，四夷咸宾，无有远迩，毕献方物，服食器用'二十字分东西为号，东十号，西十号，使互相维系讥察，毋得容奸，诸夷亦唯唯听命。"⑪这实际上是一条纵街与一条横街交叉而成的十字街，被明廷分别命名为"畏字街""威字街""怀字街""德字街"。这条十字大街原本全是"诸夷"居住，但由于华商进入澳门者与日俱增。至万历乙巳（三十三年）时，其中"德"字街已为华商入居，至崇祯己巳（二年）时，华商则进一步发展至"怀""德"二街。这方面有考古材料为证，今澳门妈阁庙原神山第一亭正面石横梁上仍刻有："明万历乙巳年德字街众商建，崇祯己

① （明）叶权：《贤博编》附《游岭南记》。
② 〔葡〕施白蒂（Beatriz Basto da Silva）：《澳门编年史》之《十六世纪的澳门》（中文版），澳门基金会1995年。
③ 〔葡〕博卡罗（Antonio Bocarro）：《1635年的澳门》，载博克塞《17世纪澳门》14—38页，1984年香港版。
④ 〔葡〕施白蒂（Beatriz Basto da Silva）：《澳门编年史》之《十六世纪的澳门》（中文版），澳门基金会1995年。
⑤ （明）庞尚鹏：《百可亭摘稿》卷一《抚处濠镜澳夷疏》。
⑥ （明）吴桂芳：《议阻澳夷进贡疏》载《明经世文编》卷三四二。
⑦ 〔葡〕博卡罗（Antonio Bocarro）：《1635年的澳门》，博克塞：《17世纪澳门》14—38页，1984年香港版。
⑧ （清）张廷玉：《明史》卷三二五《佛郎机传》。
⑨ （明）郭尚宾：《郭给谏疏稿》卷一《防澳防黎疏》。
⑩ 〔葡〕白乐嘉（J. M. Braga）：《西方开拓者及他们对澳门的发现》，1949年香港版。
⑪ （明）郭棐：《广东通志》卷六九《外志》。

已年怀、德二街重修。"①今考古材料不仅可以确言明万历时澳门已有一条"中贯四维"、东西各有十号的十字大街,而且还可以证明街旁居民除夷商外,到明末至少有一半居民是华商,因为要出钱修妈阁庙者应只是华人。

随着澳门商业的持续繁荣,入居澳门的人口进一步增加,澳门街道当随之拓殖。据林家骏神父记载,17世纪初今龙嵩街即已成为商业中心,葡人至今仍称之为中街,当时龙嵩街多为官绅士庶的居所。②

到16世纪末至17世纪初,日本人入居澳门者日渐增多。王以宁《请蠲税疏》载:"(澳门)藉口防番,收买健斗倭夷以为爪牙,亦不下二三千人。"③万历二十年(1592年)后,日本人开始入居澳门,因为1587年,日本政府"下令驱逐传教士,禁止信仰基督教"④。1597年丰臣秀吉将26名传教士与日本信徒钉死在长崎十字架上后⑤,大批日本天主教徒避难澳门。1614年1月27日,德川家康又下令所有传教士离开日本,当时日本天主教徒分乘5艘大船,其中2艘去马尼拉,3艘去澳门和暹罗。1636年又有嫁给葡人的日本妇女及其子女287人流放澳门。⑥ 这批日本人大多在三巴门一带居住,"其中有不少建筑家及艺术家,因此,耶稣会士认为是一个好机会,利用以工代赈方法,招集此等日本教徒,来建筑教堂(指大三巴寺)及宏丽之前门石壁"⑦。据博克塞记载:"澳门的日本基督徒由于1614年、1626年和1636年日本流亡者和被驱逐者的涌入而激增,就自然组成了一条街,除了有葡萄牙人的妻妾、奴仆外,还有商人、教士。"⑧ 这一以日本基督徒为主的居住区即"三巴庐寺街"。"三巴庐寺"即圣保禄教堂(该堂1602年动土,1603年即建成,但前门之大牌坊则至1637年才完成,牌坊下石级则在1640年完工)。既有"三巴庐寺下街",当还有"三巴庐寺上街"。这就是当时日本天主教徒在澳门居住的街区。日本人在其居住区内还于1623年建起了一座神学院。⑨

除了日本人居住区外,华人居住区在明万历中后期亦应形成。博克塞称:"1642年,当勃拉艮萨公爵继承葡萄牙国王位登上约翰四世宝座的消息传到澳门时……市民们为新国王的登基举行了为期几周的庆祝活动,特别是中国基督徒街区和日本基督徒街区。"⑩据1689年的资料,当时澳门城市已分为大堂、风顺堂、圣安多尼堂三个堂区。⑪ 据1632年的澳门图,可以推断这三个堂区大致在明末即已形成。⑫

---

① 谭世宾:《澳门妈阁庙的历史考古研究新发现》,《文化杂志》第29期,1996年。
② 林家骏:《澳门教区历史掌故文摘》之《澳门圣堂史略》(打印本)。
③ (明)王以宁:《东粤疏草》卷一《请蠲税疏》。
④ 〔葡〕施白蒂(Beatriz Basto da Silva):《澳门编年史》之《十六世纪的澳门》(中文版),澳门基金会,1995年。
⑤ 〔葡〕文德泉(Manuel Teixeira):《澳门的日本人》,载《文化杂志》第17期,1993年。
⑥ 〔葡〕文德泉(Manuel Teixeira):《澳门的日本人》,《文化杂志》第17期,1993年。
⑦ 章憎命:《澳门掌故》之一《大三巴牌坊详考》,《澳门日报》1959年9月1—5日。
⑧ 〔英〕博克塞:《16—17世纪澳门的宗教和贸易中转港之作用》,《东方学》第46辑1—37页,中文译本,《中外关系史译丛》第5辑,上海译文出版社1991年版。
⑨ 〔葡〕文德泉(Manuel Teixeira):《澳门的日本人》,《文化杂志》第17期,1993年。
⑩ 〔英〕博克塞:《16—17世纪澳门的宗教和贸易中转港之作用》,《东方学》第46辑1—37页,中文译本,《中外关系史译丛》第5辑,上海译文出版社1991年版。
⑪ 〔葡〕潘日明(Benjamim Videira Pires):《殊途同归:澳门的文化交融》第十一章《地租》中介绍了市政厅内保存的1689年的5本交租人员登记册。
⑫ 〔葡〕雷曾德(P. Barreto de Resende):《17世纪澳门图》。

葡萄牙人爱雷迪于 1615 年至 1622 年绘有澳门平面图,图中标明,当时葡人租居的澳门城区——"Macao"主要在靠近南湾的澳门半岛中部地区,半岛西南部及东北部均为中国官方控制的地区[①];而据保存在海牙的一幅绘于 1665 年的早期澳门图显示,澳门半岛中部及南部地区已形成一片一片建筑群区,各建筑群区之间则组成了纵横交错的街道。较大的建筑群区有二十几处,街道则难以数计。[②] 这即可表明,澳门城区从 17 世纪初到 17 世纪中叶即明朝灭亡之前已获得了很大的扩充和拓展。

据博卡罗 1635 年的报导,当时澳门城方圆约半里格,最窄处为 50 步,最宽处为 350 步。[③] 至于居民人口则增加更快。万历二十五年(1597 年)王士性言:"今则高居大厦,不减城市,聚落万矣。"[④]一聚落当指一户,16 世纪末,澳门人口发展已达万户。据博卡罗记录 1635 年澳门人口数字:"澳门有 850 户葡萄牙人家庭,还有同样多的土著家庭,他们全是基督徒。"[⑤]据林家骏神父记载,到 1644 年时,澳门人口增至 4 万。[⑥]大量人口流入澳门,不仅是"四方商贾,辐辏咸集"[⑦],而且"百工技艺趋者如市"[⑧]。所有这些资料均可说明,大约在明朝万历中期,即 16 世纪末至 17 世纪初,澳门作为一个国际性的商贸城市已发展成熟,正如乾隆《重修三街会馆碑记》所云:"遂成一都市焉。"[⑨]所以,1585 年(万历十三年)葡萄牙国王正式命名澳门为"阿妈神"之城,并将澳门升格为拥有埃武拉市同等自由、荣誉和显著地位的城市。[⑩]

(二)澳门公共建筑与机构的出现和发展

公共建筑的大批出现与迅速发展促进了澳门城市的发展规模,而澳门公共建筑的最重要表现形式则多与天主教的传播密切相关。

澳门开埠的第一年——1554 年,就有耶稣会天主教士来到澳门,随后,方济各会、多明我会、奥斯定会教士纷纷来澳,并先后设立会院,建筑教堂。可以说,澳门城市中最早出现的公共建筑就是教堂。冈萨雷斯(Gregorio Gonzalez)神父写于 1570 年的信札称:"索萨(Leonel de Sousa)与中国人达成协议的那一年(1554 年)我恰在岛上,并搭建了一座茅草屋顶的教堂。……翌年,我又搭建了一座教堂,那些葡萄牙人则盖起

第三十五章

明清时期的海港城市发展

① 〔葡〕爱雷迪:《澳门平面图》,载《文化杂志》第 29 期,1996 年。
② 〔葡〕阿尔杰门·里卡契夫:《早期澳门地图(1665 年)》,原载《约翰·文彭士地图集》之手绘图,见《文化杂志》第 13、14 期合刊,1993 年。
③ 〔葡〕博卡罗(Antonio Bocarro):《1635 年的澳门》,载博克塞《17 世纪澳门》1984 年香港版,第 14—38 页。
④ (明)王士性:《广志绎》卷四《江南诸省》。
⑤ 〔葡〕博卡罗:《1635 年的澳门》,载博克塞《17 世纪澳门》1984 年香港版,第 14—38 页。
⑥ 林家骏:《澳门教区历史掌故文摘》之《日渐茁壮的澳门华人地方教会》。又《崇祯长编》卷二四:"(崇祯三年五月)礼科给事中卢兆龙言:闽之奸徒,聚食于澳,教诱生事者不下二、三万人;粤之盗贼亡命,投倚为患者,不可数。"崇祯三年为 1630 年,当时聚居澳门的闽粤之人就有如此之数,可证所言不虚。
⑦ (乾隆)《重修三街会馆碑记》,载章憎命《澳门掌故》之十一《会馆谈往》甲《三街会馆》,载《澳门日报》1962 年 9 月 11 日。
⑧ (明)陈吾德:《谢山楼存稿》卷一《条陈东粤疏》。
⑨ 乾隆《重修三街会馆碑记》,载章憎命《澳门掌故》之十一《会馆谈往》甲《三街会馆》,载《澳门日报》1962 年 9 月 11 日。
⑩ 〔葡〕施白蒂(Beatriz Basto da Silva):《澳门编年史》之《十六世纪的澳门》(中文版),澳门基金会,1995 年。

了一些房屋。"①这应是澳门建起的最早的教堂,但由于这两座教堂均是用茅草搭起来的屋棚,故没有保存下来。

一般人都认为圣拉匝禄堂(望德堂)、圣老楞佐堂(风顺堂)及圣安多尼堂(花王堂)是澳门最古老的三座教堂,这三座教堂在荷兰人狄奥多·德·布里于16世纪末绘制的《早期澳门全图》中均有记录。②

《澳门纪略》亦记录了这三座教堂:"西南则有风信庙,蕃舶既出,室人日跂东归,祈风信于此。……北隅一庙,凡蕃人男女相悦,诣神盟誓毕,僧为卜吉完聚,名曰花王庙。……东南城有发疯寺(因其后设麻风病院而得名),内居疯蕃,外卫以兵。"③但《澳门纪略》并未说明三堂建立的时间。前引冈萨雷斯神父写于1570年西班牙文抄本记载,葡人进入澳门不到12年,就在那里建起一个非常大的居留地,内有三座教堂。④葡人正式入居澳门为1557年,下推12年,则可以推断上述三堂均始建于1569年之前。

但必须说明的是,这时建起的三座教堂均为木棚搭起的简陋结构,而真正能为澳门城市增添辉煌的石质结构的巍峨的西洋教堂均建成于17世纪。老楞佐堂建于1618年,望德堂建于1637年,花王堂则建于1638年。⑤

16世纪建成的教堂还有噶斯兰庙(Lgreja de Sao Francisco),《澳门纪略》称"东隅噶斯兰庙"⑥。还有龙嵩庙(Lgreja de Sao Agsatinho),《澳门纪略》称:"龙须(嵩)庙在澳之西北。"⑦龙嵩庙即圣奥斯定堂。还有板樟庙,《澳门纪略》称"有板樟庙,相传庙故库隘,贫蕃析樟板为之"⑧。板樟庙即圣多明我堂(Lgreja de Sao Domingos),又称圣母玫瑰堂,为西班牙多明我会士建。该堂即为圣保禄大教堂的前身。

17世纪建起来的教堂最著名的就是圣保禄大教堂(Lgreja de Sao Paulo),亦即闻名遐迩的"大三巴"。大三巴追源应始于开埠之初。16世纪时,圣保禄教堂即已建成,只不过不是今天这么宏伟壮丽之大三巴,当时规制其小,结构简陋。1595年一场大火将这一教堂化为灰烬,后修复,1601年被又一场大火再次焚毁。于是,就在这一年,澳门葡商及市民决定第三次重修。据花奴利剌年报载,当时捐款达3130巴度金元。1602年正式动工,1603年先在后面建成一教堂,而后来加建的保存至今的大三巴牌坊则完成于1637年。这次工程前后历时30余年,仅牌坊一项耗银就达3万两。⑨其建筑之雄伟,装饰之华丽,设备之完善,皆堪称远东教堂之冠。

大三巴不仅是一座教堂,而且是一规模宏大的公共建筑群。《澳门纪略》称"僧寮数十区"⑩,可证大三巴的规模。大三巴的建成,立即成为当时澳门城市的一大象征。

---

① 〔英〕博克塞:《佛郎机东来》,《中外关系史译丛》第4辑,上海译文出版社1988年版。
② 〔荷〕狄奥多·德·布里(Theodore de Bry):《早期澳门全图》,载《文化杂志》第26期,1996年。又参见徐新:《荷兰画家笔下的澳门——16至17世纪两幅铜版画考证》,载《澳门日报》1997年10月12日。
③ (清)印光任、张汝霖:《澳门纪略》卷下《澳蕃篇》。
④ 〔英〕博克塞(C. R. Boxer):《佛郎机东来》,《中外关系史译丛》第4辑,上海译文出版社1988年版。
⑤ 郭永亮:《澳门香港之早期关系》第五章《澳门早期教堂》。
⑥ (清)印光任、张汝霖:《澳门纪略》卷下《澳蕃篇》。
⑦ (清)印光任、张汝霖:《澳门纪略》卷下《澳蕃篇》。
⑧ (清)印光任、张汝霖:《澳门纪略》卷下《澳蕃篇》。
⑨ 章憎命:《澳门掌故》之一—《大三巴牌坊详考》,载《澳门日报》1959年9月1—5日。
⑩ (清)印光任、张汝霖:《澳门纪略》卷下《澳蕃篇》。

17 世纪除了重建的望德、老楞佐、花王三座最古老的教堂外,还有 1602 年始建、1634 年重建的阿巴罗教堂(Lgreja de Sao Amparo),亦即《澳门纪略》中的"唐人寺"①。1622 年建东、西望洋山炮台时,亦建起了东、西望洋两座教堂。② 1633 年还建起了圣家辣教堂,亦即尼寺。到明朝灭亡之前,澳门城中教堂的兴建情况大致如是。

这一时期在澳门城中完成的公共建筑为西洋式的还有一些工厂、医院、慈善机构、监狱及学校。澳门工厂出现在开埠之初。据《澳门界务说帖》:"1557 年,中国政府方准葡人建设工厂于该岛之东。此为葡人在澳实行建筑之始。"③1557 年就在澳门建工厂,可见葡人刚正式入居澳门就开始建设工厂,而最早就是铸炮厂。该厂建于西望洋山半山间,1625 年时,由两位西班牙人管理,到第二年开始由曼努埃尔·迪亚斯·波加罗管理,即著名的"波加罗铸炮厂"④。至明末时,澳门铸炮厂已发展有相当规模。据施白蒂书,1642 年时,澳门为了表示对葡国新国王的效忠,一次运去澳门所造铜炮达 200 尊,足见当时澳门铸炮厂的规模。⑤ 该厂不仅有葡人铸炮工匠,而且还有粤中工匠来该厂铸炮,所铸火炮,颇有影响。⑥

早期澳门除了铸炮厂外,还有位于烧灰炉的石灰工场,福建人开办的织造工厂,各种玻璃镜、自鸣钟及葵文席生产工场、印刷厂及专门生产刺绣画像的作坊⑦,即屈大均言,生产"服食器用诸淫巧以易瑰货"⑧。前引郭尚宾疏章"百工技艺,趋者如市"应是对当时澳门工业生产很准确的概括。

澳门的第一间医院和第一间慈善机构均由卡内罗主教创办,他在 1575 年 11 月 20 日的信中说:"甫抵澳门,即开设医院一间,不论教徒与否,一律收容。"⑨卡内罗主教 1568 年 5 月到澳门,所以一般人均称这间医院创建于 1569 年。⑩ 这座医院华人称为"医人庙",西人则称"圣辣法耶医院",又称"白马行医院"。据文德泉神父称,澳门第一间慈善机构——仁慈堂与医人庙同时建成。⑪ 仁慈堂,《澳门纪略》称"支粮庙",早期

---

① 参见章文钦:《澳门舆明清时代的中国天主教徒》135 页,载《澳门与中华历史文化》澳门基金会 1994 年版。黄启臣书采《澳门纪略》康熙十八年(1679 年)说。

② 东西望洋山炮台与教堂兴建同时。据文德泉书引首任澳督马士加路也信函称,1623 年到澳门时,东西望洋山炮台都已具备雏形,而西望洋炮台葡文碑铭称该台原建于 1622 年。文德泉神父则认为,西望洋炮台 1620 年时即已存在,1622 年 4 月 29 日是举行开放仪式的日子。转引自郭永亮前揭书。

③ 《澳门界务说帖》,载《澳门专档》第四册 81—82 页。成书于嘉靖末年的《日本一鉴》亦称:"又闻(佛郎机夷)市铜铸造大铳。"可证 1557 年建厂说不虚。

④ 布衣:《澳门掌故》,广角镜出版社 1979 年。〔葡〕科斯塔(Maria de Lourdes Rodrigues Costa):《澳门建筑史》,载《文化杂志》第 35 期 1998 年。

⑤ 〔葡〕施白蒂(Beatriz Basto da Silva):《澳门编年史》之《17 世纪澳门》中文版,澳门基金会,1995 年。

⑥ 霍景荣:《为制胜务须西铳敬试购募始末疏》:"广有工匠曾在嶴中打造者,亦调二十余人,星夜赴京。"载《徐光启集》卷四《练兵疏稿》二附录。又徐光启:《闻风愤激直献刍尧疏》:"缘嶴中火器日与红毛火器相斗,是以讲究愈精。"载《徐光启集》卷六《守城制器疏稿》。

⑦ 参阅科斯塔:《澳门建筑史》、文德泉《澳门四百年印刷业》,载《文化杂志》第六一七期;《巴达维亚城日志》中译本第 2 册;屈大均:《广东新语》;《澳门纪略》卷下《澳蕃篇》;李瑞祥:《澳门美术发展的四个时期》,载《濠镜》创刊号,1986 年。

⑧ (清)屈大均:《广东新语》卷二《澳门》。

⑨ 郭永亮:《澳门香港之早期关系》第五章《澳门早期教堂》。

⑩ 〔澳〕文德泉(M. Texeira):《耶稣会士于澳门开教四百周年》中译本 11 页,1964 年澳门版。

⑪ 〔澳〕文德泉(M. Texeira):《耶稣会士于澳门开教四百周年》中译本 11 页,1964 年澳门版。

主要任务是收容孤儿弃婴,其经费由政府及富商资助,但创办人亦是卡内罗主教。大概到 17 世纪时,澳门已发展至 2 座医院。

据有关资料,圣保禄公学最迟在 1565 年时已在澳门开办,到 1577 年时已有学生 150 人,到 1584 年则发展到 200 人。1594 年公学升格为大学,成为远东地区第一所西式教育的高等学校。大学有图书馆、印刷所、诊所、药房和天文观象台[①],与圣保禄大教堂组成一规模宏大的公共建筑群。据文德泉《澳门的日本人》一文介绍,17 世纪中叶在圣保禄学院附近还创办了一所日本神学校和一所绘画学校。

此外,龙嵩庙右侧还建成一座监狱,《澳门纪略》卷下:"狱设龙嵩庙右,为楼三层,夷罪薄者置之上层,稍重者系于中,重则桎梏于下。"当时澳门监狱建有三层高楼,圣保禄教堂之牌坊亦不过三层,可以反映这一建筑物的规模。

一座座西式教堂的出现,一幢幢西洋风格公共建筑物的完成,再加上形形色色的西洋式民居,一座完全欧化的城市出现在大明帝国的南海之滨。据斯科塔《澳门建筑史》引当时澳门土生教士保罗·德·特林达德记载,在 1630 年,澳门是葡萄牙在东方的第二大城市(仅次于果阿),有许多豪华的建筑和住宅,宽阔的院落和大菜园。[②] 目前保存的一幅 16 世纪后期狄奥多·德·布里(1547—1598)在旅澳后所作的澳门城市鸟瞰图,反映了 16 世纪后期澳门城市的真实状况,岛上约有数百幢高低不同的西洋建筑物,高者约三层,矮者为两层,多为砖瓦结构。建筑形状一般为"人"字形屋顶,教堂或钟楼则为尖顶,有圆锥尖顶,亦有五角、六角之尖顶。图中有纵横交错的街道,行走着抬轿的、骑马的及撑着洋伞走路的西洋人。[③] 从这幅图看,当时的澳门城市建设已初具规模。

再从保存在博卡罗《东印度国家的所有要塞、城市和村镇平面图册》中被白乐嘉(J. M. Braga)认为是绘于 1632 年的澳门城市鸟瞰图看,明显较 16 世纪后期的澳门不同,房屋建筑成区成片,公共建筑规模扩大,各种军事防御设施已基本完成,城市格局亦大大扩充。[④] 可以表明,到这时,澳门城市的发展已完全成熟。故时人称澳门"高栋飞甍,栉比相望"[⑤],"雄然一巨镇"。屈大均则称澳门建筑"其居率为三层楼,依山高下,楼有方者、圆者、三角者、六角、八角者、肖诸花果形者,一一不同,争以巧丽相尚"[⑥]。这些中文资料与早期澳门城市图中表现的实况完全相合,反映了明朝时期澳门城市公共建筑及民居的宏伟气势与多姿多彩。

明代澳城的公共建筑除了西人所描绘的具有西洋风格的建筑物外,还有一部分中国式的公共建筑物,主要是明朝官方在澳门的行政衙署和祠庙。虽然数量不多,但颇具特色:"前明故有提调、备倭、巡缉行署三,今唯议事亭不废。"[⑦]从这一条材料即可看

① 刘羡冰:《澳门圣保禄学院历史价值初探》(单行本),澳门文化司署,1994 年。
② 〔葡〕科斯塔:《澳门建筑史》,载《文化杂志》第 35 期,1998 年。
③ 〔荷〕狄奥多·德·布里:《早期澳门全图》,载《文化杂志》第 26 期,1996 年。
④ 〔葡〕雷曾德(P. Barreto de Resende):《17 世纪澳门图》,载《文化杂志》第 10 期,1992 年。白乐嘉(J. M. Braga):Hong Kong and Macao—A record of good fellowship 第 29 页认为,该图绘成于 1632 年,当以图中已建起的圣保禄教堂前尚未见完成于 1637 年的大三巴牌坊之故。1960 年香港版。
⑤ (清)张廷玉:《明史》卷三二五《佛郎机传》。
⑥ (清)屈大均:《广东新语》卷二《澳门》。
⑦ (清)印光任、张汝霖:《澳门纪略》卷上《形势篇》。

出,明朝在澳门城至少建有四座政治性机构,即提调衙署、备倭衙署、巡缉衙署和议事亭。前三座衙署明时位于何处,今已无可考,但澳门议事亭则一直保存至清中期拆毁改建,据《澳门纪略》保存的一幅《澳门议事亭图》,议事亭乃一檐牙高椽、鸟革翚飞的中国古建筑群。议事亭乃明朝驻澳官员与澳葡商议贸易及办理居留事宜之地点。

这一时期的澳城之内还有两座华人的公共建筑,一为澳门东南海角的妈阁庙,一为沙梨头的永福古社。妈阁庙,又名天妃庙,根据确切资料应始建于明万历三十三年(1605年),由澳门德字街华商捐建。据《沙梨头永福古社重修碑志》,则知永福古社建于明季。明代澳门城内华人之公共建筑有确切资料者仅此2座,至于建于明代的莲峰庙及观音堂等均在望厦村内,当时俱在澳城之外,故不在此论列。

值得注意的是,明代后期澳门葡人对青洲的开发也采用中国式的园林建筑。焦祈年《巡视澳门记》称:"青洲,草木蓊翳,有亭榭廊宇,土人指为鬼子园囿。"屈大均《广东新语》亦称:"青洲,林木芊森,桃榔槟榔之中为楼榭,差有异致。"今保存在《澳门纪略》中的"青洲山图",岛上有完全中国古园林式的建筑,可以反映这一时期澳门城市建设,明显接受了部分中国传统的建筑方法(大三巴牌坊建筑木雕出自中国工匠之手亦是一例),以中西融合互补的方式来完善其建筑艺术。

(三)澳门城垣及堡垒的置废

澳门城垣的建筑始于何时,各种文献记载均无确切时间。祝淮《香山县志》:"澳城之建,年月无确证,诸书所载,大率在嘉靖时。"[①]祝氏所言大抵是指嘉靖时澳门即已开始筑城防御,此说颇有道理,叶权嘉靖末游澳门即称澳门为"雄然巨镇"[②],当是在澳门见过城墙。施白蒂《澳门编年史》载:"1568年(隆庆二年),经中国驻澳门官员同意,特里斯佟·瓦斯·达·维依加舰队司令下令在 Chunanbo 建起第一道城墙。"[③]隆庆二年与嘉靖末年仅一年之差,可知澳门筑城之始最准确的说法是嘉隆之间。

然而,在绘于1598年的《早期澳门全图》中,我们却看不到一堵城墙,亦看不到一座炮台堡垒。根据1582年吕宋总督桑德(Francisco de Sande)的报告和福鲁图奥佐(Gaspar Frutuoso)的《怀念故土》(第二篇手稿),我们可以推论,嘉隆之时澳门筑起的城墙很可能被明政府派人拆毁,故在16世纪末的澳门图上没有城墙的痕迹。

澳门再次筑城乃源起于对荷兰人的防御。1601年9月,荷兰人有两艘贸易船进入澳门,其中有部分水手被扣留,并将其17人当做海盗处以死刑,导致葡荷结怨。1602年,荷兰人在马六甲海峡截击澳门船,1603年葡船"圣卡塔利娜"号再次被劫,1604年6月,荷兰海军上将麻韦郎(Wybrane Van Warwvck)率领舰队进逼澳门。[④]在荷兰人的威胁之下,澳门葡人再次修筑城墙,以保卫澳门。《明神宗实录》:"万历三十三年(1605年),(澳夷)私筑城垣,官兵诘问,辄被倭抗杀。"[⑤]"私筑",即表明这次筑

---

① (清)祝淮:《香山县志》卷四《海防》。
② (明)叶权:《贤博编》附《游岭南记》。
③ 〔葡〕施白蒂(Beatriz Basto da Silva):《澳门编年史》之《十六世纪的澳门》(中文版),澳门基金会,1995年。
④ 〔荷〕包乐史(L. Blusse):《中荷交往史》第三章《前往中国》(中译本),路口店出版社1989年版;以及〔葡〕科斯塔《澳门建筑史》载《文化杂志》第35期,1998年。
⑤ 《明神宗实录》卷二五七,万历四十二年十二月乙未条。

城是未经明朝政府同意的。据路易斯·达·席瓦尔约于 1607 年绘制的澳门地图来看,图中的城墙已大体建成,与汉文资料时间相合。①

这一次澳城的修筑很可能在张鸣岗任两广总督时又一次被明政府拆毁。据《全边略记》载,1615 年(万历四十三年),张鸣岗令道臣喻安性、香山县令但启元入澳将"私筑墙垣"的倭奴"押送出境",并称"数十年澳中之患,一旦祛除"②,可以推论这一次"私筑"的城墙应为明政府拆毁。再从万历四十二年(1614 年)海道副使喻安性针对澳夷订立的《海道禁约》来看,其中便有力图以法令的形式禁止澳夷私造城垣的条款。③

但是,澳门葡人并没有完全遵照执行这一禁约,1617 年(万历四十四年)即开始兴建著名的"三巴炮台"及北部墙垣。④ 这次筑城是"通贿中国官吏,使其不加干涉"而偷偷进行的。⑤ 到 1621 年荷兰入侵澳门之前,澳门筑城的速度大大加快。1621 年至 1622 年间,不仅三巴炮台还在继续修建,而且妈阁炮台、烧灰炮台、嘉思栏炮台及东、西望洋山炮台均已开始修建。⑥ 澳门东北之城,遂于 1622 年完成。⑦ 同时,青洲也修建了堡垒。

这一次筑城之事亦遭到明政府的干涉。道光《香山县志》载:"如珂遣中军领兵戍澳,谕之曰:墉垣不毁,澳人力少也,吾助若毁,不两日,粪除殆尽。"⑧徐如珂署海道副使在万历四十六年(1618 年),离澳则在天启元年(1621 年),这应是他在离澳前的一次对澳门的行动。上文称"粪除殆尽"恐怕仅指青洲,并没有将整个澳门城垣毁除。西文资料亦称中国官兵将青洲岛上的建筑物全部拆毁。1622 年的荷澳之战,那些保存下来的澳门炮台和堡垒都发挥了重要作用。

荷澳之战结束后,1623 年 5 月,马士加路也(Don Fransisco Mascarenhas)出任澳门兵头,他以更快的速度完成了澳门城墙的建设和军事防御体系。施白蒂称:"他于同年(1623 年)7 月 17 日就职后建起了城墙,并完善了堡垒体系。"⑨博卡罗则称:"澳门市的城墙基本上是由首任总督马士加路也完成的,他修建了这些防御设施中的大部分。"⑩可以看出,马士加路也出任澳督后,澳门的城墙及军事防御体系已基本完成。

天启五年(1626 年),在两广总督何士晋的强力干涉下,其北部城墙(即应包括三巴炮台在内)全部拆毁,但保留东南滨海一带城墙。北部城墙被拆毁后,澳葡并未完全放弃。不到五年,澳葡再次提出复筑城台。虽然明政府明令"不许复筑",但澳葡政权并没有听命。从绘于 1632 年的澳门城市图看,澳门北部城墙及炮台已经复筑完成。

---

① 〔葡〕路易斯·达·席瓦尔:《十七世纪前半叶的澳门》,载《卡里勃莱地图集》,见〔葡〕施白蒂:《澳门编年史》之附图。

② (明)沈德符:《万历野获编》卷三〇《香山嶴》。

③ (清)印光任、张汝霖:《澳门纪略》卷上《官守篇》。

④ 〔葡〕施白蒂(Beatriz Basto da Silva):《澳门编年史》之《17 世纪澳门》称三巴炮台动工于 1617 年,郑炜明上揭书称动工于 1612 年。

⑤ 〔瑞〕龙思泰(A. Ljungstedt):《葡萄牙在华居留地史纲》,波士顿,1836 年版,第 22—23 页。

⑥ 马士加路也信函称:"我们在 1623 年抵达澳门时,三巴炮台、东望洋炮台、噶斯兰炮台、西望洋炮台、妈阁炮台及烧灰炉炮台都已有了雏形。"见郭永亮前揭书。

⑦ 〔葡〕施白蒂(Beatriz Basto da Silva):《澳门编年史》之《17 世纪澳门》中文版,澳门基金会,1995 年。

⑧ (清)祝淮:《香山县志》卷四《海防》。

⑨ 〔葡〕施白蒂(Beatriz Basto da Silva):《澳门编年史》之《17 世纪澳门》中文版,澳门基金会,1995 年。

⑩ 〔葡〕博卡罗(Antonio Bocarro):《1635 年的澳门》,载博克塞《17 世纪澳门》,1984 年香港版,第 14—38 页。

从这张图上看得十分清楚：当时澳城西起海边至沙梨头，在沙梨头建炮台一座；复稍南至三巴寺，在三巴寺东高地上建颇具规模的三巴炮台，从图上看就标出炮位 11 门；复向西至山顶，建仁伯爵炮台；又在仁伯爵炮台的北面东望洋山上建炮台；城墙从仁伯爵炮台复南折沿海滨至嘉思栏炮台，复南折至西望洋炮台、烧灰炉炮台，最后至妈阁炮台，并在东望洋北麓海滨建一城垣。① 整个澳门城除西部内港外，北部、东部及南部均建有城墙，并于诸要塞处建置炮台，使澳门城成为一座在军事上防范甚为严密的城堡。

明代时，澳门城建有四个城门。《澳门纪略》称："大门一，曰三巴门；小门三，曰小三巴门，曰沙梨头门，曰花王庙门。"②很明显，这四个门均设在北部城墙，主要是为了方便同北部中国内地进行交往而设。到后来，三小门俱塞，仅三巴一门为出入之口，俱因禁海及清王朝对澳门严加控管之故。直至道光时，方开水坑尾门和新开门，以方便澳门与内地交往。③

明代澳门城墙和炮台的建设经过几建几拆的过程，但最终仍在 1632 年（崇祯六年）之前将全部工程完成。很可能是明王朝北部边疆形势日渐危殆，政府无暇顾及澳门筑城建台之事；亦可能是明政府准备同澳葡合作，考虑到荷兰人东来入侵澳门的危险，而同意澳门葡人重建城墙及炮台。总之，在 1632 年澳门城墙及炮台重建完工之后，直至明朝灭亡，双方再也没有发生过拆建城垣的争执。

第二节　明清时期的广州港口与城市

一　明代的广州：转型与发展

（一）澳门崛起后广州港口贸易的转型与发展

广州在明太祖时期便已设立市舶司，而且是朝廷指定贡使登岸最多的一个口岸。永乐三年（1405 年），为了做好招待贡使的工作，又在广州设置怀远驿。因此，广州的海外交通和贸易一直处于非常繁荣的状态。嘉靖年间（1522—1566 年），朝廷在全国撤销了浙江、福建两个口岸，独留广州一个，因此，广州在全国的对外贸易中，长时期处于垄断的地位。广州又是与欧洲殖民者最早接触的地方，葡萄牙人的舰队最早抵达广州"叩关索市"。葡人的"叩关索市"导致澳门被占，自此，原来分布在珠江口一带的贸易地点都冷落了下来，作为广州的外港，澳门成了一个外国商船来华贸易的主要湾泊和贸易场所。④ 因此，它对广州港口的海外贸易所产生的影响，是十分重大的。广州的对外贸易，基本上已为葡人所垄断。

---

① 〔葡〕雷曾德（P. Barreto de Resende）：《17 世纪澳门图》，载《文化杂志》第 10 期，1992 年。白乐嘉（J. M. Braga）：Hong Kong and Macao—A record of good fellowship P. 29 认为，该图成于 1632 年，当以图中已建起的圣保禄教堂前尚未见完成于 1637 年的大三巴牌坊之故。1960 年香港版。
② （清）印光任、张汝霖：《澳门纪略》卷下《澳蕃篇》。
③ （清）祝淮：《香山县志》卷四《海防》。
④ 邓端本：《广州港史》（古代部分），海洋出版社 1986 年版，第 170 页。

葡人占据澳门后,即开辟欧洲、印度果亚、爱琴、马六甲、澳门、日本航线。据儒塞斯记叙:"欧洲与东洋的贸易,全归我国独占。我们每年以大帆船与圆形船结成舰队而航行至里斯本,满载上毛织物、绯衣、玻璃精制品、英国及富朗德儿出的钟表以及葡萄牙的葡萄酒而到各地的海港上换取其他的物品。船从哥亚(果亚)航行至爱琴得到香料与宝石,又从爱琴至嘛喇甲(马六甲)更得香料与宋大岛的白檀。其次,再把此等物品,在澳门换取绢加为船货。最后,又把以上的货物到日本换取金银块,可得到投下资本的二三倍利润。然后,再在澳门滞留数日,则又可满载金、绢、麝香、珍珠、象牙精制品、细工木器、漆器以及陶器而返回欧洲。"[1]也就是说,葡人把欧洲工业品运至南洋群岛,换取香料、白檀、宝石等物品,然后通过澳门这个贸易港,取得中国的丝织品,转运到日本,换取金银,再以金银换取中国的麝香、珍珠、象牙精制品、细木器以及陶器,运回欧洲,获取暴利。为了换取更多的中国货物,他们从墨西哥进口白银,运来中国,作为商品交换时支付的硬通货。据1607年(万历三十五年)墨西哥官员的统计,每年输入中国的白银有百万以上。[2] 他们每年在贩卖中国丝织品给日本的贸易中,"获得的银年额达到二百三十万两"[3]。

万历以后,广州每年夏冬两季举行定期的市集贸易,每次开市数星期至数月不等。葡萄牙商人"每年两次到广州去买货(那边每年举行两次盛大的市集)。他们的确从这种通商中获得了比马尼拉商人或我们更多的利润"[4]。由于广州市场商品丰富,以致葡萄牙商人带来的资金明显不足。

在这期间,广州的对外贸易有了一定的发展,表现在外省商人前来广州贸易的人数不断增加。清代著名十三行行商中的潘同文、伍怡和、叶成义、潘丽泉、谢东裕、黎资元等人的祖先,都是在这个时期入粤经商的,发展到后来广州的许多买办资产阶级都是闽、徽等地的商人。林希元在《与翁见愚别驾书》中亦提到:"佛朗机之来,皆以其地胡椒、苏木、象牙、苏油、沉、束、檀、乳诸香,与边民交易,其价尤平,其日用饮食之资于吾民者,如米面猪鸡之数,其价皆倍于常,故边民乐与为市。"虽然林希元为其自身利益出发,要求开放海禁,思想上是倾向于葡萄牙人的,但从这段文字中,亦反映了当时广州与澳门间贸易活跃的情况。另外,在广东巡抚林富于嘉靖初年请求通市的奏疏中,曾谈道"旧番舶通时,公私饶给,在库香货,旬月可得银数万两。"但万历二十九年(1601年),王之甫来广州阅狱办理案件时却说:"西洋古里,其国乃西洋诸番之会,三四月间入中国市杂物,转市日本诸国以觅利,满载皆阿碏物也。余驻省时,见有三舟至,舟各赍白金三十万投税司纳税,听其入城与百姓交易。"[5]从这则史料中,可以看到广州海外贸易的发展,过去广州抽分所得的番货,每月价值只有"数万金",而万历后,葡萄牙人前来贸易,一次就交纳船税30万金,可见其贸易额已不知增长多少倍了。

葡人在澳门,更进一步勾结中国商人进行"走私"活动。本来沿海的商人早就在海

---

① 转引自〔日〕百濑弘:《明代中国之外国贸易》,《食货》半月刊四卷一期。
② 转引自〔日〕百濑弘:《明代中国之外国贸易》,《食货》半月刊四卷一期。
③ 转引自〔日〕百濑弘:《明代中国之外国贸易》,《食货》半月刊四卷一期。
④ 此话是当时荷兰驻台湾第三任长官讷茨在一份报告中所说的。见《郑成功收复台湾史料选编》,人民出版社1982年版,第106—109页。
⑤ 王之甫:《粤剑篇》卷三。

外贸易活动中有"走私"的传统,有了葡人相助,这种活动当然更为活跃了,广州城外的"游鱼洲快艇多掠小口往卖之。所在恶少与市"①。他们窝藏夷货,接引夷人,"夷货之至,各有接引之家,先将重价者,私相交易,或去一半,或去六七,而后牙人以货报官,……则其所存以为官市者,又几何哉?"②《广东新语》卷二《澳门条》中亦说,葡人"每舶载白金巨万,闽人为之揽头者分领之。散于百工,作为服食器用诸淫巧以易瑰货,岁得饶益"。可见葡萄牙人与"走私"商人关系的密切。郑成功的父亲郑芝龙未发迹时,曾与其弟弟芝虎、芝豹来广东,投靠他在澳门经商的母舅黄程。天启三年(1623年),郑芝龙代他舅父押货至日本,乘搭的是李旦的船。李旦是当时有名的"走私"海商,这说明郑芝龙和他的舅父在这一时期亦在广东海外贸易中进行"走私"活动。万历时,明朝政府虽然屡申通澳之禁,"然夷人金钱甚伙,一往而利数十倍,法虽严不能禁也。今聚澳中者,闻可万家,已十余万众矣"③。

此外,葡人为了垄断广州的对外贸易,还坚决反对其他国家与中国通商。据外国文献记载,万历二十六年(1598年)广东官吏准备同意西班牙商人来广东通商,但葡人坚决反对。凡自吕宋至中国的商船,概行阻绝,并派出官员从果亚至广东,请求中国官吏将西班牙商人逐出,或由葡人自行逐出。④ 外国文献也说荷兰于1601年、1604年、1607年、1622年、1627年共5次至澳门要求通商,均为葡人所拒。我国古籍《野获篇》也记载荷人侵犯澳门共2次,一次是万历二十九年冬,即外国文献所说的1601年。一次为万历三十三年,即外国文献所说的1605年。葡人还使用了武装力量。崇祯十一年(1638年),英国人的武装舰队想以武力威胁葡人,与澳门互市,亦遭同样命运,可见葡人是不能允许其他国家插手广州海外贸易的。

由于牙商、牙行的不断增多,广州还出现了依附殖民主义者的买办经济。

明朝很早便有牙行之设,但由于海禁森严,牙商经济一直没有什么发展。据高岐《福建市舶提举司志》的记载,福建市舶司原属有牙行24名,后改为19名。嘉靖末,则仅有5名。但是自葡人占领澳门后,由于广州的对外贸易有所发展,这些牙商又活跃起来。嘉靖三十五年(1638年),为了加强对外贸易中与外商的联系,"海道副使汪柏乃立客纲客纪,以广人及徽泉等商为之"⑤。这种"客纲",便是专门为外商服务,承销外国商船进出口商品的团体。这些牙行商人至万历以后,发展为"三十六行",其性质与后来著名的十三行商相似。梁嘉彬在《广东十三行考》一书中说:"广东有所谓三十六行者出,代市舶提举盘验纳税,是为十三行之权舆。"到了明朝末年,这种商人已由我国传统的牙行商人转化而为专门代理外商的买办商人了。这就是在澳门被占之后,广州与葡萄牙对外贸易中滋生出来的买办资产阶级萌芽,也是清朝时垄断广州对外贸易的十三行商前身。⑥

明代禁止外国人进广州城,故对外贸易的地点均设在城外。清人严如煜《洋防辑

---

① 严从简:《殊域周咨录》卷九。
② 严从简:《殊域周咨录》卷九。
③ 王临亨:《粤剑篇》卷三。
④ 参见张维华:《明史欧洲四国传注释》,上海古籍出版社1982年版。
⑤ 《洋防辑要》卷一五。
⑥ 邓端本:《广州港史》(古代部分),海洋出版社1986年版,第149—154页。

要》载："洪武初，令番商止集（广州）舶所，不许入城。"另据《天下郡国利病书》卷一二〇载，永乐年间"置怀远驿于广州城蚬子步"，广人称"步"为码头，怀远驿也就是建在码头的旁边。怀远驿是贡舶停泊和贸易之所。葡萄牙人初来时，其舶亦抵怀远驿旁靠泊，使节皮来资则招待至怀远驿留宿。

明朝正德、嘉靖年间海禁极严，广州曾一度被封锁，大概就是此期间，禁止外国商船进入广州。陈澧《香山县志》引张甄陶《澳门图说》云："……先是海舶皆直泊广州城下，至前明备倭迁于高州府电白县。"嘉靖四十三年（1564年）庞尚鹏的《抚处濠镜澳夷疏》说："每年夏秋间，夷帕乘风而至……往年俱泊浪白等澳，限隔海浪，水土甚恶，难于久驻，守澳官权令搭篷栖息，待舶出洋即撤去。"《读史方舆纪要》卷一百亦云："浪白澳在香山之南，为番舶等候接济之所。"《天下郡国利病书》更进一步指出："各国夷舰、或湾泊新宁广海望峒，或勒金奇潭、香山浪白、濠镜十字门，或屯门虎头等海澳，湾泊不一，抽分有则例。"①据此，除浪白澳外，在珠江口一带，外商贸易的地点还有新宁之广海等地。在这些海澳中，浪白当最为繁盛。后来又移至濠镜澳。宋应星在《天工开物》卷中说："闽由海澄（漳州）开洋，广由香山澳。"至此，澳门作为广州的外港，也就成为当时对外贸易最主要的地点。②

广州的对外贸易，促进了广东农业和手工业的发展。对外贸易改变了广州附近地区农业生产的结构。特别是珠江三角洲一带，由过去以生产粮食为主，转变为多种作物同时经营。桑基鱼塘便是这种情况下出现的。此外甘蔗种植和果木、花卉种植面积的增加，都为海外贸易提供了丰富的出口商品。手工业也有很大的发展，特别是冶铁业、纺织业、陶瓷业、造船业和食品加工业的繁荣，使广州及其附近的市镇，成为全国主要手工业产地之一。③

（二）明代广州的城市建设

明代广州的海外交通与贸易对城市建设产生了积极的影响。

明代，广州的城墙进行了两次较大规模的扩建。第一次扩建的时间为明洪武十一年（1378年）前后④，把宋朝的三城联合为一，并把城区向东面和北面扩展。东面扩展到今越秀路，西面扩展到越秀山的后面，周长21里余。还凿象山，开了正东、正西、正南、出北、大北、定海、归德7个城门。越秀山的镇海楼也是在这一次扩建中建立起来的。第二次扩建是在明嘉靖四十四年（1565年）左右⑤，主要是向南扩展。在城南加筑外城。据《阮通志》记载，"自西南角楼以及五羊驿，环绕东南角楼，以固防御，长一千一百二十四丈，高二丈八尺，周三千七百八十六丈。为门八：其东曰永安，西曰太平，南曰水南、曰永清、曰五仙、曰靖海、曰油栏、曰竹栏"。也就是说，利用宋南城雁翅角楼为起点，临江兴建至永安门一带，没有城壕，叫新城。过去的城区称为老城。新城的南界在

① 顾炎武：《天下郡国利病书》卷一三〇。
② 邓端本：《广州港史》（古代部分），海洋出版社1986年版，第161—162页。
③ 邓端本：《广州港史》（古代部分），海洋出版社1986年版，第170页。
④ 见中国对外文化协会广州分会编辑的《广州》一书。
⑤ 见曾昭璇：《广州城址的历史地理研究》，徐俊鸣：《历史时期广州水陆变迁》，原载于《中山大学学报》（自然科学版）1978年第1期。

今一德路和万福路。老城的范围大概东到越秀路,西到丰宁路,南到大德路和文明路一带。① 明代建筑新城,是为了保护新发展起来的商业区,即濠畔街一带。而这些商业区正好又是由于海外贸易的发展而发展起来的。所以新城的扩建与广州海外交通和海外贸易有很大的关系。

二 清代广州港的繁荣

(一)唯一的通商口岸

自乾隆二十二年(1757年)清政府改广州一口通商后,广州成了全国唯一合法的通商口岸,在对外贸易中处于垄断地位。因此,从1759年起至鸦片战争爆发为止,是清代广州海外贸易的繁盛时期。

根据《粤海关志》卷二四的记载,这一时期船舶进口数是逐年增加的,其中最高的一年是1836年,达199艘。最少的1757年也有7艘。这与"国朝设关之初,番船入市者,仅二十余柁"②比较起来,相差不知多少倍。而船舶的吨位数亦由每年的4万吨增加到7万吨。③

关于进口船舶的规模,按《广东新语》卷十八所载:"洋舶之大者,曰独樯舶,能载一千婆兰,一婆兰三百斤,番语也。次牛头舶,于独樯得三之一;次三木舶,于牛头得三之二;次料河舶,于三木得三之一。底二重,皆以铁力木厚三四尺者为之,锢以沥青、石脑油、泥油。……桅凡三……桅长者十四五丈或二三接。……凡上舶客人千余,中者数百。"有一种贺兰舶,"崇如山岳,有楼橹百十重",还配备有大炮等武器。船舱里面有甜水井,菜畦等。清人赵翼所撰的《檐曝杂记》亦提到西洋船,谓此种船"桅高数十丈,大十余抱,一桅之费数千金。……西洋帆则上阔下窄,如摺扇展开之状,远而望之几如垂天之云,盖阔处几及百丈云"。该书还说:"红毛番舶,每一船数十帆,更能使横风、逆风皆作顺风云。"

美国也加入了各国的贸易行列,1784年美国在取得独立后的第二年,便派遣美国商船"中国皇后"号到达广州。这只船在黄埔停留了4个月,在它停留期间,又有一艘"潘拉斯"号来到。这两艘船共运走茶叶88万磅,获得了很大的利润。从1786年起至1833年止,48年间,美国到达广州的船只有1104艘,仅次于英国,其发展速度比其他国家都快。

至于通过广州出口的本国船舶,也有蓬勃的发展,而且多往来于越南、暹罗、爪哇、苏门答腊、新加坡、吕宋等地。仅新加坡一地,每年便有90余艘中国船往来贸易。《海国闻见录》记载当时葛喇巴(即雅加达)盛况说:"葛喇巴盛甲诸岛,洋舶云集,中国大小西洋白头乌鬼无来由各番珍宝物食,无所不有……中国人口浩盛,住此地何啻十余万。"因此,康熙年间广东道监察御史李清芳在上皇帝的奏折中也说:"商人往东洋者十之一,往南洋者十之九。"④田汝康在《十七世纪至十九世纪中中国帆船在东南亚洲航

---

① 参见徐俊鸣:《广州史话》,中华书局1963年版。
② 《粤海关志》卷二五。
③ 参见李洵:《明清史》,人民出版社1956年版。
④ 见《皇清通考·四裔门》。

运和商业上的地位》①一文中也说,19世纪20年代,每年行驶暹罗、中国,由华侨集资经营的船舶有82艘。由中国驶往越南西贡的有30艘,吨位6500吨;驶往福发的有16艘,3000吨;驶往顺化的12艘,2500吨;加上驶往越南其他港口的船舶,总计有116只,约2万多吨。该文还引克劳佛特《印度半岛史》第三卷的资料说,当时"行驶马来海面的中国船有加里曼丹十只,五千六百吨;爪哇七只,五千三百吨;望加锡二只,五百吨或一千吨的一只;安汶一只,五百吨,马六甲一只,一千吨;林牙群岛以及附近岛屿三只,二千一百吨;丁加奴一只,八百吨;吉连丹一只,八百吨,总计二十六只,一万七千一百吨"。当然这些船也有从福建出发的,但从广东和广州出发的,当不会少于一半。此外,广州至日本也有航线。据日本史料记载,1715年曾有规定,广东每年可以派出两艘海船往日本贸易,每船贸易额为银27000两,并记有广州港至长崎的里程为870日里,航行天数为16—25天。②

根据史料记载,中国对英、法、美、荷兰、西班牙、丹麦、瑞典等国进出口贸易是:

1792年,进口总额5069653两,出口总额5490524两,合计进出口总额为12560177两。③

1812年,进口总额1270万余两,出口总额1510万余两,合计进出口总额2700万余两。

1813年,进口总额1263万余两,出口总额1293万余两,合计进出口总额2556万余两。④

1837年,进口总额2014万余元,出口总额3509万余元,合计进出口总额5523万余元。⑤

如果按嘉庆十七年(1812年)的贸易额与道光十七年(1837年)相比,则在短短的26年中,贸易额已增至1倍以上。

当时欧洲的资本主义国家,尤其是英国,正处在经济上升时期,急需扩大商品的交换市场。中国当时是一个富庶的国家,是西欧国家的主要贸易对象,因此这些国家的商人都希望通过政府的关系,打开中国这扇紧闭的门户。

1787年,英国政府派加茨喀特为使节,出使中国,但他在航行途中死亡。1792年,又派马戛尔尼为使节,继续东来。1793年,马戛尔尼抵达中国,由天津河口的大沽进入北京,在热河觐见了乾隆皇帝,提出开放舟山、宁波、天津诸港,并要求通商特权,遭到清朝政府的拒绝。为此,乾隆皇帝还特地下谕说明:"天朝物产丰盈,无所不有,原不借外夷货物以通有无。特因天朝所产茶叶、瓷器、丝斤为西洋各国及尔国必需之物,是以加恩体恤,在澳门开设洋行,俾得日用有资,并沾余润。今尔国使臣于定例之外,多有陈乞,大乖仰体天朝加惠远人、抚育四夷之道!"⑥马戛尔尼的外交完全失败。1816年英国政府又派阿美士德出使中国,因觐见礼节问题未能达成协议,被中国政府驱逐

---

① 载《历史研究》1956年第8期。
② 参见冯佐哲、王晓秋:《从吾妻镜补谈到清代中日贸易》,载《文史》第15辑。
③ 李洵:《明清史》,人民出版社1956年版。
④ 见《粤海关志》卷一七。
⑤ 见《海国图志》卷二。
⑥ 见《粤海关志》卷二三。

回国。1795年荷兰也曾派德胜和范罢览为使节,提出进一步通商的要求,同样也没有达到目的。

当时中国输出的主要商品是茶叶、丝绸、棉布、铜、黄金等。

茶叶是18世纪最主要的出口物资,为英、法、荷、葡、西班牙等国商人所抢购。每年约有45万担茶叶从广州输出。在英国,清朝初年,茶已是一种名贵饮料。1684年东印度公司通知在印度的英商说:"现在茶叶已渐通行,公司要把茶赠送友朋,望每年购买上好的新茶五六箱运来。"在该公司的宣传下,茶逐渐成为英国流行的嗜好品。从1701年起,至1761年止,从广州输入英国的茶叶逐年增加。据吴杰《中国近代国民经济史》引密尔蓬恩的资料,1701年,通过东印度公司从广州输入英国的茶叶为66738磅,1711年为156236磅,1721年为282861磅,1731年为971128磅,1741年为1309294万磅,1751年为2710819磅,1761年为2862772磅。平均每10年增加1倍以上。由于英、法、葡、西、荷等国,都要通过广州进口茶叶,因此茶叶的价格一直在上涨。例如武夷茶雍正十年(1732年)每担价才13—14两,到了乾隆十九年(1754年),却上涨至19两一担。虽然英国政府对茶叶课以重税,但销路仍然日益增多。从1781年至1793年的12年间,中国对英国输入茶叶的价值便达96267833元(银元)。

丝绸在广州的商品出口额中占第二位。外国从广州进口的丝绸中,有生丝和绸缎两种。虽然中国方面对丝绸的输出经常加以限制,"每船准其配买土丝五千斤,二蚕湖丝三千斤,以示加惠外洋之意,其蚕头湖丝及绸绫缎匹仍如旧禁止,不得影射取戾"[①],但英商为了垄断广州的丝茶市场,仍然与法、荷等国竞相争购。故每担丝价亦由康熙三十八年(1699年)的137两上涨至康熙六十一年(1722年)的142两。到了乾隆十九年(1754年)时,则再涨至150—222两。乾隆年间,平均每年出口湖丝并绸缎等商品,有20余万斤至三十二三万斤不等。[②]

在这期间棉布也有大量的输出,1741年15699匹,1794年增至598000匹,1796年(嘉庆元年)再增至82万匹,1798年(嘉庆三年)突破了2125000匹。自嘉庆五年至九年,每年平均出口1353400匹。当时中国的棉布从质量和配色都胜过英国,并且价钱比较低廉,故英商特别想在广州获得这种商品。东印度公司也特许当时的港脚船输入这些商品。

铜的出口也曾盛极一时,主要是铜制品。当时中国的工艺技术比较先进,欧洲还不能仿造。由广州出口的铜多为滇铜。后来因铜价过贵,出口量逐渐减少。

黄金的输出主要是与欧洲的差价较大,外商有利可图。康熙年间,中国的黄金比当时欧洲的价格要低2/3,所以外国人都做黄金买卖。1736年东印度公司到舟山、宁波来的船便运走黄金26000多两。雍正十一年(1733年)起,中国金价上涨,金子也就停止了出口。

铁锅的出口量也很大,雍正年间,外国船只来广州贸易的百分之八九十都要购买铁锅,"少者一百至三、二百连不等,多者买至五百连并有一千连者"[③]。按每连约重20

第三十五章

明清时期的海港城市发展

---

① 《粤海关志》卷一八。
② 见李侍尧:《奏准将本年洋商已买丝货不准其出口疏》。
③ 参见《南海县志》卷一。

斤计,一千连重则 2 万斤,故海船购买铁锅少者 2000—4000 斤,多则达 20000 斤以上。在这期间,外国向中国输入的商品主要有白银、棉花、铅、毛织品、香料等。

白银是充当购买中国商品的支付手段而输入的。各国商人为了到广州市场抢购丝、茶等商品,只好用白银支付。而中国在当时正好缺少白银,因此欢迎白银输入。各国商人带来的银子除纹银外,还有英国的双烛洋、墨西哥的鹰洋、威尼斯的杜加通币等。进口银与货物比例,在康熙年间英国船,平均是银 50000 镑对商品 5000 镑,而在乾隆年间,平均是银 73000 镑对商品 58000 镑。

输入的棉花主要是印度棉花,它质量好,大受欢迎。当时中国生产的棉花供不应求。康熙四十三年(1704 年)由英国运进棉花 1116 担后,又在雍正十三年(1735 年)运进 605 担。到了乾隆五十年已增至 48000 余担,次年更增至 93000 余担,再次年则在 187000 担以上了。据彭泽益在《鸦片战争前广州新兴的轻纺工业》①一文称,嘉庆十九年至二十年(1814—1815 年)的贸易数字表明,从广州进口的商货值银约 3252480 两,其中棉花约值银 1051708 两,占进口货值的 32%。

铅由英船从欧洲直航中国,每次进口 40—60 吨。

香料是从东南亚国家和印度运来的,本是传统的进口商品,此时改由欧洲商人代替东南亚和印度等国的商人运来中国。

至于欧洲制造的毛织品,在中国市场却找不到销路,但英国国会硬性规定本国商船东航,至少要在输出的商品总额中携带 1/10 的土产或制造品,东印度公司为了完成任务,不得不削价向中国推销毛呢制品。

总之,这一时期广州港的海外贸易,仍然处于出超的地位,外国商人处于入超的地位。在这样的情况下,狡猾的外国商人,特别是英国商人,便转而向中国输出鸦片以弥补他们对华贸易的差额,这样就出现了罪恶的鸦片贸易。

英国东印度公司从乾隆三十七年(1772 年)获得鸦片的专卖权后,便向中国大量输出鸦片。1778 年至 1800 年共输入鸦片 4133 箱。1833 年后,竟增至 21985 箱。至鸦片战争前夕已达 40000 余箱。英国在鸦片贸易中获利 3 亿元以上。美国也获利数百万元之多。清朝大臣黄爵滋奏折谓:“道光三年至十一年广东海口,共漏银一千七八百万两。十一至十四年,共漏银二千余万两。十四年至十六年共漏银三千万两。”②出现银根枯竭的现象。从道光六年(1826 年)起,中国在对外贸易中,便从出超的地位变为入超的地位,而英、美、法等国通过鸦片贸易由入超变为出超,摆脱了在对外贸易中的被动地位。鸦片贸易最终导致了 1840 年的鸦片战争。

(二)广州的外港——黄埔港的兴盛

广州的外港波罗庙,历唐、宋、元、明以来,因地理的变迁,码头的淤浅,已不能再担负外港的任务。因此,进入清初,位于波罗庙上游的黄埔港,作为清朝政府指定的外船碇泊之所,便逐渐地兴盛起来。

清朝政府在颁发管理十三行外商条例中,明文规定:“凡载洋货入口之外商船,不

---

① 载《历史研究》1983 年第 3 期。
② 见范文澜:《中国近代史》上册,人民出版社 1953 年版。

得沿江湾舶,必须下锚于黄埔,并不得在别地秘密将商品贩卖。"①当时外国商船携带铜炮前来贸易者,亦明令规定"于黄埔地方起其所带炮位,然后交易"。按照武育干《中国国际贸易史》统计,1817 年广东对外贸易的进口总值中,通过黄埔进口的达 19717444 元,而当时全省的进口总额才达 23488440 元。可见大部分物资都是通过黄埔进口的。

另据马士、宓亨利所著的《远东国际关系史》一书称,外国船来中国贸易,都先驶入澳门,在澳门聘用一名引水,再雇请一名通事(翻译)和买办,领到粤海关颁发的红牌后,才准驶往虎门。在那里经过丈量并缴清各项费用后,再开到黄埔,不得进入省河。该书还列举 1789 年,"停泊在黄埔的有英国船六十一艘(其中东印度公司船二十一艘,港脚船四十艘),美国船十五艘,荷兰船五艘,法国船一艘,丹麦船一艘,葡萄牙船三艘,共计八十六艘"②。

丁则良在《俄国人第一次环球航行与中国》一文中,记述俄船"希望"号和"瓦涅"号于 1803 年 8 月 7 日,由克隆斯达启行,横越大西洋,进入太平洋,取道夏威夷群岛,经过日本抵达中国时,也是先到澳门,然后进入黄埔碇泊的。③

当时粤海关设总口 7 处,黄埔属驻在广州的省城大关管辖。所以,当时外国商船碇泊地点虽在黄埔,但一切的对外贸易活动仍在广州进行。④

清代广州的对外贸易进一步推动了地方经济的发展,增加了商品性农业的比重,经济作物得到很大的发展,农业商品性的成分增加,必然促进手工业和商业的发展。因此,从明末清初开始,邻近广州的佛山,手工业经济有了很大的发展,冶铁、纺织、陶瓷行业蓬勃兴起,成为当时全国有名的手工业城市。手工业的发达又带动了商业资本的活跃,使我国古代经济中资本主义萌芽的成分更为明显了。⑤

第三节　明清时期的福建诸港

一　福州港⑥

(一)福州港的重要地位

许多港市的发展与国家权力中心有着密切的关系。大的港市一般是州、郡的治所,有的甚至是中央政府的所在地。这种港市的发展特征与国家政策的效能有着相当大的关联。朝廷的政策在空间上往往有差异,或专门涉及某些区域。在任何情况下,政策的实施都因区域而异,而且,在某一区域内,政策的效能也从核心区到边缘地带而

---

① 见黄菩生:《清代广东贸易及其在中国经济史上之意义》,《岭南学报》第 3 卷第 4 期。
② 〔美〕马士、宓亨利:《远东国际关系史》第四章,商务印书馆 1975 年版。
③ 见《历史研究》,中国科学院 1954 年版。
④ 邓端本:《广州港史》(古代部分),海洋出版社 1986 年版,第 189—196 页。
⑤ 邓端本:《广州港史》(古代部分),海洋出版社 1986 年版,第 221 页。
⑥ 此部分内容参见《福州港史》,人民交通出版社 1996 年版,第 72—75 页。

渐次减弱。因而,作为政治中心的港市,其受政策倾向性的影响是不言而喻的。一般而言,政治中心型港市随着国家对待海洋经济、海洋社会以及海外政治关系的政策变化而发生相应的兴衰变化。在这方面,福州港作为福建省的政治文化中心,它在传统国家中的官方海洋事业上始终占有重要的一席之地。这使得福州港市与国家政治经济政策运作发生着过于密切的联系,福州港市的功能运作与国家政治有着不可分割的因果相关性。

福州为闽海最早开发之所,自汉以来一直为全区政治中心所在,具有相应的文化及经济水平,加上沿闽江北上入浙或入赣的水陆交通线,至唐代已大体完成,沿线城市日增,因而最早发展成为闽东南最为重要的港市。在唐代即成为中国四大贸易港市之一。

我们发现,在闽东南诸港市之中,福州港的政治属性向来十分突出,其历史之悠久,其余诸港无出其右者。《后汉书》卷三三《郑弘》传云:

> 旧交趾七郡贡献、转运,皆从东冶泛海而至,风波险阻,沉溺相系。弘奏开零陵,桂阳峤道,于是夷通。至今遂为常路。①

当时闽江口附近之东冶(即今福州),为海上交通中心,旧交趾七郡的贡献,概由此地转运。

唐代,福州仍是各国来朝入贡之市。《文苑英华》有包何《送泉州李使君之任》诗。该诗所描写的是 8 世纪福州的景况。诗云:

> 傍海皆荒服,分符重汉臣。
>
> 云山百越路,市井十州人。
>
> 执玉来朝远,还珠入贡频。
>
> 连年不见雪,到处即行春。②

海外番夷以珠玉为朝贡的贡品入朝,是盛唐时常见的现象,外使入贡常在福州登岸。

明成化前后,福州成为琉球入明贡易的港口,特别是福建市舶司从泉州移置福州后,更使福州与琉球的贸易往来出现了新的高潮。自明成化元年至嘉靖末年(1465—1566 年)这 100 年中,琉球入明朝贡抵福州港就达 78 次,仅此数目就足使福州港跃居各港之首,成为这一时期最有活力的港口。③ 中琉贸易提高了福州港在明清时期闽东南港市活动中的地位,无疑也促进了福州港的繁荣。④

入清,福州港市在清廷开放海禁和厦门设关开埠之后,主要是与国内沿海各港之间互通往来,而与国外直接的航海贸易则较少。唯清廷指定厦门为通洋正口时,福州对琉球国的通商,仍沿袭明代"朝贡贸易"制度,准许一年一贡,贡船直接进出福州港。清廷还使用明代在福州河口地方所设的"柔远驿",作为接待琉球贡使及贸易之所,福州民间称之为"琉球馆"。《闽县乡土志》载:"柔远驿即琉球馆,在太保境(今南台水部)

① 《后汉书》卷三三《郑弘传》。
② 《文苑英华》卷二七一,并见王象之《舆地纪胜》卷一三〇。
③ 谢必震:《中国与琉球》,厦门大学出版社 1996 年版,第 241 页。
④ 蓝达居:《喧闹的海市——闽东南港市兴衰与海洋人文》,江西高校出版社 1999 年版,第 130—131 页。

后街,前有十间排,李姓四户,郑、宋、丁、卞、吴、赵各一户,即代售琉球之货。"①

清中叶,福州与国内南北各港的贸易输出仍以茶、笋、菰为大宗;输入则有东北土豆及江浙棉花、绸布等。此外,福杉也由福州港运往山东,建纸则由此销往东北。在外运商品中,以茶叶销路最广,由国内运达关东(即辽东半岛)。江南一带茶馆视建片(茶)为妙品。"商旅辐辏,货物流通,福州港的沿海航运相当活跃,建茶销往国外则由厦门或广州出口,转销于南洋及西方各埠。"②

明清时期,福州港是闽东、闽北以及闽南部分地区的商品集散中心。"八闽物产以茶木纸为大宗,皆非产自福州也。然巨商大贾其营运所集必以福州为目的。"③据《福州府志》记载,明万历年间,福州共有市9个,其中城内6个,城厢3个。④ 较为主要的有上述南台与洪塘。明人王世懋曾形容过热闹的南台街市,其曰:"十里而遥,民居不断。"而万历时期的林燫在他的《洪山桥记》中,对洪塘闹市作了如下的描述:"商舶北自江至者,南自海至者,咸聚于斯,盖数千家。"⑤清代孟超然咏洪山桥,亦有"桥下千帆落影齐"的诗句。⑥ 随着福州商品经济的不断发展,到了清代,福州的城市经济较前已有了很大的变化。如清乾隆时人潘思榘《江南桥记》云:"南台为福之贾区,鱼盐百货之辏,万室若栉,人烟浩穰,赤马艅艎,估舢商舶,鱼罾之艇,交维于其下;而别部司马之治,榷吏之廨,舌人象胥蕃客之馆在焉,日往来二桥者,大波汪然,馆谷其口,肩摩趾错,利涉并赖。"⑦到了清代中后期,武夷茶出口中心由广州转到福州,每年流进的白银从几百万到上千万元不等,这对福州市的繁荣起了很关键的作用。如福州南台商业最盛即和茶叶有关。"闽省城南隅十里许曰南台,烟户繁盛,茶行鳞次,洋粤人集贾于此,街道错综,有上杭街、下杭街、后洋街、田中街之名,皆崇闳,熙攘接踵。"⑧

(二)福州港的内港与外港

明清时期,福州港区随着中琉朝贡贸易兴盛及城池的拓建,在继续向南推移的同时,亦开始向东向近海方向拓展,并进而形成外港、内港之分。

1. 外港的分布
(1)太平港

太平港又名吴航头,在长乐县西隅,面临台湾海峡,周围山峰环抱,是一个良好的避风港。明朝"永乐中遣内臣郑和使西洋,海舟皆泊于此,因改名"⑨。永乐三年至宣德八年(1405—1433年)间,郑和率领庞大船队出使西洋,泛海至福建,然后自五虎门(在闽江口)扬帆,其间曾累次在太平港驻泊一段时间,以补充给养,装载货物,修造船

---

① 《福州地方志》上册,第144页。
② 蓝达居:《喧闹的海市——闽东南港市兴衰与海洋人文》,江西高校出版社1999年版,第22—23页。
③ 光绪《闽县乡土志·商务杂述四》,第345页。
④ 万历《福州府志》卷一二《街市》,抄本。
⑤ 道光《福建通志》卷二九《津梁》。
⑥ 孟超然:《瓶庵居士诗抄》卷四,《亦园亭全集》,嘉庆二十五年刊本。
⑦ 道光《福建通志》卷二九《津梁》。
⑧ 蓝达居:《喧闹的海市——闽东南港市兴衰与海洋人文》,江西高校出版社1999年版,第131—132页。
⑨ 孟昭涵:《长乐县志》卷五。

舶,征招水手、杂役人等,然后祭祀海神,伺风开洋。郑和驻军的"十洋街""人物辏集如市"①,可见此港当年盛况。

(2)梅花

梅花在长乐县东北10余里,与连江小埕呈掎角之势,"舟上通江浙,下通广东,古琉球入贡由梅江入口,虽上邑之边疆,实闽省之咽喉"②。梅花建梅花千户所,"明洪武十年(1377年)江夏侯周德兴奉命造之,委福州右卫指挥李荣督造"③。明清两代册封使均在此祭海神,登册封舟,赴琉球行册封之事。明万历年间的谢杰有《奉使册封梅花开洋》诗一首:

仙岐渡日水飞楼,十丈春蓬太乙舟。

凤笛数声江阁暮,梅花五月海门秋。

天高北极星辰转,地折南溟日夜浮。

此去若过乌鹊诸,好转消息向牵牛。

梅花有蔡夫人墓、庙。"相传蔡夫人为琉球国人……明万历间因织龙袍入贡,册封精巧妙明懿德夫人。召夫人,舟次梅花,遇风登岸,寓宋直家,适朝命免进京,旋病卒,宋直葬之于马鞍山。"④

梅花西南为滋浼江,分东西南北四浼以停舟焉,中有天后宫,"东通大海,西通福清县城,广浙往来客船皆泊此"⑤,"长乐二十都曰御国山,山插海,高出云汉,有捍卫中国之势,夷船入贡者视此准"⑥。连江有玉楼山,"商船在海中,望此山以入港"⑦。

(3)邢港

邢港位于闽江口北岸闽安镇,古称回港。闽安镇"距省城八十里,有两口,一东出双龟门,外绕壶江、五虎,一南出粮岐门,外绕广石、梅花,为江海之锁匙、会城之门户"。

五虎门和闽安镇设有巡检司。两巡检司扼福州进出大门。古时进出闽江的海船均在此停泊,"客旅、鱼贩、广浙往夫必经"⑧。明清两代,琉球贡船到达福州,按规定必须在闽安镇靠泊,由闽安镇巡检司申报各衙门,经过检查,验明批照,封钉船舱,然后在军船护卫下才能进入直渎港。

2.内港的分布

(1)洪塘

洪塘地处福州西郊,是福州城外围重要集镇,宋代曾在此设怀安县治。闽江中、上游各郡县粮食、木材、山区土特产品均运到这里,再分销沿海各县。福州及沿海各县的盐、鱼货也经过这里运往上游各郡县。因此,洪塘市"民居鳞次,舟航上下云集"⑨。清代中叶,台江港迅速发展,各地货船直接靠泊,洪塘港则日趋冷落,不如往昔。

---

① 孟昭涵:《长乐县志》卷一。
② 道光《长乐梅花志》。
③ 道光《长乐梅花志》。
④ 孟昭涵:《长乐县志》卷十九《祠祀》。
⑤ 彭光藻、杨希闵:《长乐县志》卷三《山川》。
⑥ 孟昭涵:《长乐县志》卷三《山川》。
⑦ 邱景雍:《连江县志》卷四《山川》。
⑧ 何乔远:《闽书》。
⑨ 王应山:《闽都记》卷一九。

(2)南台

南台港崛起于明代,港区中心曾在水部门河口尾一带。洪武四年(1371年),福州扩建城垣,开7个城门,辟水关4座,以沟通城内外河道。福建市舶司迁到福州后,促进了南台港航运、贸易的发展。先前江海潮入福州是由闽安镇历经闽县鼓山、归善、崇贤、高惠四里,计有36湾,周流湾洄抵河口水部门,再散入城中诸河。弘治十一年(1498年),督舶邓内监开浚直渎新港,"径趋大江,便夷船往来,士人因而为市"①。此后福州港便日趋繁荣,河道、码头、仓库、接待站的建设也应运而兴。

柔远驿又称琉球馆,地址在今水部门外珀后街十号福州市第二开关厂内,为琉球贡使、通事船员等下榻的馆舍,也是中琉通商贸易的交易所。

进贡厂址在柔远驿北,为接收、贮存贡物的转运站。弘治十八年(1505年)督舶太监刘广曾重加修饰,添建厅堂。正德七年(1512年)督舶太监尚春见木桥板桥绝朽,致有琉球贡使坠溺水中,因造石桥,称"尚公桥"。进贡厂有锡贡堂3间,供会盘方物;承恩堂3间,供察院3司会宴;控海楼1座、厨房1所、尚公桥1座以及仓库、祠庙等建筑。

明代成化、弘治年间,直渎新港繁荣殷盛曾为全城之冠。自嘉靖年间后,随着中琉贸易的衰落及倭寇侵扰,时填时浚,不如昔日景象。但鸦片战争前,河口一带仍是商业贸易区。

清中叶以后,台江港的中心逐渐移至上下杭等滨江一带。这里客商云集,会馆林立,为"海口之大镇,百货会集之所"②。沿海各地的货物都集中在这里,以待分配闽江中、上游各县;上游各县的木材、粮食也集中在这里,然后再分销沿海各地。

二 泉州港③

明代的泉州承宋元之余绪,在朝廷眼中依然不失为全国的一个重要港市,自明初洪武三年(1370年)就复设市舶司,永乐三年(1405年)置来远驿。但泉州市舶司之职责是"禁通番、征私货、平交易",且限定只"通琉球"④,成了海禁工具,无论其管辖范围还是交通辐射面均不能与宋元鼎盛时相比,泉州官方航海贸易因而很不景气。洪武七年(1374年)泉州市舶司一度被废,永乐元年(1403年)复置,由于贡舟抵泉者渐少,而抵榕者渐多,于是成化年间泉州市舶司正式移迁福州,这标志着福建官方贸易的北移,泉州港进入私人民间贸易的时代。泉州湾后渚港一蹶不振,成为地方性港口。

明代泉州官方航海衰落,但其民间商人走私贸易兴盛,港市的中心由后渚转向安海,并呈现出更加分散的状况。围头湾内诸港因私商航海兴盛而迅速崛起,以安海港最为突出。安海(即安平)港距郡之统制偏远,官府控制力相对薄弱,"况县治去远,刁豪便于为奸。政教末流,愚民易于梗化"⑤。另外,其离"番人之巢穴"的浯屿很近,便

① 乾隆《福建通志》卷三《山川》。
② 吴振臣:《闽游偶记》,见《小方壶斋舆地丛钞》第九帙。
③ 此部分内容主要参见蓝达居:《喧闹的海市——闽东南港市兴衰与海洋人文》,江西高校出版社1999年版,第32—34页,第156—160页。
④ 《明史》卷八一《食货志五》。
⑤ 《安海志》卷一二《海港·附文》。

于私商与外商贸贩,乃与月港同为 17 世纪闽商"泛海通番"活动的中心基地、姊妹港。时人称:"泉州之安海、漳州之月港,乃闽南之大镇也,人货萃集,出入难辨,且有强宗世豪窝家之利。"①到明后期,其户数有十余万,其商人势力足与徽商相匹敌。②

安海商人能商善贾,且地"濒于海上",扬帆经东石、石井海门便可出外海,有利于私人海上贸易往来。除郑氏集团外,安平港海商多以独立经营的"散商"为主。他们以地方豪右为后盾,以宗族为基础,拉帮结伙,"或出本贩番,或造船下海,或勾引贼党,或接济夷船"。当地商舶到东西洋、日本等地,外国船舶也到附近海面停泊游弋,贩卖货物,所谓"围头峻上乃番船停留避风之门户也"。

明代泉州私人海上贸易的主要对象是日本和吕宋。日本的石见、佐渡、秋田等矿山产银甚多,故白银成为日本的主要硬通货。在万历年间,泉州商人把生丝、丝绸、瓷器等商品运往日本长崎港,换回日本的白银。当时日本所需的各种中国货物,大部分都是用白银来计算价值的,如丝"每百斤值银五六百两",丝绵"每百斤值银至二百两",红线"每一斤价银七十两",水银"每百斤卖银三百两",针"每一针价银十分",铁锅"每锅价银一两",川芎"一百斤价银六七十两"③。

在大帆船贸易时期,美洲的白银大量运到吕宋,以购买中国的丝织品、瓷器等商品,安平"散商"多到东西洋航海贸易,其中以通吕宋为主。万历年间,泉州晋江人李廷机说,在海禁森严时,为了谋生,只好冒禁阴通,而所通"乃吕宋诸番,每以贱恶什物,贸其银钱,满载而归,往往致富"④。

郑芝龙是安平海上走私商人的代表,以他为首的郑氏集团以石井澳为据点,拥有雄厚的家族资本、近千艘海舶而纵横海上。万历年间,郑氏海商驰骋海上,"置苏杭细软、两京大内宝玩,兴贩琉球、朝鲜、真腊、占城、三佛齐等国,兼掠犯东粤、潮惠、广肇、福游、汀闽、台绍等处"⑤。"岁入千万计","以此居奇为大贾"⑥。启祯之交,"海寇蜂起,洋船非郑氏令不行。上自吴淞、下至闽广,富民报水如故,岁入例金千万,自筑安平寨,拥重兵专制海滨"⑦。在安平镇筑城开府,征收饷税以养兵,"凡海船不得郑氏令旗者,不能来往,每舶例入二千金,岁以入千万计,以此富敌国"⑧。不少安平商人借其庇护畅行海上。安平私人贸易刚开始时,海上走私船不过数十艘,随后不断扩增,至天启六年(1626 年)已增至 120 艘,次年更增为 700 艘,而到崇祯年间,猛增至千艘。⑨

郑芝龙为了进一步在安平港发展海外贸易,开辟了一条由安平港直通日本长崎港的航线,把中国的丝绸、蔗糖、瓷器等商品由安平港直接运往日本长崎港,"自是往返于日本、漳泉之间之货船,月不停泊"⑩。1641 年郑芝龙派 6 艘船到日本贸易,所载运的

① 《明经世文编》卷二〇五。
② 傅衣凌:《明代泉州安平商人史料辑补》所引资料,《泉州文史》1981 年第 5 期。
③ 计六奇:《明季北略》卷一一《郑芝龙小传》。
④ 林时对:《荷丛谈·下册》卷四。
⑤ 道光《厦门志》卷一六《旧事》。
⑥ 连横:《台湾通史》卷二五《商务志》。
⑦ 董应举:《崇相集》第 2 册《米禁》。
⑧ 《台湾省通志》卷三。
⑨ 〔日〕山胁悌二郎:《长崎的唐人贸易》,吉川弘文馆 1954 年版,第 30 页。
⑩ 《长崎荷兰商馆日记》,第 1 辑。

货物中仅生丝一项就有 30720 斤,丝织品 90920 匹,相当于当年到达日本的其他中国船载运的生丝总量的 1/3,丝织品总量的 2/3。[①] 如 1641 年 6 月 26 日傍晚,郑芝龙的一艘帆船到达长崎港,运载的货物有白生丝 5700 斤,黄生丝 1050 斤,燃丝 50 斤,白纱绫 15000 匹,红纱绫 400 匹,白绉绸 7000 匹,花绸子 80 匹,麻布 7700 匹,以及天鹅绒等。7 月 1 日,郑芝龙的第二艘帆船从安海港抵长崎,又运来了白生丝 6000 斤,黄生丝 1000 斤,白绸 16700 匹,纱绫 800 匹,纶子 4500 匹,麻布 3300 匹,天鹅绒 625 匹。7 月 4 日,郑芝龙的第三艘船从安平港抵长崎,运来白生丝 14000 斤,黄生丝 13500 斤,红绸 10000 匹,白麻布 2000 匹,白绸 4300 匹,缎子 2700 匹,生麻布 1500 匹,天鹅绒 475 匹,白纱绫 21300 匹,绢丝 250 斤,索绸 40 匹。[②] 7 月,郑芝龙再派 12 艘糖船前往长崎,运去大量的白砂糖、黑砂糖、冰糖,以及各种纺织品和药品。1642 年 8 月,有 3 艘中国商船抵长崎,其中 2 艘来自泉州,运去大量生丝、绢织物、粗杂货和药材,而最大的一艘是郑芝龙的船。1643 年 8 月 11 日和 12 日,分别有郑芝龙的 4 艘和 3 艘船抵达长崎,运去生丝和绢织物。可见,崇祯年间郑氏海商集团到日本贸易相当频繁,当时安海港输往日本的丝和纺织品数量相当多。

当时,从泉州安平输往日本的瓷器也相当多。

据《皇明象胥录》记载,当时日本"互市华人的货物有金银、琥珀、水晶、硫磺、水银、铜表、白珠、青玉、苏木、胡椒、细绢、花布、螺钿、金漆器、扇、刀剑等"[③]。其中以各种金属数量最大。郑芝龙控制了荷兰殖民者在台湾的贸易,成为荷兰殖民者最大的商品供应者,也控制了葡萄牙殖民者与日本的贸易。

清廷为了隔断沿海人民与郑氏集团的联系,施行海禁与迁界政策。民众为逃脱困境,往往贿赂沿海守界官兵,或"武装走私",或"有鱼则渔,无鱼则为盗",进行海上走私贸易。郑成功率部入海后,为增加财政收入,继续和日本进行贸易。郑氏的商船队经常出入日本长崎港,运去大批的货物。郑成功还设立山海路五大商直接经营与大陆的秘密贸易。在顺治十二年(1655 年),被清朝查获的屯贮在衙行潘一使家的"旭远号"赃物就有胡椒 60 袋(每袋重 50 斤)、牛角 15 捆(每捆重 50 斤)、降香 8 捆(每捆重 50 斤)、金钱 27 袋(每袋重 50 斤)、檀香 10 捆(每捆重 50 斤)、黄蜡 7 包(连包每包重 50 斤)、良姜 136 包(每包重 50 斤)、大枫子 11 袋(每袋重 50 斤)。[④] 虽然"清朝严禁通洋",但海商们"厚赂守口官兵",仍然可以出海贸易。"往来南洋既禁,商船之往东洋者,每于途中私往南洋。"[⑤]到雍正、乾隆之际,贩私的规模更大,从事贩私的"无赖之徒"已有数万人。[⑥]

明天启、崇祯和清顺治年间(1621—1655 年),泉州安海港在郑芝龙、郑成功海商集团经营下,成为中国东南海外交通贸易的中心港市(其全盛时代为 1628—1655 年)。其中,崇祯元年(1628 年)郑芝龙受明朝招抚后,拥兵安海,并将其作为独占的军事据

① 茅瑞征:《皇明象胥录》卷一。
② 李言恭、郝杰:《日本考》卷一《倭奴》。
③ 〔日〕木宫泰彦:《参考新日本史》第 4 编第 3 章。
④ 江日升:《台湾外纪》卷六,世界书局股份有限公司 1979 年版。
⑤ 蔡新:《辑齐文集》卷四。
⑥ 《皇朝经世文编》卷四九《户政》;卷二四《曹一士·盐法论》。

点和对外贸易的海上基地。安海港的郑氏船队常年穿航日本、巴达维亚和东南亚各地,或以台湾、澳门为中转港与荷兰、葡萄牙、西班牙等商人交易,其中以对日贸易为主。航海、商贸的发达,促进了安平镇的繁盛。"城外市镇繁华,贸易丛集,不亚于省城。"①

清顺治十二年(1655 年),明郑与清廷谈判破裂后,郑成功"将安平家资尽移过金门安顿,毁其居第,堕其城镇"②。次年,清兵突入安平,把市区及其附廓村舍烧为灰烬,夷为废墟。1661 年又"迁界",废弃了安海。后航道淤塞,港埭溃决,泊岸塌陷,码头圮废。安海闭绝将近 30 年,直到 1684 年"甲子复界",海禁既开,又经一番疏浚整治,才逐渐恢复过来。泉州海商航海活动转入正常,成为"合法"的贸易,唯出洋船须向厦门海关挂验而已。海舶多属泉、漳商贸。这些船载瓷、丝绸、纸张、糖、靛等,运销于国内各地。泉州港海上航运又见兴盛。

三　厦门港③

(一)厦门:银城鹭岛的崛起

厦门港位于闽南九龙江入海处的海岛上,港区水深达 20 米,为天然良港。高居堂奥,雄视漳泉。早在元至元十六年(1279 年)即于此设立"嘉禾千户所",为东南沿海重要之军港。明洪武二十年(1387 年),为中左千户所④,月港出海商舶由此挂帆开驾:"中左所,一名厦门……从前贾舶盘验于此,验毕移驻曾家澳,候风开驾。"⑤随着月港海外贸易的日益兴盛,厦门港也日渐得到发展。

正德十一年(1516 年),葡萄牙商船首次来到厦门,泊于浯屿,并在厦门设立公行。嘉靖二十六年(1547 年),西班牙商船也来到厦门。他们与菲律宾政府保持密切交往,每年都有三四十艘帆船运载大批物资去马尼拉,其中大部分被转运去墨西哥,并且开辟了台湾海峡和琉球岛去日本的航线,后发展为厦门至长崎的直达航线。1575 年,曾到过厦门港的西班牙传教士述其见闻说:"那个港口的人口是壮观的,因为除了大到能够容纳大量的船只外,它很安全、清洁,而且水深。它从入口处分为三股海湾,每股海湾中都有很多船扬帆游弋,看来令人惊叹,因为船只多到数不胜数。"⑥

明末清初,郑成功以厦门为抗清基地,采取"通洋裕国、以商养兵"的政策,大力招集各国海商来厦门贸易;同时派出大型船队前往东南亚地区的暹罗、柬埔寨、北大年、柔佛、马尼拉、咬𠺕吧(今雅加达)及日本等国,开辟厦门—东南亚—日本—厦门的三角航线。在郑氏集团的经营下,厦门港的海外贸易获得迅速发展,厦门不仅成为国内外航运贸易的中转港,而且成为东南沿海的贸易中心,其海洋经济的发展,声震寰宇。

---

① 江日升:《台湾外纪》卷四及卷八,世界书局股份有限公司 1979 年版。
② 江日升:《台湾外纪》卷四及卷八,世界书局股份有限公司 1979 年版。
③ 此部分内容参见蓝达居:《喧闹的海市——闽东南港市兴衰与海洋人文》,江西高校出版社 1999 年版,第 38—40 页,第 117—130 页。
④ 道光《厦门志》卷三。
⑤ 《东西洋考》卷九。
⑥ 〔西班牙〕德·拉达:《拉达出使福建记》,何高济、杨钦章译,《海交史研究》1986 年第 1 期。

郑氏集团抗清失败之后,厦门之"城池宫室,兵戈焚毁",其海洋经济受到沉重打击。自康熙十九年(1680年)清廷收复厦门、金门,康熙二十二年(1683年)取消"海禁"并在厦门设立闽海关正口以后,厦门"如花之着地,逢春得雨,甲折勾萌,无不各畅其生机"。厦门港得到空前的发展,港口出现"番船往来,商贾翔集,物产糜至"的繁荣景象。其与东南亚各国及日本都有海上贸易往来。但康熙五十六年(1717年)又重申"海禁",规定"凡商船照旧令往东洋贸易外,其南洋吕宋、噶喇巴(即爪哇)等处,不许前往贸易",而"外国夹板船,照旧准来贸易",各地商船前往安南,"不在禁例"。① 重申海禁,使"百货不通,民生日蹙;居者苦艺能之罔用,行者叹致远之无方"②。此次海禁施行时间不长,雍正五年(1727年)解禁,第二年复定厦门港为福建出洋正口,这样,厦门港便成为福建对外贸易的唯一港口。此后厦门港进出口船只不断增多,以至"贸易聚集,关课充盈"③。雍正十一年(1733年)厦门港每年出洋商船有 28—30 艘,到乾隆十九年(1754年),已增至 70 艘,次年又增至 75 艘。④ 当时沿海各省出洋海商,以"闽省最多,广省次之"⑤。直至乾隆二十二年(1757年),厦门"港中舳舻罗列,多至万计"⑥。商船辐辏,百货汇聚,盛况空前。周凯《厦门志》说:"厦门人民商贾,番船辏集,等诸郡县。"⑦

随着海洋贸易的发展,港口空间格局也不断变化。北宋,厦门属同安绥德乡嘉禾里,于东渡设"官渡"。为使厦门与泉州直接交通,位于"城西北三十里,通同安驿站大路之正渡"的高崎,逐渐取代篔筜港而兴起,成为厦门的通商港口。同时,位于厦门北侧水道东北方的刘五店港是同安县汀溪瓷窑青瓷器(珠光瓷)的输出港口。元朝,刘五店及与其相对之五通成为泉州与厦门的"官渡"。明代允许私商在水仙港盘验后移至曾厝垵出航。位于厦门岛东南部的水仙港又取代高崎港而兴起。明末清初,仍沿用水仙港,并增设沿厦门岛东南的集美、港仔口、新港头、磁街等十多个渡头。

(二)国家社会互动与厦门的兴衰

"鹭岛为全省诸水道之要冲,四面环海,群峰拱护,可为舟楫聚处"⑧,为华南海疆之要地。优越的地理条件为清以后厦门港的崛起设定了区位优势。

入清以前,厦门地方社会与文化已获相当之发展。距今 3000 年前的新石器时代晚期就已经有闽越人在厦门岛上生活。公元 8 世纪唐代中叶,汉族人进入岛上。"自唐薛君珍、陈希儒以儒术倡起,历宋迄明人文辈出。"⑨"师友渊源,绳绳继继,斯文迭起,名士振兴,如林少卿以诗文行世,杨仁甫以廉洁擅名,傅国鼎以经济著声,林负苍以

---

① 《清文献通考》卷三三。
② 蓝鼎元《论南洋事宜书》,见《鹿洲全集》,蒋炳钊、王钿点校本,厦门大学出版社 1995 年版,第 55 页。
③ 道光《厦门志》卷七。
④ 《宫中档乾隆朝奏折》卷一。
⑤ 《宫中档乾隆朝奏折》卷九。
⑥ (清)薛起凤:《鹭江志》卷一。
⑦ 周凯:《厦门志》卷一五《风俗记》,鹭江出版社 1996 年版,第 508 页。
⑧ 《鹭江志·廖飞鹏序》。
⑨ 《鹭江志·廖飞鹏序》。

清高见重,祀之乡贤,列之县志,推许当时,流传奕世,庶几不愧海滨邹鲁之邦。"①"夫嘉禾一岛,大不过三十里,在唐则为陈薛衣冠之地,宋则为文公过化之区,而元而明,人文辈出。"②发展到清代,有了修志的需要。

随着厦门地方社会的发展,国家政治力量也随之渗入。唐朝大中年间(847—859年),这里出现地名"嘉禾"。嘉祐三年(1058年),宋朝政权在岛上设防驻兵,厦门岛在军事海防上的重要地位受到重视。宋代岛上设了五通、东渡两处"官渡",即五通与同安刘五店对渡,东渡与嵩屿对渡。"明江夏侯周德兴相阴阳,观流泉,度地居民,建城其中。"③"鹭岛者……四面环海,纵横三十里许,名山秀水,自为结构。唐宋以来,并为村墟,明洪武时建所城,领以千户,而市镇之设自此始矣。"④"厦门,旧名中左所,明洪武二十七年(1394年)徙永宁卫中左所官军守御于此。江夏侯周德兴筑城,周四百二十五丈九尺,高连女墙一丈九尺,阔八尺五寸,窝铺二十二,垛子四百九十六,门四:南曰洽德,北曰潢枢,东曰启明,西曰怀音,上各建楼。永乐十五年(1417年),谷祥增高三尺,四门增砌月城。正统八年(1443年),刘亮督同千户韩添筑四门敌楼台。万历三十年(1602年),掌印千户黄銮倡率官军,各捐俸粮重新所署。"⑤明中左所厦门城的建立,标志着明清王朝政治力量在厦门岛的扩张。

清初"海氛四起",郑成功踞其地40余年,"万中庵疏复两岛,施靖海继莅斯邦,十年生聚,十年教诲,市井乡都,诗书振响,少习长成,甲科辈出"⑥。特设提军镇守,更移兴泉永道驻扎⑦,康熙二十二年(1683年),"部议以厦门重地,令施琅挂侯印领水师驻扎于此。琅遂表奏,重葺城窝,大建行署,通商训农,民得安堵,今驻厦门水师提督一员,中营参将一员。旧将军时,用副将,今改前、后、左、右营,各游击一员,守备一员,千总二员,把总四员,兵各一千名。除分拨应调,见在五营食粮共四千八百五十名。战船七十只,箭道二,一在北门内,一在外清。大较场一,演武亭一座,在南普陀前"⑧。

除了政治机构的下设设置之外,明清还加强了对厦门地方社会的政治监控,推行"保甲"制。清代通厦烟户,市镇设福山、和凤、怀德、附寨四社,乡村设廿一都、廿二都、廿三都、廿四都。⑨

编保甲的意图为"令各保长督同甲头,互相稽查奸宄,各造烟户缴查,计共烟户一万六千一百余户"。另设澳甲以稽查船户,有"神前澳、长塔澳、涵前澳、高崎澳、鼓浪屿澳"⑩。

对于厦门港市而言,最重要的国家机构的设置,也许是海关的设立,它标志着厦门港市的发展进入一个新的时期。康熙二十二年(1683年)取消"海禁",并在厦门设立

① 《鹭江志·嘉禾里序》。
② 《鹭江志·黄名香·鹭岛志引》。
③ 杨国春:《鹭江山水形势记》。
④ 薛起凤:《鹭江志·总论》。
⑤ 《鹭江志》卷一《厦门城》。
⑥ 《鹭江志·嘉禾里序》。
⑦ 《鹭江志·廖飞鹏序》。
⑧ 《鹭江志》卷一《厦门城》。
⑨ 《鹭江志》卷一《保甲》。
⑩ 《鹭江志》卷一《保甲》。

闽海关正口：

> 闽海关旧为户部所管。每三年，部中选一员抵厦专理其事（员外、郎中不等），住户部衙（在养元宫边）。分四处稽查，岁解征税七万三千有奇。今为将军兼管，委官一员，在厦总理，有事则禀明将军，饷银作四季解京。大馆在岛美路头，凡洋商南北等船出入，皆到馆请验，惟米粟免饷，余俱有例。其自外来者，洋船则官亲登其上封仓，命内丁日夜看守，防其偷漏掩处，验明征饷。商船则遣人持丈尺，量测深浅计算所载多寡，分别征饷。自本地出者，则挑赴大馆报税，给单出水。小馆则随潮时，命巡丁遍查渡船，验其有无偷漏，其或隐匿不报，察出则执解大馆，以凭送究。①

另外，因为"台湾既入版图，则内地一大仓储也"。为解决福建沿海人民产粮不足而造成的军粮供给困难，清廷于康熙二十四年（1685 年）开放厦门港与台湾鹿耳门港对渡航运。② 厦门自此成为对台运输（简称"台运"）的专门口岸。"台运"自康熙二十四年始，盛于乾隆、嘉庆年间，终止于道光七年（1827 年），历时 142 年。③ 清廷于康熙二十五年（1686 年）将原驻扎在泉州的泉州海防同知移驻厦门，专门管理台运。《厦门志》说："厦门为通台贩洋、南北贸易商船正口，海防同知为司口专员。"④台湾也设立了专门衙门。此外，两地港口及通航要道上还设立了文、武汛口。其中，厦门文汛口在城南玉沙坡，负责渡台出入口船只申报检验，盘收台运米谷，传递往来文书；武汛口由水师提标中营参将司理，设有五营汛地和大担、炮台两汛口，专管船舶进出盘验挂牌和巡逻等事务。"厦门商船对渡台湾鹿耳门，向来千余号。"⑤由于投入船舶多，运量大，因此台运成为厦台地方官员的一项要政。

明清帝国政治力量的渗入与制度化，对于地方社会人文的发展，其影响是双重的。这种作用和影响，不仅依帝国政治的性质而定，也在很大程度上受地方社会人文传统的制约和影响。就厦门地方社会而言，据《鹭江志》云：

> 鹭门田少海多，居民以海为田，恭逢通洋弛禁，夷夏梯航，云屯雾集。鱼盐蜃蛤之利，上供国课，下裕民生。⑥

居民"以海为田"，追逐的是鱼盐之利和通洋之利。鱼盐之利是传统海洋经济的主要内容。乾隆时期，厦门之渔业，专业渔民并不多，据《鹭江志》载：

> 东澳　渔户十七；
>
> 塔头澳　渔户七；
>
> 高崎、石湖、钟宅澳　渔户二十。⑦

《厦门志》卷一五《风俗记》亦载："厦岛田不足于耕，近山者率种番薯，近海者耕而兼渔，统计渔倍于农。海港腥鲜，贫民日渔其利，蚝埕、鱼箭、蚶田、蛏淑，濒海之乡划海

---

① 《鹭江志》卷一《关津》。

② 《厦门志》卷六《台运略》。

③ 《厦门港史》，人民交通出版社 1993 年版，第 64 页。

④ 《厦门志》卷四。

⑤ 《厦门志》卷五。

⑥ 《鹭江志》卷一《庙宇》。

⑦ 《鹭江志》。

为界,非其界者不可过而问焉。越澳以渔,争竞立起,虽死不恤。身家之计在,故也。"①

当时的筼筜港,"长可十五六之里,阔四里许,自竹树渡头至江头社,一弯如带",是内海捕捞的好去处,"海利所出,日可得数十金,鱼虾之属此为最美"。黄日纪《前题》诗曰:"筼筜支海集渔家,入夜灯光起小槎,远近星星数不尽,还余几点在芦花。"渔业是港市社会一部分人的重要生计。还有少数人从事盐业生产,如下尾烧灰澳"有盐埕,今在此晒盐"。

通洋之利在于海洋运输和海洋贸易,包括短程的沿海陆岛和岛际交通贸易。海洋贸易作为生计传统,对于厦门地方社会具有举足轻重的地位和作用。明代中后期厦门作为月港的外港,海洋贸易已具备相当的规模。17世纪初地方海商郑芝龙以厦门等口岸为基地进行航海贸易,拥有众多的帆船,成为东南沿海的"海上霸王"。清初,厦门成为郑成功政权的贸易基地,开设了"五大商行"专门从事海外贸易,开辟直达航线来往于日本、东南亚各国。在郑氏集团的经营下厦门海洋经济持续发展。但是,在明末清初的争战中,厦门地方社会经济受到沉重的打击。

"国初海氛四起,郑成功踞其地四十余年,其间城池宫室,兵戈焚毁,而鹭江遂成战场,亦一时之厄也。"②康熙二十二年(1683年)台湾统一后,取消"海禁",并于1684年在厦门设立了闽海关正口。于是厦门传统的海洋贸易经济获得新的发展机遇,进入一个更加兴盛的时期。特别是雍正至乾隆的70年间,厦门海洋贸易盛极一时,以贸易总值而言,乾隆十六年(1751年)达1821万银两。在1750年前后,每年均在千万银两以上。可见贸易规模之宏大。③ 货物进出的"路头"津澳排列在鹭江沿岸等处,"舟子喧闹争渡客,马头络绎趁墟人"。

连接"路头"之处和周围地方形成港市,带来了街市的繁荣。在空间上而言,厦门街市大致不出福山、怀德、和凤、附寨并厦门港四里之范围,"市所以通天下之货也"。陈迈伦诗曰:"近城烟雨千家市,绕岸风樯百货居。"在这些街市上从事经营的商人、店户须向官府纳税,以获得营业执照。

海关的设置以及关赋市税的征收,自然意味着国家对于海市的开放以及民间社会商业活动的合法化。这无疑促进了厦门港海洋贸易的发展和厦门港街市的繁荣。厦门港有理由"以僻陋海隅而富甲天下"④。

海洋贸易的发展,使厦门成为东南重要的贸易港口,而港口的发展,也促成了港市的发展,出现了杨国春《鹭江山水形势记》所云"虽其岛纵横三十里许,而山峰拱护,海潮回环,市肆繁华,乡村绣错,不减通都大邑之风"的气象。⑤

厦门传统港市的发展在乾隆时代达到鼎盛。当时厦门已成为联系闽南内地市场的中心,是漳、泉一带农产品、手工业品的转口港和消费品集散地。直至嘉庆元年(1796年),厦门一直是"远近贸易之都会"。在清康熙年间至鸦片战争前这100多年

---

① 《厦门志》卷一五《风俗记》。
② 《鹭江志》卷一《嘉禾里序》。
③ 陈嘉平等:《厦门地志》,鹭江出版社1995年版,第1—4页。
④ 《鹭江志》卷一《街市》。
⑤ 《鹭江志·鹭江山水形势记》。

中,厦门"人民蕃广,土地开辟,市廛殷阜,四方货物辐辏"①,成为闽南政治、经济的中心都市和新兴的港口城市。"由于港口优良,厦门早就成为中华帝国最大的商业中心之一,又是亚洲最大的市场之一。……许多商店摆满生活的必需品与奢侈品……在这个港内总计大约有一百五十只沙船,其中很多艘正在很宽敞的船坞里修理,如果加上每日从台湾开来的米船,那数目就更多了。"②

厦门在南宋时,岛上已有居民千余户,约6000人。经过数百年的发展,至道光十二年(1832年),厦门土著居民已达144893人,其中男83229人,女61664人。③ 这些居民大都从事航运、贸易和海洋捕捞以及港口航运贸易服务等经济活动。

传统的帝国政治对于地方社会的社会经济控制与染指,无疑也会成为地方社会经济发展的一种障碍。吏治腐败对于清代厦门经济的危害是极为明显的,其弊不仅在委员、吏卒、长随、保家等项人役,而且也"在官"。官吏之害对于港市社会与经济的发展是一种摧残。

在厦门港市社会的努力经营下,港市经济呈现繁荣之象。为了适应港市经济的发展,清代康熙年间厦门出现了洋行和商行。这是一种贸易的代理中介机构。他们包揽贸易,代理业务,在商人中选出8—10人,经海关监督的允许,独揽港口的进出口货物贸易。厦门洋行真正设立应在雍正五年(1727年)后,商民整发往夷贸易,设立洋行经理,其有外省洋行船舶进口,亦归洋行保结。④ 洋船由厦门洋行保结出洋,海关征税,厦防同知、文武汛口查验放行。⑤ 洋行是专门经理洋船出口和外国商人与本国商人经营国际贸易的中介机构,而商行则负责国内南北航线和近海船舶贸易的保结。厦门洋行在雍正、乾隆、嘉庆三朝较为兴盛,又以乾隆一朝最为繁盛。康熙朝的洋行有 Limla、Angua、Klmco、Shabang、Chauqua 等 5 家;雍正朝有 Sugua、Cowlo、许藏兴等数家;乾隆朝有林广和、郑德林等数家。⑥ 至嘉庆元年(1796年)尚有洋行 8 家,大小商行 30 家。⑦

洋行与商行,作为对外贸易的中介机构,对当时发展经济和推动贸易有重要作用。但厦门港至嘉庆十八年(1813年),洋行只剩一家。及至道光元年(1821年)这最后一家也被迫关闭。而且商行虽在 18 世纪后期开始发展,向历史悠久且特许经营海外贸易的洋行进行挑战并最终取而代之,但亦因种种原因而逐渐凋败,至道光十二三年,仅存五六家。⑧

洋行的没落,商行的凋零,除因港市海洋贸易衰退外,一个重要的原因在于清朝官吏的敲诈和勒索,直接压制洋行,摧残远洋运输。如厦门的洋行,每年须义务承办督抚春贡燕菜 70 斤,将军秋贡燕菜 90 斤;岁购黑铅额耗 40321 斤,每百斤仅由藩库发给价

---

① 《厦门志》卷二。
② 郭士立:《中国沿海三次航行记》,《鸦片战争在闽台史料选编》,福建人民出版社 1982 年版,第 82 页。
③ 《厦门志》卷七。
④ 《厦门志》卷五。
⑤ 《厦门志》卷五。
⑥ 傅衣凌:《明清时代商人及商业资本》,人民出版社 1956 年版,第 198—220 页。
⑦ 《厦门志》卷五。
⑧ 《厦门志》卷五。

银 3 两;又有津贴泉州船厂洋规 5 成 4000 元,充为海洋缉捕经费银 2 万两。① 公开勒索如此,不见史载者尤甚。"福建之厦门码头,本为内地贩洋商船聚泊之所,后因陋费繁重,屡次禁茶,及愈禁则愈甚,遂使洋行歇业,洋贩不通。"②如此,港市商人经济活动多受地方官府政治集团的权力掣肘而无法独立灵活地发展,商业经济活动也就不能顺利进行。

四 漳州港③

漳州地处闽南九龙江畔园山麓,是一座著名的历史文化名城,其南濒台湾海峡,北倚博平岭山脉,属闽东南沿海的丘陵平原区。陆路方面,漳州地区为闽粤的交通枢纽,四通八达的陆路交通网为发展对外贸易提供了众多的运输渠道和广阔的腹地。水路方面,漳州地区境内有福建省第二大河流九龙江,发源于闽中大山带南段,正源称北溪,主要支流有西溪和南溪,它们携带的泥沙在下游淤积,形成福建省最大的海积冲积平原——漳州平原。这些溪流在漳州平原东部的龙海县境内相汇入海,其入海口即明代著名的私人海外贸易港——海澄月港。此外,漳州地区其他较长的河流,也在各自的入海口形成优良的港湾,为漳州地区的水上交通提供了方便。海运方面,漳州地区隔台湾海峡与台湾、琉球对峙,隔南海与东南亚相望,附近的海域在历史上就是我国江、浙、闽地区与东南亚、印度各国进行海上交通和贸易的必经之地。其沿海一带,北起九龙江口附近的厦门港,南至毗连广东的诏安湾,港汊众多,岛屿星罗棋布,海岸线漫长,在明代海禁期间,是有名的走私贸易活动地点。

(一)海澄设县

月港的走私贸易,早在明初就甚盛行,据《海澄县志》记述,其"风回帆转,宝贿填舟,家家赛神,钟鼓响答,东北巨贾竞骛争驰",在成化、弘治之际,就已享有"小苏杭"之称。至正德年间,当地豪民又私造巨舶,扬帆外国,交易射利,于是,诱引了不少海寇商人在此纷争不休,月港遂成为中外走私贸易的汇集之地。

月港猖獗的走私活动很快引起了明朝政府的注意,他们开始在这偏僻的海隅设立海防机构,以镇压走私活动。明朝政府在郡县设有分司弹压,称为"分守"或"分巡",其在滨海地方则又设有巡海。漳州在明初原属福宁道,至成化六年(1470 年),因汀、漳、潮、赣诸处盗贼出没,故开始设分守漳南道驻于上杭,管辖漳、汀二郡,遥制江西之赣州,而巡海道就驻在会城。嘉靖九年(1530 年),福建巡抚都御史胡琏提议因漳州海寇纵横,巡海使者远在数百里之外,缓急非宜,疏请把巡海道移驻漳州以弹压之,在海沧设置安边馆,每年由各府派通判一员,半年一轮换。这就是月港海防机构的首次设置。但是,它并不能改变当地民众出海谋生的习俗,走私活动依然如故。嘉靖二十七年(1548 年),朱纨为福建巡抚时,则立保甲,严接济,并上《曾设县治以安地方疏》,拟在月港设县。设县建议虽得到巡按御史金城的支持,被转行覆议,但当时的走私活动已

---

① 《厦门志》卷五。
② 《筹办夷务始末》(道光朝)卷六四,第 5 册,第 2538 页。
③ 此部分内容参见李金明:《漳州港》,福建人民出版社 2001 年版,第 1—2 页,第 27—39 页,第 54—61 页,第 69—75 页,第 85—91 页,第 96—101 页,第 124—132 页。

较收敛,地方亦较宁息,故知府卢璧又建议暂停设县之议。嘉靖三十年(1551年),走私活动再度猖獗,明朝政府只好于月港建靖海馆,由通判往来巡缉。至嘉靖三十五年(1556年),海寇许老、谢策等突然袭击月港,登岸焚烧千余家,杀掳千余人,巡抚都御史阮鹗告谕居民筑土堡防御自卫,但无济于事。加之倭寇骚扰,当地海寇商人头目乘机作乱,号称"二十四将",结巢盘踞,使月港如同化外之地。明朝政府为了加强对月港的管理,不能不考虑扩大行政建制,于是海澄设县之议又重新提到议事日程上来。

嘉靖四十四年(1565年),知府唐九德建议割龙溪县一都至九都及二十八都五图,并漳浦县二十三都之九图,凑立一县。由军门汪道昆与巡按御史王宗载奏请朝廷批准,赐名为"海澄县"。是时百事草创,县治就设在月港桥头,以原八都防御寇乱筑起的土堡修葺之。至隆庆元年(1567年),县治修成后,乃以八都、九都为附郭,内立五图为三坊,余者为乡落,立四十二图为五里。

隆庆五年(1571年),县城重新建造,扩建原城堡为土城,联结九都城,三座石城构成宏伟的海澄县城。城周围环以城池,宽二三丈。新县城周长522丈,高2.1丈,有城门四个:东曰清波、西曰环桥、南曰扬威、北曰拱极,有垛口2045个。县城内设官署、哨官兵房、军械局、仓库、学宫、街坊店肆,规模恢宏。城外又增筑大泥、溪尾、腰城、天妃宫4个铳城,皆用石灰石砌成,连成一气,每一二丈设炮口一个,安放大出铳炮数百门。又在县城东北角海滩要处建晏海楼,楼高4层,约20米,楼底有地道直通县城内的官署。在船只必经之地的海滩,沉石垒址,高筑炮台,东西长120余米,炮口13个,可击寇船于数十里之外。炮台上建有瞭望楼,取名"镇远",与晏海楼互为掎角,威镇九龙江。

关于晏海楼,有人认为是建于万历十年(1582年),其位置"东望汪洋,西揖岞崿,南瞰演武,北俯飞航,实为城隅巨观"。晏海楼后来多次毁于火灾,一再复修,最后一次复修是在民国初年。该楼为四层建筑,高约20米,对角宽度约为8米,下有地下雨道。整座楼为砖木结构,呈八角形,故当地人称之为"八卦楼"。登上晏海楼可以鸟瞰海澄、石码、漳州一带,天气晴朗时,还可远眺漳浦、长泰,可见此楼对当年瞭望海上情况是起了一定的积极作用。漳州名士、《东西洋考》作者张燮曾赋《登晏海楼》一诗,盛赞当年的动人景色:

> 飞盖移樽逐胜游,凉生衣带已深秋。
> 月明倒映江如月,楼尽遥连蜃作楼。
> 堞堄风前横短笛,烟波天外有归舟。
> 凭栏转觉机心息,安稳平沙卧白鸥。

(二)月港开禁

海澄设县后的第二年,即隆庆元年(1567年),经福建巡抚都御史涂泽民的奏请,明朝政府同意在月港部分开放海禁,准许私人申请文引,缴纳饷税出海贸易。这次开禁之所以称为"部分",是因为对日本的贸易仍属严禁之列,且只准中国商船到海外贸易,而不准海外诸国商船来华贸易。

明政府之所以选择在这个时候开放海禁,其目的首先是缓解因海禁而造成的统治危机。众所周知,福建的地理特点是多山少田,"民本艰食,自非肩挑步担,逾山度岭,则虽斗石之储亦不可得。福兴漳泉四郡皆滨于海,海船运米可以仰给,在南则资于广,而惠潮之米为多,在北则资于浙,而温州之米为多"①。在正常情况下,由广东、浙江达到"有禁然不绝其贸易之路者,要以弭其穷蹙易乱之心"的目的。

明朝政府开放海禁的另一目是征收饷税,借以维持沿海设防的军费开支。明朝政府为抵御沿海倭患的军事耗费异常浩大,计山东、浙、直、闽、广备倭兵饷,每年不下200万。这样的军费开支,对于当时财政已处于崩溃边缘的明朝政府来说,的确难以负担,于是,有的官员就提出开放海禁,得海上之税以济海上年例之用,这样一举两得,战守有赖,公私不困;有的则建议以广东市舶司对外国船实行抽分为例,开放海禁征收饷税,年可得银数万两,以充军国之用。在这种情况下,明朝统治者只好同意在海澄月港部分开放海禁,每年征收舶饷2万多两,以充闽中兵饷。

那么,当时为什么要在月港开禁而不在其他地方呢? 其实,月港本身的港口优势很微弱,它既无直接的出海口,又非深水良港,海外贸易船由此出海需数条出船牵引始能行,一潮至圭屿,一潮半至厦门。这样一个次等港口,在唐宋时仅是海滨一大聚落,至明代后期能崛起成为重要的对外贸易港,大抵是基于以下两方面的原因。

一是月港一带猖獗的走私活动使然。月港因"僻处海隅,俗如化外",统治者鞭长莫及,早在成、弘之际就成为海外走私贸易商麇集的地方,至正德年间,虽说在广州准许非朝贡的外国商船入口贸易,但有些外商"欲避抽税,省陆运",又纷纷由福建人导引来月港进行走私贸易,于是月港遂发展成为中外走私贸易的汇集地,而从事走私贸易的闽人,也一般是从月港出洋。故至明朝政府决定部分开放海禁时,只能因势利导,沿袭闽人到海外贸易皆由此出洋的习惯,以免再受其扰,可保持"境内永清"。

二是月港特殊的地理位置使然。月港为一内河港口,其出海口在厦门,一般海外贸易船从月港出航,需沿南港顺流往东,经过海门岛,航至九龙江口的圭屿,然后再经厦门岛出外海。因此,月港的管理官员仅需在厦门设立验船处,则可对进出口商船实行监督,以免出现隐匿宝货、偷漏饷税等现象。且当厦门出现倭患或海寇掠夺的警报时,停泊在月港的商船可来得及转移或采取防范措施。这在当时走私严重、倭患猖獗的形势下,是作为私人海外贸易港必备的重要条件。另外,月港地处海隅,距离省城甚远,非市舶司所在地,海外贡舶一般不由此入口,不至于发生扰乱事件。

由此可见,月港被作为开禁地点而一跃成为重要的对外贸易港口,依靠的不是港口自身的优势,而是当地猖獗的走私活动,以及僻处海隅的特殊地理条件。简言之,是16世纪中国海外贸易的特殊形势,使之崛起成为著名的私人海外贸易港。

(三)私人海外贸易的发展

月港部分开禁后,私人海外贸易即迅速地发展起来。当时由月港出洋的商船,据推官萧基所述:"大者,广可三丈五六尺,长十余丈;出者,广二丈,长约七八丈","多以百计,少亦不下六七十只,列艘云集,且高且深。"这些海外贸易船不仅载运大量货物,而且还搭乘不少客商,即所谓"每舶舶主为政,诸商人附之,如蚁封卫长,合并徙巢"。当时搭乘这些海外贸易船出洋经商的人数增长很快,据崇祯朝兵部尚书梁廷栋等人上

---

① 魏敬中:《重纂福建通志》卷八七《海禁》。

书陈述,每年春夏东南风作,那些"怀资贩洋"的海商以及充当"篙师、长年"的入海求衣食者,数以十余万计。

海澄未设县之前,海外贸易船一般是从诏安四都的梅岭出航,后来因此地屡遭倭寇的骚扰,故船移至海澄出航。在月港开禁后不久,由这里出航的海外贸易船仅限船数而未定其航行地点。到万历十七年(1589年),始由福建巡抚周寀定为每年限船88艘,东西洋各限44艘,东洋吕宋一国因水路较近,定为16艘,其余各国限船2—3艘;后来因申请给引的引数有限,而愿贩者多,故又增至110艘,加之鸡笼、淡水、占城、交趾州等处共117艘。万历二十五年(1597年),再增加20艘,共达137艘。然而,当时到西洋各地的航程遥远,商船去者很少。即使领的是到西洋的文引,有的贪图路近利多,也暗中驶向吕宋贸易;有的是在出海时,先向西洋航行,待走远后又折回入东洋。于是,从表面看来,每年虽然也按限数给引,但实际到达西洋的商船均不如额。这些商船出洋的航线大抵分为内港水程、西洋针路、东洋针路和台湾水路四程。

关于进出口商品,明代后期从月港进口的商品种类,据"陆饷货物抽税则例"所载,万历三年(1575年)仅55种,万历十七年(1589年)增加至83种,万历四十三年(1615年)再增加至115种。这些商品除少量的暹罗红纱、番被、竹布、嘉文席、交趾绢、西洋布等手工业品,以及番米、虾米、绿豆、黍仔等日常食品外,绝大多数是胡椒、苏木、象牙、檀香、犀角、沉香之类的香料或奢侈品。在进口商品中还有值得注意的是作为货币支付的白银。明代后期,在中国东南沿海一带,由于商品经济的发展,白银使用已相当普遍,出现了银价不断上涨的趋势。与同时期的外国银价相比,显然高出相当多,就以1560年来说,欧洲的金银比价是1∶11,墨西哥是1∶13,而中国仅为1∶4。这就是说,把当时的墨西哥银元运到中国来,马上可提价3倍。故私人海外贸易商为墨西哥银元所诱,迫不及待地涌向马尼拉。当时到吕宋贸易的海外贸易商就是利用两地间的白银差价来赚取利润,即使他们载运出去的货物卖得相当便宜,换回来的银元仍然是有利可图。

当时从月港出口的商品,除了生丝、丝织品和瓷器外,还包含有各种各样的食品、日常用具、家禽和家畜等。漳州一带自古以来就是"善蚕之乡",岁五蚕,吴越不能及。后来虽因"民生渐繁,谷土日多,桑土日稀,而蚕功遂废",但在明代时漳州的丝织业尤为发达,当时从吴中引进先进技术,并加以改进发展而生产出的优质丝绸,为当时的私人海外贸易商提供了源源不断的出口商品。这些生丝和丝织品大量被载运到马尼拉,然后经西班牙大帆船转运到南美各地,直接冲击着西班牙的丝织业生产。从月港出航的海外贸易船也把生丝和丝织品载运到巴达维亚或台湾等地,然后经荷兰殖民者转运到欧洲。

明代后期,中国瓷器在欧洲已很受重视,然而,此时在中国,以盛产瓷器著称的景德镇却出现了原料危机,致使景德镇的瓷器生产几乎陷于停顿。荷兰东印度公司为了满足欧洲对中国瓷器的大量需求,以从中攫取高额利润,不择手段地到处寻找制作景德镇瓷器替代品的基地。漳州一带的瓷窑就是在这种背景下应运而生的。当时漳州一带生产瓷器的民窑,集中分布在平和、华安、南靖、诏安等地,在云霄、漳浦等地亦有发现。这些民窑烧造的瓷器以青花瓷为大宗,还有青瓷、白瓷、色釉瓷(如蓝釉、酱釉、黄釉等)、彩绘瓷(又称五彩或红绿彩)等。这些瓷器制作的工艺水平一般都比较粗率和草就,而其造型、图案却与明末景德镇民窑生产的青花瓷器的艺术风格相似,显然是模仿景德镇的产品。它们是一种急功近利的产业,生产的目的纯粹是为了利润,投向海外的瓷器数量特别大,在一定程度上弥补了内地名窑商品瓷供应的不足,填补了海外对中、下档粗瓷的需求。这些瓷器中所谓的珠光瓷、仿龙泉青瓷、仿景德镇青白瓷、仿景德镇青花瓷等等,几乎可以乱真,致使人们误将它们认为是景德镇或龙泉的产品。

荷兰东印度公司开始是在中国商船经常去的几个地方,如印尼的巴达维亚、泰国的北大年和越南的会安等地,购买由中国商船载运出去的中国瓷器,但这些数量毕竟有限,远远满足不了欧洲市场的需求。于是,他们就直接派船到漳州一带从事走私贸易,或者伺机进行掠夺。当时由荷兰东印度公司载运到欧洲各地的中国瓷器数量异常之大,据统计,在 1602—1657 年的半个世纪里,荷兰东印度公司载运到欧洲的中国瓷器达 300 万件,此外,还有数万件是从巴达维亚贩运到印度尼西亚、马来西亚、印度和波斯等地出售的。

(四)漳州与菲律宾贸易的发展

月港开禁后,经月港申请文引出海贸易的商船多数是到马尼拉。英国东印度公司的船长约翰·萨雷斯说:"开往马尼拉的帆船成群地从漳州出发,有时是四艘、五艘、十艘或更多在一起航行,好像是事先约好似的。"[1] 每年从漳州到达马尼拉的商船数波动较大,据威廉·舒尔茨在《马尼拉大帆船》一书中的估计,从 20 艘到 60 艘不等。出现这种情况的原因,舒尔茨认为:"每年到达船数的多少是取决于马尼拉赢利买卖的机会、航程的安危,以及中国当地的情况。每当中国人了解到马尼拉缺乏银元时,这一年来船只就会减少;在航程中有海盗的消息时,船可能不出港而误过季风期,特别是印度支那沿海长期有海盗的抢劫,倭寇出没于北吕宋,以台湾为巢穴的海盗的进攻等等。有时候来自葡萄牙或荷兰殖民者的威胁也很严重,当时他们均集中全力以削弱西班牙人在马尼拉的贸易;最后是中国内部的纷争或者沿海各省地方的动乱,也可能暂时中断到菲律宾的帆船贸易。"[2] 从漳州到马尼拉贸易的商船一般比较大,其载重量从 100吨到 300 吨不等。为了提高船舶的装载率,船商们总是把载运的商品包装得非常仔细,把丝绸捆压得相当结实,以便最大限度地把有限的装载空间填满,因此,每艘商船装运的商品价值量就比较大。

对于漳州与马尼拉之间的贸易,西班牙殖民者开始时持欢迎态度,积极鼓励中国商船到马尼拉贸易。因为福建商船不仅给他们提供了各种生活必需品,而且使他们增加了不少税收。每当中国商船出现在马尼拉湾外时,驻扎在马里韦莱斯的观察员即上船布置警卫,且放火把船的到来通知马尼拉当局,在船进入马尼拉湾并在城市前面抛锚后,西班牙皇家财政官员即上船检查,把船上的货物一一进行登记,按马尼拉市价规定船货的价值,然后征收 3% 的货物进口税和每船 500 比索的停泊税。大量的关税收入,有助于西班牙殖民者维持其在菲律宾的殖民统治,因此,西班牙殖民者对与漳州的贸易发展与否甚为关注。

---

① 李金明:《漳州港》,福建人民出版社 2001 年版,第 85 页。
② 李金明:《漳州港》,福建人民出版社 2001 年版,第 85—86 页。

然而,西班牙殖民者并不以此巨大税收为满足,反而巧立名目不时对华商进行种种敲诈。此外,西班牙殖民者为了控制中国商品的价格,于1589年正式采用一种批发的、以物易物的操纵法,即所谓的"整批交易法",规定中国商船运来的货物必须交付"整批交易"委员会出售,企图以此来限制中国商品的输入数量,压低价格和减少白银的外流。

　　随着到马尼拉贸易的商船数的增多,那些因货物一时倾销不出而误了风汛,或为组织返航货源而留在那里"压冬"的华商人数也越来越多。据福建巡抚许孚远说:"东西二洋,商人有因风涛不齐,压冬未回者,其在吕宋尤多。漳人以彼为市,父兄久住,子弟往返,见留吕宋者盖不下数千人。"①相比之下,当时居留在菲律宾的西班牙人却不多,在16世纪最后25年里,在马尼拉服务的强壮的西班牙人(包括墨西哥人、欧洲人和印第安混血儿)从未超过几百人。西班牙殖民者对这些人数比他们大得多的华人甚感恐惧,生怕一旦骚动,将危及他们的统治。于是,在1580年,龙奎洛总督把华人强迫集中在马尼拉以东的一个地区,称之为"八连",其位置正坐落在政府安置的大炮射程之内。万历三十年(1602年),因明神宗误信阎应隆、张嶷的妄言,派海澄县令王时和与百户干一成往吕宋机易山"勘金",更引起西班牙殖民者的恐惧,遂于第二年(1603年)对马尼拉华人进行大规模的屠杀。据估计,有24000名华人遭杀害或被投入监狱。

　　1639年,西班牙殖民者再次对马尼拉华人实行大屠杀,原因是大量廉价的中国丝织品输入墨西哥,造成墨西哥本国的丝织业逐渐倒闭,而大量的银元又被走私到菲律宾。秘鲁的葡萄酒和银元流向墨西哥以购买中国的货物,于是造成两个总督辖区之间的贸易在1634年遭到禁止,结果墨西哥的经济走向萧条,马尼拉的财政逐渐枯竭,殖民者不得不大幅度地增加税收,从而导致了政治危机和对华人社区的大屠杀。如此灭绝人寰的大屠杀,当然使漳州与菲律宾之间的贸易大受影响。1604年仅有13艘载有食物和商品的中国商船到达马尼拉,这一年西班牙殖民者所征收的中国货物进口税骤然减少了4万比索,中国商品的贸易额亦从1603年的133万比索下降到1606年的53万比索。

(五)漳州与日本的海上贸易

　　月港开禁后,虽然准许私人申请文引,缴纳饷税出海贸易,但对日本的贸易仍然是实行严禁,一切开往日本贸易的商船皆属犯禁的走私贸易。然而,当时从漳州出航到日本贸易的冒死犯禁者却为数不少。当时,把中国货物载运到日本销售,一般可获利2—3倍,再把日本白银运回中国,又可使其价值提高1—2倍,可见到日本从事走私贸易的利润额是异常之大。正是这种高额利润的引诱,遂使漳泉海商无视海禁王法,纷纷往日本从事走私贸易。

　　明朝政府对日本的海禁,其实至万历三十八年(1610年)已名存实亡,自此之后到明亡的30多年里,往日本贸易的走私商船数量一般是直线上升。由于漳州商船到日本贸易的数量日渐增多,故他们的往返,甚至可左右当时日本市场的生丝价格,如1615年有4艘漳州船到达日本,售卖的广州生丝价每担仅165两,而到1616年3月

① 李金明:《漳州港》,福建人民出版社2001年版,第89页。

这4艘船离开日本后,丝价即突然升高到每担230两,南京的高级丝每担高达300多两。

这段时间漳州与日本海上贸易的发展也与日本幕府对中日贸易的重视分不开。1603年德川家康统一日本后,即极力想恢复对明贸易,他们或者通过明朝商人,或者以琉球王、朝鲜为中介,频繁地对明朝进行活动。他们还大力招徕明朝商船,为他们提供种种方便。除此之外,明朝商人在日本也可受到特殊的待遇。他们到长崎贸易,可随便访问亲友,在亲友家里投宿,可以比较自由地进行交易,出本经营的肩负商人串巷叫卖,幕府也不加干涉。

日本幕府采取积极招引明朝商人的措施,以及日本人民对明朝商人的特殊照顾,当然会促使更多的漳泉海商到日本贸易。由于随同贸易船移居日本的明朝人数不断增多,日本幕府于1604年开始任命一些加入日本籍的明朝人及其子孙作为"唐通事";1635年又任命住在长崎的明朝人为"唐年行司",以掌管有关明朝人的公事及诉讼事宜。而漳州船的船主们亦申请创建了自己的寺院——福济寺(漳州寺)。此事起自于1623年,来到长崎贸易的南京船船主们彼此商议,为了使明朝商船进港时严禁天主教徒,并祈求海上往来平安,以供养死去的亡魂,则申请修建一所寺院。获得许可后,便邀请1620年以来住在长崎的明朝僧人真园为开山,在伊良林乡内领到寺地,创建一所寺院,这就是东明山的兴福寺,俗称南京寺。1628年,明朝僧人觉海率同了然、觉意两僧到日本,于是漳州船的船主们也申请以觉海为开山,按照兴福寺的先例,另创建一所寺院。获得批准后,便以入日本籍的明朝人陈冲一为施主首领,在岩原乡分紫山创建了福济寺,俗称漳州寺。后来福州船的船主们也援用此例,于1629年请准以明朝僧人超然为开山,由入日本籍的明朝人林楚玉为施主首领,在高野平乡创建了圣寿山崇福寺,俗称福州寺。这三个寺院就是所谓的"唐三寺",寺内都设有船神妈祖堂,各商船带到日本的神佛像也全部送到寺内供奉。如今它们已成为当时漳州等地与日本海上贸易发展的见证。

(六)月港的衰落及其在海外贸易史上的地位

如前文所述,漳州月港的崛起,依靠的不是港口自身的优势,而是当地猖獗的走私活动,以及僻处海隅的特殊地理条件。简言之,是16世纪中国海外贸易的特殊形势使之成为重要的对外贸易港口,但也因此注定它只能是一个短期的过渡港口。至天启四年(1624年),因荷兰殖民者骚扰沿海而实行过一年海禁,第二年开禁后,舶饷已是越来越萧条,不能如额,主管舶饷的官员无可奈何。天启六年(1626年),又因海寇横行,洋船不能出海而饷额更加不足,只好于崇祯元年(1628年)停止发放商引。而至崇祯四年(1631年)再次开禁时,已几乎无商船出海,故海防同知仅委至崇祯五年(1632年),这说明漳州月港在这一年已基本处于关闭状态。

漳州月港自隆庆元年(1567年)开禁至崇祯五年(1632年)关闭,其间仅维持了65年。造成漳州月港衰落的主要原因大概有如下几个方面:

1.荷兰殖民者的劫掠

荷兰殖民者东来之后,为了打开对华贸易的大门,以垄断丝织品与瓷器等中国商品的贸易,在漳州一带沿海不断进行骚扰,进犯厦门、海澄等港口,且非法占据了澎湖岛,把俘获的中国海外贸易商转运到巴达维亚等地充当奴隶。被驱逐出澎湖岛后,又占据中国的台湾岛南部,继续对中国沿海进行封锁,所有过往的商船,除了在荷兰东印度公司船只护航下打算到巴达维亚的外,其余到马尼拉、澳门、印度支那以及整个东印度贸易的船只都会遭到掠夺。这种劫掠使到海外贸易的商船内不敢出,外不敢归,必然造成漳州月港的迅速衰落。

2. 海禁过于频繁

明朝政府虽然准许私人海外贸易船由漳州月港出洋贸易,但一有风吹草动,仍随时实行海禁。如万历二十一年(1593年)因日朝战争,传闻日本欲侵占鸡笼、淡水,而禁止海外贸易船出海贸易。明朝统治者为防止发生类似嘉靖倭患的骚乱,于一年之后即宣布开禁。而天启二年(1622年)因荷兰殖民者侵占澎湖岛,拦劫商船,杀人越货,又实行过一次海禁,直至天启四年(1624年)福建巡抚南居益打败荷兰殖民者,收复澎湖岛后才开禁,但出海商船已是寥寥无几,饷税征收越来越少。天启六年(1626年)之后,因海寇横行,商船出洋被阻,遂停止发放船引。崇祯元年(1628年),明朝政府又下令实行海禁,至崇祯四年(1631年)同意开禁时,已几乎无船申请出海,饷税无从收起,海防馆同知只好停止委派。如此频繁的海禁,使月港几乎成为死港,渐渐失去作为私人海外贸易港存在的条件,迅速地走向衰落。

3. 明朝统治者横征暴敛

如前所述,由月港出洋的海外贸易商,除了交纳正常规定的引税、水饷、陆饷和加增饷外,还有所谓的果子银、头鬃费等名目繁多的苛捐杂税,种种横征暴敛已经超出了海外贸易商所能承受的范围,他们或者"委货于中流,以求脱免",或者"非冤殒于刑逼,即自经于沟渎"[1]。海外贸易商的破产,必然使月港逐渐失去生机。

当然,漳州月港衰落的原因是多方面的,除了上述三个主要原因外,还有如漳州本地因人口增多,田土多种谷物,而桑土日稀,加之出海经商者多,农耕渐弛,且多种甘蔗、烟草等经济作物,故养蚕业及丝织业逐渐凋零,使出口海外的丝织品逐渐减少,对漳州月港的衰落多少有些影响。其他如出海港口的增多,在月港刚开禁时,各地商船均汇集于此申请船引出海,而至崇祯末年,有些闽中的海商都转从闽县琅琦出洋;海寇商人头目郑芝龙自崇祯元年受抚后,也在泉州城南30里的安平港筑城开港,征收饷税以养兵。诸多港口并开,使月港失去了作为唯一私人海外贸易港的地位,必然暴露出其地理位置差、港口条件不好等弱点,从而在竞争中渐渐被淘汰。此外,海寇活动的猖獗,明末的政治动乱等因素,也对漳州月港的衰落有着一定的影响。

月港虽然衰落了,但它在我国海外贸易史上的地位却不容忽视。它结束了明代前期维持近200年的朝贡贸易,使明代后期的私人海外贸易得以迅速地发展起来;它标志着我国历史上持续1000多年的以官方垄断为主的海外贸易发生了根本性的变化,使我国海外贸易史进入了一个崭新的时期。

然而,月港的崛起并不是顺应当时国内商品经济发展到一定高度,迫切要求开拓海外市场的需要,而是明朝政府为缓解因海禁造成走私问题严重而采取的一种权宜之计。因此,它虽然在短期内有了较大的发展,但对当时国内社会经济的发展并没有起

---

① 《巡抚都御史袁一骥奏疏》,载《东西洋考》卷七。

到多大的作用,对此不能给予太高的评价。不过,月港海外贸易的发展,对于促进东南亚国家的经济繁荣和发展中外友好关系,起到了一定的作用。当时随同海外贸易船出去的还有大量的手工业者和农民,他们多数移居到菲律宾和印度尼西亚,为所在国的开发与繁荣做出了贡献。

五　福建诸港市社区的繁荣①

海洋贸易经济的发展,促进了港市社区的发展,带来了港市社区商业的繁荣。明清时期,人们谈及福建的繁荣时,主要指城市而不是乡村。正是都市的商业繁荣,如大量驶入厦门港和海澄的船只以及船上负载的成百上千的货物,吸引了时人的注意力,促使他们把泉、漳等沿海港市描述成福建最富裕的地区。

中琉贸易提高了福州港的地位,也促进了福州港的繁荣。明成化年以前,福州港在中国古代海外贸易史上没有什么显著的地位可言。成化年前后,福州港成为琉球入明贸易的港口,福建市舶司移置福州后,更使福州与琉球的贸易往来出现了新的高潮。明成化至嘉靖末年(1465—1566年)这100年间,琉球入明朝贡抵福州港就达78次,仅此数目就足使福州港跃居各港之首,成为这一时期最有活力的港口。② 所谓"民勤于治生,田则夫妇并作。居市廛者作器用精巧,鱼盐、果实、织纺之利颇饶,七郡辐辏,闽越一都会也"③。17世纪罗马尼亚旅行家尼·斯·米列斯库曾报道他所见福建港市的繁荣景象。他说:

> 本省第一大府城,也是本省省会,名福州府,以各种官用建筑之多、商人和学者之众而著称。……这里土地肥沃,海中渔产丰富,有一海湾一直延伸到城里,大海船可以一直驶入城里。在这个海湾上有一座十分壮观的石桥,把城市同近郊连接起来,桥身为汉白玉,桥下有一百多个桥孔。桥长800唡,宽8唡,两边都有栏杆,栏杆上雕有石狮子。在欧洲没有一座如此壮观的桥……城市周围生长大量甘蔗……这里盛产荔枝……还有……龙眼,……中国人把荔枝和龙眼都晾成干果,大量出售。④

明清时期泉州港的海洋贸易地位虽大不如前,但民间海上走私贸易仍有较大发展,泉州港仍然呈现繁荣的景象。米列斯库在同一报道中称:

> 泉州府,商业繁荣,经济富裕,规模宏大,因而十分有名。这里的寺庙更为其增添光辉。这里的道路,两侧铺有石块,中央铺砖,清洁整齐别致,独具一格。……城市位于海滨,海湾伸入城内,因而大船能直接进入城市。海湾沿岸还有一些大镇,其富庶程度毫不逊色于府城。海湾里建有一座举世无双的、极其壮观的大桥。……像从前一样,今天在这个城市和所辖城镇,仍有大量居民漂泊海外经商。⑤

---

① 此部分内容参见蓝达居:《喧闹的海市——闽东南港市兴衰与海洋人文》,江西高校出版社1999年版,第180—185页。

② 谢必震:《中国与琉球》,厦门大学出版社1996年版,第241页。

③ 康熙《福建通志》卷五六《土风》。

④ 〔罗〕尼·斯·米列斯库:《中国漫记》,蒋本良、柳凤运译,中华书局1989年版,第147—150页。

⑤ 〔罗〕尼·斯·米列斯库:《中国漫记》,蒋本良、柳凤运译,中华书局1989年版,第147—150页。

海澄月港在明初本是一个荒凉偏僻的海滨渔村,随着明中叶以后民间海洋经济的发展,而迅速地提升为重要的对外贸易港口,一度成为繁荣的港市。其码头星罗棋布,非常密集。单港口溪尾不够一里的江岸,就有码头7个,有饷馆码、路头尾、箍行码、容川码、店仔尾、阿哥伯、溪尾码头等,均以条石垒砌,十分坚固。城内人口杂处,百货交集,"贾肆星列,商舟云连",市容极盛。明代文人火勃在《海澄书事寄曹能始》诗中作了极为生动的描绘。他写道:

> 海邑望茫茫,三隅筑女墙。
>
> 旧曾名月港,今已隶清漳。
>
> 东接诸倭国,南连百粤疆。
>
> ……
>
> 货物通行旅,赀财聚富商。
>
> 雕镂犀角巧,磨洗象牙光。
>
> 棕卖夷邦竹,檀烧异域香。
>
> 燕窝如雪白,蜂蜡胜花黄。
>
> 处处园栽橘,家家蔗煮糖。
>
> 利源归巨室,税务属权珰。①

郑怀魁的《海赋》也有类似的描述:

> 尔清漳之错壤兮,旁大海以为乡。……富商巨贾,捐亿万,驾艨艟,植参天之高桅,悬迷日之大篷。……夜睹指南之针,日唱量更之筹。外域既至,相埠弯舟。重译八国,金币通酋。期日互市。定佺交售。……持筹握算,其利十倍。出不盈箧,归必捆载。

明末清初,厦门成为对外贸易港市,商业渐臻繁荣。《闽海纪要》记述康熙十四年(1675年)的厦门云:"先是厦门为诸洋利薮,癸卯(1663年)破之,番船不至。至是英圭黎、万丹、暹罗、安南诸国,常以贡款求互市。许之。岛上人烟辐辏如前。"②随着海外贸易发展和人口的流动,厦门人口迅速增长,乾隆年间厦门人口只有1万余户,至道光十二年(1832年)则增为14万余人。③ 由于人口的增长,商业的发展,出现了街市拥挤的局面。许多生意人都试图尽量减少不必要的开支。《鹭江志》卷三《风俗》记载:

> 厦地店屋,向来高不过一二丈,偶尔失火,易于扑灭。今因地窄,竟事崇高,至五六丈余。妆饰楼阁、对街之店,栏槛相交,如同一室。故一经火灾,便延毁数十间或至百间,无可着力救止。其害甚不可言。然积重难返,谁为之别其弊耶?④

厦门在清康熙年间至鸦片战争前这100多年间,"人民蕃庶,土地开辟,市廛殷阜,四方货物辐辏"⑤,成为闽南政治、经济的中心都市和新兴的港口城市。"由于港口优良,厦门早就成为中华帝国最大的商业中心之一,又是亚洲最大的市场之一。……许

---

① 《海澄县志》卷二一《艺文志》;光绪《漳州府志》卷四一《艺文》。

② 《闽海纪要》。

③ 《厦门志》卷七。

④ 《鹭江志·风俗》。

⑤ 《厦门志》卷二《分域略二》。

多商店摆满生活的必需品与奢侈品……在这个港内总计大约有一百五十只沙船,其中许多艘正在很宽敞的船坞里修理,如果加上每日从台湾开来的米船,那数目就更多了。"①

由于对外贸易的发达,在厦门岛西南岸边形成了商业区,在商业区出现了一些与对外贸易有关的专业性街道。至迟到乾隆三十一年至三十四年间(1766—1769 年),厦门城市已初具规模,厦门所城外街市密布,如:

桥亭街　在南门外。

关仔内街　在西门外。

火烧街　在凤仪宫前。

石埕街　在怀德宫前。

神前街　在外关帝庙前。

碗街　在外关帝庙右边。

磁街　在碗街中,直行向海。

竹仔街　在磁街中横列,与提督街连。

提督街　在磁街右边。

亭仔下街　在中街横头。

纸街　在外关帝庙左边。

中街　在纸街左边。

木屐街　在中街左边。

关帝庙后街　在庙后横列。

港仔口街　在亭仔下街横头隘门内。

岛美头街　与港仔口接。

五崎顶街　在走马路横头。

走马路街　在廿四崎上。

塔仔口街　在大使宫前。

局口街　在长寮河。

轿巷街　在轿埕。

新街仔　在塔仔后。

厦门港市仔　在防厅前,圆山宫下。

桥仔头街　在北门外。

菜妈街　在海岸隘门内。②

在商业街区,主要是一些店铺。这些店铺一般为一两层楼,由于地价高,有些地方很拥挤。

随着商业资本的活跃,港市中出现了许多商行和牙行,由商人阶层经营。他们的商业活动不仅为满足本地的需要,而且是国内市场的一个组成部分,还有一部分是为满足海外贸易的需要而进行的。经济的发展,使厦门成为高水平、高消费的繁荣城市。

---

① 　郭士立:《中国沿海三次航行记》,《鸦片战争在闽台史料选编》,福建人民出版社 1982 年版。

② 　《鹭江志》卷一《街市》。

厦门港"梯航既通,南琛北赆。百货丛阗,不胫而走。地窄人稠,物价数倍","衣服华侈,迥于他处"。有诗曰:"锦绣烟花自一洲,无边风景似杭州。楼台半蘸晴江水,箫鼓时闻画鹢舟。"①

第四节　明清时期的宁波港②

一　明代宁波港的缓慢发展

明代是宁波港口发展极为艰难缓慢的时期。明朝初年,由于厉行"海禁",合法的民间贸易事实上不可能存在和发展,官方贸易也只限于宁波通日本。所以,宁波港内除了几年来一次的日本"贡船"外,几乎没有别的商船靠泊。宁波港内一改宋元时代千樯万樯的盛况,而呈现出一派萧条景象。

(一)宁波港对日本的贸易

永乐二年(1404年),明、日签订了勘合贸易条约,即"永乐条约",明朝与日本之间开始了"勘合贸易",宁波港被指定为接待日本"贡船"的唯一港口。明、日间通过宁波港的勘合贸易,大体可分为两期。第一期又称"永乐条约"期,自永乐二年(1404年)至永乐十七年(1418年),其间日本共派遣勘合贸易船6次,船只38艘,明使赴日7次。第二期为"宣德条约"期,自宣德七年(1432年)至嘉靖二十六年(1547年),计115年。在此期间日本派遣勘合贸易船11次,船只51艘,明使去日仅1次。由于两期贸易的条约不同,其具体规定也有所不同。如:"永乐条约"规定10年1贡,每贡人员100人、船只2艘;"宣德条约"则规定10年1贡,每贡人员300人、船只3艘。③从两期"勘合贸易"的实际情况来看,由于日本急于获得贸易上的利益,上述规定往往被突破。

明代日本勘合贸易船到宁波的航线有两条。一是南路,即唐宋以来的传统航线,一般是在春秋两季,乘东北季风,从日本的兵库通过濑户内海,在博多暂停;然后经过五岛,横渡中国东海到宁波。第一期的六次勘合船和第二期的第一、二次勘合船都是走这条航线的。从第二期的第三次起,出发港就改在日本的博多了。二是南海路。这是由于日本幕府在应仁之乱④时,为了避开大内氏的劫掠而开辟的一条新航线。它是以日本堺港为起点,经过四国岛南部,在萨摩的津坊暂停,然后横渡东中国海或南中国海到达宁波。

日本派遣勘合贸易船的目的是为了贸易,但名义还是进贡。所以明朝政府对他们的接待优礼有加,十分隆重,不过并没有因此而放弃对他们的严格控制。除贡期、船只数、人数等有明确规定之外,对贸易货品及贸易方式也有一系列的禁限。规定金、银、

---

① 《厦门志》卷九《艺文略·鹭门纪概》。
② 此部分内容参见郑绍昌:《宁波港史》,人民交通出版社1989年版,第81—120页。
③ 《明史》卷八一。
④ 应仁之乱(1467—1477年)是日本大名(封建领主)大内氏和细川氏的一次争权夺利的内战。因始于应仁元年,故名。

钢铁、缎匹、兵器等为违禁品,禁止贩运出国;勘合船运来的刀、剑武器类必须交明朝政府统一收购,不准私下买卖。日本来贡人员不准携带武器,违者以盗寇论处。禁止他们在没有明朝官府监督的情况下进行任何交易活动。从局部经济利益来看,由于勘合贸易主要是在北京进行的官方贸易,所以宁波并没有从中得到多少利益,反而却因此花费了大量的人力和物力。

明代由宁波港输入的日本货物,以刀剑、硫黄、铜、苏方木、扇、描金器、屏风、砚等为主,数量是相当惊人的。自永乐至嘉靖年间,两期共 17 次勘合贸易,从日本输入的刀剑总数当在 25 万到 30 万把之间,输入的硫黄大概在 150 万到 200 万斤之间,输入的铜总量超过 150 万斤。明朝政府对此主要用铜钱来给价。①

明朝通过宁波港输往日本的物资以铜钱为第一。这是由于明朝对于使臣自进物和国王附搭品的给价,大都是用铜钱支付的。其次是书籍和名画的输出。每次贡使入明,都以日本国王的名义请求明朝赐给书籍。因此日本勘合贸易船返日时,往往带有大量的中国书籍。此外他们还多方搜求中国名画,日本国内保存的中国名画中有不少是在勘合贸易时期带去的。

综观上述情况,可以看出日本在勘合贸易中获益较大。除了明显的经济上的利益外,明朝铜钱的大量输入,增加了日本国内的钱币流通量,为商品经济的发展创造了条件。而大量的中国书籍、古画及丝织品、工艺品的输入,必然直接或间接地促进日本学术和工艺美术的发展,丰富日本社会文化生活的内容。尽管明朝在勘合贸易中没有获得明显的经济利益,但日本某些特产,如硫黄、苏方木、铜等的输入,对明朝的造币业、军工业、染织业、冶炼业及其他手工业的发展也有一定的促进作用。

(二)民间的海上"非法"贸易

宁波港的官方贸易虽然逐步衰落,但海外各国到沿海来贸易的"私舶"却在不断增加,也为海上非官方贸易的发展提供了条件。因此,民间的海外贸易开始发展起来。由于国家明令禁止私人出海贸易,故私人的民间海上贸易实际上是"非法"的走私贸易。

明代中期,宁波沿海的民间"非法"海外贸易已经发展到相当大的规模,当时集结在走私贸易基地双屿港的常有中外商人万余人,停靠船舶千余艘。②

据嘉靖《东南平倭通录》载,"当时浙人通蕃,皆自宁波定海(镇海)出洋"。可见,当时民间商船出海贸易并不是从宁波港起航的,而是从镇海县沿海的几个偏僻小港出发前往双屿港等地进行走私贸易的。

双屿港现名双岐港,位于宁波市东南约 50 千米,是舟山群岛的六横岛与佛渡岛之间的一个港湾。港面上因有呈八字形对峙的两小岛而得名"双屿"。其地北依梅山港,东邻桃花洋,形势险要,位置优越,为中国南北海上交通的要道。其与镇海县的郭巨、鄞县的合呑来去不过半潮航程。

双屿港原先为海盗出没之所。据记载,先是安徽人许二(许楠)下海为盗咨寇,住

---

① 《光绪鄞县志》卷七〇。
② 夏燮:《明通鉴》卷五九,中华书局 1959 年版标点本,第 2248—2249 页;王世祯《泉州史料》卷三。

在双屿,势最强。又有陈思盼据六横与许二纠成掎角之势。不久王直(即五峰船主)入伙,任管柜。① 嘉靖二年(1523年)宁波市舶司因"争贡事件"而罢废,非法的走私贸易随即进一步发展起来。于是双屿港就成为重要的走私贸易港了。

嘉靖五年(1526年),福建囚犯邓獠自按察司监狱越狱亡命海上,招引葡萄牙人到双屿港交易,每年夏季来,冬季去,是以为常。这是葡萄牙殖民者侵入双屿港的开始。

嘉靖十九年(1540年),又有许一(许松)、许二(许楠)、许三(许栋)、许四(许梓)勾引葡萄牙人,络绎至双屿、大猫等港进行大规模走私贸易活动,一部分葡萄牙人开始在六横岛定居,双屿港逐渐成为葡萄牙殖民者的海上走私据点。其时,双屿港的走私贸易活动,除了海上有基地、陆上有地方豪强作为窝主和靠山外,还有海盗及葡萄牙人的武装保护。这种以武装走私来对抗明朝政府海禁政策的做法,往往使明朝官府束手无策。小规模的围剿与缉私,无法奈何那些武装的走私船队;而进一步严厉海禁又会触动地方豪强的利益。走私贸易到了难以遏制的地步。

由于双屿港走私贸易的规模不断扩大,再加上盘踞在六横岛上的葡人、倭寇和海盗不时劫掠浙东沿海地方,明朝于嘉靖二十六年(1547年)命令浙江巡抚朱纨发兵进攻双屿港。经过一番激战,五月,官军用木石筑塞了双屿港的南北水口,彻底平毁了这个走私基地,盘踞了22年的葡萄牙殖民势力也随之被彻底清除。② 自此,宁波沿海非法的民间海上贸易转入低潮,大规模的有组织的武装走私活动也就销声匿迹了。

(三)"开海"之后宁波港的复苏

隆庆元年(1567年),明朝政府正式宣布开"海禁",允许民间去海外贸易。"海禁"开放后,一度沉寂的宁波港的海外贸易开始复苏,但是直接的对外贸易占的比重很小。这是因为作为宁波港传统的对日贸易,由于种种原因(主要是害怕"倭患")一直没有得到恢复。万历年间在宁波就有"郡禁不得与倭夷互市,且悬赏格捕下海者"的禁令。而对东、西洋各国的贸易,比较起来,南方诸港如泉州、广州等要比宁波港条件好得多。凡此种种,使宁波港在贸易上很难发挥在前朝所起过的作用。即使如此,由于宁波港优越的地理位置,使它很快成为中国南北货物转运枢纽,自元代以来就有的"南北"商号又开始重新发展起来了。

宁波人称为"南帮"或"南号"的长江以南地区港口的商业船帮,专门经营东南沿海和岭南地区的贸易运输。他们运来木材、铁、铜、麻布、染料、药材、纸、糖、干果、香料和杂货,把来自长江中下游的丝绸、棉花、纺织品、陶瓷、海货等运往南方诸港。南号商人主要来自闽广一带。被宁波人称为"北帮"或"北号"的北方商业船帮则专门经营长江以北各港口的贸易运输。他们从北方运来大豆、豆饼、牛骨、猪油、药材、染料、干鱼、干果,从宁波运出大米、糖、药材、棉织品、纸、竹、木材和杂货。北号商人主要是山东人和安徽人。这些商业船帮,除了有自己的商业运输船外,还拥有商店、货栈、仓库甚至钱庄等一系列运输和销售系统,实力较强,在宁波港的贸易运输中占了主导地位。而宁波本地的船主,尽管实力较弱,但两边生意都做,因此也得到了相应的发展。商业船帮

① 傅维麟:《明书》卷一六。
② 《朱中丞甓余集》"双屿填港完工事"。

的雏形早在南宋时就已经有了。如南宋绍熙二年(1191年),福建船主沈法询,在宁波立了一尊天后神龛,拥有不少信徒。这实际上是一种结帮形式。它通过信奉天后女神这个福建船民的保护神,把福建船主们联合起来。元至元十六年(1279年),定海县(镇海)城关的甬江口边也建造了一座天后庙。

如上所述,明末"海禁"开放后,活跃于宁波港的是"南北"号商业船帮和一些宁波船主,他们为宁波港的复苏,扩大全国的南北物资交流,起了很大作用。但是由于"海禁"是有限开放,对日贸易没有恢复等原因,宁波港基本停留在转口贸易港的地位上。其繁荣程度也就远逊于宋元时代的宁波港了。

二 清代前期:宁波港的全盛时期

入清,在清初40年的"禁海"与"迁界"期间,宁波港的民间海上贸易乃至渔业生产,尽被窒息。康熙二十三年(1684年),弛"海禁",颁"展海令"。康熙二十四年(1685年),正式在宁波设浙海关①,此后的100多年间,由于社会长期安定,生产力较前有了大的发展,加上一定程度的对外开放,宁波港的转运功能和港口贸易发展到了可能条件下的最高点,进入古代宁波港的全盛时期。

(一)浙海关的设立

浙海关的行署在府治南董庙的西边②(今公安局所在地),关口则设在甬东七图,就是现在江东的包家道头。因商船往来均在此验税,故俗称税关。浙海关设满汉海税监督1员,笔贴式1员。海关笔贴式署设在原督粮馆,即府治西察院内署左边。

康熙三十七年(1698年),在宁波和定海③分别设立浙海关分关④,自此,外国商船既可以在定海验税,也可以在府治宁波验税交易。同年在定海县城外道头街西新建红毛馆一处,以为外国商人及船员馆宿之地。在定海增设分关,是因为浙海关初设宁波。其中在宁波沿海的计有7处:

大关口:在宁波江东,离关署2里。

古窑口:在慈溪县,离关署150里。

镇海口:在镇海县,离关署60里,另有蟹浦和邱洋两旁口。

湖头渡:在鄞县,离关署150里。

出港口:在镇海县,离关署90里,另有穿山、大矸两个旁口。

象山口:在象山县,离关署360里,另有泗州一个旁口。

白峤口:在宁海县,离关署220里,另有健跳一个旁口。

海关仓库,俗称海仓库,仍在灵桥门内,地点是宋市舶务和明市舶库的旧址。

乾隆二十二年(1757年),清政府为限制英国等西方国家来华商船,只允许他们在广州一处收泊交易,不许一船入浙,同时撤销了定海红毛馆,宁波港停止了对西方国家商船的开放。此后,直到鸦片战争前夕,宁波海关的主要任务是对进出宁波港的本国

---

① 雍正《浙江通志》。
② 民国《鄞县通志·食货志》。
③ 民国《镇海县志》载康熙二十七年,改舟山昌国为定海县,改原定海县为镇海县。
④ 《清史稿·食货六》。

商船进行"稽征"。

宁波海关的"稽征",具体来说可以归纳成以下几个方面：

1. 制发和检验进出宁波港船只的执照

经核实无误,登记入册后放行。

2. 缉私

船到宁波港或其他有关口址时,海关负责检查有否夹带违禁品,并和守口官兵一起缉拿走私船只。对走私罪的处罚是相当严厉的。例如,私运大米出口超过 50 石的即没收;超过 100 石的,除船货变价充公外,还要受到流放充军的重罚。

3. 征税

宁波海关主要征两种税,即船钞(船税,也叫梁头税、货税和规例(附加杂税)①。税金是根据所载货物的总值按一定的税率来征收的。初时,国货的税率为 4.6%,洋货为 14%—16%。船税则是按船的梁头尺寸,即船的大小来征收的。规例(附加杂税),有放关入口税、放关出口税、签押人员规银等,名目繁多。实际上,宁波海关所征收的税银中,有很大一部分是由规定税则外的附加杂税中收取的。宁波海关的税收从一开始就采取包干的办法。初期,定为"正额"(不包括附加税)2.2 万多两;设红毛馆后又增加 10030 两。嘉庆二年(1797 年)增加到 3.9 万两,嘉庆九年(1804 年)又增至 4.4 万两。

(二)港口贸易的发展

1. 对日贸易

康熙二十三年(1684 年)开海禁时,正值日本锁国,严禁其本国船只出国,对外开放的港口仅限于长崎一港。所以,这个时期来往于中日两国间的均为中国商船。初期,日本对中国商船的数量和贸易额都未加限制,所以赴日的中国商船逐年增加。康熙二十四年(1685 年),中国往长崎的商船 73 艘。康熙二十七年(1688 年)增加到 194 艘,也是中国去长崎商船最多的一年;到达长崎的中国商人多达 9128 人次。这一年宁波港去的商船有 37 艘(其中普陀 5 艘),占 19%。

康熙二十八年(1689 年),日本方面为防止金银外流,实施"割符仕法"(也叫信牌),限定中国船的总贸易额为白银 6000 贯,船只数每年为 70 艘,并规定期限与起锚地点。此后,宁波港每年去日本的商船为春船 7 艘(其中普陀 2 艘),夏船 5 艘(其中普陀 1 艘),秋船 1 艘,合计 13 艘,占 19%弱。

康熙五十四年(1715 年),日本修改对外贸易法,限定去日的中国商船为 30 艘。其中宁波、南京、福建三地合为 20 艘,贸易额仍为 6000 贯。此后船数越来越少,乾隆三年(1783 年)为 20 艘,乾隆五十五年(1790 年)为 10 艘。道光十年(1830 年),对日贸易仅限于宁波一港,船只为 10 艘。②

凡是中国去日本的商船,不论在何地起锚,一般先停泊在普陀山,等候顺风,然后

① 〔美〕马士:《中华帝国国际关系·清代关税制度》,上海书籍出版社 2000 年版。
② 〔日〕大庭脩:《日清贸易概观》,载《社会科学辑刊》1980 年第 1 期;姚贤镐:《中国近代对外贸易史资料》,中华书局 1962 年版,第 60 页。

驶往长崎。

贸易品，出口的主要是丝和丝织品。有白丝、绉绸、绫子、绫织、纱绫、南京缎子、锦、金丝布、绵、罗、南京绉，此外还有葛布、毛毡、茶、纸、竹纸、扇子、笔墨、砚石、瓷器、茶碗、药、漆、胭脂、方竹、冬笋、南枣、黄精、芡实、竹鸡、红花、木樨（丹桂，药用）、附子等。

输入品，最重要的是铜和金、银。后来日本铜的产量减少，就以海参、干鲍鱼、鱼翅、海带等海产品来抵补。曾是日本最主要的输出品的刀剑和硫黄，当时的日本是严禁出口的。铜是清廷铸钱必需之原料。还在海禁时期的顺治朝，就在浙江和江苏设置官额船，每年赴日本采办铜数百万斤。康熙五十四年（1715 年），日本为控制铜的出口，规定每年出口铜以 300 万斤为限。是时宁波船为 11 艘，约占总船数的 37％。每年由宁波进口日本铜在 100 万斤以上。乾隆以后，清廷每年向日本买铜 200 万斤，由江浙督抚招商出洋采购，回船之日，官为收买，或者收买一部分，其余听凭商人自行货卖。① 从清代前期宁波港对日贸易情况来看，宁波港与前朝一样，仍为中国对日贸易的最重要港口。

2.对南洋贸易的发展

雍正年间（1723—1735 年），为了得到外国的铜和米，清政府允许商人向南洋和东洋贩运少量生丝。当时，宁波港在南洋方面的通商范围以菲律宾群岛、安南（今越南）、柬埔寨、暹罗为限。② 后来，因为赴日商船受到日本方面的限制，宁波驶往南洋的船只增加了。在 18 世纪，宁波港的情况与其他港一样，是"商人往东洋者十之一，往南洋者十之九"③。那时从宁波港出海走南洋线的船只每年约 585 艘次④，其中应有相当一部分从事海外贸易。这是因为宁波商人往往假借前往广州、南海的名义在中途改变航向，去南洋方面进行贸易。他们从南洋方面输入大米、木材、糖、象牙、珍珠、药材以及机制毛、棉织品和其他机制品；向南洋输出丝、茶、瓷品、海产品、干果、药材和各种土产。暹罗商人运来的主要是大米。⑤ 从宁波驶往暹罗的中国商船主要以白银、丝、茶、土布，换取暹罗的蔗糖、苏木、海参、燕窝、鱼翅、藤黄、象牙等物⑥。此外，宁波港与新加坡、苏禄群岛、西利伯群岛、巴达维亚等地也有过贸易往来。

3.沿海南北贸易与内河转运贸易的发展

宁波港在清朝（鸦片战争前）与国内沿海诸港的贸易取得了前所未有的发展；以内河为港口货物的集疏而形成的转运贸易亦随之更加活跃。《镇海县志》载："宁郡……外省通直隶、山东，本地通杭、绍、嘉、台、温、处（州）各处。如南船（按指闽、广船）常运糖、靛、板、果、白糖、胡椒、苏木……如北船常运蜀、楚、山东，南直棉花、牛骨、桃、枣诸果、坑沙等货……"当时宁波港的沿海贸易，北至关东、河北、山东，中至江苏，且溯长江深入四川兼走湘、鄂，南到台、温、闽、广，都有船只直接往来，而且相当频繁；与省内的

---

① 《光绪大清会典事例》卷七九。
② 姚贤镐：《中国近代对外贸易史资料》，中华书局 1962 年版，第 60 页。
③ 《皇朝文献通考》卷二九七。
④ 姚贤镐：《中国近代对外贸易史资料》，中华书局 1962 年版。
⑤ 《皇朝文献通考》卷三三。
⑥ 姚贤镐：《中国近代对外贸易史资料》，中华书局 1962 年版。

杭、嘉、绍、定海、象山等地,或以海上或自内河,货物集疏,更是往来不断。

从 17 世纪末到 19 世纪 30 年代,宁波港虽然停止了对英国等西方资本主义国家船只的开放,国内沿海贸易和本国商人经营的海外贸易,却在稳步发展。到嘉、道年间(1820 年前后),港口出现了新的繁荣势头。由于海运的发展与贸易的增加,码头已不够用,许多商户纷纷在对江开辟新的码头,并且在昔日冷落的江岸边购地置产建新房屋,开设商号,致使江东沿江一带地价猛涨。昔日荒凉的江东地区,不仅成为"桅楼簇簇"的百帆停泊之所,而且随着商店的不断增加,迅速发展成为宁波最繁华的商业区之一。

随着海上贸易的复兴,水上运输业也相应地发展起来。水运和捕鱼原是宁波地区最重要的行业,明朝有所衰落。但到 18 世纪恢复很快,到 19 世纪上半叶,鄞县一带从事这项职业的人数(包括捕鱼业有时兼搞运输的)约占劳动力总数的 1/5。《光绪鄞县志》卷二《风俗》载:"乡民力田者十之六七,渔于海者二三,江北岸、梅墟一带,或操海舟往来南北洋。""野有荒土而人习风涛"是当地的民俗。

自宋朝以来,先是南方的福建、广东,而后又有北方的山东、江苏等地的商人陆续来宁波,分别经营闽、广及北方诸港与宁波港之间的贸易。他们在宁波定居后,开设商号,打造船只,既搞运输,又搞销售,逐渐形成地域观念很强的商业船帮,他们供奉天后为保护神。1191 年,福建商业船帮在宁波首建天后神龛。以后别地来的商业船帮也各自在宁波建造天后宫(也叫天妃宫)。在宁波,南方的贸易商叫做"南号"或"南帮",北方的贸易商叫做"北号"或"北帮"。宁波本地的贸易商发展也很快,他们两方面生意都做,所以也分成"南号"和"北号"。

宁波的商业船帮往来于中国北方(营口、烟台、青岛为主)、南方(福州、广州、厦门、泉州为主)诸港,还有的致力于东洋(日本)、南洋(吕宋、新加坡等地)、西洋(苏门答腊、锡兰等地)的远洋贸易。他们从北方运来各种干果、大豆、豆饼、牛骨、食用油、药材、海味,又从宁波港运去棉花、竹、大米、木材、各种海产品、纸和杂货;从南方运来糖、木材、各种干果、铁、麻布,又从宁波运去丝绸、纺织品、陶瓷、海产品;从海外运来进口木材、白藤、苏木、胡椒、铜、大米、糖、香料等,把丝、丝织品、瓷器、海产品、干果、土布和各种土产运往海外各国。此外,北号商业船帮还担负了清廷的漕粮海运和汇兑饷银的任务。

19 世纪 30 年代,宁波商业船帮进入黄金时期,南、北号总数不下六七十家;其中实力较大的有福建帮 15 家,宁波北号 9 家南号 10 余家,加上山东帮数家,计 30 余家;最盛时共有大出海船约 400 艘。当时的商业船帮,是宁波港海上贸易运输的主要力量。

(三)全盛时期的"江夏码头"

随着贸易的发展,宁波的市区范围扩大了。明朝中叶以前,城内仍只有 3 个商场,与宋元时期一样,都位于东大路的北面,就是大市、中市和后市。大市在县衙和中央大街之间的广场上,中市在中央大街后面东首的两段街上,后市在更东面靠近东北城墙的边上;附设的尚有城外五个集市。这些集市每旬定期开市,西门外是初八、十八、廿八;南门外是初七、十七、廿七;灵桥门外是初四、十四、廿四;东渡门外是初九、十九、廿九;还有灵桥以东约五里处的甬东集市不定期开市。这些城外集市均位于水道上或水道附近,并设有码头或埠头,以供四郊村庄来的舢板船停靠。1566 年以后,新设东津市(在灵桥以东约二里处),同时关闭东渡门外和灵桥门外的两个集市。清乾隆四十五年(1780年)城内又增设了5个商场。

除了定期商场外,城内和城外都有固定的商业区。东大路及其向西延伸至西大路的地段构成了主要商业区的轴线。它的各段以及通向它的出巷开设有交易布匹、食物、帽子、家具、竹、丝织品和药材的商店,还有饭店和当铺。这些商店大多按行业聚集,并以诸如竹行巷、药局巷、饼店弄等街巷名称作为标志。东渡门内是最忙碌的商业区之一。这里主要是木器商、竹器商和印刷商聚集区。灵桥门内是另一主要的商业区。这里以药材商、木器商、篾器商和漆器商为主。附近的药行街是药材商聚集的一条街。东门外奉化江边地区——江厦,是城外最繁忙的商场。沿着河岸是停靠航海帆船、航船和舢板的码头。钱庄集中在这个地区,并设有卖海货、糖、木材、麻和谷物的商店。这里还集中了分别专营南、北沿海贸易的商行(南号和北号)。造船厂、福建会馆、天后宫和庆安会馆(船运业会馆)也都设在这里。像鱼鲞弄、糖行街、钱行街,这些地名标志了这些商店聚集于此。

除以上商业区外,江东码头内侧,在嘉道年间已发展成为新的重要商业区,为全市最繁华的地段之一。沿江岸是停靠各种海船的码头。往里纵深处,各种商号如雨后春笋竞相建房开业。那里有"南号",也有"北号",还有贩卖海味、木材和谷物的商号及出售石板、铁器、柴炭、纸张、蜡烛、染料、杂货、牛羊、蔬菜、水果、其他食品等的商店。诸如米行街、木行街、卖席桥、羊市街、卖饭桥等地名,就标志了这些商号的聚集地。另一些地名则反映了各种手工业作坊的集中地,如打铁街、铸冶巷、笔厂弄、作锚弄以及船坊巷等。江厦一带确实是发展到了帆船码头的全盛时代。

第五节 明清时期的登州港①

一 海防重镇:明代的登州港

(一)登州港空前的海防建设

1.登州卫所的初建

登州地处要津,所谓"东扼岛夷,北控辽左,南通吴会,西翼燕云,艘运之所达,可以济咽喉,备倭之所据,可以崇保障"②,"实南、北关钥"③,"一方之藩篱"④。

终明之世,边旁甚重,对登州的陆、水军事建设,均极为重视。明设卫所,山东都司辖18卫,登州卫居重要位置。洪武九年(1376年),升登州为登州府,将登州由守御千户所升格为登州卫。建制如下:登州卫,置指挥19,经历1,镇抚2;卫下设左、右、中、前、后千户所及中左、中右千户所计7,所置正、副千户30,百户70,所镇抚2。常备军

① 《登州古港史》,人民交通出版社1994年版,第168—239页。

② (明)宋应昌:《重修蓬莱阁记》碑文。

③ (明)陈钟盛:《蓬莱阁记》。

④ (清)豫山:《重修蓬莱阁阅记》。

有京操军春戌 1276 名,秋戌 733 名,捕倭军 820 名,守城军余 250 名,种屯军余 114 名,守墩军余 18 名。①后来登州建制、设官和驻兵等虽有变化,但均以海防重镇为前提条件,和登州的地位是相称的。

此外,登州的寨城建设,亦堪称道。如解宋寨,该寨遗址 1985 年已在蓬莱县五十堡乡解宋营村发现。寨城建在西山之间的低洼之处,呈四方形,周长约 800 米,城墙的残垣高约 7 米,宽达 9 米,城外尚有一段长约 200 米、宽约 4 米的护城河遗址。这座城堡北面对着大海,南面筑有砖砌的城门,并有完整无损的顶门城楼。同时,还发现城堡的东西山冈上,各建有高达 7 米的烽火台,一东二西,遥遥相对,成为解宋城堡军事设施的一部分,从而构成一个较为完整的军事实体,为研究明代堡寨建设提供了珍贵的资料。遗址提供的资料虽和史载不同,但可两相参照,进行比较研究。

登州的城寨,计有蓬莱城、水城、田横寨、刘家旺寨、黄河寨、解宋寨、芦洋寨、栾家口备倭城等。

2. 登州水城的兴建

洪武九年(1376 年)五月,为海上防守和海运之需,驻蓬莱的指挥谢观向上奏疏,要求对画河入海处"挑浚绕以土地,北砌水门,引海入城"②,以扩建港口。谢观的建议受到了重视,于是在蓬莱城北,南联城墙,兴修了水城,曰蓬莱水城或登州水城,这是我国北方颇具规模的人工港口和海上要塞。后因备倭,设帅府于此,亦称"备倭城"。③

水城选址,即宋代所建、元代继续使用的刀鱼寨址。史称"水城在城北,与大城相连,即宋之刀鱼寨"④。其负山控海,形势险要,具有独特的地理优势,依山(丹崖山)、靠城(蓬莱县城)、通河(画河)、傍海(渤、黄海),堪为建港良址。首先,水城港域自丹崖山向北即为大海,与沙门岛、长山岛隔海相望,可互为掎角,形成天然的内、外港区。由沙门岛向北即为传统的登州水道,直通辽东;西去可至天津直沽,往东是山东沿海诸港,确是海上要冲。其次,建筑的条件好。丹崖山伸进海中的一部分,可谓天然的防波堤,丹崖山下的画河稍一改道,可为天然的护城河。其三,水城港址在丹崖山内侧,宽阔隐蔽,适宜军用民需,船舶进出海口方便、通畅、安全。其四,水城所依的丹崖山,在军事上堪称天然的瞭望台,可以看到数十里以外的陆域,对几十里洋面更是一览无余,又是船舶航行的天然标识。白天可以山为标志,航行进港,夜晚,丹崖山上的灯火,即可为船舶导航。

水城的建设,以刀鱼寨为基础,可分为陆域和水域两大部分,选址合理,设计新颖,特点显著,堪称城中港、港上城。水城的形状为不规则的长方形,南北较长,约计 655 米,其南面靠陆地较为宽阔,北面通海处则较狭窄,两边只有城墙,没有城门,不能出入。出入口在南北两边,并各有一门,南门为陆门,曰振扬门,系用石砖筑成,门洞约 3 米宽,与陆路相通。从南门入城,唯一的道路是通向水门内平浪台的南北干路。中部靠北边有一条出路,横跨出海腰间,通往丹崖山。北门就是水门,其位置在水城东北隅的平浪台对面,13 米外即是东城垣。水门的两边是由砖石砌起来的高大门垛,与两侧

① 《蓬莱县志》卷四《武备·营制》。
② 《登州府志》卷三《城池》。
③ 《蓬莱县续志》卷二《地理》。
④ 《登州府志》卷三《城池》。

城墙相接。上面架有巨桥以供通行,所以又称"天桥口"。口门曾安设过栅栏,可以起落,用以阻、放船,也称"关门口"。这是由水城通往大海的唯一航道。

陆域部分。充分利用了宋元代刀鱼寨址,在南部加筑了城墙,截断海湾,将海湾环城"出海"。城墙随地势高低形成西面和西北两面高,东、南两面低的倾斜状。北墙临丹崖山修建,崖高30余米,以悬崖为墙,只建有1.4米的垛墙。西墙建于丘陵脊背,虽不高亦较险峻。东、南两墙因地势低洼,筑得较高,平均高度约7米。城墙周长2200余米,墙内外均用砖石包砌。城顶设有外垛墙,下端每隔1.35米有一方孔,顶端每隔1.55米有凹形垛口,垛口下方每隔1.47米有方孔一,城顶近垛墙处,有宽2米的用砖铺砌的"海墁"。水城设有一座陆门,即其南门,原为土门,即振扬门,此门通陆地,供车马行人之用。城内为驻兵营地与署衙、寺、庙等。陆域部分还设有敌台和炮台,敌台俗称箭楼,为防御敌人攻城而筑;炮台共有2座,分别设在水门口外的东西两面,东西炮台相距80余米,呈犄角形势,封锁着水门外海面,是护卫水城的重要设施。

水域部分。水城的港池,即出海,是由画河口疏浚扩大后整修成的。出海总面积约为65000平方米,其状犹似一只卡腰的葫芦。在其中部卡腰处,有一条东西走向通道,横贯水上,有活动桥板,以利船只进出。由于出海港岸,大部为顺岸岸壁码头,可以同时靠泊上百只木帆船。[①] 水域部分有水门,又名天桥口,俗称关门口,为水城北门,和南陆门遥相对立,是船舰由出海通往外海的唯一通道,东、西两侧筑有高大的门垛与城墙衔接。水门外之左侧,为丹崖山靠海的陡坡,右侧是海滩,没有屏障,为了抵御东北风和涌浪的力度,并阻挡泥沙侵入,避免造成严重回淤,抛石修筑了一道防波堤。防波堤沿东北炮台向北伸出,涨潮时尽淹没,落潮则部分露出水面。正迎水门而立有一处平浪台,系以沙土石块填筑而成,其东北角有一斜坡道下达码头,东侧有敌台一,台北端有平浪宫面对大海。平浪台原系丹崖山伸出的土丘,宋修刀鱼寨时,将其加高加宽,防止东北风浪侵入港池。金元时利用此港驻水师,并因此修建"平浪宫",俗称"出圣庙",以祈神平浪。

3. 登州水师的创建

前已备述,登州甚重海防建设。登州卫7个千户所,共有船70只,实际并不止此数。特别是驻于水城的水师,其建制凡几变,地位十分重要。嘉靖二十五至三十五年(1546—1556年),水城水师营分为水左营、水右营、水前营、水后营、水中营。水师编制,以福船2艘、海苍1艘、艟矫2艘编为1哨,设哨官1人,2哨为1营,设领兵官1人。即水师共为5营10哨,拥有战舰50艘,约有官兵3000人。平时,以水左、水右、水前、水后4营舰船,各以1哨出海巡察,各以1哨在港休整训练,也即有4哨20艘战舰在登州海疆巡防,水中营则严守水城大门,即严守天桥口。

登州水师的编队堪称科学,其哨、其营均有相当实力。时人多有盛赞水师的文墨。黄克缵《东牟(指登州)观兵夜宴蓬莱阁》碑刻诗曰:"天光海色春相映,叠鼓鸣笳夜急催。鳌首三山含雾动,潮头万马拍空来。"反映了登州水师的风采。

---

① 据载,小海的岸壁大多用当地褐色岩石板筑成,建有平台码头,建有系缆柱。还建有多处通下小海的石砌台级(宽约3米),便于上下船舶。因小海非成一时,疑为清代所建。

（二）登州港的海上军事活动

登州港在明代的军事地位和作用，在很大程度上，均超越以前各代。隋唐时期虽伐高丽十余次，战事繁忙，但并无长驻水师。宋代建刀鱼寨，宋元水师规模也有限，实际上并未在战争中发挥过多少作用。明代不同，登州是北方抗倭的前哨，是援朝抗日的桥头堡，是援辽抗清的基地，在保卫明代北方海疆，反对侵略的战争中，发挥了重要的作用，其业绩是彪炳史册的。

由于倭警时起，来去飘忽，烧杀抢掠，无恶不作，山东沿海频受其害，登州的地位受到重视，立卫设所，修建水城，强化水师，使登州成为抗倭重镇。从已有记载看，北方的几次打击倭寇，几乎都和登州有关。如永乐元年（1403年），平江伯陈瑄在运输饷辽物资途中，"会倭寇沙门岛，追击至金州白山岛，焚其舟殆尽"①。永乐六年（1408年），倭寇成山卫等后，明成祖即"命本城侯李影充总兵官，都督费瓛充副总兵，率官军自淮安抵沙门岛，缘海地方剿捕倭寇"②。永乐七年（1409年），明成祖又"命安远伯柳升、平江伯陈瑄率舟师于沿海捕倭，升败之于灵山，瑄追至白石岛（蓬莱海中），百户唐锭等追至朝鲜界"③。朝廷遣舰队加上登州水师的努力，给倭寇以沉重打击，使之气焰不得不稍敛。

抗倭斗争中的登州港离不开抗倭名将戚继光。嘉靖二十三年（1544年），戚继光年方17，就承袭了登州指挥佥事之职。嘉靖二十五年（1546年），他被任命在登州卫管理屯务；整理卫所，操练士兵，整修战舰。嘉靖三十二年（1553年）六月置都指挥佥事，督率山东登州、文登、即墨3营25卫所。戚继光在登州不仅编练了营、哨、战舰，使水城成为进可攻、退可守的海上堡垒，而且为了海疆安宁，身先士卒，亲率船队巡航。嘉靖三十四年（1555年），如前记登州水师5营10哨，正是在戚继光的统帅组织之下。登州水师战斗素质很高，声威远播。据史载，在戚继光驻登州期间，登州一带几无倭寇，这和他的努力是分不开的。

戚继光还在登州留下了若干诗篇，形象地表现了他当时的活动，以及一代名将的情操和志向。如："封侯非我意，但愿海波平"④；"冉冉双帆渡海涯，晓烟低护野人家。……遥知百国⑤微茫外，未敢忘危负岁华"⑥。情真意浓，读之令人敬仰。

在中朝抗日战争中，登州港的地位和作用十分突出。在日本发动侵朝战争的第二年即万历二十一年（1593年），登州派了一个"中营"，到长岛驻防，以为登州卫的前哨战所。时登州港的地位和作用，可以清乾隆朝山东巡抚徐绩的话来概括："明季倭犯朝鲜，登州外接重洋，距朝鲜不远，故御倭之制为特备。"⑦登州在加强防卫的同时，积极

---

① 《明史》卷一五三《陈瑄传》。
② 《明成祖实录》卷六〇。
③ 增修《登州府志》卷一三《兵事》。
④ （明）戚继光：《韬钤深处》，《蓬莱县志·艺文志》。
⑤ 百国，指日本，隐指倭患。《汉书》有倭有百国之说，似源于此。
⑥ 戚继光：《过文登营》，《蓬莱县志·艺文志》。
⑦ 徐绩：《蓬莱阁阅水操记》碑刻。

参战。"山东之民劳于转输征发"①,"自登州运粮给朝鲜军"②;登州的主要军事长官亦纷纷率兵赴朝。万历二十七年(1599 年),已 60 余岁的登州总兵李承勋也奉调赴朝鲜为提督,李带领的登州部队均英勇善战,驱军直至釜山。战胜撤兵时,李承勋及其所部3600 余名官兵还被朝鲜方面要求留驻。

明万历四十四年(1616 年)起,女真族首领努尔哈赤在辽宁一带建立了后金政权。万历四十六年(1618 年),即与明朝交战,战事频繁,旷日持久。登州港便成为调运军队、供应粮食和军事物资的前哨基地。万历四十六年(1618 年),登州已设总兵署都督金事,"兼加海运,凡济、青濒海州县悉隶焉"③。天启元年(1621 年),更"设登、莱巡抚赞理军务。二年(1622 年)设登、莱总兵"④。战争期间登州源源不断地运输兵员和粮食诸物资到朝鲜去,时驻朝鲜明军和朝鲜军队结成掎角之势,共同抗御后金,由于"通路(陆)遽断",登州成为明朝和朝鲜间的主要交通口岸。

(三)登州港的海上漕运

明代登州港的海漕,虽不及元代,但登州港在其中的地位要超过元代,因为登州除作为通过港、寄泊港外,更多的是以始发港面目出现的,关于海漕运输,登州港始终处于举足轻重的地位。而且明代海运,由于越渤海航行多,南北航行少,登州港的地位更显突出。仅从以登州港为起点的北部航线计,大致有如下几条:

登州—天津线。从登州港入海,经桑岛、三山岛、芙蓉岛、莱州大洋、海仓口、淮河海口、鱼儿铺、侯镇店、唐头塞、大清河、出清河口、乞沟河入直沽,抵天津卫。

登州—蓟州线。从登州入海,经莱州大洋,至直沽口,偏东北向行驶,入蓟运河口,再溯至蓟州。

登州—金州、旅顺口线。自登州港入海,渡庙岛海峡,经沙门岛、砣矶岛、北隍城岛,入乌湖海,可分别驶向旅顺口(约 500 里)、金州(约 700 里)。

登州—盖州线。自登州港入海,望铁山西北口至牛头凹,历中岛、长行岛抵北信口,又历兔儿岛至深井达盖州。

登州—宁远(辽宁兴城)线。从登州港入海,经庙岛群岛,入乌湖海,取中行西北向,贯渤海而至宁远。

登州—朝鲜线。大致同唐代"登州海行入高丽道"。

登州—盛京线。经登州盖州线,陆行至娘娘宫、广宁、辽阳至盛京(系海陆联运)。

登州既为饷辽及供应北京的基地港,运艘所集,蔚为壮观。洪武初"舟师数万,由登莱转运",正统中有运船 100 艘,亦算可观。进出港口的船种,有"遮洋浅船……钻风船(海鳅船)"⑤,"有淮船、有辽船、有渔船、有塘头船、有太仓船,有瓜洲船"⑥。

明代漕粮之海运,一般由官方组织。有军队守护和押运,亦适应倭寇形势。据载,

---

① 《吴晗辑稿》(上)卷四四《宣祖实录二十》。
② 《明史》卷八六《河渠四》。
③ 《蓬莱县志》卷四《武备》。
④ 《山东通志》卷一七《兵防》,雍正本。
⑤ 《天工开物》卷中《海舟》。
⑥ 《登州府志》卷二二《海运》,光绪本。

其运役有千总、有把总、有旗牌、有书记、有家丁、有押船夫(一曰旗民)、有水手、有向导、有加衔至守备者,可见船队组织之规模。

漕海的运制为南北通运,一般同元代,一年两运。至于登州开洋者,则按需要,随时征集发运。"海运粮舟,发时必会合",结队而行,"令以兵护"①,以防倭寇海贼,以策航行安全。后发展到按程护航,隆庆中,"将沿海地方分为四段,淮安兵船出哨至即墨,即墨至文登,文登至武定,武定至天津。每哨船二十只,每船兵十五名,月粮旧额外,量加一钱。以出满日始,至立秋日止,循环会哨,以销奸萌"②。

(四)登州港的国内外交通贸易

1. 登州港的粮船挟私贸易和民间贸易

在海禁政策的影响下,"僻居东隅"的登州,"阻山环海,地瘠民稀,贸易不通,商贾罕至"③。至于倭寇,则使人民生命财产时遭侵袭,不敢入海"营求刀锥之利"。然禁亦有弛,对倭寇的反击剿捕,亦使之气焰稍敛,实际上,登州港的海上贸易并未中断。

明朝政府为了鼓励海运漕粮,刺激海运者的积极性,曾允许运粮船挟带私货,进行贸易。这是半官半民的贸易,是一种特殊形式的贸易活动。南北海运,特别是登莱饷辽,这种粮船挟私贸易对登州港的贸易曾起了不小的作用。

民间的沿海贸易,即便海禁、罢海运期间,也"未尝乏绝"。海禁开,海运复始,其况当更盛。嘉靖三十九年(1560年)三月,"侯汝谅(时辽东巡抚)复请开登、莱海道,诏弛海禁。几未,辽商利之,私载货物往来"④。特别是,"辽东之不隶山东,先朝有深意。辽山多,苦无布。山东登、莱宜木棉,少五谷,又海道至辽一日耳。故今登、莱诸田赋,止从海运。运布辽东,无水陆舟车之劳,辽兵喜得布,回舟又得返辽货,两便之"⑤。天启初任登莱巡抚的陶朗先论及登辽间的通商贸易云:"登辽两地,通者其常也,不通者其变也。"可见其关系十分密切。

除史籍记载以外,考古发掘亦为当时的海上贸易提供了新资料。登州水城港池,曾出土大量陶瓷器。这些陶、瓷器,据国家文物局鉴定,除个别质地较好外,大多数质量并不高,但却涉及南北名窑的产品,如明代的有江西景德镇的青花瓷,福建省建阳窑、河北省磁州窑、河南省诸窑口的产品,甚至还有远至陕西耀州窑的印花青磁出现,这足以说明登州也是明代陶瓷器的重要集散地和进出口港。关于登州港民间贸易的情况,史载不乏,但鉴于海禁时举时弛,海运时兴时罢,似不至于盛极。

2. 登州港的兵员运输和旅客运输

明代,登州港除货运(饷辽物资的运输)之外,客运(兵员和旅客运输)也是很重要的。时客运有规模者,大抵有四种情况。

(1)役夫运输

据《明太祖实录》记载,洪武元年,明开国伊始,从登、莱港口运往辽东的役夫就有

---

① 《明太宗实录》卷六二。
② 《明神宗实录》卷六。
③ (明)徐应元:《辽船运粮议》,光绪《登州府志》卷一九《艺文志·上·议》;《蓬莱县续志》卷一二《艺文志·上》。
④ 《明会要》卷五六《食货四》。
⑤ 《今言》卷三第207条。

8万人之多。

（2）兵员调动

据《春明梦余录》记载，"洪武四年（1371年）置辽东，即发兵五万戍辽"，也是舟师"由登、莱转运"的。同年，明太祖尚遣军由登州港乘船渡海，在辽东半岛的狮子口登陆，收复了辽东，设金、复、盖、海四州卫。传因这次旅途顺利，把狮子口改名为旅顺，这就是旅顺一名的由来。至于援朝抗日、卫辽抗清战争中的兵员调动运输，更是往返频繁，源源不绝。

（3）探亲往返

洪武九年（1376年），由江淮地区选调军兵戍辽，其兵员运输自不待言，随之而来的家属探亲访友，使得登莱港的客运盛极一时。

（4）辽民南迁

自清兵扰边乃至袭辽，辽民趋避，纷纷南迁，由海路来登州。登州为运输辽民，不得不到朝鲜买船，这在朝鲜《李朝实录》中多有记载，说明南下辽民之众。

3. 登州港的海外交通贸易

明代登州主要是与朝鲜交通贸易。关于交使路线，高丽使明，其线路有如五代时期和金陵航海往来者，有旱路来的，但不多。明太祖曾诏谕"高丽使臣，止教海道朝京"。有经登州海道，从登州登岸的。而且无论高丽还是明太祖都倾心于经登州这一传统路线。明太祖曾说："旱路里来了，他可要海路里回去……正意看我山东一带船只军马动静。"登州港从明初起即为高丽使臣往返的主要港口。

洪武如此，后朝大抵亦如此。永乐迁都北京后，登州港使用价值更高，使臣往来，商贾交属更为频繁。而当辽东发生战事，陆路不通之际，这种情况更为显著。明天启元年（1621年）七月，朝鲜陈慰使奏上："天使及臣等一行，六月十六日到登州。"[1]明天启八年（1628年）正月，朝鲜奏闻使权帖等从北京回朝鲜，奏朝鲜王曰"臣去时或见阻于毛将，或久留于登州，八月始到北京"[2]等等，均是证明。

关于贸易和贸易方式，本书第八章有论述，不再赘述。

（五）登州港航技术的进步和发展

1. 港航技术的进步和发展

长期的港航活动，使人们对登州海域的潮汐有了较为正确和科学的认识。登州海域的潮汐是："一日之内，凡子午时壮，则卯酉时衰；丑未时壮，则辰戌时衰；寅申时壮，则己亥时衰。又以初一日何时壮，越三日而更进一时，越五日而更进二时。下半月与上半月等以此推测……大约每月十三日起汛潮，日壮一日，十七、十八日愈壮。二十日始衰，至二十六日而衰止也。又自廿七日起汛潮，日壮一日，初一日、初二日愈壮，初五日始衰，至十二而衰止也。"[3]《登州府志》关于潮汐的记载，是明人总结一代代航海者长期实践的结果，显示了明代港航活动的成熟和进步，对港航活动有重要意义。

① 《吴晗辑稿》（上）卷五一《光海君日记五》。
② 《吴晗辑稿》（上）卷五四《仁祖实录三》。
③ 《登州府志》卷二二《海运》，光绪本。

关于登州海域的风候,府志亦作了明确的记载,即"每日五鼓初起,视星月明洁,四际之地皆无云气,便可行舟,至巳时则止,必无暴风。若中道忽见云起,即便易舵回舟,仍泊旧处。大约每岁五月以前,风顺而柔,过此稍劲。至七月以后则劲矣"。隆庆时王宗沐、梁梦龙力主海运,已经正确地认识到,对于风候,要"以风柔之时,出滨海之道,汛期不爽,占候不失,即千艘万橹可保不患"①。事实的确如此,登州海域大风频次较多,随季节变化,时南时北,对港航活动带来危害。

明代漕粮海运,由于时行时罢,所以有探索航道的课题。隆庆朝王宗沐和梁梦龙重开海道,为了保证海运安全,在船上普遍使用了指南针,将从淮安至直沽的航线,划分为13个运程,登州水域内5程,每一个运程都标明了起止距离,对重要航行区段,均有明确的要求,对航行参照物、航行障碍物、航行回避处,对所经岛、岸、湾的泊船处、泊船艘数、所避风向、水深、海底地质等,都有较精确的认识,甚至对航行避风应取航向、应泊港口、航行时刻均有翔实的纪录。

2. 港口建设和管理的发展

古代的所谓"海口"或"口",一般情况下,实为今之港口。发展到明代,登州(蓬莱县)一域(不计庙岛群岛),亦已形成一批港口,在内外交通和漕粮海运中,如众星拱月,围绕着水城,发挥了积极的作用。

关于港口建设,主要是水城的建设。与之相应,船舶进出港口、进出海自有一套制度,从管理的内容和深度而言,亦不同于前代,较前代更为严密和科学。此外,为别于军商,紧靠水城东侧,另辟了新港,即新开海口,新开海口的建设,主要是将画河改造,使其在水城东侧入海。民船既可以在此锚泊,又可折南而去,泊于紫荆山麓的河渠里。后来,允许民船入水城出海,为了保持港口水深,保证港口畅通,明代还有清淤出海的一套严格制度,据史料记载,当时规定,凡进入出海避风的船只,再出海时必须携带一船淤泥运往外海。这无疑是港方和船方互利之举,对保持港池水深亦起了一定的作用。

二 军商并行:清代的登州港

(一)登州港的军事建设

清代登州的海防仍很重要,登州水师同明代一样具有较好的素质和战斗力。但其水师规模不及明代鼎盛时期,不过也有其特色。清代登州水师的编列,较明代有所进步。康熙五十二年(1713年),战船如赶缯船等的船首和船尾,均明令"刊捕盗各营镇船名,以次编列"②,以便识别,亦便于联络和调动。嘉庆间,曾从广州调出两艘舰船,补入水师营,编为"登州1号""登州2号"。造船和修船方面,水师船舰的制造已有定式,对船身大出、木板厚薄等均有初步规定;在船舰届修之年,对其增津贴银,待修船到厂后,承修官须于次月兴工,如期修竣,违则惩之。关于汛地,清代因地制宜,设险防守,较明代更有发展,登州等口岸分别划分为险、要、冲、会、闲、散、迁、僻等汛,相机布

① 《明穆宗实录》卷六一。
② 《清史稿》卷一三一《兵二》。

置防汛。

蓬莱阁是水城的一个重要组成部分,登州水城建后,蓬莱阁亦经多次整修。修阁,使港口周遭环境不断改善,知名度不断提高,而港口的整修则更适应战舰和民船泊驻、装卸、启离的需要。入明以后,蓬莱阁曾有四大三出七次修葺。清嘉庆二十四年(1819年)再次重修,经过此修,其规模已与今相当。蓬莱阁在水城中的地位是重要的,不能仅以游览、祀神概之,"抚时、察变、度材、观要",乃是建阁和修阁之宗旨。

水城建成后,其港口也曾多次增修。入清,顺治十六年(1659年),登州地方官徐可先,从实际出发,组织了天桥铁栅工程,对水城做了创造性的贡献。水城虽"塞以门关,风涛之喷薄可畏;甃以砖石,舟师之作业难窥",但还可以更严密,即"疏其罅,通潮汐之往返;密其桄,杜奸宄之任窃,无事则悬之,而舟行不阻,有事则下之,而保卫克定;外施铁叶,攻击无虞;内所坚材,久长可恃"。该工程"始于己亥(顺治十六年)之秋,竣于庚子(1660年)之夏",同时进行的还有"郡城水门闸板三座",亦以铁叶固之,"计费共一千五百有奇"。上至督抚,下至县令县丞约 20 名官员,皆"裁俸赞襄"[1]。后朝亦曾多次修葺。

此外,自明以来,疏浚港池亦成为经常的事。蓬莱阁有记载挑沙的碑刻,碑文曰:"舟楫之利出入顺利,亦以去淤为第一义。"可见对清淤的重视。当时淤积的情况比较严重,所以"历示商船带沙外运"。从 1984 年出海的清淤观之,出土的清代遗存相对不多,说明清代的出海清淤工作的频繁,以致即便有遗存亦被商船随沙带出,扔于外海了。

登州海防,在清初主要为地方安定和追剿"海贼",镇压人民起义,其实力已不及明代,但其作用仍很重要。在清代漕粮海运中,山东洋面是要道,登州镇辖南、东、北三汛,为护运粮船的中心,责任重大,登州海防对运程的"出哨""弹压"等均有较明确的分工,可确保运粮海道的畅通;嘉庆以后,为防范西方国家的入侵,登州加强水师防务,以阻截来犯之"夷",还组织"驰往驱逐"雇船堵"截口门",一经发现,即"檄沿海口岸,严杜奸民接济"。

(二)登州港的港航活动

有清一代(鸦片战争前),登州的港航活动受海禁的影响极为严重。虽然顺治朝颁行海禁令并不禁绝一切船只,"至单桅出船,准民人领给执照,于沿海附近捕鱼取薪,营汛官员不许扰累"[2]。从商业而言,港航已很衰败。从军事而论,虽不及明代,却也尚具规模。登州历来航商不多,大商不多。

登州地处东隅边镇,面临大海,本应港航发达,但明末至康熙约半世纪,一因战乱,一因海禁,商贸遂绝,甚至于空岛,连庙岛群岛和登州、庙岛群岛岛际的航运活动都没有了。康熙二十三年(1684 年),虽说开海,鼓励岛民返岛,但开禁是有限的,恢复亦需要时间。康熙三十一年(1692 年),知登州任璇曾写道:"为听《蓬莱曲》,于今更可嗟。旷原耕石碛,走卒就京华。商贾东隅绝,鱼盐一市哗。"《蓬莱曲》亦为康熙时人谢继科

---

① (清)徐可先:《增置天桥铁栅记》,《蓬莱县志·艺文志》。
② 光绪《大清会典事例》卷七六。

所作,其云:"蓬莱曲,蓬莱曲,我今为歌蓬莱曲。蓬莱山,山不生草木;蓬莱地,地不生五谷;蓬莱村,村不见瓦屋,蓬莱民,民不见饶足。呜呼!呜呼!水既涸兮山又秃,商不通兮土不沃,生理难兮衣食促,赋役繁兮官府督。逃亡多,男女鳏,人昼稀,鬼夜哭。"①可见当时登州由于海禁,民不聊生的景象。

北方不同于南方,南方商通南洋、西洋,而洋商亦历重洋而来,北方则少,"重本抑末"之桎梏甚重。当南方为开禁而欢呼雀跃的时候,北方则相对沉闷。至嘉庆时,虽经康乾盛世,开海已百余年,登州仍处于商贸落后、港航活动停滞的状况。

清代,和元明代一样,也有南粮北运及京城物资供应的课题。但清代长期执行的是河运政策,一直到道光五年(1825年),因运河难行,才正式提出并实行海运,即使到鸦片战争爆发的道光十五年(1840年),充其量也不过15年。但是,这短时间的海漕运输,较前代有很大进步,颇具特色。一是变官运为商运;二是比前代更为坚定地确立了海漕的地位。

为了搞好商运漕粮,清廷采取了若干措施,特地抽调时任山东巡抚琦善和安徽巡抚陶澍,负责总办。设立了上海海运总局,并设置接收和验货机构,责成重臣领办。官督商办海运,是一项新生事物,朝廷很为重视,商人非常欢迎。据载:"各商闻风鼓舞,争效子来。"②其程序大致是:一是集粮和运船至上海港,官、商签订合同,等候装船。二是海运监兑官按序领商船和缴米船接头,官方、船(商)方、货主共同核实后,过秤装船,并特封样米一斗,由商船至天津港呈验。三是择吉日起航,航前行告祭"天后"仪式。四是船至天津港,验货卸船。从刺激商船的积极性考虑,还"优给运价,视民雇有加",特别准许商船捎带载运免税货物二成到目的港进行贸易。

清代重开海运,其海漕航线,大抵如明代的沿岸航行,在航线上并没有什么突破。但陶澍请行海运时,附有一份详备的航路指南,继承了前代沿岸航行的传统,采取陆上、海上目标为航行参照物与罗盘定向相结合航法,对沿途陆情水情纪录详备。此外,登州港为了配合海漕,搞好运粮船的导航,保证船舶和港口的安全,不仅在众船必经的庙岛港设置了航标,而且还增设了若干门雾炮。每遇浓雾天气,即施放雾炮,以指示庙岛所在的方位,供航船参酌。雾炮的出现和应用,不仅在很大程度上保证了运粮船队的安全,也提高了船舶的周转,显示了港口设施和导航技术的重大进步。

海漕时间虽短,但运量不出。海漕由商承运,又利贸易,船行登州海域必泊庙岛,对登州港航贸易有重要意义。史实表明,登州港在一定程度上的景气与之不无关系。因为运粮船队入登州港域寄泊避风,官方允准粮船自带货物,在港口贸易,这是和前代相同的。由于经过山东的运程最长,山东沿海港口,也是停靠装船的主要港口。所以登州等港附近的农民,在农业破产,无以为生之际,大批劳动力投入搬运装卸。方志记载:"沿海贫民以搬运粮食生活者,不下数万人。"③

在清代,登州还是山东人民闯关东的主要口岸。清廷发布"开海令"后,山东流民即纷纷由登州、莱州等港口,乘船渡海闯关东。康熙年间,是山东人民北上闯关东的活

---

① (清)谢继科:《蓬莱曲》,《蓬莱县志·艺文志》。
② 《魏源集》(上),中华书局1976年版,第423页。
③ 《栖霞县志》卷九《艺文志》。

跃时期,据记载,康熙四十六年(1707 年)七月,"今巡行边外,见各处皆有山东人,或行商,或力田,至数十万人之多"①。至嘉庆、道光朝,山东地区灾荒频仍,经由登州港逃荒关东者,为数更众。在人口北流的同时,闯关东略有出成者,有的回乡探亲携妻带子,有的带了乡亲好友同去,使闯关东成为一时无可阻遏的潮流。在山东人口外流中,登州港起了重要的作用,因此客货运输似乎略有起色。

尽管登州港深受禁海之害,商贸活动近于停滞,但康熙开禁以后,仍略有复苏。有赖于登州港的中枢地位,其与南、北方港口的交往,不绝于载。《登州府志》载:"民多逐利于四方,或远适京师,或险涉重洋,奉天、吉林、绝塞万里,皆有登人。富者或当为商,或挟重资南抵江苏,北赴辽沈,舟航之利,便于他郡。"②说明了登州航商由登州港北上南下贸易通商的状况。《厦门志》载,福建船至"天津、登莱、锦州贸易","来往以为常"③。另据载,宁波有个叫信公兴的海商,康熙开禁以后,"因从事与山东登州的沿海贸易和咬昭吧等地的海外贸易而致富,并因此而闻名宁波"④。《鹿洲初集》也载,从广州潮州出发,"游奕登莱、关东、天津间,不过旬有五日耳"⑤。南北方各港如广州、福州、宁波、天津等,都与登州保持着通航贸易。但考当时形势,山东诸港的航运地位并不高,实力也不强,登州港的海上交通贸易是有限的。

第六节　明清时期的天津港⑥

一　天津港口在军事运输上的地位

朱元璋建立明朝,定都应天(今南京),洪武元年(1368 年),遣大将军徐达北伐。徐达率马步舟师 25 万人,沿大运河水陆两路北上到直沽(今天津),获元海船 7 艘,作浮桥渡军。元朝派将领兵守直沽,闻明军赶到,望风从海口奔逃。⑦ 徐达军攻克直沽,继而占领漕运储粮重镇河西务,攻入大都。元朝灭亡,残余势力逃往塞外。洪武四年(1371 年),镇海侯吴祯镇守辽东,总舟师万人,由登莱转运,岁以为常⑧,其军需粮饷之一部,由直沽港海运供给。元末明初,直沽成为双方战争攻守的前哨和转运兵员物资的重要港口。

洪武三十一年(1398 年),朱元璋死,燕王朱棣为夺取皇位,在北平(今北京)起兵。建文二年(1400 年)十一月十三日,率兵从直沽通过先期密造的浮桥渡河南下,直奔沧州,破城,擒守将都督徐凯等,缴获大量辎重器械。随后从直沽港派船到沧州,将辎重

---

① 《清圣祖实录》卷二三〇。

② 《登州府志》卷三《山川》。

③ 《厦门志》卷一五《风俗》,道光本。

④ 〔日〕松浦章:《乾隆年间海上贸易商人的几件史料》,载《历史档案》1989 年第 2 期,第 133—134 页。

⑤ 《鹿洲初集》卷一二《奏疏》。

⑥ 此部分内容参见《天津港史》编辑委员会:《天津港史》(古、近代部分),人民交通出版社 1986 年版,第 30—48 页。

⑦ 天津历史研究所地方史研究室:《天津史大事记》上册,1973 年 12 月。

⑧ 吴缉华:《明代海运及运河的研究》,中国台北"中央"研究院—语言研究所 1961 年版。

和徐凯载回北平。[1] 燕王朱棣由直沽渡河,攻下沧州。回师后,将海津镇命名为"天津"(天子之津梁,天子经由之渡口)。建文四年(1402 年),明辽东总兵官杨文奉建文帝命,率兵 10 万争夺天津,被燕王朱棣部将宋贵等所击溃。永乐二年(1404 年),明成祖因直沽是海运、商船往来要冲,令在此处筑天津城,设卫;又因海口田土肥沃,命调沿海诸军士屯守。永乐三年(1405 年),明廷又决定设立天津左卫,次年改青州左护为天津右卫,天津及其港口的军事地位更为重要。[2]

明弘治三年(1490 年),为维护朝廷统治,在天津增设山东按察司副使,从天津到德州沿运河一带的军政衙门,归其管辖,并过问练兵、修城、浚河、港口漕粮转运等事项。嘉靖四十五年(1566 年),明朝北面边防吃紧,朝廷再次决定从天津由海道运粮至纪各庄,再以出船溯滦河转运至永平府城。

日本丰臣秀吉当权时,于明万历二十年(1592 年),发兵 13 万侵入朝鲜,攻占王京(今首尔)和平壤。明朝政府决定派大兵援助朝鲜,天津成为援朝的兵站基地,明廷调保定总兵倪尚志移往天津,总管保定和天津兵马;调山西副使梁梦龙任天津兵备道;同时由浙江、江苏调来大批水军,防守天津;浙江调沙船、唬船 80 艘、士兵 1500 余人;江苏调来沙船、唬船 60 艘、士兵 900 余名,器械齐全,由运河水运天津。明政府同时拨款下令在天津开局制造军火[3],并同意截留漕粮六七万石,备足粮饷,为留军募兵之用。将遮阳船 400 余艘尽数留用,以充战守。[4] 万历二十一年(1593 年)援朝大军和朝鲜军民一道,打败日军。万历二十五年(1597 年)日本再次派兵侵入朝鲜,天津再次成为驻军基地和舰船集结之港口。

万历四十四年(1616 年),东北女真族酋长叛明建立金国。后金天命四年(1619 年)攻占了抚顺城,辽东吃紧,天津增军 1 万余人,成为防金的兵站海口。从山东、河南、江浙、福建等省调军 88000 余人,集中天津,经陆路和水路运到东北。同时还在天津制造军器、车船,天津港又成为转运士兵、供给前方军器、服装的后方基地港口。

明军大败后,为加强防御,建造炮台 7 座,天津由后方变成了防金的前哨阵地。

清朝初年,为镇压人民的起义,平定战乱,对天津地方的行政组织和军事建制相继进行调整。顺治九年(1652 年)将天津左卫、天津右卫合并为天津卫。天津已成为重要的水路咽喉。凡大兵南下乘舟过津,强征纤夫动辄数千名。顺治十二年(1655 年),兵船过津,复派民夫多至四五千名不等[5],直沽港口军运频繁。康熙四十年(1701 年),清政府调浙江定海总兵官兰理为天津总兵。雍正三年(1725 年),世宗皇帝以天津之海口为京师重地,设立水师营(海军)驻大沽海口卢家嘴,分拨八旗满洲兵驻防操练。次年,设水师营都统 1 人,水师凡两千,专防海口,天津改卫为州。雍正九年(1731 年),天津又升州为府。浙江闽粤四省承造天津水师营战船。[6] 乾隆八年(1743 年)增

① 天津历史研究所地方史研究室:《天津史大事记》上册,1973 年 12 月。
② 天津历史研究所地方史研究室:《天津史大事记》上册,1973 年 12 月。
③ 天津市历史研究所:《天津简史》上册,天津人民出版社 1987 年版。
④ 天津历史研究所地方史研究室:《天津史大事记》上册,1973 年 12 月。
⑤ 《天津卫志》卷四。
⑥ 天津市历史研究所:《天津简史》上册,天津人民出版社 1987 年版。

设水师营副都统 1 人,水师千人,大出赶缯船 24 艘。① 嘉庆二十一年(1816 年)复设水师,补造大出战船各 4 艘,天津港口在军事运输上始终占有重要地位。

二 天津港漕运功能的发挥

明成祖朱棣即位,建元永乐,迁都北京。京城皇粮和边防军饷,继续仰给于江南。由于需要量的增多,南粮北调频繁,使天津港的漕粮运输有了新的发展。

明朝初年,海上运输由官方统一控制,并派军队护送,不受海禁所限。② 到直沽港的海船基本沿袭了元代海运的航线。两浙自浙入于海;吴会自三江入于海;淮北、河南自河、淮入于海;山东各滨海州县入于海。③ 各条海运航线皆通直沽港。④ 自直沽入渤海经蓟运河可输北方军需;自直沽经渤海上溯滦河达于永平(今河北省卢龙县);自直沽航渤海可抵辽东;直沽至北京航路如故。直沽港是海、河漕运航线十分发达的港口。

永乐元年(1403 年),因海运路险,户部尚书郁新建议"海陆兼运"。永乐九年(1411 年),明成祖朱棣命工部尚书宋礼征集山东、徐州、应天、镇江各州县民工 30 万,疏凿会通河,历时 200 天工成。⑤ 由济宁到临清较元代旧河航道缩短 70 余里。疏浚后的会通河,通航能力提高 10 余倍,对天津港漕粮转输的发展起到重要作用。

永乐十年(1412 年),自淮安城西管家湖至淮河鸭陈口,新挖河道 20 余里,湖水入淮,避盘坝陆运之劳,至此自江淮至天津的运河航道大畅。天津港的河漕转输量剧增。由于运河大畅,天津港成为漕粮转运最繁忙的港口,漕粮转运连岁充溢,入京师的粮食无处可存。宣德六年(1431 年),通州增置粮仓。宣德七年(1432 年)北京再增仓廒,天津港的转运量创最高数额,达 6742854 石。

泰昌、天启、崇祯时期,由于漕粮"折银渐多",抵京城漕米减少,战乱、灾荒交相发生,"岁供愈不足支",天津港的漕粮转运量有减无增,年只约 200 余万石。⑥

清朝,仍建都于北京,皇室贵族、王公大臣以及驻扎北京一带的八旗军队,每年所需漕粮有增无减,漕运为各代皇帝所重视。在实行海禁情况下,天津港的河漕运量,每年保持明代 400 余万石的数额。康熙二十三年(1684 年)海禁放宽,允许船只出海,辽东粮豆开始由民间输入天津贩卖。

乾隆四年(1739 年),河北、山东、河南大灾,辽东农业丰收,天津沿海船户从东北贩运粮食。天津港成为粮商集散、贩运粮食之地。

道光五年(1825 年),清政府创行官督商运新法,于上海设立海运总局,天津置收兑局,调山东巡抚琦善、安徽巡抚陶澍为总办,理藩院尚书穆彰阿为验米大臣,会同直隶总督验收漕米,令沿海各口岸驻军分程巡逻监护。是年,天津港共接卸苏州、松江、常州、镇江四府和太仓一州的商运漕粮 160 万石,平底沙船 1562 艘。清政府对官督商运责任明确,运费、杂费、粮食折耗等方面注意照顾船商的利益。从 1825 年以后,江南

① 《明史·兵志·海防》卷九一。
② 吴缉华:《明代海运及运河的研究》,中国台北"中央"研究院—语言研究所 1961 年版。
③ 《明史·食货三》卷七九。
④ 吴缉华:《明代海运及运河的研究》,中国台北"中央"研究院—语言研究所 1961 年版。
⑤ 北京市社会科学研究所《北京历史纪年》编写组:《北京历史纪年》,人民出版社 1984 年版。
⑥ 吴缉华:《明代海运及运河的研究》,中国台北"中央"研究院—语言研究所 1961 年版。

到天津的商船遂以为常。漕运季节,自上海海口进入天津的漕船络绎不绝。

三 天津港的杂货运输及其仓储与驳运

(一)天津港的杂货运输

明成祖于北京大建宫殿,其所用物料仰给于各地,天津港除漕粮转运之外,建筑材料和百货运输逐年增多。

永乐五年(1407年),成祖与近侍大臣密议迁都北京,并派大臣宋礼到各地采木,征调工匠23万,民夫上百万投入施工。[1] 四川、湖广、江西、浙江、山西等地的木材及各种建筑材料源源不断地从天津转运至北京。正德十四年(1519年),北京修建迎翠、昭和、崇智、光霁等殿,天津港再次出现木材转运的繁忙景象,港口拽运大木的官兵达6100多人。[2] 嘉靖二十六年(1547年),天津转运湖广的巨大木材折银390余万两。万历年,湖广、四川、贵州的楠杉诸木,折银930余万两,天津港的木材转运量增加1倍多。宫廷所用之琉璃砖瓦,多于临清烧制,经天津转输。

永乐年间,宫廷设快船780余艘,专为运输宫廷用品。广东的珍珠、云南的宝石、苏州的织锦、浙江的丝罗绢帛,以及各地的鲜蛋、水果、笋、茶、禽类、竹木器具等,也多由运河经天津输入北京。天顺八年(1464年),天津港仅转运苏杭织锦就有7万匹。万历年间,除苏、杭、嘉、湖等府织造外,浙、福、徽、宁、扬、广诸府增加1万匹,运抵京城。明代宫廷用品的运输在天津港占有重要地位。

明朝漕运,准许运军附载私物,漕船捎带的私物不征税收,促进了民间贸易的繁盛。大量的土特产品和南方私物,经港口进入天津市场,天津的商业有了新的发展,天津港初步成为我国北方重要的商港。

清袭明制,漕船可挟带私货沿途贸易,商船可载免税货物两成。随着漕船、商船来到港口,各种杂货倾入天津和北京市场。船舶返回时,北方的土特产品又从港口运到南方各地。天津盛产的长芦盐,上裕饷需,下应民食,运销长城以北,黄河以南。直、豫两省180余州县所需民盐,都由天津供应输运。清代天津港的盐运地区,比明代增加了宣化、开封、怀庆三府及所属州县。[3]

乾隆年间,开放"海禁",江、浙、闽、广商船,装运粮食及南方的瓷器,玉器、拷绸云纱、藤织品、草席、赤糖、橙柑、香蕉、红木、杉板、药品等进入天津,外国的"洋货"也随船开始流入。靠近港口的北门外、东门外,出现了"洋货街""针市街",专销南方及外地百货。天津港口商船往返不绝,呈现一片繁华景象。

道光二十年(1840年),天津随着漕运、商业的发展,沿海河、运河一线,港口附近商业繁荣,城市规模日益扩大。天津已初步发展成以海河为轴线的经济中心城市。城市人口增加到20万人。天津港不仅是京都的水路门户,而且已成为沟通江南、连接北方各地的运输枢纽。

---

[1] 北京市社会科学研究所《北京历史纪年》编写组:《北京历史纪年》,人民出版社1984年版。
[2] 天津历史研究所地方史研究室:《天津史大事记》上册,1973年12月。
[3] 清光绪十年《津门杂记》第一册《盐坨》。

（二）天津港口的仓库设施

明朝海陆兼用时期，天津转运漕粮的目的地，已由洪武时期的辽东转向北京。这样就加大了天津港口的转运压力。"永乐元年，平江伯陈瑄督海运粮四十九万石，饷北京、辽东。二年，以海运但抵直沽，别用出船转运到京。命于天津置露囤千四百所，以广储蓄。四年，定海陆兼运，瑄每岁运粮百万，建百万仓于直沽尹儿湾城，天津卫籍兵万人成守。"①又据《大明会典·漕运》记载，永乐"二年……于出直沽起盖芦囤二百八座，约收粮一十万四千石；河西务起盖仓囤一百六十间，约收粮一十四万五千石，转运北京"。出直沽芦囤，位于三岔口附近，其地势较高，既适于船只停泊，又可避免水患，装卸方便，装卸劳力也易于解决。另有露囤 1400 所，建于天津城北②地势较高的运河畔。尹儿湾百万仓（在今天津北仓以北），占地面积较大，原属武清县境。清雍正年间，始划归天津③，约可储粮 100 万石，派兵万人驻守。

以上的仓库均建于永乐六年（1408 年）以前，当时海船停泊地在海河沿岸至天津东门外。河船多泊于北门外、三岔口、尹儿湾、河西务一带。地处海漕、河漕交汇处的出直沽天妃宫（西庙），运军、船工祈祷活动非常活跃。

明朝"罢海运"后，以河运漕粮为主，保留有河西务仓和尹儿湾仓。河西务隶武清卫仓，由副使二员管辖；尹儿湾百万仓，到正德五年仍继续派官员管理，"主事仍旧三年一更替"④。

改河道漕运以后，用浅船运粮，可进入潞河，以达通州。天津港口的仓库规模较海陆兼运时期减出。露囤、芦囤等临时性建筑，已废置不用。"迨会通河成，始设仓于徐州、淮安、德州，而临清因洪武之旧，并天津仓凡五。谓之水次仓，以资转运。"⑤此外，天津地区性的仓库还有天津卫三仓，也可以储运漕粮。

天津卫大运仓计 30 间，官厅 3 间，门楼 1 座；天津左卫大盈仓九厫计 45 间，土地祠 1 所，门楼 1 座；天津右卫广备仓计 35 间，关王庙 1 所，门楼 1 座。三卫仓皆设于天津城内，派正六品户部主事一员监督，以"岁储所漕之粟"，供给官军食用。⑥ 天津卫三仓于明崇祯年间因火被焚。

清朝时期，天津港口最大的仓库是尹儿湾仓附近的北仓。北仓建于清雍正三年（1725 年），共有仓库 48 座，每座 15 间，计 720 间，总库容为 40 万石。⑦ 漕粮到天津港口以后，有的驳运去通州、北京，有的入北仓。清康熙年间，又在天津建立公字厫 6 间，聚粟厫 5 间，日字厫 5 间，共 21 间，作为储存漕粮及本地军饷之用。道光十四年（1834 年）在天津城东北建仓 10 间，可以存粮 3538 石。⑧ 还有常平仓及义仓等，可储粮 14000 余石，以备灾荒补歉之用。

---

① 《明史·河渠四》卷八六。

② 《文稿与资料》第三期。

③ 民国《天津县新志》。

④ 《明实录·正德实录》。

⑤ 《明史·食货三》卷七九，第 1917 页。

⑥ 民国《天津县新志》。

⑦ 《续文献通考》卷七七。

⑧ 民国《天津县新志》。

（三）天津港的驳运

1. 驳运的发展

唐代到达军粮城的海运船只，每船荷载可达千石，必须换成出船入北运河，驳于范阳（今北京），这是天津港口驳运的初期阶段。元朝延祐年间，进出直沽港口的海船大者八九千石，出的也有千石，需要用出船转运。明朝初年，仍需要用出船转运。永乐二年（1404 年），"令海运粮到直沽，用三板划船装运至通州等处交卸"。"命都督宣信副平江伯海运江西粮百万石，上议粮船抵直沽，且置仓储粮，别以出船转运北京. 部议便复请天津等卫多置露囤，从之。"①用舢板划船转运，效率太低，造成海船等待，所以在港口建立仓库。其后，由舢板划船发展到出船转驳，驳运效率有了提高。罢海运以后，明朝政府加强了河道的治理，漕船可以直达北京，天津港的驳运一度衰落。由于北运河淤浅，明政府自通州至天津丁字沽增设"浅铺"、置"总甲"和"出甲"等管理人员，率领夫役在"粮完水涸，逐浅挑浚。春夏之间，粮运盛行，又以堤浅夫役，随船扒浅"，并负责招呼船只避浅航行。明万历四年（1576 年），武清卫浅铺有 11 处，设出甲 11 名，夫役 110 名；天津卫浅铺 12 处，设出甲 12 名，夫役 80 名；天津左卫浅铺 24 处，设出甲 24 名，夫役 28 名；天津右卫浅铺出甲 10 名，夫役 70 名，专管修堤、扒浅之事。

到了清朝，北运河继续淤浅，河船通过不便。清政府采取增加驳船的办法来解决天津港口的转运。清初设红驳船 600 艘，到乾隆六十年（1795 年），驳船已发展到 1500 艘。道光年间，经常进出天津港的驳船"直隶旧设二千五百艘，二百艘分拨故城等处，八百艘留杨村，余千五百艘集天津备用"，并雇用号称载粮 250 石的"民船五百艘。以备装载。商船首次抵津，府县仓厂庙宇拨卸三十万石"②，其余令驳船径运通州。天津仓厂庙宇所储漕粮再分批运往通州。驳船每 160 艘在一起，"由经纪自派人分起押运交仓，押运员役禀报仓场，复驰回续押后起米船。经纪等止须带领斛手到船起卸，如有藉端刁难需索，交地方官从严治罪"。清代天津港的驳运达到繁盛时期，驳运的发展给"船夫""斛手"等劳动人民带来了深重的苦难。清人汪辑在《驳粮船》诗中写"漕船噬人猛于虎"，反映了船民的悲惨生活。③

2. 驳运的管理与制度

清朝时期，漕船在天津港起驳。不及百石的出船由民自便；百石以上者由天津地方官负责办理驳运。当时的驳船，大的负荷 100 石，小的二三十石。每只驳船由清政府招募船户 1 名，给腰牌一面，上填姓名、年貌、住址、驳船号，并造花名册备查。驳船上的水手、舵工由船户自行雇募。④ 由于漕船、货船数量很多，各种船只互相争道。清嘉庆五年（1800 年），清政府严格规定各种船只在天津港的航行顺序：漕船先行，织造物及运船、木排等排尾在后，如有违犯，严惩押解人员。这对漕运、驳运的发展起到一定作用。

元代规定，海船与河船换装过驳时，以海船上的装载数为准，不加损耗。明朝初

---

①　《古今图书集成·经济汇编·食货典》卷一六三《漕运部》。

②　《清史稿·食货三》卷一二二。

③　《天津日报》，1983 年 6 月 26 日。

④　《钦定户部漕运全书》卷三二。

年,基本上维持了这个制度。永乐"二年令海运粮到直沽,用舢板划船至通州等处交卸,海船回还又以水路搁浅迟误"①,海船上的粮食驳运到通州等地交卸,入库的粮数由海船负责。由于北运河水浅,驳运耽误了时间,影响海船回航,待入库粮数计算出以后,方准海船南还。

3. 驳运码头的建设与发展

由于天津港口驳运的发展,驳运的码头也相应增加。除京津航道上的丁字沽、杨村、蔡村、河西务诸处的码头以外,还有去蓟州的航道,设有专用驳船 150 艘。起驳码头在直沽新河口(今塘沽)。三岔口附近是漕船停靠的码头,也是天津繁华的过驳之地。道光年间开海运以后,海船进入天津港在葛沽办理驳运手续。天津港口的驳运码头遍布于海河两岸的新河口、葛沽、东门外、东北角一带,丁字沽、北仓、杨村、蔡村、河西务以及南运河线上的杨柳青、北大关都是繁盛的驳运之区。明清时期天津港的驳运码头比元代有了较大的变化和发展。

---

① 《明史·河渠四》卷八六。